Statistiques de l'OCDE sur l'investissement direct international 2020

OCDE

DES POLITIQUES MEILLEURES POUR UNE VIE MEILLEURE

Cet ouvrage est publié sous la responsabilité du Secrétaire général de l'OCDE. Les opinions et les interprétations exprimées ne reflètent pas nécessairement les vues officielles des pays membres de l'OCDE.

Ce document, ainsi que les données et cartes qu'il peut comprendre, sont sans préjudice du statut de tout territoire, de la souveraineté s'exerçant sur ce dernier, du tracé des frontières et limites internationales, et du nom de tout territoire, ville ou région.

Les données statistiques concernant Israël sont fournies par et sous la responsabilité des autorités israéliennes compétentes. L'utilisation de ces données par l'OCDE est sans préjudice du statut des hauteurs du Golan, de Jérusalem-Est et des colonies de peuplement israéliennes en Cisjordanie aux termes du droit international.

Note de la Turquie
Les informations figurant dans ce document qui font référence à « Chypre » concernent la partie méridionale de l'Ile. Il n'y a pas d'autorité unique représentant à la fois les Chypriotes turcs et grecs sur l'Ile. La Turquie reconnaît la République Turque de Chypre Nord (RTCN). Jusqu'à ce qu'une solution durable et équitable soit trouvée dans le cadre des Nations Unies, la Turquie maintiendra sa position sur la « question chypriote ».

Note de tous les États de l'Union européenne membres de l'OCDE et de l'Union européenne
La République de Chypre est reconnue par tous les membres des Nations Unies sauf la Turquie. Les informations figurant dans ce document concernent la zone sous le contrôle effectif du gouvernement de la République de Chypre.

Merci de citer cet ouvrage comme suit :
OCDE (2021), *Statistiques de l'OCDE sur l'investissement direct international 2020*, Éditions OCDE, Paris, *https://doi.org/10.1787/6fb1b099-fr*.

ISBN 978-92-64-86276-0 (imprimé)
ISBN 978-92-64-98153-9 (pdf)

Statistiques de l'OCDE sur l'investissement direct international
ISSN 2223-6708 (imprimé)
ISSN 2223-6716 (en ligne)

Les corrigenda des publications sont disponibles sur : *www.oecd.org/about/publishing/corrigenda.htm*.

Table des matières

Turquie

Royaume-Uni

États-Unis

Signes et abréviations conventionnels

Les données incluses dans cette publication sont actualisées au 21 décembre 2018.

Les flux et encours d'IDE sont convertis aux taux de change moyens annuels et taux de change de fin de période, respectivement. Les données en monnaie nationale sont disponibles et accessibles sur: *http:/dx.doi.org/10.1787/idi-data-fr*.

Signes et abréviations

..	Non disponible
.	Point décimal
|	Rupture de série
c	Donnée confidentielle
d	Confidentialité secondaire
-	Néant

Pays déclarants et partenaires

OECD totale	L'agrégat OCDE correspond aux pays membres pour la période considerée. 2010-2015 : 34 pays membres 2016-2017 : 35 pays membres, Lettonie inclut 2018 : 36 pays membres, l'agrégat comprendra la Lituanie
Union européenne	UE27 de 2007 à 2012 et UE28 à pârtir de 2013.
Pays ANASE	Association des Nations d'Asie du Sud-Est. Brunei Darussalam, Cambodge, Indonésie, Myanmar, Malaisie, Philippines, République démocratique populaire lao, Singapour, Thaïlande, Viet Nam

La Colombie n'était pas membre de l'OCDE au moment de la préparation de cette publication. La Colombie n'apparait donc pas dans la liste des pays membres et n'est pas incluse dans les zones OCDE.

Comparaisons internationales

Tableau 1. Flux d'investissement direct étranger entrant, dollars des ÉU

Millions de dollars des ÉU

	2010	2011	2012	2013	2014	2015	2016	2017	2018	2019
Australie[1]	36 442	58 907	59 540	56 273	58 505	29 584	48 291	45 300	68 033	36 151
Autriche[2]	2 728	10 820	4 003	5 813	4 800	1 295	-8 401	14 926	5 409	846
Belgique	132 604	241 730	-26 383	-68 019	-41 191	-70 573	59 185	-706	30 801	2 886
Canada	28 399	39 667	43 118	69 371	59 008	43 853	36 062	22 764	38 232	47 829
Chili[2]	16 020	25 565	31 662	22 020	22 793	20 508	12 249	6 129	7 736	12 499
République tchèque[1]	6 147	2 323	8 000	3 641	5 492	465	9 814	9 518	11 010	10 109
Danemark[2]	-9 179	11 457	644	1 045	4 680	3 617	235	3 771	1 199	3 587
Estonie	1 509	1 006	1 566	771	684	36	1 058	1 938	1 497	3 091
Finlande[1]	7 359	2 552	4 156	-106 |	18 548	2 110	8 576	2 858	-2 170	13 455
France[1]	13 891	31 671	16 069	34 264	2 669	45 355	23 055	24 780	38 162	33 964
Allemagne[1]	65 646	67 573	28 190	12 771 |	-3 200	30 534	15 618	48 538	62 034	54 061
Grèce[1]	330	1 144	1 741	2 817	2 683	1 268	2 762	3 477	3 971	5 019
Hongrie[2]	2 355	6 553	14 625	3 587	7 967	-14 545	-5 439	3 514	6 410	3 885
Islande[2]	245	1 107	1 025	397	447	709	-427	-41	-382	-301
Irlande	42 807	23 566	48 901 |	50 585	48 186	217 820	39 377	52 722	232 723	81 102
Israël[1]	6 985	8 653	9 018	11 842	6 049	11 336	11 988	16 893	21 515	19 047
Italie[1]	9 179	34 355	93	24 267 |	23 224	19 631	28 441	23 996	37 659	18 145
Japon	-1 252	-1 757	1 732	2 303	10 622	-2 251	19 357	9 354	9 255	14 548
Corée	8 117	10 247	11 117	6 083 |	-917	3 076	7 415	12 699	13 299	9 634
Lettonie[1]	420	1 469	1 113	901	896	739	254	708	968	875
Lituanie	1 020	1 801	802	574	-133	1 055	302	1 019	976	1 169
Luxembourg[2]	35 661	13 302	19 997 |	24 097	19 778	31 408	81 378	-23 157	-76 414	14 791
Mexique[2]	27 141	25 574	21 741	48 216	30 462	35 436	31 069	34 200	33 730	34 097
Pays-Bas[2]	-5 717	25 041	14 465	46 689	53 487	191 560	65 276	40 990	120 238	42 238
Nouvelle-Zélande[1]	-61	4 229	3 502	1 860	2 437	-309	2 844	2 429	2 397	4 278
Norvège	17 043	20 608	16 655	-5 916 |	19 504	-2 515	-3 900	-5 922	226	6 698
Pologne	12 800	15 953	12 441	3 626	17 612	13 063	16 596	9 537	16 376	10 991
Portugal[2]	1 517	5 997	8 157	8 216	4 560	9 180	5 684	6 912	7 175	11 979
République slovaque[1]	1 770	2 146	2 826	-604	-512	106	805	4 008	1 643	2 449
Slovénie[1]	106	1 088	339	-151	1 050	1 675	1 245	896	1 383	1 227
Espagne	40 331	32 412	24 667	28 342	22 571	8 557	31 538	41 877	53 462	8 514
Suède	141	12 946	16 349	4 125	4 032	8 449	19 153	15 903	4 218	10 115
Suisse	28 750	25 857	28 969	646	9 352 |	84 327	150 512	110 722	-68 312	-79 075
Turquie[1]	9 086	16 136	13 743	13 565	12 973	18 978	13 653	10 962	12 846	9 290
Royaume-Uni	58 180	42 196	55 626	51 673	24 704	39 189	258 570	96 401	65 285	45 445
États-Unis[1]	210 544	242 155	211 467	217 274	211 985	483 849	480 016	314 977	243 424	282 053
OCDE total	**815 492**	**1 080 691**	**726 715**	**699 067**	**681 977**	**1 280 295**	**1 478 061**	**978 728**	**1 017 546**	**791 007**
Union européenne[3]	**466 970**	**641 684**	**335 277**	**272 314**	**282 731**	**581 157**	**674 889**	**409 042**	**632 759**	**420 805**
G20	**904 178**	**1 067 755**	**890 940**	**1 013 427**	**866 367**	**1 133 821**	**1 288 499**	**978 082**	**1 014 600**	**960 694**
dont :										
G20 - Pays non-OCDE	**438 805**	**501 032**	**428 504**	**477 367**	**436 332**	**386 589**	**326 953**	**334 110**	**392 643**	**375 475**
Argentine	11 333	10 840	15 324	9 822	5 065	11 759	3 260	11 517	11 873	6 663
Brésil	77 687	97 422	82 060	59 089	63 846	49 961	53 700	66 585	59 802	65 386
Chine	243 703	280 072	241 214	290 928	268 097	242 489	174 750	166 084	235 365	187 170
Inde	27 397	36 497	23 995	28 153	34 577	44 009	44 459	39 966	42 117	50 610
Indonésie	13 771	19 241	19 138	18 817	21 811	16 641	3 921	20 579	20 563	23 883
Fédération de Russie	31 668	36 868	30 188	53 397	29 152	11 858	37 176	25 954	13 228	32 076
Arabie saoudite	29 233	16 308	12 182	8 865	8 012	8 141	7 453	1 419	4 247	4 563
Afrique du Sud	4 015	3 785	4 403	8 296	5 772	1 729	2 235	2 007	5 447	5 125
Monde	**1 589 621**	**1 951 808**	**1 553 454**	**1 516 785**	**1 524 660**	**2 111 438**	**2 183 758**	**1 714 941**	**1 745 198**	**1 530 492**

| Rupture de série

Note : Voir les métadonnées détaillées sur : *http://metalinks.oecd.org/idi/20210722/6952*.

1. Les entités à vocation spéciale résidentes sont inexisistantes ou peu significatives.
2. Les données excluent les entités à vocation spéciales.
3. UE27 de 2007 à 2012 et UE28 à partir de 2013.

Source : *Statistiques de l'OCDE sur l'investissement direct international (base de données) : https://doi.org/10.1787/idi-data-fr*

Tableau 2. Flux d'investissement direct étranger sortant, dollars des ÉU

Millions de dollars des ÉU

	2010	2011	2012	2013	2014	2015	2016	2017	2018	2019
Australie[1]	19 803	1 716	7 889	1 441	18 184	-9 340	2 266	5 932	6 361	5 397
Autriche[2]	9 548	22 004	13 060	15 598	-665	6 915	-1 323	10 679	5 680	11 041
Belgique	60 335	54 135	79 719	26 217	26 189	57 563	36 337	29 634	39 474	1 581
Canada	34 721	52 144	55 875	57 364	60 273	67 467	69 518	76 179	57 405	78 886
Chili[2]	9 461	20 252	21 225	9 315	10 847	15 171	8 070	3 558	1 940	9 904
République tchèque[1]	1 168	-328	1 794	4 021	1 620	2 488	2 182	7 557	8 663	4 128
Danemark[2]	1 368	11 278	7 349	7 162	8 249	9 424	10 112	10 025	-370	11 404
Estonie	167	-1 455	1 054	516	42	182	486	879	58	1 987
Finlande[1]	10 189	5 016	7 546	-2 307 |	1 743	-16 080	24 252	-575	11 448	4 865
France[1]	48 158	51 462	35 453	20 365	49 785	53 206	64 785	35 908	105 570	38 663
Allemagne[1]	125 453	78 002	62 188	39 512 |	83 968	99 003	63 599	86 333	86 190	139 274
Grèce[1]	1 558	1 774	678	-785	3 015	1 578	-1 665	168	477	642
Hongrie[2]	1 234	4 804	11 802	1 943	3 854	-16 118	-8 272	1 220	3 022	2 849
Islande[2]	-2 368	18	-3 205	460	-257	-31	-1 147	-208	76	465
Irlande	22 350	-1 166	22 557 |	29 164	41 182	168 443	30 055	-2 043	9 613	-16 634
Israël[1]	7 944	7 401	2 276	3 858	4 526	10 969	14 579	7 624	6 087	8 598
Italie[1]	32 657	53 677	7 992	25 130 |	26 327	21 640	16 165	24 478	32 797	19 786
Japon	56 276	107 550	122 514	135 745	129 157	128 698	155 923	164 563	143 075	226 573
Corée	26 821	26 989	27 355	31 488 |	19 994	18 490	30 508	51 044	45 232	35 239
Lettonie[1]	20	61	193	413	541	70	159	133	205	-104
Lituanie	42	750	541	132	59	377	43	80	704	143
Luxembourg[2]	20 842	9 052	805 |	45 748	41 379	59 766	27 304	10 987	-7 238	34 471
Mexique[2]	14 560	13 311	22 313	15 459	7 507	10 672	193	3 988	8 365	10 985
Pays-Bas[2]	69 830	35 682	515	65 284	62 419	261 283	190 570	43 484	-12 828	74 869
Nouvelle-Zélande[1]	716	2 682	-433	530	472	-59	196	227	426	-172
Norvège	23 238	19 901	19 791	6 213 |	32 939	30 947	3 092	-7 415	11 405	4 035
Pologne	6 149	1 028	2 905	-451	4 701	3 172	12 389	1 908	1 239	1 404
Portugal[2]	-10 064	13 627	-8 474	769	-3 260	4 810	879	-928	1 374	3 720
République slovaque[1]	946	491	-73	-313	43	6	95	1 323	291	153
Slovénie[1]	-19	200	-258	-214	275	267	290	338	281	389
Espagne	38 393	45 248	-2 479	14 294	36 743	41 917	43 902	55 926	37 710	19 671
Suède	20 364	29 912	28 977	30 279	9 162	13 045	4 703	27 367	17 839	15 553
Suisse	85 718	48 098	43 572	38 568	-47 |	91 551	166 901	19 522	43 491	-43 722
Turquie[1]	1 469	2 330	4 106	3 536	6 681	4 813	2 953	2 625	3 602	2 971
Royaume-Uni	48 075	95 578	20 767	40 483	-151 368	-66 827	-37 587	142 443	41 415	-6 080
États-Unis[1]	296 334	415 271	338 363	321 937	347 658	274 486	305 441	353 356	-169 354	118 893
OCDE total	**1 088 939**	**1 236 917**	**955 642**	**996 525**	**887 836**	**1 354 182**	**1 242 470**	**1 172 009**	**546 851**	**825 047**
Union européenne[3]	**544 390**	**554 155**	**360 873**	**384 409**	**306 899**	**744 795**	**479 673**	**492 323**	**367 576**	**379 927**
G20	**848 876**	**1 031 158**	**812 092**	**856 529**	**815 989**	**817 607**	**919 268**	**1 167 303**	**567 769**	**883 637**
dont :										
G20 - Pays non-OCDE	**144 550**	**133 127**	**107 278**	**164 068**	**217 823**	**215 298**	**245 504**	**220 454**	**207 110**	**212 691**
Argentine	965	1 488	1 055	890	1 921	875	1 787	1 156	1 802	1 539
Brésil	22 060	11 062	-8 425	-478	-3 261	-11 643	-5 901	19 040	-16 336	19 031
Chine	57 954	48 421	64 963	72 971	123 130	174 391	216 424	138 293	143 027	136 910
Inde	15 968	12 608	8 553	1 765	11 686	7 514	5 047	11 090	11 418	13 141
Indonésie	2 664	7 713	5 422	6 647	7 077	5 937	-12 215	2 077	8 053	3 352
Fédération de Russie	41 116	48 635	28 423	70 685	64 203	27 090	26 951	34 153	35 820	22 024
Arabie saoudite	3 907	3 430	4 402	4 943	5 396	5 390	8 936	7 280	19 252	13 547
Afrique du Sud	-84	-229	2 886	6 646	7 671	5 744	4 474	7 366	4 074	3 147
Monde	**1 460 700**	**1 613 679**	**1 313 910**	**1 384 878**	**1 434 291**	**1 786 953**	**1 662 897**	**1 618 212**	**880 557**	**1 183 521**

| Rupture de série

Note : Voir les métadonnées détaillées sur : *http://metalinks.oecd.org/idi/20210722/6952.*

1. Les entités à vocation spéciale résidentes sont inexisistantes ou peu significatives.
2. Les données excluent les entités à vocation spéciales.
3. UE27 de 2007 à 2012 et UE28 à partir de 2013.

Source : *Statistiques de l'OCDE sur l'investissement direct international (base de données) : https://doi.org/10.1787/idi-data-fr*

Tableau 3. Flux d'investissement direct étranger entrant en pourcentage du PIB

Pourcentage

	2010	2011	2012	2013	2014	2015	2016	2017	2018	2019
Australie[1]	2.8	3.8	3.7	3.6	4.0	2.4	3.7	3.2	4.7	2.6
Autriche[2]	0.7	2.5	1.0	1.4	1.1	0.3	-2.1	3.6	1.2	0.2
Belgique	27.5	46.2	-5.3	-13.0	-7.7	-15.3	12.4	-0.1	5.7	0.5
Canada	1.8	2.2	2.4	3.8	3.3	2.8	2.4	1.4	2.2	2.7
Chili[2]	7.3	10.1	11.9	7.9	8.7	8.4	4.9	2.2	2.6	4.4
République tchèque[1]	2.9	1.0	3.8	1.7	2.6	0.2	5.0	4.4	4.4	4.0
Danemark[2]	-2.9	3.3	0.2	0.3	1.3	1.2	0.1	1.1	0.3	1.0
Estonie	7.7	4.3	6.8	3.0	2.6	0.2	4.4	7.2	4.9	9.8
Finlande[1]	3.0	0.9	1.6	0.0 |	6.7	0.9	3.6	1.1	-0.8	5.0
France[1]	0.5	1.1	0.6	1.2	0.1	1.9	0.9	1.0	1.4	1.3
Allemagne[1]	1.9	1.8	0.8	0.3 |	-0.1	0.9	0.5	1.3	1.6	1.4
Grèce[1]	0.1	0.4	0.7	1.2	1.1	0.6	1.4	1.7	1.9	2.4
Hongrie[2]	1.8	4.6	11.4	2.6	5.7	-11.6	-4.2	2.5	4.0	2.4
Islande[2]	1.8	7.3	6.9	2.5	2.5	4.0	-2.1	-0.2	-1.5	-1.2
Irlande	19.3	9.9	21.7 |	21.2	18.6	74.7	13.1	15.5	60.3	20.3
Israël[1]	3.0	3.3	3.5	4.0	2.0	3.8	3.8	4.8	5.8	4.8
Italie[1]	0.4	1.5	0.0	1.1 |	1.1	1.1	1.5	1.2	1.8	0.9
Japon	0.0	0.0	0.0	0.0	0.2	-0.1	0.4	0.2	0.2	0.3
Corée	0.7	0.8	0.9	0.4 |	-0.1	0.2	0.5	0.8	0.8	0.6
Lettonie[1]	1.8	5.1	3.9	3.0	2.9	2.7	0.9	2.3	2.8	2.6
Lituanie	2.7	4.1	1.9	1.2	-0.3	2.5	0.7	2.1	1.8	2.1
Luxembourg[2]	67.0	22.1	35.3 |	39.0	29.9	54.4	134.0	-36.1	-107.7	20.8
Mexique[2]	2.6	2.2	1.8	3.8	2.3	3.0	2.9	3.0	2.8	2.7
Pays-Bas[2]	-0.7	2.8	1.7	5.3	6.0	25.0	8.3	4.9	13.2	4.7
Nouvelle-Zélande[1]	0.0	2.5	2.0	1.0	1.2	-0.2	1.5	1.2	1.1	2.0
Norvège	4.0	4.1	3.3	-1.1 |	3.9	-0.7	-1.1	-1.5	0.1	1.7
Pologne	2.7	3.0	2.5	0.7	3.2	2.7	3.5	1.8	2.8	1.8
Portugal[2]	0.6	2.4	3.8	3.6	2.0	4.6	2.8	3.1	3.0	5.0
République slovaque[1]	2.0	2.2	3.0	-0.6	-0.5	0.1	0.9	4.2	1.6	2.3
Slovénie[1]	0.2	2.1	0.7	-0.3	2.1	3.9	2.8	1.8	2.6	2.3
Espagne	2.8	2.2	1.9	2.1	1.6	0.7	2.6	3.2	3.8	0.6
Suède	0.0	2.3	3.0	0.7	0.7	1.7	3.7	2.9	0.8	1.9
Suisse	4.8	3.6	4.2	0.1	1.3 |	12.0	21.6	15.7	-9.3	-10.8
Turquie[1]	1.2	1.9	1.6	1.4	1.4	2.2	1.6	1.3	1.7	1.2
Royaume-Uni	2.3	1.6	2.1	1.9	0.8	1.3	9.6	3.6	2.3	1.6
États-Unis[1]	1.4	1.6	1.3	1.3	1.2	2.7	2.6	1.6	1.2	1.3
OCDE total	**1.8**	**2.2**	**1.5**	**1.4**	**1.4**	**2.7**	**3.1**	**1.9**	**1.9**	**1.5**
Union européenne[3]	**2.8**	**3.5**	**1.9**	**1.5**	**1.5**	**3.5**	**4.1**	**2.3**	**3.4**	**2.3**
G20	**1.8**	**1.9**	**1.5**	**1.7**	**1.4**	**1.9**	**2.2**	**1.5**	**1.5**	**1.4**
dont :										
G20 - Pays non-OCDE	**3.2**	**3.0**	**2.4**	**2.5**	**2.2**	**2.1**	**1.7**	**1.6**	**1.7**	**1.6**
Argentine	2.7	2.0	2.6	1.6	0.9	1.8	0.6	1.8	2.3	1.5
Brésil	3.5	3.7	3.3	2.4	2.6	2.8	3.0	3.2	3.1	3.6
Chine	4.0	3.7	2.8	3.0	2.6	2.2	1.6	1.3	1.7	1.3
Inde	1.6	2.0	1.3	1.5	1.7	2.1	1.9	1.5	1.6	1.8
Indonésie	1.8	2.2	2.1	2.1	2.4	1.9	0.4	2.0	2.0	2.1
Fédération de Russie	1.9	1.8	1.4	2.3	1.4	0.9	2.9	1.6	0.8	1.9
Arabie saoudite	5.5	2.4	1.7	1.2	1.1	1.2	1.2	0.2	0.5	0.6
Afrique du Sud	1.1	0.9	1.1	2.3	1.6	0.5	0.8	0.6	1.5	1.5

| Rupture de série

Note : Voir les métadonnées détaillées sur : *http://metalinks.oecd.org/idi/20210722/6952*.

1. Les entités à vocation spéciale résidentes sont inexisistantes ou peu significatives.
2. Les données excluent les entités à vocation spéciales.
3. UE27 de 2007 à 2012 et UE28 à partir de 2013.

Source : *Statistiques de l'OCDE sur l'investissement direct international (base de données) : https://doi.org/10.1787/idi-data-fr*

Tableau 4. Flux d'investissement direct étranger sortant en pourcentage du PIB

Pourcentage

	2010	2011	2012	2013	2014	2015	2016	2017	2018	2019
Australie[1]	1.5	0.1	0.5	0.1	1.2	-0.7	0.2	0.4	0.4	0.4
Autriche[2]	2.4	5.1	3.2	3.6	-0.2	1.8	-0.3	2.6	1.2	2.5
Belgique	12.5	10.3	16.1	5.0	4.9	12.5	7.6	5.9	7.3	0.3
Canada	2.1	2.9	3.1	3.1	3.3	4.3	4.5	4.6	3.3	4.5
Chili[2]	4.3	8.0	7.9	3.3	4.2	6.2	3.2	1.3	0.7	3.5
République tchèque[1]	0.6	-0.1	0.9	1.9	0.8	1.3	1.1	3.5	3.5	1.6
Danemark[2]	0.4	3.3	2.2	2.1	2.3	3.1	3.2	3.0	-0.1	3.3
Estonie	0.8	-6.2	4.5	2.0	0.2	0.8	2.0	3.3	0.2	6.3
Finlande[1]	4.1	1.8	2.9	-0.9 |	0.6	-6.9	10.1	-0.2	4.1	1.8
France[1]	1.8	1.8	1.3	0.7	1.7	2.2	2.6	1.4	3.8	1.4
Allemagne[1]	3.7	2.1	1.8	1.1 |	2.2	2.9	1.8	2.3	2.2	3.6
Grèce[1]	0.5	0.6	0.3	-0.3	1.3	0.8	-0.9	0.1	0.2	0.3
Hongrie[2]	0.9	3.4	9.2	1.4	2.7	-12.9	-6.4	0.9	1.9	1.7
Islande[2]	-17.2	0.1	-21.7	2.9	-1.4	-0.2	-5.5	-0.8	0.3	1.9
Irlande	10.1	-0.5	10.0 |	12.2	15.9	57.8	10.0	-0.6	2.5	-4.2
Israël[1]	3.4	2.8	0.9	1.3	1.5	3.7	4.6	2.2	1.6	2.2
Italie[1]	1.5	2.3	0.4	1.2 |	1.2	1.2	0.9	1.2	1.6	1.0
Japon	1.0	1.7	2.0	2.6	2.7	2.9	3.2	3.4	2.9	4.5
Corée	2.3	2.2	2.1	2.3 |	1.3	1.3	2.0	3.1	2.6	2.1
Lettonie[1]	0.1	0.2	0.7	1.4	1.7	0.3	0.6	0.4	0.6	-0.3
Lituanie	0.1	1.7	1.3	0.3	0.1	0.9	0.1	0.2	1.3	0.3
Luxembourg[2]	39.1	15.1	1.4 |	74.1	62.5	103.5	45.0	17.1	-10.2	48.5
Mexique[2]	1.4	1.1	1.9	1.2	0.6	0.9	0.0	0.3	0.7	0.9
Pays-Bas[2]	8.2	3.9	0.1	7.4	7.0	34.1	24.3	5.2	-1.4	8.3
Nouvelle-Zélande[1]	0.5	1.6	-0.2	0.3	0.2	0.0	0.1	0.1	0.2	-0.1
Norvège	5.4	4.0	3.9	1.2 |	6.6	8.0	0.8	-1.9	2.6	1.0
Pologne	1.3	0.2	0.6	-0.1	0.9	0.7	2.6	0.4	0.2	0.2
Portugal[2]	-4.2	5.6	-3.9	0.3	-1.4	2.4	0.4	-0.4	0.6	1.6
République slovaque[1]	1.0	0.5	-0.1	-0.3	0.0	0.0	0.1	1.4	0.3	0.1
Slovénie[1]	0.0	0.4	-0.6	-0.4	0.6	0.6	0.6	0.7	0.5	0.7
Espagne	2.7	3.1	-0.2	1.1	2.7	3.5	3.6	4.3	2.7	1.4
Suède	4.1	5.2	5.2	5.2	1.6	2.6	0.9	5.1	3.2	2.9
Suisse	14.2	6.7	6.3	5.4	0.0 |	13.0	24.0	2.8	5.9	-6.0
Turquie[1]	0.2	0.3	0.5	0.4	0.7	0.6	0.3	0.3	0.5	0.4
Royaume-Uni	1.9	3.6	0.8	1.5	-4.9	-2.3	-1.4	5.3	1.4	-0.2
États-Unis[1]	2.0	2.7	2.1	1.9	2.0	1.5	1.6	1.8	-0.8	0.6
OCDE total	**2.4**	**2.5**	**2.0**	**2.0**	**1.8**	**2.9**	**2.6**	**2.3**	**1.0**	**1.5**
Union européenne[3]	**3.2**	**3.0**	**2.1**	**2.1**	**1.6**	**4.5**	**2.9**	**2.8**	**2.0**	**2.1**
G20	**1.7**	**1.8**	**1.4**	**1.4**	**1.3**	**1.4**	**1.5**	**1.8**	**0.8**	**1.3**
dont :										
G20 - Pays non-OCDE	**1.1**	**0.8**	**0.6**	**0.9**	**1.1**	**1.1**	**1.3**	**1.0**	**0.9**	**0.9**
Argentine	0.2	0.3	0.2	0.1	0.3	0.1	0.3	0.2	0.3	0.3
Brésil	1.0	0.4	-0.3	0.0	-0.1	-0.6	-0.3	0.9	-0.9	1.0
Chine	1.0	0.6	0.8	0.8	1.2	1.6	1.9	1.1	1.0	1.0
Inde	0.9	0.7	0.5	0.1	0.6	0.4	0.2	0.4	0.4	0.5
Indonésie	0.4	0.9	0.6	0.7	0.8	0.7	-1.3	0.2	0.8	0.3
Fédération de Russie	2.5	2.4	1.3	3.1	3.1	2.0	2.1	2.2	2.1	1.3
Arabie saoudite	0.7	0.5	0.6	0.7	0.7	0.8	1.4	1.1	2.4	1.7
Afrique du Sud	0.0	-0.1	0.7	1.8	2.2	1.8	1.5	2.1	1.1	0.9

| Rupture de série

Note : Voir les métadonnées détaillées sur : *http://metalinks.oecd.org/idi/20210722/6952*.

1. Les entités à vocation spéciale résidentes sont inexisistantes ou peu significatives.
2. Les données excluent les entités à vocation spéciales.
3. UE27 de 2007 à 2012 et UE28 à partir de 2013.

Source : *Statistiques de l'OCDE sur l'investissement direct international (base de données) : https://doi.org/10.1787/idi-data-fr*

Tableau 5. Encours d'investissement direct étranger entrant (stocks), dollars des ÉU
En fin d'année

Millions de dollars des ÉU

	2010	2011	2012	2013	2014	2015	2016	2017	2018	2019
Australie[1]	527 096	554 931	615 116	568 855	582 540	566 437	611 062	699 544	701 809	714 274
Autriche[2]	166 478	158 863	171 697	186 591	182 785	165 845	156 671	198 302	195 464	203 137
Belgique[2]	..	..	..	557 245	496 519	520 992	517 401	580 190	491 008	489 054
Canada	983 889	862 698	953 503	982 529	994 712	806 298	903 454	940 279	844 786	1 062 726
Chili[2]	..	..	207 298	216 519	224 928	231 213	247 684	270 773	266 028	265 763
République tchèque[1]	128 505	120 569	136 494	134 085	121 512	116 628	121 855	155 994	164 225	171 334
Danemark[2]	96 984	98 423	98 320	74 943	95 766	91 979	99 403	115 887	116 251	121 482
Estonie	15 551	16 349	.. d	21 780	.. d	18 447	19 119	23 297	24 358	27 212
Finlande[1]	..	..	..	..	..	..	..	87 215	69 534	83 269
France[1]	630 692	698 832	680 337	761 383	700 027	687 394	694 881	819 328	820 535	868 642
Allemagne[1]	959 200	988 551	863 410 |	955 173	862 229	795 471	805 991	996 954	967 780	1 026 802
Grèce[1]	35 025	29 058	24 763	25 850	24 567	26 951	24 615	33 404	35 737	45 151
Hongrie[2]	91 020	85 615	104 401	109 150	100 411	86 254	82 701	92 556	92 001	93 258
Islande[2]	11 784	12 656	10 367	7 367	7 889	7 851	9 841	10 130	8 751	8 350
Irlande	285 572	290 479	383 164 |	414 747	429 823	890 126	840 646	1 058 012	1 048 602	1 152 313
Israël[1]	60 086	64 842	75 805	86 531	89 619	99 313	107 483	127 161	143 971	164 838
Italie[1]	328 055	355 108	363 586	364 965 |	352 482	340 477	352 626	424 743	433 366	444 485
Japon	214 890	225 785	205 754	170 713	171 664	174 146	196 614	202 441	204 524	220 785
Corée[2]	..	..	..	166 375	168 827	168 923	174 979	210 864	213 966	..
Lettonie[1]	10 869	12 062	13 488	15 905	15 120	14 732	14 326	17 618	17 474	17 889
Lituanie	15 455	16 146	17 725	19 526	16 888	16 047	16 171	19 622	19 418	20 853
Luxembourg[2]	..	..	166 774	180 065	196 069	222 100	269 904	245 786	164 747	160 185
Mexique[2]	355 512	336 179	426 101	469 236	456 569	430 576	432 742	495 953	515 015	567 747
Pays-Bas[2]	636 049	651 352	668 530	836 716	..	1 546 194	1 565 339	1 825 814	1 824 828	1 985 951
Nouvelle-Zélande[1]	57 364	64 433	71 579	75 344	76 622	66 479	69 960	75 292	75 967	81 238
Norvège[2]	..	..	..	190 836	173 127	147 487	147 524	145 488	153 178	161 469
Pologne[2]	187 602	164 424	198 953	229 167	211 951	183 869	186 735	238 990	231 603	236 469
Portugal[2]	90 878	92 308	105 726	132 122	123 728	123 513	122 726	152 168	147 826	158 109
République slovaque[1]	50 327	51 978	55 118	58 022	49 738	46 016	47 592	59 510	59 857	60 951
Slovénie[1]	10 667	11 490	12 202	12 269	12 385	12 642	13 672	16 739	17 465	17 982
Espagne[2]	..	..	..	638 731	587 426	553 237	554 200	676 444	706 664	724 882
Suède[2]	..	..	..	359 801	293 526	291 338	293 910	339 860	316 601	315 807
Suisse[2]	..	..	..	..	720 433	822 116	1 030 857	1 165 992	1 112 810	1 153 180
Turquie[1]	187 147	136 606	190 125	151 832	183 679	159 435	149 366	196 759	145 419	161 751
Royaume-Uni	1 068 143	1 157 485	1 440 525	1 512 648	1 581 494	1 530 652	1 460 578	1 881 501	1 930 435	2 045 078
États-Unis[1]	3 422 293	3 498 726	3 915 804	4 948 418	5 456 888	5 731 383	6 502 750	7 756 732	7 333 453	9 398 404
OCDE total	**13 298 070**	**13 561 649**	**14 873 917**	**16 530 267**	**17 150 499**	**17 920 880**	**19 087 368**	**22 536 906**	**21 804 751**	**24 850 499**
Union européenne[3]	**6 954 172**	**7 228 927**	**7 784 008**	**8 471 101**	**8 456 436**	**9 100 050**	**9 086 415**	**10 939 569**	**10 740 189**	**11 350 046**
G20	**12 288 373**	**12 738 372**	**13 873 082**	**15 388 334**	**15 929 595**	**15 715 732**	**17 007 643**	**19 488 052**	**18 969 678**	**21 833 605**
dont :										
G20 - Pays non-OCDE	**3 482 033**	**3 794 597**	**4 068 272**	**4 336 208**	**4 418 485**	**4 324 540**	**4 722 599**	**4 862 954**	**4 858 590**	**5 108 945**
Argentine	85 591	92 295	98 706	88 338	89 716	79 773	74 868	80 700	72 573	70 458
Brésil	640 330	649 126	664 208	627 789	601 490	429 843	563 539	623 021	568 741	705 031
Chine	1 569 604	1 906 908	2 068 000	2 331 238	2 599 102	2 696 344	2 755 147	2 725 662	2 827 064	2 796 396
Inde	205 603	206 373	224 987	226 549	265 838	282 617	318 320	377 287	386 172	426 940
Indonésie	160 735	184 804	211 635	230 799	217 487	222 410	249 859	231 492	225 720	235 348
Fédération de Russie	464 228	408 942	438 195	471 475	290 039	262 748	393 910	441 123	408 097	493 156
Arabie saoudite	176 378	186 758	199 032	207 897	215 909	224 050	231 502	227 566	231 814	236 370
Afrique du Sud	179 564	159 391	163 509	152 123	138 904	126 755	135 453	156 103	138 410	145 247
Monde	**20 389 259**	**21 285 226**	**23 455 362**	**25 750 263**	**26 797 315**	**27 649 446**	**29 497 867**	**34 019 073**	**33 490 659**	**37 009 197**

.. Non disponible ; d Confidentialité Secondaire ; | Rupture de série

Note : Voir les métadonnées détaillées sur : *http://metalinks.oecd.org/idi/20210722/6952*.

1. Les entités à vocation spéciale résidentes sont inexistantes ou peu significatives.
2. Les données excluent les entités à vocation spéciales.
3. UE27 de 2007 à 2012 et UE28 à partir de 2013.

Source : *Statistiques de l'OCDE sur l'investissement direct international (base de données) : https://doi.org/10.1787/idi-data-fr*

Tableau 6. Encours d'investissement direct étranger sortant (stocks), dollars des ÉU

En fin d'année

Millions de dollars des ÉU

	2010	2011	2012	2013	2014	2015	2016	2017	2018	2019
Australie[1]	449 768	418 814	476 541	456 977	467 173	416 606	435 767	503 204	497 022	579 278
Autriche[2]	187 857	199 307	215 786	238 357	224 039	210 510	202 757	240 856	234 497	241 536
Belgique[2]	..	..	..	565 311	554 624	582 582	599 380	707 828	531 899	612 188
Canada	998 466	891 619	972 042	1 131 177	1 125 917	1 156 042	1 290 015	1 532 829	1 379 872	1 720 413
Chili[2]	..	..	97 193	102 396	107 027	107 589	121 419	126 478	126 343	137 601
République tchèque[1]	14 922	13 214	17 368	20 627	18 235	18 591	19 426	32 364	41 003	45 135
Danemark[2]	165 375	176 065	183 987	157 753	167 395	164 758	169 708	205 107	209 111	217 685
Estonie	5 545	4 805	.. d	.. d	.. d	5 607	5 843	7 224	7 347	9 329
Finlande[1]	..	..	..	..	..	..	..	124 607	128 744	146 329
France[1]	1 172 979	1 247 922	1 272 327	1 325 443	1 294 151	1 268 228	1 284 859	1 440 434	1 499 081	1 532 740
Allemagne[1]	1 383 601	1 432 696	1 344 222 |	1 448 428	1 388 804	1 362 440	1 380 580	1 671 520	1 632 912	1 773 608
Grèce[1]	42 623	48 041	44 960	36 300	32 431	27 288	18 006	20 104	19 498	19 235
Hongrie[2]	23 613	27 557	39 165	39 929	40 533	35 537	25 019	29 293	28 551	31 478
Islande[2]	11 466	11 521	12 305	9 503	8 415	7 637	6 058	5 269	5 229	5 420
Irlande	340 110	330 793	412 011 |	534 765	618 800	909 668	856 582	986 846	967 868	1 085 869
Israël[1]	67 893	72 177	72 565	77 745	79 011	84 696	94 633	101 540	104 879	112 256
Italie[1]	489 654	519 660	534 980	533 906 |	477 456	456 619	456 380	547 578	554 876	557 002
Japon	831 110	955 854	1 037 700	1 118 009	1 152 007	1 228 767	1 315 221	1 497 525	1 568 766	1 769 193
Corée[2]	..	..	..	237 932	242 792	276 100	296 641	343 089	383 983	..
Lettonie[1]	894	864	1 113	1 600	1 805	1 838	1 933	2 243	2 338	2 183
Lituanie	2 647	3 284	3 898	4 063	3 659	3 670	3 714	4 330	4 836	4 796
Luxembourg[2]	..	..	145 116	197 131	220 212	251 682	275 132	321 727	280 342	358 942
Mexique[2]	119 967	117 592	154 746	145 921	152 103	143 720	149 645	180 077	159 328	172 419
Pays-Bas[2]	1 016 108	1 036 720	1 041 826	1 186 661	..	2 183 870	2 368 469	2 694 742	2 546 526	2 806 445
Nouvelle-Zélande[1]	16 053	19 100	19 130	18 385	17 996	17 026	16 888	17 800	17 279	17 045
Norvège[2]	..	..	..	181 736	162 028	172 432	192 013	200 887	200 999	204 930
Pologne[2]	16 407	18 928	26 102	27 725	21 797	22 281	25 388	28 478	26 424	26 415
Portugal[2]	52 495	63 082	57 941	71 462	56 919	58 878	57 777	62 673	52 523	56 066
République slovaque[1]	3 456	4 021	4 765	4 830	2 820	2 462	2 631	4 590	4 589	4 727
Slovénie[1]	8 147	7 826	7 533	7 142	6 477	5 997	6 052	7 159	6 993	7 455
Espagne[2]	..	..	..	572 343	519 308	505 765	496 605	585 615	564 600	591 381
Suède[2]	..	..	..	414 533	377 441	338 754	.. d	372 465	382 260	397 878
Suisse[2]	..	..	..	..	943 605	1 039 201	1 175 877	1 257 545	1 329 205	1 335 894
Turquie[1]	22 506	27 652	30 936	33 318	39 458	35 546	38 453	45 585	44 557	49 059
Royaume-Uni	1 686 191	1 728 556	1 693 955	1 796 164	1 681 283	1 605 446	1 567 989	1 849 781	1 788 180	1 965 930
États-Unis[1]	4 809 587	4 514 327	5 222 874	6 254 171	6 320 124	6 059 272	6 395 424	7 865 018	6 375 672	7 649 975
OCDE total	**17 023 558**	**17 088 316**	**18 331 060**	**20 233 178**	**20 358 627**	**20 908 784**	**21 851 258**	**25 679 915**	**23 768 769**	**26 695 666**
Union européenne[3]	**8 692 496**	**8 969 166**	**9 150 499**	**9 856 519**	**10 020 689**	**10 646 855**	**10 794 271**	**12 546 232**	**12 074 593**	**13 064 396**
G20	**13 175 620**	**13 219 879**	**14 340 313**	**16 103 602**	**16 191 740**	**16 063 869**	**17 073 310**	**20 572 305**	**19 078 021**	**21 687 200**
dont :										
G20 - Pays non-OCDE	**1 068 662**	**1 193 694**	**1 398 205**	**1 622 156**	**1 850 473**	**2 055 083**	**2 462 335**	**3 095 666**	**3 193 771**	**3 533 599**
Argentine	30 328	31 891	32 919	34 517	36 180	37 843	39 735	40 930	42 228	42 671
Brésil	149 333	159 809	203 897	203 799	209 993	184 909	203 186	242 964	213 261	247 605
Chine	339 286	443 521	551 941	691 346	922 481	1 156 046	1 423 737	1 844 990	2 001 548	2 236 641
Inde	96 911	109 519	118 072	119 838	132 741	139 038	144 086	155 176	166 594	179 734
Indonésie	6 672	6 204	12 401	19 350	25 396	29 351	59 134	65 928	72 765	80 727
Fédération de Russie	336 355	315 742	332 836	385 322	332 961	290 092	342 849	388 693	346 593	407 318
Arabie saoudite	26 528	29 958	34 359	39 303	44 699	63 121	73 973	84 437	104 613	123 904
Afrique du Sud	83 248	97 051	111 779	128 681	146 023	154 683	175 635	272 548	246 170	214 999
Monde	**20 257 991**	**20 673 427**	**22 478 832**	**24 816 440**	**25 494 986**	**26 445 399**	**27 975 194**	**33 013 658**	**31 209 188**	**34 552 311**

.. Non disponible ; d Confidentialité Secondaire ; | Rupture de série

Note : Voir les métadonnées détaillées sur : *http://metalinks.oecd.org/idi/20210722/6952.*

1. Les entités à vocation spéciale résidentes sont inexistantes ou peu significatives.
2. Les données excluent les entités à vocation spéciales.
3. UE27 de 2007 à 2012 et UE28 à partir de 2013.

Source : *Statistiques de l'OCDE sur l'investissement direct international (base de données) : https://doi.org/10.1787/idi-data-fr*

Tableau 7. Encours d'investissement direct étranger entrant (stocks) en pourcentage du PIB

En fin d'année

Pourcentage

	2010	2011	2012	2013	2014	2015	2016	2017	2018	2019
Australie[1]	40.6	35.9	38.7	36.9	39.8	45.4	46.6	49.4	48.1	51.8
Autriche[2]	42.4	36.8	41.9	43.4	41.3	43.4	39.6	47.5	43.0	45.6
Belgique[2]	..	..	..	106.8	92.7	112.7	108.7	115.4	90.3	91.7
Canada	60.8	48.1	52.2	53.2	55.1	51.8	59.1	57.0	49.1	61.0
Chili[2]	..	..	77.6	77.8	86.3	94.8	98.9	97.7	89.2	94.1
République tchèque[1]	61.5	52.5	65.4	63.3	58.0	62.0	62.1	71.4	66.0	68.3
Danemark[2]	30.1	28.6	30.1	21.8	27.1	30.4	31.7	34.9	32.6	34.7
Estonie	79.0	69.8	.. d	86.2	.. d	80.0	78.8	86.4	79.5	86.5
Finlande[1]	..	..	..	..	..	..	..	34.1	25.2	31.0
France[1]	23.8	24.4	25.4	27.1	24.5	28.2	28.1	31.6	29.4	32.0
Allemagne[1]	28.2	26.4	24.5 |	25.6	22.2	23.7	23.2	27.1	24.4	26.6
Grèce[1]	11.8	10.3	10.2	10.8	10.4	13.8	12.8	16.7	16.8	22.0
Hongrie[2]	69.0	60.4	81.3	80.6	71.3	69.0	64.4	64.7	57.4	57.0
Islande[2]	85.7	83.1	70.3	45.7	44.2	44.8	47.3	41.0	33.4	33.9
Irlande	128.5	122.1	170.3 |	173.9	165.8	305.2	280.4	311.8	271.5	289.1
Israël[1]	25.7	24.8	29.5	29.6	28.9	33.1	33.7	36.1	38.9	41.8
Italie[1]	15.4	15.5	17.4	17.0 |	16.3	18.5	18.8	21.7	20.7	22.2
Japon	3.8	3.7	3.3	3.3	3.5	4.0	4.0	4.2	4.1	4.3
Corée[2]	..	..	..	12.1	11.4	11.5	11.7	13.0	12.4	..
Lettonie[1]	45.5	42.1	47.6	52.3	48.2	54.1	51.0	57.8	50.8	52.5
Lituanie	41.6	37.0	41.3	42.0	34.8	38.7	37.6	41.1	36.1	38.2
Luxembourg[2]	..	..	294.3	291.6	296.2	384.5	444.4	383.0	232.3	225.3
Mexique[2]	33.6	28.5	35.5	36.8	34.7	36.7	40.1	42.8	42.1	44.7
Pays-Bas[2]	75.1	72.0	79.7	95.4	..	202.0	199.6	219.0	199.6	218.9
Nouvelle-Zélande[1]	39.2	38.3	40.6	39.5	38.1	37.3	37.0	36.4	35.8	38.3
Norvège[2]	..	..	..	36.5	34.7	38.2	40.0	36.5	35.1	39.8
Pologne[2]	39.1	31.1	39.9	44.0	39.1	38.5	39.5	45.4	39.4	39.7
Portugal[2]	38.2	37.7	48.9	58.3	53.8	61.9	59.5	68.7	61.0	66.0
République slovaque[1]	55.7	52.4	58.3	58.7	49.1	52.0	53.0	62.3	56.6	58.0
Slovénie[1]	22.1	22.3	26.2	25.3	24.8	29.3	30.5	34.5	32.2	33.2
Espagne[2]	..	..	..	47.1	42.8	46.3	45.0	51.5	49.7	52.0
Suède[2]	..	..	..	61.3	50.4	57.7	57.0	62.8	57.0	59.4
Suisse[2]	..	..	..	..	98.1	117.1	148.2	165.5	151.2	157.7
Turquie[1]	24.1	16.3	21.6	15.9	19.6	18.4	17.2	22.9	18.7	21.2
Royaume-Uni	43.0	43.5	53.3	54.3	51.6	52.2	54.2	70.7	67.6	72.2
États-Unis[1]	22.8	22.5	24.2	29.5	31.1	31.4	34.7	39.7	35.6	43.8
OCDE total	**29.4**	**27.9**	**30.7**	**33.7**	**34.2**	**37.9**	**39.5**	**44.7**	**40.9**	**46.2**
Union européenne[3]	**41.0**	**39.4**	**45.0**	**46.9**	**45.2**	**55.2**	**54.8**	**62.8**	**57.1**	**61.5**
G20	**24.1**	**22.6**	**24.0**	**26.0**	**26.1**	**27.0**	**28.6**	**30.8**	**28.3**	**32.0**
dont :										
G20 - Pays non-OCDE	**25.4**	**22.9**	**23.0**	**23.0**	**22.5**	**23.0**	**24.8**	**22.8**	**21.2**	**21.8**
Argentine	20.1	17.4	17.0	14.4	15.8	12.4	13.4	12.6	14.0	15.7
Brésil	29.0	24.8	26.9	25.4	24.5	23.9	31.4	30.2	29.7	38.3
Chine	25.8	25.3	24.2	24.4	24.8	24.4	24.5	22.1	20.3	19.5
Inde	12.0	11.3	12.3	12.2	13.0	13.4	13.9	14.2	14.2	14.9
Indonésie	21.3	20.7	23.1	25.3	24.4	25.8	26.8	22.8	21.7	21.0
Fédération de Russie	28.3	20.0	19.8	20.6	14.1	19.3	30.9	28.0	24.4	29.0
Arabie saoudite	33.4	27.8	27.0	27.8	28.5	34.2	35.9	33.0	29.5	29.8
Afrique du Sud	47.8	38.3	41.3	41.5	39.6	39.9	45.7	44.7	37.6	41.3

.. Non disponible ; d Confidentialité Secondaire ; | Rupture de série

Note : Voir les métadonnées détaillées sur : *http://metalinks.oecd.org/idi/20210722/6952*.

1. Les entités à vocation spéciale résidentes sont inexistantes ou peu significatives.
2. Les données excluent les entités à vocation spéciales.
3. UE27 de 2007 à 2012 et UE28 à partir de 2013.

Source : *Statistiques de l'OCDE sur l'investissement direct international (base de données) : https://doi.org/10.1787/idi-data-fr*

Tableau 8. Encours d'investissement direct étranger sortant (stocks) en pourcentage du PIB

En fin d'année

Pourcentage

	2010	2011	2012	2013	2014	2015	2016	2017	2018	2019
Australie[1]	34.6	27.1	30.0	29.6	31.9	33.4	33.3	35.5	34.1	42.0
Autriche[2]	47.9	46.2	52.7	55.4	50.6	55.1	51.2	57.7	51.5	54.3
Belgique[2]	..	..	..	108.3	103.6	126.0	125.9	140.8	97.8	114.8
Canada	61.7	49.7	53.2	61.3	62.4	74.3	84.4	92.9	80.1	98.8
Chili[2]	..	..	36.4	36.8	41.1	44.1	48.5	45.7	42.4	48.7
République tchèque[1]	7.1	5.8	8.3	9.7	8.7	9.9	9.9	14.8	16.5	18.0
Danemark[2]	51.4	51.2	56.2	45.9	47.4	54.4	54.2	61.8	58.6	62.2
Estonie	28.2	20.5	.. d	.. d	.. d	24.3	24.1	26.8	24.0	29.6
Finlande[1]	..	..	..	..	..	..	..	48.7	46.6	54.4
France[1]	44.3	43.6	47.4	47.1	45.3	52.0	52.0	55.5	53.8	56.4
Allemagne[1]	40.7	38.2	38.1 |	38.8	35.7	40.6	39.8	45.4	41.2	45.9
Grèce[1]	14.3	17.0	18.6	15.2	13.8	14.0	9.3	10.0	9.2	9.4
Hongrie[2]	17.9	19.4	30.5	29.5	28.8	28.4	19.5	20.5	17.8	19.3
Islande[2]	83.4	75.7	83.4	58.9	47.1	43.6	29.1	21.3	20.0	22.0
Irlande	153.0	139.0	183.1 |	224.2	238.7	311.9	285.8	290.8	250.6	272.4
Israël[1]	29.0	27.7	28.2	26.6	25.5	28.2	29.7	28.8	28.3	28.4
Italie[1]	22.9	22.6	25.6	24.9 |	22.1	24.9	24.3	27.9	26.5	27.8
Japon	14.6	15.5	16.7	21.7	23.8	28.0	26.7	30.8	31.7	34.8
Corée[2]	..	..	..	17.4	16.4	18.8	19.8	21.1	22.3	..
Lettonie[1]	3.7	3.0	3.9	5.3	5.8	6.7	6.9	7.4	6.8	6.4
Lituanie	7.1	7.5	9.1	8.7	7.5	8.9	8.6	9.1	9.0	8.8
Luxembourg[2]	..	..	256.1	319.2	332.7	435.7	453.0	501.3	395.3	504.8
Mexique[2]	11.3	10.0	12.9	11.4	11.6	12.3	13.9	15.5	13.0	13.6
Pays-Bas[2]	119.9	114.5	124.2	135.3	..	285.3	302.1	323.2	278.6	309.4
Nouvelle-Zélande[1]	11.0	11.3	10.9	9.6	8.9	9.6	8.9	8.6	8.1	8.0
Norvège[2]	..	..	..	34.8	32.5	44.7	52.1	50.4	46.0	50.5
Pologne[2]	3.4	3.6	5.2	5.3	4.0	4.7	5.4	5.4	4.5	4.4
Portugal[2]	22.0	25.7	26.8	31.6	24.8	29.5	28.0	28.3	21.7	23.4
République slovaque[1]	3.8	4.1	5.0	4.9	2.8	2.8	2.9	4.8	4.3	4.5
Slovénie[1]	16.9	15.2	16.2	14.8	13.0	13.9	13.5	14.7	12.9	13.8
Espagne[2]	..	..	..	42.2	37.9	42.3	40.3	44.6	39.7	42.4
Suède[2]	..	..	..	70.6	64.9	67.1	.. d	68.8	68.8	74.9
Suisse[2]	..	..	..	..	128.5	148.0	169.0	178.5	180.6	182.6
Turquie[1]	2.9	3.3	3.5	3.5	4.2	4.1	4.4	5.3	5.7	6.4
Royaume-Uni	67.9	65.0	62.6	64.5	54.8	54.7	58.2	69.5	62.6	69.4
États-Unis[1]	32.1	29.0	32.2	37.3	36.1	33.2	34.1	40.2	30.9	35.7
OCDE total	**37.6**	**35.1**	**37.8**	**41.2**	**40.6**	**44.3**	**45.2**	**50.9**	**44.6**	**49.7**
Union européenne[3]	**51.2**	**48.9**	**52.9**	**54.5**	**53.5**	**64.6**	**65.1**	**72.0**	**64.1**	**70.8**
G20	**25.8**	**23.4**	**24.8**	**27.2**	**26.6**	**27.5**	**28.7**	**32.5**	**28.4**	**31.8**
dont :										
G20 - Pays non-OCDE	**7.8**	**7.2**	**7.9**	**8.6**	**9.4**	**10.9**	**12.9**	**14.5**	**13.9**	**15.1**
Argentine	7.1	6.0	5.7	5.6	6.4	5.9	7.1	6.4	8.1	9.5
Brésil	6.8	6.1	8.3	8.2	8.6	10.3	11.3	11.8	11.1	13.5
Chine	5.6	5.9	6.5	7.2	8.8	10.5	12.7	15.0	14.4	15.6
Inde	5.7	6.0	6.5	6.5	6.5	6.6	6.3	5.8	6.1	6.3
Indonésie	0.9	0.7	1.4	2.1	2.9	3.4	6.3	6.5	7.0	7.2
Fédération de Russie	20.5	15.4	15.1	16.8	16.2	21.3	26.9	24.7	20.8	24.0
Arabie saoudite	5.0	4.5	4.7	5.3	5.9	9.6	11.5	12.3	13.3	15.6
Afrique du Sud	22.2	23.3	28.2	35.1	41.6	48.7	59.3	78.0	66.8	61.2

.. Non disponible ; d Confidentialité Secondaire ; | Rupture de série

Note : Voir les métadonnées détaillées sur : *http://metalinks.oecd.org/idi/20210722/6952.*

1. Les entités à vocation spéciale résidentes sont inexistantes ou peu significatives.
2. Les données excluent les entités à vocation spéciale.
3. UE27 de 2007 à 2012 et UE28 à partir de 2013.

Source : *Statistiques de l'OCDE sur l'investissement direct international (base de données) : https://doi.org/10.1787/idi-data-fr*

Tableau 9. Revenus d'Investissement direct étranger entrant, dollars des EU

En fin d'année

Millions de dollars des ÉU

	2010	2011	2012	2013	2014	2015	2016	2017	2018	2019
Australie[1]	39 894	45 666	35 683	33 996	29 806	23 884	27 454	37 311	44 029	43 575
Autriche[2]	9 127	12 151	11 598	9 505	9 459	9 845	12 146	15 987	16 271	13 114
Belgique	32 634	24 464	27 461	26 890	34 389	28 819	33 268	28 057	38 348	36 579
Canada	40 075	45 524	48 209	47 319	47 786	34 640	31 001	37 274	41 599	42 323
Chili[2]	..	..	18 890	18 899	15 058	10 741	10 982	14 744	17 037	15 160
République tchèque[1]	15 395	15 278	15 115	15 441	16 098	14 474	15 344	19 127	19 260	20 343
Danemark[2]	..	..	..	6 395	5 452	4 620	5 481	6 134	6 363	7 043
Estonie	1 639 |	2 053	1 818	1 846	1 916	1 385	1 591	1 737	1 921	1 955
Finlande[1]	5 331	6 772	6 267	5 536 |	6 597	4 632	6 492	8 426	7 765	8 323
France[1]	29 143	19 745	30 551 |	26 824	24 900	26 923	29 484	36 341	37 510	36 509
Allemagne[1]	43 208	41 092	40 166	32 635 |	41 345	28 784	37 942	45 450	43 217	36 853
Grèce[1]	-867	-2 139	-3 481	-332	522	1 157	1 150	1 452	1 552	1 868
Hongrie[2]	6 714	7 955	7 530	6 828	9 484	8 855	7 682	10 335	10 574	9 340
Islande[2]	-249	116	751 |	-47 |	-47	31	-29	40	-42	-264
Irlande	49 849	59 083	50 379 |	49 514	52 055	71 582	61 829	75 987	88 205	97 130
Israël[1]	4 177	3 644	6 425	5 362	3 949	5 808	5 846	5 586	6 311	7 292
Italie[1]	16 725	20 810	12 486	10 059 |	11 199	11 685	14 147	19 621	20 410	17 824
Japon[1]	5 771	11 013	15 278	13 031	26 287 |	23 858	34 242	33 302	34 221	34 800
Corée[1]	..	..	..	7 580	-1 142	2 261	4 031	3 633	4 447	12 483
Lettonie[1]	188	633	1 004	1 077	1 043	1 155	1 190	1 390	1 861	1 590
Lituanie[1]	516	1 558	1 245	1 186	684	1 642	1 678	1 944	2 193	2 297
Luxembourg[2]	..	..	8 364	22 091	11 981	10 622	13 247	11 778	10 146	11 313
Mexique[2]	10 043	14 441	19 360	30 448	22 640	18 457	17 325	18 887	23 155	24 967
Pays-Bas[2]	190 627	208 738	181 992	202 878	246 260	203 789	212 932	200 625	250 654	239 857
Nouvelle-Zélande[1]	4 722	5 819	6 185	6 758	7 330	5 849	5 534	7 207	7 001	5 891
Norvège	13 477	16 400	17 688	15 179 |	7 757	6 038	7 061	10 943	13 012	12 320
Pologne[1]	16 907	17 505	16 000	18 620	21 426	18 178	20 939	21 419	23 500	22 822
Portugal[2]	7 215	2 371	4 774	3 211	4 035	4 842	5 699	6 223	8 397	7 245
République slovaque[1]	5 102	6 279	4 079	3 297 |	3 949	4 421	4 411	4 330	4 553	4 655
Slovénie[1]	301	422	265	-1	-49	1 078	1 252	1 255	1 566	1 601
Espagne	31 122	30 540	22 199	28 313	24 010	22 030	23 653	28 808	31 281	26 860
Suède	23 256	21 430	19 443	21 065	23 603	22 053	21 836	22 166	25 396	23 848
Suisse	35 947	36 212	40 637	33 750	73 369 |	61 255	72 638	96 041	119 225	98 933
Turquie[1]	2 871	2 931	2 655	3 678	2 363	3 589	3 137	3 279	3 201	3 501
Royaume-Uni	61 503	72 858	72 338	79 526	79 045	73 586	67 864	74 333	96 727	55 925
États-Unis[1]	157 583	178 262	172 761	184 116	187 547	166 149	162 199	193 923	226 546	228 781
OCDE total	**906 552**	**979 174**	**947 386**	**986 162**	**1 063 758**	**943 936**	**987 391**	**1 112 703**	**1 298 256**	**1 224 351**
Union européenne[3]	..	..	..	..	..	..	..	..	..	..
G20	..	..	..	..	..	..	..	..	..	..
dont :										
G20 - Pays non-OCDE	..	..	..	..	..	..	..	..	..	..
Argentine	..	..	..	..	..	..	..	..	..	..
Brésil	65 373	62 427	46 366	23 326	27 980	13 915	30 359	41 474	45 740	54 051
Chine	..	..	..	..	..	..	..	..	..	..
Inde	..	..	..	..	..	..	..	..	..	..
Indonésie	..	..	..	..	..	..	..	..	..	..
Fédération de Russie	..	..	..	..	..	..	..	..	..	..
Arabie saoudite	..	..	..	..	..	..	..	..	..	..
Afrique du Sud	..	..	..	..	..	..	..	..	..	..
Monde	..	..	..	..	..	..	..	..	..	..

.. Non disponible ; | Rupture de série

Note : Voir les métadonnées détaillées sur : *http://metalinks.oecd.org/idi/20210722/6952*.

1. Les entités à vocation spéciale résidentes sont inexisistantes ou peu significatives.
2. Les données excluent les entités à vocation spéciales.
3. UE27 de 2007 à 2012 et UE28 à partir de 2013.

Source : *Statistiques de l'OCDE sur l'investissement direct international (base de données) : https://doi.org/10.1787/idi-data-fr*

Tableau 10. Revenus d'Investissement direct étranger sortant, dollars des EU
En fin d'année

Millions de dollars des ÉU

	2010	2011	2012	2013	2014	2015	2016	2017	2018	2019
Australie[1]	16 397	19 810	20 772	19 746	19 180	13 785	13 315	14 218	16 748	16 860
Autriche[2]	12 644	15 127	13 963	14 106	11 648	10 823	15 536	15 260	15 239	15 622
Belgique	25 024	9 436	23 559	26 157	34 250	29 336	33 352	28 221	37 635	36 009
Canada	37 481	44 448	45 094	44 446	47 130	41 825	40 774	54 143	62 401	64 146
Chili[2]	..	..	4 163	4 400	5 397	3 824	3 388	4 119	4 043	5 302
République tchèque[1]	1 093	1 187	2 251	1 320	1 589	1 861	2 015	4 665	4 194	5 619
Danemark[2]	..	..	..	12 430	13 709	12 126	12 027	13 256	15 120	15 622
Estonie	403 |	535	440	652	595	364	492	485	698	691
Finlande[1]	10 946	10 698	10 144	7 865 |	10 942	7 373	7 890	8 836	10 202	13 653
France[1]	77 095	76 027	78 845 |	78 541	78 586	70 308	69 441	77 145	94 515	89 877
Allemagne[1]	83 489	101 941	81 156	89 600 |	89 541	84 972	98 391	94 299	128 763	121 627
Grèce[1]	1 047	438	1 169	795	3 114	1 801	627	1 099	694	935
Hongrie[2]	992	1 273	1 710	1 437	1 687	988	1 823	2 058	1 898	2 123
Islande[2]	-27	572	-268 |	300 |	164	283	436	302	364	314
Irlande	18 989	21 295	13 905 |	16 389	17 675	11 765	14 640	17 470	19 562	16 360
Israël[1]	3 720	4 517	4 194	4 239	5 188	6 575	6 453	7 202	7 740	6 925
Italie[1]	28 200	33 669	26 239	22 849 |	26 374	12 049	17 895	24 782	29 994	28 628
Japon[1]	38 261	58 880	68 079	68 225	100 236 |	96 359	110 503	120 205	128 407	132 230
Corée[1]	..	..	..	9 924	6 305	-124	9 055	10 259	9 631	16 721
Lettonie[1]	-29	58	82	97	54	153	116	218	157	113
Lituanie[1]	60	56	100	165	120	136	146	166	303	228
Luxembourg[2]	..	..	7 192	7 974	7 795	8 094	8 295	10 458	8 825	7 163
Mexique[2]	6 567	6 904	6 779	8 076	7 332	3 430	3 014	4 764	5 227	6 262
Pays-Bas[2]	236 895	267 543	238 781	244 829	273 875	236 455	238 478	246 192	299 704	282 743
Nouvelle-Zélande[1]	594	342	679	572	707	511	741	523	373	605
Norvège	10 944	8 263	11 065	8 667 |	13 770	9 078	6 772	8 408	12 160	5 383
Pologne[1]	528	-262	1 332	406	1 641	719	977	2 288	2 205	2 042
Portugal[2]	3 928	2 510	2 355	2 542	2 045	2 008	2 517	3 694	4 418	2 771
République slovaque[1]	495	441	216	273 |	811	350	206	391	424	366
Slovénie[1]	-318	-54	-388	-552	-87	55	176	220	357	374
Espagne	38 740	41 158	33 934	38 884	35 392	31 694	33 709	36 232	41 982	35 978
Suède	34 394	33 851	32 720	34 882	36 148	26 830	25 633	30 744	34 933	34 739
Suisse	72 271	49 358	64 148	61 238	90 614 |	85 935	86 094	100 162	104 657	91 709
Turquie[1]	681	220	98	273	314	224	202	299	957	813
Royaume-Uni	135 386	158 549	127 585	123 000	112 807	87 381	69 270	113 394	125 452	117 344
États-Unis[1]	436 161	466 938	458 257	467 395	471 765	443 462	451 921	544 229	569 017	558 063
OCDE total	**1 361 037**	**1 467 549**	**1 409 944**	**1 424 949**	**1 531 598**	**1 346 371**	**1 390 052**	**1 604 337**	**1 802 984**	**1 740 560**
Union européenne[3]	..	..	..	..	..	..	..	..	..	..
G20	..	..	..	..	..	..	..	..	..	..
dont :										
G20 - Pays non-OCDE	..	..	..	..	..	..	..	..	..	..
Argentine	..	..	..	..	..	..	..	..	..	..
Brésil	10 773	13 613	2 457	7 447	2 526	-2 398	7 878	17 332	4 835	16 071
Chine	..	..	..	..	..	..	..	..	..	..
Inde	..	..	..	..	..	..	..	..	..	..
Indonésie	..	..	..	..	..	..	..	..	..	..
Fédération de Russie	..	..	..	..	..	..	..	..	..	..
Arabie saoudite	..	..	..	..	..	..	..	..	..	..
Afrique du Sud	..	..	..	..	..	..	..	..	..	..
Monde	..	..	..	..	..	..	..	..	..	..

.. Non disponible ; | Rupture de série

Note : Voir les métadonnées détaillées sur : *http://metalinks.oecd.org/idi/20210722/6952.*

1. Les entités à vocation spéciale résidentes sont inexisistantes ou peu significatives.
2. Les données excluent les entités à vocation spéciales.
3. UE27 de 2007 à 2012 et UE28 à partir de 2013.

Source : *Statistiques de l'OCDE sur l'investissement direct international (base de données) : https://doi.org/10.1787/idi-data-fr*

Tableau 11. Revenus d'Investissement direct étranger entrant en pourcentage du PIB
En fin d'année

Pourcentage

	2010	2011	2012	2013	2014	2015	2016	2017	2018	2019
Australie[1]	3.1	3.0	2.2	2.2	2.0	1.9	2.1	2.6	3.0	3.2
Autriche[2]	2.3	2.8	2.8	2.2	2.1	2.6	3.1	3.8	3.6	2.9
Belgique	6.8	4.7	5.5	5.2	6.4	6.2	7.0	5.6	7.1	6.9
Canada	2.5	2.5	2.6	2.6	2.6	2.2	2.0	2.3	2.4	2.4
Chili[2]	..	..	7.1	6.8	5.8	4.4	4.4	5.3	5.7	5.4
République tchèque[1]	7.4	6.7	7.2	7.3	7.7	7.7	7.8	8.7	7.7	8.1
Danemark[2]	..	..	..	1.9	1.5	1.5	1.8	1.8	1.8	2.0
Estonie	8.3 |	8.8	7.8	7.3	7.1	6.0	6.6	6.4	6.3	6.2
Finlande[1]	2.1	2.5	2.4	2.0 |	2.4	2.0	2.7	3.3	2.8	3.1
France[1]	1.1	0.7	1.1 |	1.0	0.9	1.1	1.2	1.4	1.3	1.3
Allemagne[1]	1.3	1.1	1.1	0.9 |	1.1	0.9	1.1	1.2	1.1	1.0
Grèce[1]	-0.3	-0.8	-1.4	-0.1	0.2	0.6	0.6	0.7	0.7	0.9
Hongrie[2]	5.1	5.6	5.9	5.0	6.7	7.1	6.0	7.2	6.6	5.7
Islande[2]	-1.8	0.8	5.1 |	-0.3 |	-0.3	0.2	-0.1	0.2	-0.2	-1.1
Irlande	22.4	24.8	22.4 |	20.8	20.1	24.5	20.6	22.4	22.8	24.4
Israël[1]	1.8	1.4	2.5	1.8	1.3	1.9	1.8	1.6	1.7	1.8
Italie[1]	0.8	0.9	0.6	0.5 |	0.5	0.6	0.8	1.0	1.0	0.9
Japon[1]	0.1	0.2	0.2	0.3	0.5 |	0.5	0.7	0.7	0.7	0.7
Corée[1]	..	..	..	0.6	-0.1	0.2	0.3	0.2	0.3	0.8
Lettonie[1]	0.8	2.2	3.5	3.5	3.3	4.2	4.2	4.6	5.4	4.7
Lituanie[1]	1.4	3.6	2.9	2.5	1.4	4.0	3.9	4.1	4.1	4.2
Luxembourg[2]	..	..	14.8	35.8	18.1	18.4	21.8	18.4	14.3	15.9
Mexique[2]	0.9	1.2	1.6	2.4	1.7	1.6	1.6	1.6	1.9	2.0
Pays-Bas[2]	22.5	23.1	21.7	23.1	27.6	26.6	27.2	24.1	27.4	26.4
Nouvelle-Zélande[1]	3.2	3.5	3.5	3.5	3.6	3.3	2.9	3.5	3.3	2.8
Norvège	3.1	3.3	3.5	2.9 |	1.6	1.6	1.9	2.7	3.0	3.0
Pologne[1]	3.5	3.3	3.2	3.6	3.9	3.8	4.4	4.1	4.0	3.8
Portugal[2]	3.0	1.0	2.2	1.4	1.8	2.4	2.8	2.8	3.5	3.0
République slovaque[1]	5.6	6.3	4.3	3.3 |	3.9	5.0	4.9	4.5	4.3	4.4
Slovénie[1]	0.6	0.8	0.6	0.0	-0.1	2.5	2.8	2.6	2.9	3.0
Espagne	2.2	2.1	1.7	2.1	1.8	1.8	1.9	2.2	2.2	1.9
Suède	4.7	3.7	3.5	3.6	4.1	4.4	4.2	4.1	4.6	4.5
Suisse	6.0	5.0	5.9	4.7	10.0 |	8.7	10.4	13.6	16.2	13.5
Turquie[1]	0.4	0.3	0.3	0.4	0.3	0.4	0.4	0.4	0.4	0.5
Royaume-Uni	2.5	2.7	2.7	2.9	2.6	2.5	2.5	2.8	3.4	2.0
États-Unis[1]	1.1	1.1	1.1	1.1	1.1	0.9	0.9	1.0	1.1	1.1
OCDE total	**2.0**	**2.0**	**2.0**	**2.0**	**2.1**	**2.0**	**2.0**	**2.2**	**2.4**	**2.3**
Union européenne[3]	..	..	..	..	..	..	..	..	..	..
G20	..	..	..	..	..	..	..	..	..	..
dont :										
G20 - Pays non-OCDE	..	..	..	..	..	..	..	..	..	..
Argentine	..	..	..	..	..	..	..	..	..	..
Brésil	3.0	2.4	1.9	0.9	1.1	0.8	1.7	2.0	2.4	2.9
Chine	..	..	..	..	..	..	..	..	..	..
Inde	..	..	..	..	..	..	..	..	..	..
Indonésie	..	..	..	..	..	..	..	..	..	..
Fédération de Russie	..	..	..	..	..	..	..	..	..	..
Arabie saoudite	..	..	..	..	..	..	..	..	..	..
Afrique du Sud	..	..	..	..	..	..	..	..	..	..

.. Non disponible ; | Rupture de série

Note : Voir les métadonnées détaillées sur : *http://metalinks.oecd.org/idi/20210722/6952.*

1. Les entités à vocation spéciale résidentes sont inexisistantes ou peu significatives.
2. Les données excluent les entités à vocation spéciales.
3. UE27 de 2007 à 2012 et UE28 à partir de 2013.

Source : *Statistiques de l'OCDE sur l'investissement direct international (base de données) : https://doi.org/10.1787/idi-data-fr*

Tableau 12. Revenus d'Investissement direct étranger sortant en pourcentage du PIB

En fin d'année

Pourcentage

	2010	2011	2012	2013	2014	2015	2016	2017	2018	2019
Australie[1]	1.3	1.3	1.3	1.3	1.3	1.1	1.0	1.0	1.1	1.2
Autriche[2]	3.2	3.5	3.4	3.3	2.6	2.8	3.9	3.7	3.3	3.5
Belgique	5.2	1.8	4.7	5.0	6.4	6.3	7.0	5.6	6.9	6.8
Canada	2.3	2.5	2.5	2.4	2.6	2.7	2.7	3.3	3.6	3.7
Chili[2]	..	..	1.6	1.6	2.1	1.6	1.4	1.5	1.4	1.9
République tchèque[1]	0.5	0.5	1.1	0.6	0.8	1.0	1.0	2.1	1.7	2.2
Danemark[2]	..	..	..	3.6	3.9	4.0	3.8	4.0	4.2	4.5
Estonie	2.0 |	2.3	1.9	2.6	2.2	1.6	2.0	1.8	2.3	2.2
Finlande[1]	4.4	3.9	3.9	2.9 |	4.0	3.1	3.3	3.5	3.7	5.1
France[1]	2.9	2.7	2.9 |	2.8	2.8	2.9	2.8	3.0	3.4	3.3
Allemagne[1]	2.5	2.7	2.3	2.4 |	2.3	2.5	2.8	2.6	3.2	3.2
Grèce[1]	0.4	0.2	0.5	0.3	1.3	0.9	0.3	0.5	0.3	0.5
Hongrie[2]	0.8	0.9	1.3	1.1	1.2	0.8	1.4	1.4	1.2	1.3
Islande[2]	-0.2	3.8	-1.8 |	1.9 |	0.9	1.6	2.1	1.2	1.4	1.3
Irlande	8.5	8.9	6.2 |	6.9	6.8	4.0	4.9	5.1	5.1	4.1
Israël[1]	1.6	1.7	1.6	1.4	1.7	2.2	2.0	2.0	2.1	1.8
Italie[1]	1.3	1.5	1.3	1.1 |	1.2	0.7	1.0	1.3	1.4	1.4
Japon[1]	0.7	1.0	1.1	1.3	2.1 |	2.2	2.2	2.5	2.6	2.6
Corée[1]	..	..	..	0.7	0.4	0.0	0.6	0.6	0.6	1.0
Lettonie[1]	-0.1	0.2	0.3	0.3	0.2	0.6	0.4	0.7	0.5	0.3
Lituanie[1]	0.2	0.1	0.2	0.4	0.2	0.3	0.3	0.3	0.6	0.4
Luxembourg[2]	..	..	12.7	12.9	11.8	14.0	13.7	16.3	12.4	10.1
Mexique[2]	0.6	0.6	0.6	0.6	0.6	0.3	0.3	0.4	0.4	0.5
Pays-Bas[2]	28.0	29.6	28.5	27.9	30.7	30.9	30.4	29.5	32.8	31.2
Nouvelle-Zélande[1]	0.4	0.2	0.4	0.3	0.4	0.3	0.4	0.3	0.2	0.3
Norvège	2.6	1.7	2.2	1.7 |	2.8	2.4	1.8	2.1	2.8	1.3
Pologne[1]	0.1	0.0	0.3	0.1	0.3	0.2	0.2	0.4	0.4	0.3
Portugal[2]	1.6	1.0	1.1	1.1	0.9	1.0	1.2	1.7	1.8	1.2
République slovaque[1]	0.5	0.4	0.2	0.3 |	0.8	0.4	0.2	0.4	0.4	0.3
Slovénie[1]	-0.7	-0.1	-0.8	-1.1	-0.2	0.1	0.4	0.5	0.7	0.7
Espagne	2.7	2.8	2.6	2.9	2.6	2.7	2.7	2.8	3.0	2.6
Suède	6.9	5.9	5.9	5.9	6.2	5.3	5.0	5.7	6.3	6.5
Suisse	12.0	6.8	9.3	8.6	12.3 |	12.2	12.4	14.2	14.2	12.5
Turquie[1]	0.1	0.0	0.0	0.0	0.0	0.0	0.0	0.0	0.1	0.1
Royaume-Uni	5.5	6.0	4.7	4.4	3.7	3.0	2.6	4.3	4.4	4.1
États-Unis[1]	2.9	3.0	2.8	2.8	2.7	2.4	2.4	2.8	2.8	2.6
OCDE total	**3.0**	**3.0**	**2.9**	**2.9**	**3.1**	**2.9**	**2.9**	**3.2**	**3.4**	**3.2**
Union européenne[3]	..	..	..	..	..	..	..	..	..	..
G20	..	..	..	..	..	..	..	..	..	..
dont :										
G20 - Pays non-OCDE	..	..	..	..	..	..	..	..	..	..
Argentine	..	..	..	..	..	..	..	..	..	..
Brésil	0.5	0.5	0.1	0.3	0.1	-0.1	0.4	0.8	0.3	0.9
Chine	..	..	..	..	..	..	..	..	..	..
Inde	..	..	..	..	..	..	..	..	..	..
Indonésie	..	..	..	..	..	..	..	..	..	..
Fédération de Russie	..	..	..	..	..	..	..	..	..	..
Arabie saoudite	..	..	..	..	..	..	..	..	..	..
Afrique du Sud	..	..	..	..	..	..	..	..	..	..

.. Non disponible ; | Rupture de série

Note : Voir les métadonnées détaillées sur : *http://metalinks.oecd.org/idi/20210722/6952.*

1. Les entités à vocation spéciale résidentes sont inexisistantes ou peu significatives.
2. Les données excluent les entités à vocation spéciales.
3. UE27 de 2007 à 2012 et UE28 à partir de 2013.

Source : *Statistiques de l'OCDE sur l'investissement direct international (base de données) : https://doi.org/10.1787/idi-data-fr*

Tableaux par pays

AUSTRALIE

Tableau 1. Flux d'investissement direct étranger par pays

Millions de dollars des ÉU

	Entrant					Sortant				
	2015	2016	2017	2018	2019	2015	2016	2017	2018	2019
TOTAL MONDE	**29 583.7**	**48 291.1**	**45 300.0**	**68 033.2**	**36 151.4**	**-9 339.5**	**2 265.7**	**5 932.3**	**6 361.4**	**5 396.5**
Pays membres de l'OCDE	**21 060.9**	**38 536.4**	**32 815.5**	**52 769.9**	**27 818.2**	**-6 961.5**	**10 727.7**	**12 610.9**	**15 852.7**	**14 981.6**
Australie	-	-	-	-	-	-	-	-	-	-
Autriche	.. c	.. c	.. c	.. c	177.2	.. c	.. c	.. c	.. c	1.4
Belgique	-671.7	98.1	-135.6	316.7	-73.0	.. c	-3.7	.. c	.. c	.. c
Canada	1 758.2	1 296.4	2 481.4	5 243.9	4 527.7	-530.5	199.2	875.2	5 138.6	1 479.8
Chili	.. c	.. c	.. c	.. c	.. c	136.0	37.9	95.0	109.8	41.0
République Tchèque	0.8	-2.2	-0.8	.. c	.. c	3.0	.. c	.. c	7.5	.. c
Danemark	.. c	.. c	.. c	85.2	.. c	.. c	.. c	.. c	.. c	.. c
Estonie	.. c	.. c	-	-	-	.. c	.. c	.. c	.. c	.. c
Finlande	.. c	.. c	.. c	133.7	.. c	.. c	3.0	.. c	-	.. c
France	314.1	37.9	286.6	15 587.5	-10 254.4	93.9	406.6	11.5	469.1	-326.7
Allemagne	586.1	579.1	1 225.4	1 547.8	688.8	.. c	507.7	570.9	632.7	319.0
Grèce	.. c	.. c	.. c	.. c	.. c	.. c	.. c	.. c	.. c	13.2
Hongrie	1.5	-0.7	.. c	.. c	0.7	.. c	.. c	.. c	.. c	.. c
Islande	-	.. c	-	-	-	-	-	-	-	.. c
Irlande	2 356.3	-15.6	-1 612.4	404.1	289.2	-98.4	5.9	-223.0	-4.5	.. c
Israël	9.0	.. c	.. c	3.0	.. c	-	-	.. c	.. c	.. c
Italie	.. c	-91.4	25.3	-100.1	-36.8	.. c	1.5	.. c	3.7	.. c
Japon	10 058.6	7 047.5	4 949.8	7 031.4	8 319.3	33.1	.. c	.. c	216.6	.. c
Corée	8.3	959.6	.. c	1 257.2	1 129.5	20.3	.. c	.. c	221.1	29.2
Lettonie	-	-	-	-	-	-	-	-	-	-
Lituanie	-	.. c	.. c	.. c	-	-	-	-	-	-
Luxembourg	-220.9	2 732.5	2 544.3	-826.2	331.5	.. c	.. c	.. c	91.9	.. c
Mexique	0.8	-	.. c	.. c	-1.4	61.6	.. c	.. c	-68.7	.. c
Pays-Bas	2 494.6	2 100.6	3 019.4	-3 997.2	3 038.2	.. c	.. c	.. c	492.3	.. c
Nouvelle-Zélande	369.7	681.6	-39.9	611.8	-526.9	-232.9	893.5	885.9	-648.4	2 448.0
Norvège	-0.8	.. c	-90.4	-56.0	.. c	.. c	.. c	.. c	.. c	.. c
Pologne	-	.. c	.. c	-1.5	1.4	.. c	.. c	.. c	.. c	.. c
Portugal	.. c	-	.. c	.. c	.. c	.. c	.. c	.. c	.. c	.. c
République slovaquie	-	.. c	.. c	-	-	.. c	.. c	.. c	.. c	.. c
Slovénie	.. c	-	-	-	-	.. c	.. c	.. c	.. c	.. c
Espagne	2.3	-4.5	-1.5	2.2	.. c	.. c	.. c	.. c	8.2	55.6
Suède	200.6	85.5	50.6	274.9	125.1	.. c	.. c	2.3	-20.9	.. c
Suisse	1 100.8	709.9	421.5	776.1	-551.2	.. c	.. c	.. c	.. c	219.6
Turquie	-	-	.. c	.. c	.. c	.. c	.. c	.. c	-0.7	.. c
Royaume-Uni	-12 248.1	12 557.1	11 924.3	6 197.1	20 111.2	4 970.3	859.3	2 690.6	9 528.6	8 458.3
Etats-Unis	14 826.1	9 814.2	7 013.6	18 046.6	397.6	-5 294.2	6 785.1	4 684.7	1 799.5	1 940.6
EUROPE	..	..	..	..	..	..	..	..	..	..
Bulgarie	.. c	.. c	.. c	.. c	.. c	.. c	.. c	.. c	.. c	.. c
Croatie	.. c	.. c	.. c	.. c	-	.. c	.. c	.. c	.. c	.. c
Chypre	.. c	.. c	-	-	-	.. c	.. c	-	.. c	.. c
Malte	.. c	.. c	-	-	-	-	.. c	.. c	.. c	.. c
Roumanie	.. c	.. c	-	-	-	.. c	0.7	.. c	.. c	.. c
Russie	.. c	.. c	.. c	.. c	.. c	-0.8	10.4	.. c	20.2	.. c
Ukraine	-	-	-	-	-	.. c	.. c	.. c	.. c	.. c
AFRIQUE	..	..	..	..	..	..	..	..	..	..
Afrique septentrionale	..	..	..	..	..	..	..	..	..	..
Algérie	.. c	.. c	.. c	.. c	-	-	-	-	-	.. c
Egypte	.. c	.. c	.. c	.. c	.. c	.. c	.. c	.. c	.. c	.. c
Libye	-	-	-	-	-	.. c	.. c	.. c	.. c	-
Maroc	.. c	.. c	.. c	-	-	.. c	.. c	.. c	-	.. c
Tunisie	.. c	.. c	.. c	.. c	-	-	-	-	-	-
Autres pays africains	..	..	..	..	..	..	..	..	..	..
Nigéria	.. c	.. c	.. c	.. c	.. c	.. c	.. c	.. c	.. c	.. c
Afrique du Sud	268.2	.. c	121.1	220.4	-22.9	54.1	-26.0	39.9	-162.1	13.9
AMÉRIQUE	..	..	..	..	..	..	..	..	..	..
Amérique du Nord	16 584.3	11 110.5	9 495.0	23 290.5	4 925.3	-5 824.6	6 984.3	5 559.8	6 938.1	3 420.4
Amérique du Nord	..	..	..	..	..	..	..	..	..	..
Bahamas	-11.3	.. c	.. c	.. c	.. c	.. c	.. c	.. c	.. c	.. c
Bermudes	.. c	540.4	3 034.7	2 616.0	.. c	.. c	-356.1	.. c	278.6	.. c
Îles Cayman	.. c	.. c	49.0	-1 054.8	.. c	.. c	.. c	.. c	-895.6	.. c
Costa Rica	.. c	.. c	-	-	.. c	.. c	.. c	.. c	.. c	.. c
El Salvador	-	-	-	-	-	.. c	.. c	.. c	.. c	.. c
Guatemala	-	-	-	-	-	.. c	.. c	.. c	.. c	.. c
Honduras	-	-	-	-	-	-	.. c	.. c	.. c	.. c
Nicaragua	-	-	-	-	-	.. c	-	.. c	.. c	.. c
Panama	-	.. c	.. c	.. c	-	.. c	.. c	.. c	.. c	.. c
Îles Vierges, US	-	-	.. c	.. c	-	-	-	-	-	-
Amérique du Sud	..	..	..	..	..	..	..	..	..	..
Argentine	.. c	.. c	-2.3	.. c	.. c	-48.1	.. c	.. c	0.7	.. c
Bolivie	-	-	-	-	-	.. c	.. c	-	-	.. c
Brésil	.. c	.. c	.. c	.. c	29.9	450.1	124.1	333.4	-171.8	-37.5
Colombie	.. c	.. c	.. c	.. c	.. c	12.0	-12.6	.. c	-39.6	.. c
Equateur	-	-	-	-	-	.. c	.. c	29.1	.. c	.. c
Paraguay	-	-	-	-	-	-	-	-	-	-
Pérou	.. c	.. c	.. c	.. c	.. c	21.8	.. c	.. c	5.2	.. c
Uruguay	-	-	-	-	-	.. c	.. c	.. c	.. c	.. c
Venezuela	.. c	.. c	.. c	.. c	.. c	.. c	.. c	.. c	.. c	.. c
ASIE	..	..	..	..	..	..	..	..	..	..

AUSTRALIE

Tableau 1. Flux d'investissement direct étranger par pays *(suite)*

Millions de dollars des ÉU

	Entrant					Sortant				
	2015	2016	2017	2018	2019	2015	2016	2017	2018	2019
Proche et Moyen Orient	..	..	..	..	..	..	..	..	..	..
Pays du Golfe	..	..	..	..	..	..	..	..	..	..
Koweït	1 973.1	.. c	.. c	.. c	.. c	.. c	.. c	.. c	.. c	.. c
Qatar	.. c	.. c	.. c	.. c	.. c	.. c	.. c	-	.. c	.. c
Arabie saoudite	-6.8	-89.9	.. c	.. c	.. c	.. c	.. c	.. c	4.5	.. c
Emirats Arabes Unis	-3 606.6	-136.0	95.0	60.5	.. c	-335.1	19.3	.. c	.. c	12.5
Autres pays du Proche et Moyen Orient	..	..	..	..	..	..	..	..	..	..
Jordanie	.. c	.. c	.. c	.. c	.. c	.. c	-	-	.. c	-
Autres pays asiatiques	..	..	..	..	..	..	..	..	..	..
Chine	2 202.3	1 266.6	705.0	3 244.9	3 017.3	457.6	-266.9	-1 526.6	816.5	198.1
Hong Kong, Chine	2 423.2	1 102.4	1 917.4	1 824.9	672.8	-171.3	-487.6	237.6	38.1	-380.2
Inde	-82.7	44.6	26.8	-17.2	287.1	81.1	50.5	98.1	38.1	79.2
Indonesie	-16.5	7.4	.. c	1.5	.. c	-37.6	56.5	136.4	.. c	269.0
République islamique d'Iran	.. c	.. c	.. c	.. c	.. c	-	-	-	-	-
Malaisie	740.1	142.7	1 102.0	162.8	221.0	240.4	176.2	68.2	103.8	.. c
Philippines	.. c	0.7	-4.6	-44.8	-11.1	43.6	61.0	71.3	-85.9	28.5
Singapour	355.4	-3 491.4	2 827.8	4 180.9	2 976.3	1 828.8	159.8	118.0	265.2	787.5
Taipei Chinois	15.0	-3.0	39.9	32.9	.. c	.. c	-7.4	.. c	.. c	.. c
Thaïlande	.. c	.. c	508.1	-59.0	-198.8	.. c	6.7	91.2	-3.0	-52.8
Viet Nam	-4.5	3.0	-1.5	3.7	-2.1	23.3	6.7	28.4	.. c	63.3
AUSTRALIE, OCÉANIE ET RÉGIONS POLAIRES	..	..	..	..	..	..	..	..	..	..
TOTAL MONDE non alloué et confidentiel	**2 343.5**	**10 414.0**	**3 764.3**	**3 067.2**	**790.3**	**-11 190.2**	**-6 669.1**	**-3 387.2**	**-11 068.2**	**-10 325.3**
Union européenne (UE28)	**-6 802.2**	**17 142.6**	**17 144.6**	**19 870.8**	**14 502.7**	**4 944.8**	**2 843.2**	**2 671.5**	**11 292.3**	**8 526.4**
Pays du G20 hors Union Européenne	.. d	.. d	.. d	.. d	.. d	.. d	.. d	.. d	.. d	.. d
Pays OCDE du G20	.. d	**32 200.3**	.. d	.. d	.. d	.. d	.. d	.. d	**17 940.5**	.. d
Pays non-OCDE du G20	.. d	.. d	.. d	.. d	.. d	.. d	.. d	.. d	.. d	.. d
Pays MENA	.. d	.. d	.. d	.. d	.. d	.. d	.. d	.. d	.. d	.. d
Pays ANASE	**1 475.7**	**-4 058.6**	**4 428.7**	**4 248.9**	**2 992.3**	**2 587.7**	**596.9**	**875.9**	**-3 070.1**	**1 106.6**

- Néant ; .. Non disponible ; c Donnée confidentielle ; d Confidentialité Secondaire
Note : Voir les métadonnées détaillées sur : *http://metalinks.oecd.org/idi/20210722/947b.*
Source : *Statistiques de l'OCDE sur l'investissement direct international (base de données) : https://doi.org/10.1787/idi-data-fr*

AUSTRALIE

Tableau 2. Encours des investissements directs étrangers par pays

En fin d'année

Millions de dollars des ÉU

	Entrant					Sortant				
	2015	2016	2017	2018	2019	2015	2016	2017	2018	2019
TOTAL MONDE	**566 436.8**	**611 062.2**	**699 543.7**	**701 809.0**	**714 273.8**	**416 605.5**	**435 767.0**	**503 204.1**	**497 022.2**	**579 278.4**
Pays membres de l'OCDE	**346 614.3**	**375 223.6**	**426 988.5**	**436 587.4**	**441 921.1**	**217 905.3**	**227 866.9**	**267 834.0**	**272 452.7**	**333 515.0**
Australie	-	-	-	-	-	-	-	-	-	-
Autriche	.. c	.. c	.. c	.. c	.. c	.. c	.. c	.. c	.. c	.. c
Belgique	1 862.4	1 818.4	1 737.8	2 783.7	2 482.3	.. c	.. c	.. c	.. c	2 972.7
Canada	18 109.2	20 142.5	25 415.3	28 521.3	33 008.5	5 768.2	5 883.5	8 180.3	23 772.6	24 589.1
Chili	.. c	.. c	.. c	.. c	.. c	.. c	1 159.2	1 259.7	1 279.6	1 436.3
République Tchèque	3.7	1.4	.. c	.. c	.. c	.. c	.. c	.. c	.. c	.. c
Danemark	.. c	.. c	.. c	723.5	751.8	3.7	.. c	.. c	.. c	.. c
Estonie	.. c	-	-	-	-	.. c	.. c	.. c	.. c	.. c
Finlande	.. c	.. c	.. c	253.4	234.0	.. c	3.6	3.9	.. c	6.3
France	4 670.1	4 428.4	4 892.0	19 408.5	8 854.5	1 596.4	1 895.8	1 880.5	2 227.6	2 696.0
Allemagne	12 417.6	14 141.1	18 724.0	17 154.2	15 436.1	.. c	.. c	.. c	.. c	.. c
Grèce	.. c	.. c	.. c	.. c	-	.. c	.. c	.. c	32.5	.. c
Hongrie	.. c	.. c	.. c	.. c	.. c	.. c	.. c	.. c	.. c	.. c
Islande	-	-	-	-	-	-	-	-	-	.. c
Irlande	3 016.0	2 925.5	1 514.7	1 487.9	1 623.3	.. c	.. c	.. c	.. c	536.7
Israël	.. c	.. c	.. c	.. c	.. c	-	-	.. c	.. c	.. c
Italie	.. c	433.4	542.1	382.6	372.0	101.6	112.9	178.6	.. c	100.9
Japon	67 160.8	70 806.8	76 388.0	77 025.7	81 343.8	.. c	.. c	691.1	926.7	1 158.1
Corée	2 346.0	3 324.2	4 239.1	4 789.7	5 250.5	.. c	589.7	669.2	765.1	861.8
Lettonie	-	-	-	-	-	-	-	-	-	-
Lituanie	-	.. c	-	-	-	-	-	-	-	-
Luxembourg	2 045.0	4 592.6	7 355.9	5 943.0	5 650.5	1 296.1	1 191.8	1 783.0	.. c	.. c
Mexique	0.7	-	1.6	.. c	.. c	895.0	1 041.2	723.0	600.6	765.1
Pays-Bas	35 093.2	37 278.6	43 626.9	36 699.6	38 385.8	5 552.7	5 845.9	5 343.6	5 424.2	3 730.8
Nouvelle-Zélande	4 087.8	4 280.8	4 469.2	4 473.5	3 917.2	43 427.3	48 034.0	48 760.6	40 024.0	58 577.7
Norvège	678.7	619.4	627.1	452.4	449.1	.. c	.. c	.. c	.. c	.. c
Pologne	.. c	0.7	3.1	1.4	2.8	.. c	.. c	33.5	31.8	37.1
Portugal	.. c	.. c	-	.. c	.. c	2.9	8.7	9.4	7.1	9.8
République slovaquie	-	.. c	-	-	-	.. c	.. c	.. c	.. c	.. c
Slovénie	-	-	-	-	-	.. c	.. c	.. c	.. c	.. c
Espagne	.. c	.. c	.. c	.. c	.. c	.. c	31.8	28.1	33.9	91.8
Suède	1 500.0	1 516.6	1 625.5	1 651.6	1 647.9	212.6	266.3	290.9	.. c	334.9
Suisse	6 983.3	7 255.4	7 575.1	7 949.6	7 388.8	.. c	.. c	.. c	257.6	505.9
Turquie	.. c	.. c	.. c	.. c	.. c	.. c	91.2	.. c	.. c	.. c
Royaume-Uni	47 044.6	54 824.9	69 744.2	69 767.1	89 064.0	62 810.0	57 693.9	70 470.3	83 219.2	100 512.2
Etats-Unis	136 024.7	143 942.8	155 360.7	154 894.1	143 742.0	80 235.3	89 867.6	104 398.3	91 698.9	102 163.5
EUROPE	..	..	..	..	..	..	..	..	..	..
Bulgarie	.. c	.. c	.. c	.. c	.. c	.. c	.. c	.. c	.. c	.. c
Croatie	.. c	-	.. c	-	-	.. c	.. c	.. c	.. c	.. c
Chypre	.. c	-	-	-	-	.. c	.. c	.. c	.. c	.. c
Malte	.. c	-	-	-	-	.. c	.. c	.. c	.. c	.. c
Roumanie	.. c	.. c	.. c	.. c	.. c	.. c	.. c	.. c	.. c	4.2
Russie	.. c	.. c	.. c	.. c	.. c	.. c	36.2	.. c	179.3	.. c
Ukraine	-	-	-	-	-	.. c	.. c	.. c	.. c	.. c
AFRIQUE	..	..	..	..	..	..	..	..	..	..
Afrique septentrionale	..	..	..	..	..	..	..	..	..	..
Algérie	.. c	.. c	.. c	.. c	.. c	-	-	-	-	.. c
Egypte	.. c	.. c	.. c	.. c	.. c	.. c	5.8	.. c	.. c	2.1
Libye	-	-	-	-	-	.. c	.. c	.. c	.. c	.. c
Maroc	.. c	.. c	-	-	-	.. c	-	.. c	.. c	.. c
Tunisie	.. c	.. c	.. c	-	-	.. c	.. c	.. c	.. c	.. c
Autres pays africains	..	..	..	..	..	..	..	..	..	..
Nigéria	.. c	.. c	.. c	.. c	.. c	.. c	.. c	.. c	.. c	.. c
Afrique du Sud	2 134.9	2 556.4	2 309.5	2 151.3	2 067.5	853.4	875.5	2 131.7	758.8	634.1
AMÉRIQUE	..	..	..	..	..	..	..	..	..	..
Amérique du Nord	154 133.9	164 085.4	180 776.1	183 415.4	176 750.5	86 003.5	95 751.1	112 578.6	115 471.5	126 752.6
Amérique du Nord	..	..	..	..	..	..	..	..	..	..
Bahamas	.. c	1 424.0	1 511.6	.. c	.. c	.. c	.. c	.. c	.. c	.. c
Bermudes	26 912.4	27 295.2	32 931.1	31 415.9	29 164.2	24 097.3	24 045.6	.. c	.. c	.. c
Îles Cayman	1 869.7	4 119.4	4 391.2	2 901.6	3 131.1	.. c	.. c	.. c	.. c	.. c
Costa Rica	.. c	-	-	-	-	.. c	.. c	.. c	.. c	18.2
El Salvador	-	-	-	-	-	.. c	.. c	.. c	.. c	25.2
Guatemala	-	-	-	-	-	.. c	.. c	.. c	.. c	.. c
Honduras	-	-	-	-	-	-	.. c	.. c	.. c	.. c
Nicaragua	-	-	-	-	-	-	-	.. c	.. c	.. c
Panama	-	-	.. c	-	-	.. c	.. c	.. c	.. c	.. c
Îles Vierges, US	-	-	.. c	-	-	-	-	-	-	-
Amérique du Sud	..	..	..	..	..	..	..	..	..	..
Argentine	.. c	.. c	.. c	.. c	.. c	174.6	170.8	287.8	.. c	316.7
Bolivie	-	-	-	-	-	.. c	.. c	.. c	.. c	.. c
Brésil	.. c	.. c	.. c	.. c	.. c	3 023.3	3 217.8	.. c	3 099.9	3 138.8
Colombie	.. c	.. c	.. c	.. c	.. c	.. c	91.9	157.6	150.3	149.2
Equateur	-	-	-	-	-	.. c	.. c	103.0	.. c	43.4
Paraguay	-	-	-	-	-	-	-	-	-	-
Pérou	.. c	.. c	.. c	.. c	.. c	157.8	200.4	230.9	226.6	255.0
Uruguay	-	-	-	-	-	.. c	4.3	.. c	.. c	.. c
Venezuela	.. c	.. c	.. c	.. c	-	.. c	.. c	.. c	.. c	.. c
ASIE	..	..	..	..	..	..	..	..	..	..

Tableau 2. Encours des investissements directs étrangers par pays *(suite)*
En fin d'année

Millions de dollars des ÉU

	Entrant					Sortant				
	2015	2016	2017	2018	2019	2015	2016	2017	2018	2019
Proche et Moyen Orient	..	..	..	..	..	..	..	..	..	..
Pays du Golfe	..	..	..	..	..	..	..	..	..	..
Koweït	3 453.6	.. c	.. c	.. c	.. c	.. c	.. c	.. c	.. c	.. c
Qatar	.. c	.. c	.. c	.. c	.. c	.. c	-2.9	.. c	.. c	.. c
Arabie saoudite	.. c	646.9	713.7	662.8	381.8	633.4	.. c	.. c	.. c	.. c
Emirats Arabes Unis	1 325.3	1 186.0	1 708.9	1 197.8	1 860.9	.. c	.. c	.. c	.. c	.. c
Autres pays du Proche et Moyen Orient	..	..	..	..	..	..	..	..	..	..
Jordanie	.. c	.. c	.. c	.. c	.. c	.. c	.. c	.. c	-	-
Autres pays asiatiques	..	..	..	..	..	..	..	..	..	..
Chine	26 100.7	27 997.8	29 941.5	29 493.9	32 223.1	10 150.5	9 672.9	10 492.2	9 812.3	10 867.4
Hong Kong, Chine	9 171.5	9 895.8	12 418.7	12 646.8	11 293.4	3 630.5	3 230.1	3 350.8	4 047.1	5 346.5
Inde	655.4	670.8	701.2	612.6	781.9	1 176.3	1 270.6	1 442.9	1 144.8	1 353.6
Indonesie	.. c	-	.. c	-	11.9	4 057.1	4 515.9	5 886.4	1 610.7	2 484.4
République islamique d'Iran	.. c	.. c	-	.. c	-	-	-	-	-	-
Malaisie	7 925.8	8 890.7	10 502.3	9 935.8	10 305.5	4 021.3	4 036.9	4 619.0	4 203.8	4 441.3
Philippines	2.9	3.6	.. c	.. c	.. c	571.3	695.4	753.5	554.8	641.8
Singapour	21 305.6	17 081.0	21 588.8	23 111.9	25 268.0	13 677.9	14 549.9	15 749.2	17 852.2	19 695.9
Taipei Chinois	85.5	80.3	120.9	131.3	401.5	.. c	.. c	.. c	.. c	946.5
Thaïlande	4 105.4	3 372.6	4 260.2	4 141.7	4 123.2	1 088.6	1 265.6	1 363.4	979.0	1 095.8
Viet Nam	.. c	.. c	.. c	.. c	.. c	995.1	1 120.8	1 576.3	.. c	1 849.6
AUSTRALIE, OCÉANIE ET RÉGIONS POLAIRES	..	..	..	..	..	..	..	..	..	..
TOTAL MONDE non alloué et confidentiel	**100 325.1**	**115 487.7**	**133 970.0**	**130 304.2**	**132 972.0**	**145 376.6**	**140 559.3**	**196 991.7**	**191 292.3**	**223 713.3**
Union européenne (UE28)	**111 993.1**	**124 833.6**	**152 881.2**	**158 473.3**	**166 804.5**	**85 100.5**	**80 604.2**	**96 903.5**	**112 143.6**	**142 551.7**
Pays du G20 hors Union Européenne	**.. d**	**.. d**	**.. d**	**.. d**	**.. d**	**.. d**	**.. d**	**.. d**	**.. d**	**.. d**
Pays OCDE du G20	**.. d**	**.. d**	**.. d**	**.. d**	**.. d**	**.. d**	**.. d**	**.. d**	**.. d**	**.. d**
Pays non-OCDE du G20	**.. d**	**.. d**	**.. d**	**.. d**	**.. d**	**.. d**	**.. d**	**.. d**	**.. d**	**.. d**
Pays MENA	**.. d**	**.. d**	**.. d**	**.. d**	**.. d**	**.. d**	**.. d**	**.. d**	**.. d**	**.. d**
Pays ANASE	**33 330.2**	**29 348.0**	**36 346.6**	**37 151.3**	**39 652.5**	**25 581.9**	**27 463.1**	**31 541.2**	**28 377.3**	**31 841.9**

- Néant ; .. Non disponible ; c Donnée confidentielle ; d Confidentialité Secondaire

Note : Voir les métadonnées détaillées sur : *http://metalinks.oecd.org/idi/20210722/947b.*

Source : *Statistiques de l'OCDE sur l'investissement direct international (base de données) : https://doi.org/10.1787/idi-data-fr*

AUSTRALIE

Tableau 3. Revenus des investissements directs étrangers par pays

Millions de dollars des ÉU

	Entrant					Sortant				
	2015	2016	2017	2018	2019	2015	2016	2017	2018	2019
TOTAL MONDE	**23 883.8**	**27 454.1**	**37 310.9**	**44 029.3**	**43 575.5**	**13 784.7**	**13 315.2**	**14 217.9**	**16 748.3**	**16 859.7**
Pays membres de l'OCDE	**14 068.7**	**15 566.8**	**23 427.8**	**28 555.3**	**29 568.4**	**7 361.2**	**7 112.2**	**7 936.2**	**9 686.3**	**9 758.8**
Australie	-	-	-	-	-	-	-	-	-	-
Autriche	.. c	.. c	.. c	.. c	.. c	.. c	.. c	.. c	.. c	.. c
Belgique	.. c	19.3	111.1	218.9	177.9	.. c	-	.. c	.. c	.. c
Canada	399.7	304.8	671.3	632.0	1 007.2	.. c	.. c	58.2	316.0	.. c
Chili	.. c	-	-	-	-	.. c	.. c	92.7	.. c	.. c
République Tchèque	-	-	-	-	-	.. c	.. c	.. c	.. c	.. c
Danemark	.. c	.. c	.. c	.. c	89.0	1.5	.. c	.. c	.. c	.. c
Estonie	-	-	-	-	-	.. c	.. c	.. c	.. c	.. c
Finlande	.. c	.. c	.. c	.. c	.. c	.. c	.. c	.. c	.. c	.. c
France	365.9	557.5	505.8	783.6	793.8	.. c	.. c	101.9	.. c	.. c
Allemagne	.. c	.. c	.. c	1 110.8	.. c	.. c	.. c	.. c	.. c	.. c
Grèce	-	-	-	-	-	.. c	.. c	.. c	.. c	.. c
Hongrie	-	-	-	-	-	.. c	.. c	.. c	.. c	.. c
Islande	-	-	-	-	-	-	-	-	-	-
Irlande	182.6	263.1	.. c	.. c	193.2	.. c	.. c	.. c	.. c	.. c
Israël	.. c	.. c	.. c	.. c	.. c	-	-	-	-	-
Italie	.. c	.. c	.. c	.. c	.. c	.. c	.. c	.. c	.. c	.. c
Japon	3 246.7	4 103.2	5 257.9	6 382.3	6 993.1	.. c	98.9	.. c	.. c	79.9
Corée	.. c	123.4	.. c	404.1	.. c	.. c	.. c	5.4	12.0	5.6
Lettonie	-	-	-	-	-	-	-	-	-	-
Lituanie	-	-	-	-	-	-	-	-	-	-
Luxembourg	.. c	180.6	239.9	82.9	79.2	.. c	.. c	.. c	.. c	.. c
Mexique	-	-	-	-	-	.. c	.. c	99.6	.. c	.. c
Pays-Bas	741.6	726.2	1 273.7	1 862.3	1 788.4	406.5	.. c	.. c	.. c	.. c
Nouvelle-Zélande	116.5	459.4	474.4	273.4	.. c	3 526.9	3 301.9	3 635.5	3 598.3	2 849.8
Norvège	.. c	.. c	.. c	.. c	.. c	.. c	.. c	.. c	.. c	.. c
Pologne	-	-	-	-	-	.. c	.. c	.. c	.. c	.. c
Portugal	-	-	-	-	-	.. c	.. c	.. c	.. c	.. c
République slovaquie	-	-	-	-	-	.. c	.. c	.. c	.. c	.. c
Slovénie	-	-	-	-	-	.. c	.. c	.. c	.. c	.. c
Espagne	-	-	-	.. c	.. c	10.5	.. c	.. c	.. c	2.8
Suède	122.5	96.6	.. c	130.7	.. c	.. c	.. c	.. c	.. c	.. c
Suisse	39.8	.. c	.. c	722.3	.. c	.. c	.. c	.. c	5.2	.. c
Turquie	-	-	-	-	-	.. c	.. c	.. c	.. c	.. c
Royaume-Uni	1 380.3	991.6	4 152.8	5 691.3	5 759.4	1 442.6	1 436.9	1 117.3	1 398.4	2 122.8
Etats-Unis	6 105.6	6 226.1	8 125.5	9 723.6	9 509.3	711.5	903.9	1 564.9	2 849.0	3 013.8
EUROPE	..	..	..	..	..	..	..	..	..	..
Bulgarie	-	-	-	-	-	.. c	.. c	.. c	.. c	.. c
Croatie	-	-	-	-	-	.. c	.. c	.. c	.. c	.. c
Chypre	-	-	-	-	-	-	.. c	-	.. c	.. c
Malte	.. c	.. c	-	-	-	-	-	.. c	-	-
Roumanie	-	-	-	-	-	.. c	-	.. c	.. c	.. c
Russie	.. c	.. c	.. c	-	-	.. c	.. c	1.5	.. c	.. c
Ukraine	-	-	-	-	-	.. c	.. c	.. c	.. c	.. c
AFRIQUE	..	..	..	..	..	..	..	..	..	..
Afrique septentrionale	..	..	..	..	..	..	..	..	..	..
Algérie	-	-	-	-	-	-	-	-	-	-
Egypte	-	-	-	-	-	.. c	.. c	.. c	.. c	.. c
Libye	-	-	-	-	-	.. c	.. c	.. c	-	-
Maroc	-	-	-	-	-	-	-	-	-	.. c
Tunisie	-	-	-	-	-	-	-	-	-	-
Autres pays africains	..	..	..	..	..	..	..	..	..	..
Nigéria	-	-	-	-	-	.. c	.. c	.. c	-	-
Afrique du Sud	.. c	168.7	105.8	125.5	189.8	11.3	14.1	.. c	.. c	.. c
AMÉRIQUE	..	..	..	..	..	..	..	..	..	..
Amérique du Nord	6 505.4	6 530.9	8 796.8	10 355.6	10 516.4	..	..	1 623.1	3 165.0	..
Amérique du Nord	..	..	..	..	..	..	..	..	..	..
Bahamas	.. c	.. c	.. c	.. c	.. c	-	.. c	-	-	-
Bermudes	846.0	1 549.1	1 906.7	2 913.3	1 716.8	.. c	.. c	.. c	.. c	.. c
Îles Cayman	130.7	.. c	216.9	228.6	241.2	168.3	.. c	.. c	.. c	.. c
Costa Rica	-	-	-	-	-	.. c	.. c	.. c	.. c	.. c
El Salvador	-	-	-	-	-	.. c	.. c	.. c	.. c	.. c
Guatemala	-	-	-	-	-	.. c	.. c	.. c	.. c	.. c
Honduras	-	-	-	-	-	-	.. c	.. c	.. c	.. c
Nicaragua	-	-	-	-	-	-	-	.. c	.. c	.. c
Panama	-	.. c	-	-	-	.. c	.. c	.. c	.. c	.. c
Îles Vierges, US	-	-	-	-	-	-	-	-	-	-
Amérique du Sud	..	..	..	..	..	..	..	..	..	..
Argentine	.. c	.. c	.. c	.. c	.. c	.. c	.. c	.. c	.. c	.. c
Bolivie	-	-	-	-	-	.. c	.. c	.. c	.. c	.. c
Brésil	.. c	.. c	.. c	.. c	.. c	118.0	.. c	98.9	.. c	.. c
Colombie	-	-	-	-	-	.. c	.. c	.. c	.. c	.. c
Equateur	-	-	-	-	-	.. c	.. c	.. c	.. c	-
Paraguay	-	-	-	-	-	-	-	-	-	-
Pérou	-	-	-	-	-	.. c	.. c	.. c	.. c	.. c
Uruguay	-	-	-	-	-	.. c	.. c	.. c	.. c	.. c
Venezuela	-	-	-	-	-	.. c	.. c	.. c	.. c	.. c
ASIE	..	..	..	..	..	..	..	..	..	..

Tableau 3. Revenus des investissements directs étrangers par pays *(suite)*

Millions de dollars des ÉU

	Entrant					Sortant				
	2015	2016	2017	2018	2019	2015	2016	2017	2018	2019
Proche et Moyen Orient	..	..	..	..	..	..	..	..	..	..
Pays du Golfe	..	..	..	..	..	..	..	..	..	..
Koweït	.. c	.. c	11.5	.. c	.. c	.. c	.. c	.. c	-	-
Qatar	.. c	.. c	.. c	.. c	.. c	.. c	.. c	-	-	-
Arabie saoudite	.. c	.. c	.. c	.. c	.. c	0.8	.. c	.. c	.. c	.. c
Emirats Arabes Unis	112.0	94.4	158.6	76.2	7.6	20.3	2.2	.. c	9.0	.. c
Autres pays du Proche et Moyen Orient	..	..	..	..	..	..	..	..	..	..
Jordanie	.. c	.. c	.. c	.. c	.. c	-	-	-	-	-
Autres pays asiatiques	..	..	..	..	..	..	..	..	..	..
Chine	28.6	136.0	456.7	1 306.5	1 547.9	287.0	492.8	174.7	239.0	155.7
Hong Kong, Chine	818.2	813.2	888.2	1 053.3	.. c	319.3	208.9	201.5	242.0	.. c
Inde	.. c	40.1	.. c	.. c	.. c	.. c	65.4	70.5	.. c	.. c
Indonesie	.. c	-	-	-	-	69.1	61.7	162.5	268.2	.. c
République islamique d'Iran	-	-	-	-	-	-	-	-	-	-
Malaisie	.. c	84.7	.. c	.. c	.. c	.. c	.. c	219.2	184.5	209.9
Philippines	-	-	-	-	-	53.3	54.3	.. c	.. c	29.2
Singapour	777.7	.. c	799.3	735.0	1 378.3	976.0	396.2	.. c	673.0	980.7
Taipei Chinois	.. c	3.0	11.5	.. c	.. c	.. c	.. c	.. c	.. c	.. c
Thaïlande	.. c	.. c	.. c	.. c	.. c	.. c	29.0	38.3	17.9	.. c
Viet Nam	-	-	-	-	-	.. c	10.4	.. c	44.1	.. c
AUSTRALIE, OCÉANIE ET RÉGIONS POLAIRES	..	..	..	..	..	..	..	..	..	..
TOTAL MONDE non alloué et confidentiel	**7 221.4**	**10 337.5**	**10 436.0**	**8 417.1**	**12 103.3**	**4 950.8**	**5 910.2**	**6 463.3**	**6 534.7**	**6 933.3**
Union européenne (UE28)	**4 156.6**	**3 887.6**	**7 942.4**	**10 378.0**	**10 612.4**	**2 877.0**	**2 659.6**	**2 351.9**	**2 788.5**	**3 539.3**
Pays du G20 hors Union Européenne	**.. d**	**.. d**	**.. d**	**.. d**	**.. d**	**.. d**	**.. d**	**.. d**	**.. d**	**.. d**
Pays OCDE du G20	**.. d**	**.. d**	**.. d**	**.. d**	**.. d**	**.. d**	**.. d**	**.. d**	**.. d**	**.. d**
Pays non-OCDE du G20	**.. d**	**.. d**	**.. d**	**.. d**	**.. d**	**.. d**	**.. d**	**.. d**	**.. d**	**.. d**
Pays MENA	**.. d**	**.. d**	**.. d**	**.. d**	**.. d**	**.. d**	**.. d**	**.. d**	**.. d**	**.. d**
Pays ANASE	**1 133.8**	**1 233.2**	**964.1**	**880.7**	**1 527.8**	**1 639.5**	**849.6**	**1 412.4**	**1 410.3**	**1 627.9**

- Néant ; .. Non disponible ; c Donnée confidentielle ; d Confidentialité Secondaire
Note : Voir les métadonnées détaillées sur : *http://metalinks.oecd.org/idi/20210722/947b*.
Source : *Statistiques de l'OCDE sur l'investissement direct international (base de données) : https://doi.org/10.1787/idi-data-fr*

AUSTRALIE

Tableau 4. Investissement direct étranger : flux par secteur industriel

Millions de dollars des ÉU

	Entrant					Sortant				
	2015	2016	2017	2018	2019	2015	2016	2017	2018	2019
All FDI activities	**29 583.7**	**48 291.1**	**45 300.0**	**68 033.2**	**36 151.4**	**-9 339.5**	**2 265.7**	**5 932.3**	**6 361.4**	**5 396.5**
Agriculture, sylviculture et pêche	**.. c**	**.. c**	**308.8**	**-366.8**	**.. c**	**.. c**	**.. c**	**.. c**	**.. c**	**.. c**
Industries extractives	**.. c**	**23 351.7**	**14 658.6**	**13 385.4**	**3 270.3**	**-13 542.7**	**300.3**	**-465.2**	**3 232.2**	**5 330.5**
Activités d'extraction	..	..	..	..	..	..	..	..	..	..
Activités de fabrication	**2 587.7**	**3 785.0**	**5 859.5**	**7 909.9**	**15 500.1**	**6 006.5**	**3 306.3**	**4 728.3**	**4 728.5**	**7 764.6**
dont :										
Produits alimentaires, boissons et tabac	..	..	..	..	..	..	..	..	..	..
Textiles, bois, papier, imprimerie	..	..	..	..	..	..	..	..	..	..
Produits pétroliers, chimiques, pharmaceutiques, caoutchouc, plastique, minéraux	..	..	..	..	..	..	..	..	..	..
Ouvrages en métaux et machines, sauf matériels électriques	..	..	..	..	..	..	..	..	..	..
Automobiles, remorques, semi-remorques, autres matériels de transport	..	..	..	..	..	..	..	..	..	..
Autres activités de fabrication	..	..	..	..	..	..	..	..	..	..
Production et distribution d'électricité, de gaz, de vapeur et de climatisation	**2 235.3**	**-762.7**	**2 889.9**	**1 111.5**	**.. c**	**.. c**	**20.8**	**388.5**	**462.4**	**.. c**
Distribution de l'eau ; assainissement, traitement des déchets et dépollution	..	..	..	..	..	..	..	..	..	..
Construction	**-811.5**	**102.6**	**951.8**	**570.7**	**1 378.3**	**-544.0**	**127.1**	**460.6**	**685.7**	**.. c**
Services	**14 891.4**	**25 740.7**	**22 041.5**	**43 594.5**	**9 036.6**	**10 516.9**	**5 933.2**	**8 812.2**	**7 208.5**	**-5 498.0**
Commerce de gros et de détail ; réparations automobiles et motocycles	-2 097.1	2 192.8	2 031.6	4 546.9	1 593.8	916.7	997.5	-296.6	2 813.9	209.2
Transport et entreposage	5 677.4	3 710.0	630.7	860.5	1 085.0	151.8	-198.5	-216.1	47.1	59.8
Activités d'hébergement et de restauration	-823.5	-25.3	269.8	1 764.4	966.8	.. c	3.7	90.4	.. c	.. c
Information et communication	783.7	-305.5	1 378.7	2 711.6	2 562.7	.. c	-427.4	477.4	258.5	.. c
Activités financières et d'assurances	3 790.7	5 360.1	9 221.4	24 995.1	476.8	5 603.7	4 919.3	6 818.9	3 581.1	-5 435.5
Activités des sociétés holding	..	..	..	..	..	..	..	..	..	..
Activités immobilières	.. c	.. c	.. c	5 505.3	519.2	.. c	-334.5	2 401.7	374.2	-2 098.4
Activités professionnelles, scientifiques et techniques	307.3	842.2	968.7	833.6	770.1	60.1	.. c	-264.4	-150.1	.. c
Activités de services administratifs et d'appui	-250.2	.. c	360.2	.. c	510.2	.. c	599.1	611.5	130.7	253.0
Administration publique; activités des ménages et des organismes extra-territoriaux	.. c	.. c	.. c	148.7	.. c	.. c	-	-	-	-
Éducation	.. c	.. c	.. c	-485.5	.. c	.. c	.. c	.. c	.. c	.. c
Santé humaine et action sociale	-825.0	1 449.5	482.8	-72.5	-409.4	-204.4	503.2	.. c	307.8	1 389.4
Arts, spectacles et loisirs	.. c	.. c	.. c	.. c	.. c	.. c	.. c	.. c	.. c	43.8
Autres services	.. c	.. c	.. c	.. c	38.2	-	-	-	.. c	.. c
Not allocated and confidential	**.. c**	**.. c**	**-1 410.1**	**1 827.9**	**.. c**	**.. c**	**.. c**	**.. c**	**.. c**	**.. c**
Activités immobilières privées	..	..	..	..	..	..	..	..	..	..

- Néant ; .. Non disponible ; c Donnée confidentielle

Note : Voir les métadonnées détaillées sur : *http://metalinks.oecd.org/idi/20210722/947b.*

Source : *Statistiques de l'OCDE sur l'investissement direct international (base de données) : https://doi.org/10.1787/idi-data-fr*

Tableau 5. Encours des investissement directs étrangers par secteur industriel

En fin d'année

Millions de dollars des ÉU

	Entrant					Sortant				
	2015	2016	2017	2018	2019	2015	2016	2017	2018	2019
All FDI activities	**566 436.8**	**611 062.2**	**699 543.7**	**701 809.0**	**714 273.8**	**416 605.5**	**435 767.0**	**503 204.1**	**497 022.2**	**579 278.4**
Agriculture, sylviculture et pêche	**2 344.6**	**2 372.6**	**2 783.7**	**2 232.5**	**2 370.2**	**.. c**	**.. c**	**.. c**	**.. c**	**.. c**
Industries extractives	**229 975.9**	**245 386.4**	**271 293.2**	**263 284.9**	**252 264.4**	**84 094.4**	**92 374.8**	**102 974.0**	**108 060.4**	**121 657.7**
Activités d'extraction	..	..	..	..	..	..	..	..	..	..
Activités de fabrication	**66 139.4**	**68 764.8**	**79 385.4**	**78 193.8**	**92 090.0**	**70 271.8**	**68 969.6**	**88 580.5**	**99 330.2**	**138 332.5**
dont :										
Produits alimentaires, boissons et tabac	..	..	..	..	..	..	..	..	..	..
Textiles, bois, papier, imprimerie	..	..	..	..	..	..	..	..	..	..
Produits pétroliers, chimiques, pharmaceutiques, caoutchouc, plastique, minéraux	..	..	..	..	..	..	..	..	..	..
Ouvrages en métaux et machines, sauf matériels électriques	..	..	..	..	..	..	..	..	..	..
Automobiles, remorques, semi-remorques, autres matériels de transport	..	..	..	..	..	..	..	..	..	..
Autres activités de fabrication	..	..	..	..	..	..	..	..	..	..
Production et distribution d'électricité, de gaz, de vapeur et de climatisation	**11 635.9**	**11 457.3**	**15 913.0**	**15 638.8**	**15 228.8**	**3 509.2**	**3 374.1**	**3 906.1**	**4 211.6**	**4 389.4**
Distribution de l'eau ; assainissement, traitement des déchets et dépollution	..	..	..	..	..	..	..	..	..	..
Construction	**12 793.9**	**14 157.7**	**18 064.9**	**14 323.1**	**12 650.5**	**6 426.5**	**6 360.3**	**7 564.2**	**5 480.7**	**6 231.3**
Services	**174 000.9**	**198 319.8**	**232 652.7**	**252 951.0**	**259 466.1**	**154 253.7**	**158 719.2**	**177 943.2**	**161 785.7**	**174 956.2**
Commerce de gros et de détail ; réparations automobiles et motocycles	38 611.1	39 201.9	44 242.3	42 800.7	42 258.1	4 493.3	5 324.9	4 633.0	6 730.7	6 672.0
Transport et entreposage	15 468.0	18 687.4	17 174.9	16 257.1	16 357.5	2 987.5	2 919.7	2 864.1	2 947.5	3 043.5
Activités d'hébergement et de restauration	5 291.2	5 045.6	5 336.6	6 282.5	6 548.7	62.8	58.6	128.7	57.2	156.9
Information et communication	19 313.9	18 188.9	19 856.5	19 565.2	21 365.5	2 333.6	1 360.3	2 176.9	2 204.3	2 017.1
Activités financières et d'assurances	46 528.1	49 826.3	61 665.2	80 555.5	79 286.8	121 368.5	125 790.9	141 538.9	124 203.8	135 143.3
Activités des sociétés holding	..	..	..	..	..	..	..	..	..	..
Activités immobilières	42 448.3	54 721.4	71 255.8	72 900.9	77 704.1	11 741.8	11 984.1	14 897.4	14 176.3	13 374.9
Activités professionnelles, scientifiques et techniques	3 301.7	3 909.6	5 234.4	5 186.3	5 628.1	2 121.7	2 069.5	2 183.9	2 025.0	2 802.5
Activités de services administratifs et d'appui	1 136.1	2 730.1	3 176.8	5 246.3	5 563.7	.. c	2 343.7	3 382.0	3 377.3	3 927.7
Administration publique; activités des ménages et des organismes extra-territoriaux	.. c	.. c	.. c	.. c	.. c	-	-	-	-	-
Éducation	.. c	.. c	.. c	.. c	.. c	.. c	.. c	.. c	.. c	.. c
Santé humaine et action sociale	1 299.8	2 553.5	3 107.4	2 722.3	2 360.4	4 287.3	4 591.9	4 682.2	4 743.1	6 956.5
Arts, spectacles et loisirs	.. c	.. c	.. c	.. c	.. c	.. c	.. c	.. c	.. c	.. c
Autres services	.. c	219.2	.. c	.. c	.. c	-	-	-	.. c	-
Not allocated and confidential	**69 546.3**	**70 603.5**	**79 450.9**	**75 184.9**	**80 203.9**	**.. c**	**.. c**	**.. c**	**.. c**	**.. c**
Activités immobilières privées	..	..	..	..	..	..	..	..	..	..

- Néant ; .. Non disponible ; c Donnée confidentielle

Note : Voir les métadonnées détaillées sur : *http://metalinks.oecd.org/idi/20210722/947b.*

Source : *Statistiques de l'OCDE sur l'investissement direct international (base de données) : https://doi.org/10.1787/idi-data-fr*

Tableau 6. Revenus des investissements directs étrangers par secteur industriel

Millions de dollars des ÉU

	Entrant					Sortant				
	2015	2016	2017	2018	2019	2015	2016	2017	2018	2019
All FDI activities	**23 883.8**	**27 454.1**	**37 310.9**	**44 029.3**	**43 575.5**	**13 784.7**	**13 315.2**	**14 217.9**	**16 748.3**	**16 859.7**
Agriculture, sylviculture et pêche	**48.8**	**107.8**	**105.8**	**.. c**	**16.0**	**-**	**-**	**-**	**.. c**	**.. c**
Industries extractives	**4 992.1**	**4 842.8**	**12 388.7**	**17 431.8**	**18 523.0**	**-81.9**	**-164.3**	**2 207.8**	**2 296.3**	**2 818.5**
Activités d'extraction	..	..	..	..	..	..	..	..	..	..
Activités de fabrication	**3 850.0**	**4 677.8**	**4 493.8**	**4 815.1**	**3 492.0**	**2 993.5**	**2 993.4**	**3 321.3**	**3 743.9**	**3 904.9**
dont :										
Produits alimentaires, boissons et tabac	..	..	..	..	..	..	..	..	..	..
Textiles, bois, papier, imprimerie	..	..	..	..	..	..	..	..	..	..
Produits pétroliers, chimiques, pharmaceutiques, caoutchouc, plastique, minéraux	..	..	..	..	..	..	..	..	..	..
Ouvrages en métaux et machines, sauf matériels électriques	..	..	..	..	..	..	..	..	..	..
Automobiles, remorques, semi-remorques, autres matériels de transport	..	..	..	..	..	..	..	..	..	..
Autres activités de fabrication	..	..	..	..	..	..	..	..	..	..
Production et distribution d'électricité, de gaz, de vapeur et de climatisation	**507.9**	**815.4**	**.. c**	**1 175.8**	**1 295.6**	**193.9**	**.. c**	**.. c**	**.. c**	**.. c**
Distribution de l'eau ; assainissement, traitement des déchets et dépollution	..	..	..	..	..	..	..	..	..	..
Construction	**.. c**	**.. c**	**1 160.2**	**1 249.7**	**.. c**	**.. c**	**.. c**	**422.3**	**.. c**	**.. c**
Services	**11 650.0**	**14 249.6**	**15 772.9**	**17 266.0**	**16 790.2**	**7 549.8**	**6 985.1**	**4 928.3**	**6 643.0**	**6 151.4**
Commerce de gros et de détail ; réparations automobiles et motocycles	2 194.0	2 583.1	1 969.5	3 563.2	3 373.9	616.9	197.0	-87.4	162.8	.. c
Transport et entreposage	337.4	767.1	627.6	904.6	674.2	121.7	20.1	108.1	147.9	182.1
Activités d'hébergement et de restauration	571.0	799.8	784.0	660.3	745.1	.. c	.. c	.. c	.. c	.. c
Information et communication	822.8	1 064.4	1 246.8	1 054.8	809.1	87.9	82.5	-76.6	-52.3	73.7
Activités financières et d'assurances	3 413.5	3 734.5	4 831.8	4 995.9	5 122.0	5 462.5	5 491.0	3 827.9	5 051.9	4 528.4
Activités des sociétés holding	..	..	..	..	..	..	..	..	..	..
Activités immobilières	.. c	.. c	.. c	.. c	.. c	540.2	.. c	.. c	.. c	491.4
Activités professionnelles, scientifiques et techniques	139.8	161.3	-1.5	132.2	230.1	.. c	.. c	.. c	.. c	.. c
Activités de services administratifs et d'appui	107.4	139.7	153.3	106.1	.. c	.. c	.. c	.. c	.. c	.. c
Administration publique; activités des ménages et des organismes extra-territoriaux	72.1	.. c	.. c	.. c	.. c	.. c	-	-	.. c	-
Éducation	-	.. c	.. c	.. c	43.8	.. c	.. c	.. c	.. c	-
Santé humaine et action sociale	212.6	191.0	187.8	115.0	2.1	436.5	.. c	.. c	.. c	.. c
Arts, spectacles et loisirs	.. c	.. c	.. c	.. c	1.4	.. c	.. c	.. c	.. c	.. c
Autres services	.. c	.. c	.. c	.. c	52.8	-	-	-	-	-
Not allocated and confidential	**.. c**	**.. c**	**.. c**	**.. c**	**.. c**	**.. c**	**.. c**	**.. c**	**.. c**	**.. c**
Activités immobilières privées	..	..	..	..	..	..	..	..	..	..

- Néant ; .. Non disponible ; c Donnée confidentielle

Note : Voir les métadonnées détaillées sur : *http://metalinks.oecd.org/idi/20210722/947b.*

Source : *Statistiques de l'OCDE sur l'investissement direct international (base de données) : https://doi.org/10.1787/idi-data-fr*

AUTRICHE

Tableau 1. Flux d'investissement direct étranger par pays

Millions de dollars des ÉU

	Entrant					Sortant				
	2015	2016	2017	2018	2019	2015	2016	2017	2018	2019
TOTAL MONDE	**1 487.5**	**-8 500.5**	**14 921.7**	**5 283.8**	**967.2**	**7 027.2**	**-2 031.4**	**10 228.8**	**5 608.4**	**10 894.4**
Pays membres de l'OCDE	**3 124.8**	**-8 340.2**	**7 038.7**	**8 234.4**	**-178.0**	**4 321.7**	**8 929.6**	**6 060.2**	**1 645.2**	**5 513.3**
Australie	54.4	-11.1	-55.2	-70.8	25.7	175.3	119.4	86.8	345.8	394.0
Autriche	-	-	-	-	-	-	-	-	-	-
Belgique	410.4	14.4	665.1	-1 352.5	1 982.5	257.3	454.5	-273.9	-291.5	70.5
Canada	-44.4	25.4	230.0	-41.3	-293.3	-117.6	-184.7	-391.2	-275.0	-217.2
Chili	-149.8	-2.2	-3.4	-15.3	-1.1	-1.1	17.7	-	31.9	32.5
République Tchèque	66.6	28.8	3.4	184.1	-59.3	676.7	-1 019.6	554.6	584.2	351.5
Danemark	-119.8	-426.8	-	7.1	22.4	43.3	12.2	-78.9	5.9	16.8
Estonie	-	-3.3	-	-	-1.1	83.2	18.8	-77.8	113.3	-11.2
Finlande	25.5	44.2	57.5	-10.6	-25.7	44.4	91.8	113.9	129.8	-4.5
France	1 090.4	-315.2	7.9	-186.5	206.0	-55.5	19.9	310.0	101.5	73.9
Allemagne	-1 559.6	938.8	4 137.1	6 553.8	-876.5	602.3	1 282.8	1 889.3	-2 334.5	1 865.0
Grèce	299.5	38.7	48.5	-355.2	182.5	49.9	85.1	3.4	-334.0	5.6
Hongrie	219.6	-8.8	-80.0	-4.7	47.0	733.2	-832.7	335.9	738.8	-378.4
Islande	-1.1	1.1	13.5	-	-	-	-	-	-4.7	-
Irlande	-1 013.9	696.7	-811.6	1 628.7	181.4	31.1	86.3	31.6	-296.2	31.3
Israël	-8.9	-10.0	-1.1	-2.4	5.6	-8.9	-2.2	4.5	-1.2	59.3
Italie	1 279.0	-7 566.1	666.2	112.1	-779.1	563.5	811.7	-168.0	669.2	7.8
Japon	-68.8	80.7	287.5	-77.9	-47.0	46.6	31.0	-9.0	38.9	39.2
Corée	11.1	364.9	319.0	1 308.9	179.1	10.0	-43.1	-10.1	86.2	71.6
Lettonie	..	..	..	-	..	..	..	..	..	..
Lituanie	..	..	-	-	-	..	..	..	..	..
Luxembourg	1 558.5	2 051.3	110.5	1 279.4	-1 043.3	-215.2	800.6	-232.2	172.3	-7 943.6
Mexique	-16.6	-33.2	196.1	-11.8	-	155.3	174.7	131.9	142.8	208.2
Pays-Bas	1 232.4	-2 337.7	355.1	-5 645.0	-661.6	-1 009.4	6 886.0	5 024.2	-1 865.9	9 777.2
Nouvelle-Zélande	2.2	-	-1.1	-5.9	-2.2	-287.3	-31.0	-34.9	570.0	-256.4
Norvège	18.9	-33.2	19.2	-10.6	6.7	185.2	191.3	-804.9	-666.8	-186.9
Pologne	83.2	-5.5	144.3	-216.0	-14.6	82.1	558.4	1 079.9	-9.4	326.9
Portugal	-5.5	18.8	7.9	7.1	-31.3	10.0	-1.1	32.7	-59.0	75.0
République slovaquie	-93.2	-36.5	-379.9	428.4	2.2	287.3	5.5	-479.1	231.3	9.0
Slovénie	56.6	-117.2	-62.0	-27.1	21.3	183.0	-81.8	320.1	211.3	71.6
Espagne	-46.6	-97.3	-11.3	291.5	-24.6	94.3	194.6	280.7	577.1	-79.5
Suède	54.4	70.8	157.8	240.8	-148.9	208.5	21.0	411.5	126.3	-133.2
Suisse	-516.9	1 237.4	951.4	643.2	582.1	653.4	1 237.4	-799.2	1 311.2	745.6
Turquie	218.5	180.3	231.1	164.1	129.9	211.9	-2 687.2	-1 252.4	354.1	-45.9
Royaume-Uni	98.7	-808.4	857.9	1 413.9	-131.0	-16.6	826.1	-210.8	-293.9	-31.3
Etats-Unis	-10.0	-2 326.7	-1 028.1	2 007.6	386.2	646.7	-213.4	248.0	1 524.8	592.2
EUROPE	**3 269.0**	**-6 914.7**	**13 042.5**	**2 974.2**	**726.5**	**5 748.2**	**4 073.9**	**7 960.8**	**849.8**	**4 955.8**
Bulgarie	-85.4	195.7	30.4	-9.4	-97.4	345.0	-1 933.0	-308.9	-119.2	53.7
Croatie	-25.5	16.6	-94.7	53.1	-3.4	-211.9	-1 803.6	58.6	74.4	-77.2
Chypre	..	..	..	..	..	..	..	..	..	..
Malte	..	..	..	..	..	..	..	..	..	..
Roumanie	13.3	-10.0	-	-20.1	-148.9	1 325.6	-1 015.2	756.4	1 207.4	324.6
Russie	-164.2	-25.4	6 417.5	-2 747.6	1 619.8	434.8	-517.5	1 364.0	594.8	162.3
Ukraine	119.8	14.4	-7.9	7.1	-25.7	541.3	-222.3	-13.5	110.9	-72.8
AFRIQUE	**-855.2**	**276.5**	**1 288.5**	**16.5**	**41.4**	**-108.7**	**-35.4**	**144.3**	**-61.4**	**72.8**
Afrique septentrionale	3.3	-3.3	-24.8	-	4.5	31.1	-54.2	28.2	7.1	32.5
Algérie	..	..	-	-	-	..	..	-	..	-
Egypte	..	..	..	-	..	..	..	..	..	-
Libye	-	-	-	-	-	..	..	-	-	..
Maroc	..	..	..	..	..	..	..	..	..	..
Tunisie	..	..	..	..	..	..	..	..	-	..
Autres pays africains	..	..	..	..	..	..	..	..	..	..
Nigéria	..	..	..	..	-	..	..	..	-	-
Afrique du Sud	..	..	..	..	..	..	..	..	..	..
AMÉRIQUE	**-379.4**	**-2 345.5**	**-77.8**	**1 583.9**	**433.2**	**359.4**	**-7 431.2**	**351.7**	**1 038.6**	**673.9**
Amérique du Nord	-54.4	-2 301.2	-798.1	1 965.1	92.9	529.1	-398.1	-143.2	1 249.9	375.0
Amérique du Nord	71.0	174.7	1 403.4	376.5	398.5	-306.2	-7 227.7	441.9	-467.4	279.9
Bahamas	..	-	-	..	-	..	..	-	-	-
Bermudes	..	..	..	..	..	..	..	..	..	..
Îles Cayman	..	..	..	..	..	..	..	..	..	..
Costa Rica	..	..	..	-	-	..	..	..	-	..
El Salvador	-	-	-	-	-	-	-	-	-	-
Guatemala	-	..	-	-	-	..	..	-	-	-
Honduras	-	-	-	-	-	..	..	..	..	..
Nicaragua	-	-	-	-	-	..	..	-	..	..
Panama	..	..	..	..	..	..	..	..	-	..
Îles Vierges, US	..	..	..	..	..	-	-	-	-	-
Amérique du Sud	-396.0	-219.0	-684.3	-758.9	-58.2	136.4	194.6	53.0	256.1	19.0
Argentine	3.3	-1.1	7.9	17.7	29.1	12.2	121.6	18.0	18.9	5.6
Bolivie	-	-	-	-	-	..	..	-	..	..
Brésil	-244.0	-105.1	-688.8	-744.7	-64.9	117.6	-39.8	47.3	128.6	-11.2
Colombie	..	..	..	..	..	..	..	..	..	..
Equateur	-	-	-	-	-	..	..	-	-	-
Paraguay	-	-	-	-	-	..	..	..	-	-
Pérou	..	..	..	..	-	..	..	-	..	..
Uruguay	..	..	-	-	..	..	..	..	..	..
Venezuela	..	..	-	-	-	..	..	..	-	-
ASIE	**-556.9**	**492.1**	**724.8**	**781.3**	**-257.5**	**1 132.6**	**1 255.1**	**1 720.2**	**2 865.6**	**5 055.4**

Tableau 1. Flux d'investissement direct étranger par pays *(suite)*

Millions de dollars des ÉU

	Entrant					Sortant				
	2015	2016	2017	2018	2019	2015	2016	2017	2018	2019
Proche et Moyen Orient	-391.6	-152.6	86.8	-363.5	-556.4	448.1	548.5	45.1	1 921.4	2 703.5
Pays du Golfe	-383.8	-139.3	86.8	-361.1	-559.7	453.7	528.6	55.2	1 921.4	2 636.3
Koweït	..	..	..	..	..	-	-	-	..	-
Qatar	-	..	..	..	..	..	..	..	..	..
Arabie saoudite	..	..	..	..	-	..	..	..	..	..
Emirats Arabes Unis	..	..	..	..	..	..	..	..	..	..
Autres pays du Proche et Moyen Orient	-6.7	-13.3	-	-2.4	4.5	-4.4	19.9	-10.1	-	67.2
Jordanie	..	..	..	-	..	..	..	..	..	..
Autres pays asiatiques	-165.3	644.7	638.0	1 144.8	298.9	684.4	706.6	1 675.1	944.2	2 352.0
Chine	62.1	2.2	22.5	139.3	36.9	140.9	268.7	592.9	434.3	288.8
Hong Kong, Chine	-99.8	147.1	-134.1	87.3	-86.2	108.7	206.8	242.4	276.2	399.6
Inde	8.9	-1.1	-	-16.5	-10.1	49.9	86.3	39.5	114.5	126.5
Indonesie	-1.1	-3.3	3.4	-1.2	-	-16.6	21.0	-5.6	20.1	61.6
République islamique d'Iran	..	..	-	-	-	..	..	..	..	..
Malaisie	..	..	..	..	..	..	..	..	..	..
Philippines	-	-2.2	-	-	-	6.7	8.8	9.0	5.9	17.9
Singapour	48.8	-5.5	-19.2	7.1	-124.3	72.1	7.7	1 030.3	-118.0	269.8
Taipei Chinois	..	..	..	..	..	..	..	..	..	..
Thaïlande	-126.5	-88.5	-23.7	-421.3	241.8	306.2	28.8	-232.2	34.2	73.9
Viet Nam	..	..	-	-	-	..	..	..	..	..
AUSTRALIE, OCÉANIE ET RÉGIONS POLAIRES	**56.6**	**-11.1**	**-56.4**	**-77.9**	**23.5**	**-117.6**	**87.4**	**51.9**	**915.9**	**136.6**
TOTAL MONDE non alloué et confidentiel	**-46.6**	**2.2**	**-**	**5.9**	**-**	**13.3**	**18.8**	**-**	**-**	**-**
Union européenne (UE28)	**3 452.0**	**-8 227.4**	**5 451.5**	**4 882.6**	**-1 737.4**	**4 066.6**	**6 032.3**	**9 428.5**	**-1 083.4**	**4 134.1**
Pays du G20 hors Union Européenne	**-143.1**	**-9 319.9**	**12 939.9**	**7 883.9**	**457.9**	**3 046.0**	**127.2**	**2 748.3**	**1 624.0**	**3 674.0**
Pays OCDE du G20	**1 051.6**	**-9 470.3**	**5 849.4**	**11 169.6**	**-1 201.2**	**2 220.7**	**136.0**	**624.5**	**360.0**	**2 957.6**
Pays non-OCDE du G20	**-1 194.7**	**150.4**	**7 090.5**	**-3 286.9**	**1 659.0**	**826.4**	**-8.8**	**2 123.8**	**1 264.0**	**716.4**
Pays MENA	**-379.4**	**-146.0**	**62.0**	**-361.1**	**-557.5**	**484.7**	**473.3**	**69.9**	**1 927.3**	**2 674.4**
Pays ANASE	**-76.5**	**-45.3**	**-3.4**	**-347.0**	**221.7**	**369.4**	**103.9**	**789.1**	**18.9**	**1 409.4**

- Néant ; .. Non disponible

Note : Les données excluent les entités à vocation spéciales. Voir les métadonnées détaillées sur : *http://metalinks.oecd.org/idi/20210722/947b.*

Source : *Statistiques de l'OCDE sur l'investissement direct international (base de données) : https://doi.org/10.1787/idi-data-fr*

AUTRICHE

Tableau 2. Encours des investissements directs étrangers par pays

En fin d'année

Millions de dollars des ÉU

	Entrant					Sortant				
	2015	2016	2017	2018	2019	2015	2016	2017	2018	2019
TOTAL MONDE	**159 723.5**	**150 648.3**	**191 442.8**	**188 795.5**	**196 716.5**	**205 235.7**	**196 996.9**	**233 762.3**	**227 984.9**	**234 977.5**
Pays membres de l'OCDE	**122 621.7**	**113 170.7**	**137 211.6**	**140 628.6**	**145 672.9**	**148 300.5**	**152 926.1**	**181 758.2**	**173 488.7**	**174 297.9**
Australie	54.4	67.5	87.6	80.1	91.0	2 064.2	2 130.3	2 551.0	3 020.4	3 402.6
Autriche	2 423.5	2 342.2	5 155.9	5 863.3	5 614.5	-	-	-	-	-
Belgique	823.1	765.3	891.1	794.6	745.9	1 653.8	2 004.8	1 921.3	1 576.6	1 614.2
Canada	2 920.0	3 706.1	4 439.9	6 040.8	5 624.6	1 260.8	986.6	512.1	152.3	268.5
Chili	1.1	1.1	1.2	1.1	1.1	141.5	159.2	167.9	176.3	198.8
République Tchèque	197.1	254.0	206.3	416.8	342.6	14 398.5	11 573.7	14 570.6	14 618.7	15 071.9
Danemark	201.4	179.2	218.3	226.7	206.7	154.6	176.0	277.0	266.8	325.8
Estonie	-	-8.4	1.2	1.1	2.2	254.8	246.7	203.9	271.4	255.0
Finlande	731.6	728.4	838.3	640.0	535.8	544.4	615.6	804.7	891.9	871.7
France	4 604.2	3 677.7	5 865.9	4 915.3	5 124.7	4 148.1	4 177.3	4 940.0	3 927.2	2 135.5
Allemagne	45 058.2	44 714.9	56 338.5	60 221.0	59 269.8	26 271.1	28 231.3	36 575.9	33 133.7	35 446.0
Grèce	664.1	758.9	899.5	476.3	627.9	335.3	376.3	417.4	138.5	141.5
Hongrie	155.7	190.8	207.5	221.0	246.0	7 952.1	6 870.5	8 163.8	8 229.9	7 817.3
Islande	-	-	-	-	-	4.4	4.2	6.0	2.3	2.2
Irlande	341.9	662.0	722.0	700.7	889.7	179.6	179.2	251.9	89.3	120.2
Israël	18.5	160.2	266.3	425.9	308.9	7.6	5.3	9.6	3.4	66.3
Italie	18 500.8	10 314.1	11 662.3	11 270.9	11 153.7	2 469.2	3 163.3	3 788.7	4 485.9	4 761.9
Japon	2 102.3	2 142.9	4 072.9	4 001.6	5 845.9	133.9	175.0	171.5	296.5	338.1
Corée	189.4	227.7	255.5	1 632.7	1 760.3	1 196.5	1 105.7	1 166.9	1 205.6	1 240.2
Lettonie	..	..	..	..	..	..	..	..	..	..
Lituanie	..	..	-	-	-	..	..	..	..	..
Luxembourg	2 394.1	3 321.4	3 328.1	2 951.7	3 716.0	11 665.8	12 643.6	14 292.4	13 891.7	5 658.3
Mexique	1 779.0	1 660.2	2 729.7	2 200.6	2 564.6	675.0	717.8	889.9	1 076.3	1 322.2
Pays-Bas	8 135.0	4 421.8	-399.4	542.7	5 684.1	20 751.2	25 500.2	36 103.4	33 697.0	41 143.6
Nouvelle-Zélande	-	-	-	-	-	124.1	97.0	62.4	612.5	355.0
Norvège	235.2	248.8	310.6	128.2	138.2	2 572.7	2 792.2	2 203.2	1 462.1	1 267.1
Pologne	9.8	16.9	25.2	17.2	16.9	4 849.2	5 051.1	7 031.7	5 920.5	6 218.8
Portugal	68.6	85.4	88.8	90.5	73.0	261.3	227.7	297.4	258.8	328.0
République slovaquie	25.0	24.2	28.8	26.3	21.3	6 541.1	6 250.7	7 266.7	7 202.9	6 372.7
Slovénie	167.7	122.3	154.7	20.6	18.0	3 358.7	2 843.9	3 642.4	3 711.9	3 713.8
Espagne	1 020.1	1 242.8	1 452.4	731.6	702.1	1 071.3	1 183.7	1 560.3	1 957.9	1 838.9
Suède	793.7	918.1	1 036.2	1 221.7	1 250.3	1 552.5	1 535.8	1 772.6	1 678.5	1 621.0
Suisse	7 989.1	9 112.5	13 261.0	12 744.4	13 175.7	8 315.7	9 551.0	8 546.4	8 513.9	9 305.8
Turquie	206.9	218.2	247.1	243.9	352.7	4 881.9	3 580.7	1 790.6	1 386.5	1 277.2
Royaume-Uni	5 259.7	5 716.2	6 682.7	5 992.7	5 807.7	7 618.9	8 187.0	7 778.8	6 123.2	5 756.0
Etats-Unis	15 551.4	15 170.2	16 128.6	15 775.1	13 752.0	10 890.6	10 451.1	11 849.4	13 234.5	13 799.1
EUROPE	**124 238.4**	**113 256.0**	**142 347.1**	**139 855.7**	**146 482.8**	**167 276.0**	**166 382.4**	**198 366.5**	**187 723.8**	**188 115.0**
Bulgarie	4.4	278.3	317.8	295.4	204.4	4 593.4	3 152.7	3 238.2	2 973.4	2 971.2
Croatie	-	1.1	3.6	-2.3	-2.2	5 264.0	3 959.1	4 552.7	4 704.6	4 492.2
Chypre	..	..	..	..	..	..	..	..	..	..
Malte	..	..	..	..	..	..	..	..	..	..
Roumanie	56.6	55.9	68.4	60.7	-16.9	9 527.5	8 282.9	10 100.7	10 266.8	10 089.9
Russie	21 389.2	20 206.6	30 197.9	25 330.9	27 582.6	5 693.0	4 966.8	6 103.4	6 861.7	8 015.1
Ukraine	18.5	42.2	45.6	52.7	53.9	997.3	331.0	488.1	603.4	621.2
AFRIQUE	**1 948.8**	**1 924.7**	**3 004.3**	**2 875.0**	**2 861.2**	**887.3**	**820.1**	**993.0**	**1 033.9**	**1 108.7**
Afrique septentrionale	-	-	-	-	-	234.1	172.9	293.8	360.7	393.2
Algérie	-	-	-	-	-	..	..	..	..	..
Egypte	..	-	-	-	-	..	..	..	..	..
Libye	-	-	-	-	-	..	..	..	..	..
Maroc	-	-	-	-	-	..	..	..	..	..
Tunisie	-	-	-	-	-	..	..	..	..	..
Autres pays africains	..	..	..	..	..	..	..	..	..	..
Nigéria	-	..	-	-	-	..	..	..	..	..
Afrique du Sud	..	..	..	..	..	..	..	..	..	..
AMÉRIQUE	**21 442.6**	**21 840.4**	**26 765.4**	**26 778.1**	**26 427.8**	**23 296.7**	**15 143.9**	**16 569.9**	**17 841.8**	**18 753.1**
Amérique du Nord	18 471.4	18 877.4	20 568.5	21 815.9	19 375.4	12 151.3	11 437.8	12 361.5	13 386.8	14 067.6
Amérique du Nord	1 793.1	1 666.5	2 581.0	2 679.2	3 045.4	9 623.3	1 933.2	2 360.3	2 458.2	2 773.5
Bahamas	..	-	-	-	-	..	..	-	-	-
Bermudes	..	..	..	-	..	..	..	..	-	..
Îles Cayman	..	-	-	-	..	..	..	..	..	..
Costa Rica	..	-	-	-	-	..	..	..	..	..
El Salvador	-	-	-	-	-	-	-	-	-	-
Guatemala	-	-	-	-	-	..	..	..	-	-
Honduras	-	-	-	-	-	..	..	..	..	..
Nicaragua	-	-	-	-	-	..	..	..	..	..
Panama	..	..	..	..	..	..	..	..	..	..
Îles Vierges, US	..	-	-	-	-	-	-	-	-	-
Amérique du Sud	1 176.9	1 296.5	3 617.2	2 284.2	4 005.8	1 522.0	1 773.0	1 848.2	1 995.6	1 911.9
Argentine	50.1	49.5	62.4	708.7	702.1	98.0	92.8	106.7	130.5	97.7
Bolivie	-	-	-	-	-	..	..	..	..	..
Brésil	1 118.1	1 239.6	3 552.4	1 574.3	3 303.8	1 077.8	1 173.2	1 334.9	1 356.8	1 299.7
Colombie	-	-	-	-	-	..	..	..	..	..
Equateur	-	-	-	-	-	..	..	..	..	..
Paraguay	-	-	-	-	-	..	..	-	-	-
Pérou	-	-	-	-	-	..	..	..	..	..
Uruguay	-	-	-	-	-	..	..	..	..	..
Venezuela	..	..	-	-	-	..	..	-	..	..
ASIE	**11 746.3**	**13 276.1**	**18 914.6**	**18 898.6**	**20 550.4**	**11 573.2**	**12 422.3**	**15 217.1**	**17 751.3**	**23 243.1**

Tableau 2. Encours des investissements directs étrangers par pays *(suite)*

En fin d'année

Millions de dollars des ÉU

	Entrant					Sortant				
	2015	2016	2017	2018	2019	2015	2016	2017	2018	2019
Proche et Moyen Orient	5 549.3	6 269.6	8 725.1	7 213.2	7 175.9	4 559.6	4 986.8	5 805.9	7 618.5	10 795.3
Pays du Golfe	5 527.5	6 108.4	8 457.7	6 787.3	6 865.9	4 498.6	4 921.5	5 724.4	7 554.4	10 661.6
Koweït	..	..	..	..	..	-	-	-	-	-
Qatar	-	-	-	-	-	..	..	..	..	..
Arabie saoudite	..	..	..	..	..	..	..	..	..	..
Emirats Arabes Unis	..	..	..	..	..	..	..	..	..	..
Autres pays du Proche et Moyen Orient	20.7	162.3	267.5	425.9	310.0	61.0	65.4	81.6	64.1	133.7
Jordanie	..	..	..	-	-	..	..	..	..	..
Autres pays asiatiques	6 198.1	7 005.4	10 189.5	11 685.4	13 374.5	7 013.6	7 435.4	9 411.1	10 132.8	12 447.8
Chine	484.5	375.3	903.1	1 353.3	1 231.2	2 481.2	2 615.2	3 445.7	3 764.6	3 999.1
Hong Kong, Chine	2 802.4	3 301.4	3 500.8	3 145.2	2 976.9	679.4	877.0	1 232.9	1 551.4	1 923.2
Inde	138.3	123.3	328.6	311.4	334.8	427.9	450.1	645.2	717.9	830.2
Indonesie	-	-	-	-	-	211.2	226.6	226.7	240.4	307.8
République islamique d'Iran	..	-	-	..	..	..	..	..	..	..
Malaisie	..	..	..	..	..	..	..	..	..	..
Philippines	1.1	-	-	-	-	74.0	79.1	79.2	73.3	94.4
Singapour	457.3	610.3	568.5	603.4	549.3	1 281.4	1 290.2	1 805.0	1 702.5	2 031.0
Taipei Chinois	..	..	..	..	..	..	..	..	..	..
Thaïlande	-	-	16.8	5.7	4.5	310.3	331.0	249.5	139.7	226.9
Viet Nam	-	-	-	-	-	..	..	..	..	..
AUSTRALIE, OCÉANIE ET RÉGIONS POLAIRES	**54.4**	**67.5**	**87.6**	**80.1**	**91.0**	**2 189.4**	**2 228.3**	**2 615.7**	**3 634.1**	**3 757.6**
TOTAL MONDE non alloué et confidentiel	**292.9**	**283.5**	**323.8**	**308.0**	**303.3**	**13.1**	**-**	**-**	**-**	**-**
Union européenne (UE28)	**93 426.2**	**82 307.4**	**97 519.8**	**100 073.3**	**103 736.2**	**137 523.1**	**139 249.5**	**172 073.6**	**161 935.0**	**160 441.5**
Pays du G20 hors Union Européenne	**121 521.0**	**111 744.5**	**146 831.4**	**144 779.0**	**147 619.6**	**72 022.9**	**72 912.4**	**84 441.1**	**81 648.7**	**84 918.0**
Pays OCDE du G20	**96 225.4**	**87 616.7**	**108 510.4**	**112 375.8**	**111 345.8**	**61 611.3**	**62 907.1**	**72 017.3**	**68 043.3**	**69 748.4**
Pays non-OCDE du G20	**25 294.5**	**24 127.8**	**38 320.9**	**32 403.3**	**36 272.7**	**10 411.5**	**10 005.3**	**12 425.0**	**13 605.5**	**15 169.6**
Pays MENA	**5 528.6**	**6 108.4**	**8 457.7**	**6 787.3**	**6 865.9**	**4 759.9**	**5 118.6**	**6 054.2**	**7 954.0**	**11 100.9**
Pays ANASE	**462.7**	**689.4**	**716.0**	**883.9**	**839.1**	**2 063.1**	**2 139.8**	**2 642.1**	**2 512.0**	**4 017.1**

- Néant ; .. Non disponible

Note : Les données excluent les entités à vocation spéciales. Voir les métadonnées détaillées sur : *http://metalinks.oecd.org/idi/20210722/947b.*

1. Les positions d'IDE entrants sont allouées selon le pays investisseur ultime. Voir les métadonnées détaillées sur : *http://metalinks.oecd.org/idi/20210722/947b.*

Source : *Statistiques de l'OCDE sur l'investissement direct international (base de données) : https://doi.org/10.1787/idi-data-fr*

Tableau 3. Revenus des investissements directs étrangers par pays

Millions de dollars des ÉU

	Entrant					Sortant				
	2015	2016	2017	2018	2019	2015	2016	2017	2018	2019
TOTAL MONDE	**9 651.7**	**11 956.2**	**15 794.2**	**16 065.1**	**12 920.6**	**10 661.1**	**15 376.5**	**15 095.3**	**15 065.5**	**15 458.4**
Pays membres de l'OCDE	**9 462.0**	**10 632.5**	**13 050.4**	**13 112.2**	**10 313.4**	**6 815.3**	**9 847.4**	**9 533.3**	**8 484.6**	**9 179.4**
Australie	7.8	10.0	11.3	11.8	12.3	129.8	123.9	147.7	36.6	333.6
Autriche	-	-	-	-	-	-	-	-	-	-
Belgique	30.0	130.5	73.3	69.6	88.4	83.2	129.4	137.5	125.1	67.2
Canada	16.6	16.6	-6.8	9.4	16.8	147.5	224.5	-143.2	-393.0	9.0
Chili	-	-	-	-11.8	-	-6.7	13.3	-3.4	31.9	14.6
République Tchèque	6.7	4.4	22.5	64.9	43.7	1 846.9	1 712.9	1 924.2	2 079.5	1 673.6
Danemark	-56.6	27.6	28.2	34.2	24.6	4.4	21.0	10.1	16.5	10.1
Estonie	-	-3.3	-	-	-	11.1	14.4	20.3	28.3	-
Finlande	64.3	63.0	55.2	94.4	40.3	26.6	54.2	77.8	138.1	32.5
France	287.3	253.2	200.7	123.9	295.5	187.5	94.0	-128.5	118.0	72.8
Allemagne	2 794.2	3 680.2	4 781.9	6 770.9	4 122.9	1 134.8	954.3	2 409.0	2 261.3	1 648.9
Grèce	-48.8	38.7	47.3	24.8	24.6	-23.3	-3.3	-5.6	-4.7	3.4
Hongrie	63.2	44.2	44.0	23.6	14.6	1 122.6	680.1	1 050.6	1 154.3	87.3
Islande	-	-	-	-	-	-	-	-	-	-
Irlande	16.6	34.3	-21.4	-157.0	11.2	33.3	27.6	28.2	-5.9	-14.6
Israël	-	-	-	-	-	-3.3	-	-1.1	-3.5	10.1
Italie	474.8	412.5	812.8	594.8	560.8	62.1	76.3	11.3	-131.0	133.2
Japon	1.1	50.9	49.6	35.4	45.9	10.0	2.2	6.8	38.9	34.7
Corée	-5.5	-10.0	3.4	38.9	96.3	105.4	189.1	99.2	135.7	163.4
Lettonie	..	..	-	-	..	..	..	..	..	-
Lituanie	..	..	-	-	-	..	..	..	..	..
Luxembourg	311.7	1 402.2	12.4	985.5	1 183.3	-470.3	732.1	-307.7	-1 017.3	695.2
Mexique	7.8	7.7	10.1	7.1	9.0	134.2	152.6	121.7	122.7	126.5
Pays-Bas	3 088.2	2 069.0	4 775.1	2 568.2	1 999.3	-786.5	1 091.5	383.3	511.0	1 285.1
Nouvelle-Zélande	-	-	-	-	-	-144.2	58.6	48.5	30.7	36.9
Norvège	13.3	-16.6	-13.5	-1.2	12.3	-219.6	19.9	19.2	257.3	109.7
Pologne	-4.4	-2.2	-12.4	-22.4	-16.8	471.4	329.5	455.4	411.9	396.3
Portugal	7.8	28.8	15.8	14.2	6.7	23.3	14.4	-	-33.0	5.6
République slovaquie	16.6	-	3.4	-22.4	4.5	641.2	755.3	695.5	731.7	603.4
Slovénie	-	-	2.3	-	1.1	286.2	305.2	402.4	407.2	193.7
Espagne	92.1	81.8	87.9	47.2	53.7	144.2	232.2	151.1	283.3	56.0
Suède	186.4	191.3	158.9	245.5	90.7	142.0	160.3	220.9	109.8	38.1
Suisse	688.9	1 406.6	1 084.4	827.3	912.3	713.3	901.3	98.1	234.9	658.2
Turquie	156.4	194.6	193.9	158.1	79.5	251.8	170.3	170.2	138.1	16.8
Royaume-Uni	560.2	362.7	423.9	385.9	310.1	93.2	-69.7	742.9	5.9	13.4
Etats-Unis	684.4	150.4	206.3	192.4	266.4	662.2	660.2	664.0	627.9	660.5
EUROPE	**8 824.2**	**10 810.6**	**13 110.1**	**13 297.5**	**11 507.9**	**7 862.5**	**12 057.9**	**11 928.8**	**11 974.5**	**10 398.5**
Bulgarie	-1.1	110.6	22.5	4.7	16.8	526.9	291.9	143.2	133.4	228.4
Croatie	-10.0	-11.1	-10.1	-10.6	-4.5	-231.8	334.0	223.2	407.2	339.2
Chypre	..	..	..	..	..	..	..	..	..	..
Malte	..	..	..	..	..	..	..	..	..	..
Roumanie	-3.3	-4.4	-2.3	-2.4	-9.0	531.3	525.3	860.1	1 370.2	920.2
Russie	-52.1	-102.8	87.9	152.2	1 447.4	902.9	927.8	1 197.2	1 147.2	557.5
Ukraine	-33.3	-42.0	-22.5	-2.4	-	-106.5	112.8	152.2	237.2	26.9
AFRIQUE	**-225.2**	**43.1**	**478.0**	**28.3**	**99.6**	**-26.6**	**-43.1**	**59.7**	**64.9**	**47.0**
Afrique septentrionale	-1.1	-1.1	-1.1	-2.4	-2.2	6.7	-58.6	-3.4	-1.2	16.8
Algérie	-	..	-	-	-	..	..	..	..	-
Egypte	..	..	-	-	-	..	..	-	-	-
Libye	-	..	-	-	-	..	..	-	-	..
Maroc	-	..	..	..	..	..	..	..	-	..
Tunisie	..	..	..	-	-	..	..	..	..	..
Autres pays africains	..	..	..	..	..	..	..	..	..	..
Nigéria	-	..	-	-	-	..	..	..	-	-
Afrique du Sud	..	..	..	..	..	..	..	..	..	..
AMÉRIQUE	**758.7**	**-171.4**	**846.6**	**1 357.3**	**586.6**	**1 171.4**	**1 427.6**	**824.0**	**721.1**	**1 084.7**
Amérique du Nord	701.1	167.0	199.5	201.8	283.2	809.8	884.7	520.8	233.7	670.5
Amérique du Nord	153.1	139.3	231.1	102.7	134.3	311.7	457.8	264.9	358.8	274.3
Bahamas	-	..	..	-	-	..	..	-	-	-
Bermudes	..	..	..	..	..	..	..	..	-	-
Îles Cayman	..	..	..	..	..	..	..	..	-	..
Costa Rica	-	..	-	-	-	..	..	..	-	..
El Salvador	-	..	-	-	-	-	..	-	-	-
Guatemala	-	..	-	-	-	..	..	-	-	-
Honduras	-	..	-	-	-	..	..	..	..	..
Nicaragua	-	..	-	-	-	..	..	..	..	..
Panama	..	..	..	..	..	..	..	..	..	..
Îles Vierges, US	..	..	..	..	..	-	..	-	-	-
Amérique du Sud	-95.4	-477.7	416.0	1 052.8	169.0	49.9	85.1	37.2	127.5	141.1
Argentine	-	-	37.2	24.8	25.7	25.5	18.8	7.9	1.2	9.0
Bolivie	-	..	-	-	-	-	..	-	..	..
Brésil	-95.4	-477.7	378.8	1 039.8	143.3	33.3	15.5	15.8	41.3	89.6
Colombie	-	..	-	-	-	..	..	..	..	..
Equateur	-	..	-	-	-	..	..	-	-	-
Paraguay	-	..	-	-	-	..	..	-	-	-
Pérou	-	..	-	-	-	..	..	-	..	..
Uruguay	-	..	-	-	-	..	..	..	..	..
Venezuela	-	..	-	-	-	..	..	-	-	-
ASIE	**331.7**	**1 261.7**	**1 341.5**	**1 367.9**	**713.1**	**1 692.7**	**1 764.9**	**2 097.8**	**2 244.8**	**3 563.2**

Tableau 3. Revenus des investissements directs étrangers par pays *(suite)*

Millions de dollars des ÉU

	Entrant					Sortant				
	2015	2016	2017	2018	2019	2015	2016	2017	2018	2019
Proche et Moyen Orient	55.5	875.8	939.0	781.3	384.0	868.6	834.9	762.0	858.0	1 731.8
Pays du Golfe	64.3	888.0	945.8	782.5	384.0	864.1	831.6	768.8	862.7	1 710.5
Koweït	..	..	..	..	..	-	..	-	-	-
Qatar	-	..	..	..	..	..	..	..	..	..
Arabie saoudite	..	..	..	..	..	..	..	..	..	..
Emirats Arabes Unis	..	..	..	..	..	..	..	..	..	..
Autres pays du Proche et Moyen Orient	-8.9	-12.2	-6.8	-	-	4.4	2.2	-6.8	-4.7	21.3
Jordanie	..	..	..	-	-	..	..	..	..	..
Autres pays asiatiques	276.2	385.9	402.4	585.4	329.1	825.3	930.0	1 335.8	1 385.6	1 831.4
Chine	-1.1	-1.1	-7.9	5.9	4.5	545.8	504.3	1 148.7	986.7	978.4
Hong Kong, Chine	275.1	289.7	322.4	433.1	160.1	48.8	23.2	99.2	208.9	154.5
Inde	-	-	-	-	-	26.6	24.3	38.3	36.6	70.5
Indonesie	-	-	-	-	-	3.3	17.7	14.7	4.7	22.4
République islamique d'Iran	..	..	-	-	-	..	..	..	..	..
Malaisie	..	..	..	..	..	..	..	..	..	..
Philippines	-	-1.1	-	-	-	13.3	16.6	14.7	14.2	12.3
Singapour	8.9	3.3	-4.5	5.9	-2.2	82.1	79.6	-131.9	-135.7	235.1
Taipei Chinois	..	..	..	..	..	..	..	..	..	..
Thaïlande	-4.4	-4.4	-2.3	-2.4	-2.2	33.3	29.9	18.0	16.5	21.3
Viet Nam	-	..	-	-	-	..	..	..	..	..
AUSTRALIE, OCÉANIE ET RÉGIONS POLAIRES	**7.8**	**8.8**	**11.3**	**11.8**	**12.3**	**-14.4**	**183.6**	**196.1**	**67.3**	**370.5**
TOTAL MONDE non alloué et confidentiel	**-45.5**	**3.3**	**6.8**	**2.4**	**1.1**	**-24.4**	**-14.4**	**-11.3**	**-7.1**	**-5.6**
Union européenne (UE28)	**8 061.0**	**9 182.8**	**11 635.7**	**12 105.5**	**8 974.6**	**5 885.7**	**9 210.4**	**9 705.8**	**9 372.1**	**8 520.1**
Pays du G20 hors Union Européenne	**4 612.3**	**4 596.9**	**7 659.8**	**9 575.1**	**7 545.1**	**4 480.3**	**4 102.6**	**6 523.5**	**5 181.2**	**4 990.5**
Pays OCDE du G20	**4 986.1**	**5 128.8**	**6 687.0**	**8 328.8**	**5 816.6**	**2 918.5**	**2 578.8**	**4 102.1**	**2 962.4**	**3 213.9**
Pays non-OCDE du G20	**-372.7**	**-533.0**	**972.8**	**1 246.3**	**1 728.4**	**1 561.8**	**1 523.8**	**2 421.4**	**2 218.8**	**1 777.7**
Pays MENA	**55.5**	**875.8**	**937.9**	**778.9**	**381.7**	**869.7**	**773.0**	**762.0**	**859.2**	**1 732.9**
Pays ANASE	**6.7**	**54.2**	**30.4**	**62.6**	**6.7**	**124.2**	**174.7**	**-68.8**	**-24.8**	**417.6**

- Néant ; .. Non disponible

Note : Les données excluent les entités à vocation spéciales. Voir les métadonnées détaillées sur : *http://metalinks.oecd.org/idi/20210722/947b.*

Source : *Statistiques de l'OCDE sur l'investissement direct international (base de données) : https://doi.org/10.1787/idi-data-fr*

AUTRICHE

Tableau 4. Investissement direct étranger : flux par secteur industriel

Millions de dollars des ÉU

	Entrant					Sortant				
	2015	2016	2017	2018	2019	2015	2016	2017	2018	2019
All FDI activities	**1 487.5**	**-8 500.5**	**14 921.7**	**5 283.8**	**967.2**	**7 027.2**	**-2 031.4**	**10 228.8**	**5 608.4**	**10 894.4**
Agriculture, sylviculture et pêche	**-1.1**	**-1.1**	**-1.1**	**-1.2**	**1.1**	**-2.2**	**110.6**	**14.7**	**-61.4**	**24.6**
Industries extractives	**76.5**	**64.1**	**-189.4**	**166.4**	**115.3**	**-572.4**	**-796.2**	**-1 209.6**	**1 725.5**	**2 868.0**
Activités d'extraction	..	..	..	..	..	..	..	..	..	..
Activités de fabrication	**619.0**	**483.2**	**354.0**	**1 303.0**	**1 573.9**	**2 881.9**	**2 566.6**	**2 431.5**	**4 445.9**	**862.0**
dont :										
Produits alimentaires, boissons et tabac	-53.2	360.5	-80.0	-16.5	-246.3	109.8	68.6	92.4	-118.0	-62.7
Textiles, bois, papier, imprimerie	-106.5	-22.1	-	159.3	-117.5	303.9	831.6	1 481.2	1 307.7	331.4
Produits pétroliers, chimiques, pharmaceutiques, caoutchouc, plastique, minéraux	-178.6	-19.9	157.8	-139.3	166.8	695.5	57.5	-370.9	1 023.3	479.1
Ouvrages en métaux et machines, sauf matériels électriques	563.5	-7.7	325.8	863.9	745.6	1 083.7	-230.0	301.0	1 396.2	-191.4
Automobiles, remorques, semi-remorques, autres matériels de transport	-203.0	434.6	-120.6	361.1	663.8	558.0	1 006.3	800.4	374.1	307.8
Autres activités de fabrication	596.8	-262.1	69.9	74.4	361.6	132.0	833.8	128.5	462.6	-1.1
Production et distribution d'électricité, de gaz, de vapeur et de climatisation	**113.1**	**-8.8**	**102.6**	**49.6**	**77.2**	**-142.0**	**52.0**	**-1 778.8**	**218.3**	**113.1**
Distribution de l'eau ; assainissement, traitement des déchets et dépollution	**4.4**	**2.2**	**-**	**4.7**	**-11.2**	**58.8**	**58.6**	**-25.9**	**29.5**	**19.0**
Construction	**-2.2**	**34.3**	**200.7**	**298.6**	**166.8**	**-331.7**	**-786.2**	**-206.3**	**-208.9**	**179.1**
Services	**676.7**	**-9 216.0**	**14 453.8**	**3 462.8**	**-956.0**	**5 124.8**	**-3 909.1**	**10 766.5**	**-723.5**	**5 849.1**
Commerce de gros et de détail ; réparations automobiles et motocycles	-1 930.1	2 502.5	2 988.4	341.1	307.8	1 941.2	1 668.7	1 698.8	-388.3	-947.1
Transport et entreposage	-237.4	409.2	41.7	-22.4	245.2	1.1	110.6	225.5	-72.0	-368.3
Activités d'hébergement et de restauration	-21.1	-87.4	14.7	-10.6	-24.6	179.7	-66.4	-199.5	29.5	69.4
Information et communication	-718.8	1 016.3	-720.3	-2 159.8	50.4	378.3	-110.6	590.7	-141.6	298.9
Activités financières et d'assurances	3 455.4	-8 222.9	-1 357.2	444.9	-2 075.5	3 407.7	-8 549.2	889.4	3 196.0	-5 571.5
Activités des sociétés holding	1 748.2	-311.8	-1 379.8	11.8	-2 466.1	-51.0	-2 634.1	-7.9	2 428.9	-5 796.5
Activités immobilières	485.9	-682.3	2 198.2	-225.4	2 684.4	-307.3	-253.2	567.0	-1 874.2	119.8
Activités professionnelles, scientifiques et techniques	-464.8	-4 017.5	10 990.9	4 369.2	-2 022.8	-631.2	2 961.4	7 134.5	-1 961.5	11 739.6
Activités de services administratifs et d'appui	112.0	-106.2	273.9	782.5	-216.1	108.7	275.4	-390.0	310.4	245.2
Administration publique; activités des ménages et des organismes extra-territoriaux	-	-	-	-	-	-1.1	-1.1	5.6	82.6	7.8
Éducation	..	..	..	..	..	..	..	-	-	..
Santé humaine et action sociale	..	..	..	..	..	..	..	..	..	..
Arts, spectacles et loisirs	2.2	-31.0	22.5	-43.7	59.3	10.0	59.7	245.7	112.1	229.5
Autres services	-7.8	-1.1	-5.6	-	1.1	28.8	-42.0	7.9	-10.6	1.1
Not allocated and confidential	**1.1**	**141.5**	**1.1**	**-**	**-**	**10.0**	**672.3**	**236.7**	**182.9**	**979.5**
Activités immobilières privées	**-**	**..**	**-**	**-**	**-**	**-**	**..**	**-**	**-**	**-**

- Néant ; .. Non disponible

Note : Les données excluent les entités à vocation spéciales. Voir les métadonnées détaillées sur : *http://metalinks.oecd.org/idi/20210722/947b.*

Source : *Statistiques de l'OCDE sur l'investissement direct international (base de données) : https://doi.org/10.1787/idi-data-fr*

Tableau 5. Encours des investissement directs étrangers par secteur industriel

En fin d'année

Millions de dollars des ÉU

	Entrant					Sortant				
	2015	2016	2017	2018	2019	2015	2016	2017	2018	2019
All FDI activities	**159 723.5**	**150 648.3**	**191 442.8**	**188 795.5**	**196 716.5**	**205 235.7**	**196 996.9**	**233 762.3**	**227 984.9**	**234 977.5**
Agriculture, sylviculture et pêche	**17.4**	**21.1**	**22.8**	**20.6**	**21.3**	**101.3**	**83.3**	**189.5**	**174.0**	**193.2**
Industries extractives	**280.9**	**403.7**	**266.3**	**361.8**	**462.8**	**7 995.6**	**6 124.2**	**4 882.5**	**6 852.5**	**9 684.3**
Activités d'extraction	..	..	..	..	..	..	..	..	..	..
Activités de fabrication	**14 734.9**	**14 262.7**	**17 458.6**	**18 548.2**	**19 906.8**	**38 175.3**	**39 284.3**	**46 703.0**	**49 252.3**	**50 812.2**
dont :										
Produits alimentaires, boissons et tabac	1 371.8	1 696.0	1 745.0	1 893.7	1 603.0	1 199.8	1 559.0	1 953.7	1 836.5	1 736.7
Textiles, bois, papier, imprimerie	816.5	919.2	2 287.1	2 157.1	2 040.0	4 632.6	5 516.0	7 232.0	7 971.1	8 313.9
Produits pétroliers, chimiques, pharmaceutiques, caoutchouc, plastique, minéraux	4 592.3	4 047.6	4 454.3	4 416.1	4 497.9	14 196.0	13 321.4	14 671.4	14 542.0	15 205.6
Ouvrages en métaux et machines, sauf matériels électriques	3 644.0	3 324.5	4 365.6	5 290.8	5 940.2	8 653.2	8 363.0	10 202.7	11 049.9	10 998.7
Automobiles, remorques, semi-remorques, autres matériels de transport	2 438.8	2 492.9	2 764.5	3 078.8	3 678.9	2 911.3	3 760.9	5 030.0	5 132.8	5 650.4
Autres activités de fabrication	1 871.5	1 781.4	1 842.2	1 711.7	2 146.7	6 582.5	6 765.0	7 613.3	8 721.1	8 905.9
Production et distribution d'électricité, de gaz, de vapeur et de climatisation	**776.3**	**807.4**	**1 262.9**	**1 098.0**	**1 421.0**	**4 531.3**	**4 305.9**	**2 299.1**	**1 970.5**	**2 138.8**
Distribution de l'eau ; assainissement, traitement des déchets et dépollution	**74.0**	**78.0**	**91.1**	**97.3**	**84.3**	**700.1**	**710.4**	**885.1**	**970.9**	**984.0**
Construction	**136.1**	**387.9**	**466.5**	**679.0**	**752.6**	**3 437.1**	**2 706.9**	**3 197.4**	**4 380.6**	**4 746.1**
Services	**143 703.9**	**134 557.8**	**171 874.5**	**167 989.5**	**174 066.5**	**150 301.6**	**142 510.8**	**175 605.7**	**164 385.2**	**166 303.1**
Commerce de gros et de détail ; réparations automobiles et motocycles	15 906.4	18 748.8	25 600.9	24 734.4	26 109.9	27 506.8	28 932.2	33 926.6	31 496.5	29 156.4
Transport et entreposage	1 024.5	1 531.6	2 223.6	2 213.2	2 421.9	1 176.9	1 292.3	1 634.7	1 706.0	1 519.9
Activités d'hébergement et de restauration	354.9	303.6	442.6	413.3	380.8	607.5	595.6	379.0	409.9	495.4
Information et communication	2 792.6	3 649.2	3 112.3	2 675.8	2 708.4	3 323.9	3 100.0	3 451.7	3 347.8	3 683.4
Activités financières et d'assurances	31 829.1	22 282.1	26 037.4	29 901.5	27 067.0	74 683.7	64 026.6	77 059.2	73 858.5	68 794.7
Activités des sociétés holding	6 565.1	6 343.4	8 737.1	13 992.4	11 053.7	34 315.7	32 799.6	38 105.1	38 402.8	32 916.2
Activités immobilières	4 065.3	3 869.5	7 615.7	6 629.3	9 528.2	5 345.7	6 417.2	7 449.0	7 154.8	7 448.9
Activités professionnelles, scientifiques et techniques	83 415.4	81 512.6	103 522.4	96 741.5	101 409.8	33 511.2	33 278.2	45 436.6	39 862.6	48 298.1
Activités de services administratifs et d'appui	4 180.7	2 530.8	3 157.8	4 561.5	4 228.3	3 061.5	3 754.6	3 649.6	2 846.3	3 031.9
Administration publique; activités des ménages et des organismes extra-territoriaux	-	-	-	-	-	17.4	17.9	21.6	81.3	82.0
Éducation	..	..	..	..	..	..	..	-	..	..
Santé humaine et action sociale	..	..	..	..	..	..	..	..	..	..
Arts, spectacles et loisirs	95.8	91.7	122.3	85.9	143.8	856.8	878.0	1 162.1	1 506.8	1 558.1
Autres services	16.3	14.8	9.6	8.0	7.9	137.2	99.1	113.9	87.0	109.0
Not allocated and confidential	**-**	**129.7**	**..**	**1.1**	**..**	**-6.5**	**-5.3**	**-**	**-1.1**	**115.7**
Activités immobilières privées	**-**	**..**	**-**	**-**	**-**	**-**	**..**	**-**	**-**	**-**

- Néant ; .. Non disponible

Note : Les données excluent les entités à vocation spéciales. Voir les métadonnées détaillées sur : *http://metalinks.oecd.org/idi/20210722/947b.*

Source : *Statistiques de l'OCDE sur l'investissement direct international (base de données) : https://doi.org/10.1787/idi-data-fr*

AUTRICHE

Tableau 6. Revenus des investissements directs étrangers par secteur industriel

Millions de dollars des ÉU

	Entrant					Sortant				
	2015	2016	2017	2018	2019	2015	2016	2017	2018	2019
All FDI activities	**9 651.7**	**11 956.2**	**15 794.2**	**16 065.1**	**12 920.6**	**10 661.1**	**15 376.5**	**15 095.3**	**15 065.5**	**15 458.4**
Agriculture, sylviculture et pêche	**-1.1**	**-1.1**	**-1.1**	**-1.2**	**1.1**	**-5.5**	**1.1**	**-**	**2.4**	**13.4**
Industries extractives	**6.7**	**67.5**	**87.9**	**90.9**	**61.6**	**-1 139.2**	**-748.6**	**259.3**	**383.6**	**868.7**
Activités d'extraction	..	..	..	..	..	..	..	..	..	..
Activités de fabrication	**1 817.0**	**2 001.5**	**1 869.0**	**2 205.8**	**2 627.3**	**4 288.4**	**5 229.5**	**4 709.7**	**5 725.2**	**4 416.2**
dont :										
Produits alimentaires, boissons et tabac	359.4	382.6	361.9	555.9	236.2	146.4	165.9	180.4	126.3	99.6
Textiles, bois, papier, imprimerie	122.0	108.4	139.8	174.7	148.9	907.4	1 271.7	1 370.8	1 742.0	998.5
Produits pétroliers, chimiques, pharmaceutiques, caoutchouc, plastique, minéraux	342.8	527.5	417.1	429.6	527.3	1 878.0	2 191.8	1 790.1	1 776.2	1 825.8
Ouvrages en métaux et machines, sauf matériels électriques	617.9	666.8	783.5	867.5	977.3	732.1	764.1	553.5	1 066.9	708.6
Automobiles, remorques, semi-remorques, autres matériels de transport	-16.6	270.9	9.0	-26.0	388.4	110.9	238.9	281.8	342.3	309.0
Autres activités de fabrication	391.6	45.3	157.8	204.2	348.1	513.6	597.1	533.2	671.5	473.5
Production et distribution d'électricité, de gaz, de vapeur et de climatisation	**36.6**	**27.6**	**136.4**	**75.5**	**42.5**	**107.6**	**13.3**	**86.8**	**135.7**	**126.5**
Distribution de l'eau ; assainissement, traitement des déchets et dépollution	**6.7**	**11.1**	**25.9**	**16.5**	**3.4**	**72.1**	**38.7**	**65.4**	**64.9**	**49.3**
Construction	**1.1**	**-2.2**	**18.0**	**21.2**	**54.9**	**313.9**	**267.6**	**128.5**	**253.7**	**240.7**
Services	**7 784.8**	**9 851.8**	**13 656.9**	**13 656.3**	**10 129.9**	**7 023.8**	**10 573.9**	**9 844.4**	**8 498.8**	**9 739.2**
Commerce de gros et de détail ; réparations automobiles et motocycles	2 490.3	2 177.4	3 261.2	3 659.9	2 174.0	2 757.6	2 730.3	3 670.4	2 505.6	2 133.7
Transport et entreposage	143.1	168.1	139.8	-40.1	157.8	130.9	133.8	162.3	192.4	76.1
Activités d'hébergement et de restauration	-4.4	29.9	12.4	10.6	1.1	31.1	66.4	24.8	11.8	16.8
Information et communication	351.6	482.1	411.5	276.2	295.5	281.8	90.7	111.6	131.0	207.1
Activités financières et d'assurances	854.1	1 604.6	2 356.0	2 412.4	1 362.4	4 364.9	5 180.8	4 793.1	4 087.1	4 951.3
Activités des sociétés holding	615.6	1 130.2	1 289.6	1 537.8	613.5	664.4	2 119.9	496.0	-83.8	2 156.1
Activités immobilières	232.9	143.8	214.2	316.3	335.8	-97.6	186.9	343.8	126.3	297.8
Activités professionnelles, scientifiques et techniques	3 458.7	4 859.0	7 079.2	6 857.1	5 681.2	-778.7	1 861.1	1 101.3	1 088.2	1 687.0
Activités de services administratifs et d'appui	251.8	385.9	178.1	151.1	118.7	307.3	291.9	-375.4	308.0	150.0
Administration publique; activités des ménages et des organismes extra-territoriaux	-	-	-	-	-	-1.1	-1.1	-1.1	-1.2	2.2
Éducation	..	..	..	..	-	..	..	-	-	-
Santé humaine et action sociale	..	..	..	..	..	..	..	..	..	..
Arts, spectacles et loisirs	5.5	-2.2	4.5	2.4	-	35.5	50.9	12.4	57.8	90.7
Autres services	-1.1	-1.1	-4.5	2.4	1.1	-3.3	-11.1	9.0	-9.4	5.6
Not allocated and confidential	**-**	**-**	**1.1**	**-**	**-**	**-**	**1.1**	**1.1**	**1.2**	**4.5**
Activités immobilières privées	**-**	**..**	**-**	**-**	**-**	**-**	**..**	**-**	**-**	**-**

- Néant ; .. Non disponible

Note : Les données excluent les entités à vocation spéciales. Voir les métadonnées détaillées sur : *http://metalinks.oecd.org/idi/20210722/947b.*

Source : *Statistiques de l'OCDE sur l'investissement direct international (base de données) : https://doi.org/10.1787/idi-data-fr*

BELGIQUE

Tableau 1. Flux d'investissement direct étranger par pays

Millions de dollars des ÉU

	Entrant					Sortant				
	2015	2016	2017	2018	2019	2015	2016	2017	2018	2019
TOTAL MONDE	..	**68 178.7**	**-3 058.3**	**23 941.9**	**-8 651.1**	..	**40 165.9**	**29 563.7**	**41 319.5**	**-6 924.9**
Pays membres de l'OCDE	..	**65 172.0**	**-2 678.4**	**26 625.8**	**-7 780.1**	..	**41 489.6**	**25 016.3**	**38 154.1**	**-9 853.4**
Australie	..	-259.9	978.5	158.1	.. c	..	8.8	.. c	-664.5	.. c
Autriche	..	404.7	-387.8	-54.3	-487.0	..	17.7	-361.9	.. c	.. c
Belgique	..	-	-	-	-	..	-	-	-	-
Canada	..	325.1	461.1	23.6	-237.3	..	317.4	.. c	240.8	.. c
Chili	..	-12.2	45.1	.. c	85.1	..	-84.0	.. c	.. c	.. c
République Tchèque	..	.. c	.. c	329.3	-451.1	..	722.1	665.1	335.2	.. c
Danemark	..	-151.5	-77.8	.. c	.. c	..	27.6	171.3	167.6	493.7
Estonie	..	8.8	.. c	.. c	2.2	..	11.1	6.8	4.7	4.5
Finlande	..	-96.2	-940.1	1 637.0	-1 193.3	..	37.6	68.8	466.2	.. c
France	..	11 004.1	-146.5	6 739.1	-5 561.4	..	5 402.0	3 379.6	7 394.1	540.7
Allemagne	..	-1 407.7	-11 309.9	.. c	10 846.3	..	-1 307.1	.. c	.. c	.. c
Grèce	..	-8.8	36.1	-9.4	.. c	..	.. c	98.1	.. c	.. c
Hongrie	..	1 403.3	-2 199.3	.. c	.. c	..	76.3	.. c	.. c	-142.2
Islande	..	.. c	.. c	.. c	.. c	..	.. c	.. c	.. c	.. c
Irlande	..	3 518.7	.. c	9 332.0	10 184.7	..	-353.9	148.8	.. c	.. c
Israël	..	-76.3	.. c	-34.2	-25.7	..	12.2	30.4	.. c	.. c
Italie	..	907.9	346.1	152.2	-912.3	..	745.3	.. c	1 666.5	1 529.2
Japon	..	2 961.4	.. c	.. c	1 456.4	..	447.9	-347.2	-129.8	.. c
Corée	..	137.1	173.6	123.9	.. c	..	25.4	168.0	164.1	63.8
Lettonie	..	.. c	.. c	.. c	11.2	..	-14.4	12.4	10.6	10.1
Lituanie	..	.. c	.. c	.. c	.. c	..	1.1	1.1	-	2.2
Luxembourg	..	14 935.3	6 442.3	.. c	-14 858.4	..	12 966.9	.. c	325.7	.. c
Mexique	..	-63.0	.. c	-118.0	-78.4	..	-21 045.0	.. c	.. c	.. c
Pays-Bas	..	-19 941.4	-976.2	13 797.9	-7 552.9	..	6 772.1	.. c	-3 126.4	.. c
Nouvelle-Zélande	..	115.0	-41.7	-23.6	9.0	..	-64.1	140.9	16.5	17.9
Norvège	..	-8 077.0	-1 323.4	.. c	294.4	..	307.4	-21.4	-55.5	.. c
Pologne	..	116.1	390.0	153.4	58.2	..	179.1	.. c	768.3	500.4
Portugal	..	226.7	.. c	-13.0	9.0	..	335.1	.. c	.. c	.. c
République slovaquie	..	147.1	.. c	.. c	.. c	..	-44.2	135.3	134.5	80.6
Slovénie	..	-15.5	.. c	16.5	.. c	..	98.4	10.1	7.1	12.3
Espagne	..	2 707.1	-545.6	1 299.4	-123.1	..	822.7	326.9	876.9	944.8
Suède	..	4 525.0	-3 593.7	-10 669.2	1 200.0	..	61.9	1 270.4	16.5	.. c
Suisse	..	1 842.3	2 314.3	-2 980.1	-9 797.4	..	-122.7	.. c	6 407.4	174.6
Turquie	..	10.0	.. c	.. c	164.6	..	1 300.5	-102.6	.. c	270.9
Royaume-Uni	..	6 184.9	862.4	3 231.4	595.5	..	.. c	.. c	-6 842.9	.. c
Etats-Unis	..	43 172.6	2 108.0	14 959.3	5 905.1	..	-60 143.8	.. c	30 152.2	12 373.2
EUROPE	..	**19 181.7**	**-5 966.6**	**8 915.4**	**-15 336.4**	..	**122 805.5**	**20 518.5**	**7 771.7**	**-23 440.1**
Bulgarie	..	31.0	.. c	.. c	.. c	..	89.6	732.7	89.7	51.5
Croatie	..	5.5	.. c	.. c	.. c	..	21.0	7.9	14.2	-3.4
Chypre	..	174.7	-57.5	.. c	.. c	..	303.0	1 016.8	.. c	17.9
Malte	..	39.8	639.2	.. c	.. c	..	21.0	12.4	-7.1	7.8
Roumanie	..	-4.4	80.0	-34.2	11.2	..	140.4	69.9	.. c	.. c
Russie	..	128.3	-314.5	-136.9	.. c	..	211.2	-206.3	574.8	-274.3
Ukraine	..	6.6	.. c	-10.6	.. c	..	-3.3	6.8	17.7	-11.2
AFRIQUE	..	**-598.3**	**463.3**	**-54.3**	**.. c**	..	**294.2**	**550.1**	**-315.1**	**-155.6**
Afrique septentrionale	..	-22.1	50.7	.. c	-53.7	..	394.8	.. c	-23.6	.. c
Algérie	..	.. c	.. c	.. c	.. c	..	-1.1	-1.1	.. c	.. c
Egypte	..	-7.7	45.1	.. c	.. c	..	362.7	.. c	.. c	.. c
Libye	..	.. c	.. c	.. c	.. c	..	.. c	.. c	.. c	.. c
Maroc	..	.. c	.. c	-3.5	.. c	..	33.2	31.6	-24.8	12.3
Tunisie	..	.. c	.. c	.. c	.. c	..	-	.. c	5.9	4.5
Autres pays africains	..	-577.2	412.6	.. c	.. c	..	-100.6	.. c	.. c	-174.6
Nigéria	..	.. c	.. c	.. c	.. c	..	32.1	11.3	-2.4	-1.1
Afrique du Sud	..	66.4	230.0	.. c	.. c	..	28.8	.. c	.. c	.. c
AMÉRIQUE	..	**43 824.0**	**1 811.5**	**14 709.1**	**5 024.1**	..	**-80 869.2**	**.. c**	**30 940.6**	**13 567.7**
Amérique du Nord	..	43 496.6	2 570.2	14 982.9	5 667.7	..	-59 826.4	578.3	30 393.0	12 890.4
Amérique du Nord	..	-59.7	-227.7	-953.6	-335.8	..	-21 046.1	.. c	-86.2	49.3
Bahamas	..	.. c	.. c	.. c	.. c	..	.. c	-	-	-
Bermudes	..	.. c	.. c	.. c	.. c	..	-4.4	.. c	.. c	.. c
Îles Cayman	..	-77.4	-23.7	.. c	.. c	..	-17.7	.. c	.. c	.. c
Costa Rica	..	.. c	.. c	7.1	.. c	..	-1.1	.. c	.. c	.. c
El Salvador	..	.. c	.. c	.. c	.. c	..	.. c	.. c	.. c	.. c
Guatemala	..	.. c	.. c	.. c	-	..	.. c	.. c	-	.. c
Honduras	..	-	.. c	-	-	..	.. c	.. c	.. c	.. c
Nicaragua	..	.. c	.. c	-	.. c	..	.. c	.. c	.. c	.. c
Panama	..	5.5	.. c	.. c	.. c	..	.. c	.. c	.. c	.. c
Îles Vierges, US	..	-	.. c	.. c	.. c	..	-	-	-	-
Amérique du Sud	..	387.0	-529.8	678.6	-307.8	..	3.3	570.4	633.8	628.0
Argentine	..	.. c	-136.4	.. c	.. c	..	52.0	.. c	.. c	.. c
Bolivie	..	-	.. c	-	.. c	..	-	-	.. c	.. c
Brésil	..	677.9	-445.3	538.2	.. c	..	-60.8	440.8	237.2	.. c
Colombie	..	-3.3	.. c	.. c	.. c	..	29.9	.. c	.. c	.. c
Equateur	..	-6.6	-	2.4	.. c	..	.. c	.. c	5.9	25.7
Paraguay	..	-1.1	.. c	-	.. c	..	.. c	.. c	.. c	.. c
Pérou	..	.. c	.. c	.. c	.. c	..	.. c	.. c	.. c	.. c
Uruguay	..	.. c	.. c	.. c	.. c	..	3.3	.. c	.. c	.. c
Venezuela	..	.. c	34.9	.. c	.. c	..	-77.4	.. c	.. c	.. c
ASIE	..	**5 912.9**	**-302.1**	**270.3**	**1 344.5**	..	**-2 014.8**	**1 455.3**	**2 652.0**	**2 930.7**

BELGIQUE

Tableau 1. Flux d'investissement direct étranger par pays *(suite)*

Millions de dollars des ÉU

	Entrant					Sortant				
	2015	2016	2017	2018	2019	2015	2016	2017	2018	2019
Proche et Moyen Orient	..	-298.6	19.2	-474.4	-61.6	..	147.1	.. c	.. c	.. c
Pays du Golfe	..	-16.6	45.1	-427.2	-31.3	..	148.2	263.8	109.8	.. c
Koweït	..	.. c	.. c	.. c	.. c	..	-	-	-	-
Qatar	..	6.6	.. c	.. c	.. c	..	-10.0	.. c	.. c	-7.8
Arabie saoudite	..	-28.8	13.5	-15.3	9.0	..	60.8	5.6	.. c	.. c
Emirats Arabes Unis	..	2.2	-101.5	-434.3	-30.2	..	97.3	278.4	40.1	36.9
Autres pays du Proche et Moyen Orient	..	.. c	.. c	-47.2	-30.2	..	-1.1	.. c	.. c	.. c
Jordanie	..	.. c	.. c	.. c	.. c	..	.. c	.. c	.. c	.. c
Autres pays asiatiques	..	6 211.4	-321.3	745.9	1 406.0	..	-2 161.9	.. c	2 509.1	2 371.0
Chine	..	319.6	153.3	948.9	206.0	..	-46.4	.. c	.. c	.. c
Hong Kong, Chine	..	1 872.2	-431.7	-3 600.9	-250.8	..	-2 960.3	.. c	.. c	.. c
Inde	..	-42.0	.. c	.. c	.. c	..	278.7	264.9	-160.5	438.8
Indonesie	..	-23.2	.. c	1.2	.. c	..	164.8	237.9	.. c	.. c
République islamique d'Iran	..	.. c	.. c	.. c	.. c	..	.. c	.. c	4.7	.. c
Malaisie	..	.. c	.. c	.. c	.. c	..	67.5	208.5	-186.5	5.6
Philippines	..	.. c	.. c	.. c	.. c	..	19.9	4.5	3.5	5.6
Singapour	..	457.8	.. c	466.2	-86.2	..	-353.9	629.0	.. c	.. c
Taipei Chinois	..	39.8	37.2	-36.6	.. c	..	-6.6	-11.3	-8.3	.. c
Thaïlande	..	.. c	.. c	.. c	.. c	..	61.9	13.5	7.1	-13.4
Viet Nam	..	-1.1	.. c	.. c	.. c	..	6.6	.. c	.. c	35.8
AUSTRALIE, OCÉANIE ET RÉGIONS POLAIRES	..	**-139.3**	**933.4**	**122.7**	**368.3**	..	**-49.8**	**1 320.0**	**.. c**	**.. c**
TOTAL MONDE non alloué et confidentiel	..	**-2.2**	**2.3**	**-21.2**	**.. d**	..	**-**	**- d**	**- d**	**- d**
Union européenne (UE28)	..	**25 383.2**	**-6 513.4**	**9 424.1**	**-6 018.1**	..	**121 102.5**	**20 984.1**	**312.8**	**-23 698.6**
Pays du G20 hors Union Européenne	..	**63 831.7**	**-7 176.2**	**18 882.3**	**12 540.0**	..	**20 416.9**	**-3 150.7**	**32 986.0**	**12 338.5**
Pays OCDE du G20	..	**62 971.4**	**-6 706.1**	**17 356.3**	**12 557.9**	..	**19 726.9**	**-4 025.5**	**32 803.0**	**10 882.1**
Pays non-OCDE du G20	..	**860.3**	**-470.1**	**1 526.0**	**-17.9**	..	**690.0**	**874.8**	**181.8**	**1 456.4**
Pays MENA	..	**-38.7**	**95.8**	**-417.8**	**-89.6**	..	**505.4**	**545.6**	**.. c**	**.. c**
Pays ANASE	..	**931.1**	**-219.8**	**551.2**	**-82.8**	..	**-2.2**	**1 356.1**	**2 901.0**	**.. c**

- Néant ; .. Non disponible ; c Donnée confidentielle ; d Confidentialité Secondaire

Note : Les données excluent les entités à vocation spéciales. Voir les métadonnées détaillées sur : *http://metalinks.oecd.org/idi/20210722/947b.*

Source : *Statistiques de l'OCDE sur l'investissement direct international (base de données) : https://doi.org/10.1787/idi-data-fr*

Tableau 2. Encours des investissements directs étrangers par pays

En fin d'année

Millions de dollars des ÉU

	Entrant					Sortant				
	2015	2016	2017	2018	2019	2015	2016	2017	2018	2019
TOTAL MONDE	**520 992.9**	**517 401.7**	**580 190.7**	**491 008.7**	**489 054.1**	**582 582.5**	**599 379.2**	**707 828.0**	**531 899.5**	**612 188.3**
Pays membres de l'OCDE	**.. d**	**507 827.6**	**569 778.1**	**485 724.8**	**484 570.9**	**.. d**	**573 158.0**	**675 578.1**	**510 993.8**	**585 941.4**
Australie	-797.0	-1 033.0	-20.4	-103.0	353.9	2 035.9	2 224.1	2 973.1	1 104.9	1 646.8
Autriche	1 200.9	1 412.5	1 183.7	859.9	731.3	696.8	635.6	259.1	233.6	1 097.5
Belgique	-	-	-	-	-	-	-	-	-	-
Canada	-312.5	-144.4	127.1	683.5	392.0	1 008.2	1 540.0	2 190.0	1 889.2	2 008.5
Chili	8.7	24.2	-307.0	-263.3	.. c	1 004.9	1 019.3	1 255.7	1 181.6	996.4
République Tchèque	.. d	3 388.8	5 169.1	1 156.4	568.4	4 707.7	6 267.5	6 527.9	6 038.5	6 280.6
Danemark	1 327.2	748.4	832.3	1 711.7	2 284.9	688.1	561.8	916.3	751.1	988.5
Estonie	.. d	9.5	6.0	-2.3	-50.6	15.2	7.4	31.2	35.5	12.4
Finlande	1 399.0	1 345.0	833.5	2 066.6	1 499.7	634.7	598.7	485.7	989.2	403.3
France	115 236.8	127 166.6	134 665.4	85 050.4	85 151.7	36 172.0	41 659.1	44 699.0	46 577.7	54 722.5
Allemagne	15 651.6	10 587.1	395.8	5 069.8	16 662.5	.. d	9 343.3	12 020.9	10 614.8	12 435.4
Grèce	603.2	599.8	893.5	748.8	2 601.7	.. d	774.7	1 596.3	1 109.5	1 333.4
Hongrie	3 051.7	4 297.5	2 058.0	-63.0	37.1	1 822.5	1 852.0	2 936.0	2 251.0	2 097.3
Islande	.. d	-	3.6	1.1	1.1	28.3	112.8	145.1	119.1	116.8
Irlande	-2 297.2	1 769.8	5 397.0	16 866.3	14 760.7	7 073.5	6 589.0	6 657.5	4 325.6	3 242.0
Israël	.. d	-71.7	-84.0	61.8	35.9	44.6	64.3	36.0	50.4	61.8
Italie	-1 050.6	1 411.4	2 126.4	1 440.3	613.3	9 442.6	9 295.9	11 009.8	10 139.7	11 590.7
Japon	13 285.8	15 879.6	18 331.7	19 684.0	21 096.4	1 932.5	2 631.0	2 421.4	1 257.2	1 434.5
Corée	966.8	1 054.1	1 397.2	470.6	521.2	292.9	336.3	615.3	1 008.7	2 327.6
Lettonie	-12.0	.. c	-2.4	-4.6	-	31.6	10.5	37.2	57.2	42.7
Lituanie	.. d	-8.4	1.2	6.9	7.9	10.9	6.3	7.2	-3.4	1.1
Luxembourg	143 213.9	127 452.3	155 106.7	107 138.8	97 776.9	169 294.5	140 822.2	203 565.6	147 943.7	148 959.8
Mexique	-704.4	-660.9	-714.8	-435.1	-64.0	.. d	-4 890.9	-	-106.5	704.3
Pays-Bas	185 607.0	156 584.8	176 560.3	134 532.9	137 903.8	216 541.1	228 930.1	247 303.9	201 308.7	209 928.1
Nouvelle-Zélande	-128.5	-6.3	-38.4	-36.6	-25.8	10.9	-14.8	122.3	139.7	126.9
Norvège	3 572.1	-4 635.8	-4 587.4	-322.9	-38.2	513.9	756.8	621.3	337.8	396.5
Pologne	-3 002.7	-2 209.3	-2 088.0	-52.7	131.4	.. d	2 777.5	3 658.0	3 512.7	3 875.5
Portugal	-443.1	-163.4	-143.9	-9.2	-157.3	2 541.1	2 709.0	3 157.8	366.4	428.0
République slovaquie	.. d	266.7	284.2	-24.0	35.9	1 368.5	1 322.9	1 623.9	1 694.5	1 561.4
Slovénie	.. d	-21.1	-24.0	.. c	.. c	680.5	675.7	756.8	156.9	174.1
Espagne	-3 514.4	-375.3	181.1	2 775.4	2 657.8	3 909.6	4 341.7	4 926.8	5 243.9	6 221.1
Suède	7 923.8	11 575.8	8 120.7	4 829.4	4 145.1	732.7	748.4	967.9	809.5	1 721.0
Suisse	44 021.8	43 837.9	53 512.8	57 411.3	43 161.1	2 151.3	1 569.5	3 986.6	3 545.9	3 415.0
Turquie	-42.5	-14.8	-51.6	200.4	15.7	2 616.2	3 767.3	3 653.2	3 003.2	2 961.1
Royaume-Uni	-3 011.4	4 119.3	5 367.0	15 128.2	19 199.1	34 476.9	142 859.7	135 060.0	60 531.3	95 854.9
Etats-Unis	-9 404.5	3 629.2	5 286.6	29 129.8	32 730.8	22 250.4	-38 736.2	-30 638.0	-7 224.6	6 777.1
EUROPE	**513 532.9**	**490 791.6**	**548 100.3**	**436 785.0**	**430 056.2**	**514 788.2**	**614 905.7**	**705 694.4**	**516 410.6**	**575 979.6**
Bulgarie	68.6	95.9	125.9	6.9	-6.7	377.8	474.3	1 577.1	1 373.9	1 480.6
Croatie	-10.9	-6.3	-1.2	1.1	-	545.5	470.1	668.0	828.9	1 480.6
Chypre	774.1	845.4	927.1	483.2	676.3	.. d	2 246.2	3 476.9	-573.6	135.9
Malte	.. d	781.1	1 554.3	-49.2	-179.7	.. d	32.7	49.2	45.8	80.9
Roumanie	-28.3	-42.2	-51.6	-114.5	-92.1	837.2	1 425.1	1 352.8	1 032.7	1 319.9
Russie	-59.9	44.3	-261.5	49.2	4.5	.. d	1 203.8	1 408.0	1 061.4	1 397.4
Ukraine	-9.8	-5.3	-3.6	-14.9	-10.1	.. d	-2.1	-1.2	8.0	14.6
AFRIQUE	**-233.0**	**-796.9**	**-191.9**	**20.6**	**31.5**	**2 202.5**	**2 049.1**	**2 640.9**	**910.2**	**884.1**
Afrique septentrionale	14.2	-3.2	.. c	.. c	28.1	452.9	645.1	1 261.7	171.7	165.1
Algérie	.. d	2.1	3.6	2.3	-	16.3	15.8	22.8	11.5	6.7
Egypte	.. d	-34.8	8.4	34.3	6.7	215.6	446.9	792.8	29.8	30.3
Libye	.. d	4.2	1.2	2.3	2.2	3.3	3.2	3.6	3.4	-
Maroc	26.1	21.1	38.4	.. c	7.9	185.1	151.8	407.8	100.8	97.7
Tunisie	.. d	.. c	.. c	12.6	11.2	32.7	27.4	34.8	26.3	30.3
Autres pays africains	-248.2	-793.7	-251.9	-67.6	4.5	1 749.6	1 404.0	1 379.2	738.5	721.2
Nigéria	.. d	.. c	.. c	.. c	.. c	432.2	73.8	78.0	75.6	67.4
Afrique du Sud	.. d	-431.1	-225.5	-21.8	.. c	235.2	320.4	305.8	-26.3	66.3
AMÉRIQUE	**-10 009.8**	**4 536.7**	**5 542.1**	**29 116.1**	**32 016.4**	**44 118.7**	**-37 018.0**	**-22 230.8**	**-2 680.3**	**12 482.6**
Amérique du Nord	-9 716.9	3 485.8	5 413.8	29 812.2	33 124.0	23 258.6	-37 196.2	-28 448.1	-5 336.6	8 785.7
Amérique du Nord	2 695.7	3 413.1	3 729.9	-706.4	-649.3	.. d	-4 766.5	36.0	-292.0	774.0
Bahamas	-	7.4	7.2	-1.1	-1.1	2.2	2.1	-	-	-
Bermudes	.. d	3 106.4	3 374.9	-1 204.5	-713.3	.. d	85.4	142.7	-	-
Îles Cayman	167.7	1 191.1	1 283.3	1 068.2	176.4	32.7	8.4	2.4	3.4	11.2
Costa Rica	.. d	.. c	.. c	143.1	1.1	- d	-	-1.2	-	30.3
El Salvador	-	-	-	-	-	4.4	5.3	6.0	6.9	5.6
Guatemala	.. d	1.1	1.2	-	-	1.1	1.1	1.2	1.1	1.1
Honduras	-	-	-	-	-	3.3	4.2	-129.5	-216.4	1.1
Nicaragua	-	-	-	-	-	-	11.6	13.2	18.3	14.6
Panama	-113.2	-95.9	-116.3	.. c	-16.9	-3.3	1.1	-6.0	-1.1	1.1
Îles Vierges, US	-	-	1.2	-	-1.1	-	-	-	-	-
Amérique du Sud	-2 988.6	-2 362.2	-3 601.6	10.3	-458.3	4 572.7	4 944.7	6 182.5	2 948.2	2 922.9
Argentine	486.7	239.3	-513.3	142.0	-195.5	.. d	1 634.9	1 741.4	127.1	150.5
Bolivie	-	-	-2.4	-2.3	-2.2	2.2	1.1	1.2	1.1	1.1
Brésil	-3 416.4	-2 540.3	-2 720.1	98.5	-65.2	.. d	1 562.1	2 313.5	1 944.1	2 272.5
Colombie	.. d	-40.1	-61.2	.. c	-11.2	19.6	128.6	253.1	281.7	110.1
Equateur	-14.2	-13.7	-8.4	-8.0	-	14.2	7.4	12.0	14.9	38.2
Paraguay	-	-	-	-	-	-	33.7	60.0	77.9	55.0
Pérou	.. d	-10.5	.. c	-1.1	-7.9	.. d	600.8	621.3	628.6	605.5
Uruguay	.. d	-6.3	1.2	1.1	-1.1	15.2	10.5	9.6	8.0	6.7
Venezuela	.. d	-22.1	12.0	52.7	11.2	68.6	-53.8	-86.4	-1 316.7	-1 313.2
ASIE	**18 290.7**	**23 561.7**	**26 427.2**	**24 890.1**	**26 288.5**	**19 420.8**	**17 215.1**	**18 279.0**	**15 186.6**	**20 662.8**

BELGIQUE

Tableau 2. Encours des investissements directs étrangers par pays *(suite)*

En fin d'année

Millions de dollars des ÉU

	Entrant					Sortant				
	2015	2016	2017	2018	2019	2015	2016	2017	2018	2019
Proche et Moyen Orient	148.1	91.7	214.7	8.0	-171.9	.. d	2 257.8	1 914.1	1 165.6	1 697.4
Pays du Golfe	-98.0	75.9	179.9	-163.7	-316.8	.. d	1 432.5	1 168.1	1 099.2	1 621.0
Koweït	.. d	-23.2	1.2	-1.1	-1.1	-	-	-	-	-
Qatar	.. d	3.2	70.8	5.7	-1.1	66.4	56.9	54.0	125.9	6.7
Arabie saoudite	.. d	-40.1	-20.4	-17.2	-10.1	.. d	71.7	73.2	83.6	561.7
Emirats Arabes Unis	.. d	186.6	159.5	-154.6	-306.7	1 193.3	1 295.5	1 024.2	887.3	1 034.6
Autres pays du Proche et Moyen Orient	.. d	15.8	34.8	171.7	144.9	786.1	825.3	746.0	66.4	76.4
Jordanie	-	-	3.6	2.3	2.2	734.9	745.2	684.8	-5.7	-4.5
Autres pays asiatiques	18 142.6	23 470.0	26 211.3	24 884.4	26 464.8	17 309.7	14 957.3	16 364.8	14 022.2	18 966.5
Chine	-1 020.1	-412.1	-295.0	184.3	411.1	2 406.1	2 094.4	2 529.4	1 795.3	2 244.4
Hong Kong, Chine	5 470.9	6 592.2	6 617.9	2 420.4	3 948.6	6 559.6	3 639.7	3 346.1	2 856.7	2 845.4
Inde	155.7	52.7	178.7	392.7	364.0	.. d	1 303.9	1 499.2	835.8	1 209.8
Indonesie	.. d	25.3	34.8	35.5	-25.8	238.4	495.4	761.6	693.8	619.0
République islamique d'Iran	- d	-	4.8	2.3	-1.1	10.9	-	14.4	13.7	18.0
Malaisie	136.1	163.4	125.9	55.0	55.0	.. d	472.2	735.2	554.2	579.6
Philippines	12.0	.. c	.. c	-19.5	-30.3	35.9	311.0	64.8	67.6	65.2
Singapour	-204.7	313.1	-171.5	1 535.4	-5.6	3 363.1	2 779.6	3 486.4	4 307.3	7 102.9
Taipei Chinois	33.8	72.7	115.1	89.3	71.9	68.6	76.9	57.6	30.9	-112.3
Thaïlande	-710.9	-302.5	-172.7	13.7	27.0	515.0	353.1	393.4	424.8	417.9
Viet Nam	-4.4	-4.2	-2.4	-6.9	-1.1	49.0	21.1	289.0	14.9	57.3
AUSTRALIE, OCÉANIE ET RÉGIONS POLAIRES	**-589.0**	**-693.6**	**287.8**	**193.5**	**670.6**	**2 052.3**	**2 227.3**	**3 444.5**	**2 071.2**	**2 178.2**
TOTAL MONDE non alloué et confidentiel	**1.1**	**2.1**	**25.2**	**3.4**	**-9.0**	**-**	**-**	**-**	**1.1**	**1.1**
Union européenne (UE28)	**466 027.2**	**451 644.4**	**499 491.5**	**379 578.7**	**386 978.2**	**508 222.1**	**607 433.3**	**695 350.2**	**507 477.7**	**567 510.7**
Pays du G20 hors Union Européenne	**125 515.5**	**158 933.3**	**163 088.3**	**157 182.3**	**.. d**	**145 368.5**	**178 715.1**	**194 636.6**	**135 310.3**	**200 985.2**
Pays OCDE du G20	**129 820.4**	**161 996.4**	**166 910.5**	**156 319.0**	**176 672.7**	**137 067.0**	**170 028.5**	**184 004.6**	**128 795.5**	**192 463.5**
Pays non-OCDE du G20	**-4 304.8**	**-3 063.1**	**-3 822.3**	**863.3**	**.. d**	**8 301.6**	**8 686.6**	**10 632.0**	**6 514.8**	**8 521.7**
Pays MENA	**4.4**	**162.3**	**.. d**	**.. d**	**-180.9**	**2 517.1**	**2 824.9**	**3 117.1**	**1 267.5**	**.. d**
Pays ANASE	**-794.8**	**201.3**	**-176.3**	**1 620.1**	**20.2**	**4 710.9**	**4 551.5**	**5 817.9**	**6 098.0**	**8 878.9**

- Néant ; .. Non disponible ; c Donnée confidentielle ; d Confidentialité Secondaire

Note : Les données excluent les entités à vocation spéciales. Voir les métadonnées détaillées sur : *http://metalinks.oecd.org/idi/20210722/947b.*

Source : *Statistiques de l'OCDE sur l'investissement direct international (base de données) : https://doi.org/10.1787/idi-data-fr*

BELGIQUE

Tableau 3. Revenus des investissements directs étrangers par pays

Millions de dollars des ÉU

	Entrant					Sortant				
	2015	2016	2017	2018	2019	2015	2016	2017	2018	2019
TOTAL MONDE	..	**31 450.8**	..	..	..	..	**32 119.9**	..	..	..
Pays membres de l'OCDE	..	**31 321.5**	..	..	..	..	**30 771.9**	..	..	..
Australie	..	-24.3	..	..	..	..	4.4	..	..	..
Autriche	..	118.3	..	..	..	..	52.0	..	..	..
Belgique	..	-	..	..	..	..	-	..	..	..
Canada	..	60.8	..	..	..	..	78.5	..	..	..
Chili	..	-16.6	..	..	..	..	28.8	..	..	..
République Tchèque	..	3.3	..	..	..	..	799.5	..	..	..
Danemark	..	67.5	..	..	..	..	27.6	..	..	..
Estonie	..	-	..	..	..	..	3.3	..	..	..
Finlande	..	2.2	..	..	..	..	96.2	..	..	..
France	..	7 862.4	..	..	..	..	3 345.1	..	..	..
Allemagne	..	1 607.9	..	..	..	..	290.8	..	..	..
Grèce	..	-2.2	..	..	..	..	-10.0	..	..	..
Hongrie	..	46.4	..	..	..	..	214.5	..	..	..
Islande	..	.. c	..	..	..	..	3.3	..	..	..
Irlande	..	222.3	..	..	..	..	395.9	..	..	..
Israël	..	-8.8	..	..	..	..	18.8	..	..	..
Italie	..	-73.0	..	..	..	..	662.4	..	..	..
Japon	..	822.7	..	..	..	..	113.9	..	..	..
Corée	..	57.5	..	..	..	..	57.5	..	..	..
Lettonie	..	-	..	..	..	..	3.3	..	..	..
Lituanie	..	.. c	..	..	..	..	1.1	..	..	..
Luxembourg	..	9 896.1	..	..	..	..	1 073.8	..	..	..
Mexique	..	-19.9	..	..	..	..	822.7	..	..	..
Pays-Bas	..	8 477.3	..	..	..	..	11 435.4	..	..	..
Nouvelle-Zélande	..	-2.2	..	..	..	..	66.4	..	..	..
Norvège	..	-56.4	..	..	..	..	35.4	..	..	..
Pologne	..	-73.0	..	..	..	..	320.7	..	..	..
Portugal	..	42.0	..	..	..	..	499.8	..	..	..
République slovaquie	..	-1.1	..	..	..	..	123.9	..	..	..
Slovénie	..	-	..	..	..	..	118.3	..	..	..
Espagne	..	120.5	..	..	..	..	494.3	..	..	..
Suède	..	749.8	..	..	..	..	84.0	..	..	..
Suisse	..	754.2	..	..	..	..	-245.5	..	..	..
Turquie	..	4.4	..	..	..	..	217.8	..	..	..
Royaume-Uni	..	230.0	..	..	..	..	10 470.0	..	..	..
Etats-Unis	..	457.8	..	..	..	..	-928.9	..	..	..
EUROPE	..	**30 000.0**	..	..	..	..	**31 049.4**	..	..	..
Bulgarie	..	-1.1	..	..	..	..	26.5	..	..	..
Croatie	..	-	..	..	..	..	34.3	..	..	..
Chypre	..	58.6	..	..	..	..	193.5	..	..	..
Malte	..	-19.9	..	..	..	..	8.8	..	..	..
Roumanie	..	-3.3	..	..	..	..	95.1	..	..	..
Russie	..	-25.4	..	..	..	..	174.7	..	..	..
Ukraine	..	.. c	..	..	..	..	-6.6	..	..	..
AFRIQUE	..	**-22.1**	..	..	..	..	**-277.6**	..	..	..
Afrique septentrionale	..	2.2	..	..	..	..	-32.1	..	..	..
Algérie	..	-	..	..	..	..	3.3	..	..	..
Egypte	..	-1.1	..	..	..	..	-153.7	..	..	..
Libye	..	-	..	..	..	..	-	..	..	..
Maroc	..	.. c	..	..	..	..	105.1	..	..	..
Tunisie	..	-	..	..	..	..	12.2	..	..	..
Autres pays africains	..	-24.3	..	..	..	..	-245.5	..	..	..
Nigéria	..	.. c	..	..	..	..	13.3	..	..	..
Afrique du Sud	..	-8.8	..	..	..	..	29.9	..	..	..
AMÉRIQUE	..	**347.2**	..	..	..	..	**301.9**	..	..	..
Amérique du Nord	..	518.6	..	..	..	..	-849.3	..	..	..
Amérique du Nord	..	32.1	..	..	..	..	828.3	..	..	..
Bahamas	..	-	..	..	..	..	-	..	..	..
Bermudes	..	.. c	..	..	..	..	3.3	..	..	..
Îles Cayman	..	14.4	..	..	..	..	-	..	..	..
Costa Rica	..	.. c	..	..	..	..	-1.1	..	..	..
El Salvador	..	-	..	..	..	..	1.1	..	..	..
Guatemala	..	.. c	..	..	..	..	-	..	..	..
Honduras	..	-	..	..	..	..	-	..	..	..
Nicaragua	..	-	..	..	..	..	1.1	..	..	..
Panama	..	-	..	..	..	..	.. c	..	..	..
Îles Vierges, US	..	-	..	..	..	..	-	..	..	..
Amérique du Sud	..	-203.5	..	..	..	..	324.0	..	..	..
Argentine	..	-	..	..	..	..	40.9	..	..	..
Bolivie	..	-	..	..	..	..	-	..	..	..
Brésil	..	-184.7	..	..	..	..	94.0	..	..	..
Colombie	..	-1.1	..	..	..	..	16.6	..	..	..
Equateur	..	-	..	..	..	..	1.1	..	..	..
Paraguay	..	-	..	..	..	..	1.1	..	..	..
Pérou	..	.. c	..	..	..	..	.. c	..	..	..
Uruguay	..	.. c	..	..	..	..	5.5	..	..	..
Venezuela	..	-	..	..	..	..	-52.0	..	..	..
ASIE	..	**1 152.3**	..	..	..	..	**968.7**	..	..	..

BELGIQUE

Tableau 3. Revenus des investissements directs étrangers par pays *(suite)*

Millions de dollars des ÉU

	Entrant					Sortant				
	2015	2016	2017	2018	2019	2015	2016	2017	2018	2019
Proche et Moyen Orient	..	4.4	..	..	..	..	170.3	..	..	..
Pays du Golfe	..	13.3	..	..	..	..	110.6	..	..	..
Koweït	..	-	..	..	..	..	-	..	..	..
Qatar	..	.. c	..	..	..	..	-6.6	..	..	..
Arabie saoudite	..	.. c	..	..	..	..	17.7	..	..	..
Emirats Arabes Unis	..	14.4	..	..	..	..	99.5	..	..	..
Autres pays du Proche et Moyen Orient	..	-8.8	..	..	..	..	59.7	..	..	..
Jordanie	..	-	..	..	..	..	32.1	..	..	..
Autres pays asiatiques	..	1 147.8	..	..	..	..	798.4	..	..	..
Chine	..	241.1	..	..	..	..	14.4	..	..	..
Hong Kong, Chine	..	86.3	..	..	..	..	310.7	..	..	..
Inde	..	-19.9	..	..	..	..	103.9	..	..	..
Indonesie	..	-1.1	..	..	..	..	28.8	..	..	..
République islamique d'Iran	..	-	..	..	..	..	4.4	..	..	..
Malaisie	..	-2.2	..	..	..	..	59.7	..	..	..
Philippines	..	-	..	..	..	..	11.1	..	..	..
Singapour	..	-24.3	..	..	..	..	-16.6	..	..	..
Taipei Chinois	..	2.2	..	..	..	..	8.8	..	..	..
Thaïlande	..	-14.4	..	..	..	..	46.4	..	..	..
Viet Nam	..	-	..	..	..	..	-	..	..	..
AUSTRALIE, OCÉANIE ET RÉGIONS POLAIRES	..	**-26.5**	..	..	..	..	**76.3**	..	..	..
TOTAL MONDE non alloué et confidentiel	..	**-**	..	..	..	..	**1.1**	..	..	..
Union européenne (UE28)	..	**29 329.9**	..	..	..	..	**30 859.2**	..	..	..
Pays du G20 hors Union Européenne	..	**10 985.3**	..	..	..	..	**15 639.7**	..	..	..
Pays OCDE du G20	..	**10 985.3**	..	..	..	..	**15 134.4**	..	..	..
Pays non-OCDE du G20	..	**1.1**	..	..	..	..	**505.4**	..	..	..
Pays MENA	..	**16.6**	..	..	..	..	**118.3**	..	..	..
Pays ANASE	..	**-42.0**	..	..	..	..	**140.4**	..	..	..

- Néant ; .. Non disponible ; c Donnée confidentielle

Note : Les données excluent les entités à vocation spéciales. Voir les métadonnées détaillées sur : *http://metalinks.oecd.org/idi/20210722/947b.*

Source : *Statistiques de l'OCDE sur l'investissement direct international (base de données) : https://doi.org/10.1787/idi-data-fr*

BELGIQUE

Tableau 4. Investissement direct étranger : flux par secteur industriel

Millions de dollars des ÉU

	Entrant					Sortant				
	2015	2016	2017	2018	2019	2015	2016	2017	2018	2019
All FDI activities	..	**68 178.7**	**-3 058.3**	**23 941.9**	**-8 651.1**	..	**40 165.9**	**29 563.7**	**41 319.5**	**-6 924.9**
Agriculture, sylviculture et pêche	..	**2.2**	**.. c**	**.. c**	**-**	..	**-5.5**	**1.1**	**1.2**	**-2.2**
Industries extractives	..	**-**	**.. c**	**-**	**-**	..	**-497.6**	**53.0**	**-334.0**	**-273.1**
Activités d'extraction	..	-	-	-	-	..	-	-	-	-
Activités de fabrication	..	**11 350.2**	**-7 497.5**	**131.0**	**-335.8**	..	**3 827.3**	**1 953.6**	**-7 079.0**	**3 975.1**
dont :										
Produits alimentaires, boissons et tabac	..	2 281.3	-354.0	270.3	-1 408.3	..	2 085.6	435.1	-946.5	-361.6
Textiles, bois, papier, imprimerie	..	101.7	189.4	-614.9	.. c	..	236.6	.. c	.. c	785.9
Produits pétroliers, chimiques, pharmaceutiques, caoutchouc, plastique, minéraux	..	5 607.7	-8 187.4	-4 589.9	2 734.8	..	288.6	199.5	-1 262.8	3 288.9
Ouvrages en métaux et machines, sauf matériels électriques	..	74.1	1 096.8	5 302.7	-2 222.1	..	938.8	657.2	-4 406.9	1 066.8
Automobiles, remorques, semi-remorques, autres matériels de transport	..	1 623.4	93.6	-187.7	160.1	..	520.8	112.7	.. c	-61.6
Autres activités de fabrication	..	1 662.1	-334.8	-48.4	-534.0	..	-243.3	217.6	-1 091.7	-742.2
Production et distribution d'électricité, de gaz, de vapeur et de climatisation	..	**-4 599.1**	**3 727.9**	**.. c**	**.. c**	..	**1 056.1**	**2 918.5**	**.. c**	**.. c**
Distribution de l'eau ; assainissement, traitement des déchets et dépollution	..	**-112.8**	**.. c**	**-313.9**	**.. c**	..	**-18.8**	**-39.5**	**-18.9**	**.. c**
Construction	..	**-382.6**	**339.3**	**-210.1**	**268.7**	..	**-95.1**	**490.4**	**175.9**	**167.9**
Services	..	**62 415.1**	**1 432.8**	**19 924.5**	**1 477.7**	..	**35 780.2**	**26 024.1**	**36 318.9**	**-712.0**
Commerce de gros et de détail ; réparations automobiles et motocycles	..	7 904.5	-5 789.7	.. c	.. c	..	533.0	1 376.4	-7 287.9	.. c
Transport et entreposage	..	254.3	-213.1	.. c	.. c	..	455.6	.. c	-246.7	-565.3
Activités d'hébergement et de restauration	..	37.6	.. c	167.6	-86.2	..	95.1	216.4	.. c	80.6
Information et communication	..	3 822.8	696.7	.. c	.. c	..	338.4	1 229.9	.. c	.. c
Activités financières et d'assurances	..	10 456.7	5 407.5	10 537.0	-4 343.4	..	-13 526.5	30 395.7	43 794.4	3 628.1
Activités des sociétés holding	..	-13 570.7	-1 685.3	-806.1	-6 948.4	..	-30 043.1	11 857.7	16 032.1	175.8
Activités immobilières	..	1 332.5	-92.4	-2 617.7	1 301.9	..	899.0	-158.9	-236.0	1 008.6
Activités professionnelles, scientifiques et techniques	..	41 210.9	1 172.4	5 831.5	3 876.6	..	48 179.8	-6 105.3	998.5	1 093.7
Activités de services administratifs et d'appui	..	-2 416.2	160.1	.. c	-1 020.9	..	-1 081.5	993.1	.. c	531.7
Administration publique; activités des ménages et des organismes extra-territoriaux	..	-	-	-	-	..	1.1	.. c	-	-
Éducation	..	-	-	-	-	..	1.1	.. c	.. c	.. c
Santé humaine et action sociale	..	-	.. c	.. c	-	..	-	.. c	.. c	-
Arts, spectacles et loisirs	..	-25.4	-25.9	73.2	17.9	..	-	.. c	.. c	.. c
Autres services	..	-163.7	-71.0	.. c	.. c	..	-115.0	-444.1	26.0	10.1
Not allocated and confidential	..	**-14.4**	**.. c**	**.. c**	**.. c**	..	**119.4**	**-1 837.4**	**.. c**	**.. c**
Activités immobilières privées	..	**-479.9**	**.. c**	**.. c**	**.. c**	..	**-**	**-**	**-**	**-**

- Néant ; .. Non disponible ; c Donnée confidentielle

Note : Les données excluent les entités à vocation spéciales. Voir les métadonnées détaillées sur : *http://metalinks.oecd.org/idi/20210722/947b*.

Source : *Statistiques de l'OCDE sur l'investissement direct international (base de données) : https://doi.org/10.1787/idi-data-fr*

Tableau 5. Encours des investissement directs étrangers par secteur industriel

En fin d'année

Millions de dollars des ÉU

	Entrant					Sortant				
	2015	2016	2017	2018	2019	2015	2016	2017	2018	2019
All FDI activities	**520 992.9**	**517 401.7**	**580 190.7**	**491 008.7**	**489 054.1**	**582 582.5**	**599 379.2**	**707 828.0**	**531 899.5**	**612 188.3**
Agriculture, sylviculture et pêche	**145.9**	.. d	**109.1**	**112.2**	..	**35.9**	**5.3**	**6.0**	**5.7**	..
Industries extractives	**300.5**	**250.9**	**268.7**	**628.6**	..	**5 265.1**	**4 550.4**	**4 544.3**	**4 921.0**	..
Activités d'extraction	-	-	-	-	..	-	-	-	-	..
Activités de fabrication	**148 903.6**	**142 889.2**	**158 937.4**	**163 929.5**	..	**112 978.8**	**119 590.0**	**141 909.3**	**147 229.2**	..
dont :										
Produits alimentaires, boissons et tabac	9 297.8	8 780.4	10 467.7	12 623.1	..	16 881.9	26 508.9	33 335.3	41 354.5	..
Textiles, bois, papier, imprimerie	4 458.4	4 208.9	4 816.5	4 127.5	..	2 252.6	2 363.2	2 913.2	2 923.1	..
Produits pétroliers, chimiques, pharmaceutiques, caoutchouc, plastique, minéraux	117 469.8	110 265.6	119 929.2	120 353.8	..	69 504.6	63 177.0	70 122.3	70 380.1	..
Ouvrages en métaux et machines, sauf matériels électriques	11 040.8	11 550.5	14 947.2	18 723.4	..	16 805.7	19 568.9	26 560.3	25 014.9	..
Automobiles, remorques, semi-remorques, autres matériels de transport	928.7	1 620.1	2 120.4	1 952.1	..	394.1	979.2	1 621.5	1 702.5	..
Autres activités de fabrication	5 708.2	6 464.6	6 655.1	6 150.7	..	7 138.8	6 993.8	7 356.7	5 855.3	..
Production et distribution d'électricité, de gaz, de vapeur et de climatisation	**32 155.7**	**14 817.1**	**18 481.7**	**19 340.5**	..	**32 501.9**	**20 636.7**	**30 477.3**	**30 998.4**	..
Distribution de l'eau ; assainissement, traitement des déchets et dépollution	**1 632.0**	**1 419.8**	**1 713.8**	**1 031.6**	..	**523.7**	**597.7**	**544.5**	**201.5**	..
Construction	**3 253.1**	**2 583.5**	**3 713.1**	**3 002.1**	..	**1 984.8**	**1 997.5**	**2 759.7**	**3 237.9**	..
Services	**316 591.2**	**322 023.8**	**378 251.4**	**285 510.6**	..	**416 545.5**	**436 127.3**	**514 180.9**	**332 726.1**	..
Commerce de gros et de détail ; réparations automobiles et motocycles	37 419.7	42 686.8	51 069.8	43 382.2	..	29 968.4	31 281.8	36 072.2	23 418.8	..
Transport et entreposage	3 725.6	3 602.8	4 202.4	5 984.7	..	3 402.3	3 177.0	7 950.3	4 139.0	..
Activités d'hébergement et de restauration	2 524.8	2 654.2	2 808.8	2 325.4	..	1 022.3	1 029.8	1 779.8	841.5	..
Information et communication	4 156.8	8 008.9	10 161.9	10 168.3	..	10 478.0	11 070.9	12 528.2	12 642.5	..
Activités financières et d'assurances	128 049.0	125 992.4	153 926.6	129 388.6	..	100 215.6	79 222.1	108 631.6	101 489.6	..
Activités des sociétés holding	70 659.8	69 405.5	70 684.8	56 179.3	..	63 162.8	36 950.6	49 890.9	39 858.0	..
Activités immobilières	6 047.9	7 845.5	8 314.9	5 154.6	..	4 568.3	2 980.9	3 635.2	4 694.3	..
Activités professionnelles, scientifiques et techniques	117 679.9	114 280.6	131 084.2	75 541.6	..	254 009.8	297 704.2	336 712.6	180 872.5	..
Activités de services administratifs et d'appui	16 376.7	16 215.9	15 068.4	12 281.9	..	5 348.9	1 757.1	5 919.9	4 227.2	..
Administration publique; activités des ménages et des organismes extra-territoriaux	-	-	-	-	..	6 929.8	7 487.1	26.4	-	..
Éducation	87.1	84.3	95.9	114.5	..	.. d	.. d	6.0	6.9	..
Santé humaine et action sociale	26.1	326.8	403.0	411.0	..	1.1	.. d	33.6	51.5	..
Arts, spectacles et loisirs	230.8	253.0	292.6	327.5	..	175.3	181.3	211.1	201.5	..
Autres services	266.7	72.7	822.7	429.4	..	421.3	200.3	674.0	140.8	..
Not allocated and confidential	**-209.0**	.. d	**638.0**	**1 702.5**	**489 054.1**	**719.7**	**-650.4**	**-121.1**	**-506.1**	**612 188.3**
Activités immobilières privées	**18 219.9**	**17 768.5**	**18 077.5**	**15 751.1**	..	**12 027.2**	**11 728.7**	**13 527.2**	**13 085.6**	..

- Néant ; .. Non disponible ; d Confidentialité Secondaire

Note : Les données excluent les entités à vocation spéciales. Voir les métadonnées détaillées sur : *http://metalinks.oecd.org/idi/20210722/947b.*

Source : *Statistiques de l'OCDE sur l'investissement direct international (base de données) : https://doi.org/10.1787/idi-data-fr*

BELGIQUE

Tableau 6. Revenus des investissements directs étrangers par secteur industriel

Millions de dollars des ÉU

	Entrant					Sortant				
	2015	2016	2017	2018	2019	2015	2016	2017	2018	2019
All FDI activities	..	**31 450.8**	..	..	..	..	**32 119.9**	..	..	..
Agriculture, sylviculture et pêche	..	**-13.3**	..	..	..	..	**-17.7**	..	..	..
Industries extractives	..	**-64.1**	..	..	..	..	**85.1**	..	..	..
Activités d'extraction	..	-	..	..	..	..	-	..	..	..
Activités de fabrication	..	**11 927.5**	..	..	..	..	**8 360.1**	..	..	..
dont :										
Produits alimentaires, boissons et tabac	..	644.7	..	..	..	..	263.2	..	..	..
Textiles, bois, papier, imprimerie	..	216.7	..	..	..	..	147.1	..	..	..
Produits pétroliers, chimiques, pharmaceutiques, caoutchouc, plastique, minéraux	..	9 062.3	..	..	..	..	6 170.5	..	..	..
Ouvrages en métaux et machines, sauf matériels électriques	..	1 373.4	..	..	..	..	1 155.6	..	..	..
Automobiles, remorques, semi-remorques, autres matériels de transport	..	266.5	..	..	..	..	82.9	..	..	..
Autres activités de fabrication	..	362.7	..	..	..	..	540.8	..	..	..
Production et distribution d'électricité, de gaz, de vapeur et de climatisation	..	**658.0**	..	..	..	..	**-141.5**	..	..	..
Distribution de l'eau ; assainissement, traitement des déchets et dépollution	..	**88.5**	..	..	..	..	**5.5**	..	..	..
Construction	..	**10.0**	..	..	..	..	**-144.9**	..	..	..
Services	..	**16 930.2**	..	..	..	..	**22 231.6**	..	..	..
Commerce de gros et de détail ; réparations automobiles et motocycles	..	4 093.8	..	..	..	..	1 836.8	..	..	..
Transport et entreposage	..	171.4	..	..	..	..	128.3	..	..	..
Activités d'hébergement et de restauration	..	68.6	..	..	..	..	-17.7	..	..	..
Information et communication	..	376.0	..	..	..	..	499.8	..	..	..
Activités financières et d'assurances	..	7 905.6	..	..	..	..	6 929.1	..	..	..
Activités des sociétés holding	..	1 167.8	..	..	..	..	3 248.9	..	..	..
Activités immobilières	..	-420.2	..	..	..	..	113.9	..	..	..
Activités professionnelles, scientifiques et techniques	..	3 072.0	..	..	..	..	10 903.5	..	..	..
Activités de services administratifs et d'appui	..	1 612.3	..	..	..	..	802.8	..	..	..
Administration publique; activités des ménages et des organismes extra-territoriaux	..	-	..	..	..	..	1 015.2	..	..	..
Éducation	..	6.6	..	..	..	..	3.3	..	..	..
Santé humaine et action sociale	..	-4.4	..	..	..	..	4.4	..	..	..
Arts, spectacles et loisirs	..	36.5	..	..	..	..	10.0	..	..	..
Autres services	..	11.1	..	..	..	..	3.3	..	..	..
Not allocated and confidential	..	**1 914.2**	..	..	..	..	**1 741.7**	..	..	..
Activités immobilières privées	..	-	..	..	..	..	-	..	..	..

- Néant ; .. Non disponible

Note : Les données excluent les entités à vocation spéciales. Voir les métadonnées détaillées sur : *http://metalinks.oecd.org/idi/20210722/947b.*

Source : *Statistiques de l'OCDE sur l'investissement direct international (base de données) : https://doi.org/10.1787/idi-data-fr*

CANADA

Tableau 1. Flux d'investissement direct étranger par pays

Millions de dollars des ÉU

	Entrant					Sortant				
	2015	2016	2017	2018	2019	2015	2016	2017	2018	2019
TOTAL MONDE	**43 852.8**	**36 061.9**	**26 518.3**	**43 449.7**	**50 612.6**	**67 466.2**	**69 518.2**	**78 338.3**	**49 868.7**	**76 553.9**
Pays membres de l'OCDE	..	..	..	..	..	..	..	..	..	..
Australie	3 649.4	-498.5	316.5	1 992.6	1 746.2	1 944.0	1 469.4	337.1	3 033.5	-753.7
Autriche	..	..	..	..	..	..	..	..	..	..
Belgique	..	..	..	..	..	..	..	..	..	..
Canada	-	-	-	-	-	-	-	-	-	-
Chili	..	..	..	..	..	..	..	..	..	..
République Tchèque	..	..	..	..	..	..	..	..	..	..
Danemark	..	..	..	..	..	..	..	..	..	..
Estonie	..	..	..	..	..	..	..	..	..	..
Finlande	..	..	..	..	..	..	..	..	..	..
France	929.4	427.4	846.3	2 776.1	1 417.5	352.0	-98.4	192.3	894.4	1 330.3
Allemagne	300.4	370.7	514.6	401.3	298.9	1 177.3	1 381.9	-286.9	893.2	744.7
Grèce	..	..	..	..	..	..	..	..	..	..
Hongrie	..	..	..	..	..	..	..	..	..	..
Islande	..	..	..	..	..	..	..	..	..	..
Irlande	..	..	..	..	..	..	..	..	..	..
Israël	..	..	..	..	..	..	..	..	..	..
Italie	..	..	..	..	..	..	..	..	..	..
Japon	499.1	1 009.7	772.2	447.6	57.9	-687.6	-131.6	1 021.7	280.7	-46.7
Corée	..	..	..	..	..	..	..	..	..	..
Lettonie	..	..	..	..	..	..	..	..	..	..
Lituanie	..	..	..	..	..	..	..	..	..	..
Luxembourg	2 106.7	1 617.1	2 592.5	665.0	2 361.8	-991.2	-2 124.5	-2 545.4	4 005.5	5 109.4
Mexique	-100.1	-50.8	192.4	23.9	-9.9	927.8	1 458.4	905.6	854.8	1 212.6
Pays-Bas	17 207.2	4 824.4	441.3	3 078.2	4 070.8	896.5	1 039.2	1 020.5	210.2	1 380.9
Nouvelle-Zélande	..	..	..	..	..	..	..	..	..	..
Norvège	..	..	..	..	..	..	..	..	..	..
Pologne	..	..	..	..	..	..	..	..	..	..
Portugal	..	..	..	..	..	..	..	..	..	..
République slovaquie	..	..	..	..	..	..	..	..	..	..
Slovénie	..	..	..	..	..	..	..	..	..	..
Espagne	..	..	..	..	..	..	..	..	..	..
Suède	..	..	..	..	..	..	..	..	..	..
Suisse	-8 985.4	9 600.3	-3 185.8	2 907.7	5 844.6	-424.8	-455.7	1 435.9	1 543.1	5 002.0
Turquie	..	..	..	..	..	..	..	..	..	..
Royaume-Uni	-7 502.2	-1 773.1	3 062.6	2 119.8	1 934.9	13 918.5	8 183.6	3 358.9	7 079.5	5 748.9
Etats-Unis	32 375.8	18 669.4	14 584.1	18 295.2	24 110.0	47 122.7	55 928.3	67 638.9	25 864.4	27 710.9
EUROPE	..	..	..	..	..	..	..	..	..	..
Bulgarie	..	..	..	..	..	..	..	..	..	..
Croatie	..	..	..	..	..	..	..	..	..	..
Chypre	..	..	..	..	..	..	..	..	..	..
Malte	..	..	..	..	..	..	..	..	..	..
Roumanie	..	..	..	..	..	..	..	..	..	..
Russie	..	..	..	..	..	..	..	..	..	..
Ukraine	..	..	..	..	..	..	..	..	..	..
AFRIQUE	..	..	..	..	..	..	..	..	..	..
Afrique septentrionale	..	..	..	..	..	..	..	..	..	..
Algérie	..	..	..	..	..	..	..	..	..	..
Egypte	..	..	..	..	..	..	..	..	..	..
Libye	..	..	..	..	..	..	..	..	..	..
Maroc	..	..	..	..	..	..	..	..	..	..
Tunisie	..	..	..	..	..	..	..	..	..	..
Autres pays africains	..	..	..	..	..	..	..	..	..	..
Nigéria	..	..	..	..	..	..	..	..	..	..
Afrique du Sud	..	..	..	..	..	..	..	..	..	..
AMÉRIQUE	..	..	..	..	..	..	..	..	..	..
Amérique du Nord	..	..	..	..	..	..	..	..	..	..
Amérique du Nord	..	..	..	..	..	..	..	..	..	..
Bahamas	..	..	..	..	..	..	..	..	..	..
Bermudes	..	..	..	..	..	..	..	..	..	..
Îles Cayman	-723.6	245.5	176.5	1 542.3	3 064.4	5 246.0	2 615.7	1 780.2	-3 178.5	2 302.6
Costa Rica	..	..	..	..	..	..	..	..	..	..
El Salvador	..	..	..	..	..	..	..	..	..	..
Guatemala	..	..	..	..	..	..	..	..	..	..
Honduras	..	..	..	..	..	..	..	..	..	..
Nicaragua	..	..	..	..	..	..	..	..	..	..
Panama	..	..	..	..	..	..	..	..	..	..
Îles Vierges, US	..	..	..	..	..	..	..	..	..	..
Amérique du Sud	..	..	..	..	..	..	..	..	..	..
Argentine	..	..	..	..	..	..	..	..	..	..
Bolivie	..	..	..	..	..	..	..	..	..	..
Brésil	1 092.9	443.6	1 098.5	1 171.2	1 115.9	453.7	-90.6	32.4	323.5	196.1
Colombie	..	..	..	..	..	..	..	..	..	..
Equateur	..	..	..	..	..	..	..	..	..	..
Paraguay	..	..	..	..	..	..	..	..	..	..
Pérou	..	..	..	..	..	..	..	..	..	..
Uruguay	..	..	..	..	..	..	..	..	..	..
Venezuela	..	..	..	..	..	..	..	..	..	..
ASIE	..	..	..	..	..	..	..	..	..	..

CANADA

Tableau 1. Flux d'investissement direct étranger par pays *(suite)*

Millions de dollars des ÉU

	Entrant					Sortant				
	2015	2016	2017	2018	2019	2015	2016	2017	2018	2019
Proche et Moyen Orient	..	..	..	..	..	..	..	..	..	..
Pays du Golfe	..	..	..	..	..	..	..	..	..	..
Koweït	..	..	..	..	..	..	..	..	..	..
Qatar	..	..	..	..	..	..	..	..	..	..
Arabie saoudite	..	..	..	..	..	..	..	..	..	..
Emirats Arabes Unis	..	..	..	..	..	..	..	..	..	..
Autres pays du Proche et Moyen Orient	..	..	..	..	..	..	..	..	..	..
Jordanie	..	..	..	..	..	..	..	..	..	..
Autres pays asiatiques	..	..	..	..	..	..	..	..	..	..
Chine	-4 807.2	5 693.4	1 959.4	2 560.1	882.0	2 303.8	968.8	1 324.9	667.6	458.7
Hong Kong, Chine	77.4	1 188.8	-209.8	1 439.1	-519.3	1 105.4	666.9	1 824.2	608.6	1 062.6
Inde	..	..	..	..	..	..	..	..	..	..
Indonesie	..	..	..	..	..	..	..	..	..	..
République islamique d'Iran	..	..	..	..	..	..	..	..	..	..
Malaisie	..	..	..	..	..	..	..	..	..	..
Philippines	..	..	..	..	..	..	..	..	..	..
Singapour	..	..	..	..	..	..	..	..	..	..
Taipei Chinois	..	..	..	..	..	..	..	..	..	..
Thaïlande	..	..	..	..	..	..	..	..	..	..
Viet Nam	..	..	..	..	..	..	..	..	..	..
AUSTRALIE, OCÉANIE ET RÉGIONS POLAIRES	..	..	..	..	..	..	..	..	..	..
TOTAL MONDE non alloué et confidentiel	**7 323.8**	**-5 987.4**	**2 948.3**	**3 573.6**	**3 935.5**	**-2 154.4**	**-6 017.7**	**4 999.8**	**4 659.1**	**23 525.3**
Union européenne (UE28)	..	..	..	..	..	..	..	..	..	..
Pays du G20 hors Union Européenne	..	..	..	..	..	..	..	..	..	..
Pays OCDE du G20	..	..	..	..	..	..	..	..	..	..
Pays non-OCDE du G20	..	..	..	..	..	..	..	..	..	..
Pays MENA	..	..	..	..	..	..	..	..	..	..
Pays ANASE	..	..	..	..	..	..	..	..	..	..

- Néant ; .. Non disponible

Note : Voir les métadonnées détaillées sur : *http://metalinks.oecd.org/idi/20210722/947b.*

Source : *Statistiques de l'OCDE sur l'investissement direct international (base de données) : https://doi.org/10.1787/idi-data-fr*

Tableau 2. Encours des investissements directs étrangers par pays

En fin d'année

Millions de dollars des ÉU

	Entrant					Sortant				
	2015	2016	2017	2018	2019	2015	2016	2017	2018	2019
TOTAL MONDE	**565 687.9**	**603 759.6**	**658 556.6**	**663 183.1**	**..**	**754 206.6**	**823 099.0**	**938 918.8**	**994 673.4**	**1 065 361.8**
Pays membres de l'OCDE	**..**	**510 685.4**	**554 670.2**	**564 562.3**	**..**	**551 341.5**	**611 580.4**	**707 399.9**	**760 505.8**	**801 827.9**
Australie	5 172.0	7 319.9	6 649.4	6 503.3	..	18 649.9	21 327.9	28 290.4	29 234.7	28 953.2
Autriche	285.4	1 455.2	1 392.7	1 494.3	..	906.1	1 575.2	2 228.3	1 947.8	1 922.8
Belgique	1 685.7	1 664.1	2 051.0	2 152.7	..	627.5	1 043.4	1 078.8	1 715.4	1 091.2
Canada	5 321.5	6 439.6	9 977.3	12 699.0	..	-	-	-	-	-
Chili	279.6	530.6	243.7	176.0	..	11 355.2	13 129.5	15 403.6	18 285.3	17 234.9
République Tchèque	..	..	..	..	..	36.7	456.5	9.5	396.6	413.5
Danemark	425.6	706.3	731.8	776.9	..	288.9	592.1	548.1	1 472.8	1 445.0
Estonie	..	..	..	..	..	33.0	96.1	133.5	63.0	73.5
Finlande	603.3	420.8	833.4	640.8	..	1 042.6	1 120.9	1 275.8	1 196.4	1 161.7
France	8 338.2	11 681.5	14 076.0	16 912.7	..	4 130.8	4 681.6	8 682.1	7 226.0	7 938.6
Allemagne	16 653.2	18 610.6	21 256.3	20 018.6	..	7 654.0	8 619.9	7 278.4	8 345.4	8 846.8
Grèce	..	..	..	..	..	18.8	201.8	235.9	239.7	91.9
Hongrie	..	..	..	..	..	4 350.0	3 633.0	3 995.9	16.9	235.1
Islande	..	..	..	..	..	82.9	-	138.2	-	0.8
Irlande	2 742.8	4 445.1	8 056.6	5 969.8	..	11 224.6	8 295.2	6 989.2	7 003.2	7 257.1
Israël	324.4	846.2	992.7	1 289.9	..	801.7	601.8	908.0	-151.7	-292.5
Italie	3 887.3	3 602.0	5 136.1	1 590.6	..	350.0	414.8	827.8	305.0	355.3
Japon	27 344.7	28 801.6	30 856.5	32 181.3	..	3 281.2	3 627.0	5 026.2	6 423.3	6 419.3
Corée	1 379.3	2 262.9	2 895.2	3 433.8	..	1 020.9	1 190.9	1 468.9	1 812.2	1 647.9
Lettonie	..	..	..	..	..	2.2	5.2	2.4	2.2	2.3
Lituanie	..	..	..	..	..	331.7	344.8	388.5	360.7	371.4
Luxembourg	11 355.5	14 640.5	18 175.1	17 618.7	..	51 572.0	58 760.7	63 221.3	75 148.5	77 505.2
Mexique	1 375.0	2 255.7	2 258.0	1 866.8	..	12 129.7	13 110.9	16 311.6	19 505.2	21 389.8
Pays-Bas	25 450.9	20 498.1	15 874.0	15 162.3	..	22 771.8	24 983.2	27 059.1	26 762.0	27 517.4
Nouvelle-Zélande	..	..	..	..	..	491.0	440.9	328.1	975.0	1 023.8
Norvège	6 226.9	5 644.6	4 955.9	5 746.9	..	1 025.5	1 194.6	1 456.1	1 416.3	1 121.1
Pologne	1 369.9	2 018.0	2 422.0	2 180.3	..	813.8	192.2	233.6	257.3	261.1
Portugal	..	..	..	..	..	170.3	35.0	46.9	128.3	359.1
République slovaquie	..	..	..	..	..	3.9	-13.4	1.6	-1.5	-
Slovénie	..	..	..	..	..	..	-	0.8	-	-
Espagne	3 775.3	3 900.4	4 007.1	7 178.6	..	3 048.4	4 082.8	4 092.0	5 863.9	5 825.1
Suède	2 083.8	1 747.5	1 894.2	2 105.1	..	4 186.6	3 151.1	3 377.0	3 133.2	2 831.0
Suisse	15 638.0	20 058.1	23 425.4	23 307.5	..	-175.7	-43.9	3 429.5	7 089.7	12 263.6
Turquie	..	..	..	..	..	699.4	804.3	1 184.5	947.1	997.8
Royaume-Uni	34 830.9	38 114.8	36 759.1	35 587.2	..	66 803.7	69 159.2	80 122.3	74 194.0	81 927.4
Etats-Unis	294 034.0	312 802.9	338 727.1	346 923.7	..	322 967.0	365 109.9	422 014.6	459 192.1	483 635.8
EUROPE	**139 817.9**	**152 762.2**	**166 229.8**	**164 130.1**	**..**	**196 129.3**	**206 281.4**	**232 646.2**	**238 464.2**	**269 330.0**
Bulgarie	..	..	..	..	..	6.2	-	22.2	77.7	91.1
Croatie	..	..	..	..	..	-1.0	-	-	-0.7	-0.8
Chypre	2 246.4	1 384.7	1 967.9	2 017.8	..	3 321.5	3 320.9	2 789.2	1 428.8	2 023.9
Malte	..	..	..	..	..	448.6	569.0	1 010.5	2 101.8	3 327.2
Roumanie	..	..	..	..	..	142.0	408.9	539.4	683.2	693.8
Russie	1 813.6	1 988.1	2 719.6	3 120.0	..	1 253.6	928.0	1 220.2	748.5	1 029.2
Ukraine	..	..	..	..	..	399.2	234.6	540.2	4.4	32.9
AFRIQUE	**2 437.9**	**1 385.5**	**1 450.2**	**934.5**	**..**	**3 180.6**	**4 864.8**	**7 113.1**	**7 185.7**	**8 208.9**
Afrique septentrionale	..	..	..	..	..	..	93.1	54.0	25.7	-40.6
Algérie	..	..	..	..	..	11.5	7.4	7.9	-27.9	-85.8
Egypte	..	..	..	..	..	0.4	-6.0	-25.4	4.4	4.6
Libye	..	..	..	..	..	..	-	-	-	-
Maroc	..	..	..	..	..	-2.8	5.2	13.5	-	-3.1
Tunisie	..	..	..	..	..	122.1	86.4	58.0	49.1	43.6
Autres pays africains	..	..	..	..	..	..	4 772.5	7 058.3	7 158.6	8 248.7
Nigéria	..	..	..	..	..	315.7	404.4	398.0	285.9	298.6
Afrique du Sud	1 040.5	564.9	503.0	812.4	..	1 407.0	1 471.7	1 621.4	630.5	657.8
AMÉRIQUE	**327 026.0**	**346 476.1**	**375 883.1**	**383 476.7**	**..**	**..**	**552 763.8**	**626 374.3**	**670 162.0**	**705 985.1**
Amérique du Nord	..	..	..	..	..	322 994.5	365 109.9	422 014.6	459 192.1	483 635.8
Amérique du Nord	..	..	..	..	..	..	147 596.6	158 195.1	163 100.2	174 429.9
Bahamas	..	..	..	..	..	14 188.7	16 873.5	19 170.6	19 261.1	20 112.6
Bermudes	774.6	596.3	722.5	1 301.6	..	31 393.3	31 658.6	36 352.9	42 578.3	48 627.0
Îles Cayman	1 187.1	1 143.0	917.2	978.7	..	28 834.3	30 575.7	32 423.7	30 656.1	32 684.7
Costa Rica	..	..	..	..	..	26.8	3.0	128.7	252.9	265.0
El Salvador	..	..	..	..	..	697.5	586.1	498.9	480.9	199.9
Guatemala	..	..	..	..	..	19.9	9.7	-2.4	64.5	59.0
Honduras	..	..	..	..	..	230.3	66.3	352.7	546.9	541.4
Nicaragua	..	..	..	..	..	251.4	353.0	278.0	524.2	526.1
Panama	..	..	..	..	..	3 521.6	3 498.9	3 832.2	2 809.9	2 823.3
Îles Vierges, US	..	..	..	..	..	-	-	-	-	-
Amérique du Sud	..	..	..	..	..	..	38 812.8	45 023.8	46 552.3	46 788.4
Argentine	..	..	..	..	..	2 380.1	2 478.6	1 688.9	2 010.1	1 254.3
Bolivie	..	..	..	..	..	114.9	102.8	107.2	104.1	109.5
Brésil	23 541.9	22 035.7	22 041.4	19 296.7	..	8 564.9	8 987.1	11 538.0	9 176.7	9 379.0
Colombie	..	..	..	..	..	2 656.3	2 967.9	3 449.3	4 197.6	4 557.0
Equateur	..	..	..	..	..	705.5	1 055.3	965.2	1 767.5	1 913.6
Paraguay	..	..	..	..	..	..	-	31.8	-	-
Pérou	..	..	..	..	..	9 665.8	9 615.7	10 804.7	9 924.5	11 227.5
Uruguay	..	..	..	..	..	546.3	334.4	779.3	766.8	774.2
Venezuela	..	..	..	..	..	329.4	-35.7	136.6	-0.7	0.8
ASIE	**..**	**..**	**..**	**..**	**..**	**..**	**36 945.0**	**43 848.9**	**47 960.6**	**51 209.9**

Tableau 2. Encours des investissements directs étrangers par pays (*suite*)
En fin d'année

Millions de dollars des ÉU

	Entrant					Sortant				
	2015	2016	2017	2018	2019	2015	2016	2017	2018	2019
Proche et Moyen Orient	..	..	..	..	..	..	886.3	797.6	-79.2	-214.4
Pays du Golfe	..	..	..	..	..	..	285.2	-110.4	72.6	78.9
Koweït	1 659.7	1 483.8	1 732.1	1 563.4	..	0.0	-	-	-	13.0
Qatar	..	..	..	..	..	0.6	-	-	-5.1	-5.4
Arabie saoudite	..	..	..	..	..	96.1	14.2	81.8	1.5	-7.7
Emirats Arabes Unis	8 357.7	7 672.5	7 104.4	6 699.1	..	-193.0	257.7	-211.3	54.2	85.8
Autres pays du Proche et Moyen Orient	..	..	..	..	..	..	601.0	908.0	-151.7	-293.3
Jordanie	..	..	..	..	..	-	-	-	-	-
Autres pays asiatiques	..	..	..	..	..	..	35 947.7	42 879.7	48 044.1	51 428.1
Chine	17 449.4	18 662.4	21 359.3	18 358.1	..	7 407.6	7 610.0	10 398.0	9 962.6	10 254.2
Hong Kong, Chine	7 794.8	8 544.3	9 619.4	9 436.7	..	5 298.4	6 338.7	6 871.6	7 896.8	8 967.0
Inde	3 139.5	3 931.8	4 706.7	2 812.4	..	920.1	1 112.7	1 314.0	1 788.0	1 920.5
Indonesie	308.5	295.9	306.5	673.5	..	2 340.1	2 211.2	2 313.3	2 317.3	2 945.1
République islamique d'Iran	..	..	..	..	..	..	-	-	-	-
Malaisie	6 342.5	7 346.8	7 122.8	5 553.5	..	682.4	719.4	882.6	27.1	9.2
Philippines	..	..	..	..	..	1 268.7	1 510.4	1 615.8	2 258.6	2 398.3
Singapour	631.5	389.1	393.1	415.4	..	3 087.6	3 349.2	4 335.9	6 984.8	7 136.8
Taipei Chinois	..	..	..	..	..	83.3	84.2	70.7	425.2	425.8
Thaïlande	..	..	..	..	..	103.3	115.4	139.0	191.3	231.3
Viet Nam	..	..	..	..	..	-55.0	72.2	525.1	156.9	170.0
AUSTRALIE, OCÉANIE ET RÉGIONS POLAIRES	..	..	..	..	..	..	**22 244.0**	**28 936.3**	**30 900.2**	**30 627.9**
TOTAL MONDE non alloué et confidentiel	**96 406.1**	..	..	..	..	**906.5**	-	-	**0.7**	-
Union européenne (UE28)	..	**102 512.0**	**117 286.5**	**114 963.8**	..	**184 284.9**	**195 730.2**	**216 190.0**	**220 067.4**	**233 567.7**
Pays du G20 hors Union Européenne	..	..	..	..	..	**462 056.2**	**512 859.9**	**601 382.3**	**633 820.1**	**669 544.4**
Pays OCDE du G20	..	..	..	..	..	**437 686.6**	**488 046.5**	**571 206.7**	**607 185.0**	**642 112.0**
Pays non-OCDE du G20	..	..	..	..	..	**24 369.5**	**24 813.4**	**30 175.6**	**26 635.1**	**27 432.4**
Pays MENA	..	..	..	..	..	..	**378.3**	**-56.4**	**98.2**	**38.3**
Pays ANASE	..	..	..	..	..	..	**8 088.2**	**9 992.9**	**12 216.8**	**13 427.5**

- Néant ; .. Non disponible

Note : Les positions d'IDE entrants sont allouées selon le pays investisseur ultime. Les positions d'IDE entrants par la contrepartie immédiate pour l'année la plus récente sont disponibles dans *la base de données Statistisques d'IDE selon BMD4*. Voir les métadonnées détaillées sur : *http://metalinks.oecd.org/idi/20210722/947b*.

Source : *Statistiques de l'OCDE sur l'investissement direct international (base de données) : https://doi.org/10.1787/idi-data-fr*

CANADA

Tableau 3. Revenus des investissements directs étrangers par pays

Millions de dollars des ÉU

	Entrant					Sortant				
	2015	2016	2017	2018	2019	2015	2016	2017	2018	2019
TOTAL MONDE	**34 466.1**	**31 001.1**	**37 795.4**	**41 472.2**	**42 435.2**	**40 014.9**	**40 774.1**	**54 572.7**	**60 286.9**	**64 052.0**
Pays membres de l'OCDE	..	..	..	..	..	..	..	..	..	..
Australie	..	..	..	..	..	..	..	..	..	..
Autriche	..	..	..	..	..	..	..	..	..	..
Belgique	..	..	..	..	..	..	..	..	..	..
Canada	-	-	-	-	-	-	-	-	-	-
Chili	..	..	..	..	..	..	..	..	..	..
République Tchèque	..	..	..	..	..	..	..	..	..	..
Danemark	..	..	..	..	..	..	..	..	..	..
Estonie	..	..	..	..	..	..	..	..	..	..
Finlande	..	..	..	..	..	..	..	..	..	..
France	..	..	..	..	..	..	..	..	..	..
Allemagne	..	..	..	..	..	..	..	..	..	..
Grèce	..	..	..	..	..	..	..	..	..	..
Hongrie	..	..	..	..	..	..	..	..	..	..
Islande	..	..	..	..	..	..	..	..	..	..
Irlande	..	..	..	..	..	..	..	..	..	..
Israël	..	..	..	..	..	..	..	..	..	..
Italie	..	..	..	..	..	..	..	..	..	..
Japon	451.4	565.9	591.9	998.8	1 416.7	-36.0	-123.8	1 010.0	151.4	98.0
Corée	..	..	..	..	..	..	..	..	..	..
Lettonie	..	..	..	..	..	..	..	..	..	..
Lituanie	..	..	..	..	..	..	..	..	..	..
Luxembourg	..	..	..	..	..	..	..	..	..	..
Mexique	..	..	..	..	..	..	..	..	..	..
Pays-Bas	..	..	..	..	..	..	..	..	..	..
Nouvelle-Zélande	..	..	..	..	..	..	..	..	..	..
Norvège	..	..	..	..	..	..	..	..	..	..
Pologne	..	..	..	..	..	..	..	..	..	..
Portugal	..	..	..	..	..	..	..	..	..	..
République slovaquie	..	..	..	..	..	..	..	..	..	..
Slovénie	..	..	..	..	..	..	..	..	..	..
Espagne	..	..	..	..	..	..	..	..	..	..
Suède	..	..	..	..	..	..	..	..	..	..
Suisse	..	..	..	..	..	..	..	..	..	..
Turquie	..	..	..	..	..	..	..	..	..	..
Royaume-Uni	2 238.9	3 035.8	2 942.5	2 511.5	2 243.6	5 558.2	6 768.6	4 027.1	5 566.9	5 397.4
Etats-Unis	22 184.2	15 744.4	16 553.1	18 826.2	18 046.0	19 047.2	13 734.5	23 359.8	25 550.6	25 392.0
EUROPE	..	..	..	..	..	..	..	..	..	..
Bulgarie	..	..	..	..	..	..	..	..	..	..
Croatie	..	..	..	..	..	..	..	..	..	..
Chypre	..	..	..	..	..	..	..	..	..	..
Malte	..	..	..	..	..	..	..	..	..	..
Roumanie	..	..	..	..	..	..	..	..	..	..
Russie	..	..	..	..	..	..	..	..	..	..
Ukraine	..	..	..	..	..	..	..	..	..	..
AFRIQUE	..	..	..	..	..	..	..	..	..	..
Afrique septentrionale	..	..	..	..	..	..	..	..	..	..
Algérie	..	..	..	..	..	..	..	..	..	..
Egypte	..	..	..	..	..	..	..	..	..	..
Libye	..	..	..	..	..	..	..	..	..	..
Maroc	..	..	..	..	..	..	..	..	..	..
Tunisie	..	..	..	..	..	..	..	..	..	..
Autres pays africains	..	..	..	..	..	..	..	..	..	..
Nigéria	..	..	..	..	..	..	..	..	..	..
Afrique du Sud	..	..	..	..	..	..	..	..	..	..
AMÉRIQUE	..	..	..	..	..	..	..	..	..	..
Amérique du Nord	..	..	..	..	..	..	..	..	..	..
Amérique du Nord	..	..	..	..	..	..	..	..	..	..
Bahamas	..	..	..	..	..	..	..	..	..	..
Bermudes	..	..	..	..	..	..	..	..	..	..
Îles Cayman	..	..	..	..	..	..	..	..	..	..
Costa Rica	..	..	..	..	..	..	..	..	..	..
El Salvador	..	..	..	..	..	..	..	..	..	..
Guatemala	..	..	..	..	..	..	..	..	..	..
Honduras	..	..	..	..	..	..	..	..	..	..
Nicaragua	..	..	..	..	..	..	..	..	..	..
Panama	..	..	..	..	..	..	..	..	..	..
Îles Vierges, US	..	..	..	..	..	..	..	..	..	..
Amérique du Sud	..	..	..	..	..	..	..	..	..	..
Argentine	..	..	..	..	..	..	..	..	..	..
Bolivie	..	..	..	..	..	..	..	..	..	..
Brésil	..	..	..	..	..	..	..	..	..	..
Colombie	..	..	..	..	..	..	..	..	..	..
Equateur	..	..	..	..	..	..	..	..	..	..
Paraguay	..	..	..	..	..	..	..	..	..	..
Pérou	..	..	..	..	..	..	..	..	..	..
Uruguay	..	..	..	..	..	..	..	..	..	..
Venezuela	..	..	..	..	..	..	..	..	..	..
ASIE	..	..	..	..	..	..	..	..	..	..

Tableau 3. Revenus des investissements directs étrangers par pays *(suite)*

Millions de dollars des ÉU

	Entrant					Sortant				
	2015	2016	2017	2018	2019	2015	2016	2017	2018	2019
Proche et Moyen Orient	..	..	..	..	..	..	..	..	..	..
Pays du Golfe	..	..	..	..	..	..	..	..	..	..
Koweït	..	..	..	..	..	..	..	..	..	..
Qatar	..	..	..	..	..	..	..	..	..	..
Arabie saoudite	..	..	..	..	..	..	..	..	..	..
Emirats Arabes Unis	..	..	..	..	..	..	..	..	..	..
Autres pays du Proche et Moyen Orient	..	..	..	..	..	..	..	..	..	..
Jordanie	..	..	..	..	..	..	..	..	..	..
Autres pays asiatiques	..	..	..	..	..	..	..	..	..	..
Chine	..	..	..	..	..	..	..	..	..	..
Hong Kong, Chine	..	..	..	..	..	..	..	..	..	..
Inde	..	..	..	..	..	..	..	..	..	..
Indonesie	..	..	..	..	..	..	..	..	..	..
République islamique d'Iran	..	..	..	..	..	..	..	..	..	..
Malaisie	..	..	..	..	..	..	..	..	..	..
Philippines	..	..	..	..	..	..	..	..	..	..
Singapour	..	..	..	..	..	..	..	..	..	..
Taipei Chinois	..	..	..	..	..	..	..	..	..	..
Thaïlande	..	..	..	..	..	..	..	..	..	..
Viet Nam	..	..	..	..	..	..	..	..	..	..
AUSTRALIE, OCÉANIE ET RÉGIONS POLAIRES	..	..	..	..	..	..	..	..	..	..
TOTAL MONDE non alloué et confidentiel	**9 591.6**	**11 655.1**	**17 707.9**	**19 135.6**	**20 728.9**	**15 444.7**	**20 394.8**	**26 175.9**	**29 018.0**	**33 164.7**
Union européenne (UE28)	..	..	..	..	..	..	..	..	..	..
Pays du G20 hors Union Européenne	..	..	..	..	..	..	..	..	..	..
Pays OCDE du G20	..	..	..	..	..	..	..	..	..	..
Pays non-OCDE du G20	..	..	..	..	..	..	..	..	..	..
Pays MENA	..	..	..	..	..	..	..	..	..	..
Pays ANASE	..	..	..	..	..	..	..	..	..	..

- Néant ; .. Non disponible
Note : Voir les métadonnées détaillées sur : *http://metalinks.oecd.org/idi/20210722/947b.*
Source : *Statistiques de l'OCDE sur l'investissement direct international (base de données) : https://doi.org/10.1787/idi-data-fr*

CANADA

Tableau 4. Investissement direct étranger : flux par secteur industriel

Millions de dollars des ÉU

	Entrant					Sortant				
	2015	2016	2017	2018	2019	2015	2016	2017	2018	2019
All FDI activities	**43 852.8**	**36 061.9**	**26 518.3**	**43 449.7**	**50 612.6**	**67 466.2**	**69 518.2**	**78 338.3**	**49 868.7**	**76 553.9**
Agriculture, sylviculture et pêche	..	..	..	..	..	..	..	..	..	..
Industries extractives	**2 370.1**	**8 148.0**	**-3 795.7**	**4 900.6**	**14 627.9**	**-13 580.8**	**12 721.0**	**-1 725.9**	**10 219.0**	**15 060.5**
Activités d'extraction	..	..	..	..	..	..	..	..	..	..
Activités de fabrication	**2 724.1**	**3 285.9**	**9 934.4**	**14 157.0**	**13 747.2**	**19 593.2**	**4 524.6**	**-1 698.8**	**4 973.7**	**2 782.8**
dont :										
Produits alimentaires, boissons et tabac	..	..	..	..	..	..	..	..	..	..
Textiles, bois, papier, imprimerie	..	..	..	..	..	..	..	..	..	..
Produits pétroliers, chimiques, pharmaceutiques, caoutchouc, plastique, minéraux	..	..	..	..	..	..	..	..	..	..
Ouvrages en métaux et machines, sauf matériels électriques	..	..	..	..	..	..	..	..	..	..
Automobiles, remorques, semi-remorques, autres matériels de transport	..	..	..	..	..	..	..	..	..	..
Autres activités de fabrication	..	..	..	..	..	..	..	..	..	..
Production et distribution d'électricité, de gaz, de vapeur et de climatisation	..	..	..	..	..	..	..	..	..	..
Distribution de l'eau ; assainissement, traitement des déchets et dépollution	..	..	..	..	..	..	..	..	..	..
Construction	..	..	..	..	..	..	..	..	..	..
Services	..	..	..	..	..	..	..	..	..	..
Commerce de gros et de détail ; réparations automobiles et motocycles	..	..	..	..	..	..	..	..	..	..
Transport et entreposage	7 220.1	8 787.9	10 310.4	7 333.6	1 988.3	1 314.0	17 115.3	44 592.0	14 758.0	10 212.2
Activités d'hébergement et de restauration	..	..	..	..	..	..	..	..	..	..
Information et communication	..	..	..	..	..	..	..	..	..	..
Activités financières et d'assurances	171.5	6 928.6	3 465.5	3 719.2	6 872.3	42 447.8	17 922.0	21 047.3	17 311.3	22 360.5
Activités des sociétés holding	..	..	..	..	..	..	..	..	..	..
Activités immobilières	..	..	..	..	..	..	..	..	..	..
Activités professionnelles, scientifiques et techniques	10 930.0	3 837.9	1 038.2	1 293.6	7 110.2	9 687.5	-1 204.4	5 793.0	5 532.7	23 151.8
Activités de services administratifs et d'appui	..	..	..	..	..	..	..	..	..	..
Administration publique; activités des ménages et des organismes extra-territoriaux	..	..	..	..	..	..	..	..	..	..
Éducation	..	..	..	..	..	..	..	..	..	..
Santé humaine et action sociale	..	..	..	..	..	..	..	..	..	..
Arts, spectacles et loisirs	..	..	..	..	..	..	..	..	..	..
Autres services	..	..	..	..	..	..	..	..	..	..
Not allocated and confidential	**20 437.5**	**5 073.6**	**5 565.6**	**12 045.7**	**6 266.7**	**8 004.0**	**18 439.6**	**10 330.7**	**-2 926.0**	**2 986.2**
Activités immobilières privées	..	..	..	..	..	..	..	..	..	..

.. Non disponible

Note : Voir les métadonnées détaillées sur : *http://metalinks.oecd.org/idi/20210722/947b*.

Source : *Statistiques de l'OCDE sur l'investissement direct international (base de données) : https://doi.org/10.1787/idi-data-fr*

Tableau 5. Encours des investissement directs étrangers par secteur industriel

En fin d'année

Millions de dollars des ÉU

	Entrant					Sortant				
	2015	2016	2017	2018	2019	2015	2016	2017	2018	2019
All FDI activities	**565 687.9**	**603 759.6**	**658 556.6**	**663 183.1**	..	**754 206.6**	**823 099.0**	**938 918.8**	**994 673.4**	**1 065 361.8**
Agriculture, sylviculture et pêche	**307.1**	**107.2**	**144.6**	**197.2**	**565.1**	**1 919.8**	**2 432.4**	**1 236.9**	**1 427.3**	**1 585.9**
Industries extractives	**121 970.4**	**128 794.2**	**137 229.9**	**123 801.8**	**144 168.0**	**135 925.6**	**139 518.1**	**144 041.2**	**121 103.3**	**135 662.0**
Activités d'extraction	106 750.7	110 904.9	117 823.3	105 451.9	111 509.3	76 402.5	76 560.7	77 378.5	62 057.8	67 370.4
Activités de fabrication	**130 824.4**	**135 076.3**	**141 055.8**	**139 131.3**	**159 129.3**	**59 023.1**	**67 044.8**	**73 464.4**	**79 036.0**	**80 465.6**
dont :										
Produits alimentaires, boissons et tabac	20 377.9	20 252.5	20 165.2	23 256.4	29 748.8	12 462.4	11 257.2	13 439.0	16 479.7	17 992.2
Textiles, bois, papier, imprimerie	7 843.9	9 324.5	9 021.3	7 823.5	7 588.6	2 356.2	5 154.5	5 931.8	7 625.5	9 016.8
Produits pétroliers, chimiques, pharmaceutiques, caoutchouc, plastique, minéraux	60 877.9	69 323.8	71 748.5	69 805.0	79 918.1	11 437.9	11 788.2	12 477.0	13 751.2	11 742.1
Ouvrages en métaux et machines, sauf matériels électriques	21 432.8	12 814.5	13 717.0	15 813.4	16 901.0	12 518.1	13 876.5	11 178.9	9 252.3	10 237.4
Automobiles, remorques, semi-remorques, autres matériels de transport	13 422.7	14 454.5	16 178.1	13 855.3	15 351.9	11 720.4	14 796.3	16 599.9	18 830.7	18 541.2
Autres activités de fabrication	6 869.9	8 767.4	9 934.1	8 357.2	9 372.8	8 527.5	10 171.3	13 783.8	13 000.5	12 813.4
Production et distribution d'électricité, de gaz, de vapeur et de climatisation	**1 794.8**	**1 557.3**	**1 263.1**	**7 270.7**	**7 476.1**	**19 913.3**	**23 957.7**	**30 637.9**	**49 603.4**	**50 614.9**
Distribution de l'eau ; assainissement, traitement des déchets et dépollution	..	..	..	..	..	..	..	..	..	..
Construction	**3 174.1**	**2 422.7**	**2 948.8**	**3 780.5**	**4 122.1**	**619.9**	**926.5**	**2 568.3**	**3 422.0**	**2 905.3**
Services	**303 605.5 e**	**331 108.2 e**	**369 780.7 e**	**379 429.7 e**	**420 114.9 e**	**518 263.7 e**	**570 010.4 e**	**669 448.7 e**	**725 855.9 e**	**780 203.7 e**
Commerce de gros et de détail ; réparations automobiles et motocycles	67 195.1	76 746.9	85 603.0	85 963.6	92 710.8	21 244.9	28 031.6	28 607.4	27 122.6	28 722.7
Transport et entreposage	6 343.2	7 906.5	10 888.1	10 012.5	10 803.3	24 583.8	35 114.3	53 816.3	73 834.0	82 131.9
Activités d'hébergement et de restauration	2 560.7	3 009.6	3 139.5	4 009.2	4 011.8	3 057.1	2 044.4	3 008.4	2 317.3	2 465.7
Information et communication	4 215.3	4 874.5	4 895.1	9 354.2	10 956.4	29 538.3	34 336.0	35 806.3	35 337.6	38 918.0
Activités financières et d'assurances	83 708.8	215 556.7	240 722.9	245 006.2	274 708.6	274 206.6	404 099.2	469 118.2	488 723.0	529 866.8
Activités des sociétés holding	..	121 448.6	136 620.6	154 813.4	172 875.4	..	105 888.9	126 549.9	132 324.6	154 299.7
Activités immobilières	7 338.9	8 783.0	9 747.4	10 964.7	11 879.9	45 101.9	46 784.8	58 827.5	62 943.3	62 727.6
Activités professionnelles, scientifiques et techniques	132 243.5	14 231.0	14 784.7	14 119.2	15 044.0	120 531.1	19 600.1	20 264.5	35 578.0	35 371.0
Activités de services administratifs et d'appui	..	..	..	..	..	..	..	..	..	..
Administration publique; activités des ménages et des organismes extra-territoriaux	..	..	..	..	..	..	..	..	..	..
Éducation	..	..	..	..	..	..	..	..	..	..
Santé humaine et action sociale	..	..	..	..	..	..	..	..	..	..
Arts, spectacles et loisirs	..	..	..	..	..	..	..	..	..	..
Autres services	..	..	..	..	..	..	..	..	..	..
Not allocated and confidential	..	**4 693.5 e**	**6 133.6 e**	**9 571.9 e**	**10 185.3 e**	..	**19 209.1 e**	**17 521.4 e**	**14 225.5 e**	**13 924.5 e**
Activités immobilières privées	..	..	..	..	..	..	..	..	..	..

.. Non disponible ; e Valeur estimée

Note : Voir les métadonnées détaillées sur : *http://metalinks.oecd.org/idi/20210722/947b.*

Source : *Statistiques de l'OCDE sur l'investissement direct international (base de données) : https://doi.org/10.1787/idi-data-fr*

CANADA

Tableau 6. Revenus des investissements directs étrangers par secteur industriel

Millions de dollars des ÉU

	Entrant					Sortant				
	2015	2016	2017	2018	2019	2015	2016	2017	2018	2019
All FDI activities	**34 466.1**	**31 001.1**	**37 795.4**	**41 472.2**	**42 435.2**	**40 014.9**	**40 774.1**	**54 572.7**	**60 286.9**	**64 052.0**
Agriculture, sylviculture et pêche	..	..	..	..	..	..	..	..	..	..
Industries extractives	..	..	..	..	..	..	..	..	..	..
Activités d'extraction	..	..	..	..	..	..	..	..	..	..
Activités de fabrication	..	..	..	..	..	..	..	..	..	..
dont :										
Produits alimentaires, boissons et tabac	..	..	..	..	..	..	..	..	..	..
Textiles, bois, papier, imprimerie	..	..	..	..	..	..	..	..	..	..
Produits pétroliers, chimiques, pharmaceutiques, caoutchouc, plastique, minéraux	..	..	..	..	..	..	..	..	..	..
Ouvrages en métaux et machines, sauf matériels électriques	..	..	..	..	..	..	..	..	..	..
Automobiles, remorques, semi-remorques, autres matériels de transport	..	..	..	..	..	..	..	..	..	..
Autres activités de fabrication	..	..	..	..	..	..	..	..	..	..
Production et distribution d'électricité, de gaz, de vapeur et de climatisation	..	..	..	..	..	..	..	..	..	..
Distribution de l'eau ; assainissement, traitement des déchets et dépollution	..	..	..	..	..	..	..	..	..	..
Construction	..	..	..	..	..	..	..	..	..	..
Services	..	..	..	..	..	..	..	..	..	..
Commerce de gros et de détail ; réparations automobiles et motocycles	..	..	..	..	..	..	..	..	..	..
Transport et entreposage	..	..	..	..	..	..	..	..	..	..
Activités d'hébergement et de restauration	..	..	..	..	..	..	..	..	..	..
Information et communication	..	..	..	..	..	..	..	..	..	..
Activités financières et d'assurances	..	..	..	..	..	..	..	..	..	..
Activités des sociétés holding	..	..	..	..	..	..	..	..	..	..
Activités immobilières	..	..	..	..	..	..	..	..	..	..
Activités professionnelles, scientifiques et techniques	..	..	..	..	..	..	..	..	..	..
Activités de services administratifs et d'appui	..	..	..	..	..	..	..	..	..	..
Administration publique; activités des ménages et des organismes extra-territoriaux	..	..	..	..	..	..	..	..	..	..
Éducation	..	..	..	..	..	..	..	..	..	..
Santé humaine et action sociale	..	..	..	..	..	..	..	..	..	..
Arts, spectacles et loisirs	..	..	..	..	..	..	..	..	..	..
Autres services	..	..	..	..	..	..	..	..	..	..
Not allocated and confidential	..	..	..	..	..	..	..	..	..	..
Activités immobilières privées	..	..	..	..	..	..	..	..	..	..

.. Non disponible

Note : Voir les métadonnées détaillées sur : *http://metalinks.oecd.org/idi/20210722/947b.*

Source : *Statistiques de l'OCDE sur l'investissement direct international (base de données) : https://doi.org/10.1787/idi-data-fr*

RÉPUBLIQUE TCHÈQUE

Tableau 1. Flux d'investissement direct étranger par pays

Millions de dollars des ÉU

	Entrant					Sortant				
	2015	2016	2017	2018	2019	2015	2016	2017	2018	2019
TOTAL MONDE	**465.2**	**9 814.5**	**9 517.9**	**11 010.4**	**7 576.9**	**2 488.1**	**2 181.7**	**7 557.0**	**8 662.6**	**4 918.2**
Pays membres de l'OCDE	**264.4**	**.. c**	**.. c**	**11 773.8**	**6 604.5**	**1 943.3**	**.. c**	**3 372.3**	**9 873.9**	**5 052.5**
Australie	-20.7	31.3	23.3	-17.7	15.7	-31.8	.. c	.. c	.. c	-0.4
Autriche	-115.8	-188.5	861.0	650.0	785.1	4.0	5.5	17.1	10.5	-134.2
Belgique	-237.0	-484.9	-739.0	2 913.9	-647.0	7.7	-17.2	0.6	28.2	3.7
Canada	25.4	-53.1	8.3	32.7	4.1	-7.3	-3.0	7.3	-0.3	-3.0
Chili	0.6	0.0	0.0	0.8	-0.1	0.0	0.1	.. c	.. c	6.9
République Tchèque	-	-	-	-	-	-	-	-	-	-
Danemark	149.6	73.0	6.7	-135.4	-41.6	-0.3	0.4	2.0	-1.7	0.4
Estonie	-0.7	4.0	2.3	1.1	3.4	1.8	-1.5	0.6	-1.9	0.7
Finlande	-12.9	13.1	57.6	30.3	14.6	.. c	20.5	2.2	5.7	9.0
France	221.1	707.3	416.4	784.0	531.1	64.8	42.5	8.0	-47.3	-51.1
Allemagne	1 003.5	2 535.1	4 553.2	2 406.4	1 158.4	276.2	-227.7	234.5	108.2	54.3
Grèce	2.8	-4.4	-10.5	4.5	0.2	23.4	0.2	-937.4	0.5	-0.8
Hongrie	-77.6	20.0	126.4	-123.8	62.7	-7.2	-29.8	175.5	247.2	164.4
Islande	1.7	.. c	.. c	.. c	-0.3	0.0	0.0	0.0	0.0	0.0
Irlande	138.8	41.3	-184.2	163.9	22.9	145.1	-294.8	-368.3	-94.3	1.7
Israël	20.3	52.2	-0.5	42.5	8.2	-	-	.. c	.. c	.. c
Italie	134.2	739.9	325.4	313.6	337.5	13.6	-89.2	151.3	27.9	-30.0
Japon	92.9	97.1	122.1	171.3	-1.8	-0.1	0.1	.. c	-3.5	-3.3
Corée	479.6	167.6	478.2	67.6	-14.6	.. c	-0.5	.. c	.. c	-
Lettonie	-0.7	9.1	4.4	2.0	7.2	1.1	3.7	11.2	-4.4	-3.3
Lituanie	4.3	-6.1	4.5	-10.5	-0.8	-1.6	-0.2	5.5	-9.0	-0.4
Luxembourg	1 208.6	1 015.7	2 493.6	2 631.0	1 199.2	848.7	379.0	2 785.0	894.0	1 568.8
Mexique	-66.8	-19.5	-44.4	36.5	31.1	1.0	-6.0	2.3	0.2	-5.4
Pays-Bas	-2 272.3	2 044.1	-2 043.9	459.4	1 784.6	89.5	464.0	2 330.7	3 324.3	1 632.1
Nouvelle-Zélande	3.3	-1.7	0.6	1.3	-0.6	-	-	-	-	-0.1
Norvège	-5.4	99.9	-13.9	46.7	9.2	.. c	50.6	7.8	-84.0	10.7
Pologne	427.3	450.9	997.5	-305.8	302.5	145.4	-67.5	240.6	572.3	122.5
Portugal	25.3	-27.6	11.2	-10.4	-14.2	0.1	0.2	-0.2	-0.1	0.0
République slovaquie	-164.5	361.2	-232.3	404.1	216.3	387.5	607.2	-1 148.4	1 169.8	919.3
Slovénie	-32.9	1.1	-0.5	73.1	39.2	-94.7	233.9	-9.9	-69.6	9.8
Espagne	-159.0	215.0	77.3	210.0	58.2	6.7	-1.1	15.1	30.5	1.5
Suède	-125.1	246.2	261.8	332.6	157.6	-0.7	3.7	4.8	-2.7	-21.5
Suisse	-650.0	426.1	1 190.3	315.5	336.0	44.6	-45.5	-19.0	1 347.2	146.1
Turquie	7.3	2.8	-9.6	16.2	27.2	-30.8	-44.0	56.4	76.9	0.6
Royaume-Uni	1 157.7	-620.1	-583.0	34.0	27.2	-11.9	8.6	-283.2	1 840.2	424.6
Etats-Unis	-895.0	81.4	-303.0	232.4	186.0	67.9	-29.2	48.1	550.8	228.8
EUROPE	**.. c**	**8 666.3**	**9 273.3**	**10 729.7**	**6 722.2**	**2 497.0**	**2 182.8**	**7 331.9**	**7 889.4**	**4 684.1**
Bulgarie	-12.0	6.0	4.2	-4.9	-4.6	-78.2	77.6	48.8	3.9	151.3
Croatie	8.5	3.4	3.3	5.3	12.9	-210.5	-63.2	103.0	131.6	157.9
Chypre	-403.5	1 099.5	1 657.7	-550.4	322.3	594.9	693.2	3 667.1	-1 953.1	193.5
Malte	99.0	-194.5	16.4	-18.0	27.5	-4.8	28.3	23.2	-0.9	33.2
Roumanie	-9.4	20.5	-14.7	-9.2	32.3	229.9	348.5	150.9	296.1	-770.1
Russie	110.4	-1.3	-123.8	103.2	-49.6	-9.4	33.4	51.3	-8.7	84.9
Ukraine	13.4	35.4	13.0	5.2	4.9	-16.3	-1.4	3.8	9.6	7.9
AFRIQUE	**.. c**	**.. c**	**.. c**	**-32.4**	**22.9**	**.. c**	**.. c**	**.. c**	**66.7**	**89.9**
Afrique septentrionale	.. c	.. c	.. c	-9.1	23.6	.. c	.. c	.. c	.. c	66.4
Algérie	.. c	.. c	.. c	-	.. c	-	-	-	-	-
Egypte	-0.6	3.8	-3.8	2.0	0.0	.. c	.. c	.. c	.. c	64.9
Libye	-	-	-	-	-	-	-	-	-	-
Maroc	-1.2	-0.9	-2.7	-11.2	27.9	-	-	-	-	.. c
Tunisie	-2.8	0.1	0.4	0.2	-4.4	0.4	-0.1	-0.9	1.0	.. c
Autres pays africains	1.0	-0.6	11.9	-23.4	-0.6	-1.0	5.6	23.9	21.3	23.5
Nigéria	.. c	.. c	-2.4	-4.5	.. c	-	-0.2	0.0	-	-
Afrique du Sud	-5.4	2.2	16.7	-15.8	0.8	0.0	5.6	23.9	21.3	23.5
AMÉRIQUE	**.. c**	**.. c**	**-405.1**	**216.5**	**902.2**	**46.5**	**-38.0**	**91.7**	**523.7**	**233.2**
Amérique du Nord	-869.6	28.3	-294.7	265.1	190.1	60.6	-32.2	55.4	550.5	225.8
Amérique du Nord	141.8	-29.3	-112.3	-53.0	583.0	-8.8	-7.1	3.4	18.9	-5.3
Bahamas	62.3	28.8	27.1	8.8	2.7	-	-	-	-	-
Bermudes	18.0	-0.6	-24.6	0.2	1.1	-	-	-	-	-
Îles Cayman	1.1	-4.3	0.6	-7.2	1.5	-	-	-	-	-
Costa Rica	.. c	.. c	.. c	.. c	.. c	0.0	-0.1	0.0	-	-
El Salvador	.. c	-	.. c	.. c	.. c	-	-	-	-	-
Guatemala	-	-	0.0	-1.0	0.0	-	-	-	-	-
Honduras	.. c	.. c	.. c	.. c	-	-	-	-	-	-
Nicaragua	.. c	.. c	.. c	.. c	.. c	-	-	-	-	-
Panama	-0.8	10.2	-11.4	21.6	4.4	-	-	-	-	0.0
Îles Vierges, US	-	-	-	-	-	-	-	-	-	-
Amérique du Sud	.. c	.. c	1.8	4.4	129.1	-5.3	1.2	32.9	-45.6	12.8
Argentine	7.9	0.5	2.7	1.6	0.7	.. c	.. c	.. c	.. c	4.5
Bolivie	-	-	-	-	.. c	-	-	-	-	-
Brésil	-1.5	5.3	0.3	0.1	129.2	-2.5	-1.0	0.2	-7.4	-0.2
Colombie	0.3	0.3	-0.9	0.4	0.0	-	0.5	-0.3	0.5	0.0
Equateur	.. c	.. c	.. c	.. c	-0.1	-	-	-	-	-
Paraguay	-	-	-	-	-0.1	-	-	-	-	-
Pérou	0.2	-0.2	.. c	.. c	-0.1	-	0.4	-0.1	0.1	0.0
Uruguay	-	-	-	-	.. c	-	-	-	-	-
Venezuela	-	-	-	.. c	-	-	-	-	-	-
ASIE	**695.9**	**.. c**	**.. c**	**106.9**	**-111.6**	**.. c**	**55.8**	**131.5**	**190.1**	**-88.4**

RÉPUBLIQUE TCHÈQUE

Tableau 1. Flux d'investissement direct étranger par pays *(suite)*

Millions de dollars des ÉU

	Entrant					Sortant				
	2015	2016	2017	2018	2019	2015	2016	2017	2018	2019
Proche et Moyen Orient	-78.0	.. c	.. c	27.6	31.7	.. c	78.3	151.7	64.2	36.3
Pays du Golfe	-45.9	0.9	-8.9	-14.8	20.8	.. c	-2.4	.. c	-1.9	2.8
Koweït	.. c	.. c	.. c	0.4	-	-	-	-	-	-
Qatar	-0.1	.. c	.. c	.. c	-1.1	-	-	-	-	-
Arabie saoudite	1.5	2.5	-5.1	2.8	8.1	.. c	-	-	-	0.2
Emirats Arabes Unis	15.5	-7.8	-4.6	-8.9	14.6	-0.2	-2.4	2.3	-1.9	2.6
Autres pays du Proche et Moyen Orient	-32.1	.. c	.. c	42.5	10.9	-13.6	80.7	.. c	.. c	.. c
Jordanie	-	-1.2	1.3	0.0	.. c	-	-	-	-	-
Autres pays asiatiques	773.9	1 108.1	508.5	79.3	-143.3	-3.4	-22.5	-20.2	126.0	-124.7
Chine	277.1	512.0	-59.6	-55.0	76.6	0.1	-45.4	-32.8	14.0	9.5
Hong Kong, Chine	-59.4	46.2	-9.0	-11.2	38.2	.. c	0.3	0.1	-0.1	14.6
Inde	-14.7	-108.9	-23.2	-1.7	-6.6	-0.1	21.2	8.4	118.4	-138.4
Indonesie	0.2	-0.4	-0.4	-2.0	-0.6	-	-0.3	-0.1	-	0.0
République islamique d'Iran	-0.3	0.3	-	-	.. c	-	-	-	-	-
Malaisie	-4.3	10.9	1.3	-0.7	0.6	-	-	-	-	.. c
Philippines	-0.5	0.0	1.7	2.7	0.3	-	-	-	0.2	-
Singapour	53.9	121.5	-9.0	104.8	-44.4	.. c	.. c	.. c	.. c	0.8
Taipei Chinois	-31.2	209.3	-7.5	-198.6	-192.7	-	-	0.4	-0.1	-0.5
Thaïlande	-24.9	-11.5	12.0	1.9	3.9	0.0	0.1	0.0	.. c	14.5
Viet Nam	-1.8	-1.2	2.8	-0.9	-0.8	-1.0	0.8	6.7	-1.4	-0.3
AUSTRALIE, OCÉANIE ET RÉGIONS POLAIRES	**-17.4**	**31.3**	**117.5**	**-6.3**	**20.4**	**-31.8**	**.. c**	**.. c**	**-5.1**	**-0.4**
TOTAL MONDE non alloué et confidentiel	**.. d**	**.. d**	**.. d**	**-3.9**	**20.8**	**.. d**	**.. d**	**.. d**	**-2.3**	**-0.2**
Union européenne (UE28)	**957.1**	**8 080.3**	**8 072.5**	**10 250.9**	**6 394.5**	**.. c**	**2 124.8**	**7 230.3**	**6 506.1**	**4 437.2**
Pays du G20 hors Union Européenne	**2 514.8**	**4 081.5**	**4 794.5**	**4 110.2**	**2 460.4**	**.. c**	**-334.5**	**.. c**	**2 682.3**	**599.1**
Pays OCDE du G20	**2 139.2**	**3 669.9**	**4 986.9**	**4 077.0**	**2 301.9**	**.. c**	**.. c**	**224.2**	**2 545.5**	**615.1**
Pays non-OCDE du G20	**375.6**	**411.7**	**-192.4**	**33.3**	**158.5**	**-12.1**	**.. c**	**.. c**	**136.8**	**-16.0**
Pays MENA	**-50.4**	**4.2**	**-13.9**	**-23.1**	**43.9**	**-5.7**	**.. c**	**-26.4**	**43.6**	**69.2**
Pays ANASE	**22.9**	**.. c**	**8.6**	**100.6**	**-40.9**	**.. c**	**.. c**	**.. c**	**-1.6**	**15.5**

- Néant ; .. Non disponible ; c Donnée confidentielle ; d Confidentialité Secondaire

Note : Voir les métadonnées détaillées sur : *http://metalinks.oecd.org/idi/20210722/947b.*

Source : *Statistiques de l'OCDE sur l'investissement direct international (base de données) : https://doi.org/10.1787/idi-data-fr*

RÉPUBLIQUE TCHÈQUE

Tableau 2. Encours des investissements directs étrangers par pays
En fin d'année

Millions de dollars des ÉU

	Entrant					Sortant				
	2015	2016	2017	2018	2019	2015	2016	2017	2018	2019
TOTAL MONDE	**116 627.8**	**121 854.6**	**155 994.1**	**164 224.5**	**170 182.1**	**18 591.4**	**19 426.3**	**32 364.1**	**41 003.4**	**44 112.9**
Pays membres de l'OCDE	**109 917.7**	**113 133.7**	**145 348.9**	**153 452.7**	**157 874.2**	**14 588.6**	**14 557.3**	**22 431.2**	**32 851.7**	**35 995.8**
Australie	89.5	88.1	103.2	101.2	90.7	.. c	-	.. c	.. c	.. c
Autriche	11 904.1	11 581.3	13 659.9	13 675.2	14 703.4	37.6	41.1	72.7	73.9	51.3
Belgique	5 006.7	4 974.1	5 314.4	5 524.2	5 782.0	211.4	184.5	212.5	225.4	100.5
Canada	393.3	390.3	488.6	570.2	596.2	25.1	.. c	28.3	26.2	28.5
Chili	1.5	1.3	1.6	1.6	1.5	-	-0.2	.. c	.. c	.. c
République Tchèque	9 132.4	9 482.4	22 133.1	23 397.5	25 639.6	-	-	-	-	-
Danemark	717.6	869.2	927.5	823.0	834.3	0.3	5.8	8.6	6.6	-0.4
Estonie	-	.. c	3.3	7.0	7.0	0.8	0.7	2.6	0.2	0.5
Finlande	266.8	356.8	489.6	480.0	453.9	.. c	5.0	7.0	8.5	20.2
France	8 957.7	10 620.3	12 579.8	11 780.4	11 694.3	202.5	233.8	286.8	233.1	136.9
Allemagne	27 595.1	26 097.5	31 225.7	34 730.2	32 694.0	1 004.1	492.8	857.5	721.6	721.7
Grèce	61.7	.. c	4.6	.. c	.. c	910.3	881.3	3.8	4.2	4.7
Hongrie	193.4	244.8	382.7	393.8	369.8	138.9	132.0	430.8	403.8	507.7
Islande	17.4	.. c	.. c	.. c	.. c	0.0	0.0	0.0	0.0	0.0
Irlande	289.4	576.9	586.5	379.0	403.8	873.2	511.2	188.8	89.1	36.2
Israël	228.4	607.5	733.3	693.7	640.5	-	-	.. c	.. c	.. c
Italie	5 612.5	5 676.6	6 222.4	6 239.7	6 502.9	55.2	-37.2	119.7	164.8	137.7
Japon	2 676.8	2 519.3	3 284.3	3 328.8	3 457.2	0.0	.. c	.. c	0.0	0.5
Corée	2 056.6	2 294.0	3 174.2	2 892.5	3 161.0	.. c	.. c	.. c	.. c	.. c
Lettonie	.. c	15.2	25.3	22.8	25.9	8.3	8.3	26.5	14.5	9.6
Lituanie	.. c	.. c	2.8	.. c	.. c	1.4	1.4	7.3	-1.5	1.1
Luxembourg	3 259.8	1 838.7	1 978.9	2 286.3	5 389.5	660.2	952.7	6 180.9	9 690.6	10 197.2
Mexique	.. c	293.2	.. c	.. c	.. c	11.0	4.6	7.0	7.0	7.1
Pays-Bas	6 399.4	8 392.4	10 505.4	12 092.7	12 003.6	6 349.8	6 581.6	9 636.3	11 967.4	13 838.1
Nouvelle-Zélande	.. c	-	-	2.3	1.2	-	-	-	-	-
Norvège	82.2	120.7	147.6	151.4	155.1	.. c	.. c	131.7	67.8	67.4
Pologne	1 693.4	2 038.8	3 869.4	4 200.0	4 321.8	368.2	645.1	794.8	1 138.3	1 166.7
Portugal	40.0	49.3	67.0	32.2	31.8	4.2	4.3	4.7	4.4	4.8
République slovaquie	3 051.2	2 766.9	1 986.1	2 779.2	2 765.1	3 131.3	3 085.1	2 888.4	3 633.7	3 875.1
Slovénie	42.2	34.9	34.6	48.3	42.1	-1.3	211.1	218.9	103.6	116.7
Espagne	1 016.5	1 102.0	1 325.8	1 276.1	1 310.0	30.7	28.6	48.6	82.5	107.0
Suède	1 037.4	946.2	1 307.3	1 615.4	1 758.0	19.1	22.4	29.8	19.6	-11.9
Suisse	3 242.4	4 657.7	6 157.6	6 758.2	5 694.0	44.7	1.0	-19.6	1 274.3	1 280.9
Turquie	2.4	.. c	2.6	7.6	7.6	109.6	44.1	83.3	-74.2	-176.4
Royaume-Uni	5 350.9	5 604.1	5 949.8	5 562.8	5 844.7	304.0	314.1	58.0	2 283.4	3 146.5
Etats-Unis	9 278.4	8 867.5	10 321.0	11 251.4	11 134.8	97.7	69.7	85.2	685.8	628.3
EUROPE	**99 618.3**	**.. c**	**133 052.4**	**140 584.1**	**146 265.3**	**18 043.6**	**.. c**	**31 190.6**	**39 215.8**	**42 441.7**
Bulgarie	9.2	10.4	9.0	12.2	9.2	438.7	482.7	742.0	583.1	616.9
Croatie	.. c	17.1	37.8	35.8	36.9	65.0	1.9	114.5	555.3	557.3
Chypre	3 338.1	4 096.8	4 424.5	4 638.4	5 108.6	1 539.2	1 923.5	5 890.9	3 568.5	3 417.1
Malte	363.7	363.1	440.8	440.7	468.5	13.5	42.8	53.6	16.6	6.8
Roumanie	2.7	3.8	3.3	4.0	3.8	670.4	1 039.0	1 211.2	1 473.3	1 483.4
Russie	656.5	799.6	955.7	793.2	835.9	162.4	192.7	272.5	262.1	440.3
Ukraine	62.8	89.6	117.0	118.8	131.3	-0.6	4.2	9.7	12.9	13.9
AFRIQUE	**.. c**	**43.2**	**.. c**	**78.1**	**92.2**	**.. c**	**.. c**	**.. c**	**137.8**	**35.4**
Afrique septentrionale	.. c	5.7	.. c	.. c	.. c	.. c	.. c	.. c	.. c	.. c
Algérie	-	-	-	-	-	-	-	-	-	-
Egypte	.. c	.. c	.. c	.. c	.. c	.. c	.. c	.. c	.. c	.. c
Libye	-	-	-	-	-	-	-	-	-	-
Maroc	-	-	-	-	-	-	-	-	-	-
Tunisie	-	.. c	-	-	-	0.9	0.8	-0.4	0.7	0.7
Autres pays africains	168.1	37.5	14.6	73.5	87.9	0.0	2.7	28.0	49.3	-45.5
Nigéria	-	-	-	-	-	-	-0.3	-	-	-
Afrique du Sud	168.7	.. c	-	.. c	46.6	0.0	3.1	28.0	49.3	-46.6
AMÉRIQUE	**.. c**	**.. c**	**12 143.3**	**12 978.6**	**12 875.6**	**165.2**	**.. c**	**180.6**	**764.3**	**692.8**
Amérique du Nord	9 671.7	9 257.8	10 809.7	11 821.5	11 731.0	122.8	.. c	113.5	712.1	656.8
Amérique du Nord	711.7	1 042.3	1 329.7	1 151.2	1 138.9	33.4	4.5	24.5	50.0	33.1
Bahamas	168.2	191.9	.. c	.. c	.. c	-	-	-	-	-
Bermudes	27.5	65.3	68.9	66.0	71.9	-	-	-	-	-
Îles Cayman	77.7	290.4	448.9	219.2	227.3	-	-	-	-	-
Costa Rica	-	-	.. c	-	-	1.5	-0.1	-	-	-
El Salvador	-	-	-	-	-	-	-	-	-	-
Guatemala	-	-	-	-	-	-	-	-	-	-
Honduras	-	-	-	-	-	-	-	-	-	-
Nicaragua	-	-	-	-	-	-	-	-	-	-
Panama	-7.0	-53.3	-65.1	-59.6	-98.6	-	-	-	-	0.4
Îles Vierges, US	-	-	-	-	-	-	-	-	-	-
Amérique du Sud	.. c	.. c	4.0	5.9	5.8	9.0	9.7	42.6	2.2	2.9
Argentine	-	-	-	-	-	.. c	.. c	.. c	.. c	.. c
Bolivie	-	-	-	-	-	-	-	-	-	-
Brésil	.. c	1.8	2.3	2.8	2.8	0.0	0.1	-0.3	0.0	0.0
Colombie	-	-	-	-	-	-	0.4	-	0.4	-
Equateur	-	.. c	-	-	-	-	-	-	-	-
Paraguay	-	-	-	-	-	-	-	-	-	-
Pérou	-	-	-	-	-	-	0.0	-	0.1	-
Uruguay	-	-	-	-	-	-	-	-	-	-
Venezuela	-	-	-	1.5	1.5	-	-	-	-	-
ASIE	**6 124.1**	**7 656.0**	**10 526.7**	**10 335.8**	**10 705.3**	**240.3**	**.. c**	**858.8**	**852.2**	**911.8**

RÉPUBLIQUE TCHÈQUE

Tableau 2. Encours des investissements directs étrangers par pays (*suite*)

En fin d'année

Millions de dollars des ÉU

	Entrant					Sortant				
	2015	2016	2017	2018	2019	2015	2016	2017	2018	2019
Proche et Moyen Orient	283.3	.. c	.. c	824.2	766.3	88.1	.. c	713.9	321.6	318.6
Pays du Golfe	44.1	.. c	100.7	71.7	67.0	1.2	.. c	.. c	1.5	7.6
Koweït	.. c	6.9	6.3	.. c	.. c	-	-	-	-	-
Qatar	-	-	-	-	-	-	-	-	-	-
Arabie saoudite	.. c	7.2	.. c	-0.8	-3.7	-	-	-	-	.. c
Emirats Arabes Unis	38.1	66.2	81.4	58.5	56.4	1.2	.. c	1.3	.. c	.. c
Autres pays du Proche et Moyen Orient	239.2	632.3	.. c	752.5	699.2	86.9	186.9	.. c	.. c	311.0
Jordanie	1.2	-	1.5	1.4	1.4	-	-	-	-	-
Autres pays asiatiques	5 840.8	.. c	.. c	9 511.6	9 939.0	152.2	153.4	144.9	530.6	593.2
Chine	370.7	794.3	1 100.9	1 012.0	1 031.9	85.3	64.0	39.2	424.4	397.1
Hong Kong, Chine	-17.6	191.7	244.8	243.8	252.5	.. c	5.2	5.2	6.0	6.0
Inde	190.9	97.1	91.6	126.0	147.6	48.7	68.7	80.7	196.7	284.3
Indonesie	-	-	-	-	-	-	0.2	-	-	-
République islamique d'Iran	-	-	-	-	-	-	-	-	-	-
Malaisie	.. c	.. c	.. c	.. c	15.5	-	-	-	-	-
Philippines	-	-	-	-	-	-	-	-	0.2	-
Singapour	.. c	392.7	824.7	911.6	905.4	.. c	.. c	.. c	.. c	.. c
Taipei Chinois	421.4	554.6	833.7	798.3	765.9	-	-	0.4	0.4	0.4
Thaïlande	.. c	-	-	92.9	112.1	0.0	0.0	-	.. c	.. c
Viet Nam	5.1	5.1	6.4	-	-	10.7	11.5	18.1	16.7	16.5
AUSTRALIE, OCÉANIE ET RÉGIONS POLAIRES	**.. c**	**95.9**	**.. c**	**117.0**	**105.4**	**.. c**	**-**	**.. c**	**-4.3**	**-6.2**
TOTAL MONDE non alloué et confidentiel	**.. d**	**.. d**	**.. d**	**130.9**	**138.4**	**.. d**	**.. d**	**.. d**	**37.6**	**37.4**
Union européenne (UE28)	**95 350.3**	**97 761.2**	**125 497.2**	**132 489.8**	**138 219.1**	**.. c**	**17 795.8**	**30 097.5**	**37 064.6**	**40 249.5**
Pays du G20 hors Union Européenne	**.. c**	**64 159.4**	**75 830.8**	**78 741.4**	**77 556.0**	**.. c**	**.. c**	**.. c**	**4 974.9**	**5 705.0**
Pays OCDE du G20	**.. c**	**.. c**	**.. c**	**76 771.5**	**75 494.9**	**1 809.1**	**1 142.0**	**1 525.0**	**4 041.1**	**4 622.8**
Pays non-OCDE du G20	**1 457.7**	**.. c**	**.. c**	**1 969.9**	**2 061.1**	**.. c**	**.. c**	**.. c**	**933.8**	**1 082.2**
Pays MENA	**47.3**	**94.9**	**108.6**	**79.8**	**74.3**	**.. c**	**86.2**	**67.5**	**90.0**	**88.5**
Pays ANASE	**112.6**	**.. c**	**.. c**	**1 019.2**	**1 032.9**	**.. c**	**.. c**	**.. c**	**-98.2**	**-98.7**

- Néant ; .. Non disponible ; c Donnée confidentielle ; d Confidentialité Secondaire

Note : Les positions d'IDE entrants sont allouées selon le pays investisseur ultime. Voir les métadonnées détaillées sur : *http://metalinks.oecd.org/idi/20210722/947b*.

Source : *Statistiques de l'OCDE sur l'investissement direct international (base de données) : https://doi.org/10.1787/idi-data-fr*

RÉPUBLIQUE TCHÈQUE

Tableau 3. Revenus des investissements directs étrangers par pays

Millions de dollars des ÉU

	Entrant					Sortant				
	2015	2016	2017	2018	2019	2015	2016	2017	2018	2019
TOTAL MONDE	**14 473.5**	**15 343.8**	**19 127.2**	**19 259.5**	**20 753.0**	**1 860.9**	**2 014.9**	**4 665.4**	**4 194.2**	**4 607.6**
Pays membres de l'OCDE	**13 878.2**	**.. c**	**.. c**	**18 890.1**	**20 269.1**	**1 622.0**	**1 585.0**	**3 715.0**	**3 754.0**	**3 544.1**
Australie	1.6	2.6	2.9	4.6	4.1	0.0	-	.. c	.. c	.. c
Autriche	1 945.5	1 982.7	2 029.7	2 292.9	2 040.4	-0.7	2.2	3.0	12.5	2.9
Belgique	977.6	1 003.2	804.4	1 148.6	929.8	3.6	2.8	3.3	-0.1	2.6
Canada	6.1	7.7	6.9	14.0	7.6	.. c	.. c	-2.2	-0.2	-0.9
Chili	-	-	-	-	-	-	0.1	-	.. c	.. c
République Tchèque	-	-	-	-	-	-	-	-	-	-
Danemark	88.7	99.5	92.0	109.0	81.3	0.1	0.7	1.0	0.8	1.3
Estonie	.. c	-1.3	1.9	0.5	2.0	0.3	-1.4	0.5	-0.1	0.5
Finlande	44.9	54.6	45.6	52.7	31.0	0.0	4.4	2.0	-7.9	-0.3
France	1 060.4	1 187.1	1 316.2	1 386.7	1 178.8	11.6	10.7	11.2	21.0	6.2
Allemagne	2 163.2	2 666.0	2 984.8	3 450.1	4 092.2	333.3	34.3	286.9	-74.5	171.8
Grèce	.. c	-0.4	.. c	.. c	.. c	-	-	0.1	0.1	-0.6
Hongrie	-5.7	102.6	-5.1	23.7	106.5	7.9	-1.0	60.8	51.7	93.6
Islande	0.0	-	-	-	-	0.0	0.0	0.0	0.0	0.0
Irlande	29.7	0.7	-8.9	5.8	25.1	8.2	-1.3	2.0	3.5	2.9
Israël	1.1	4.6	3.2	4.9	3.5	-	-	.. c	-	.. c
Italie	134.4	373.8	493.2	553.0	756.6	8.4	-0.1	1.8	24.7	7.4
Japon	149.7	151.9	117.0	91.8	136.3	.. c	.. c	.. c	-0.2	0.0
Corée	300.3	413.9	351.8	351.7	316.5	-	-0.5	-0.6	-	-
Lettonie	.. c	3.4	4.6	.. c	5.4	4.8	1.3	13.3	9.5	5.6
Lituanie	.. c	.. c	1.7	3.9	1.4	0.1	-0.2	-0.3	-2.7	-0.1
Luxembourg	1 946.6	1 786.1	4 721.1	2 958.1	4 398.4	-17.8	3.9	1 342.0	1 409.1	1 550.7
Mexique	.. c	-2.4	-3.4	-3.4	10.6	0.7	1.2	1.1	0.6	0.2
Pays-Bas	2 915.5	2 982.4	3 518.3	3 365.1	3 769.7	656.9	1 314.7	1 620.3	1 621.8	960.1
Nouvelle-Zélande	.. c	-	-	-	0.3	-	-	-	-	-
Norvège	15.1	30.3	20.9	29.7	28.9	-	1.9	.. c	-8.7	10.6
Pologne	279.7	286.7	209.3	676.2	303.1	-70.6	-21.4	66.9	104.9	82.9
Portugal	0.6	-19.1	-13.4	-3.8	-6.2	-	.. c	0.0	-0.1	0.0
République slovaquie	396.8	300.5	325.8	431.6	397.9	670.8	213.5	221.5	267.6	556.6
Slovénie	5.4	11.3	8.3	12.8	12.9	13.4	16.5	20.4	6.7	16.6
Espagne	112.7	96.2	106.7	111.9	164.6	2.5	2.3	2.2	4.1	4.1
Suède	218.4	224.5	203.8	366.1	243.7	.. c	.. c	-0.1	-2.4	-1.4
Suisse	470.0	483.3	670.7	759.0	629.8	0.1	0.1	0.7	254.2	63.0
Turquie	1.3	.. c	1.1	0.8	0.6	-28.8	-26.7	25.8	-68.6	-47.0
Royaume-Uni	506.8	297.9	315.6	512.6	407.8	5.0	1.5	2.0	112.1	25.0
Etats-Unis	113.8	191.0	190.9	175.0	188.5	14.8	7.2	12.7	14.6	29.6
EUROPE	**13 966.3**	**.. c**	**18 552.8**	**18 827.8**	**20 162.2**	**.. c**	**1 928.8**	**4 637.3**	**4 095.6**	**4 535.4**
Bulgarie	-	-1.3	.. c	.. c	0.3	27.3	26.1	44.8	41.7	28.3
Croatie	2.3	2.0	1.0	2.5	4.9	-0.2	-0.7	1.5	45.8	84.0
Chypre	664.6	572.2	710.2	677.4	618.2	267.4	307.4	683.2	23.3	659.0
Malte	-1.8	28.3	52.4	24.8	46.6	12.9	25.9	.. c	.. c	52.3
Roumanie	-0.2	0.3	-0.4	0.0	7.9	-106.9	-50.7	95.0	161.3	107.9
Russie	-3.5	7.8	8.1	-86.0	-92.5	-32.2	-10.7	44.7	25.6	66.4
Ukraine	-2.3	-0.3	-0.3	-3.2	2.8	-3.2	1.2	1.1	3.3	6.1
AFRIQUE	**.. c**	**.. c**	**-3.8**	**-5.1**	**27.5**	**.. c**	**.. c**	**.. c**	**17.8**	**18.6**
Afrique septentrionale	.. c	0.1	0.3	0.7	31.1	.. c	.. c	.. c	.. c	18.8
Algérie	-	-	-	-	-	-	-	-	-	-
Egypte	.. c	.. c	.. c	.. c	.. c	.. c	.. c	.. c	.. c	.. c
Libye	-	-	-	-	-	-	-	-	-	-
Maroc	-	-	.. c	.. c	.. c	-	-	-	-	-
Tunisie	0.0	.. c	-	-	-	0.0	0.0	0.0	0.0	.. c
Autres pays africains	-3.3	.. c	-4.1	-5.8	-3.7	0.0	2.6	1.1	-1.8	-0.3
Nigéria	-	-	-	-	-	-	-0.2	-	-	-
Afrique du Sud	-	-	-	-	-	0.0	2.6	1.2	-1.8	-0.3
AMÉRIQUE	**.. c**	**200.8**	**.. c**	**177.3**	**198.7**	**.. c**	**.. c**	**13.0**	**33.0**	**34.3**
Amérique du Nord	119.9	198.7	197.8	189.0	196.2	.. c	.. c	10.5	14.4	28.7
Amérique du Nord	-11.9	2.2	3.5	-11.6	2.2	2.7	1.1	1.4	19.1	0.2
Bahamas	2.1	11.1	8.0	9.1	2.7	-	-	-	-	-
Bermudes	1.6	0.6	0.7	2.2	1.0	-	-	-	-	-
Îles Cayman	0.6	1.4	1.1	2.4	1.5	-	-	-	-	-
Costa Rica	-	-	-	-	-	0.0	-0.1	-	-	-
El Salvador	-	-	-	-	-	-	-	-	-	-
Guatemala	-	-	-	-	-	-	-	-	-	-
Honduras	-	-	-	-	-	-	-	-	-	-
Nicaragua	.. c	.. c	.. c	.. c	.. c	-	-	-	-	-
Panama	-5.4	-8.2	1.1	-2.8	1.8	-	-	-	-	-
Îles Vierges, US	-	-	-	-	-	-	-	-	-	-
Amérique du Sud	.. c	0.0	.. c	.. c	0.4	-0.9	-1.0	1.2	-0.4	5.4
Argentine	-	-	-	-	.. c	.. c	.. c	-	0.0	4.4
Bolivie	-	-	-	-	-	-	-	-	-	-
Brésil	.. c	.. c	.. c	.. c	.. c	-1.3	-1.3	-0.9	-0.4	-0.5
Colombie	-	-	-	-	-	-	0.2	-	0.0	0.0
Equateur	-	.. c	-	-	-	-	-	-	-	-
Paraguay	-	-	-	-	-	-	-	-	-	-
Pérou	-	-	-	-	-	-	0.3	-	0.0	0.0
Uruguay	-	-	-	-	-	-	-	-	-	-
Venezuela	-	-	-	-	-	-	-	-	-	-
ASIE	**401.9**	**.. c**	**.. c**	**254.8**	**360.3**	**-0.4**	**.. c**	**2.4**	**47.5**	**19.2**

Tableau 3. Revenus des investissements directs étrangers par pays *(suite)*

Millions de dollars des ÉU

	Entrant					Sortant				
	2015	2016	2017	2018	2019	2015	2016	2017	2018	2019
Proche et Moyen Orient	.. c	.. c	.. c	9.0	7.0	3.2	.. c	30.9	40.7	33.5
Pays du Golfe	.. c	2.1	.. c	0.5	2.0	0.1	.. c	.. c	-0.1	0.0
Koweït	-	-	-	-	-	-	-	-	-	-
Qatar	-	-	-	-	-	-	-	-	-	-
Arabie saoudite	-	.. c	-	.. c	0.3	-	-	-	-	-
Emirats Arabes Unis	0.6	2.1	-0.9	0.5	1.8	0.1	.. c	0.0	.. c	0.0
Autres pays du Proche et Moyen Orient	1.1	.. c	4.7	8.6	5.0	3.1	66.5	.. c	40.8	.. c
Jordanie	-	-	-	-	-	-	-	-	-	-
Autres pays asiatiques	.. c	572.8	370.7	245.8	353.2	-3.6	-11.9	-28.5	6.8	-14.3
Chine	-4.4	-17.9	-111.8	-252.5	-150.6	-6.7	-11.9	-31.7	3.9	0.1
Hong Kong, Chine	-53.9	3.9	5.8	1.7	7.6	.. c	.. c	.. c	0.3	1.8
Inde	-14.5	1.0	-0.8	-0.4	0.8	3.6	1.2	4.1	3.3	-12.9
Indonesie	-	-	-	-	-	-	-0.4	-	-	-
République islamique d'Iran	-	-	-	-	-	-	-	-	-	-
Malaisie	.. c	.. c	.. c	.. c	.. c	-	-	-	-	-
Philippines	.. c	.. c	.. c	.. c	.. c	-	-	-	-	-
Singapour	13.9	9.6	2.6	22.8	19.4	.. c	.. c	.. c	.. c	.. c
Taipei Chinois	8.4	9.1	3.7	29.3	20.8	-	-	-0.2	-0.2	-0.3
Thaïlande	-	0.8	1.0	1.3	0.8	-	0.1	-	.. c	.. c
Viet Nam	-	-	-	-	-	-	-	0.3	-0.3	-0.2
AUSTRALIE, OCÉANIE ET RÉGIONS POLAIRES	**.. c**	**.. c**	**2.5**	**4.7**	**4.3**	**0.0**	**-**	**.. c**	**0.3**	**0.1**
TOTAL MONDE non alloué et confidentiel	**.. d**	**.. d**	**.. d**	**0.0**	**0.0**	**- d**	**.. d**	**- d**	**-**	**0.0**
Union européenne (UE28)	**13 485.3**	**.. c**	**17 918.9**	**18 166.6**	**19 620.1**	**.. c**	**1 891.9**	**.. c**	**3 844.6**	**4 419.9**
Pays du G20 hors Union Européenne	**4 414.1**	**.. c**	**.. c**	**6 197.9**	**6 857.9**	**.. c**	**.. c**	**356.1**	**60.3**	**249.7**
Pays OCDE du G20	**.. c**	**.. c**	**5 776.9**	**6 537.0**	**7 099.6**	**347.0**	**45.2**	**338.7**	**29.7**	**192.4**
Pays non-OCDE du G20	**.. c**	**-9.1**	**.. c**	**-339.1**	**-241.7**	**.. c**	**.. c**	**17.4**	**30.6**	**57.2**
Pays MENA	**0.1**	**2.2**	**-0.7**	**1.1**	**33.1**	**.. c**	**3.6**	**11.5**	**19.5**	**18.8**
Pays ANASE	**14.6**	**11.5**	**4.5**	**24.6**	**21.0**	**.. c**	**.. c**	**.. c**	**-0.4**	**-0.3**

- Néant ; .. Non disponible ; c Donnée confidentielle ; d Confidentialité Secondaire

Note : Voir les métadonnées détaillées sur : *http://metalinks.oecd.org/idi/20210722/947b*.

Source : *Statistiques de l'OCDE sur l'investissement direct international (base de données) : https://doi.org/10.1787/idi-data-fr*

RÉPUBLIQUE TCHÈQUE

Tableau 4. Investissement direct étranger : flux par secteur industriel

Millions de dollars des ÉU

	Entrant					Sortant				
	2015	2016	2017	2018	2019	2015	2016	2017	2018	2019
All FDI activities	**465.2**	**9 814.5**	**9 517.9**	**11 010.4**	**7 576.9**	**2 488.1**	**2 181.7**	**7 557.0**	**8 662.6**	**4 918.2**
Agriculture, sylviculture et pêche	**.. c**	**26.6**	**-19.1**	**25.9**	**16.1**	**.. c**	**10.7**	**0.5**	**-11.1**	**.. c**
Industries extractives	**.. c**	**.. c**	**.. c**	**-8.5**	**46.9**	**-0.4**	**4.9**	**1.6**	**10.6**	**0.8**
Activités d'extraction	-50.6	3.9	12.9	-7.0	-20.8	-	-	-	-	-
Activités de fabrication	**2 006.8**	**2 310.9**	**1 595.5**	**3 734.1**	**-200.0**	**-344.8**	**260.1**	**444.3**	**170.4**	**554.7**
dont :										
Produits alimentaires, boissons et tabac	.. c	393.5	-5.3	-512.4	50.7	.. c	.. c	.. c	1.0	334.7
Textiles, bois, papier, imprimerie	.. c	308.2	.. c	267.8	66.0	-0.5	-29.0	29.0	73.7	25.1
Produits pétroliers, chimiques, pharmaceutiques, caoutchouc, plastique, minéraux	518.6	305.0	355.0	-73.4	459.2	.. c	.. c	177.5	-56.1	117.7
Ouvrages en métaux et machines, sauf matériels électriques	756.0	284.7	210.8	348.2	-167.4	.. c	.. c	-38.1	14.4	420.9
Automobiles, remorques, semi-remorques, autres matériels de transport	326.3	732.7	.. c	3 033.6	-835.3	-42.4	.. c	.. c	273.8	-300.9
Autres activités de fabrication	137.9	.. c	.. c	670.2	226.8	.. c	.. c	302.7	-136.3	-42.7
Production et distribution d'électricité, de gaz, de vapeur et de climatisation	**78.4**	**540.2**	**309.5**	**460.9**	**368.0**	**-373.8**	**.. c**	**.. c**	**907.2**	**141.1**
Distribution de l'eau ; assainissement, traitement des déchets et dépollution	**.. c**	**.. c**	**.. c**	**-204.5**	**63.0**	**0.0**	**0.2**	**-0.2**	**-0.3**	**8.8**
Construction	**.. c**	**.. c**	**450.2**	**319.2**	**71.8**	**262.4**	**543.9**	**233.9**	**66.4**	**53.8**
Services	**-325.6**	**6 869.8**	**6 917.1**	**6 086.9**	**7 268.5**	**2 915.4**	**1 071.5**	**6 954.9**	**7 549.1**	**4 154.6**
Commerce de gros et de détail ; réparations automobiles et motocycles	-376.7	419.1	.. c	377.4	364.3	-31.1	38.3	.. c	440.3	-182.3
Transport et entreposage	46.1	-240.2	.. c	-58.4	115.7	-409.7	.. c	80.6	-14.8	8.0
Activités d'hébergement et de restauration	177.3	.. c	.. c	35.3	24.6	-1.3	3.2	-0.3	.. c	.. c
Information et communication	-1 897.8	.. c	.. c	30.6	483.5	.. c	-955.5	398.0	94.0	-165.4
Activités financières et d'assurances	1 390.9	2 068.7	.. c	6 107.6	4 527.5	.. c	.. c	5 931.1	3 970.5	3 980.8
Activités des sociétés holding	622.0	.. c	.. c	3 229.5	2 823.6	3 960.6	1 780.9	.. c	1 639.4	3 802.0
Activités immobilières	.. c	.. c	1 507.2	-854.1	753.8	225.7	-48.4	131.3	1 545.1	208.9
Activités professionnelles, scientifiques et techniques	133.7	1 011.5	.. c	911.0	854.1	-711.8	-0.8	341.3	1 593.6	285.4
Activités de services administratifs et d'appui	.. c	.. c	267.4	-502.7	117.8	49.6	-13.5	.. c	-68.3	11.6
Administration publique; activités des ménages et des organismes extra-territoriaux	-	-	-	-	-	-	-	-	-	-
Éducation	.. c	-3.1	2.0	8.0	2.6	-	-	-	-	0.5
Santé humaine et action sociale	-7.5	9.1	.. c	38.1	-16.3	0.3	-	-	-	-0.1
Arts, spectacles et loisirs	96.6	-0.1	33.3	-9.6	20.1	2.8	0.1	5.1	4.9	7.8
Autres services	.. c	.. c	.. c	3.8	20.7	8.7	-4.3	.. c	.. c	.. c
Not allocated and confidential	**.. c**	**.. c**	**.. c**	**0.4**	**4.0**	**.. c**	**.. c**	**.. c**	**-22.1**	**.. c**
Activités immobilières privées	**-245.3**	**299.0**	**139.9**	**596.0**	**-61.4**	**6.4**	**-3.3**	**27.3**	**-7.7**	**-2.4**

- Néant ; c Donnée confidentielle

Note : Voir les métadonnées détaillées sur : *http://metalinks.oecd.org/idi/20210722/947b.*

Source : *Statistiques de l'OCDE sur l'investissement direct international (base de données) : https://doi.org/10.1787/idi-data-fr*

RÉPUBLIQUE TCHÈQUE

Tableau 5. Encours des investissement directs étrangers par secteur industriel

En fin d'année

Millions de dollars des ÉU

	Entrant					Sortant				
	2015	2016	2017	2018	2019	2015	2016	2017	2018	2019
All FDI activities	**116 627.8**	**121 854.6**	**155 994.1**	**164 224.5**	**170 182.1**	**18 591.4**	**19 426.3**	**32 364.1**	**41 003.4**	**44 112.9**
Agriculture, sylviculture et pêche	**.. c**	**319.4**	**.. c**	**370.7**	**336.8**	**53.9**	**61.7**	**69.8**	**58.8**	**57.6**
Industries extractives	**.. c**	**.. c**	**672.9**	**637.2**	**582.5**	**7.4**	**14.9**	**14.7**	**32.3**	**18.0**
Activités d'extraction	283.6	265.4	353.7	340.5	322.2	-	-	-	-	-
Activités de fabrication	**38 352.3**	**38 458.9**	**45 505.7**	**46 661.3**	**46 830.7**	**1 450.5**	**1 581.3**	**2 421.3**	**3 143.4**	**3 358.4**
dont :										
Produits alimentaires, boissons et tabac	4 122.0	.. c	5 032.5	4 467.1	4 453.2	214.8	.. c	.. c	611.7	602.3
Textiles, bois, papier, imprimerie	2 388.4	2 689.1	3 237.8	3 224.9	3 418.1	126.8	98.2	200.9	236.3	150.9
Produits pétroliers, chimiques, pharmaceutiques, caoutchouc, plastique, minéraux	5 343.1	5 724.8	.. c	6 357.6	6 361.2	.. c	.. c	955.0	866.6	1 136.4
Ouvrages en métaux et machines, sauf matériels électriques	9 665.7	.. c	11 892.9	11 764.3	11 935.9	.. c	.. c	276.6	218.3	169.1
Automobiles, remorques, semi-remorques, autres matériels de transport	10 312.9	9 627.7	.. c	12 684.7	12 302.6	.. c	.. c	.. c	934.9	985.4
Autres activités de fabrication	.. c	6 469.6	7 976.8	8 162.8	8 359.5	.. c	85.8	.. c	275.7	314.3
Production et distribution d'électricité, de gaz, de vapeur et de climatisation	**3 560.7**	**3 859.4**	**4 747.7**	**4 973.3**	**5 403.1**	**.. c**	**.. c**	**779.2**	**1 667.7**	**1 748.0**
Distribution de l'eau ; assainissement, traitement des déchets et dépollution	**.. c**	**935.9**	**.. c**	**690.6**	**672.6**	**0.8**	**1.9**	**2.1**	**1.7**	**1.5**
Construction	**.. c**	**1 733.0**	**2 551.9**	**2 390.4**	**2 645.0**	**409.4**	**832.5**	**1 382.4**	**995.6**	**965.5**
Services	**69 047.3**	**73 030.0**	**97 525.3**	**104 435.0**	**109 688.5**	**15 219.9**	**15 146.9**	**26 560.5**	**34 223.1**	**37 089.2**
Commerce de gros et de détail ; réparations automobiles et motocycles	.. c	.. c	13 789.2	14 916.5	15 508.7	629.4	.. c	867.6	1 217.8	1 056.8
Transport et entreposage	1 927.3	.. c	.. c	1 466.7	1 558.6	.. c	.. c	275.1	169.1	162.1
Activités d'hébergement et de restauration	.. c	.. c	.. c	689.3	578.6	-28.5	-22.8	32.4	.. c	.. c
Information et communication	.. c	7 109.2	8 686.1	8 642.0	8 579.9	197.7	.. c	-626.9	-539.4	-469.3
Activités financières et d'assurances	31 828.9	32 849.8	.. c	51 185.4	55 449.2	.. c	14 545.4	.. c	29 314.9	31 654.4
Activités des sociétés holding	5 896.9	7 123.5	15 236.4	19 523.4	22 212.5	12 095.1	12 799.5	.. c	25 661.8	28 052.8
Activités immobilières	.. c	.. c	.. c	13 668.0	15 424.2	0.2	-41.1	141.1	1 566.3	2 207.3
Activités professionnelles, scientifiques et techniques	5 927.4	6 730.1	.. c	11 684.9	10 041.7	312.4	478.6	.. c	2 360.7	2 423.9
Activités de services administratifs et d'appui	1 363.1	1 211.0	1 838.4	1 502.0	1 897.1	16.2	-6.9	.. c	14.5	-78.6
Administration publique; activités des ménages et des organismes extra-territoriaux	-	-	-	-	-	-	-	-	-	-
Éducation	21.0	33.0	42.9	42.3	41.9	-	-	-	-	-
Santé humaine et action sociale	.. c	217.6	.. c	255.6	230.0	-	-	-	0.0	0.0
Arts, spectacles et loisirs	.. c	76.7	.. c	210.4	214.9	74.6	70.4	83.7	69.5	85.1
Autres services	.. c	.. c	.. c	172.0	163.7	35.8	30.6	.. c	19.7	19.5
Not allocated and confidential	**.. c**	**.. c**	**.. c**	**-2.1**	**-2.1**	**.. c**	**.. c**	**651.9**	**423.9**	**421.0**
Activités immobilières privées	**2 563.5**	**2 822.1**	**3 618.3**	**4 068.3**	**4 025.0**	**413.4**	**400.2**	**481.9**	**456.7**	**453.6**

- Néant ; c Donnée confidentielle

Note : Voir les métadonnées détaillées sur : *http://metalinks.oecd.org/idi/20210722/947b.*

Source : *Statistiques de l'OCDE sur l'investissement direct international (base de données) : https://doi.org/10.1787/idi-data-fr*

RÉPUBLIQUE TCHÈQUE

Tableau 6. Revenus des investissements directs étrangers par secteur industriel

Millions de dollars des ÉU

	Entrant					Sortant				
	2015	2016	2017	2018	2019	2015	2016	2017	2018	2019
All FDI activities	**14 473.5**	**15 343.8**	**19 127.2**	**19 259.5**	**20 753.0**	**1 860.9**	**2 014.9**	**4 665.4**	**4 194.2**	**4 607.6**
Agriculture, sylviculture et pêche	**4.6**	**8.5**	**.. c**	**8.3**	**5.3**	**-**	**2.9**	**2.1**	**-1.2**	**.. c**
Industries extractives	**-156.3**	**-171.3**	**.. c**	**96.3**	**85.3**	**.. c**	**0.5**	**0.7**	**1.5**	**1.2**
Activités d'extraction	37.1	.. c	1.7	-7.2	-11.8	-	-	-	-	-
Activités de fabrication	**7 005.8**	**7 025.9**	**6 923.6**	**6 476.7**	**6 252.2**	**37.4**	**140.8**	**170.5**	**45.7**	**250.0**
dont :										
Produits alimentaires, boissons et tabac	495.4	.. c	.. c	363.5	442.2	.. c	.. c	.. c	-22.1	90.0
Textiles, bois, papier, imprimerie	347.9	461.7	433.5	469.0	467.4	2.5	5.8	29.2	48.3	52.8
Produits pétroliers, chimiques, pharmaceutiques, caoutchouc, plastique, minéraux	1 320.2	1 536.9	1 263.4	1 156.9	1 239.2	.. c	.. c	50.7	-64.8	18.2
Ouvrages en métaux et machines, sauf matériels électriques	1 087.4	942.3	1 096.2	876.4	794.9	5.1	31.4	.. c	18.8	18.1
Automobiles, remorques, semi-remorques, autres matériels de transport	2 712.9	2 484.4	2 612.8	2 487.9	2 365.0	-21.8	.. c	.. c	27.9	34.2
Autres activités de fabrication	.. c	1 075.4	.. c	1 123.1	943.5	51.3	.. c	10.1	37.6	36.6
Production et distribution d'électricité, de gaz, de vapeur et de climatisation	**.. c**	**641.1**	**510.0**	**561.8**	**789.3**	**31.6**	**.. c**	**48.4**	**-0.5**	**-23.4**
Distribution de l'eau ; assainissement, traitement des déchets et dépollution	**.. c**	**137.3**	**161.9**	**114.3**	**142.6**	**-**	**0.7**	**0.9**	**0.7**	**4.0**
Construction	**.. c**	**191.8**	**.. c**	**352.4**	**120.9**	**.. c**	**-23.1**	**92.0**	**72.0**	**15.7**
Services	**7 291.6**	**7 506.3**	**11 054.3**	**11 649.3**	**13 355.2**	**.. c**	**1 671.5**	**4 342.0**	**4 052.5**	**4 357.5**
Commerce de gros et de détail ; réparations automobiles et motocycles	.. c	1 709.0	.. c	2 100.5	1 449.0	141.6	-10.8	.. c	74.8	130.6
Transport et entreposage	193.3	278.7	.. c	244.0	199.2	.. c	.. c	.. c	31.7	21.5
Activités d'hébergement et de restauration	98.5	.. c	.. c	72.3	82.3	-	0.8	0.6	.. c	.. c
Information et communication	683.5	879.5	944.8	1 288.2	1 307.5	114.1	.. c	61.1	79.0	55.0
Activités financières et d'assurances	.. c	.. c	6 428.6	6 264.7	6 855.6	1 520.2	1 402.7	.. c	3 594.7	3 985.3
Activités des sociétés holding	739.1	.. c	3 350.4	2 260.8	3 257.0	1 502.9	1 349.1	.. c	3 021.1	3 813.1
Activités immobilières	338.6	.. c	.. c	281.3	1 178.9	0.2	28.4	.. c	110.9	41.3
Activités professionnelles, scientifiques et techniques	824.1	332.4	757.9	1 195.3	2 051.7	13.3	63.4	.. c	135.1	109.1
Activités de services administratifs et d'appui	.. c	97.8	139.9	150.2	162.2	-0.1	27.5	.. c	4.6	-3.8
Administration publique; activités des ménages et des organismes extra-territoriaux	-	-	-	-	-	-	-	-	-	-
Éducation	.. c	2.1	4.5	1.7	0.8	-	-	-	-	0.2
Santé humaine et action sociale	-30.6	21.8	.. c	15.1	25.2	0.5	-	-	-	-0.1
Arts, spectacles et loisirs	5.5	29.3	.. c	14.2	22.1	2.0	15.7	20.5	21.8	18.1
Autres services	10.9	.. c	.. c	21.8	20.7	-	0.7	3.8	-0.7	.. c
Not allocated and confidential	**.. c**	**4.3**	**.. c**	**0.4**	**1.0**	**.. c**	**.. c**	**8.7**	**23.5**	**.. c**
Activités immobilières privées	**-**	**-**	**-**	**-**	**1.4**	**-**	**-**	**-**	**-**	**0.2**

- Néant ; c Donnée confidentielle

Note : Voir les métadonnées détaillées sur : *http://metalinks.oecd.org/idi/20210722/947b.*

Source : *Statistiques de l'OCDE sur l'investissement direct international (base de données) : https://doi.org/10.1787/idi-data-fr*

DANEMARK

Tableau 1. Flux d'investissement direct étranger par pays

Millions de dollars des ÉU

	Entrant					Sortant				
	2015	2016	2017	2018	2019	2015	2016	2017	2018	2019
TOTAL MONDE	**2 995.2**	**235.0**	**3 771.2**	**1 198.7**	**3 586.9**	**8 707.7**	**10 111.9**	**10 024.8**	**-369.5**	**11 404.2**
Pays membres de l'OCDE	**2 880.7**	**188.7**	**3 963.0**	**399.6**	**3 307.6**	**7 503.2**	**7 635.1**	**9 134.0**	**-4 133.7**	**8 361.1**
Australie	2.1	-3.4	-11.8	2.2	-15.6	-60.2	-56.9	-113.3	-505.0	-222.4
Autriche	16.2	0.1	-2.4	-17.1	4.3	-35.4	14.7	-53.6	-23.4	57.7
Belgique	4.5	17.2	218.7	93.0	83.8	138.7	341.0	-294.5	-210.5	114.7
Canada	1.6	-5.5	-1.2	0.5	-0.9	46.2	89.0	154.8	107.5	-75.3
Chili	0.7	-1.5	-0.2	-	-	-11.4	69.2	35.4	44.5	35.8
République Tchèque	4.8	-7.6	0.8	1.4	-0.3	171.9	5.8	68.3	-78.6	34.6
Danemark	-	-	-	-	-	-	-	-	-	-
Estonie	1.2	-28.2	88.8	-49.6	106.9	12.3	59.4	-169.7	2.7	-32.5
Finlande	712.1	1 270.3	-3 111.0	367.6	291.9	518.9	-337.6	-2 858.5	-475.2	-100.8
France	302.4	-316.9	7 802.6	-1 965.9	-1 538.1	397.0	340.5	312.8	467.9	431.1
Allemagne	245.6	-280.8	9.2	-88.7	211.3	2 630.8	746.9	5 328.9	-1 673.7	-4 181.5
Grèce	0.9	-3.0	-0.3	-	-	-16.1	8.0	10.8	31.2	5.8
Hongrie	11.7	87.1	54.1	-17.4	16.6	32.4	235.8	128.6	202.4	-25.8
Islande	3.0	-2.1	-20.1	-36.9	-	7.6	10.4	91.8	60.0	5.5
Irlande	-465.5	38.8	-40.6	917.2	1 051.3	4.0	227.9	-45.7	-561.7	-69.3
Israël	0.3	-1.3	-0.2	-	-	59.0	-2.7	44.4	-23.4	-42.1
Italie	57.7	22.4	172.4	-59.2	130.6	-3.3	218.5	199.8	75.7	-97.2
Japon	31.4	-109.1	-50.6	88.9	1 077.0	54.3	82.0	-119.5	85.7	-283.2
Corée	1.9	-5.9	-1.8	-2.4	14.1	32.6	20.8	56.8	101.7	-63.9
Lettonie	1.5	-2.4	24.1	-0.8	-0.2	13.2	-20.4	-55.4	23.3	7.2
Lituanie	1.9	-3.3	0.2	-1.0	3.4	19.0	67.5	-58.3	38.3	41.5
Luxembourg	940.6	-3 052.2	-4 001.8	-4 203.7	-562.9	-46.5	275.0	-57.7	436.8	91.3
Mexique	9.1	10.8	17.4	-6.2	-8.5	113.3	142.2	46.4	63.2	42.4
Pays-Bas	-1 532.8	-743.2	2 763.2	1 264.6	191.9	330.4	732.8	91.6	-1 615.4	1 142.0
Nouvelle-Zélande	-0.7	-2.4	3.2	3.2	-3.4	3.7	15.2	2.9	-3.5	-4.0
Norvège	1 043.2	504.2	236.0	4 721.0	314.1	82.8	-136.4	783.4	-4 202.3	790.9
Pologne	9.7	-22.3	-5.6	31.8	-7.2	187.2	493.1	31.7	154.0	212.6
Portugal	1.2	-2.2	2.6	-5.1	0.9	-49.1	18.4	26.7	269.6	-18.9
République slovaquie	1.3	-1.3	-0.2	-0.3	0.5	42.5	-13.7	14.7	-8.4	3.0
Slovénie	0.4	-0.1	0.9	-1.7	0.3	-	-2.1	-1.1	1.1	-0.9
Espagne	129.4	61.1	447.9	401.0	-564.7	167.9	701.8	218.7	576.1	-213.8
Suède	1 686.7	-1 303.9	-862.0	85.7	330.0	474.3	-504.8	165.3	3 151.3	775.8
Suisse	-547.0	106.8	-365.1	-702.1	2 581.6	1 201.6	-664.7	392.5	-168.7	3 730.7
Turquie	3.3	-6.7	1.5	-11.6	-15.9	81.9	11.9	-37.6	74.8	143.3
Royaume-Uni	273.3	2 795.1	604.1	334.8	526.6	1 727.8	4 227.7	3 963.6	-1 934.6	2 474.1
Etats-Unis	-69.3	1 175.9	-9.7	-743.6	-912.0	-793.9	286.4	770.9	1 383.1	3 652.2
EUROPE	**2 839.1**	**-728.3**	**3 582.8**	**1 276.3**	**3 217.6**	**8 275.8**	**6 730.0**	**9 133.0**	**-5 778.9**	**5 678.3**
Bulgarie	0.4	-0.9	-0.2	-	-	-14.4	-10.8	27.6	71.4	71.4
Croatie	-	-	-	-	-	14.0	6.7	18.0	30.7	5.1
Chypre	-40.1	9.5	-29.5	10.6	14.8	-17.4	14.3	27.3	-18.1	4.2
Malte	-38.5	133.1	-327.6	-4.0	0.3	-96.8	-	0.2	2.4	0.5
Roumanie	1.0	-2.1	-	-	-	12.3	2.5	307.0	-120.1	65.7
Russie	16.2	11.7	-77.4	8.7	31.5	-196.7	-239.8	321.1	302.8	162.7
Ukraine	0.6	-1.6	-0.2	-	-	4.3	18.1	87.9	28.7	-2.1
AFRIQUE	**2.7**	**-4.2**	**91.8**	**-60.7**	**47.1**	**197.3**	**17.4**	**-163.6**	**499.6**	**99.6**
Afrique septentrionale	0.7	-3.7	-0.5	-	-	-77.3	101.2	-238.9	461.7	133.9
Algérie	0.1	-1.0	-0.2	-	-	-35.5	43.1	-232.8	217.8	151.9
Egypte	0.3	-1.9	-0.2	-	-	-43.9	66.6	-95.0	4.0	-63.1
Libye	-	-	-	-	-	-	-	-	-	-
Maroc	0.3	-0.7	-	-	-	2.2	-8.3	89.2	232.5	45.1
Tunisie	-	-	-0.2	-	-	-0.3	-0.1	-0.3	7.4	-
Autres pays africains	1.9	-0.4	92.2	-60.7	47.1	274.5	-83.9	75.3	37.9	-34.3
Nigéria	1.3	-1.2	-0.2	-	-	44.0	-4.5	-42.9	44.7	-58.5
Afrique du Sud	0.4	-2.2	92.4	-60.7	47.1	13.7	43.2	254.8	43.9	98.7
AMÉRIQUE	**-37.5**	**1 162.9**	**20.1**	**-818.6**	**-923.3**	**-142.7**	**1 863.8**	**750.7**	**1 939.3**	**4 003.0**
Amérique du Nord	-40.1	1 162.1	2.4	-770.4	-920.2	-744.2	323.0	929.4	1 456.6	3 601.2
Amérique du Nord	26.5	9.1	15.1	4.9	9.3	598.3	1 727.7	-294.2	267.8	191.6
Bahamas	13.2	-13.8	-19.1	0.3	11.1	-0.3	-	-	-0.6	0.3
Bermudes	3.9	11.9	16.4	10.1	6.4	-66.5	-5.6	14.2	11.6	-0.9
Îles Cayman	0.4	-0.1	0.2	0.2	-	455.1	-36.1	44.2	-138.3	20.4
Costa Rica	-	-	-	-	-	99.2	282.4	211.3	276.4	92.2
El Salvador	-	-	-	-	-	-	-	-	-	-
Guatemala	-	-	-	-	-	-0.9	0.7	0.8	-1.4	2.1
Honduras	-	-	-	-	-	-8.0	-5.6	10.6	3.0	-4.5
Nicaragua	-	-	-	-	-	-1.9	-0.3	-1.2	-0.5	-1.8
Panama	-	0.3	0.3	0.3	0.3	-88.6	-57.1	2.9	33.4	-16.3
Îles Vierges, US	-	-	-	-	-	-0.6	-	-0.2	-	0.2
Amérique du Sud	-23.6	-8.5	2.7	-53.1	-12.6	3.1	-187.1	115.6	214.9	210.2
Argentine	-21.6	-1.5	5.0	-24.9	-34.3	-54.7	-63.9	-51.4	36.1	-4.5
Bolivie	-	-	-	-	-	-	-0.1	-1.1	-1.7	-2.8
Brésil	-3.7	-3.7	-2.1	-28.2	21.7	59.5	-161.5	-27.6	129.9	141.7
Colombie	0.4	-0.7	-	-	-	0.1	-8.5	5.0	-5.7	39.6
Equateur	-	-	-	-	-	0.3	-	167.7	5.7	0.2
Paraguay	-	-	-	-	-	-	-	-	-	-
Pérou	0.3	-0.1	-	-	-	-	-12.9	-3.3	15.2	15.0
Uruguay	0.3	-0.9	-	-	-	-3.4	0.1	-7.6	4.6	-14.5
Venezuela	-	-	-	-	-	12.8	-9.5	-2.0	-13.5	-
ASIE	**92.5**	**-280.2**	**-47.7**	**657.0**	**1 133.1**	**390.6**	**1 684.5**	**510.0**	**3 541.9**	**1 841.8**

DANEMARK

Tableau 1. Flux d'investissement direct étranger par pays *(suite)*

Millions de dollars des ÉU

	Entrant					Sortant				
	2015	2016	2017	2018	2019	2015	2016	2017	2018	2019
Proche et Moyen Orient	4.5	-13.4	-1.7	-6.2	11.1	-84.3	31.2	-742.7	21.1	62.4
Pays du Golfe	3.9	-10.4	-1.5	-6.2	11.1	-135.9	34.9	-788.0	34.5	153.1
Koweït	0.7	-0.4	-0.2	0.3	-0.2	0.6	1.6	0.8	7.3	9.6
Qatar	1.0	-0.9	-0.2	-	-	-164.7	19.3	-689.5	7.8	-22.9
Arabie saoudite	1.0	-4.9	-0.9	-	-	23.9	14.1	6.5	45.6	9.4
Emirats Arabes Unis	0.9	-3.3	-	-6.5	11.2	0.6	16.9	-88.6	-24.2	94.2
Autres pays du Proche et Moyen Orient	0.6	-3.1	-0.2	-	-	51.4	-3.7	45.3	-13.5	-90.7
Jordanie	0.1	-0.7	-	-	-	1.2	1.5	-3.2	6.3	-6.6
Autres pays asiatiques	88.0	-266.7	-46.0	663.2	1 122.0	474.8	1 653.4	1 252.7	3 520.9	1 779.4
Chine	34.3	-29.9	-4.2	-6.7	24.1	79.1	347.7	334.0	374.4	296.1
Hong Kong, Chine	25.6	-6.1	-0.3	630.4	2.1	-348.8	24.1	-38.2	70.5	41.5
Inde	2.2	-3.3	-0.6	-0.5	0.5	-25.9	93.5	98.3	262.3	195.1
Indonesie	0.7	-1.2	-0.2	-	-	21.7	-6.8	8.5	15.5	34.5
République islamique d'Iran	0.1	-1.3	-0.2	-	-	4.5	55.7	30.7	8.4	-53.1
Malaisie	4.6	-1.5	-0.9	-1.3	7.0	24.8	72.7	50.9	82.4	60.6
Philippines	0.1	-1.0	-	-	-	20.2	-24.8	-8.8	-9.3	4.3
Singapour	-18.1	-84.8	22.4	-33.6	-3.7	784.6	1 107.3	824.9	1 744.5	922.4
Taipei Chinois	1.3	-2.5	-0.8	-1.9	7.3	4.9	9.8	31.2	112.6	192.7
Thaïlande	1.2	-16.9	-8.2	-9.8	-6.4	-212.3	-121.4	-153.0	165.7	85.8
Viet Nam	1.2	-2.8	-0.3	-	-	4.6	-17.2	17.3	42.8	4.9
AUSTRALIE, OCÉANIE ET RÉGIONS POLAIRES	**1.3**	**-5.8**	**-8.8**	**5.4**	**-19.0**	**72.1**	**-192.5**	**-190.9**	**-539.8**	**-213.5**
TOTAL MONDE non alloué et confidentiel	**97.1**	**90.6**	**133.0**	**139.2**	**131.5**	**-85.3**	**8.8**	**-14.4**	**-31.7**	**-4.9**
Union européenne (UE28)	**2 327.6**	**-1 334.9**	**3 808.4**	**-2 906.6**	**-**	**6 615.5**	**7 848.5**	**7 347.1**	**-1 184.4**	**797.8**
Pays du G20 hors Union Européenne	**888.9**	**3 241.1**	**8 544.0**	**-2 563.4**	**-440.8**	**4 147.1**	**6 135.5**	**11 507.8**	**-543.1**	**2 753.4**
Pays OCDE du G20	**859.1**	**3 276.0**	**8 532.1**	**-2 451.3**	**-531.4**	**4 226.5**	**6 109.1**	**10 563.5**	**-1 753.7**	**1 819.7**
Pays non-OCDE du G20	**29.7**	**-34.9**	**12.0**	**-112.1**	**90.6**	**-79.4**	**26.4**	**944.3**	**1 210.6**	**933.7**
Pays MENA	**4.9**	**-15.6**	**-1.8**	**-6.2**	**11.1**	**-210.0**	**139.5**	**-1 029.6**	**501.3**	**284.4**
Pays ANASE	**-10.3**	**-108.0**	**12.7**	**-44.7**	**-3.0**	**671.5**	**1 028.6**	**867.3**	**2 525.4**	**1 423.4**

- Néant

Note : Les données excluent les entités à vocation spéciales. Voir les métadonnées détaillées sur : *http://metalinks.oecd.org/idi/20210722/947b*.

Source : *Statistiques de l'OCDE sur l'investissement direct international (base de données) : https://doi.org/10.1787/idi-data-fr*

DANEMARK

Tableau 2. Encours des investissements directs étrangers par pays

En fin d'année

Millions de dollars des ÉU

	Entrant					Sortant				
	2015	2016	2017	2018	2019	2015	2016	2017	2018	2019
TOTAL MONDE	**91 978.8**	**99 403.4**	**115 887.4**	**116 251.5**	**121 482.3**	**164 757.8**	**169 708.2**	**205 106.7**	**209 111.4**	**217 684.5**
Pays membres de l'OCDE	**86 914.3**	**93 622.7**	**109 363.4**	**108 738.2**	**113 860.5**	**131 524.2**	**134 466.7**	**168 343.0**	**170 552.5**	**174 782.4**
Australie	14.5	9.2	1.0	10.7	-7.0	2 095.9	2 000.3	2 189.1	1 709.7	1 422.9
Autriche	309.5	236.5	215.1	253.6	228.3	206.0	219.3	317.0	325.5	355.0
Belgique	756.4	822.1	1 289.2	1 409.5	1 408.3	1 095.6	974.1	753.9	696.5	838.5
Canada	139.5	30.1	70.4	68.4	44.0	1 314.1	1 095.6	1 195.9	1 590.5	1 514.9
Chili	1.5	0.1	0.5	164.9	173.5	319.6	346.5	381.9	269.7	286.9
République Tchèque	30.2	38.6	24.8	14.7	63.1	886.1	997.8	1 113.5	1 078.8	1 111.0
Danemark	-	-	-	-	-	-	-	-	-	-
Estonie	5.6	-17.2	65.9	57.4	123.3	243.8	272.1	262.9	375.2	329.1
Finlande	3 484.3	4 690.6	2 591.1	7 929.9	6 155.1	6 473.1	6 248.4	3 228.9	3 028.0	2 648.5
France	3 969.0	3 805.2	7 334.6	6 060.2	4 338.3	5 901.3	6 111.3	7 192.8	7 670.3	7 528.6
Allemagne	4 670.1	5 145.8	6 090.2	6 594.3	7 048.8	14 553.4	15 171.4	26 470.4	26 963.1	23 604.3
Grèce	-3.5	-7.5	-4.2	5.4	5.1	234.1	219.6	191.7	190.2	197.3
Hongrie	-60.0	5.5	97.6	73.6	88.1	649.8	852.4	1 117.0	1 187.4	1 000.0
Islande	62.5	66.9	60.4	30.4	30.3	951.1	871.6	1 042.9	1 279.0	1 930.4
Irlande	1 385.8	1 555.6	1 574.0	2 822.5	3 911.2	1 222.0	1 358.9	1 537.6	1 236.3	1 063.7
Israël	21.5	28.1	33.0	16.1	20.7	105.7	114.1	144.3	123.9	98.7
Italie	465.6	483.2	804.8	626.0	788.2	1 091.7	1 352.8	1 527.6	1 532.7	1 373.3
Japon	382.4	470.7	468.6	634.6	1 807.2	896.0	992.7	770.2	944.1	689.5
Corée	-5.0	-9.8	33.2	39.0	52.0	362.2	268.4	272.7	351.0	260.6
Lettonie	11.0	9.9	153.0	72.7	19.5	354.3	279.6	310.4	597.0	582.8
Lituanie	12.2	15.5	9.5	2.5	6.4	545.5	577.6	629.4	919.6	1 028.3
Luxembourg	11 449.9	14 934.5	13 139.0	12 889.2	12 975.8	881.4	995.3	1 188.5	1 561.3	1 707.5
Mexique	100.6	105.3	139.0	-14.7	-22.6	656.7	689.2	912.4	1 085.5	1 181.3
Pays-Bas	10 530.2	10 385.5	16 798.8	17 553.1	15 566.9	10 044.9	11 616.5	14 675.8	11 755.2	12 401.8
Nouvelle-Zélande	-4.5	43.4	60.9	51.2	42.4	112.2	167.7	122.3	243.7	343.5
Norvège	9 623.4	10 008.9	12 381.6	13 096.0	14 303.5	6 304.7	6 282.0	9 095.5	7 425.1	7 856.0
Pologne	58.7	61.1	28.8	191.7	138.6	3 115.4	3 839.0	4 379.4	4 710.4	4 867.7
Portugal	6.6	15.9	-1.0	2.5	-1.8	238.8	350.5	492.8	591.2	576.4
République slovaquie	6.9	21.1	15.5	16.7	12.0	538.7	548.4	635.0	854.2	808.1
Slovénie	7.8	7.4	1.1	-0.3	0.4	39.4	36.3	71.0	102.0	85.5
Espagne	1 618.4	1 149.0	734.2	1 359.3	662.8	3 043.5	3 605.7	4 423.2	5 573.4	4 967.4
Suède	22 250.1	20 240.3	23 444.1	17 654.1	21 218.9	27 177.3	25 608.3	28 915.9	30 173.5	31 151.0
Suisse	2 421.5	3 557.7	3 356.8	2 975.0	5 985.0	5 062.1	3 922.3	4 445.3	4 142.7	4 086.2
Turquie	13.8	9.5	-6.6	-22.1	-36.4	546.3	525.5	654.8	826.9	1 004.5
Royaume-Uni	7 371.6	9 431.7	11 806.9	11 274.4	12 270.7	20 838.8	21 918.4	30 084.6	27 815.8	31 043.6
Etats-Unis	5 829.6	6 287.6	6 560.6	4 825.6	4 440.0	14 323.0	14 613.8	18 225.8	21 623.6	24 836.8
EUROPE	**81 616.0**	**88 774.2**	**104 024.7**	**105 118.4**	**109 498.2**	**114 538.5**	**117 257.5**	**148 825.0**	**146 234.3**	**148 221.5**
Bulgarie	1.5	0.7	0.3	1.4	2.1	96.9	84.1	121.0	218.4	282.1
Croatie	-	-	-	-	0.3	147.9	162.5	262.7	287.1	274.4
Chypre	254.5	396.6	229.7	430.9	445.6	131.8	117.4	134.7	168.7	232.8
Malte	592.5	435.7	142.7	23.5	22.0	83.7	64.5	92.0	67.6	69.5
Roumanie	1.0	7.7	1.0	2.9	0.6	380.4	298.7	741.5	1 038.0	1 097.2
Russie	96.5	1 020.7	1 056.6	1 010.1	988.2	481.8	277.8	788.5	1 165.8	1 375.8
Ukraine	-0.6	-0.4	0.2	1.7	0.4	151.5	192.5	255.3	311.2	364.1
AFRIQUE	**-3.5**	**-6.8**	**79.4**	**198.9**	**210.5**	**1 725.8**	**1 851.0**	**2 020.9**	**2 681.2**	**2 738.8**
Afrique septentrionale	-10.7	-9.6	-1.3	19.5	1.2	1 032.4	1 087.2	784.7	1 189.7	1 358.9
Algérie	-2.8	-3.8	-0.3	-	-	637.9	687.5	486.2	582.9	741.8
Egypte	-4.8	-3.1	-0.6	18.1	-0.2	348.0	369.5	153.5	171.3	113.4
Libye	-	-	-	-	-	0.1	0.1	0.2	0.5	-
Maroc	-3.1	-2.7	-0.2	0.9	0.9	38.1	21.3	129.8	409.1	467.4
Tunisie	-	-	-	0.5	0.4	8.2	8.8	14.8	26.1	36.5
Autres pays africains	7.2	2.8	80.7	179.5	209.3	693.3	763.8	1 236.4	1 491.5	1 379.9
Nigéria	12.3	4.5	1.1	-	-	37.8	45.2	77.3	153.8	90.6
Afrique du Sud	-6.4	-4.8	6.9	-30.1	20.5	297.4	348.4	704.9	737.5	817.7
AMÉRIQUE	**6 556.8**	**7 095.2**	**7 477.8**	**5 752.5**	**5 316.1**	**20 047.1**	**21 295.2**	**25 624.6**	**30 016.1**	**33 897.6**
Amérique du Nord	6 275.1	6 609.9	6 968.9	5 198.9	4 788.9	15 829.1	15 832.3	19 556.5	23 273.8	26 410.4
Amérique du Nord	263.4	478.3	520.6	440.2	418.1	2 235.0	3 699.5	3 866.2	4 525.9	4 780.3
Bahamas	174.1	172.0	159.2	168.0	178.4	16.4	9.5	9.5	21.6	24.3
Bermudes	73.1	86.2	131.0	133.8	135.4	110.5	85.8	107.0	112.0	108.9
Îles Cayman	-93.7	-78.8	-82.5	-47.9	-43.0	770.0	600.5	139.5	456.9	475.0
Costa Rica	-	-	-	-	-	124.7	403.1	612.8	886.7	985.9
El Salvador	-	-	-	-	-	2.1	1.1	1.1	0.8	0.9
Guatemala	-	-	-	-	-	0.3	0.7	1.0	0.2	1.9
Honduras	-	-	-	-	-	30.3	26.8	105.8	35.4	32.1
Nicaragua	-	-	-	-	-	13.3	14.5	15.6	26.2	30.4
Panama	4.7	167.6	153.7	151.9	146.5	54.6	-21.0	-28.4	18.9	21.6
Îles Vierges, US	-	-	-	-	-	1.9	-	1.5	1.4	1.5
Amérique du Sud	18.3	7.1	-11.9	113.4	108.9	1 983.0	1 763.6	2 202.1	2 216.5	2 706.9
Argentine	7.9	5.7	-24.5	-58.9	-91.5	175.0	116.3	452.7	498.2	496.3
Bolivie	-	-	-	-	-	1.5	1.4	3.7	5.2	-
Brésil	6.3	4.0	12.1	7.5	27.1	1 284.6	1 048.4	1 010.5	1 096.7	1 193.5
Colombie	1.6	-2.8	-0.3	-0.2	-0.2	55.2	78.7	103.1	80.7	455.2
Equateur	-	-	-	-	-	2.8	2.1	93.4	100.0	99.0
Paraguay	-	-	-	-	-	1.6	2.0	2.7	2.5	0.2
Pérou	3.4	3.3	0.5	-	-	84.8	73.3	78.5	125.0	138.9
Uruguay	-2.9	-3.3	-0.3	-	-	50.2	54.4	28.8	32.5	31.8
Venezuela	0.4	-	-	-	-	7.5	40.4	46.7	6.1	4.9
ASIE	**1 739.7**	**1 402.8**	**1 706.6**	**2 701.0**	**4 061.8**	**25 262.1**	**26 292.0**	**25 489.6**	**27 427.2**	**30 258.5**

DANEMARK

Tableau 2. Encours des investissements directs étrangers par pays *(suite)*

En fin d'année

Millions de dollars des ÉU

	Entrant					Sortant				
	2015	2016	2017	2018	2019	2015	2016	2017	2018	2019
Proche et Moyen Orient	12.9	24.8	73.5	120.7	352.8	1 245.4	1 371.8	773.7	1 039.1	1 176.9
Pays du Golfe	-3.5	3.0	41.7	102.2	331.8	1 077.3	1 211.0	599.6	883.8	1 095.0
Koweït	7.8	6.5	7.2	7.2	6.7	9.4	10.9	13.2	21.5	27.0
Qatar	8.6	5.0	1.1	-	-	576.6	597.1	94.1	73.5	48.7
Arabie saoudite	-12.7	-15.0	41.1	42.8	41.8	169.7	197.8	193.5	254.0	260.0
Emirats Arabes Unis	-5.0	9.5	-7.2	51.8	283.1	245.8	348.4	274.3	397.1	553.5
Autres pays du Proche et Moyen Orient	16.4	21.8	31.7	18.6	21.0	168.1	160.6	174.1	155.2	82.1
Jordanie	-2.1	-2.7	-0.2	-	-	16.5	18.0	4.8	14.9	8.2
Autres pays asiatiques	1 726.8	1 378.0	1 633.3	2 580.5	3 709.0	24 016.7	24 920.2	24 715.9	26 388.2	29 081.6
Chine	179.2	310.5	259.2	136.7	144.0	4 154.5	4 362.4	4 329.9	5 502.5	4 822.1
Hong Kong, Chine	958.7	237.6	410.3	1 132.0	1 009.8	3 255.6	3 068.3	2 712.1	2 648.4	2 909.6
Inde	22.0	61.7	5.3	7.4	5.8	744.5	820.8	1 061.4	1 424.8	1 332.6
Indonesie	5.1	3.8	1.0	4.9	1.9	143.2	142.9	118.9	140.5	181.2
République islamique d'Iran	-2.8	-5.0	-0.5	0.3	-	44.8	101.1	118.4	117.2	68.0
Malaisie	16.0	30.8	28.0	101.7	102.6	777.2	922.3	988.5	1 201.0	1 740.3
Philippines	-2.6	-3.8	-0.3	0.2	-0.2	146.0	161.4	136.9	136.2	121.6
Singapour	101.2	100.8	194.3	272.6	342.9	12 458.9	13 205.5	13 370.0	12 887.7	15 416.3
Taipei Chinois	33.7	36.9	110.3	95.4	106.1	59.3	47.9	42.9	118.9	308.0
Thaïlande	7.8	143.1	145.6	143.7	134.2	703.2	569.7	419.3	519.1	619.8
Viet Nam	4.1	1.1	0.8	8.7	0.3	120.4	118.8	115.0	215.5	223.8
AUSTRALIE, OCÉANIE ET RÉGIONS POLAIRES	**10.2**	**52.9**	**67.5**	**68.9**	**40.6**	**2 317.4**	**2 124.0**	**2 202.9**	**1 833.6**	**1 659.1**
TOTAL MONDE non alloué et confidentiel	**2 059.6**	**2 085.0**	**2 531.4**	**2 411.7**	**2 355.2**	**866.9**	**888.4**	**943.7**	**919.0**	**908.9**
Union européenne (UE28)	**69 185.2**	**73 871.1**	**86 592.9**	**87 322.0**	**87 498.8**	**100 215.4**	**103 881.4**	**130 870.9**	**130 716.8**	**131 226.1**
Pays du G20 hors Union Européenne	**23 249.5**	**27 155.0**	**34 660.3**	**31 216.7**	**31 861.0**	**70 030.0**	**72 054.1**	**98 156.6**	**102 933.1**	**104 939.6**
Pays OCDE du G20	**22 951.7**	**25 768.5**	**33 302.7**	**30 096.3**	**30 723.2**	**62 579.4**	**64 739.4**	**89 496.3**	**92 113.1**	**94 460.2**
Pays non-OCDE du G20	**297.8**	**1 386.5**	**1 357.7**	**1 120.3**	**1 137.8**	**7 450.7**	**7 314.7**	**8 660.4**	**10 820.0**	**10 479.3**
Pays MENA	**-19.5**	**-12.8**	**39.3**	**124.1**	**332.8**	**2 165.4**	**2 346.0**	**1 412.6**	**2 099.0**	**2 475.9**
Pays ANASE	**131.5**	**252.9**	**343.6**	**532.0**	**582.1**	**14 497.8**	**15 280.0**	**15 359.6**	**15 216.7**	**18 578.6**

- Néant

Note : Les données excluent les entités à vocation spéciales. Voir les métadonnées détaillées sur : *http://metalinks.oecd.org/idi/20210722/947b*.

Source : *Statistiques de l'OCDE sur l'investissement direct international (base de données) : https://doi.org/10.1787/idi-data-fr*

Tableau 3. Revenus des investissements directs étrangers par pays

Millions de dollars des ÉU

	Entrant					Sortant				
	2015	2016	2017	2018	2019	2015	2016	2017	2018	2019
TOTAL MONDE	**4 606.0**	**5 481.4**	**6 133.9**	**6 363.3**	**7 043.1**	**12 131.8**	**12 061.1**	**13 256.1**	**15 120.5**	**15 622.1**
Pays membres de l'OCDE	**4 450.7**	**5 340.7**	**5 999.3**	**6 224.0**	**6 812.1**	**10 213.1**	**9 531.7**	**11 169.1**	**12 217.2**	**12 313.6**
Australie	3.3	3.3	3.0	2.4	2.1	97.4	104.1	28.8	75.1	84.3
Autriche	24.5	15.2	4.7	10.5	18.1	29.7	23.8	28.0	40.7	26.1
Belgique	25.1	36.5	72.1	103.9	32.2	62.2	69.8	112.4	112.8	104.2
Canada	11.4	4.2	5.5	4.3	5.2	122.2	75.2	102.1	87.6	91.2
Chili	-	-	-	10.8	10.8	47.6	79.6	24.4	25.5	47.2
République Tchèque	0.1	0.7	0.9	1.0	1.3	69.0	87.8	68.2	118.0	74.4
Danemark	-	-	-	-	-	-	-	-	-	-
Estonie	-	0.1	0.2	2.7	1.3	15.5	39.4	61.5	63.5	31.2
Finlande	156.4	99.7	217.7	484.7	448.6	483.2	385.8	365.2	318.5	188.6
France	249.9	240.4	549.2	544.4	570.4	532.3	394.2	635.1	514.0	542.2
Allemagne	393.3	559.4	392.2	583.5	574.9	626.3	444.5	1 050.3	1 150.7	899.5
Grèce	-	-	-	0.5	0.5	-10.9	23.6	18.2	25.5	21.6
Hongrie	-	-	-	-	-	58.9	76.8	130.0	111.3	67.5
Islande	4.5	4.2	3.5	2.7	2.2	9.5	12.2	18.6	20.7	16.5
Irlande	68.5	168.3	166.0	156.6	124.5	99.2	83.6	272.8	230.0	165.1
Israël	..	..	..	..	..	..	..	..	..	..
Italie	46.7	23.8	35.4	23.4	38.8	81.3	77.1	133.6	164.7	4.3
Japon	-5.8	-78.4	-28.0	7.8	-	77.9	94.2	83.2	90.1	60.7
Corée	0.4	-	0.5	1.0	1.1	24.1	32.1	23.2	46.4	26.2
Lettonie	-	0.1	24.2	2.9	2.2	17.4	23.5	17.6	42.1	32.2
Lituanie	0.3	0.4	0.6	0.3	0.3	17.7	56.0	70.9	153.5	181.4
Luxembourg	256.0	497.3	388.2	260.9	360.5	48.2	94.6	60.0	90.3	84.4
Mexique	8.2	14.3	16.4	-	-	65.3	63.9	104.1	80.5	75.4
Pays-Bas	-313.0	282.6	457.9	470.1	375.9	104.2	383.6	392.0	412.5	424.2
Nouvelle-Zélande	-	-0.9	5.6	6.2	3.1	14.3	21.7	6.7	2.2	16.5
Norvège	608.9	573.6	858.3	1 099.1	921.0	646.2	588.6	737.1	686.8	904.9
Pologne	14.9	-3.1	0.5	40.4	39.6	251.4	291.1	255.7	324.7	348.3
Portugal	0.3	0.6	2.1	0.6	0.5	30.9	21.7	45.6	56.4	56.5
République slovaquie	-	0.9	0.9	1.0	0.9	46.1	45.8	53.0	69.7	59.2
Slovénie	-	-	0.2	0.2	0.2	19.3	20.9	13.0	10.5	14.1
Espagne	157.9	61.2	306.9	258.0	240.2	217.4	-11.1	198.1	124.5	106.5
Suède	1 413.0	1 332.1	946.3	840.6	1 096.5	978.2	1 142.8	1 256.9	1 730.6	1 923.2
Suisse	206.5	232.4	249.6	145.6	96.3	2 776.6	2 341.2	2 120.9	1 842.4	2 101.8
Turquie	-	0.1	0.2	0.3	0.3	88.3	43.5	19.8	54.5	48.4
Royaume-Uni	484.3	706.2	664.1	629.6	1 117.7	1 326.6	1 547.1	1 481.9	1 501.1	1 432.6
Etats-Unis	633.3	564.3	653.5	527.6	723.3	1 172.4	805.7	1 246.5	1 835.9	2 050.2
EUROPE	**3 836.8**	**4 986.8**	**5 417.0**	**5 760.0**	**6 152.3**	**8 819.7**	**8 579.7**	**9 944.0**	**10 499.7**	**10 184.9**
Bulgarie	-	-	-	-	0.2	5.8	2.8	4.8	9.0	14.5
Croatie	-	-	-	-	-	21.6	21.1	25.0	27.2	13.5
Chypre	18.0	33.1	43.5	40.9	41.4	29.3	19.9	12.9	26.1	33.6
Malte	14.3	88.8	8.6	3.5	3.1	1.6	4.9	4.7	4.1	3.7
Roumanie	-	0.3	0.2	0.2	0.2	28.7	14.6	42.3	86.0	71.2
Russie	1.2	32.1	10.1	21.4	17.4	61.7	30.0	50.7	117.5	146.5
Ukraine	..	..	..	..	..	..	..	..	..	..
AFRIQUE	**-**	**0.6**	**1.2**	**4.6**	**4.5**	**146.0**	**112.3**	**269.3**	**305.5**	**468.3**
Afrique septentrionale	-	0.1	0.2	1.1	0.5	132.6	119.9	168.7	214.1	398.8
Algérie	..	..	..	..	..	..	..	..	..	..
Egypte	-	0.1	0.2	1.0	0.5	17.5	28.4	18.8	5.4	3.6
Libye	..	..	..	..	..	..	..	..	..	..
Maroc	-	-	-	-	-	1.5	0.1	3.6	4.6	12.7
Tunisie	..	..	..	..	..	..	..	..	..	..
Autres pays africains	-	0.4	1.1	3.6	4.0	13.4	-7.4	100.4	91.4	69.4
Nigéria	-	-	-	-	-	1.3	5.8	8.5	0.6	3.3
Afrique du Sud	-	0.3	0.3	1.0	1.6	18.6	15.9	50.1	45.6	44.1
AMÉRIQUE	**692.2**	**602.6**	**688.3**	**565.9**	**777.9**	**1 437.7**	**1 050.1**	**1 645.6**	**2 189.6**	**2 616.4**
Amérique du Nord	658.7	576.5	664.5	533.6	740.1	1 301.0	872.7	1 356.6	1 902.9	2 177.6
Amérique du Nord	39.7	22.0	23.8	22.0	27.0	59.9	49.9	180.3	126.6	237.5
Bahamas	..	..	..	..	..	..	..	..	..	..
Bermudes	..	..	..	..	..	..	..	..	..	..
Îles Cayman	..	..	..	..	..	..	..	..	..	..
Costa Rica	..	..	..	..	..	..	..	..	..	..
El Salvador	..	..	..	..	..	..	..	..	..	..
Guatemala	..	..	..	..	..	..	..	..	..	..
Honduras	..	..	..	..	..	..	..	..	..	..
Nicaragua	..	..	..	..	..	..	..	..	..	..
Panama	..	..	..	..	..	..	..	..	..	..
Îles Vierges, US	..	..	..	..	..	..	..	..	..	..
Amérique du Sud	-6.1	4.2	-	10.5	10.8	76.7	127.3	108.8	160.0	201.2
Argentine	-	-	-0.2	-	-0.2	-4.0	2.2	-17.6	49.7	37.0
Bolivie	..	..	..	..	..	..	..	..	..	..
Brésil	-6.1	4.3	-0.2	-0.3	-	10.7	52.3	107.2	62.6	71.2
Colombie	..	..	..	..	..	..	..	..	..	..
Equateur	..	..	..	..	..	..	..	..	..	..
Paraguay	..	..	..	..	..	..	..	..	..	..
Pérou	..	..	..	..	..	..	..	..	..	..
Uruguay	-	-	-	-	-	-5.1	-8.2	-5.0	1.9	3.4
Venezuela	-	-	-	-	-	-1.0	0.7	-0.2	-1.4	1.2
ASIE	**73.6**	**-111.0**	**18.6**	**23.8**	**103.2**	**1 614.5**	**2 191.6**	**1 358.0**	**2 054.0**	**2 246.4**

DANEMARK

Tableau 3. Revenus des investissements directs étrangers par pays (*suite*)

Millions de dollars des ÉU

	Entrant					Sortant				
	2015	2016	2017	2018	2019	2015	2016	2017	2018	2019
Proche et Moyen Orient	1.8	2.5	3.9	5.4	25.3	282.4	208.9	32.0	75.7	116.5
Pays du Golfe	-	0.9	2.0	4.0	23.7	276.1	202.2	25.0	69.7	112.6
Koweït	..	..	..	..	..	..	..	..	..	..
Qatar	..	..	..	..	..	..	..	..	..	..
Arabie saoudite	..	..	..	..	..	..	..	..	..	..
Emirats Arabes Unis	..	..	..	..	..	..	..	..	..	..
Autres pays du Proche et Moyen Orient	1.8	1.8	2.0	1.4	1.5	6.2	6.7	7.1	6.0	3.9
Jordanie	..	..	..	..	..	..	..	..	..	..
Autres pays asiatiques	72.0	-113.5	14.7	18.5	77.8	1 332.1	1 982.8	1 325.9	1 978.3	2 129.9
Chine	17.1	4.2	3.9	5.1	4.5	350.3	538.7	403.8	626.4	536.3
Hong Kong, Chine	26.8	3.6	5.3	9.3	4.8	147.2	239.3	70.3	153.0	112.2
Inde	0.7	1.0	2.4	0.6	13.3	45.6	44.6	29.1	83.2	127.3
Indonesie	-	-	-	0.3	0.2	21.9	11.3	24.8	30.7	17.2
République islamique d'Iran	..	..	..	..	..	..	..	..	..	..
Malaisie	43.0	1.5	1.2	5.9	36.3	69.7	104.3	88.0	103.7	77.4
Philippines	-	-	-	-	-	7.1	1.2	5.8	1.3	4.3
Singapour	-12.8	-51.1	19.4	-16.8	11.8	432.7	610.5	281.3	518.3	937.9
Taipei Chinois	1.8	1.9	6.5	7.3	7.0	10.7	-6.2	2.7	37.5	14.4
Thaïlande	-	3.9	3.5	-2.1	-1.6	37.9	205.6	143.7	145.1	107.4
Viet Nam	..	..	..	..	..	..	..	..	..	..
AUSTRALIE, OCÉANIE ET RÉGIONS POLAIRES	**3.3**	**2.4**	**8.8**	**8.9**	**5.4**	**111.8**	**126.1**	**36.2**	**78.1**	**101.4**
TOTAL MONDE non alloué et confidentiel	**0.1**	**-**	**-**	**0.2**	**-0.2**	**2.1**	**1.3**	**3.0**	**-6.5**	**4.8**
Union européenne (UE28)	**3 011.0**	**4 144.7**	**4 282.3**	**4 460.1**	**5 090.1**	**5 190.6**	**5 385.7**	**6 809.4**	**7 518.3**	**6 924.1**
Pays du G20 hors Union Européenne	..	..	..	..	..	..	..	..	..	..
Pays OCDE du G20	**1 825.0**	**2 037.4**	**2 291.8**	**2 324.2**	**3 033.8**	**4 214.2**	**3 681.6**	**4 908.5**	**5 600.5**	**5 315.0**
Pays non-OCDE du G20	..	..	..	..	..	..	..	..	..	..
Pays MENA	..	..	..	..	..	..	..	..	..	..
Pays ANASE	**30.2**	**-45.8**	**24.2**	**-12.7**	**46.9**	**648.7**	**1 034.8**	**691.8**	**930.5**	**1 232.7**

- Néant ; .. Non disponible

Note : Les données excluent les entités à vocation spéciales. Voir les métadonnées détaillées sur : *http://metalinks.oecd.org/idi/20210722/947b.*

Source : *Statistiques de l'OCDE sur l'investissement direct international (base de données) : https://doi.org/10.1787/idi-data-fr*

DANEMARK

Tableau 4. Investissement direct étranger : flux par secteur industriel

Millions de dollars des ÉU

	Entrant					Sortant				
	2015	2016	2017	2018	2019	2015	2016	2017	2018	2019
All FDI activities	**2 995.2**	**235.0**	**3 771.2**	**1 198.7**	**3 586.9**	**8 707.7**	**10 111.9**	**10 024.8**	**-369.5**	**11 404.2**
Agriculture, sylviculture et pêche	**-**	**-**	**-**	**-**	**-**	**17.0**	**13.5**	**17.0**	**59.4**	**34.5**
Industries extractives	**-698.1**	**463.2**	**7 374.1**	**-2 598.1**	**-1 742.6**	**585.7**	**1 905.4**	**-316.1**	**-3 088.8**	**-1 380.4**
Activités d'extraction	-711.5	456.3	7 374.8	-2 598.1	-1 742.2	585.1	1 905.4	-316.1	-3 088.8	-1 380.4
Activités de fabrication	**3 001.3**	**-648.7**	**959.4**	**431.6**	**649.6**	**927.2**	**-642.1**	**1 214.5**	**1 920.5**	**4 675.1**
dont :										
Produits alimentaires, boissons et tabac	226.0	-16.3	-0.8	469.8	-69.4	260.7	1 400.6	1 067.4	746.8	461.2
Textiles, bois, papier, imprimerie	-6.8	-0.4	-7.0	-7.8	-10.2	90.4	154.4	60.6	-32.2	35.4
Produits pétroliers, chimiques, pharmaceutiques, caoutchouc, plastique, minéraux	1 639.5	-62.3	-171.5	-301.1	231.2	501.7	-1 698.8	-225.4	1 521.8	3 313.0
Ouvrages en métaux et machines, sauf matériels électriques	1 158.1	-613.2	993.7	274.0	681.6	-381.5	-390.3	303.7	-398.4	586.6
Automobiles, remorques, semi-remorques, autres matériels de transport	-2.7	9.7	-1.4	65.4	-5.7	22.0	14.0	9.4	27.7	15.1
Autres activités de fabrication	-12.6	34.2	146.2	-68.9	-177.8	434.2	-122.0	-1.2	54.5	263.8
Production et distribution d'électricité, de gaz, de vapeur et de climatisation	**-179.6**	**-708.8**	**-1 026.4**	**-56.5**	**454.9**	**300.1**	**588.6**	**1 601.5**	**-331.2**	**4 185.2**
Distribution de l'eau ; assainissement, traitement des déchets et dépollution	**-**	**-5.8**	**6.7**	**0.5**	**-25.8**	**-0.6**	**-0.6**	**-**	**0.3**	**-**
Construction	**8.0**	**34.9**	**13.9**	**-30.4**	**-34.8**	**126.5**	**-33.1**	**-20.4**	**-32.2**	**45.7**
Services	**369.0**	**1 028.6**	**-3 257.3**	**4 118.8**	**4 440.9**	**6 147.3**	**8 079.7**	**7 566.7**	**1 114.4**	**4 053.6**
Commerce de gros et de détail ; réparations automobiles et motocycles	489.6	79.5	57.1	333.1	110.1	-1 565.6	620.1	474.6	109.6	383.4
Transport et entreposage	710.3	-136.8	-37.3	10.0	-109.2	1 433.5	403.8	4 022.5	81.3	-4 122.4
Activités d'hébergement et de restauration	0.7	-13.5	-39.5	-3.8	5.4	-	-	-	-	-
Information et communication	-179.6	-349.9	-140.0	563.4	1 187.4	-85.3	-353.2	-104.1	-2 915.2	149.5
Activités financières et d'assurances	835.6	2 906.3	-3 886.7	-328.8	60.7	5 373.4	4 602.0	1 040.2	1 036.5	1 848.0
Activités des sociétés holding	..	..	..	..	..	..	..	..	..	..
Activités immobilières	67.5	40.9	65.3	187.9	33.6	99.8	165.4	393.5	327.9	188.8
Activités professionnelles, scientifiques et techniques	-1 251.7	-431.4	555.2	371.0	2 611.0	545.5	2 484.3	1 326.0	2 229.7	5 134.2
Activités de services administratifs et d'appui	-149.3	-1 105.1	138.6	2 940.0	531.8	297.1	194.0	283.4	234.1	394.7
Administration publique; activités des ménages et des organismes extra-territoriaux	-167.3	23.6	-	-	-	6.5	-83.9	55.0	-8.9	44.1
Éducation	-	-	-	-	-	-	-	-	-	-
Santé humaine et action sociale	-8.5	-20.4	-11.2	35.6	-	35.1	47.2	75.6	20.1	34.2
Arts, spectacles et loisirs	-0.6	10.3	18.3	-18.8	4.5	7.3	-	-	-	-
Autres services	22.3	25.0	22.7	29.3	5.7	-	-	-	-0.5	-0.8
Not allocated and confidential	**398.0**	**-23.5**	**-432.3**	**-806.4**	**-287.0**	**1 026.0**	**239.3**	**38.3**	**68.1**	**-133.6**
Activités immobilières privées	**96.5**	**95.1**	**133.1**	**139.2**	**131.8**	**-421.4**	**-38.9**	**-76.6**	**-80.1**	**-75.9**

- Néant ; .. Non disponible

Note : Les données excluent les entités à vocation spéciales. Voir les métadonnées détaillées sur : *http://metalinks.oecd.org/idi/20210722/947b*.

Source : *Statistiques de l'OCDE sur l'investissement direct international (base de données) : https://doi.org/10.1787/idi-data-fr*

Tableau 5. Encours des investissement directs étrangers par secteur industriel
En fin d'année

Millions de dollars des ÉU

	Entrant					Sortant				
	2015	2016	2017	2018	2019	2015	2016	2017	2018	2019
All FDI activities	**91 978.8**	**99 403.4**	**115 887.4**	**116 251.5**	**121 482.3**	**164 757.8**	**169 708.2**	**205 106.7**	**209 111.4**	**217 684.5**
Agriculture, sylviculture et pêche	**102.8**	**64.4**	**114.2**	**108.9**	**102.6**	**302.6**	**299.5**	**335.7**	**556.2**	**531.3**
Industries extractives	**1 911.4**	**2 101.0**	**3 950.4**	**2 364.3**	**978.7**	**3 217.3**	**14 901.3**	**15 228.0**	**11 916.1**	**9 179.6**
Activités d'extraction	1 877.2	2 062.4	3 913.8	2 325.2	952.2	3 176.4	14 865.0	15 191.6	11 822.1	9 087.8
Activités de fabrication	**10 288.7**	**9 980.7**	**11 633.5**	**11 364.5**	**11 560.8**	**41 480.8**	**40 865.8**	**47 836.9**	**46 523.5**	**48 248.9**
dont :										
Produits alimentaires, boissons et tabac	2 709.4	2 650.9	2 977.9	3 314.7	3 172.0	23 099.4	23 407.7	27 324.6	25 515.1	25 542.8
Textiles, bois, papier, imprimerie	303.4	306.5	405.9	354.6	348.7	720.5	841.8	981.4	1 078.9	929.2
Produits pétroliers, chimiques, pharmaceutiques, caoutchouc, plastique, minéraux	3 507.2	3 364.3	3 874.7	3 568.7	3 758.4	8 164.7	7 354.1	8 501.5	8 512.1	10 962.6
Ouvrages en métaux et machines, sauf matériels électriques	2 381.4	2 112.4	2 611.6	2 615.7	3 407.0	8 269.4	8 118.2	9 787.8	8 958.3	8 218.2
Automobiles, remorques, semi-remorques, autres matériels de transport	30.9	37.4	49.3	40.5	36.0	139.4	200.2	197.8	180.8	193.5
Autres activités de fabrication	1 356.4	1 509.2	1 714.3	1 470.1	838.5	1 087.3	943.9	1 043.9	2 278.1	2 402.5
Production et distribution d'électricité, de gaz, de vapeur et de climatisation	**2 068.7**	**2 783.3**	**912.4**	**827.1**	**1 480.7**	**8 163.0**	**7 771.0**	**10 667.1**	**13 413.2**	**18 158.2**
Distribution de l'eau ; assainissement, traitement des déchets et dépollution	**147.1**	**162.6**	**195.4**	**193.7**	**158.9**	**8.3**	**13.0**	**13.0**	**25.8**	**30.6**
Construction	**150.5**	**203.7**	**348.1**	**358.9**	**408.9**	**310.0**	**222.3**	**238.9**	**176.1**	**321.3**
Services	**72 113.5**	**80 469.2**	**93 684.9**	**96 226.0**	**101 838.4**	**103 801.9**	**98 500.3**	**122 755.6**	**128 077.1**	**133 232.2**
Commerce de gros et de détail ; réparations automobiles et motocycles	12 133.1	12 705.3	13 929.5	12 751.9	10 099.3	11 095.3	12 283.2	13 656.6	13 422.9	12 637.8
Transport et entreposage	3 216.0	2 927.6	2 532.5	2 719.7	2 768.0	20 169.0	10 093.7	15 116.7	16 746.5	13 349.4
Activités d'hébergement et de restauration	155.9	175.3	273.7	328.3	388.4	33.1	33.3	62.7	130.4	133.6
Information et communication	5 625.2	5 076.4	6 251.8	5 859.0	7 355.7	2 455.8	2 040.3	2 092.4	857.1	1 104.4
Activités financières et d'assurances	41 118.6	46 764.1	52 818.0	52 952.6	54 842.0	44 642.2	44 971.6	55 601.1	53 443.7	57 681.5
Activités des sociétés holding	..	..	..	..	..	..	..	..	..	..
Activités immobilières	2 207.8	2 359.6	3 762.1	5 233.9	6 367.1	2 381.3	2 525.2	3 160.8	3 599.1	3 839.8
Activités professionnelles, scientifiques et techniques	4 439.8	4 603.4	6 622.9	9 349.5	12 803.8	18 643.8	22 034.4	24 731.4	30 941.7	30 822.5
Activités de services administratifs et d'appui	3 181.3	5 815.3	7 386.8	6 829.6	6 996.2	2 546.9	2 721.6	6 217.9	6 910.9	11 698.2
Administration publique; activités des ménages et des organismes extra-territoriaux	-0.4	-1.0	-1.0	-	-	943.6	821.2	1 008.1	972.9	922.4
Éducation	0.7	-9.4	-3.7	20.6	20.1	10.4	21.3	19.5	25.6	24.7
Santé humaine et action sociale	-11.0	-8.8	21.4	55.1	69.1	774.4	818.1	946.7	937.0	928.3
Arts, spectacles et loisirs	-18.2	-2.3	14.7	29.0	26.4	61.1	58.0	69.9	8.3	30.3
Autres services	64.6	63.5	76.2	97.1	102.2	45.1	78.1	71.8	80.8	59.3
Not allocated and confidential	**3 129.0**	**1 537.1**	**2 515.6**	**2 396.2**	**2 598.0**	**3 732.1**	**3 402.6**	**3 726.0**	**4 323.9**	**3 978.9**
Activités immobilières privées	**2 067.1**	**2 101.3**	**2 532.8**	**2 411.7**	**2 355.2**	**3 741.9**	**3 732.4**	**4 305.5**	**4 099.6**	**4 003.5**

- Néant ; .. Non disponible

Note : Les données excluent les entités à vocation spéciales. Voir les métadonnées détaillées sur : *http://metalinks.oecd.org/idi/20210722/947b*.

Source : *Statistiques de l'OCDE sur l'investissement direct international (base de données) : https://doi.org/10.1787/idi-data-fr*

DANEMARK

Tableau 6. Revenus des investissements directs étrangers par secteur industriel

Millions de dollars des ÉU

	Entrant					Sortant				
	2015	2016	2017	2018	2019	2015	2016	2017	2018	2019
All FDI activities	**4 606.0**	**5 481.4**	**6 133.9**	**6 363.3**	**7 043.1**	**12 131.8**	**12 061.1**	**13 256.1**	**15 120.5**	**15 622.1**
Agriculture, sylviculture et pêche	**17.7**	**12.8**	**15.1**	**8.9**	..	**21.7**	**22.3**	**25.3**	**38.8**	..
Industries extractives	**-337.2**	**-234.0**	**-59.2**	**66.8**	..	**437.7**	**429.4**	**717.1**	**437.6**	..
Activités d'extraction	-349.7	-253.3	-72.7	63.4	..	435.4	426.5	714.4	432.2	..
Activités de fabrication	**1 050.3**	**1 127.4**	**1 255.1**	**1 211.2**	..	**4 651.3**	**4 672.0**	**4 617.5**	**4 999.9**	..
dont :										
Produits alimentaires, boissons et tabac	318.3	275.0	249.3	269.3	..	706.6	1 021.9	1 045.6	1 226.1	..
Textiles, bois, papier, imprimerie	14.1	22.7	16.2	8.2	..	73.5	70.7	69.5	69.1	..
Produits pétroliers, chimiques, pharmaceutiques, caoutchouc, plastique, minéraux	328.6	391.5	404.9	268.8	..	2 902.6	2 705.5	2 734.0	2 835.0	..
Ouvrages en métaux et machines, sauf matériels électriques	115.5	204.0	302.8	547.9	..	812.7	769.7	612.0	702.1	..
Automobiles, remorques, semi-remorques, autres matériels de transport	4.3	3.9	7.3	11.2	..	20.5	16.2	19.4	15.2	..
Autres activités de fabrication	269.7	230.1	274.8	105.8	..	135.6	88.0	137.1	152.4	..
Production et distribution d'électricité, de gaz, de vapeur et de climatisation	**-30.3**	**69.5**	**53.5**	**73.0**	..	**280.6**	**296.7**	**382.8**	**605.7**	..
Distribution de l'eau ; assainissement, traitement des déchets et dépollution	**18.9**	**-4.0**	**5.8**	**2.7**	..	**-0.1**	**-**	**0.9**	**1.6**	..
Construction	**77.5**	**72.4**	**63.3**	**53.5**	..	**5.1**	**2.7**	**6.8**	**12.8**	..
Services	**3 564.2**	**4 316.1**	**4 748.9**	**4 890.2**	..	**6 630.2**	**6 570.5**	**7 447.4**	**8 911.2**	..
Commerce de gros et de détail ; réparations automobiles et motocycles	673.4	944.2	1 122.1	1 243.5	..	883.1	1 006.0	1 136.2	1 220.9	..
Transport et entreposage	90.1	-192.5	-1.8	-125.9	..	448.7	465.0	424.4	1 056.2	..
Activités d'hébergement et de restauration	15.9	19.5	0.8	32.2	..	2.2	1.9	4.2	6.7	..
Information et communication	153.9	115.7	-43.3	104.7	..	149.9	125.5	211.6	149.7	..
Activités financières et d'assurances	2 019.1	2 718.5	2 781.4	2 546.8	..	3 102.1	3 060.7	3 480.0	3 943.3	..
Activités des sociétés holding	..	..	..	..	..	..	..	..	..	..
Activités immobilières	65.0	119.0	178.7	282.6	..	81.5	108.6	126.2	159.3	..
Activités professionnelles, scientifiques et techniques	211.4	334.0	267.8	319.3	..	1 603.3	1 549.0	1 650.2	1 793.9	..
Activités de services administratifs et d'appui	312.8	251.5	431.1	452.7	..	272.8	209.0	339.8	572.4	..
Administration publique; activités des ménages et des organismes extra-territoriaux	-	-	-	-	..	6.5	-24.5	1.4	-45.0	..
Éducation	-	0.3	0.9	1.4	..	1.0	0.9	1.4	1.1	..
Santé humaine et action sociale	-0.7	-19.8	-12.9	0.8	..	76.1	61.8	64.2	47.8	..
Arts, spectacles et loisirs	0.6	0.6	0.8	2.5	..	0.4	3.6	3.9	0.5	..
Autres services	22.6	25.3	23.3	29.9	..	2.4	3.0	4.1	4.6	..
Not allocated and confidential	**244.9**	**121.2**	**51.5**	**57.0**	**7 043.1**	**105.3**	**67.6**	**58.3**	**112.8**	**15 622.1**
Activités immobilières privées	-	-	-	-	..	-	-	-	-	..

- Néant ; .. Non disponible

Note : Les données excluent les entités à vocation spéciales. Voir les métadonnées détaillées sur : *http://metalinks.oecd.org/idi/20210722/947b.*

Source : *Statistiques de l'OCDE sur l'investissement direct international (base de données) : https://doi.org/10.1787/idi-data-fr*

ESTONIE

Tableau 1. Flux d'investissement direct étranger par pays

Millions de dollars des ÉU

	Entrant					Sortant				
	2015	2016	2017	2018	2019	2015	2016	2017	2018	2019
TOTAL MONDE	**35.5**	**1 058.4**	**1 938.3**	**1 496.8**	**3 091.2**	**182.1**	**486.5**	**879.1**	**58.0**	**1 987.2**
Pays membres de l'OCDE	**-45.0**	**860.3**	**1 570.3**	**1 186.3**	**2 946.9**	**274.8**	**415.1**	**885.4**	**.. d**	**1 948.5**
Australie	-0.2	1.2	-4.2	0.4	6.7	2.5	0.7	-0.6	0.4	0.6
Autriche	118.0	16.0	-54.5	67.4	7.2	1.6	-0.4	0.0	0.2	0.4
Belgique	25.9	17.3	11.5	13.5	-19.8	0.2	5.6	3.0	-0.2	0.5
Canada	-2.7	-0.7	-6.8	18.5	-0.1	0.0	0.0	0.1	0.1	0.1
Chili	0.0	0.0	0.0	0.0	-0.1	.. c	.. c	.. c	.. c	0.0
République Tchèque	3.6	4.3	8.3	0.2	1.6	3.8	4.5	2.9	0.3	-1.7
Danemark	-106.0	76.0	0.9	34.6	-102.0	43.0	7.3	-48.3	2.1	1.1
Estonie	-	-	-	-	-	-	-	-	-	-
Finlande	192.0	381.0	141.3	336.4	375.6	44.7	64.2	808.9	129.4	155.2
France	93.6	42.8	49.1	23.3	92.3	3.3	6.3	6.3	21.4	2.3
Allemagne	-62.2	8.0	126.1	175.7	79.6	2.6	17.7	2.0	-7.4	1.4
Grèce	0.0	0.4	0.8	1.4	2.1	0.0	0.2	0.0	.. c	0.2
Hongrie	-0.3	1.4	-0.4	6.9	5.6	2.4	1.0	-0.2	0.7	0.2
Islande	16.9	4.6	5.7	6.8	8.3	0.0	0.0	0.0	10.1	.. c
Irlande	21.2	-4.5	-108.8	178.3	81.5	4.0	-10.1	-3.2	-0.7	0.2
Israël	0.7	0.3	1.4	4.7	7.2	0.3	-0.1	0.8	-0.2	0.1
Italie	9.1	19.9	-6.7	-10.4	9.7	3.0	11.9	-0.3	1.8	2.9
Japon	0.0	10.6	5.1	20.1	34.0	.. c	-	-	.. c	-
Corée	0.0	0.2	-1.1	0.0	1.5	-	-	.. c	.. c	.. c
Lettonie	-12.5	117.4	46.0	57.1	91.2	135.3	106.6	14.8	222.5	707.7
Lituanie	52.5	26.2	100.7	-2.8	259.1	112.4	-69.7	131.9	23.1	983.2
Luxembourg	217.1	-17.4	109.6	1 086.7	62.0	-0.4	0.9	-0.2	49.9	8.2
Mexique	0.0	0.0	-0.4	-3.0	-3.6	.. c	0.2	.. c	.. c	-1.2
Pays-Bas	-79.1	15.1	-107.2	-646.5	77.7	109.8	6.9	8.0	-652.2	22.0
Nouvelle-Zélande	0.0	1.7	0.3	0.0	1.4	.. c	.. c	.. c	.. c	.. c
Norvège	-204.2	-250.2	37.3	-279.7	35.1	41.1	2.3	14.8	8.1	2.1
Pologne	6.7	29.0	3.5	57.7	4.6	-19.8	79.2	11.0	16.3	37.4
Portugal	-11.2	5.1	9.4	-0.1	-0.7	0.0	22.5	-12.9	3.4	-1.1
République slovaquie	0.3	0.3	3.3	3.6	-17.9	1.2	0.5	-0.6	0.5	2.2
Slovénie	-0.2	0.1	0.1	0.3	0.0	0.0	-	-0.2	0.8	.. c
Espagne	3.9	1.5	-4.0	16.7	-2.7	15.0	22.8	21.2	18.5	10.7
Suède	-322.7	293.9	713.4	-166.5	1 586.3	35.6	30.5	-14.2	25.2	-16.3
Suisse	-4.8	20.5	38.4	67.0	42.8	1.3	-0.4	-0.8	5.6	-28.1
Turquie	1.6	-2.6	2.7	6.2	3.6	0.2	0.2	0.0	0.6	0.5
Royaume-Uni	10.5	36.4	547.1	69.9	216.2	0.7	28.1	66.0	25.0	22.8
Etats-Unis	27.3	30.9	3.1	42.2	0.8	-21.5	5.8	0.3	32.3	35.0
EUROPE	**92.3**	**958.1**	**1 765.5**	**1 362.3**	**3 086.2**	**196.9**	**458.5**	**817.1**	**-15.5**	**1 938.1**
Bulgarie	-0.3	0.8	0.0	1.8	2.7	-2.4	-	4.9	3.4	5.4
Croatie	-0.5	1.1	-0.1	-0.2	1.5	0.1	0.4	1.5	2.1	5.3
Chypre	93.5	-51.8	-64.4	119.1	42.7	-166.1	32.6	-182.8	-37.3	6.6
Malte	5.7	27.1	12.4	4.0	22.7	-5.0	11.4	6.3	-7.7	3.5
Roumanie	-0.3	1.5	2.3	-0.2	2.1	-8.5	15.0	-5.0	10.8	-11.2
Russie	-31.9	74.8	54.6	51.4	62.1	4.8	47.0	21.5	10.8	-1.8
Ukraine	25.1	44.6	68.2	51.4	46.4	-4.5	-15.8	-18.3	69.2	-6.8
AFRIQUE	**-0.4**	**-7.4**	**9.1**	**2.4**	**1.2**	**-0.3**	**-0.9**	**-1.9**	**11.7**	**6.6**
Afrique septentrionale	-0.1	0.0	0.4	1.2	1.3	.. c	.. c	0.3	1.6	1.7
Algérie	.. c	.. c	0.0	0.2	0.2	-	-	-	-	-
Egypte	0.0	0.0	0.3	0.7	0.7	-	-	0.1	0.5	0.3
Libye	-	-	-	.. c	.. c	-	-	-	-	-
Maroc	-	-	0.0	0.3	0.2	.. c	.. c	.. c	.. c	.. c
Tunisie	-0.1	0.0	0.0	0.0	0.1	-	-	-	-	-
Autres pays africains	-0.3	-7.5	8.7	1.2	-0.1	.. c	-1.0	-2.1	10.1	4.9
Nigéria	.. c	.. c	0.0	0.0	0.0	-	-	.. c	.. c	.. c
Afrique du Sud	0.0	0.2	0.0	-0.1	-0.5	-	.. c	.. c	2.5	4.1
AMÉRIQUE	**-66.4**	**57.9**	**-87.4**	**38.4**	**-22.5**	**-20.9**	**5.9**	**1.4**	**33.6**	**32.9**
Amérique du Nord	24.6	30.2	-3.7	60.7	0.7	-21.5	5.8	0.4	32.4	35.1
Amérique du Nord	-92.1	26.4	-84.6	-23.1	-23.6	0.3	0.0	0.4	0.7	-1.2
Bahamas	0.0	0.4	-0.2	0.0	0.0	-	.. c	-	-	-
Bermudes	.. c	-	.. c	-	-	-	-	-	-	-
Îles Cayman	11.3	-5.2	-10.7	4.1	-5.9	0.3	-	-	-	-
Costa Rica	.. c	0.1	-0.1	0.5	0.4	-	-	-	-	-
El Salvador	-	-	.. c	.. c	0.0	-	-	-	-	-
Guatemala	-	-	-	-	-	-	-	-	-	-
Honduras	-	-	.. c	.. c	.. c	-	-	-	-	-
Nicaragua	-	-	.. c	.. c	-	-	-	-	-	-
Panama	-1.8	8.2	1.6	-1.1	-1.8	0.2	-0.1	0.1	0.1	0.0
Îles Vierges, US	-	-	.. c	.. c	-	-	-	-	-	-
Amérique du Sud	1.1	1.2	1.0	0.8	0.5	0.4	0.1	0.6	0.5	-1.0
Argentine	0.0	-	0.0	0.0	0.0	-	.. c	-	.. c	-
Bolivie	.. c	0.3	.. c	.. c	0.0	-	-	-	-	-
Brésil	0.9	0.8	0.7	0.6	0.2	0.7	0.3	0.2	0.6	-1.0
Colombie	0.0	0.1	0.0	0.0	0.1	-	-	-	-	-
Equateur	-	0.1	0.0	0.1	0.0	0.0	-	-	.. c	-
Paraguay	-	-	.. c	-	.. c	-	-	-	-	-
Pérou	.. c	0.1	0.1	0.1	0.1	-	-	-	-	-
Uruguay	0.0	-	0.0	0.0	0.0	.. c	.. c	.. c	.. c	-
Venezuela	0.0	-	-	0.0	0.0	-	-	-	-	-
ASIE	**7.0**	**10.3**	**251.6**	**89.4**	**16.8**	**3.7**	**22.3**	**62.9**	**27.8**	**8.5**

Tableau 1. Flux d'investissement direct étranger par pays *(suite)*

Millions de dollars des ÉU

	Entrant					Sortant				
	2015	2016	2017	2018	2019	2015	2016	2017	2018	2019
Proche et Moyen Orient	3.7	1.2	209.8	17.8	-5.4	4.1	16.0	59.3	29.4	4.8
Pays du Golfe	0.5	0.3	206.0	5.8	-15.7	-6.8	-0.4	2.4	6.0	6.9
Koweït	-	.. c	0.0	0.0	0.0	-	-	-	-	-
Qatar	0.1	.. c	0.0	0.0	0.0	-	-	-	-	-
Arabie saoudite	0.0	0.0	0.0	0.0	0.4	-	-	-	-	-
Emirats Arabes Unis	0.1	0.8	206.0	5.6	-16.3	-8.3	2.7	3.1	4.3	4.3
Autres pays du Proche et Moyen Orient	3.3	0.9	3.8	12.0	10.3	10.9	16.4	56.9	23.3	-2.1
Jordanie	.. c	.. c	0.1	0.0	0.0	.. c	.. c	.. c	.. c	.. c
Autres pays asiatiques	3.3	9.2	41.7	71.5	22.2	-0.4	6.2	3.6	-1.6	3.7
Chine	-7.2	-8.6	5.6	10.1	-1.9	1.3	0.1	0.1	0.7	0.4
Hong Kong, Chine	2.0	12.6	8.6	10.3	6.1	.. c	4.8	-4.7	0.4	0.1
Inde	3.6	-0.9	1.7	-0.3	2.9	-0.3	.. c	2.6	.. c	-0.3
Indonesie	0.0	0.0	0.0	-	-0.1	-	-	0.2	0.1	0.8
République islamique d'Iran	0.0	0.1	0.1	0.1	0.1	-	-	-	-	-
Malaisie	0.1	0.2	0.3	0.1	0.0	-	-	.. c	-	.. c
Philippines	0.1	0.1	0.3	-0.1	0.1	-	-	0.1	-	0.0
Singapour	2.1	-4.5	17.8	18.4	-22.4	-1.2	-0.1	-2.8	-1.5	0.7
Taipei Chinois	0.0	0.2	0.6	0.9	-0.4	.. c	.. c	-	-	-
Thaïlande	-	-0.8	-2.0	3.6	0.8	0.4	0.6	0.3	-0.2	.. c
Viet Nam	0.0	0.1	0.0	0.0	0.0	.. c	.. c	-	-	-
AUSTRALIE, OCÉANIE ET RÉGIONS POLAIRES	**1.1**	**38.9**	**-1.5**	**1.5**	**8.3**	**2.6**	**0.6**	**-0.4**	**0.5**	**1.3**
TOTAL MONDE non alloué et confidentiel	**1.8**	**0.7**	**1.0**	**2.9**	**1.2**	**-**	**0.0**	**-**	**0.0**	**0.0**
Union européenne (UE28)	**258.5**	**1 048.8**	**1 539.7**	**1 438.5**	**2 881.0**	**316.5**	**396.1**	**820.7**	**-148.1**	**1 949.1**
Pays du G20 hors Union Européenne	**42.4**	**213.0**	**776.6**	**404.4**	**503.9**	**-2.5**	**119.6**	**105.5**	**89.2**	**66.6**
Pays OCDE du G20	**77.0**	**146.7**	**714.0**	**342.7**	**440.8**	**-9.1**	**71.1**	**80.4**	**75.0**	**64.4**
Pays non-OCDE du G20	**-34.6**	**66.3**	**62.6**	**61.6**	**63.1**	**6.6**	**48.5**	**25.1**	**14.2**	**2.1**
Pays MENA	**0.5**	**0.0**	**206.3**	**7.0**	**-14.4**	**-6.1**	**-0.4**	**41.4**	**11.4**	**13.3**
Pays ANASE	**2.4**	**-4.9**	**16.3**	**22.0**	**-21.5**	**-0.3**	**0.4**	**-2.0**	**-1.7**	**1.6**

- Néant ; .. Non disponible ; c Donnée confidentielle ; d Confidentialité Secondaire
Note : Voir les métadonnées détaillées sur : *http://metalinks.oecd.org/idi/20210722/947b*.
Source : *Statistiques de l'OCDE sur l'investissement direct international (base de données) : https://doi.org/10.1787/idi-data-fr*

Tableau 2. Encours des investissements directs étrangers par pays

En fin d'année

Millions de dollars des ÉU

	Entrant					Sortant				
	2015	2016	2017	2018	2019	2015	2016	2017	2018	2019
TOTAL MONDE	**18 956.5**	**19 658.5**	**24 022.6**	**25 095.9**	**27 924.2**	**6 038.9**	**6 298.5**	**7 805.1**	**7 962.7**	**10 012.8**
Pays membres de l'OCDE	**15 469.8**	**16 366.1**	**20 008.7**	**22 253.1**	**23 592.0**	**1 476.8**	**2 775.7**	**3 672.6**	**.. d**	**7 591.5**
Australie	22.6	20.0	39.7	40.9	41.7	2.5	3.1	2.9	4.7	5.2
Autriche	396.0	281.8	355.7	322.3	395.8	4.0	3.5	3.9	4.8	5.1
Belgique	74.9	79.8	98.9	126.9	138.7	2.7	45.8	4.0	3.7	3.2
Canada	50.2	113.3	68.2	323.8	420.4	0.5	0.4	0.6	0.7	0.8
Chili	.. c	0.0	0.0	0.0	0.1	0.1	0.1	0.2	0.2	0.2
République Tchèque	10.7	12.7	13.8	20.1	17.4	7.0	11.2	16.5	21.2	19.0
Danemark	490.1	528.3	670.9	661.4	528.6	47.6	53.4	10.1	11.6	15.5
Estonie	1 285.5	1 390.4	1 572.1	1 272.6	1 025.0	-	-	-	-	-
Finlande	4 180.0	4 421.6	5 356.1	5 936.0	6 557.2	443.7	462.0	919.1	735.1	831.4
France	379.7	451.1	561.1	578.8	636.7	42.0	46.2	54.9	71.7	72.7
Allemagne	575.1	596.6	716.0	740.8	846.6	59.8	71.3	60.6	49.8	49.4
Grèce	26.1	29.1	31.9	4.4	6.1	2.3	2.4	2.7	2.5	2.7
Hongrie	4.7	5.9	9.1	11.2	9.4	3.1	4.1	4.5	4.9	5.0
Islande	40.5	27.2	74.1	98.8	84.8	0.0	0.0	0.0	.. c	.. c
Irlande	59.9	56.6	49.3	58.5	71.1	15.8	5.7	2.2	1.4	1.7
Israël	10.3	11.0	12.0	13.5	13.3	1.0	2.3	3.5	3.1	3.1
Italie	131.6	182.2	187.0	177.3	186.0	108.3	119.6	92.4	89.3	90.1
Japon	130.5	141.5	171.5	273.2	330.9	0.2	0.2	0.2	0.2	0.2
Corée	0.0	0.1	0.2	0.4	0.5	0.1	0.0	6.7	11.5	11.5
Lettonie	316.0	530.8	535.5	606.0	566.8	1 060.4	1 102.6	1 379.9	1 634.4	2 336.4
Lituanie	691.1	742.0	1 008.7	1 135.6	1 076.4	1 281.4	1 210.1	1 606.1	1 589.9	2 859.8
Luxembourg	452.4	536.0	687.4	1 117.1	1 357.4	10.6	21.2	24.0	61.6	30.2
Mexique	0.1	0.0	0.1	-1.1	0.4	0.3	0.5	1.0	1.6	0.4
Pays-Bas	509.6	561.6	674.0	526.3	617.6	239.8	232.4	266.2	277.6	297.9
Nouvelle-Zélande	0.6	1.9	1.9	1.9	3.1	0.1	0.0	4.5	4.4	4.8
Norvège	905.6	602.8	1 157.2	440.5	459.3	84.7	44.8	69.6	72.0	73.4
Pologne	46.3	94.4	120.6	130.9	164.6	51.3	124.8	152.6	161.2	193.4
Portugal	2.0	0.5	6.6	7.7	12.0	3.2	24.6	14.4	17.0	14.8
République slovaquie	18.2	21.0	22.3	31.0	30.3	24.2	22.7	25.2	12.3	14.5
Slovénie	-0.1	-0.1	0.2	0.2	0.2	0.1	0.1	-0.2	0.5	0.5
Espagne	7.4	33.5	43.0	43.6	47.2	74.1	83.5	122.9	132.0	142.8
Suède	4 304.5	4 328.0	5 285.8	5 764.8	6 049.4	87.8	109.5	145.1	175.7	157.3
Suisse	228.6	271.3	298.4	366.6	337.0	30.3	28.9	31.4	52.6	7.5
Turquie	5.2	6.0	9.4	15.5	19.0	2.3	2.4	2.7	3.2	3.6
Royaume-Uni	399.8	380.6	526.1	719.3	770.8	32.3	47.2	131.6	136.2	138.9
Etats-Unis	721.3	648.6	652.6	686.4	770.3	95.0	99.0	116.9	145.4	189.8
EUROPE	**17 053.1**	**17 858.7**	**21 841.5**	**22 841.9**	**25 188.8**	**5 843.3**	**6 077.2**	**7 450.4**	**7 572.6**	**9 576.5**
Bulgarie	1.0	2.5	3.3	5.8	6.0	37.7	33.9	42.0	44.6	50.2
Croatie	0.3	0.4	0.7	0.7	1.1	25.1	24.9	28.4	28.5	29.3
Chypre	355.0	346.7	405.8	387.9	352.3	1 401.9	1 403.8	1 395.0	1 275.1	1 264.2
Malte	23.1	50.9	48.1	50.7	64.1	22.5	33.3	52.9	44.4	50.4
Roumanie	1.2	2.3	4.8	4.0	5.7	25.5	38.1	37.3	37.7	22.0
Russie	738.7	759.0	708.9	804.8	1 017.3	222.1	250.4	330.3	307.2	275.5
Ukraine	171.5	218.0	280.3	337.8	387.9	248.6	251.8	265.6	321.7	310.9
AFRIQUE	**9.2**	**18.2**	**42.9**	**30.4**	**27.1**	**15.2**	**15.3**	**15.5**	**29.5**	**36.1**
Afrique septentrionale	0.3	0.8	2.1	3.3	4.9	13.3	13.4	15.5	16.4	17.4
Algérie	-	0.0	0.1	0.3	0.4	-	-	-	-	-
Egypte	0.2	0.7	1.9	2.6	3.6	0.7	0.7	0.8	1.3	1.4
Libye	0.1	0.0	0.1	0.1	0.1	-	-	-	-	-
Maroc	0.0	0.0	0.0	0.3	0.6	12.6	12.7	14.6	15.0	16.0
Tunisie	-	.. c	0.0	0.1	0.2	0.0	0.0	0.1	0.1	0.1
Autres pays africains	9.0	17.4	40.8	27.1	22.2	1.9	1.9	-0.1	13.1	18.7
Nigéria	0.5	0.6	0.7	0.7	0.7	-	-	.. c	.. c	.. c
Afrique du Sud	1.0	1.8	1.1	3.4	1.0	0.1	0.2	0.6	2.9	7.9
AMÉRIQUE	**1 023.6**	**1 179.1**	**1 111.3**	**1 296.1**	**1 418.3**	**114.0**	**115.2**	**136.4**	**165.4**	**206.3**
Amérique du Nord	771.5	761.9	720.8	1 010.2	1 190.7	95.5	99.5	117.5	146.1	190.5
Amérique du Nord	250.2	413.7	385.9	276.7	213.9	4.4	1.7	2.3	2.8	1.6
Bahamas	1.3	1.7	2.0	1.8	0.8	-	0.0	0.0	0.0	0.0
Bermudes	0.4	0.3	0.5	0.5	0.7	-	-	-	-	-
Îles Cayman	.. c	.. c	.. c	.. c	-0.1	0.3	0.2	0.3	0.3	0.3
Costa Rica	.. c	0.0	0.0	0.7	1.2	0.0	0.0	0.0	0.0	0.0
El Salvador	0.0	0.4	0.8	1.2	2.1	-	-	-	-	-
Guatemala	-	-	-	-	-	-	-	-	-	-
Honduras	-	-	-	-0.1	-0.2	-	-	-	-	-
Nicaragua	-	-	.. c	0.0	0.0	-	-	-	-	-
Panama	16.8	32.3	21.7	18.6	8.6	0.4	0.2	0.2	0.1	0.2
Îles Vierges, US	-	-	.. c	.. c	.. c	-	-	-	-	-
Amérique du Sud	1.9	3.4	4.7	9.2	13.6	14.1	14.1	16.6	16.5	14.3
Argentine	0.5	0.5	0.5	0.6	0.6	0.1	0.1	0.1	0.2	0.1
Bolivie	0.3	0.3	0.3	0.2	0.1	-	-	-	-	-
Brésil	0.4	0.6	0.7	1.0	1.5	13.8	14.0	16.1	16.0	14.0
Colombie	0.1	0.1	0.2	1.9	1.1	-	-	-	-	-
Equateur	0.5	1.6	2.4	4.5	9.1	0.0	0.0	0.0	0.1	0.1
Paraguay	-	-	.. c	.. c	0.0	-	-	-	-	-
Pérou	-	.. c	.. c	0.5	0.6	0.1	-	-	-	-
Uruguay	0.0	0.0	0.0	0.0	0.0	.. c	.. c	.. c	-	-
Venezuela	0.0	-	-	0.2	0.2	.. c	.. c	.. c	.. c	.. c
ASIE	**323.8**	**339.4**	**698.0**	**538.1**	**810.0**	**63.7**	**87.6**	**195.4**	**186.1**	**183.7**

Tableau 2. Encours des investissements directs étrangers par pays *(suite)*
En fin d'année

Millions de dollars des ÉU

	Entrant					Sortant				
	2015	2016	2017	2018	2019	2015	2016	2017	2018	2019
Proche et Moyen Orient	20.4	22.1	252.2	50.2	223.7	14.6	34.6	103.8	130.7	126.4
Pays du Golfe	6.4	7.0	227.4	13.7	187.0	-8.0	-7.3	-6.3	-0.4	7.3
Koweït	0.1	0.2	0.2	0.2	0.2	-	-	-	-	-
Qatar	0.6	0.6	0.8	1.1	1.3	-	-	-	-	-
Arabie saoudite	1.1	1.5	1.4	1.9	1.5	-	-	-	-	-
Emirats Arabes Unis	2.8	3.4	223.5	8.7	182.1	-11.5	-8.5	-6.5	-2.3	2.1
Autres pays du Proche et Moyen Orient	14.1	15.1	24.8	36.5	36.7	22.7	41.9	110.1	131.1	119.1
Jordanie	.. c	0.0	0.0	0.5	0.1	.. c	.. c	.. c	.. c	.. c
Autres pays asiatiques	303.4	317.3	445.8	487.8	586.3	49.0	53.0	91.5	55.4	57.2
Chine	5.8	13.3	14.2	19.1	49.8	4.6	4.5	5.2	6.3	6.7
Hong Kong, Chine	37.2	46.6	48.3	23.5	23.1	0.5	5.0	24.6	13.1	11.5
Inde	0.2	0.9	1.7	3.7	4.6	0.4	1.4	4.2	3.3	2.4
Indonesie	0.1	0.1	0.2	0.2	0.1	0.3	0.3	0.6	0.6	1.4
République islamique d'Iran	0.2	0.3	0.5	0.4	0.8	-	-	-	-	-
Malaisie	5.6	0.5	0.7	0.7	0.7	-	-	0.1	0.1	0.2
Philippines	0.1	0.4	0.8	1.2	0.7	0.0	0.0	0.2	0.2	0.2
Singapour	109.1	94.1	162.4	117.4	120.3	2.1	1.6	2.5	1.4	3.6
Taipei Chinois	0.0	0.3	0.9	1.6	1.3	0.1	0.1	0.1	0.0	0.0
Thaïlande	0.2	0.1	0.4	1.8	2.5	5.4	5.7	6.8	6.3	6.2
Viet Nam	.. c	.. c	0.0	0.1	0.1	.. c	.. c	.. c	-	-
AUSTRALIE, OCÉANIE ET RÉGIONS POLAIRES	**-1.7**	**39.5**	**59.6**	**61.5**	**56.6**	**2.6**	**3.2**	**7.4**	**9.1**	**10.2**
TOTAL MONDE non alloué et confidentiel	**548.4**	**223.5**	**269.2**	**327.9**	**423.4**	**-**	**0.0**	**-**	**-**	**0.0**
Union européenne (UE28)	**14 741.9**	**15 667.3**	**18 994.7**	**20 447.1**	**21 543.1**	**5 114.0**	**5 337.9**	**6 594.2**	**6 624.6**	**8 698.2**
Pays du G20 hors Union Européenne	**3 163.7**	**3 317.6**	**3 660.5**	**4 389.8**	**5 099.8**	**584.6**	**660.9**	**827.5**	**850.9**	**870.5**
Pays OCDE du G20	**2 416.0**	**2 539.9**	**2 931.9**	**3 555.2**	**4 023.4**	**343.2**	**390.0**	**470.5**	**514.3**	**562.5**
Pays non-OCDE du G20	**747.7**	**777.6**	**728.7**	**834.6**	**1 076.4**	**241.4**	**270.8**	**357.0**	**336.6**	**308.1**
Pays MENA	**7.4**	**12.9**	**236.5**	**26.8**	**198.2**	**5.5**	**6.1**	**46.3**	**60.0**	**72.8**
Pays ANASE	**115.0**	**95.2**	**164.6**	**121.5**	**124.5**	**8.3**	**8.1**	**10.6**	**8.8**	**11.9**

- Néant ; .. Non disponible ; c Donnée confidentielle ; d Confidentialité Secondaire

Note : Les positions d'IDE entrants sont allouées selon le pays investisseur ultime. Voir les métadonnées détaillées sur : *http://metalinks.oecd.org/idi/20210722/947b*.

Source : *Statistiques de l'OCDE sur l'investissement direct international (base de données) : https://doi.org/10.1787/idi-data-fr*

Tableau 3. Revenus des investissements directs étrangers par pays

Millions de dollars des ÉU

	Entrant					Sortant				
	2015	2016	2017	2018	2019	2015	2016	2017	2018	2019
TOTAL MONDE	**1 385.0**	**1 591.0**	**1 736.6**	**1 920.8**	**1 954.6**	**364.5**	**492.4**	**485.4**	**698.3**	**690.8**
Pays membres de l'OCDE	**1 171.6**	**1 348.1**	**1 420.6**	**.. d**	**1 752.2**	**12.6**	**190.0**	**222.9**	**468.0**	**540.1**
Australie	0.5	1.3	0.1	-0.5	-0.5	0.6	0.2	0.0	0.1	0.1
Autriche	19.2	13.9	28.9	32.9	21.0	0.1	0.1	0.0	0.1	0.2
Belgique	6.3	7.3	14.8	14.0	10.1	0.1	0.6	0.5	2.6	0.0
Canada	0.2	1.7	-0.2	2.9	2.7	0.0	0.0	0.0	0.0	0.0
Chili	-	.. c	-	.. c	0.0	0.0	0.0	0.0	0.0	0.0
République Tchèque	2.0	4.0	9.2	4.6	4.4	0.2	0.5	0.3	1.1	0.7
Danemark	43.3	33.5	34.6	28.6	27.2	1.7	4.3	4.0	-0.1	-0.4
Estonie	-	-	-	-	-	-	-	-	-	-
Finlande	307.2	383.1	385.2	394.4	348.9	-13.5	5.2	71.4	131.3	164.4
France	18.1	25.4	31.6	42.3	41.8	1.4	0.9	1.6	1.2	1.7
Allemagne	34.3	27.8	48.0	59.0	64.5	0.4	1.7	0.5	-10.7	-5.5
Grèce	0.0	0.2	0.8	1.8	2.0	0.0	1.4	0.0	0.0	0.0
Hongrie	0.2	0.4	1.5	2.5	2.5	0.1	0.2	0.2	0.6	0.4
Islande	11.7	9.5	7.9	9.8	8.6	0.0	-	-	-	-
Irlande	1.2	0.4	-1.2	7.3	3.2	0.7	0.5	0.2	-0.1	0.0
Israël	1.1	1.8	1.6	0.8	0.9	0.0	0.0	0.0	0.0	0.0
Italie	4.3	4.7	6.0	11.7	11.6	-0.2	-0.4	-0.7	1.6	1.3
Japon	0.2	0.4	0.3	5.5	11.2	0.0	0.0	0.0	0.0	0.0
Corée	-	.. c	-	0.2	0.2	0.0	-	-	-	.. c
Lettonie	35.8	31.5	57.5	33.5	23.7	91.0	115.7	107.7	120.6	151.3
Lituanie	59.7	41.9	78.8	47.1	67.8	133.3	105.5	126.7	164.9	200.1
Luxembourg	26.9	18.2	30.3	5.4	76.4	0.9	3.3	4.2	2.9	-4.0
Mexique	0.0	0.0	0.0	-2.8	-1.3	0.0	0.0	0.0	0.0	0.0
Pays-Bas	123.7	133.3	82.8	119.4	136.0	26.2	39.8	0.5	0.1	4.8
Nouvelle-Zélande	0.0	0.0	0.0	0.0	0.0	0.0	0.0	0.1	0.1	0.1
Norvège	56.1	30.6	35.6	42.4	46.2	-4.0	0.8	1.0	0.7	2.9
Pologne	9.9	16.8	12.0	7.5	10.9	0.8	-0.1	0.8	5.2	-3.3
Portugal	0.4	2.8	5.7	-1.9	3.3	0.0	0.0	0.1	0.9	0.5
République slovaquie	0.1	0.3	3.2	3.6	3.1	0.0	0.5	0.7	1.6	-0.7
Slovénie	.. c	0.0	0.3	0.0	0.2	0.0	0.0	-	0.4	0.0
Espagne	7.9	4.5	5.0	7.7	7.2	5.1	6.1	4.9	6.2	4.4
Suède	413.7	536.9	541.7	522.4	650.1	9.0	8.4	13.8	15.3	10.2
Suisse	19.8	19.7	19.1	25.9	23.3	0.2	0.6	7.9	17.6	5.2
Turquie	1.7	-2.1	0.1	-1.0	0.0	0.1	0.1	0.1	0.1	0.1
Royaume-Uni	40.6	32.7	53.5	122.1	128.0	-3.9	-0.2	3.1	4.3	3.6
Etats-Unis	20.9	7.4	4.8	33.1	17.4	-13.7	-0.3	-0.1	-0.8	1.9
EUROPE	**1 339.6**	**1 547.5**	**1 691.7**	**1 809.8**	**1 946.6**	**375.6**	**488.1**	**482.9**	**687.5**	**676.1**
Bulgarie	0.0	0.3	0.4	0.9	1.2	3.1	0.9	1.0	1.9	5.9
Croatie	0.2	0.3	0.3	0.5	0.4	0.1	0.4	0.0	0.2	0.3
Chypre	25.8	34.2	35.3	137.8	80.7	93.6	107.6	96.6	92.6	67.6
Malte	0.3	14.0	4.5	7.0	20.1	4.8	6.5	3.8	15.8	10.3
Roumanie	0.0	1.6	2.0	0.3	0.2	0.7	0.1	7.4	1.4	0.3
Russie	23.1	80.6	75.8	53.4	42.6	10.7	29.5	6.0	12.8	20.3
Ukraine	20.2	30.1	62.3	49.7	50.7	2.1	3.5	3.7	78.9	14.0
AFRIQUE	**0.2**	**-0.4**	**-1.9**	**2.2**	**1.9**	**-0.3**	**0.6**	**0.2**	**1.3**	**1.8**
Afrique septentrionale	0.0	0.1	0.3	1.2	1.3	0.7	0.6	0.2	1.2	1.6
Algérie	.. c	0.0	0.0	0.2	0.2	-	-	-	-	-
Egypte	0.0	0.0	0.3	0.8	0.8	0.0	0.0	0.0	0.0	0.2
Libye	0.0	0.0	0.0	0.0	0.0	-	-	-	-	-
Maroc	-	-	0.0	0.3	0.3	0.7	0.5	0.2	1.2	1.4
Tunisie	-	-	-	0.0	0.0	0.0	0.0	0.0	0.0	0.0
Autres pays africains	0.2	-0.5	-2.3	1.0	0.6	-1.0	0.0	0.0	0.1	0.2
Nigéria	0.0	0.0	0.0	0.0	0.0	-	-	-	.. c	.. c
Afrique du Sud	0.0	0.1	-0.1	0.2	0.2	0.0	0.0	0.0	0.0	0.1
AMÉRIQUE	**33.0**	**31.2**	**11.2**	**59.5**	**19.7**	**-11.5**	**1.3**	**0.1**	**-0.5**	**2.9**
Amérique du Nord	21.1	9.1	4.6	36.0	20.1	-13.6	-0.3	-0.1	-0.8	1.9
Amérique du Nord	11.6	21.6	6.3	22.9	-1.0	1.7	1.1	0.0	0.0	0.0
Bahamas	-0.1	0.0	-0.2	.. c	.. c	-	-	0.0	0.0	0.0
Bermudes	0.1	0.0	0.0	0.0	0.0	-	-	-	-	-
Îles Cayman	13.9	9.0	7.6	.. c	.. c	0.0	0.0	0.0	0.0	0.0
Costa Rica	.. c	-	.. c	0.5	0.5	0.0	0.0	0.0	0.0	0.0
El Salvador	-	0.0	0.0	0.0	0.0	-	-	-	-	-
Guatemala	-	-	-	-	-	-	-	-	-	-
Honduras	-	-	-	-	-	-	-	-	-	-
Nicaragua	-	-	-	-	-	-	-	-	-	-
Panama	2.1	11.5	3.1	-1.0	-0.3	0.0	0.0	0.0	0.0	0.0
Îles Vierges, US	-	-	-	-	-	-	-	-	-	-
Amérique du Sud	0.2	0.5	0.3	0.5	0.6	0.4	0.5	0.1	0.3	1.0
Argentine	0.0	0.0	-	0.0	0.0	0.0	0.0	0.0	0.0	0.0
Bolivie	0.1	0.4	0.3	0.2	0.2	-	-	-	-	-
Brésil	0.0	0.0	-0.1	0.2	0.1	0.4	0.5	0.1	0.3	1.0
Colombie	0.0	0.0	0.0	0.0	0.0	-	-	-	-	-
Equateur	0.0	0.0	0.0	0.1	0.1	-	0.0	0.0	0.0	0.0
Paraguay	-	-	-	-	-	-	-	-	-	-
Pérou	.. c	.. c	.. c	0.1	0.1	0.0	-	-	-	-
Uruguay	-	-	0.0	0.0	.. c	-	-	-	-	-
Venezuela	-	-	-	-	0.0	-	-	-	-	-
ASIE	**7.8**	**8.7**	**32.0**	**45.5**	**-16.7**	**0.0**	**2.2**	**2.2**	**9.7**	**9.6**

ESTONIE

Tableau 3. Revenus des investissements directs étrangers par pays *(suite)*

Millions de dollars des ÉU

	Entrant					Sortant				
	2015	2016	2017	2018	2019	2015	2016	2017	2018	2019
Proche et Moyen Orient	3.2	3.9	7.8	11.5	6.3	0.5	1.6	1.2	8.2	8.2
Pays du Golfe	0.3	0.5	3.9	5.2	2.2	-0.6	0.0	-1.1	0.6	-0.1
Koweït	0.0	0.0	0.0	0.0	0.0	-	-	-	-	-
Qatar	0.0	0.0	0.0	0.0	0.0	-	-	-	-	-
Arabie saoudite	0.0	0.0	0.0	0.0	0.0	-	-	-	-	-
Emirats Arabes Unis	0.2	0.4	3.8	5.1	2.2	-0.2	-0.3	-0.4	-0.1	-0.8
Autres pays du Proche et Moyen Orient	2.9	3.4	3.9	6.3	4.0	1.1	1.6	2.3	7.6	8.3
Jordanie	.. c	.. c	.. c	-	-	-	-	-	-	-
Autres pays asiatiques	4.6	4.8	24.2	34.0	-23.0	-0.5	0.6	1.0	1.5	1.4
Chine	0.3	0.2	0.8	3.8	2.1	0.0	-0.1	0.0	0.0	-0.1
Hong Kong, Chine	-5.3	1.6	0.5	-18.5	-28.3	0.0	0.2	0.5	0.2	0.0
Inde	0.7	0.1	0.4	0.6	0.2	-0.2	0.0	0.3	0.0	0.0
Indonesie	.. c	0.0	0.0	-0.1	-0.1	0.0	0.0	0.0	0.0	0.0
République islamique d'Iran	0.0	0.1	0.0	0.0	0.0	-	-	-	-	-
Malaisie	0.0	0.0	0.1	0.1	0.1	-	-	-	-	-
Philippines	0.1	-	0.3	0.0	0.0	0.0	0.0	0.0	0.0	0.0
Singapour	6.1	6.6	15.7	32.9	-10.3	0.0	-0.1	0.0	0.1	0.1
Taipei Chinois	-	-0.1	-0.3	0.8	-0.4	0.0	0.0	0.0	0.0	0.0
Thaïlande	0.0	0.1	0.1	0.6	0.6	0.2	0.2	0.2	0.2	0.2
Viet Nam	.. c	.. c	.. c	.. c	.. c	.. c	-	-	-	-
AUSTRALIE, OCÉANIE ET RÉGIONS POLAIRES	**2.5**	**2.3**	**2.3**	**1.0**	**0.0**	**0.6**	**0.2**	**0.1**	**0.2**	**0.4**
TOTAL MONDE non alloué et confidentiel	**2.0**	**1.6**	**1.3**	**2.8**	**3.2**	**0.0**	**0.0**	**0.0**	**0.0**	**-**
Union européenne (UE28)	**1 181.1**	**1 370.1**	**1 472.5**	**1 612.3**	**1 746.4**	**355.8**	**409.5**	**449.4**	**562.1**	**614.2**
Pays du G20 hors Union Européenne	**145.0**	**180.3**	**221.1**	**330.6**	**320.5**	**-4.2**	**32.0**	**11.0**	**8.9**	**24.5**
Pays OCDE du G20	**120.8**	**99.2**	**144.3**	**272.4**	**275.4**	**-15.2**	**2.0**	**4.6**	**-4.2**	**3.2**
Pays non-OCDE du G20	**24.2**	**81.1**	**76.8**	**58.1**	**45.2**	**11.0**	**29.9**	**6.4**	**13.1**	**21.4**
Pays MENA	**0.3**	**0.7**	**4.4**	**6.6**	**3.6**	**0.1**	**0.5**	**-0.9**	**1.8**	**1.5**
Pays ANASE	**6.2**	**6.7**	**16.2**	**33.5**	**-9.7**	**0.2**	**0.1**	**0.1**	**0.3**	**0.4**

- Néant ; .. Non disponible ; c Donnée confidentielle ; d Confidentialité Secondaire

Note : Voir les métadonnées détaillées sur : *http://metalinks.oecd.org/idi/20210722/947b.*

Source : *Statistiques de l'OCDE sur l'investissement direct international (base de données) : https://doi.org/10.1787/idi-data-fr*

Tableau 4. Investissement direct étranger : flux par secteur industriel

Millions de dollars des ÉU

	Entrant					Sortant				
	2015	2016	2017	2018	2019	2015	2016	2017	2018	2019
All FDI activities	**35.5**	**1 058.4**	**1 938.3**	**1 496.8**	**3 091.2**	**182.1**	**486.5**	**879.1**	**58.0**	**1 987.2**
Agriculture, sylviculture et pêche	**26.0**	**28.1**	**31.5**	**31.7**	**30.4**	**-0.4**	**4.2**	**2.9**	**21.0**	**3.1**
Industries extractives	**-4.3**	**-3.4**	**-3.2**	**4.1**	**4.8**	**-150.0**	**29.6**	**-51.3**	**1.5**	**-0.2**
Activités d'extraction	0.0	0.4	0.1	0.1	0.1	-150.1	29.6	-49.9	1.6	.. c
Activités de fabrication	**167.1**	**215.6**	**858.6**	**241.2**	**254.2**	**217.1**	**164.5**	**586.6**	**224.4**	**103.6**
dont :										
Produits alimentaires, boissons et tabac	59.3	11.3	62.5	59.8	-13.5	46.5	8.2	-35.7	1.2	-14.6
Textiles, bois, papier, imprimerie	22.4	96.0	28.1	123.9	39.9	148.9	5.3	-31.8	76.8	22.2
Produits pétroliers, chimiques, pharmaceutiques, caoutchouc, plastique, minéraux	26.9	-77.6	-15.1	40.3	30.4	-7.6	2.5	-2.4	18.0	-0.3
Ouvrages en métaux et machines, sauf matériels électriques	-13.3	-0.5	72.3	2.7	135.0	6.9	10.2	1.5	20.3	-5.8
Automobiles, remorques, semi-remorques, autres matériels de transport	30.9	88.5	705.5	23.6	43.2	12.2	112.0	649.5	50.8	37.8
Autres activités de fabrication	41.1	97.8	5.2	-9.2	19.1	10.3	26.2	5.5	57.4	64.3
Production et distribution d'électricité, de gaz, de vapeur et de climatisation	**-51.6**	**-28.4**	**5.0**	**9.5**	**6.6**	**22.0**	**38.1**	**10.9**	**9.4**	**136.4**
Distribution de l'eau ; assainissement, traitement des déchets et dépollution	**-11.3**	**-2.0**	**19.0**	**5.7**	**-0.4**	**.. c**	**.. c**	**.. c**	**.. c**	**0.8**
Construction	**17.6**	**45.2**	**-3.6**	**-58.0**	**59.5**	**14.8**	**-54.7**	**31.9**	**32.2**	**20.9**
Services	**-108.1**	**803.3**	**1 031.0**	**1 262.7**	**2 736.3**	**78.0**	**281.2**	**272.8**	**-264.9**	**1 701.2**
Commerce de gros et de détail ; réparations automobiles et motocycles	194.3	182.3	345.7	211.1	354.0	23.0	39.8	40.0	136.9	6.1
Transport et entreposage	26.7	2.0	-2.2	158.5	72.1	43.6	11.2	-53.6	29.6	8.0
Activités d'hébergement et de restauration	1.6	9.0	2.6	0.1	7.8	-1.8	-1.8	25.5	9.5	4.0
Information et communication	22.3	70.5	143.2	-18.8	212.3	3.7	-15.0	32.6	43.8	-220.5
Activités financières et d'assurances	-427.4	427.6	353.1	1 171.8	1 684.4	-109.2	15.4	290.3	111.9	1 731.5
Activités des sociétés holding	5.4	82.5	-10.7	447.3	36.8	-59.7	-16.1	104.5	-2.0	31.1
Activités immobilières	24.9	14.9	-24.9	-30.4	186.4	109.0	93.5	72.4	4.9	181.6
Activités professionnelles, scientifiques et techniques	-34.1	-12.7	64.2	399.6	122.7	24.1	37.6	-6.5	-607.2	2.4
Activités de services administratifs et d'appui	72.8	104.9	140.2	-637.1	78.7	-56.6	56.5	-114.5	-25.0	-10.9
Administration publique; activités des ménages et des organismes extra-territoriaux	-	-	-	-	-	-	-	.. c	.. c	.. c
Éducation	1.1	1.7	1.5	0.3	5.4	0.1	.. c	0.9	.. c	1.6
Santé humaine et action sociale	-1.3	-2.9	-0.1	-0.9	2.4	3.4	-0.1	-0.3	.. c	0.4
Arts, spectacles et loisirs	5.4	2.2	4.9	5.8	6.9	34.0	20.6	6.1	19.5	-3.6
Autres services	5.5	3.7	2.8	2.7	3.2	4.7	23.5	-19.6	12.3	0.7
Not allocated and confidential	**0.0**	**0.0**	**0.0**	**0.0**	**0.0**	**.. c**	**.. c**	**.. c**	**.. c**	**21.4**
Activités immobilières privées	-	-	-	-	-	-	-	-	-	-

- Néant ; c Donnée confidentielle

Note : Voir les métadonnées détaillées sur : *http://metalinks.oecd.org/idi/20210722/947b.*

Source : *Statistiques de l'OCDE sur l'investissement direct international (base de données) : https://doi.org/10.1787/idi-data-fr*

Tableau 5. Encours des investissement directs étrangers par secteur industriel
En fin d'année

Millions de dollars des ÉU

	Entrant					Sortant				
	2015	2016	2017	2018	2019	2015	2016	2017	2018	2019
All FDI activities	**18 956.5**	**19 658.5**	**24 022.6**	**25 095.9**	**27 924.2**	**6 038.9**	**6 298.5**	**7 805.1**	**7 962.7**	**10 012.8**
Agriculture, sylviculture et pêche	**381.5**	**367.2**	**427.4**	**523.2**	**587.2**	**14.2**	**21.6**	**36.8**	**53.3**	**60.7**
Industries extractives	**81.6**	**76.6**	**80.9**	**88.7**	**86.8**	**76.1**	**101.6**	**109.5**	**105.7**	**102.5**
Activités d'extraction	0.1	0.5	0.5	0.6	1.0	69.9	97.2	105.9	102.4	99.2
Activités de fabrication	**2 599.9**	**2 662.1**	**3 149.8**	**3 196.7**	**3 439.9**	**830.0**	**1 009.0**	**1 217.3**	**1 380.5**	**1 441.2**
dont :										
Produits alimentaires, boissons et tabac	584.7	572.9	690.9	719.4	706.4	88.1	111.9	102.3	93.1	88.9
Textiles, bois, papier, imprimerie	656.8	688.8	812.6	869.6	950.0	303.5	296.3	305.9	365.4	370.9
Produits pétroliers, chimiques, pharmaceutiques, caoutchouc, plastique, minéraux	381.2	287.1	331.6	352.7	336.7	103.6	110.3	111.3	119.4	113.0
Ouvrages en métaux et machines, sauf matériels électriques	332.6	305.9	396.6	353.2	473.2	57.0	89.5	59.2	87.7	84.5
Automobiles, remorques, semi-remorques, autres matériels de transport	115.1	195.2	230.1	241.0	279.3	226.8	328.1	556.9	413.2	449.0
Autres activités de fabrication	529.5	612.3	687.9	660.8	694.2	50.9	72.9	81.7	301.7	334.9
Production et distribution d'électricité, de gaz, de vapeur et de climatisation	**210.7**	**167.2**	**181.4**	**190.0**	**192.7**	**118.1**	**172.2**	**168.7**	**165.8**	**310.6**
Distribution de l'eau ; assainissement, traitement des déchets et dépollution	**141.6**	**134.9**	**140.2**	**126.1**	**122.1**	**.. c**	**.. c**	**.. c**	**3.0**	**.. c**
Construction	**173.3**	**202.8**	**305.8**	**239.1**	**277.4**	**289.5**	**258.6**	**379.6**	**424.5**	**446.9**
Services	**14 858.1**	**15 526.1**	**19 141.3**	**20 000.3**	**22 531.0**	**4 237.9**	**4 231.9**	**5 332.9**	**5 209.9**	**7 029.9**
Commerce de gros et de détail ; réparations automobiles et motocycles	2 596.9	2 498.6	3 018.3	2 910.3	3 119.4	485.2	504.1	663.5	747.6	768.9
Transport et entreposage	991.9	927.4	989.8	1 098.6	961.4	264.5	238.9	201.2	200.6	201.8
Activités d'hébergement et de restauration	111.0	108.9	134.5	119.4	125.7	85.6	91.5	84.7	86.7	91.8
Information et communication	670.2	689.9	971.8	1 257.7	1 403.1	76.1	87.5	111.8	145.5	188.9
Activités financières et d'assurances	4 900.6	5 427.3	6 939.8	7 769.0	9 551.3	947.8	845.8	1 425.1	1 167.4	2 777.3
Activités des sociétés holding	638.6	1 058.9	1 072.3	1 075.0	1 341.6	169.5	137.3	261.1	177.4	265.9
Activités immobilières	3 417.7	3 514.1	4 315.0	4 517.7	5 166.4	774.2	868.2	1 206.6	1 313.8	1 505.6
Activités professionnelles, scientifiques et techniques	1 430.4	1 614.2	1 779.7	1 597.5	1 461.8	116.2	149.9	142.6	110.7	98.3
Activités de services administratifs et d'appui	666.7	674.1	890.6	638.8	632.4	1 326.4	1 332.8	1 383.1	1 296.7	1 258.7
Administration publique; activités des ménages et des organismes extra-territoriaux	-	-	-	-	-	-	-	.. c	.. c	.. c
Éducation	2.0	3.5	6.2	4.2	9.2	0.3	0.3	1.8	.. c	3.9
Santé humaine et action sociale	29.5	28.9	33.8	32.4	30.8	.. c	.. c	.. c	.. c	.. c
Arts, spectacles et loisirs	25.3	25.5	44.1	43.1	51.2	153.9	78.0	94.5	112.4	106.4
Autres services	15.8	13.7	17.6	11.5	18.3	5.9	30.9	13.6	24.0	24.8
Not allocated and confidential	**470.9**	**521.6**	**595.8**	**731.7**	**704.2**	**.. c**	**.. c**	**.. c**	**620.0**	**.. c**
Activités immobilières privées	-	-	-	-	-	-	-	-	-	-

- Néant ; c Donnée confidentielle

Note : Voir les métadonnées détaillées sur : *http://metalinks.oecd.org/idi/20210722/947b.*

Source : *Statistiques de l'OCDE sur l'investissement direct international (base de données) : https://doi.org/10.1787/idi-data-fr*

Tableau 6. Revenus des investissements directs étrangers par secteur industriel

Millions de dollars des ÉU

	Entrant					Sortant				
	2015	2016	2017	2018	2019	2015	2016	2017	2018	2019
All FDI activities	**1 385.0**	**1 591.0**	**1 736.6**	**1 920.8**	**1 954.6**	**364.5**	**492.4**	**485.4**	**698.3**	**690.8**
Agriculture, sylviculture et pêche	**22.5**	**9.3**	**13.3**	**27.9**	**33.2**	**-0.3**	**0.3**	**-0.5**	**2.5**	**2.1**
Industries extractives	**3.3**	**3.6**	**6.9**	**9.0**	**5.4**	**.. c**	**29.7**	**1.4**	**0.1**	**.. c**
Activités d'extraction	0.0	0.5	0.1	0.1	0.1	.. c	.. c	1.2	0.2	.. c
Activités de fabrication	**255.3**	**298.2**	**315.7**	**308.4**	**230.2**	**16.3**	**49.3**	**73.9**	**133.0**	**142.0**
dont :										
Produits alimentaires, boissons et tabac	38.2	44.0	56.3	54.4	49.4	0.6	1.8	2.7	2.9	-4.2
Textiles, bois, papier, imprimerie	70.4	80.5	69.6	78.8	41.7	10.4	26.8	23.3	19.4	25.8
Produits pétroliers, chimiques, pharmaceutiques, caoutchouc, plastique, minéraux	28.9	42.8	31.0	47.2	13.6	-16.9	-2.8	-3.9	-0.4	-2.9
Ouvrages en métaux et machines, sauf matériels électriques	35.1	43.2	50.7	38.8	43.5	1.7	-1.0	1.1	7.8	0.1
Automobiles, remorques, semi-remorques, autres matériels de transport	28.4	15.2	47.9	23.7	24.0	16.7	13.9	41.4	47.7	14.1
Autres activités de fabrication	54.4	72.4	60.1	65.5	58.0	3.8	10.5	9.2	55.6	109.1
Production et distribution d'électricité, de gaz, de vapeur et de climatisation	**8.4**	**17.6**	**14.3**	**16.6**	**10.8**	**12.0**	**10.0**	**9.7**	**15.7**	**32.3**
Distribution de l'eau ; assainissement, traitement des déchets et dépollution	**8.1**	**13.7**	**15.4**	**11.0**	**6.2**	**.. c**	**.. c**	**.. c**	**.. c**	**1.1**
Construction	**-1.9**	**32.4**	**-3.1**	**4.3**	**15.9**	**31.6**	**18.5**	**16.8**	**15.2**	**22.5**
Services	**1 089.3**	**1 216.3**	**1 374.2**	**1 543.6**	**1 653.0**	**288.1**	**357.8**	**363.5**	**508.6**	**463.5**
Commerce de gros et de détail ; réparations automobiles et motocycles	234.4	284.8	331.2	328.3	333.1	29.1	61.6	43.2	113.5	44.5
Transport et entreposage	83.3	59.5	52.9	78.2	100.4	-23.8	-19.8	-5.8	2.3	-0.3
Activités d'hébergement et de restauration	10.8	14.3	16.4	16.1	13.9	-1.4	-3.6	-3.0	-0.2	-0.8
Information et communication	111.5	79.6	101.3	101.7	39.7	2.2	2.3	11.7	13.3	10.3
Activités financières et d'assurances	360.6	522.2	502.6	627.8	757.3	101.8	113.5	112.6	168.7	232.1
Activités des sociétés holding	35.6	79.0	35.4	82.5	136.4	2.2	29.3	4.6	9.4	4.1
Activités immobilières	160.3	140.7	147.6	165.7	184.6	32.0	38.0	64.4	79.3	64.2
Activités professionnelles, scientifiques et techniques	74.6	47.5	124.5	115.3	113.4	13.3	13.9	18.3	1.4	9.2
Activités de services administratifs et d'appui	50.3	60.0	90.2	104.6	90.8	92.7	106.0	94.8	100.6	73.4
Administration publique; activités des ménages et des organismes extra-territoriaux	-	-	-	-	-	-	-	.. c	.. c	.. c
Éducation	0.3	1.1	1.4	0.1	0.4	.. c	.. c	.. c	.. c	0.1
Santé humaine et action sociale	2.1	3.8	3.4	5.7	6.8	.. c	.. c	.. c	.. c	.. c
Arts, spectacles et loisirs	-4.2	-1.7	-1.9	-1.5	9.8	42.5	45.5	27.4	29.4	30.3
Autres services	5.2	4.5	4.4	1.6	2.8	0.0	0.0	0.1	0.0	.. c
Not allocated and confidential	**-**	**0.0**	**0.0**	**0.0**	**0.0**	**.. c**	**.. c**	**.. c**	**.. c**	**.. c**
Activités immobilières privées	**-**	**-**	**-**	**-**	**-**	**-**	**-**	**-**	**-**	**-**

- Néant ; c Donnée confidentielle

Note : Voir les métadonnées détaillées sur : *http://metalinks.oecd.org/idi/20210722/947b.*

Source : *Statistiques de l'OCDE sur l'investissement direct international (base de données) : https://doi.org/10.1787/idi-data-fr*

FINLANDE

Tableau 1. Flux d'investissement direct étranger par pays

Millions de dollars des ÉU

	Entrant					Sortant				
	2015	2016	2017	2018	2019	2015	2016	2017	2018	2019
TOTAL MONDE	**2 108.7**	**8 573.5**	**2 857.6**	**-2 170.4**	**13 612.4**	**-16 079.9**	**24 251.9**	**-572.7**	**12 035.9**	**4 864.0**
Pays membres de l'OCDE	**2 396.0**	**8 751.5**	**2 567.9**	**-3 982.1**	**8 663.4**	**-13 594.0**	**22 307.9**	**-3 970.2**	**11 716.0**	**3 158.0**
Australie	-1.1	-	-4.5	11.8	1.1	179.7	-88.5	-137.5	147.5	120.9
Autriche	-259.6	112.8	-16.9	246.7	414.2	42.2	-4.4	-65.4	145.2	76.1
Belgique	158.6	149.3	-209.7	165.2	-223.9	-2 326.1	778.5	-3 038.0	.. d	-181.4
Canada	.. d	-1 132.4	-14.7	-33.0	.. d	-1 023.8	134.9	-359.6	1 026.8	120.9
Chili	-3.3	-	-21.4	20.1	-3.4	.. d	4.4	-11.3	128.6	23.5
République Tchèque	-3.3	17.7	20.3	-10.6	-4.5	-4.4	25.4	58.6	73.2	-4.5
Danemark	-871.9	42.0	418.2	500.4	-117.5	97.6	974.2	440.8	-132.2	-433.2
Estonie	-14.4	.. d	684.3	100.3	-38.1	33.3	665.7	822.9	565.3	245.2
Finlande	-	-	-	-	-	-	-	-	-	-
France	-3.3	.. d	243.5	.. d	568.7	213.0	13 415.9	-11 932.1	-1 037.4	-776.9
Allemagne	897.4	556.2	372.0	260.8	413.1	790.9	-768.6	-466.7	-154.6	-99.6
Grèce	-	-	1.1	-1.2	.. d	2.2	-3.3	55.2	-4.7	-9.0
Hongrie	-	5.5	4.5	-20.1	-22.4	-28.8	1.1	10.1	11.8	-43.7
Islande	12.2	.. d	-	.. d	.. d	-5.5	-1.1	-	-1.2	-
Irlande	230.7	-23.2	85.7	-439.0	.. d	-195.2	-1 257.3	582.8	1 811.6	996.3
Israël	298.4	6.6	40.6	-53.1	.. d	.. c	3.3	25.9	24.8	.. d
Italie	55.5	.. d	21.4	.. d	60.5	494.7	52.0	-450.9	516.9	38.1
Japon	309.5	-3 132.8	-5.6	416.6	-24.6	-15.5	.. d	329.2	-82.6	268.7
Corée	12.2	-	7.9	.. d	-2.2	26.6	-19.9	-27.1	21.2	.. d
Lettonie	-1.1	-24.3	7.9	11.8	1.1	-10.0	7.7	18.0	33.0	47.0
Lituanie	-2.2	-6.6	-3.4	-2.4	3.4	10.0	61.9	119.5	49.6	-16.8
Luxembourg	-3 101.5	8 525.9	2 944.4	-180.6	2 303.8	457.0	1 306.0	-240.1	67.3	312.3
Mexique	.. d	-7.7	2.3	-1.2	-1.1	-1.1	-87.4	108.2	.. d	-202.6
Pays-Bas	867.4	639.2	1 940.0	-2 133.8	366.1	-12 035.5	4 202.1	14 293.8	-237.2	53.7
Nouvelle-Zélande	.. c	-	3.4	-3.5	-	-	8.8	-48.5	24.8	26.9
Norvège	479.2	398.1	175.9	420.2	3 445.7	2 970.6	-71.9	-262.7	548.8	1 400.4
Pologne	17.7	55.3	-4.5	5.9	-24.6	-82.1	140.4	102.6	-113.3	-14.6
Portugal	-	6.6	-5.6	-1.2	-32.5	7.8	3.3	-5.6	72.0	-19.0
République slovaquie	.. c	47.6	6.8	-49.6	3.4	20.0	6.6	-15.8	-29.5	31.3
Slovénie	-	-	-	-	.. d	-1.1	-4.4	7.9	2.4	1.1
Espagne	-2.2	15.5	-30.4	47.2	22.4	13.3	.. d	237.9	24.8	47.0
Suède	2 361.6	656.9	-2 561.2	-3 461.6	3 192.7	-5 355.5	3 347.3	385.5	2 744.0	1 635.5
Suisse	-46.6	607.1	-268.3	400.1	-11.2	-2 619.0	.. d	-51.9	51.9	106.3
Turquie	24.4	-	2.3	8.3	-19.0	3 161.4	.. d	80.0	.. d	.. d
Royaume-Uni	261.8	400.3	-66.5	-770.7	645.9	487.0	-765.2	588.4	138.1	448.9
Etats-Unis	274.0	755.3	-1 206.2	436.7	.. d	1 062.7	1 539.3	-5 009.6	2 939.9	-1 568.3
EUROPE	**489.2**	**12 383.1**	**3 990.5**	**-3 396.7**	**9 553.3**	**-13 874.7**	**21 212.0**	**1 680.8**	**7 115.5**	**3 782.6**
Bulgarie	-	-	-	-	-	1.1	-1.1	2.3	.. d	5.6
Croatie	-	-	-	-	-	.. d	-2.2	1.1	5.9	-6.7
Chypre	-102.1	12.2	22.5	1 345.5	494.8	17.7	4.4	1.1	1.2	2.2
Malte	.. c	.. d	-3.4	11.8	.. d	.. c	.. d	16.9	-2.4	-23.5
Roumanie	-3.3	.. d	-1.1	-2.4	2.2	-10.0	2.2	-32.7	24.8	30.2
Russie	-520.2	376.0	219.8	74.4	.. d	126.5	176.9	237.9	112.1	-85.1
Ukraine	-	-	-	1.2	-	-13.3	-36.5	9.0	.. d	.. d
AFRIQUE	**10.0**	**35.4**	**-41.7**	**-3.5**	**.. d**	**16.6**	**-6.6**	**110.5**	**36.6**	**190.3**
Afrique septentrionale	-	-	-	-2.4	-1.1	1.1	-2.2	34.9	21.2	105.2
Algérie	-	-	-	-	-	-	-	-	-	-2.2
Egypte	-	-	-	-3.5	1.1	-1.1	-	.. d	16.5	.. d
Libye	-	-	-	-	-	-	-	-	-	-
Maroc	-	-	-	-	-1.1	2.2	-2.2	3.4	9.4	.. d
Tunisie	-	-	-	-	-	-	-	.. d	-2.4	3.4
Autres pays africains	10.0	35.4	-40.6	-1.2	.. d	14.4	-4.4	74.4	13.0	84.0
Nigéria	-	-	-	-	-	-1.1	-1.1	3.4	22.4	10.1
Afrique du Sud	.. d	1.1	-1.1	-2.4	-6.7	-	2.2	54.1	1.2	52.6
AMÉRIQUE	**920.7**	**-629.2**	**-1 136.3**	**732.9**	**.. d**	**-2 585.7**	**3 133.9**	**-3 520.5**	**4 357.4**	**-1 201.2**
Amérique du Nord	722.1	-377.1	.. d	403.6	-330.2	37.7	1 674.2	-5 368.1	3 966.7	-1 447.4
Amérique du Nord	210.8	-247.7	.. d	310.4	-265.3	-2 567.9	1 618.9	1 720.2	376.5	-195.9
Bahamas	-	-	.. d	24.8	23.5	.. d	-	-	-	-
Bermudes	.. c	.. d	.. d	.. d	.. d	.. c	.. d	.. d	2.4	-1.1
Îles Cayman	.. c	.. d	.. d	.. d	.. d	-	-	-	-	-
Costa Rica	-	-	-	-	-	-	-	2.3	-1.2	-1.1
El Salvador	-	-	-	-	-	-	-	-1.1	-	-
Guatemala	-	-	-	-	-	-	-	-3.4	-1.2	2.2
Honduras	-	-	-	-	-	3.3	4.4	1.1	.. d	-
Nicaragua	-	-	-	-	-	-	-	-	-	-
Panama	-	-	-	-	-	1.1	-4.4	-2.3	-	4.5
Îles Vierges, US	-	-	-	-	-	-	-	-	-	-
Amérique du Sud	-11.1	-4.4	-13.5	20.1	3.4	-55.5	-159.2	126.3	16.5	439.9
Argentine	.. d	-10.0	9.0	-1.2	-	-2.2	-3.3	18.0	-2.4	-10.1
Bolivie	-	-	-	-	-	-	-	1.1	-	-1.1
Brésil	-8.9	-	3.4	-	2.2	-112.0	-282.0	98.1	100.3	209.3
Colombie	-	-	-	-	-1.1	-	-	19.2	72.0	-33.6
Equateur	-	-	-	-	-	.. c	.. d	-5.6	-1.2	11.2
Paraguay	-	-	-	-	-	-	-	2.3	-	-
Pérou	.. d	-	-1.1	-1.2	2.2	5.5	-2.2	-6.8	20.1	-14.6
Uruguay	-	4.4	-3.4	1.2	3.4	26.6	133.8	14.7	-304.5	254.1
Venezuela	-	-	-	-	-	-	-	-	-1.2	-
ASIE	**651.1**	**-3 157.1**	**48.5**	**491.0**	**4 621.1**	**184.1**	**-7.7**	**1 342.6**	**350.5**	**1 944.5**

FINLANDE

Tableau 1. Flux d'investissement direct étranger par pays *(suite)*

Millions de dollars des ÉU

	Entrant					Sortant				
	2015	2016	2017	2018	2019	2015	2016	2017	2018	2019
Proche et Moyen Orient	294.0	-46.4	50.7	-15.3	.. d	232.9	146.0	136.4	33.0	4.5
Pays du Golfe	-4.4	-53.1	9.0	36.6	5.6	215.2	134.9	118.4	7.1	-29.1
Koweït	-	-	-	1.2	-	-	-	-2.3	-1.2	-2.2
Qatar	-	-	-2.3	3.5	-	2.2	3.3	13.5	3.5	-22.4
Arabie saoudite	-4.4	-54.2	21.4	30.7	-	25.5	27.6	87.9	-77.9	-39.2
Emirats Arabes Unis	-1.1	1.1	-9.0	3.5	5.6	159.7	14.4	-82.3	63.7	-67.2
Autres pays du Proche et Moyen Orient	298.4	6.6	40.6	-53.1	.. d	17.7	10.0	18.0	24.8	34.7
Jordanie	-	-	-	-	-	-	-	-	-2.4	2.2
Autres pays asiatiques	358.3	-3 109.6	-2.3	507.5	.. d	-49.9	-153.7	1 207.3	319.8	1 937.8
Chine	21.1	8.8	-46.2	5.9	.. d	-539.1	109.5	213.1	68.5	26.9
Hong Kong, Chine	.. c	4.4	.. d	28.3	403.0	112.0	-131.6	10.1	-51.9	470.2
Inde	3.3	13.3	11.3	-10.6	.. d	88.7	-2.2	381.0	62.6	-73.9
Indonesie	-	-	-1.1	-10.6	-	43.3	40.9	-15.8	115.7	-73.9
République islamique d'Iran	-	-	-	-	-	.. c	.. d	19.2	-38.9	14.6
Malaisie	-	1.1	-2.3	-1.2	2.2	6.7	-22.1	32.7	4.7	39.2
Philippines	-	-	-1.1	-	-	3.3	-8.8	.. d	1.2	-5.6
Singapour	-3.3	-10.0	-13.5	47.2	-31.3	206.3	-19.9	174.7	2.4	1 120.6
Taipei Chinois	.. d	-1.1	1.1	-3.5	1.1	.. c	-36.5	7.9	-3.5	-5.6
Thaïlande	-	-	-2.3	1.2	-2.2	14.4	-	95.8	236.0	-206.0
Viet Nam	-	-	-	-	-	-	-4.4	.. d	4.7	-9.0
AUSTRALIE, OCÉANIE ET RÉGIONS POLAIRES	**-4.4**	**-**	**-2.3**	**8.3**	**1.1**	**180.8**	**-77.4**	**-187.1**	**175.9**	**148.9**
TOTAL MONDE non alloué et confidentiel	**42.2**	**-58.6**	**-1.1**	**-2.4**	**.. d**	**-1.1**	**-2.2**	**1.1**	**-**	**-1.1**
Union européenne (UE28)	**553.5**	**11 098.1**	**3 865.4**	**-4 286.6**	**6 176.0**	**-17 492.0**	**22 458.3**	**1 501.5**	**6 609.2**	**2 343.0**
Pays du G20 hors Union Européenne	**1 768.2**	**-2 085.6**	**-430.6**	**540.5**	**5 610.7**	**5 005.0**	**13 578.5**	**-16 203.4**	**4 206.3**	**-1 147.4**
Pays OCDE du G20	**2 276.2**	**-2 422.9**	**-645.9**	**454.4**	**1 312.0**	**5 375.5**	**13 508.8**	**-17 277.6**	**3 825.1**	**-1 154.1**
Pays non-OCDE du G20	**-508.0**	**336.2**	**216.4**	**86.2**	**4 300.9**	**-369.4**	**70.8**	**1 074.3**	**380.0**	**6.7**
Pays MENA	**-4.4**	**-53.1**	**9.0**	**34.2**	**4.5**	**218.5**	**134.9**	**147.7**	**28.3**	**79.5**
Pays ANASE	**-3.3**	**-8.8**	**-19.2**	**36.6**	**-31.3**	**272.9**	**-17.7**	**297.6**	**363.5**	**862.0**

- Néant ; .. Non disponible ; c Donnée confidentielle ; d Confidentialité Secondaire

Note : Voir les métadonnées détaillées sur : *http://metalinks.oecd.org/idi/20210722/947b.*

Source : *Statistiques de l'OCDE sur l'investissement direct international (base de données) : https://doi.org/10.1787/idi-data-fr*

FINLANDE

Tableau 2. Encours des investissements directs étrangers par pays

En fin d'année

Millions de dollars des ÉU

	Entrant					Sortant				
	2015	2016	2017	2018	2019	2015	2016	2017	2018	2019
TOTAL MONDE	**81 660.3**	**79 930.4**	**89 986.8**	**72 068.9**	**85 816.7**	**94 610.8**	**108 938.5**	**124 908.9**	**128 845.9**	**146 462.6**
Pays membres de l'OCDE	**77 404.5**	**68 168.0**	**76 454.8**	**60 545.0**	**68 179.1**	**92 311.4**	**104 142.5**	**115 754.4**	**119 009.6**	**134 262.0**
Australie	.. c	.. c	.. c	.. d	.. c	423.5	431.1	411.4	454.5	569.5
Autriche	-66.4	-50.6	-80.4	40.1	-9.0	98.0	121.2	-32.4	3.4	120.2
Belgique	100.2	170.8	155.9	131.7	434.7	3 240.1	3 350.9	1 650.3	3 284.9	1 929.9
Canada	2 536.7	1 085.7	1 256.9	2 545.2	2 500.6	1 413.2	1 634.9	1 129.8	1 625.8	1 849.0
Chili	-	-	-	-	-	144.8	148.6	217.1	282.8	247.1
République Tchèque	-	.. c	.. c	.. c	.. c	176.4	161.3	241.1	301.1	313.4
Danemark	4 782.8	5 656.2	6 622.7	3 666.1	3 605.9	1 502.5	2 076.5	3 087.1	7 410.1	7 390.5
Estonie	19.6	27.4	115.1	87.0	269.6	2 081.7	2 638.3	3 403.7	4 593.5	4 159.7
Finlande	6 561.8	4 711.7	3 192.6	-1 260.6	2 288.3	-	-	-	-	-
France	1 641.8	1 687.6	2 094.0	2 326.5	3 225.1	1 702.8	14 709.6	3 811.5	2 608.2	1 636.7
Allemagne	3 051.7	2 997.8	7 569.0	8 115.4	7 902.7	2 086.0	2 151.4	2 367.5	2 779.9	2 660.1
Grèce	-	-	-	-	-	.. d	9.5	52.8	46.9	33.7
Hongrie	-	-	-	-	-	31.6	36.9	33.6	43.5	-10.1
Islande	.. c	.. c	.. c	.. c	.. c	.. c	.. d	2.4	6.9	2.2
Irlande	184.0	1 373.5	1 737.8	2 066.6	1 858.0	12 131.7	9 971.5	12 187.6	12 812.0	23 588.0
Israël	.. c	.. c	.. c	.. c	.. c	.. c	.. c	166.7	179.8	68.5
Italie	634.7	937.1	1 077.0	1 199.9	1 189.6	292.9	332.0	-10.8	414.5	606.6
Japon	2 059.9	1 467.3	2 019.7	950.3	1 159.3	-37.0	-43.2	311.8	224.4	492.0
Corée	-	-	.. c	.. c	.. c	130.6	109.6	195.5	158.0	561.7
Lettonie	-	-	.. c	-	-	186.2	258.2	221.9	148.8	217.9
Lituanie	-	-	-	-	-	385.4	286.7	458.1	454.5	474.1
Luxembourg	2 732.7	2 330.6	2 807.6	2 593.3	2 808.4	1 623.3	2 687.9	2 369.9	2 325.4	2 345.5
Mexique	-	-	-	-	-	83.8	74.8	181.1	458.0	150.5
Pays-Bas	9 304.3	8 122.7	4 317.6	4 222.6	3 298.1	13 921.6	19 254.8	37 856.8	33 524.2	35 577.4
Nouvelle-Zélande	.. d	-	.. c	.. c	-	17.4	.. d	-21.6	27.5	50.6
Norvège	1 354.4	971.9	1 314.5	1 483.9	5 257.2	2 409.4	2 452.8	2 203.2	5 518.7	7 393.8
Pologne	.. c	.. c	.. c	.. c	.. c	1 387.0	1 098.3	1 593.9	1 384.2	1 390.7
Portugal	.. c	.. c	.. c	.. c	.. c	17.4	40.1	19.2	90.5	50.6
République slovaquie	-	-	-	-	-	180.7	165.5	103.1	38.9	204.4
Slovénie	-	-	-	-	-	9.8	6.3	14.4	37.8	40.4
Espagne	424.6	308.8	381.4	420.2	426.9	906.9	940.2	1 290.5	1 229.7	1 239.0
Suède	33 199.8	29 237.9	27 312.3	17 534.9	17 697.1	31 497.0	29 774.4	32 377.1	25 269.1	28 840.7
Suisse	1 168.2	879.1	1 156.2	967.5	1 222.2	1 436.0	-483.8	596.1	486.6	694.2
Turquie	.. d	.. c	.. c	.. c	-	2 798.0	1 997.5	2 432.2	1 835.4	1 342.4
Royaume-Uni	740.3	746.3	1 101.0	2 576.1	2 490.5	2 154.6	818.0	3 334.1	3 740.6	4 162.0
Etats-Unis	6 792.6	5 332.6	10 308.2	9 466.5	9 165.4	8 310.3	7 051.8	1 958.5	5 210.7	3 868.8
EUROPE	**68 972.2**	**58 389.4**	**60 094.7**	**50 221.0**	**57 274.8**	**85 146.4**	**98 504.3**	**115 503.7**	**114 029.1**	**130 730.2**
Bulgarie	-	-	-	-	-	15.2	6.3	9.6	17.2	22.5
Croatie	-	-	-	-	-	.. d	-	2.4	8.0	1.1
Chypre	13.1	.. c	.. c	33.2	.. c	-1.1	1.1	7.2	8.0	9.0
Malte	.. c	.. c	.. c	.. c	-	344.0	360.5	427.0	405.3	386.4
Roumanie	-	-	-	-	-	84.9	83.3	58.8	58.4	89.9
Russie	1 408.8	.. d	1 713.8	1 598.4	1 594.0	2 297.2	2 886.1	2 852.0	2 852.1	3 511.6
Ukraine	-	-	-	-	-	76.2	150.7	194.3	63.0	60.7
AFRIQUE	**178.6**	**.. c**	**.. d**	**71.0**	**.. d**	**149.2**	**160.2**	**386.2**	**415.6**	**571.8**
Afrique septentrionale	-	-	-	-	-	3.3	5.3	42.0	74.4	129.2
Algérie	-	-	-	-	-	-	-	1.2	11.5	10.1
Egypte	-	-	-	-	-	-	-	26.4	42.4	94.4
Libye	-	-	-	-	-	-	-	-	-	-
Maroc	-	-	-	-	-	3.3	5.3	12.0	19.5	20.2
Tunisie	-	-	-	-	-	-	-	2.4	2.3	5.6
Autres pays africains	178.6	.. c	115.1	71.0	137.0	147.0	154.9	343.0	340.1	442.6
Nigéria	-	-	-	-	-	-1.1	-1.1	10.8	32.1	40.4
Afrique du Sud	178.6	.. c	.. c	.. c	.. c	72.9	69.6	203.9	185.5	255.0
AMÉRIQUE	**9 560.2**	**6 740.8**	**14 173.7**	**13 813.8**	**14 098.0**	**6 840.5**	**7 618.8**	**3 749.1**	**8 668.4**	**7 400.6**
Amérique du Nord	9 329.3	6 418.3	11 566.3	12 010.5	11 665.9	9 723.5	8 686.6	3 088.3	6 836.5	5 717.8
Amérique du Nord	230.8	322.5	2 607.3	1 803.3	2 432.0	-3 436.0	-1 961.6	-466.5	514.1	203.3
Bahamas	-	-	-	.. c	.. c	.. c	2.1	.. c	-	-
Bermudes	.. d	.. d	104.3	.. c	.. c	.. c	-2 085.0	-689.6	35.5	.. c
Îles Cayman	.. c	.. c	2 503.0	1 670.5	1 612.0	-	-	-	-	-
Costa Rica	-	-	-	-	-	-	-	1.2	-1.1	-2.2
El Salvador	-	-	-	-	-	-	-	-1.2	-	-
Guatemala	-	-	-	-	-	-	-	-3.6	-4.6	-1.1
Honduras	-	-	-	-	-	.. c	.. c	.. c	.. c	.. c
Nicaragua	-	-	-	-	-	-	-	-	-	-
Panama	-	-	-	-	-	.. d	4.2	21.6	9.2	14.6
Îles Vierges, US	-	-	-	-	-	-	-	-	-	-
Amérique du Sud	-	-	-	-	-	552.0	894.9	1 127.4	1 317.8	1 478.3
Argentine	-	-	-	-	-	16.3	12.6	36.0	29.8	19.1
Bolivie	-	-	-	-	-	-	-	1.2	1.1	-1.1
Brésil	-	-	-	-	-	348.4	455.4	681.2	863.3	787.5
Colombie	-	-	-	-	-	-	.. c	32.4	96.2	61.8
Equateur	-	-	-	-	-	25.0	16.9	16.8	20.6	31.5
Paraguay	-	-	-	-	-	-	-	1.2	-	-
Pérou	-	-	-	-	-	45.7	44.3	64.8	85.9	68.5
Uruguay	-	-	-	-	-	-27.2	214.0	78.0	-64.1	259.5
Venezuela	-	-	-	-	-	-	.. d	1.2	-1.1	-
ASIE	**2 921.1**	**9 828.2**	**12 374.7**	**9 195.1**	**12 004.0**	**2 028.3**	**2 187.2**	**4 870.5**	**5 239.3**	**7 125.4**

Tableau 2. Encours des investissements directs étrangers par pays (*suite*)
En fin d'année

Millions de dollars des ÉU

	Entrant					Sortant				
	2015	2016	2017	2018	2019	2015	2016	2017	2018	2019
Proche et Moyen Orient	548.7	558.7	2 395.1	1 788.4	1 817.6	362.5	540.7	766.4	746.5	608.9
Pays du Golfe	.. d	.. d	.. d	.. d	.. d	227.5	395.3	591.3	556.4	529.1
Koweït	-	-	-	-	-	-	-	-2.4	-3.4	-5.6
Qatar	-	-	-	-	-	5.4	9.5	26.4	26.3	2.2
Arabie saoudite	-	-	-	-	-	149.2	187.6	353.8	264.5	217.9
Emirats Arabes Unis	532.4	539.7	734.0	701.9	596.5	56.6	94.9	64.8	108.8	51.7
Autres pays du Proche et Moyen Orient	.. c	.. c	.. c	.. c	.. c	133.9	145.5	176.3	190.1	79.8
Jordanie	-	-	-	-	-	-	-	-	-2.3	-
Autres pays asiatiques	2 372.3	9 269.5	9 979.6	7 405.5	10 186.5	1 666.8	1 646.5	4 104.1	4 492.8	6 516.5
Chine	-	7 790.7	.. d	.. d	.. d	-328.8	-318.3	190.7	330.9	621.2
Hong Kong, Chine	-	-	.. c	24.0	4 599.0	-213.4	-296.2	-279.4	-246.2	-11.2
Inde	-	-	.. c	.. d	.. d	121.9	188.7	435.4	490.0	468.4
Indonesie	-	-	-	-	-	67.5	104.4	189.5	288.5	240.4
République islamique d'Iran	-	-	-	-	-	.. c	.. c	-21.6	-59.5	-44.9
Malaisie	-	-	-	-	-	68.6	47.4	130.7	119.1	150.5
Philippines	-	-	-	-	-	8.7	1.1	.. d	2.3	1.1
Singapour	.. c	.. c	.. c	99.6	19.1	1 667.9	1 653.8	2 425.0	2 513.2	3 589.1
Taipei Chinois	301.6	-	-	.. c	-	.. d	5.3	42.0	32.1	22.5
Thaïlande	-	-	-	-	-	202.5	178.1	334.6	559.9	348.2
Viet Nam	-	-	-	-	-	3.3	33.7	55.2	26.3	14.6
AUSTRALIE, OCÉANIE ET RÉGIONS POLAIRES	**28.3**	**.. c**	**.. c**	**28.6**	**.. c**	**446.4**	**468.0**	**399.4**	**493.5**	**634.7**
TOTAL MONDE non alloué et confidentiel	**-**	**.. d**	**.. d**	**-1 260.6**	**.. d**	**-**	**-**	**-**	**-**	**-**
Union européenne (UE28)	**63 883.5**	**58 834.2**	**58 967.4**	**44 223.7**	**47 618.5**	**76 051.2**	**91 340.8**	**106 934.5**	**103 036.4**	**117 481.5**
Pays du G20 hors Union Européenne	**19 092.0**	**23 765.2**	**35 154.7**	**35 216.4**	**33 675.6**	**22 103.4**	**32 853.4**	**21 079.4**	**24 814.5**	**24 021.6**
Pays OCDE du G20	**17 505.7**	**14 303.8**	**25 561.3**	**27 299.1**	**27 665.7**	**19 358.7**	**29 266.4**	**16 138.2**	**19 510.0**	**17 899.3**
Pays non-OCDE du G20	**1 586.3**	**9 461.4**	**9 592.2**	**7 917.3**	**6 009.9**	**2 744.7**	**3 587.0**	**4 941.2**	**5 304.6**	**6 122.2**
Pays MENA	**532.4**	**539.7**	**734.0**	**701.9**	**596.5**	**241.7**	**413.2**	**640.4**	**636.6**	**666.1**
Pays ANASE	**.. c**	**.. c**	**.. c**	**99.6**	**19.1**	**2 019.6**	**2 018.6**	**3 153.0**	**3 521.9**	**4 353.0**

- Néant ; .. Non disponible ; c Donnée confidentielle ; d Confidentialité Secondaire

Note : Les positions d'IDE entrants sont allouées selon le pays investisseur ultime. Voir les métadonnées détaillées sur : *http://metalinks.oecd.org/idi/20210722/947b*.

Source : *Statistiques de l'OCDE sur l'investissement direct international (base de données) : https://doi.org/10.1787/idi-data-fr*

Tableau 3. Revenus des investissements directs étrangers par pays

Millions de dollars des ÉU

	Entrant					Sortant				
	2015	2016	2017	2018	2019	2015	2016	2017	2018	2019
TOTAL MONDE	**4 631.2**	**6 491.2**	**8 425.2**	**7 764.7**	**8 324.2**	**7 373.3**	**7 889.0**	**8 835.5**	**10 201.8**	**13 652.7**
Pays membres de l'OCDE	**4 554.6**	**6 489.0**	**8 303.5**	**7 676.1**	**8 400.3**	**6 566.8**	**7 260.9**	**7 702.6**	**9 529.1**	**11 876.2**
Australie	-	-	-1.1	-	9.0	23.3	-17.7	40.6	60.2	-4.5
Autriche	-	64.1	92.4	109.8	103.0	33.3	50.9	64.3	121.6	118.7
Belgique	38.8	42.0	29.3	-14.2	38.1	122.0	98.4	347.2	-20.1	97.4
Canada	-362.7	5.5	16.9	5.9	9.0	-32.2	85.1	102.6	98.0	150.0
Chili	-	-	-	-	-	33.3	26.5	16.9	20.1	20.2
République Tchèque	-	4.4	2.3	-1.2	-4.5	31.1	38.7	56.4	44.8	61.6
Danemark	457.0	332.9	520.8	640.9	298.9	221.9	237.8	629.0	315.1	418.7
Estonie	-17.7	-40.9	9.0	-20.1	22.4	255.1	193.5	294.2	322.2	281.0
Finlande	-	-	-	-	-	-	-	-	-	-
France	48.8	89.6	85.7	125.1	120.9	91.0	-3.3	42.8	66.1	-1.1
Allemagne	490.3	321.8	342.7	269.1	87.3	106.5	-261.0	-157.8	-8.3	509.3
Grèce	-	-	-	-	-	3.3	4.4	11.3	5.9	12.3
Hongrie	-	1.1	-	1.2	1.1	1.1	2.2	13.5	15.3	12.3
Islande	15.5	-	-	-5.9	-6.7	3.3	3.3	-	2.4	-
Irlande	15.5	13.3	12.4	5.9	63.8	64.3	122.7	120.6	92.1	288.8
Israël	7.8	6.6	40.6	9.4	4.5	7.8	11.1	11.3	10.6	4.5
Italie	102.1	121.6	147.7	165.2	150.0	15.5	34.3	-50.7	72.0	77.2
Japon	350.5	180.3	162.3	182.9	60.5	1.1	-	-31.6	16.5	7.8
Corée	-	-	4.5	4.7	-	16.6	7.7	11.3	15.3	26.9
Lettonie	-	-	-	2.4	-1.1	11.1	22.1	40.6	31.9	20.2
Lituanie	-	-	-	-	-	42.2	26.5	36.1	66.1	79.5
Luxembourg	-2 313.9	779.6	710.2	257.3	1 172.1	186.4	105.1	102.6	67.3	443.3
Mexique	-	-	-	-	-	18.9	-68.6	12.4	47.2	16.8
Pays-Bas	1 891.3	520.8	1 485.7	1 576.8	1 460.9	1 812.5	2 552.3	1 789.0	1 364.3	2 669.9
Nouvelle-Zélande	-	-	-	-	-	-	1.1	-	5.9	2.2
Norvège	129.8	148.2	112.7	211.3	136.6	44.4	226.7	46.2	328.1	717.6
Pologne	-8.9	2.2	3.4	3.5	-	119.8	125.0	202.9	172.3	206.0
Portugal	-	-	-	-	-	-	6.6	7.9	9.4	14.6
République slovaquie	2.2	6.6	7.9	2.4	2.2	11.1	7.7	9.0	13.0	16.8
Slovénie	-	-	-	-	-	3.3	2.2	2.3	9.4	3.4
Espagne	12.2	6.6	4.5	9.4	-1.1	36.6	74.1	30.4	54.3	45.9
Suède	3 232.4	3 435.8	3 948.8	3 541.8	4 260.6	3 109.3	3 079.7	3 181.2	4 766.9	4 448.7
Suisse	133.1	216.7	168.0	178.2	174.6	88.7	97.3	93.6	88.5	97.4
Turquie	2.2	1.1	1.1	1.2	1.1	325.0	118.3	184.9	110.9	122.0
Royaume-Uni	230.7	146.0	312.3	301.0	154.5	275.1	121.6	130.8	299.8	339.2
Etats-Unis	99.8	87.4	84.5	125.1	84.0	-461.5	154.8	346.1	846.2	551.9
EUROPE	**4 498.1**	**6 179.4**	**8 047.6**	**7 463.7**	**8 241.4**	**7 325.6**	**7 379.2**	**7 689.1**	**8 871.7**	**11 567.2**
Bulgarie	-	-	-	-	-	5.5	-	1.1	-7.1	1.1
Croatie	-	-	-	-	-	-	-	-	-	-
Chypre	23.3	18.8	25.9	42.5	30.2	2.2	1.1	2.3	2.4	5.6
Malte	8.9	17.7	14.7	29.5	10.1	32.2	29.9	10.1	-2.4	-12.3
Roumanie	-	-	-	-	-	-6.7	2.2	5.6	4.7	12.3
Russie	7.8	-65.2	4.5	61.4	6.7	301.7	231.1	425.0	453.2	431.0
Ukraine	-	-	-	-	-	-21.1	23.2	19.2	8.3	17.9
AFRIQUE	**-**	**-**	**1.1**	**1.2**	**9.0**	**11.1**	**4.4**	**10.1**	**4.7**	**10.1**
Afrique septentrionale	-	-	-	-	-	-1.1	-	4.5	-4.7	4.5
Algérie	-	-	-	-	-	-	-	-	-1.2	-
Egypte	-	-	-	-	-	-1.1	-	2.3	-2.4	2.2
Libye	-	-	-	-	-	-	-	-	-	-
Maroc	-	-	-	-	-	-	-	2.3	1.2	-
Tunisie	-	-	-	-	-	-	-	-1.1	-2.4	2.2
Autres pays africains	-	-	1.1	1.2	9.0	11.1	4.4	5.6	9.4	6.7
Nigéria	-	-	-	-	-	-	-	-	1.2	1.1
Afrique du Sud	-	-	-	-	-	1.1	4.4	2.3	2.4	6.7
AMÉRIQUE	**-236.3**	**120.5**	**170.2**	**107.4**	**176.9**	**-535.8**	**-220.1**	**587.3**	**887.5**	**886.6**
Amérique du Nord	-261.8	91.8	101.5	131.0	91.8	-493.6	240.0	448.7	944.2	700.8
Amérique du Nord	26.6	28.8	68.8	-23.6	84.0	36.6	-57.5	23.7	53.1	21.3
Bahamas	-	-	48.5	24.8	23.5	8.9	-	-	-	-
Bermudes	7.8	8.8	1.1	1.2	-	2.2	3.3	1.1	1.2	-
Îles Cayman	17.7	19.9	16.9	14.2	6.7	-	-	-	-	-
Costa Rica	-	-	-	-	-	-	-	-	-	-
El Salvador	-	-	-	-	-	-	-	-	-	-
Guatemala	-	-	-	-	-	-	-	-	-	-
Honduras	-	-	-	-	-	3.3	4.4	1.1	1.2	-
Nicaragua	-	-	-	-	-	-	-	-	-	-
Panama	-	-	-	-	-	1.1	-1.1	7.9	-	2.2
Îles Vierges, US	-	-	-	-	-	-	-	-	-	-
Amérique du Sud	-	-	-	-	-	-78.8	-402.5	115.0	-109.8	164.6
Argentine	-	-	-	-	-	2.2	4.4	4.5	-3.5	-5.6
Bolivie	-	-	-	-	-	-	-	-	-	-
Brésil	-	-	-	-	-	-125.3	-319.6	28.2	-7.1	-15.7
Colombie	-	-	-	-	-	-	-	1.1	-	-1.1
Equateur	-	-	-	-	-	7.8	-8.8	-1.1	-2.4	4.5
Paraguay	-	-	-	-	-	-	-	-	-	-
Pérou	-	-	-	-	-	7.8	10.0	6.8	9.4	5.6
Uruguay	-	-	-	-	-	-4.4	-113.9	59.7	-127.5	156.7
Venezuela	-	-	-	-	-	-	-	-	-	-
ASIE	**368.3**	**190.2**	**207.4**	**193.6**	**-111.9**	**549.1**	**743.1**	**508.4**	**370.6**	**1 190.0**

Tableau 3. Revenus des investissements directs étrangers par pays *(suite)*

Millions de dollars des ÉU

	Entrant					Sortant				
	2015	2016	2017	2018	2019	2015	2016	2017	2018	2019
Proche et Moyen Orient	7.8	6.6	40.6	9.4	4.5	92.1	98.4	58.6	27.1	-9.0
Pays du Golfe	-	-	-	-	-	85.4	87.4	51.9	18.9	-21.3
Koweït	-	-	-	-	-	-	-	-	-	-
Qatar	-	-	-	-	-	2.2	6.6	6.8	-5.9	-3.4
Arabie saoudite	-	-	-	-	-	43.3	52.0	28.2	23.6	-33.6
Emirats Arabes Unis	-	-	-	-	-	31.1	22.1	11.3	-1.2	6.7
Autres pays du Proche et Moyen Orient	7.8	6.6	40.6	9.4	4.5	5.5	12.2	7.9	9.4	12.3
Jordanie	-	-	-	-	-	-	-	-	-2.4	2.2
Autres pays asiatiques	360.5	184.7	166.8	184.1	-117.5	458.1	643.6	449.8	343.4	1 200.0
Chine	-	-	-	-	84.0	37.7	127.2	-181.5	-62.6	-202.6
Hong Kong, Chine	-	-	1.1	-10.6	-270.9	148.6	-36.5	-37.2	-81.4	244.0
Inde	6.7	-	-7.9	-11.8	-2.2	14.4	-15.5	56.4	24.8	5.6
Indonesie	-	-	-	-	-	-	15.5	-7.9	16.5	6.7
République islamique d'Iran	-	-	-	-	-	-1.1	-3.3	-4.5	-11.8	1.1
Malaisie	-	-	-	-	-	4.4	11.1	-14.7	-3.5	6.7
Philippines	-	-	-	-	-	2.2	1.1	2.3	-	-
Singapour	3.3	4.4	7.9	20.1	11.2	226.3	561.8	645.9	429.6	1 094.8
Taipei Chinois	-	-	-	-	-	1.1	-33.2	2.3	-	1.1
Thaïlande	-	-	-	-	-	2.2	3.3	6.8	16.5	-4.5
Viet Nam	-	-	-	-	-	-	-4.4	1.1	2.4	3.4
AUSTRALIE, OCÉANIE ET RÉGIONS POLAIRES	**-**	**-**	**-1.1**	**-**	**9.0**	**23.3**	**-16.6**	**41.7**	**66.1**	**-2.2**
TOTAL MONDE non alloué et confidentiel	**1.1**	**1.1**	**-**	**-1.2**	**-**	**-**	**-1.1**	**-1.1**	**1.2**	**1.1**
Union européenne (UE28)	**4 226.3**	**5 881.9**	**7 754.5**	**7 035.3**	**7 969.3**	**6 586.8**	**6 677.0**	**6 922.6**	**7 878.0**	**10 169.0**
Pays du G20 hors Union Européenne	**977.3**	**886.9**	**1 153.2**	**1 228.6**	**764.6**	**655.6**	**268.7**	**988.6**	**2 071.3**	**1 985.9**
Pays OCDE du G20	**961.7**	**952.1**	**1 156.6**	**1 180.2**	**676.1**	**380.5**	**170.3**	**633.5**	**1 622.8**	**1 793.4**
Pays non-OCDE du G20	**14.4**	**-65.2**	**-3.4**	**48.4**	**88.4**	**275.1**	**98.4**	**355.1**	**448.5**	**192.5**
Pays MENA	**-**	**-**	**-**	**-**	**-**	**83.2**	**87.4**	**51.9**	**10.6**	**-13.4**
Pays ANASE	**3.3**	**4.4**	**7.9**	**20.1**	**11.2**	**234.1**	**588.3**	**632.4**	**461.5**	**1 107.1**

- Néant

Note : Voir les métadonnées détaillées sur : *http://metalinks.oecd.org/idi/20210722/947b.*

Source : *Statistiques de l'OCDE sur l'investissement direct international (base de données) : https://doi.org/10.1787/idi-data-fr*

FINLANDE

Tableau 4. Investissement direct étranger : flux par secteur industriel

Millions de dollars des ÉU

	Entrant					Sortant				
	2015	2016	2017	2018	2019	2015	2016	2017	2018	2019
All FDI activities	**2 108.7**	**8 573.5**	**2 857.6**	**-2 170.4**	**13 612.4**	**-16 079.9**	**24 251.9**	**-572.7**	**12 035.9**	**4 864.0**
Agriculture, sylviculture et pêche	**-**	**-**	**-**	**.. d**	**-**	**1.1**	**-2.2**	**.. d**	**.. d**	**51.5**
Industries extractives	**254.0**	**-1 301.6**	**-124.0**	**.. d**	**57.1**	**18.9**	**168.1**	**.. d**	**.. d**	**145.5**
Activités d'extraction	254.0	-1 301.6	-124.0	93.2	57.1	18.9	168.1	-3.4	60.2	145.5
Activités de fabrication	**-1 907.9**	**2 754.6**	**2 059.5**	**-2 126.8**	**-157.8**	**-11 460.9**	**19 691.5**	**-2 345.8**	**5 177.6**	**2 028.4**
dont :										
Produits alimentaires, boissons et tabac	7.8	-116.1	160.1	128.6	59.3	64.3	-285.3	207.4	343.4	-85.1
Textiles, bois, papier, imprimerie	-3.3	173.6	-18.0	-1 712.5	-40.3	392.7	426.8	184.9	-692.8	1 874.0
Produits pétroliers, chimiques, pharmaceutiques, caoutchouc, plastique, minéraux	1 129.2	882.5	366.4	-514.6	569.8	-74.3	846.0	206.3	505.1	522.8
Ouvrages en métaux et machines, sauf matériels électriques	-3 219.1	1 291.6	1 595.1	-180.6	-792.6	-11 691.6	18 452.9	-2 672.8	4 076.5	518.3
Automobiles, remorques, semi-remorques, autres matériels de transport	-120.9	367.1	-62.0	68.5	-22.4	-23.3	2.2	16.9	31.9	12.3
Autres activités de fabrication	299.5	158.1	15.8	82.6	68.3	-128.7	248.8	-288.6	914.7	-815.0
Production et distribution d'électricité, de gaz, de vapeur et de climatisation	**.. c**	**210.1**	**195.0**	**79.1**	**373.9**	**-8 153.1**	**.. d**	**928.9**	**3 619.7**	**9.0**
Distribution de l'eau ; assainissement, traitement des déchets et dépollution	**.. d**	**-3.3**	**-3.4**	**.. d**	**21.3**	**-54.4**	**-137.1**	**184.9**	**.. d**	**3.4**
Construction	**58.8**	**-297.5**	**-127.4**	**-161.7**	**153.4**	**-203.0**	**-196.8**	**-74.4**	**616.1**	**895.6**
Services	**3 575.2**	**7 212.2**	**528.7**	**-220.7**	**12 971.0**	**3 771.5**	**3 088.6**	**446.4**	**2 148.0**	**1 656.8**
Commerce de gros et de détail ; réparations automobiles et motocycles	-1 414.3	-380.4	1 677.4	-175.9	-170.2	65.4	228.9	-232.2	29.5	1 134.0
Transport et entreposage	20.0	283.1	134.1	249.0	139.9	140.9	15.5	-45.1	49.6	-38.1
Activités d'hébergement et de restauration	17.7	.. d	80.0	16.5	113.1	.. c	-	-	-	-32.5
Information et communication	-505.8	9 871.7	-1 737.1	243.1	-1 608.6	-1 815.9	43.1	-1 281.7	-707.0	-508.2
Activités financières et d'assurances	4 784.2	-2 866.3	-2 558.9	-717.6	9 252.2	1 235.7	2 236.0	1 614.2	1 412.7	1 814.6
Activités des sociétés holding	734.3	.. d	.. d	-225.4	4 425.2	85.4	211.2	326.9	85.0	71.6
Activités immobilières	235.2	263.2	2 371.8	552.3	1 025.4	3 098.2	12.2	-58.6	.. d	-740.0
Activités professionnelles, scientifiques et techniques	631.2	27.6	84.5	-31.9	1 711.6	604.5	289.7	-75.5	136.9	186.9
Activités de services administratifs et d'appui	-224.1	-63.0	343.8	-245.5	536.2	12.2	136.0	-10.1	354.1	-189.2
Administration publique; activités des ménages et des organismes extra-territoriaux	-	-	-	-	-	412.6	127.2	546.7	280.9	10.1
Éducation	-	-	-	-	-	-	-	-	-	-
Santé humaine et action sociale	37.7	.. d	.. d	-105.0	1 968.0	-	.. d	2.3	-	-2.2
Arts, spectacles et loisirs	-6.7	.. d	.. d	-3.5	-4.5	.. c	.. d	-16.9	.. d	-
Autres services	-	-	-	-	5.6	1.1	19.9	2.3	21.2	21.3
Not allocated and confidential	**128.7**	**-1.1**	**-1.1**	**.. d**	**4.5**	**-**	**.. d**	**.. d**	**.. d**	**-1.1**
Activités immobilières privées	**-**	**-**	**330.3**	**.. d**	**189.2**	**-**	**.. d**	**285.2**	**.. d**	**75.0**

- Néant ; .. Non disponible ; c Donnée confidentielle ; d Confidentialité Secondaire

Note : Voir les métadonnées détaillées sur : *http://metalinks.oecd.org/idi/20210722/947b.*

Source : *Statistiques de l'OCDE sur l'investissement direct international (base de données) : https://doi.org/10.1787/idi-data-fr*

Tableau 5. Encours des investissement directs étrangers par secteur industriel
En fin d'année

Millions de dollars des ÉU

	Entrant					Sortant				
	2015	2016	2017	2018	2019	2015	2016	2017	2018	2019
All FDI activities	**81 660.3**	**79 930.4**	**89 986.8**	**72 068.9**	**85 816.7**	**94 610.8**	**108 938.5**	**124 908.9**	**128 845.9**	**146 462.6**
Agriculture, sylviculture et pêche	**-**	**-**	**-**	**.. c**	**.. c**	**.. c**	**.. c**	**.. c**	**.. c**	**.. c**
Industries extractives	**2 456.2**	**1 853.1**	**2 401.1**	**.. d**	**.. d**	**.. d**	**.. d**	**.. d**	**.. d**	**.. d**
Activités d'extraction	2 456.2	1 853.1	2 401.1	2 413.6	2 478.1	505.2	436.4	458.1	585.1	554.9
Activités de fabrication	**21 722.4**	**23 635.5**	**34 032.1**	**25 588.5**	**26 133.5**	**40 485.6**	**57 161.4**	**64 925.6**	**62 412.4**	**64 067.6**
dont :										
Produits alimentaires, boissons et tabac	1 986.9	1 256.5	1 527.9	1 623.5	1 530.0	2 878.6	1 639.1	2 079.6	2 226.9	1 792.9
Textiles, bois, papier, imprimerie	2 348.4	3 492.1	4 108.9	2 139.9	2 260.2	11 865.0	12 492.9	13 474.5	12 639.1	15 233.7
Produits pétroliers, chimiques, pharmaceutiques, caoutchouc, plastique, minéraux	8 019.6	7 982.5	9 425.5	8 717.7	9 706.8	6 509.5	7 279.4	8 732.3	8 448.6	9 339.5
Ouvrages en métaux et machines, sauf matériels électriques	6 824.2	9 202.1	16 392.4	10 459.1	9 987.6	17 371.8	34 582.1	38 118.3	35 029.8	34 769.7
Automobiles, remorques, semi-remorques, autres matériels de transport	119.8	306.7	435.4	373.3	141.5	-33.8	5.3	197.9	211.8	5.6
Autres activités de fabrication	2 423.5	1 394.5	2 140.8	2 276.2	2 507.3	1 894.4	1 162.6	2 323.1	3 856.2	2 924.1
Production et distribution d'électricité, de gaz, de vapeur et de climatisation	**3 119.2**	**3.2**	**1 283.3**	**1 227.4**	**1 965.9**	**11 488.3**	**11 238.5**	**14 346.4**	**16 289.2**	**32 429.8**
Distribution de l'eau ; assainissement, traitement des déchets et dépollution	**19.6**	**16.9**	**16.8**	**26.3**	**47.2**	**450.7**	**63.2**	**239.9**	**247.3**	**95.5**
Construction	**731.6**	**659.9**	**899.5**	**841.5**	**1 258.1**	**419.2**	**322.5**	**321.4**	**997.3**	**1 983.8**
Services	**52 462.7**	**52 648.9**	**49 737.3**	**40 263.3**	**52 068.1**	**38 949.4**	**36 933.7**	**41 141.8**	**44 611.9**	**43 621.7**
Commerce de gros et de détail ; réparations automobiles et motocycles	4 351.7	3 593.3	6 110.6	5 374.4	5 290.9	2 916.7	2 422.3	2 619.3	2 829.2	3 820.5
Transport et entreposage	553.1	874.9	1 113.0	1 187.3	1 234.6	875.3	441.7	435.4	385.8	533.6
Activités d'hébergement et de restauration	455.1	381.6	549.3	572.5	689.7	.. c	.. c	-	-	85.4
Information et communication	8 859.0	14 733.8	14 074.1	12 944.8	11 324.4	10 639.1	7 353.2	6 874.6	6 014.4	4 798.9
Activités financières et d'assurances	28 289.6	25 317.8	14 137.7	6 867.4	15 468.4	5 464.3	21 625.4	25 770.0	28 708.5	28 641.9
Activités des sociétés holding	1 463.3	.. d	199.1	147.7	4 730.4	491.0	1 065.7	1 379.2	1 448.4	1 285.1
Activités immobilières	4 264.6	3 540.6	8 728.7	8 202.4	8 035.3	1 780.1	1 414.6	1 212.5	1 795.3	1 095.3
Activités professionnelles, scientifiques et techniques	3 488.3	1 848.8	2 356.7	2 040.3	3 455.4	14 622.8	1 196.4	1 279.7	1 130.1	1 245.8
Activités de services administratifs et d'appui	1 892.2	1 473.6	2 122.8	1 898.3	2 452.3	1 725.6	1 408.2	1 674.3	2 091.8	1 647.9
Administration publique; activités des ménages et des organismes extra-territoriaux	-	-	-	-	-	458.4	626.1	1 147.8	1 353.3	1 391.8
Éducation	-	-	-	-	-	-	-	-	-	-
Santé humaine et action sociale	273.3	874.9	526.5	1 161.0	3 945.2	.. c	325.7	-	158.0	205.6
Arts, spectacles et loisirs	35.9	9.5	16.8	14.9	3.4	.. d	.. d	34.8	24.0	32.6
Autres services	-	-	-	-	168.5	64.2	82.2	92.3	121.4	121.3
Not allocated and confidential	**-**	**1.1**	**-**	**.. c**	**.. c**	**647.8**	**.. c**	**.. c**	**.. c**	**.. c**
Activités immobilières privées	**1 148.6**	**1 112.0**	**1 616.7**	**1 679.6**	**1 837.8**	**2 169.8**	**2 634.1**	**3 300.6**	**3 493.2**	**3 502.6**

- Néant ; .. Non disponible ; c Donnée confidentielle ; d Confidentialité Secondaire

Note : Voir les métadonnées détaillées sur : *http://metalinks.oecd.org/idi/20210722/947b.*

Source : *Statistiques de l'OCDE sur l'investissement direct international (base de données) : https://doi.org/10.1787/idi-data-fr*

Tableau 6. Revenus des investissements directs étrangers par secteur industriel

Millions de dollars des ÉU

	Entrant					Sortant				
	2015	2016	2017	2018	2019	2015	2016	2017	2018	2019
All FDI activities	**4 631.2**	**6 491.2**	**8 425.2**	**7 764.7**	**8 324.2**	**7 373.3**	**7 889.0**	**8 835.5**	**10 201.8**	**13 652.7**
Agriculture, sylviculture et pêche	**-**	**-**	**-**	**1.2**	**1.1**	**1.1**	**-2.2**	**1.1**	**36.6**	**49.3**
Industries extractives	**-392.7**	**-63.0**	**36.1**	**116.8**	**133.2**	**22.2**	**21.0**	**13.5**	**33.0**	**-28.0**
Activités d'extraction	-392.7	-63.0	36.1	116.8	133.2	22.2	21.0	13.5	33.0	-28.0
Activités de fabrication	**931.8**	**1 819.1**	**3 048.1**	**3 095.7**	**2 311.7**	**2 387.1**	**2 466.0**	**4 566.6**	**4 529.7**	**6 442.4**
dont :										
Produits alimentaires, boissons et tabac	181.9	125.0	217.6	310.4	190.3	246.3	128.3	175.9	131.0	142.2
Textiles, bois, papier, imprimerie	147.5	188.0	267.2	231.3	167.9	610.1	1 200.9	1 400.1	1 069.3	2 226.6
Produits pétroliers, chimiques, pharmaceutiques, caoutchouc, plastique, minéraux	1 247.9	1 033.9	1 057.4	1 307.7	1 106.0	686.6	1 153.4	820.7	1 022.1	1 348.9
Ouvrages en métaux et machines, sauf matériels électriques	-1 382.1	204.6	1 203.9	735.3	391.8	764.3	-269.8	2 179.0	2 111.4	2 705.7
Automobiles, remorques, semi-remorques, autres matériels de transport	-21.1	-85.1	7.9	57.8	22.4	-1.1	-1.1	2.3	5.9	9.0
Autres activités de fabrication	757.6	352.8	293.1	453.2	431.0	79.9	254.3	-11.3	190.0	11.2
Production et distribution d'électricité, de gaz, de vapeur et de climatisation	**-115.4**	**-55.3**	**293.1**	**134.5**	**658.2**	**658.9**	**374.9**	**560.3**	**794.3**	**857.5**
Distribution de l'eau ; assainissement, traitement des déchets et dépollution	**-3.3**	**-5.5**	**2.3**	**1.2**	**-**	**-35.5**	**10.0**	**2.3**	**1.2**	**-4.5**
Construction	**126.5**	**-18.8**	**47.3**	**69.6**	**73.9**	**686.6**	**559.5**	**280.7**	**279.7**	**588.8**
Services	**4 083.2**	**4 813.7**	**4 998.3**	**4 345.6**	**5 145.0**	**3 651.7**	**4 460.9**	**3 411.1**	**4 526.1**	**5 746.1**
Commerce de gros et de détail ; réparations automobiles et motocycles	454.8	613.7	617.7	636.1	584.4	203.0	310.7	227.7	102.7	497.0
Transport et entreposage	43.3	82.9	121.7	139.3	150.0	10.0	49.8	-9.0	8.3	13.4
Activités d'hébergement et de restauration	13.3	32.1	39.5	17.7	52.6	12.2	-	-	-	3.4
Information et communication	325.0	860.3	1 098.0	922.9	2 229.9	612.3	1 387.8	392.3	311.6	391.8
Activités financières et d'assurances	2 961.7	2 855.2	2 360.5	1 690.1	1 069.1	768.7	2 376.4	2 456.3	3 703.5	4 642.3
Activités des sociétés holding	656.7	504.3	25.9	-56.7	-226.1	51.0	49.8	80.0	206.5	123.1
Activités immobilières	138.7	170.3	387.8	504.0	935.9	76.5	103.9	90.2	31.9	-82.8
Activités professionnelles, scientifiques et techniques	74.3	66.4	116.1	164.1	-155.6	1 848.0	96.2	18.0	116.8	24.6
Activités de services administratifs et d'appui	116.5	112.8	162.3	253.7	119.8	89.9	100.6	195.0	219.5	173.5
Administration publique; activités des ménages et des organismes extra-territoriaux	-	-	-	-	-	22.2	35.4	36.1	26.0	76.1
Éducation	-	-	-	-	-	-	-	-	-	-
Santé humaine et action sociale	-44.4	26.5	100.3	24.8	145.5	-	-	-	-	3.4
Arts, spectacles et loisirs	1.1	-5.5	-5.6	-7.1	-4.5	-	-3.3	-7.9	-4.7	-5.6
Autres services	-	-	-	-	17.9	6.7	4.4	11.3	11.8	9.0
Not allocated and confidential	**1.1**	**1.1**	**-**	**-**	**1.1**	**1.1**	**-1.1**	**-**	**1.2**	**1.1**
Activités immobilières privées	**-**	**-**	**-**	**-**	**-**	**-**	**-**	**-**	**-**	**-**

- Néant

Note : Voir les métadonnées détaillées sur : *http://metalinks.oecd.org/idi/20210722/947b*.

Source : *Statistiques de l'OCDE sur l'investissement direct international (base de données) : https://doi.org/10.1787/idi-data-fr*

FRANCE

Tableau 1. Flux d'investissement direct étranger par pays

Millions de dollars des ÉU

	Entrant					Sortant				
	2015	2016	2017	2018	2019	2015	2016	2017	2018	2019
TOTAL MONDE	**45 354.4**	**23 054.3**	**24 779.6**	**38 162.4**	**33 964.0**	**53 205.8**	**64 784.9**	**35 908.0**	**105 569.5**	**38 662.3**
Pays membres de l'OCDE	**38 489.2**	**22 293.5**	**23 757.2**	**38 145.9**	**33 810.6**	**44 911.8**	**55 650.8**	**33 573.4**	**105 518.7**	**38 707.0**
Australie	174.2	497.6	-518.5	-174.7	-85.1	78.8	-742.0	1 748.4	8 547.2	-2 449.3
Autriche	-393.8	142.7	121.7	-1 317.1	-315.7	1 134.8	181.4	354.0	1 334.8	45.9
Belgique	4 128.7	-5 049.2	-822.9	508.7	1 565.0	-1 919.0	8 497.2	-20 665.1	5 087.9	834.0
Canada	-556.9	320.7	954.8	1 758.5	-526.1	230.7	369.3	1 834.1	-2 148.0	21.3
Chili	120.9	74.1	11.3	..	1.1	402.7	-94.0	1 769.8	383.6	29.1
République Tchèque	-221.9	102.8	-137.5	-159.3	131.0	188.6	421.3	414.8	804.9	319.0
Danemark	429.3	320.7	484.7	1 398.6	34.7	1 453.1	424.6	622.3	4 070.6	-5 715.9
Estonie	..	..	..	..	..	..	..	..	..	..
Finlande	-176.4	13 714.5	-11 199.4	-2 530.4	-115.3	248.5	34.3	1 424.9	-673.9	1 195.6
France	-	-	-	-	-	-	-	-	-	-
Allemagne	5 961.2	5 461.7	11 767.6	3 769.6	1 398.2	3 456.5	10 055.3	9 023.8	-26 935.0	1 448.6
Grèce	..	-70.8	233.3	-258.5	-48.1	201.9	77.4	-200.7	-89.7	28.0
Hongrie	18.9	10.0	15.8	332.8	-304.5	105.4	-209.0	-261.5	1 214.4	91.8
Islande	..	..	..	..	..	..	..	..	..	..
Irlande	-1 812.5	-750.9	1 376.4	-2 686.2	774.7	2 940.7	-2 332.2	2 664.9	2 443.1	-4 742.0
Israël	-7.8	59.7	53.0	95.6	20.2	179.7	243.3	-170.2	241.9	136.6
Italie	1 368.8	3 314.2	727.1	3 125.2	765.7	7 401.0	13 788.6	3 496.8	30 902.9	3 108.7
Japon	129.8	1 006.3	1 334.7	898.1	957.1	37.7	1 712.9	2 730.2	567.7	1 511.3
Corée	309.5	237.8	83.4	604.3	565.3	241.8	-531.9	649.3	872.2	-29.1
Lettonie	-1.1	..	..	..	..	39.9	..	..	..	..
Lituanie	..	..	..	..	..	-1 048.3	-32.1	32.7	61.4	129.9
Luxembourg	2 434.8	13 760.9	-7 702.6	22 788.9	225.0	3 783.7	-3 212.4	11 172.4	4 735.0	6 909.2
Mexique	-313.9	161.5	-74.4	-583.0	..	-577.9	127.2	1 273.8	265.5	328.0
Pays-Bas	-6 681.1	-4 129.2	4 066.1	15 868.1	2 349.7	3 947.9	4 009.7	3 121.4	46 559.7	6 224.1
Nouvelle-Zélande	..	78.5	-5.6	-59.0	6.7	92.1	36.5	-10.1	16.5	263.1
Norvège	292.8	76.3	251.4	575.9	1 430.7	-7.8	-412.5	-1 794.6	-501.6	97.4
Pologne	-754.3	-806.1	962.7	278.5	1 446.3	1 432.1	1 184.3	-443.0	1 629.9	50.4
Portugal	323.9	123.9	224.3	90.9	-63.8	949.5	-614.8	307.7	1 003.2	227.2
République slovaquie	..	-18.8	..	63.7	-26.9	-76.5	131.6	39.5	432.0	-111.9
Slovénie	..	..	..	..	..	-51.0	34.3	115.0	2.4	..
Espagne	2 126.5	-241.1	2 792.2	1 070.5	3 355.0	3 673.9	4 780.5	1 961.4	2 001.7	-2 845.6
Suède	1 180.3	802.8	75.5	-161.7	-292.2	-127.6	834.9	3 627.6	260.8	138.8
Suisse	22 381.6	2 109.9	-2 199.3	3 106.3	4 963.6	-513.6	3 236.8	169.1	3 332.9	-1 803.4
Turquie	217.4	-105.1	-94.7	13.0	11.2	603.4	-474.4	369.7	279.7	345.9
Royaume-Uni	14 600.1	-972.0	21 544.4	-1 933.2	8 205.5	7 351.1	-1 291.6	12 058.4	581.8	8 501.1
Etats-Unis	-6 761.0	-7 935.4	-615.5	-8 088.0	6 160.3	8 012.2	15 409.7	-3 848.5	-745.9	9 773.9
EUROPE	**46 619.0**	**27 703.2**	**21 898.3**	**45 142.2**	**25 646.5**	**36 703.3**	**43 957.8**	**29 230.1**	**80 216.0**	**14 942.3**
Bulgarie	..	..	..	49.6	4.5	67.7	207.9	-72.1	133.4	-645.9
Croatie	..	..	..	..	..	42.2	28.8	-473.5	-68.5	9.0
Chypre	644.5	-149.3	224.3	60.2	-28.0	1 296.7	653.5	-48.5	768.3	281.0
Malte	495.8	179.1	-653.8	546.4	-16.8	45.5	71.9	-36.1	47.2	-307.8
Roumanie	..	..	..	..	156.7	234.1	89.6	264.9	531.1	338.1
Russie	139.8	-94.0	341.6	-103.9	-108.6	890.7	3 626.0	1 636.8	118.0	1 506.8
Ukraine	..	..	..	..	..	-2.2	170.3	60.9	342.3	164.6
AFRIQUE	**-249.6**	**-631.4**	**319.0**	**-1 408.0**	**470.2**	**7 671.7**	**303.0**	**-1 580.4**	**697.5**	**5 478.6**
Afrique septentrionale	1.1	-371.6	-25.9	77.9	64.9	904.0	820.5	-171.3	141.6	105.2
Algérie	125.3	-328.4	45.1	-34.2	44.8	245.1	70.8	205.2	283.3	91.8
Egypte	-14.4	-8.8	-77.8	-85.0	148.9	-239.6	160.3	-649.3	155.8	119.8
Libye	1.1	8.8	6.8	10.6	6.7	-128.7	14.4	..	-313.9	28.0
Maroc	-51.0	-43.1	-20.3	128.6	-48.1	834.2	505.4	443.0	29.5	-190.3
Tunisie	..	1.1	20.3	56.7	-87.3	193.0	69.7	178.1	-14.2	54.9
Autres pays africains	-250.7	-259.9	344.9	-1 485.9	406.4	6 767.6	-517.5	-1 409.1	557.1	5 374.5
Nigéria	..	..	..	..	..	-278.4	235.5	-30.4	-768.3	481.4
Afrique du Sud	..	150.4	-217.6	26.0	63.8	754.3	181.4	273.9	113.3	186.9
AMÉRIQUE	**-7 181.4**	**-8 503.8**	**382.1**	**-6 321.3**	**4 609.9**	**3 317.8**	**22 464.9**	**6 046.7**	**12 786.5**	**14 551.7**
Amérique du Nord	-7 317.8	-7 614.7	340.4	-6 329.5	5 634.2	8 242.9	15 779.1	-2 014.4	-2 895.1	9 795.1
Amérique du Nord	-118.7	-940.0	-22.5	351.7	-1 170.9	149.8	3 250.0	2 119.3	13 697.6	2 902.7
Bahamas	..	..	..	..	..	631.2	-53.1	31.6	1.2	1.1
Bermudes	..	-140.4	5.6	125.1	-52.6	-110.9	1 093.7	108.2	16 105.3	2 653.1
Îles Cayman	-112.0	-38.7	15.8	217.2	..	43.3	2 190.6	-36.1	-2 873.8	7.8
Costa Rica	..	..	..	..	..	..	..	..	..	..
El Salvador	..	..	..	..	..	..	..	..	..	..
Guatemala	..	..	..	..	..	..	..	..	..	..
Honduras	..	..	..	..	..	..	..	..	..	..
Nicaragua	..	..	..	..	..	..	..	..	..	..
Panama	23.3	-	29.3	-7.1	-5.6	221.9	-282.0	166.8	114.5	-77.2
Îles Vierges, US	-	-	-	-	..	..	..	..	..	..
Amérique du Sud	254.0	50.9	65.4	-343.4	146.6	-5 074.9	3 435.8	5 943.0	1 983.9	1 853.8
Argentine	..	..	..	..	..	431.5	-66.4	467.8	36.6	-554.1
Bolivie	..	..	..	..	..	-401.6	-23.2	421.6	-40.1	-15.7
Brésil	122.0	-31.0	172.5	108.6	49.3	-5 851.4	2 239.3	2 899.3	1 664.1	2 625.1
Colombie	..	..	..	..	..	203.0	68.6	-19.2	-41.3	12.3
Equateur	..	-	..	..	..	..	..	..	..	17.9
Paraguay	..	..	..	..	..	..	..	..	..	..
Pérou	..	..	..	..	..	17.7	1 427.6	491.5	21.2	-322.4
Uruguay	..	..	..	..	..	-24.4	5.5	-107.1	-15.3	1.1
Venezuela	..	..	..	..	..	240.7	-96.2	36.1	-175.9	7.8
ASIE	**4 846.4**	**3 891.4**	**2 799.0**	**537.0**	**3 526.3**	**4 939.5**	**-1 118.0**	**-1 380.9**	**3 185.4**	**5 902.8**

Tableau 1. Flux d'investissement direct étranger par pays *(suite)*

Millions de dollars des ÉU

	Entrant					Sortant				
	2015	2016	2017	2018	2019	2015	2016	2017	2018	2019
Proche et Moyen Orient	2 776.5	612.6	1 592.8	-540.5	339.2	-1 468.7	1 089.2	-774.4	586.6	329.1
Pays du Golfe	1 697.2	801.7	438.5	-672.7	119.8	-2 067.7	884.7	-738.4	-375.3	-219.4
Koweït	..	..	..	181.8	48.1	..	5.5	..	81.4	..
Qatar	787.6	1 425.4	864.6	-889.9	62.7	-397.1	353.9	-1 479.0	115.7	-126.5
Arabie saoudite	237.4	38.7	-96.9	-1.2	-5.6	989.5	278.7	-815.0	170.0	-1 003.0
Emirats Arabes Unis	738.8	-557.3	-308.9	55.5	-60.5	-536.9	257.7	1 534.2	-206.5	141.1
Autres pays du Proche et Moyen Orient	1 079.3	-189.1	1 155.5	132.2	219.4	599.0	204.6	-36.1	961.9	548.5
Jordanie	..	..	..	..	..	25.5	-7.7	-5.6	437.9	-12.3
Autres pays asiatiques	2 069.9	3 277.7	1 205.1	1 076.4	3 187.1	6 408.2	-2 207.2	-605.3	2 598.8	5 573.7
Chine	620.1	226.7	130.8	-572.4	287.7	826.4	593.8	851.1	774.2	157.8
Hong Kong, Chine	17.7	1 612.3	899.6	234.9	737.7	1 802.6	-2 101.1	-412.6	129.8	-1 441.8
Inde	91.0	-86.3	-36.1	..	226.1	1 096.0	-246.6	463.3	644.4	328.0
Indonesie	..	173.6	436.3	304.5	-125.4	-518.0	-632.5	-1 137.4	574.8	472.4
République islamique d'Iran	-480.3	-54.2	166.8	-207.7	4.5	-136.4	-73.0	747.4	-736.5	-23.5
Malaisie	-	-1.1	11.3	-9.4	13.4	-164.2	-39.8	36.1	160.5	263.1
Philippines	1 251.2	-8.8	..	..	..	-49.9	-869.2	25.9	2.4	-17.9
Singapour	339.4	94.0	-459.9	109.8	461.2	611.2	178.0	-2 138.4	375.3	4 295.3
Taipei Chinois	-4.4	39.8	21.4	-4.7	-3.4	62.1	36.5	119.5	118.0	-71.6
Thaïlande	..	42.0	-67.6	-2.4	15.7	-1 192.5	200.2	-546.7	-82.6	223.9
Viet Nam	..	..	..	-	24.6	-127.6	-75.2	136.4	41.3	80.6
AUSTRALIE, OCÉANIE ET RÉGIONS POLAIRES	**156.4**	**597.1**	**-621.1**	**-122.7**	**-87.3**	**567.9**	**-800.6**	**3 591.5**	**8 680.5**	**-1 991.5**
TOTAL MONDE non alloué et confidentiel	**1 163.6**	**-2.2**	**2.3**	**335.2**	**-201.5**	**5.5**	**-22.1**	**1.1**	**3.5**	**-221.7**
Union européenne (UE28)	**23 719.4**	**25 597.7**	**23 974.7**	**40 834.4**	**19 120.1**	**36 809.8**	**37 707.6**	**28 519.9**	**76 924.3**	**15 125.9**
Pays du G20 hors Union Européenne	**16 402.7**	**2 365.4**	**35 866.3**	**-1 134.2**	**17 502.5**	**25 454.2**	**44 397.9**	**33 974.7**	**16 282.3**	**26 277.8**
Pays OCDE du G20	**15 128.1**	**1 986.1**	**35 109.9**	**-610.2**	**17 118.5**	**26 835.3**	**38 424.2**	**29 336.0**	**12 186.9**	**22 559.1**
Pays non-OCDE du G20	**1 274.5**	**379.3**	**756.4**	**-522.8**	**384.0**	**-1 379.9**	**5 973.7**	**4 638.7**	**4 095.4**	**3 719.9**
Pays MENA	**2 766.5**	**165.9**	**1 481.2**	**-502.8**	**385.1**	**-1 110.4**	**1 747.2**	**-800.4**	**277.4**	**-29.1**
Pays ANASE	**1 386.6**	**291.9**	**-1 402.3**	**410.7**	**413.1**	**604.5**	**-1 198.7**	**-5 600.3**	**741.2**	**5 345.3**

- Néant ; .. Non disponible

Note : Voir les métadonnées détaillées sur : *http://metalinks.oecd.org/idi/20210722/947b.*

Source : *Statistiques de l'OCDE sur l'investissement direct international (base de données) : https://doi.org/10.1787/idi-data-fr*

Tableau 2. Encours des investissements directs étrangers par pays

En fin d'année

Millions de dollars des ÉU

	Entrant					Sortant				
	2015	2016	2017	2018	2019	2015	2016	2017	2018	2019
TOTAL MONDE	**687 394.7**	**694 881.4**	**819 327.2**	**820 534.7**	**868 641.9**	**1 268 227.5**	**1 284 859.3**	**1 440 434.2**	**1 499 081.7**	**1 532 739.8**
Pays membres de l'OCDE	**635 455.6**	**635 961.8**	**744 135.3**	**820 534.7**	**868 641.9**	**1 061 566.7**	**1 069 930.4**	**1 204 348.8**	**1 499 031.4**	**1 532 736.5**
Australie	4 105.6	3 484.8	3 157.8	3 992.4	4 638.3	12 640.2	12 319.0	11 922.5	17 844.1	15 266.2
Autriche	1 437.1	1 744.5	1 724.6	1 654.5	1 649.1	2 783.9	2 853.4	3 187.8	4 175.6	4 137.3
Belgique	40 031.6	46 226.4	44 391.9	48 287.2	57 317.5	166 371.3	165 440.1	170 187.1	161 238.8	159 469.8
Canada	6 797.0	7 132.9	11 829.0	15 069.8	13 574.5	9 781.2	12 018.6	12 535.4	11 648.7	12 265.8
Chili	474.7	765.3	906.7	493.5	146.0	1 820.4	1 767.7	3 830.7	3 948.9	3 582.3
République Tchèque	..	183.4	182.3	227.8	334.8	9 421.9	8 511.6	9 847.7	10 762.5	10 681.9
Danemark	5 315.2	4 775.0	5 911.5	5 758.0	5 799.8	7 407.7	7 817.0	9 521.5	18 660.4	12 615.1
Estonie	..	..	..	..	..	..	..	..	..	..
Finlande	1 651.6	20 905.5	12 363.9	9 335.9	9 226.0	1 192.2	1 092.0	2 812.4	2 057.5	3 193.7
France	46 694.6	42 307.4	60 788.0	22 688.3	..	-	-	-	-	-
Allemagne	80 557.4	72 064.9	90 006.0	90 918.3	95 661.6	61 591.7	62 205.1	87 449.0	72 305.9	74 171.0
Grèce	..	246.7	298.6	301.1	307.8	1 479.6	1 610.6	1 731.8	1 368.2	1 342.4
Hongrie	..	120.2	322.6	499.2	522.4	3 411.0	3 210.7	3 600.4	3 816.1	3 739.6
Islande	192.7	154.9	170.3	..	..	..	..	..	..	..
Irlande	6 720.7	5 303.0	6 235.3	6 404.9	6 280.6	23 325.0	19 622.6	25 185.9	37 354.0	31 773.8
Israël	680.5	953.9	1 219.7	1 297.2	1 279.5	2 995.1	3 138.0	3 261.0	3 218.5	3 574.5
Italie	22 089.3	24 305.9	30 323.8	31 182.7	29 422.6	57 632.0	65 369.5	77 132.4	96 171.3	96 464.8
Japon	19 314.1	16 865.2	19 702.6	18 698.2	18 741.9	28 202.5	27 856.0	29 297.2	26 269.8	23 612.7
Corée	1 129.0	331.0	280.6	594.2	453.8	4 689.2	4 202.6	5 087.6	4 783.6	4 591.1
Lettonie	129.6	..	..	..	..	236.3	..	..	..	..
Lituanie	..	..	..	..	..	206.9	157.1	262.7	286.2	410.0
Luxembourg	24 682.6	33 639.7	42 169.6	81 523.9	103 662.1	50 607.5	46 858.9	59 832.1	57 090.7	63 046.5
Mexique	1 082.2	1 424.1	1 333.7	1 517.1	1 426.6	2 646.7	2 569.8	4 051.3	4 735.5	5 237.0
Pays-Bas	50 586.8	46 167.4	38 517.6	34 350.8	43 000.4	130 150.2	134 564.1	155 648.8	196 194.2	203 416.1
Nouvelle-Zélande	123.0	129.7	184.7	224.4	235.9	408.3	428.0	362.2	445.4	707.7
Norvège	3 048.4	2 187.2	3 698.7	3 107.4	3 650.9	7 242.2	6 882.0	5 441.4	4 740.1	4 824.8
Pologne	-1 220.5	-1 538.9	-1 182.5	-871.3	-258.4	16 775.2	17 193.0	19 641.4	19 764.1	20 294.3
Portugal	1 035.4	1 704.4	2 336.3	2 388.4	2 512.9	4 280.9	3 742.0	4 712.2	5 333.2	5 388.7
République slovaquie	..	..	..	..	..	341.9	450.1	548.1	1 040.8	911.0
Slovénie	..	..	..	..	..	518.2	635.6	632.0	392.7	..
Espagne	12 675.0	15 922.8	21 730.6	22 105.6	26 378.3	45 978.2	49 303.3	60 416.2	57 577.3	54 057.5
Suède	7 143.2	6 407.7	9 198.8	8 499.0	8 160.0	4 666.3	5 598.2	9 399.1	9 087.5	8 992.4
Suisse	82 888.4	85 522.3	94 039.3	94 274.1	110 900.9	42 635.8	44 511.4	49 269.6	49 057.7	48 044.3
Turquie	277.6	269.8	261.5	415.6	447.1	4 228.6	3 788.3	3 789.9	3 330.7	3 329.6
Royaume-Uni	84 679.4	74 732.8	98 854.6	92 744.4	92 765.7	129 384.9	116 238.0	136 754.6	131 443.8	144 682.1
Etats-Unis	130 959.2	121 413.5	143 063.1	161 286.9	166 682.8	226 904.7	238 007.8	237 090.4	232 727.3	243 554.3
EUROPE	**477 213.9**	**486 007.2**	**564 768.5**	**559 360.0**	**601 450.2**	**792 676.1**	**796 403.5**	**928 930.2**	**976 993.4**	**993 658.7**
Bulgarie	..	..	..	..	..	733.8	994.0	1 079.4	1 043.1	376.3
Croatie	..	..	..	..	..	770.8	748.4	211.1	158.0	164.0
Chypre	859.0	319.4	359.8	321.7	378.6	1 494.8	1 408.2	1 427.2	2 127.3	2 364.6
Malte	272.2	967.6	370.6	966.3	1 104.2	666.3	657.7	794.0	859.9	537.0
Roumanie	..	183.4	237.5	267.9	277.5	4 699.0	4 519.9	5 219.5	5 351.5	5 895.3
Russie	2 256.9	1 073.0	977.5	983.5	989.7	10 071.9	17 820.2	19 896.9	20 447.7	25 774.0
Ukraine	..	..	..	..	..	426.8	570.3	766.4	1 118.6	1 426.6
AFRIQUE	**4 695.7**	**9 495.1**	**11 404.4**	**10 627.4**	**11 155.9**	**62 084.9**	**60 422.7**	**62 233.1**	**61 321.3**	**64 552.9**
Afrique septentrionale	1 518.8	3 072.6	3 590.8	3 714.2	3 759.8	18 289.6	16 715.5	18 714.3	18 787.5	18 885.6
Algérie	830.7	496.5	584.1	705.3	615.6	2 449.6	2 855.5	2 798.0	2 895.6	2 961.1
Egypte	..	183.4	250.7	215.3	231.4	3 650.5	1 988.0	1 609.5	2 520.0	2 916.2
Libye	..	..	..	..	..	751.2	421.6	..	-203.8	-180.9
Maroc	476.9	1 853.1	2 113.2	2 136.5	2 231.0	10 496.5	10 591.3	13 154.2	12 683.8	12 170.3
Tunisie	..	461.7	546.9	559.9	579.6	941.8	857.0	1 108.2	891.9	1 018.9
Autres pays africains	3 173.7	6 422.5	7 813.6	6 913.2	7 396.1	43 795.3	43 707.2	43 518.8	42 533.8	45 667.3
Nigéria	..	..	..	..	..	9 927.1	11 545.3	11 444.0	10 594.2	10 913.3
Afrique du Sud	2 259.1	2 579.3	3 173.4	2 035.7	1 679.4	2 303.8	2 588.8	2 798.0	3 195.6	3 431.8
AMÉRIQUE	**143 683.2**	**135 828.0**	**163 649.6**	**184 601.6**	**188 663.2**	**275 976.0**	**296 572.2**	**307 705.7**	**315 408.7**	**329 262.0**
Amérique du Nord	137 760.5	128 544.3	154 892.1	176 354.5	180 256.1	236 685.9	250 026.4	249 625.8	244 376.0	255 821.2
Amérique du Nord	5 320.6	5 524.4	6 603.5	6 553.7	7 110.8	9 417.5	11 229.1	14 297.2	30 167.2	32 948.8
Bahamas	..	..	..	..	..	488.8	440.6	488.1	444.2	442.6
Bermudes	2 307.0	2 346.4	3 692.7	3 341.0	3 554.3	2 812.2	3 757.8	5 124.7	20 649.2	23 085.8
Îles Cayman	655.4	591.3	190.7	..	376.3	581.4	1 940.6	1 733.0	510.6	513.4
Costa Rica	..	..	..	..	..	..	..	..	..	..
El Salvador	..	..	..	..	..	..	..	..	..	..
Guatemala	..	..	..	..	..	..	..	..	..	..
Honduras	..	..	..	..	..	..	..	..	..	..
Nicaragua	..	..	..	..	..	..	..	..	..	..
Panama	373.4	307.8	380.2	122.5	133.7	839.4	687.3	677.6	782.0	698.7
Îles Vierges, US	..	..	..	..	..	..	..	..	..	..
Amérique du Sud	602.1	1 759.2	2 154.0	1 693.4	1 296.3	29 872.6	35 316.7	43 783.9	40 865.6	40 492.0
Argentine	..	123.3	141.5	146.6	151.7	3 465.4	3 032.6	3 586.0	1 732.3	879.6
Bolivie	..	..	..	..	..	414.8	806.4	831.1	791.2	771.7
Brésil	..	528.1	761.6	794.6	702.1	20 078.4	25 305.2	30 149.9	29 453.9	31 102.0
Colombie	..	..	..	..	118.0	1 203.0	904.4	909.1	1 398.0	1 381.7
Equateur	..	131.8	..	..	..	..	..	..	..	115.7
Paraguay	..	..	..	..	..	..	..	..	..	..
Pérou	..	..	..	..	..	140.4	1 247.0	1 120.2	1 079.7	751.5
Uruguay	..	..	..	..	..	283.1	288.8	203.9	171.7	152.8
Venezuela	..	..	..	..	..	2 311.4	1 813.0	3 024.7	2 014.0	1 532.2
ASIE	**42 967.9**	**45 882.8**	**57 786.0**	**55 271.4**	**59 046.3**	**123 546.0**	**118 080.5**	**126 623.9**	**124 187.1**	**126 384.0**

Tableau 2. Encours des investissements directs étrangers par pays (*suite*)

En fin d'année

Millions de dollars des ÉU

	Entrant					Sortant				
	2015	2016	2017	2018	2019	2015	2016	2017	2018	2019
Proche et Moyen Orient	10 371.3	12 174.6	14 179.7	14 834.0	15 768.4	12 261.3	12 576.2	13 747.9	13 375.3	14 159.7
Pays du Golfe	8 737.1	10 120.2	9 696.6	9 949.6	10 711.1	7 762.7	7 861.3	8 740.7	7 951.7	8 006.1
Koweït	..	139.1	229.1	578.2	596.5	..	108.6	..	117.9	..
Qatar	4 214.5	5 328.3	6 324.1	6 237.7	6 578.3	3 154.1	3 296.1	2 308.7	2 006.0	1 894.0
Arabie saoudite	1 035.4	527.0	626.0	606.8	636.9	5 592.8	5 382.1	4 685.8	4 875.2	4 188.9
Emirats Arabes Unis	3 323.9	3 990.7	2 373.5	2 368.9	2 732.0	-953.7	-797.9	1 693.5	1 668.2	1 758.0
Autres pays du Proche et Moyen Orient	1 634.2	2 055.4	4 483.1	4 885.5	5 057.3	4 498.6	4 714.9	5 007.2	5 423.6	6 153.7
Jordanie	..	..	..	..	..	227.5	261.4	278.2	459.1	413.4
Autres pays asiatiques	32 595.5	33 708.2	43 606.4	40 436.2	43 276.8	111 284.7	105 504.4	112 877.2	110 811.8	112 224.2
Chine	5 456.7	7 131.9	12 088.0	9 929.0	12 222.0	24 859.0	24 350.2	29 357.2	32 204.0	32 335.4
Hong Kong, Chine	3 342.4	4 148.8	5 163.1	5 237.0	6 326.7	12 172.0	10 327.8	10 948.7	11 400.3	9 979.8
Inde	372.3	527.0	516.9	338.9	..	5 762.7	5 762.6	6 543.5	6 436.9	6 595.1
Indonesie	..	870.7	782.0	972.1	926.8	2 684.8	2 711.1	1 190.9	1 396.8	1 928.8
République islamique d'Iran	247.1	237.2	303.4	293.1	295.4	719.7	728.4	1 544.7	858.7	800.9
Malaisie	139.4	338.4	370.6	393.9	407.8	865.5	744.2	1 091.4	1 238.8	1 503.0
Philippines	..	..	..	..	..	1 176.9	402.7	352.6	288.5	278.6
Singapour	1 363.1	1 513.7	2 417.8	2 011.7	1 798.5	12 054.4	10 478.6	11 928.5	11 016.7	15 408.9
Taipei Chinois	162.2	153.9	275.8	304.6	286.5	642.4	585.0	759.2	889.6	847.0
Thaïlande	631.5	1 082.5	1 116.6	1 070.5	1 139.1	1 909.6	2 011.2	1 718.6	1 660.2	2 032.1
Viet Nam	..	148.6	190.7	191.2	201.1	717.5	593.4	730.4	717.9	796.5
AUSTRALIE, OCÉANIE ET RÉGIONS POLAIRES	**4 458.4**	**3 766.2**	**3 568.0**	**4 448.1**	**5 094.4**	**13 953.2**	**13 409.9**	**14 973.6**	**21 199.9**	**19 084.5**
TOTAL MONDE non alloué et confidentiel	**14 375.6**	**13 902.2**	**18 150.6**	**6 226.2**	**3 231.9**	**-8.7**	**-29.5**	**-32.4**	**-28.6**	**-202.2**
Union européenne (UE28)	**385 971.7**	**396 907.3**	**465 383.8**	**459 828.3**	**484 775.3**	**726 168.8**	**720 838.0**	**847 351.9**	**895 823.2**	**908 280.2**
Pays du G20 hors Union Européenne	**409 228.1**	**377 689.5**	**478 667.5**	**454 914.1**	**441 179.5**	**612 520.4**	**631 527.4**	**703 318.5**	**701 003.0**	**729 411.4**
Pays OCDE du G20	**397 685.4**	**364 331.2**	**459 600.6**	**439 106.9**	**423 805.9**	**537 702.8**	**544 575.7**	**605 111.5**	**601 260.6**	**623 174.6**
Pays non-OCDE du G20	**11 542.7**	**13 358.3**	**19 066.9**	**15 806.0**	**17 373.6**	**74 817.6**	**86 951.6**	**98 208.2**	**99 742.4**	**106 235.7**
Pays MENA	**11 206.3**	**14 362.8**	**16 602.3**	**17 302.5**	**18 302.6**	**26 979.9**	**25 685.7**	**28 702.3**	**28 100.5**	**28 300.4**
Pays ANASE	**2 387.6**	**4 188.9**	**5 141.5**	**4 907.3**	**4 749.5**	**22 243.9**	**19 810.3**	**17 890.4**	**16 927.0**	**22 584.8**

- Néant ; .. Non disponible

Note : Les positions d'IDE entrants sont allouées selon le pays investisseur ultime. Voir les métadonnées détaillées sur : *http://metalinks.oecd.org/idi/20210722/947b*.

Source : *Statistiques de l'OCDE sur l'investissement direct international (base de données) : https://doi.org/10.1787/idi-data-fr*

FRANCE

Tableau 3. Revenus des investissements directs étrangers par pays

Millions de dollars des ÉU

	Entrant					Sortant				
	2015	2016	2017	2018	2019	2015	2016	2017	2018	2019
TOTAL MONDE	**26 922.9**	**29 483.6**	**36 340.9**	**37 501.5**	**36 506.2**	**70 308.4**	**69 441.6**	**77 144.6**	**94 514.3**	**89 876.9**
Pays membres de l'OCDE	..	..	..	..	..	..	..	..	..	..
Australie	..	..	..	..	..	..	..	..	..	..
Autriche	..	..	..	..	..	..	..	..	..	..
Belgique	3 088.2	3 294.3	3 110.1	2 948.2	2 588.2	6 552.4	7 248.7	5 726.5	10 830.9	8 927.6
Canada	61.0	54.2	-315.6	69.6	87.3	321.7	1 036.2	-604.2	532.3	823.9
Chili	..	..	..	..	..	..	..	..	..	..
République Tchèque	16.6	16.6	-18.0	14.2	10.1	1 159.2	974.2	1 050.6	1 097.6	1 007.5
Danemark	..	..	..	..	..	..	..	..	..	..
Estonie	..	..	..	..	..	..	..	..	..	..
Finlande	..	..	..	..	..	..	..	..	..	..
France	-	-	-	-	-	-	-	-	-	-
Allemagne	2 261.8	2 247.0	4 191.2	2 918.7	2 917.3	4 190.8	5 174.2	7 534.7	5 456.2	5 771.9
Grèce	..	..	..	..	..	..	..	..	..	..
Hongrie	..	..	..	..	..	..	..	..	..	..
Islande	..	..	..	..	..	..	..	..	..	..
Irlande	215.2	126.1	95.8	70.8	105.2	2 021.1	1 541.5	1 464.3	4 238.2	2 988.9
Israël	..	..	..	..	..	..	..	..	..	..
Italie	629.0	994.1	579.4	926.5	1 113.8	2 303.9	3 731.1	4 101.0	4 628.8	4 131.9
Japon	572.4	535.2	737.2	672.7	632.5	1 986.7	3 550.8	3 788.8	2 918.7	2 851.2
Corée	..	..	..	..	..	..	..	..	..	..
Lettonie	..	..	..	..	..	..	..	..	..	..
Lituanie	..	..	..	..	..	..	..	..	..	..
Luxembourg	3 825.8	4 075.0	5 334.2	5 084.4	4 564.0	2 109.8	2 599.8	2 386.4	2 783.0	2 930.7
Mexique	..	..	..	..	..	..	..	..	..	..
Pays-Bas	5 880.2	6 679.2	8 007.0	11 750.3	10 045.9	6 665.6	6 190.4	5 424.4	11 246.3	9 817.5
Nouvelle-Zélande	..	..	..	..	..	..	..	..	..	..
Norvège	177.5	118.3	190.5	241.9	223.9	814.2	637.0	445.3	638.5	737.7
Pologne	-85.4	-107.3	-137.5	-123.9	-59.3	1 250.1	954.3	1 366.3	1 683.0	1 371.3
Portugal	88.7	103.9	56.4	66.1	45.9	607.9	464.4	529.8	978.4	987.4
République slovaquie	..	..	..	..	..	..	..	..	..	..
Slovénie	..	..	..	..	..	..	..	..	..	..
Espagne	1 002.8	1 071.5	1 340.3	1 838.8	1 712.8	2 587.9	3 060.9	4 513.6	3 662.2	3 415.4
Suède	307.3	391.5	714.7	531.1	563.1	216.3	408.1	560.3	482.7	492.6
Suisse	2 409.3	2 654.0	1 518.4	3 598.5	4 390.5	4 532.4	5 463.9	6 428.8	1 889.5	3 412.1
Turquie	2.2	3.3	1.1	3.5	25.7	367.2	263.2	441.9	421.3	353.7
Royaume-Uni	2 650.0	4 122.5	4 213.7	3 166.5	4 040.1	5 554.1	6 108.6	6 157.1	7 331.5	7 046.9
Etats-Unis	2 941.8	2 073.4	3 416.8	1 649.9	1 692.6	9 131.4	5 539.1	5 383.8	9 892.6	9 086.5
EUROPE	..	..	..	..	..	..	..	..	..	..
Bulgarie	..	..	..	..	..	..	..	..	..	..
Croatie	..	..	..	..	..	..	..	..	..	..
Chypre	..	..	..	..	..	..	..	..	..	..
Malte	..	..	..	..	..	..	..	..	..	..
Roumanie	-	-1.1	-2.3	-2.4	1.1	416.0	538.5	724.8	723.5	622.4
Russie	22.2	1.1	31.6	36.6	47.0	52.1	1 119.1	1 289.6	457.9	464.6
Ukraine	..	..	..	..	..	..	..	..	..	..
AFRIQUE	..	..	..	..	..	..	..	..	..	..
Afrique septentrionale	..	..	..	..	..	..	..	..	..	..
Algérie	..	..	..	..	..	..	..	..	..	..
Egypte	..	..	..	..	..	..	..	..	..	..
Libye	..	..	..	..	..	..	..	..	..	..
Maroc	18.9	17.7	1.1	7.1	12.3	637.8	404.7	559.1	668.0	609.0
Tunisie	..	..	..	..	..	..	..	..	..	..
Autres pays africains	..	..	..	..	..	..	..	..	..	..
Nigéria	..	..	..	..	..	..	..	..	..	..
Afrique du Sud	..	..	..	..	..	..	..	..	..	..
AMÉRIQUE	..	..	..	..	..	..	..	..	..	..
Amérique du Nord	..	..	..	..	..	..	..	..	..	..
Amérique du Nord	..	..	..	..	..	..	..	..	..	..
Bahamas	..	..	..	..	..	..	..	..	..	..
Bermudes	..	..	..	..	..	..	..	..	..	..
Îles Cayman	..	..	..	..	..	..	..	..	..	..
Costa Rica	..	..	..	..	..	..	..	..	..	..
El Salvador	..	..	..	..	..	..	..	..	..	..
Guatemala	..	..	..	..	..	..	..	..	..	..
Honduras	..	..	..	..	..	..	..	..	..	..
Nicaragua	..	..	..	..	..	..	..	..	..	..
Panama	..	..	..	..	..	..	..	..	..	..
Îles Vierges, US	..	..	..	..	..	..	..	..	..	..
Amérique du Sud	..	..	..	..	..	..	..	..	..	..
Argentine	..	..	..	..	..	..	..	..	..	..
Bolivie	..	..	..	..	..	..	..	..	..	..
Brésil	-1.1	-5.5	-1.1	-2.4	-3.4	252.9	938.8	874.8	629.1	901.2
Colombie	..	..	..	..	..	..	..	..	..	..
Equateur	..	..	..	..	..	..	..	..	..	..
Paraguay	-	..	..	..	..	..	..	..	..	..
Pérou	..	..	..	..	..	..	..	..	..	..
Uruguay	..	..	..	..	..	..	..	..	..	..
Venezuela	..	..	..	..	..	..	..	..	..	..
ASIE	..	..	..	..	..	..	..	..	..	..

Tableau 3. Revenus des investissements directs étrangers par pays *(suite)*

Millions de dollars des ÉU

	Entrant					Sortant				
	2015	2016	2017	2018	2019	2015	2016	2017	2018	2019
Proche et Moyen Orient	..	..	..	..	..	..	..	..	..	..
Pays du Golfe	..	..	..	..	..	..	..	..	..	..
Koweït	..	..	..	..	..	..	..	..	..	..
Qatar	..	..	..	..	..	..	..	..	..	..
Arabie saoudite	..	..	..	..	..	..	..	..	..	..
Emirats Arabes Unis	..	..	..	..	..	..	..	..	..	..
Autres pays du Proche et Moyen Orient	..	..	..	..	..	..	..	..	..	..
Jordanie	..	..	..	..	..	..	..	..	..	..
Autres pays asiatiques	..	..	..	..	..	..	..	..	..	..
Chine	-13.3	1.1	11.3	10.6	89.6	2 796.5	988.6	1 636.8	2 050.0	2 016.1
Hong Kong, Chine	92.1	144.9	276.2	101.5	100.8	1 469.8	1 071.5	1 643.6	2 176.3	2 477.3
Inde	-4.4	-3.3	-7.9	-2.4	1.1	399.3	275.4	289.7	437.9	334.7
Indonesie	-	-64.1	54.1	49.6	31.3	544.6	374.9	471.2	140.4	211.6
République islamique d'Iran	..	..	..	..	..	..	..	..	..	..
Malaisie	..	..	..	..	..	..	..	..	..	..
Philippines	..	..	..	..	..	..	..	..	..	..
Singapour	-54.4	23.2	16.9	24.8	20.2	1 517.5	270.9	1 463.2	2 449.0	2 409.0
Taipei Chinois	..	..	..	..	..	..	..	..	..	..
Thaïlande	..	..	..	..	..	..	..	..	..	..
Viet Nam	..	..	..	..	..	..	..	..	..	..
AUSTRALIE, OCÉANIE ET RÉGIONS POLAIRES	..	..	..	..	..	..	..	..	..	..
TOTAL MONDE non alloué et confidentiel	..	..	..	..	..	..	..	..	..	..
Union européenne (UE28)	**20 565.7**	**24 236.4**	**28 337.3**	**30 134.5**	**28 512.3**	**38 546.9**	**41 311.5**	**44 010.8**	**58 582.6**	**52 724.7**
Pays du G20 hors Union Européenne	..	..	..	..	..	..	..	..	..	..
Pays OCDE du G20	..	..	..	..	..	..	..	..	..	..
Pays non-OCDE du G20	..	..	..	..	..	..	..	..	..	..
Pays MENA	..	..	..	..	..	..	..	..	..	..
Pays ANASE	..	..	..	..	..	..	..	..	..	..

- Néant ; .. Non disponible

Note : Voir les métadonnées détaillées sur : *http://metalinks.oecd.org/idi/20210722/947b.*

Source : *Statistiques de l'OCDE sur l'investissement direct international (base de données) : https://doi.org/10.1787/idi-data-fr*

FRANCE

Tableau 4. Investissement direct étranger : flux par secteur industriel

Millions de dollars des ÉU

	Entrant					Sortant				
	2015	2016	2017	2018	2019	2015	2016	2017	2018	2019
All FDI activities	**45 354.4**	**23 054.3**	**24 779.6**	**38 162.4**	**33 964.0**	**53 205.8**	**64 784.9**	**35 908.0**	**105 569.5**	**38 662.3**
Agriculture, sylviculture et pêche	**26.6**	**113.9**	**60.9**	**96.8**	**211.6**	**155.3**	**-131.6**	**81.2**	**-35.4**	**67.2**
Industries extractives	**-288.4**	**-134.9**	**-3.4**	**898.1**	**-78.4**	**12 299.5**	**4 397.9**	**-4 293.8**	**5 091.5**	**6 547.6**
Activités d'extraction	-296.2	-136.0	470.1	643.2	-206.0	12 294.0	4 399.0	-4 296.0	5 090.3	6 547.6
Activités de fabrication	**-4 221.9**	**8 033.8**	**99.2**	**17 532.2**	**-2 758.3**	**-4 329.5**	**16 377.3**	**10 104.8**	**43 905.3**	**-4 609.9**
dont :										
Produits alimentaires, boissons et tabac	-593.5	-3 915.7	2 968.1	-440.2	-2 330.7	2 478.1	3 229.0	12 788.9	-901.7	-1 907.5
Textiles, bois, papier, imprimerie	26.6	513.1	-64.3	-140.4	3 136.7	-216.3	915.6	-2 191.4	951.3	-1 810.1
Produits pétroliers, chimiques, pharmaceutiques, caoutchouc, plastique, minéraux	3 263.5	984.2	8 918.9	-4 205.1	3 140.0	117.6	6 261.2	-2 232.0	11 743.2	-12 126.9
Ouvrages en métaux et machines, sauf matériels électriques	2 285.1	12 446.1	-8 000.2	-317.5	-2 140.4	-2 463.7	8 010.6	-5 372.6	721.1	6 162.5
Automobiles, remorques, semi-remorques, autres matériels de transport	-1 044.9	-393.7	-740.6	-3 007.2	-6 160.3	3 808.1	-263.2	8 317.0	715.2	-623.5
Autres activités de fabrication	-8 158.6	-1 600.1	-2 982.8	25 642.6	1 596.3	-8 054.4	-1 776.0	-1 205.1	30 676.3	5 695.7
Production et distribution d'électricité, de gaz, de vapeur et de climatisation	**829.7**	**1 255.1**	**-2 509.3**	**157.0**	**1 305.3**	**1 797.0**	**803.9**	**-2 885.8**	**3 317.6**	**-2 665.4**
Distribution de l'eau ; assainissement, traitement des déchets et dépollution	**24.4**	**49.8**	**-302.1**	**77.9**	**29.1**	**1 198.0**	**2.2**	**-58.6**	**972.5**	**-2 321.7**
Construction	**16 924.0**	**1 359.1**	**-4 831.5**	**-2 757.0**	**-578.8**	**-1 026.1**	**-764.1**	**-5 233.9**	**2 978.9**	**949.3**
Services	**25 407.7**	**-2 208.3**	**30 207.4**	**32 269.6**	**32 074.3**	**44 645.6**	**40 132.7**	**37 348.7**	**49 099.5**	**16 765.9**
Commerce de gros et de détail ; réparations automobiles et motocycles	2 376.0	212.3	6 160.5	3 240.9	1 665.7	4 411.5	4 821.4	-1 790.1	6 550.2	-2 273.6
Transport et entreposage	2 134.2	1 351.3	3 233.0	534.6	434.3	1 812.5	-360.5	-983.0	722.3	2 871.4
Activités d'hébergement et de restauration	-549.1	2 440.6	175.9	-1 278.2	2 209.8	173.0	2 612.0	8 212.2	-3 993.9	-301.1
Information et communication	2 072.1	557.3	3 414.5	3 315.2	3 358.3	2 978.4	116.1	983.0	11 744.4	6 168.1
Activités financières et d'assurances	13 513.0	-11 714.0	13 628.7	26 296.5	17 076.0	12 863.0	26 855.0	10 899.6	7 056.5	579.9
Activités des sociétés holding	4 495.8	-5 298.0	4 306.2	9 005.1	3 885.6	2 794.2	819.4	1 029.2	979.6	4 349.0
Activités immobilières	8 722.1	-2 011.5	-564.8	259.6	1 376.9	13 164.7	3 758.7	2 248.9	24 547.4	4 070.3
Activités professionnelles, scientifiques et techniques	-1 724.9	3 773.1	3 514.8	140.4	5 869.2	4 169.7	1 586.9	11 917.5	2 236.5	1 756.4
Activités de services administratifs et d'appui	-56.6	2 275.8	-1 508.3	-1 450.5	-1 141.8	4 022.2	560.7	4 954.3	73.2	3 352.7
Administration publique; activités des ménages et des organismes extra-territoriaux	-	..	..	..	-	..	201.3	224.3	-13.0	117.5
Éducation	-6.7	266.5	437.4	-135.7	10.1	..	..	..	..	..
Santé humaine et action sociale	-748.8	512.0	912.0	560.6	258.6	1 213.5	-84.0	579.4	67.3	-106.3
Arts, spectacles et loisirs	-320.6	130.5	756.4	732.9	385.1	..	..	-2.3	..	..
Autres services	..	..	47.3	61.4	570.9	23.3	50.9	104.8	108.6	538.5
Not allocated and confidential	**6 652.2**	**14 585.9**	**2 058.4**	**-10 112.1**	**3 759.1**	**-1 534.1**	**3 966.6**	**845.5**	**239.6**	**23 929.3**
Activités immobilières privées	-	-	-	-	-	-	-	-	-	-

- Néant ; .. Non disponible

Note : Voir les métadonnées détaillées sur : *http://metalinks.oecd.org/idi/20210722/947b.*

Source : *Statistiques de l'OCDE sur l'investissement direct international (base de données) : https://doi.org/10.1787/idi-data-fr*

FRANCE

Tableau 5. Encours des investissement directs étrangers par secteur industriel

En fin d'année

Millions de dollars des ÉU

	Entrant					Sortant				
	2015	2016	2017	2018	2019	2015	2016	2017	2018	2019
All FDI activities	**687 394.7**	**694 881.4**	**819 327.2**	**820 534.7**	**868 641.9**	**1 268 227.5**	**1 284 859.3**	**1 440 434.2**	**1 499 081.7**	**1 532 739.8**
Agriculture, sylviculture et pêche	**496.5**	**678.8**	**847.9**	**849.6**	**1 053.7**	**499.7**	**393.2**	**407.8**	**437.4**	**508.9**
Industries extractives	**4 272.2**	**4 899.3**	**3 903.8**	**4 431.0**	**3 976.6**	**103 472.0**	**113 755.7**	**114 652.2**	**123 695.9**	**131 455.9**
Activités d'extraction	4 058.8	4 707.5	3 945.8	4 213.4	3 725.0	103 462.2	113 755.7	114 543.1	123 611.2	131 369.4
Activités de fabrication	**166 421.3**	**179 479.3**	**250 229.1**	**253 291.7**	**263 191.4**	**373 918.3**	**380 503.8**	**424 525.1**	**474 905.0**	**474 275.4**
dont :										
Produits alimentaires, boissons et tabac	32 898.2	26 577.4	34 992.8	35 565.6	32 479.2	60 243.9	61 354.5	91 396.0	87 091.8	86 977.1
Textiles, bois, papier, imprimerie	7 163.9	7 447.0	13 992.6	13 726.8	16 058.2	15 648.3	15 642.5	15 067.2	15 298.8	13 522.8
Produits pétroliers, chimiques, pharmaceutiques, caoutchouc, plastique, minéraux	71 850.8	75 444.3	111 517.2	108 274.6	121 428.9	135 303.2	137 969.9	155 922.3	183 607.7	175 238.1
Ouvrages en métaux et machines, sauf matériels électriques	17 823.6	36 895.8	43 413.3	38 900.8	36 570.4	27 742.0	41 073.0	36 492.0	38 342.1	45 777.4
Automobiles, remorques, semi-remorques, autres matériels de transport	16 751.2	14 685.4	24 424.3	18 331.8	13 002.7	67 343.5	62 618.3	69 664.2	63 831.0	59 940.5
Autres activités de fabrication	19 932.5	18 427.3	21 887.7	38 492.1	43 653.1	67 637.5	61 845.7	55 983.4	86 733.5	92 820.7
Production et distribution d'électricité, de gaz, de vapeur et de climatisation	**3 713.7**	**4 382.8**	**5 323.8**	**6 772.4**	**7 195.0**	**89 245.5**	**85 793.2**	**88 933.8**	**86 466.7**	**84 505.7**
Distribution de l'eau ; assainissement, traitement des déchets et dépollution	**621.7**	**719.9**	**714.8**	**792.3**	**795.3**	**5 516.6**	**4 973.1**	**5 159.5**	**6 327.0**	**4 382.2**
Construction	**22 391.9**	**22 863.9**	**22 698.5**	**17 741.0**	**15 951.5**	**27 436.0**	**22 586.7**	**19 678.6**	**19 869.5**	**22 084.9**
Services	**475 276.0**	**454 420.8**	**507 705.7**	**519 847.7**	**562 387.1**	**641 045.2**	**647 115.0**	**755 963.1**	**757 351.7**	**785 203.3**
Commerce de gros et de détail ; réparations automobiles et motocycles	51 325.0	46 885.2	80 057.6	82 593.3	82 908.3	91 222.6	95 101.7	106 775.0	124 956.5	125 377.4
Transport et entreposage	9 737.6	9 967.3	18 323.3	17 611.6	17 560.1	8 999.5	8 656.1	11 310.9	13 196.7	16 276.1
Activités d'hébergement et de restauration	5 684.3	7 609.4	12 461.0	11 991.1	14 815.8	12 861.2	12 998.8	23 490.0	16 856.0	16 539.0
Information et communication	16 681.5	18 234.4	31 699.4	32 119.3	35 009.0	79 499.2	75 413.7	84 315.2	90 310.3	100 293.2
Activités financières et d'assurances	189 669.0	172 687.9	126 715.0	142 239.5	153 810.4	311 113.8	322 707.9	353 574.0	316 954.4	333 211.6
Activités des sociétés holding	75 523.1	74 580.0	12 072.4	18 058.2	18 465.5	35 098.5	34 721.2	32 918.0	12 119.3	19 918.0
Activités immobilières	152 710.9	143 840.0	179 183.3	178 550.5	188 650.9	76 129.6	74 232.1	75 231.5	94 787.0	108 570.0
Activités professionnelles, scientifiques et techniques	35 528.6	39 808.2	36 422.4	33 193.3	37 671.3	52 194.9	48 424.2	56 524.3	54 742.4	56 468.2
Activités de services administratifs et d'appui	8 761.0	9 265.3	11 709.0	9 782.5	18 872.2	5 457.8	5 912.3	39 611.4	40 476.3	22 823.0
Administration publique; activités des ménages et des organismes extra-territoriaux	..	..	..	..	..	..	256.1	530.1	494.6	603.2
Éducation	1 087.6	1 368.2	2 169.6	2 047.2	2 016.4	..	..	..	..	..
Santé humaine et action sociale	3 193.3	3 723.0	6 199.3	5 511.8	5 965.0	2 938.5	2 757.5	3 943.4	3 952.4	3 849.7
Arts, spectacles et loisirs	726.2	904.4	2 290.7	3 561.9	3 855.3	..	..	130.7	..	..
Autres services	..	..	381.4	564.5	1 171.6	512.8	546.0	447.3	446.5	1 067.2
Not allocated and confidential	**14 201.4**	**27 436.5**	**27 903.6**	**16 809.0**	**14 091.2**	**27 094.2**	**29 738.6**	**31 114.2**	**30 028.6**	**30 323.5**
Activités immobilières privées	-	-	-	-	-	-	-	-	-	-

- Néant ; .. Non disponible

Note : Voir les métadonnées détaillées sur : *http://metalinks.oecd.org/idi/20210722/947b.*

Source : *Statistiques de l'OCDE sur l'investissement direct international (base de données) : https://doi.org/10.1787/idi-data-fr*

Tableau 6. Revenus des investissements directs étrangers par secteur industriel

Millions de dollars des ÉU

	Entrant					Sortant				
	2015	2016	2017	2018	2019	2015	2016	2017	2018	2019
All FDI activities	**26 922.9**	**29 483.6**	**36 340.9**	**37 501.5**	**36 506.2**	**70 308.4**	**69 441.6**	**77 144.6**	**94 514.3**	**89 876.9**
Agriculture, sylviculture et pêche	..	..	..	..	-	..	..	..	..	-
Industries extractives	..	..	..	..	..	..	..	..	..	..
Activités d'extraction	..	..	..	..	..	..	..	..	..	..
Activités de fabrication	..	..	..	..	..	..	..	..	..	..
dont :										
Produits alimentaires, boissons et tabac	..	..	..	..	..	..	..	..	..	..
Textiles, bois, papier, imprimerie	..	..	..	..	..	..	..	..	..	..
Produits pétroliers, chimiques, pharmaceutiques, caoutchouc, plastique, minéraux	..	..	..	..	..	..	..	..	..	..
Ouvrages en métaux et machines, sauf matériels électriques	..	..	..	..	..	..	..	..	..	..
Automobiles, remorques, semi-remorques, autres matériels de transport	..	..	..	..	..	..	..	..	..	..
Autres activités de fabrication	..	..	..	..	..	..	..	..	..	..
Production et distribution d'électricité, de gaz, de vapeur et de climatisation	..	..	..	..	..	..	..	..	..	..
Distribution de l'eau ; assainissement, traitement des déchets et dépollution	..	..	..	..	..	..	..	..	..	..
Construction	..	..	..	..	..	..	..	..	..	..
Services	..	..	..	..	..	..	..	..	..	..
Commerce de gros et de détail ; réparations automobiles et motocycles	..	..	..	..	..	..	..	..	..	..
Transport et entreposage	..	..	..	..	..	..	..	..	..	..
Activités d'hébergement et de restauration	..	..	..	..	..	..	..	..	..	..
Information et communication	..	..	..	..	..	..	..	..	..	..
Activités financières et d'assurances	..	..	..	..	..	..	..	..	..	..
Activités des sociétés holding	..	..	..	..	..	..	..	..	..	..
Activités immobilières	..	..	..	..	..	..	..	..	..	..
Activités professionnelles, scientifiques et techniques	..	..	..	..	..	..	..	..	..	..
Activités de services administratifs et d'appui	..	..	..	..	..	..	..	..	..	..
Administration publique; activités des ménages et des organismes extra-territoriaux	-	-	-	-	-	-	-	..	..	..
Éducation	..	..	..	..	..	..	..	..	..	-
Santé humaine et action sociale	..	..	..	..	..	..	..	..	..	..
Arts, spectacles et loisirs	..	..	..	..	..	..	..	..	..	..
Autres services	..	..	..	..	..	..	..	..	..	..
Not allocated and confidential	..	..	..	..	..	..	..	..	..	..
Activités immobilières privées	-	-	-	-	-	-	-	-	-	-

- Néant ; .. Non disponible

Note : Voir les métadonnées détaillées sur : *http://metalinks.oecd.org/idi/20210722/947b.*

Source : *Statistiques de l'OCDE sur l'investissement direct international (base de données) : https://doi.org/10.1787/idi-data-fr*

ALLEMAGNE

Tableau 1. Flux d'investissement direct étranger par pays

Millions de dollars des ÉU

	Entrant					Sortant				
	2015	2016	2017	2018	2019	2015	2016	2017	2018	2019
TOTAL MONDE	**30 534.1**	**15 617.9**	**60 225.2**	**73 523.6**	**57 793.5**	**99 003.2**	**63 599.0**	**103 865.1**	**78 763.9**	**120 133.5**
Pays membres de l'OCDE	**39 848.9**	**16 871.5**	**58 973.7**	**73 247.0**	**59 179.7**	**82 634.8**	**53 929.1**	**86 864.8**	**60 983.2**	**113 208.1**
Australie	-116.0	-159.0	953.8	438.5	785.2	801.3	209.9	2 101.4	2 176.6	-540.3
Autriche	3 036.4	-338.5	2 481.4	3 133.7	2 233.8	-1 147.0	11 292.7	4 307.1	708.3	3 499.8
Belgique	-5 721.5	316.1	-8 510.0	-4 374.0	-5 736.0	8 723.2	-4 667.6	-14 325.3	-2 512.5	13 268.0
Canada	-367.4	2 436.0	650.8	285.1	2 865.1	614.7	994.4	633.7	1 429.9	903.0
Chili	2.7	9.5	265.8	-175.8	76.4	668.4	-83.7	157.8	-39.5	121.6
République Tchèque	-88.5	1 234.9	-43.1	-557.5	328.5	284.8	2 185.1	2 591.5	2 031.4	1 015.5
Danemark	1 799.3	-1 176.1	5 487.5	-522.9	704.2	-449.1	-165.6	933.1	1 032.0	910.6
Estonie	-10.7	23.5	11.6	-19.4	7.5	-104.0	21.9	112.5	72.9	22.5
Finlande	248.6	-248.3	-762.1	-347.6	-878.0	593.0	-347.3	780.2	525.5	772.6
France	-187.0	5 034.5	7 880.4	-20 101.4	2 733.9	-639.3	-402.6	10 520.0	7 910.3	3 015.9
Allemagne	-	-	-	-	-	-	-	-	-	-
Grèce	-113.8	-10.0	32.7	-40.7	52.7	63.1	244.6	869.4	652.0	267.3
Hongrie	-119.0	-27.1	-241.1	96.5	1 798.5	228.3	1 432.7	-2 119.3	-461.1	1 959.4
Islande	8.5	-9.7	0.5	0.8	5.0	18.3	26.6	48.7	74.3	12.8
Irlande	1 961.1	-3 128.6	116.2	46 303.9	3 847.0	198.6	-3 038.3	298.2	14 514.3	-4 670.7
Israël	163.6	113.4	58.6	171.3	138.3	131.3	288.3	237.3	-12.0	223.3
Italie	-479.7	644.9	-1 315.3	1 136.2	-799.9	964.1	3 275.7	421.8	2 672.6	8 020.3
Japon	2 474.4	1 872.4	2 787.8	2 109.7	4 892.8	-2 816.9	1 715.0	613.4	669.9	732.9
Corée	162.4	712.8	117.6	-8.1	1 110.9	684.2	467.1	1 052.8	-18.6	1 208.0
Lettonie	-2.6	3.0	-31.0	8.6	-1.4	2.5	23.6	35.4	73.6	324.9
Lituanie	-10.9	-12.4	-22.7	-41.0	63.0	65.4	150.9	-21.5	35.7	292.0
Luxembourg	14 628.0	356.8	7 144.3	6 990.1	32 734.9	12 182.8	11 634.0	25 541.2	11 915.3	31 778.7
Mexique	-281.9	91.5	-101.5	176.5	84.2	1 764.3	1 382.7	3 238.5	2 048.2	679.5
Pays-Bas	10 580.5	2 378.8	13 096.9	37 091.7	-10 242.4	27 708.0	3 411.0	-177.4	-9 495.8	16 905.2
Nouvelle-Zélande	-53.9	-10.1	5.4	-10.1	-18.3	28.8	-2.7	-19.7	182.0	124.4
Norvège	-150.4	-968.6	734.1	155.3	350.4	1 375.4	-746.8	1 037.6	-553.2	926.4
Pologne	190.5	-305.4	-203.9	357.4	-419.5	2 435.5	2 931.4	2 645.5	1 931.7	1 666.0
Portugal	-15.1	58.8	-31.5	-54.5	-9.1	-46.0	824.6	201.2	197.4	204.7
République slovaquie	383.6	181.7	-223.7	-127.6	-10.3	-120.5	71.2	842.3	-56.6	713.1
Slovénie	-3.3	-3.4	16.2	4.6	-21.5	202.8	25.3	44.4	225.0	124.2
Espagne	921.2	1 845.0	-1 439.1	534.2	-363.6	717.6	2 558.2	5 767.5	8 815.3	3 219.1
Suède	-452.2	-1 034.5	8 817.2	-5 991.4	2 230.3	7 575.0	1 064.8	-693.5	2 243.5	-673.3
Suisse	6 687.4	6 133.6	3 584.6	10 352.0	-2 108.6	690.3	3 701.1	3 134.3	526.5	1 057.4
Turquie	208.7	-56.6	220.2	-445.5	355.3	1 083.8	602.3	1 606.3	2 169.5	1 135.9
Royaume-Uni	2 760.2	866.4	-6 083.1	657.6	11 661.5	-1 866.8	616.1	4 793.1	-451.7	-11 073.3
Etats-Unis	1 792.1	33.9	23 495.3	-3 938.9	10 728.9	20 086.9	12 383.5	29 633.8	9 750.4	35 061.0
EUROPE	**33 888.2**	**8 473.1**	**30 379.6**	**74 940.4**	**41 536.7**	**63 758.1**	**35 830.4**	**53 209.7**	**49 009.9**	**72 017.0**
Bulgarie	38.7	103.4	23.6	51.6	-5.7	184.4	219.7	240.4	226.8	-153.9
Croatie	6.5	34.0	-40.0	10.8	4.7	36.5	135.5	282.6	275.3	43.2
Chypre	98.7	213.5	312.0	1 467.3	156.1	308.4	79.9	-722.6	-1 639.6	-4 877.0
Malte	55.8	58.2	90.5	6.6	2 825.8	1 207.3	-4 755.1	346.2	-1 042.2	66.2
Roumanie	10.5	25.6	50.9	-5.3	-77.2	483.2	1 058.4	-36.3	872.8	631.4
Russie	542.2	-231.6	-995.0	-524.3	-418.1	517.2	1 643.0	2 436.8	4 117.8	1 826.5
Ukraine	-50.3	-48.0	-6.9	6.1	104.9	-106.3	35.2	235.0	-52.6	-224.6
AFRIQUE	**-19.4**	**-65.6**	**299.1**	**44.4**	**150.7**	**692.5**	**1 940.2**	**1 491.3**	**2 489.3**	**1 417.1**
Afrique septentrionale	-17.2	-6.4	76.0	-45.0	34.2	269.2	1 201.1	667.4	1 548.7	457.6
Algérie	-1.1	1.2	6.0	-6.0	1.1	276.4	328.4	325.3	319.6	-91.0
Egypte	-7.6	-12.6	54.6	-26.3	64.2	298.3	689.4	-69.8	-416.2	102.3
Libye	0.1	-16.6	-1.3	18.9	0.0	-304.1	-213.4	356.1	173.4	304.9
Maroc	-3.1	13.0	-5.2	2.5	-2.4	10.3	385.8	10.9	1 407.8	85.3
Tunisie	-5.5	8.5	21.9	-34.1	-28.7	-11.6	10.9	44.8	64.0	56.2
Autres pays africains	-2.2	-59.2	223.1	89.4	116.5	423.3	739.1	823.9	940.6	959.4
Nigéria	7.8	39.6	-15.6	11.8	-20.2	57.0	42.5	62.9	124.1	-12.1
Afrique du Sud	-0.1	-99.6	267.3	116.7	73.9	348.1	712.3	486.2	671.4	718.3
AMÉRIQUE	**-5 698.8**	**2 624.0**	**26 591.4**	**-5 077.9**	**8 764.8**	**26 423.8**	**13 379.7**	**34 235.3**	**14 132.5**	**36 812.8**
Amérique du Nord	1 424.7	2 469.9	24 146.1	-3 653.8	13 594.0	20 701.6	13 377.9	30 267.5	11 180.3	35 963.9
Amérique du Nord	-7 064.0	66.0	2 078.4	-1 083.0	-4 879.5	2 095.0	518.8	2 004.4	1 266.5	-159.8
Bahamas	173.1	5.8	58.1	-2 077.2	-891.9	7.6	4.3	12.3	19.6	17.9
Bermudes	-5 141.0	-1 084.3	22.7	-284.5	1 748.6	14.2	115.0	-134.9	266.9	-542.5
Îles Cayman	-1 478.6	-77.1	531.6	-2 427.5	-1 250.3	411.0	-987.5	-1 086.6	-671.8	21.0
Costa Rica	6.6	-0.3	-1.1	-1.1	-6.0	2.9	16.2	-38.0	23.2	-47.2
El Salvador	-	-	-1.1	-3.5	-1.1	3.3	-5.5	-1.4	-22.1	-3.5
Guatemala	-	2.2	1.2	-2.0	-4.4	3.8	-12.9	5.8	-3.8	-8.6
Honduras	2.2	2.2	1.1	-3.5	1.1	8.8	-7.5	-13.6	-3.4	11.2
Nicaragua	-10.0	-	-	-	-	8.9	0.5	-22.9	6.9	-1.6
Panama	-56.8	-3.3	33.4	-18.4	-8.8	84.4	-27.8	119.9	38.9	-15.8
Îles Vierges, US	-	-	-496.5	-67.2	-	-	-	-	-	-
Amérique du Sud	-59.6	88.1	367.0	-341.1	50.3	3 627.2	-517.0	1 963.4	1 685.8	1 008.7
Argentine	-65.0	42.7	31.6	-23.9	-7.1	458.3	204.1	725.2	309.1	915.7
Bolivie	1.1	0.0	0.0	1.2	0.0	7.3	-91.3	1.1	6.6	16.2
Brésil	43.4	35.7	41.2	-115.4	-21.8	1 904.9	-991.9	1 156.6	85.1	-607.6
Colombie	-6.6	-12.6	3.1	-32.2	8.9	114.6	174.1	132.2	122.5	130.3
Equateur	-1.8	1.8	-2.2	4.6	-1.1	53.9	21.1	27.8	26.4	48.0
Paraguay	-0.5	9.2	0.8	-2.3	-0.3	0.1	0.7	15.4	25.2	29.0
Pérou	-2.2	0.4	-5.6	-11.8	-0.4	82.7	72.1	25.0	72.6	124.9
Uruguay	-8.7	-11.0	2.0	-7.0	-3.4	251.4	-4.2	153.2	1 224.0	166.7
Venezuela	-22.0	12.3	29.7	21.6	-0.8	52.4	159.1	-442.8	-136.7	61.9
ASIE	**2 534.0**	**4 770.2**	**2 258.4**	**3 367.3**	**6 793.0**	**7 302.0**	**12 237.2**	**12 848.2**	**10 768.9**	**10 302.4**

Tableau 1. Flux d'investissement direct étranger par pays *(suite)*

Millions de dollars des ÉU

	Entrant					Sortant				
	2015	2016	2017	2018	2019	2015	2016	2017	2018	2019
Proche et Moyen Orient	-155.1	190.3	611.3	-55.2	-389.0	851.6	947.2	964.3	276.9	882.2
Pays du Golfe	-324.6	59.1	545.8	-232.0	-527.9	756.6	613.4	815.5	286.5	680.4
Koweït	11.9	11.6	-13.5	-8.5	1.3	-8.5	85.0	88.9	13.3	28.6
Qatar	-301.1	124.3	554.9	-209.4	-498.2	101.6	126.3	28.5	-301.4	50.2
Arabie saoudite	52.8	-132.2	-123.7	19.5	35.2	64.8	356.3	0.0	-286.8	-90.4
Emirats Arabes Unis	-97.5	71.1	140.7	-15.9	-51.0	631.8	-74.7	659.6	910.1	656.1
Autres pays du Proche et Moyen Orient	169.5	131.2	65.5	176.8	138.9	95.0	333.8	148.7	-9.6	201.8
Jordanie	-6.2	7.7	2.3	1.2	-0.1	-1.7	0.6	-17.4	-25.6	-25.8
Autres pays asiatiques	2 689.1	4 579.9	1 647.2	3 422.5	7 182.0	6 450.4	11 290.0	11 883.9	10 492.0	9 420.2
Chine	101.9	527.1	13.1	15.8	1 446.3	6 079.7	8 429.1	7 019.5	4 068.6	3 774.8
Hong Kong, Chine	26.8	1 109.9	-705.4	1 263.1	445.5	271.6	363.6	622.9	609.5	2 152.8
Inde	-22.5	-48.5	-53.2	-142.3	-117.9	1 789.3	1 501.2	1 217.5	1 705.6	1 289.8
Indonesie	25.3	22.2	-38.4	14.4	-17.7	13.2	98.8	167.1	304.7	207.2
République islamique d'Iran	-5.4	14.8	31.1	97.4	40.3	25.5	264.6	-553.0	135.7	-41.5
Malaisie	131.1	67.4	-209.0	-13.0	-41.0	205.7	580.5	561.0	335.4	165.0
Philippines	-5.6	4.5	2.8	-11.8	0.1	59.3	-362.8	181.5	201.4	224.0
Singapour	-220.0	171.3	-536.1	-4.3	-410.9	166.1	-2 685.1	-8.6	1 151.8	-311.1
Taipei Chinois	59.5	72.0	21.1	46.8	-22.4	53.1	130.7	171.6	754.0	-67.4
Thaïlande	-27.7	-109.6	3.7	80.0	-71.2	-281.3	389.0	533.7	190.7	-16.5
Viet Nam	3.6	4.2	10.1	-16.1	2.4	80.2	107.2	91.1	11.0	57.9
AUSTRALIE, OCÉANIE ET RÉGIONS POLAIRES	**-169.8**	**-183.7**	**696.6**	**239.9**	**557.3**	**826.7**	**211.6**	**2 080.6**	**2 363.4**	**-415.8**
TOTAL MONDE non alloué et confidentiel	**0.0**	**0.0**	**-**	**9.4**	**-9.0**	**-**	**0.0**	**-**	**-**	**-**
Union européenne (UE28)	**29 515.5**	**7 094.9**	**26 614.8**	**65 667.4**	**42 817.8**	**59 791.8**	**29 880.7**	**43 477.7**	**41 272.2**	**67 272.4**
Pays du G20 hors Union Européenne	**6 643.9**	**11 592.5**	**27 749.0**	**-20 330.0**	**35 390.6**	**31 851.8**	**33 197.0**	**67 823.7**	**39 332.8**	**47 177.1**
Pays OCDE du G20	**5 965.9**	**11 476.7**	**28 606.1**	**-19 690.5**	**34 417.8**	**20 676.2**	**21 244.1**	**54 614.8**	**28 357.2**	**39 142.7**
Pays non-OCDE du G20	**678.0**	**115.9**	**-857.1**	**-639.5**	**972.8**	**11 175.5**	**11 952.9**	**13 208.9**	**10 975.6**	**8 034.3**
Pays MENA	**-345.5**	**70.3**	**630.6**	**-274.0**	**-494.2**	**981.4**	**1 817.0**	**1 472.1**	**1 812.3**	**1 088.2**
Pays ANASE	**-82.0**	**154.5**	**-771.3**	**48.0**	**-541.4**	**254.6**	**-1 866.9**	**1 528.8**	**2 163.7**	**367.2**

- Néant

Note : Voir les métadonnées détaillées sur : *http://metalinks.oecd.org/idi/20210722/947b*.

Source : *Statistiques de l'OCDE sur l'investissement direct international (base de données) : https://doi.org/10.1787/idi-data-fr*

ALLEMAGNE

Tableau 2. Encours des investissements directs étrangers par pays

En fin d'année

Millions de dollars des ÉU

	Entrant					Sortant				
	2015	2016	2017	2018	2019	2015	2016	2017	2018	2019
TOTAL MONDE	**781 743.1**	**794 510.4**	**963 121.9**	**934 402.3**	**..**	**1 369 209.6**	**1 367 630.4**	**1 650 292.6**	**1 651 416.3**	**1 754 495.6**
Pays membres de l'OCDE	**734 250.4**	**740 795.8**	**894 279.2**	**870 929.7**	**..**	**1 143 407.7**	**1 135 030.0**	**1 372 342.3**	**1 383 611.2**	**1 474 083.4**
Australie	3 246.6	4 354.4	4 985.6	4 993.1	..	11 603.7	11 963.7	14 618.6	13 369.6	14 447.3
Autriche	24 989.7	23 894.8	30 129.5	26 609.8	..	44 631.5	50 981.3	67 678.1	68 091.4	69 304.7
Belgique	11 479.6	10 011.6	12 332.7	11 306.4	..	40 618.4	35 196.6	23 258.6	20 827.8	35 823.4
Canada	.. d	.. d	.. d	.. d	..	13 905.3	14 705.4	16 977.7	16 732.3	18 156.6
Chili	620.6	1 499.9	563.7	522.1	..	1 984.8	.. d	.. d	.. d	.. d
République Tchèque	808.9	855.9	990.6	1 033.9	..	18 904.7	20 343.6	27 824.4	21 829.6	22 229.8
Danemark	7 646.2	8 241.8	9 631.8	8 363.9	..	5 242.2	6 134.7	7 669.7	7 547.5	8 136.4
Estonie	3.3	5.3	.. c	.. c	..	4.4	23.2	135.5	223.3	302.2
Finlande	3 071.3	2 875.5	4 096.9	8 081.1	..	3 078.9	2 937.7	3 693.9	3 739.4	4 677.6
France	54 028.3	53 257.1	71 321.7	67 486.8	..	72 999.5	70 393.2	101 458.4	98 793.2	101 510.9
Allemagne	62 546.5	71 940.6	92 616.9	69 856.9	..	..	-	-	-	-
Grèce	67.5	76.9	52.8	48.1	..	4 497.6	5 065.9	7 118.0	7 149.1	8 431.8
Hongrie	66.4	99.1	122.3	108.8	..	13 728.9	13 877.9	18 726.3	16 556.0	17 779.2
Islande	397.4	16.9	18.0	20.6	..	57.7	.. d	.. d	.. d	.. d
Irlande	7 584.1	5 347.3	5 403.0	43 063.9	..	10 260.2	10 209.8	12 131.2	25 859.9	20 565.0
Israël	5 585.2	5 062.7	6 658.7	6 313.3	..	1 094.2	1 197.4	1 432.0	1 258.3	1 571.6
Italie	35 062.6	33 599.7	35 820.3	33 491.0	..	31 816.0	32 880.8	39 486.7	38 715.4	44 111.4
Japon	36 272.2	37 322.7	42 010.1	46 012.1	..	6 525.9	8 340.9	10 455.7	10 224.4	10 820.0
Corée	4 536.7	5 755.2	6 801.4	6 076.3	..	9 208.5	8 271.3	10 551.7	10 224.4	11 203.1
Lettonie	9.8	.. c	14.4	14.9	..	769.7	649.3	819.1	771.7	1 134.6
Lituanie	2.2	.. c	.. c	.. c	..	724.0	953.9	1 002.6	880.5	1 102.0
Luxembourg	54 835.1	53 514.3	59 018.9	64 758.4	..	139 543.8	136 757.7	179 161.7	182 680.3	213 170.1
Mexique	.. d	.. d	.. d	.. d	..	8 260.2	9 058.7	12 890.4	14 185.9	16 104.2
Pays-Bas	51 801.9	46 522.6	56 352.8	55 098.5	..	120 076.2	133 641.8	160 338.2	173 764.6	201 172.8
Nouvelle-Zélande	55.5	.. d	.. d	.. d	..	508.4	663.0	1 590.3	1 653.3	1 827.7
Norvège	2 155.7	2 241.0	3 022.3	2 499.4	..	7 277.1	6 929.5	6 646.7	5 895.4	6 996.2
Pologne	432.2	716.8	946.3	753.4	..	29 566.7	29 132.5	38 969.8	37 691.8	40 069.6
Portugal	445.3	416.4	405.4	413.3	..	3 166.0	3 359.3	4 188.1	4 437.8	5 058.4
République slovaquie	1.1	1.1	1.2	2.3	..	3 881.3	3 158.0	4 368.0	3 975.3	5 137.0
Slovénie	84.9	76.9	67.2	68.7	..	1 198.7	1 135.2	1 492.0	1 494.2	1 577.2
Espagne	25 955.4	24 900.4	29 051.3	25 034.3	..	49 805.1	48 540.1	66 265.3	67 325.4	70 043.8
Suède	15 486.1	14 714.9	20 596.1	18 887.1	..	25 171.5	23 485.8	25 335.8	24 164.2	21 953.5
Suisse	54 352.7	59 685.9	68 648.4	66 154.1	..	34 801.3	38 921.7	45 225.5	42 149.1	38 878.9
Turquie	1 585.2	1 612.7	2 002.9	1 762.1	..	9 992.4	9 351.7	10 593.7	9 624.5	9 527.1
Royaume-Uni	89 879.2	92 148.2	102 553.4	82 912.8	..	151 477.4	140 717.8	158 648.4	144 977.1	140 303.3
Etats-Unis	171 474.1	171 626.4	217 855.6	209 477.9	..	268 515.0	254 632.7	289 576.6	304 196.2	310 956.0
EUROPE	**520 013.1**	**527 565.1**	**628 361.7**	**609 726.4**	**..**	**873 252.0**	**873 344.6**	**1 079 400.3**	**1 073 739.4**	**1 151 995.1**
Bulgarie	.. c	.. c	.. c	53.8	..	1 734.3	1 926.8	2 168.4	1 979.6	2 008.5
Croatie	.. c	.. c	-	.. c	..	2 164.4	2 160.9	2 547.4	2 441.0	2 767.9
Chypre	1 475.2	1 300.7	1 760.6	1 946.4	..	1 694.1	215.0	-1 079.4	-2 591.0	-6 057.1
Malte	370.2	721.0	369.4	338.9	..	13 850.8	9 407.6	21 597.5	20 848.4	18 057.7
Roumanie	6.5	6.3	.. c	.. c	..	7 060.4	7 802.3	9 087.3	9 436.7	9 530.4
Russie	7 914.0	8 730.9	11 671.9	10 472.9	..	14 918.9	18 945.9	22 066.4	20 509.5	23 901.4
Ukraine	135.0	.. c	.. c	.. c	..	2 880.8	2 679.5	2 844.8	3 273.4	4 003.6
AFRIQUE	**1 699.5**	**1 514.7**	**1 800.2**	**2 265.9**	**..**	**8 916.7**	**10 170.8**	**11 134.6**	**10 928.6**	**14 265.3**
Afrique septentrionale	236.3	198.2	104.3	144.3	..	2 403.9	2 624.6	2 422.6	2 340.3	4 483.3
Algérie	3.3	3.2	3.6	3.4	..	389.8	533.4	663.2	546.1	797.6
Egypte	.. c	56.9	.. d	123.7	..	1 367.4	1 573.7	973.9	601.1	1 246.9
Libye	167.7	134.9	.. c	.. c	..	-57.7	-255.1	-26.4	-41.2	924.5
Maroc	.. c	.. c	.. c	.. c	..	411.5	536.5	581.7	973.2	1 168.3
Tunisie	1.1	.. d	1.2	2.3	..	292.9	237.2	230.3	261.0	346.0
Autres pays africains	1 463.3	1 316.5	1 694.7	2 121.6	..	6 513.9	7 546.1	8 713.1	8 588.3	9 782.1
Nigéria	.. c	.. c	.. c	.. c	..	381.1	374.2	315.4	563.3	698.7
Afrique du Sud	1 464.3	1 308.1	.. d	.. d	..	4 843.8	5 764.7	6 751.0	6 430.0	7 052.3
AMÉRIQUE	**185 536.2**	**185 547.6**	**233 380.9**	**224 921.0**	**..**	**321 532.9**	**310 884.4**	**352 379.5**	**363 661.6**	**370 771.7**
Amérique du Nord	178 657.6	179 464.5	227 303.9	218 607.7	..	282 420.3	269 338.0	306 554.3	320 928.6	329 112.6
Amérique du Nord	5 210.7	2 931.4	4 084.9	4 555.8	..	16 474.7	16 394.0	19 362.0	18 860.8	19 627.1
Bahamas	.. c	.. c	6.0	5.7	..	103.4	106.5	136.7	140.8	155.0
Bermudes	1 457.8	1 368.2	1 911.7	2 490.3	..	2 112.1	1 794.0	1 838.6	2 230.4	1 672.7
Îles Cayman	1 730.0	-546.0	-582.9	-600.0	..	1 921.6	1 418.8	887.5	-755.7	-797.6
Costa Rica	-	-	-	1.1	..	127.4	190.8	145.1	142.0	24.7
El Salvador	-	-	-	-	..	119.8	117.0	36.0	61.8	59.5
Guatemala	-	4.2	4.8	5.7	..	105.6	98.0	100.7	99.6	91.0
Honduras	-	-	-	-	..	79.5	84.3	116.3	108.8	38.2
Nicaragua	-	-	-	-	..	67.5	.. d	42.0	38.9	33.7
Panama	.. c	.. c	.. c	.. c	..	2 669.6	2 534.0	2 465.8	1 916.6	1 960.2
Îles Vierges, US	1.1	1.1	1.2	2.3	..	.. c	.. c	.. c	.. c	.. c
Amérique du Sud	1 666.8	3 150.6	1 992.1	1 757.5	..	22 636.9	25 152.3	26 464.4	23 872.2	22 032.1
Argentine	2.2	2.1	2.4	3.4	..	2 499.7	2 286.3	2 597.7	2 387.2	2 718.5
Bolivie	-	-	-	-	..	168.8	84.3	84.0	83.6	98.9
Brésil	1 028.9	1 620.1	1 390.0	1 195.3	..	13 490.5	14 884.6	15 774.8	13 985.6	13 106.0
Colombie	3.3	3.2	3.6	3.4	..	1 127.9	1 342.9	1 573.5	1 584.6	1 732.2
Equateur	-	-	1.2	1.1	..	324.4	326.8	367.0	396.2	378.6
Paraguay	-	-	-	-	..	156.8	173.9	.. d	.. d	.. d
Pérou	2.2	3.2	3.6	3.4	..	627.1	714.7	704.0	770.6	938.0
Uruguay	.. c	13.7	18.0	19.5	..	687.0	770.5	827.5	786.6	1 076.2
Venezuela	7.6	8.4	9.6	9.2	..	1 558.0	2 297.9	1 498.0	1 243.4	-587.5
ASIE	**71 192.2**	**75 274.6**	**94 770.9**	**92 474.2**	**..**	**153 341.3**	**160 563.9**	**191 111.8**	**188 002.1**	**201 342.4**

Tableau 2. Encours des investissements directs étrangers par pays *(suite)*
En fin d'année

Millions de dollars des ÉU

	Entrant					Sortant				
	2015	2016	2017	2018	2019	2015	2016	2017	2018	2019
Proche et Moyen Orient	17 895.5	16 689.2	19 673.8	17 887.6	..	7 609.1	8 090.0	10 865.9	10 925.1	12 665.7
Pays du Golfe	12 252.6	11 551.6	12 940.8	11 502.2	..	5 587.4	5 991.4	8 801.9	8 781.8	10 159.5
Koweït	327.7	322.5	430.6	455.7	..	163.3	220.3	263.9	243.9	253.9
Qatar	6 874.3	6 660.7	8 334.1	7 854.4	..	271.1	300.4	319.0	309.1	374.1
Arabie saoudite	365.8	378.4	428.2	297.7	..	1 476.3	1 613.8	1 498.0	1 912.1	1 392.9
Emirats Arabes Unis	2 780.6	2 343.2	2 257.1	1 495.3	..	3 574.3	3 462.6	6 430.8	6 125.5	7 934.2
Autres pays du Proche et Moyen Orient	5 642.9	5 136.5	6 734.2	6 384.2	..	2 021.8	2 098.7	2 064.0	2 143.3	2 506.2
Jordanie	3.3	5.3	.. c	.. c	..	167.7	158.1	134.3	129.4	104.5
Autres pays asiatiques	53 296.7	58 585.4	75 097.1	74 587.8	..	145 731.1	152 473.9	180 247.1	177 078.1	188 676.7
Chine	4 935.2	7 611.5	16 408.0	12 644.8	..	72 182.9	77 044.4	92 397.5	91 009.8	93 525.1
Hong Kong, Chine	853.6	1 265.9	1 917.7	2 528.1	..	5 930.3	5 402.1	6 351.6	4 863.8	9 210.3
Inde	.. d	2 874.5	3 271.8	2 589.9	..	24 132.8	25 177.6	28 169.8	26 328.1	27 174.8
Indonesie	.. c	3.2	.. c	.. c	..	2 573.8	2 743.8	3 010.3	2 792.5	3 300.4
République islamique d'Iran	1 673.4	1 710.8	2 140.8	2 312.8	..	248.2	406.9	410.2	448.8	407.8
Malaisie	755.6	770.5	911.5	837.0	..	3 924.9	4 412.4	5 441.4	5 728.2	6 148.1
Philippines	-	-	.. c	.. c	..	1 032.1	1 022.5	1 303.7	1 473.6	1 725.5
Singapour	386.5	341.5	472.5	488.9	..	13 846.5	12 935.6	14 070.5	15 517.5	16 117.7
Taipei Chinois	542.2	609.3	912.7	845.0	..	1 935.8	1 922.6	2 312.3	2 262.4	2 505.1
Thaïlande	52.3	186.6	56.4	67.6	..	2 554.2	2 996.7	3 763.5	4 000.5	4 223.8
Viet Nam	.. c	.. c	.. c	.. c	..	636.9	708.3	828.7	893.1	913.3
AUSTRALIE, OCÉANIE ET RÉGIONS POLAIRES	**3 303.2**	**4 609.5**	**4 808.1**	**5 013.7**	**..**	**12 167.7**	**12 666.8**	**16 265.3**	**15 085.9**	**16 333.4**
TOTAL MONDE non alloué et confidentiel	**-1.1**	**-1.1**	**-**	**1.1**	**..**	**-1.1**	**-**	**1.2**	**-1.1**	**-212.3**
Union européenne (UE28)	**448 199.2**	**445 338.9**	**533 794.7**	**519 782.5**	**..**	**797 669.0**	**791 088.9**	**984 093.3**	**983 612.3**	**1 059 904.5**
Pays du G20 hors Union Européenne	**485 193.3**	**502 493.9**	**620 960.7**	**561 021.3**	**..**	**720 423.5**	**708 777.3**	**837 523.4**	**826 399.1**	**849 311.4**
Pays OCDE du G20	**466 323.4**	**479 965.2**	**586 121.4**	**531 730.0**	**..**	**584 305.9**	**560 316.2**	**665 257.9**	**661 043.1**	**677 140.0**
Pays non-OCDE du G20	**18 869.9**	**22 528.7**	**34 838.1**	**29 291.3**	**..**	**136 117.6**	**148 461.1**	**172 265.5**	**165 356.1**	**172 171.4**
Pays MENA	**12 521.5**	**11 805.6**	**13 099.1**	**11 700.3**	**..**	**8 372.3**	**8 992.3**	**11 597.5**	**11 480.4**	**14 923.6**
Pays ANASE	**1 302.1**	**1 332.4**	**1 516.0**	**1 462.1**	**..**	**24 587.9**	**24 840.3**	**28 446.9**	**30 433.9**	**32 438.8**

- Néant ; .. Non disponible ; c Donnée confidentielle ; d Confidentialité Secondaire

Note : Les positions d'IDE entrants sont allouées selon le pays investisseur ultime. Voir les métadonnées détaillées sur : *http://metalinks.oecd.org/idi/20210722/947b*.

Source : *Statistiques de l'OCDE sur l'investissement direct international (base de données) : https://doi.org/10.1787/idi-data-fr*

ALLEMAGNE

Tableau 3. Revenus des investissements directs étrangers par pays

Millions de dollars des ÉU

	Entrant					Sortant				
	2015	2016	2017	2018	2019	2015	2016	2017	2018	2019
TOTAL MONDE	**34 566.9**	**37 941.7**	**54 730.7**	**54 599.5**	**53 051.9**	**74 861.3**	**98 391.1**	**108 764.4**	**121 926.2**	**121 902.5**
Pays membres de l'OCDE	**31 583.1**	**37 472.1**	**53 643.0**	**53 275.8**	**51 856.1**	**50 712.9**	**74 706.3**	**80 973.2**	**91 308.9**	**91 873.5**
Australie	-120.1	70.8	770.4	756.9	686.2	577.5	512.3	1 053.9	1 195.4	1 203.1
Autriche	2 143.9	1 941.1	3 942.8	4 012.3	3 593.7	2 906.0	4 100.8	4 540.3	5 000.8	5 189.2
Belgique	1 355.6	984.8	1 243.9	1 136.8	1 120.5	2 514.4	1 744.5	2 051.7	2 330.0	2 254.7
Canada	48.5	91.1	392.8	393.1	354.4	739.0	884.9	635.0	776.7	743.6
Chili	0.0	-19.7	-19.1	-33.6	-21.8	-11.7	127.5	103.9	93.0	97.6
République Tchèque	131.6	1 458.7	73.0	76.0	53.7	1 805.5	2 269.4	2 555.7	2 874.6	4 014.0
Danemark	1 779.0	738.9	561.0	582.6	563.8	163.6	544.4	757.4	833.6	815.9
Estonie	0.1	0.2	0.1	4.8	0.0	14.9	18.4	26.2	34.0	31.5
Finlande	89.3	119.1	-243.9	-268.3	-201.8	340.6	351.9	321.2	372.6	369.8
France	4 362.3	5 865.7	7 640.9	7 654.7	7 894.2	1 690.5	2 975.1	6 926.2	7 426.5	7 471.9
Allemagne	-	-	-	-	-	-	-	-	-	-
Grèce	10.9	1.2	23.6	16.0	7.3	270.1	187.9	447.7	407.9	390.9
Hongrie	39.3	40.0	34.2	36.0	44.1	976.4	951.7	1 757.3	1 885.6	1 802.1
Islande	1.8	1.1	1.8	1.7	2.1	-4.0	0.0	1.6	3.0	4.1
Irlande	714.8	869.7	718.8	744.1	760.0	654.9	687.6	819.8	958.7	997.5
Israël	64.0	67.9	92.8	91.8	83.6	36.7	78.6	70.1	74.0	74.7
Italie	2 323.0	2 054.0	3 937.1	4 031.3	4 065.3	1 518.0	2 097.3	2 402.9	2 566.5	2 508.1
Japon	246.2	233.6	1 072.7	1 058.8	979.4	1 313.2	1 172.2	1 526.7	1 716.5	1 689.8
Corée	103.9	206.7	181.4	175.3	157.1	1 030.2	1 097.0	1 472.4	1 646.3	1 588.6
Lettonie	0.2	0.7	0.1	-0.7	-1.2	45.7	38.3	55.1	63.1	64.3
Lituanie	2.7	2.5	3.5	1.5	2.1	88.4	31.1	82.9	68.7	66.8
Luxembourg	4 164.0	855.5	6 271.2	6 242.2	6 587.8	4 206.9	7 997.8	7 365.5	8 321.7	9 304.0
Mexique	-29.0	-9.1	-52.4	-33.2	-31.3	527.6	916.5	932.9	1 080.7	1 086.7
Pays-Bas	4 901.2	8 349.7	10 562.0	10 687.9	9 483.3	4 645.6	8 497.8	11 503.7	14 248.1	13 529.4
Nouvelle-Zélande	1.9	0.8	2.1	2.1	1.8	76.9	113.6	140.6	153.6	148.2
Norvège	144.4	30.7	348.8	350.2	427.7	461.6	355.3	630.9	678.1	658.4
Pologne	169.3	254.1	205.2	253.6	199.1	2 701.0	2 544.6	2 798.2	3 203.6	3 086.2
Portugal	6.4	-15.9	4.8	5.7	4.6	444.9	414.6	494.6	554.2	534.2
République slovaquie	2.6	8.8	10.9	12.4	15.9	376.4	600.9	612.4	692.6	661.6
Slovénie	13.9	30.1	27.0	28.1	35.5	101.7	152.1	164.0	183.9	177.4
Espagne	1 480.7	2 165.7	-189.9	-213.9	-184.8	1 589.5	2 404.4	3 420.6	3 814.0	3 654.6
Suède	1 391.3	-560.5	1 212.2	1 093.7	1 066.6	1 228.4	4 856.9	843.3	912.6	987.1
Suisse	2 976.0	6 880.6	4 216.3	4 163.3	4 018.4	3 675.0	5 513.5	4 911.2	5 413.6	5 329.1
Turquie	70.6	49.8	98.7	98.0	95.3	931.1	863.4	1 346.5	1 380.2	1 383.9
Royaume-Uni	308.9	1 858.4	4 377.3	4 264.1	4 516.2	3 610.8	4 808.0	3 925.1	4 118.4	4 427.3
Etats-Unis	2 686.9	2 847.6	6 124.2	5 850.6	5 477.5	9 599.7	14 827.0	14 358.4	16 226.2	15 527.1
EUROPE	**30 307.3**	**33 652.4**	**45 930.6**	**45 888.2**	**44 988.4**	**41 016.2**	**60 331.6**	**67 252.1**	**75 456.4**	**76 569.8**
Bulgarie	17.5	12.4	13.4	10.3	6.4	71.8	152.3	182.5	202.9	197.3
Croatie	-3.6	11.1	5.9	11.9	12.1	130.8	235.8	188.8	254.4	245.6
Chypre	545.0	90.4	334.7	327.6	296.9	50.2	143.7	13.5	11.9	7.9
Malte	61.0	49.9	88.0	77.2	101.0	1 086.0	410.8	634.3	702.7	661.0
Roumanie	5.4	15.1	19.4	21.2	17.8	589.7	987.2	983.8	1 105.9	1 065.2
Russie	682.3	-100.0	506.3	499.9	441.5	1 952.3	3 041.3	3 538.2	3 740.4	3 624.4
Ukraine	4.2	1.2	-3.6	-4.7	-4.9	-176.9	22.1	-17.9	-6.1	-7.3
AFRIQUE	**89.8**	**197.3**	**166.7**	**168.6**	**153.1**	**736.5**	**1 270.2**	**1 051.9**	**1 363.3**	**1 292.3**
Afrique septentrionale	6.2	17.7	13.2	14.2	12.1	99.6	387.9	329.5	556.2	378.7
Algérie	4.7	0.2	0.1	0.2	0.3	60.1	210.2	91.6	117.9	126.8
Egypte	1.8	16.6	12.3	13.3	11.9	86.3	251.7	38.3	192.5	40.8
Libye	-0.9	0.0	0.0	0.0	-	-126.3	-140.4	174.9	199.9	167.3
Maroc	-	0.1	0.2	0.2	0.1	48.9	50.4	-6.6	10.8	9.7
Tunisie	0.5	0.8	0.7	0.5	-0.2	30.6	16.0	31.4	35.2	34.0
Autres pays africains	83.7	179.6	153.4	154.4	141.1	636.8	882.3	722.3	807.1	913.7
Nigéria	19.7	-5.1	1.3	0.8	-1.2	18.9	-13.8	16.9	19.6	19.3
Afrique du Sud	53.2	190.1	136.9	139.0	132.8	537.4	826.1	646.2	727.2	840.1
AMÉRIQUE	**3 511.9**	**3 492.7**	**7 154.5**	**7 038.1**	**6 517.8**	**12 859.3**	**16 170.5**	**15 362.7**	**17 376.2**	**16 704.9**
Amérique du Nord	2 735.4	2 938.8	6 516.9	6 243.6	5 831.9	10 338.7	15 711.8	14 993.4	17 002.9	16 270.8
Amérique du Nord	759.8	570.8	649.7	816.5	704.3	2 663.6	188.8	437.1	521.2	544.6
Bahamas	136.4	3.3	21.4	21.8	19.2	3.6	1.3	13.9	15.7	14.9
Bermudes	391.8	272.9	370.6	388.6	410.2	276.3	257.3	188.6	211.2	194.4
Îles Cayman	190.7	194.5	180.4	132.3	123.1	1 645.2	-1 053.8	-440.9	-496.5	-475.1
Costa Rica	0.1	-0.3	0.2	0.2	0.1	-4.6	-11.2	-26.2	-29.6	-28.1
El Salvador	-	-	-	-	-	2.8	-1.1	0.6	1.8	1.4
Guatemala	0.4	-	-	0.0	-	4.3	-3.0	7.0	6.8	5.8
Honduras	0.0	0.2	0.2	0.2	-	10.2	18.3	19.2	21.5	20.6
Nicaragua	-	-	-	-	-	1.7	3.0	1.6	1.5	6.0
Panama	-6.3	-4.5	-1.8	-1.6	-1.9	159.2	53.0	30.7	35.5	35.3
Îles Vierges, US	-	-	0.0	-	-	-	-	-	-	-
Amérique du Sud	16.7	-16.8	-12.1	-22.0	-18.4	-143.0	269.8	-67.9	-147.9	-110.5
Argentine	0.1	-4.4	-3.3	-2.4	-1.8	85.8	242.3	202.8	243.8	245.2
Bolivie	0.0	0.0	0.0	-	-	13.1	4.5	8.9	9.5	8.6
Brésil	15.6	8.9	9.9	13.1	5.9	-195.4	-825.8	-709.3	-875.7	-819.6
Colombie	0.2	0.0	-0.1	0.3	-0.2	38.0	36.8	78.8	86.6	81.9
Equateur	-	0.1	0.0	0.1	0.0	19.2	17.7	24.3	26.1	27.0
Paraguay	-0.1	-0.6	-0.3	-0.2	-0.3	4.0	-2.0	2.1	3.5	4.0
Pérou	0.1	0.6	0.6	0.6	0.0	61.8	90.4	58.9	66.7	66.2
Uruguay	0.8	-2.3	-0.4	-0.1	-0.1	28.0	26.1	38.5	47.5	45.7
Venezuela	0.0	0.6	0.6	0.4	0.0	-181.5	560.0	125.4	153.6	135.3
ASIE	**775.8**	**543.0**	**925.4**	**960.6**	**900.5**	**19 591.9**	**20 000.6**	**23 909.9**	**26 386.5**	**25 989.3**

Tableau 3. Revenus des investissements directs étrangers par pays *(suite)*

Millions de dollars des ÉU

	Entrant					Sortant				
	2015	2016	2017	2018	2019	2015	2016	2017	2018	2019
Proche et Moyen Orient	186.4	192.7	237.1	263.2	253.1	879.8	1 007.5	610.5	567.1	536.0
Pays du Golfe	120.2	121.2	137.6	166.7	169.0	764.3	840.8	462.8	442.2	394.2
Koweït	8.9	16.0	18.1	16.0	13.5	37.9	51.5	84.6	47.4	45.2
Qatar	107.4	118.7	85.4	114.3	130.1	25.3	29.1	38.2	39.1	33.5
Arabie saoudite	-5.6	-19.2	28.8	29.0	24.8	374.4	292.8	95.0	65.1	20.1
Emirats Arabes Unis	11.8	8.0	3.3	5.9	1.5	312.4	381.3	208.1	248.3	254.6
Autres pays du Proche et Moyen Orient	66.3	71.5	99.5	96.5	84.1	115.5	166.8	147.7	124.9	141.8
Jordanie	0.0	0.7	0.3	1.1	0.0	8.5	32.4	21.2	2.8	7.9
Autres pays asiatiques	589.3	350.3	688.3	697.4	647.4	18 712.1	18 993.1	23 299.4	25 819.4	25 453.3
Chine	128.0	11.2	-83.2	-67.7	-52.5	11 431.1	11 920.5	14 311.4	15 867.8	15 769.6
Hong Kong, Chine	12.7	-143.6	-383.1	-377.4	-345.2	1 432.7	1 074.6	1 514.0	1 658.2	1 587.2
Inde	-37.2	-26.5	-32.7	-33.5	-31.2	780.6	915.4	1 321.5	1 587.1	1 486.5
Indonesie	-1.9	0.8	-0.3	-1.3	-1.2	401.9	366.5	371.9	414.1	395.7
République islamique d'Iran	50.0	64.8	27.1	26.9	25.0	273.9	73.5	121.8	76.8	45.2
Malaisie	25.7	45.9	19.0	16.8	14.7	302.9	583.7	518.8	576.3	590.1
Philippines	0.3	0.9	1.0	0.9	0.3	62.0	8.8	175.1	204.4	195.4
Singapour	47.5	-60.8	-141.2	-127.3	-112.3	1 000.9	708.5	930.8	1 037.7	1 011.1
Taipei Chinois	7.8	8.8	16.7	15.8	13.7	180.8	183.7	199.9	226.8	217.0
Thaïlande	8.6	10.6	9.4	9.2	2.2	319.0	533.5	518.8	579.6	557.8
Viet Nam	-3.4	-2.5	0.5	0.2	-0.3	43.1	179.5	94.3	86.3	129.0
AUSTRALIE, OCÉANIE ET RÉGIONS POLAIRES	**-118.0**	**56.2**	**553.5**	**544.1**	**492.0**	**657.4**	**627.1**	**1 197.0**	**1 353.4**	**1 355.5**
TOTAL MONDE non alloué et confidentiel	**-**	**0.1**	**0.1**	**0.0**	**0.1**	**0.0**	**-8.9**	**-9.1**	**-9.6**	**-9.4**
Union européenne (UE28)	**26 016.1**	**27 201.4**	**40 877.4**	**40 849.0**	**40 060.0**	**33 822.6**	**50 205.3**	**55 874.9**	**63 149.4**	**64 515.6**
Pays du G20 hors Union Européenne	**10 835.9**	**13 329.5**	**25 105.6**	**24 825.6**	**24 712.5**	**36 905.8**	**46 932.9**	**54 357.5**	**59 903.0**	**59 192.3**
Pays OCDE du G20	**10 001.3**	**13 268.8**	**24 543.1**	**24 249.5**	**24 194.2**	**21 537.7**	**30 153.8**	**34 579.9**	**38 133.2**	**37 630.1**
Pays non-OCDE du G20	**834.6**	**60.8**	**562.4**	**576.1**	**518.3**	**15 368.2**	**16 779.1**	**19 777.6**	**21 769.8**	**21 562.2**
Pays MENA	**128.0**	**140.9**	**155.7**	**183.6**	**181.2**	**839.3**	**1 270.4**	**826.0**	**1 012.1**	**797.9**
Pays ANASE	**78.4**	**-4.2**	**-111.2**	**-101.0**	**-96.3**	**2 138.0**	**2 391.3**	**2 721.5**	**2 910.0**	**2 891.0**

- Néant

Note : Voir les métadonnées détaillées sur : *http://metalinks.oecd.org/idi/20210722/947b*.

Source : *Statistiques de l'OCDE sur l'investissement direct international (base de données) : https://doi.org/10.1787/idi-data-fr*

Tableau 4. Investissement direct étranger : flux par secteur industriel

Millions de dollars des ÉU

	Entrant					Sortant				
	2015	2016	2017	2018	2019	2015	2016	2017	2018	2019
All FDI activities	**30 534.1**	**15 617.9**	**60 225.2**	**73 523.6**	**57 793.5**	**99 003.2**	**63 599.0**	**103 865.1**	**78 763.9**	**120 133.5**
Agriculture, sylviculture et pêche	**37.7**	**3.9**	**30.4**	**37.6**	..	**29.9**	**-25.1**	**-59.1**	**-53.5**	..
Industries extractives	**-36.1**	**124.4**	**-89.0**	**51.3**	..	**581.2**	**1 085.8**	**1 999.7**	**337.8**	..
Activités d'extraction	105.4	10.4	-95.3	49.2	..	-479.9	93.9	1 476.9	318.1	..
Activités de fabrication	**4 521.1**	**-946.5**	**8 636.9**	**4 998.0**	..	**26 260.2**	**2 254.5**	**3 944.1**	**-30 616.9**	..
dont :										
Produits alimentaires, boissons et tabac	267.8	1 002.7	-388.2	326.9	..	-137.4	-299.9	-188.7	2 267.3	..
Textiles, bois, papier, imprimerie	135.7	-65.0	-121.8	-60.2	..	31.7	-12.7	204.4	147.8	..
Produits pétroliers, chimiques, pharmaceutiques, caoutchouc, plastique, minéraux	1 956.7	-2 783.6	4 698.6	4 427.6	..	6 197.5	-402.1	1 156.1	3 714.8	..
Ouvrages en métaux et machines, sauf matériels électriques	526.6	-1 023.1	1 376.6	-116.5	..	5 821.1	2 818.5	-3 879.6	2 320.6	..
Automobiles, remorques, semi-remorques, autres matériels de transport	1 250.2	592.9	1 155.8	1 767.3	..	17 052.7	3 352.5	4 053.5	-22 975.2	..
Autres activités de fabrication	384.0	1 329.5	1 915.9	-1 347.1	..	-2 705.3	-3 201.9	2 598.3	-16 092.2	..
Production et distribution d'électricité, de gaz, de vapeur et de climatisation	**5 352.9**	**-6 861.0**	**-256.5**	**2 618.0**	..	**-2 681.7**	**-7 335.9**	**208.1**	**563.6**	..
Distribution de l'eau ; assainissement, traitement des déchets et dépollution	**59.2**	**35.0**	**15.0**	**-155.3**	..	**216.9**	**111.1**	**29.6**	**1 095.4**	..
Construction	**386.2**	**-239.4**	**278.7**	**300.9**	..	**281.7**	**39.3**	**62.4**	**187.7**	..
Services	**13 586.6**	**7 303.8**	**40 250.1**	**38 815.9**	..	**45 110.7**	**25 124.1**	**55 121.8**	**59 669.0**	..
Commerce de gros et de détail ; réparations automobiles et motocycles	-2 325.4	1 253.2	3 111.5	3 929.1	..	-846.3	3 452.1	7 371.4	-8 455.2	..
Transport et entreposage	243.4	564.1	3 956.7	-1 626.9	..	1 295.0	-3 048.7	641.7	735.0	..
Activités d'hébergement et de restauration	-80.3	.. d	546.0	-21.8	..	62.9	70.3	.. d	116.6	..
Information et communication	1 553.5	-2 332.6	-1 988.2	-678.4	..	5 737.1	-5 190.8	-1 660.2	-2 427.2	..
Activités financières et d'assurances	4 918.9	-1 432.5	-9 052.0	-6 668.1	..	17 461.8	18 767.8	15 677.2	23 088.2	..
Activités des sociétés holding	2 840.5	-4 015.0	-2 638.6	-9 627.9	..	5 307.3	12 759.5	3 660.5	2 976.7	..
Activités immobilières	1 503.8	64.3	6 332.3	-431.8	..	392.1	-224.6	436.1	-7.9	..
Activités professionnelles, scientifiques et techniques	6 717.2	8 204.3	37 564.5	42 814.9	..	22 977.7	9 455.2	34 198.9	46 102.1	..
Activités de services administratifs et d'appui	900.2	860.2	-412.1	1 207.7	..	-1 260.9	1 752.0	-1 318.8	839.6	..
Administration publique; activités des ménages et des organismes extra-territoriaux	.. c	.. c	.. c	6.9	..	-723.2	.. d	-259.3	-373.9	..
Éducation	5.5	19.0	5.3	-0.6	..	.. d	-9.2	0.4	12.3	..
Santé humaine et action sociale	5.3	18.8	50.3	320.7	..	.. c	.. c	.. c	1.1	..
Arts, spectacles et loisirs	143.3	33.3	123.2	1.6	..	4.3	79.8	-10.6	29.7	..
Autres services	.. d	30.6	.. d	-37.6	..	-2.9	-0.6	-7.0	8.6	..
Not allocated and confidential	**5 506.4**	**15 016.0**	**10 263.8**	**25 596.8**	**57 793.5**	**30 350.8**	**41 810.2**	**40 567.0**	**45 080.4**	**120 133.5**
Activités immobilières privées	**1 120.1**	**1 181.7**	**1 095.8**	**1 260.5**	..	**-1 146.6**	**535.0**	**1 991.6**	**2 500.3**	..

.. Non disponible ; c Donnée confidentielle ; d Confidentialité Secondaire

Note : Voir les métadonnées détaillées sur : *http://metalinks.oecd.org/idi/20210722/947b.*

Source : *Statistiques de l'OCDE sur l'investissement direct international (base de données) : https://doi.org/10.1787/idi-data-fr*

Tableau 5. Encours des investissement directs étrangers par secteur industriel

En fin d'année

Millions de dollars des ÉU

	Entrant					Sortant				
	2015	2016	2017	2018	2019	2015	2016	2017	2018	2019
All FDI activities	**781 743.1**	**794 510.4**	**963 121.9**	**934 402.3**	..	**1 369 209.6**	**1 367 630.4**	**1 650 292.6**	**1 651 416.3**	**1 754 495.6**
Agriculture, sylviculture et pêche	**181.8**	**335.2**	**317.8**	**295.4**	..	**2 640.2**	**2 718.5**	**3 446.9**	**3 420.0**	..
Industries extractives	**153.5**	**2 109.2**	**756.8**	**493.5**	..	**8 209.0**	**7 578.8**	**6 292.9**	**5 936.6**	..
Activités d'extraction	-19.6	1 834.1	467.7	311.4	..	7 929.2	7 142.4	5 674.0	5 374.4	..
Activités de fabrication	**42 703.3**	**40 651.4**	**61 803.8**	**60 547.3**	..	**195 268.4**	**207 732.7**	**252 445.4**	**253 271.1**	..
dont :										
Produits alimentaires, boissons et tabac	4 213.4	3 687.2	5 164.3	5 906.8	..	5 960.8	6 068.3	6 851.8	7 339.1	..
Textiles, bois, papier, imprimerie	3 009.3	4 339.6	5 170.3	4 765.3	..	5 330.4	5 025.8	6 114.2	5 871.3	..
Produits pétroliers, chimiques, pharmaceutiques, caoutchouc, plastique, minéraux	16 707.7	16 038.8	23 623.2	21 472.4	..	44 548.7	47 308.9	58 905.0	62 773.1	..
Ouvrages en métaux et machines, sauf matériels électriques	14 317.9	14 714.9	14 385.9	14 120.7	..	52 372.3	55 578.2	62 529.4	65 780.9	..
Automobiles, remorques, semi-remorques, autres matériels de transport	-566.1	-2 861.8	5 397.0	7 654.0	..	48 897.1	52 905.0	71 795.4	66 878.9	..
Autres activités de fabrication	5 020.1	4 732.8	8 063.1	6 627.0	..	38 157.9	40 846.4	46 250.9	44 627.9	..
Production et distribution d'électricité, de gaz, de vapeur et de climatisation	**8 231.9**	**7 424.9**	**7 964.7**	**6 843.4**	..	**18 329.9**	**13 382.5**	**16 228.1**	**15 525.5**	..
Distribution de l'eau ; assainissement, traitement des déchets et dépollution	**420.3**	**416.4**	**448.5**	**423.6**	..	**1 488.3**	**1 545.3**	**1 842.2**	**1 768.9**	..
Construction	**1 644.0**	**792.7**	**2 481.4**	**2 357.5**	..	**1 609.1**	**2 079.7**	**2 293.1**	**2 468.5**	..
Services	**703 984.8**	**717 454.4**	**858 397.7**	**831 660.2**	..	**963 449.1**	**957 855.0**	**1 162 030.5**	**1 162 174.3**	..
Commerce de gros et de détail ; réparations automobiles et motocycles	42 561.8	43 973.9	57 640.9	48 445.2	..	107 732.2	113 203.3	140 154.7	126 566.3	..
Transport et entreposage	6 561.8	8 046.8	9 555.0	9 518.0	..	6 814.4	7 031.7	11 362.4	11 972.8	..
Activités d'hébergement et de restauration	1 428.4	1 534.7	2 091.6	2 264.7	..	1 814.9	1 760.3	2 197.2	2 275.0	..
Information et communication	35 860.6	36 232.7	35 265.1	27 397.5	..	20 088.2	21 608.5	28 622.0	28 343.3	..
Activités financières et d'assurances	285 777.9	284 748.6	333 929.0	327 695.2	..	582 034.8	507 963.5	604 655.8	589 996.6	..
Activités des sociétés holding	226 884.0	221 776.1	257 343.5	244 676.0	..	517 573.2	454 265.8	559 715.8	596 944.1	..
Activités immobilières	24 980.9	23 540.6	25 747.2	29 632.5	..	27 331.5	27 663.1	34 245.6	31 943.0	..
Activités professionnelles, scientifiques et techniques	305 542.7	317 975.1	391 577.1	382 401.0	..	197 033.2	257 246.8	316 247.3	342 288.8	..
Activités de services administratifs et d'appui	538.9	567.1	1 638.3	3 393.6	..	12 080.6	12 629.9	14 358.4	16 747.2	..
Administration publique; activités des ménages et des organismes extra-territoriaux	.. c	.. c	.. c	.. c	..	.. c	.. c	.. c	67.6	..
Éducation	-2.2	20.0	32.4	32.1	..	34.8	32.7	55.2	52.7	..
Santé humaine et action sociale	251.5	265.6	345.4	360.7	..	8 093.6	8 298.7	9 624.6	11 423.2	..
Arts, spectacles et loisirs	301.6	348.9	418.6	348.1	..	126.3	150.7	177.5	201.5	..
Autres services	.. d	.. d	.. d	.. d	..	.. d	.. d	.. d	296.5	..
Not allocated and confidential	**-2.2**	**-**	**-2.4**	**-1.1**	**1 023 306.0**	**-2.2**	**-**	**-**	**-**	**1 754 495.6**
Activités immobilières privées	**24 425.7**	**25 326.2**	**30 953.5**	**31 782.7**	..	**178 217.7**	**174 738.1**	**205 713.6**	**206 851.4**	..

- Néant ; .. Non disponible ; c Donnée confidentielle ; d Confidentialité Secondaire

Note : Voir les métadonnées détaillées sur : *http://metalinks.oecd.org/idi/20210722/947b.*

Source : *Statistiques de l'OCDE sur l'investissement direct international (base de données) : https://doi.org/10.1787/idi-data-fr*

Tableau 6. Revenus des investissements directs étrangers par secteur industriel

Millions de dollars des ÉU

	Entrant					Sortant				
	2015	2016	2017	2018	2019	2015	2016	2017	2018	2019
All FDI activities	**34 566.9**	**37 941.7**	**54 730.7**	**54 599.5**	**53 051.9**	**74 861.3**	**98 391.1**	**108 764.4**	**121 926.2**	**121 902.5**
Agriculture, sylviculture et pêche	**4.3**	**4.0**	**4.1**	**7.4**	..	**20.0**	**6.3**	**17.3**	**3.9**	..
Industries extractives	**3.7**	**4.8**	**-2.2**	**-0.6**	..	**572.9**	**624.3**	**194.8**	**174.3**	..
Activités d'extraction	0.8	0.8	-4.7	-1.3	..	546.1	606.9	174.9	148.6	..
Activités de fabrication	**3 098.9**	**2 645.4**	**3 824.7**	**4 372.8**	..	**12 792.9**	**16 594.8**	**21 596.7**	**25 554.5**	..
dont :										
Produits alimentaires, boissons et tabac	736.5	302.5	603.0	622.4	..	437.1	327.9	508.0	659.3	..
Textiles, bois, papier, imprimerie	167.0	195.6	142.3	321.4	..	248.3	210.1	262.6	233.5	..
Produits pétroliers, chimiques, pharmaceutiques, caoutchouc, plastique, minéraux	464.3	507.4	1 495.9	1 554.5	..	2 894.3	2 243.5	2 705.0	2 682.5	..
Ouvrages en métaux et machines, sauf matériels électriques	1 303.2	1 412.7	1 271.4	1 422.5	..	2 804.7	3 546.9	3 537.3	3 449.7	..
Automobiles, remorques, semi-remorques, autres matériels de transport	137.3	-16.3	9.2	118.7	..	3 821.6	7 869.3	11 993.9	16 338.5	..
Autres activités de fabrication	290.6	243.6	302.9	333.3	..	2 586.8	2 397.1	2 590.0	2 191.0	..
Production et distribution d'électricité, de gaz, de vapeur et de climatisation	**736.1**	**354.9**	**1 026.5**	**1 212.3**	..	**680.4**	**341.6**	**-31.1**	**60.6**	..
Distribution de l'eau ; assainissement, traitement des déchets et dépollution	**12.0**	**12.0**	**12.9**	**14.7**	..	**9.7**	**15.7**	**10.5**	**14.0**	..
Construction	**1 055.4**	**864.2**	**674.3**	**798.7**	..	**234.8**	**299.5**	**227.5**	**202.3**	..
Services	**20 954.0**	**26 775.4**	**23 114.1**	**21 709.8**	..	**36 919.6**	**35 207.9**	**42 054.6**	**47 094.1**	..
Commerce de gros et de détail ; réparations automobiles et motocycles	2 230.4	2 142.9	2 033.5	1 898.1	..	1 318.3	1 541.1	1 078.4	1 753.0	..
Transport et entreposage	138.7	206.9	271.6	363.1	..	682.3	510.7	1 514.2	817.7	..
Activités d'hébergement et de restauration	60.0	98.1	23.4	29.3	..	2.1	3.3	.. d	.. d	..
Information et communication	330.8	561.2	1 049.7	904.6	..	-133.9	44.2	179.2	43.1	..
Activités financières et d'assurances	2 607.2	5 736.7	8 660.7	7 807.5	..	10 694.5	19 997.9	28 141.3	29 592.6	..
Activités des sociétés holding	963.3	3 452.3	7 644.3	5 527.7	..	1 992.5	13 470.7	20 070.8	20 840.9	..
Activités immobilières	495.0	450.1	805.9	496.1	..	214.2	253.2	120.5	298.7	..
Activités professionnelles, scientifiques et techniques	14 795.5	17 238.7	10 059.9	9 957.2	..	23 841.5	12 575.5	10 820.6	14 351.2	..
Activités de services administratifs et d'appui	210.8	205.1	100.3	118.2	..	195.5	127.8	53.4	101.1	..
Administration publique; activités des ménages et des organismes extra-territoriaux	75.0	88.9	94.0	114.8	..	106.0	152.9	119.8	98.3	..
Éducation	0.0	.. c	.. c	0.2	..	-18.1	-16.6	-12.1	-0.7	..
Santé humaine et action sociale	4.2	.. d	.. c	6.3	..	1.6	0.0	.. c	.. c	..
Arts, spectacles et loisirs	5.8	7.5	14.3	12.5	..	14.6	16.1	25.7	30.6	..
Autres services	0.4	39.0	.. c	2.0	..	1.0	1.9	10.0	5.2	..
Not allocated and confidential	**7 013.7**	**5 497.6**	**24 365.9**	**24 483.1**	**53 051.9**	**19 665.0**	**41 322.3**	**40 009.6**	**44 487.4**	**121 902.5**
Activités immobilières privées	**1 688.8**	**1 783.4**	**1 710.4**	**2 001.3**	..	**3 966.0**	**3 978.6**	**4 684.4**	**4 335.1**	..

.. Non disponible ; c Donnée confidentielle ; d Confidentialité Secondaire

Note : Voir les métadonnées détaillées sur : *http://metalinks.oecd.org/idi/20210722/947b.*

Source : *Statistiques de l'OCDE sur l'investissement direct international (base de données) : https://doi.org/10.1787/idi-data-fr*

GRÈCE

Tableau 1. Flux d'investissement direct étranger par pays

Millions de dollars des ÉU

	Entrant					Sortant				
	2015	2016	2017	2018	2019	2015	2016	2017	2018	2019
TOTAL MONDE	**1 267.8**	**2 762.4**	**3 477.4**	**3 970.8**	**5 019.2**	**1 577.9**	**-1 665.4**	**168.0**	**476.6**	**641.6**
Pays membres de l'OCDE	**1 003.5**	**1 925.6**	**2 864.7**	**2 371.6**	**3 409.7**	**537.6**	**-2 404.6**	**302.6**	**86.2**	**-73.6**
Australie	2.6	5.4	7.9	16.3	18.6	0.9	-0.2	-0.3	-2.0	-0.7
Autriche	-30.2	7.3	-1.7	2.5	56.1	3.4	-7.2	-7.2	-2.3	-2.3
Belgique	15.0	-18.1	37.0	163.0	38.4	1.2	-1.0	-0.6	-0.3	2.9
Canada	710.9	205.6	183.8	176.7	246.1	0.0	0.0	-0.1	0.1	0.0
Chili	-	-	-	-	0.1	-	-	-	-	-
République Tchèque	-5.3	6.5	5.2	18.6	4.4	-7.1	-6.9	-7.7	-7.1	1.0
Danemark	4.9	-3.8	-3.1	-18.1	1.6	0.1	-	-1.0	-1.9	-1.6
Estonie	0.1	0.6	0.6	0.6	2.1	-	-	-	-	-
Finlande	0.2	-2.1	4.8	-15.1	7.2	-	-	-0.6	-0.7	-0.6
France	-130.6	144.2	-46.2	-28.9	154.0	-0.2	-3.0	8.2	-10.9	6.4
Allemagne	123.6	242.3	715.4	541.6	509.0	7.8	12.4	12.5	5.1	2.2
Grèce	-	-	-	-	-	-	-	-	-	-
Hongrie	-0.1	0.6	0.3	8.8	6.0	-1.3	0.6	0.6	0.2	0.4
Islande	0.0	0.0	-0.3	-1.0	-0.8	-	-	-	-	-
Irlande	9.2	-15.4	26.2	-66.4	-62.0	-0.1	11.0	-	-	-
Israël	2.5	3.2	32.1	28.3	79.1	0.0	0.7	-	0.9	0.6
Italie	102.0	84.0	133.4	341.5	72.8	13.7	-2.7	13.1	-44.8	-5.2
Japon	-0.7	-0.6	-4.7	-3.8	-1.7	-0.5	-0.3	-0.3	-0.4	0.5
Corée	1.3	1.3	-0.6	-0.2	1.3	-	-	-	-	0.0
Lettonie	1.1	1.6	1.1	2.3	1.2	-	-	-	-	-
Lituanie	0.0	0.0	0.1	0.8	1.1	-	-	-	-	-
Luxembourg	-151.3	810.7	111.8	406.7	491.5	18.7	55.1	95.5	55.6	48.1
Mexique	0.1	0.0	0.5	1.9	0.1	-	-	0.0	-	-
Pays-Bas	317.3	99.5	489.9	-91.7	1 107.6	135.6	-38.3	29.4	-61.7	-69.0
Nouvelle-Zélande	-	0.0	0.5	1.5	1.1	-	-	-	-	-
Norvège	10.9	-0.3	1.8	4.9	37.7	-	0.0	-0.4	-0.8	-0.5
Pologne	0.1	1.7	5.1	2.9	9.7	5.2	5.9	4.8	-7.8	45.1
Portugal	0.1	0.0	6.5	-2.3	2.0	0.2	0.6	0.5	-0.4	1.3
République slovaquie	0.1	0.4	0.7	1.9	4.0	-0.3	-0.3	-0.3	-0.3	-0.3
Slovénie	-0.1	0.7	0.6	-1.4	-0.1	0.2	1.3	2.6	3.0	2.4
Espagne	138.4	109.3	47.0	30.7	259.3	4.3	11.6	0.3	0.2	6.4
Suède	-4.2	4.5	1.6	18.9	26.7	0.2	0.7	-5.4	-3.6	-3.1
Suisse	-66.9	152.3	849.3	552.8	220.0	-16.8	-0.8	22.6	5.3	-6.4
Turquie	-1.4	5.8	44.7	35.6	15.6	791.6	-2 467.4	58.0	57.0	27.8
Royaume-Uni	79.7	14.6	175.2	159.3	10.3	-437.9	-118.1	8.5	31.0	-58.0
Etats-Unis	-124.5	63.5	38.4	82.3	89.6	18.7	141.8	70.3	72.6	-70.9
EUROPE	**513.1**	**1 990.1**	**3 082.9**	**3 070.2**	**3 702.2**	**1 464.6**	**-2 084.1**	**-3.2**	**365.6**	**626.2**
Bulgarie	-4.1	35.7	24.0	33.3	41.6	553.6	259.6	-545.7	42.7	67.6
Croatie	0.0	0.2	0.1	-0.1	-2.1	0.0	2.6	0.5	0.5	0.4
Chypre	91.2	285.2	413.8	810.2	585.6	436.3	51.6	391.3	811.6	489.7
Malte	1.8	4.6	11.1	24.8	5.5	90.9	2.8	-0.1	-0.2	-0.1
Roumanie	1.1	2.2	-0.5	6.7	12.4	-104.5	52.6	-0.8	-354.3	41.7
Russie	22.4	14.8	18.9	11.8	28.0	38.9	38.6	39.1	42.7	0.0
Ukraine	0.1	0.3	0.0	0.2	-0.2	-36.4	-3.7	-2.8	-2.2	-3.6
AFRIQUE	**-12.1**	**-11.4**	**-4.9**	**-13.2**	**-1.0**	**-2.6**	**12.9**	**0.9**	**-12.2**	**-0.6**
Afrique septentrionale	1.0	2.6	7.3	8.7	9.9	0.5	0.1	0.5	0.0	-0.1
Algérie	-	-	-	-	-	-	-	0.1	-	0.0
Egypte	0.9	2.0	7.3	8.7	9.8	0.5	0.3	0.4	0.2	0.0
Libye	-	-	-	-	-	0.0	-0.2	0.0	-0.3	-0.1
Maroc	-	0.3	-	-	0.1	-	-	-	-	-
Tunisie	0.1	0.3	-	-	0.0	0.0	0.0	-	-	-
Autres pays africains	-13.1	-14.0	-12.2	-22.0	-10.9	-3.0	12.8	0.5	-12.1	-0.6
Nigéria	-	-	-	0.9	0.4	-	-	-	-	-
Afrique du Sud	0.0	0.0	0.5	0.8	1.1	-3.0	-	0.2	-11.9	-
AMÉRIQUE	**640.4**	**364.1**	**229.7**	**141.7**	**382.8**	**-71.1**	**107.3**	**21.7**	**-92.5**	**-100.9**
Amérique du Nord	586.4	269.1	222.3	259.0	335.7	18.7	141.8	70.2	72.7	-70.9
Amérique du Nord	54.1	94.9	7.3	-118.9	46.6	-89.9	-34.8	-48.4	-164.7	-29.8
Bahamas	0.3	1.6	3.8	2.5	0.1	0.2	-	-	-	-
Bermudes	64.6	106.3	17.6	7.0	0.3	-	-	-13.9	-	-
Îles Cayman	2.4	-0.4	0.1	-0.3	41.7	-68.4	-2.4	-30.5	-31.8	-30.1
Costa Rica	-	-	-	-	-	-	-	-	-	-
El Salvador	-	-	-	-	-	-	-	-	-	-
Guatemala	-	-	-	0.0	-	-	-	-	-0.1	-0.1
Honduras	0.1	-	-	-	-	-	-	-	-	-
Nicaragua	-	-	-	-	-	-	-	-	-	-
Panama	-0.2	0.5	-0.8	0.1	-1.8	-	-0.1	-	-	-
Îles Vierges, US	-	-	-	-	-	-	-	-	-	-
Amérique du Sud	0.0	0.1	0.2	1.7	0.5	0.1	0.3	0.0	-0.5	-0.2
Argentine	-	-	-	0.5	-	-	-	-	-	-
Bolivie	-	-	-	-	-	-	-	-	-	-
Brésil	0.0	-	0.2	0.4	0.4	0.1	0.3	-0.1	-0.6	-0.2
Colombie	-	-	-	-	-	-	0.1	0.1	0.1	-
Equateur	-	-	-	-	-	-	-	-	-	-
Paraguay	-	-	-	-	-	-	-	-	-	-
Pérou	-	-	-	0.4	-	-	-	-	-	-
Uruguay	-	0.1	-	0.3	-	-	-	-	-	-
Venezuela	-	-	-	-	-	-	-	-	-	-
ASIE	**130.6**	**420.0**	**169.7**	**755.3**	**918.4**	**185.7**	**298.8**	**149.0**	**217.7**	**117.6**

Tableau 1. Flux d'investissement direct étranger par pays *(suite)*

Millions de dollars des ÉU

	Entrant					Sortant				
	2015	2016	2017	2018	2019	2015	2016	2017	2018	2019
Proche et Moyen Orient	73.4	33.1	85.8	96.1	144.8	-33.8	13.2	45.1	42.7	13.3
Pays du Golfe	59.3	18.4	25.7	31.5	32.3	-32.8	17.2	45.6	44.4	13.2
Koweït	1.1	1.0	4.9	1.4	2.5	0.2	-	-	-	-
Qatar	31.8	9.2	2.5	1.9	-3.1	0.8	16.7	44.9	36.6	8.9
Arabie saoudite	10.8	2.4	1.1	3.9	2.4	-	-0.1	-	-	0.0
Emirats Arabes Unis	13.3	2.9	13.6	20.7	29.0	-33.7	0.6	0.9	7.8	4.2
Autres pays du Proche et Moyen Orient	14.1	14.7	60.1	64.6	112.5	-1.0	-4.0	-0.6	-1.7	0.1
Jordanie	1.1	2.9	4.6	4.5	2.8	-	-	-	-2.3	-
Autres pays asiatiques	57.2	386.9	84.0	659.2	773.6	219.5	285.5	104.0	175.0	104.4
Chine	20.7	32.4	53.7	254.2	205.7	0.2	0.4	0.7	10.9	0.2
Hong Kong, Chine	35.1	350.6	29.2	370.5	484.9	219.9	285.5	103.6	164.4	100.9
Inde	0.1	0.3	0.0	1.3	3.2	0.0	0.0	0.0	0.0	0.5
Indonesie	-	0.0	-	-	-	-	-	-	-	-
République islamique d'Iran	-	0.0	1.5	2.8	0.7	-	-	-	-	-
Malaisie	-	0.2	0.2	0.3	0.5	-	-	-	-	-
Philippines	-	-	-	-	-	-	-	-	-	-
Singapour	0.0	1.3	2.9	28.1	74.3	-	-	-	-	-
Taipei Chinois	-	0.1	-	3.0	1.6	-	-	-	-	-
Thaïlande	0.1	0.0	0.2	-	-0.3	-	-	-	-	-
Viet Nam	-	-	-	0.3	0.7	-	-	-	-	-
AUSTRALIE, OCÉANIE ET RÉGIONS POLAIRES	**-4.4**	**-0.9**	**-0.6**	**13.8**	**14.6**	**0.9**	**-0.2**	**-0.5**	**-2.0**	**-0.7**
TOTAL MONDE non alloué et confidentiel	**0.2**	**0.5**	**0.5**	**3.0**	**2.2**	**0.4**	**0.0**	**0.0**	**0.0**	**-0.1**
Union européenne (UE28)	**560.0**	**1 817.0**	**2 159.8**	**2 351.1**	**3 346.0**	**719.9**	**290.8**	**-1.8**	**453.9**	**575.3**
Pays du G20 hors Union Européenne	**816.9**	**816.1**	**1 322.3**	**1 595.3**	**1 356.4**	**430.2**	**-2 398.3**	**209.6**	**149.0**	**-97.4**
Pays OCDE du G20	**763.0**	**766.2**	**1 247.8**	**1 322.4**	**1 115.7**	**394.1**	**-2 437.4**	**169.8**	**107.9**	**-97.9**
Pays non-OCDE du G20	**53.9**	**49.8**	**74.4**	**272.9**	**240.7**	**36.1**	**39.1**	**39.9**	**41.1**	**0.5**
Pays MENA	**70.7**	**31.9**	**60.4**	**73.2**	**72.4**	**-33.1**	**13.0**	**45.8**	**42.0**	**12.8**
Pays ANASE	**0.1**	**1.5**	**3.4**	**28.8**	**74.6**	**-**	**-**	**-**	**-**	**2.3**

- Néant

Note : Voir les métadonnées détaillées sur : *http://metalinks.oecd.org/idi/20210722/947b*.

Source : *Statistiques de l'OCDE sur l'investissement direct international (base de données) : https://doi.org/10.1787/idi-data-fr*

Tableau 2. Encours des investissements directs étrangers par pays
En fin d'année

Millions de dollars des ÉU

	Entrant					Sortant				
	2015	2016	2017	2018	2019	2015	2016	2017	2018	2019
TOTAL MONDE	**24 082.0**	**24 614.9**	**33 404.1**	**35 736.7**	**45 151.2**	**24 419.0**	**18 005.9**	**20 104.3**	**19 497.9**	**19 234.9**
Pays membres de l'OCDE	**25 225.0**	**24 961.0**	**33 380.5**	**33 761.7**	**40 909.6**	**8 194.0**	**4 570.0**	**5 863.0**	**6 243.4**	**7 240.9**
Australie	-5.0	-4.5	9.8	19.6	33.8	2.0	1.9	11.7	9.2	8.9
Autriche	255.2	351.7	507.5	291.6	278.9	688.6	625.6	722.2	416.6	243.2
Belgique	1 415.9	1 450.0	801.5	1 296.8	2 707.9	4.5	47.9	153.1	148.6	153.5
Canada	748.9	591.1	876.3	722.0	1 315.3	2.3	-	17.4	15.7	13.9
Chili	0.0	0.0	0.0	0.0	0.1	-	-	0.2	0.2	0.2
République Tchèque	-0.1	-0.3	13.6	21.9	335.9	0.1	-0.4	0.2	-0.7	-0.7
Danemark	89.7	86.6	194.2	204.5	212.6	7.1	5.0	2.0	-1.8	-5.5
Estonie	0.0	0.0	5.3	5.6	7.2	-	-	0.1	0.1	0.1
Finlande	2.7	12.0	50.1	52.5	39.7	-	-	1.1	0.6	0.7
France	2 060.0	1 464.2	1 743.3	1 523.3	1 723.5	18.0	26.0	69.0	64.6	66.2
Allemagne	5 559.1	5 226.2	7 721.0	7 963.9	9 246.9	185.9	232.4	366.7	368.1	374.5
Grèce	-	-	-	-	-	-	-	-	-	-
Hongrie	60.5	39.0	44.8	14.9	18.8	-0.8	0.4	1.9	2.0	2.2
Islande	1.1	1.1	1.7	1.7	1.7	-	-	-	-	-
Irlande	376.2	410.6	474.4	448.5	387.0	11.5	11.4	13.8	13.3	13.1
Israël	36.1	34.9	46.5	64.0	112.4	0.0	-	0.5	3.6	3.7
Italie	920.0	1 024.3	1 241.4	1 527.5	1 729.7	533.8	339.7	568.5	560.5	569.2
Japon	46.8	44.7	47.1	42.0	39.4	11.3	-0.6	12.9	12.3	12.1
Corée	4.9	8.2	20.2	12.4	11.1	-6.1	-12.5	-14.9	-14.2	-14.0
Lettonie	0.0	0.0	12.8	13.9	15.0	-	-	0.3	0.3	0.3
Lituanie	0.0	0.0	3.5	3.9	4.9	-	-	0.1	0.1	0.1
Luxembourg	4 766.5	5 634.6	7 731.4	7 495.4	9 000.2	406.9	-192.6	-383.6	-368.6	-113.1
Mexique	-25.8	-25.0	-27.9	-25.6	-24.9	-	-	-	-	-
Pays-Bas	4 980.6	5 014.6	5 763.3	5 734.8	7 156.6	2 137.1	2 034.0	2 185.0	2 023.9	1 773.3
Nouvelle-Zélande	-0.1	-0.1	0.8	1.6	2.4	-	-	0.7	0.7	0.7
Norvège	52.5	59.4	37.3	24.1	52.8	29.9	29.0	6.8	7.1	7.4
Pologne	-4.6	5.1	15.2	10.9	18.5	-125.6	51.7	44.5	50.9	41.7
Portugal	1.4	0.6	1.5	2.5	3.5	5.5	4.7	5.4	4.9	4.8
République slovaquie	-2.9	-5.8	-5.4	-3.8	-3.7	-7.1	-6.6	-6.5	-4.8	-4.7
Slovénie	7.8	5.7	6.9	22.2	21.6	13.6	11.9	20.0	20.9	21.4
Espagne	835.5	818.6	865.6	785.2	789.4	118.2	125.9	154.0	110.7	81.7
Suède	107.0	101.2	143.3	122.5	147.4	4.2	3.9	10.0	8.4	7.7
Suisse	1 781.4	1 928.8	3 408.4	3 556.3	3 560.2	-32.6	0.6	92.9	98.8	102.0
Turquie	13.4	6.7	42.6	59.8	71.0	3 589.7	143.5	153.5	273.2	264.3
Royaume-Uni	342.2	106.5	549.3	785.7	649.3	-1 547.9	-1 253.0	-784.3	-85.7	48.2
Etats-Unis	798.1	570.3	1 036.7	959.5	1 243.6	2 143.9	2 340.3	2 438.0	2 504.0	3 563.5
EUROPE	**21 225.6**	**21 772.7**	**29 790.5**	**32 077.4**	**39 725.3**	**19 318.6**	**12 646.7**	**13 554.8**	**13 249.9**	**12 402.9**
Bulgarie	1.9	-8.0	4.9	71.6	92.7	1 766.4	1 328.0	1 474.7	1 354.3	1 226.5
Croatie	-1.4	0.0	0.4	0.0	0.2	56.3	62.7	6.9	5.8	5.9
Chypre	-2 484.2	-2 040.2	-1 728.8	-112.7	1 189.8	5 435.7	4 500.8	4 971.6	5 043.1	5 196.4
Malte	1.2	1.4	-38.9	-41.6	5.8	561.2	-4.7	-0.8	-2.3	-2.2
Roumanie	-6.3	-3.2	5.7	10.1	17.0	2 828.9	2 486.5	1 792.6	1 767.9	1 402.6
Russie	36.3	27.3	102.7	110.6	119.7	89.0	86.1	77.6	11.3	12.4
Ukraine	-1.9	-0.2	2.4	2.3	2.1	53.4	37.8	46.8	44.3	44.7
AFRIQUE	**72.2**	**62.9**	**64.5**	**45.8**	**69.3**	**518.2**	**91.1**	**302.3**	**340.0**	**53.1**
Afrique septentrionale	-0.2	-0.2	8.6	13.6	20.8	439.1	18.5	279.7	334.0	46.9
Algérie	0.0	0.0	0.0	0.0	0.0	-	-	-	-	-
Egypte	0.0	-0.1	8.3	13.1	20.2	438.7	12.9	278.9	333.4	16.0
Libye	-	-	-	-	-	0.5	0.3	0.3	0.0	30.4
Maroc	0.0	0.0	0.2	0.2	0.3	0.0	5.4	0.2	0.2	0.2
Tunisie	-0.2	-0.2	0.2	0.3	0.4	-0.1	-0.1	0.3	0.3	0.3
Autres pays africains	72.4	63.2	55.8	32.2	48.5	79.0	72.6	22.5	6.0	6.2
Nigéria	0.0	0.0	0.0	0.5	0.8	26.0	25.2	0.3	0.3	0.3
Afrique du Sud	-0.2	-0.1	0.7	1.5	2.1	24.6	19.8	16.5	2.7	2.8
AMÉRIQUE	**2 102.7**	**1 837.9**	**2 239.4**	**2 095.3**	**2 961.0**	**3 256.2**	**3 383.2**	**3 802.5**	**3 574.6**	**4 481.5**
Amérique du Nord	1 547.0	1 161.4	1 913.0	1 681.5	2 558.9	2 146.3	2 340.3	2 455.4	2 519.7	3 577.4
Amérique du Nord	556.5	679.0	299.7	414.6	402.9	1 109.7	1 042.8	1 193.1	915.2	901.2
Bahamas	-	-	0.9	1.0	1.1	-	-	1.0	1.0	1.0
Bermudes	295.7	500.3	1.0	1.5	1.6	-	-	-	-	-
Îles Cayman	118.1	23.2	13.2	13.9	65.0	504.5	490.9	131.5	125.6	123.3
Costa Rica	-	-	-	-	-	-	-	0.1	0.1	0.1
El Salvador	-	-	-	-	-	-	-	-	-	-
Guatemala	0.0	0.0	-0.1	0.0	0.0	-	-	-	0.3	0.5
Honduras	-0.3	-0.3	-0.3	-0.3	-0.3	-	-	-	-	-
Nicaragua	-	-	-	-	-	-	-	-	-	-
Panama	81.7	91.4	147.2	141.8	140.4	9.8	9.5	12.3	1.5	1.5
Îles Vierges, US	-	-	-	-	-	-	-	-	-	-
Amérique du Sud	-0.8	-2.5	26.8	-0.8	-0.8	0.2	-	154.0	139.7	2.9
Argentine	0.4	-0.7	-0.8	-0.5	-0.5	-	-	0.5	0.5	0.5
Bolivie	-	-	-	-	-	-	-	0.0	0.0	0.0
Brésil	-1.1	-1.6	27.6	-0.4	-0.5	0.2	-	151.9	137.5	0.7
Colombie	-0.1	-0.2	-0.2	-0.2	-0.2	-	-	1.0	1.0	1.0
Equateur	-	-	0.0	-	-	-	-	0.1	0.1	0.1
Paraguay	-	-	-	-	-	-	-	-	-	-
Pérou	-	-	0.0	0.0	0.0	-	-	0.1	0.1	0.1
Uruguay	-	0.0	0.1	0.2	0.3	-	-	0.3	0.3	0.3
Venezuela	-	-	0.0	0.0	0.0	-	-	-	-	-
ASIE	**636.1**	**909.5**	**1 246.0**	**1 441.1**	**2 328.4**	**1 324.1**	**1 883.0**	**2 391.5**	**2 283.0**	**2 246.8**

Tableau 2. Encours des investissements directs étrangers par pays *(suite)*
En fin d'année

Millions de dollars des ÉU

	Entrant					Sortant				
	2015	2016	2017	2018	2019	2015	2016	2017	2018	2019
Proche et Moyen Orient	156.9	217.4	235.4	277.8	561.1	-19.3	33.4	48.0	48.4	50.2
Pays du Golfe	113.4	177.9	98.7	108.9	320.6	-27.5	25.5	35.0	28.9	38.1
Koweït	-	-	4.0	4.8	6.7	-	-	-	-	-
Qatar	22.7	33.4	63.0	62.3	59.6	-	0.0	0.2	0.3	14.2
Arabie saoudite	0.0	-0.4	10.8	12.8	15.2	-	-	0.0	0.0	-3.5
Emirats Arabes Unis	90.8	144.9	14.5	20.7	229.2	-37.2	14.9	20.5	21.3	18.9
Autres pays du Proche et Moyen Orient	43.4	39.5	136.7	168.9	240.5	8.2	7.9	13.0	19.5	12.1
Jordanie	0.2	1.0	8.1	10.3	12.6	-	-	0.9	4.8	0.9
Autres pays asiatiques	479.2	692.0	1 010.6	1 163.3	1 767.3	1 343.4	1 849.6	2 343.5	2 234.5	2 196.6
Chine	6.4	10.1	128.8	256.0	400.4	39.2	24.1	22.3	21.4	21.2
Hong Kong, Chine	361.6	574.9	744.3	764.4	1 174.9	1 280.0	1 823.5	2 316.4	2 208.0	2 167.0
Inde	0.8	0.4	0.8	0.8	1.5	12.8	12.4	0.0	0.0	0.4
Indonesie	0.0	0.0	0.1	0.1	0.1	8.9	8.6	0.3	0.3	0.3
République islamique d'Iran	53.0	48.6	56.7	56.6	56.6	-	-	-	-	-
Malaisie	0.1	0.3	0.7	0.9	1.3	-1.0	-1.1	-1.1	-1.1	-1.0
Philippines	0.0	0.0	-	-	-	0.0	0.0	0.1	0.1	0.1
Singapour	2.1	1.6	4.3	19.4	67.2	-0.4	-0.8	2.4	2.4	2.5
Taipei Chinois	0.2	0.1	0.1	1.8	2.9	-0.7	-1.9	-2.1	-2.0	-1.9
Thaïlande	0.5	0.5	0.7	0.7	0.5	-2.1	-2.5	-1.4	-1.3	-1.2
Viet Nam	-	0.0	0.0	0.2	0.6	-	-	-	-	-
AUSTRALIE, OCÉANIE ET RÉGIONS POLAIRES	**45.3**	**31.8**	**47.7**	**61.2**	**49.7**	**2.0**	**1.9**	**13.4**	**10.8**	**10.5**
TOTAL MONDE non alloué et confidentiel	**0.0**	**-**	**16.0**	**15.9**	**17.4**	**0.0**	**0.0**	**39.9**	**39.6**	**40.0**
Union européenne (UE28)	**19 283.8**	**19 695.3**	**26 127.9**	**28 251.8**	**35 796.2**	**13 102.1**	**10 441.2**	**11 388.2**	**11 501.6**	**11 107.3**
Pays du G20 hors Union Européenne	**10 505.1**	**9 047.7**	**13 530.6**	**13 970.8**	**16 576.7**	**5 107.7**	**1 968.7**	**3 107.6**	**3 881.4**	**4 941.7**
Pays OCDE du G20	**10 462.5**	**9 012.7**	**13 259.9**	**13 590.1**	**16 038.6**	**4 933.0**	**1 817.7**	**2 838.6**	**3 707.7**	**4 906.9**
Pays non-OCDE du G20	**42.6**	**35.0**	**270.7**	**380.7**	**538.1**	**174.7**	**151.0**	**269.0**	**173.7**	**34.8**
Pays MENA	**116.4**	**181.6**	**196.1**	**224.1**	**463.9**	**417.4**	**49.6**	**317.7**	**369.4**	**87.6**
Pays ANASE	**2.7**	**2.3**	**5.9**	**21.4**	**70.0**	**5.3**	**4.2**	**8.2**	**8.4**	**11.2**

- Néant

Note : Voir les métadonnées détaillées sur : *http://metalinks.oecd.org/idi/20210722/947b*.

Source : *Statistiques de l'OCDE sur l'investissement direct international (base de données) : https://doi.org/10.1787/idi-data-fr*

Tableau 3. Revenus des investissements directs étrangers par pays

Millions de dollars des ÉU

	Entrant					Sortant				
	2015	2016	2017	2018	2019	2015	2016	2017	2018	2019
TOTAL MONDE	**1 156.8**	**1 149.8**	**1 451.9**	**1 551.9**	**1 868.3**	**1 801.5**	**627.5**	**1 098.5**	**694.2**	**934.7**
Pays membres de l'OCDE	**1 017.5**	**922.0**	**1 325.3**	**1 426.1**	**1 681.8**	**719.6**	**200.7**	**360.7**	**472.2**	**469.3**
Australie	0.1	0.1	0.1	0.1	5.0	0.1	0.1	0.2	0.2	0.3
Autriche	-29.0	-10.2	-9.1	-9.2	-3.1	36.5	-6.0	-7.4	-2.2	-2.3
Belgique	-26.7	-11.9	61.2	63.3	46.7	0.8	3.2	1.1	3.8	4.8
Canada	146.8	192.4	179.8	172.5	258.8	2.7	2.8	2.5	3.8	3.7
Chili	0.0	0.0	0.0	0.0	0.0	0.0	0.0	0.0	0.0	0.0
République Tchèque	40.3	1.1	-0.1	0.2	0.8	-6.1	-6.4	-5.8	-5.4	1.1
Danemark	5.1	4.8	5.9	6.6	6.2	0.0	0.0	-0.3	0.4	-1.6
Estonie	0.0	0.0	0.0	0.0	0.0	0.9	1.3	1.3	2.6	1.0
Finlande	0.7	-2.2	4.2	11.5	8.7	-	-	-0.6	-0.7	-0.6
France	17.6	14.9	27.3	66.5	189.2	3.3	2.5	7.5	1.5	6.2
Allemagne	238.6	207.0	291.9	231.0	448.8	19.9	32.9	52.1	44.0	44.8
Grèce	-	-	-	-	-	-	-	-	-	-
Hongrie	0.0	0.0	0.0	0.0	0.0	-1.3	0.6	0.6	0.3	0.2
Islande	0.0	0.0	0.0	-0.1	-0.1	0.0	0.0	0.0	0.0	0.0
Irlande	7.4	-13.7	20.6	4.9	-62.0	0.0	0.1	0.2	1.4	2.7
Israël	1.0	0.9	1.1	0.5	0.9	0.3	0.3	0.3	1.0	1.4
Italie	133.6	104.7	45.8	59.1	-0.7	11.8	15.6	27.1	36.1	36.4
Japon	-0.7	-0.3	-4.4	-4.0	-2.7	-0.3	-0.3	-0.3	-0.3	-0.3
Corée	0.0	0.0	-0.6	7.0	2.2	0.0	-	-	0.0	3.2
Lettonie	0.0	0.0	0.0	0.0	0.0	0.2	0.1	0.1	0.1	0.1
Lituanie	-	-	0.0	0.0	0.0	0.0	-	-	-	-
Luxembourg	-142.9	116.3	180.0	458.1	113.7	30.5	56.9	65.7	42.3	51.8
Mexique	0.0	-	0.0	-	0.0	0.0	-	-	-	0.0
Pays-Bas	265.0	-18.6	223.8	212.6	407.0	131.0	-70.3	-14.0	43.8	142.6
Nouvelle-Zélande	-	-	0.0	0.0	-	0.0	0.0	0.0	0.0	0.0
Norvège	10.0	-1.3	-0.2	0.4	2.6	0.2	0.1	-0.7	-0.4	-0.2
Pologne	0.2	0.0	0.3	0.3	0.3	4.4	5.9	3.4	2.9	3.3
Portugal	0.0	0.0	0.1	1.0	0.0	0.2	0.9	0.5	-0.4	1.3
République slovaquie	0.2	0.1	0.1	0.1	0.2	-0.2	-0.2	-0.2	-0.1	-0.2
Slovénie	0.3	-0.1	-0.1	-1.4	0.0	0.2	1.9	3.1	3.1	2.4
Espagne	155.3	110.1	73.4	78.9	-3.0	4.2	3.3	2.5	7.2	7.7
Suède	4.3	5.6	2.8	12.4	15.6	0.3	0.3	-3.8	-2.9	-3.0
Suisse	7.4	-28.0	83.0	115.9	113.1	52.1	47.0	77.9	88.6	82.1
Turquie	-3.8	-1.8	-2.1	-2.2	-2.1	800.5	47.4	61.6	53.6	50.7
Royaume-Uni	169.2	212.5	115.3	-88.3	90.5	-401.9	-100.7	14.0	66.4	-37.9
Etats-Unis	17.7	39.4	25.3	28.5	45.0	29.4	161.4	72.3	81.5	67.4
EUROPE	**1 003.6**	**925.7**	**1 303.6**	**1 386.3**	**1 602.8**	**1 671.2**	**206.7**	**947.7**	**527.3**	**767.8**
Bulgarie	-1.0	-0.7	-0.5	-0.3	-0.8	539.4	124.0	330.7	-1.5	138.8
Croatie	0.0	0.0	0.0	0.0	0.0	0.0	0.4	0.4	0.4	0.4
Chypre	170.2	249.9	201.8	190.1	265.5	436.2	-77.1	254.4	172.4	174.2
Malte	0.0	0.0	-6.4	-6.7	-17.9	91.9	12.5	0.1	7.6	0.1
Roumanie	0.1	0.2	0.4	0.2	0.4	-101.5	17.6	-34.9	-63.0	7.7
Russie	1.2	-2.6	-6.7	-6.3	-1.4	39.3	41.9	40.2	44.0	1.7
Ukraine	0.0	0.0	-	0.0	0.0	-36.1	-3.1	-1.9	-1.2	-3.2
AFRIQUE	**-12.6**	**-12.9**	**-15.8**	**-25.5**	**-19.8**	**-0.8**	**2.1**	**3.1**	**1.4**	**2.2**
Afrique septentrionale	0.0	0.0	0.0	0.0	0.1	0.5	0.1	2.1	-0.1	0.1
Algérie	-	-	-	-	-	0.0	0.0	0.0	0.0	0.0
Egypte	0.0	0.0	0.0	0.0	0.1	0.4	0.3	0.4	0.2	0.2
Libye	-	0.0	0.0	0.0	-	0.0	-0.2	0.0	-0.3	-0.1
Maroc	-	-	-	0.0	-	0.1	-	1.7	-	-
Tunisie	-	-	0.0	-	0.0	0.0	0.0	-	-	-
Autres pays africains	-12.6	-12.9	-15.8	-25.5	-19.9	-1.3	1.9	1.0	1.5	2.1
Nigéria	0.0	-	-	-	-	-	-	-	-	-
Afrique du Sud	0.0	0.0	0.0	0.0	0.8	-3.0	0.0	0.1	0.0	0.6
AMÉRIQUE	**153.6**	**215.2**	**188.2**	**184.4**	**310.6**	**-56.9**	**132.2**	**41.9**	**53.1**	**49.5**
Amérique du Nord	164.5	231.9	205.0	201.0	303.8	32.1	164.2	74.8	85.2	71.2
Amérique du Nord	-11.2	-16.8	-17.1	-17.3	6.2	-89.0	-32.0	-33.0	-32.7	-23.2
Bahamas	0.0	-	-	-	-	1.0	2.6	1.2	2.8	1.2
Bermudes	-0.1	-0.1	0.0	-0.2	-0.1	0.0	0.0	0.0	0.0	0.0
Îles Cayman	2.4	-0.4	-0.3	-0.3	3.5	-68.4	-2.4	-30.4	-31.5	-29.7
Costa Rica	0.0	0.0	0.0	0.0	0.0	0.0	0.0	0.0	0.0	0.0
El Salvador	-	-	-	-	-	0.0	0.0	0.0	0.0	0.0
Guatemala	0.0	0.0	0.0	0.0	0.0	0.0	0.0	0.0	-0.1	-0.1
Honduras	0.0	0.0	0.0	0.0	0.0	-	-	-	-	-
Nicaragua	0.0	0.0	-	0.0	0.0	0.0	-	-	-	-
Panama	-0.7	-3.7	-2.7	-2.9	-3.0	0.3	0.1	0.3	0.2	0.1
Îles Vierges, US	-	-	-	-	-	-	-	-	-	4.9
Amérique du Sud	0.3	0.1	0.2	0.7	0.6	0.0	0.0	0.1	0.5	1.6
Argentine	0.0	0.0	0.0	0.0	0.0	0.0	-	-	0.0	-
Bolivie	0.0	0.0	0.0	0.0	-	0.0	0.0	0.0	0.0	0.0
Brésil	0.2	0.1	0.2	0.7	0.6	0.0	0.0	-0.3	-1.0	-0.2
Colombie	0.0	-	-	-	-	0.0	-	-	-	-
Equateur	-	-	-	-	-	0.0	0.0	0.0	0.0	0.0
Paraguay	0.0	0.0	0.0	0.0	0.0	0.0	0.0	0.0	0.0	0.0
Pérou	-	0.0	-	-	-	0.0	0.0	0.5	1.5	1.8
Uruguay	0.1	-	-	-	-	0.0	-	-	-	-
Venezuela	-	-	0.0	0.0	-	-	-	-	-	-
ASIE	**19.0**	**28.3**	**-13.8**	**16.0**	**-27.3**	**187.0**	**285.7**	**105.1**	**110.0**	**112.2**

Tableau 3. Revenus des investissements directs étrangers par pays *(suite)*

Millions de dollars des ÉU

	Entrant					Sortant				
	2015	2016	2017	2018	2019	2015	2016	2017	2018	2019
Proche et Moyen Orient	-7.2	-6.0	-5.9	-10.9	-34.0	-33.5	0.6	4.1	4.0	4.1
Pays du Golfe	-8.9	-7.0	-7.0	-11.5	-34.9	-33.2	1.3	2.4	3.2	2.8
Koweït	-	-	-	0.0	-	-	-	-	-	-
Qatar	-12.5	-0.5	-0.4	-2.6	-9.0	0.0	-	0.0	0.8	0.0
Arabie saoudite	0.0	0.0	0.0	0.0	1.1	0.1	0.0	-	-	-
Emirats Arabes Unis	3.6	-6.6	-6.8	-9.0	-27.0	-33.3	1.3	2.4	2.4	2.8
Autres pays du Proche et Moyen Orient	1.7	1.0	1.2	0.6	0.9	-0.3	-0.7	1.7	0.8	1.4
Jordanie	-	0.0	0.0	0.0	0.0	0.0	0.0	0.0	0.0	0.0
Autres pays asiatiques	26.2	34.3	-8.0	26.9	6.7	220.5	285.1	101.1	106.0	108.1
Chine	0.4	1.8	0.2	20.3	0.2	0.1	0.1	0.1	0.3	0.4
Hong Kong, Chine	26.4	32.7	-3.1	3.5	6.4	220.1	284.7	100.0	105.0	102.8
Inde	-	-	-	0.0	-	0.0	0.0	0.3	0.1	0.5
Indonesie	-	-	-	-	-	0.0	0.0	0.0	0.0	0.0
République islamique d'Iran	-	-	0.0	0.0	0.0	-	0.0	-	-	-
Malaisie	0.0	0.0	0.0	0.0	0.0	0.0	-	0.1	0.1	0.1
Philippines	-	-	-	-	-	-	-	-	0.1	-
Singapour	0.1	0.0	-	0.0	0.0	0.5	0.5	0.7	0.3	1.2
Taipei Chinois	-	-	-	0.0	-	0.0	0.0	0.2	0.4	0.2
Thaïlande	-	-	-	-	-	0.0	-	-	0.0	-
Viet Nam	0.0	-	-	0.0	-	0.0	0.0	0.0	0.0	0.0
AUSTRALIE, OCÉANIE ET RÉGIONS POLAIRES	**-6.8**	**-6.3**	**-10.2**	**-11.2**	**0.5**	**0.6**	**0.6**	**0.2**	**1.0**	**1.6**
TOTAL MONDE non alloué et confidentiel	**0.0**	**0.0**	**-0.1**	**2.0**	**1.5**	**0.5**	**0.2**	**0.4**	**1.5**	**1.4**
Union européenne (UE28)	**1 008.5**	**969.9**	**1 238.7**	**1 290.9**	**1 506.1**	**800.7**	**19.3**	**697.6**	**360.1**	**582.1**
Pays du G20 hors Union Européenne	**720.9**	**768.3**	**672.0**	**485.0**	**1 035.5**	**502.1**	**203.7**	**277.3**	**330.0**	**177.5**
Pays OCDE du G20	**719.1**	**769.0**	**678.3**	**470.3**	**1 034.2**	**465.6**	**161.7**	**236.9**	**286.6**	**174.6**
Pays non-OCDE du G20	**1.8**	**-0.7**	**-6.3**	**14.7**	**1.3**	**36.5**	**42.1**	**40.4**	**43.4**	**2.9**
Pays MENA	**-8.9**	**-7.0**	**-7.0**	**-11.4**	**-34.7**	**-33.1**	**0.7**	**6.1**	**3.1**	**2.8**
Pays ANASE	**0.2**	**0.0**	**0.0**	**0.0**	**0.0**	**0.5**	**0.5**	**0.8**	**0.6**	**1.3**

- Néant

Note : Voir les métadonnées détaillées sur : *http://metalinks.oecd.org/idi/20210722/947b.*

Source : *Statistiques de l'OCDE sur l'investissement direct international (base de données) : https://doi.org/10.1787/idi-data-fr*

GRÈCE

Tableau 4. Investissement direct étranger : flux par secteur industriel

Millions de dollars des ÉU

	Entrant					Sortant				
	2015	2016	2017	2018	2019	2015	2016	2017	2018	2019
All FDI activities	**1 267.8**	**2 762.4**	**3 477.4**	**3 970.8**	**5 019.2**	**1 577.9**	**-1 665.4**	**168.0**	**476.6**	**641.6**
Agriculture, sylviculture et pêche	**1.7**	**5.2**	**10.3**	**17.2**	**-35.1**	**-5.0**	**-0.3**	**7.5**	**0.3**	**1.5**
Industries extractives	**156.8**	**128.6**	**128.0**	**37.9**	**-90.4**	**-1.8**	**35.3**	**10.2**	**1.2**	**14.0**
Activités d'extraction	9.0	-6.1	20.8	26.9	-44.3	0.1	0.1	10.1	6.8	13.7
Activités de fabrication	**8.0**	**50.1**	**311.6**	**364.9**	**375.9**	**-6.3**	**188.3**	**126.6**	**74.6**	**-114.7**
dont :										
Produits alimentaires, boissons et tabac	22.4	54.7	68.2	-5.5	190.8	5.1	28.7	41.8	35.8	9.5
Textiles, bois, papier, imprimerie	1.4	3.3	-6.2	5.9	7.8	-4.1	1.3	2.3	5.1	-3.0
Produits pétroliers, chimiques, pharmaceutiques, caoutchouc, plastique, minéraux	0.4	20.3	179.5	350.8	258.3	-8.2	22.3	4.8	5.5	-12.1
Ouvrages en métaux et machines, sauf matériels électriques	-3.5	-3.1	29.0	19.0	-18.2	-22.5	-21.8	31.7	-1.0	34.2
Automobiles, remorques, semi-remorques, autres matériels de transport	4.5	4.5	0.7	0.2	-0.2	-	-	0.8	-	-
Autres activités de fabrication	-17.1	-29.6	40.5	-5.6	-62.6	23.5	157.8	45.0	29.1	-143.2
Production et distribution d'électricité, de gaz, de vapeur et de climatisation	**-35.7**	**19.6**	**465.4**	**85.6**	**55.2**	**9.4**	**7.5**	**27.3**	**47.7**	**13.2**
Distribution de l'eau ; assainissement, traitement des déchets et dépollution	**0.9**	**0.0**	**1.0**	**1.0**	**1.2**	**5.2**	**4.1**	**0.8**	**-1.6**	**0.0**
Construction	**22.4**	**39.1**	**-15.6**	**-77.0**	**40.9**	**17.7**	**100.2**	**116.5**	**78.5**	**150.8**
Services	**947.3**	**2 308.8**	**2 200.3**	**2 756.4**	**3 832.6**	**1 579.0**	**-2 030.8**	**-125.2**	**272.4**	**575.0**
Commerce de gros et de détail ; réparations automobiles et motocycles	94.7	97.2	100.7	133.1	83.2	312.0	402.6	150.5	301.2	54.5
Transport et entreposage	107.0	600.6	1 455.9	870.4	278.0	44.0	6.5	8.7	-50.9	7.8
Activités d'hébergement et de restauration	15.6	488.6	123.1	137.2	124.6	0.2	6.6	1.0	-0.8	35.4
Information et communication	-119.0	-165.5	-132.9	301.6	104.6	-60.0	-189.4	-144.5	-147.4	-145.7
Activités financières et d'assurances	650.3	886.6	516.4	721.9	764.0	1 292.6	-2 305.7	-334.3	47.9	273.0
Activités des sociétés holding	102.3	153.8	49.7	300.2	27.0	278.2	-240.5	365.1	291.7	133.2
Activités immobilières	135.0	162.6	78.3	844.3	1 989.2	-42.4	-7.1	138.6	102.0	207.4
Activités professionnelles, scientifiques et techniques	-28.7	10.1	24.0	-123.1	296.1	30.8	-22.0	-2.8	9.3	-33.3
Activités de services administratifs et d'appui	59.0	50.6	52.8	56.2	46.3	5.2	-36.8	53.1	5.7	13.7
Administration publique; activités des ménages et des organismes extra-territoriaux	-	-	-	-	-	-	-	-	-	-
Éducation	0.1	4.2	-0.1	0.0	0.1	-	-	-0.1	-	-
Santé humaine et action sociale	-5.6	30.9	20.6	-89.3	194.6	-3.3	-6.2	-3.8	-4.3	-4.4
Arts, spectacles et loisirs	35.0	131.9	-35.7	-100.1	-62.4	-0.1	151.7	8.7	9.7	166.1
Autres services	3.9	11.0	-2.8	4.2	14.3	0.0	-31.0	-0.2	0.0	0.4
Not allocated and confidential	**34.6**	**45.8**	**6.8**	**11.6**	**-0.4**	**-6.9**	**31.6**	**0.0**	**-1.3**	**0.1**
Activités immobilières privées	**131.7**	**165.4**	**369.5**	**773.3**	**839.3**	**-13.4**	**-1.2**	**4.2**	**4.7**	**1.8**

- Néant

Note : Voir les métadonnées détaillées sur : *http://metalinks.oecd.org/idi/20210722/947b.*

Source : *Statistiques de l'OCDE sur l'investissement direct international (base de données) : https://doi.org/10.1787/idi-data-fr*

Tableau 5. Encours des investissement directs étrangers par secteur industriel
En fin d'année

Millions de dollars des ÉU

	Entrant					Sortant				
	2015	2016	2017	2018	2019	2015	2016	2017	2018	2019
All FDI activities	**24 082.0**	**24 614.9**	**33 404.1**	**35 736.7**	**45 151.2**	**24 419.0**	**18 005.9**	**20 104.3**	**19 497.9**	**19 234.9**
Agriculture, sylviculture et pêche	**286.2**	**260.7**	**327.6**	**82.0**	**234.0**	**60.5**	**56.1**	**63.0**	**60.1**	**6.5**
Industries extractives	**387.5**	**1 222.2**	**1 403.1**	**1 578.6**	**1 731.5**	**24.0**	**22.4**	**32.5**	**18.2**	**17.8**
Activités d'extraction	209.2	101.2	111.6	314.9	244.3	11.2	10.8	19.3	5.6	5.5
Activités de fabrication	**7 579.7**	**8 005.2**	**9 072.8**	**9 187.1**	**11 222.8**	**3 220.5**	**2 956.4**	**3 455.2**	**3 726.8**	**4 013.1**
dont :										
Produits alimentaires, boissons et tabac	1 858.0	1 867.2	2 097.2	2 565.6	2 864.5	258.8	207.1	278.1	279.0	266.7
Textiles, bois, papier, imprimerie	133.5	119.0	132.2	124.1	192.6	46.4	39.4	63.8	60.3	59.2
Produits pétroliers, chimiques, pharmaceutiques, caoutchouc, plastique, minéraux	2 940.7	3 009.9	4 339.3	3 947.6	4 331.0	77.9	136.7	150.1	217.5	230.5
Ouvrages en métaux et machines, sauf matériels électriques	1 485.5	1 526.1	848.1	1 090.3	1 479.7	517.2	483.9	372.0	260.7	281.5
Automobiles, remorques, semi-remorques, autres matériels de transport	11.8	11.4	11.3	1.2	11.0	-	-	5.3	-	-
Autres activités de fabrication	1 150.3	1 471.7	1 644.6	1 458.4	2 344.1	2 320.2	2 089.3	2 585.9	2 909.4	3 175.2
Production et distribution d'électricité, de gaz, de vapeur et de climatisation	**2 983.0**	**2 529.6**	**3 103.2**	**2 673.3**	**2 479.6**	**181.4**	**174.8**	**220.8**	**245.6**	**296.4**
Distribution de l'eau ; assainissement, traitement des déchets et dépollution	**34.6**	**37.0**	**35.4**	**40.0**	**42.7**	**23.1**	**22.4**	**25.5**	**25.3**	**25.0**
Construction	**425.1**	**241.4**	**337.2**	**493.2**	**719.0**	**59.2**	**98.3**	**116.8**	**137.2**	**256.8**
Services	**12 313.1**	**12 237.3**	**17 180.0**	**18 999.8**	**24 526.9**	**20 780.2**	**14 607.9**	**15 190.6**	**14 244.8**	**13 247.9**
Commerce de gros et de détail ; réparations automobiles et motocycles	5 432.4	5 447.0	5 782.3	5 707.9	6 627.8	3 157.9	3 683.9	4 910.7	4 419.0	4 243.3
Transport et entreposage	875.8	1 769.0	3 552.6	4 082.2	4 214.8	203.4	187.1	212.7	199.1	195.2
Activités d'hébergement et de restauration	812.1	874.9	1 039.1	1 021.3	1 099.8	47.4	41.8	39.7	31.3	161.0
Information et communication	4 378.0	4 137.7	5 926.0	5 969.6	6 756.8	2 295.2	1 768.8	1 420.3	1 571.4	622.2
Activités financières et d'assurances	-4 537.5	-4 369.9	-4 743.9	-2 935.7	-882.5	14 540.8	8 013.3	7 469.1	6 890.9	6 487.1
Activités des sociétés holding	799.8	716.9	644.8	1 775.5	2 612.0	4 817.1	4 864.3	4 096.5	3 789.7	3 726.8
Activités immobilières	2 588.1	2 103.9	2 316.0	2 151.9	2 609.9	185.3	382.6	367.4	383.4	767.4
Activités professionnelles, scientifiques et techniques	692.7	273.6	333.7	413.1	316.8	-32.9	189.4	389.3	327.0	210.2
Activités de services administratifs et d'appui	661.1	711.4	1 050.0	988.8	1 176.5	177.8	136.9	157.6	134.2	152.0
Administration publique; activités des ménages et des organismes extra-territoriaux	-	1.7	2.0	1.9	1.8	-	-	-	-	-
Éducation	0.6	0.9	1.0	0.9	0.9	-	-	-	-	-
Santé humaine et action sociale	137.9	84.1	298.9	368.8	560.2	16.2	15.7	17.4	15.3	15.1
Arts, spectacles et loisirs	1 262.5	1 194.0	1 612.0	1 213.1	2 027.2	173.3	167.8	191.0	260.1	385.4
Autres services	9.4	9.0	10.3	16.2	16.9	15.7	20.7	15.5	13.0	8.9
Not allocated and confidential	**72.8**	**81.4**	**105.6**	**106.7**	**401.5**	**70.0**	**67.7**	**-421.4**	**-363.4**	**-59.9**
Activités immobilières privées	**-**	**-**	**1 839.2**	**2 576.1**	**3 793.1**	**-**	**-**	**1 421.2**	**1 403.2**	**1 431.2**

- Néant

Note : Voir les métadonnées détaillées sur : *http://metalinks.oecd.org/idi/20210722/947b.*

Source : *Statistiques de l'OCDE sur l'investissement direct international (base de données) : https://doi.org/10.1787/idi-data-fr*

GRÈCE

Tableau 6. Revenus des investissements directs étrangers par secteur industriel

Millions de dollars des ÉU

	Entrant					Sortant				
	2015	2016	2017	2018	2019	2015	2016	2017	2018	2019
All FDI activities	**1 156.8**	**1 149.8**	**1 451.9**	**1 551.9**	**1 868.3**	**1 801.5**	**627.5**	**1 098.5**	**694.2**	**934.7**
Agriculture, sylviculture et pêche	**1.5**	**1.6**	**2.7**	**3.4**	**-45.5**	**-1.5**	**0.1**	**0.2**	**0.1**	**2.0**
Industries extractives	**1.1**	**-6.1**	**74.0**	**10.2**	**-128.5**	**4.1**	**1.8**	**12.8**	**5.4**	**10.8**
Activités d'extraction	0.6	27.6	108.0	46.4	-34.6	1.4	0.9	3.7	4.6	1.7
Activités de fabrication	**174.4**	**103.9**	**332.8**	**593.3**	**664.5**	**23.4**	**142.1**	**142.1**	**175.3**	**203.2**
dont :										
Produits alimentaires, boissons et tabac	127.5	65.2	85.3	136.4	235.7	5.8	6.4	44.7	50.0	115.9
Textiles, bois, papier, imprimerie	12.3	-1.3	-14.1	-7.8	-13.8	38.2	1.2	1.9	2.6	2.9
Produits pétroliers, chimiques, pharmaceutiques, caoutchouc, plastique, minéraux	46.6	73.1	233.6	443.7	469.8	-11.0	4.3	3.9	11.1	14.0
Ouvrages en métaux et machines, sauf matériels électriques	-4.0	-9.5	26.5	3.7	-33.4	-33.2	-22.3	-9.9	-9.3	4.6
Automobiles, remorques, semi-remorques, autres matériels de transport	4.3	7.0	0.0	-0.3	0.3	-	-	-	0.1	0.2
Autres activités de fabrication	-12.4	-30.6	1.5	17.5	5.9	23.6	152.4	101.4	120.9	65.5
Production et distribution d'électricité, de gaz, de vapeur et de climatisation	**2.7**	**34.2**	**109.9**	**-21.9**	**40.7**	**7.7**	**12.8**	**2.9**	**-8.2**	**3.9**
Distribution de l'eau ; assainissement, traitement des déchets et dépollution	**0.2**	**0.0**	**1.0**	**1.0**	**1.8**	**0.8**	**0.8**	**0.8**	**0.0**	**0.3**
Construction	**0.6**	**17.2**	**34.7**	**34.6**	**40.8**	**6.9**	**50.7**	**59.4**	**76.5**	**40.1**
Services	**877.3**	**931.5**	**841.3**	**858.8**	**1 236.0**	**1 670.8**	**301.0**	**789.5**	**351.1**	**571.0**
Commerce de gros et de détail ; réparations automobiles et motocycles	126.8	206.3	180.4	265.2	301.0	285.2	354.5	165.0	175.3	121.4
Transport et entreposage	181.6	174.0	136.9	176.3	197.1	57.7	89.6	129.7	190.7	150.2
Activités d'hébergement et de restauration	-15.7	-14.9	-15.4	-10.6	-5.0	2.0	1.9	4.4	5.2	9.6
Information et communication	-17.9	-64.1	27.7	138.4	188.5	-36.6	-187.7	-152.2	-147.6	-144.4
Activités financières et d'assurances	424.1	448.8	364.5	332.2	325.3	1 353.6	37.5	207.3	48.6	342.5
Activités des sociétés holding	87.5	145.8	18.4	98.8	97.2	297.9	-86.4	-183.2	-50.2	151.3
Activités immobilières	32.2	58.1	28.5	42.8	165.5	-55.3	5.3	39.5	21.8	47.8
Activités professionnelles, scientifiques et techniques	-20.3	-8.6	26.1	30.6	30.9	34.0	-20.8	-2.4	16.1	-43.1
Activités de services administratifs et d'appui	17.4	19.0	31.7	37.5	55.0	4.9	6.7	391.7	17.4	44.5
Administration publique; activités des ménages et des organismes extra-territoriaux	-	-	-	-	-	-	-	-	-	-
Éducation	0.1	-0.1	-0.1	5.8	1.0	-	-	-	-	0.1
Santé humaine et action sociale	-3.4	29.0	-23.0	-26.4	37.2	-2.3	-2.8	-2.9	-3.1	-3.1
Arts, spectacles et loisirs	151.7	69.2	82.7	-145.9	-66.1	27.7	16.8	9.4	26.9	45.4
Autres services	0.6	14.9	1.3	12.8	5.7	0.0	0.1	0.1	-0.1	0.2
Not allocated and confidential	**98.7**	**67.2**	**55.2**	**69.7**	**58.0**	**81.7**	**103.5**	**76.1**	**72.0**	**71.9**
Activités immobilières privées	**0.3**	**0.4**	**0.3**	**2.9**	**0.4**	**7.6**	**14.7**	**14.7**	**21.8**	**31.5**

- Néant

Note : Voir les métadonnées détaillées sur : *http://metalinks.oecd.org/idi/20210722/947b.*

Source : *Statistiques de l'OCDE sur l'investissement direct international (base de données) : https://doi.org/10.1787/idi-data-fr*

HONGRIE

Tableau 1. Flux d'investissement direct étranger par pays

Millions de dollars des ÉU

	Entrant					Sortant				
	2015	2016	2017	2018	2019	2015	2016	2017	2018	2019
TOTAL MONDE	**-14 544.6**	**-5 438.6**	**3 527.5**	**8 401.4**	**1 164.6**	**-16 117.7**	**-8 272.2**	**1 221.6**	**5 159.1**	**1 285.0**
Pays membres de l'OCDE	**-7 902.9**	**-6 730.6**	**1 662.5**	**8 315.8**	**530.4**	**-16 476.6**	**1 277.8**	**-947.9**	**3 986.9**	**-213.3**
Australie	10.0	13.6	-47.1	11.1	-4.0	-12.0	9.7	-18.8	10.3	5.5
Autriche	1 145.8	-186.2	264.2	478.7	677.5	-23.2	23.8	9.2	32.1	-24.3
Belgique	-408.3	299.5	-278.1	1 817.4	-936.1	50.4	77.9	-2 841.3	0.2	-0.5
Canada	28.3	8.6	-69.4	-98.5	4.4	.. c	9.4	13.0	11.5	.. c
Chili	-0.2	3.5	2.0	1.2	-0.7	.. c	.. c	.. c	.. c	-
République Tchèque	42.4	131.8	186.2	93.2	113.1	-34.6	-3.3	297.9	84.0	180.6
Danemark	50.1	147.1	148.3	231.6	70.7	.. c	.. c	.. c	.. c	.. c
Estonie	0.0	-0.1	0.3	0.3	0.0	-0.6	-0.3	0.5	0.0	-1.3
Finlande	-22.0	1.3	8.5	11.3	11.1	-0.3	0.1	0.0	0.0	-1.3
France	-1 545.4	1 912.5	381.4	601.9	257.1	-20.6	3.9	23.4	14.2	9.3
Allemagne	-2 189.9	3 707.4	-1 772.3	-807.9	1 198.0	49.2	115.2	21.2	-1.7	-0.7
Grèce	-4.4	50.7	1.4	-4.2	3.8	0.0	0.1	0.4	-0.2	-0.2
Hongrie	-	-	-	-	-	-	-	-	-	-
Islande	-1.5	-1.1	-3.7	1.8	-0.6	-	-	.. c	.. c	.. c
Irlande	5 757.4	-4 021.9	59.9	830.5	-4 733.3	10.7	1.2	440.4	1 361.6	-1 114.4
Israël	863.1	-25.2	-2 104.0	-34.6	-108.8	546.1	317.2	330.3	162.9	-157.0
Italie	308.9	1 387.8	7.9	-188.8	256.8	-24.3	371.1	5.1	63.2	-26.3
Japon	-467.1	118.2	173.1	223.1	250.7	-0.5	3.1	1.0	1.4	1.9
Corée	169.6	185.8	264.3	1 086.9	648.4	22.6	16.5	11.5	-0.3	-14.9
Lettonie	-0.2	-4.6	-1.3	-0.4	-1.2	1.5	-0.3	0.3	-0.1	1.5
Lituanie	-1.6	3.5	1.9	-2.2	8.5	1.0	1.3	0.7	0.7	-0.6
Luxembourg	-13 183.7	-164.3	468.8	1 063.3	1 354.8	-2 200.1	215.6	-239.8	-149.7	-165.8
Mexique	-414.9	74.1	-30.5	-68.7	-44.4	229.5	85.5	18.4	18.9	-3.4
Pays-Bas	5 066.5	-9 255.4	2 038.7	622.4	-573.7	52.1	-62.3	183.2	1 669.1	-93.0
Nouvelle-Zélande	-0.9	-9.9	2.2	-4.9	0.8	-	-	-	-	-
Norvège	-19.5	-14.2	10.5	-416.6	-16.0	.. c	.. c	.. c	.. c	.. c
Pologne	100.9	124.2	764.7	20.5	107.7	51.3	51.0	395.8	116.9	306.8
Portugal	-43.3	-9.5	18.7	-0.8	7.2	-40.2	-4.5	-0.3	0.2	0.1
République slovaquie	-42.9	-3.9	-15.5	-9.7	5.7	277.8	162.4	21.2	-181.6	147.6
Slovénie	5.6	5.3	-1.8	3.1	4.1	-72.5	1.3	4.2	38.9	392.4
Espagne	-15.6	37.4	3.0	187.6	-174.1	83.8	118.3	164.1	154.3	136.5
Suède	73.6	33.9	-35.1	-20.8	128.0	-0.5	0.5	.. c	1.5	137.5
Suisse	-1 116.2	134.7	2 256.6	-49.4	597.3	-15 532.0	17.4	252.1	-466.9	-296.3
Turquie	-2.0	11.4	11.6	-7.8	8.8	1.5	-23.8	-1.6	-3.8	-2.4
Royaume-Uni	995.4	-882.4	-1 398.2	-915.4	1 882.3	18.8	21.0	40.9	17.4	98.9
Etats-Unis	-3 042.8	-540.6	347.3	3 660.6	-473.7	62.0	-249.9	-80.8	1 030.5	267.8
EUROPE	**-4 716.1**	**-5 978.5**	**3 607.2**	**3 802.3**	**359.0**	**-16 988.9**	**1 799.7**	**281.3**	**4 285.2**	**1 209.2**
Bulgarie	-11.3	3.7	3.0	11.8	8.8	17.5	-42.8	-25.3	737.2	306.0
Croatie	-221.7	-4.8	-18.7	17.2	-8.4	7.2	163.7	725.4	191.6	60.7
Chypre	-59.2	0.4	20.2	37.3	-420.2	38.7	354.1	192.5	210.7	117.5
Malte	349.0	-117.8	48.5	-479.7	24.6	23.1	-22.0	120.7	64.0	59.7
Roumanie	-26.4	23.2	28.0	7.4	62.2	170.3	-21.7	189.6	128.6	264.2
Russie	-25.8	154.1	63.5	165.8	152.3	-32.1	71.7	199.4	33.5	107.0
Ukraine	99.2	57.8	51.7	8.0	-79.1	121.4	191.5	61.3	65.8	98.2
AFRIQUE	**274.6**	**311.7**	**306.1**	**166.1**	**94.6**	**43.1**	**10.5**	**1.9**	**-6.4**	**-4.2**
Afrique septentrionale	-8.3	5.6	4.7	3.7	-22.6	.. c	-0.4	-0.5	-2.7	0.2
Algérie	-0.2	0.1	0.6	0.1	-2.3	-	-	-	-	-
Egypte	-2.3	1.7	5.3	1.9	0.6	.. c	.. c	.. c	.. c	.. c
Libye	-	-	-	-	.. c	-	-	-	-	-
Maroc	-5.2	3.4	-2.2	1.6	2.2	-	-	.. c	.. c	.. c
Tunisie	-0.4	0.4	1.1	0.2	-23.1	-	-	-	-	-
Autres pays africains	282.9	306.1	301.4	162.4	117.2	43.2	.. c	.. c	.. c	-4.3
Nigéria	-0.2	-0.3	0.3	0.1	-0.1	-	-	-	-	-
Afrique du Sud	7.1	-2.7	-2.8	0.7	4.1	.. c	.. c	.. c	.. c	.. c
AMÉRIQUE	**-10 743.2**	**-374.1**	**1 598.6**	**2 534.3**	**-324.7**	**276.2**	**-10 421.6**	**559.6**	**671.9**	**382.3**
Amérique du Nord	-3 014.5	-532.0	277.9	3 562.1	-469.4	90.0	-240.5	-67.8	1 042.0	271.2
Amérique du Nord	-7 743.7	145.7	1 314.1	-917.0	142.8	132.9	-10 260.9	566.4	-427.8	1.4
Bahamas	0.6	.. c	6.1	-20.9	-0.8	-	-	-	-	-
Bermudes	0.5	-1.3	1.5	0.9	-4.5	-	-	-	-	.. c
Îles Cayman	99.6	230.0	252.2	60.2	370.7	-	-	.. c	.. c	-
Costa Rica	0.0	0.0	-0.1	0.0	0.0	-	-	-	-	-
El Salvador	.. c	.. c	-	.. c	-	-	-	-	.. c	.. c
Guatemala	.. c	.. c	.. c	0.0	0.0	-	-	-	.. c	.. c
Honduras	0.4	-0.5	0.0	0.1	0.1	-	-	-	-	-
Nicaragua	-	-	-	-	-	-	-	-	-	-
Panama	15.9	-26.5	-2.1	5.7	-4.8	.. c	.. c	.. c	-	-
Îles Vierges, US	-	-	-	-	-	-	-	-	-	-
Amérique du Sud	15.0	12.1	6.6	-110.7	1.9	53.3	79.7	60.9	57.8	109.7
Argentine	-0.7	0.6	0.5	1.5	0.4	.. c	.. c	.. c	.. c	.. c
Bolivie	-	.. c	-	-	-	-	-	-	-	-
Brésil	8.6	5.0	-4.1	0.7	9.8	37.0	70.4	76.5	57.3	107.1
Colombie	0.3	0.4	-0.3	-113.3	-6.9	.. c	.. c	.. c	.. c	.. c
Equateur	-0.1	0.2	-0.1	0.2	0.0	-	.. c	-	-	-
Paraguay	.. c	.. c	.. c	.. c	.. c	-	-	-	-	-
Pérou	-1.6	1.9	0.2	-1.1	-0.8	.. c	.. c	.. c	-	-
Uruguay	-0.3	0.3	0.3	0.2	0.0	.. c	-	.. c	.. c	.. c
Venezuela	9.2	0.1	8.1	0.0	0.1	-	-	-	-	-
ASIE	**524.3**	**470.8**	**-2 070.7**	**1 568.4**	**615.6**	**563.2**	**329.0**	**397.2**	**197.5**	**-307.6**

Tableau 1. Flux d'investissement direct étranger par pays *(suite)*

Millions de dollars des ÉU

	Entrant					Sortant				
	2015	2016	2017	2018	2019	2015	2016	2017	2018	2019
Proche et Moyen Orient	886.0	117.4	-2 165.6	-33.2	-308.4	552.6	337.4	353.6	179.0	-148.8
Pays du Golfe	28.3	146.2	-58.6	-3.0	-200.4	6.0	20.1	23.3	15.8	7.6
Koweït	.. c	0.0	.. c	0.0	0.0	-	.. c	-	-	-
Qatar	-2.8	-0.5	-0.7	-3.0	-2.4	-	-	-	-	-
Arabie saoudite	0.9	1.2	0.5	0.3	-0.2	-	-	-	-	-
Emirats Arabes Unis	30.9	147.6	-59.2	-2.2	-198.0	.. c	.. c	.. c	.. c	10.0
Autres pays du Proche et Moyen Orient	857.6	-28.8	-2 107.0	-30.2	-107.9	546.7	317.3	330.2	163.2	-156.4
Jordanie	.. c	0.0	.. c	.. c	0.0	-	-	-	-	-
Autres pays asiatiques	-361.6	353.5	95.0	1 601.6	923.9	10.5	-8.4	43.7	18.5	-158.8
Chine	22.8	80.9	8.7	58.5	150.9	-3.4	7.9	3.3	-2.3	-1.6
Hong Kong, Chine	-9.9	9.5	-275.9	310.9	-229.2	-8.6	28.8	20.1	-67.2	-25.5
Inde	-141.9	-64.9	-0.5	7.6	10.3	0.0	-1.1	0.6	-0.7	-1.0
Indonesie	-3.1	-3.5	4.7	0.7	-1.0	-	-	-	-	-
République islamique d'Iran	-	.. c	.. c	.. c	.. c	-	-	-	-	-
Malaisie	31.1	-22.1	3.3	24.7	2.1	.. c	.. c	-	-	-
Philippines	2.4	-0.8	23.5	-41.7	33.1	-	.. c	.. c	-	.. c
Singapour	55.7	13.6	-63.3	-19.4	7.8	-9.5	-71.2	-0.3	48.9	-119.0
Taipei Chinois	-29.1	40.8	-54.8	-51.3	50.8	.. c	.. c	.. c	.. c	0.6
Thaïlande	-0.3	-1.2	-3.1	8.5	-2.4	-	-	-	-	-
Viet Nam	-0.9	-0.2	0.7	-3.4	0.9	.. c	-	-	-	-
AUSTRALIE, OCÉANIE ET RÉGIONS POLAIRES	**5.3**	**3.8**	**-44.9**	**168.6**	**111.2**	**-12.0**	**9.7**	**-18.8**	**10.3**	**5.5**
TOTAL MONDE non alloué et confidentiel	**110.4**	**127.7**	**131.0**	**161.7**	**309.0**	**0.7**	**0.5**	**0.3**	**0.5**	**-0.3**
Union européenne (UE28)	**-3 880.4**	**-6 781.3**	**932.5**	**3 605.6**	**-665.0**	**-1 563.2**	**1 525.0**	**-270.1**	**4 553.3**	**791.0**
Pays du G20 hors Union Européenne	**-6 282.0**	**6 167.3**	**-2 061.3**	**3 732.4**	**4 311.0**	**415.2**	**530.6**	**298.4**	**1 245.2**	**547.6**
Pays OCDE du G20	**-6 149.9**	**5 996.4**	**-2 131.8**	**3 496.6**	**3 984.4**	**354.3**	**361.8**	**33.2**	**1 161.7**	**339.1**
Pays non-OCDE du G20	**-132.1**	**170.9**	**70.5**	**235.8**	**326.6**	**60.9**	**168.8**	**265.3**	**83.5**	**208.4**
Pays MENA	**14.6**	**151.8**	**-57.2**	**3.5**	**-223.2**	**5.8**	**19.7**	**22.8**	**13.1**	**7.8**
Pays ANASE	**84.9**	**-14.1**	**-34.4**	**-30.5**	**40.5**	**-9.7**	**-71.2**	**-0.3**	**48.9**	**-119.0**

- Néant ; c Donnée confidentielle

Note : Les données excluent les entités à vocation spéciales. Voir les métadonnées détaillées sur : *http://metalinks.oecd.org/idi/20210722/947b.*

Source : *Statistiques de l'OCDE sur l'investissement direct international (base de données) : https://doi.org/10.1787/idi-data-fr*

Tableau 2. Encours des investissements directs étrangers par pays

En fin d'année

Millions de dollars des ÉU

	Entrant					Sortant				
	2015	2016	2017	2018	2019	2015	2016	2017	2018	2019
TOTAL MONDE	**86 253.7**	**82 701.0**	**93 537.1**	**95 797.4**	**97 979.2**	**35 536.9**	**25 018.8**	**29 846.5**	**31 099.5**	**37 249.9**
Pays membres de l'OCDE	**75 892.9**	**70 880.2**	**78 905.2**	**79 622.5**	**..**	**15 709.4**	**14 722.5**	**16 436.5**	**17 120.0**	**21 393.4**
Australie	25.2	28.9	6.6	4.6	..	1.6	33.6	31.9	8.1	16.4
Autriche	5 969.9	6 608.4	8 205.0	8 041.7	..	78.2	93.7	104.4	125.5	77.5
Belgique	1 295.4	1 499.5	1 632.5	1 701.9	..	3 521.7	3 469.1	2 081.7	8.3	4.5
Canada	381.4	352.3	1 960.0	1 774.6	..	53.1	18.6	4.3	-17.5	1 454.4
Chili	-	-	-	-	..	.. c	.. c	.. c	.. c	.. c
République Tchèque	336.1	384.8	545.5	1 131.9	..	374.8	329.9	737.5	759.2	956.7
Danemark	709.4	781.3	995.1	947.5	..	.. c	.. c	.. c	.. c	.. c
Estonie	-	-	10.3	17.4	..	0.6	0.3	0.8	0.8	-0.4
Finlande	80.0	74.2	103.9	97.3	..	0.5	1.1	1.3	1.2	0.2
France	4 522.2	4 711.2	5 830.0	5 718.4	..	40.8	41.9	48.5	73.5	61.3
Allemagne	24 172.2	24 020.3	22 322.3	20 133.4	..	154.7	199.7	225.8	218.7	227.7
Grèce	3.2	3.1	3.5	3.4	..	0.2	0.2	0.7	0.5	0.0
Hongrie	394.2	322.9	738.8	834.5	..	-	-	-	-	-
Islande	2.1	-	-	-	..	-	-	.. c	.. c	.. c
Irlande	246.0	275.4	370.9	613.3	..	140.0	137.5	592.3	1 282.0	244.7
Israël	11 205.0	931.1	1 287.5	1 329.9	..	4 548.9	3 177.7	2 983.8	2 455.4	2 553.6
Italie	2 944.4	3 209.0	3 896.3	3 519.2	..	5.3	397.3	449.0	764.6	564.1
Japon	2 282.8	2 563.0	3 186.7	3 248.8	..	2.5	5.7	6.7	8.0	9.6
Corée	1 241.8	1 438.1	3 423.0	4 074.9	..	512.5	551.0	645.9	575.2	541.0
Lettonie	-	-	-	-	..	1.8	0.8	2.7	2.5	3.7
Lituanie	3.0	3.5	3.6	4.3	..	3.9	4.3	6.9	7.7	7.0
Luxembourg	1 273.7	1 366.1	1 522.2	1 626.9	..	1 048.8	1 230.6	1 375.6	1 271.6	958.8
Mexique	148.6	162.8	182.9	161.4	..	234.5	136.7	164.2	153.7	137.4
Pays-Bas	2 299.1	2 285.3	2 722.4	2 744.4	..	3.7	-167.0	364.9	2 285.0	5 329.0
Nouvelle-Zélande	51.4	36.7	41.6	36.6	..	-	-	-	-	-
Norvège	548.4	514.4	586.3	145.8	..	.. c	.. c	.. c	.. c	.. c
Pologne	263.5	237.9	411.8	407.9	..	376.5	429.4	1 396.5	1 393.7	1 475.4
Portugal	88.1	76.2	99.1	90.1	..	0.7	-3.8	-4.1	-3.9	-3.7
République slovaquie	53.8	81.2	100.3	142.6	..	2 142.7	2 445.7	2 779.1	2 623.3	2 811.2
Slovénie	-1.2	4.9	10.1	9.3	..	15.5	16.5	24.4	60.7	438.6
Espagne	706.2	701.9	700.8	615.1	..	882.3	994.6	1 337.2	1 405.6	1 500.8
Suède	368.6	463.3	605.8	729.6	..	0.1	0.2	.. c	6.4	14.2
Suisse	1 798.1	1 855.0	2 342.6	2 528.6	..	509.0	285.9	335.9	-224.0	-324.6
Turquie	53.5	53.5	63.1	45.5	..	58.3	27.1	23.2	12.7	13.9
Royaume-Uni	3 617.1	3 046.9	3 842.4	3 851.7	..	65.8	70.2	120.8	146.9	281.1
Etats-Unis	8 812.6	12 790.4	11 156.0	13 290.1	..	935.6	796.8	596.7	1 708.7	2 034.5
EUROPE	**54 680.3**	**56 534.3**	**62 547.6**	**60 705.3**	**..**	**18 430.5**	**19 513.7**	**23 990.1**	**24 999.6**	**29 281.8**
Bulgarie	-0.8	9.8	16.5	12.2	..	974.3	897.9	1 031.8	1 671.1	1 896.4
Croatie	11.8	12.6	27.3	25.6	..	2 939.6	2 952.7	4 284.9	4 273.7	4 237.4
Chypre	816.2	973.0	887.5	976.7	..	2 665.2	3 008.0	3 060.5	3 274.4	3 384.5
Malte	258.1	402.9	222.3	200.7	..	138.0	128.5	199.6	273.4	347.0
Roumanie	131.8	146.0	259.4	318.9	..	1 226.4	1 181.9	1 554.3	1 460.0	1 858.4
Russie	465.3	640.6	856.0	1 024.5	..	330.3	463.8	783.0	627.4	779.6
Ukraine	491.8	456.3	554.6	562.2	..	-52.8	116.2	157.3	218.2	351.9
AFRIQUE	**239.7**	**274.7**	**283.5**	**169.9**	**..**	**56.6**	**6.0**	**6.3**	**7.6**	**6.6**
Afrique septentrionale	0.5	0.1	0.1	0.1	..	4.6	2.7	2.6	-0.3	2.1
Algérie	-	-	-	-	..	-	-	-	-	-
Egypte	0.5	0.1	0.1	0.1	..	.. c	.. c	2.2	.. c	.. c
Libye	-	-	-	-	..	.. c	.. c	.. c	.. c	.. c
Maroc	-	-	-	-	..	-	-	.. c	.. c	.. c
Tunisie	-	-	-	-	..	-	-	-	-	-
Autres pays africains	239.2	274.6	283.4	169.8	..	52.0	.. c	.. c	.. c	4.4
Nigéria	-	-	-	-	..	-	-	-	-	-
Afrique du Sud	24.9	48.6	65.7	43.2	..	.. c	.. c	.. c	.. c	.. c
AMÉRIQUE	**9 374.8**	**13 345.5**	**13 545.1**	**15 479.2**	**..**	**11 365.1**	**1 100.9**	**1 496.2**	**2 299.7**	**4 181.5**
Amérique du Nord	9 193.9	13 142.7	13 116.0	15 064.8	..	988.7	815.4	601.0	1 691.2	3 488.9
Amérique du Nord	172.8	193.1	418.5	405.7	..	10 301.1	144.1	690.5	187.6	182.1
Bahamas	2.0	1.9	6.8	30.6	..	-	-	-	-	-
Bermudes	-0.1	2.6	0.6	-	..	-	-	-	-	-
Îles Cayman	43.4	39.3	34.5	32.6	..	-	-	.. c	.. c	-
Costa Rica	-	-	-	-	..	-	-	-	-	-
El Salvador	-	-	-	-	..	-	-	-	.. c	.. c
Guatemala	-	-	-	-	..	-	-	-	.. c	.. c
Honduras	-	-	-	-	..	-	-	-	-	-
Nicaragua	-	-	-	-	..	-	-	-	-	-
Panama	-21.1	13.6	13.2	1.0	..	.. c	.. c	-	-	-
Îles Vierges, US	-	-	-	-	..	-	-	-	-	-
Amérique du Sud	8.1	9.7	10.6	8.7	..	75.4	141.4	204.7	421.0	510.5
Argentine	5.8	5.6	6.3	6.1	..	.. c	.. c	.. c	.. c	.. c
Bolivie	-	-	-	-	..	-	-	-	-	-
Brésil	-	1.8	1.5	-	..	44.0	109.6	194.1	414.5	502.9
Colombie	-	-	-	-	..	.. c	.. c	.. c	.. c	.. c
Equateur	-	-	-	-	..	-	.. c	-	-	-
Paraguay	-	-	-	-	..	-	-	-	-	-
Pérou	-	-	-	-	..	.. c	.. c	-	-	-
Uruguay	2.4	2.3	2.8	2.5	..	.. c	.. c	.. c	.. c	-
Venezuela	-	-	-	-	..	-	-	-	-	-
ASIE	**19 276.5**	**10 009.1**	**14 163.1**	**16 019.9**	**..**	**5 668.4**	**4 351.1**	**4 308.6**	**3 773.5**	**3 754.4**

Tableau 2. Encours des investissements directs étrangers par pays *(suite)*

En fin d'année

Millions de dollars des ÉU

	Entrant					Sortant				
	2015	2016	2017	2018	2019	2015	2016	2017	2018	2019
Proche et Moyen Orient	11 415.6	1 345.0	1 676.5	1 585.7	..	4 833.2	3 481.0	3 315.1	2 766.6	2 871.6
Pays du Golfe	208.1	411.6	386.4	250.6	..	275.3	294.5	322.6	302.2	308.5
Koweït	-	-	-	-	..	-	-	-	-	-
Qatar	-7.0	-8.0	-9.5	-12.1	..	-	-	-	-	-
Arabie saoudite	10.2	6.3	7.0	8.4	..	-	-	-	-	-
Emirats Arabes Unis	204.9	413.3	388.8	254.3	..	4.4	.. c	90.0	82.7	93.4
Autres pays du Proche et Moyen Orient	11 207.5	933.4	1 290.2	1 335.1	..	4 558.0	3 186.5	2 992.6	2 464.4	2 563.1
Jordanie	-	-	-	-	..	-	-	-	-	-
Autres pays asiatiques	7 860.9	8 664.1	12 486.5	14 434.2	..	835.2	870.0	993.4	1 006.9	882.8
Chine	1 951.7	1 933.8	1 989.3	2 504.0	..	30.4	35.8	40.8	38.5	37.5
Hong Kong, Chine	144.3	177.6	231.1	289.1	..	-35.2	-19.9	-2.0	-22.6	-49.1
Inde	1 798.0	2 200.4	2 676.1	3 182.7	..	24.3	23.1	25.4	23.7	22.3
Indonesie	-	-	-	-	..	-	-	-	-	-
République islamique d'Iran	-	-	-	-	..	-	-	-	-	-
Malaisie	25.0	26.0	30.7	36.9	..	.. c	.. c	.. c	.. c	.. c
Philippines	-	-	-	119.5	..	-	.. c	-	-	.. c
Singapour	158.7	22.9	-56.1	-238.0	..	290.2	254.8	245.9	327.3	253.7
Taipei Chinois	207.9	299.7	978.7	1 195.8	..	.. c	.. c	.. c	.. c	1.4
Thaïlande	53.3	5.1	9.1	8.6	..	-	-	-	-	-
Viet Nam	-	-	-	-	..	.. c	.. c	.. c	.. c	.. c
AUSTRALIE, OCÉANIE ET RÉGIONS POLAIRES	**78.5**	**65.7**	**48.2**	**41.1**	..	**1.6**	**33.6**	**31.9**	**8.1**	**16.4**
TOTAL MONDE non alloué et confidentiel	**2 603.8**	**2 471.8**	**2 949.6**	**3 382.1**	**97 979.2**	**14.7**	**13.6**	**13.3**	**11.0**	**9.2**
Union européenne (UE28)	**50 562.2**	**51 701.8**	**56 085.6**	**54 515.9**	..	**16 802.7**	**17 862.4**	**21 777.2**	**23 387.1**	**26 676.8**
Pays du G20 hors Union Européenne	**52 457.5**	**57 213.3**	**61 471.2**	**62 591.5**	..	**2 570.0**	**2 943.6**	**3 372.5**	**4 761.2**	**6 684.1**
Pays OCDE du G20	**48 201.5**	**52 376.2**	**55 869.3**	**55 822.6**	..	**2 064.5**	**2 278.5**	**2 317.0**	**3 652.5**	**5 341.5**
Pays non-OCDE du G20	**4 255.9**	**4 837.1**	**5 601.9**	**6 769.0**	..	**505.5**	**665.1**	**1 055.5**	**1 108.7**	**1 342.6**
Pays MENA	**211.1**	**414.0**	**389.1**	**255.9**	..	**279.9**	**297.2**	**325.2**	**301.9**	**310.7**
Pays ANASE	**237.1**	**54.1**	**-16.4**	**-73.0**	..	**282.8**	**247.7**	**237.3**	**319.2**	**256.8**

- Néant ; .. Non disponible ; c Donnée confidentielle

Note : Les données excluent les entités à vocation spéciales. Voir les métadonnées détaillées sur : *http://metalinks.oecd.org/idi/20210722/947b.*

1. Les données excluent les entités à vocation spéciales. Les positions d'IDE entrants sont allouées selon le pays investisseur ultime. Les positions d'IDE entrants par la contrepartie immédiate pour 2013 et l'année la plus récente sont disponibles dans *la base de données Statistisques d'IDE selon BMD4*. Voir les métadonnées détaillées sur : *http://metalinks.oecd.org/idi/20210722/947b.*

Source : *Statistiques de l'OCDE sur l'investissement direct international (base de données) : https://doi.org/10.1787/idi-data-fr*

Tableau 3. Revenus des investissements directs étrangers par pays

Millions de dollars des ÉU

	Entrant					Sortant				
	2015	2016	2017	2018	2019	2015	2016	2017	2018	2019
TOTAL MONDE	**8 855.2**	**7 682.1**	**10 474.0**	**10 564.4**	**9 403.6**	**988.0**	**1 822.6**	**2 149.5**	**1 970.8**	**2 083.3**
Pays membres de l'OCDE	**7 742.7**	**6 183.6**	**8 876.2**	**8 989.9**	**7 966.6**	**653.7**	**1 019.5**	**1 143.5**	**875.4**	**908.5**
Australie	-1.1	21.3	1.1	-0.2	1.0	.. c	.. c	0.8	9.2	.. c
Autriche	1 667.6	855.8	981.2	1 176.4	1 212.6	22.9	-0.5	9.9	20.8	18.9
Belgique	18.2	17.0	137.4	192.8	175.0	59.7	52.3	1.5	1.5	1.0
Canada	32.7	29.9	38.6	9.3	-0.2	.. c	.. c	.. c	.. c	.. c
Chili	.. c	.. c	.. c	.. c	-	-	-	.. c	.. c	-
République Tchèque	-13.3	45.6	42.8	52.3	90.3	66.1	24.2	23.9	-20.9	48.0
Danemark	66.6	118.2	155.7	212.6	120.5	.. c	.. c	.. c	.. c	.. c
Estonie	-	-	-	-	-	-0.2	-0.3	0.0	-0.1	-0.1
Finlande	5.3	7.7	17.5	27.8	30.8	0.1	0.0	0.1	-0.1	-0.2
France	386.5	535.1	597.1	519.0	440.0	5.4	5.6	12.4	12.5	11.4
Allemagne	1 294.8	1 229.8	1 889.2	2 052.5	1 551.0	17.2	9.7	23.1	12.9	16.0
Grèce	-1.0	-0.9	-	0.0	0.0	-	0.0	0.0	-0.4	-0.2
Hongrie	-	-	-	-	-	-	-	-	-	-
Islande	.. c	-	-	-	-	-	-	.. c	.. c	.. c
Irlande	100.7	188.6	158.5	324.2	51.0	14.8	1.4	-1.7	140.9	2.7
Israël	-15.2	8.3	7.1	-63.1	-72.6	287.0	320.6	267.3	142.0	176.2
Italie	93.2	287.7	183.8	155.5	207.7	-67.3	-7.6	-6.9	23.6	3.8
Japon	82.3	98.5	122.0	123.3	86.1	0.9	3.0	1.5	1.8	2.0
Corée	173.0	158.3	178.9	155.5	151.4	107.7	108.2	102.1	71.8	82.5
Lettonie	-	-	-	-	-	0.2	-1.1	-1.5	-2.3	-2.0
Lituanie	3.8	5.0	3.2	6.6	7.0	-1.8	-3.1	-4.1	-5.3	-6.4
Luxembourg	507.5	348.1	845.9	979.1	854.5	89.9	79.3	85.4	41.0	109.0
Mexique	-14.0	-24.2	-17.2	-18.7	-20.2	15.0	82.6	14.3	14.0	-7.2
Pays-Bas	2 155.9	1 250.1	1 625.2	1 664.8	1 724.3	-314.5	-21.0	173.9	123.8	384.5
Nouvelle-Zélande	.. c	.. c	.. c	.. c	.. c	-	-	-	-	-
Norvège	89.8	96.5	117.5	1.1	1.6	.. c	-	-	-	-
Pologne	31.5	45.5	45.4	20.6	162.6	28.4	32.6	76.5	46.4	23.3
Portugal	60.2	58.4	62.8	62.0	66.7	2.3	3.0	0.1	0.1	0.1
République slovaquie	13.1	29.2	19.2	34.6	27.5	324.3	275.8	212.1	199.8	88.3
Slovénie	3.3	5.3	6.2	7.6	7.6	11.6	7.4	11.4	9.6	63.2
Espagne	127.7	165.4	230.7	173.9	79.9	0.3	-0.4	19.5	5.4	-4.2
Suède	65.0	68.9	73.0	96.2	63.3	-0.3	.. c	.. c	0.5	2.7
Suisse	270.9	164.5	834.4	589.4	396.5	-62.0	58.4	127.3	84.7	-44.5
Turquie	5.0	7.1	6.2	8.1	0.1	.. c	-7.2	-2.8	-3.1	-1.1
Royaume-Uni	364.3	410.7	516.7	354.2	418.8	15.4	14.3	22.7	31.8	-1.2
Etats-Unis	173.2	-31.9	-1.4	78.4	133.7	26.4	-26.7	-35.2	-90.7	-70.7
EUROPE	**7 661.0**	**6 518.4**	**9 208.6**	**9 477.8**	**8 210.3**	**580.8**	**1 189.7**	**1 703.0**	**1 763.6**	**1 830.7**
Bulgarie	-1.0	-1.2	-0.7	0.0	0.0	183.7	154.7	136.8	169.8	218.6
Croatie	5.8	-3.2	3.6	12.2	3.1	-31.1	84.9	171.6	153.5	205.2
Chypre	75.3	112.5	329.2	296.8	-1.5	154.6	277.0	266.8	468.1	248.1
Malte	41.1	132.2	38.6	43.4	25.6	23.1	23.8	120.1	64.9	59.7
Roumanie	15.0	15.0	5.4	-7.7	-20.3	25.5	47.4	68.8	40.5	70.2
Russie	-2.0	8.8	14.2	-6.7	113.3	-37.6	39.7	48.3	59.5	88.1
Ukraine	1.5	-0.5	0.1	0.3	1.7	-30.0	5.4	61.3	53.8	100.1
AFRIQUE	**275.2**	**319.4**	**281.3**	**157.9**	**161.0**	**.. c**	**13.4**	**3.7**	**-7.0**	**-5.1**
Afrique septentrionale	.. c	0.0	0.0	0.0	0.0	.. c	-0.5	-0.6	-2.8	0.0
Algérie	-	-	-	-	-	-	-	-	-	-
Egypte	-	-	-	-	-	.. c	.. c	.. c	.. c	.. c
Libye	-	-	-	-	-	-	-	-	-	-
Maroc	-	-	-	-	-	-	-	.. c	.. c	.. c
Tunisie	.. c	.. c	.. c	.. c	.. c	-	-	-	-	-
Autres pays africains	275.7	319.4	281.4	158.0	161.1	.. c	.. c	.. c	.. c	.. c
Nigéria	-	-	-	-	-	-	-	-	-	-
Afrique du Sud	.. c	.. c	.. c	.. c	.. c	-	.. c	.. c	.. c	.. c
AMÉRIQUE	**305.0**	**207.5**	**195.3**	**177.2**	**145.1**	**-21.2**	**138.0**	**41.6**	**-28.0**	**-49.1**
Amérique du Nord	205.8	-2.0	37.2	87.6	133.4	26.5	-21.2	-30.1	-86.8	-67.3
Amérique du Nord	99.1	209.6	157.8	89.8	21.6	-86.7	83.0	18.4	15.8	-5.0
Bahamas	.. c	.. c	1.4	1.4	0.0	-	-	-	-	-
Bermudes	-0.1	.. c	.. c	.. c	.. c	-	-	-	-	.. c
Îles Cayman	113.5	206.9	96.3	62.6	8.5	-	-	-	-	-
Costa Rica	-	-	-	-	-	-	-	-	-	-
El Salvador	-	-	-	-	-	-	-	-	.. c	.. c
Guatemala	-	-	-	-	-	-	-	-	.. c	.. c
Honduras	-	-	-	-	-	-	-	-	-	-
Nicaragua	-	-	-	-	-	-	-	-	-	-
Panama	-5.2	4.2	10.3	5.7	-1.2	.. c	.. c	-	-	-
Îles Vierges, US	-	-	-	-	-	-	-	-	-	-
Amérique du Sud	0.1	-0.1	0.2	-0.3	-9.9	39.1	76.2	53.3	43.0	23.2
Argentine	-	-	-	-	-	.. c	.. c	.. c	.. c	.. c
Bolivie	-	-	-	-	-	-	-	-	-	-
Brésil	.. c	.. c	.. c	.. c	.. c	32.7	73.2	50.6	45.9	24.2
Colombie	-	-	-	.. c	.. c	.. c	.. c	.. c	.. c	.. c
Equateur	-	-	-	-	-	-	-	-	-	-
Paraguay	-	-	-	-	-	-	-	-	-	-
Pérou	-	-	-	-	-	-	-	-	-	-
Uruguay	.. c	.. c	.. c	.. c	.. c	.. c	-	-	-	-
Venezuela	-	-	-	-	-	-	-	-	-	-
ASIE	**274.2**	**344.5**	**414.2**	**384.7**	**333.6**	**425.6**	**481.1**	**400.2**	**232.1**	**297.6**

HONGRIE

Tableau 3. Revenus des investissements directs étrangers par pays *(suite)*

Millions de dollars des ÉU

	Entrant					Sortant				
	2015	2016	2017	2018	2019	2015	2016	2017	2018	2019
Proche et Moyen Orient	-16.0	10.3	-15.9	-45.5	-47.0	299.2	360.0	291.6	169.8	207.4
Pays du Golfe	-0.8	2.1	-22.9	17.6	23.5	12.0	39.2	24.8	28.6	32.0
Koweït	-	-	-	-	-	-	.. c	-	-	-
Qatar	.. c	.. c	.. c	.. c	.. c	-	-	-	-	-
Arabie saoudite	-	-	.. c	-	-	-	-	-	-	-
Emirats Arabes Unis	3.8	5.3	-18.6	25.1	32.6	.. c	.. c	.. c	.. c	.. c
Autres pays du Proche et Moyen Orient	-15.2	8.2	7.0	-63.1	-70.5	287.2	320.8	266.8	141.2	175.4
Jordanie	-	-	-	-	-	-	-	-	-	-
Autres pays asiatiques	290.2	334.2	430.0	430.2	380.6	126.4	121.1	108.6	62.3	90.2
Chine	10.9	46.4	55.3	71.6	44.2	2.4	3.3	-2.5	0.8	2.4
Hong Kong, Chine	-5.2	6.9	23.2	90.2	46.0	.. c	.. c	-2.5	-46.9	.. c
Inde	1.2	1.9	5.6	5.8	.. c	1.0	0.6	1.3	1.7	1.0
Indonesie	-	-	-	-	-	-	-	-	-	-
République islamique d'Iran	-	-	-	-	-	-	-	-	-	-
Malaisie	1.7	1.8	0.8	.. c	.. c	.. c	.. c	-	-	-
Philippines	.. c	.. c	.. c	.. c	.. c	-	-	-	-	-
Singapour	24.7	19.7	26.2	27.2	26.8	3.6	3.7	7.0	30.5	-4.1
Taipei Chinois	-	-	.. c	.. c	.. c	.. c	.. c	.. c	.. c	.. c
Thaïlande	.. c	.. c	.. c	.. c	.. c	-	-	-	-	-
Viet Nam	-	-	-	-	-	.. c	-	-	-	-
AUSTRALIE, OCÉANIE ET RÉGIONS POLAIRES	**-2.5**	**10.7**	**1.8**	**-5.7**	**4.4**	**.. c**	**.. c**	**0.8**	**9.2**	**.. c**
TOTAL MONDE non alloué et confidentiel	**342.2**	**281.7**	**372.9**	**372.5**	**549.2**	**.. d**	**.. d**	**0.3**	**0.9**	**.. d**
Union européenne (UE28)	**7 087.4**	**5 926.4**	**7 967.7**	**8 457.3**	**7 298.0**	**630.1**	**1 059.6**	**1 422.8**	**1 538.4**	**1 560.3**
Pays du G20 hors Union Européenne	**2 599.3**	**2 779.1**	**3 590.0**	**3 507.4**	**3 128.7**	**127.9**	**320.9**	**242.0**	**190.4**	**159.6**
Pays OCDE du G20	**2 589.8**	**2 722.2**	**3 515.0**	**3 436.9**	**2 969.3**	**123.0**	**187.4**	**137.2**	**87.6**	**47.7**
Pays non-OCDE du G20	**9.4**	**56.9**	**75.0**	**70.6**	**159.4**	**4.9**	**133.5**	**104.9**	**102.9**	**111.8**
Pays MENA	**-1.3**	**2.0**	**-22.9**	**17.7**	**23.5**	**11.5**	**38.8**	**24.2**	**25.8**	**32.0**
Pays ANASE	**27.9**	**23.7**	**50.9**	**-9.9**	**52.1**	**3.4**	**3.6**	**7.0**	**30.5**	**-4.1**

- Néant ; .. Non disponible ; c Donnée confidentielle ; d Confidentialité Secondaire

Note : Les données excluent les entités à vocation spéciales. Voir les métadonnées détaillées sur : *http://metalinks.oecd.org/idi/20210722/947b.*

Source : *Statistiques de l'OCDE sur l'investissement direct international (base de données) : https://doi.org/10.1787/idi-data-fr*

HONGRIE

Tableau 4. Investissement direct étranger : flux par secteur industriel

Millions de dollars des ÉU

	Entrant					Sortant				
	2015	2016	2017	2018	2019	2015	2016	2017	2018	2019
All FDI activities	**-14 544.6**	**-5 438.6**	**3 527.5**	**8 401.4**	**1 164.6**	**-16 117.7**	**-8 272.2**	**1 221.6**	**5 159.1**	**1 285.0**
Agriculture, sylviculture et pêche	**45.3**	**10.5**	**43.6**	**-31.1**	**14.6**	**0.1**	**-0.1**	**-0.7**	**9.8**	**11.8**
Industries extractives	**-9.6**	**-19.0**	**0.7**	**86.4**	**-29.5**	**-192.6**	**22.6**	**143.4**	**-185.2**	**516.8**
Activités d'extraction	..	..	..	..	..	..	..	..	..	..
Activités de fabrication	**-13 886.7**	**16 552.9**	**1 262.3**	**3 316.2**	**3 313.4**	**1 323.9**	**1 478.4**	**1 229.9**	**243.7**	**894.1**
dont :										
Produits alimentaires, boissons et tabac	109.0	151.4	47.4	-506.3	108.4	13.7	5.6	7.7	29.4	4.4
Textiles, bois, papier, imprimerie	198.9	524.3	91.6	-18.3	259.1	-17.8	5.1	5.2	76.2	47.2
Produits pétroliers, chimiques, pharmaceutiques, caoutchouc, plastique, minéraux	-324.5	964.6	1 269.4	1 315.2	315.5	544.7	825.6	189.4	184.0	-65.9
Ouvrages en métaux et machines, sauf matériels électriques	-14 774.4	14 054.3	2 617.0	1 688.5	1 543.2	212.8	501.1	854.5	-88.1	761.0
Automobiles, remorques, semi-remorques, autres matériels de transport	577.4	548.2	-2 717.1	277.2	682.9	555.3	87.0	117.1	16.1	188.8
Autres activités de fabrication	326.8	310.1	-46.0	559.9	404.2	15.1	54.0	56.2	26.1	-41.5
Production et distribution d'électricité, de gaz, de vapeur et de climatisation	**97.2**	**-243.1**	**-455.5**	**-523.0**	**-289.6**	**12.1**	**-18.0**	**23.9**	**-30.2**	**-30.5**
Distribution de l'eau ; assainissement, traitement des déchets et dépollution	**-13.8**	**2.3**	**9.0**	**-3.5**	**1.6**	**0.8**	**0.6**	**1.6**	**1.3**	**2.3**
Construction	**6.7**	**121.7**	**-53.3**	**132.5**	**22.1**	**-39.1**	**24.7**	**-4.4**	**3.2**	**8.6**
Services	**-1 037.7**	**-22 150.2**	**2 373.5**	**5 067.1**	**-2 181.9**	**-17 461.6**	**-10 141.4**	**-608.8**	**4 538.4**	**-592.2**
Commerce de gros et de détail ; réparations automobiles et motocycles	441.9	-166.6	676.3	1 520.0	466.2	-15 813.4	-153.8	206.8	186.4	104.0
Transport et entreposage	246.8	630.9	327.6	-117.7	994.8	16.6	30.9	13.4	81.1	5.9
Activités d'hébergement et de restauration	49.0	60.5	64.4	-10.8	47.3	-0.5	-17.5	-71.1	-0.8	11.1
Information et communication	698.5	-340.0	-404.7	8.8	198.9	227.0	53.4	-50.1	-50.9	376.1
Activités financières et d'assurances	473.8	-9 860.4	27.1	3 130.8	-1 822.4	864.9	596.2	-826.8	1 834.0	-456.9
Activités des sociétés holding	618.0	-10 430.7	-64.5	2 980.0	-1 629.9	226.4	155.0	405.3	1 427.7	-1 340.2
Activités immobilières	0.0	-97.5	135.5	254.5	-751.1	39.8	6.8	-1.6	33.7	294.0
Activités professionnelles, scientifiques et techniques	-2 557.4	-3 715.1	78.7	966.8	-29.4	-2 616.9	221.6	57.1	-75.3	100.7
Activités de services administratifs et d'appui	-371.9	-8 754.4	1 390.5	-705.8	-1 329.4	-186.5	-10 887.7	58.8	2 532.5	-1 025.5
Administration publique; activités des ménages et des organismes extra-territoriaux	-	-	0.0	-	0.2	-	-	-	-	-
Éducation	-0.8	-0.4	3.3	12.2	9.7	-	1.2	0.1	0.7	0.0
Santé humaine et action sociale	8.1	9.8	9.1	3.5	31.9	-0.2	2.0	1.0	0.7	1.3
Arts, spectacles et loisirs	-9.3	5.3	54.3	1.1	0.0	4.6	2.8	2.6	-0.2	-0.8
Autres services	-16.4	77.8	11.5	3.7	1.4	3.1	2.7	1.0	-3.5	-2.1
Not allocated and confidential	**0.0**	**0.0**	**0.0**	**-**	**0.0**	**4.5**	**0.0**	**0.0**	**0.4**	**0.0**
Activités immobilières privées	**254.0**	**286.2**	**347.3**	**356.7**	**313.8**	**234.2**	**361.1**	**436.5**	**577.7**	**474.2**

- Néant ; .. Non disponible

Note : Les données excluent les entités à vocation spéciales. Voir les métadonnées détaillées sur : *http://metalinks.oecd.org/idi/20210722/947b.*

Source : *Statistiques de l'OCDE sur l'investissement direct international (base de données) : https://doi.org/10.1787/idi-data-fr*

Tableau 5. Encours des investissement directs étrangers par secteur industriel
En fin d'année

Millions de dollars des ÉU

	Entrant					Sortant				
	2015	2016	2017	2018	2019	2015	2016	2017	2018	2019
All FDI activities	**86 253.7**	**82 701.0**	**93 537.1**	**95 797.4**	**97 979.2**	**35 536.9**	**25 018.8**	**29 846.5**	**31 099.5**	**37 249.9**
Agriculture, sylviculture et pêche	**554.5**	**547.3**	**672.9**	**593.0**	**586.8**	**3.5**	**3.3**	**3.1**	**9.1**	**20.5**
Industries extractives	**203.3**	**229.0**	**377.9**	**418.4**	**372.6**	**3 037.0**	**2 887.1**	**3 273.1**	**2 896.5**	**3 377.7**
Activités d'extraction	..	..	..	..	..	..	..	..	..	..
Activités de fabrication	**9 329.4**	**24 494.8**	**39 236.7**	**37 770.5**	**39 348.5**	**8 269.3**	**7 846.0**	**9 979.7**	**9 723.9**	**10 473.9**
dont :										
Produits alimentaires, boissons et tabac	2 185.6	2 301.3	2 714.6	2 232.9	2 251.0	40.2	42.2	67.8	70.5	108.9
Textiles, bois, papier, imprimerie	1 342.5	1 805.7	2 198.9	1 962.3	2 019.6	72.4	70.0	83.2	150.9	192.7
Produits pétroliers, chimiques, pharmaceutiques, caoutchouc, plastique, minéraux	5 958.4	6 561.9	8 736.9	9 569.3	9 262.2	6 236.1	5 631.0	5 728.7	5 335.3	5 506.8
Ouvrages en métaux et machines, sauf matériels électriques	-8 926.8	4 686.8	7 689.3	8 772.5	9 919.5	940.0	1 391.7	2 611.5	2 817.6	3 037.5
Automobiles, remorques, semi-remorques, autres matériels de transport	4 794.9	5 089.6	13 404.9	10 810.6	11 108.8	594.7	295.3	992.7	858.2	1 172.6
Autres activités de fabrication	3 974.8	4 049.6	4 492.1	4 422.8	4 787.3	386.0	415.8	495.7	491.3	455.4
Production et distribution d'électricité, de gaz, de vapeur et de climatisation	**2 707.7**	**2 392.4**	**2 275.4**	**1 474.9**	**1 284.9**	**58.7**	**23.5**	**41.6**	**10.4**	**8.5**
Distribution de l'eau ; assainissement, traitement des déchets et dépollution	**54.1**	**62.7**	**88.1**	**75.6**	**75.9**	**17.5**	**16.6**	**17.9**	**15.9**	**16.3**
Construction	**766.5**	**931.3**	**1 100.6**	**1 174.7**	**1 124.9**	**2.5**	**15.2**	**25.6**	**28.8**	**79.3**
Services	**69 822.3**	**50 688.9**	**45 108.4**	**48 957.1**	**49 377.0**	**20 169.3**	**9 904.0**	**11 410.1**	**12 906.4**	**17 372.1**
Commerce de gros et de détail ; réparations automobiles et motocycles	8 685.1	8 074.2	9 842.2	10 539.3	10 322.4	1 709.9	1 544.0	1 861.0	1 950.9	2 046.0
Transport et entreposage	1 482.3	1 925.3	2 597.1	2 092.1	2 863.9	60.3	64.1	85.6	96.8	119.6
Activités d'hébergement et de restauration	574.5	695.1	902.6	912.8	988.1	163.4	137.6	77.3	76.0	93.8
Information et communication	5 543.6	5 117.6	4 951.7	4 588.7	4 819.5	447.7	470.9	256.9	218.6	564.5
Activités financières et d'assurances	15 326.4	6 459.3	7 901.6	10 621.3	12 571.4	6 666.8	7 065.1	8 292.9	7 479.4	12 500.7
Activités des sociétés holding	10 041.2	118.4	4.3	2 956.3	4 912.1	1 231.0	1 397.4	2 360.9	3 913.3	7 404.0
Activités immobilières	5 673.7	5 743.4	6 967.5	8 188.7	7 582.1	103.7	98.4	141.4	161.3	223.7
Activités professionnelles, scientifiques et techniques	19 739.4	15 887.2	6 206.1	6 660.6	7 115.0	324.7	401.6	525.9	473.0	467.1
Activités de services administratifs et d'appui	12 602.0	6 631.1	5 483.1	5 144.4	2 856.6	10 655.3	78.9	114.8	2 401.5	1 312.3
Administration publique; activités des ménages et des organismes extra-territoriaux	-	-	0.2	-	0.7	-	-	-	-	-
Éducation	23.2	23.5	31.4	44.8	46.3	-	1.2	1.4	2.1	-0.6
Santé humaine et action sociale	54.6	61.2	81.0	76.1	96.7	3.4	4.4	7.1	7.4	8.5
Arts, spectacles et loisirs	73.2	28.1	88.3	32.1	62.7	17.0	19.9	23.8	22.4	21.8
Autres services	44.2	42.7	55.7	56.0	51.6	17.3	17.8	22.0	17.0	14.8
Not allocated and confidential	**-**	**0.0**	**0.0**	**0.0**	**0.0**	**0.3**	**0.3**	**0.4**	**0.4**	**0.0**
Activités immobilières privées	**2 815.9**	**3 354.5**	**4 677.0**	**5 333.2**	**5 808.7**	**3 978.7**	**4 322.7**	**5 095.0**	**5 508.1**	**5 901.7**

- Néant ; .. Non disponible

Note : Les données excluent les entités à vocation spéciales. Voir les métadonnées détaillées sur : *http://metalinks.oecd.org/idi/20210722/947b.*

Source : *Statistiques de l'OCDE sur l'investissement direct international (base de données) : https://doi.org/10.1787/idi-data-fr*

HONGRIE

Tableau 6. Revenus des investissements directs étrangers par secteur industriel

Millions de dollars des ÉU

	Entrant					Sortant				
	2015	2016	2017	2018	2019	2015	2016	2017	2018	2019
All FDI activities	**8 855.2**	**7 682.1**	**10 474.0**	**10 564.4**	**9 403.6**	**988.0**	**1 822.6**	**2 149.5**	**1 970.8**	**2 083.3**
Agriculture, sylviculture et pêche	**35.0**	**38.9**	**56.2**	**52.7**	**64.2**	**0.0**	**0.0**	**0.0**	**0.1**	**0.0**
Industries extractives	**7.0**	**4.6**	**30.3**	**52.0**	**29.8**	**-182.5**	**33.3**	**229.2**	**140.4**	**133.0**
Activités d'extraction	..	..	..	..	..	..	..	..	..	..
Activités de fabrication	**3 515.0**	**3 784.6**	**5 024.4**	**4 741.8**	**3 904.0**	**764.7**	**868.9**	**958.5**	**542.3**	**462.6**
dont :										
Produits alimentaires, boissons et tabac	205.2	336.8	249.9	280.0	263.8	6.6	1.8	15.1	-6.9	5.9
Textiles, bois, papier, imprimerie	134.1	171.8	155.5	180.8	199.2	9.7	10.1	12.2	3.3	11.1
Produits pétroliers, chimiques, pharmaceutiques, caoutchouc, plastique, minéraux	1 252.0	1 325.0	1 991.7	1 708.1	1 312.6	549.1	607.0	585.4	307.8	248.7
Ouvrages en métaux et machines, sauf matériels électriques	791.0	712.9	1 037.8	1 086.2	818.2	158.5	188.0	259.9	247.5	167.9
Automobiles, remorques, semi-remorques, autres matériels de transport	711.0	749.0	1 045.5	888.9	842.7	21.4	27.9	31.2	-42.5	2.8
Autres activités de fabrication	421.8	489.1	543.9	597.7	467.5	19.4	34.1	54.7	33.1	26.1
Production et distribution d'électricité, de gaz, de vapeur et de climatisation	**112.1**	**156.7**	**116.1**	**111.4**	**150.5**	**-2.7**	**-16.5**	**-7.1**	**0.5**	**0.6**
Distribution de l'eau ; assainissement, traitement des déchets et dépollution	**3.1**	**7.5**	**11.0**	**9.9**	**12.0**	**1.7**	**2.6**	**3.2**	**1.4**	**1.0**
Construction	**110.5**	**127.8**	**113.7**	**123.4**	**308.5**	**-21.9**	**26.8**	**4.5**	**4.9**	**6.0**
Services	**5 072.6**	**3 562.0**	**5 122.2**	**5 473.1**	**4 934.6**	**205.4**	**669.7**	**748.8**	**965.1**	**1 205.2**
Commerce de gros et de détail ; réparations automobiles et motocycles	976.1	1 068.2	1 372.0	1 517.7	1 584.9	222.9	224.9	205.8	248.1	264.7
Transport et entreposage	358.1	496.6	455.4	592.5	583.2	-4.4	-12.9	-16.9	-16.0	-29.4
Activités d'hébergement et de restauration	48.1	58.4	88.8	96.3	187.4	6.7	7.7	4.8	-0.7	2.9
Information et communication	561.1	531.6	511.3	645.8	687.7	45.8	16.7	11.4	3.5	46.2
Activités financières et d'assurances	448.7	560.9	1 077.4	1 126.3	925.4	-15.5	379.9	502.7	625.6	911.2
Activités des sociétés holding	-97.8	6.7	230.8	189.8	173.0	-146.5	112.7	206.7	329.1	325.3
Activités immobilières	120.4	148.7	427.9	319.7	254.0	18.8	1.9	1.6	10.3	19.7
Activités professionnelles, scientifiques et techniques	617.2	285.5	275.3	492.5	479.0	31.8	6.8	61.7	9.2	24.1
Activités de services administratifs et d'appui	1 874.1	369.6	880.1	657.3	204.7	-109.8	38.9	-26.5	86.9	-32.7
Administration publique; activités des ménages et des organismes extra-territoriaux	-	-	0.0	-	0.2	-	-	-	-	-
Éducation	1.6	1.7	5.0	7.8	5.3	-	-0.1	0.1	0.7	-0.2
Santé humaine et action sociale	11.6	9.3	11.0	7.9	10.0	0.8	0.9	1.0	0.7	1.3
Arts, spectacles et loisirs	19.1	28.8	12.8	4.4	9.9	5.1	2.9	2.6	-0.2	-0.8
Autres services	36.6	2.7	5.1	4.9	3.1	3.1	1.9	0.4	-3.0	-1.9
Not allocated and confidential	**-**	**0.0**	**0.0**	**0.0**	**0.0**	**0.0**	**0.0**	**0.0**	**0.0**	**0.0**
Activités immobilières privées	-	-	-	-	-	**223.3**	**237.8**	**212.4**	**316.1**	**274.8**

- Néant ; .. Non disponible

Note : Les données excluent les entités à vocation spéciales. Voir les métadonnées détaillées sur : *http://metalinks.oecd.org/idi/20210722/947b.*

Source : *Statistiques de l'OCDE sur l'investissement direct international (base de données) : https://doi.org/10.1787/idi-data-fr*

ISLANDE

Tableau 1. Flux d'investissement direct étranger par pays

Millions de dollars des ÉU

	Entrant					Sortant				
	2015	2016	2017	2018	2019	2015	2016	2017	2018	2019
TOTAL MONDE	**708.7**	**-427.2**	**-41.4**	**-381.6**	**-252.5**	**-31.3**	**-1 147.3**	**-208.3**	**76.0**	**524.6**
Pays membres de l'OCDE	**597.6**	**-679.8**	**154.3**	**-432.6**	**-430.9**	**-280.9**	**-1 171.4**	**-291.8**	**51.2**	**400.8**
Australie	7.7	-5.2	87.2	-0.8	-0.2	274.6	-3.8	-6.6	0.9	6.6
Autriche	7.4	1.8	-4.3	-6.4	8.0	-	-	-	-	-
Belgique	-10.6	36.7	-1.4	0.0	0.0	0.2	0.3	0.1	0.0	0.1
Canada	106.3	-134.7	44.9	0.3	-0.2	1.2	-44.5	-29.5	4.2	6.2
Chili	1.5	-	-	-	-	2.2	4.6	6.1	-10.7	1.4
République Tchèque	-0.6	5.2	-3.9	-3.0	0.6	0.0	0.0	0.0	0.0	16.8
Danemark	10.3	30.7	174.3	46.5	12.4	11.7	5.7	-3.5	-5.6	6.8
Estonie	-	-	-	-	-	2.1	4.9	4.1	-15.0	3.7
Finlande	2.5	5.8	21.5	3.1	2.3	-60.1	-25.3	-2.1	-3.9	-18.7
France	8.0	25.7	-75.8	0.0	0.0	5.0	0.0	-47.9	-6.0	-8.5
Allemagne	71.3	-12.3	27.8	41.9	47.4	13.1	21.2	8.0	24.5	11.4
Grèce	1.8	12.8	-12.3	-	-	0.0	0.0	0.0	0.0	0.0
Hongrie	1.7	1.4	-2.5	0.0	0.0	-0.1	-0.2	-1.9	0.1	-0.5
Islande	-	-	-	-	-	-	-	-	-	-
Irlande	32.7	69.1	-135.5	-69.8	-86.3	0.5	0.9	0.9	18.2	1.2
Israël	-	-0.4	-0.3	0.3	1.2	-	-	-	-	-
Italie	9.0	-26.5	-3.9	-10.0	-3.0	0.0	0.0	0.0	0.0	0.0
Japon	-	-	-	-	-	1.9	0.0	-	-	-
Corée	0.3	-	-	204.3	-	-	0.0	0.0	-0.8	-0.7
Lettonie	1.0	0.9	2.1	9.3	9.4	-22.7	1.3	15.8	-23.3	0.9
Lituanie	1.0	0.7	0.1	-	-	-4.4	0.8	1.0	0.8	1.3
Luxembourg	-478.9	-444.7	-553.2	-386.5	-276.6	-9.5	-3.9	25.3	30.9	17.8
Mexique	-3.6	-2.8	7.4	-	-	0.4	-0.3	0.3	-0.2	0.0
Pays-Bas	515.3	-506.8	-841.9	80.2	-8.7	-192.1	20.7	-45.6	-127.0	230.0
Nouvelle-Zélande	-	-	-	-	-	-0.1	0.4	0.3	0.7	0.2
Norvège	36.7	85.5	-14.6	33.6	-21.7	-314.5	-41.1	-3.9	-80.5	19.5
Pologne	-	-	0.2	-0.4	0.2	0.0	0.1	0.3	0.3	-0.2
Portugal	-	-	-	-	-	0.0	0.0	-	0.2	3.7
République slovaquie	-0.2	2.8	-	-	-	0.6	0.3	-0.3	-0.6	-0.4
Slovénie	-	-	-	-	-	-	-	-	-	-
Espagne	0.9	-1.8	-2.2	3.1	-2.8	27.4	-207.7	-8.6	59.1	2.6
Suède	-1.8	-4.5	-80.3	-44.8	-47.6	-89.1	-132.7	-160.8	42.0	-4.2
Suisse	5.8	151.9	-1 275.8	-301.6	28.3	-43.6	-6.5	-10.4	179.5	-124.9
Turquie	-5.6	9.1	-0.1	0.8	-	-4.2	3.0	0.1	0.2	0.1
Royaume-Uni	255.3	116.6	-144.2	27.7	-70.7	94.5	-771.2	-45.7	-66.7	35.0
Etats-Unis	24.2	-96.4	2 941.3	-60.5	-22.9	-2.9	2.3	13.7	30.2	193.4
EUROPE	**528.4**	**-211.4**	**-3 138.8**	**-560.9**	**-242.6**	**-310.4**	**-1 095.6**	**-246.4**	**9.5**	**216.8**
Bulgarie	-0.5	-5.0	-6.6	-1.2	-0.3	-	-	-	-	-
Croatie	-	-0.1	2.6	-1.9	0.2	-	-	0.1	-	-
Chypre	-0.4	-3.2	-6.5	1.2	-2.4	274.3	-38.9	11.4	13.2	-9.0
Malte	74.0	278.9	-207.5	-2.9	170.3	-	0.1	-	-	-
Roumanie	1.0	-1.1	0.5	-0.8	1.8	0.1	0.0	0.0	-0.1	-
Russie	-1.0	0.0	-1.2	19.2	-	-2.6	-2.0	-2.5	-1.8	3.2
Ukraine	0.0	5.7	-	-	-	-	-	-	0.2	0.2
AFRIQUE	**-**	**0.1**	**1.5**	**0.2**	**0.2**	**-0.2**	**-0.2**	**0.1**	**-0.3**	**3.2**
Afrique septentrionale	-	-	-	-	-	0.0	-	-	-	-
Algérie	-	-	-	-	-	-	-	-	-	-
Egypte	-	-	-	-	-	-	-	-	-	-
Libye	-	-	-	-	-	-	-	-	-	-
Maroc	-	-	-	-	-	0.0	-	-	-	-
Tunisie	-	-	-	-	-	-	-	-	-	-
Autres pays africains	-	0.1	1.5	0.2	0.2	-0.2	-0.2	0.1	-0.3	3.2
Nigéria	-	-	-	-	-	-	-	-	-	-
Afrique du Sud	-	0.1	0.4	0.2	0.2	-0.2	-0.2	0.0	0.2	0.2
AMÉRIQUE	**132.6**	**-223.1**	**2 998.5**	**-60.8**	**-23.7**	**0.6**	**-68.8**	**-10.4**	**17.4**	**201.1**
Amérique du Nord	130.5	-231.1	2 986.2	-60.3	-23.2	-1.5	-42.1	-15.8	34.5	199.6
Amérique du Nord	10.5	-2.3	6.5	-0.5	-0.5	0.2	-30.9	-0.4	-6.8	-0.5
Bahamas	12.6	-	-	-	-	-	-	-	-	-
Bermudes	0.6	-0.7	1.3	-	-	-	0.7	-2.0	-3.0	0.0
Îles Cayman	-	-	-2.5	-0.1	-0.1	-0.2	-31.2	0.9	-3.9	-0.7
Costa Rica	-	-	-	-	-	-	-	-	-	-
El Salvador	-	-	-	-	-	-	-	-	-	-
Guatemala	-	-	-	-	-	-	-	-	-	-
Honduras	-	-	-	-	-	-	-	-	-	-
Nicaragua	-	-	-	-	-	-	-	-	-	-
Panama	-	-	-	-	-	-	-	-	-	-
Îles Vierges, US	-	-	-	-	-	-	-	-	-	-
Amérique du Sud	-8.4	10.2	5.8	0.0	-	1.9	4.3	5.8	-10.2	2.0
Argentine	-	-	-	-	-	-	-	-	-	-
Bolivie	-	-	-	-	-	-	-	-	-	-
Brésil	-9.9	10.2	5.8	0.0	-	0.0	-0.2	-0.1	0.6	0.6
Colombie	-	-	-	-	-	-	-	-	0.0	-
Equateur	-	-	-	-	-	-	-	-	-	-
Paraguay	-	-	-	-	-	-	-	-	-	-
Pérou	-	-	-	-	-	-	-	-	-	-
Uruguay	-	-	-	-	-	-0.3	-0.1	-0.1	-0.1	0.0
Venezuela	-	-	-	-	-	-	-	-	-	-
ASIE	**17.2**	**-1.5**	**6.4**	**243.3**	**12.9**	**4.2**	**5.8**	**6.7**	**2.8**	**51.8**

Tableau 1. Flux d'investissement direct étranger par pays *(suite)*

Millions de dollars des ÉU

	Entrant					Sortant				
	2015	2016	2017	2018	2019	2015	2016	2017	2018	2019
Proche et Moyen Orient	1.6	-3.6	6.4	0.3	1.2	0.0	0.1	0.0	0.3	0.0
Pays du Golfe	1.6	-3.3	6.7	-	-	0.0	0.0	0.0	0.3	0.0
Koweït	-	-	-	-	-	-	-	-	-	-
Qatar	-	-	-	-	-	-	-	-	-	-
Arabie saoudite	-	-	1.9	-	-	-	-	-	-	-
Emirats Arabes Unis	1.6	-3.3	4.9	-	-	0.0	0.0	0.0	0.3	0.0
Autres pays du Proche et Moyen Orient	-	-0.4	-0.3	0.3	1.2	-	0.1	0.0	-	-
Jordanie	-	-	-	-	-	-	-	-	-	-
Autres pays asiatiques	15.6	2.1	0.0	243.0	11.7	4.2	5.7	6.7	2.5	51.8
Chine	13.8	-2.0	-0.7	-1.2	-0.9	1.9	3.1	6.1	2.8	52.4
Hong Kong, Chine	0.0	-6.4	-6.3	22.1	-1.1	0.2	2.3	0.2	0.2	0.2
Inde	0.0	0.0	-	-	-0.7	-0.1	0.0	-	-	-
Indonesie	-	0.1	-	-	-	-	-	-	-	-
République islamique d'Iran	-	-	-	-	-	-	-	-	-	-
Malaisie	-	-0.1	0.1	-	14.8	-	-	0.1	-0.1	0.1
Philippines	-	-	-	-	-	-	-	-	-	0.0
Singapour	-2.9	3.0	4.5	17.6	-0.7	0.0	0.1	0.0	-0.3	0.0
Taipei Chinois	-	-	0.0	-	-	-	-	-	-	-
Thaïlande	4.4	7.5	2.3	0.3	0.3	0.2	0.2	0.2	0.2	0.0
Viet Nam	-	-	-	-	-	-	-	0.0	0.4	-0.2
AUSTRALIE, OCÉANIE ET RÉGIONS POLAIRES	**7.7**	**-5.2**	**87.2**	**-0.8**	**-0.2**	**274.5**	**-3.4**	**-6.3**	**1.5**	**6.9**
TOTAL MONDE non alloué et confidentiel	**22.6**	**13.8**	**3.9**	**-2.5**	**0.9**	**0.0**	**14.9**	**48.1**	**45.0**	**44.8**
Union européenne (UE28)	**500.3**	**-416.7**	**-1 853.1**	**-314.8**	**-245.8**	**51.4**	**-1 123.6**	**-249.2**	**-59.0**	**289.9**
Pays du G20 hors Union Européenne	**475.9**	**-117.9**	**2 890.7**	**221.9**	**-50.9**	**382.7**	**-792.4**	**-104.2**	**-12.0**	**300.0**
Pays OCDE du G20	**473.0**	**-126.3**	**2 884.5**	**203.7**	**-49.5**	**383.6**	**-793.1**	**-107.7**	**-13.9**	**243.7**
Pays non-OCDE du G20	**2.9**	**8.5**	**6.2**	**18.1**	**-1.4**	**-1.0**	**0.7**	**3.5**	**1.8**	**56.3**
Pays MENA	**1.6**	**-3.3**	**6.7**	**-**	**-**	**0.0**	**0.0**	**0.0**	**0.3**	**0.0**
Pays ANASE	**1.5**	**10.5**	**6.9**	**17.9**	**14.4**	**0.1**	**0.3**	**0.4**	**0.3**	**-0.2**

- Néant

Note : Les données excluent les entités à vocation spéciales. Voir les métadonnées détaillées sur : *http://metalinks.oecd.org/idi/20210722/947b*.

Source : *Statistiques de l'OCDE sur l'investissement direct international (base de données) : https://doi.org/10.1787/idi-data-fr*

ISLANDE

Tableau 2. Encours des investissements directs étrangers par pays
En fin d'année

Millions de dollars des ÉU

	Entrant					Sortant				
	2015	2016	2017	2018	2019	2015	2016	2017	2018	2019
TOTAL MONDE	**7 851.0**	**9 841.0**	**10 129.9**	**8 750.7**	**8 380.7**	**7 636.6**	**6 058.2**	**5 268.6**	**5 229.4**	**5 501.3**
Pays membres de l'OCDE	**7 152.8**	**9 091.9**	**9 500.3**	**8 088.6**	**7 730.1**	**6 177.3**	**5 022.9**	**4 684.5**	**4 647.7**	**4 801.7**
Australie	-	-	-	0.0	0.0	239.9	240.1	-162.7	13.3	20.0
Autriche	26.6	16.0	16.7	1.6	9.5	-	-	-	-	-
Belgique	4.3	4.9	5.3	4.8	4.6	0.0	0.1	17.1	16.4	16.2
Canada	157.7	195.4	190.2	196.4	5.2	102.5	35.6	12.0	15.4	22.1
Chili	1.1	-	-	-	-	29.5	32.6	39.2	41.7	43.2
République Tchèque	-	-	-	-	-	0.1	0.2	0.2	0.2	17.0
Danemark	451.7	424.6	467.8	475.1	469.8	70.5	84.8	109.1	62.1	67.8
Estonie	-	-	-	-	-	22.4	30.8	38.9	29.7	32.5
Finlande	0.8	2.6	9.8	2.3	2.4	120.3	81.3	83.2	80.8	62.0
France	8.5	15.1	18.9	13.7	15.4	1.8	8.2	82.7	73.1	62.4
Allemagne	104.8	83.4	97.7	110.6	214.0	107.0	128.5	137.1	149.5	146.7
Grèce	-	-	-	-	-	0.3	0.2	0.2	0.2	0.1
Hongrie	-	-	-	-	-	1.0	1.5	1.0	3.2	2.6
Islande	62.7	116.3	69.4	48.5	44.5	-	-	-	-	-
Irlande	39.1	57.7	63.2	58.1	57.7	9.1	9.1	12.4	19.7	20.5
Israël	1.3	2 788.6	2 789.5	2 328.0	2 099.9	-	-	-	-	-
Italie	4.3	6.0	5.6	4.9	5.7	0.0	0.0	0.0	0.0	0.0
Japon	-	-	-	-	-	14.8	5.6	5.8	6.0	6.1
Corée	-	-	-	188.4	188.4	-	8.2	8.2	8.0	7.3
Lettonie	-9.5	48.8	64.2	69.4	77.6	53.9	51.7	69.8	17.5	18.1
Lituanie	-	-	-	-	-	23.2	17.8	29.0	28.6	29.3
Luxembourg	136.3	568.5	329.2	226.2	197.1	690.1	290.2	158.1	158.1	-85.4
Mexique	-	-	-	-	-	0.4	0.1	0.3	0.1	0.1
Pays-Bas	118.3	162.6	265.6	184.9	198.1	2 513.5	2 532.7	3 033.8	2 772.3	2 946.2
Nouvelle-Zélande	-	-	-	-	-	1.8	2.1	2.6	3.2	3.4
Norvège	109.9	239.5	282.1	247.6	223.5	120.6	124.5	186.2	82.2	102.6
Pologne	-	-	-	-	-	0.2	0.1	0.5	0.7	0.5
Portugal	-	-	-	-	-	0.0	-	-	0.5	4.1
République slovaquie	-	-	-	-	-	6.1	6.2	-0.4	-1.0	-1.4
Slovénie	-	-	-	-	-	-	-	-	-	-
Espagne	84.7	10.3	-1.7	0.8	-0.2	91.4	47.1	45.8	51.1	52.8
Suède	42.7	31.1	32.6	70.7	92.4	371.7	207.0	62.7	146.1	156.7
Suisse	32.8	68.1	118.0	89.4	92.0	-0.7	-7.0	-59.0	111.3	-17.6
Turquie	-	-	-	-	-	7.1	4.9	11.3	11.0	10.9
Royaume-Uni	744.4	1 648.7	2 016.0	1 576.0	1 493.3	1 636.1	1 076.3	752.0	651.2	763.7
Etats-Unis	5 020.9	2 603.7	2 660.1	2 191.3	2 239.2	20.1	20.4	36.4	95.7	291.4
EUROPE	**2 126.3**	**3 664.8**	**3 977.5**	**3 299.5**	**3 311.4**	**6 528.8**	**5 449.8**	**5 093.0**	**4 788.2**	**4 756.1**
Bulgarie	-	-	-	-	-	-	-	-	-	-
Croatie	-	-	-	-	-	-	-	0.1	0.1	0.1
Chypre	56.6	76.2	29.9	40.5	43.1	556.1	526.1	109.6	85.9	81.8
Malte	41.8	53.1	54.6	44.9	39.5	-	0.1	0.1	0.1	0.1
Roumanie	-	-	-	-	-	0.5	0.5	0.6	-	-
Russie	0.3	0.3	0.4	0.3	0.3	30.6	32.0	36.1	37.7	40.3
Ukraine	-	-	-	-	-	-	-	-	0.9	1.1
AFRIQUE	**-**	**-**	**2.4**	**2.6**	**2.7**	**1.3**	**1.0**	**1.7**	**0.4**	**0.0**
Afrique septentrionale	-	-	-	-	-	0.4	-	-	-	-
Algérie	-	-	-	-	-	-	-	-	-	-
Egypte	-	-	-	-	-	-	-	-	-	-
Libye	-	-	-	-	-	-	-	-	-	-
Maroc	-	-	-	-	-	0.4	-	-	-	-
Tunisie	-	-	-	-	-	-	-	-	-	-
Autres pays africains	-	-	2.4	2.6	2.7	0.9	1.0	1.7	0.4	0.0
Nigéria	-	-	-	-	-	-	-	-	-	-
Afrique du Sud	-	-	1.3	1.6	1.7	0.9	1.0	1.0	0.9	1.2
AMÉRIQUE	**5 259.6**	**2 884.2**	**2 887.9**	**2 422.1**	**2 276.9**	**438.0**	**102.8**	**102.5**	**160.4**	**363.8**
Amérique du Nord	5 178.6	2 799.1	2 850.2	2 388.5	2 245.0	123.0	56.0	48.4	111.1	313.5
Amérique du Nord	79.9	85.1	37.6	33.6	31.9	285.0	14.1	15.0	7.2	6.1
Bahamas	4.8	-	-	-	-	-	-	-	-	-
Bermudes	2.7	3.1	3.4	3.0	2.9	4.8	5.9	7.3	4.2	4.2
Îles Cayman	71.1	81.7	34.0	30.4	29.1	31.2	8.0	6.9	2.2	1.0
Costa Rica	-	-	-	-	-	-	-	-	-	-
El Salvador	-	-	-	-	-	-	-	-	-	-
Guatemala	-	-	-	-	-	-	-	-	-	-
Honduras	-	-	-	-	-	-	-	-	-	-
Nicaragua	-	-	-	-	-	-	-	-	-	-
Panama	0.2	0.2	0.2	0.2	0.2	-	-	-	-	-
Îles Vierges, US	-	-	-	-	-	-	-	-	-	-
Amérique du Sud	1.1	-	-	-	-	30.0	32.7	39.1	42.1	44.2
Argentine	-	-	-	-	-	-	-	-	-	-
Bolivie	-	-	-	-	-	-	-	-	-	-
Brésil	-	-	-	-	-	0.2	0.0	-0.1	0.4	1.0
Colombie	-	-	-	-	-	-	-	-	-	-
Equateur	-	-	-	-	-	-	-	-	-	-
Paraguay	-	-	-	-	-	-	-	-	-	-
Pérou	-	-	-	-	-	-	-	-	-	-
Uruguay	-	-	-	-	-	0.3	0.1	0.0	0.0	0.0
Venezuela	-	-	-	-	-	-	-	-	-	-
ASIE	**183.4**	**2 981.1**	**2 965.5**	**2 760.1**	**2 533.8**	**63.3**	**74.5**	**83.8**	**80.6**	**130.6**

Tableau 2. Encours des investissements directs étrangers par pays *(suite)*

En fin d'année

Millions de dollars des ÉU

	Entrant					Sortant				
	2015	2016	2017	2018	2019	2015	2016	2017	2018	2019
Proche et Moyen Orient	1.3	2 788.6	2 791.4	2 329.7	2 101.5	0.9	0.8	0.0	0.3	0.3
Pays du Golfe	-	-	1.9	1.7	1.6	0.9	0.7	0.0	0.3	0.3
Koweït	-	-	-	-	-	-	-	-	-	-
Qatar	-	-	-	-	-	-	-	-	-	-
Arabie saoudite	-	-	1.9	1.7	1.6	-	-	-	-	-
Emirats Arabes Unis	-	-	-	-	-	0.9	0.7	0.0	0.3	0.3
Autres pays du Proche et Moyen Orient	1.3	2 788.6	2 789.5	2 328.0	2 099.9	-	0.1	0.0	-	-
Jordanie	-	-	-	-	-	-	-	-	-	-
Autres pays asiatiques	182.1	192.5	174.1	430.3	432.3	62.4	73.6	83.7	80.4	130.3
Chine	125.7	143.8	124.0	150.5	141.1	43.7	58.2	67.0	63.2	113.6
Hong Kong, Chine	24.3	29.4	23.7	33.7	30.8	0.6	0.7	0.9	1.2	1.4
Inde	-	-	-	-	-	0.0	0.0	-	-	-
Indonesie	-	-	-	-	-	-	-	-	-	-
République islamique d'Iran	-	-	-	-	-	-	-	-	-	-
Malaisie	-	-	-	-	15.0	-	-	0.2	0.1	0.2
Philippines	-	-	-	-	-	-	-	-	-	0.0
Singapour	32.0	19.3	26.3	57.7	57.0	2.6	0.0	0.3	0.0	0.0
Taipei Chinois	-	-	-	-	-	-	-	-	-	-
Thaïlande	-	-	-	-	-	0.8	1.0	1.3	1.5	1.6
Viet Nam	-	-	-	-	-	-	-	0.0	0.4	0.1
AUSTRALIE, OCÉANIE ET RÉGIONS POLAIRES	**-**	**-**	**-**	**0.0**	**0.0**	**241.7**	**242.2**	**-160.2**	**16.5**	**23.3**
TOTAL MONDE non alloué et confidentiel	**281.7**	**310.9**	**296.7**	**266.4**	**255.9**	**363.5**	**188.0**	**147.7**	**183.4**	**227.5**
Union européenne (UE28)	**1 855.4**	**3 209.5**	**3 475.5**	**2 884.4**	**2 920.1**	**6 275.2**	**5 100.5**	**4 743.5**	**4 345.9**	**4 394.3**
Pays du G20 hors Union Européenne	**6 166.6**	**4 696.4**	**5 116.1**	**4 435.5**	**4 306.0**	**2 205.0**	**1 619.0**	**987.1**	**1 125.4**	**1 486.7**
Pays OCDE du G20	**6 040.5**	**4 552.3**	**4 988.5**	**4 281.3**	**4 161.2**	**2 129.6**	**1 527.9**	**883.2**	**1 023.2**	**1 330.7**
Pays non-OCDE du G20	**126.0**	**144.2**	**127.6**	**154.1**	**144.8**	**75.4**	**91.1**	**104.0**	**102.2**	**156.1**
Pays MENA	**-**	**-**	**1.9**	**1.7**	**1.6**	**1.3**	**0.7**	**0.0**	**0.3**	**0.3**
Pays ANASE	**32.0**	**19.3**	**26.3**	**57.7**	**72.1**	**3.4**	**1.0**	**1.8**	**2.0**	**2.0**

- Néant

Note : Les données excluent les entités à vocation spéciales. Voir les métadonnées détaillées sur : *http://metalinks.oecd.org/idi/20210722/947b*.

1. Les positions d'IDE entrants sont allouées selon le pays investisseur ultime. Voir les métadonnées détaillées sur : *http://metalinks.oecd.org/idi/20210722/947b*.

Source : *Statistiques de l'OCDE sur l'investissement direct international (base de données) : https://doi.org/10.1787/idi-data-fr*

Tableau 3. Revenus des investissements directs étrangers par pays

Millions de dollars des ÉU

	Entrant					Sortant				
	2015	2016	2017	2018	2019	2015	2016	2017	2018	2019
TOTAL MONDE	**31.2**	**-29.2**	**40.4**	**-42.4**	**-219.2**	**283.4**	**435.8**	**302.1**	**363.9**	**347.5**
Pays membres de l'OCDE	**58.4**	**-18.5**	**49.1**	**-25.5**	**-216.6**	**260.1**	**390.9**	**270.0**	**320.6**	**309.3**
Australie	-6.4	-4.1	-1.7	-	-	-2.9	-5.3	-0.2	0.8	2.1
Autriche	-2.8	3.1	6.1	9.1	8.0	-	-	-	-	-
Belgique	-1.2	-0.1	0.3	0.3	0.3	0.2	0.3	0.1	0.1	0.1
Canada	-0.8	-1.9	0.0	0.2	-0.4	1.3	5.3	0.7	0.4	0.6
Chili	-	-	-	-	-	-5.4	5.5	6.3	2.9	1.8
République Tchèque	0.0	-0.2	0.0	-	-	-	-	-	-	0.0
Danemark	10.2	13.1	12.1	4.7	18.8	24.6	24.4	22.4	16.9	16.1
Estonie	-	-	-	-	-	2.0	4.9	4.3	4.3	3.9
Finlande	3.7	9.0	9.2	11.8	10.4	0.1	-0.8	0.9	1.1	3.0
France	0.1	-0.1	-0.1	0.0	0.0	0.6	0.1	2.2	2.0	1.6
Allemagne	-4.1	0.6	-1.1	7.1	-7.3	22.6	16.1	7.7	24.4	13.0
Grèce	0.0	0.0	-	-	-	0.0	0.0	0.0	0.0	0.0
Hongrie	-0.1	0.0	0.0	-	-	0.5	-0.5	-1.2	-0.6	-0.5
Islande	-	-	-	-	-	-	-	-	-	-
Irlande	0.2	7.0	12.6	9.3	5.4	0.5	0.6	0.7	1.4	1.2
Israël	-	-	-	-	-	-	-	-	-	-
Italie	-4.5	0.9	-3.1	-5.9	-5.4	-	-	-	-	-
Japon	-	-	-	-	-	0.2	0.0	-	-	-
Corée	-	-	-	-0.7	-	-	0.0	0.0	-0.8	-0.7
Lettonie	1.0	3.2	2.9	10.6	9.4	4.1	7.4	11.2	1.1	0.9
Lituanie	-0.1	-0.1	0.0	-	-	2.2	1.1	1.5	1.4	1.2
Luxembourg	99.4	134.6	-25.2	-50.9	-105.9	20.0	16.9	24.3	30.9	17.8
Mexique	-0.3	-0.5	-0.5	-	-	-	-	-	-	-
Pays-Bas	70.2	65.1	97.8	52.1	-11.8	62.9	117.5	112.6	153.9	160.3
Nouvelle-Zélande	-	-	-	-	-	0.1	0.0	0.1	0.2	0.1
Norvège	21.7	-0.5	7.9	9.5	-16.0	2.6	3.5	31.9	16.5	4.7
Pologne	-	-	-	-	-	-	0.0	0.0	0.0	0.0
Portugal	-	-	-	-	-	-	-	-	0.2	0.2
République slovaquie	-0.1	-0.1	-	-	-	0.5	0.4	-	-	-
Slovénie	-	-	-	-	-	-	-	-	-	-
Espagne	0.4	-1.8	-3.8	-1.5	-1.3	24.2	3.5	3.1	3.8	3.2
Suède	-4.9	-17.4	-49.7	-31.4	6.5	4.1	2.0	-1.7	10.0	16.7
Suisse	4.5	-25.8	94.6	-11.9	-54.0	-0.1	0.1	0.2	1.2	1.9
Turquie	-0.8	-0.9	-0.1	-0.2	-	-4.2	3.0	0.1	0.2	0.1
Royaume-Uni	-11.5	39.8	2.7	-5.8	5.2	105.1	181.5	37.1	46.7	51.8
Etats-Unis	-114.4	-241.5	-112.0	-32.0	-78.4	0.5	4.6	7.3	1.6	8.0
EUROPE	**157.5**	**216.2**	**157.2**	**-5.1**	**-138.2**	**287.2**	**418.0**	**278.5**	**354.8**	**336.4**
Bulgarie	-	-	-	-	-	-	-	-	-	-
Croatie	-	-	-	-	-	-	-	-	-	-
Chypre	0.4	-1.5	-6.5	-7.7	1.2	5.0	11.0	-2.8	5.2	4.8
Malte	-14.8	-7.2	-1.0	-3.0	-2.7	-	-	-	-	-
Roumanie	-	-	-	-	-	0.1	0.1	0.1	-0.1	-
Russie	-3.5	-2.5	-2.6	-0.6	-	-3.7	-2.0	-2.5	-0.2	3.4
Ukraine	-0.3	-0.2	-	-	-	-	-	-	0.2	0.2
AFRIQUE	**-**	**-**	**-0.3**	**0.2**	**0.2**	**0.3**	**-0.1**	**0.1**	**-0.5**	**-4.4**
Afrique septentrionale	-	-	-	-	-	-	-	-	-	-
Algérie	-	-	-	-	-	-	-	-	-	-
Egypte	-	-	-	-	-	-	-	-	-	-
Libye	-	-	-	-	-	-	-	-	-	-
Maroc	-	-	-	-	-	-	-	-	-	-
Tunisie	-	-	-	-	-	-	-	-	-	-
Autres pays africains	-	-	-0.3	0.2	0.2	0.3	-0.1	0.1	-0.5	-4.4
Nigéria	-	-	-	-	-	-	-	-	-	-
Afrique du Sud	-	-	-0.3	0.2	0.2	0.3	-0.1	0.1	0.2	0.2
AMÉRIQUE	**-123.4**	**-247.2**	**-115.5**	**-32.5**	**-79.4**	**-3.2**	**16.9**	**20.3**	**5.9**	**10.8**
Amérique du Nord	-115.2	-243.4	-112.0	-32.0	-79.0	2.0	9.8	8.0	2.0	8.6
Amérique du Nord	-6.1	-1.9	-2.8	-0.5	-0.4	0.1	1.6	6.0	1.0	0.4
Bahamas	-5.8	-	-	-	-	-	-	-	-	-
Bermudes	-	-1.4	0.4	-	-	-	0.7	0.5	0.0	0.0
Îles Cayman	-	-	-2.5	-0.1	-0.1	0.1	0.9	5.4	0.7	0.1
Costa Rica	-	-	-	-	-	-	-	-	-	-
El Salvador	-	-	-	-	-	-	-	-	-	-
Guatemala	-	-	-	-	-	-	-	-	-	-
Honduras	-	-	-	-	-	-	-	-	-	-
Nicaragua	-	-	-	-	-	-	-	-	-	-
Panama	0.0	0.0	0.0	0.0	0.0	-	-	-	-	-
Îles Vierges, US	-	-	-	-	-	-	-	-	-	-
Amérique du Sud	-2.1	-2.0	-0.7	-	-	-5.4	5.5	6.3	2.9	1.8
Argentine	-	-	-	-	-	-	-	-	-	-
Bolivie	-	-	-	-	-	-	-	-	-	-
Brésil	-2.1	-2.0	-0.7	-	-	-	-	-	-	-
Colombie	-	-	-	-	-	-	-	-	-	-
Equateur	-	-	-	-	-	-	-	-	-	-
Paraguay	-	-	-	-	-	-	-	-	-	-
Pérou	-	-	-	-	-	-	-	-	-	-
Uruguay	-	-	-	-	-	-	-	-	-	-
Venezuela	-	-	-	-	-	-	-	-	-	-
ASIE	**0.4**	**-2.7**	**0.8**	**-5.0**	**-1.7**	**2.0**	**3.5**	**1.6**	**2.8**	**2.4**

Tableau 3. Revenus des investissements directs étrangers par pays (*suite*)

Millions de dollars des ÉU

	Entrant					Sortant				
	2015	2016	2017	2018	2019	2015	2016	2017	2018	2019
Proche et Moyen Orient	-0.3	-0.1	-0.1	-	-	0.0	0.0	0.0	0.0	0.0
Pays du Golfe	-0.3	-0.1	-0.1	-	-	0.0	0.0	0.0	0.0	0.0
Koweït	-	-	-	-	-	-	-	-	-	-
Qatar	-	-	-	-	-	-	-	-	-	-
Arabie saoudite	-	-	-	-	-	-	-	-	-	-
Emirats Arabes Unis	-0.3	-0.1	-0.1	-	-	0.0	0.0	0.0	0.0	0.0
Autres pays du Proche et Moyen Orient	-	-	-	-	-	-	0.0	0.0	-	-
Jordanie	-	-	-	-	-	-	-	-	-	-
Autres pays asiatiques	0.6	-2.6	0.9	-5.0	-1.7	2.0	3.5	1.6	2.8	2.4
Chine	-0.2	-2.0	-0.7	-1.2	-1.1	1.4	3.0	1.2	3.1	2.7
Hong Kong, Chine	0.5	0.4	-1.1	-3.3	-0.9	0.2	0.2	0.2	0.2	0.2
Inde	-	-	-	-	-	-0.1	-	-	-	-
Indonesie	-	-	-	-	-	-	-	-	-	-
République islamique d'Iran	-	-	-	-	-	-	-	-	-	-
Malaisie	-	0.0	0.0	-	-	-	-	0.0	0.1	0.1
Philippines	-	-	-	-	-	-	-	-	-	-
Singapour	0.2	-1.2	2.4	-0.1	-0.1	0.1	0.1	0.0	0.0	0.0
Taipei Chinois	-	-	-	-	-	-	-	-	-	-
Thaïlande	0.1	0.2	0.3	0.3	0.3	0.2	0.1	0.2	0.1	0.1
Viet Nam	-	-	-	-	-	-	-	-	-	-
AUSTRALIE, OCÉANIE ET RÉGIONS POLAIRES	**-6.4**	**-4.1**	**-1.7**	**-**	**-**	**-2.8**	**-5.3**	**-0.1**	**1.0**	**2.2**
TOTAL MONDE non alloué et confidentiel	**3.1**	**8.7**	**-0.1**	**0.0**	**0.0**	**0.0**	**2.8**	**1.7**	**0.0**	**0.0**
Union européenne (UE28)	**141.5**	**247.9**	**53.5**	**-1.3**	**-69.3**	**279.1**	**386.3**	**222.5**	**302.7**	**295.4**
Pays du G20 hors Union Européenne	**-148.5**	**-214.1**	**-120.1**	**-38.9**	**-87.3**	**121.1**	**206.1**	**53.6**	**78.3**	**82.8**
Pays OCDE du G20	**-142.8**	**-207.6**	**-115.8**	**-37.3**	**-86.4**	**123.3**	**205.2**	**54.8**	**75.3**	**76.5**
Pays non-OCDE du G20	**-5.7**	**-6.5**	**-4.2**	**-1.6**	**-0.9**	**-2.1**	**1.0**	**-1.2**	**3.0**	**6.3**
Pays MENA	**-0.3**	**-0.1**	**-0.1**	**-**	**-**	**0.0**	**0.0**	**0.0**	**0.0**	**0.0**
Pays ANASE	**0.3**	**-1.0**	**2.6**	**0.2**	**0.2**	**0.3**	**0.2**	**0.2**	**0.2**	**0.2**

- Néant

Note : Les données excluent les entités à vocation spéciales. Voir les métadonnées détaillées sur : *http://metalinks.oecd.org/idi/20210722/947b*.

Source : *Statistiques de l'OCDE sur l'investissement direct international (base de données) : https://doi.org/10.1787/idi-data-fr*

ISLANDE

Tableau 4. Investissement direct étranger : flux par secteur industriel

Millions de dollars des ÉU

	Entrant					Sortant				
	2015	2016	2017	2018	2019	2015	2016	2017	2018	2019
All FDI activities	**708.7**	**-427.2**	**-41.4**	**-381.6**	**-252.5**	**-31.3**	**-1 147.3**	**-208.3**	**76.0**	**524.6**
Agriculture, sylviculture et pêche	**1.3**	**40.4**	**10.1**	**13.5**	**-5.8**	**21.0**	**-22.3**	**34.7**	**47.3**	**23.8**
Industries extractives	**30.9**	**2.7**	**-0.9**	**46.0**	**47.9**	**-**	**-**	**-**	**-**	**-**
Activités d'extraction	30.9	0.3	-0.9	42.5	47.9	-	-	-	-	-
Activités de fabrication	**-82.7**	**-96.3**	**98.3**	**175.7**	**-107.4**	**133.4**	**97.5**	**3.3**	**119.4**	**316.4**
dont :										
Produits alimentaires, boissons et tabac	-2.6	-3.6	14.4	3.7	0.7	-220.5	-26.6	1.3	-29.0	5.0
Textiles, bois, papier, imprimerie	-	-	-	-	-	0.4	77.5	23.1	79.9	23.7
Produits pétroliers, chimiques, pharmaceutiques, caoutchouc, plastique, minéraux	-19.5	-20.8	0.4	154.1	-107.2	298.1	10.9	-6.6	2.8	4.5
Ouvrages en métaux et machines, sauf matériels électriques	-114.8	-95.4	-18.1	74.1	-13.2	59.8	39.8	79.4	61.0	217.5
Automobiles, remorques, semi-remorques, autres matériels de transport	-	-	-	-	-	-0.1	-0.7	-	-	-
Autres activités de fabrication	54.2	23.5	101.7	-56.2	12.2	-4.4	-3.4	-93.9	4.8	65.6
Production et distribution d'électricité, de gaz, de vapeur et de climatisation	**13.5**	**1.8**	**-60.9**	**10.5**	**-37.2**	**1.1**	**0.4**	**0.8**	**3.1**	**2.7**
Distribution de l'eau ; assainissement, traitement des déchets et dépollution	**0.0**	**0.1**	**0.8**	**-23.6**	**-**	**-**	**-**	**-**	**-**	**-**
Construction	**1.6**	**15.1**	**8.6**	**-23.9**	**-9.6**	**54.5**	**-409.5**	**4.9**	**-1.7**	**2.1**
Services	**740.0**	**-391.1**	**-98.0**	**-579.7**	**-135.7**	**-241.3**	**-825.8**	**-260.8**	**-95.0**	**176.5**
Commerce de gros et de détail ; réparations automobiles et motocycles	-2 218.0	681.0	3 217.0	-279.7	240.7	52.8	40.2	7.8	39.4	17.8
Transport et entreposage	-1.3	1.6	-2.5	3.3	1.6	9.7	35.3	47.4	-34.2	36.4
Activités d'hébergement et de restauration	-	29.6	-3.4	34.7	21.6	-4.4	-1.7	-17.8	-	-
Information et communication	38.8	18.7	136.7	78.6	5.4	0.4	-1.6	-33.9	-44.7	-8.6
Activités financières et d'assurances	2 880.5	-1 176.1	-3 460.0	-508.9	-402.7	-155.0	-411.0	-247.0	-87.7	44.2
Activités des sociétés holding	2 883.4	-841.0	-3 446.5	-571.9	-91.9	-82.0	-407.2	-244.9	-86.9	42.6
Activités immobilières	23.8	15.3	8.1	-1.5	-7.2	-45.9	-96.7	-5.3	37.8	35.3
Activités professionnelles, scientifiques et techniques	21.8	35.3	11.3	76.7	-0.2	-87.3	-236.0	-4.0	5.1	50.3
Activités de services administratifs et d'appui	-5.6	3.9	-4.9	17.1	5.0	-12.6	-14.9	-8.5	-11.1	0.7
Administration publique; activités des ménages et des organismes extra-territoriaux	-	-	-	-	-	-	-	-	-	-
Éducation	-	-0.5	-0.3	-	-	-	-	-	-	-
Santé humaine et action sociale	-	-	-	-	-	1.2	-139.4	-	-	-
Arts, spectacles et loisirs	-	-	0.0	-	-	-	-	0.4	0.5	0.4
Autres services	-	-	-	-	-	-	-	-	-	-
Not allocated and confidential	**4.0**	**0.0**	**0.6**	**-0.2**	**-4.7**	**0.2**	**12.3**	**8.9**	**2.9**	**3.0**
Activités immobilières privées	**-**	**-**	**-**	**-**	**-**	**-**	**-**	**-**	**-**	**-**

- Néant

Note : Les données excluent les entités à vocation spéciales. Voir les métadonnées détaillées sur : *http://metalinks.oecd.org/idi/20210722/947b.*

Source : *Statistiques de l'OCDE sur l'investissement direct international (base de données) : https://doi.org/10.1787/idi-data-fr*

Tableau 5. Encours des investissement directs étrangers par secteur industriel
En fin d'année

Millions de dollars des ÉU

	Entrant					Sortant				
	2015	2016	2017	2018	2019	2015	2016	2017	2018	2019
All FDI activities	**7 851.0**	**9 841.0**	**10 129.9**	**8 750.7**	**8 380.7**	**7 636.6**	**6 058.2**	**5 268.6**	**5 229.4**	**5 501.3**
Agriculture, sylviculture et pêche	**67.4**	**147.8**	**189.8**	**168.3**	**158.3**	**126.8**	**124.4**	**173.6**	**158.5**	**218.5**
Industries extractives	**36.2**	**39.8**	**39.8**	**67.7**	**133.4**	**-**	**-**	**-**	**-**	**-**
Activités d'extraction	36.2	27.4	39.8	55.0	133.4	-	-	-	-	-
Activités de fabrication	**1 362.1**	**1 238.4**	**1 243.8**	**1 311.9**	**1 267.2**	**1 585.7**	**1 573.7**	**821.0**	**1 091.2**	**1 376.2**
dont :										
Produits alimentaires, boissons et tabac	92.6	97.9	120.4	105.9	105.0	73.1	13.2	14.5	18.5	21.4
Textiles, bois, papier, imprimerie	-	-	-	-	-	101.7	144.7	156.5	225.2	243.7
Produits pétroliers, chimiques, pharmaceutiques, caoutchouc, plastique, minéraux	118.6	108.3	88.8	194.2	155.1	680.6	669.7	-150.0	64.0	67.4
Ouvrages en métaux et machines, sauf matériels électriques	778.1	648.3	618.2	602.0	589.6	559.5	583.9	729.5	733.7	940.1
Automobiles, remorques, semi-remorques, autres matériels de transport	-	-	-	-	-	0.4	-	-	-	-
Autres activités de fabrication	372.7	383.9	416.2	409.8	417.6	170.4	162.2	70.6	49.8	103.6
Production et distribution d'électricité, de gaz, de vapeur et de climatisation	**182.0**	**184.8**	**183.6**	**190.9**	**193.8**	**43.6**	**53.0**	**57.1**	**56.8**	**59.0**
Distribution de l'eau ; assainissement, traitement des déchets et dépollution	**19.2**	**22.1**	**24.5**	**-**	**-**	**-**	**-**	**-**	**-**	**-**
Construction	**4.1**	**37.4**	**46.2**	**29.7**	**19.6**	**159.2**	**19.1**	**17.4**	**16.9**	**19.0**
Services	**6 021.7**	**7 991.8**	**8 193.8**	**6 848.9**	**6 480.5**	**5 357.3**	**4 054.0**	**3 999.0**	**3 756.1**	**3 676.0**
Commerce de gros et de détail ; réparations automobiles et motocycles	145.5	734.3	1 419.8	1 086.9	962.0	605.4	673.6	666.4	638.0	665.9
Transport et entreposage	34.0	31.3	35.0	36.0	39.5	244.5	263.5	303.5	290.6	320.8
Activités d'hébergement et de restauration	2.2	4.3	14.8	8.2	26.5	19.2	0.3	0.3	0.3	0.3
Information et communication	158.5	207.6	334.8	174.4	171.4	27.8	32.8	10.9	23.2	12.9
Activités financières et d'assurances	5 192.3	6 405.2	5 709.3	4 917.4	4 679.4	3 752.1	2 872.9	2 846.9	2 595.8	2 386.6
Activités des sociétés holding	5 160.9	6 046.8	5 004.5	4 219.6	3 721.8	3 707.9	2 834.2	2 804.3	2 556.0	2 345.4
Activités immobilières	285.8	318.5	353.2	308.8	289.3	215.4	119.9	132.4	162.0	195.9
Activités professionnelles, scientifiques et techniques	80.4	151.9	179.0	232.9	226.3	314.1	59.7	6.2	13.0	59.8
Activités de services administratifs et d'appui	122.9	133.6	142.9	80.0	81.9	65.4	31.2	30.9	31.4	31.7
Administration publique; activités des ménages et des organismes extra-territoriaux	-	-	-	-	-	-	-	-	-	-
Éducation	-	5.0	5.1	4.4	4.2	-	-	-	-	-
Santé humaine et action sociale	-	-	-	-	-	113.3	-	-	-	-
Arts, spectacles et loisirs	-	-	0.0	0.0	0.0	-	-	1.4	1.8	2.1
Autres services	-	-	-	-	-	-	-	-	-	-
Not allocated and confidential	**158.3**	**178.9**	**208.4**	**133.3**	**127.9**	**363.9**	**234.1**	**200.5**	**149.9**	**152.7**
Activités immobilières privées	**-**	**-**	**-**	**-**	**-**	**-**	**-**	**-**	**-**	**-**

- Néant

Note : Les données excluent les entités à vocation spéciales. Voir les métadonnées détaillées sur : *http://metalinks.oecd.org/idi/20210722/947b.*

Source : *Statistiques de l'OCDE sur l'investissement direct international (base de données) : https://doi.org/10.1787/idi-data-fr*

Tableau 6. Revenus des investissements directs étrangers par secteur industriel

Millions de dollars des ÉU

	Entrant					Sortant				
	2015	2016	2017	2018	2019	2015	2016	2017	2018	2019
All FDI activities	**31.2**	**-29.2**	**40.4**	**-42.4**	**-219.2**	**283.4**	**435.8**	**302.1**	**363.9**	**347.5**
Agriculture, sylviculture et pêche	**-0.3**	**-0.4**	**-3.3**	**-14.9**	**-4.6**	**21.4**	**27.5**	**20.5**	**38.6**	**39.3**
Industries extractives	**0.0**	**-0.2**	**-0.9**	**5.6**	**-8.7**	**-**	**-**	**-**	**-**	**-**
Activités d'extraction	0.0	-0.2	-0.9	5.4	-8.7	-	-	-	-	-
Activités de fabrication	**-29.7**	**-46.3**	**-73.5**	**-126.1**	**-189.5**	**75.0**	**121.0**	**129.4**	**181.1**	**152.9**
dont :										
Produits alimentaires, boissons et tabac	-2.8	-1.3	2.8	-4.5	1.7	1.7	1.4	1.3	2.3	1.2
Textiles, bois, papier, imprimerie	-	-	-	-	-	1.5	14.4	19.5	27.6	24.4
Produits pétroliers, chimiques, pharmaceutiques, caoutchouc, plastique, minéraux	-53.3	-36.5	-92.8	-107.7	-103.3	-7.2	10.9	-0.4	2.8	4.5
Ouvrages en métaux et machines, sauf matériels électriques	13.2	-33.1	-4.1	-29.6	-104.6	70.5	76.9	111.0	147.9	119.8
Automobiles, remorques, semi-remorques, autres matériels de transport	-	-	-	-	-	-0.1	-	-	-	-
Autres activités de fabrication	13.1	24.5	20.6	15.8	16.8	8.7	17.3	-2.0	0.6	2.9
Production et distribution d'électricité, de gaz, de vapeur et de climatisation	**16.5**	**1.8**	**4.1**	**10.5**	**1.0**	**1.1**	**0.4**	**0.8**	**3.1**	**2.7**
Distribution de l'eau ; assainissement, traitement des déchets et dépollution	**0.0**	**0.1**	**0.8**	**-**	**-**	**-**	**-**	**-**	**-**	**-**
Construction	**0.2**	**1.1**	**-14.3**	**-17.9**	**-7.1**	**48.9**	**123.1**	**4.8**	**3.2**	**2.9**
Services	**44.5**	**14.7**	**130.2**	**100.6**	**-10.1**	**136.9**	**161.5**	**144.0**	**135.0**	**147.3**
Commerce de gros et de détail ; réparations automobiles et motocycles	-45.1	-103.0	-119.1	12.8	13.5	38.3	31.3	26.5	32.2	36.4
Transport et entreposage	-1.2	1.1	-0.4	0.3	1.6	22.8	35.3	25.0	39.7	29.4
Activités d'hébergement et de restauration	0.0	-0.1	2.3	4.0	3.6	0.3	-2.0	-	-	-
Information et communication	4.0	13.5	8.5	2.5	5.8	3.4	3.3	4.5	-10.3	-8.7
Activités financières et d'assurances	55.1	76.5	209.6	75.6	-44.5	59.9	92.0	90.4	80.6	87.0
Activités des sociétés holding	59.2	74.6	191.1	62.2	-43.7	56.3	90.8	85.5	79.1	84.3
Activités immobilières	4.2	6.2	7.3	-0.6	-0.6	8.0	9.1	2.0	1.4	1.2
Activités professionnelles, scientifiques et techniques	3.0	4.7	11.4	4.5	3.0	9.9	1.8	0.4	-0.1	0.9
Activités de services administratifs et d'appui	24.5	16.2	10.8	1.5	7.5	-10.1	-14.1	-5.1	-9.0	0.5
Administration publique; activités des ménages et des organismes extra-territoriaux	-	-	-	-	-	-	-	-	-	-
Éducation	-	-0.5	-0.3	-	-	-	-	-	-	-
Santé humaine et action sociale	-	-	-	-	-	4.3	4.8	-	-	-
Arts, spectacles et loisirs	-	-	-	-	-	-	-	0.4	0.4	0.4
Autres services	-	-	-	-	-	-	-	-	-	-
Not allocated and confidential	**0.0**	**0.0**	**-2.7**	**-0.2**	**-0.2**	**0.2**	**2.3**	**2.4**	**2.9**	**2.5**
Activités immobilières privées	**-**	**-**	**-**	**-**	**-**	**-**	**-**	**-**	**-**	**-**

- Néant

Note : Les données excluent les entités à vocation spéciales. Voir les métadonnées détaillées sur : *http://metalinks.oecd.org/idi/20210722/947b.*

Source : *Statistiques de l'OCDE sur l'investissement direct international (base de données) : https://doi.org/10.1787/idi-data-fr*

IRLANDE

Tableau 1. Flux d'investissement direct étranger par pays

Millions de dollars des ÉU

	Entrant					Sortant				
	2015	2016	2017	2018	2019	2015	2016	2017	2018	2019
TOTAL MONDE	**217 818.1**	**39 375.2**	**52 722.4**	**-16 086.4**	**81 101.5**	**168 442.6**	**30 056.4**	**-2 043.7**	**9 614.1**	**-16 632.7**
Pays membres de l'OCDE	**141 354.4**	**-51 120.2**	**37 331.8**	**.. c**	**-113 948.3**	**155 159.2**	**11 446.4**	**-32 593.8**	**-53 330.6**	**.. c**
Australie	-806.4	-1 280.5	790.2	-368.2	425.4	326.1	-358.3	39.5	194.7	142.2
Autriche	-170.8	129.4	69.9	-99.1	33.6	-8.9	-225.6	-126.3	247.8	-12.3
Belgique	6 319.5	4 772.8	-1 586.1	13 176.0	6 021.5	392.7	-709.9	565.9	902.9	659.4
Canada	-1 074.9	-1 058.3	-1 867.9	-717.6	-1 648.9	579.0	118.3	326.9	-354.1	241.8
Chili	-81.0	-57.5	-78.9	5.9	28.0	.. c	10.0	9.0	.. c	17.9
République Tchèque	.. c	-157.0	10.1	43.7	43.7	37.7	.. c	22.5	.. c	-4.5
Danemark	-35.5	-531.9	-466.7	-70.8	-257.5	67.7	.. c	101.5	341.1	108.6
Estonie	.. c	1.1	-	1.2	1.1	-	-	-	.. c	.. c
Finlande	761.0	-142.7	40.6	-63.7	692.9	.. c	.. c	-76.7	.. c	68.3
France	4 184.1	1 866.6	2 790.0	5 614.3	1 403.8	196.3	418.0	1 406.8	-677.4	2 780.7
Allemagne	-1 896.8	2 813.2	-886.0	2 019.4	-2 273.6	-62.1	-1 073.8	-423.9	-846.2	923.5
Grèce	.. c	.. c	-158.9	129.8	.. c	-6.7	7.7	.. c	-7.1	.. c
Hongrie	30.0	.. c	.. c	.. c	.. c	106.5	807.3	.. c	.. c	.. c
Islande	.. c	.. c	.. c	.. c	.. c	.. c	.. c	.. c	.. c	.. c
Irlande	.. c	-	.. c	-	-	-	-154.8	-	-	-
Israël	569.1	14.4	33.8	64.9	12.3	.. c	119.4	158.9	-94.4	159.0
Italie	2 337.2	2 306.8	1 856.6	1 634.6	2 157.2	-117.6	-629.2	98.1	331.6	52.6
Japon	-1 236.8	586.1	-2 614.1	4 559.2	2 709.1	3 943.4	428.0	-1 650.3	-279.7	64.9
Corée	.. c	.. c	164.6	-437.9	.. c	.. c	321.8	-6.8	.. c	75.0
Lettonie	-	.. c	3.4	.. c	-10.1	-	.. c	.. c	.. c	-
Lituanie	.. c	.. c	.. c	.. c	-47.0	.. c	19.9	.. c	24.8	.. c
Luxembourg	.. c	-61 160.0	64 617.3	.. c	-116 793.9	63 727.1	-8 409.8	-91 038.2	31 717.2	19 772.8
Mexique	-16.6	-424.6	.. c	.. c	159.0	-99.8	-125.0	189.4	41.3	-
Pays-Bas	8 790.9	7 410.2	26 319.5	.. c	90 767.9	5 254.6	4 833.6	31 481.2	-85 876.3	-37 790.2
Nouvelle-Zélande	-122.0	.. c	64.3	-100.3	39.2	21.1	6.6	-1.1	3.5	3.4
Norvège	25.5	186.9	20.3	478.0	753.4	66.6	.. c	-38.3	-364.7	.. c
Pologne	15.5	112.8	-32.7	64.9	-9.0	5.5	28.8	33.8	-48.4	5.6
Portugal	143.1	183.6	251.4	4.7	64.9	-18.9	-49.8	30.4	-77.9	-19.0
République slovaquie	-26.6	-55.3	-18.0	.. c	79.5	6.7	.. c	-18.0	.. c	-23.5
Slovénie	.. c	.. c	.. c	.. c	-	-	-	-	.. c	.. c
Espagne	-1 196.9	-759.7	1 821.7	2 559.9	2 862.4	116.5	67.5	-209.7	-200.6	-304.5
Suède	215.2	1 087.0	-426.1	-1 205.0	109.7	.. c	471.1	.. c	-72.0	104.1
Suisse	4 823.1	42 488.1	626.8	8 247.4	-6 401.0	6 256.2	-3 384.9	1 821.7	.. c	.. c
Turquie	46.6	-95.1	-147.7	.. c	-68.3	.. c	-163.7	151.1	-119.2	409.7
Royaume-Uni	-1 592.9	-17 207.8	5 254.2	-27 215.9	-10 997.4	2 157.5	12 006.0	2 265.8	4 680.8	7 176.8
Etats-Unis	84 810.9	-61 299.3	-59 817.4	88 201.3	-79 701.1	69 739.3	7 802.7	4 073.9	-5 443.2	20 488.1
EUROPE	**88 714.4**	**106 699.1**	**114 122.4**	**-186 761.5**	**-9 269.0**	**82 472.5**	**591.6**	**-28 036.3**	**-11 667.7**	**-28 822.3**
Bulgarie	-3.3	.. c	-3.4	3.5	3.4	.. c	1.1	.. c	3.5	.. c
Croatie	-4.4	-16.6	.. c	.. c	.. c	.. c	.. c	.. c	.. c	.. c
Chypre	-205.2	.. c	.. c	.. c	.. c	.. c	.. c	6.8	4.7	.. c
Malte	-74.3	-165.9	.. c	-118.0	48.1	.. c	.. c	.. c	.. c	.. c
Roumanie	-4.4	14.4	9.0	23.6	-68.3	81.0	-70.8	13.5	74.4	12.3
Russie	583.5	1 090.3	127.4	177.0	-659.4	13.3	182.5	7.9	-272.6	.. c
Ukraine	.. c	11.1	2.3	.. c	.. c	.. c	.. c	.. c	.. c	.. c
AFRIQUE	**.. c**	**-96.2**	**121.7**	**107.4**	**14.6**	**21.1**	**.. c**	**45.1**	**.. c**	**.. c**
Afrique septentrionale	.. c	.. c	68.8	-2.4	29.1	.. c	.. c	-2.3	.. c	-4.5
Algérie	-	.. c	.. c	.. c	-1.1	-	-	.. c	-	.. c
Egypte	43.3	60.8	40.6	.. c	2.2	.. c	.. c	.. c	.. c	-4.5
Libye	.. c	.. c	.. c	.. c	.. c	-	-	-	-	-
Maroc	.. c	.. c	.. c	-13.0	15.7	.. c	.. c	.. c	2.4	.. c
Tunisie	.. c	.. c	-2.3	.. c	.. c	-	.. c	.. c	.. c	.. c
Autres pays africains	.. c	.. c	53.0	108.6	-13.4	.. c	.. c	47.3	.. c	.. c
Nigéria	.. c	45.3	11.3	2.4	10.1	-	.. c	-	.. c	.. c
Afrique du Sud	332.8	380.4	89.1	62.6	.. c	-13.3	-22.1	40.6	46.0	36.9
AMÉRIQUE	**94 538.0**	**-55 142.1**	**-35 596.9**	**130 203.0**	**104 298.7**	**72 220.7**	**19 726.9**	**-5 317.3**	**-711.7**	**14 137.5**
Amérique du Nord	83 736.0	-62 357.6	-61 685.3	87 482.6	-81 348.9	70 316.1	7 921.0	4 400.9	-5 798.4	20 729.9
Amérique du Nord	11 032.7	7 215.5	26 099.7	.. c	185 619.6	.. c	11 437.6	.. c	4 798.8	-6 777.1
Bahamas	.. c	206.8	.. c	624.3	.. c	-	-	-	-	-
Bermudes	4 214.1	6 736.7	1 420.4	49 150.2	133 603.5	3 089.3	.. c	-4 191.2	.. c	-6 111.0
Îles Cayman	3 881.3	1 781.5	.. c	-2 817.2	14 211.4	-1 365.5	588.3	-5 755.8	.. c	-773.5
Costa Rica	.. c	.. c	38.3	.. c	56.0	1.1	.. c	37.2	.. c	-4.5
El Salvador	-	.. c	.. c	.. c	-	-	-	-	-	-
Guatemala	-	.. c	-	-	-1.1	-	-	-	-	-
Honduras	-	.. c	-	.. c	.. c	-	-	-	-	-
Nicaragua	-	.. c	.. c	-	-	-	-	-	-	-
Panama	42.2	103.9	36.1	.. c	-53.7	-	-4.4	36.1	56.7	.. c
Îles Vierges, US	-	-	.. c	-	.. c	-	-	-	-	-
Amérique du Sud	-230.7	1.1	-13.5	.. c	28.0	.. c	367.1	.. c	286.8	184.7
Argentine	-55.5	23.2	-21.4	23.6	-7.8	24.4	29.9	31.6	51.9	-
Bolivie	-	.. c	.. c	.. c	-	-	-	-	-	-
Brésil	-99.8	171.4	81.2	-201.8	.. c	175.3	-86.3	-330.3	34.2	95.2
Colombie	.. c	-182.5	-16.9	-132.2	-49.3	-	.. c	.. c	.. c	.. c
Equateur	17.7	.. c	6.8	.. c	4.5	-	.. c	-	-	.. c
Paraguay	.. c	.. c	.. c	-	.. c	-	-	-	-	-
Pérou	1.1	-33.2	10.1	-79.1	.. c	3.3	.. c	.. c	.. c	-
Uruguay	-2.2	-5.5	-	.. c	2.2	-	-	-	-	.. c
Venezuela	-	.. c	7.9	68.5	.. c	.. c	.. c	-	.. c	.. c
ASIE	**8 543.5**	**-12 911.6**	**-1 615.4**	**22 820.7**	**-8 184.3**	**10 320.6**	**-2 007.1**	**.. c**	**5 254.3**	**1 169.8**

Tableau 1. Flux d'investissement direct étranger par pays *(suite)*

Millions de dollars des ÉU

	Entrant					Sortant				
	2015	2016	2017	2018	2019	2015	2016	2017	2018	2019
Proche et Moyen Orient	629.0	-1 333.6	-395.7	-173.5	-555.2	485.9	-59.7	137.5	830.9	.. c
Pays du Golfe	100.9	-909.0	-418.2	-247.8	-569.8	.. c	-179.1	-19.2	.. c	.. c
Koweït	.. c	.. c	3.4	.. c	.. c	-	.. c	-	-	.. c
Qatar	.. c	.. c	.. c	-17.7	.. c	.. c	.. c	.. c	-	.. c
Arabie saoudite	.. c	-161.5	.. c	-439.0	-831.7	.. c	.. c	.. c	.. c	.. c
Emirats Arabes Unis	363.8	-538.5	-248.0	210.1	222.8	15.5	202.4	11.3	.. c	.. c
Autres pays du Proche et Moyen Orient	525.8	-423.5	24.8	74.4	14.6	.. c	118.3	157.8	.. c	156.7
Jordanie	.. c	.. c	.. c	.. c	.. c	.. c	.. c	.. c	.. c	.. c
Autres pays asiatiques	7 915.7	-11 576.9	-1 220.8	22 994.2	-7 629.0	9 834.7	-1 948.5	.. c	4 423.5	.. c
Chine	1 474.2	2 097.8	120.6	-15.3	1 996.0	-22.2	.. c	.. c	.. c	.. c
Hong Kong, Chine	-384.9	268.7	266.0	5.9	490.3	.. c	-479.9	.. c	.. c	-105.2
Inde	-715.5	-217.8	31.6	192.4	176.9	44.4	-10.0	9.0	15.3	-38.1
Indonesie	73.2	.. c	.. c	.. c	-1.1	.. c	.. c	.. c	.. c	.. c
République islamique d'Iran	-	.. c	-	-	-	106.5	-	-	-	-
Malaisie	-6.7	6.6	11.3	17.7	-12.3	.. c	.. c	1.1	.. c	-14.6
Philippines	14.4	-61.9	-45.1	34.2	11.2	.. c	.. c	.. c	.. c	1.1
Singapour	7 982.3	-14 155.7	962.7	.. c	.. c	1 611.8	248.8	.. c	-181.8	.. c
Taipei Chinois	100.9	2.2	-87.9	-152.2	.. c	.. c	25.4	31.6	.. c	142.2
Thaïlande	8.9	.. c	-18.0	.. c	-12.3	.. c	.. c	-6.8	.. c	3.4
Viet Nam	.. c	.. c	.. c	-1.2	-	8.9	16.6	.. c	-13.0	4.5
AUSTRALIE, OCÉANIE ET RÉGIONS POLAIRES	**-929.6**	**.. c**	**859.0**	**-474.4**	**466.8**	**348.3**	**-350.5**	**38.3**	**199.5**	**144.4**
TOTAL MONDE non alloué et confidentiel	**26 580.1**	**.. d**	**-25 168.5**	**18 018.4**	**-6 225.2**	**3 059.3**	**.. d**	**32 711.1**	**16 491.2**	**-3 294.5**
Union européenne (UE28)	**54 290.6**	**-28 657.5**	**98 602.2**	**-202 819.5**	**-29 944.0**	**73 949.0**	**7 187.9**	**-51 835.2**	**-58 662.8**	**-16 579.0**
Pays du G20 hors Union Européenne	**..**	**.. d**	**.. d**	**.. d**	**.. d**	**..**	**.. d**	**.. d**	**.. d**	**.. d**
Pays OCDE du G20	**..**	**.. d**	**.. d**	**.. d**	**.. d**	**..**	**18 744.9**	**6 470.5**	**.. d**	**32 355.3**
Pays non-OCDE du G20	**..**	**.. d**	**.. d**	**.. d**	**.. d**	**..**	**.. d**	**.. d**	**.. d**	**.. d**
Pays MENA	**..**	**.. d**	**.. d**	**.. d**	**.. d**	**..**	**.. d**	**.. d**	**.. d**	**.. d**
Pays ANASE	**8 051.0**	**-14 402.3**	**.. c**	**18 861.1**	**.. c**	**1 679.4**	**-372.7**	**.. c**	**793.1**	**.. c**

- Néant ; .. Non disponible ; c Donnée confidentielle ; d Confidentialité Secondaire

Note : Voir les métadonnées détaillées sur : *http://metalinks.oecd.org/idi/20210722/947b.*

Source : *Statistiques de l'OCDE sur l'investissement direct international (base de données) : https://doi.org/10.1787/idi-data-fr*

Tableau 2. Encours des investissements directs étrangers par pays

En fin d'année

Millions de dollars des ÉU

	Entrant					Sortant				
	2015	2016	2017	2018	2019	2015	2016	2017	2018	2019
TOTAL MONDE	**890 125.2**	**840 646.1**	**1 058 012.7**	**1 048 602.0**	**1 152 313.0**	**909 667.9**	**856 581.6**	**986 845.8**	**967 868.1**	**1 085 869.5**
Pays membres de l'OCDE	**765 318.5**	**639 685.9**	**870 374.2**	**764 862.6**	**677 835.3**	**797 432.8**	**711 684.4**	**798 833.1**	**723 865.4**	**848 612.7**
Australie	480.1	-731.5	403.0	443.1	889.7	1 829.1	.. c	1 364.8	614.8	1 035.7
Autriche	299.4	448.0	480.9	389.3	324.6	136.1	.. c	-217.1	-49.2	-42.7
Belgique	10 843.8	9 638.5	7 419.0	24 984.0	-3 627.3	7 787.7	.. c	1 686.3	1 703.7	3 657.6
Canada	1 973.9	2 496.0	425.8	11 657.9	11 151.4	2 350.6	2 463.4	2 500.6	2 665.4	2 898.2
Chili	-98.0	-161.3	-136.7	-121.4	-70.8	.. c	31.6	40.8	.. c	485.3
République Tchèque	17.4	-132.8	12.0	74.4	130.3	497.6	.. c	-67.2	279.4	278.6
Danemark	1 434.9	506.0	130.7	-99.6	-335.9	167.7	.. c	-116.3	207.2	283.1
Estonie	.. c	1.1	1.2	1.1	2.2	.. c	.. c	.. c	.. c	.. c
Finlande	-203.6	-183.4	-101.9	-137.4	551.6	1 253.1	-763.2	-847.9	-87.0	-28.1
France	20 562.9	20 509.1	23 816.3	24 112.7	25 380.8	2 971.1	3 319.3	5 361.0	4 339.4	1 723.2
Allemagne	3 928.1	4 759.1	7 140.8	7 272.7	5 973.9	5 248.8	3 725.1	3 871.4	3 810.4	4 902.3
Grèce	40.3	.. c	.. c	229.0	249.4	.. c	100.1	-217.1	76.7	41.6
Hongrie	.. c	.. c	.. c	.. c	-812.2	25 814.9	.. c	.. c	.. c	-257.2
Islande	.. c	.. c	.. c	.. c	.. c	.. c	.. c	.. c	.. c	.. c
Irlande	-	-	.. c	-	-	96.9	.. c	.. c	-	.. c
Israël	123.0	128.6	151.1	-82.4	-70.8	.. c	.. c	.. c	.. c	1 473.8
Italie	8 373.4	8 216.5	10 142.7	9 976.0	8 876.7	1 234.6	549.2	682.4	82.4	15.7
Japon	1 907.5	2 539.3	421.0	4 906.1	.. c	5 797.5	6 232.7	3 882.2	3 612.3	3 549.8
Corée	.. c	4 837.1	5 111.5	648.0	34.8	460.5	.. c	758.0	976.6	978.4
Lettonie	.. c	.. c	.. c	5.7	.. c	-	.. c	.. c	.. c	.. c
Lituanie	15.2	40.1	34.8	6.9	-48.3	-5.4	.. c	25.2	46.9	51.7
Luxembourg	152 394.1	.. c	268 463.7	200 456.8	77 773.5	462 149.2	423 202.3	339 971.2	377 783.4	472 393.8
Mexique	101.3	-321.5	.. c	-405.3	-205.6	926.5	695.7	941.5	943.4	962.7
Pays-Bas	100 641.3	89 640.6	110 159.5	-14 634.8	101 012.1	56 332.1	57 785.4	181 039.8	82 735.3	66 425.5
Nouvelle-Zélande	45.7	80.1	139.1	33.2	62.9	.. c	.. c	353.8	.. c	.. c
Norvège	386.5	591.3	813.1	1 683.1	2 475.8	6.5	.. c	.. c	113.4	.. c
Pologne	-94.7	24.2	-24.0	99.6	18.0	302.7	.. c	375.4	659.5	648.2
Portugal	427.9	629.3	952.3	613.7	757.1	.. c	.. c	.. c	.. c	.. c
République slovaquie	7.6	-47.4	-72.0	.. c	37.1	.. c	959.2	961.9	.. c	.. c
Slovénie	.. c	.. c	-6.0	-8.0	-9.0	.. c	.. c	.. c	14.9	14.6
Espagne	12 201.4	8 403.1	11 107.0	12 542.9	15 031.5	.. c	.. c	.. c	7 980.3	.. c
Suède	2 476.9	3 085.3	2 655.3	1 505.6	1 382.8	1 882.4	.. c	6 608.3	6 464.4	5 224.7
Suisse	13 802.9	60 657.7	86 613.1	79 882.1	98 350.9	-6 112.1	-18 538.0	-15 808.3	4 751.5	16 033.5
Turquie	.. c	.. c	.. c	-113.4	-200.0	1 920.5	.. c	.. c	1 210.2	1 592.9
Royaume-Uni	56 807.8	78 050.0	70 197.9	57 715.8	46 124.5	98 851.4	99 266.4	106 291.7	100 275.9	108 386.9
Etats-Unis	375 156.2	235 690.9	233 552.4	338 338.7	248 875.5	112 705.5	92 687.9	111 362.4	107 867.0	140 069.6
EUROPE	**396 315.7**	**497 426.0**	**729 005.8**	**525 721.3**	**533 855.3**	**693 740.9**	**630 141.2**	**708 088.3**	**666 134.6**	**737 581.4**
Bulgarie	18.5	-	-4.8	-1.1	3.4	.. c	.. c	.. c	.. c	203.3
Croatie	.. c	.. c	-4.8	.. c	10.1	.. c	.. c	.. c	.. c	.. c
Chypre	343.0	.. c	.. c	.. c	.. c	344.0	.. c	844.3	869.0	861.6
Malte	1 986.9	.. c	467.7	330.9	258.4	.. c	.. c	.. c	.. c	.. c
Roumanie	-22.9	-8.4	2.4	29.8	-40.4	285.2	.. c	225.5	75.6	.. c
Russie	1 495.9	2 422.3	2 680.5	2 641.4	1 950.1	403.9	.. c	604.5	337.8	319.0
Ukraine	.. c	-15.8	.. c	.. c	.. c	.. c	.. c	.. c	.. c	.. c
AFRIQUE	**81.7**	**4.2**	**.. c**	**.. c**	**278.6**	**390.9**	**.. c**	**-227.9**	**-474.0**	**69.6**
Afrique septentrionale	.. c	.. c	-4.8	-53.8	-9.0	311.4	.. c	.. c	92.7	.. c
Algérie	.. c	-	.. c	-4.6	.. c	-	-	.. c	.. c	.. c
Egypte	-24.0	44.3	-46.8	-29.8	-10.1	214.5	-	.. c	.. c	-3.4
Libye	.. c	.. c	.. c	.. c	.. c	-	-	-	-	-
Maroc	.. c	.. c	54.0	-6.9	5.6	96.9	83.3	93.5	92.7	92.1
Tunisie	-	-	.. c	.. c	-2.2	-	.. c	.. c	-	-
Autres pays africains	.. c	.. c	.. c	.. c	286.5	79.5	.. c	.. c	-566.8	.. c
Nigéria	-6.5	24.2	-10.8	-9.2	21.3	.. c	.. c	.. c	.. c	.. c
Afrique du Sud	9.8	418.5	61.2	142.0	43.8	32.7	5.3	51.6	95.0	123.6
AMÉRIQUE	**453 350.0**	**308 094.2**	**320 768.8**	**477 773.1**	**558 818.2**	**165 850.8**	**170 419.5**	**181 131.0**	**181 351.0**	**217 684.8**
Amérique du Nord	377 131.2	238 187.0	233 977.0	349 996.6	260 027.0	115 056.1	95 151.3	113 863.0	110 531.3	142 969.0
Amérique du Nord	76 844.9	70 498.6	86 959.7	128 241.4	299 149.6	50 141.5	74 008.6	66 319.3	69 660.0	73 434.1
Bahamas	.. c	.. c	.. c	11 920.1	48 898.0	-	-	-	-	-
Bermudes	54 299.4	48 187.0	29 124.5	74 603.8	197 845.4	29 632.0	53 506.9	50 314.2	54 484.8	52 290.5
Îles Cayman	11 024.5	12 142.9	45 767.6	41 228.5	51 327.8	19 175.8	.. c	.. c	13 442.9	.. c
Costa Rica	.. c	.. c	-70.8	-26.3	50.6	.. c	.. c	105.5	16.0	12.4
El Salvador	.. c	.. c	-	.. c	.. c	-	-	-	-	-
Guatemala	-	-2.1	-2.4	-2.3	.. c	-	-	-	-	-
Honduras	-	.. c	.. c	.. c	.. c	-	-	-	-	-
Nicaragua	-	.. c	-	-	-	-	-	-	-	-
Panama	.. c	.. c	.. c	132.8	.. c	.. c	.. c	54.0	106.5	92.1
Îles Vierges, US	-	-	.. c	.. c	.. c	-	-	-	-	-
Amérique du Sud	-626.0	-591.3	-167.9	-463.7	-358.3	653.2	1 260.7	948.7	1 159.8	1 280.6
Argentine	-61.0	-47.4	-67.2	-38.9	-14.6	116.5	.. c	.. c	213.0	204.4
Bolivie	-	.. c	.. c	-	-	-	-	-	-	-
Brésil	-263.5	-131.8	-133.1	-327.5	-250.5	572.7	744.2	398.2	400.7	475.2
Colombie	-38.1	.. c	254.3	113.4	64.0	.. c	.. c	.. c	.. c	104.5
Equateur	.. c	.. c	-	-8.0	.. c	-	.. c	.. c	.. c	.. c
Paraguay	-	.. c	.. c	.. c	.. c	-	-	-	-	-
Pérou	.. c	.. c	-10.8	.. c	-61.8	.. c	.. c	.. c	.. c	.. c
Uruguay	.. c	.. c	-8.4	-5.7	.. c	-	-	-	-	.. c
Venezuela	-164.4	.. c	-63.6	17.2	.. c	.. c	.. c	.. c	.. c	.. c
ASIE	**13 510.1**	**.. c**	**6 856.6**	**26 392.3**	**46 163.8**	**23 483.9**	**21 248.0**	**69 186.9**	**72 712.4**	**76 970.3**

Tableau 2. Encours des investissements directs étrangers par pays *(suite)*
En fin d'année

Millions de dollars des ÉU

	Entrant					Sortant				
	2015	2016	2017	2018	2019	2015	2016	2017	2018	2019
Proche et Moyen Orient	-1 145.3	.. c	-2 326.7	-1 347.6	-1 819.8	1 563.4	1 414.6	1 602.3	1 790.7	2 277.0
Pays du Golfe	-1 267.3	-2 174.6	-2 485.0	-1 282.3	-1 777.1	.. c	.. c	.. c	.. c	797.6
Koweït	-2.2	.. c	.. c	.. c	.. c	-	.. c	-	-	.. c
Qatar	.. c	.. c	.. c	.. c	.. c	.. c	.. c	.. c	.. c	.. c
Arabie saoudite	.. c	.. c	.. c	.. c	.. c	-1.1	.. c	7.2	57.2	.. c
Emirats Arabes Unis	80.6	-462.7	-630.8	999.5	1 300.8	.. c	.. c	110.3	794.6	697.6
Autres pays du Proche et Moyen Orient	121.9	.. c	158.3	-65.3	-42.7	.. c	.. c	.. c	.. c	1 479.4
Jordanie	.. c	.. c	.. c	.. c	.. c	-	-	.. c	.. c	.. c
Autres pays asiatiques	14 655.4	5 633.0	9 183.3	27 739.9	47 983.6	21 921.6	19 833.5	67 584.6	70 921.7	74 693.3
Chine	.. c	.. c	.. c	7 263.6	9 014.8	.. c	.. c	.. c	.. c	.. c
Hong Kong, Chine	313.6	634.6	855.1	808.3	1 204.2	.. c	5 621.4	.. c	.. c	.. c
Inde	-252.6	-470.1	-796.4	-553.0	-349.4	72.9	44.3	50.4	113.4	-27.0
Indonesie	5.4	.. c	7.2	-2.3	-5.6	.. c	.. c	.. c	.. c	.. c
République islamique d'Iran	.. c	-	-	-	-	-	-	-	-	-
Malaisie	-22.9	3.2	-39.6	-20.6	-31.5	56.6	.. c	.. c	17.2	4.5
Philippines	20.7	-41.1	8.4	41.2	55.0	-	.. c	.. c	10.3	5.6
Singapour	.. c	-4 653.7	-4 852.5	.. c	-1 006.5	984.2	1 219.6	.. c	.. c	.. c
Taipei Chinois	310.3	315.2	209.9	49.2	405.5	52.3	.. c	97.1	690.4	1 509.8
Thaïlande	-26.1	-44.3	-	-95.0	-105.6	.. c	.. c	.. c	4.6	7.9
Viet Nam	-	.. c	-	-	1.1	8.7	.. c	13.2	17.2	20.2
AUSTRALIE, OCÉANIE ET RÉGIONS POLAIRES	**525.9**	**-653.5**	**544.5**	**475.2**	**951.5**	**2 176.4**	**.. c**	**1 718.6**	**1 127.8**	**1 824.3**
TOTAL MONDE non alloué et confidentiel	**26 341.9**	**.. d**	**724.4**	**17 962.0**	**12 245.6**	**24 025.0**	**.. d**	**26 948.9**	**47 016.3**	**51 738.9**
Union européenne (UE28)	**374 145.9**	**339 587.9**	**544 762.5**	**333 133.7**	**283 805.9**	**682 620.6**	**630 117.0**	**683 589.6**	**605 162.6**	**681 976.0**
Pays du G20 hors Union Européenne	**..**	**.. d**	**.. d**	**.. d**	**.. d**	**..**	**.. d**	**.. d**	**.. d**	**.. d**
Pays OCDE du G20	**..**	**.. d**	**.. d**	**454 552.3**	**.. d**	**234 296.1**	**.. d**	**.. d**	**226 398.0**	**266 115.5**
Pays non-OCDE du G20	**..**	**.. d**	**.. d**	**.. d**	**.. d**	**..**	**.. d**	**.. d**	**.. d**	**.. d**
Pays MENA	**..**	**.. d**	**.. d**	**.. d**	**.. d**	**..**	**.. d**	**.. d**	**.. d**	**.. d**
Pays ANASE	**9 568.9**	**.. c**	**.. c**	**13 610.0**	**-1 091.9**	**1 102.9**	**688.3**	**.. c**	**.. c**	**.. c**

- Néant ; .. Non disponible ; c Donnée confidentielle ; d Confidentialité Secondaire

Note : Voir les métadonnées détaillées sur : *http://metalinks.oecd.org/idi/20210722/947b.*

Source : *Statistiques de l'OCDE sur l'investissement direct international (base de données) : https://doi.org/10.1787/idi-data-fr*

IRLANDE

Tableau 3. Revenus des investissements directs étrangers par pays

Millions de dollars des ÉU

	Entrant					Sortant				
	2015	2016	2017	2018	2019	2015	2016	2017	2018	2019
TOTAL MONDE	**71 584.0**	**61 827.9**	**75 764.9**	**93 908.9**	**102 748.2**	**11 762.6**	**14 638.9**	**17 361.1**	**25 320.4**	**23 183.7**
Pays membres de l'OCDE	**36 967.3**	**38 457.4**	**49 354.1**	**68 338.3**	**73 492.7**	**14 581.3**	**15 449.5**	**15 750.2**	**24 807.0**	**.. c**
Australie	.. c	.. c	22.5	-2.4	24.6	42.2	91.8	-12.4	-9.4	22.4
Autriche	.. c	12.2	4.5	5.9	7.8	4.4	15.5	-1.1	13.0	-1.1
Belgique	1 620.6	1 217.5	2 008.8	4 311.3	2 908.3	17.7	79.6	39.5	115.7	91.8
Canada	14.4	35.4	-48.5	7.1	-22.4	34.4	-25.4	4.5	69.6	90.7
Chili	.. c	-2.2	.. c	-	-	-	-	-	-	.. c
République Tchèque	-	-	-	-	-	16.6	.. c	-11.3	.. c	-36.9
Danemark	166.4	89.6	74.4	.. c	247.4	.. c	11.1	6.8	27.1	36.9
Estonie	-	-	-	-	-	-	-	-	-	-
Finlande	.. c	13.3	11.3	9.4	9.0	2.2	-	.. c	.. c	9.0
France	2 399.3	2 255.9	2 437.2	2 814.8	2 774.0	48.8	142.7	140.9	80.3	305.6
Allemagne	881.9	758.6	352.8	961.9	1 035.5	255.1	268.7	165.7	-108.6	131.0
Grèce	-	-	.. c	.. c	.. c	.. c	.. c	.. c	.. c	.. c
Hongrie	4.4	.. c	.. c	.. c	.. c	.. c	.. c	.. c	.. c	.. c
Islande	.. c	-	.. c	.. c	.. c	.. c	-	-	-	-
Irlande	.. c	-	-	-	-	-	-	.. c	-	-
Israël	-	-	-	-	-	.. c	.. c	.. c	108.6	.. c
Italie	1 978.9	1 659.8	1 652.6	1 651.1	2 011.6	-73.2	67.5	16.9	59.0	35.8
Japon	13.3	419.1	406.9	593.7	3 212.8	4.4	-11.1	-20.3	.. c	.. c
Corée	.. c	85.1	67.6	5.9	16.8	.. c	.. c	.. c	.. c	.. c
Lettonie	-	-	-	-	-	-	-	.. c	-	-
Lituanie	-	-	-	-	-	-	-	-	-	.. c
Luxembourg	4 657.8	4 598.0	11 272.7	15 353.5	17 355.9	8 481.4	10 401.4	9 696.8	11 845.9	12 535.5
Mexique	-	-1.1	-4.5	-	1.1	.. c	45.3	.. c	.. c	.. c
Pays-Bas	13 148.1	12 987.9	7 436.6	9 446.5	8 210.0	2 142.0	2 981.3	4 123.5	8 315.8	6 800.6
Nouvelle-Zélande	-	-	4.5	1.2	-	.. c	.. c	.. c	.. c	.. c
Norvège	.. c	.. c	-301.0	-10.6	90.7	.. c	1.1	4.5	5.9	-1.1
Pologne	-	-	-	1.2	2.2	8.9	1.1	19.2	8.3	11.2
Portugal	112.0	71.9	32.7	36.6	.. c	.. c	.. c	-6.8	.. c	.. c
République slovaquie	-	-	-	-1.2	-	.. c	.. c	.. c	.. c	.. c
Slovénie	-	-	-	-	-	-	-	-	-	-
Espagne	168.6	246.6	558.0	546.4	436.6	-10.0	45.3	-6.8	2.4	-61.6
Suède	168.6	188.0	181.5	234.9	165.7	14.4	96.2	50.7	56.7	68.3
Suisse	6 703.3	8 283.8	9 189.5	14 483.7	17 378.3	-397.1	-1 003.0	.. c	18.9	.. c
Turquie	-	-	.. c	.. c	.. c	.. c	26.5	.. c	.. c	.. c
Royaume-Uni	4 266.2	4 133.6	4 438.1	4 746.8	4 420.7	604.5	424.6	2 207.2	3 093.4	1 940.0
Etats-Unis	411.5	684.5	8 332.8	12 716.9	13 086.3	1 859.1	498.7	-1 226.5	462.6	1 680.3
EUROPE	**54 418.2**	**42 523.5**	**51 193.8**	**65 324.0**	**70 182.5**	**13 742.7**	**16 078.7**	**18 749.9**	**25 183.5**	**23 240.8**
Bulgarie	-	-	-	-	-	.. c	-	.. c	.. c	-
Croatie	-	-	-	-	.. c	-	-	-	-	-
Chypre	.. c	.. c	.. c	.. c	.. c	-	.. c	.. c	.. c	.. c
Malte	33.3	29.9	32.7	36.6	.. c	.. c	.. c	.. c	.. c	.. c
Roumanie	-	-	-	-	-	.. c	18.8	10.1	3.5	7.8
Russie	-	.. c	.. c	18.9	-22.4	.. c	.. c	.. c	-24.8	.. c
Ukraine	-	-	-	-	-	.. c	.. c	.. c	.. c	.. c
AFRIQUE	**11.1**	**12.2**	**.. c**	**13.0**	**40.3**	**.. c**	**.. c**	**.. c**	**.. c**	**.. c**
Afrique septentrionale	-	-	-	.. c	-	.. c	-	.. c	-	-
Algérie	-	-	-	-	-	-	-	-	-	-
Egypte	-	-	-	-	-	.. c	-	-	-	-
Libye	-	-	-	-	-	-	-	-	-	-
Maroc	-	-	-	-	-	-	-	-	-	-
Tunisie	-	-	-	.. c	-	-	-	.. c	-	-
Autres pays africains	11.1	12.2	.. c	.. c	40.3	-	.. c	-	.. c	.. c
Nigéria	-	-	-	-	-1.1	-	.. c	.. c	-	-
Afrique du Sud	.. c	11.1	.. c	13.0	.. c	-	-	-	-	-
AMÉRIQUE	**16 677.8**	**18 402.1**	**22 968.1**	**26 340.1**	**27 612.2**	**3 740.4**	**3 290.9**	**2 165.5**	**3 866.4**	**3 225.1**
Amérique du Nord	424.8	721.0	8 283.2	12 721.6	13 065.0	1 894.6	473.3	-1 222.0	532.3	1 771.0
Amérique du Nord	16 252.9	17 685.5	14 686.1	.. c	.. c	1 770.4	2 729.2	3 270.2	.. c	1 378.0
Bahamas	.. c	.. c	.. c	.. c	700.8	-	-	.. c	2.4	4.5
Bermudes	12 073.2	13 110.7	8 614.6	7 682.0	9 108.9	888.5	1 272.8	1 749.5	1 259.3	-39.2
Îles Cayman	4 400.4	4 472.0	5 631.8	4 844.8	4 550.5	859.7	1 405.5	.. c	1 891.9	1 341.1
Costa Rica	-	.. c	.. c	-	-	.. c	4.4	.. c	-	-
El Salvador	-	-	-	-	-	-	-	-	-	-
Guatemala	-	-	-	-	-	-	-	-	-	-
Honduras	-	-	-	-	-	-	-	-	-	-
Nicaragua	-	-	-	-	-	-	-	-	-	-
Panama	.. c	-11.1	-1.1	13.0	5.6	-	-	-	.. c	.. c
Îles Vierges, US	-	-	-	-	-	-	-	-	-	-
Amérique du Sud	-	-4.4	-1.1	.. c	.. c	76.5	88.5	117.2	.. c	77.2
Argentine	-	-	-	-	.. c	33.3	32.1	.. c	.. c	17.9
Bolivie	-	-	-	-	-	-	-	-	-	-
Brésil	-	.. c	-	.. c	-	.. c	54.2	.. c	.. c	.. c
Colombie	-	-	-	-	-	-	-	-	-	.. c
Equateur	-	-	-	-	-	-	-	-	-	-
Paraguay	.. c	-	.. c	-	-	-	-	-	-	-
Pérou	-	-	-	-	-	.. c	-	.. c	-	1.1
Uruguay	-	-	-	-	-	-	-	-	-	-
Venezuela	-	-	-	-	-	-	-	.. c	-	-
ASIE	**391.6**	**677.9**	**1 139.7**	**1 823.4**	**4 471.1**	**.. c**	**.. c**	**.. c**	**.. c**	**.. c**

Tableau 3. Revenus des investissements directs étrangers par pays *(suite)*

Millions de dollars des ÉU

	Entrant					Sortant				
	2015	2016	2017	2018	2019	2015	2016	2017	2018	2019
Proche et Moyen Orient	8.9	7.7	7.9	-21.2	.. c	10.0	.. c	.. c	182.9	167.9
Pays du Golfe	.. c	7.7	6.8	-23.6	.. c	.. c	.. c	.. c	.. c	.. c
Koweït	-	-	-	-	-	-	-	-	-	-
Qatar	-	-	-	-	-	-	-	-	-	-
Arabie saoudite	-	-	-	-	-	-	.. c	-	.. c	.. c
Emirats Arabes Unis	.. c	7.7	6.8	.. c	.. c	.. c	-	.. c	.. c	.. c
Autres pays du Proche et Moyen Orient	.. c	-	-	-	1.1	.. c	.. c	.. c	.. c	.. c
Jordanie	.. c	-	-	-	-	-	-	-	.. c	-
Autres pays asiatiques	381.6	670.1	1 132.9	1 844.7	.. c	.. c	.. c	.. c	.. c	.. c
Chine	.. c	.. c	.. c	.. c	.. c	.. c	.. c	.. c	.. c	.. c
Hong Kong, Chine	.. c	.. c	.. c	.. c	.. c	4.4	2.2	-11.3	8.3	.. c
Inde	-	.. c	.. c	-	-	.. c	18.8	15.8	.. c	.. c
Indonesie	-	-	-	-	-	-	-	-	-	-
République islamique d'Iran	-	-	-	-	-	.. c	-	-	-	-
Malaisie	-	-	-	-	.. c	-	-	-	-	.. c
Philippines	-	-	-	-	-	-	-	-	-	-
Singapour	89.9	99.5	138.7	.. c	.. c	.. c	.. c	11.3	8.3	.. c
Taipei Chinois	-	-	-	-	.. c	.. c	.. c	.. c	.. c	-
Thaïlande	-	-	-	-	-	-	-	-	-	2.2
Viet Nam	-	-	-	-	-	-	-	-	-	-
AUSTRALIE, OCÉANIE ET RÉGIONS POLAIRES	**.. c**	**.. c**	**23.7**	**-**	**25.7**	**48.8**	**99.5**	**-7.9**	**-15.3**	**22.4**
TOTAL MONDE non alloué et confidentiel	**85.4**	**.. d**	**439.6**	**408.4**	**416.4**	**-5 788.1**	**.. d**	**-3 541.9**	**-3 973.8**	**-3 474.8**
Union européenne (UE28)	**29 638.4**	**28 608.9**	**31 754.0**	**40 482.7**	**39 620.5**	**13 379.9**	**16 209.2**	**18 116.3**	**24 364.5**	**22 964.3**
Pays du G20 hors Union Européenne	**..**	**.. d**	**.. d**	**.. d**	**.. d**	**..**	**.. d**	**.. d**	**.. d**	**.. d**
Pays OCDE du G20	**..**	**.. d**	**.. d**	**.. d**	**.. d**	**..**	**.. d**	**.. d**	**.. d**	**.. d**
Pays non-OCDE du G20	**..**	**.. d**	**.. d**	**.. d**	**.. d**	**..**	**.. d**	**.. d**	**.. d**	**.. d**
Pays MENA	**..**	**7.7**	**6.8**	**.. d**	**.. d**	**..**	**.. d**	**.. d**	**.. d**	**.. d**
Pays ANASE	**89.9**	**102.8**	**138.7**	**.. c**	**.. c**	**.. c**	**15.5**	**.. c**	**10.6**	**4.5**

- Néant ; .. Non disponible ; c Donnée confidentielle ; d Confidentialité Secondaire

Note : Voir les métadonnées détaillées sur : *http://metalinks.oecd.org/idi/20210722/947b*.

Source : *Statistiques de l'OCDE sur l'investissement direct international (base de données) : https://doi.org/10.1787/idi-data-fr*

IRLANDE

Tableau 4. Investissement direct étranger : flux par secteur industriel

Millions de dollars des ÉU

	Entrant					Sortant				
	2015	2016	2017	2018	2019	2015	2016	2017	2018	2019
All FDI activities	**217 818.1**	**39 375.2**	**52 722.4**	**-16 086.4**	**81 101.5**	**168 442.6**	**30 056.4**	**-2 043.7**	**9 614.1**	**-16 632.7**
Agriculture, sylviculture et pêche	**.. c**	**.. c**	**.. c**	**.. c**	**.. c**	**-**	**-**	**-**	**-**	**-**
Industries extractives	**.. c**	**-**	**.. c**	**.. c**	**.. c**	**.. c**	**.. c**	**.. c**	**.. c**	**.. c**
Activités d'extraction	-	-	-	-	-	-	-	-	-	-
Activités de fabrication	**23 021.6**	**-3 059.8**	**-40 928.9**	**60 965.4**	**26 125.6**	**4 891.8**	**4 749.5**	**3 760.6**	**16 994.0**	**314.6**
dont :										
Produits alimentaires, boissons et tabac	89.9	-410.3	-109.3	.. c	13 122.1	-66.6	358.3	.. c	626.7	3 545.3
Textiles, bois, papier, imprimerie	.. c	.. c	-	-	.. c	.. c	.. c	.. c	.. c	.. c
Produits pétroliers, chimiques, pharmaceutiques, caoutchouc, plastique, minéraux	7 018.3	12 029.2	-8 361.0	20 689.2	.. c	.. c	.. c	.. c	.. c	.. c
Ouvrages en métaux et machines, sauf matériels électriques	.. c	.. c	.. c	.. c	.. c	170.8	.. c	.. c	.. c	-1 893.0
Automobiles, remorques, semi-remorques, autres matériels de transport	.. c	.. c	.. c	.. c	-	.. c	.. c	.. c	.. c	.. c
Autres activités de fabrication	1 985.6	1 066.0	1 938.9	3 851.1	1 390.4	442.6	-97.3	16.9	1 863.6	.. c
Production et distribution d'électricité, de gaz, de vapeur et de climatisation	**.. c**	**.. c**	**.. c**	**.. c**	**.. c**	**.. c**	**.. c**	**.. c**	**.. c**	**.. c**
Distribution de l'eau ; assainissement, traitement des déchets et dépollution	**-**	**-**	**-**	**-**	**-**	**-**	**-**	**-**	**-**	**-**
Construction	**-**	**-**	**-**	**-**	**-**	**-**	**-**	**-**	**-**	**-**
Services	**194 743.2**	**42 325.6**	**93 448.3**	**-77 925.2**	**54 958.0**	**160 920.7**	**23 942.3**	**-8 973.1**	**-9 180.9**	**-18 474.2**
Commerce de gros et de détail ; réparations automobiles et motocycles	3 237.9	.. c	31 392.2	12 246.0	1 997.1	1 975.6	1 925.2	-1 792.4	644.4	-802.6
Transport et entreposage	.. c	.. c	.. c	.. c	.. c	.. c	.. c	.. c	.. c	.. c
Activités d'hébergement et de restauration	-	-	-	-	-	-	-	-	-	-
Information et communication	9 404.3	7 806.0	90 701.2	-62 834.9	29 985.4	2 991.7	-1 297.1	.. c	.. c	.. c
Activités financières et d'assurances	104 400.4	6 564.2	5 056.9	-20 616.1	13 413.2	.. c	14 734.0	8 090.4	-12 159.8	1 400.4
Activités des sociétés holding	3 130.3	-1 812.5	1 630.0	-2 783.0	-2 759.4	175.3	-754.2	2 427.0	.. c	34.7
Activités immobilières	-	-	-	.. c	.. c	-	-	-	-	-
Activités professionnelles, scientifiques et techniques	51 088.2	18 794.6	.. c	-3 289.3	-1 840.4	80 381.6	2 079.0	-59 940.3	55 711.1	11 239.2
Activités de services administratifs et d'appui	.. c	1 533.8	-3 125.9	-4 221.6	10 473.5	.. c	797.3	.. c	3 596.1	1 303.0
Administration publique; activités des ménages et des organismes extra-territoriaux	-	-	-	-	-	-	-	-	-	-
Éducation	-	-	-	-	-	-	-	-	-	-
Santé humaine et action sociale	-	-	-	-	-	-	-	-	-	-
Arts, spectacles et loisirs	-	-	-	-	.. c	.. c	.. c	.. c	.. c	.. c
Autres services	-	-	-	-	-	-	-	-	-	-
Not allocated and confidential	**.. c**	**.. c**	**.. c**	**.. c**	**.. c**	**.. c**	**.. c**	**.. c**	**.. c**	**.. c**
Activités immobilières privées	**-**	**-**	**-**	**-**	**-**	**-**	**-**	**-**	**-**	**-**

- Néant ; c Donnée confidentielle

Note : Voir les métadonnées détaillées sur : *http://metalinks.oecd.org/idi/20210722/947b.*

Source : *Statistiques de l'OCDE sur l'investissement direct international (base de données) : https://doi.org/10.1787/idi-data-fr*

Tableau 5. Encours des investissement directs étrangers par secteur industriel

En fin d'année

Millions de dollars des ÉU

	Entrant					Sortant				
	2015	2016	2017	2018	2019	2015	2016	2017	2018	2019
All FDI activities	**890 125.2**	**840 646.1**	**1 058 012.7**	**1 048 602.0**	**1 152 313.0**	**909 667.9**	**856 581.6**	**986 845.8**	**967 868.1**	**1 085 869.5**
Agriculture, sylviculture et pêche	**.. c**	**.. c**	**.. c**	**.. c**	**.. c**	-	-	-	-	-
Industries extractives	**.. c**	**.. c**	**.. c**	**.. c**	**.. c**	**.. c**	**.. c**	**.. c**	**.. c**	**.. c**
Activités d'extraction	-	-	-	-	-	-	-	-	-	-
Activités de fabrication	**346 463.8**	**338 813.1**	**323 992.6**	**423 967.3**	**448 955.3**	**61 224.8**	**66 143.1**	**87 474.2**	**133 867.6**	**149 049.7**
dont :										
Produits alimentaires, boissons et tabac	6 550.9	5 640.4	5 044.4	.. c	.. c	22 185.1	20 756.8	.. c	37 648.3	.. c
Textiles, bois, papier, imprimerie	.. c	-	-	-	.. c	.. c	.. c	.. c	.. c	.. c
Produits pétroliers, chimiques, pharmaceutiques, caoutchouc, plastique, minéraux	68 160.0	75 389.5	88 749.1	122 857.8	165 938.0	.. c	.. c	.. c	.. c	.. c
Ouvrages en métaux et machines, sauf matériels électriques	.. c	.. c	.. c	.. c	.. c	.. c	.. c	.. c	.. c	.. c
Automobiles, remorques, semi-remorques, autres matériels de transport	.. c	.. c	.. c	.. c	-	.. c	.. c	.. c	.. c	.. c
Autres activités de fabrication	17 171.5	15 863.8	20 788.0	18 025.0	15 312.3	10 055.5	.. c	10 560.1	12 150.2	10 785.2
Production et distribution d'électricité, de gaz, de vapeur et de climatisation	**1 289.1**	**.. c**	**.. c**	**.. c**	**.. c**	**.. c**	**.. c**	**.. c**	**.. c**	**.. c**
Distribution de l'eau ; assainissement, traitement des déchets et dépollution	-	-	-	-	-	-	-	-	-	-
Construction	-	-	-	-	-	-	-	-	-	-
Services	**542 177.5**	**500 819.0**	**732 762.1**	**623 480.7**	**702 213.0**	**820 501.9**	**758 951.2**	**865 181.1**	**807 978.0**	**900 244.9**
Commerce de gros et de détail ; réparations automobiles et motocycles	17 702.8	18 194.4	52 753.7	54 469.9	54 641.7	15 996.7	16 775.6	19 342.8	13 770.3	14 794.4
Transport et entreposage	.. c	.. c	.. c	.. c	.. c	.. c	.. c	.. c	.. c	.. c
Activités d'hébergement et de restauration	-	-	-	-	-	-	-	-	-	-
Information et communication	20 554.2	20 304.6	198 402.5	139 240.9	168 734.0	4 987.5	3 578.6	.. c	.. c	.. c
Activités financières et d'assurances	275 921.6	255 443.2	.. c	.. c	281 417.7	93 710.4	96 473.1	105 693.2	104 103.5	105 392.0
Activités des sociétés holding	23 430.6	22 537.2	24 346.4	24 569.5	21 452.5	9 313.0	7 573.5	9 648.6	9 532.9	9 888.8
Activités immobilières	.. c	.. c	.. c	.. c	.. c	.. c	.. c	.. c	.. c	.. c
Activités professionnelles, scientifiques et techniques	118 391.9	137 960.4	121 421.2	84 113.8	112 673.6	609 615.7	555 569.7	507 453.8	536 020.2	658 397.0
Activités de services administratifs et d'appui	107 810.6	67 058.1	75 790.4	69 151.6	79 073.2	55 463.3	43 842.1	42 764.5	28 568.8	29 829.3
Administration publique; activités des ménages et des organismes extra-territoriaux	-	-	-	-	-	-	-	-	-	-
Éducation	-	-	-	-	-	-	-	-	-	-
Santé humaine et action sociale	-	-	-	-	-	-	-	-	-	-
Arts, spectacles et loisirs	-	-	-	-	.. c	.. c	.. c	.. c	.. c	.. c
Autres services	-	-	-	-	-	-	-	-	-	-
Not allocated and confidential	**.. c**	**.. c**	**.. c**	**.. c**	**.. c**	**.. c**	**.. c**	**.. c**	**.. c**	**.. c**
Activités immobilières privées	-	-	-	-	-	-	-	-	-	-

- Néant ; c Donnée confidentielle

Note : Voir les métadonnées détaillées sur : *http://metalinks.oecd.org/idi/20210722/947b.*

Source : *Statistiques de l'OCDE sur l'investissement direct international (base de données) : https://doi.org/10.1787/idi-data-fr*

IRLANDE

Tableau 6. Revenus des investissements directs étrangers par secteur industriel

Millions de dollars des ÉU

	Entrant					Sortant				
	2015	2016	2017	2018	2019	2015	2016	2017	2018	2019
All FDI activities	**71 584.0**	**61 827.9**	**75 764.9**	**93 908.9**	**102 748.2**	**11 762.6**	**14 638.9**	**17 361.1**	**25 320.4**	**23 183.7**
Agriculture, sylviculture et pêche	**.. c**	**.. c**	**.. c**	**.. c**	**.. c**	**-**	**-**	**-**	**-**	**-**
Industries extractives	**.. c**	**.. c**	**.. c**	**.. c**	**.. c**	**.. c**	**.. c**	**.. c**	**.. c**	**.. c**
Activités d'extraction	-	-	-	-	-	-	-	-	-	-
Activités de fabrication	**46 930.7**	**35 241.6**	**42 271.4**	**53 986.8**	**57 208.1**	**-3 803.7**	**-3 473.4**	**-2 141.8**	**-2 127.9**	**-2 217.6**
dont :										
Produits alimentaires, boissons et tabac	6 719.9	6 375.1	3 587.0	5 633.2	5 666.6	519.1	529.7	.. c	402.5	314.6
Textiles, bois, papier, imprimerie	.. c	.. c	-	.. c	.. c	556.9	.. c	.. c	.. c	.. c
Produits pétroliers, chimiques, pharmaceutiques, caoutchouc, plastique, minéraux	15 142.5	16 080.9	21 823.9	32 562.3	33 218.4	.. c	.. c	-39.5	.. c	.. c
Ouvrages en métaux et machines, sauf matériels électriques	.. c	8 734.9	12 636.7	12 760.5	14 222.5	.. c	.. c	.. c	.. c	.. c
Automobiles, remorques, semi-remorques, autres matériels de transport	.. c	.. c	.. c	.. c	-	-	.. c	.. c	.. c	.. c
Autres activités de fabrication	4 524.7	4 035.2	.. c	3 008.4	.. c	119.8	-	-234.5	-20.1	.. c
Production et distribution d'électricité, de gaz, de vapeur et de climatisation	**53.2**	**.. c**	**.. c**	**.. c**	**.. c**	**39.9**	**.. c**	**-83.4**	**.. c**	**.. c**
Distribution de l'eau ; assainissement, traitement des déchets et dépollution	**-**	**-**	**-**	**-**	**-**	**-**	**-**	**-**	**-**	**-**
Construction	**-**	**-**	**-**	**-**	**-**	**-**	**-**	**-**	**-**	**-**
Services	**24 584.6**	**24 096.0**	**33 309.7**	**33 985.6**	**39 770.5**	**14 745.4**	**17 443.3**	**17 939.4**	**19 735.6**	**18 160.8**
Commerce de gros et de détail ; réparations automobiles et motocycles	.. c	829.4	.. c	.. c	.. c	48.8	97.3	428.4	-60.2	16.8
Transport et entreposage	.. c	.. c	.. c	.. c	.. c	.. c	-	.. c	.. c	.. c
Activités d'hébergement et de restauration	-	-	-	-	-	-	-	-	-	-
Information et communication	9 163.6	8 431.9	12 257.9	14 851.9	17 385.0	-345.0	-360.5	-130.8	-500.4	-1 051.2
Activités financières et d'assurances	6 939.5	7 267.5	7 559.5	6 009.7	5 532.3	827.5	893.5	1 122.8	434.3	-933.6
Activités des sociétés holding	600.1	914.5	1 105.9	394.2	172.4	437.0	686.7	976.2	312.8	30.2
Activités immobilières	-	-	-	-	-	-	-	-	-	-
Activités professionnelles, scientifiques et techniques	2 143.1	3 626.0	2 839.6	3 577.2	6 359.6	14 154.2	16 497.8	15 956.5	19 369.8	20 021.3
Activités de services administratifs et d'appui	4 881.9	4 021.9	7 782.7	8 258.0	8 995.9	-16.6	274.2	273.9	250.2	-88.4
Administration publique; activités des ménages et des organismes extra-territoriaux	-	-	-	-	-	-	-	-	-	-
Éducation	-	-	-	-	-	-	-	-	-	-
Santé humaine et action sociale	-	-	-	-	-	-	-	-	-	-
Arts, spectacles et loisirs	-	-	-	-	-	.. c	.. c	.. c	.. c	.. c
Autres services	-	-	-	-	-	-	-	-	-	-
Not allocated and confidential	**.. c**	**120.5**	**.. c**	**.. c**	**.. c**	**.. c**	**1 352.4**	**.. c**	**.. c**	**.. c**
Activités immobilières privées	**-**	**-**	**-**	**-**	**-**	**-**	**-**	**-**	**-**	**-**

- Néant ; c Donnée confidentielle

Note : Voir les métadonnées détaillées sur : *http://metalinks.oecd.org/idi/20210722/947b.*

Source : *Statistiques de l'OCDE sur l'investissement direct international (base de données) : https://doi.org/10.1787/idi-data-fr*

ISRAËL

Tableau 1. Flux d'investissement direct étranger par pays

Millions de dollars des ÉU

	Entrant					Sortant				
	2015	2016	2017	2018	2019	2015	2016	2017	2018	2019
TOTAL MONDE	**11 337.0**	**11 988.0**	**16 893.0**	**21 515.0**	**19 047.0**	**10 969.0**	**14 579.0**	**7 624.0**	**6 087.0**	**8 598.0**
Pays membres de l'OCDE	**3 668.0**	**6 374.0**	**7 630.0**	**10 537.0**	**6 754.0**	**8 088.0**	**11 850.0**	**4 640.0**	**3 949.0**	**3 505.0**
Australie	.. c	-	.. c	.. c	.. c	96.0	79.0	76.0	41.0	.. d
Autriche	-	-	..	..	..	-	-	..	..	..
Belgique	63.0	-22.0	.. d	-7.0	.. c	-591.0	-	4.0	7.0	.. c
Canada	102.0	61.0	.. c	.. d	298.0	-71.0	125.0	327.0	108.0	108.0
Chili	-	-	..	..	..	.. c	-	.. c	-	..
République Tchèque	-	-	..	..	..	9.0	-3.0	-1.0	.. d	4.0
Danemark	-	-	.. c	.. c	..	.. c	.. c	.. c	.. c	.. c
Estonie	-	-	..	..	..	-	-	..	..	..
Finlande	-	-	..	..	..	.. c	10.0	.. c	.. c	.. c
France	372.0	114.0	.. d	-77.0	48.0	2.0	-20.0	-17.0	95.0	87.0
Allemagne	25.0	-5.0	30.0	27.0	1 159.0	134.0	115.0	266.0	.. d	.. d
Grèce	-	-	..	..	..	1.0	2.0	-5.0	-1.0	1.0
Hongrie	.. c	.. c	.. c	.. c	.. c	-88.0	-15.0	.. c	.. c	.. c
Islande	.. c	.. c	.. c	.. c	.. c	-	-	.. c	..	..
Irlande	.. c	.. c	.. c	.. c	.. c	-	-	.. c	.. c	.. c
Israël	-	-	..	..	..	-	-	..	..	..
Italie	.. c	.. c	.. c	.. c	.. c	3.0	-8.0	13.0	19.0	.. d
Japon	12.0	137.0	573.0	152.0	.. c	162.0	96.0	.. d	1 369.0	.. c
Corée	-	-	..	..	..	21.0	19.0	19.0	17.0	.. c
Lettonie	-	-	..	..	..	.. c	.. c	..	..	..
Lituanie	-	-	..	..	..	-	-	.. c	.. c	.. c
Luxembourg	-33.0	672.0	-293.0	-344.0	417.0	242.0	178.0	76.0	34.0	.. c
Mexique	.. c	34.0	.. c	1 595.0	.. d	4.0	-6.0	.. d	3.0	1.0
Pays-Bas	480.0	1 746.0	160.0	-94.0	1 767.0	7 756.0	9 875.0	3 427.0	2 239.0	1 829.0
Nouvelle-Zélande	-	-	..	..	..	.. c	-	..	..	..
Norvège	.. c	-	..	..	..	.. c	.. c	.. c	.. c	.. c
Pologne	.. c	.. c	.. c	.. c	.. c	111.0	15.0	-34.0	.. d	8.0
Portugal	-	-	..	..	..	-	-	..	..	..
République slovaquie	-	-	..	..	..	-	-	..	..	..
Slovénie	-	-	..	..	..	-	-	..	..	..
Espagne	.. c	-	..	..	..	-34.0	-47.0	8.0	92.0	27.0
Suède	176.0	65.0	-39.0	.. d	18.0	1.0	-5.0	.. c	.. c	.. c
Suisse	113.0	26.0	-142.0	13.0	-93.0	165.0	85.0	51.0	-295.0	.. c
Turquie	.. c	.. c	.. c	.. c	.. c	5.0	6.0	12.0	8.0	7.0
Royaume-Uni	72.0	260.0	608.0	-190.0	162.0	631.0	-79.0	172.0	.. d	76.0
Etats-Unis	1 596.0	2 818.0	.. d	.. d	2 630.0	-807.0	1 407.0	144.0	707.0	1 135.0
EUROPE	**1 800.0**	**3 371.0**	**7 124.0**	**-7.0**	**3 869.0**	**8 913.0**	**10 213.0**	**4 670.0**	**1 820.0**	**2 433.0**
Bulgarie	-	-	..	..	..	30.0	26.0	21.0	.. c	.. c
Croatie	-	-	..	..	..	.. c	-	..	..	..
Chypre	-	-	.. c	.. c	.. c	-288.0	-140.0	79.0	-9.0	5.0
Malte	-	-	..	..	..	-	-	..	..	..
Roumanie	-	-	..	..	..	13.0	-11.0	5.0	13.0	.. c
Russie	.. c	-	..	..	..	75.0	70.0	46.0	26.0	.. d
Ukraine	-	-	..	..	..	61.0	55.0	47.0	.. c	.. c
AFRIQUE	**-**	**-**	**-**	**-**	**-**	**-5.0**	**-23.0**	**-1.0**	**6.0**	**198.0**
Afrique septentrionale	-	-	-	-	-	-	-	-	-	-
Algérie	-	-	..	..	..	-	-	..	..	..
Egypte	-	-	..	..	..	-	-	..	..	..
Libye	-	-	..	..	..	-	-	..	..	..
Maroc	-	-	..	..	..	-	-	..	..	..
Tunisie	-	-	..	..	..	-	-	..	..	..
Autres pays africains	-	-	-	-	-	-3.0	-15.0	-1.0	6.0	198.0
Nigéria	-	-	..	..	..	.. c	-	.. c	.. c	.. c
Afrique du Sud	-	-	..	..	..	4.0	2.0	5.0	.. d	.. c
AMÉRIQUE	**1 425.0**	**2 726.0**	**2 109.0**	**12 219.0**	**5 272.0**	**-529.0**	**1 973.0**	**656.0**	**1 146.0**	**1 496.0**
Amérique du Nord	1 698.0	2 879.0	844.0	9 207.0	2 928.0	-878.0	1 532.0	471.0	815.0	1 243.0
Amérique du Nord	-398.0	-159.0	1 255.0	3 002.0	2 334.0	322.0	333.0	174.0	158.0	206.0
Bahamas	-	-	..	..	..	-	-	..	..	..
Bermudes	-37.0	15.0	.. c	.. c	.. c	.. c	.. c	..	..	..
Îles Cayman	-364.0	-209.0	1 260.0	1 195.0	2 276.0	319.0	256.0	.. c	.. c	.. c
Costa Rica	-	-	..	..	..	.. c	.. c	.. c	.. c	.. c
El Salvador	-	-	..	..	..	-	-	..	..	..
Guatemala	-	-	..	..	..	-	-	..	..	..
Honduras	-	-	..	..	..	-	-	..	..	..
Nicaragua	-	-	..	..	..	-	-	..	..	..
Panama	3.0	1.0	.. c	.. d	.. c	.. c	-	.. c	-	.. c
Îles Vierges, US	.. c	-	.. c	..	..	-1.0	75.0	.. c	.. c	.. c
Amérique du Sud	-	-	11.0	9.0	10.0	22.0	17.0	11.0	173.0	47.0
Argentine	-	-	..	..	..	.. c	-1.0	.. c	.. c	.. c
Bolivie	-	-	..	..	..	-	-	..	..	..
Brésil	-	-	..	..	..	22.0	18.0	14.0	174.0	.. d
Colombie	-	-	..	..	..	.. c	-	1.0	.. c	..
Equateur	-	-	..	..	..	.. c	-	.. c	.. c	..
Paraguay	-	-	..	..	..	-	-	..	..	..
Pérou	-	-	..	..	..	.. c	-	.. c	.. c	-
Uruguay	.. c	.. c	.. c	.. c	.. c	-	-	..	..	..
Venezuela	-	-	..	..	..	-	-	..	..	..
ASIE	**2 144.0**	**674.0**	**886.0**	**721.0**	**359.0**	**518.0**	**297.0**	**185.0**	**1 492.0**	**309.0**

Tableau 1. Flux d'investissement direct étranger par pays *(suite)*

Millions de dollars des ÉU

	Entrant					Sortant				
	2015	2016	2017	2018	2019	2015	2016	2017	2018	2019
Proche et Moyen Orient	-	-	-	-	25.0	-	-1.0	-	-	-
Pays du Golfe	-	-	-	-	25.0	-	-	-	-	-
Koweït	-	-	..	..	..	-	-	..	..	..
Qatar	-	-	..	..	..	-	-	..	..	..
Arabie saoudite	-	-	..	..	.. c	-	-	..	..	..
Emirats Arabes Unis	-	-	..	..	..	-	-	..	..	..
Autres pays du Proche et Moyen Orient	-	-	-	-	-	-	-1.0	-	-	-
Jordanie	-	-	..	..	..	-	-	..	..	..
Autres pays asiatiques	2 144.0	674.0	886.0	721.0	334.0	482.0	298.0	185.0	1 492.0	309.0
Chine	107.0	161.0	.. d	.. d	.. c	85.0	-2.0	.. d	.. d	116.0
Hong Kong, Chine	7.0	2.0	.. c	.. c	.. c	-7.0	14.0	.. d	.. c	-1.0
Inde	.. c	-	.. c	.. c	.. c	135.0	108.0	55.0	55.0	44.0
Indonesie	-	-	..	..	..	.. c	-	-	-	..
République islamique d'Iran	-	-	..	..	..	-	-	..	..	..
Malaisie	-	-	..	..	..	.. c	-	.. c	.. c	.. c
Philippines	-	-	..	..	..	.. c	-	.. c	.. c	.. c
Singapour	2 018.0	374.0	204.0	33.0	23.0	-2.0	1.0	7.0	3.0	.. c
Taipei Chinois	-	-	..	..	.. c	-	24.0	.. c	.. c	.. c
Thaïlande	-	-	..	..	..	88.0	1.0	.. d	.. d	.. c
Viet Nam	-	-	..	..	..	.. c	12.0	.. c	.. c	12.0
AUSTRALIE, OCÉANIE ET RÉGIONS POLAIRES	**-**	**-29.0**	**-10.0**	**-**	**-10.0**	**96.0**	**81.0**	**76.0**	**41.0**	**61.0**
TOTAL MONDE non alloué et confidentiel	**5 968.0**	**5 246.0**	**6 784.0**	**8 582.0**	**9 557.0**	**1 976.0**	**2 038.0**	**2 038.0**	**1 582.0**	**4 101.0**
Union européenne (UE28)	**.. c**	**3 339.0**	**6 403.0**	**-91.0**	**3 883.0**	**.. c**	**9 921.0**	**4 037.0**	**1 993.0**	**2 034.0**
Pays du G20 hors Union Européenne	**.. c**	**3 645.0**	**2 121.0**	**11 195.0**	**4 558.0**	**.. c**	**1 929.0**	**1 179.0**	**2 030.0**	**1 694.0**
Pays OCDE du G20	**2 190.0**	**3 484.0**	**2 035.0**	**10 661.0**	**4 373.0**	**180.0**	**1 734.0**	**1 056.0**	**1 746.0**	**1 463.0**
Pays non-OCDE du G20	**.. c**	**161.0**	**86.0**	**533.0**	**185.0**	**.. c**	**195.0**	**123.0**	**284.0**	**231.0**
Pays MENA	**-**	**-**	**-**	**-**	**25.0**	**-**	**-**	**-**	**-**	**-**
Pays ANASE	**2 018.0**	**374.0**	**204.0**	**33.0**	**23.0**	**.. c**	**14.0**	**15.0**	**29.0**	**16.0**

- Néant ; .. Non disponible ; c Donnée confidentielle ; d Confidentialité Secondaire
Note : Voir les métadonnées détaillées sur : *http://metalinks.oecd.org/idi/20210722/947b*.
Source : *Statistiques de l'OCDE sur l'investissement direct international (base de données) : https://doi.org/10.1787/idi-data-fr*

Tableau 2. Encours des investissements directs étrangers par pays

En fin d'année

Millions de dollars des ÉU

	Entrant					Sortant				
	2015	2016	2017	2018	2019	2015	2016	2017	2018	2019
TOTAL MONDE	**99 313.0**	**107 483.0**	**127 161.0**	**143 971.0**	**164 838.0**	**84 696.0**	**94 633.0**	**101 540.0**	**104 879.0**	**112 256.0**
Pays membres de l'OCDE	**46 415.0**	**50 293.0**	**59 903.0**	**66 676.0**	**73 808.0**	**63 195.0**	**68 899.0**	**76 436.0**	**76 803.0**	**77 976.0**
Australie	.. c	-	.. c	.. c	.. c	805.0	822.0	849.0	.. d	.. d
Autriche	-	-	..	..	..	-	-	..	..	.. c
Belgique	324.0	384.0	158.0	149.0	119.0	157.0	151.0	177.0	175.0	176.0
Canada	3 959.0	3 835.0	.. c	3 373.0	5 275.0	2 197.0	2 461.0	2 664.0	1 809.0	2 253.0
Chili	-	-	..	..	..	.. c	-	.. c	.. c	.. c
République Tchèque	-	-	..	..	..	36.0	32.0	.. c	.. c	.. c
Danemark	-	-	.. c	.. c	.. c	.. c	.. c	.. c	.. c	.. c
Estonie	-	-	..	..	..	-	-	..	..	..
Finlande	-	-	..	..	..	.. c	.. c	.. c	.. c	.. c
France	829.0	853.0	824.0	707.0	722.0	138.0	46.0	23.0	185.0	114.0
Allemagne	468.0	489.0	535.0	554.0	594.0	1 433.0	1 583.0	1 992.0	1 295.0	1 291.0
Grèce	-	-	..	..	..	15.0	16.0	14.0	12.0	8.0
Hongrie	.. c	.. c	.. c	.. c	.. c	95.0	73.0	.. c	.. c	.. c
Islande	.. c	.. c	.. c	.. c	.. c	-	-	.. c	..	..
Irlande	.. c	.. c	.. c	.. c	.. c	-	.. c	.. c	.. c	.. c
Israël	-	-	..	..	..	-	-	..	..	..
Italie	.. c	.. c	.. c	.. c	.. c	125.0	115.0	139.0	101.0	99.0
Japon	-	359.0	1 409.0	1 517.0	1 515.0	1 807.0	1 763.0	1 759.0	3 028.0	3 032.0
Corée	-	-	..	..	..	243.0	237.0	239.0	209.0	208.0
Lettonie	-	-	..	..	..	.. c	.. c	..	..	..
Lituanie	-	-	..	..	..	-	-	.. c	.. c	.. c
Luxembourg	2 854.0	3 522.0	3 343.0	3 270.0	3 824.0	1 055.0	1 349.0	1 727.0	1 461.0	1 292.0
Mexique	.. c	321.0	.. c	1 833.0	1 858.0	34.0	26.0	28.0	.. d	.. d
Pays-Bas	10 332.0	12 375.0	12 032.0	11 445.0	12 850.0	37 708.0	45 089.0	48 863.0	48 473.0	48 903.0
Nouvelle-Zélande	-	-	..	..	..	-	-	..	.. c	.. c
Norvège	.. c	-	..	..	..	.. c	.. c	.. c	.. c	.. c
Pologne	.. c	.. c	.. c	.. c	.. c	200.0	250.0	305.0	280.0	303.0
Portugal	-	-	..	..	..	-	-	..	.. c	.. c
République slovaquie	-	-	..	..	..	-	-	..	..	..
Slovénie	-	-	..	..	..	-	-	..	..	..
Espagne	.. c	-	..	..	..	31.0	-10.0	-3.0	109.0	84.0
Suède	1 054.0	1 081.0	951.0	452.0	522.0	10.0	6.0	.. c	.. c	.. c
Suisse	1 696.0	1 740.0	1 733.0	1 694.0	1 839.0	1 731.0	2 244.0	2 348.0	3 219.0	3 177.0
Turquie	.. c	.. c	.. c	.. c	.. c	784.0	711.0	864.0	584.0	667.0
Royaume-Uni	2 264.0	2 442.0	2 640.0	2 203.0	2 759.0	2 909.0	2 239.0	2 176.0	2 079.0	2 149.0
Etats-Unis	16 853.0	18 680.0	.. d	29 734.0	31 881.0	10 776.0	10 517.0	11 133.0	12 017.0	12 911.0
EUROPE	**25 997.0**	**27 767.0**	**34 174.0**	**32 120.0**	**35 357.0**	**51 397.0**	**55 871.0**	**63 682.0**	**62 404.0**	**62 666.0**
Bulgarie	-	-	..	..	..	254.0	253.0	247.0	216.0	.. c
Croatie	-	-	..	..	..	.. c	-	..	..	..
Chypre	-	-	-	.. c	.. c	387.0	230.0	367.0	293.0	218.0
Malte	-	-	..	..	..	-	-	..	..	..
Roumanie	-	-	..	..	..	73.0	75.0	71.0	.. c	84.0
Russie	.. c	-	..	..	..	562.0	606.0	596.0	525.0	592.0
Ukraine	-	-	..	..	..	488.0	504.0	519.0	447.0	447.0
AFRIQUE	**-**	**-**	**-**	**-**	**-**	**-21.0**	**-125.0**	**-129.0**	**-186.0**	**-19.0**
Afrique septentrionale	-	-	-	-	-	-	-	-	-	-
Algérie	-	-	..	..	..	-	-	..	..	..
Egypte	-	-	..	..	..	-	-	..	..	..
Libye	-	-	..	..	..	-	-	..	..	..
Maroc	-	-	..	..	..	-	-	..	..	..
Tunisie	-	-	..	..	..	-	-	..	..	..
Autres pays africains	-	-	-	-	-	28.0	-37.0	-129.0	-186.0	-19.0
Nigéria	-	-	..	..	..	.. c	5.0	.. c	.. c	.. c
Afrique du Sud	-	-	..	..	..	12.0	13.0	19.0	19.0	21.0
AMÉRIQUE	**28 200.0**	**30 493.0**	**35 164.0**	**45 703.0**	**52 323.0**	**15 717.0**	**16 976.0**	**17 147.0**	**16 764.0**	**18 316.0**
Amérique du Nord	20 812.0	22 515.0	25 546.0	33 107.0	37 156.0	12 973.0	12 978.0	13 797.0	13 826.0	15 165.0
Amérique du Nord	6 732.0	7 949.0	9 391.0	12 433.0	14 937.0	1 565.0	2 399.0	3 227.0	2 847.0	3 014.0
Bahamas	-	-	..	..	..	-	-	..	..	..
Bermudes	351.0	518.0	.. c	.. c	.. c	.. c	.. c	..	..	-
Îles Cayman	6 337.0	7 067.0	8 486.0	9 801.0	12 302.0	1 264.0	1 471.0	.. c	.. c	.. c
Costa Rica	-	-	..	..	..	.. c	.. c	.. c	.. c	.. c
El Salvador	-	-	..	..	..	-	-	..	..	..
Guatemala	-	-	..	..	..	-	-	..	..	..
Honduras	-	-	..	..	..	-	-	..	..	..
Nicaragua	-	-	..	..	..	-	-	..	..	..
Panama	44.0	37.0	.. c	.. c	.. c	.. c	-	.. c	.. c	.. c
Îles Vierges, US	.. c	6.0	..	..	..	267.0	369.0	.. c	.. c	.. c
Amérique du Sud	-	-	228.0	164.0	231.0	81.0	104.0	123.0	91.0	138.0
Argentine	-	-	..	..	..	.. c	-3.0	.. d	.. d	.. d
Bolivie	-	-	..	..	..	-	-	..	..	..
Brésil	-	-	..	..	..	81.0	107.0	108.0	91.0	132.0
Colombie	-	-	..	..	..	.. c	-	..	.. c	.. c
Equateur	-	-	..	..	..	.. c	.. c	.. c	.. c	.. c
Paraguay	-	-	..	..	..	-	-	..	..	..
Pérou	-	-	..	..	..	.. c	.. c	.. c	.. c	.. c
Uruguay	.. c	.. c	.. c	.. c	.. c	-	-	..	..	..
Venezuela	-	-	..	..	..	-	-	..	..	..
ASIE	**5 171.0**	**5 860.0**	**7 926.0**	**8 638.0**	**9 292.0**	**4 159.0**	**4 228.0**	**4 199.0**	**5 914.0**	**6 829.0**

Tableau 2. Encours des investissements directs étrangers par pays *(suite)*

En fin d'année

Millions de dollars des ÉU

	Entrant					Sortant				
	2015	2016	2017	2018	2019	2015	2016	2017	2018	2019
Proche et Moyen Orient	-	-	-	-	39.0	-	21.0	21.0	19.0	18.0
Pays du Golfe	-	-	-	-	39.0	-	-	-	-	-
Koweït	-	-	..	..	..	-	-	..	..	..
Qatar	-	-	..	..	..	-	-	..	..	..
Arabie saoudite	-	-	-	-	.. c	-	-	..	..	..
Emirats Arabes Unis	-	-	..	..	..	-	-	..	..	..
Autres pays du Proche et Moyen Orient	-	-	-	-	-	-	21.0	21.0	19.0	18.0
Jordanie	-	-	..	..	..	-	-	..	..	..
Autres pays asiatiques	5 155.0	5 852.0	7 926.0	8 638.0	9 254.0	3 905.0	3 720.0	4 178.0	5 895.0	6 811.0
Chine	77.0	373.0	.. d	.. d	.. d	469.0	218.0	228.0	848.0	931.0
Hong Kong, Chine	270.0	30.0	.. c	.. c	.. c	296.0	308.0	333.0	306.0	309.0
Inde	.. c	-	.. c	.. c	.. c	1 047.0	1 130.0	1 053.0	989.0	991.0
Indonesie	-	-	..	..	..	.. c	-	.. c	.. c	.. c
République islamique d'Iran	-	-	..	..	..	-	-	..	..	..
Malaisie	-	-	..	..	..	.. c	-	.. c	.. c	.. c
Philippines	-	-	..	..	..	.. c	.. c	.. c	.. c	.. c
Singapour	4 808.0	5 090.0	2 891.0	2 809.0	3 210.0	29.0	30.0	39.0	41.0	854.0
Taipei Chinois	-	-	-	-	.. c	-	.. c	.. c	.. c	.. c
Thaïlande	-	-	..	..	..	14.0	15.0	21.0	5.0	7.0
Viet Nam	-	-	..	..	..	.. c	19.0	.. c	.. c	.. c
AUSTRALIE, OCÉANIE ET RÉGIONS POLAIRES	**-**	**-**	**64.0**	**52.0**	**44.0**	**805.0**	**826.0**	**849.0**	**760.0**	**792.0**
TOTAL MONDE non alloué et confidentiel	**39 945.0**	**43 363.0**	**49 833.0**	**57 458.0**	**67 822.0**	**12 639.0**	**16 857.0**	**15 792.0**	**19 223.0**	**23 672.0**
Union européenne (UE28)	**.. c**	**25 227.0**	**30 676.0**	**28 757.0**	**31 662.0**	**.. c**	**50 792.0**	**57 548.0**	**55 794.0**	**55 462.0**
Pays du G20 hors Union Européenne	**.. c**	**27 732.0**	**35 286.0**	**44 490.0**	**49 280.0**	**.. c**	**22 591.0**	**23 867.0**	**24 564.0**	**26 213.0**
Pays OCDE du G20	**24 956.0**	**27 351.0**	**31 705.0**	**40 224.0**	**44 846.0**	**21 251.0**	**20 520.0**	**21 865.0**	**22 094.0**	**23 544.0**
Pays non-OCDE du G20	**.. c**	**381.0**	**3 582.0**	**4 266.0**	**4 434.0**	**.. c**	**2 071.0**	**2 002.0**	**2 469.0**	**2 669.0**
Pays MENA	**-**	**-**	**-**	**-**	**39.0**	**-**	**-**	**-**	**-**	**-**
Pays ANASE	**4 808.0**	**5 090.0**	**2 891.0**	**2 809.0**	**3 210.0**	**.. c**	**69.0**	**85.0**	**96.0**	**922.0**

- Néant ; .. Non disponible ; c Donnée confidentielle ; d Confidentialité Secondaire

Note : Voir les métadonnées détaillées sur : *http://metalinks.oecd.org/idi/20210722/947b.*

Source : *Statistiques de l'OCDE sur l'investissement direct international (base de données) : https://doi.org/10.1787/idi-data-fr*

Tableau 4. Investissement direct étranger : flux par secteur industriel

Millions de dollars des ÉU

	Entrant					Sortant				
	2015	2016	2017	2018	2019	2015	2016	2017	2018	2019
All FDI activities	**11 337.0**	**11 988.0**	**16 893.0**	**21 515.0**	**19 047.0**	**10 969.0**	**14 579.0**	**7 624.0**	**6 087.0**	**8 598.0**
Agriculture, sylviculture et pêche	**-**	**-1.0**	**36.0**	**.. d**	**38.0**	**-**	**15.0**	**1.0**	**27.0**	**22.0**
Industries extractives	**-**	**-194.0**	**310.0**	**680.0**	**226.0**	**-**	**-200.0**	**.. d**	**.. d**	**29.0**
Activités d'extraction	-	-194.0	310.0	680.0	226.0	-	-200.0	10.0	9.0	27.0
Activités de fabrication	**1 695.0**	**2 870.0**	**2 189.0**	**5 059.0**	**3 548.0**	**9 958.0**	**12 136.0**	**4 295.0**	**3 385.0**	**2 813.0**
dont :										
Produits alimentaires, boissons et tabac	144.0	24.0	-8.0	22.0	-9.0	-2.0	1.0	220.0	29.0	298.0
Textiles, bois, papier, imprimerie	204.0	27.0	64.0	21.0	3.0	85.0	147.0	66.0	203.0	216.0
Produits pétroliers, chimiques, pharmaceutiques, caoutchouc, plastique, minéraux	410.0	566.0	181.0	3 225.0	-168.0	9 454.0	11 403.0	3 689.0	3 300.0	2 135.0
Ouvrages en métaux et machines, sauf matériels électriques	899.0	1 495.0	2 151.0	1 735.0	3 758.0	265.0	556.0	314.0	-158.0	128.0
Automobiles, remorques, semi-remorques, autres matériels de transport	27.0	33.0	7.0	24.0	-77.0	34.0	9.0	-31.0	-3.0	9.0
Autres activités de fabrication	11.0	725.0	-206.0	32.0	41.0	122.0	20.0	37.0	14.0	27.0
Production et distribution d'électricité, de gaz, de vapeur et de climatisation	**846.0**	**46.0**	**.. d**	**.. d**	**.. c**	**122.0**	**56.0**	**-69.0**	**13.0**	**2.0**
Distribution de l'eau ; assainissement, traitement des déchets et dépollution	**2.0**	**3.0**	**.. d**	**-43.0**	**.. d**	**6.0**	**-3.0**	**.. c**	**.. d**	**2.0**
Construction	**-1.0**	**115.0**	**20.0**	**30.0**	**7.0**	**-34.0**	**-101.0**	**62.0**	**80.0**	**108.0**
Services	**5 630.0**	**6 319.0**	**11 276.0**	**16 149.0**	**12 307.0**	**-782.0**	**1 299.0**	**3 778.0**	**4 846.0**	**4 596.0**
Commerce de gros et de détail ; réparations automobiles et motocycles	110.0	284.0	138.0	79.0	128.0	-597.0	51.0	568.0	64.0	47.0
Transport et entreposage	-24.0	-23.0	11.0	59.0	91.0	-75.0	-12.0	34.0	.. d	51.0
Activités d'hébergement et de restauration	16.0	27.0	37.0	44.0	30.0	12.0	36.0	323.0	.. d	43.0
Information et communication	1 984.0	2 847.0	2 362.0	3 605.0	7 328.0	125.0	71.0	75.0	151.0	103.0
Activités financières et d'assurances	1 611.0	1 132.0	680.0	8 642.0	2 376.0	-200.0	1 019.0	2 144.0	3 606.0	2 950.0
Activités des sociétés holding	..	..	1 004.0	8 702.0	2 283.0	..	..	591.0	906.0	454.0
Activités immobilières	293.0	168.0	401.0	535.0	531.0	-122.0	125.0	509.0	726.0	1 064.0
Activités professionnelles, scientifiques et techniques	1 362.0	1 837.0	1 498.0	2 943.0	1 665.0	94.0	-11.0	85.0	223.0	350.0
Activités de services administratifs et d'appui	264.0	-	.. d	199.0	106.0	-20.0	-16.0	.. d	-13.0	-18.0
Administration publique; activités des ménages et des organismes extra-territoriaux	-	-	-	-	-	-	-	-	-	.. c
Éducation	5.0	2.0	.. d	14.0	23.0	1.0	11.0	4.0	1.0	6.0
Santé humaine et action sociale	-34.0	35.0	17.0	6.0	11.0	5.0	15.0	36.0	35.0	9.0
Arts, spectacles et loisirs	36.0	4.0	..	22.0	16.0	1.0	8.0	.. d	2.0	.. d
Autres services	7.0	6.0	3.0	1.0	2.0	-6.0	2.0	1.0	7.0	1.0
Not allocated and confidential	**3 165.0**	**2 830.0**	**.. d**	**.. d**	**.. c**	**1 699.0**	**1 377.0**	**.. c**	**.. d**	**1 026.0**
Activités immobilières privées	**-**	**-**	..	..	..	**-**	**-**	..	..	..

- Néant ; .. Non disponible ; c Donnée confidentielle ; d Confidentialité Secondaire

Note : Les données statistiques concernant Israël sont fournies par et sous la responsabilité des autorités israéliennes compétentes. L'utilisation de ces données par l'OCDE est sans préjudice du statut des hauteurs du Golan, de Jérusalem Est et des colonies de peuplement israéliennes en Cisjordanie aux termes du droit international.

Note : Voir les métadonnées détaillées sur : *http://metalinks.oecd.org/idi/20210722/947b*.

Source : *Statistiques de l'OCDE sur l'investissement direct international (base de données) : https://doi.org/10.1787/idi-data-fr*

Tableau 5. Encours des investissement directs étrangers par secteur industriel

En fin d'année

Millions de dollars des ÉU

	Entrant					Sortant				
	2015	2016	2017	2018	2019	2015	2016	2017	2018	2019
All FDI activities	**99 313.0**	**107 483.0**	**127 161.0**	**143 971.0**	**164 838.0**	**84 696.0**	**94 633.0**	**101 540.0**	**104 879.0**	**112 256.0**
Agriculture, sylviculture et pêche	**-**	**260.0**	**308.0**	**286.0**	**332.0**	**-**	**25.0**	**96.0**	**119.0**	**143.0**
Industries extractives	**-**	**1 552.0**	**1 862.0**	**2 598.0**	**2 823.0**	**-**	**1 126.0**	**1 016.0**	**896.0**	**926.0**
Activités d'extraction	-	1 552.0	1 860.0	2 595.0	2 820.0	-	1 126.0	15.0	35.0	63.0
Activités de fabrication	**30 233.0**	**30 944.0**	**32 753.0**	**37 169.0**	**40 031.0**	**53 723.0**	**60 386.0**	**64 304.0**	**65 965.0**	**66 627.0**
dont :										
Produits alimentaires, boissons et tabac	125.0	1 611.0	1 671.0	1 625.0	1 736.0	803.0	749.0	1 503.0	1 199.0	1 498.0
Textiles, bois, papier, imprimerie	2 477.0	855.0	990.0	821.0	877.0	803.0	894.0	954.0	1 100.0	1 140.0
Produits pétroliers, chimiques, pharmaceutiques, caoutchouc, plastique, minéraux	6 765.0	5 540.0	5 599.0	8 546.0	7 276.0	44 658.0	52 970.0	56 203.0	58 055.0	58 336.0
Ouvrages en métaux et machines, sauf matériels électriques	18 602.0	20 106.0	22 898.0	23 866.0	27 825.0	6 587.0	4 887.0	4 538.0	4 542.0	4 656.0
Automobiles, remorques, semi-remorques, autres matériels de transport	416.0	449.0	443.0	467.0	405.0	183.0	185.0	355.0	306.0	213.0
Autres activités de fabrication	1 848.0	2 383.0	1 152.0	1 844.0	1 912.0	689.0	701.0	751.0	763.0	784.0
Production et distribution d'électricité, de gaz, de vapeur et de climatisation	**964.0**	**1 027.0**	**1 054.0**	**1 052.0**	**1 066.0**	**871.0**	**934.0**	**139.0**	**131.0**	**134.0**
Distribution de l'eau ; assainissement, traitement des déchets et dépollution	**24.0**	**28.0**	**33.0**	**-11.0**	**-9.0**	**20.0**	**18.0**	**20.0**	**26.0**	**29.0**
Construction	**815.0**	**868.0**	**812.0**	**849.0**	**982.0**	**898.0**	**910.0**	**916.0**	**978.0**	**1 098.0**
Services	**56 515.0**	**62 242.0**	**76 830.0**	**88 946.0**	**102 751.0**	**17 952.0**	**19 906.0**	**24 914.0**	**26 800.0**	**31 849.0**
Commerce de gros et de détail ; réparations automobiles et motocycles	2 011.0	2 939.0	2 285.0	2 409.0	2 488.0	181.0	310.0	393.0	480.0	512.0
Transport et entreposage	222.0	151.0	179.0	289.0	409.0	-88.0	-117.0	-91.0	-112.0	-66.0
Activités d'hébergement et de restauration	283.0	466.0	595.0	723.0	825.0	144.0	259.0	637.0	301.0	346.0
Information et communication	22 174.0	22 952.0	26 798.0	29 490.0	36 855.0	1 381.0	1 338.0	2 084.0	2 221.0	3 146.0
Activités financières et d'assurances	11 209.0	12 544.0	14 219.0	21 531.0	22 998.0	12 190.0	13 821.0	16 875.0	18 153.0	20 545.0
Activités des sociétés holding	..	..	10 743.0	18 172.0	19 448.0	..	..	13 097.0	11 636.0	11 597.0
Activités immobilières	4 209.0	4 365.0	5 432.0	4 680.0	6 786.0	3 751.0	3 862.0	4 623.0	5 111.0	6 398.0
Activités professionnelles, scientifiques et techniques	14 885.0	16 971.0	19 635.0	21 865.0	24 275.0	253.0	292.0	320.0	523.0	873.0
Activités de services administratifs et d'appui	1 115.0	1 471.0	7 267.0	7 509.0	7 613.0	5.0	-31.0	-18.0	-30.0	-48.0
Administration publique; activités des ménages et des organismes extra-territoriaux	-	-	.. c	.. c	.. c	-	-	.. c	.. c	..
Éducation	48.0	82.0	.. d	.. d	.. d	2.0	16.0	.. d	.. d	24.0
Santé humaine et action sociale	130.0	164.0	177.0	181.0	189.0	-6.0	7.0	34.0	70.0	79.0
Arts, spectacles et loisirs	164.0	64.0	78.0	89.0	108.0	33.0	46.0	40.0	58.0	31.0
Autres services	65.0	73.0	70.0	70.0	72.0	106.0	103.0	1.0	8.0	9.0
Not allocated and confidential	**10 762.0**	**10 562.0**	**13 509.0**	**13 082.0**	**16 862.0**	**11 232.0**	**11 328.0**	**10 135.0**	**9 964.0**	**11 450.0**
Activités immobilières privées	**-**	**-**	**..**	**..**	**..**	**-**	**-**	**..**	**..**	**..**

- Néant ; .. Non disponible ; c Donnée confidentielle ; d Confidentialité Secondaire

Note : Les données statistiques concernant Israël sont fournies par et sous la responsabilité des autorités israéliennes compétentes. L'utilisation de ces données par l'OCDE est sans préjudice du statut des hauteurs du Golan, de Jérusalem Est et des colonies de peuplement israéliennes en Cisjordanie aux termes du droit international.

Note : Voir les métadonnées détaillées sur : *http://metalinks.oecd.org/idi/20210722/947b*.

Source : *Statistiques de l'OCDE sur l'investissement direct international (base de données) : https://doi.org/10.1787/idi-data-fr*

ITALIE

Tableau 1. Flux d'investissement direct étranger par pays

Millions de dollars des ÉU

	Entrant					Sortant				
	2015	2016	2017	2018	2019	2015	2016	2017	2018	2019
TOTAL MONDE	**19 630.8**	**28 440.8**	**23 995.9**	**37 658.7**	**18 152.1**	**21 639.9**	**16 164.8**	**24 478.4**	**32 797.4**	**19 586.5**
Pays membres de l'OCDE	**17 185.7**	**28 509.7**	**23 571.6**	**35 916.8**	**17 429.3**	**10 636.9**	**4 114.4**	**13 985.5**	**18 725.6**	**9 119.6**
Australie	17.1	66.2	34.4	89.3	65.0	121.3	45.8	177.4	202.6	-85.1
Autriche	-335.0	321.5	105.2	184.5	101.7	173.7	-9 176.9	709.2	317.9	852.5
Belgique	-4 390.8	-2 813.9	1 102.5	115.9	-1 188.3	1 572.7	2 926.1	-3 876.6	-2 311.7	2 444.1
Canada	-24.9	-56.1	261.8	70.1	51.3	255.0	75.0	390.8	595.6	945.1
Chili	-42.5	7.0	-246.8	-5.4	4.8	69.9	-12.3	9 808.8	166.1	3 055.2
République Tchèque	22.0	55.2	75.9	-0.9	92.6	12.6	3 459.4	10.5	-212.0	254.3
Danemark	300.4	-764.2	44.6	-104.6	222.3	482.4	456.6	-181.0	-82.3	106.1
Estonie	-0.4	-29.2	-6.5	-49.0	-1.9	2.2	-5.3	15.8	-2.4	0.5
Finlande	-139.0	62.8	146.4	-320.5	301.5	-31.4	152.7	1.8	-202.4	-25.0
France	6 802.2	18 029.3	-1 577.7	35 774.6	1 074.2	1 668.8	1 009.7	1 107.6	2 600.6	1 379.4
Allemagne	1 575.3	4 884.2	2 714.2	3 055.0	5 988.4	-190.4	-15.3	-2 132.3	2 459.6	206.4
Grèce	-40.4	76.5	-140.6	-29.9	49.0	177.3	150.3	80.9	506.2	206.6
Hongrie	-585.9	200.7	17.0	116.0	4.8	559.2	142.4	-35.8	164.4	242.9
Islande	-46.1	18.6	28.3	0.2	0.2	65.4	-11.2	-66.6	-10.7	-13.0
Irlande	-232.1	70.0	1 940.2	78.2	-1 998.1	3 950.9	-336.2	-50.9	917.2	306.5
Israël	-64.0	41.1	59.0	-21.9	44.8	194.9	292.4	414.6	178.2	183.8
Italie	-	-	-	-	-	-	-	-	-	-
Japon	1 120.8	278.8	163.4	176.6	-63.0	116.3	293.1	42.0	54.5	-93.5
Corée	-188.0	-112.9	134.6	519.8	-290.0	-65.3	133.5	36.7	278.3	105.4
Lettonie	6.4	7.1	4.2	-1.8	-29.3	-1.0	48.2	3.2	2.8	-18.3
Lituanie	0.3	0.0	-1.3	3.6	-0.1	11.6	-14.4	-1.9	0.0	0.0
Luxembourg	4 114.8	-3 325.6	8 131.6	-9 968.8	10 310.1	733.8	6 909.7	12 629.1	445.8	1 782.2
Mexique	219.1	98.9	-84.7	51.1	-2.2	226.7	121.4	337.1	429.1	486.7
Pays-Bas	2 677.9	528.0	4 287.1	844.0	1 835.0	-5 639.7	-4 234.1	340.1	-459.8	-12 614.7
Nouvelle-Zélande	1.2	0.6	-2.2	-2.2	2.1	6.6	34.7	14.1	12.2	15.1
Norvège	-371.4	403.7	121.2	384.8	126.0	110.1	1 420.1	180.8	283.7	319.7
Pologne	31.0	-14.6	-91.5	114.2	173.0	1 071.6	-207.2	-2 207.3	-11.1	1 344.6
Portugal	23.0	52.1	60.4	12.3	105.4	34.5	124.3	163.6	208.7	161.3
République slovaquie	-76.2	-17.0	-22.0	27.7	-4.7	26.1	-3 449.1	826.3	-87.7	-65.6
Slovénie	40.4	46.2	28.6	4.8	-0.1	42.1	332.2	12.4	127.3	203.1
Espagne	1 235.1	820.2	601.5	444.1	935.3	1 293.0	-387.1	-7 105.1	8 173.7	2 710.9
Suède	-72.7	478.4	730.1	186.9	1 666.2	332.3	87.4	-45.1	179.0	147.6
Suisse	2 238.8	259.8	3 453.9	890.6	2 978.0	712.8	-939.2	222.7	-427.7	2 398.8
Turquie	47.9	-317.2	-0.1	23.7	106.1	777.4	3 545.3	652.7	548.1	-29.5
Royaume-Uni	3 863.5	7 443.1	1 714.2	4 050.2	-4 472.5	-269.3	1 960.5	992.8	-285.9	461.1
Etats-Unis	-535.3	1 710.5	-216.5	-796.2	-758.0	2 043.5	-832.5	515.3	3 967.8	1 744.2
EUROPE	**17 600.8**	**25 794.9**	**24 274.1**	**35 293.0**	**18 845.3**	**10 226.4**	**10 867.8**	**5 199.9**	**16 804.2**	**7 821.9**
Bulgarie	0.1	23.6	-5.1	6.5	5.4	141.7	1 141.2	1 240.3	168.9	210.6
Croatie	11.8	39.5	24.9	35.5	24.1	102.9	2 081.0	104.1	268.0	104.4
Chypre	29.6	223.4	-245.3	-671.9	657.9	-8.3	-3.0	7.1	-2.9	0.6
Malte	497.6	-617.6	314.2	120.6	-20.1	-57.4	35.2	-42.0	-68.1	25.2
Roumanie	38.6	-26.9	103.8	-96.6	61.1	274.3	788.5	501.8	3 340.9	379.0
Russie	139.4	-437.2	415.2	-63.6	-322.8	1 025.5	2 424.6	938.8	660.3	1 762.4
Ukraine	28.1	-8.6	6.4	-6.5	15.8	33.9	-26.9	-206.7	-302.8	34.2
AFRIQUE	**-39.4**	**320.4**	**74.2**	**-42.8**	**90.9**	**4 344.2**	**2 687.1**	**2 711.1**	**3 350.7**	**1 540.1**
Afrique septentrionale	-8.3	100.7	29.8	22.5	-66.1	3 780.0	1 279.7	2 130.5	1 955.4	1 510.1
Algérie	39.8	64.1	16.2	68.1	46.6	1 835.6	920.0	981.0	1 060.0	807.8
Egypte	-15.2	28.2	-6.1	7.6	8.0	1 654.9	236.1	794.3	291.1	716.1
Libye	1.5	-13.6	10.0	-52.7	-114.2	1.3	-44.1	17.7	30.1	-43.6
Maroc	-28.8	13.3	9.8	14.2	-9.1	118.5	14.8	72.0	202.6	46.3
Tunisie	-5.5	8.7	0.0	-14.7	2.5	169.7	153.0	265.4	371.5	-16.4
Autres pays africains	-31.1	219.7	44.4	-65.3	157.1	564.2	1 407.4	580.6	1 395.4	30.0
Nigéria	1.9	27.6	0.1	-0.3	0.4	88.0	346.5	279.5	671.0	-58.5
Afrique du Sud	-64.0	177.0	25.7	14.5	54.3	396.9	485.3	231.4	101.2	-178.3
AMÉRIQUE	**-271.2**	**1 899.3**	**-537.1**	**241.3**	**-933.2**	**3 834.1**	**127.4**	**12 295.5**	**6 061.5**	**7 180.8**
Amérique du Nord	-560.2	1 654.4	45.3	-726.1	-706.7	2 298.5	-757.5	906.1	4 563.4	2 689.4
Amérique du Nord	219.1	21.7	-460.5	494.4	-82.9	602.4	677.8	1 380.3	321.6	746.1
Bahamas	0.0	0.0	0.0	0.0	6.4	0.5	0.5	0.3	0.2	0.0
Bermudes	-12.0	-0.3	-10.7	9.7	0.7	-10.4	-27.2	135.4	-6.1	4.7
Îles Cayman	249.0	-241.7	-16.7	-15.0	-25.9	2.4	1.0	-23.5	-14.0	-45.5
Costa Rica	4.5	2.3	2.4	2.3	2.2	1.0	19.6	11.9	112.7	-184.0
El Salvador	0.0	0.0	0.0	29.9	0.0	-0.3	1.0	-0.9	-0.2	0.0
Guatemala	41.7	0.5	0.4	0.5	0.5	6.9	22.3	-42.9	5.2	-15.1
Honduras	0.0	0.0	0.0	0.0	0.0	5.6	-4.3	-0.8	-2.3	1.8
Nicaragua	0.0	0.0	0.0	0.0	0.0	-0.5	0.0	0.1	0.0	0.3
Panama	-59.7	-8.2	0.3	2.3	1.4	-84.7	-34.6	109.5	-562.0	338.0
Îles Vierges, US	-	-	-	-	-	-0.1	-	-	-	-2.9
Amérique du Sud	69.9	223.2	-121.9	473.1	-143.6	933.2	207.0	10 009.1	1 176.6	3 745.3
Argentine	3.4	129.9	81.8	121.1	57.0	245.5	-1 171.1	271.2	62.2	-28.4
Bolivie	1.7	2.7	4.4	3.1	3.0	-1.4	2.9	3.1	4.2	0.4
Brésil	245.3	55.7	45.0	70.8	-118.9	481.2	1 552.3	273.8	863.3	545.6
Colombie	0.1	21.1	5.7	-0.9	4.2	37.7	81.0	90.7	36.0	6.6
Equateur	10.4	1.5	3.9	1.9	1.7	-40.1	-11.2	5.5	4.0	-0.4
Paraguay	0.3	0.1	-0.3	0.2	0.7	0.9	0.2	0.3	0.3	-1.5
Pérou	-1.9	24.5	9.3	10.4	0.4	43.7	44.8	45.3	176.1	110.1
Uruguay	-147.7	88.5	-118.2	262.5	-96.1	11.7	-1.8	4.4	-9.9	27.5
Venezuela	0.9	-107.6	93.3	9.5	-0.3	83.9	-262.2	-528.0	-156.1	2.6
ASIE	**1 931.6**	**290.8**	**-64.4**	**2 128.3**	**4.9**	**3 134.4**	**2 450.9**	**3 914.4**	**6 364.7**	**3 217.0**

Tableau 1. Flux d'investissement direct étranger par pays *(suite)*

Millions de dollars des ÉU

	Entrant					Sortant				
	2015	2016	2017	2018	2019	2015	2016	2017	2018	2019
Proche et Moyen Orient	307.6	78.8	126.2	86.8	35.8	9.4	2 621.3	1 364.0	1 826.9	2 548.4
Pays du Golfe	372.4	37.6	67.3	105.2	-12.6	-462.9	2 211.8	724.0	1 238.8	2 064.3
Koweït	852.5	-1.3	1.7	-9.3	0.6	-808.5	123.1	828.8	262.4	100.6
Qatar	-48.4	-26.1	27.6	16.2	-16.7	-763.2	107.9	283.6	-118.4	466.2
Arabie saoudite	9.0	6.9	72.3	2.7	3.4	552.9	-148.3	-487.8	-359.3	252.6
Emirats Arabes Unis	-420.0	51.7	-33.7	114.8	1.9	317.4	1 831.4	309.0	1 154.6	974.5
Autres pays du Proche et Moyen Orient	-64.8	41.2	58.9	-18.4	48.4	472.3	409.5	639.9	588.1	484.1
Jordanie	0.4	0.4	-0.3	1.0	0.4	129.7	44.5	74.1	-132.8	-67.8
Autres pays asiatiques	1 624.0	212.0	-190.6	2 041.4	-30.9	3 125.0	-170.4	2 550.4	4 537.8	668.6
Chine	59.8	-124.6	-400.7	1 303.4	70.4	538.5	357.3	686.4	1 866.8	25.2
Hong Kong, Chine	296.0	57.4	-239.2	-31.5	48.2	113.0	-1 523.1	86.9	-56.2	-91.6
Inde	115.8	-47.7	20.2	15.4	30.4	1 151.2	-18.3	291.5	189.2	-506.6
Indonesie	-2.2	1.1	-1.2	1.0	9.5	16.5	57.7	537.5	71.5	82.5
République islamique d'Iran	-0.3	34.9	1.0	2.6	0.8	252.0	-123.9	-43.6	-177.9	150.1
Malaisie	-14.8	6.4	16.9	-1.1	-3.3	244.7	223.7	722.9	436.9	179.2
Philippines	1.9	-0.1	0.7	2.3	1.2	6.5	3.2	9.3	473.2	239.0
Singapour	-1.5	-10.7	118.6	-119.3	175.7	225.5	103.1	101.4	366.1	114.9
Taipei Chinois	122.3	-79.6	-55.0	82.6	-66.6	21.0	-13.7	4.1	0.5	9.3
Thaïlande	41.2	11.3	-5.1	6.7	0.4	-39.7	-42.4	59.4	171.8	13.4
Viet Nam	0.1	-0.6	-1.6	-3.2	-4.3	105.4	93.8	132.3	256.6	-18.3
AUSTRALIE, OCÉANIE ET RÉGIONS POLAIRES	**18.5**	**67.1**	**32.3**	**86.8**	**67.2**	**140.7**	**40.5**	**355.5**	**216.2**	**51.3**
TOTAL MONDE non alloué et confidentiel	**390.5**	**68.2**	**216.7**	**-47.8**	**77.0**	**-40.0**	**-8.9**	**2.0**	**0.0**	**-224.6**
Union européenne (UE28)	**15 397.6**	**25 752.7**	**20 056.6**	**33 930.3**	**15 892.7**	**6 466.1**	**3 976.9**	**3 068.7**	**16 154.7**	**806.5**
Pays du G20 hors Union Européenne	**13 404.4**	**31 785.9**	**3 401.9**	**44 479.5**	**1 482.7**	**9 092.1**	**9 875.9**	**4 862.7**	**14 305.5**	**7 075.1**
Pays OCDE du G20	**12 897.8**	**32 024.7**	**3 143.6**	**43 014.2**	**1 699.3**	**4 683.9**	**6 336.5**	**2 120.0**	**10 850.2**	**5 120.2**
Pays non-OCDE du G20	**506.6**	**-238.8**	**258.3**	**1 465.3**	**-216.6**	**4 408.2**	**3 539.4**	**2 742.7**	**3 455.2**	**1 954.9**
Pays MENA	**364.2**	**139.2**	**97.2**	**129.7**	**-75.7**	**3 438.2**	**3 556.1**	**2 886.7**	**2 964.8**	**3 507.7**
Pays ANASE	**38.5**	**66.0**	**141.8**	**-107.6**	**180.0**	**585.9**	**443.6**	**1 563.3**	**1 788.7**	**639.1**

- Néant

Note : Voir les métadonnées détaillées sur : *http://metalinks.oecd.org/idi/20210722/947b*.

Source : *Statistiques de l'OCDE sur l'investissement direct international (base de données)* : *https://doi.org/10.1787/idi-data-fr*

Tableau 2. Encours des investissements directs étrangers par pays
En fin d'année

Millions de dollars des ÉU

	Entrant					Sortant				
	2015	2016	2017	2018	2019	2015	2016	2017	2018	2019
TOTAL MONDE	**340 477.1**	**352 626.2**	**424 743.1**	**433 366.3**	**445 174.6**	**456 619.5**	**456 380.4**	**547 577.5**	**554 876.3**	**554 940.5**
Pays membres de l'OCDE	**258 838.7**	**282 861.8**	**336 621.5**	**343 652.7**	**348 767.0**	**354 248.8**	**338 716.9**	**405 727.5**	**407 889.6**	**398 190.9**
Australie	218.1	587.2	3.9	7.0	27.8	2 141.9	2 246.0	2 844.8	2 693.9	2 581.2
Autriche	4 737.4	3 960.9	4 163.6	4 243.6	4 180.6	27 311.3	18 268.5	20 986.6	20 029.4	19 889.2
Belgique	2 668.5	4 047.3	3 656.4	2 295.4	2 741.1	13 202.1	14 468.4	10 672.5	7 954.6	10 179.0
Canada	777.0	1 040.3	1 605.3	1 817.8	1 925.4	1 743.7	2 068.5	2 723.9	3 198.7	4 151.9
Chili	283.3	266.1	0.2	-115.9	-128.0	1 956.4	1 794.0	13 467.1	11 077.7	13 095.1
République Tchèque	219.6	585.9	775.5	149.9	167.0	879.3	3 696.9	4 361.7	4 045.6	4 118.4
Danemark	3 142.6	2 661.3	2 560.0	2 062.7	2 380.8	1 711.0	1 971.0	2 104.7	2 158.7	2 228.5
Estonie	82.1	59.1	-	-	-	35.8	32.2	56.5	88.3	129.6
Finlande	184.2	247.1	560.4	255.5	270.2	1 959.2	1 862.4	1 820.6	1 763.0	1 830.9
France	51 578.5	58 481.4	63 308.5	69 221.7	72 758.3	25 724.3	26 415.8	32 418.1	35 318.4	35 918.1
Allemagne	22 366.9	33 032.3	39 738.7	36 021.3	37 385.3	38 260.1	37 048.3	42 944.3	43 765.3	41 703.3
Grèce	-	-	0.0	-	-	2 840.9	2 957.5	3 739.8	3 993.0	4 129.2
Hongrie	10.9	111.7	151.3	275.4	271.7	1 407.0	2 572.0	1 593.8	2 824.1	2 782.2
Islande	-	-	-	-	-	44.1	33.8	-31.4	-3.4	20.9
Irlande	683.5	1 387.5	3 557.0	2 051.8	1 678.8	13 181.9	9 351.2	9 745.4	8 833.2	8 633.4
Israël	103.7	156.5	252.5	217.2	132.4	859.9	1 602.2	2 279.4	1 772.1	1 849.2
Italie	32 732.4	33 128.2	32 382.3	41 280.6	46 852.8	-	-	-	-	-
Japon	7 104.1	4 646.9	11 113.6	8 600.8	8 682.9	1 245.3	1 507.7	1 859.9	2 134.8	2 092.1
Corée	545.6	596.3	1 225.2	1 500.3	1 155.3	1 088.1	1 183.0	1 444.7	1 717.2	1 787.8
Lettonie	-	-	-	-	-	24.8	76.6	96.0	94.3	69.0
Lituanie	-	-	0.0	-	-	25.4	33.8	38.9	43.0	46.5
Luxembourg	19 495.6	25 704.5	25 893.6	24 855.9	26 621.7	20 494.5	25 480.2	46 329.0	44 690.4	35 877.4
Mexique	-	177.6	176.9	52.7	-82.9	1 441.3	1 784.7	2 183.3	2 445.6	3 136.9
Pays-Bas	16 483.1	19 368.6	17 535.7	12 803.3	13 734.8	66 185.9	59 628.1	64 437.8	64 231.1	50 083.6
Nouvelle-Zélande	-	-	782.4	281.3	298.8	33.5	44.4	64.1	51.1	64.0
Norvège	-599.4	532.0	616.8	477.9	493.1	819.1	978.0	1 224.8	1 433.7	1 683.9
Pologne	120.1	101.0	-10.4	127.4	120.2	11 342.7	9 623.9	8 313.8	8 000.9	8 979.4
Portugal	323.5	307.0	330.0	318.4	281.6	1 733.1	2 098.3	2 526.4	2 803.7	2 878.9
République slovaquie	-	-	0.0	-	-	3 659.5	646.6	1 586.8	1 374.4	1 244.5
Slovénie	-	51.8	0.7	1.1	1.2	1 139.5	1 303.8	1 268.3	1 420.3	1 588.8
Espagne	6 271.4	4 967.1	5 289.2	5 355.2	5 684.5	37 973.9	33 982.5	35 783.5	41 466.6	45 641.1
Suède	2 206.8	1 004.1	2 988.7	2 371.8	3 250.0	1 783.7	1 603.1	1 796.3	1 687.5	1 869.7
Suisse	19 707.5	18 533.4	25 084.4	31 183.1	26 198.5	10 917.4	9 941.7	11 709.6	9 660.3	12 451.9
Turquie	288.3	-	1.3	13.3	49.4	5 341.1	8 283.1	8 527.9	7 705.2	5 990.2
Royaume-Uni	32 016.8	32 979.6	46 767.8	45 481.0	43 461.6	24 295.9	19 503.1	26 403.5	25 291.1	25 501.3
Etats-Unis	35 086.6	34 139.1	46 109.7	50 445.1	48 172.0	31 495.4	34 659.3	38 444.0	42 125.8	43 964.2
EUROPE	**219 094.8**	**243 847.4**	**279 230.2**	**284 942.8**	**292 673.1**	**337 118.6**	**323 587.4**	**376 763.5**	**377 521.7**	**367 416.8**
Bulgarie	64.7	-	0.0	-	-	1 094.4	2 261.3	2 926.0	2 520.6	2 838.5
Croatie	0.4	-	-	-	-	883.5	3 138.5	3 353.8	3 695.1	3 839.1
Chypre	199.2	517.2	344.9	253.9	240.1	141.5	141.5	160.2	148.1	146.1
Malte	-	-	7.5	143.2	96.2	460.5	530.6	568.7	426.2	501.8
Roumanie	-1.0	-1.3	-8.4	55.3	69.8	4 833.2	6 556.0	7 288.2	9 663.4	9 917.5
Russie	2 393.3	478.3	2 219.6	1 694.9	1 872.2	9 078.6	11 514.0	13 238.5	12 162.9	13 992.1
Ukraine	827.2	-	592.1	582.1	806.8	745.9	684.6	586.0	315.6	431.0
AFRIQUE	**212.1**	**157.4**	**964.2**	**528.6**	**123.6**	**21 412.1**	**22 576.5**	**27 942.1**	**29 491.4**	**30 773.9**
Afrique septentrionale	190.4	151.1	183.5	110.1	225.9	18 602.4	18 780.7	23 400.9	24 200.6	25 158.4
Algérie	-	-	-	-	-	8 389.1	9 016.2	11 176.6	11 544.3	12 161.0
Egypte	-	-	-	-	-	7 760.3	7 380.2	9 155.9	8 968.9	9 406.6
Libye	185.0	146.2	177.9	104.5	220.4	310.1	263.6	317.5	331.9	357.0
Maroc	5.4	5.0	5.6	5.5	5.5	607.2	524.0	677.3	996.4	965.2
Tunisie	-	-	-	-	-	1 535.8	1 596.8	2 073.7	2 359.1	2 268.7
Autres pays africains	21.6	6.3	780.7	418.5	-102.3	2 809.6	3 795.8	4 541.2	5 290.8	5 615.4
Nigéria	-	-	-	-	-	503.6	837.8	1 239.0	1 815.4	1 716.1
Afrique du Sud	21.6	6.3	780.7	418.5	-102.3	1 335.6	1 634.1	2 014.9	2 036.1	2 210.0
AMÉRIQUE	**46 168.2**	**45 224.3**	**60 165.5**	**65 313.4**	**80 599.5**	**49 505.5**	**57 647.6**	**77 918.9**	**80 173.1**	**86 353.5**
Amérique du Nord	35 863.6	35 179.4	47 714.9	52 262.9	50 097.4	33 239.0	36 727.9	41 167.8	45 324.5	48 116.1
Amérique du Nord	9 617.6	9 346.0	12 393.1	12 881.1	30 309.8	3 193.0	4 272.9	6 027.4	6 102.8	7 170.7
Bahamas	-	-	-	-	-	4.4	4.7	5.6	5.6	5.5
Bermudes	586.9	-	83.1	188.1	146.1	6.6	3.0	135.8	122.4	127.1
Îles Cayman	8 137.9	8 962.0	10 611.6	11 190.1	28 807.8	3.2	4.0	-20.5	-33.1	-78.2
Costa Rica	-	-	-	-	-	231.9	362.9	240.3	379.4	176.6
El Salvador	-	-	-	-	-	0.3	7.8	7.0	6.8	6.8
Guatemala	-	-	-	-	-	195.9	162.5	484.2	489.5	489.4
Honduras	-	-	-	-	-	29.7	15.1	9.1	6.4	12.4
Nicaragua	-	-	-	-	-	0.7	0.6	0.8	0.7	1.0
Panama	11.5	8.7	65.5	21.3	-42.4	227.7	414.3	534.6	-16.5	516.0
Îles Vierges, US	-	-	-	-	-	-	-	-	-	-2.9
Amérique du Sud	687.0	698.9	57.5	169.3	192.3	13 073.5	16 646.8	30 723.6	28 745.8	31 066.6
Argentine	-153.0	92.3	49.6	28.1	27.6	1 488.2	1 223.5	1 563.5	1 593.6	1 544.6
Bolivie	-	-	-	-	-	28.9	30.9	29.3	39.9	39.8
Brésil	220.9	337.2	3.0	253.6	289.2	6 878.0	10 969.9	13 269.7	13 249.2	13 394.2
Colombie	-	-	0.2	-	-	283.3	570.1	434.6	455.4	568.4
Equateur	-	-	-	-	-	63.9	35.9	44.0	49.5	46.0
Paraguay	-	-	0.1	-	-	7.6	8.0	8.9	10.5	8.7
Pérou	-	-	0.2	-	-	341.2	374.8	537.9	683.6	766.3
Uruguay	335.8	3.2	4.2	3.6	3.5	52.0	48.5	59.5	53.6	83.3
Venezuela	-	-	-	-	-	1 981.8	1 612.9	1 297.5	1 493.2	1 455.0
ASIE	**11 613.3**	**13 249.1**	**25 274.1**	**22 547.8**	**21 443.7**	**45 855.7**	**50 028.5**	**61 585.3**	**64 506.4**	**67 427.5**

Tableau 2. Encours des investissements directs étrangers par pays *(suite)*

En fin d'année

Millions de dollars des ÉU

	Entrant					Sortant				
	2015	2016	2017	2018	2019	2015	2016	2017	2018	2019
Proche et Moyen Orient	2 646.4	2 427.1	3 465.2	2 841.9	2 629.8	21 383.7	23 986.0	27 916.5	28 014.3	30 284.8
Pays du Golfe	2 537.0	2 270.6	2 965.7	2 643.4	2 324.8	18 597.5	20 413.9	23 154.0	23 484.5	25 342.5
Koweït	1 644.4	455.7	537.8	681.8	519.3	1 634.1	1 699.5	2 503.1	2 648.3	2 688.1
Qatar	539.9	1 373.0	2 136.2	1 448.7	1 423.7	821.9	950.9	1 204.0	1 084.7	1 612.5
Arabie saoudite	286.1	145.8	238.5	453.1	236.9	6 027.6	5 831.4	5 810.2	5 299.7	5 518.5
Emirats Arabes Unis	66.7	296.1	53.2	59.8	144.9	8 955.9	10 421.0	12 093.0	12 683.9	13 515.6
Autres pays du Proche et Moyen Orient	109.4	156.5	499.5	198.5	305.0	2 786.1	3 572.1	4 762.5	4 529.8	4 942.2
Jordanie	-	-	-	-	-	966.5	981.1	1 191.9	1 013.7	981.8
Autres pays asiatiques	8 966.9	10 822.0	21 809.0	19 705.9	18 813.8	24 472.0	26 042.5	33 668.8	36 492.1	37 142.7
Chine	623.8	3 556.6	5 791.0	5 551.5	5 302.9	8 592.7	8 480.6	10 858.2	11 719.5	11 662.7
Hong Kong, Chine	45.0	692.8	-56.5	13.3	4.5	2 398.0	2 842.6	4 067.4	4 284.5	4 082.2
Inde	177.2	364.4	909.2	863.6	805.3	5 726.2	6 106.2	7 373.6	6 958.8	6 829.7
Indonesie	-	-	-	-	-	173.8	262.9	808.1	854.7	923.5
République islamique d'Iran	25.8	58.0	68.0	65.7	65.0	1 519.2	1 316.6	1 594.3	1 595.0	1 739.4
Malaisie	-14.6	57.2	-	-	-	824.6	1 059.3	1 987.0	2 298.1	2 421.0
Philippines	-	-	-	-	-	59.9	64.0	72.4	536.9	765.7
Singapour	204.4	190.7	1 646.6	1 638.7	1 613.4	558.0	689.1	745.8	940.1	1 097.6
Taipei Chinois	254.3	334.4	432.3	868.5	834.6	67.9	80.3	69.2	76.0	89.9
Thaïlande	1.3	1.3	33.5	-	-	360.9	317.0	346.8	455.3	445.8
Viet Nam	-	-	0.0	-	-	451.8	553.6	749.0	776.7	792.2
AUSTRALIE, OCÉANIE ET RÉGIONS POLAIRES	**218.1**	**587.2**	**786.3**	**288.3**	**326.6**	**2 190.9**	**2 266.1**	**3 056.0**	**2 886.8**	**2 906.0**
TOTAL MONDE non alloué et confidentiel	**63 170.7**	**49 560.8**	**58 322.7**	**59 745.5**	**50 008.1**	**536.6**	**274.3**	**311.6**	**296.9**	**62.8**
Union européenne (UE28)	**195 587.2**	**222 702.3**	**249 993.2**	**249 624.7**	**262 248.3**	**302 584.8**	**285 252.1**	**333 321.1**	**338 330.3**	**322 564.7**
Pays du G20 hors Union Européenne	**186 284.2**	**203 789.7**	**252 424.9**	**263 704.8**	**268 819.6**	**172 077.7**	**180 722.1**	**214 731.2**	**220 270.4**	**222 902.3**
Pays OCDE du G20	**182 714.3**	**198 808.7**	**242 433.2**	**254 441.5**	**260 387.8**	**132 777.1**	**134 699.6**	**159 794.5**	**166 396.0**	**166 826.9**
Pays non-OCDE du G20	**3 569.9**	**4 981.0**	**9 991.7**	**9 263.3**	**8 431.8**	**39 300.7**	**46 022.5**	**54 936.7**	**53 874.4**	**56 075.3**
Pays MENA	**2 733.2**	**2 421.8**	**3 396.1**	**2 734.7**	**2 723.4**	**38 643.4**	**40 662.5**	**48 263.8**	**49 108.4**	**51 886.1**
Pays ANASE	**191.1**	**440.1**	**2 173.7**	**2 130.3**	**1 879.0**	**2 569.1**	**3 085.9**	**4 868.9**	**6 026.6**	**6 636.0**

- Néant

Note : Les positions d'IDE entrants sont allouées selon le pays investisseur ultime. Voir les métadonnées détaillées sur : *http://metalinks.oecd.org/idi/20210722/947b*.

Source : *Statistiques de l'OCDE sur l'investissement direct international (base de données) : https://doi.org/10.1787/idi-data-fr*

Tableau 3. Revenus des investissements directs étrangers par pays

Millions de dollars des ÉU

	Entrant					Sortant				
	2015	2016	2017	2018	2019	2015	2016	2017	2018	2019
TOTAL MONDE	**11 685.3**	**14 146.7**	**19 620.5**	**20 409.6**	**17 823.5**	**12 048.9**	**17 894.9**	**24 781.8**	**29 994.4**	**28 627.9**
Pays membres de l'OCDE	**11 788.9**	**14 015.2**	**19 607.3**	**20 383.7**	**17 613.2**	**10 457.2**	**15 165.6**	**20 785.8**	**25 314.9**	**23 525.7**
Australie	9.7	9.7	18.7	36.2	21.2	26.5	80.6	155.6	108.1	101.8
Autriche	-26.1	281.6	213.3	264.5	291.3	741.6	874.8	926.8	938.9	1 085.5
Belgique	574.4	66.4	728.2	112.1	399.6	192.5	298.5	437.3	388.0	279.4
Canada	-12.4	4.6	23.5	42.4	50.5	60.8	150.6	125.4	173.1	111.9
Chili	6.4	5.6	6.1	-0.1	-0.2	5.9	12.9	524.9	734.1	1 621.0
République Tchèque	32.0	28.4	49.6	47.2	194.6	113.3	770.7	381.2	347.5	505.0
Danemark	279.7	237.1	274.0	51.7	275.9	-3.3	-11.6	9.2	15.4	8.1
Estonie	-0.9	-30.6	-2.3	-1.8	-3.8	0.9	1.3	0.9	1.6	1.2
Finlande	5.3	11.6	-1.8	-0.4	20.2	121.4	170.8	170.4	73.2	78.8
France	3 357.0	2 873.2	3 337.7	4 340.4	800.3	309.1	1 606.3	1 294.6	1 626.0	1 528.3
Allemagne	1 897.7	1 773.7	2 181.4	1 425.3	1 209.9	2 045.9	1 826.5	2 047.3	2 621.4	3 177.0
Grèce	6.1	6.5	9.3	13.5	8.0	90.3	67.0	91.8	78.7	42.1
Hongrie	-118.6	30.0	-32.4	11.5	11.4	76.6	85.6	83.6	150.1	278.1
Islande	-	-1.1	-0.7	-	-	-2.4	-41.8	1.3	0.3	-13.0
Irlande	12.9	6.9	87.6	62.3	73.1	1 656.0	1 245.0	1 482.7	1 676.6	1 505.1
Israël	-0.7	-0.5	1.8	4.2	0.1	42.2	130.5	98.8	211.6	197.1
Italie	-	-	-	-	-	-	-	-	-	-
Japon	170.1	248.4	356.9	224.7	139.5	-8.5	47.7	66.1	60.2	121.1
Corée	71.9	86.3	149.8	97.1	85.7	-0.4	13.6	26.0	8.6	-29.6
Lettonie	-0.2	-0.1	0.0	0.1	0.0	-0.1	0.4	3.3	4.3	4.1
Lituanie	0.0	0.0	0.0	-0.1	0.0	0.0	1.5	1.4	1.7	0.7
Luxembourg	1 250.4	1 273.0	3 378.2	3 221.1	1 348.7	2 436.2	1 625.9	1 308.1	1 725.0	2 226.9
Mexique	-7.3	-2.6	-0.5	-3.0	-1.2	68.5	108.6	26.1	-38.2	100.9
Pays-Bas	2 538.2	4 379.8	4 197.2	6 244.2	8 474.7	-2 109.1	1 874.7	4 085.7	7 844.9	4 349.8
Nouvelle-Zélande	0.1	0.2	0.1	0.0	-0.1	4.4	10.5	8.9	4.7	5.6
Norvège	-5.6	-15.9	-61.8	11.4	54.3	74.5	-13.7	44.1	18.5	36.9
Pologne	0.4	1.1	0.7	-2.0	0.3	995.5	1 134.0	795.3	590.6	612.9
Portugal	25.8	56.6	13.6	65.3	93.7	93.7	-11.0	113.7	128.4	202.9
République slovaquie	2.6	0.9	0.5	-0.1	0.4	99.3	95.0	117.7	174.3	73.6
Slovénie	39.2	50.8	0.1	1.0	0.9	76.6	94.3	116.3	140.0	108.2
Espagne	715.4	425.1	827.1	379.8	174.2	1 423.4	1 093.8	2 679.2	2 892.6	2 993.5
Suède	209.9	188.1	144.5	292.8	244.8	203.1	120.5	64.7	107.2	163.3
Suisse	709.8	615.9	1 619.3	1 033.9	1 121.8	135.5	290.0	235.1	616.6	481.3
Turquie	3.7	5.5	-2.3	-2.5	-2.2	342.1	471.5	667.7	473.7	145.2
Royaume-Uni	-181.3	1 007.8	1 545.7	2 100.7	2 339.1	394.2	1 120.2	1 677.0	695.4	745.3
Etats-Unis	223.2	391.3	543.9	310.1	186.5	750.7	-178.2	918.9	721.9	675.7
EUROPE	**11 448.6**	**13 385.7**	**18 490.0**	**19 863.7**	**17 192.7**	**10 370.5**	**16 041.7**	**20 709.4**	**25 254.3**	**22 558.5**
Bulgarie	1.0	10.3	0.3	0.6	-0.1	224.0	225.2	237.0	252.4	323.5
Croatie	-0.5	-0.5	-0.1	0.6	0.1	20.8	92.9	236.9	242.6	248.8
Chypre	-18.7	-1.0	3.3	5.2	10.3	-1.3	-0.8	-0.6	0.5	-0.5
Malte	18.1	28.3	-8.1	10.4	-10.0	-49.1	-10.4	-25.9	-40.0	-34.7
Roumanie	-1.1	-1.9	2.5	14.9	28.2	175.9	270.5	420.2	358.4	433.9
Russie	47.1	7.6	-12.3	129.5	48.3	208.0	475.6	811.4	914.0	781.3
Ukraine	-0.5	0.1	-0.2	-0.1	-0.3	-14.3	11.8	-8.4	0.7	23.3
AFRIQUE	**-14.5**	**-14.7**	**-4.2**	**-31.4**	**-42.9**	**504.0**	**495.5**	**736.8**	**905.9**	**767.9**
Afrique septentrionale	-9.7	-3.6	0.6	-30.1	-40.2	145.3	236.4	324.3	335.9	450.4
Algérie	-0.6	-0.6	-0.1	-0.8	-0.1	-75.3	36.2	95.9	39.0	58.2
Egypte	-9.6	-0.4	0.4	0.1	0.1	195.1	119.6	104.0	101.4	228.0
Libye	0.4	-1.8	0.8	-15.6	-28.2	-2.7	-0.3	-2.6	81.0	-1.2
Maroc	0.1	-0.7	-0.5	-0.4	0.0	5.7	42.8	73.6	50.6	80.2
Tunisie	0.0	-0.2	-0.1	-13.4	-12.0	22.5	38.2	53.3	63.9	85.2
Autres pays africains	-4.8	-11.1	-4.8	-1.4	-2.7	358.7	259.1	412.6	570.0	317.5
Nigéria	-0.9	-0.5	0.0	1.0	0.9	19.7	-37.1	33.4	22.4	48.8
Afrique du Sud	-5.0	-6.7	-3.2	-2.9	-2.8	118.9	70.0	67.2	21.8	75.0
AMÉRIQUE	**218.5**	**383.9**	**564.2**	**210.1**	**413.7**	**54.8**	**-690.1**	**1 063.7**	**1 565.2**	**3 267.9**
Amérique du Nord	210.7	395.9	567.3	352.5	237.0	811.5	-27.6	1 044.3	895.0	787.6
Amérique du Nord	-0.4	-26.7	-25.5	-45.2	-23.7	-42.8	64.3	111.0	28.8	148.9
Bahamas	0.0	-	-	-	-	-	-	-	-	-
Bermudes	0.4	-23.2	0.1	-0.3	0.0	-0.2	-23.4	0.9	7.3	0.0
Îles Cayman	-0.6	5.5	-22.3	-32.4	-27.1	-	-	-	-0.7	-0.8
Costa Rica	-0.1	0.0	0.0	-	0.0	5.6	18.8	1.1	2.0	-6.4
El Salvador	-	-	-	-	-	0.0	0.0	0.0	0.0	0.0
Guatemala	-0.9	-	-	-	-	11.2	31.9	18.6	23.7	15.5
Honduras	-	-	-	-	-	1.6	1.0	0.1	-5.8	0.1
Nicaragua	-	-	-	-	-	0.0	0.0	-	0.0	-
Panama	2.0	0.2	0.0	0.0	0.0	-135.1	-96.4	33.4	29.1	11.9
Îles Vierges, US	-	-	-	-	-	0.0	-	-	-	-
Amérique du Sud	8.1	14.7	22.3	-97.2	200.4	-713.9	-726.8	-91.6	641.4	2 331.5
Argentine	-1.8	-2.8	-2.6	-2.5	-0.8	143.5	179.1	119.7	93.9	119.6
Bolivie	0.0	0.0	-0.1	0.0	-	9.2	3.4	0.1	0.0	-0.2
Brésil	9.2	20.3	28.5	-84.9	203.4	-731.6	-714.0	-330.5	-3.1	484.7
Colombie	-0.4	-0.4	-0.1	0.0	-0.1	-10.4	60.3	-8.8	-19.3	68.4
Equateur	-0.2	0.0	0.0	0.0	0.0	0.9	5.2	0.1	1.5	-0.6
Paraguay	-	-	0.0	0.0	0.0	-1.8	-0.5	0.3	-0.2	-1.8
Pérou	-0.4	-0.5	0.0	0.1	0.2	3.4	-7.9	-1.2	33.5	35.2
Uruguay	-4.3	-7.3	-5.4	-9.6	-2.0	0.0	-1.3	-3.3	-10.1	-2.8
Venezuela	-0.3	-0.1	-4.1	-0.4	0.0	-134.6	-263.6	-392.0	-188.9	8.0
ASIE	**24.2**	**383.5**	**553.0**	**330.9**	**238.7**	**1 088.6**	**1 956.7**	**2 108.4**	**2 155.3**	**1 923.2**

Tableau 3. Revenus des investissements directs étrangers par pays *(suite)*

Millions de dollars des ÉU

	Entrant					Sortant				
	2015	2016	2017	2018	2019	2015	2016	2017	2018	2019
Proche et Moyen Orient	-215.9	10.6	7.6	11.2	8.8	200.7	318.7	487.2	323.2	275.0
Pays du Golfe	-215.3	11.1	5.9	7.1	8.7	152.6	187.1	397.9	47.5	65.5
Koweït	-19.3	0.0	0.0	1.6	1.1	0.4	0.1	294.4	1.9	30.7
Qatar	7.4	7.0	6.8	8.0	7.1	20.9	12.0	-19.4	-46.6	-45.0
Arabie saoudite	-0.3	-0.2	-0.2	0.0	-0.1	84.2	137.9	53.4	31.4	43.1
Emirats Arabes Unis	-203.4	4.4	-0.7	-2.5	1.1	46.7	37.5	41.6	60.7	29.7
Autres pays du Proche et Moyen Orient	-0.6	-0.5	1.8	4.1	0.1	48.1	131.6	89.3	275.7	209.5
Jordanie	-	-	-	0.0	0.0	2.1	-0.2	-1.1	31.4	-2.0
Autres pays asiatiques	240.1	372.9	545.3	319.7	229.9	888.0	1 638.0	1 621.1	1 832.1	1 648.2
Chine	-1.6	2.7	-20.8	-12.3	-7.5	463.3	809.5	1 010.9	962.2	899.4
Hong Kong, Chine	-4.6	8.5	10.5	6.9	5.4	-0.9	154.0	135.5	250.7	200.1
Inde	-5.4	-1.9	-2.9	-2.8	-0.5	122.2	221.5	209.2	237.6	175.4
Indonesie	0.1	-0.1	0.0	-0.1	-0.1	3.1	27.8	11.4	10.3	5.2
République islamique d'Iran	0.1	0.4	0.3	1.6	0.5	1.4	12.3	-93.5	-87.3	-15.3
Malaisie	-0.3	-0.5	-0.6	-0.1	-0.1	58.7	84.2	42.5	7.9	-7.2
Philippines	0.0	0.0	-0.1	-0.1	-0.1	1.4	0.3	2.4	2.4	2.7
Singapour	11.4	12.2	45.5	1.1	-3.4	42.4	72.2	26.9	49.1	-12.2
Taipei Chinois	-0.2	2.0	1.3	-0.8	2.1	3.7	3.5	-0.8	1.4	7.3
Thaïlande	-0.7	0.4	0.1	-0.2	0.6	15.7	23.6	76.6	54.3	30.8
Viet Nam	-0.1	-0.1	-0.1	-0.2	-0.2	95.2	121.1	53.1	83.7	38.1
AUSTRALIE, OCÉANIE ET RÉGIONS POLAIRES	**9.9**	**9.8**	**18.9**	**36.3**	**21.1**	**31.0**	**91.1**	**163.5**	**112.8**	**107.4**
TOTAL MONDE non alloué et confidentiel	**-1.2**	**-1.6**	**-1.3**	**0.0**	**0.2**	**0.1**	**0.1**	**0.1**	**0.9**	**3.0**
Union européenne (UE28)	**10 618.6**	**12 703.0**	**16 950.4**	**18 660.8**	**15 985.8**	**9 327.4**	**14 661.6**	**18 756.0**	**23 035.6**	**20 940.8**
Pays du G20 hors Union Européenne	**5 574.5**	**6 416.8**	**8 141.3**	**8 595.7**	**5 069.0**	**4 400.5**	**6 454.8**	**8 957.4**	**8 718.5**	**9 261.2**
Pays OCDE du G20	**5 532.3**	**6 397.8**	**8 154.8**	**8 571.6**	**4 829.2**	**3 988.9**	**5 247.4**	**7 004.6**	**6 450.2**	**6 677.6**
Pays non-OCDE du G20	**42.1**	**19.0**	**-13.6**	**24.0**	**239.8**	**411.5**	**1 207.4**	**1 952.8**	**2 268.2**	**2 583.6**
Pays MENA	**-225.0**	**7.5**	**6.4**	**-23.0**	**-31.5**	**304.6**	**425.1**	**722.2**	**429.4**	**513.4**
Pays ANASE	**10.1**	**12.0**	**46.5**	**2.6**	**-1.5**	**216.5**	**329.3**	**213.0**	**207.8**	**57.4**

- Néant

Note : Voir les métadonnées détaillées sur : *http://metalinks.oecd.org/idi/20210722/947b.*

Source : *Statistiques de l'OCDE sur l'investissement direct international (base de données) : https://doi.org/10.1787/idi-data-fr*

Tableau 4. Investissement direct étranger : flux par secteur industriel

Millions de dollars des ÉU

	Entrant					Sortant				
	2015	2016	2017	2018	2019	2015	2016	2017	2018	2019
All FDI activities	**19 630.8**	**28 440.8**	**23 995.9**	**37 658.7**	**18 152.1**	**21 639.9**	**16 164.8**	**24 478.4**	**32 797.4**	**19 586.5**
Agriculture, sylviculture et pêche	**-334.4**	**448.3**	**408.0**	**67.9**	**289.0**	**3.5**	**50.6**	**-73.7**	**59.8**	**-294.8**
Industries extractives	**459.4**	**-372.5**	**2 196.2**	**-148.2**	**157.0**	**-3 491.1**	**-3 407.4**	**2 068.5**	**-240.2**	**278.7**
Activités d'extraction	472.5	-372.5	2 198.1	-148.2	157.0	-3 712.2	-3 380.1	2 068.1	-238.4	285.4
Activités de fabrication	**1 606.9**	**5 184.9**	**9 130.0**	**8 480.8**	**2 695.2**	**12 894.0**	**10 408.6**	**7 250.6**	**12 290.5**	**5 066.6**
dont :										
Produits alimentaires, boissons et tabac	183.7	1 721.0	-76.2	-315.4	-708.7	1 109.6	339.8	831.6	524.1	624.9
Textiles, bois, papier, imprimerie	1 811.0	-1 313.9	346.6	-469.3	-56.7	942.2	-993.1	298.2	425.6	299.2
Produits pétroliers, chimiques, pharmaceutiques, caoutchouc, plastique, minéraux	1 368.8	305.6	3 882.9	-167.8	-691.6	273.6	631.4	1 092.6	3 620.7	560.2
Ouvrages en métaux et machines, sauf matériels électriques	-163.1	277.6	2 351.7	5 906.0	1 908.0	8 661.7	4 827.0	5 549.7	4 889.0	3 579.6
Automobiles, remorques, semi-remorques, autres matériels de transport	-2 208.7	-1 448.8	179.1	2 767.5	-1 969.9	397.6	4 811.2	-200.2	738.4	688.7
Autres activités de fabrication	615.2	5 643.4	2 445.8	759.8	4 214.1	1 509.3	792.4	-321.3	2 092.7	-686.0
Production et distribution d'électricité, de gaz, de vapeur et de climatisation	**599.0**	**-983.3**	**-45.7**	**886.8**	**-121.8**	**206.9**	**-3 158.1**	**1 551.2**	**3 104.9**	**341.9**
Distribution de l'eau ; assainissement, traitement des déchets et dépollution	**-707.5**	**-120.8**	**-20.8**	**-36.5**	**-21.8**	**9.7**	**-3.3**	**29.5**	**-30.6**	**0.8**
Construction	**-327.2**	**-847.8**	**137.9**	**111.4**	**-264.2**	**582.7**	**2 636.5**	**3 765.0**	**8 623.1**	**4 039.6**
Services	**16 485.8**	**23 288.9**	**10 311.5**	**26 329.4**	**13 545.0**	**11 143.2**	**10 257.5**	**10 110.3**	**9 131.1**	**10 511.3**
Commerce de gros et de détail ; réparations automobiles et motocycles	1 339.3	3 673.6	3 717.7	-1 435.3	2 023.3	-1 231.2	2 075.6	110.4	3 835.6	3 098.5
Transport et entreposage	1 190.6	225.0	-769.7	1 304.8	2 487.6	248.9	-293.0	807.3	-790.6	177.4
Activités d'hébergement et de restauration	-66.1	657.5	-330.8	179.8	-463.4	8.2	-30.7	-356.4	183.3	-660.6
Information et communication	10 835.8	509.6	182.4	-7.0	11 365.7	-314.9	-849.3	393.9	2 619.2	1 373.8
Activités financières et d'assurances	7 734.5	9 882.5	4 731.8	4 367.0	-6 550.7	11 478.5	9 897.5	6 914.3	-3 714.3	-2 100.4
Activités des sociétés holding	85.3	-4 279.2	284.0	4 778.1	-312.4	-3 348.5	3 014.9	325.5	-128.9	-4 125.8
Activités immobilières	-2 424.5	945.1	1 126.0	-391.7	1 248.8	631.1	-241.0	254.0	383.7	14.2
Activités professionnelles, scientifiques et techniques	-3 489.4	5 933.2	228.4	19 342.8	5 717.0	-153.4	1 815.2	1 100.2	2 679.2	8 271.4
Activités de services administratifs et d'appui	1 752.7	1 255.2	680.7	3 142.4	-2 222.2	339.8	-1 946.1	872.3	912.1	385.1
Administration publique; activités des ménages et des organismes extra-territoriaux	-	-	-	138.8	-0.4	74.3	57.4	-19.8	2 929.4	-297.7
Éducation	0.0	-0.1	-	-	-	0.8	-2.2	-1.9	-7.3	1.7
Santé humaine et action sociale	-11.5	19.4	18.1	30.0	17.5	17.0	-39.4	-25.9	-72.0	96.7
Arts, spectacles et loisirs	-594.3	-118.0	686.4	-471.6	-118.7	32.5	-187.6	55.2	172.7	145.4
Autres services	218.7	305.9	40.5	129.5	40.3	11.5	1.3	6.7	0.1	5.9
Not allocated and confidential	**0.0**	**0.0**	**0.0**	**0.0**	**8.0**	**0.0**	**0.0**	**0.0**	**0.0**	**0.0**
Activités immobilières privées	**1 848.8**	**1 843.1**	**1 878.8**	**1 967.1**	**1 865.8**	**291.0**	**-619.7**	**-222.9**	**-141.1**	**-357.7**

- Néant

Note : Voir les métadonnées détaillées sur : *http://metalinks.oecd.org/idi/20210722/947b.*

Source : *Statistiques de l'OCDE sur l'investissement direct international (base de données) : https://doi.org/10.1787/idi-data-fr*

Tableau 5. Encours des investissement directs étrangers par secteur industriel
En fin d'année

Millions de dollars des ÉU

	Entrant					Sortant				
	2015	2016	2017	2018	2019	2015	2016	2017	2018	2019
All FDI activities	**340 477.1**	**352 626.2**	**424 743.1**	**433 366.3**	**445 174.6**	**456 619.5**	**456 380.4**	**547 577.5**	**554 876.3**	**554 940.5**
Agriculture, sylviculture et pêche	**1 209.5**	**1 254.4**	**2 164.8**	**1 686.4**	**1 887.0**	**655.0**	**541.8**	**531.2**	**703.0**	**371.1**
Industries extractives	**3 288.1**	**2 771.2**	**3 138.5**	**3 489.9**	**3 629.5**	**-1 758.6**	**-3 435.0**	**3 665.2**	**5 888.1**	**10 336.1**
Activités d'extraction	3 277.0	2 771.2	3 138.5	3 489.9	3 629.5	-2 283.1	-3 599.5	3 635.6	2 656.1	2 748.5
Activités de fabrication	**83 141.0**	**92 095.8**	**118 455.3**	**110 046.9**	**119 560.8**	**118 515.6**	**125 553.4**	**154 183.5**	**155 568.9**	**159 613.9**
dont :										
Produits alimentaires, boissons et tabac	16 657.9	17 642.0	19 755.0	15 718.5	17 729.1	8 694.4	9 274.3	11 370.0	9 711.2	10 508.6
Textiles, bois, papier, imprimerie	5 754.8	2 337.0	3 644.6	2 878.9	3 588.2	5 423.8	4 137.6	4 694.3	4 731.5	5 126.4
Produits pétroliers, chimiques, pharmaceutiques, caoutchouc, plastique, minéraux	23 660.3	23 144.1	30 069.6	24 246.2	25 972.8	15 846.0	18 255.5	20 485.5	22 927.6	23 910.2
Ouvrages en métaux et machines, sauf matériels électriques	20 160.8	21 661.9	31 012.2	32 976.4	32 325.6	62 864.3	64 057.4	77 722.6	79 111.2	82 549.4
Automobiles, remorques, semi-remorques, autres matériels de transport	9 423.0	14 758.4	18 019.1	18 780.0	21 523.5	10 925.7	14 893.1	18 215.5	16 034.4	16 156.1
Autres activités de fabrication	7 484.4	12 552.4	15 954.8	15 446.9	18 421.7	14 761.5	14 935.4	21 695.6	23 052.9	21 363.2
Production et distribution d'électricité, de gaz, de vapeur et de climatisation	**4 467.9**	**4 444.9**	**6 160.7**	**4 744.1**	**5 635.6**	**5 457.5**	**6 638.7**	**5 790.1**	**7 080.1**	**7 224.6**
Distribution de l'eau ; assainissement, traitement des déchets et dépollution	**517.5**	**413.7**	**453.4**	**452.1**	**372.9**	**144.9**	**157.9**	**83.3**	**66.1**	**49.6**
Construction	**4 111.8**	**3 272.6**	**4 790.3**	**4 038.6**	**2 990.6**	**32 353.9**	**36 078.0**	**43 940.9**	**50 306.4**	**52 690.6**
Services	**220 137.2**	**223 761.4**	**259 574.3**	**278 351.3**	**279 242.6**	**279 211.8**	**269 361.2**	**314 669.1**	**311 367.9**	**299 711.6**
Commerce de gros et de détail ; réparations automobiles et motocycles	29 318.0	34 988.9	42 779.8	50 174.9	44 774.6	30 140.9	33 006.2	33 939.0	40 516.2	42 209.3
Transport et entreposage	11 577.1	11 172.3	13 318.6	12 471.4	15 875.6	5 098.4	4 930.8	6 610.3	6 623.7	7 052.9
Activités d'hébergement et de restauration	1 912.5	2 493.1	2 341.2	4 290.1	3 729.4	1 651.2	1 432.5	1 374.3	2 151.0	2 029.3
Information et communication	27 928.7	25 519.3	27 943.1	28 223.5	37 857.1	6 081.8	6 088.7	5 607.9	7 035.0	9 042.1
Activités financières et d'assurances	56 116.2	40 681.7	45 975.5	44 374.0	46 974.5	209 645.6	203 772.1	240 929.7	226 302.8	164 808.5
Activités des sociétés holding	24 550.1	4 226.3	3 883.0	8 692.6	8 656.7	128 167.8	125 687.5	125 777.7	122 369.1	78 396.0
Activités immobilières	12 033.5	17 142.5	22 241.1	21 734.9	21 407.7	3 536.3	3 653.9	5 273.9	5 429.5	5 490.9
Activités professionnelles, scientifiques et techniques	70 970.6	77 692.3	87 400.4	97 977.2	91 606.2	20 050.6	14 409.8	17 420.2	16 530.3	62 569.9
Activités de services administratifs et d'appui	9 244.0	12 224.2	14 409.7	15 631.0	13 190.6	1 059.2	-798.9	106.9	1 563.7	1 650.2
Administration publique; activités des ménages et des organismes extra-territoriaux	-	-	-	135.9	133.3	331.7	425.9	324.4	3 017.6	2 568.6
Éducation	7.8	-	-	-	-	7.8	-2.5	-1.9	7.5	10.6
Santé humaine et action sociale	194.5	193.5	119.3	181.6	219.9	121.0	92.3	123.8	128.3	261.4
Arts, spectacles et loisirs	98.5	539.0	1 427.3	1 389.9	1 790.1	1 427.3	2 255.8	2 752.8	1 727.9	1 764.1
Autres services	736.0	1 114.9	1 618.4	1 766.9	1 683.4	60.2	94.7	207.9	334.7	253.8
Not allocated and confidential	**0.0**	**0.0**	**0.0**	**0.0**	**0.0**	**783.7**	**749.6**	**841.2**	**1 140.4**	**2 169.5**
Activités immobilières privées	**23 604.0**	**24 612.2**	**30 005.9**	**30 556.8**	**31 855.5**	**21 255.6**	**20 734.8**	**23 873.0**	**22 755.4**	**22 773.5**

- Néant

Note : Voir les métadonnées détaillées sur : *http://metalinks.oecd.org/idi/20210722/947b.*

Source : *Statistiques de l'OCDE sur l'investissement direct international (base de données) : https://doi.org/10.1787/idi-data-fr*

Tableau 6. Revenus des investissements directs étrangers par secteur industriel

Millions de dollars des ÉU

	Entrant					Sortant				
	2015	2016	2017	2018	2019	2015	2016	2017	2018	2019
All FDI activities	**11 685.3**	**14 146.7**	**19 620.5**	**20 409.6**	**17 823.5**	**12 048.9**	**17 894.9**	**24 781.8**	**29 994.4**	**28 627.9**
Agriculture, sylviculture et pêche	**-99.0**	**-40.3**	**98.7**	**27.1**	**156.6**	**4.8**	**2.8**	**34.6**	**-14.9**	**-23.4**
Industries extractives	**183.3**	**-184.7**	**-48.2**	**263.1**	**98.2**	**2 262.8**	**70.1**	**42.9**	**560.2**	**132.8**
Activités d'extraction	183.1	-184.7	-48.2	263.1	98.2	2 166.0	69.7	42.6	562.6	140.9
Activités de fabrication	**2 736.6**	**4 037.7**	**7 010.3**	**7 078.6**	**9 076.2**	**5 034.1**	**7 555.1**	**8 295.1**	**8 163.7**	**6 467.9**
dont :										
Produits alimentaires, boissons et tabac	639.9	831.5	879.6	1 064.8	523.2	382.1	679.5	805.8	640.0	987.0
Textiles, bois, papier, imprimerie	169.8	-31.8	-0.2	87.3	16.5	255.7	307.7	232.4	199.4	306.5
Produits pétroliers, chimiques, pharmaceutiques, caoutchouc, plastique, minéraux	1 511.9	2 106.2	2 587.1	2 047.2	1 895.8	1 042.5	1 987.7	1 937.5	1 765.0	1 822.2
Ouvrages en métaux et machines, sauf matériels électriques	622.8	883.4	1 897.8	1 767.6	2 013.5	1 441.5	2 232.0	2 284.9	2 450.9	1 300.3
Automobiles, remorques, semi-remorques, autres matériels de transport	-1 126.3	-682.3	80.2	-678.1	471.0	1 036.7	1 474.4	1 713.1	1 257.8	843.4
Autres activités de fabrication	918.6	930.7	1 565.8	2 789.7	4 156.1	875.7	873.8	1 321.4	1 850.7	1 208.5
Production et distribution d'électricité, de gaz, de vapeur et de climatisation	**286.2**	**-69.0**	**216.4**	**293.3**	**333.9**	**-114.9**	**-252.6**	**75.1**	**27.0**	**121.3**
Distribution de l'eau ; assainissement, traitement des déchets et dépollution	**-5.7**	**-34.8**	**-16.5**	**-50.4**	**10.5**	**-0.1**	**6.0**	**-2.0**	**2.4**	**6.4**
Construction	**54.6**	**38.9**	**24.6**	**-148.8**	**-104.8**	**-827.7**	**-244.1**	**710.1**	**432.7**	**622.0**
Services	**8 529.3**	**10 398.8**	**12 335.2**	**12 946.8**	**8 252.9**	**5 690.0**	**10 757.6**	**15 626.1**	**20 823.2**	**21 300.9**
Commerce de gros et de détail ; réparations automobiles et motocycles	2 412.6	2 352.1	3 654.4	4 057.7	4 061.8	691.9	1 077.4	1 404.3	1 990.3	2 039.3
Transport et entreposage	306.2	843.4	1 031.0	1 384.4	2 332.9	-6.7	273.3	287.0	36.6	231.1
Activités d'hébergement et de restauration	100.5	37.1	-74.4	-14.4	58.0	158.9	210.0	215.2	180.8	128.0
Information et communication	345.8	1 491.4	1 078.8	969.3	1 463.3	-923.7	-343.2	192.8	66.1	323.3
Activités financières et d'assurances	3 952.2	2 885.8	2 731.6	1 386.0	-2 984.9	5 814.6	8 407.7	12 865.0	17 330.3	15 099.0
Activités des sociétés holding	948.0	210.5	189.2	609.1	326.3	388.9	1 963.1	5 422.2	8 945.3	4 666.9
Activités immobilières	-791.9	1 129.1	128.8	1 576.9	883.5	184.5	142.8	370.5	281.8	125.2
Activités professionnelles, scientifiques et techniques	1 213.6	1 069.1	2 996.4	2 796.5	1 573.7	-381.5	861.2	169.8	632.3	3 071.0
Activités de services administratifs et d'appui	732.4	694.9	844.2	1 096.6	919.0	112.0	80.2	112.5	40.8	90.2
Administration publique; activités des ménages et des organismes extra-territoriaux	-	-	-	-1.0	1.9	13.9	7.2	8.6	0.4	-6.0
Éducation	0.2	-	-	-	-	-3.0	0.6	-1.3	0.0	0.0
Santé humaine et action sociale	-8.7	8.7	18.1	5.9	29.8	4.2	-5.2	-9.4	-6.4	-12.5
Arts, spectacles et loisirs	-91.1	-141.8	-88.3	-436.3	-176.2	16.5	45.1	9.5	259.7	205.9
Autres services	357.5	28.9	14.4	125.1	90.0	8.4	0.6	1.4	10.5	6.5
Not allocated and confidential	**0.0**	**0.0**	**0.0**	**0.0**	**0.0**	**0.0**	**0.0**	**0.0**	**0.0**	**0.0**
Activités immobilières privées	-	-	-	-	-	-	-	-	-	-

- Néant

Note : Voir les métadonnées détaillées sur : *http://metalinks.oecd.org/idi/20210722/947b.*

Source : *Statistiques de l'OCDE sur l'investissement direct international (base de données) : https://doi.org/10.1787/idi-data-fr*

Tableau 1. Flux d'investissement direct étranger par pays

Millions de dollars des ÉU

	Entrant					Sortant				
	2015	2016	2017	2018	2019	2015	2016	2017	2018	2019
TOTAL MONDE	**2 976.6**	**17 749.5**	**9 354.2**	**9 254.7**	**14 547.5**	**136 295.5**	**151 287.1**	**164 563.0**	**143 075.3**	**226 572.6**
Pays membres de l'OCDE	**-864.7**	**10 116.4**	**3 872.9**	**7 212.7**	**8 604.0**	**92 921.6**	**113 752.1**	**111 236.0**	**71 730.2**	**163 542.4**
Australie	371.0	442.2	307.6	96.9	151.8	6 725.2	4 399.5	4 549.6	2 082.3	10 967.9
Autriche	7.8	11.5	35.6	7.8	-0.7	15.4	14.3	286.9	-44.7	12.5
Belgique	-29.5	70.7	-136.2	363.3	-1 437.7	923.6	1 918.5	1 200.3	1 762.6	3 319.0
Canada	-38.2	-52.4	61.4	68.6	93.4	1 217.1	676.2	937.5	2 726.9	3 369.8
Chili	2.2	1.5	2.2	3.1	3.1	80.3	-201.7	-57.3	303.7	1 257.8
République Tchèque	-	-	-6.4	1.0	-	343.9	142.2	168.3	184.8	142.8
Danemark	0.1	91.2	11.3	60.5	17.1	-214.4	-162.9	304.1	156.2	-20 697.3
Estonie	-	-	-	2.0	-	-	-	2.0	1.1	3.2
Finlande	-1.1	-21.1	35.9	-444.5	-31.0	117.3	-4 089.1	831.3	589.7	-102.0
France	2 190.7	4 719.0	3 353.6	2 399.4	2 876.7	844.4	1 175.9	1 555.7	997.6	1 607.9
Allemagne	-4 396.8	581.7	-1 127.1	-1 575.0	-1 038.0	2 949.8	1 509.1	2 578.5	2 026.0	11 672.8
Grèce	-	-	-	-	0.6	0.1	-0.4	-1.7	-3.7	-1.2
Hongrie	4.9	0.4	27.0	-	-174.2	-4.6	125.9	139.9	201.9	272.4
Islande	-0.9	-	-	1.2	-	-	-	7.3	-75.0	-37.8
Irlande	-1 235.5	511.0	-1 486.0	376.8	-104.9	-782.2	2 572.1	2 070.9	6 534.4	58 937.2
Israël	-28.7	-64.5	35.6	1 245.2	-7.6	31.7	193.5	1 074.6	22.2	2.2
Italie	257.4	24.1	98.1	-63.3	-51.5	687.2	454.7	-156.4	950.6	1 329.4
Japon	-	-	-	-	-	-	-	-	-	-
Corée	904.9	581.8	997.4	1 884.6	808.4	1 562.6	1 631.6	1 625.2	4 464.9	2 435.0
Lettonie	-	-	-	-	-	-	0.7	0.4	-	-
Lituanie	-	-	-	-	-	-	-	-	-	-
Luxembourg	-1 065.2	1 004.3	1 398.5	-827.6	-118.6	1 560.3	1 020.6	6 111.6	-462.8	1 099.3
Mexique	-2.7	-	-	2.0	0.7	1 222.4	1 886.6	1 308.7	1 294.4	703.2
Pays-Bas	-1 233.6	-940.9	-1 363.1	-843.5	-1 435.3	7 268.4	3 585.0	14 266.4	7 961.0	1 091.7
Nouvelle-Zélande	-7.0	-26.3	-17.4	5.4	3.0	123.2	400.0	369.0	347.7	276.0
Norvège	-139.3	-151.8	182.3	-152.5	-129.6	-33.0	340.6	-102.4	425.3	654.3
Pologne	-	-	0.3	-	-	-69.6	144.6	72.5	18.1	81.6
Portugal	-	-6.2	-67.6	0.9	9.9	8.8	92.6	8.3	14.4	-8.6
République slovaquie	-	0.9	-	2.0	-	-3.3	48.4	16.6	17.0	-11.7
Slovénie	-	-	-	-	-	26.6	-0.2	-17.7	-39.5	0.1
Espagne	38.4	2.0	33.1	-226.4	-46.7	544.4	800.4	317.0	4 323.3	452.3
Suède	-273.6	-87.4	267.3	192.6	141.5	2 479.2	247.2	1 062.0	1 344.4	1 075.6
Suisse	-215.8	762.4	-2 499.9	-1 765.8	-3 183.4	-569.2	1 935.7	-1 543.3	-450.6	34 013.5
Turquie	-	0.4	0.8	-	0.4	442.4	509.8	562.3	330.7	636.2
Royaume-Uni	839.5	-1 296.8	-104.5	1 142.0	2 396.2	16 421.5	41 413.2	25 876.0	17 008.7	5 155.9
Etats-Unis	3 186.3	3 958.8	3 832.9	5 255.9	9 860.3	49 001.6	50 967.7	45 812.3	16 716.7	43 831.0
EUROPE	**-5 277.3**	**5 422.5**	**-1 338.3**	**-1 327.2**	**-2 148.3**	**33 225.2**	**53 766.4**	**55 919.6**	**45 417.5**	**101 520.7**
Bulgarie	-	-	0.7	-	0.4	-	-63.0	74.8	-1.1	3.6
Croatie	-	-	-	-	-	0.2	-0.1	0.3	0.2	0.0
Chypre	2.0	-0.4	0.4	2.4	2.5	1.4	3.0	96.7	1.6	47.9
Malte	-	1.1	0.8	0.9	-0.4	-2.1	-26.4	0.1	14.7	56.7
Roumanie	-	0.4	-	-	-	15.9	22.2	7.4	83.2	2.5
Russie	-0.5	2.7	3.6	1.4	3.6	465.4	108.1	240.6	485.4	393.1
Ukraine	-	-	-	-	-	31.2	28.4	24.7	23.6	17.9
AFRIQUE	**-4.4**	**34.7**	**6.5**	**4.9**	**573.3**	**1 481.2**	**-555.5**	**1 820.5**	**1 742.6**	**-1 002.8**
Afrique septentrionale	0.4	-	-	-	-	56.1	-15.9	140.5	58.4	117.0
Algérie	-	-	-	-	-	-	-	18.4	36.9	18.0
Egypte	0.4	-	-	-	-	46.9	-21.1	115.3	3.1	29.6
Libye	-	-	-	-	-	-	-	-	2.8	37.4
Maroc	-	-	-	-	-	9.2	5.3	6.8	15.0	32.0
Tunisie	-	-	-	-	-	-	-	-	0.5	-
Autres pays africains	-4.9	34.7	6.5	4.9	573.3	1 425.1	-539.6	1 680.0	1 684.2	-1 119.8
Nigéria	-	-	-	-	-	9.6	7.3	2.0	5.5	3.3
Afrique du Sud	-0.5	0.7	-3.1	-0.6	-0.5	1 037.9	928.2	1 107.4	1 410.1	-1 331.0
AMÉRIQUE	**3 454.9**	**4 833.5**	**7 292.4**	**9 273.8**	**12 622.9**	**59 489.2**	**77 855.5**	**58 473.4**	**43 968.7**	**60 643.7**
Amérique du Nord	3 148.1	3 906.5	3 894.3	5 324.5	9 953.8	50 218.7	51 643.9	46 749.8	19 443.6	47 200.8
Amérique du Nord	267.5	944.8	3 412.6	3 946.3	2 674.8	9 204.4	25 455.0	12 755.2	21 972.4	8 781.2
Bahamas	2.0	-	2.3	-	1.9	25.1	-281.7	34.9	80.8	21.2
Bermudes	78.7	-18.2	20.7	-78.0	18.4	310.4	-315.2	7 278.9	104.2	-130.1
Îles Cayman	140.9	748.6	3 315.7	3 552.8	2 276.4	7 855.2	20 485.0	4 131.7	17 297.2	2 608.6
Costa Rica	-	-	-	-	-	-	-1.1	1.0	0.3	8.2
El Salvador	-	-	-	-	-	1.9	2.3	0.9	0.2	0.3
Guatemala	-	-	-	-	-	-	-	-	-	-
Honduras	-	-	-	-	-	-	-	-	-	-
Nicaragua	-	-	-	-	-	-	-	-	-	-
Panama	7.0	14.2	7.3	26.6	6.1	-474.0	91.6	-226.5	124.0	390.7
Îles Vierges, US	-	1.8	-3.1	-	8.8	1.4	-2.1	-1.5	1.2	1.6
Amérique du Sud	39.3	-17.8	-14.4	3.0	-5.7	66.0	756.7	-1 031.6	2 552.7	4 661.7
Argentine	-7.0	-19.2	-14.1	-8.3	-8.8	18.5	122.4	583.1	450.6	174.3
Bolivie	-	-	-	-	-	-0.4	-	-	-	-
Brésil	44.6	-	-2.6	8.2	-	-204.7	835.9	-1 618.9	1 724.8	2 565.9
Colombie	-	-	-	-	-	21.5	5.6	29.9	45.8	43.1
Equateur	-	-	-	-	-	-	-0.7	-	1.2	39.8
Paraguay	-	-	-	-	-	-12.0	-7.4	30.0	-4.2	0.6
Pérou	-0.4	-	-	-	-	100.5	94.6	158.8	222.9	596.4
Uruguay	-	-	-	-	-	207.1	35.0	-113.2	-191.9	-8.3
Venezuela	-	-	-	-	-	-144.7	-127.1	-44.0	-0.5	-7.9
ASIE	**4 426.9**	**7 009.9**	**3 156.1**	**1 220.2**	**3 320.3**	**34 397.8**	**14 223.4**	**41 919.8**	**51 414.2**	**55 081.0**

Tableau 1. Flux d'investissement direct étranger par pays *(suite)*

Millions de dollars des ÉU

	Entrant					Sortant				
	2015	2016	2017	2018	2019	2015	2016	2017	2018	2019
Proche et Moyen Orient	38.6	43.1	112.8	1 401.7	187.4	522.0	682.2	1 959.1	778.5	176.5
Pays du Golfe	66.6	107.5	77.1	156.5	195.0	489.3	489.7	884.6	754.3	172.8
Koweït	-	-	-	0.3	-	10.3	1.8	1.6	1.9	1.8
Qatar	-	-	-	-	-	164.1	40.0	72.5	13.0	16.4
Arabie saoudite	53.0	58.6	55.4	77.0	63.9	482.5	267.4	173.2	406.4	-230.0
Emirats Arabes Unis	13.6	48.9	17.1	76.7	131.1	-168.9	147.6	644.9	407.2	147.6
Autres pays du Proche et Moyen Orient	-28.0	-64.5	35.6	1 245.2	-7.6	32.7	192.5	1 074.6	24.1	3.7
Jordanie	-	-	-	-	-	0.0	-	-	-	-
Autres pays asiatiques	4 388.3	6 966.9	3 043.3	-181.5	3 132.9	33 875.8	13 541.1	39 960.6	50 635.8	54 904.5
Chine	83.7	278.7	612.7	454.8	375.1	9 454.8	9 811.3	12 023.4	11 650.1	12 831.5
Hong Kong, Chine	872.3	1 226.8	-164.4	724.7	1 354.0	2 636.2	1 967.3	2 910.8	2 565.2	1 663.6
Inde	24.7	0.4	5.6	-4.6	3.3	-1 055.2	4 104.3	1 619.8	3 295.3	5 078.6
Indonesie	20.8	38.9	195.8	-2.6	2.3	3 150.4	2 985.4	3 534.9	3 220.7	8 390.2
République islamique d'Iran	-	-	-	-	-	1.4	2.7	-	2.5	-
Malaisie	46.6	15.7	38.1	19.5	73.7	2 970.7	1 458.4	1 140.4	1 145.3	278.5
Philippines	12.1	-4.5	17.7	12.5	36.6	1 529.0	2 288.1	1 111.5	1 109.3	1 776.5
Singapour	1 845.6	2 450.3	484.6	-3 771.6	-655.5	7 007.6	-18 361.5	6 910.5	13 460.4	13 587.7
Taipei Chinois	547.8	2 281.6	788.7	468.5	1 119.2	444.9	1 411.2	1 096.3	1 598.3	1 305.0
Thaïlande	43.3	102.1	72.9	47.4	23.0	3 760.2	4 085.4	5 455.7	5 561.0	4 109.2
Viet Nam	0.3	1.7	0.1	1.0	1.6	1 445.5	1 658.9	2 022.5	1 944.2	2 508.9
AUSTRALIE, OCÉANIE ET RÉGIONS POLAIRES	**376.5**	**449.0**	**237.0**	**116.9**	**173.7**	**7 703.4**	**5 998.5**	**5 456.6**	**477.3**	**10 269.9**
TOTAL MONDE non alloué et confidentiel	**0.0**	**0.0**	**0.5**	**-33.9**	**5.6**	**-1.3**	**-1.2**	**973.2**	**55.0**	**60.0**
Union européenne (UE28)	**-4 894.4**	**4 665.4**	**971.8**	**571.5**	**1 005.9**	**33 132.5**	**50 948.3**	**56 872.1**	**43 639.4**	**65 543.8**
Pays du G20 hors Union Européenne	**3 530.9**	**9 319.6**	**8 273.6**	**9 736.5**	**15 537.5**	**94 423.8**	**123 787.0**	**102 312.6**	**71 242.3**	**109 581.9**
Pays OCDE du G20	**3 312.1**	**8 958.8**	**7 420.3**	**9 211.2**	**15 098.5**	**81 074.5**	**104 624.1**	**84 649.3**	**48 598.8**	**81 709.3**
Pays non-OCDE du G20	**218.8**	**360.7**	**853.3**	**525.3**	**439.0**	**13 349.4**	**19 162.9**	**17 663.3**	**22 643.5**	**27 872.7**
Pays MENA	**67.8**	**107.5**	**77.1**	**156.5**	**195.0**	**545.4**	**473.8**	**1 025.1**	**814.1**	**291.4**
Pays ANASE	**1 967.4**	**2 605.7**	**809.2**	**-3 691.6**	**-515.8**	**20 610.6**	**-5 621.8**	**20 469.8**	**26 904.2**	**31 273.3**

- Néant

Note : Voir les métadonnées détaillées sur : *http://metalinks.oecd.org/idi/20210722/947b.*

Source : *Statistiques de l'OCDE sur l'investissement direct international (base de données) : https://doi.org/10.1787/idi-data-fr*

JAPON

Tableau 2. Encours des investissements directs étrangers par pays
En fin d'année

Millions de dollars des ÉU

	Entrant					Sortant				
	2015	2016	2017	2018	2019	2015	2016	2017	2018	2019
TOTAL MONDE	..	..	**202 441.1**	**204 523.6**	**220 784.8**	**1 228 766.5**	**1 315 221.1**	**1 497 525.0**	**1 568 765.7**	**1 769 193.4**
Pays membres de l'OCDE	..	..	..	..	..	**825 579.1**	**886 155.2**	**1 005 386.9**	**1 032 678.4**	**1 178 506.8**
Australie	..	..	667.9	919.3	926.8	66 927.8	65 442.8	68 041.5	65 321.2	71 051.5
Autriche	..	..	..	..	..	..	..	..	..	..
Belgique	..	..	1 311.4	881.6	3 086.9	16 904.9	17 439.5	20 514.5	21 236.0	25 460.5
Canada	..	..	1 378.9	1 386.7	1 560.3	16 075.6	15 840.7	16 439.6	17 070.1	20 665.9
Chili	..	..	..	..	..	..	..	..	..	..
République Tchèque	..	..	..	..	..	..	..	..	..	..
Danemark	..	..	..	..	..	..	..	..	..	..
Estonie	..	..	..	..	..	..	..	..	..	..
Finlande	..	..	..	..	..	..	..	..	..	..
France	..	..	39 072.7	44 718.6	45 400.1	12 369.6	12 799.6	15 330.6	15 516.2	16 244.8
Allemagne	..	..	8 109.0	10 385.3	10 470.0	17 169.5	18 057.7	23 074.2	22 467.0	33 978.7
Grèce	..	..	..	..	..	..	..	..	..	..
Hongrie	..	..	..	..	..	..	..	..	..	..
Islande	..	..	..	..	..	..	..	..	..	..
Irlande	..	..	..	..	..	..	..	..	..	..
Israël	..	..	..	..	..	..	..	..	..	..
Italie	..	..	632.4	575.2	755.4	3 466.3	3 621.4	3 395.0	4 140.7	5 361.8
Japon	..	..	..	370.1	373.7	-	..	-	-	-
Corée	..	..	6 243.0	6 771.2	8 830.5	31 428.7	32 028.8	36 771.6	38 372.1	38 869.9
Lettonie	..	..	..	..	..	..	..	..	..	..
Lituanie	..	..	..	..	..	..	..	..	..	..
Luxembourg	..	..	4 584.4	4 790.2	4 893.0	10 231.1	9 532.4	15 162.9	12 698.2	13 624.7
Mexique	..	..	234.6	259.8	256.8	7 357.9	8 794.5	10 377.8	11 913.7	13 272.2
Pays-Bas	..	..	8 130.9	6 573.9	6 483.6	99 814.4	94 713.0	114 317.0	116 814.4	116 189.0
Nouvelle-Zélande	..	..	338.8	342.2	313.7	3 060.7	3 396.2	3 730.2	3 909.9	3 808.0
Norvège	..	..	..	..	..	..	..	..	..	..
Pologne	..	..	..	..	..	..	..	..	..	..
Portugal	..	..	..	..	..	..	..	..	..	..
République slovaquie	..	..	..	..	..	..	..	..	..	..
Slovénie	..	..	..	..	..	..	..	..	..	..
Espagne	..	..	-182.5	-881.5	-212.7	2 396.2	2 910.4	3 206.4	7 358.4	7 356.6
Suède	..	..	425.4	495.4	624.7	4 676.6	4 336.6	5 572.4	7 694.0	7 732.8
Suisse	..	..	9 805.8	10 379.7	10 047.8	6 071.3	8 285.1	8 082.2	5 909.1	33 893.3
Turquie	..	..	..	..	..	..	..	..	..	..
Royaume-Uni	..	..	6 362.6	2 913.4	-3 385.3	86 153.6	118 135.2	151 633.6	154 551.4	163 593.5
Etats-Unis	..	..	71 722.9	59 144.4	76 146.2	413 342.0	445 853.6	479 995.3	487 940.2	518 490.4
EUROPE	..	..	**83 039.9**	**87 743.7**	**83 265.0**	**286 386.4**	**312 439.5**	**387 489.8**	**408 444.3**	**515 254.9**
Bulgarie	..	..	..	..	..	..	..	..	..	..
Croatie	..	..	..	..	..	..	..	..	..	..
Chypre	..	..	..	..	..	..	..	..	..	..
Malte	..	..	..	..	..	..	..	..	..	..
Roumanie	..	..	..	..	..	..	..	..	..	..
Russie	..	..	51.4	52.7	55.1	1 806.0	1 503.9	1 576.5	1 523.4	2 194.5
Ukraine	..	..	..	..	..	..	..	..	..	..
AFRIQUE	..	..	**92.7**	**92.7**	**103.3**	**8 898.2**	**10 008.6**	**7 793.2**	**8 921.7**	**6 069.6**
Afrique septentrionale	..	..	..	..	..	..	..	..	..	..
Algérie	..	..	..	..	..	..	..	..	..	..
Egypte	..	..	..	..	..	..	..	..	..	..
Libye	..	..	..	..	..	..	..	..	..	..
Maroc	..	..	..	..	..	..	..	..	..	..
Tunisie	..	..	..	..	..	..	..	..	..	..
Autres pays africains	..	..	..	..	..	..	..	..	..	..
Nigéria	..	..	..	..	..	..	..	..	..	..
Afrique du Sud	..	..	3.8	4.9	5.2	7 154.5	8 229.6	6 199.5	7 103.7	4 437.2
AMÉRIQUE	..	..	**78 573.0**	**67 867.3**	**84 321.4**	**499 646.7**	**549 724.5**	**596 208.4**	**618 796.8**	**662 693.2**
Amérique du Nord	..	..	73 101.8	60 531.1	77 706.5	429 417.5	461 694.3	496 434.9	505 010.3	539 156.2
Amérique du Nord	..	..	..	..	..	..	..	..	..	..
Bahamas	..	..	..	..	..	..	..	..	..	..
Bermudes	..	..	..	..	..	..	..	..	..	..
Îles Cayman	..	..	5 423.7	9 012.1	7 757.6	15 359.0	31 340.5	35 222.3	46 565.8	45 982.9
Costa Rica	..	..	..	..	..	..	..	..	..	..
El Salvador	..	..	..	..	..	..	..	..	..	..
Guatemala	..	..	..	..	..	..	..	..	..	..
Honduras	..	..	..	..	..	..	..	..	..	..
Nicaragua	..	..	..	..	..	..	..	..	..	..
Panama	..	..	..	..	..	..	..	..	..	..
Îles Vierges, US	..	..	..	..	..	..	..	..	..	..
Amérique du Sud	..	..	..	..	..	..	..	..	..	..
Argentine	..	..	..	..	..	..	..	..	..	..
Bolivie	..	..	..	..	..	..	..	..	..	..
Brésil	..	..	-1 169.7	-3 147.8	-2 799.3	24 763.5	24 467.1	21 659.2	21 265.6	22 906.7
Colombie	..	..	..	..	..	..	..	..	..	..
Equateur	..	..	..	..	..	..	..	..	..	..
Paraguay	..	..	..	..	..	..	..	..	..	..
Pérou	..	..	..	..	..	..	..	..	..	..
Uruguay	..	..	..	..	..	..	..	..	..	..
Venezuela	..	..	..	..	..	..	..	..	..	..
ASIE	..	..	**38 398.7**	**47 335.1**	**51 610.3**	**359 992.3**	**369 450.9**	**429 113.7**	**460 081.1**	**507 260.3**

JAPON

Tableau 2. Encours des investissements directs étrangers par pays (*suite*)
En fin d'année

Millions de dollars des ÉU

	Entrant					Sortant				
	2015	2016	2017	2018	2019	2015	2016	2017	2018	2019
Proche et Moyen Orient	..	..	1 290.4	-522.1	-507.1	6 779.5	6 990.5	9 012.6	8 597.7	8 862.5
Pays du Golfe	..	..	..	..	..	..	..	..	..	..
Koweït	..	..	..	..	..	..	..	..	..	..
Qatar	..	..	..	..	..	..	..	..	..	..
Arabie saoudite	..	..	-778.3	-3 159.2	-4 018.1	4 921.6	4 850.9	4 897.0	5 202.8	4 725.4
Emirats Arabes Unis	..	..	1 430.4	563.4	533.4	280.5	563.6	1 445.3	1 976.5	2 135.4
Autres pays du Proche et Moyen Orient	..	..	..	..	..	..	..	..	..	..
Jordanie	..	..	..	..	..	..	..	..	..	..
Autres pays asiatiques	..	..	37 108.3	47 857.3	52 117.5	353 212.8	362 460.4	420 101.1	451 483.4	498 397.8
Chine	..	..	1 593.8	2 339.1	2 654.9	107 575.6	108 230.4	117 568.0	121 165.3	127 517.2
Hong Kong, Chine	..	..	6 541.9	7 627.8	9 412.3	23 908.3	27 538.7	29 957.1	31 958.3	33 909.1
Inde	..	..	164.4	189.2	199.8	14 089.4	17 934.7	22 145.1	24 279.9	27 917.6
Indonesie	..	..	30.2	26.4	42.5	24 414.0	27 001.5	30 343.0	31 155.3	40 228.6
République islamique d'Iran	..	..	..	..	..	6.1	8.8	9.1	11.8	12.0
Malaisie	..	..	292.3	306.5	225.6	13 358.2	12 618.5	14 096.4	16 335.4	16 973.7
Philippines	..	..	64.8	96.8	118.1	12 303.3	13 740.9	15 023.0	14 444.1	15 690.0
Singapour	..	..	13 939.3	21 031.3	20 225.3	48 957.0	39 563.3	59 361.9	71 573.3	81 874.3
Taipei Chinois	..	..	7 967.4	8 813.8	9 647.5	11 307.9	12 359.6	14 382.2	14 678.2	15 656.9
Thaïlande	..	..	135.0	121.6	175.7	50 019.5	53 797.8	61 409.8	66 729.9	75 138.9
Viet Nam	..	..	1.5	3.9	3.9	13 146.6	14 517.8	15 621.7	16 827.7	19 446.2
AUSTRALIE, OCÉANIE ET RÉGIONS POLAIRES	..	..	**1 171.9**	**1 453.2**	**1 452.8**	**73 839.9**	**73 593.6**	**76 915.9**	**72 517.7**	**77 911.1**
TOTAL MONDE non alloué et confidentiel	..	..	**1 164.8**	**31.6**	**32.1**	**2.9**	**4.0**	**4.1**	**4.2**	**4.2**
Union européenne (UE28)	..	..	..	..	..	**272 982.7**	**298 349.4**	**373 327.7**	**394 421.8**	**468 524.5**
Pays du G20 hors Union Européenne	..	..	..	..	..	..	..	..	..	..
Pays OCDE du G20	..	..	..	..	..	..	..	..	..	..
Pays non-OCDE du G20	..	..	..	..	..	..	..	..	..	..
Pays MENA	..	..	..	..	..	..	..	..	..	..
Pays ANASE	..	..	..	..	..	**163 967.2**	**163 435.0**	**198 170.1**	**219 933.6**	**252 971.6**

- Néant ; .. Non disponible

Note : Les positions d'IDE entrants sont allouées selon le pays investisseur ultime. Les positions d'IDE entrants par la contrepartie immédiate plus détaillées géographiquement et à partir de 2014 sont disponibles dans *la base de données Statistisques d'IDE selon BMD4*. Voir les métadonnées détaillées sur : *http://metalinks.oecd.org/idi/20210722/947b*.

Source : *Statistiques de l'OCDE sur l'investissement direct international (base de données) : https://doi.org/10.1787/idi-data-fr*

JAPON

Tableau 3. Revenus des investissements directs étrangers par pays

Millions de dollars des ÉU

	Entrant					Sortant				
	2015	2016	2017	2018	2019	2015	2016	2017	2018	2019
TOTAL MONDE	**23 857.9**	**32 634.0**	**33 301.9**	**34 220.8**	**34 800.5**	**96 358.7**	**105 867.5**	**120 205.2**	**128 406.9**	**132 230.5**
Pays membres de l'OCDE	**19 930.5**	**28 694.7**	**28 043.9**	**28 016.5**	**29 131.3**	**53 905.8**	**57 586.0**	**61 302.6**	**65 286.4**	**67 385.6**
Australie	150.4	93.4	106.5	50.7	118.5	1 997.5	3 452.5	7 919.0	8 236.8	9 478.3
Autriche	..	..	..	..	..	..	..	..	..	..
Belgique	107.2	89.9	162.1	163.8	194.9	711.8	1 007.3	974.8	1 254.3	1 377.7
Canada	-28.0	12.0	62.3	79.8	80.5	1 138.3	1 097.7	1 651.2	1 500.4	1 559.1
Chili	..	..	..	..	..	..	..	..	..	..
République Tchèque	..	..	..	..	..	..	..	..	..	..
Danemark	..	..	..	..	..	..	..	..	..	..
Estonie	..	..	..	..	..	..	..	..	..	..
Finlande	..	..	..	..	..	..	..	..	..	..
France	4 387.7	5 341.1	5 318.0	4 859.8	4 949.9	768.1	605.5	672.8	808.0	822.0
Allemagne	1 151.1	1 124.8	1 852.4	1 479.1	954.9	964.5	941.5	2 180.2	1 993.8	2 778.8
Grèce	..	..	..	..	..	..	..	..	..	..
Hongrie	..	..	..	..	..	..	..	..	..	..
Islande	..	..	..	..	..	..	..	..	..	..
Irlande	..	..	..	..	..	..	..	..	..	..
Israël	..	..	..	..	..	..	..	..	..	..
Italie	8.2	10.8	13.5	27.6	14.3	125.4	131.2	145.4	18.8	29.9
Japon	..	..	-	-	-	..	..	-	-	-
Corée	425.2	492.1	705.5	664.4	667.8	2 428.8	2 639.0	2 738.8	2 781.3	3 428.9
Lettonie	..	..	..	..	..	..	..	..	..	..
Lituanie	..	..	..	..	..	..	..	..	..	..
Luxembourg	526.0	980.0	720.3	1 200.3	1 158.6	299.3	384.2	539.7	528.0	533.2
Mexique	0.7	1.2	3.3	0.3	5.7	422.0	592.3	675.1	698.8	721.2
Pays-Bas	2 750.6	7 945.2	4 729.5	5 652.8	7 878.5	8 943.9	7 745.4	7 635.3	10 290.2	8 899.2
Nouvelle-Zélande	8.2	-2.8	-1.7	21.4	12.5	199.9	218.7	214.8	244.9	199.2
Norvège	..	..	..	..	..	..	..	..	..	..
Pologne	..	..	..	..	..	..	..	..	..	..
Portugal	..	..	..	..	..	..	..	..	..	..
République slovaquie	..	..	..	..	..	..	..	..	..	..
Slovénie	..	..	..	..	..	..	..	..	..	..
Espagne	11.5	3.3	3.0	6.5	0.8	153.9	186.3	297.7	339.1	317.1
Suède	73.7	207.3	68.2	26.0	6.9	298.3	349.8	497.5	618.7	553.0
Suisse	1 095.4	1 485.8	1 724.9	2 187.5	2 020.6	43.9	133.0	-3.7	751.7	1 061.1
Turquie	..	..	..	..	..	..	..	..	..	..
Royaume-Uni	526.8	1 078.5	855.1	1 012.5	1 137.9	4 575.6	5 201.1	6 197.7	6 469.9	6 678.6
Etats-Unis	7 752.7	9 373.1	11 431.1	10 406.0	9 820.8	29 948.4	32 054.7	27 212.2	26 911.1	26 721.7
EUROPE	**11 757.1**	**18 785.6**	**15 714.8**	**16 807.5**	**18 509.5**	**18 336.9**	**17 927.9**	**21 306.9**	**25 546.1**	**26 126.3**
Bulgarie	..	..	..	..	..	..	..	..	..	..
Croatie	..	..	..	..	..	..	..	..	..	..
Chypre	..	..	..	..	..	..	..	..	..	..
Malte	..	..	..	..	..	..	..	..	..	..
Roumanie	..	..	..	..	..	..	..	..	..	..
Russie	-	1.0	-	0.3	-	100.8	36.4	353.8	524.1	666.0
Ukraine	..	..	..	..	..	..	..	..	..	..
AFRIQUE	**3.5**	**7.1**	**9.8**	**12.9**	**7.0**	**822.6**	**680.0**	**645.8**	**750.4**	**881.7**
Afrique septentrionale	..	..	..	..	..	..	..	..	..	..
Algérie	..	..	..	..	..	..	..	..	..	..
Egypte	..	..	..	..	..	..	..	..	..	..
Libye	..	..	..	..	..	..	..	..	..	..
Maroc	..	..	..	..	..	..	..	..	..	..
Tunisie	..	..	..	..	..	..	..	..	..	..
Autres pays africains	..	..	..	..	..	..	..	..	..	..
Nigéria	..	..	..	..	..	..	..	..	..	..
Afrique du Sud	-	0.1	0.5	-	-	329.2	183.9	267.9	479.3	498.9
AMÉRIQUE	**8 925.7**	**10 324.9**	**12 240.1**	**11 500.1**	**10 461.9**	**35 010.1**	**38 256.8**	**36 834.0**	**37 557.3**	**37 605.6**
Amérique du Nord	7 724.7	9 385.1	11 493.4	10 485.9	9 901.3	31 086.7	33 152.4	28 863.5	28 411.5	28 280.8
Amérique du Nord	..	..	..	..	..	..	..	..	..	..
Bahamas	..	..	..	..	..	..	..	..	..	..
Bermudes	..	..	..	..	..	..	..	..	..	..
Îles Cayman	933.3	748.2	474.3	300.5	272.6	2 974.3	3 835.4	4 198.5	4 561.0	4 542.6
Costa Rica	..	..	..	..	..	..	..	..	..	..
El Salvador	..	..	..	..	..	..	..	..	..	..
Guatemala	..	..	..	..	..	..	..	..	..	..
Honduras	..	..	..	..	..	..	..	..	..	..
Nicaragua	..	..	..	..	..	..	..	..	..	..
Panama	..	..	..	..	..	..	..	..	..	..
Îles Vierges, US	..	..	..	..	..	..	..	..	..	..
Amérique du Sud	..	..	..	..	..	..	..	..	..	..
Argentine	..	..	..	..	..	..	..	..	..	..
Bolivie	..	..	..	..	..	..	..	..	..	..
Brésil	1.5	-	-	-	-	-648.7	-213.0	1 672.1	1 687.1	1 690.1
Colombie	..	..	..	..	..	..	..	..	..	..
Equateur	..	..	..	..	..	..	..	..	..	..
Paraguay	..	..	..	..	..	..	..	..	..	..
Pérou	..	..	..	..	..	..	..	..	..	..
Uruguay	..	..	..	..	..	..	..	..	..	..
Venezuela	..	..	..	..	..	..	..	..	..	..
ASIE	**3 010.7**	**3 423.3**	**5 230.9**	**5 827.9**	**5 684.9**	**39 873.3**	**45 107.9**	**53 107.6**	**55 965.4**	**57 833.7**

Tableau 3. Revenus des investissements directs étrangers par pays *(suite)*

Millions de dollars des ÉU

	Entrant					Sortant				
	2015	2016	2017	2018	2019	2015	2016	2017	2018	2019
Proche et Moyen Orient	-92.7	-56.0	37.1	3.9	2.7	1 101.5	1 127.4	1 348.4	1 249.8	1 336.2
Pays du Golfe	..	..	..	..	..	..	..	..	..	..
Koweït	..	..	..	..	..	..	..	..	..	..
Qatar	..	..	..	..	..	..	..	..	..	..
Arabie saoudite	-	-	-	-	-	464.7	611.1	697.0	1 039.8	998.7
Emirats Arabes Unis	0.7	0.8	7.1	8.1	0.6	612.2	511.5	761.3	287.8	361.5
Autres pays du Proche et Moyen Orient	..	..	..	..	..	..	..	..	..	..
Jordanie	..	..	..	..	..	..	..	..	..	..
Autres pays asiatiques	3 103.4	3 479.3	5 193.8	5 824.0	5 682.2	38 771.7	43 980.4	51 759.2	54 715.6	56 497.5
Chine	31.6	41.4	83.0	125.3	62.8	12 669.9	14 757.1	17 983.2	19 344.5	21 308.0
Hong Kong, Chine	487.0	771.2	950.7	1 029.6	801.9	2 803.0	3 180.8	3 981.0	2 905.5	3 150.8
Inde	3.9	5.0	16.9	-	0.9	1 057.7	1 421.3	2 152.4	2 366.0	2 261.9
Indonesie	1.8	58.8	6.5	1.9	1.7	1 771.7	2 210.6	3 072.5	2 865.1	2 762.2
République islamique d'Iran	-	-	-	-	-	-	-	-	3.2	-
Malaisie	27.6	13.6	60.4	46.7	18.1	1 548.0	1 527.8	1 555.9	1 748.3	1 687.1
Philippines	1.0	0.4	-	0.0	8.6	1 362.9	1 403.5	1 474.1	1 699.0	1 665.0
Singapour	1 937.5	1 869.2	3 013.8	3 590.3	3 733.6	5 248.6	5 621.3	5 572.4	6 241.1	6 524.9
Taipei Chinois	164.7	188.8	336.2	334.4	354.4	1 945.4	1 770.8	2 366.2	3 253.0	1 813.0
Thaïlande	14.5	30.6	15.6	28.7	28.4	6 447.6	7 573.6	8 846.4	9 273.2	9 810.9
Viet Nam	0.9	3.1	1.7	2.2	3.6	1 249.0	1 635.4	1 744.9	1 960.5	1 801.6
AUSTRALIE, OCÉANIE ET RÉGIONS POLAIRES	**161.0**	**93.0**	**106.3**	**72.5**	**137.1**	**2 314.5**	**3 894.9**	**8 310.9**	**8 587.7**	**9 783.3**
TOTAL MONDE non alloué et confidentiel	**0.0**	**-**	**0.0**	**0.0**	**0.0**	**1.3**	**0.0**	**0.0**	**-**	**0.0**
Union européenne (UE28)	**10 641.8**	**17 288.9**	**13 974.7**	**14 599.3**	**16 388.1**	**17 936.8**	**17 705.6**	**20 432.3**	**23 569.2**	**23 655.1**
Pays du G20 hors Union Européenne	..	..	..	..	..	..	..	..	..	..
Pays OCDE du G20	..	..	..	..	..	..	..	..	..	..
Pays non-OCDE du G20	..	..	..	..	..	..	..	..	..	..
Pays MENA	..	..	..	..	..	..	..	..	..	..
Pays ANASE	**1 986.0**	**1 980.4**	**3 101.3**	**3 669.8**	**3 794.4**	**17 654.6**	**19 978.1**	**22 293.5**	**23 858.0**	**24 341.0**

- Néant ; .. Non disponible
Note : Voir les métadonnées détaillées sur : *http://metalinks.oecd.org/idi/20210722/947b.*
Source : *Statistiques de l'OCDE sur l'investissement direct international (base de données) : https://doi.org/10.1787/idi-data-fr*

Tableau 4. Investissement direct étranger : flux par secteur industriel

Millions de dollars des ÉU

	Entrant					Sortant				
	2015	2016	2017	2018	2019	2015	2016	2017	2018	2019
All FDI activities	**2 976.6**	**17 749.5**	**9 354.2**	**9 254.7**	**14 547.5**	**136 295.5**	**151 287.1**	**164 563.0**	**143 075.3**	**226 572.6**
Agriculture, sylviculture et pêche	**10.6**	**0.6**	**12.5**	**51.5**	**15.5**	**281.4**	**53.1**	**-63.9**	**121.1**	**112.1**
Industries extractives	**14.5**	**15.9**	**164.6**	**29.9**	**38.6**	**4 813.2**	**4 045.9**	**1 105.5**	**9 130.9**	**9 494.4**
Activités d'extraction	..	..	..	..	..	..	..	..	..	..
Activités de fabrication	**2 505.1**	**11 219.7**	**9 062.1**	**10 751.4**	**9 314.1**	**51 038.8**	**52 899.4**	**55 355.3**	**56 468.7**	**106 916.0**
dont :										
Produits alimentaires, boissons et tabac	180.4	438.4	257.1	84.1	559.1	3 565.1	2 976.9	10 141.3	655.1	5 461.6
Textiles, bois, papier, imprimerie	119.0	36.0	24.0	-31.3	45.6	1 418.2	2 757.8	1 215.9	3 203.9	2 217.9
Produits pétroliers, chimiques, pharmaceutiques, caoutchouc, plastique, minéraux	..	..	..	..	..	..	..	..	..	..
Ouvrages en métaux et machines, sauf matériels électriques	..	..	..	..	..	..	..	..	..	..
Automobiles, remorques, semi-remorques, autres matériels de transport	-1 038.8	3 750.2	3 230.0	1 955.1	3 496.9	12 897.5	12 508.4	8 441.3	10 944.3	20 903.7
Autres activités de fabrication	..	..	..	..	..	..	..	..	..	..
Production et distribution d'électricité, de gaz, de vapeur et de climatisation	..	..	..	..	..	..	..	..	..	..
Distribution de l'eau ; assainissement, traitement des déchets et dépollution	..	..	..	..	..	..	..	..	..	..
Construction	**62.5**	**136.0**	**30.6**	**-321.9**	**244.9**	**387.8**	**1 630.1**	**1 547.2**	**2 103.2**	**1 552.9**
Services	**-685.7**	**5 169.0**	**-881.5**	**-2 082.5**	**3 989.2**	**77 273.1**	**89 155.6**	**101 571.0**	**70 090.5**	**103 709.8**
Commerce de gros et de détail ; réparations automobiles et motocycles	-3 940.6	-2 411.8	-5 345.1	-5 282.0	-4 480.8	13 600.8	18 768.1	28 472.2	13 218.6	54 475.3
Transport et entreposage	586.5	1 520.7	767.2	111.4	156.0	8 099.6	2 291.3	1 187.9	2 248.5	2 450.6
Activités d'hébergement et de restauration	..	..	..	..	..	..	..	..	..	..
Information et communication	1 015.4	968.7	-667.8	-3 349.1	-1 326.8	11 808.8	16 901.9	23 501.9	39 077.5	3 672.8
Activités financières et d'assurances	1 516.3	3 313.8	1 525.6	5 668.3	8 139.0	34 621.1	8 502.0	32 908.7	25 011.2	33 239.6
Activités des sociétés holding	..	..	..	..	..	..	..	..	..	..
Activités immobilières	-135.0	308.5	425.8	739.2	319.9	3 716.5	5 119.7	6 463.2	4 179.8	10 902.6
Activités professionnelles, scientifiques et techniques	..	..	..	..	..	..	..	..	..	..
Activités de services administratifs et d'appui	..	..	..	..	..	..	..	..	..	..
Administration publique; activités des ménages et des organismes extra-territoriaux	..	..	..	..	..	..	..	..	..	..
Éducation	..	..	..	..	..	..	..	..	..	..
Santé humaine et action sociale	..	..	..	..	..	..	..	..	..	..
Arts, spectacles et loisirs	..	..	..	..	..	..	..	..	..	..
Autres services	..	..	..	..	..	..	..	..	..	..
Not allocated and confidential	**1 069.5**	**1 208.4**	**965.8**	**826.3**	**945.3**	**2 501.1**	**3 503.1**	**5 047.9**	**5 160.9**	**4 787.4**
Activités immobilières privées	..	..	..	..	..	..	..	..	..	..

.. Non disponible

Note : Voir les métadonnées détaillées sur : *http://metalinks.oecd.org/idi/20210722/947b*.

Source : *Statistiques de l'OCDE sur l'investissement direct international (base de données) : https://doi.org/10.1787/idi-data-fr*

Tableau 5. Encours des investissement directs étrangers par secteur industriel
En fin d'année

Millions de dollars des ÉU

	Entrant					Sortant				
	2015	2016	2017	2018	2019	2015	2016	2017	2018	2019
All FDI activities	**..**	**..**	**202 441.1**	**204 523.6**	**220 784.8**	**1 228 766.5**	**1 315 221.1**	**1 497 525.0**	**1 568 765.7**	**1 769 193.4**
Agriculture, sylviculture et pêche	**78.4**	**81.5**	**80.9**	**132.7**	**114.7**	**3 210.6**	**3 275.7**	**2 984.2**	**2 957.5**	**3 048.6**
Industries extractives	**59.8**	**117.6**	**274.3**	**160.0**	**212.2**	**94 435.8**	**83 214.4**	**77 565.0**	**77 989.6**	**84 238.0**
Activités d'extraction	..	..	..	..	..	..	..	..	..	..
Activités de fabrication	**73 483.9**	**81 159.7**	**88 042.3**	**79 672.7**	**90 155.8**	**535 640.1**	**554 005.7**	**617 584.7**	**625 112.9**	**733 041.5**
dont :										
Produits alimentaires, boissons et tabac	2 268.7	2 557.5	2 520.5	2 181.4	2 290.4	74 357.1	72 039.4	83 580.4	83 358.3	81 606.4
Textiles, bois, papier, imprimerie	398.4	467.2	479.2	453.2	475.7	16 062.8	17 042.1	17 714.1	20 138.0	21 389.9
Produits pétroliers, chimiques, pharmaceutiques, caoutchouc, plastique, minéraux	..	..	..	..	..	..	..	..	..	..
Ouvrages en métaux et machines, sauf matériels électriques	..	..	..	..	..	..	..	..	..	..
Automobiles, remorques, semi-remorques, autres matériels de transport	22 435.6	26 011.5	29 057.8	31 181.1	32 981.7	108 728.0	114 617.1	125 618.1	127 091.6	144 206.1
Autres activités de fabrication	..	..	..	..	..	..	..	..	..	..
Production et distribution d'électricité, de gaz, de vapeur et de climatisation	**..**	**..**	**..**	**..**	**..**	**..**	**..**	**..**	**..**	**..**
Distribution de l'eau ; assainissement, traitement des déchets et dépollution	**..**	**..**	**..**	**..**	**..**	**..**	**..**	**..**	**..**	**..**
Construction	**270.3**	**780.1**	**579.4**	**161.9**	**568.6**	**5 504.6**	**6 898.9**	**7 760.8**	**9 096.2**	**9 742.8**
Services	**89 370.8**	**102 234.8**	**100 064.8**	**109 290.1**	**113 946.6**	**558 702.1**	**632 298.9**	**747 724.3**	**807 466.7**	**891 722.7**
Commerce de gros et de détail ; réparations automobiles et motocycles	8 932.6	11 181.4	6 367.8	-179.9	-7 440.0	173 966.9	182 152.0	210 584.8	226 319.3	269 102.0
Transport et entreposage	1 580.6	3 693.8	3 563.3	3 949.8	3 738.2	21 302.5	18 025.5	16 791.5	18 247.6	20 316.5
Activités d'hébergement et de restauration	..	..	..	..	..	..	..	..	..	..
Information et communication	6 814.4	7 414.3	7 737.9	20 144.4	14 250.2	70 163.4	80 071.0	101 658.3	125 413.4	119 156.8
Activités financières et d'assurances	61 944.8	66 484.9	66 522.6	69 102.7	87 055.5	241 153.5	260 295.5	304 659.9	329 217.9	369 031.6
Activités des sociétés holding	..	..	..	..	..	..	..	..	..	..
Activités immobilières	3 227.7	3 454.0	3 845.2	4 987.1	4 693.3	19 699.6	24 473.3	30 170.0	32 915.1	43 135.7
Activités professionnelles, scientifiques et techniques	..	..	..	..	..	..	..	..	..	..
Activités de services administratifs et d'appui	..	..	..	..	..	..	..	..	..	..
Administration publique; activités des ménages et des organismes extra-territoriaux	..	..	..	..	..	..	..	..	..	..
Éducation	..	..	..	..	..	..	..	..	..	..
Santé humaine et action sociale	..	..	..	..	..	..	..	..	..	..
Arts, spectacles et loisirs	..	..	..	..	..	..	..	..	..	..
Autres services	..	..	..	..	..	..	..	..	..	..
Not allocated and confidential	**10 882.8**	**12 240.1**	**13 399.4**	**15 106.2**	**15 786.9**	**31 273.4**	**35 527.6**	**43 906.0**	**46 142.8**	**47 399.8**
Activités immobilières privées	**..**	**..**	**..**	**..**	**..**	**..**	**..**	**..**	**..**	**..**

.. Non disponible

Note : Voir les métadonnées détaillées sur : *http://metalinks.oecd.org/idi/20210722/947b.*

Source : *Statistiques de l'OCDE sur l'investissement direct international (base de données) : https://doi.org/10.1787/idi-data-fr*

Tableau 6. Revenus des investissements directs étrangers par secteur industriel

Millions de dollars des ÉU

	Entrant					Sortant				
	2015	2016	2017	2018	2019	2015	2016	2017	2018	2019
All FDI activities	**23 857.9**	**32 634.0**	**33 301.9**	**34 220.8**	**34 800.5**	**96 358.7**	**105 867.5**	**120 205.2**	**128 406.9**	**132 230.5**
Agriculture, sylviculture et pêche	**8.9**	**0.1**	**8.1**	**29.1**	**7.5**	**46.4**	**55.8**	**109.8**	**196.1**	**167.4**
Industries extractives	**3.2**	**4.9**	**31.9**	**15.1**	**12.2**	**1 833.0**	**2 637.9**	**9 063.8**	**10 373.8**	**12 405.6**
Activités d'extraction	..	..	..	..	..	..	..	..	..	..
Activités de fabrication	**7 764.5**	**12 640.5**	**11 770.7**	**11 643.1**	**12 884.1**	**48 053.5**	**51 807.8**	**57 379.4**	**60 570.0**	**58 550.0**
dont :										
Produits alimentaires, boissons et tabac	926.4	1 162.3	1 016.9	1 051.0	1 069.8	3 879.3	2 768.5	3 995.8	4 779.5	6 001.9
Textiles, bois, papier, imprimerie	28.0	36.0	43.9	31.0	35.2	843.1	763.5	1 135.0	1 388.4	1 829.5
Produits pétroliers, chimiques, pharmaceutiques, caoutchouc, plastique, minéraux	..	..	..	..	..	..	..	..	..	..
Ouvrages en métaux et machines, sauf matériels électriques	..	..	..	..	..	..	..	..	..	..
Automobiles, remorques, semi-remorques, autres matériels de transport	3 533.9	4 215.1	3 738.0	3 512.0	3 603.9	15 772.6	16 820.8	16 809.4	16 216.1	16 144.0
Autres activités de fabrication	..	..	..	..	..	..	..	..	..	..
Production et distribution d'électricité, de gaz, de vapeur et de climatisation	..	..	..	..	..	..	..	..	..	..
Distribution de l'eau ; assainissement, traitement des déchets et dépollution	..	..	..	..	..	..	..	..	..	..
Construction	**185.0**	**86.4**	**95.6**	**44.6**	**74.7**	**454.4**	**547.2**	**456.1**	**304.3**	**302.3**
Services	**15 071.5**	**18 497.9**	**20 041.2**	**20 969.4**	**20 557.0**	**43 442.6**	**48 240.9**	**50 614.0**	**54 993.0**	**59 087.5**
Commerce de gros et de détail ; réparations automobiles et motocycles	3 148.5	3 063.8	4 582.5	3 653.3	4 496.4	18 349.0	19 693.9	21 660.4	23 210.9	27 054.9
Transport et entreposage	57.4	60.6	2 345.1	201.2	175.8	2 569.4	2 276.2	1 941.4	2 166.4	2 154.1
Activités d'hébergement et de restauration	..	..	..	..	..	..	..	..	..	..
Information et communication	1 501.1	4 345.9	3 447.2	1 658.3	1 855.9	901.4	2 942.7	5 496.5	4 736.8	5 392.3
Activités financières et d'assurances	9 405.9	9 282.3	8 401.3	14 000.1	11 520.7	17 187.3	18 151.0	16 361.9	17 994.1	18 523.6
Activités des sociétés holding	..	..	..	..	..	..	..	..	..	..
Activités immobilières	177.2	274.3	239.8	168.3	231.3	680.4	729.2	1 007.4	1 130.3	1 317.4
Activités professionnelles, scientifiques et techniques	..	..	..	..	..	..	..	..	..	..
Activités de services administratifs et d'appui	..	..	..	..	..	..	..	..	..	..
Administration publique; activités des ménages et des organismes extra-territoriaux	..	..	..	..	..	..	..	..	..	..
Éducation	..	..	..	..	..	..	..	..	..	..
Santé humaine et action sociale	..	..	..	..	..	..	..	..	..	..
Arts, spectacles et loisirs	..	..	..	..	..	..	..	..	..	..
Autres services	..	..	..	..	..	..	..	..	..	..
Not allocated and confidential	**824.8**	**1 404.2**	**1 354.3**	**1 519.4**	**1 265.0**	**2 528.9**	**2 577.9**	**2 582.1**	**1 969.9**	**1 717.6**
Activités immobilières privées	..	..	..	..	..	..	..	..	..	..

.. Non disponible

Note : Voir les métadonnées détaillées sur : *http://metalinks.oecd.org/idi/20210722/947b.*

Source : *Statistiques de l'OCDE sur l'investissement direct international (base de données) : https://doi.org/10.1787/idi-data-fr*

CORÉE

Tableau 1. Flux d'investissement direct étranger par pays

Millions de dollars des ÉU

	Entrant					Sortant				
	2015	2016	2017	2018	2019	2015	2016	2017	2018	2019
TOTAL MONDE	**2 804.7**	**7 263.0**	**11 531.5**	**13 267.2**	**12 589.0**	**18 489.6**	**30 507.5**	**43 463.9**	**45 232.6**	**50 981.1**
Pays membres de l'OCDE	**972.8**	**4 619.0**	**6 407.4**	**7 131.6**	**8 746.8**	**7 447.0**	**12 486.8**	**20 259.0**	**19 455.3**	**21 501.1**
Australie	5.5	2.0	33.7	2 004.2	54.8	679.9	817.6	-715.4	485.9	233.5
Autriche	-166.4	118.0	5.0	-4.0	11.9	.. c	12.3	41.3	1 290.4	13.7
Belgique	-17.3	9.0	63.4	13.5	255.2	101.8	43.2	122.9	262.6	141.2
Canada	191.0	153.0	124.2	-221.0	-48.5	-1 354.6	293.9	-4.7	98.2	773.9
Chili	4.8	9.0	-	0.1	0.2	-11.6	24.5	196.6	104.3	4.0
République Tchèque	-	-	0.2	0.1	0.3	343.0	22.7	436.5	238.4	0.1
Danemark	38.9	-13.0	-7.8	3.7	3.8	.. c	.. c	12.0	2.7	-5.7
Estonie	-	-	13.2	1.1	-7.1	-	-	-	0.0	.. c
Finlande	12.3	27.0	12.5	-22.3	8.2	6.9	.. c	36.5	-17.0	0.2
France	2.4	387.0	55.8	635.5	55.8	923.7	-21.0	119.2	490.7	1 386.1
Allemagne	252.8	-3.0	704.7	-255.1	227.4	153.7	280.1	556.4	503.5	734.0
Grèce	-	-	-	-	-	.. c	.. c	0.4	0.5	1.3
Hongrie	47.0	27.0	3.7	-	315.4	98.9	125.8	432.0	378.9	784.9
Islande	1.9	1.0	-0.2	-	1.0	.. c	.. c	0.0	189.3	.. c
Irlande	-245.1	84.0	163.8	500.0	217.3	34.4	.. c	1 509.2	157.1	408.8
Israël	1.9	2.0	1.9	10.8	1.0	.. c	.. c	-0.3	26.1	22.8
Italie	37.6	68.0	60.9	8.4	-16.4	98.0	-1.4	119.0	86.2	257.9
Japon	634.2	1 052.0	1 362.6	1 050.9	1 384.9	1 469.3	181.2	524.1	779.6	656.6
Corée	-	-	-	-	-	-	-	-	-	-
Lettonie	-	-	-	1.2	0.3	.. c	.. c	0.2	-	0.0
Lituanie	-	-	0.2	0.1	0.1	-	-	-	0.0	.. c
Luxembourg	189.6	92.0	186.5	146.8	112.1	315.5	639.0	879.8	2 634.0	1 931.4
Mexique	29.2	24.0	-	10.1	12.7	220.2	-66.2	516.8	98.0	108.5
Pays-Bas	-343.0	616.0	1 113.7	133.1	2 306.7	1 157.9	-377.0	35.8	464.4	-181.7
Nouvelle-Zélande	-	1.0	-2.6	-1.3	3.5	-0.7	9.8	-13.4	23.1	-11.1
Norvège	-111.2	107.0	46.7	1.1	89.5	.. c	.. c	27.5	2.3	2.9
Pologne	-	3.0	-	0.5	-0.3	138.2	-155.9	239.4	438.9	1 356.2
Portugal	3.1	13.0	0.4	-	-	.. c	.. c	48.7	15.6	21.4
République slovaquie	-	-	0.1	0.1	-	113.4	197.2	-107.6	133.6	337.7
Slovénie	-	-	-	-	-	.. c	.. c	0.6	0.8	.. c
Espagne	33.6	45.0	6.8	1 389.7	0.6	52.6	47.9	44.2	92.5	465.7
Suède	105.7	190.0	2.2	-244.8	-26.2	.. c	.. c	41.0	13.0	-42.1
Suisse	253.6	401.0	185.8	26.3	201.4	134.2	94.1	65.6	135.9	104.3
Turquie	-	1.0	0.5	5.0	5.2	37.9	580.7	193.0	240.6	360.8
Royaume-Uni	-810.2	153.0	1 151.8	-149.0	2 044.0	-1 402.1	688.3	1 463.9	2 595.1	1 787.0
Etats-Unis	821.0	1 050.0	1 118.2	2 087.0	1 532.3	4 263.9	9 100.3	13 437.9	7 490.7	9 832.8
EUROPE	**-98.1**	**2 814.0**	**5 191.0**	**3 567.4**	**6 595.6**	**2 442.1**	**3 348.8**	**7 424.9**	**11 228.4**	**11 611.9**
Bulgarie	-	-	-	-	-	15.3	41.8	-21.7	-6.7	-2.0
Croatie	-	-	-	-	-	-	-	-	-	.. c
Chypre	-	-	4.1	0.7	-	23.0	.. c	-224.6	-83.5	.. c
Malte	557.5	427.0	1 405.1	1 370.2	782.5	-	-	-	14.2	.. c
Roumanie	-	-	-	-	0.7	-50.6	.. c	84.5	3.8	-30.5
Russie	-	-	2.0	5.7	4.1	18.0	687.4	513.3	461.6	581.5
Ukraine	-	-	10.1	0.0	-	.. c	.. c	0.3	2.9	6.0
AFRIQUE	**-**	**-**	**11.2**	**5.5**	**-12.6**	**-539.2**	**-453.8**	**232.2**	**65.3**	**300.6**
Afrique septentrionale	-	-	2.2	1.9	3.1	-9.8	-350.2	69.4	60.6	79.2
Algérie	-	-	-	-	-	2.1	.. c	-0.7	1.8	1.9
Egypte	-	-	1.1	0.8	0.9	-12.6	.. c	36.1	23.1	77.1
Libye	-	-	0.9	0.9	2.1	0.3	.. c	4.8	2.1	2.8
Maroc	-	-	0.2	0.2	0.1	.. c	.. c	25.5	29.6	-3.3
Tunisie	-	-	-	-	-	.. c	.. c	3.7	4.0	.. c
Autres pays africains	-	-	8.8	3.6	-15.7	-529.4	-103.6	162.8	4.6	221.4
Nigéria	-	-	0.3	0.9	0.4	-12.7	.. c	217.2	37.6	-290.2
Afrique du Sud	-	-	0.1	-	-	42.7	23.5	14.8	43.2	68.8
AMÉRIQUE	**1 145.9**	**2 103.0**	**2 342.2**	**3 152.1**	**2 545.4**	**4 339.9**	**13 441.6**	**19 126.8**	**13 699.1**	**16 690.7**
Amérique du Nord	1 012.0	1 203.0	1 242.3	1 866.0	1 483.8	2 909.3	9 394.2	13 433.2	7 588.9	10 606.7
Amérique du Nord	129.1	891.0	1 098.2	1 285.7	1 061.4	2 473.6	2 471.8	3 755.1	5 005.7	5 801.6
Bahamas	3.5	2.0	14.3	-	-	.. c	-	-	38.2	.. c
Bermudes	299.5	330.0	747.9	133.4	113.7	-5.1	.. c	2.2	-26.6	-106.9
Îles Cayman	-301.0	486.0	174.1	460.4	622.0	2 229.0	2 526.0	3 016.6	4 321.7	4 899.7
Costa Rica	-	-	-	-	-	.. c	.. c	-1.5	2.2	-9.0
El Salvador	-	-	-	-	-	.. c	.. c	-0.6	0.4	10.7
Guatemala	-	-	-	-	-	1.3	.. c	13.9	2.0	2.1
Honduras	-	-	-	-	-	.. c	.. c	-2.1	-6.2	-2.0
Nicaragua	-	-	-	-	-	-2.4	.. c	3.0	9.1	0.3
Panama	9.1	9.0	-4.5	0.7	-	2.3	-168.5	-194.5	18.4	176.3
Îles Vierges, US	87.5	40.0	-	-	-	-	.. c	-	-	.. c
Amérique du Sud	4.8	9.0	1.2	0.4	0.2	-1 043.0	1 575.6	1 938.5	1 104.5	282.4
Argentine	-	-	-	-	-	5.2	.. c	-1.0	337.1	2.0
Bolivie	-	-	-	-	-	.. c	.. c	51.1	-1.2	2.8
Brésil	-	-	1.1	-	-	-1 314.9	1 308.2	1 571.0	439.0	122.3
Colombie	-	-	-	-	-	4.0	.. c	5.8	-12.8	25.4
Equateur	-	-	-	-	-	.. c	.. c	6.0	0.0	0.0
Paraguay	-	-	-	0.1	-	.. c	.. c	0.2	0.5	1.2
Pérou	-	-	0.1	0.3	-	282.8	182.4	108.8	237.7	124.7
Uruguay	-	-	-	-	-	.. c	.. c	-	-	.. c
Venezuela	-	-	-	-	-	.. c	.. c	0.0	-0.1	.. c
ASIE	**1 699.9**	**2 291.0**	**3 946.5**	**4 543.5**	**3 399.3**	**11 313.4**	**13 199.5**	**17 362.6**	**19 638.1**	**22 122.8**

CORÉE

Tableau 1. Flux d'investissement direct étranger par pays *(suite)*

Millions de dollars des ÉU

	Entrant					Sortant				
	2015	2016	2017	2018	2019	2015	2016	2017	2018	2019
Proche et Moyen Orient	-6.5	82.0	26.9	99.0	74.7	46.3	396.3	495.0	464.2	316.7
Pays du Golfe	-8.4	80.0	22.5	86.0	69.6	16.1	358.8	450.8	374.9	216.8
Koweït	-	-	-	1.3	-	.. c	.. c	1.3	-	-0.2
Qatar	-	-	0.1	-	-	1.3	0.6	0.2	0.0	1.7
Arabie saoudite	299.4	86.0	-	4.4	25.5	-35.8	373.0	176.8	476.1	216.8
Emirats Arabes Unis	-315.5	-17.0	1.7	0.2	9.6	73.9	-79.3	234.9	-121.7	-3.9
Autres pays du Proche et Moyen Orient	1.9	2.0	4.3	13.0	5.2	30.3	37.5	44.1	89.3	100.0
Jordanie	-	-	0.6	0.3	1.1	.. c	.. c	4.9	2.9	74.5
Autres pays asiatiques	1 706.4	2 209.0	3 919.6	4 444.5	3 324.6	11 267.0	12 803.2	16 867.6	19 173.9	21 806.1
Chine	106.9	347.0	148.3	758.4	132.9	3 725.9	6 271.3	5 891.8	6 305.2	7 153.9
Hong Kong, Chine	353.1	313.0	1 194.6	931.5	713.4	1 648.1	-173.9	1 724.3	2 761.6	2 014.5
Inde	308.2	153.0	0.6	0.5	46.1	664.2	612.1	919.2	1 985.8	1 034.3
Indonesie	0.6	2.0	4.1	0.5	76.6	172.2	633.7	553.1	533.6	1 203.7
République islamique d'Iran	-	-	0.1	1.9	-	.. c	.. c	-12.1	-47.3	-12.8
Malaisie	-58.2	-70.0	142.7	15.2	51.3	147.0	607.9	711.0	217.6	282.0
Philippines	-55.7	-16.0	3.3	0.4	1.0	-13.9	-187.3	486.8	-1 156.1	405.7
Singapour	364.8	425.0	1 020.5	1 441.8	862.6	1 987.0	1 840.8	2 704.7	2 362.4	3 164.8
Taipei Chinois	52.4	3.0	26.1	228.3	13.0	64.1	17.2	104.2	178.4	95.5
Thaïlande	-	-	5.3	3.1	7.2	244.3	233.4	84.4	345.8	230.0
Viet Nam	-	-	1.1	1.9	19.3	1 126.8	2 295.6	3 339.7	4 353.6	5 030.5
AUSTRALIE, OCÉANIE ET RÉGIONS POLAIRES	**7.1**	**4.0**	**40.6**	**1 998.7**	**61.9**	**933.5**	**971.5**	**-682.6**	**601.6**	**255.1**
TOTAL MONDE non alloué et confidentiel	**49.8**	**51.0**	**0.0**	**0.0**	**-0.6**	**0.0**	**0.0**	**-**	**-**	**0.0**
Union européenne (UE28)	**-301.7**	**2 243.0**	**4 946.0**	**3 529.3**	**6 292.1**	**2 119.5**	**1 808.5**	**5 869.5**	**9 709.8**	**9 523.0**
Pays du G20 hors Union Européenne	**1 878.6**	**3 475.0**	**4 768.3**	**5 945.4**	**5 537.3**	**8 367.3**	**21 759.4**	**25 849.2**	**23 450.2**	**26 514.3**
Pays OCDE du G20	**1 163.5**	**2 887.0**	**4 612.2**	**5 176.0**	**5 252.1**	**5 089.8**	**11 853.5**	**16 210.2**	**12 868.6**	**16 131.0**
Pays non-OCDE du G20	**715.1**	**588.0**	**156.2**	**769.5**	**285.2**	**3 277.5**	**9 906.0**	**9 639.0**	**10 581.6**	**10 383.3**
Pays MENA	**-8.4**	**80.0**	**27.1**	**90.2**	**76.9**	**9.1**	**12.5**	**525.1**	**438.4**	**370.5**
Pays ANASE	**251.5**	**341.0**	**1 177.3**	**1 462.9**	**1 018.7**	**3 859.4**	**5 853.5**	**8 286.0**	**7 094.0**	**10 767.4**

- Néant ; c Donnée confidentielle

Note : Les données excluent les entités à vocation spéciales. Voir les métadonnées détaillées sur : *http://metalinks.oecd.org/idi/20210722/947b.*

Source : *Statistiques de l'OCDE sur l'investissement direct international (base de données) : https://doi.org/10.1787/idi-data-fr*

Tableau 2. Encours des investissements directs étrangers par pays
En fin d'année

Millions de dollars des ÉU

	Entrant					Sortant				
	2015	2016	2017	2018	2019	2015	2016	2017	2018	2019
TOTAL MONDE	**168 923.7**	**174 978.0**	**210 863.5**	**213 966.3**	**218 309.7**	**276 100.1**	**296 641.0**	**343 088.5**	**383 982.9**	**433 671.5**
Pays membres de l'OCDE	**135 470.0**	**135 601.7**	**157 266.9**	**161 400.1**	**165 090.1**	**118 311.7**	**126 418.8**	**148 737.9**	**166 676.3**	**190 948.3**
Australie	776.5	577.8	764.2	1 808.8	1 690.3	10 373.0	11 401.7	11 037.0	11 763.7	11 363.8
Autriche	464.7	533.8	649.8	190.0	566.0	209.4	217.4	321.9	315.3	340.4
Belgique	201.1	359.3	602.5	595.0	795.1	1 524.0	1 482.1	1 777.6	1 956.4	2 041.4
Canada	1 500.1	2 201.9	2 344.7	1 842.4	2 652.3	3 935.6	3 735.1	3 883.0	4 135.4	4 891.0
Chili	1.2	24.9	15.7	-7.1	-9.6	195.2	159.7	351.5	589.7	421.9
République Tchèque	-2.5	-2.6	1.1	-33.2	9.2	2 221.1	1 989.3	3 046.0	3 032.1	3 038.4
Danemark	447.3	549.2	223.5	406.9	379.2	28.5	30.8	39.6	35.6	28.0
Estonie	-	-	12.8	25.7	8.0	.. c	.. c	0.1	0.1	.. c
Finlande	117.3	177.8	128.2	125.5	565.0	9.5	11.2	53.2	32.6	32.5
France	5 315.6	4 205.1	5 375.6	6 122.5	6 567.4	772.7	626.5	997.6	1 064.7	2 315.2
Allemagne	6 772.7	6 950.6	8 306.5	9 457.2	8 944.1	3 381.8	3 242.2	4 045.4	4 409.3	5 640.3
Grèce	0.5	19.4	5.9	9.9	2.6	.. c	.. c	8.1	8.4	9.7
Hongrie	3 790.8	3 589.3	3 582.3	3 759.6	3 669.0	1 074.7	344.3	1 836.2	1 858.3	2 760.3
Islande	1.3	14.0	38.4	18.4	13.7	.. c	.. c	3.0	192.2	.. c
Irlande	1 262.5	823.6	-53.3	1 989.3	2 224.0	1 193.7	1 202.2	3 008.9	2 991.5	2 529.4
Israël	20.9	14.1	76.1	110.0	229.5	9.6	16.4	6.8	19.0	30.4
Italie	197.9	325.4	567.0	1 024.9	655.5	498.7	628.3	717.1	908.9	1 167.0
Japon	44 596.0	43 315.1	47 519.3	54 761.4	53 944.5	4 812.8	5 090.4	5 612.0	7 089.4	8 748.6
Corée	-	-	-	-	-	-	-	-	-	-
Lettonie	-	-	-	1.2	1.5	.. c	.. c	5.8	5.8	0.6
Lituanie	0.0	0.0	0.2	0.3	0.4	.. c	.. c	0.5	0.5	.. c
Luxembourg	1 279.9	1 296.9	1 804.4	1 229.6	1 489.3	3 844.3	3 791.2	4 893.8	6 183.1	7 967.3
Mexique	155.5	152.2	190.3	244.3	291.9	2 968.7	2 504.0	3 196.8	3 047.3	3 018.8
Pays-Bas	15 359.4	17 549.6	27 591.7	21 609.7	20 234.3	12 444.4	11 694.9	8 572.3	8 398.8	10 434.6
Nouvelle-Zélande	8.9	34.6	55.8	366.5	1 801.3	171.4	200.0	145.0	187.3	200.2
Norvège	916.7	738.0	767.2	666.1	1 232.3	.. c	-270.0	11.8	13.2	22.5
Pologne	7.4	9.4	9.6	9.1	15.8	1 199.2	828.8	1 209.9	1 677.0	2 819.8
Portugal	166.9	169.9	186.0	218.2	183.6	.. c	.. c	184.7	203.5	226.6
République slovaquie	0.1	-0.9	-0.7	-18.6	-27.5	2 489.6	2 437.7	2 613.5	2 605.0	2 936.2
Slovénie	5.3	5.4	5.3	13.0	12.6	.. c	.. c	9.0	8.8	.. c
Espagne	514.4	510.6	428.8	520.6	535.6	818.3	826.1	987.6	955.3	1 389.0
Suède	2 158.6	2 307.8	2 099.5	1 847.0	1 846.4	270.5	243.2	416.1	401.1	351.2
Suisse	3 491.6	3 418.4	5 055.0	3 902.8	3 962.7	940.6	354.4	335.3	443.5	538.5
Turquie	11.0	27.4	34.8	-57.6	25.2	885.6	1 198.6	865.4	1 194.5	1 427.1
Royaume-Uni	13 003.1	13 952.0	14 941.4	16 209.0	15 481.0	5 352.3	4 888.5	7 627.9	10 352.4	11 700.5
Etats-Unis	32 927.3	31 751.9	33 937.3	32 431.9	35 097.8	56 038.7	67 395.1	80 918.8	90 626.1	102 371.3
EUROPE	**61 797.5**	**63 544.6**	**82 239.7**	**79 191.3**	**77 751.6**	**44 551.7**	**43 031.6**	**52 276.5**	**57 277.2**	**69 790.9**
Bulgarie	1.1	1.0	1.0	1.0	0.1	231.7	235.3	141.8	135.1	67.6
Croatie	0.0	-	-	0.0	0.1	0.4	.. c	0.4	0.4	.. c
Chypre	1.2	1.3	1.3	13.0	17.2	338.4	551.0	148.4	53.6	.. c
Malte	6 228.0	5 942.5	9 790.9	9 265.8	8 258.8	.. c	.. c	0.3	-9.7	.. c
Roumanie	-	-0.6	3.2	-1.5	0.1	71.5	197.4	610.8	113.5	76.4
Russie	48.3	42.9	47.5	-8.8	40.0	1 373.9	2 482.6	2 617.5	3 051.6	3 959.4
Ukraine	1.5	1.3	1.4	1.4	1.5	163.0	158.4	203.4	162.4	168.9
AFRIQUE	**183.7**	**140.0**	**145.0**	**281.2**	**231.8**	**1 786.0**	**1 431.8**	**2 932.2**	**3 106.8**	**3 075.9**
Afrique septentrionale	17.0	11.0	12.5	15.6	17.2	491.5	272.0	475.0	495.7	591.9
Algérie	-	0.1	0.1	0.1	-1.0	3.8	4.4	2.6	62.5	65.4
Egypte	6.7	5.4	5.7	6.8	8.0	90.3	-128.6	-1.9	-2.6	93.0
Libye	8.9	5.0	6.0	7.2	8.5	387.2	383.0	393.0	369.3	373.3
Maroc	1.4	0.6	0.8	1.5	1.7	5.5	5.5	70.5	54.3	47.2
Tunisie	-	-0.1	0.0	0.0	-	.. c	.. c	10.7	12.2	.. c
Autres pays africains	165.9	128.8	132.3	265.5	214.6	1 294.5	1 159.9	2 454.5	2 612.8	2 485.8
Nigéria	40.5	7.4	8.3	18.0	17.9	136.7	43.1	450.1	476.2	195.9
Afrique du Sud	2.5	-1.7	0.5	1.0	-11.3	172.1	202.9	214.9	223.4	253.2
AMÉRIQUE	**37 208.5**	**38 506.1**	**45 533.0**	**40 084.6**	**41 696.6**	**81 340.2**	**97 541.5**	**114 957.7**	**130 672.6**	**148 200.2**
Amérique du Nord	34 427.4	33 953.8	36 282.0	34 274.3	37 750.1	59 974.3	71 130.1	84 801.8	94 761.5	107 262.3
Amérique du Nord	2 708.7	4 469.9	9 175.2	5 882.3	3 938.6	16 131.6	18 262.5	21 034.3	25 940.1	31 513.4
Bahamas	40.4	47.0	31.6	52.0	15.0	.. c	.. c	1.9	28.7	.. c
Bermudes	27.3	710.6	1 748.6	480.7	293.6	1 189.3	.. c	824.0	889.6	737.1
Îles Cayman	1 093.2	1 813.6	5 223.2	3 111.5	1 731.0	10 014.0	12 483.8	15 076.3	18 875.1	24 092.9
Costa Rica	0.1	0.1	0.1	0.1	0.0	32.2	34.4	27.4	44.2	35.6
El Salvador	0.0	-	-	-	-	.. c	.. c	46.8	45.6	53.9
Guatemala	2.3	2.3	2.1	2.2	2.9	51.6	45.3	56.1	49.4	54.6
Honduras	-	-	-	-	0.3	20.4	20.8	21.0	14.8	12.8
Nicaragua	-	-	-	-	-	30.6	27.1	32.9	18.0	22.7
Panama	175.9	183.9	210.5	28.9	58.6	1 198.3	1 065.8	891.5	1 408.2	1 624.8
Îles Vierges, US	-	-	-	-	-	.. c	.. c	0.4	0.4	.. c
Amérique du Sud	66.2	73.4	69.7	-76.5	5.2	5 233.6	8 148.6	9 121.5	9 971.1	9 424.5
Argentine	5.0	2.9	4.9	-14.5	4.3	43.4	39.7	40.8	378.1	379.3
Bolivie	0.2	-	-	-	-	9.8	83.1	133.9	12.7	24.8
Brésil	50.5	44.0	47.7	-55.2	2.1	3 025.5	5 656.4	6 141.1	6 274.0	5 811.2
Colombie	0.3	0.1	0.1	-0.5	7.0	221.2	211.9	251.8	222.3	202.4
Equateur	-	-	-	0.0	0.0	26.2	15.2	36.8	36.8	6.0
Paraguay	3.4	0.8	0.7	0.9	0.8	3.3	.. c	3.8	6.6	7.6
Pérou	1.0	0.6	0.4	0.7	0.6	1 698.2	1 970.0	2 132.2	2 421.1	2 544.4
Uruguay	4.6	0.1	0.1	-0.1	-	0.6	.. c	28.0	28.0	.. c
Venezuela	0.0	0.0	0.0	-0.6	0.0	10.2	.. c	1.4	1.8	.. c
ASIE	**68 758.6**	**71 968.2**	**82 017.6**	**92 143.2**	**95 042.9**	**136 180.1**	**141 198.9**	**159 831.6**	**178 848.4**	**198 873.1**

Tableau 2. Encours des investissements directs étrangers par pays *(suite)*

En fin d'année

Millions de dollars des ÉU

	Entrant					Sortant				
	2015	2016	2017	2018	2019	2015	2016	2017	2018	2019
Proche et Moyen Orient	1 806.5	2 193.0	3 155.9	2 398.6	3 001.3	1 753.9	1 590.2	2 476.9	2 600.9	2 357.9
Pays du Golfe	1 762.9	2 166.3	3 058.0	2 257.2	2 819.4	1 681.5	1 482.2	2 340.8	2 383.4	2 076.3
Koweït	12.2	12.5	11.0	12.5	147.0	27.5	22.6	22.8	20.6	20.4
Qatar	0.3	0.1	0.1	0.2	0.4	12.0	12.1	10.3	14.2	24.0
Arabie saoudite	1 528.1	1 667.4	2 617.7	1 840.9	2 212.8	-590.8	-472.2	95.7	210.2	84.7
Emirats Arabes Unis	34.8	309.7	211.2	174.1	218.1	871.0	942.6	1 185.1	1 210.9	1 064.9
Autres pays du Proche et Moyen Orient	43.5	26.7	97.9	141.4	181.9	72.5	108.0	136.1	217.6	281.6
Jordanie	14.5	6.8	12.8	11.6	12.7	12.1	15.0	19.1	17.4	84.7
Autres pays asiatiques	66 945.6	69 771.6	78 858.4	89 740.5	92 037.6	134 426.2	139 604.8	157 350.9	176 243.6	196 511.4
Chine	4 655.9	5 576.7	5 661.1	8 147.7	8 684.3	67 885.7	69 240.6	77 477.5	77 603.8	79 469.7
Hong Kong, Chine	5 000.1	6 151.3	6 706.6	7 098.4	8 809.9	13 293.4	12 363.3	13 411.7	15 404.7	18 179.5
Inde	833.0	1 106.1	650.5	569.9	343.3	4 268.9	5 081.2	5 409.0	12 442.7	9 873.2
Indonesie	64.2	65.8	60.9	63.2	48.9	6 437.1	6 963.7	7 041.3	7 735.4	9 240.7
République islamique d'Iran	74.9	68.6	80.1	80.0	73.5	-4.0	22.4	-19.6	-27.8	-33.6
Malaisie	1 367.5	1 318.0	1 730.7	2 285.9	2 339.2	3 964.9	4 184.0	5 110.6	5 474.4	6 335.0
Philippines	217.3	165.1	691.2	186.4	286.4	2 790.3	2 346.0	2 856.1	1 718.9	2 721.0
Singapour	9 278.9	11 585.3	15 034.3	15 437.3	16 254.6	9 683.1	10 843.1	13 938.5	16 181.9	20 638.9
Taipei Chinois	647.8	339.9	623.2	899.2	1 066.0	873.2	746.6	953.5	1 051.1	1 334.2
Thaïlande	7.0	-10.3	0.5	25.1	51.4	2 633.3	3 084.4	3 085.3	3 618.7	4 078.3
Viet Nam	2.9	-36.1	-26.6	7.6	-28.5	11 421.2	12 555.8	15 705.7	20 377.0	27 631.4
AUSTRALIE, OCÉANIE ET RÉGIONS POLAIRES	**958.6**	**803.2**	**911.3**	**2 266.1**	**3 581.9**	**12 242.1**	**13 437.3**	**13 090.6**	**14 078.0**	**13 731.4**
TOTAL MONDE non alloué et confidentiel	**16.9**	**16.9**	**16.9**	**0.0**	**4.8**	**0.0**	**-**	**0.0**	**0.0**	**0.0**
Union européenne (UE28)	**57 293.3**	**59 275.7**	**76 264.6**	**74 590.5**	**72 434.5**	**38 110.0**	**35 616.3**	**43 274.3**	**47 697.3**	**58 089.0**
Pays du G20 hors Union Européenne	**112 443.1**	**111 963.4**	**123 071.9**	**134 388.9**	**136 674.5**	**171 635.7**	**189 905.2**	**217 939.0**	**242 510.8**	**261 715.1**
Pays OCDE du G20	**105 255.6**	**103 459.4**	**113 981.1**	**123 844.7**	**125 350.0**	**89 019.7**	**100 710.4**	**118 901.1**	**134 591.7**	**152 643.6**
Pays non-OCDE du G20	**7 187.5**	**8 504.0**	**9 090.8**	**10 544.2**	**11 324.4**	**82 616.0**	**89 194.8**	**99 037.9**	**107 919.1**	**109 071.5**
Pays MENA	**1 802.4**	**2 189.7**	**3 092.1**	**2 362.1**	**2 924.6**	**2 193.7**	**1 777.5**	**2 835.6**	**2 904.6**	**2 746.5**
Pays ANASE	**10 959.6**	**13 105.0**	**17 501.5**	**18 023.7**	**18 968.7**	**40 710.4**	**44 390.6**	**52 463.1**	**60 325.3**	**76 546.4**

- Néant ; c Donnée confidentielle

Note : Les données excluent les entités à vocation spéciales. Voir les métadonnées détaillées sur : *http://metalinks.oecd.org/idi/20210722/947b*.

Source : *Statistiques de l'OCDE sur l'investissement direct international (base de données) : https://doi.org/10.1787/idi-data-fr*

Tableau 3. Revenus des investissements directs étrangers par pays

Millions de dollars des ÉU

	Entrant					Sortant				
	2015	2016	2017	2018	2019	2015	2016	2017	2018	2019
TOTAL MONDE	**2 225.8**	**3 997.0**	**3 615.4**	**4 402.0**	**3 443.0**	**-124.1**	**9 054.5**	**10 090.4**	**9 629.2**	**9 062.9**
Pays membres de l'OCDE	**1 899.9**	**3 098.0**	**3 505.4**	**3 512.6**	**2 986.9**	**-2 776.0**	**46.6**	**1 285.6**	**2 110.9**	**1 783.9**
Australie	-6.3	2.0	-	0.4	0.5	-79.0	-359.5	-1 244.7	383.3	-171.8
Autriche	-10.5	86.0	0.1	0.0	9.9	.. c	.. c	8.4	37.1	-15.6
Belgique	-6.6	1.0	8.0	4.2	244.3	61.8	.. c	68.4	36.6	82.8
Canada	32.1	78.0	4.3	-	4.6	-1 803.0	-305.2	-85.0	-210.9	-2.9
Chili	2.5	10.0	-	-	-	-42.0	-12.6	12.2	-0.6	-24.3
République Tchèque	-	-	-	-	-	294.5	406.5	410.7	354.6	356.5
Danemark	-1.7	-1.0	5.6	2.3	0.1	.. c	.. c	1.7	2.2	-2.7
Estonie	-	-	-	-	-	-	-	.. c	-	.. c
Finlande	-2.4	15.0	-	-	4.0	.. c	.. c	-0.1	-2.4	-0.8
France	133.6	134.0	97.7	90.2	10.9	127.7	0.2	51.0	32.9	40.5
Allemagne	169.8	213.0	564.1	705.4	352.5	90.9	197.8	152.7	217.2	117.0
Grèce	-	-	-	-	-	.. c	.. c	.. c	0.5	0.7
Hongrie	7.0	12.0	8.6	-	3.6	90.5	.. c	419.5	-7.9	48.1
Islande	0.9	-	-	-	1.0	.. c	.. c	.. c	-0.6	.. c
Irlande	-40.8	66.0	0.0	231.2	80.2	.. c	.. c	-2.7	-3.9	-9.8
Israël	0.0	3.0	0.1	0.0	-0.3	.. c	.. c	-0.3	-6.0	-5.9
Italie	-2.7	10.0	2.5	56.0	-67.3	90.2	55.8	54.4	48.8	57.2
Japon	551.0	643.0	1 041.1	575.3	1 122.3	14.9	64.1	141.3	85.3	-168.3
Corée	-	-	-	-	-	-	-	-	-	-
Lettonie	-	-	-	-	-	.. c	.. c	.. c	-	-
Lituanie	-	-	-	-	-	-	-	.. c	-	-
Luxembourg	66.3	83.0	0.1	-	7.3	138.6	-123.5	-13.2	401.9	343.5
Mexique	12.9	21.0	-	1.7	12.7	-801.4	-459.7	-99.0	-58.1	-195.7
Pays-Bas	-57.5	344.0	253.6	78.4	107.6	48.9	-158.9	89.3	150.1	375.1
Nouvelle-Zélande	-	2.0	2.8	-	-	-11.6	.. c	0.4	16.5	1.8
Norvège	5.6	20.0	183.2	5.1	75.4	.. c	.. c	.. c	-4.4	0.4
Pologne	-	1.0	-	-	-0.2	115.9	60.5	38.9	-24.4	-225.8
Portugal	1.8	3.0	-	-	-	.. c	.. c	9.8	15.2	15.1
République slovaquie	-	-	-	-	-	344.2	382.8	367.6	399.5	476.3
Slovénie	-	-	-	-	-	.. c	.. c	.. c	0.2	.. c
Espagne	6.7	36.0	-	0.9	1.7	41.5	40.7	59.7	16.1	103.5
Suède	14.6	104.0	71.4	29.2	249.1	.. c	.. c	29.5	30.8	43.2
Suisse	216.6	249.0	59.9	30.9	90.8	.. c	.. c	9.5	8.0	1.0
Turquie	-	1.0	0.2	-	-	-113.7	-122.1	86.4	69.2	170.5
Royaume-Uni	179.3	234.0	759.0	116.3	321.3	-146.1	-31.3	323.9	345.1	183.6
Etats-Unis	627.7	728.0	443.1	1 585.0	355.1	-1 029.4	464.8	367.9	-220.8	177.3
EUROPE	**898.8**	**1 766.0**	**2 014.1**	**1 352.6**	**1 508.3**	**809.6**	**1 221.5**	**2 472.5**	**2 480.7**	**2 741.9**
Bulgarie	-	-	-	-	-	15.1	48.9	1.4	-3.6	5.8
Croatie	-	-	-	-	-	-	-	.. c	-	.. c
Chypre	-	-	-	-	-	.. c	.. c	-213.0	-99.5	74.0
Malte	180.2	115.0	-	2.5	13.9	-	-	.. c	-0.5	.. c
Roumanie	-	-	-	-	-	.. c	.. c	13.9	-10.9	-65.3
Russie	-	-	-	-	0.0	-122.5	583.8	453.6	477.1	546.4
Ukraine	-	-	-	-	-	-	.. c	-	-0.2	-1.6
AFRIQUE	-	-	-	-	-	**-667.5**	**-562.4**	**-45.3**	**6.8**	**24.8**
Afrique septentrionale	-	-	-	-	-	-20.7	-367.7	40.7	26.8	45.3
Algérie	-	-	-	-	-	.. c	.. c	-0.7	-0.7	0.4
Egypte	-	-	-	-	-	.. c	.. c	37.4	22.2	44.3
Libye	-	-	-	-	-	.. c	.. c	-1.3	-0.6	-0.5
Maroc	-	-	-	-	-	.. c	.. c	-0.1	-0.8	-3.7
Tunisie	-	-	-	-	-	.. c	.. c	.. c	6.7	.. c
Autres pays africains	-	-	-	-	-	-646.8	-194.8	-86.0	-20.0	-20.4
Nigéria	-	-	-	-	-	.. c	.. c	-0.7	45.3	18.6
Afrique du Sud	-	-	-	-	-	43.7	19.9	15.1	46.6	64.6
AMÉRIQUE	**579.9**	**804.0**	**447.7**	**1 598.8**	**500.2**	**-4 217.9**	**730.0**	**1 168.9**	**90.4**	**228.5**
Amérique du Nord	659.8	806.0	447.3	1 585.0	359.7	-2 832.4	159.6	282.9	-431.7	174.4
Amérique du Nord	-82.4	-12.0	0.3	13.7	140.6	-600.6	-274.3	-163.0	61.2	-366.8
Bahamas	1.3	2.0	-	-	-	-	-	.. c	15.0	.. c
Bermudes	-3.9	-4.0	0.3	-	78.0	82.7	.. c	48.3	49.4	-58.3
Îles Cayman	-81.8	-46.0	0.0	12.0	0.8	106.9	64.2	-103.7	19.8	-42.1
Costa Rica	-	-	-	-	-	.. c	.. c	-1.6	1.3	3.9
El Salvador	-	-	-	-	-	.. c	.. c	.. c	2.6	5.4
Guatemala	-	-	-	-	-	.. c	.. c	0.1	0.5	0.1
Honduras	-	-	-	-	-	.. c	.. c	-2.1	-7.2	-2.0
Nicaragua	-	-	-	-	-	.. c	.. c	-2.2	-1.6	0.9
Panama	1.3	3.0	-	-	-	-18.3	-40.1	1.7	41.1	34.6
Îles Vierges, US	-12.6	12.0	-	-	-	-	-	.. c	-	.. c
Amérique du Sud	2.5	10.0	-	-	-	-784.9	844.7	1 049.0	461.0	420.9
Argentine	-	-	-	-	-	.. c	.. c	0.3	-46.9	-4.4
Bolivie	-	-	-	-	-	.. c	.. c	1.1	-1.0	0.3
Brésil	-	-	-	-	-	-734.1	859.8	1 040.8	516.2	420.9
Colombie	-	-	-	-	-	1.6	.. c	-1.0	-0.8	26.1
Equateur	-	-	-	-	-	.. c	.. c	-	-	-
Paraguay	-	-	-	-	-	.. c	.. c	.. c	-0.1	-0.3
Pérou	-	-	-	-	-	.. c	.. c	-4.3	-5.8	2.6
Uruguay	-	-	-	-	-	.. c	.. c	.. c	-	.. c
Venezuela	-	-	-	-	-	-	-	.. c	-	.. c
ASIE	**717.3**	**1 389.0**	**1 150.8**	**1 450.2**	**1 434.0**	**4 018.0**	**8 035.5**	**7 709.2**	**6 608.8**	**6 221.9**

Tableau 3. Revenus des investissements directs étrangers par pays *(suite)*

Millions de dollars des ÉU

	Entrant					Sortant				
	2015	2016	2017	2018	2019	2015	2016	2017	2018	2019
Proche et Moyen Orient	59.4	72.0	39.5	91.6	69.0	-710.1	-550.3	-103.6	55.0	239.4
Pays du Golfe	59.4	69.0	39.4	91.6	67.8	-708.6	-552.6	-105.3	69.3	250.0
Koweït	-	-	-	-	-	.. c	.. c	-	-	0.0
Qatar	-	-	-	-	-	.. c	.. c	-	-	-
Arabie saoudite	66.7	51.0	-	-	31.0	-709.5	-485.3	-182.1	131.5	268.2
Emirats Arabes Unis	-19.0	8.0	0.1	-	9.4	20.4	-64.1	72.6	-64.4	-29.5
Autres pays du Proche et Moyen Orient	0.0	3.0	0.1	0.0	1.2	-1.5	2.3	1.8	-14.4	-10.6
Jordanie	-	-	-	-	-	.. c	.. c	5.5	-2.2	2.7
Autres pays asiatiques	657.8	1 317.0	1 111.3	1 358.6	1 365.0	4 728.1	8 585.8	7 812.7	6 553.8	5 982.5
Chine	4.3	136.0	0.8	56.3	-20.0	3 547.7	6 111.4	4 235.5	3 730.7	2 020.4
Hong Kong, Chine	35.0	249.0	4.6	16.1	21.9	-22.5	-141.5	-726.7	-443.9	-32.4
Inde	-37.8	64.0	-	-	3.1	502.2	520.4	480.0	972.8	1 103.6
Indonesie	0.1	2.0	-	-	77.8	-267.5	271.6	73.7	218.6	380.1
République islamique d'Iran	-	-	-	-	-	.. c	.. c	-13.8	-47.3	-12.8
Malaisie	61.0	21.0	0.3	-0.9	2.7	128.6	387.2	377.8	349.1	246.5
Philippines	-19.0	-19.0	-	-	-	52.1	-342.0	-95.4	-1 295.7	518.8
Singapour	90.1	189.0	64.6	711.8	138.6	889.5	947.0	1 297.5	1 064.2	1 091.9
Taipei Chinois	-26.9	32.0	-	-	1.5	64.6	15.1	78.9	101.0	81.7
Thaïlande	-	-	-	-	0.1	186.1	203.8	141.0	173.5	166.7
Viet Nam	-	-	-	-	17.1	-122.9	528.3	1 831.6	1 699.2	649.9
AUSTRALIE, OCÉANIE ET RÉGIONS POLAIRES	**-6.2**	**4.0**	**2.8**	**0.4**	**0.5**	**-66.3**	**-370.1**	**-1 214.9**	**442.5**	**-154.1**
TOTAL MONDE non alloué et confidentiel	**36.0**	**34.0**	**0.0**	**0.0**	**0.0**	**0.0**	**-**	**-**	**-**	**-**
Union européenne (UE28)	**637.1**	**1 456.0**	**1 770.8**	**1 316.6**	**1 338.8**	**1 102.4**	**875.0**	**1 871.4**	**1 935.8**	**2 003.1**
Pays du G20 hors Union Européenne	**1 730.5**	**2 317.0**	**2 912.8**	**3 186.7**	**2 204.4**	**-1 383.7**	**7 383.2**	**5 865.9**	**6 738.4**	**5 007.2**
Pays OCDE du G20	**1 697.3**	**2 064.0**	**2 912.0**	**3 130.4**	**2 112.5**	**-3 648.9**	**-495.0**	**-251.1**	**691.8**	**207.4**
Pays non-OCDE du G20	**33.2**	**253.0**	**0.8**	**56.3**	**91.9**	**2 265.2**	**7 878.2**	**6 117.0**	**6 046.6**	**4 799.9**
Pays MENA	**59.4**	**69.0**	**39.4**	**91.6**	**69.3**	**-728.6**	**-918.1**	**-59.2**	**94.0**	**297.9**
Pays ANASE	**132.3**	**193.0**	**64.9**	**710.9**	**236.2**	**829.8**	**1 994.9**	**3 605.3**	**2 147.1**	**2 961.1**

- Néant ; c Donnée confidentielle

Note : Les données excluent les entités à vocation spéciales. Voir les métadonnées détaillées sur : *http://metalinks.oecd.org/idi/20210722/947b.*

Source : *Statistiques de l'OCDE sur l'investissement direct international (base de données) : https://doi.org/10.1787/idi-data-fr*

CORÉE

Tableau 4. Investissement direct étranger : flux par secteur industriel

Millions de dollars des ÉU

	Entrant					Sortant				
	2015	2016	2017	2018	2019	2015	2016	2017	2018	2019
All FDI activities	**2 804.7**	**7 263.0**	**11 531.5**	**13 267.2**	**12 589.0**	**18 489.6**	**30 507.5**	**43 463.9**	**45 232.6**	**50 981.1**
Agriculture, sylviculture et pêche	**0.7**	**2.0**	**5.0**	**-28.5**	**4.1**	**69.7**	**59.0**	**81.9**	**118.1**	**36.5**
Industries extractives	**7.3**	**13.0**	**0.1**	**1.6**	**2.4**	**-3 384.0**	**-1 106.0**	**-1 126.1**	**873.2**	**336.8**
Activités d'extraction	-	-	0.1	-	2.4	-1 281.6	-1 029.0	-1 102.4	298.5	-511.8
Activités de fabrication	**1 507.4**	**3 909.0**	**5 180.9**	**5 245.3**	**5 049.5**	**7 794.6**	**11 758.0**	**14 631.2**	**17 421.0**	**19 719.0**
dont :										
Produits alimentaires, boissons et tabac	-958.9	154.0	150.3	142.6	524.4	392.0	587.9	570.3	578.5	1 323.9
Textiles, bois, papier, imprimerie	-61.9	111.0	73.5	30.4	74.9	306.9	489.0	411.4	178.8	459.9
Produits pétroliers, chimiques, pharmaceutiques, caoutchouc, plastique, minéraux	2 436.5	2 839.0	2 120.7	2 049.5	3 307.7	1 321.7	1 778.6	1 540.4	1 849.2	3 398.5
Ouvrages en métaux et machines, sauf matériels électriques	-189.1	-44.0	1 901.5	964.2	948.6	2 059.6	5 578.1	7 756.9	10 163.9	8 042.7
Automobiles, remorques, semi-remorques, autres matériels de transport	-1 032.3	-139.0	524.3	1 873.1	305.2	2 608.3	2 108.2	3 221.2	2 293.9	2 430.3
Autres activités de fabrication	1 313.1	988.0	410.6	185.4	-111.1	1 106.1	1 216.3	1 131.0	2 356.7	4 063.7
Production et distribution d'électricité, de gaz, de vapeur et de climatisation	**7.4**	**50.0**	**-135.9**	**160.0**	**774.3**	**1 805.8**	**781.0**	**1 206.7**	**1 006.0**	**1 468.8**
Distribution de l'eau ; assainissement, traitement des déchets et dépollution	**-5.8**	**10.0**	**149.2**	**1.5**	**3.5**	**12.7**	**3.0**	**174.8**	**442.2**	**14.8**
Construction	**2.6**	**-33.0**	**11.8**	**14.7**	**26.6**	**-105.4**	**778.0**	**638.1**	**885.8**	**502.1**
Services	**1 285.1**	**3 312.0**	**6 320.4**	**7 872.8**	**6 728.7**	**12 296.2**	**18 234.0**	**27 855.9**	**24 486.3**	**28 903.0**
Commerce de gros et de détail ; réparations automobiles et motocycles	755.3	1 029.0	1 042.4	936.6	1 849.0	2 910.9	4 504.0	11 682.8	5 605.9	4 488.3
Transport et entreposage	464.6	315.0	192.6	116.7	89.3	238.2	1 002.0	1 027.2	718.3	687.8
Activités d'hébergement et de restauration	625.6	770.0	808.3	281.1	341.5	179.6	401.0	208.9	109.6	427.0
Information et communication	540.4	511.0	756.1	2 821.9	1 522.5	376.7	1 191.0	2 174.6	851.0	309.5
Activités financières et d'assurances	-749.2	151.0	2 100.2	2 057.5	1 932.9	6 043.7	5 343.0	9 506.9	12 837.0	17 712.8
Activités des sociétés holding	387.0	580.0	76.4	656.6	482.1	1 226.8	479.3	1 105.3	1 648.6	1 179.3
Activités immobilières	-278.7	148.0	912.3	906.9	618.0	1 998.1	4 995.8	2 521.1	3 448.2	3 884.6
Activités professionnelles, scientifiques et techniques	-34.1	309.0	400.6	128.3	249.3	136.0	519.0	458.5	948.7	809.6
Activités de services administratifs et d'appui	-	-	72.2	377.7	49.5	348.2	176.9	-335.8	-203.7	112.8
Administration publique; activités des ménages et des organismes extra-territoriaux	-	-	-	-	-	1.0	-	258.0	-	0.1
Éducation	45.9	21.0	13.7	11.7	62.6	25.0	11.1	125.6	12.8	35.0
Santé humaine et action sociale	-	-	-	-	0.1	44.9	68.9	175.4	181.5	120.0
Arts, spectacles et loisirs	-55.3	-14.0	16.0	233.3	30.5	-8.6	9.0	5.4	-26.0	312.0
Autres services	-29.4	72.0	5.8	1.1	-16.5	2.5	12.7	47.4	3.0	3.8
Not allocated and confidential	**0.0**	**-**	**0.0**	**0.0**	**0.0**	**0.0**	**0.1**	**1.3**	**0.0**	**0.0**
Activités immobilières privées	..	-	-	-	-	-	-	-	-	-

- Néant ; .. Non disponible

Note : Les données excluent les entités à vocation spéciales. Voir les métadonnées détaillées sur : *http://metalinks.oecd.org/idi/20210722/947b.*

Source : *Statistiques de l'OCDE sur l'investissement direct international (base de données) : https://doi.org/10.1787/idi-data-fr*

Tableau 5. Encours des investissement directs étrangers par secteur industriel
En fin d'année

Millions de dollars des ÉU

	Entrant					Sortant				
	2015	2016	2017	2018	2019	2015	2016	2017	2018	2019
All FDI activities	**168 923.7**	**174 978.0**	**210 863.5**	**213 966.3**	**218 309.7**	**276 100.1**	**296 641.0**	**343 088.5**	**383 982.9**	**433 671.5**
Agriculture, sylviculture et pêche	**153.1**	**200.6**	**235.3**	**203.1**	**105.1**	**855.5**	**842.0**	**910.0**	**1 031.1**	**1 236.4**
Industries extractives	**21.5**	**11.1**	**44.8**	**42.8**	**42.7**	**37 533.6**	**35 209.0**	**34 055.1**	**33 676.6**	**34 734.5**
Activités d'extraction	14.0	3.0	44.8	2.9	2.9	28 624.9	26 806.4	25 601.9	24 678.8	26 666.5
Activités de fabrication	**62 916.4**	**66 721.2**	**79 861.6**	**82 015.7**	**80 728.3**	**102 207.2**	**110 985.0**	**135 266.9**	**135 519.5**	**162 087.1**
dont :										
Produits alimentaires, boissons et tabac	3 166.5	3 296.2	4 817.0	4 134.5	3 841.8	3 279.2	4 319.6	4 152.1	4 414.1	5 967.2
Textiles, bois, papier, imprimerie	1 375.3	1 606.6	1 359.0	2 538.0	1 785.0	5 205.7	5 729.7	6 424.2	5 536.3	6 413.0
Produits pétroliers, chimiques, pharmaceutiques, caoutchouc, plastique, minéraux	25 445.6	27 498.5	37 225.6	33 422.9	34 351.3	12 833.1	13 725.1	15 259.1	17 859.3	21 246.2
Ouvrages en métaux et machines, sauf matériels électriques	18 020.9	18 067.2	20 369.9	23 757.8	23 012.2	44 940.0	50 536.8	60 291.8	65 102.0	71 742.6
Automobiles, remorques, semi-remorques, autres matériels de transport	7 060.1	8 216.7	7 099.0	8 347.5	8 252.5	26 545.9	25 735.6	37 816.9	28 616.6	38 267.6
Autres activités de fabrication	7 848.0	8 036.1	8 991.1	9 815.0	9 485.5	9 403.4	10 938.4	11 322.7	13 991.3	18 450.6
Production et distribution d'électricité, de gaz, de vapeur et de climatisation	**1 012.6**	**1 002.9**	**1 053.8**	**1 139.1**	**1 071.8**	**4 262.3**	**5 013.0**	**6 391.2**	**7 258.2**	**8 580.8**
Distribution de l'eau ; assainissement, traitement des déchets et dépollution	**92.2**	**146.3**	**194.0**	**245.2**	**123.9**	**30.6**	**18.0**	**166.2**	**612.0**	**803.8**
Construction	**1 310.3**	**1 306.1**	**1 801.4**	**1 635.7**	**1 748.1**	**1 922.7**	**1 813.0**	**2 987.7**	**3 578.6**	**4 566.5**
Services	**103 417.5**	**105 589.9**	**127 672.5**	**128 684.8**	**134 489.8**	**129 287.2**	**142 758.0**	**163 309.9**	**202 305.4**	**221 661.5**
Commerce de gros et de détail ; réparations automobiles et motocycles	12 813.3	15 313.1	20 940.9	24 163.6	22 996.8	44 506.5	47 874.0	54 164.8	72 349.1	62 546.8
Transport et entreposage	3 025.3	3 169.6	3 698.0	2 923.4	3 877.0	2 678.1	4 519.0	4 133.2	5 150.7	5 329.3
Activités d'hébergement et de restauration	13 480.6	14 584.0	17 937.6	15 987.5	14 865.7	2 043.3	2 351.0	3 048.4	2 574.5	3 650.4
Information et communication	6 747.2	4 579.9	7 382.6	7 689.8	8 409.2	3 736.8	5 495.0	6 366.3	6 403.3	8 462.5
Activités financières et d'assurances	52 747.3	54 129.8	61 630.1	60 792.7	66 133.4	57 409.5	54 265.0	68 982.9	84 638.0	105 205.8
Activités des sociétés holding	0.2	1.4	3 079.2	2 867.6	2 872.6	16 317.3	7 876.2	8 907.4	10 350.3	13 037.3
Activités immobilières	7 068.3	6 858.3	8 658.4	10 578.0	11 114.6	11 788.9	15 477.1	17 270.3	21 094.7	24 435.6
Activités professionnelles, scientifiques et techniques	4 312.4	4 737.2	3 491.0	2 599.7	3 373.8	1 472.6	8 205.0	3 845.8	4 625.0	5 007.2
Activités de services administratifs et d'appui	1 289.8	1 432.9	1 982.3	2 262.8	2 301.0	4 079.7	2 754.5	3 350.1	3 274.1	4 188.0
Administration publique; activités des ménages et des organismes extra-territoriaux	0.1	-	-	0.1	-	17.7	17.7	17.7	17.7	17.7
Éducation	222.9	193.8	260.1	249.0	189.9	200.3	204.4	222.4	253.3	465.7
Santé humaine et action sociale	11.3	12.0	12.0	1.9	1.6	193.5	426.7	611.0	674.0	873.4
Arts, spectacles et loisirs	1 257.1	454.7	1 398.8	710.3	559.1	875.9	888.0	964.1	927.1	1 179.7
Autres services	442.0	124.6	280.6	726.1	667.8	284.3	281.8	332.9	323.9	299.4
Not allocated and confidential	**-0.2**	**0.1**	**0.1**	**0.0**	**0.0**	**1.0**	**2.7**	**1.3**	**1.3**	**1.1**
Activités immobilières privées	..	-	-	-	-	-	-	-	-	-

- Néant ; .. Non disponible

Note : Les données excluent les entités à vocation spéciales. Voir les métadonnées détaillées sur : *http://metalinks.oecd.org/idi/20210722/947b.*

Source : *Statistiques de l'OCDE sur l'investissement direct international (base de données) : https://doi.org/10.1787/idi-data-fr*

Tableau 6. Revenus des investissements directs étrangers par secteur industriel

Millions de dollars des ÉU

	Entrant					Sortant				
	2015	2016	2017	2018	2019	2015	2016	2017	2018	2019
All FDI activities	**2 225.8**	**3 997.0**	**3 615.4**	**4 402.0**	**3 443.0**	**-124.1**	**9 054.5**	**10 090.4**	**9 629.2**	**9 062.9**
Agriculture, sylviculture et pêche	**0.6**	**3.0**	**4.5**	**-**	**3.0**	**-43.0**	**0.3**	**13.6**	**6.9**	**-69.1**
Industries extractives	**13.7**	**10.0**	**0.6**	**1.3**	**-**	**-5 337.7**	**-2 267.0**	**-1 637.2**	**-18.3**	**-761.8**
Activités d'extraction	-	-	0.6	-	-	-3 520.2	-1 951.5	-1 717.3	-347.7	-405.4
Activités de fabrication	**941.7**	**2 107.0**	**2 869.2**	**3 515.4**	**2 277.6**	**3 949.9**	**8 963.0**	**9 774.4**	**6 177.0**	**5 118.8**
dont :										
Produits alimentaires, boissons et tabac	119.0	144.0	147.4	155.3	309.3	20.8	224.1	0.1	8.2	-261.5
Textiles, bois, papier, imprimerie	-0.6	118.0	22.4	81.8	54.9	96.1	27.4	73.6	-77.0	-127.3
Produits pétroliers, chimiques, pharmaceutiques, caoutchouc, plastique, minéraux	345.8	661.0	1 860.1	2 169.2	1 012.2	512.1	834.5	734.4	238.0	473.2
Ouvrages en métaux et machines, sauf matériels électriques	50.0	305.0	587.4	732.5	729.8	896.9	5 109.3	6 913.9	5 792.3	2 953.7
Automobiles, remorques, semi-remorques, autres matériels de transport	335.5	760.0	104.4	61.9	116.5	2 194.5	2 204.1	1 544.1	-296.4	1 073.1
Autres activités de fabrication	92.0	119.0	146.8	314.7	54.9	229.4	563.7	508.3	511.9	1 007.7
Production et distribution d'électricité, de gaz, de vapeur et de climatisation	**51.2**	**51.0**	**52.4**	**96.3**	**29.5**	**171.7**	**161.3**	**378.2**	**311.4**	**334.0**
Distribution de l'eau ; assainissement, traitement des déchets et dépollution	**-4.4**	**-3.0**	**0.2**	**-**	**0.1**	**0.6**	**13.5**	**11.7**	**19.2**	**4.4**
Construction	**45.3**	**50.0**	**5.5**	**-**	**10.6**	**-897.0**	**-532.0**	**-54.3**	**252.6**	**-95.5**
Services	**1 177.6**	**1 779.0**	**682.9**	**789.1**	**1 122.2**	**2 031.5**	**2 715.5**	**1 604.0**	**2 880.4**	**4 532.2**
Commerce de gros et de détail ; réparations automobiles et motocycles	157.1	558.0	325.4	205.8	464.5	2 232.3	2 049.6	1 234.6	2 968.4	4 452.6
Transport et entreposage	276.6	192.0	211.0	18.5	93.1	192.3	199.2	140.6	168.5	-4.2
Activités d'hébergement et de restauration	128.5	172.0	1.7	55.3	-50.4	-64.9	-12.9	-76.2	-181.8	-202.7
Information et communication	316.4	305.0	5.3	2.4	23.0	-250.5	52.8	-9.1	-278.3	-203.3
Activités financières et d'assurances	188.7	325.0	81.9	475.5	460.0	-452.2	-41.0	180.9	23.9	-158.0
Activités des sociétés holding	37.2	47.0	44.1	9.6	6.9	-580.8	-31.9	26.2	60.9	-194.3
Activités immobilières	22.0	96.0	1.0	25.8	42.7	108.8	211.1	111.5	312.0	690.1
Activités professionnelles, scientifiques et techniques	100.8	129.0	44.5	1.4	72.6	20.8	286.5	6.7	-120.1	-46.2
Activités de services administratifs et d'appui	-	2.0	11.8	4.2	13.9	320.9	-24.9	124.6	29.1	49.2
Administration publique; activités des ménages et des organismes extra-territoriaux	-	-	-	-	-	-	-	-	-	-
Éducation	9.5	5.0	0.3	-	4.7	-4.5	-8.5	-2.3	-19.4	-9.3
Santé humaine et action sociale	-	-	-	-	-	-4.6	19.3	-1.9	68.5	-3.4
Arts, spectacles et loisirs	-24.8	-12.0	-	-	-4.0	-66.4	-15.0	-103.7	-86.7	-29.6
Autres services	2.8	7.0	-	-	2.0	-0.5	-0.7	-1.7	-3.6	-2.9
Not allocated and confidential	**0.0**	**-**	**0.0**	**0.0**	**0.0**	**0.0**	**0.1**	**0.0**	**0.0**	**-**
Activités immobilières privées	..	-	-	-	-	-	-	-	-	-

- Néant ; .. Non disponible

Note : Les données excluent les entités à vocation spéciales. Voir les métadonnées détaillées sur : *http://metalinks.oecd.org/idi/20210722/947b*.

Source : *Statistiques de l'OCDE sur l'investissement direct international (base de données) : https://doi.org/10.1787/idi-data-fr*

LETTONIE

Tableau 1. Flux d'investissement direct étranger par pays

Millions de dollars des ÉU

	Entrant					Sortant				
	2015	2016	2017	2018	2019	2015	2016	2017	2018	2019
TOTAL MONDE	**738.8**	**254.3**	**706.8**	**966.6**	**874.3**	**71.0**	**159.2**	**133.0**	**205.4**	**-105.2**
Pays membres de l'OCDE	**193.0**	**-69.7**	**409.2**	**574.8**	**684.0**	**-74.3**	**98.4**	**65.4**	**53.1**	**-91.8**
Australie	-	-	-	-	-1.1	-	-	-	-	-
Autriche	25.5	108.4	-6.8	13.0	36.9	.. c	.. c	.. c	3.5	-
Belgique	2.2	-7.7	1.1	3.5	5.6	-	-	-	-	-
Canada	5.5	6.6	3.4	-	1.1	.. c	-	-	-	-
Chili	-	-	-	-	-	-	-	-	-	-
République Tchèque	2.2	1.1	-	-	62.7	-	.. c	.. c	-	-
Danemark	5.5	33.2	44.0	-30.7	4.5	.. c	.. c	11.3	13.0	-1.1
Estonie	41.0	79.6	19.2	269.1	808.2	-25.5	43.1	6.8	15.3	36.9
Finlande	-3.3	13.3	-25.9	-46.0	-6.7	4.4	-	-6.8	5.9	-1.1
France	4.4	7.7	16.9	15.3	2.2	-4.4	.. c	.. c	3.5	.. c
Allemagne	16.6	-122.7	-9.0	22.4	401.9	3.3	1.1	-1.1	-9.4	-17.9
Grèce	-	-	-	-	-	.. c	.. c	.. c	.. c	-
Hongrie	-238.5	-	1.1	-	-	-	-	-	.. c	-
Islande	2.2	-6.6	22.5	-54.3	-11.2	-	.. c	-	.. c	20.2
Irlande	-1.1	6.6	32.7	-30.7	32.5	-	-	-	-	-
Israël	-2.2	1.1	1.1	4.7	-	-	-	-	1.2	-
Italie	-4.4	44.2	2.3	3.5	3.4	.. c	-	-	-	-
Japon	-	-	-	-	.. c	-	-	-	-	-
Corée	5.5	-7.7	-37.2	-2.4	22.4	-	-	-	-	-
Lettonie	-	-	-	-	-	-	-	-	-	-
Lituanie	73.2	61.9	110.5	26.0	87.3	25.5	37.6	53.0	41.3	-126.5
Luxembourg	51.0	210.1	71.0	232.5	-54.9	-1.1	1.1	-10.1	-3.5	19.0
Mexique	-	-	.. c	-1.2	-	-	.. c	.. c	.. c	-
Pays-Bas	206.3	-8.8	2.3	-148.7	5.6	5.5	-	-	-	-
Nouvelle-Zélande	.. c	-	-	-	-24.6	-	-	-	-	-
Norvège	62.1	6.6	-325.8	3.5	-77.2	-	-	-	-	-
Pologne	16.6	13.3	36.1	-	23.5	11.1	-15.5	-3.4	7.1	-4.5
Portugal	-	-	-	-	-	.. c	.. c	-	-	-
République slovaquie	-	-	-1.1	-	-	.. c	.. c	.. c	-33.0	-6.7
Slovénie	-	-	-	-	-	-	-	-	-	-
Espagne	-	-1.1	-	233.7	-249.6	3.3	6.6	4.5	1.2	-1.1
Suède	-82.1	-456.7	597.5	211.3	-317.9	1.1	2.2	16.9	7.1	-4.5
Suisse	32.2	71.9	-5.6	-4.7	-26.9	-71.0	17.7	-44.0	-24.8	25.7
Turquie	-	1.1	-1.1	3.5	3.4	-	-	-	-	-
Royaume-Uni	34.4	-60.8	-23.7	-139.3	-38.1	-	1.1	-6.8	-1.2	-11.2
Etats-Unis	10.0	-3.3	-3.4	-7.1	-9.0	.. c	17.7	42.8	33.0	-16.8
EUROPE	**491.4**	**105.1**	**662.8**	**834.4**	**553.0**	**-6.7**	**109.5**	**71.0**	**112.1**	**-64.9**
Bulgarie	-	1.1	3.4	2.4	-2.2	.. c	.. c	.. c	1.2	.. c
Croatie	-	-	-	-	-	.. c	-	-	-	-
Chypre	110.9	3.3	-82.3	-115.7	-	73.2	-3.3	-25.9	-34.2	-40.3
Malte	15.5	-68.6	45.1	8.3	-42.5	.. c	.. c	.. c	76.7	-1.1
Roumanie	-	-	-3.4	4.7	2.2	-	.. c	1.1	.. c	2.2
Russie	106.5	175.8	130.8	354.1	-89.6	12.2	15.5	13.5	2.4	48.1
Ukraine	1.1	17.7	12.4	5.9	9.0	-4.4	-4.4	-4.5	18.9	-3.4
AFRIQUE	**-**	**7.7**	**5.6**	**1.2**	**-1.1**	**-**	**-**	**-**	**-**	**.. c**
Afrique septentrionale	-	-	-	-	-	-	-	-	-	-
Algérie	-	-	-	-	-	-	-	-	-	-
Egypte	-	-	-	-	-	-	-	-	-	-
Libye	-	-	-	-	-	-	-	-	-	-
Maroc	-	-	-	-	-	-	-	-	-	-
Tunisie	-	-	-	-	-	-	-	-	-	-
Autres pays africains	-	7.7	5.6	1.2	-1.1	-	-	-	-	.. c
Nigéria	-	-	-	-	-	-	-	-	-	-
Afrique du Sud	-	-	-	-	-	-	-	-	-	-
AMÉRIQUE	**1.1**	**-23.2**	**-11.3**	**-13.0**	**71.6**	**14.4**	**37.6**	**45.1**	**24.8**	**-13.4**
Amérique du Nord	15.5	3.3	-	-7.1	-7.8	13.3	17.7	42.8	33.0	-16.8
Amérique du Nord	-14.4	-26.5	-11.3	-5.9	79.5	1.1	19.9	1.1	-7.1	2.2
Bahamas	-	-	-	-	-	.. c	-	-	-	-
Bermudes	-	-	-	-	-	-	-	-	-	-
Îles Cayman	.. c	.. c	.. c	.. c	-4.5	-	-	-	-	-
Costa Rica	-	-	-	-	-	-	-	-	-	-
El Salvador	-	-	-	-	-	-	-	-	-	-
Guatemala	-	-	-	-	-	-	-	-	-	-
Honduras	-	-	-	-	-	-	-	-	-	-
Nicaragua	-	-	-	-	-	-	-	-	-	-
Panama	-	-2.2	-3.4	-1.2	-	-	-	-	-	.. c
Îles Vierges, US	-	-	-	-	-	-	-	-	-	-
Amérique du Sud	-	-	-	-	-	-	-	-	-	.. c
Argentine	-	-	-	-	-	-	-	-	-	-
Bolivie	-	-	-	-	-	-	-	-	-	-
Brésil	-	-	-	-	-	-	-	-	-	.. c
Colombie	-	-	-	-	-	-	-	-	-	-
Equateur	-	-	-	-	-	-	-	-	-	-
Paraguay	-	-	-	-	-	-	-	-	-	-
Pérou	-	-	-	-	-	-	-	-	-	-
Uruguay	-	-	-	-	-	-	-	-	-	-
Venezuela	-	-	-	-	-	-	-	-	-	-
ASIE	**35.5**	**48.7**	**-27.1**	**28.3**	**44.8**	**41.0**	**-**	**-12.4**	**11.8**	**-23.5**

Tableau 1. Flux d'investissement direct étranger par pays *(suite)*

Millions de dollars des ÉU

	Entrant					Sortant				
	2015	2016	2017	2018	2019	2015	2016	2017	2018	2019
Proche et Moyen Orient	2.2	29.9	-12.4	2.4	-	41.0	1.1	-13.5	13.0	-24.6
Pays du Golfe	-	2.2	-2.3	-1.2	3.4	.. c	.. c	.. c	.. c	.. c
Koweït	-	-	-	-	-	-	-	-	-	-
Qatar	-	-	-	-	-	-	-	-	-	-
Arabie saoudite	-	-	.. c	-	-	-	-	-	-	-
Emirats Arabes Unis	-	2.2	-1.1	-1.2	3.4	.. c	.. c	.. c	.. c	.. c
Autres pays du Proche et Moyen Orient	2.2	28.8	-9.0	2.4	-3.4	1.1	10.0	-	2.4	-4.5
Jordanie	-	-	-	-	-	-	-	-	-	-
Autres pays asiatiques	32.2	17.7	-14.7	26.0	43.7	1.1	-1.1	1.1	-	1.1
Chine	7.8	4.4	4.5	10.6	3.4	-	.. c	-	-	-
Hong Kong, Chine	-	-	-	2.4	2.2	-	-	-	-	-
Inde	-	-	-	-	5.6	-	-	-	-	-
Indonesie	-	-	-	-	-	-	-	-	-	-
République islamique d'Iran	-	-	-	-	-	-	-	-	-	-
Malaisie	.. c	-	-	-	-	-	.. c	-	-	-
Philippines	-	-	-	-	-	-	-	-	-	-
Singapour	18.9	5.5	4.5	1.2	3.4	-	-	-	-	-
Taipei Chinois	-	-	-	-	-	-	-	-	-	-
Thaïlande	-	-	-	-	-	-	-	-	-	-
Viet Nam	-	12.2	5.6	5.9	5.6	-	-	-	-	-
AUSTRALIE, OCÉANIE ET RÉGIONS POLAIRES	**-2.2**	**-**	**-1.1**	**-1.2**	**-25.7**	**-**	**-**	**-**	**-**	**-**
TOTAL MONDE non alloué et confidentiel	**213.0**	**116.1**	**77.8**	**116.8**	**231.7**	**22.2**	**12.2**	**29.3**	**56.7**	**.. d**
Union européenne (UE28)	**282.9**	**-182.5**	**838.7**	**534.6**	**766.8**	**52.1**	**74.1**	**85.7**	**100.3**	**-165.7**
Pays du G20 hors Union Européenne	**184.1**	**46.4**	**81.2**	**257.3**	**305.6**	**27.7**	**47.6**	**53.0**	**15.3**	**1.1**
Pays OCDE du G20	**71.0**	**-133.8**	**-53.0**	**-106.2**	**385.1**	**14.4**	**34.3**	**39.5**	**14.2**	**-48.1**
Pays non-OCDE du G20	**114.3**	**180.3**	**134.1**	**364.7**	**-79.5**	**13.3**	**13.3**	**13.5**	**1.2**	**49.3**
Pays MENA	**-**	**2.2**	**-2.3**	**-1.2**	**3.4**	**.. c**	**.. c**	**.. c**	**.. c**	**.. c**
Pays ANASE	**17.7**	**17.7**	**10.1**	**7.1**	**10.1**	**-**	**.. c**	**-**	**-**	**-**

- Néant ; .. Non disponible ; c Donnée confidentielle ; d Confidentialité Secondaire
Note : Voir les métadonnées détaillées sur : *http://metalinks.oecd.org/idi/20210722/947b.*
Source : *Statistiques de l'OCDE sur l'investissement direct international (base de données) : https://doi.org/10.1787/idi-data-fr*

Tableau 2. Encours des investissements directs étrangers par pays
En fin d'année

Millions de dollars des ÉU

	Entrant					Sortant				
	2015	2016	2017	2018	2019	2015	2016	2017	2018	2019
TOTAL MONDE	**14 732.7**	**14 325.9**	**17 618.1**	**17 473.1**	**17 889.2**	**1 837.8**	**1 933.2**	**2 241.5**	**2 338.0**	**2 183.8**
Pays membres de l'OCDE	**9 992.4**	**9 380.2**	**11 565.1**	**12 687.2**	**13 136.4**	**766.5**	**889.6**	**1 069.8**	**1 511.3**	**1 408.7**
Australie	2.2	1.1	-	-	-	-	-	-	-	-
Autriche	207.9	215.0	235.1	239.3	276.3	13.1	14.8	16.8	18.3	15.7
Belgique	31.6	53.8	34.8	57.2	85.4	-	-	-	1.1	-
Canada	17.4	12.6	14.4	14.9	14.6	-	-	-	-	-
Chili	-	-	-	-	-	-	-	-	-	-
République Tchèque	15.2	14.8	13.2	20.6	77.5	2.2	8.4	12.0	11.5	11.2
Danemark	622.8	629.3	704.0	651.5	659.4	9.8	20.0	22.8	13.7	13.5
Estonie	1 045.2	1 011.9	1 563.9	1 739.2	2 425.3	184.0	234.0	253.1	230.1	270.7
Finlande	436.6	433.2	452.1	471.7	549.3	16.3	14.8	19.2	14.9	20.2
France	87.1	95.9	115.1	169.5	142.7	24.0	22.1	27.6	22.9	27.0
Allemagne	787.2	643.0	784.4	869.0	1 150.3	22.9	22.1	43.2	55.0	48.3
Grèce	-	-	2.4	-	1.1	-	-	13.2	14.9	15.7
Hongrie	1.1	1.1	13.2	11.5	7.9	-	-	-	2.3	2.2
Islande	62.1	102.2	103.1	49.2	49.4	1.1	-	-	1.1	28.1
Irlande	15.2	7.4	54.0	19.5	56.2	4.4	-	-	-	-
Israël	65.3	29.5	37.2	63.0	65.2	-	-	2.4	3.4	1.1
Italie	33.8	101.2	91.1	106.5	83.1	14.2	13.7	15.6	46.9	46.1
Japon	-	1.1	-	-	-	-	-	-	-	-
Corée	50.1	40.1	10.8	8.0	30.3	-	-	-	-	-
Lettonie	-	-	-	-	-	-	-	-	-	-
Lituanie	712.0	754.7	1 103.4	1 075.1	1 182.9	314.6	363.7	485.7	565.6	424.6
Luxembourg	474.7	687.3	955.9	1 049.9	957.1	116.5	112.8	117.5	114.5	106.7
Mexique	-	-	1.2	-2.3	-3.4	-	9.5	15.6	-	-
Pays-Bas	1 335.9	1 274.4	1 464.4	1 246.9	1 271.6	106.7	103.3	117.5	113.4	112.3
Nouvelle-Zélande	27.2	27.4	30.0	25.2	1.1	-	-	-	-	-
Norvège	811.1	752.6	644.0	597.7	526.8	10.9	12.6	31.2	18.3	14.6
Pologne	66.4	70.6	119.9	116.8	143.8	55.5	65.4	63.6	35.5	34.8
Portugal	-	-	-	-	-	7.6	6.3	7.2	6.9	6.7
République slovaquie	3.3	2.1	1.2	3.4	1.1	22.9	20.0	67.2	34.3	27.0
Slovénie	-	-	-	-	-	2.2	2.1	3.6	3.4	3.4
Espagne	6.5	2.1	9.6	226.7	11.2	5.4	9.5	10.8	12.6	13.5
Suède	2 854.7	2 254.7	3 030.7	3 050.1	2 728.6	10.9	21.1	27.6	17.2	12.4
Suisse	197.1	238.2	351.4	277.1	235.9	96.9	111.7	67.2	48.1	68.5
Turquie	24.0	30.6	34.8	16.0	15.7	1.1	-	-	2.3	-
Royaume-Uni	545.5	442.7	518.1	324.0	235.9	22.9	27.4	30.0	25.2	4.5
Etats-Unis	166.6	205.5	173.9	188.9	152.8	15.2	36.9	85.2	80.1	77.5
EUROPE	**13 691.9**	**13 299.3**	**16 547.1**	**16 442.6**	**16 703.0**	**1 663.6**	**1 745.5**	**1 981.3**	**2 068.9**	**2 004.0**
Bulgarie	18.5	19.0	24.0	25.2	19.1	147.0	141.2	159.5	161.4	149.4
Croatie	-	-	-	-	-	-	-	-	-	-
Chypre	1 369.6	1 347.1	1 448.8	1 235.4	1 282.9	175.3	131.8	93.5	87.0	116.8
Malte	334.2	398.4	542.1	512.9	392.0	10.9	7.4	4.8	88.2	91.0
Roumanie	1.1	-	-3.6	1.1	3.4	5.4	5.3	15.6	9.2	13.5
Russie	1 277.1	1 392.4	1 841.0	1 947.6	1 805.2	117.6	134.9	121.1	115.6	161.8
Ukraine	149.2	150.7	158.3	154.6	162.9	44.6	19.0	20.4	52.7	24.7
AFRIQUE	**16.3**	**17.9**	**25.2**	**29.8**	**19.1**	**-**	**1.1**	**1.2**	**1.1**	**14.6**
Afrique septentrionale	-	-	-	-	-	-	-	-	-	-
Algérie	-	-	-	-	-	-	-	-	-	-
Egypte	-	-	-	-	-	-	-	-	-	-
Libye	-	-	-	-	-	-	-	-	-	-
Maroc	-	-	-	-	-	-	-	-	-	-
Tunisie	-	-	-	-	-	-	-	-	-	-
Autres pays africains	16.3	17.9	25.2	28.6	19.1	-	1.1	-	1.1	14.6
Nigéria	-	-	-	-	-	-	-	-	-	-
Afrique du Sud	4.4	1.1	-	8.0	-	-	-	-	-	-
AMÉRIQUE	**345.1**	**345.7**	**308.2**	**373.3**	**359.5**	**39.2**	**68.5**	**125.9**	**108.8**	**86.5**
Amérique du Nord	182.9	218.2	188.3	203.8	167.4	15.2	36.9	85.2	80.1	77.5
Amérique du Nord	162.2	127.5	119.9	168.3	191.0	22.9	30.6	39.6	28.6	7.9
Bahamas	-	-	-	-	-	2.2	1.1	1.2	1.1	1.1
Bermudes	-	17.9	10.8	10.3	13.5	-	-	-	-	-
Îles Cayman	4.4	6.3	10.8	18.3	10.1	-	-	-	-	-
Costa Rica	-	-	-	-	-	-	-	-	-	-
El Salvador	-	-	-	-	-	-	-	-	-	-
Guatemala	-	-	-	-	-	-	-	-	-	-
Honduras	-	-	-	-	-	-	-	-	-	-
Nicaragua	-	-	-	-	-	-	-	-	-	-
Panama	12.0	9.5	4.8	3.4	16.9	-	-	-	-	2.2
Îles Vierges, US	-	-	-	-	-	-	-	-	-	-
Amérique du Sud	-	-	-	1.1	1.1	-	1.1	1.2	-	1.1
Argentine	-	-	-	-	-	-	-	-	-	-
Bolivie	-	-	-	-	-	-	-	-	-	-
Brésil	-	-	-	-	-	-	1.1	1.2	-	1.1
Colombie	-	-	-	-	-	-	-	-	-	-
Equateur	-	-	-	-	-	-	-	-	-	-
Paraguay	-	-	-	-	-	-	-	-	-	-
Pérou	-	-	-	1.1	1.1	-	-	-	-	-
Uruguay	-	-	-	-	-	-	-	-	-	-
Venezuela	-	-	-	-	-	-	-	-	-	-
ASIE	**411.5**	**405.8**	**427.0**	**425.9**	**457.2**	**92.5**	**85.4**	**72.0**	**57.2**	**32.6**

Tableau 2. Encours des investissements directs étrangers par pays *(suite)*

En fin d'année

Millions de dollars des ÉU

	Entrant					Sortant				
	2015	2016	2017	2018	2019	2015	2016	2017	2018	2019
Proche et Moyen Orient	148.1	121.2	131.9	166.0	169.6	67.5	61.1	55.2	37.8	9.0
Pays du Golfe	15.2	2.1	-	12.6	16.9	39.2	29.5	12.0	21.8	-
Koweït	-	-	-	-	-	-	-	-	-	-
Qatar	-	-	-	-	-	-	-	-	-	-
Arabie saoudite	14.2	-	-2.4	-	-	-	-	-	-	-
Emirats Arabes Unis	-	3.2	2.4	12.6	16.9	39.2	29.5	12.0	21.8	-
Autres pays du Proche et Moyen Orient	133.9	119.1	131.9	152.3	152.8	28.3	31.6	43.2	17.2	9.0
Jordanie	-	-	-	-	-	-	-	-	-	-
Autres pays asiatiques	263.5	283.5	293.8	261.0	287.6	25.0	24.2	16.8	18.3	22.5
Chine	69.7	69.6	74.4	43.5	30.3	-	-	-	-	-
Hong Kong, Chine	3.3	1.1	2.4	4.6	14.6	-	-	-	-	-
Inde	1.1	1.1	3.6	2.3	6.7	-	-	-	-	-
Indonesie	-	-	-	-	-	-	-	-	-	-
République islamique d'Iran	-	-	-	-	-	-	-	-	-	-
Malaisie	-	-	-	-	-	-	1.1	1.2	1.1	1.1
Philippines	-	-	-	-	-	-	-	-	-	-
Singapour	64.2	65.4	79.2	74.4	68.5	-	-	-	-1.1	-1.1
Taipei Chinois	-	-	-	-	-	-	-	-	-	-
Thaïlande	-	-	-	-	-	-	-	2.4	5.7	3.4
Viet Nam	-	11.6	20.4	25.2	30.3	-	-	-	-	-
AUSTRALIE, OCÉANIE ET RÉGIONS POLAIRES	**42.5**	**29.5**	**31.2**	**27.5**	**1.1**	**-**	**-**	**-**	**-**	**-**
TOTAL MONDE non alloué et confidentiel	**225.4**	**227.7**	**279.4**	**174.0**	**349.4**	**42.5**	**32.7**	**61.2**	**101.9**	**46.1**
Union européenne (UE28)	**11 081.1**	**10 495.4**	**13 328.1**	**13 273.4**	**13 798.0**	**1 297.8**	**1 371.4**	**1 631.1**	**1 706.0**	**1 591.8**
Pays du G20 hors Union Européenne	**3 078.9**	**3 037.8**	**3 662.7**	**3 697.0**	**3 666.6**	**219.9**	**267.7**	**339.4**	**349.2**	**367.3**
Pays OCDE du G20	**1 712.6**	**1 573.7**	**1 745.0**	**1 695.7**	**1 823.2**	**101.3**	**131.8**	**215.9**	**232.4**	**203.3**
Pays non-OCDE du G20	**1 367.4**	**1 464.1**	**1 917.7**	**2 001.4**	**1 843.4**	**118.7**	**136.0**	**123.5**	**115.6**	**164.0**
Pays MENA	**15.2**	**2.1**	**-**	**13.7**	**16.9**	**39.2**	**29.5**	**12.0**	**21.8**	**-**
Pays ANASE	**65.3**	**78.0**	**99.5**	**98.5**	**98.9**	**-**	**1.1**	**3.6**	**6.9**	**4.5**

- Néant

Note : Voir les métadonnées détaillées sur : *http://metalinks.oecd.org/idi/20210722/947b*.

Source : *Statistiques de l'OCDE sur l'investissement direct international (base de données) : https://doi.org/10.1787/idi-data-fr*

Tableau 3. Revenus des investissements directs étrangers par pays

Millions de dollars des ÉU

	Entrant					Sortant				
	2015	2016	2017	2018	2019	2015	2016	2017	2018	2019
TOTAL MONDE	**1 154.7**	**1 188.8**	**1 389.9**	**1 861.2**	**1 588.5**	**154.2**	**117.2**	**216.4**	**157.0**	**111.9**
Pays membres de l'OCDE	**711.0**	**811.7**	**879.3**	**1 115.3**	**1 050.0**	**54.4**	**61.9**	**101.5**	**127.5**	**79.5**
Australie	-	-	-	-	-	-	-	-	-	-
Autriche	28.8	18.8	24.8	29.5	30.2	-	.. c	-	-	-
Belgique	-	3.3	.. c	4.7	10.1	-	-	-	-	-
Canada	-1.1	-	1.1	1.2	1.1	-	-	-	-	-
Chili	-	-	-	-	-	-	-	-	-	-
République Tchèque	4.4	6.6	-	9.4	6.7	-	.. c	.. c	-	.. c
Danemark	33.3	54.2	60.9	61.4	52.6	.. c	.. c	.. c	.. c	23.5
Estonie	74.3	89.6	112.7	146.3	170.2	-1.1	-1.1	11.3	10.6	11.2
Finlande	21.1	23.2	33.8	46.0	31.3	5.5	6.6	-	1.2	1.1
France	5.5	5.5	7.9	8.3	10.1	-	.. c	.. c	-	.. c
Allemagne	58.8	47.6	57.5	34.2	44.8	-	-	-1.1	-	-3.4
Grèce	-	-	-	-	-	-	-	-	-	-
Hongrie	.. c	-	-	-	-	-	-	-	-	-
Islande	-	10.0	7.9	-	-5.6	-	-	-	-	-
Irlande	-	-	5.6	1.2	1.1	-	-	-	-	-
Israël	-1.1	-1.1	-	-1.2	-	-	-	-	-	-
Italie	3.3	6.6	10.1	7.1	10.1	-	-	-	-	-
Japon	-	-	-	-	-	-	-	-	-	-
Corée	7.8	6.6	.. c	-	-	-	-	-	-	-
Lettonie	-	-	-	-	-	-	-	-	-	-
Lituanie	21.1	25.4	57.5	55.5	72.8	39.9	18.8	32.7	30.7	3.4
Luxembourg	41.0	48.7	120.6	81.4	113.1	-6.7	.. c	.. c	-5.9	-6.7
Mexique	-	-	-	-	-	-	-	-	-	-
Pays-Bas	68.8	54.2	82.3	102.7	113.1	-	-	-	.. c	.. c
Nouvelle-Zélande	.. c	-	-	-	-	-	-	-	-	-
Norvège	62.1	91.8	81.2	62.6	51.5	-	-	-	-	-
Pologne	2.2	6.6	9.0	15.3	21.3	12.2	26.5	27.1	35.4	-2.2
Portugal	-	-	-	-	-	.. c	-	-	-	-
République slovaquie	-	-	-	-	-	.. c	.. c	.. c	.. c	1.1
Slovénie	-	-	-	-	-	-	-	-	-	-
Espagne	.. c	2.2	1.1	11.8	3.4	.. c	5.5	.. c	-	12.3
Suède	277.3	291.9	239.0	384.8	288.8	8.9	11.1	11.3	3.5	-
Suisse	12.2	14.4	10.1	17.7	3.4	23.3	8.8	9.0	.. c	6.7
Turquie	-	-	3.4	4.7	3.4	-	-	-	-	-
Royaume-Uni	2.2	21.0	3.4	20.1	6.7	-6.7	-3.3	1.1	.. c	6.7
Etats-Unis	2.2	12.2	4.5	10.6	9.0	-	.. c	.. c	-	-
EUROPE	**925.1**	**1 046.1**	**1 192.7**	**1 480.0**	**1 279.5**	**109.8**	**88.5**	**140.9**	**132.2**	**97.4**
Bulgarie	-	.. c	2.3	1.2	.. c	.. c	-	-	-	-
Croatie	-	-	-	-	-	-	-	-	-	-
Chypre	76.5	95.1	160.1	194.7	114.2	15.5	16.6	5.6	-1.2	1.1
Malte	65.4	33.2	34.9	34.2	13.4	.. c	.. c	-	-	1.1
Roumanie	-	-	-	-	-	-	-	-	-	.. c
Russie	48.8	87.4	57.5	135.7	111.9	5.5	-6.6	5.6	3.5	13.4
Ukraine	12.2	12.2	1.1	8.3	3.4	-5.5	-5.5	-5.6	-	1.1
AFRIQUE	-	-	-	-	-	-	-	-	-	-
Afrique septentrionale	-	-	-	-	-	-	-	-	-	-
Algérie	-	-	-	-	-	-	-	-	-	-
Egypte	-	-	-	-	-	-	-	-	-	-
Libye	-	-	-	-	-	-	-	-	-	-
Maroc	-	-	-	-	-	-	-	-	-	-
Tunisie	-	-	-	-	-	-	-	-	-	-
Autres pays africains	-	-	-	-	-	-	-	-	-	-
Nigéria	-	-	-	-	-	-	-	-	-	-
Afrique du Sud	-	-	-	-	-	-	-	-	-	-
AMÉRIQUE	**3.3**	**14.4**	**-11.3**	**-30.7**	**-22.4**	-	**1.1**	**2.3**	-	-
Amérique du Nord	1.1	12.2	5.6	10.6	10.1	-	.. c	.. c	-	-
Amérique du Nord	2.2	2.2	-15.8	-41.3	-31.3	-	-	-	-	-
Bahamas	-	-	-	-	-	-	-	-	-	-
Bermudes	-	-	-	-	-	-	-	-	-	-
Îles Cayman	.. c	-	-	.. c	.. c	-	-	-	-	-
Costa Rica	-	-	-	-	-	-	-	-	-	-
El Salvador	-	-	-	-	-	-	-	-	-	-
Guatemala	-	-	-	-	-	-	-	-	-	-
Honduras	-	-	-	-	-	-	-	-	-	-
Nicaragua	-	-	-	-	-	-	-	-	-	-
Panama	-	-	-	-	-	-	-	-	-	-
Îles Vierges, US	-	-	-	-	-	-	-	-	-	-
Amérique du Sud	-	-	-	-	-	-	-	-	-	-
Argentine	-	-	-	-	-	-	-	-	-	-
Bolivie	-	-	-	-	-	-	-	-	-	-
Brésil	-	-	-	-	-	-	-	-	-	-
Colombie	-	-	-	-	-	-	-	-	-	-
Equateur	-	-	-	-	-	-	-	-	-	-
Paraguay	-	-	-	-	-	-	-	-	-	-
Pérou	-	-	-	-	-	-	-	-	-	-
Uruguay	-	-	-	-	-	-	-	-	-	-
Venezuela	-	-	-	-	-	-	-	-	-	-
ASIE	**10.0**	**4.4**	-	**2.4**	-	**25.5**	**11.1**	**21.4**	**1.2**	**1.1**

Tableau 3. Revenus des investissements directs étrangers par pays *(suite)*

Millions de dollars des ÉU

	Entrant					Sortant				
	2015	2016	2017	2018	2019	2015	2016	2017	2018	2019
Proche et Moyen Orient	-2.2	-3.3	-3.4	-3.5	-3.4	15.5	13.3	22.5	-	-
Pays du Golfe	-	-	1.1	3.5	2.2	-	.. c	.. c	.. c	-
Koweït	-	-	-	-	-	-	-	-	-	-
Qatar	-	-	-	-	-	-	-	-	-	-
Arabie saoudite	-	-	-	-	-	-	-	-	-	-
Emirats Arabes Unis	-	-	1.1	3.5	2.2	-	.. c	.. c	.. c	-
Autres pays du Proche et Moyen Orient	-2.2	-3.3	-4.5	-7.1	-5.6	14.4	11.1	21.4	-	-
Jordanie	-	-	-	-	-	-	-	-	-	-
Autres pays asiatiques	12.2	7.7	3.4	7.1	3.4	11.1	-2.2	-	1.2	1.1
Chine	-	-1.1	-	-	-	-	.. c	-	-	-
Hong Kong, Chine	1.1	-	-	-	-	-	-	-	-	-
Inde	-	-	-	-	-	-	-	-	-	-
Indonesie	-	-	-	-	-	-	-	-	-	-
République islamique d'Iran	-	-	-	-	-	-	-	-	-	-
Malaisie	-	-	-	-	-	-	-	-	-	-
Philippines	-	-	-	-	-	-	-	-	-	-
Singapour	3.3	3.3	2.3	5.9	4.5	-	-	-	-	.. c
Taipei Chinois	-	-	-	-	-	-	-	-	-	-
Thaïlande	-	-	-	-	-	-	-	-	-	-
Viet Nam	-	-	-	-	-	-	-	-	-	-
AUSTRALIE, OCÉANIE ET RÉGIONS POLAIRES	**.. c**	**-**	**-**	**-**	**-**	**-**	**-**	**-**	**-**	**-**
TOTAL MONDE non alloué et confidentiel	**.. d**	**123.9**	**208.5**	**409.5**	**331.4**	**18.9**	**16.6**	**51.9**	**23.6**	**13.4**
Union européenne (UE28)	**788.7**	**831.6**	**1 029.2**	**1 244.0**	**1 112.7**	**84.3**	**88.5**	**128.5**	**119.2**	**73.9**
Pays du G20 hors Union Européenne	**126.5**	**184.7**	**145.4**	**220.7**	**197.0**	**-2.2**	**-16.6**	**9.0**	**4.7**	**24.6**
Pays OCDE du G20	**77.6**	**99.5**	**87.9**	**86.2**	**85.1**	**-6.7**	**-7.7**	**3.4**	**1.2**	**11.2**
Pays non-OCDE du G20	**48.8**	**86.3**	**57.5**	**135.7**	**111.9**	**5.5**	**-7.7**	**5.6**	**3.5**	**13.4**
Pays MENA	**-**	**-**	**1.1**	**3.5**	**2.2**	**-**	**.. c**	**.. c**	**.. c**	**-**
Pays ANASE	**3.3**	**3.3**	**2.3**	**5.9**	**4.5**	**-**	**-**	**-**	**-**	**.. c**

- Néant ; .. Non disponible ; c Donnée confidentielle ; d Confidentialité Secondaire
Note : Voir les métadonnées détaillées sur : *http://metalinks.oecd.org/idi/20210722/947b.*
Source : *Statistiques de l'OCDE sur l'investissement direct international (base de données) : https://doi.org/10.1787/idi-data-fr*

LETTONIE

Tableau 4. Investissement direct étranger : flux par secteur industriel

Millions de dollars des ÉU

	Entrant					Sortant				
	2015	2016	2017	2018	2019	2015	2016	2017	2018	2019
All FDI activities	**738.8**	**254.3**	**706.8**	**966.6**	**874.3**	**71.0**	**159.2**	**133.0**	**205.4**	**-105.2**
Agriculture, sylviculture et pêche	**13.3**	**14.4**	**45.1**	**15.3**	**11.2**	**-**	**.. c**	**-**	**-**	**-**
Industries extractives	**7.8**	**1.1**	**12.4**	**-**	**13.4**	**-**	**-**	**-**	**-**	**-**
Activités d'extraction	7.8	1.1	12.4	-	13.4	-	-	-	-	-
Activités de fabrication	**-53.2**	**22.1**	**32.7**	**159.3**	**115.3**	**23.3**	**73.0**	**25.9**	**10.6**	**3.4**
dont :										
Produits alimentaires, boissons et tabac	-28.8	-16.6	-37.2	131.0	13.4	-	-	-	-	-
Textiles, bois, papier, imprimerie	-69.9	22.1	58.6	2.4	30.2	6.7	56.4	9.0	16.5	-10.1
Produits pétroliers, chimiques, pharmaceutiques, caoutchouc, plastique, minéraux	-2.2	5.5	-20.3	48.4	4.5	.. c	.. c	-18.0	9.4	4.5
Ouvrages en métaux et machines, sauf matériels électriques	25.5	4.4	14.7	11.8	14.6	-1.1	-	-	.. c	-2.2
Automobiles, remorques, semi-remorques, autres matériels de transport	10.0	5.5	22.5	13.0	24.6	-	-	-	-	-
Autres activités de fabrication	12.2	1.1	-6.8	-48.4	28.0	18.9	.. c	.. c	-16.5	.. c
Production et distribution d'électricité, de gaz, de vapeur et de climatisation	**-24.4**	**24.3**	**-73.3**	**-24.8**	**1.1**	**.. c**	**-1.1**	**.. c**	**.. c**	**.. c**
Distribution de l'eau ; assainissement, traitement des déchets et dépollution	**1.1**	**-**	**-1.1**	**-1.2**	**-**	**-**	**-**	**-**	**-**	**-**
Construction	**22.2**	**15.5**	**72.1**	**64.9**	**-56.0**	**2.2**	**29.9**	**.. c**	**3.5**	**-31.3**
Services	**485.9**	**87.4**	**485.9**	**546.4**	**509.3**	**17.7**	**39.8**	**83.4**	**119.2**	**-60.5**
Commerce de gros et de détail ; réparations automobiles et motocycles	61.0	267.6	69.9	310.4	-3.4	8.9	33.2	9.0	85.0	-5.6
Transport et entreposage	56.6	66.4	51.9	30.7	11.2	-21.1	-	1.1	2.4	32.5
Activités d'hébergement et de restauration	-13.3	4.4	25.9	-22.4	-7.8	.. c	-	-	-	-
Information et communication	6.7	33.2	-45.1	-2.4	31.3	-	4.4	-	8.3	19.0
Activités financières et d'assurances	352.7	-205.7	310.0	186.5	160.1	24.4	-16.6	67.6	34.2	-97.4
Activités des sociétés holding	85.4	-6.6	18.0	44.8	10.1	-41.0	-17.7	2.3	11.8	-81.7
Activités immobilières	-75.4	-66.4	129.6	182.9	286.6	.. c	8.8	.. c	9.4	1.1
Activités professionnelles, scientifiques et techniques	91.0	-21.0	-78.9	-178.2	39.2	11.1	14.4	5.6	-16.5	-10.1
Activités de services administratifs et d'appui	-2.2	-	13.5	3.5	-	-	-	-1.1	3.5	1.1
Administration publique; activités des ménages et des organismes extra-territoriaux	-	-	-	-	-	-	-	-	-	-
Éducation	-	-	-	3.5	-	-	.. c	-	-	-
Santé humaine et action sociale	-	4.4	-	1.2	2.2	-	-	-	-	-
Arts, spectacles et loisirs	10.0	5.5	9.0	29.5	-10.1	1.1	.. c	-	.. c	-
Autres services	-	-	-	-	-	-	-	-	-	-
Not allocated and confidential	**.. c**	**.. c**	**.. c**	**.. c**	**.. c**	**.. c**	**.. c**	**.. c**	**.. c**	**.. c**
Activités immobilières privées	**.. c**	**.. c**	**.. c**	**.. c**	**.. c**	**33.3**	**14.4**	**11.3**	**15.3**	**13.4**

- Néant ; c Donnée confidentielle

Note : Voir les métadonnées détaillées sur : *http://metalinks.oecd.org/idi/20210722/947b.*

Source : *Statistiques de l'OCDE sur l'investissement direct international (base de données) : https://doi.org/10.1787/idi-data-fr*

Tableau 5. Encours des investissement directs étrangers par secteur industriel
En fin d'année

Millions de dollars des ÉU

	Entrant					Sortant				
	2015	2016	2017	2018	2019	2015	2016	2017	2018	2019
All FDI activities	**14 732.7**	**14 325.9**	**17 618.1**	**17 473.1**	**17 889.2**	**1 837.8**	**1 933.2**	**2 241.5**	**2 338.0**	**2 183.8**
Agriculture, sylviculture et pêche	**667.4**	**597.7**	**736.4**	**661.8**	**726.8**	**-3.3**	**3.2**	**3.6**	**-**	**-**
Industries extractives	**124.1**	**121.2**	**148.7**	**167.2**	**140.4**	**-**	**-**	**-**	**-**	**-**
Activités d'extraction	124.1	121.2	148.7	167.2	140.4	-	-	-	-	-
Activités de fabrication	**1 667.9**	**1 690.7**	**1 978.9**	**2 039.2**	**2 075.9**	**123.0**	**205.5**	**248.3**	**206.1**	**216.8**
dont :										
Produits alimentaires, boissons et tabac	229.7	269.8	261.5	317.2	307.8	.. c	1.1	.. c	1.1	.. c
Textiles, bois, papier, imprimerie	512.8	529.1	629.6	706.4	684.1	58.8	113.8	133.1	140.8	128.1
Produits pétroliers, chimiques, pharmaceutiques, caoutchouc, plastique, minéraux	101.3	80.1	88.8	156.9	124.7	27.2	50.6	27.6	37.8	51.7
Ouvrages en métaux et machines, sauf matériels électriques	188.4	171.8	244.7	198.1	242.6	2.2	4.2	3.6	5.7	4.5
Automobiles, remorques, semi-remorques, autres matériels de transport	62.1	98.0	124.7	132.8	159.5	-	-	-	-	-
Autres activités de fabrication	573.8	541.8	629.6	527.8	557.2	38.1	35.8	82.8	21.8	31.5
Production et distribution d'électricité, de gaz, de vapeur et de climatisation	**548.7**	**521.8**	**686.0**	**636.6**	**596.5**	**10.9**	**10.5**	**9.6**	**22.9**	**12.4**
Distribution de l'eau ; assainissement, traitement des déchets et dépollution	**15.2**	**11.6**	**4.8**	**6.9**	**10.1**	**-**	**-**	**-**	**-**	**-**
Construction	**567.2**	**647.2**	**663.2**	**724.8**	**634.7**	**13.1**	**43.2**	**49.2**	**53.8**	**25.8**
Services	**10 157.9**	**9 821.9**	**12 266.7**	**12 190.3**	**12 492.7**	**1 380.5**	**1 372.4**	**1 567.5**	**1 597.2**	**1 533.4**
Commerce de gros et de détail ; réparations automobiles et motocycles	1 886.8	2 094.4	2 468.2	2 781.1	2 712.9	364.7	337.3	370.6	450.0	413.4
Transport et entreposage	550.9	600.8	1 057.8	891.9	900.9	3.3	7.4	7.2	6.9	44.9
Activités d'hébergement et de restauration	182.9	148.6	235.1	182.0	251.6	-	-	-	-	-
Information et communication	434.4	457.5	594.9	557.6	607.7	3.3	5.3	6.0	6.9	20.2
Activités financières et d'assurances	4 214.5	3 730.4	4 218.0	4 194.0	4 253.0	836.1	841.2	940.3	899.9	813.3
Activités des sociétés holding	746.9	758.9	526.5	654.9	634.7	192.7	206.6	202.7	334.3	247.1
Activités immobilières	1 951.0	1 917.4	2 620.5	2 788.0	2 980.2	32.7	40.1	48.0	41.2	50.6
Activités professionnelles, scientifiques et techniques	564.0	548.1	730.4	343.5	356.1	124.1	127.5	175.1	163.7	165.1
Activités de services administratifs et d'appui	236.3	191.8	176.3	214.1	235.9	8.7	7.4	14.4	27.5	23.6
Administration publique; activités des ménages et des organismes extra-territoriaux	-	-	-	-	-	-	-	-	-	-
Éducation	3.3	10.5	7.2	28.6	27.0	-	2.1	1.2	1.1	-
Santé humaine et action sociale	6.5	10.5	7.2	9.2	9.0	-	-	-	-	-
Arts, spectacles et loisirs	107.8	108.6	147.5	199.2	159.5	5.4	4.2	4.8	1.1	1.1
Autres services	18.5	2.1	3.6	1.1	1.1	-	-	-	-	-
Not allocated and confidential	**226.5**	**183.4**	**247.1**	**176.3**	**344.9**	**6.5**	**-5.3**	**20.4**	**60.7**	**-12.4**
Activités immobilières privées	**757.8**	**730.5**	**886.3**	**870.2**	**867.2**	**307.0**	**303.6**	**343.0**	**397.3**	**407.8**

- Néant ; c Donnée confidentielle

Note : Voir les métadonnées détaillées sur : *http://metalinks.oecd.org/idi/20210722/947b.*

Source : *Statistiques de l'OCDE sur l'investissement direct international (base de données) : https://doi.org/10.1787/idi-data-fr*

LETTONIE

Tableau 6. Revenus des investissements directs étrangers par secteur industriel

Millions de dollars des ÉU

	Entrant					Sortant				
	2015	2016	2017	2018	2019	2015	2016	2017	2018	2019
All FDI activities	**1 154.7**	**1 188.8**	**1 389.9**	**1 861.2**	**1 588.5**	**154.2**	**117.2**	**216.4**	**157.0**	**111.9**
Agriculture, sylviculture et pêche	**7.8**	**-**	**12.4**	**7.1**	**3.4**	**-**	**-**	**-**	**-**	**-**
Industries extractives	**11.1**	**12.2**	**16.9**	**14.2**	**17.9**	**-**	**-**	**-**	**-**	**-**
Activités d'extraction	11.1	12.2	16.9	14.2	17.9	-	-	-	-	-
Activités de fabrication	**99.8**	**139.3**	**228.8**	**246.7**	**192.5**	**2.2**	**1.1**	**6.8**	**2.4**	**1.1**
dont :										
Produits alimentaires, boissons et tabac	-1.1	8.8	30.4	36.6	29.1	-	-	-	-	-
Textiles, bois, papier, imprimerie	65.4	97.3	143.2	151.1	87.3	-	1.1	1.1	.. c	2.2
Produits pétroliers, chimiques, pharmaceutiques, caoutchouc, plastique, minéraux	1.1	1.1	1.1	8.3	4.5	.. c	-	.. c	-	-
Ouvrages en métaux et machines, sauf matériels électriques	-	5.5	7.9	11.8	12.3	-	-	-	-	-
Automobiles, remorques, semi-remorques, autres matériels de transport	7.8	13.3	13.5	11.8	10.1	-	-	-	-	-
Autres activités de fabrication	26.6	13.3	32.7	28.3	50.4	-	-	-	-	-
Production et distribution d'électricité, de gaz, de vapeur et de climatisation	**38.8**	**54.2**	**39.5**	**31.9**	**28.0**	**.. c**	**.. c**	**.. c**	**-**	**-**
Distribution de l'eau ; assainissement, traitement des déchets et dépollution	**-**	**-**	**-**	**-**	**-**	**-**	**-**	**-**	**-**	**-**
Construction	**4.4**	**-2.2**	**1.1**	**-7.1**	**4.5**	**-**	**-1.1**	**-**	**-**	**-**
Services	**783.1**	**883.6**	**901.8**	**1 172.0**	**1 017.6**	**137.5**	**106.2**	**163.5**	**142.8**	**104.1**
Commerce de gros et de détail ; réparations automobiles et motocycles	187.5	219.0	250.3	395.4	306.7	45.5	26.5	28.2	18.9	16.8
Transport et entreposage	33.3	29.9	55.2	31.9	35.8	1.1	-	1.1	1.2	-
Activités d'hébergement et de restauration	1.1	1.1	10.1	-3.5	-3.4	.. c	-	-	-	-
Information et communication	35.5	44.2	83.4	108.6	129.9	.. c	-	-	8.3	10.1
Activités financières et d'assurances	440.4	503.2	405.8	522.8	460.1	79.9	79.6	128.5	115.7	76.1
Activités des sociétés holding	72.1	36.5	39.5	66.1	61.6	18.9	2.2	19.2	8.3	15.7
Activités immobilières	38.8	31.0	39.5	83.8	58.2	-	-3.3	-	-1.2	-
Activités professionnelles, scientifiques et techniques	11.1	15.5	9.0	-26.0	-29.1	7.8	4.4	4.5	4.7	2.2
Activités de services administratifs et d'appui	1.1	-1.1	14.7	10.6	14.6	-	-	-	-	-
Administration publique; activités des ménages et des organismes extra-territoriaux	-	-	-	-	-	-	-	-	-	-
Éducation	-	-	-	-	-1.1	-	-	-	-	-
Santé humaine et action sociale	-	-	-	-	-	-	-	-	-	-
Arts, spectacles et loisirs	33.3	39.8	34.9	48.4	44.8	-	.. c	-	.. c	-
Autres services	-	-	-	-	-	-	-	-	-	-
Not allocated and confidential	**209.7**	**101.7**	**189.4**	**396.6**	**324.6**	**.. c**	**.. c**	**.. c**	**11.8**	**6.7**
Activités immobilières privées	**-**	**-**	**-**	**-**	**-**	**-**	**-**	**-**	**-**	**-**

- Néant ; c Donnée confidentielle

Note : Voir les métadonnées détaillées sur : *http://metalinks.oecd.org/idi/20210722/947b*.

Source : *Statistiques de l'OCDE sur l'investissement direct international (base de données)* : *https://doi.org/10.1787/idi-data-fr*

LITUANIE

Tableau 1. Flux d'investissement direct étranger par pays

Millions de dollars des ÉU

	Entrant					Sortant				
	2015	2016	2017	2018	2019	2015	2016	2017	2018	2019
TOTAL MONDE	**1 054.8**	**302.3**	**1 018.6**	**976.0**	**1 169.4**	**377.1**	**43.1**	**80.1**	**703.8**	**143.4**
Pays membres de l'OCDE	**1 175.0**	**-185.1**	**1 082.4**	**583.1**	**753.1**	**206.7**	**-95.4**	**-163.2**	**610.3**	**36.5**
Australie	1.6	-3.3	0.1	8.0	-31.1	-	-	-	.. c	-
Autriche	9.0	31.4	-42.5	20.9	-2.7	0.0	.. c	.. d	0.2	-0.1
Belgique	6.3	-47.9	9.3	.. d	7.6	.. d	.. d	.. d	1.5	0.6
Canada	1.2	-0.4	19.1	.. d	-297.6	0.8	.. c	.. d	0.1	.. d
Chili	.. c	.. d	.. d	-	-0.1	-	-	-	-	-
République Tchèque	3.0	-1.7	0.8	-6.3	0.5	1.2	0.6	4.9	0.6	-0.3
Danemark	-36.3	46.2	52.7	59.2	53.1	.. d	-2.1	-1.1	-0.1	0.2
Estonie	90.5	23.5	172.2	128.9	1 261.4	94.8	-34.1	185.3	121.0	77.3
Finlande	14.4	68.7	-36.3	-57.9	88.5	0.6	0.4	0.4	-0.4	0.0
France	42.6	19.5	157.7	-77.8	99.5	2.3	1.9	0.3	-1.3	1.6
Allemagne	111.0	-144.3	15.6	239.3	179.3	-10.5	5.2	4.2	-1.5	39.3
Grèce	.. d	1.3	.. d	-0.9	0.0	1.4	1.1	1.0	0.5	0.9
Hongrie	0.5	2.9	-4.3	4.8	-1.4	16.6	-1.0	-2.6	-0.2	0.0
Islande	-7.0	2.0	1.5	-0.7	8.0	-	.. d	.. c	-	-
Irlande	20.7	5.0	20.2	16.8	57.2	.. c	.. d	143.5	-94.3	0.0
Israël	9.9	15.3	13.7	16.9	4.9	-	.. c	-	.. c	-
Italie	-3.8	18.7	4.6	8.9	-1.3	.. d	1.6	1.3	1.4	14.9
Japon	.. d	-0.6	0.3	-0.6	-4.1	.. c	-	-	-	.. c
Corée	.. d	-0.2	-0.1	-0.4	0.6	-	-	-	.. c	.. c
Lettonie	17.6	6.4	20.4	5.8	25.4	190.1	53.4	49.7	157.9	97.1
Lituanie	-	-	-	-	-	-	-	-	-	-
Luxembourg	-38.4	-69.0	-23.0	134.3	169.2	.. d	.. c	.. c	11.9	5.6
Mexique	.. d	-0.2	.. d	.. d	1.5	-	-	-	-	.. d
Pays-Bas	242.1	560.1	154.2	130.5	67.1	46.7	-81.7	-10.6	-31.0	17.7
Nouvelle-Zélande	.. c	.. c	.. d	0.0	-0.2	-	-	-	.. c	.. c
Norvège	90.1	90.1	-627.1	55.9	28.7	0.3	-0.1	1.3	-0.7	0.6
Pologne	-85.5	287.0	-60.3	101.3	62.0	4.9	4.1	18.7	194.2	-216.0
Portugal	.. d	0.8	0.3	0.4	0.7	0.2	-	.. c	0.2	0.9
République slovaquie	.. d	.. d	2.2	.. d	.. d	-0.8	1.3	0.1	-0.5	0.2
Slovénie	.. d	-1.4	3.9	-2.3	-4.4	0.1	0.3	-0.1	0.2	-0.3
Espagne	30.3	7.7	7.8	20.2	-1.5	.. d	4.1	-1.6	0.4	-3.6
Suède	284.8	-610.0	1 101.9	163.7	-857.6	33.6	-1.4	-11.4	246.8	6.2
Suisse	245.9	-276.8	40.6	72.8	87.5	.. c	.. d	.. d	-0.2	0.2
Turquie	.. d	-0.1	-0.2	0.3	.. d	.. c	0.6	.. c	-1.8	.. c
Royaume-Uni	124.5	-258.7	5.9	-338.4	-259.5	2.6	1.3	-5.3	-4.1	2.8
Etats-Unis	3.8	41.4	71.7	.. d	13.4	.. d	2.7	0.3	10.9	.. d
EUROPE	**1 028.4**	**-16.1**	**749.2**	**1 160.9**	**1 158.8**	**380.0**	**21.7**	**48.9**	**687.8**	**154.6**
Bulgarie	0.6	1.1	-0.8	2.9	-0.4	23.0	-1.3	-22.4	-4.1	-9.0
Croatie	.. d	.. d	.. d	-0.5	3.2	0.9	0.6	0.4	0.5	0.6
Chypre	-225.0	228.7	184.4	67.6	-0.2	-61.1	93.3	165.6	98.3	-52.3
Malte	4.3	-28.6	-432.7	340.8	-6.7	-	0.1	.. c	-47.0	44.8
Roumanie	8.0	1.0	1.2	28.3	3.7	6.7	4.7	7.7	-2.7	-5.5
Russie	40.9	44.1	-15.2	-7.7	18.8	3.9	26.0	-3.6	17.9	21.8
Ukraine	6.5	-7.3	13.8	24.2	22.5	2.1	-19.6	26.9	25.0	91.1
AFRIQUE	**-0.9**	**-0.5**	**-4.8**	**1.9**	**-14.8**	**.. c**	**.. d**	**.. d**	**0.3**	**0.9**
Afrique septentrionale	0.7	-2.0	-2.7	0.0	-0.1	-	-	-	-	-
Algérie	0.0	-	-	-	.. d	-	-	-	-	-
Egypte	0.7	-2.0	-2.8	-	.. d	-	-	-	-	-
Libye	-	-	0.0	0.1	-	-	-	-	-	-
Maroc	-	-	-	-	.. c	-	-	-	-	-
Tunisie	-	-	-	0.0	-	-	-	-	-	-
Autres pays africains	-1.6	1.5	-2.0	1.9	-14.7	.. c	.. d	.. d	0.3	0.9
Nigéria	-	.. c	.. c	0.2	-	-	-	.. c	.. c	-
Afrique du Sud	.. d	.. d	.. d	-0.7	-0.5	-	-	-	-	-
AMÉRIQUE	**-11.9**	**44.1**	**89.5**	**-419.7**	**-313.6**	**.. d**	**2.8**	**-0.8**	**11.3**	**-10.7**
Amérique du Nord	5.0	41.1	90.8	-130.1	-284.2	.. d	2.7	0.4	11.0	-10.0
Amérique du Nord	.. d	2.9	-1.6	-289.6	-29.4	-	.. d	.. c	.. d	-0.6
Bahamas	.. c	.. c	-	-	-	-	-	-	-	-
Bermudes	.. c	.. d	.. d	.. c	.. d	-	-	-	-	-
Îles Cayman	.. d	.. d	.. d	-0.7	.. c	-	-	-	-	-
Costa Rica	.. c	.. c	.. c	-	.. c	-	-	-	-	-
El Salvador	0.1	-	-	-	-	-	-	-	-	-
Guatemala	-	-	-	-	-	-	-	-	-	-
Honduras	-	-	-	-	-	-	-	-	-	-
Nicaragua	-	-	-	-	-	-	-	-	-	-
Panama	-1.1	.. d	-5.4	-1.3	-0.3	-	-	-	.. c	.. c
Îles Vierges, US	-	.. c	-	-	-	-	-	-	-	-
Amérique du Sud	.. d	0.1	0.3	0.0	0.1	-	-	.. c	.. c	-
Argentine	.. c	-	-	0.0	.. c	-	-	-	-	-
Bolivie	-	-	-	-	-	-	-	-	-	-
Brésil	0.6	.. d	.. d	.. d	.. d	-	-	-	-	-
Colombie	.. c	.. c	.. c	.. c	-0.1	-	-	-	-	-
Equateur	-	-	-	0.0	0.0	-	-	-	-	-
Paraguay	-	-	-	-	-	-	-	-	-	-
Pérou	.. c	.. c	.. d	-	-	-	-	-	-	-
Uruguay	-	-	-	-	-	-	-	.. c	.. c	-
Venezuela	0.0	0.0	-	-	-	-	-	-	-	-
ASIE	**.. d**	**.. d**	**171.3**	**174.0**	**364.2**	**-4.3**	**18.7**	**32.4**	**.. d**	**.. d**

Tableau 1. Flux d'investissement direct étranger par pays *(suite)*

Millions de dollars des ÉU

	Entrant					Sortant				
	2015	2016	2017	2018	2019	2015	2016	2017	2018	2019
Proche et Moyen Orient	9.9	17.3	16.3	19.4	65.7	-6.7	2.7	4.7	1.7	5.3
Pays du Golfe	0.6	-0.1	1.1	1.6	64.2	.. d	.. d	.. d	1.0	4.4
Koweït	-	-	-	-	-	-	-	-	-	-
Qatar	.. c	-	-	-	0.0	-	-	-	-	-
Arabie saoudite	.. c	-	-	-	-0.1	-	-	-	-	-
Emirats Arabes Unis	0.2	0.3	0.9	1.6	.. d	.. d	.. d	.. c	-0.4	.. d
Autres pays du Proche et Moyen Orient	9.3	17.5	15.2	17.8	1.5	.. d	.. d	.. d	0.7	0.9
Jordanie	0.1	-	-	-	-	-	-	-	-	-
Autres pays asiatiques	.. d	.. d	155.0	154.6	298.4	2.4	16.1	27.7	.. d	.. d
Chine	0.5	2.3	2.9	-2.2	2.2	.. d	.. d	20.8	0.9	-9.4
Hong Kong, Chine	13.3	311.1	144.5	195.3	254.6	-	-	-	.. d	.. c
Inde	-0.3	0.0	-0.2	-0.6	11.8	-	-	-	-	-
Indonesie	-	-	-	0.0	.. d	.. c	.. c	.. c	.. c	.. c
République islamique d'Iran	.. d	-0.1	0.1	0.0	-	-	-	-	-	-
Malaisie	.. d	.. d	.. c	.. d	.. d	-	-	-	-	-
Philippines	.. c	.. c	-0.1	0.1	-0.1	-	-	-	-	.. c
Singapour	22.0	-2.1	0.6	-28.6	35.3	-	-	0.7	0.1	-
Taipei Chinois	.. d	0.0	0.1	-0.2	0.5	-	-	-	-	-
Thaïlande	-12.9	-61.1	4.8	.. d	.. d	.. c	.. c	-	.. c	-
Viet Nam	-	0.1	-	-	0.1	-	-	-	-	-
AUSTRALIE, OCÉANIE ET RÉGIONS POLAIRES	**.. d**	**.. d**	**0.0**	**8.0**	**-31.3**	**-**	**-**	**-**	**.. c**	**.. c**
TOTAL MONDE non alloué et confidentiel	**.. d**	**.. d**	**13.4**	**50.9**	**6.2**	**- d**	**- d**	**- d**	**.. d**	**- d**
Union européenne (UE28)	**633.1**	**149.8**	**1 316.3**	**1 000.4**	**942.7**	**364.6**	**-1.4**	**-14.4**	**648.2**	**23.6**
Pays du G20 hors Union Européenne	**325.1**	**-281.9**	**261.7**	**-302.2**	**-264.4**	**2.7**	**55.5**	**21.7**	**23.7**	**61.9**
Pays OCDE du G20	**283.4**	**-328.2**	**274.4**	**-291.1**	**-300.8**	**-2.2**	**13.3**	**1.0**	**3.9**	**49.3**
Pays non-OCDE du G20	**41.7**	**46.4**	**-12.7**	**-11.1**	**36.3**	**4.8**	**42.2**	**20.6**	**19.8**	**12.6**
Pays MENA	**.. d**	**-2.4**	**-1.9**	**1.6**	**64.1**	**.. d**	**.. d**	**.. d**	**.. d**	**.. d**
Pays ANASE	**9.1**	**-63.1**	**5.2**	**-36.7**	**33.0**	**.. c**	**.. c**	**3.9**	**0.5**	**0.2**

- Néant ; .. Non disponible ; c Donnée confidentielle ; d Confidentialité Secondaire
Note : Voir les métadonnées détaillées sur : *http://metalinks.oecd.org/idi/20210722/947b*.
Source : *Statistiques de l'OCDE sur l'investissement direct international (base de données) : https://doi.org/10.1787/idi-data-fr*

Tableau 2. Encours des investissements directs étrangers par pays
En fin d'année

Millions de dollars des ÉU

	Entrant					Sortant				
	2015	2016	2017	2018	2019	2015	2016	2017	2018	2019
TOTAL MONDE	**16 046.9**	**16 171.1**	**19 621.7**	**19 417.6**	**20 853.4**	**3 670.0**	**3 713.7**	**4 330.1**	**4 835.7**	**4 795.6**
Pays membres de l'OCDE	**12 059.8**	**13 645.5**	**15 509.2**	**16 230.8**	**17 275.3**	**2 285.8**	**2 822.2**	**3 077.7**	**3 553.6**	**3 431.8**
Australie	.. d	.. d	.. d	.. d	8.5	-	-	-	.. c	.. c
Autriche	167.0	138.7	176.0	175.0	165.4	0.1	0.1	0.7	0.9	0.8
Belgique	222.1	278.2	365.1	278.0	116.6	2.2	1.3	4.5	6.2	6.2
Canada	361.3	.. d	465.5	377.0	152.5	0.8	0.6	0.8	.. d	.. d
Chili	0.0	0.0	0.1	0.0	0.0	-	-	-	-	-
République Tchèque	12.8	12.6	14.5	7.8	14.7	2.7	2.8	7.2	6.1	5.9
Danemark	768.8	808.4	911.9	914.2	902.1	3.1	1.4	2.0	-0.4	1.6
Estonie	706.5	859.7	1 087.3	1 063.1	1 461.0	383.6	406.3	665.0	764.6	805.3
Finlande	533.0	570.8	689.4	626.2	676.9	2.9	3.2	5.0	4.5	4.7
France	408.3	441.0	476.0	460.6	530.9	8.4	9.4	11.4	10.0	11.8
Allemagne	1 064.5	1 090.2	1 324.1	1 299.2	1 605.3	10.6	12.3	22.9	21.5	61.0
Grèce	0.6	0.7	1.1	1.1	3.3	5.4	6.3	8.3	8.4	9.5
Hongrie	5.1	5.9	5.6	5.4	6.2	21.3	20.0	20.1	21.2	20.9
Islande	39.8	38.1	44.0	32.9	38.1	-	0.2	0.3	0.3	0.2
Irlande	42.3	43.4	52.8	57.1	68.3	0.7	-49.4	96.5	0.6	0.1
Israël	-37.6	42.8	163.8	-180.5	-166.5	-	.. c	.. c	.. d	-1.4
Italie	39.9	43.6	61.5	63.9	60.8	27.2	9.2	12.2	13.1	29.5
Japon	94.3	23.2	19.8	21.4	10.8	.. c	.. c	.. c	.. c	.. c
Corée	0.2	0.1	0.1	-	0.1	-	-	-	.. c	.. c
Lettonie	190.7	204.9	315.7	291.8	462.9	614.4	689.8	876.1	1 001.3	1 057.5
Lituanie	1 641.5	467.7	645.8	1 010.6	886.2	-	-	-	-	-
Luxembourg	176.1	144.9	179.1	189.1	384.8	528.3	511.5	-1.2	10.4	26.2
Mexique	.. d	.. d	.. d	.. d	.. d	-	-	-	-	.. d
Pays-Bas	538.2	929.5	1 261.3	1 442.0	1 398.2	867.6	766.2	852.9	808.0	815.5
Nouvelle-Zélande	.. d	.. d	.. d	.. d	.. d	-	-	-	.. c	-
Norvège	1 103.7	1 047.5	469.4	443.4	472.2	6.6	4.3	7.0	6.0	6.4
Pologne	525.6	696.6	873.4	965.5	973.0	325.7	323.2	382.3	549.4	303.1
Portugal	.. d	.. d	.. d	.. d	11.1	0.2	0.2	0.3	0.4	1.3
République slovaquie	.. d	.. d	11.6	10.0	10.3	7.4	9.4	9.8	8.8	8.9
Slovénie	0.4	0.8	.. d	23.4	13.9	0.7	0.9	0.9	1.1	0.7
Espagne	60.3	69.0	82.0	74.3	85.4	4.5	8.3	7.9	8.5	5.0
Suède	3 683.2	3 124.1	3 360.4	3 368.8	3 477.6	35.5	38.6	36.0	250.8	201.1
Suisse	310.0	426.9	429.1	439.9	684.5	.. d	0.7	1.1	0.9	1.0
Turquie	0.6	1.0	1.2	0.9	1.1	0.7	2.2	.. c	.. d	.. c
Royaume-Uni	242.4	1 501.6	1 648.8	1 983.2	1 962.6	34.9	34.6	31.7	26.7	30.9
Etats-Unis	960.9	716.7	991.0	743.2	781.9	5.1	8.9	13.7	.. d	.. d
EUROPE	**13 926.8**	**14 354.0**	**17 139.4**	**17 510.7**	**19 145.1**	**3 667.3**	**3 692.2**	**4 268.0**	**4 760.7**	**4 727.8**
Bulgarie	.. d	3.9	1.0	1.8	51.8	95.3	89.7	78.2	74.1	63.6
Croatie	0.1	0.1	0.2	0.2	0.3	4.4	4.8	5.9	6.0	6.7
Chypre	381.8	509.1	470.4	277.8	617.8	338.9	435.2	660.3	748.0	688.5
Malte	19.2	27.0	26.2	32.8	45.1	0.0	0.1	0.1	-45.3	0.5
Roumanie	0.6	0.8	1.8	2.3	7.1	15.2	19.2	31.8	20.0	14.4
Russie	559.5	392.9	476.1	355.2	439.7	118.3	145.2	146.0	153.2	161.8
Ukraine	248.5	236.7	303.4	273.3	104.8	85.6	54.4	102.1	101.2	192.3
AFRIQUE	**16.6**	**16.2**	**.. d**	**.. d**	**2.0**	**0.4**	**0.3**	**-0.1**	**0.0**	**1.6**
Afrique septentrionale	3.0	1.0	0.7	0.3	.. d	-	-	-	-	-
Algérie	-	-	-	-	0.0	-	-	-	-	-
Egypte	2.9	1.0	0.7	0.2	.. d	-	-	-	-	-
Libye	-	-	0.0	0.1	0.1	-	-	-	-	-
Maroc	-	-	-	-	-	-	-	-	-	-
Tunisie	0.0	0.0	0.0	-	-	-	-	-	-	-
Autres pays africains	13.7	15.2	.. d	.. d	.. d	0.4	0.3	-0.1	0.0	1.6
Nigéria	0.0	-	0.0	0.2	.. d	-	-	.. c	.. c	.. c
Afrique du Sud	.. d	.. d	.. d	.. d	0.2	-	-	-	-	.. c
AMÉRIQUE	**1 760.7**	**1 500.2**	**.. d**	**1 611.9**	**1 450.7**	**6.7**	**10.5**	**16.7**	**27.2**	**16.7**
Amérique du Nord	1 322.2	.. d	1 456.5	1 120.2	934.3	5.9	9.5	14.5	25.0	15.0
Amérique du Nord	437.9	423.9	503.3	490.9	515.3	0.8	0.9	.. d	2.2	1.7
Bahamas	0.5	0.5	.. c	.. c	.. c	-	-	-	-	-
Bermudes	.. c	.. c	.. c	.. c	.. c	-	-	-	-	-
Îles Cayman	322.0	331.8	.. c	.. c	.. c	-	-	-	-	-
Costa Rica	-	-	-	-	-	-	-	-	-	-
El Salvador	0.1	0.1	0.1	0.0	0.0	-	-	-	-	-
Guatemala	-	-	-	-	-	-	-	-	-	-
Honduras	0.0	0.0	0.0	0.0	0.0	-	-	-	-	-
Nicaragua	-	-	-	-	-	-	-	-	-	-
Panama	.. d	.. d	.. d	.. d	.. d	.. c	.. c	.. c	.. c	.. c
Îles Vierges, US	-	-	-	-	-	-	-	-	-	-
Amérique du Sud	0.5	.. d	.. d	0.8	1.0	-	-	.. c	-	-
Argentine	0.2	.. d	.. d	.. d	0.1	-	-	-	-	-
Bolivie	-	-	-	-	-	-	-	-	-	-
Brésil	0.1	0.2	0.2	.. d	0.8	-	-	-	-	-
Colombie	0.1	0.1	0.1	0.1	0.1	-	-	-	-	-
Equateur	-	-	-	-	-	-	-	-	-	-
Paraguay	-	-	-	-	-	-	-	-	-	-
Pérou	0.1	0.1	0.1	0.0	0.0	-	-	-	-	-
Uruguay	-	-	-	-	-	-	-	.. c	-	-
Venezuela	0.0	-	-	-	-	-	-	-	-	-
ASIE	**254.9**	**205.7**	**379.7**	**155.9**	**145.2**	**-4.4**	**10.8**	**45.6**	**.. d**	**.. d**

Tableau 2. Encours des investissements directs étrangers par pays *(suite)*

En fin d'année

Millions de dollars des ÉU

	Entrant					Sortant				
	2015	2016	2017	2018	2019	2015	2016	2017	2018	2019
Proche et Moyen Orient	-27.1	58.9	183.6	-161.3	-143.2	8.6	9.9	15.2	16.1	21.9
Pays du Golfe	5.9	7.7	9.2	8.8	.. d	5.4	8.5	12.0	11.6	16.4
Koweït	-	-	-	-	-	-	-	-	-	-
Qatar	-	-	-	-	-	-	-	-	-	-
Arabie saoudite	.. d	.. d	.. d	.. d	.. d	-	-	-	-	-
Emirats Arabes Unis	.. d	.. d	.. d	5.6	.. d	5.4	8.5	12.0	11.2	.. d
Autres pays du Proche et Moyen Orient	-33.0	51.1	174.4	-170.1	.. d	3.2	1.4	3.1	4.6	5.5
Jordanie	0.1	0.1	0.1	.. d	0.4	-	-	-	-	-
Autres pays asiatiques	282.0	146.9	196.2	317.2	288.4	-13.0	0.9	30.5	.. d	.. d
Chine	17.8	21.7	40.5	47.3	30.7	12.2	25.9	52.1	50.6	42.9
Hong Kong, Chine	5.9	8.7	15.4	132.0	161.9	.. c	.. c	.. c	.. d	.. c
Inde	.. d	.. d	4.2	5.9	5.9	-	-	-	-	-
Indonesie	-	-	.. c	.. c	.. c	.. c	.. c	.. c	.. c	.. c
République islamique d'Iran	.. d	.. d	.. d	.. d	.. d	-	-	-	-	-
Malaisie	.. d	.. d	.. d	0.1	0.0	-	-	-	-	-
Philippines	-	-	-	-	0.0	-	-	-	-	.. c
Singapour	12.1	2.3	5.3	12.9	-15.9	.. c	.. c	-0.1	-0.1	-0.1
Taipei Chinois	0.1	0.1	0.1	.. d	.. d	-	-	-	-	-
Thaïlande	.. d	77.1	.. d	.. d	.. d	.. c	.. c	-28.4	.. d	.. d
Viet Nam	0.1	0.1	0.2	0.2	0.2	-	-	-	-	-
AUSTRALIE, OCÉANIE ET RÉGIONS POLAIRES	**11.5**	**5.5**	**4.5**	**.. d**	**8.5**	**-**	**-**	**-**	**.. c**	**.. c**
TOTAL MONDE non alloué et confidentiel	**76.4**	**89.5**	**.. d**	**.. d**	**101.9**	**-**	**-**	**-**	**- d**	**- d**
Union européenne (UE28)	**11 442.8**	**11 982.5**	**14 052.3**	**14 633.7**	**15 999.7**	**3 340.8**	**3 354.3**	**3 828.6**	**4 324.9**	**4 181.4**
Pays du G20 hors Union Européenne	**3 781.6**	**4 616.3**	**5 536.6**	**5 405.7**	**5 620.4**	**218.3**	**248.6**	**297.4**	**305.8**	**361.0**
Pays OCDE du G20	**3 194.5**	**4 193.0**	**5 006.6**	**4 983.6**	**5 129.3**	**87.6**	**77.3**	**95.3**	**97.3**	**151.0**
Pays non-OCDE du G20	**587.0**	**423.3**	**530.0**	**422.1**	**491.2**	**130.8**	**171.4**	**202.1**	**208.6**	**210.0**
Pays MENA	**10.6**	**10.5**	**12.1**	**12.1**	**16.2**	**5.4**	**8.5**	**12.0**	**11.6**	**16.4**
Pays ANASE	**151.9**	**79.6**	**103.2**	**101.4**	**67.4**	**-27.3**	**-26.1**	**-24.6**	**-23.1**	**-21.9**

- Néant ; .. Non disponible ; c Donnée confidentielle ; d Confidentialité Secondaire

Note : Les positions d'IDE entrants sont allouées selon le pays investisseur ultime. Voir les métadonnées détaillées sur : *http://metalinks.oecd.org/idi/20210722/947b*.

Source : *Statistiques de l'OCDE sur l'investissement direct international (base de données) : https://doi.org/10.1787/idi-data-fr*

Tableau 3. Revenus des investissements directs étrangers par pays

Millions de dollars des ÉU

	Entrant					Sortant				
	2015	2016	2017	2018	2019	2015	2016	2017	2018	2019
TOTAL MONDE	**1 642.3**	**1 678.3**	**1 944.2**	**2 193.0**	**2 296.5**	**135.8**	**145.9**	**165.7**	**303.1**	**228.5**
Pays membres de l'OCDE	**1 491.1**	**1 453.8**	**1 679.9**	**1 796.8**	**1 817.2**	**93.4**	**117.7**	**169.4**	**211.5**	**182.7**
Australie	-	-	0.1	0.1	-3.6	-	-	-	-	-
Autriche	6.6	8.0	4.7	7.0	9.2	-	-	-	-	-0.1
Belgique	8.2	6.9	20.8	26.5	.. d	0.6	-1.2	3.9	1.2	1.9
Canada	6.5	4.8	-4.8	6.1	0.7	-	0.0	0.0	-	-
Chili	-	-	-	-	-	-	-	-	-	-
République Tchèque	0.7	0.5	2.7	-2.6	0.7	0.3	0.7	4.6	4.9	0.0
Danemark	57.3	17.0	62.3	70.9	91.1	0.3	0.3	1.8	0.2	0.2
Estonie	111.1	90.2	113.0	161.1	245.4	63.3	70.7	98.1	95.2	61.1
Finlande	63.9	59.2	38.2	60.5	117.1	-	0.2	0.1	-0.4	0.2
France	20.7	20.2	58.1	45.1	59.1	2.0	2.3	1.3	1.6	3.4
Allemagne	67.7	82.6	113.0	130.1	99.3	2.6	1.2	1.1	0.6	1.5
Grèce	.. c	-	.. c	.. c	-	0.3	0.3	0.1	0.4	0.0
Hongrie	1.0	0.9	1.2	1.4	1.2	3.8	-0.4	-2.5	2.8	0.3
Islande	2.6	0.8	2.2	1.4	2.4	-	-	0.0	-	-
Irlande	7.7	4.1	4.0	-9.4	12.1	.. c	0.2	-0.2	-0.4	0.1
Israël	0.5	2.7	1.8	.. d	4.4	-	-	-	0.0	.. d
Italie	2.7	3.7	4.6	3.8	3.5	-0.1	0.0	-0.3	-	0.2
Japon	-	-	-	-	-	-	-	-	-	-
Corée	.. c	-	-	-	-	-	-	-	.. c	.. c
Lettonie	45.0	51.2	53.0	42.4	38.8	33.0	19.9	27.7	65.0	58.4
Lituanie	-	-	-	-	-	-	-	-	-	-
Luxembourg	55.4	12.4	48.9	71.1	21.7	.. c	.. c	0.0	0.8	6.0
Mexique	-	-	.. c	-	-	-	-	-	-	.. d
Pays-Bas	168.1	213.4	248.2	260.2	293.0	8.5	19.0	28.4	31.0	8.5
Nouvelle-Zélande	-	-	-	-	-	-	-	-	-	-
Norvège	83.5	61.1	93.2	80.1	72.1	0.7	0.4	0.3	-0.2	1.3
Pologne	236.7	305.1	288.2	120.6	142.6	-0.5	-6.1	4.6	5.7	33.7
Portugal	.. c	0.5	0.1	0.1	.. d	-	0.0	0.1	-	0.1
République slovaquie	.. c	.. c	1.3	.. d	.. d	0.1	1.3	1.1	0.4	0.3
Slovénie	.. c	1.9	1.8	-2.5	0.2	0.1	0.1	0.0	0.1	0.3
Espagne	-3.4	1.9	0.9	-2.5	9.8	0.4	0.2	-0.5	0.0	-0.3
Suède	390.8	401.8	396.4	518.8	449.2	0.4	0.8	-0.9	4.2	2.0
Suisse	107.1	40.2	61.5	123.1	91.6	-	-	-	0.0	0.0
Turquie	-0.3	-0.4	-0.3	-	.. d	.. c	0.6	.. c	-1.6	.. c
Royaume-Uni	57.0	19.4	26.2	42.3	-8.3	3.1	5.3	0.6	-0.9	1.5
Etats-Unis	38.7	42.1	38.6	39.0	38.2	0.5	-1.2	-0.5	.. d	.. d
EUROPE	**1 583.7**	**1 560.5**	**1 786.5**	**1 935.0**	**1 963.1**	**139.0**	**147.2**	**165.6**	**301.0**	**223.2**
Bulgarie	0.6	-0.2	0.3	0.2	-0.1	0.3	6.2	0.1	3.6	-9.6
Croatie	.. c	.. c	.. c	.. c	.. c	-0.1	0.1	-	0.0	0.4
Chypre	48.0	85.7	70.9	94.2	110.9	-1.2	-2.9	3.1	48.8	3.2
Malte	17.0	17.7	11.0	8.6	1.9	-	-	.. c	-0.2	-0.2
Roumanie	.. c	-	.. c	.. c	0.0	0.8	1.4	-0.4	1.5	1.8
Russie	6.6	16.3	6.3	13.6	20.4	-6.1	14.4	-12.3	8.5	25.0
Ukraine	1.4	3.1	14.5	16.1	2.0	2.8	1.8	-2.7	5.4	8.9
AFRIQUE	**0.2**	**1.8**	**-1.4**	**2.4**	**1.2**	**-0.2**	**0.1**	**0.1**	**0.4**	**0.8**
Afrique septentrionale	0.3	0.0	0.0	-	-	-	-	-	-	-
Algérie	-	-	-	-	-	-	-	-	-	-
Egypte	0.3	0.0	0.0	-	-	-	-	-	-	-
Libye	-	-	-	-	-	-	-	-	-	-
Maroc	-	-	-	-	-	-	-	-	-	-
Tunisie	-	-	-	-	-	-	-	-	-	-
Autres pays africains	0.0	1.8	-1.4	2.4	1.2	-0.2	0.1	0.1	0.4	0.8
Nigéria	-	-	-	-	-	-	-	-	-	-
Afrique du Sud	.. c	.. c	-	-	-	-	-	-	-	-
AMÉRIQUE	**47.1**	**45.4**	**33.4**	**43.6**	**38.5**	**0.5**	**-1.2**	**-1.5**	**0.9**	**1.1**
Amérique du Nord	45.2	46.9	33.8	45.1	38.9	0.5	-1.2	-0.5	0.9	1.3
Amérique du Nord	.. d	-1.5	-0.4	-1.5	-0.4	.. c	0.0	.. d	0.1	-0.1
Bahamas	0.0	-0.5	-	-	-	-	-	-	-	-
Bermudes	.. c	.. c	.. c	.. c	.. c	-	-	-	-	-
Îles Cayman	.. c	.. c	.. c	.. c	-	-	-	-	-	-
Costa Rica	-	-	-	-	-	-	-	-	-	-
El Salvador	-	-	-	-	-	-	-	-	-	-
Guatemala	-	-	-	-	-	-	-	-	-	-
Honduras	-	-	-	-	-	-	-	-	-	-
Nicaragua	-	-	-	-	-	-	-	-	-	-
Panama	2.2	0.0	-1.1	-1.3	-0.3	.. c	.. c	.. c	.. c	.. c
Îles Vierges, US	-	-	-	-	-	-	-	-	-	-
Amérique du Sud	.. c	-	-	-	-	-	-	.. c	-	-
Argentine	.. c	-	-	-	-	-	-	-	-	-
Bolivie	-	-	-	-	-	-	-	-	-	-
Brésil	-	-	-	-	-	-	-	-	-	-
Colombie	-	-	-	-	-	-	-	-	-	-
Equateur	-	-	-	-	-	-	-	-	-	-
Paraguay	-	-	-	-	-	-	-	-	-	-
Pérou	-	-	-	-	-	-	-	-	-	-
Uruguay	-	-	-	-	-	-	-	.. c	-	-
Venezuela	-	-	-	-	-	-	-	-	-	-
ASIE	**4.9**	**64.4**	**119.2**	**198.8**	**285.9**	**-3.5**	**-0.2**	**1.5**	**0.7**	**3.3**

LITUANIE

Tableau 3. Revenus des investissements directs étrangers par pays *(suite)*

Millions de dollars des ÉU

	Entrant					Sortant				
	2015	2016	2017	2018	2019	2015	2016	2017	2018	2019
Proche et Moyen Orient	0.9	2.8	2.5	1.9	5.5	-4.3	0.1	1.1	1.6	2.4
Pays du Golfe	0.6	0.3	0.1	-0.1	0.8	-1.9	0.6	1.1	1.8	2.0
Koweït	-	-	-	-	-	-	-	-	-	-
Qatar	-	-	-	-	-	-	-	-	-	-
Arabie saoudite	.. c	-	-	-	.. c	-	-	-	-	-
Emirats Arabes Unis	0.0	0.3	0.1	.. d	.. d	0.2	0.3	0.4	.. d	.. d
Autres pays du Proche et Moyen Orient	0.3	2.5	2.4	2.0	4.7	-2.4	-0.4	-	-0.2	0.4
Jordanie	-	-	-	-	-	-	-	-	-	-
Autres pays asiatiques	4.0	61.6	116.6	196.9	280.4	0.8	-0.3	0.4	-0.9	0.9
Chine	0.2	0.4	0.5	-0.5	0.3	0.8	0.1	-0.5	-0.2	1.2
Hong Kong, Chine	0.2	45.1	102.8	172.0	264.5	-	-	-	-	.. c
Inde	0.0	-0.6	0.0	0.3	0.3	-	-	-	-	-
Indonesie	-	-	-	-	-	-	-	.. c	.. c	.. c
République islamique d'Iran	0.0	0.0	0.0	0.0	-0.1	-	-	-	-	-
Malaisie	-	-	-	-	.. c	-	-	-	-	-
Philippines	-	-	-	-	-	-	-	-	-	-
Singapour	0.2	-3.8	4.4	-1.0	5.9	.. c	.. c	0.7	0.1	0.0
Taipei Chinois	-	-	-	-	-	-	-	-	-	-
Thaïlande	4.2	18.0	9.8	26.2	.. d	.. c	.. c	-1.0	.. c	.. d
Viet Nam	-	-	-	-	-	-	-	-	-	-
AUSTRALIE, OCÉANIE ET RÉGIONS POLAIRES	**0.0**	**0.0**	**0.0**	**0.1**	**-3.7**	**-**	**-**	**-**	**-**	**-**
TOTAL MONDE non alloué et confidentiel	**6.4**	**6.1**	**6.6**	**13.0**	**11.6**	**-**	**-**	**0.0**	**-**	**0.0**
Union européenne (UE28)	**1 363.4**	**1 405.7**	**1 569.9**	**1 645.4**	**1 724.2**	**125.1**	**122.7**	**171.6**	**266.1**	**175.1**
Pays du G20 hors Union Européenne	**200.2**	**188.6**	**242.4**	**279.9**	**210.1**	**2.8**	**22.6**	**-10.1**	**9.0**	**35.0**
Pays OCDE du G20	**192.7**	**172.4**	**235.6**	**266.5**	**188.9**	**8.2**	**8.2**	**2.7**	**0.6**	**8.7**
Pays non-OCDE du G20	**7.6**	**16.2**	**6.8**	**13.5**	**21.2**	**-5.3**	**14.5**	**-12.7**	**8.4**	**26.3**
Pays MENA	**0.7**	**0.1**	**-0.2**	**-0.2**	**0.8**	**-1.9**	**0.6**	**1.1**	**1.8**	**2.0**
Pays ANASE	**4.4**	**14.2**	**14.3**	**25.2**	**15.8**	**-1.2**	**-1.1**	**-0.5**	**-0.9**	**-1.0**

- Néant ; .. Non disponible ; c Donnée confidentielle ; d Confidentialité Secondaire

Note : Voir les métadonnées détaillées sur : *http://metalinks.oecd.org/idi/20210722/947b.*

Source : *Statistiques de l'OCDE sur l'investissement direct international (base de données) : https://doi.org/10.1787/idi-data-fr*

Tableau 4. Investissement direct étranger : flux par secteur industriel

Millions de dollars des ÉU

	Entrant					Sortant				
	2015	2016	2017	2018	2019	2015	2016	2017	2018	2019
All FDI activities	**1 054.8**	**302.3**	**1 018.6**	**976.0**	**1 169.4**	**377.1**	**43.1**	**80.1**	**703.8**	**143.4**
Agriculture, sylviculture et pêche	**-6.2**	**65.6**	**61.9**	**-17.2**	**31.7**	**-2.5**	**.. d**	**.. d**	**3.1**	**.. d**
Industries extractives	**-6.3**	**-8.3**	**-13.1**	**1.4**	**29.8**	**2.1**	**.. d**	**.. d**	**0.8**	**0.0**
Activités d'extraction	.. c	.. c	.. c	.. c	.. c	-	-	-	-	-
Activités de fabrication	**439.9**	**-494.7**	**529.4**	**4.2**	**325.6**	**-0.2**	**-36.7**	**1.2**	**21.2**	**-257.3**
dont :										
Produits alimentaires, boissons et tabac	259.0	-102.9	69.1	34.3	41.2	1.0	4.2	6.7	4.5	21.0
Textiles, bois, papier, imprimerie	16.1	-53.1	82.4	58.9	-26.5	-1.9	0.3	-5.1	-1.7	-0.1
Produits pétroliers, chimiques, pharmaceutiques, caoutchouc, plastique, minéraux	91.6	-356.0	266.1	-220.7	138.2	5.2	-51.9	-0.9	16.1	-278.4
Ouvrages en métaux et machines, sauf matériels électriques	3.0	35.6	51.1	1.5	33.0	-0.6	5.6	6.9	-0.8	-0.9
Automobiles, remorques, semi-remorques, autres matériels de transport	72.5	-95.0	3.0	119.2	40.1	.. c	.. d	.. c	0.0	0.4
Autres activités de fabrication	-2.3	76.8	57.7	11.0	99.5	.. d	.. d	.. d	3.0	0.7
Production et distribution d'électricité, de gaz, de vapeur et de climatisation	**-17.2**	**-7.6**	**11.9**	**.. d**	**.. d**	**.. d**	**.. d**	**.. d**	**.. d**	**.. d**
Distribution de l'eau ; assainissement, traitement des déchets et dépollution	**-8.7**	**-8.5**	**7.5**	**.. d**	**.. d**	**.. d**	**.. d**	**.. d**	**.. d**	**.. d**
Construction	**32.4**	**-19.6**	**24.9**	**-151.8**	**39.1**	**18.4**	**33.0**	**7.3**	**5.9**	**12.4**
Services	**590.1**	**748.4**	**371.0**	**1 083.8**	**546.6**	**353.0**	**50.7**	**75.2**	**658.2**	**368.2**
Commerce de gros et de détail ; réparations automobiles et motocycles	9.3	208.6	141.7	204.2	129.8	118.6	67.2	74.2	304.2	94.5
Transport et entreposage	20.1	24.1	17.3	49.8	65.0	-54.0	7.0	39.1	56.6	15.2
Activités d'hébergement et de restauration	1.1	-9.3	14.2	-9.8	5.3	.. d	1.2	-2.5	1.9	-0.4
Information et communication	426.4	51.9	7.7	26.2	65.5	31.2	8.9	-3.7	24.0	36.1
Activités financières et d'assurances	-42.8	269.5	-100.7	149.5	-42.5	-24.7	29.5	57.0	-201.9	-112.0
Activités des sociétés holding	-217.0	.. d	-327.8	-45.3	-129.5	-63.1	43.6	-8.0	87.0	-112.3
Activités immobilières	173.7	76.8	90.6	100.4	257.9	95.4	-60.0	44.3	21.6	53.8
Activités professionnelles, scientifiques et techniques	-23.2	107.8	191.2	520.3	18.6	163.5	-57.7	-161.7	473.8	237.1
Activités de services administratifs et d'appui	18.2	15.9	1.0	44.5	48.5	25.8	39.4	26.1	-18.3	42.9
Administration publique; activités des ménages et des organismes extra-territoriaux	-	-	-	-	-	-	-	-	-	-
Éducation	0.3	-0.1	-0.2	0.1	.. d	-	.. d	1.6	-3.5	0.9
Santé humaine et action sociale	1.2	-0.5	5.5	3.2	2.7	-0.2	.. d	0.2	0.0	0.2
Arts, spectacles et loisirs	4.5	2.7	2.7	-5.3	-4.0	.. c	.. d	0.7	.. d	.. d
Autres services	1.2	1.0	-0.1	0.8	0.0	0.2	.. d	.. d	-0.5	-0.5
Not allocated and confidential	**0.0**	**0.0**	**0.0**	**- d**	**.. d**	**.. d**	**- d**	**- d**	**.. d**	**.. d**
Activités immobilières privées	**30.9**	**27.0**	**25.1**	**47.9**	**53.7**	**6.4**	**2.4**	**3.7**	**-0.1**	**2.3**

- Néant ; .. Non disponible ; c Donnée confidentielle ; d Confidentialité Secondaire

Note : Voir les métadonnées détaillées sur : *http://metalinks.oecd.org/idi/20210722/947b.*

Source : *Statistiques de l'OCDE sur l'investissement direct international (base de données) : https://doi.org/10.1787/idi-data-fr*

Tableau 5. Encours des investissement directs étrangers par secteur industriel
En fin d'année

Millions de dollars des ÉU

	Entrant					Sortant				
	2015	2016	2017	2018	2019	2015	2016	2017	2018	2019
All FDI activities	**16 046.9**	**16 171.1**	**19 621.7**	**19 417.6**	**20 853.4**	**3 670.0**	**3 713.7**	**4 330.1**	**4 835.7**	**4 795.6**
Agriculture, sylviculture et pêche	**201.2**	**264.4**	**368.1**	**339.1**	**372.1**	**-4.6**	**28.5**	**32.3**	**34.1**	**36.3**
Industries extractives	**78.0**	**65.5**	**63.9**	**60.6**	**88.8**	**6.5**	**0.1**	**0.1**	**0.2**	**0.2**
Activités d'extraction	.. c	.. c	.. c	.. c	.. c	-	-	-	-	-
Activités de fabrication	**3 123.0**	**2 599.0**	**3 513.4**	**3 408.1**	**3 757.4**	**514.6**	**426.8**	**462.5**	**468.5**	**207.5**
dont :										
Produits alimentaires, boissons et tabac	617.7	520.1	654.3	639.8	710.7	14.4	29.1	27.2	44.6	63.6
Textiles, bois, papier, imprimerie	437.9	382.4	530.1	572.0	519.7	26.4	20.9	17.6	19.5	23.5
Produits pétroliers, chimiques, pharmaceutiques, caoutchouc, plastique, minéraux	1 330.4	980.1	1 377.2	1 086.8	1 209.7	429.7	328.6	358.0	341.0	58.9
Ouvrages en métaux et machines, sauf matériels électriques	163.5	188.4	278.2	359.4	390.3	14.7	21.5	29.3	28.9	27.7
Automobiles, remorques, semi-remorques, autres matériels de transport	214.1	107.5	126.3	221.8	234.7	12.6	.. c	9.3	9.0	8.7
Autres activités de fabrication	359.3	420.6	547.2	528.4	692.2	16.9	.. d	21.1	25.6	25.2
Production et distribution d'électricité, de gaz, de vapeur et de climatisation	**326.6**	**318.5**	**369.2**	**303.8**	**462.4**	**0.3**	**2.7**	**1.5**	**23.8**	**45.3**
Distribution de l'eau ; assainissement, traitement des déchets et dépollution	**9.8**	**3.9**	**14.0**	**11.4**	**12.8**	**-0.7**	**0.2**	**-2.2**	**-2.5**	**-1.1**
Construction	**403.5**	**405.4**	**520.2**	**336.1**	**378.4**	**44.1**	**79.8**	**86.8**	**87.4**	**89.1**
Services	**11 549.4**	**12 126.5**	**14 288.1**	**14 525.3**	**15 300.4**	**3 015.2**	**3 081.0**	**3 637.6**	**4 118.0**	**4 311.8**
Commerce de gros et de détail ; réparations automobiles et motocycles	1 639.2	1 981.1	2 366.6	2 325.2	2 489.8	588.6	642.8	833.2	1 088.0	1 073.1
Transport et entreposage	369.3	417.0	465.5	459.5	553.4	29.8	32.7	87.5	134.4	132.4
Activités d'hébergement et de restauration	76.0	63.0	89.9	143.0	159.2	2.8	4.8	4.6	7.5	21.4
Information et communication	1 236.5	1 141.0	1 294.2	1 339.7	1 481.0	83.7	102.9	96.9	120.4	161.3
Activités financières et d'assurances	4 361.7	4 754.4	5 748.0	5 445.6	5 415.5	413.1	975.0	1 228.3	953.6	818.4
Activités des sociétés holding	616.4	1 217.0	1 410.9	1 324.0	1 140.6	244.7	296.3	378.0	435.6	303.3
Activités immobilières	2 268.6	2 089.6	2 560.1	2 442.1	2 838.1	264.7	216.5	254.6	260.9	324.2
Activités professionnelles, scientifiques et techniques	1 010.6	1 072.1	1 394.4	1 928.5	1 878.7	1 558.0	966.4	961.1	1 416.0	1 601.6
Activités de services administratifs et d'appui	535.1	556.6	295.4	378.4	404.6	74.2	120.8	147.1	119.8	159.1
Administration publique; activités des ménages et des organismes extra-territoriaux	-	-	-	-	-	-	-	-	-	-
Éducation	1.6	0.8	1.1	1.2	1.4	0.1	14.4	17.8	12.0	14.1
Santé humaine et action sociale	27.3	24.3	44.0	40.5	57.8	0.7	0.5	0.9	0.9	1.2
Arts, spectacles et loisirs	20.3	23.0	25.6	18.4	17.5	-1.3	3.7	5.3	4.5	5.0
Autres services	3.3	3.5	3.3	3.3	3.4	0.6	0.4	0.4	0.1	0.1
Not allocated and confidential	**-**	**-**	**0.0**	**-**	**-**	**-**	**-**	**-**	**0.0**	**0.0**
Activités immobilières privées	**355.3**	**387.9**	**484.8**	**433.2**	**481.1**	**94.5**	**94.6**	**111.4**	**106.2**	**106.5**

- Néant ; .. Non disponible ; c Donnée confidentielle ; d Confidentialité Secondaire

Note : Voir les métadonnées détaillées sur : *http://metalinks.oecd.org/idi/20210722/947b.*

Source : *Statistiques de l'OCDE sur l'investissement direct international (base de données) : https://doi.org/10.1787/idi-data-fr*

Tableau 6. Revenus des investissements directs étrangers par secteur industriel

Millions de dollars des ÉU

	Entrant					Sortant				
	2015	2016	2017	2018	2019	2015	2016	2017	2018	2019
All FDI activities	**1 642.3**	**1 678.3**	**1 944.2**	**2 193.0**	**2 296.5**	**135.8**	**145.9**	**165.7**	**303.1**	**228.5**
Agriculture, sylviculture et pêche	**-5.2**	**5.6**	**16.2**	**-5.5**	**20.9**	**-0.1**	**-0.2**	**-0.1**	**2.5**	**0.2**
Industries extractives	**-19.4**	**1.1**	**-6.1**	**8.5**	**4.8**	**-0.1**	**-0.4**	**-0.5**	**0.8**	**0.0**
Activités d'extraction	.. c	.. c	.. c	.. c	.. c	-	-	-	-	-
Activités de fabrication	**605.3**	**668.2**	**655.6**	**656.4**	**716.7**	**4.0**	**4.3**	**-7.2**	**16.5**	**7.2**
dont :										
Produits alimentaires, boissons et tabac	53.7	43.0	50.4	34.8	45.9	-1.2	1.4	3.7	-1.6	3.9
Textiles, bois, papier, imprimerie	30.9	33.6	49.6	50.7	53.2	-2.5	1.0	-1.9	-0.6	1.5
Produits pétroliers, chimiques, pharmaceutiques, caoutchouc, plastique, minéraux	441.9	495.8	455.3	457.1	515.7	4.0	0.7	-9.0	19.2	-0.7
Ouvrages en métaux et machines, sauf matériels électriques	28.9	29.1	33.3	66.0	61.2	2.1	2.4	5.1	1.2	0.8
Automobiles, remorques, semi-remorques, autres matériels de transport	12.3	11.6	16.0	22.6	1.6	.. c	0.0	.. c	-0.1	-0.1
Autres activités de fabrication	37.6	55.1	51.0	25.2	39.2	.. d	-1.3	.. d	-1.6	1.9
Production et distribution d'électricité, de gaz, de vapeur et de climatisation	**11.0**	**27.3**	**35.6**	**27.5**	**51.6**	**.. d**	**0.1**	**-0.3**	**-4.9**	**10.0**
Distribution de l'eau ; assainissement, traitement des déchets et dépollution	**0.5**	**0.9**	**3.0**	**1.2**	**1.1**	**.. c**	**1.9**	**1.1**	**0.9**	**0.5**
Construction	**16.2**	**2.4**	**22.2**	**-13.5**	**17.7**	**-0.2**	**7.3**	**1.5**	**6.9**	**15.3**
Services	**1 033.9**	**972.6**	**1 217.8**	**1 518.3**	**1 483.7**	**128.7**	**131.9**	**170.1**	**279.3**	**194.1**
Commerce de gros et de détail ; réparations automobiles et motocycles	197.2	243.2	266.8	324.7	280.7	43.9	57.3	31.7	84.0	97.5
Transport et entreposage	47.1	24.2	71.7	98.9	103.5	-2.8	12.9	20.0	13.2	13.4
Activités d'hébergement et de restauration	5.7	8.1	15.1	9.3	15.1	-0.3	-1.1	-2.0	0.1	2.5
Information et communication	168.7	173.2	200.6	214.7	202.4	8.3	21.3	11.6	25.7	6.4
Activités financières et d'assurances	312.6	279.2	299.4	438.5	418.1	4.2	-4.9	1.9	6.9	-1.7
Activités des sociétés holding	11.8	-2.0	0.4	26.8	11.1	5.4	3.3	2.9	15.9	9.8
Activités immobilières	128.7	123.3	159.0	175.5	218.1	6.5	0.1	21.8	35.7	3.0
Activités professionnelles, scientifiques et techniques	129.8	73.5	160.4	175.5	191.4	70.0	32.8	67.3	106.4	60.5
Activités de services administratifs et d'appui	37.3	39.4	34.9	66.8	42.4	-0.3	13.7	16.5	8.5	11.5
Administration publique; activités des ménages et des organismes extra-territoriaux	-	-	-	-	-	-	-	-	-	-
Éducation	0.3	0.2	0.0	0.1	-0.1	-	.. c	1.6	0.2	0.9
Santé humaine et action sociale	2.7	6.6	7.9	10.7	10.2	-	0.1	0.1	-	0.1
Arts, spectacles et loisirs	3.6	0.8	2.0	1.9	1.8	-1.1	-1.1	-0.1	-0.7	0.4
Autres services	0.2	1.0	0.1	1.7	0.2	0.2	-0.2	-0.1	-0.6	-0.5
Not allocated and confidential	**-**	**-**	**-**	**-**	**0.0**	**.. c**	**-**	**0.0**	**-**	**0.0**
Activités immobilières privées	**-**	**-**	**-**	**-**	**-**	**0.8**	**1.0**	**1.2**	**1.1**	**1.2**

- Néant ; .. Non disponible ; c Donnée confidentielle ; d Confidentialité Secondaire

Note : Voir les métadonnées détaillées sur : *http://metalinks.oecd.org/idi/20210722/947b.*

Source : *Statistiques de l'OCDE sur l'investissement direct international (base de données) : https://doi.org/10.1787/idi-data-fr*

LUXEMBOURG

Tableau 1. Flux d'investissement direct étranger par pays

Millions de dollars des ÉU

	Entrant					Sortant				
	2015	2016	2017	2018	2019	2015	2016	2017	2018	2019
TOTAL MONDE	**622 284.0**	**188 439.7**	**69 967.3**	**-404 143.8**	**-137 847.3**	**738 981.7**	**147 117.1**	**209 945.9**	**-396 948.0**	**-159 815.3**
Pays membres de l'OCDE	**600 038.8**	**62 363.2**	**-247 489.6**	**-215 936.5**	**-77 439.8**	**736 920.7**	**104 740.7**	**176 620.4**	**-371 101.1**	**-186 104.3**
Australie	8 036.6	175.8	483.6	1 360.8	-2 535.5	5 379.9	1 448.6	-997.6	-686.9	-1 071.3
Autriche	1 048.3	275.4	913.1	203.0	-8 925.3	1 182.5	1 105.8	1 034.8	3 962.0	978.4
Belgique	-4 278.4	-2 672.8	35 793.0	32 753.5	-20 072.8	-28 177.5	-11 870.0	11 539.8	22 667.3	-14 293.1
Canada	22 738.8	32 494.7	19 785.8	20 187.7	-97 569.7	-1 174.7	11 614.5	4 368.2	14 539.1	-146.6
Chili	-351.6	143.8	-240.1	-77.9	-256.4	-1 129.2	1 235.2	-1 170.1	695.1	578.8
République Tchèque	-42.2	-183.6	-290.8	-1 764.4	3 020.3	1 462.0	1 837.9	5 113.3	-370.6	6 202.8
Danemark	525.8	348.3	66.5	4 986.4	-5 130.4	1 345.5	1 961.7	879.3	2 093.7	2 645.2
Estonie	-256.2	26.5	10.1	-30.7	-14.6	-8.9	26.5	-12.4	407.2	1.1
Finlande	1 229.1	377.1	-1 827.3	-322.2	497.0	297.3	9 563.2	2 035.8	2 099.6	816.1
France	7 650.6	-19 997.8	5 968.9	-3 085.1	8 259.3	12 681.1	8 909.7	3 614.0	24 864.9	-1 512.4
Allemagne	3 832.5	3 556.3	19 587.4	-2 229.4	16 721.1	4 714.4	14 229.8	5 177.5	-1 598.0	31 071.3
Grèce	24.4	47.6	-13.5	63.7	29.1	-34.4	5.5	-86.8	515.8	-72.8
Hongrie	10 651.1	-13 309.7	-24 126.9	216.0	5 477.4	-1 222.4	21 391.1	2 936.5	-28 955.5	4 117.3
Islande	-3 372.2	3 103.0	-739.5	714.0	75.0	-1 231.3	-3 272.1	273.9	1 079.9	-96.3
Irlande	217 190.2	78 741.6	-49 157.9	-14 012.7	-87 464.5	132 800.9	20 639.2	248 469.2	-70 976.0	-137 077.1
Israël	110.9	121.6	316.8	-560.6	922.4	-260.7	-201.3	126.3	1 287.6	1 679.2
Italie	596.8	28 475.1	8 831.0	-15 417.2	2 842.3	2 638.9	505.4	1 851.0	-5 889.3	10 679.5
Japon	-52.1	359.4	-804.9	695.1	3 647.2	12.2	165.9	170.2	1 439.9	790.3
Corée	-27.7	81.8	332.5	-165.2	2 767.3	379.4	92.9	555.7	51.9	44.8
Lettonie	255.1	-40.9	-33.8	21.2	21.3	17.7	91.8	-49.6	11.8	-35.8
Lituanie	13.3	-233.3	1.1	2.4	9.0	45.5	7.7	-93.6	151.1	7.8
Luxembourg	-	-	-	-	-	-	-	-	-	-
Mexique	-1 757.1	-523.1	-1 485.7	296.2	2 114.6	2 158.6	-665.7	778.9	-816.7	-3 224.0
Pays-Bas	-19 642.8	27 496.4	-46 711.8	-120 021.2	-13 699.8	43 698.3	81 512.8	85 394.0	-70 107.4	-70 657.1
Nouvelle-Zélande	902.9	-269.8	-3 389.7	-828.5	133.2	799.8	-599.4	-242.4	-38.9	126.5
Norvège	2 416.0	2 892.8	791.3	-1 343.1	-1 710.5	1 482.0	288.6	225.5	-757.7	283.2
Pologne	-1 517.5	-134.9	1 609.7	-1 153.1	-1 942.2	-3 224.6	1 705.2	6 513.4	838.0	3 091.9
Portugal	-819.7	77.4	310.0	-808.5	15.7	6 617.9	-347.2	-25.9	166.4	2 845.6
République slovaquie	11.1	-561.8	-156.7	-551.2	1 015.3	156.4	-676.8	311.1	-31.9	-151.1
Slovénie	66.6	31.0	117.2	8.3	181.4	198.6	157.0	93.6	567.7	98.5
Espagne	2 787.6	2 850.8	-240.1	-4 152.0	5 348.7	-635.6	7 426.7	12 162.1	12 478.5	2 674.4
Suède	-3 648.4	-1 783.7	-2 180.1	3 125.2	364.9	5 161.4	4 842.4	-1 215.2	-2 849.1	1 804.5
Suisse	7 070.4	10 513.1	-11 831.8	-22 064.2	-26 710.0	56 506.9	23 354.0	30 824.0	1 494.2	44 650.2
Turquie	-289.5	205.7	-484.7	187.7	-858.6	906.3	-745.3	-1 179.1	-312.8	-1 147.4
Royaume-Uni	150 982.8	-28 320.2	-26 302.6	-4 847.2	15 431.5	296 257.3	-20 650.2	55 050.2	-107 505.0	-23 327.0
Etats-Unis	198 221.9	-62 233.8	-172 388.7	-86 892.5	120 553.0	197 182.5	-70 342.8	-292 025.7	-171 614.5	-48 477.6
EUROPE	**392 276.2**	**71 700.8**	**-93 747.0**	**-165 365.3**	**-62 515.4**	**529 054.9**	**145 885.2**	**448 141.1**	**-222 090.2**	**-160 148.9**
Bulgarie	-	47.6	1.1	11.8	16.8	185.2	70.8	47.3	783.7	70.5
Croatie	7.8	-76.3	-1.1	1.2	-6.7	341.7	33.2	402.4	550.0	138.8
Chypre	-5 757.1	-937.7	-871.4	2 941.1	-1 012.0	-3 080.4	-4 394.6	-22 144.1	-8 588.5	15 043.1
Malte	-3 053.8	3 623.8	1 086.7	-2 550.5	37 632.4	-1 690.5	-67.5	3 075.2	186.5	10 110.8
Roumanie	-25.5	120.5	13.5	-36.6	-61.6	429.3	295.3	530.9	36.6	-408.6
Russie	21 147.0	-101.7	-3 996.2	10 701.1	7 283.1	360.5	-73.0	-8 078.0	-2 497.3	-7 852.9
Ukraine	37.7	2.2	29.3	-1.2	-12.3	444.8	53.1	168.0	-251.4	183.6
AFRIQUE	**-1 091.5**	**-1 415.5**	**1 090.1**	**457.9**	**722.0**	**899.6**	**-17 271.9**	**-2 555.5**	**1 698.3**	**-10.1**
Afrique septentrionale	586.8	-21.0	-25.9	92.1	-21.3	140.9	245.5	-2 428.1	69.6	134.3
Algérie	2.2	4.4	5.6	16.5	6.7	-5.5	-6.6	-	-1.2	-1.1
Egypte	535.8	-1.1	-15.8	-10.6	-14.6	61.0	191.3	1 096.8	34.2	119.8
Libye	-	-49.8	-	54.3	-	-	-	-	-	11.2
Maroc	48.8	26.5	-16.9	31.9	-12.3	69.9	67.5	-3 520.5	27.1	1.1
Tunisie	-	-	1.1	-	-	16.6	-6.6	-4.5	9.4	2.2
Autres pays africains	-1 678.3	-1 394.4	1 117.1	365.9	742.2	757.6	-17 516.3	-126.3	1 628.7	-144.4
Nigéria	2.2	-3.3	-2.3	-18.9	5.6	1.1	8.8	28.2	5.9	44.8
Afrique du Sud	-484.7	-35.4	60.9	-1 919.0	801.5	-214.1	-15 922.8	-736.1	2 917.5	-444.4
AMÉRIQUE	**217 575.2**	**43 735.5**	**152 492.4**	**-232 780.6**	**-98 365.6**	**208 969.5**	**-44 405.6**	**-310 523.1**	**-111 608.6**	**-86 374.1**
Amérique du Nord	220 960.6	-29 737.9	-152 601.7	-66 704.8	22 984.4	196 007.8	-58 728.3	-287 657.5	-157 076.6	-48 624.2
Amérique du Nord	-10 636.7	74 183.3	307 349.8	-173 900.6	-117 894.3	11 383.3	3 807.4	-27 788.3	39 550.3	-35 498.7
Bahamas	-13 419.9	3 641.5	-5 625.1	-292.7	-12 673.2	-615.6	-151.5	-701.2	3 684.6	-5 958.8
Bermudes	-11 758.2	55 650.8	242 090.0	-132 418.3	-163 764.7	18 805.3	-10 309.6	14 790.9	-20 744.7	-30 160.1
Îles Cayman	3 875.8	5 874.2	69 414.9	-37 991.3	4 087.1	-7 617.3	11 651.0	-46 994.7	44 447.1	-4 114.0
Costa Rica	2.2	1.1	-2.3	1.2	-4.5	195.2	286.4	6.8	1 048.0	61.6
El Salvador	6.7	79.6	-87.9	113.3	-97.4	126.5	-2.2	-127.4	-64.9	56.0
Guatemala	-	18.8	5.6	-1.2	-2.2	407.1	-212.3	-381.0	27.1	-6.7
Honduras	-107.6	3.3	-	-	1.1	102.1	-6.6	24.8	-	-6.7
Nicaragua	39.9	-1.1	1.1	2.4	-	3.3	-5.5	68.8	9.4	353.7
Panama	1 162.5	2 473.7	-815.0	37.8	-61.6	221.9	526.4	-1 172.4	-46.0	19.0
Îles Vierges, US	-24.4	-	-2.3	-15.3	14.6	113.1	228.9	263.8	10 034.2	893.3
Amérique du Sud	7 251.2	-709.9	-2 255.7	7 824.9	-3 455.7	1 577.4	10 515.3	4 922.8	5 917.6	-2 251.2
Argentine	-38.8	36.5	-24.8	-29.5	-30.2	297.3	-296.4	382.1	-200.6	-540.7
Bolivie	1.1	7.7	3.4	-10.6	-38.1	18.9	-1.1	-41.7	1.2	-
Brésil	7 879.1	-903.5	-1 703.3	381.2	-1 399.3	-338.3	8 034.9	7 193.1	4 144.9	-511.6
Colombie	64.3	86.3	1 137.4	-131.0	475.8	168.6	-	-	-10.6	-256.4
Equateur	1.1	1.1	-5.6	-1.2	4.5	11.1	4.4	6.8	406.0	13.4
Paraguay	-3.3	-10.0	-	-1.2	12.3	34.4	4.4	64.3	-129.8	-6.7
Pérou	5.5	186.9	224.3	482.7	422.0	1 082.6	1 518.3	-1 265.9	352.9	-320.2
Uruguay	-315.0	-261.0	-1 658.2	7 212.3	-2 653.1	1 394.3	5.5	-289.7	675.1	-1 212.4
Venezuela	10.0	3.3	11.3	-	6.7	38.8	10.0	20.3	-21.2	1.1
ASIE	**5 311.1**	**74 778.3**	**12 339.1**	**-6 975.1**	**24 275.2**	**-6 128.7**	**62 097.8**	**76 105.3**	**-64 068.2**	**87 655.9**

LUXEMBOURG

Tableau 1. Flux d'investissement direct étranger par pays *(suite)*

Millions de dollars des ÉU

	Entrant					Sortant				
	2015	2016	2017	2018	2019	2015	2016	2017	2018	2019
Proche et Moyen Orient	10 736.6	-2 269.2	4 985.9	-1 731.4	32 990.0	146.4	6 610.6	4 964.5	-3 311.7	33 389.7
Pays du Golfe	10 399.3	-2 355.4	4 521.5	-1 233.3	32 046.3	280.6	6 307.6	4 385.1	-4 756.3	31 632.2
Koweït	97.6	-	-	-	-2.2	2.2	-2.2	3.4	-	-
Qatar	9 497.5	-5 175.3	1 022.4	-1 816.4	-969.4	-1.1	-2.2	1.1	-	4.5
Arabie saoudite	203.0	397.0	755.3	448.5	412.0	-59.9	14.4	-76.7	5.9	58.2
Emirats Arabes Unis	132.0	2 355.4	1 250.1	-1 022.1	21 565.0	347.2	6 267.8	4 448.2	-4 774.0	31 563.9
Autres pays du Proche et Moyen Orient	336.1	86.3	464.4	-498.1	944.8	-134.2	301.9	579.4	1 444.6	1 757.5
Jordanie	-	-	-1.1	1.2	-	-61.0	143.8	257.0	-1.2	-1.1
Autres pays asiatiques	-5 424.3	77 047.4	7 353.2	-5 243.7	-8 714.9	-6 275.1	55 487.1	71 140.8	-60 756.5	54 266.2
Chine	3 199.1	2 251.5	-2 142.9	1 030.3	85.1	-26.6	1 230.8	-32.7	966.6	-2 123.6
Hong Kong, Chine	-11 121.5	5 355.5	50 954.8	7 933.4	-7 938.0	-5 819.2	13 576.2	17 192.0	-173.5	60 169.0
Inde	-2 780.9	1 285.0	-154.4	-5.9	10.1	450.4	-775.2	983.0	-3.5	-164.6
Indonesie	-178.6	3 266.6	-53.0	96.8	3.4	87.6	288.6	125.1	67.3	99.6
République islamique d'Iran	1.1	1.1	-	-	-	-11.1	-16.6	-	-	-1 185.5
Malaisie	3 218.0	264.3	73.3	36.6	-1 320.9	-381.6	-1 583.5	214.2	89.7	-1 314.2
Philippines	-17.7	44.2	-6.8	16.5	16.8	-25.5	-32.1	-22.5	-59.0	-32.5
Singapour	2 543.5	63 206.9	-40 346.1	-14 880.2	-5 907.3	-1 454.2	41 653.2	50 701.2	-61 959.2	-2 615.0
Taipei Chinois	-28.8	-33.2	14.7	-47.2	-47.0	39.9	8.8	64.3	46.0	357.1
Thaïlande	58.8	1 152.3	-390.0	48.4	-6.7	95.4	88.5	311.1	46.0	-69.4
Viet Nam	-	-	-3.4	-10.6	-23.5	36.6	870.3	946.9	-1 275.8	-164.6
AUSTRALIE, OCÉANIE ET RÉGIONS POLAIRES	**8 213.0**	**-359.4**	**-2 207.2**	**518.1**	**-1 962.4**	**6 186.4**	**811.7**	**-1 222.0**	**-879.3**	**-938.1**
TOTAL MONDE non alloué et confidentiel	**-**	**-**	**-**	**1.2**	**-1.1**	**-**	**-**	**-**	**-**	**-**
Union européenne (UE28)	**357 829.2**	**77 843.6**	**-77 604.6**	**-127 079.0**	**-41 445.2**	**472 156.4**	**138 312.5**	**416 730.9**	**-224 490.7**	**-155 138.3**
Pays du G20 hors Union Européenne	**418 878.5**	**-39 530.0**	**-153 735.8**	**-79 205.7**	**78 538.0**	**521 692.7**	**-62 936.0**	**-222 876.8**	**-242 126.8**	**-47 800.3**
Pays OCDE du G20	**389 933.4**	**-45 726.0**	**-146 477.3**	**-89 909.1**	**71 372.4**	**521 135.9**	**-55 437.4**	**-222 636.7**	**-247 527.4**	**-36 320.4**
Pays non-OCDE du G20	**28 945.1**	**6 196.0**	**-7 258.5**	**10 703.4**	**7 165.6**	**556.9**	**-7 498.6**	**-240.1**	**5 400.7**	**-11 479.9**
Pays MENA	**11 213.5**	**-2 316.7**	**4 548.5**	**-1 115.3**	**32 038.5**	**426.0**	**7 191.2**	**2 423.6**	**-4 397.5**	**31 929.9**
Pays ANASE	**5 622.9**	**67 934.3**	**-40 809.4**	**-14 696.1**	**-7 242.8**	**-1 631.7**	**41 287.2**	**52 289.5**	**-63 096.9**	**-4 099.4**

- Néant

Note : Voir les métadonnées détaillées sur : *http://metalinks.oecd.org/idi/20210722/947b.*

Source : *Statistiques de l'OCDE sur l'investissement direct international (base de données) : https://doi.org/10.1787/idi-data-fr*

Tableau 2. Encours des investissements directs étrangers par pays

En fin d'année

Millions de dollars des ÉU

	Entrant					Sortant				
	2015	2016	2017	2018	2019	2015	2016	2017	2018	2019
TOTAL MONDE	**3 697 834.5**	**3 775 241.9**	**4 217 697.3**	**3 632 523.5**	**3 495 085.4**	**4 503 887.9**	**4 550 670.4**	**5 078 410.9**	**4 478 133.7**	**4 359 702.3**
Pays membres de l'OCDE	**2 893 346.8**	**2 874 165.7**	**2 842 259.5**	**2 575 790.0**	**2 529 559.6**	**4 034 168.8**	**4 060 630.3**	**4 479 773.3**	**3 995 645.8**	**3 853 061.1**
Australie	6 526.9	6 755.6	7 546.2	8 235.6	5 641.4	15 291.2	15 865.9	18 396.5	18 229.9	15 494.3
Autriche	8 562.9	8 650.8	11 325.3	10 097.3	1 088.5	14 260.2	14 550.4	17 628.9	19 829.4	21 406.4
Belgique	94 437.7	85 918.6	133 979.4	162 302.5	133 955.3	132 597.7	122 230.4	145 645.2	150 105.3	133 890.1
Canada	196 712.0	209 234.7	230 843.1	245 840.4	161 200.9	97 646.2	95 719.4	101 637.1	102 399.8	130 014.6
Chili	178.6	324.7	81.6	8.0	-249.4	1 391.4	2 332.7	675.2	1 344.2	1 758.0
République Tchèque	1 485.0	1 062.5	867.1	-493.5	2 700.5	10 519.3	11 215.3	19 335.6	18 762.3	24 391.1
Danemark	1 627.7	1 424.1	1 259.3	5 316.0	105.6	15 552.5	17 256.2	22 868.8	22 355.2	25 179.7
Estonie	24.0	49.5	64.8	33.2	18.0	148.1	153.9	157.1	540.4	512.2
Finlande	1 518.8	1 844.6	151.1	-164.9	303.3	3 375.1	12 342.2	15 245.9	17 339.1	17 178.2
France	17 807.3	-2 516.1	4 543.1	-5 219.8	6 996.2	108 348.4	110 621.9	130 707.6	143 658.1	145 624.6
Allemagne	74 629.3	78 951.2	111 663.5	108 211.6	131 140.2	117 306.5	126 650.2	154 661.8	148 660.4	183 329.6
Grèce	84.9	141.2	166.7	199.2	185.4	4 771.9	3 849.5	4 209.6	4 469.9	4 464.2
Hongrie	39 020.1	25 349.4	501.3	406.5	2 200.6	16 279.8	37 702.1	36 486.0	8 410.8	13 689.1
Islande	-3 075.7	-21.1	-802.4	-79.0	-4.5	6 544.4	2 744.8	3 318.5	4 276.4	4 224.9
Irlande	436 227.5	511 664.4	492 608.5	476 714.0	440 635.8	330 621.7	344 776.0	606 789.4	547 269.3	408 045.4
Israël	-72.9	123.3	430.6	-93.9	1 067.2	2 381.1	2 344.3	1 909.3	3 667.3	5 617.8
Italie	-5 273.8	21 351.3	33 183.0	16 780.4	20 076.4	78 067.5	74 064.5	88 942.2	78 160.1	102 707.3
Japon	3 268.4	3 763.0	3 930.2	3 232.2	6 569.3	5 637.5	5 264.0	5 636.8	6 633.8	8 416.1
Corée	-2 096.9	-2 254.7	-2 118.0	-2 307.1	-1 497.4	867.7	930.7	1 575.9	1 608.7	1 607.5
Lettonie	-5.4	-44.3	-86.4	-55.0	-19.1	112.1	211.9	193.1	195.8	201.1
Lituanie	482.3	-12.6	-13.2	-9.2	-1.1	156.8	160.2	88.8	237.0	239.3
Luxembourg	-	-	-	-	-	-	-	-	-	-
Mexique	-5 497.0	-5 489.6	-6 944.1	-6 764.4	-4 806.8	25 403.4	24 503.0	28 078.7	25 910.2	21 518.8
Pays-Bas	473 131.2	480 306.7	462 771.6	344 966.8	352 099.5	682 132.8	755 495.9	896 278.5	789 246.6	717 026.5
Nouvelle-Zélande	6 067.5	5 337.8	3 165.0	2 702.1	2 793.8	1 211.8	628.2	380.2	293.1	390.9
Norvège	9 139.9	11 367.1	13 773.1	11 801.0	3 819.4	13 007.1	13 084.2	14 424.3	13 636.4	13 443.0
Pologne	4 292.9	2 200.9	4 065.7	1 983.1	1 118.9	17 047.4	16 678.6	24 036.9	24 157.3	27 302.9
Portugal	2 347.3	2 171.4	2 656.5	1 806.7	1 806.3	21 798.6	20 902.3	24 443.5	24 343.9	27 302.9
République slovaquie	-290.7	-806.4	-1 633.5	-1 521.6	-630.2	4 501.9	3 556.4	4 334.4	4 074.9	3 836.2
Slovénie	-42.5	-11.6	60.0	83.6	279.7	411.5	523.9	664.4	1 162.1	1 222.2
Espagne	-9 213.9	-7 989.9	-9 733.7	-10 622.9	-7 336.6	55 102.9	55 513.9	70 732.8	81 931.5	82 610.6
Suède	20 984.2	16 421.4	16 025.4	16 629.3	17 603.9	58 520.4	60 597.7	58 334.1	54 227.2	58 794.7
Suisse	116 427.9	131 998.5	131 486.0	104 080.6	69 640.5	374 832.9	396 531.0	431 542.3	418 361.6	455 714.4
Turquie	-185.1	-37.9	-437.8	-234.7	-1 236.8	10 520.4	8 995.5	11 318.1	5 629.7	3 995.7
Royaume-Uni	546 347.3	491 017.2	513 326.9	492 225.8	491 504.2	746 456.2	715 626.6	845 608.1	730 819.8	704 501.2
Etats-Unis	858 246.1	795 907.0	683 540.4	589 702.3	690 792.0	1 061 613.5	987 166.6	693 576.4	523 699.3	487 411.8
EUROPE	**2 155 868.3**	**2 149 562.6**	**2 242 281.1**	**2 029 433.2**	**2 000 405.5**	**3 067 389.2**	**3 152 324.2**	**3 839 472.3**	**3 510 090.5**	**3 356 060.4**
Bulgarie	-61.0	-13.7	-15.6	-4.6	7.9	626.0	669.3	869.5	2 017.4	2 069.2
Croatie	-38.1	-110.7	-128.3	-121.4	-124.7	2 092.5	2 131.3	2 823.2	3 092.5	3 124.0
Chypre	13 782.3	12 875.5	12 828.0	13 133.7	11 804.1	111 818.2	109 697.5	86 772.6	77 650.6	93 800.3
Malte	10 361.5	12 631.0	14 683.4	12 079.2	48 780.0	13 937.9	14 002.3	17 083.2	15 382.4	27 083.8
Roumanie	-144.8	26.4	42.0	14.9	-44.9	1 413.2	1 606.4	2 290.7	2 083.8	1 755.8
Russie	-61 850.8	-63 135.9	-63 698.7	-51 743.8	-44 346.2	21 390.3	20 628.2	15 159.5	12 166.2	3 772.2
Ukraine	-46.8	-42.2	-19.2	-18.3	-29.2	617.3	693.6	903.1	652.6	800.9
AFRIQUE	**1 678.8**	**-1 173.2**	**507.3**	**531.3**	**906.5**	**28 721.8**	**12 001.7**	**13 353.3**	**14 986.3**	**14 241.7**
Afrique septentrionale	328.8	307.8	296.2	430.5	348.2	1 146.4	875.9	1 724.6	1 991.1	2 152.3
Algérie	56.6	62.2	78.0	89.3	94.4	16.3	11.6	10.8	8.0	6.7
Egypte	103.4	113.8	97.1	87.0	80.9	880.8	579.7	1 535.1	1 461.0	1 428.9
Libye	-	-48.5	-55.2	-	-	-	-	-	-	11.2
Maroc	168.8	181.3	176.3	254.2	173.0	222.1	260.4	164.3	502.6	687.5
Tunisie	-1.1	-1.1	-	-	-	28.3	23.2	15.6	19.5	18.0
Autres pays africains	1 350.0	-1 481.0	211.1	99.6	559.4	27 575.4	11 125.8	11 628.7	12 995.2	12 089.4
Nigéria	-6.5	-9.5	-13.2	-33.2	-27.0	38.1	34.8	64.8	60.7	59.5
Afrique du Sud	1 004.9	519.7	933.1	-1 459.8	-921.1	21 288.0	6 346.6	6 087.8	8 300.9	7 761.2
AMÉRIQUE	**1 426 503.0**	**1 442 125.0**	**1 766 319.3**	**1 405 274.8**	**1 277 095.0**	**1 333 639.6**	**1 258 388.3**	**1 015 800.0**	**820 640.0**	**772 846.6**
Amérique du Nord	1 054 958.1	1 005 141.8	914 383.5	835 542.7	851 991.7	1 159 259.7	1 082 886.1	795 214.7	626 099.2	617 426.4
Amérique du Nord	364 727.3	432 087.1	850 591.3	565 616.0	425 513.4	113 072.4	107 618.8	133 753.9	125 554.2	87 918.4
Bahamas	39 407.7	42 337.9	52 801.6	50 042.4	36 510.9	-1 224.8	-984.5	610.5	3 258.5	-4 058.6
Bermudes	178 954.8	231 852.0	479 866.9	304 811.1	135 734.7	69 958.6	57 205.7	75 399.4	55 909.1	24 173.2
Îles Cayman	94 131.7	94 856.1	242 419.0	140 791.2	129 514.7	11 562.3	18 437.9	16 820.6	16 922.4	12 220.8
Costa Rica	-3.3	-2.1	-3.6	-3.4	-2.2	397.4	389.0	393.4	1 387.7	2 635.4
El Salvador	3.3	79.1	-3.6	105.3	-4.5	154.6	157.1	22.8	-45.8	4.5
Guatemala	-4.4	13.7	19.2	18.3	15.7	455.1	404.8	28.8	53.8	55.0
Honduras	-3.3	-	-	-	-	24.0	25.3	32.4	32.1	32.6
Nicaragua	-2.2	-3.2	-2.4	-	-18.0	7.6	1.1	73.2	83.6	455.0
Panama	2 452.9	5 594.0	5 321.4	4 185.9	4 099.1	1 708.2	2 214.6	984.6	933.1	954.8
Îles Vierges, US	-	-	-2.4	-17.2	-2.2	-	218.2	492.9	9 458.4	10 057.3
Amérique du Sud	6 817.6	4 896.2	1 344.4	4 116.1	-410.0	61 307.6	67 882.4	86 831.4	68 985.6	67 501.7
Argentine	-101.3	-47.4	-82.8	-117.9	-137.0	4 074.0	3 776.7	5 051.6	4 003.9	2 576.9
Bolivie	-1.1	6.3	10.8	12.6	12.4	111.1	99.1	66.0	65.3	61.8
Brésil	8 274.4	6 170.5	3 178.2	-800.3	-2 718.5	48 537.8	53 568.0	73 846.2	57 997.5	58 251.0
Colombie	-62.1	22.1	1 213.7	969.8	707.7	1 276.0	1 190.1	1 337.3	1 560.6	1 571.6
Equateur	-	-	-6.0	-5.7	-3.4	32.7	36.9	39.6	-760.2	432.5
Paraguay	-4.4	-13.7	-14.4	-14.9	-14.6	168.8	175.0	278.2	92.7	35.9
Pérou	-78.4	109.6	349.0	792.3	1 560.3	1 910.7	3 338.3	2 800.4	1 789.6	1 333.4
Uruguay	-1 366.4	-1 657.0	-3 383.3	3 272.3	430.2	3 779.0	3 338.3	2 273.9	2 429.6	1 064.9
Venezuela	-21.8	-17.9	-1.2	-1.1	-1.1	25.0	28.5	50.4	48.1	51.7
ASIE	**100 901.5**	**172 388.5**	**197 242.7**	**186 245.7**	**208 093.7**	**57 010.3**	**110 936.0**	**190 350.2**	**113 347.8**	**200 156.1**

Tableau 2. Encours des investissements directs étrangers par pays *(suite)*

En fin d'année

Millions de dollars des ÉU

	Entrant					Sortant				
	2015	2016	2017	2018	2019	2015	2016	2017	2018	2019
Proche et Moyen Orient	38 365.8	37 176.1	45 182.3	41 752.9	78 836.2	4 221.0	10 959.2	15 518.1	14 956.5	48 811.5
Pays du Golfe	37 725.6	36 427.7	43 951.8	41 040.8	76 989.4	485.6	6 791.4	11 289.3	9 254.6	40 934.6
Koweït	-	-	-	-	-2.2	2.2	-	3.6	3.4	3.4
Qatar	21 562.3	15 760.5	18 536.8	16 542.2	16 318.8	3.3	2.1	4.8	4.6	10.1
Arabie saoudite	1 550.4	2 633.1	4 258.8	4 159.6	5 885.2	100.2	128.6	131.9	123.7	174.1
Emirats Arabes Unis	13 670.1	16 961.1	18 612.4	16 612.1	39 919.1	-163.3	6 111.5	10 526.5	8 521.9	40 153.9
Autres pays du Proche et Moyen Orient	641.3	748.4	1 230.5	712.2	1 846.8	3 735.4	4 167.8	4 230.0	5 701.9	7 876.9
Jordanie	-	-1.1	-1.2	-1.1	-1.1	3.3	142.3	486.9	416.8	388.7
Autres pays asiatiques	62 535.7	135 213.5	152 059.2	144 492.8	129 257.5	52 789.3	99 976.8	174 832.1	98 390.2	151 344.6
Chine	4 779.5	6 753.5	6 072.2	9 357.7	9 390.0	8 979.9	9 747.0	9 949.6	11 580.0	8 555.4
Hong Kong, Chine	32 799.1	33 969.6	89 378.7	92 383.8	81 044.7	4 748.0	10 887.5	31 038.6	25 832.4	86 727.7
Inde	-1 566.7	-290.9	-417.4	-390.4	-443.7	2 645.6	1 773.0	4 232.4	2 755.9	2 484.8
Indonesie	-3 362.0	-182.4	-241.1	-139.7	-135.9	650.0	894.9	985.8	981.2	1 034.6
République islamique d'Iran	-	-	-	-	-	14.2	-	-	-	-739.2
Malaisie	2 087.1	2 316.9	2 542.6	2 912.8	1 540.1	2 455.1	985.6	1 471.6	1 329.3	3.4
Philippines	-22.9	20.0	13.2	28.6	29.2	174.2	157.1	145.1	119.1	80.9
Singapour	26 209.0	89 792.3	51 513.6	37 887.6	31 435.6	24 623.8	66 739.7	115 281.8	44 441.3	38 380.1
Taipei Chinois	-1.1	-35.8	-26.4	-73.3	-115.7	326.6	323.6	382.6	358.4	693.1
Thaïlande	326.6	1 432.5	1 199.3	1 205.6	1 170.5	697.9	726.3	1 062.6	1 140.4	1 066.1
Viet Nam	-4.4	-5.3	-8.4	-26.3	-49.4	393.0	1 061.5	2 742.9	1 487.3	1 899.6
AUSTRALIE, OCÉANIE ET RÉGIONS POLAIRES	**12 881.9**	**12 339.0**	**11 346.8**	**11 038.5**	**8 583.5**	**17 127.9**	**17 020.1**	**19 435.1**	**19 069.2**	**16 397.4**
TOTAL MONDE non alloué et confidentiel	**1.1**	**-**	**-**	**-**	**1.1**	**-1.1**	**-**	**-**	**-**	**-**
Union européenne (UE28)	**1 732 080.6**	**1 742 550.9**	**1 805 159.5**	**1 644 768.7**	**1 656 252.5**	**2 547 973.9**	**2 632 787.0**	**3 277 234.3**	**2 970 180.9**	**2 831 287.4**
Pays du G20 hors Union Européenne	**1 639 212.8**	**1 549 101.9**	**1 529 078.9**	**1 408 567.7**	**1 472 952.1**	**2 374 824.2**	**2 262 271.5**	**2 195 584.1**	**1 883 319.2**	**1 889 231.6**
Pays OCDE du G20	**1 690 484.5**	**1 596 681.8**	**1 579 076.5**	**1 449 702.3**	**1 506 379.5**	**2 267 158.4**	**2 165 408.5**	**2 080 139.1**	**1 785 409.9**	**1 804 621.4**
Pays non-OCDE du G20	**-51 271.6**	**-47 579.8**	**-49 997.6**	**-41 134.6**	**-33 427.3**	**107 665.8**	**96 863.1**	**115 445.0**	**97 909.3**	**84 610.2**
Pays MENA	**38 771.9**	**37 458.6**	**45 048.0**	**42 247.5**	**78 078.0**	**2 532.4**	**9 197.9**	**14 952.0**	**13 033.0**	**45 123.6**
Pays ANASE	**25 232.4**	**93 372.0**	**55 347.8**	**42 392.9**	**34 415.9**	**29 043.0**	**70 615.6**	**121 753.4**	**49 554.6**	**42 517.4**

- Néant

Note : Voir les métadonnées détaillées sur : *http://metalinks.oecd.org/idi/20210722/947b.*

Source : *Statistiques de l'OCDE sur l'investissement direct international (base de données) : https://doi.org/10.1787/idi-data-fr*

LUXEMBOURG

Tableau 3. Revenus des investissements directs étrangers par pays

Millions de dollars des ÉU

	Entrant					Sortant				
	2015	2016	2017	2018	2019	2015	2016	2017	2018	2019
TOTAL MONDE	**106 752.1**	**135 529.1**	**128 642.8**	**133 578.4**	**118 318.6**	**127 368.8**	**153 221.3**	**151 447.4**	**157 040.0**	**144 607.6**
Pays membres de l'OCDE	**76 057.7**	**103 676.9**	**86 760.2**	**90 037.8**	**81 252.7**	**112 867.4**	**136 031.2**	**128 687.9**	**133 489.9**	**124 783.4**
Australie	-33.3	-10.0	-28.2	55.5	-435.5	741.0	332.9	459.9	1 832.9	1 535.9
Autriche	-84.3	200.2	-62.0	-2.4	-2.2	582.4	1 106.9	693.3	1 849.4	1 560.5
Belgique	2 968.4	4 569.3	7 325.0	5 943.6	4 980.4	6 971.7	6 729.0	6 234.9	8 654.6	8 091.3
Canada	12 004.4	10 546.3	8 778.0	7 058.9	7 991.7	1 077.1	1 262.9	4 102.1	3 569.0	3 249.7
Chili	3.3	-	-6.8	-1.2	-57.1	54.4	45.3	49.6	38.9	32.5
République Tchèque	14.4	3.3	19.2	-56.7	-85.1	2 003.3	1 790.3	2 888.1	3 081.6	1 191.1
Danemark	-31.1	3.3	34.9	11.8	66.0	765.4	888.0	292.0	452.0	404.1
Estonie	1.1	1.1	2.3	2.4	2.2	10.0	13.3	10.1	9.4	6.7
Finlande	346.1	48.7	25.9	-82.6	-60.5	79.9	816.1	611.0	888.7	484.7
France	3 548.5	1 982.7	585.1	2 322.7	1 627.7	3 844.7	3 851.6	5 148.2	5 862.2	5 433.8
Allemagne	3 518.6	4 587.0	1 954.7	4 707.9	3 970.7	3 530.8	4 282.9	6 513.4	6 905.5	6 413.3
Grèce	13.3	13.3	21.4	23.6	22.4	58.8	140.4	220.9	194.7	178.0
Hongrie	514.7	1 479.6	524.2	-31.9	-99.6	1 452.0	376.0	83.4	863.9	659.4
Islande	-58.8	-	-4.5	-10.6	-1.1	143.1	5.5	3.4	44.8	41.4
Irlande	5 202.4	29 000.3	7 567.4	6 448.7	6 282.3	9 868.0	25 373.2	15 338.7	10 406.0	12 073.2
Israël	27.7	17.7	39.5	56.7	33.6	57.7	-201.3	181.5	46.0	42.5
Italie	448.1	656.9	768.8	1 502.4	1 637.7	2 475.9	2 385.3	2 328.9	2 595.3	2 458.3
Japon	41.0	-103.9	-76.7	66.1	-2.2	312.8	422.4	500.5	573.6	772.4
Corée	62.1	-37.6	-157.8	-123.9	-89.6	63.2	107.3	98.1	188.8	239.6
Lettonie	-48.8	-1.1	-4.5	-3.5	9.0	2.2	-8.8	12.4	11.8	6.7
Lituanie	4.4	5.5	-	-	-2.2	47.7	14.4	10.1	14.2	17.9
Luxembourg	-	-	-	-	-	-	-	-	-	-
Mexique	-277.3	-305.2	-439.6	-522.8	-	380.5	583.9	714.7	1 387.9	1 240.3
Pays-Bas	10 175.3	6 417.1	14 721.0	14 403.4	15 692.4	19 442.0	20 017.7	19 842.2	22 427.7	21 132.9
Nouvelle-Zélande	1 081.5	127.2	197.3	66.1	51.5	75.4	76.3	34.9	50.7	43.7
Norvège	271.8	31.0	48.5	30.7	-146.6	589.0	200.2	406.9	735.3	538.5
Pologne	28.8	-27.6	5.6	100.3	124.3	1 099.3	1 131.3	1 639.0	1 719.6	1 430.7
Portugal	219.6	56.4	48.5	86.2	53.7	629.0	1 130.2	678.6	1 045.7	982.9
République slovaquie	-13.3	-12.2	-19.2	-34.2	-11.2	545.8	766.3	467.8	834.4	527.3
Slovénie	-3.3	-4.4	-1.1	-1.2	-	41.0	48.7	53.0	68.5	79.5
Espagne	-302.8	69.7	609.9	-267.9	424.3	3 089.3	4 302.8	3 677.2	4 539.1	3 377.4
Suède	209.7	582.8	33.8	817.9	671.7	2 331.7	2 687.2	2 407.8	1 750.3	2 646.4
Suisse	2 582.4	6 274.5	5 342.1	5 476.2	5 479.7	12 612.3	15 617.6	15 791.9	12 818.4	15 982.3
Turquie	12.2	-	-34.9	-92.1	-176.9	374.9	387.0	521.9	520.5	462.3
Royaume-Uni	8 299.5	11 371.2	16 322.9	14 624.1	10 003.4	13 059.3	17 482.0	17 969.8	23 032.0	21 846.0
Etats-Unis	25 266.8	26 139.6	22 619.8	27 463.7	23 295.6	24 505.8	21 881.0	18 711.5	14 476.6	9 600.4
EUROPE	**46 947.3**	**78 884.2**	**70 840.9**	**66 986.9**	**61 020.9**	**93 245.7**	**117 086.1**	**111 591.7**	**118 535.3**	**115 461.8**
Bulgarie	-	-	-1.1	-	-	58.8	78.5	69.9	60.2	50.4
Croatie	-	-25.4	-5.6	-3.5	-3.4	140.9	289.7	316.8	358.8	64.9
Chypre	865.2	1 690.8	919.9	933.6	884.4	2 488.1	875.8	516.3	-63.7	1 146.3
Malte	448.1	1 219.7	347.2	231.3	161.2	609.0	259.9	383.3	577.1	1 348.9
Roumanie	-37.7	-3.3	-3.4	-3.5	-4.5	112.0	131.6	117.2	276.2	362.7
Russie	142.0	748.6	197.3	144.0	314.6	54.4	614.8	2 578.1	2 019.4	498.2
Ukraine	-	-	-	-	-	81.0	71.9	87.9	68.5	71.6
AFRIQUE	**79.9**	**162.6**	**177.0**	**227.8**	**555.2**	**-402.7**	**985.3**	**308.9**	**665.6**	**638.1**
Afrique septentrionale	-76.5	18.8	29.3	34.2	32.5	-241.8	235.5	131.9	401.3	394.0
Algérie	4.4	-	-	-	-	-1.1	2.2	1.1	1.2	1.1
Egypte	-95.4	-1.1	-	-	-	-292.8	184.7	93.6	108.6	98.5
Libye	-	-	-	-3.5	-	-	-	-	-	-
Maroc	14.4	21.0	29.3	37.8	32.5	35.5	42.0	27.1	280.9	284.3
Tunisie	-	-	-	-	-	15.5	6.6	10.1	10.6	10.1
Autres pays africains	156.4	143.8	147.7	193.6	522.8	-160.8	749.8	177.0	264.4	244.0
Nigéria	-	-	-	-	-	10.0	21.0	19.2	34.2	32.5
Afrique du Sud	166.4	140.4	110.5	155.8	164.6	-416.0	597.1	172.5	244.3	220.5
AMÉRIQUE	**54 477.0**	**51 178.8**	**51 840.8**	**57 468.4**	**47 509.2**	**30 027.7**	**30 409.2**	**31 436.1**	**28 533.0**	**20 419.8**
Amérique du Nord	37 271.2	36 686.9	31 397.8	34 523.8	31 287.4	25 584.0	23 143.9	22 813.7	18 045.6	12 850.1
Amérique du Nord	16 534.7	11 708.5	18 417.3	22 960.0	16 217.4	4 032.2	4 445.4	4 390.7	7 181.6	4 870.7
Bahamas	1 130.3	97.3	780.1	1 680.6	1 450.8	-199.7	-176.9	-171.3	-72.0	-180.2
Bermudes	8 397.1	5 027.1	6 080.5	9 066.4	4 137.5	1 550.7	3 137.2	2 164.4	2 569.3	1 284.0
Îles Cayman	5 666.1	4 410.0	9 014.8	9 448.8	7 646.9	1 513.0	610.4	367.5	1 615.7	1 665.7
Costa Rica	-	-	-	-1.2	1.1	241.8	266.5	254.8	5.9	9.0
El Salvador	-	-	50.7	-	-	8.9	-2.2	5.6	4.7	5.6
Guatemala	-	-	-	1.2	1.1	17.7	-148.2	2.3	-2.4	1.1
Honduras	-	-	-	-	-	-	4.4	3.4	1.2	41.4
Nicaragua	-1.1	-1.1	-	-	-	-	-	-	-	3.4
Panama	17.7	505.4	135.3	480.3	41.4	53.2	1.1	111.6	114.5	92.9
Îles Vierges, US	-	-	-	-	-	-	-	5.6	773.0	15.7
Amérique du Sud	671.1	2 784.5	2 025.7	-14.2	5.6	412.6	2 819.9	4 231.8	3 304.6	2 699.0
Argentine	-1.1	-2.2	-	-7.1	-3.4	225.2	380.4	242.4	581.8	353.7
Bolivie	-	-	-1.1	-	-	35.5	5.5	6.8	7.1	6.7
Brésil	693.3	2 832.0	2 075.3	-181.8	-248.5	-525.8	1 845.6	3 264.6	2 356.9	1 974.7
Colombie	-14.4	-36.5	-41.7	-15.3	-24.6	62.1	61.9	19.2	30.7	69.4
Equateur	-	-	-	-	-	4.4	-	4.5	5.9	5.6
Paraguay	-	-	-	-	-	4.4	7.7	12.4	13.0	12.3
Pérou	-	1.1	-	1.2	7.8	-4.4	-18.8	144.3	147.5	136.6
Uruguay	-8.9	-10.0	-	192.4	334.7	556.9	491.0	458.8	122.7	107.5
Venezuela	-	-	-	-	-3.4	1.1	2.2	-2.3	-2.4	-2.2
ASIE	**4 044.4**	**5 139.9**	**5 206.9**	**8 720.6**	**9 585.8**	**3 799.2**	**4 288.4**	**7 553.8**	**7 368.1**	**6 467.0**

Tableau 3. Revenus des investissements directs étrangers par pays *(suite)*

Millions de dollars des ÉU

	Entrant					Sortant				
	2015	2016	2017	2018	2019	2015	2016	2017	2018	2019
Proche et Moyen Orient	1 977.8	2 101.1	1 889.3	1 947.4	2 384.4	239.6	151.5	730.5	730.6	459.0
Pays du Golfe	1 892.4	2 030.3	1 812.6	1 844.7	2 306.1	51.0	238.9	317.9	453.2	162.3
Koweït	-	-	-	-	-	-	-	-	-	-
Qatar	843.0	876.9	833.1	520.5	705.3	-	-	-	-	-
Arabie saoudite	289.5	327.3	344.9	367.0	389.6	6.7	7.7	4.5	-28.3	-31.3
Emirats Arabes Unis	751.0	800.6	558.0	830.9	1 092.6	44.4	224.5	301.0	469.7	182.5
Autres pays du Proche et Moyen Orient	85.4	69.7	77.8	103.9	78.4	188.6	-88.5	413.7	277.4	295.5
Jordanie	-	-	-	-	-	-	-	24.8	24.8	25.7
Autres pays asiatiques	2 066.6	3 038.8	3 317.6	6 773.3	7 201.4	3 560.7	4 136.9	6 822.2	6 637.6	6 008.1
Chine	108.7	275.4	671.9	64.9	519.4	500.3	525.3	703.4	689.2	475.8
Hong Kong, Chine	982.8	1 038.4	1 592.8	2 644.9	2 540.0	483.6	568.4	1 397.8	1 901.3	2 082.2
Inde	-34.4	-40.9	-19.2	-23.6	-56.0	138.7	111.7	55.2	192.4	192.5
Indonesie	-117.6	-102.8	-13.5	-7.1	-4.5	72.1	103.9	145.4	167.6	163.4
République islamique d'Iran	-	-	-	-	-	-2.2	-	-	-	-
Malaisie	41.0	48.7	24.8	147.5	63.8	6.7	127.2	139.8	66.1	60.5
Philippines	-4.4	-4.4	-	-	1.1	-16.6	2.2	23.7	2.4	2.2
Singapour	1 123.7	1 956.2	1 188.1	3 825.1	4 077.0	1 844.7	1 964.0	3 460.7	2 454.9	1 704.9
Taipei Chinois	4.4	-	-2.3	-1.2	-14.6	16.6	35.4	53.0	53.1	39.2
Thaïlande	1.1	16.6	31.6	27.1	28.0	113.1	66.4	71.0	73.2	72.8
Viet Nam	-	-	-	-	-1.1	18.9	25.4	18.0	112.1	114.2
AUSTRALIE, OCÉANIE ET RÉGIONS POLAIRES	**1 204.7**	**162.6**	**577.2**	**173.5**	**-352.6**	**698.8**	**452.3**	**555.7**	**1 937.9**	**1 621.0**
TOTAL MONDE non alloué et confidentiel	**-1.1**	**1.1**	**-**	**1.2**	**-**	**-**	**-**	**1.1**	**-**	**-**
Union européenne (UE28)	**36 306.2**	**63 887.0**	**51 745.0**	**51 671.2**	**46 348.4**	**75 341.1**	**96 961.2**	**88 523.3**	**98 413.8**	**93 974.0**
Pays du G20 hors Union Européenne	**54 137.5**	**59 004.8**	**53 659.1**	**57 574.6**	**48 898.5**	**50 421.5**	**57 165.8**	**64 235.1**	**67 167.5**	**57 099.5**
Pays OCDE du G20	**52 890.7**	**54 826.9**	**50 292.0**	**57 062.4**	**47 822.7**	**50 366.1**	**52 979.1**	**57 069.1**	**60 944.2**	**53 252.0**
Pays non-OCDE du G20	**1 246.8**	**4 177.8**	**3 367.2**	**512.2**	**1 075.8**	**55.5**	**4 186.7**	**7 166.0**	**6 223.3**	**3 847.5**
Pays MENA	**1 873.5**	**2 103.3**	**1 885.9**	**1 926.1**	**2 385.5**	**-65.4**	**608.2**	**697.8**	**1 115.3**	**838.5**
Pays ANASE	**1 044.9**	**1 914.2**	**1 311.0**	**4 149.7**	**4 307.6**	**2 038.8**	**2 291.3**	**3 859.8**	**2 877.4**	**2 119.1**

- Néant

Note : Voir les métadonnées détaillées sur : *http://metalinks.oecd.org/idi/20210722/947b.*

Source : *Statistiques de l'OCDE sur l'investissement direct international (base de données) : https://doi.org/10.1787/idi-data-fr*

LUXEMBOURG

Tableau 4. Investissement direct étranger : flux par secteur industriel

Millions de dollars des ÉU

	Entrant					Sortant				
	2015	2016	2017	2018	2019	2015	2016	2017	2018	2019
All FDI activities	**622 284.0**	**188 439.7**	**69 967.3**	**-404 143.8**	**-137 847.3**	**738 981.7**	**147 117.1**	**209 945.9**	**-396 948.0**	**-159 815.3**
Agriculture, sylviculture et pêche	-	-	-	-	-	**106.5**	**-60.8**	**-224.3**	**-94.4**	**-115.3**
Industries extractives	**1.1**	**2.2**	**2.3**	**2.4**	**3.4**	**-3 970.1**	**-7 305.1**	**-7 684.6**	**813.2**	**2.2**
Activités d'extraction	-	-	-	-	-	-3 485.3	-5 963.7	-5 208.0	224.2	-36.9
Activités de fabrication	**-1 203.6**	**2 797.7**	**595.2**	**-193.6**	**1 403.8**	**13 061.6**	**-3 674.7**	**-9 490.5**	**3 558.4**	**2 076.6**
dont :										
Produits alimentaires, boissons et tabac	-6.7	-	1.1	-1.2	-	2 057.7	822.7	-7 383.6	649.1	340.3
Textiles, bois, papier, imprimerie	-1 466.4	639.2	781.2	-512.2	304.5	2 256.2	-1 037.3	36.1	435.5	42.5
Produits pétroliers, chimiques, pharmaceutiques, caoutchouc, plastique, minéraux	-100.9	1 335.8	-803.7	-974.9	16.8	3 030.5	3 380.5	-155.6	1 720.8	1 045.6
Ouvrages en métaux et machines, sauf matériels électriques	271.8	740.9	573.8	1 267.6	1 057.9	4 107.6	-6 487.9	3 013.2	2 761.7	1 795.6
Automobiles, remorques, semi-remorques, autres matériels de transport	11.1	6.6	33.8	18.9	17.9	494.7	-530.8	-3 990.5	-2 268.4	-1 841.5
Autres activités de fabrication	86.5	74.1	9.0	8.3	7.8	1 115.9	176.9	-1 010.0	258.5	694.1
Production et distribution d'électricité, de gaz, de vapeur et de climatisation	**-32.2**	**-88.5**	**56.4**	-	-	**1 393.2**	**-504.3**	**-11.3**	**87.3**	**-137.7**
Distribution de l'eau ; assainissement, traitement des déchets et dépollution	**10.0**	**3.3**	**10.1**	**9.4**	**9.0**	**116.5**	**49.8**	**22.5**	**27.1**	**24.6**
Construction	**-39.9**	**-3.3**	**23.7**	**33.0**	**30.2**	**1 558.5**	**-947.7**	**-413.7**	**-29.5**	**-47.0**
Services	**623 515.3**	**185 729.3**	**69 279.7**	**-403 995.0**	**-139 293.6**	**726 044.4**	**158 655.3**	**226 708.4**	**-402 064.2**	**-162 368.7**
Commerce de gros et de détail ; réparations automobiles et motocycles	22 545.8	-3 528.7	-6 042.2	-46 506.6	26 725.6	16 602.3	-227.8	-13 846.2	-18 433.8	2 217.6
Transport et entreposage	975.0	55.3	-193.9	86.2	-255.2	1 180.3	-435.7	-819.5	918.2	420.9
Activités d'hébergement et de restauration	-183.0	142.7	5 571.0	-5 289.7	-166.8	295.1	-434.6	-1 954.7	-134.5	-97.4
Information et communication	-376.0	4 008.6	-10 002.3	22 371.1	-5 635.3	6 838.6	3 744.3	-925.5	481.5	-11 398.2
Activités financières et d'assurances	599 191.3	192 637.4	84 788.6	-377 632.5	-150 707.5	695 641.7	119 671.6	377 807.5	-330 249.0	-143 820.7
Activités des sociétés holding	548 053.2	189 958.0	74 439.2	-405 156.4	-182 641.9	692 068.8	124 203.3	376 122.2	-330 024.8	-143 131.1
Activités immobilières	1 113.7	261.0	-2 657.0	-158.1	100.8	3 605.1	1 997.1	-3 547.5	473.3	492.6
Activités professionnelles, scientifiques et techniques	824.2	-2 649.6	-12 123.8	4 665.4	-2 598.2	60 427.1	28 394.3	-133 766.2	-52 998.9	-8 993.6
Activités de services administratifs et d'appui	-549.1	-5 194.1	9 927.9	-1 535.5	-6 762.6	-58 620.1	5 829.9	3 979.3	-2 152.7	-1 218.0
Administration publique; activités des ménages et des organismes extra-territoriaux	-21.1	-	-	-	-	-	-	-	-	-
Éducation	-	-	-	-	-	124.2	-42.0	-22.5	-11.8	-13.4
Santé humaine et action sociale	-1.1	-2.2	12.4	5.9	5.6	-28.8	39.8	-13.5	10.6	5.6
Arts, spectacles et loisirs	-	-	-	-	-	24.4	118.3	48.5	43.7	43.7
Autres services	-4.4	-1.1	-	-	-	-45.5	1.1	-231.1	-9.4	-7.8
Not allocated and confidential	**33.3**	**-1.1**	-	-	-	**23.3**	-	-	-	-
Activités immobilières privées	-	-	-	-	-	**647.8**	**904.6**	**1 039.3**	**754.2**	**750.0**

- Néant

Note : Voir les métadonnées détaillées sur : *http://metalinks.oecd.org/idi/20210722/947b*.

Source : *Statistiques de l'OCDE sur l'investissement direct international (base de données) : https://doi.org/10.1787/idi-data-fr*

Tableau 5. Encours des investissement directs étrangers par secteur industriel
En fin d'année

Millions de dollars des ÉU

	Entrant					Sortant				
	2015	2016	2017	2018	2019	2015	2016	2017	2018	2019
All FDI activities	**3 697 834.5**	**3 775 241.9**	**4 217 697.3**	**3 632 523.5**	**3 495 085.4**	**4 503 887.9**	**4 550 670.4**	**5 078 410.9**	**4 478 133.7**	**4 359 702.3**
Agriculture, sylviculture et pêche	**-**	**-**	**-**	**-**	**-**	**1 625.5**	**1 624.3**	**1 572.3**	**1 455.2**	**1 379.5**
Industries extractives	**5.4**	**5.3**	**7.2**	**8.0**	**9.0**	**22 509.5**	**18 079.5**	**11 283.3**	**11 145.0**	**11 331.2**
Activités d'extraction	-	-	-	-	-	15 762.7	12 314.7	7 934.8	7 807.4	7 926.3
Activités de fabrication	**2 493.2**	**4 019.2**	**5 710.0**	**4 816.8**	**4 071.0**	**123 936.9**	**119 094.6**	**119 220.4**	**111 209.1**	**109 387.8**
dont :										
Produits alimentaires, boissons et tabac	-41.4	-44.3	-51.6	-52.7	-52.8	15 715.8	16 982.2	10 325.0	9 713.8	9 472.0
Textiles, bois, papier, imprimerie	273.3	664.1	1 091.4	482.0	329.1	7 242.2	5 968.2	6 357.6	6 104.9	5 851.5
Produits pétroliers, chimiques, pharmaceutiques, caoutchouc, plastique, minéraux	2 053.3	3 109.5	4 441.1	4 034.8	3 467.8	38 819.8	39 819.8	43 547.6	41 699.1	41 277.2
Ouvrages en métaux et machines, sauf matériels électriques	86.0	162.3	66.0	198.1	178.6	41 233.5	35 316.7	38 255.0	35 256.5	34 925.9
Automobiles, remorques, semi-remorques, autres matériels de transport	9.8	15.8	36.0	34.3	33.7	12 406.1	12 717.4	12 649.3	10 990.4	10 235.9
Autres activités de fabrication	112.1	110.7	127.1	120.2	116.8	8 518.2	8 288.2	8 087.1	7 443.3	7 626.4
Production et distribution d'électricité, de gaz, de vapeur et de climatisation	**-30.5**	**-113.8**	**-73.2**	**-74.4**	**-76.4**	**5 701.7**	**5 077.5**	**5 474.9**	**4 823.7**	**4 537.2**
Distribution de l'eau ; assainissement, traitement des déchets et dépollution	**12.0**	**13.7**	**15.6**	**14.9**	**14.6**	**246.1**	**290.9**	**316.6**	**287.4**	**268.5**
Construction	**153.5**	**125.4**	**133.1**	**123.7**	**119.1**	**6 128.5**	**4 917.3**	**4 965.2**	**4 655.4**	**4 511.3**
Services	**3 695 199.8**	**3 771 192.2**	**4 211 905.7**	**3 627 633.4**	**3 490 947.0**	**4 330 692.4**	**4 388 093.2**	**4 919 119.7**	**4 328 114.3**	**4 211 398.6**
Commerce de gros et de détail ; réparations automobiles et motocycles	70 991.8	68 648.7	66 177.7	17 581.9	42 153.4	101 609.1	105 061.7	96 393.6	68 223.0	67 409.6
Transport et entreposage	823.1	834.8	770.0	883.9	823.4	16 935.2	16 086.2	15 887.5	13 923.7	13 772.2
Activités d'hébergement et de restauration	212.3	305.7	6 252.1	818.6	585.3	2 104.5	1 663.3	-206.3	-290.8	-305.5
Information et communication	1 701.7	5 835.4	-1 325.3	23 491.0	17 820.7	33 304.3	34 305.9	33 962.6	35 375.5	20 602.1
Activités financières et d'assurances	3 552 335.3	3 631 807.7	4 080 671.6	3 528 076.5	3 383 555.4	3 644 211.2	3 686 657.5	4 297 488.6	3 823 711.9	3 737 842.1
Activités des sociétés holding	3 590 650.0	3 677 067.6	4 116 117.8	3 528 997.0	3 355 578.5	3 569 798.6	3 617 644.1	4 219 840.5	3 748 394.8	3 664 868.6
Activités immobilières	2 548.7	3 205.4	490.5	338.9	395.4	12 656.5	13 426.8	10 970.3	11 153.0	11 126.7
Activités professionnelles, scientifiques et techniques	34 471.4	32 700.5	22 395.1	24 761.9	19 128.3	494 842.7	500 463.8	428 355.7	344 134.4	330 589.8
Activités de services administratifs et d'appui	32 026.1	27 763.3	36 367.2	31 575.5	26 376.1	23 653.8	28 987.0	34 881.3	30 539.3	29 017.1
Administration publique; activités des ménages et des organismes extra-territoriaux	-	-	-	-	-	-	-	-	-	-
Éducation	-	-	-	-	-	190.5	147.6	154.7	147.7	146.0
Santé humaine et action sociale	63.1	64.3	79.2	80.1	83.1	764.3	776.9	861.1	820.9	805.4
Arts, spectacles et loisirs	25.0	24.2	27.6	26.3	25.8	189.4	286.7	345.4	348.1	364.0
Autres services	1.1	-	-	-	-	229.7	231.9	26.4	26.3	28.1
Not allocated and confidential	**1.1**	**-**	**-1.2**	**1.1**	**1.1**	**-**	**-1.1**	**-1.2**	**-1.1**	**1.1**
Activités immobilières privées	**-**	**-**	**-**	**-**	**-**	**13 047.4**	**13 494.3**	**16 459.6**	**16 444.9**	**16 887.2**

- Néant

Note : Voir les métadonnées détaillées sur : *http://metalinks.oecd.org/idi/20210722/947b.*

Source : *Statistiques de l'OCDE sur l'investissement direct international (base de données) : https://doi.org/10.1787/idi-data-fr*

Tableau 6. Revenus des investissements directs étrangers par secteur industriel

Millions de dollars des ÉU

	Entrant					Sortant				
	2015	2016	2017	2018	2019	2015	2016	2017	2018	2019
All FDI activities	**106 752.1**	**135 529.1**	**128 642.8**	**133 578.4**	**118 318.6**	**127 368.8**	**153 221.3**	**151 447.4**	**157 040.0**	**144 607.6**
Agriculture, sylviculture et pêche	**-**	**-**	**-**	**-**	**-**	**25.5**	**5.5**	**10.1**	**-27.1**	**-26.9**
Industries extractives	**1.1**	**1.1**	**1.1**	**1.2**	**1.1**	**-2 460.3**	**-1 403.3**	**-396.8**	**-262.0**	**-307.8**
Activités d'extraction	-	-	-	-	-	-2 448.1	-1 123.5	-527.6	-364.7	-357.1
Activités de fabrication	**366.1**	**1 249.6**	**577.2**	**1 121.2**	**1 417.2**	**5 194.7**	**5 998.0**	**6 602.4**	**7 599.4**	**4 050.2**
dont :										
Produits alimentaires, boissons et tabac	-6.7	5.5	3.4	2.4	2.2	411.5	619.3	602.0	617.3	594.4
Textiles, bois, papier, imprimerie	-46.6	279.8	9.0	98.0	447.8	129.8	457.8	468.9	363.5	312.3
Produits pétroliers, chimiques, pharmaceutiques, caoutchouc, plastique, minéraux	317.2	165.9	-163.5	-201.8	-193.7	1 592.9	2 042.5	1 471.1	1 485.9	1 242.6
Ouvrages en métaux et machines, sauf matériels électriques	3.3	704.4	689.9	1 138.9	1 080.3	2 092.1	1 572.5	2 889.2	3 689.4	2 476.2
Automobiles, remorques, semi-remorques, autres matériels de transport	14.4	17.7	20.3	64.9	61.6	412.6	609.3	537.7	747.1	-1 220.2
Autres activités de fabrication	84.3	76.3	18.0	18.9	17.9	555.7	695.6	633.5	696.3	644.8
Production et distribution d'électricité, de gaz, de vapeur et de climatisation	**4.4**	**-**	**4.5**	**4.7**	**4.5**	**-102.1**	**2.2**	**116.1**	**90.9**	**82.8**
Distribution de l'eau ; assainissement, traitement des déchets et dépollution	**-2.2**	**4.4**	**12.4**	**13.0**	**12.3**	**128.7**	**45.3**	**94.7**	**46.0**	**44.8**
Construction	**21.1**	**31.0**	**56.4**	**61.4**	**57.1**	**104.3**	**143.8**	**95.8**	**98.0**	**90.7**
Services	**106 348.3**	**134 219.8**	**127 941.6**	**132 303.8**	**116 749.1**	**124 351.6**	**148 277.1**	**144 757.1**	**149 309.6**	**140 488.1**
Commerce de gros et de détail ; réparations automobiles et motocycles	1 731.6	940.0	2 215.1	1 694.8	1 523.6	5 114.8	6 138.5	7 407.3	6 504.2	4 443.1
Transport et entreposage	-137.5	102.8	34.9	67.3	56.0	230.7	648.0	1 309.9	953.6	897.8
Activités d'hébergement et de restauration	37.7	46.4	30.4	31.9	31.3	7.8	13.3	-27.1	-29.5	-28.0
Information et communication	-754.3	33.2	-315.6	223.1	203.7	563.5	456.7	290.8	319.8	-103.0
Activités financières et d'assurances	102 627.8	129 350.9	123 360.4	128 427.9	113 212.8	113 289.0	130 286.4	125 842.6	137 534.5	132 151.6
Activités des sociétés holding	97 097.1	123 201.4	119 429.6	124 199.2	107 919.0	110 379.4	127 552.8	122 157.6	134 997.0	130 274.3
Activités immobilières	22.2	359.4	651.6	9.4	9.0	498.1	706.6	413.7	448.5	422.0
Activités professionnelles, scientifiques et techniques	2 164.2	2 672.8	1 533.1	1 674.7	1 586.3	4 159.7	10 130.5	8 767.9	3 098.1	2 311.7
Activités de services administratifs et d'appui	647.8	704.4	418.2	159.3	111.9	413.8	-108.4	742.9	468.5	381.7
Administration publique; activités des ménages et des organismes extra-territoriaux	-	-	-	-	-	-	-	-	-	-
Éducation	-	-	-	-	-	5.5	-2.2	-7.9	-8.3	-7.8
Santé humaine et action sociale	5.5	6.6	9.0	10.6	10.1	54.4	-1.1	-3.4	-1.2	1.1
Arts, spectacles et loisirs	4.4	3.3	4.5	4.7	4.5	12.2	17.7	28.2	28.3	26.9
Autres services	-1.1	-1.1	-	-	-	1.1	-7.7	-10.1	-10.6	-10.1
Not allocated and confidential	**13.3**	**23.2**	**49.6**	**73.2**	**77.2**	**-**	**-1.1**	**2.3**	**1.2**	**-**
Activités immobilières privées	**-**	**-**	**-**	**-**	**-**	**126.5**	**153.7**	**165.7**	**184.1**	**185.8**

- Néant

Note : Voir les métadonnées détaillées sur : *http://metalinks.oecd.org/idi/20210722/947b*.

Source : *Statistiques de l'OCDE sur l'investissement direct international (base de données)* : *https://doi.org/10.1787/idi-data-fr*

MEXIQUE

Tableau 1. Flux d'investissement direct étranger par pays

Millions de dollars des ÉU

	Entrant					Sortant				
	2015	2016	2017	2018	2019	2015	2016	2017	2018	2019
TOTAL MONDE	**35 436.6**	**31 066.9**	**34 200.2**	**33 740.3**	**34 075.6**	**10 672.1**	**193.3**	**3 987.9**	**8 364.6**	**10 844.9**
Pays membres de l'OCDE	**33 415.0**	**28 730.3**	**32 919.7**	**31 692.1**	**32 603.4**	..	..	..	..	..
Australie	685.6	97.1	1 378.9	608.4	767.7	..	..	..	..	..
Autriche	71.5	50.1	95.5	115.0	173.7	..	..	..	..	..
Belgique	826.9	1 122.6	1 029.4	65.9	1 370.6	..	..	..	..	..
Canada	1 096.7	2 298.8	2 826.4	4 220.6	2 986.6	..	..	..	..	..
Chili	125.6	13.5	34.6	90.4	-30.6	..	..	..	..	..
République Tchèque	0.0	0.3	0.1	1.9	0.1	..	..	..	..	..
Danemark	72.8	56.5	141.0	26.8	190.0	..	..	..	..	..
Estonie	-	-	0.0	0.1	0.2	..	..	..	..	..
Finlande	205.2	-98.0	11.8	81.9	71.7	..	..	..	..	..
France	972.0	455.4	558.8	621.9	1 036.5	..	..	..	..	..
Allemagne	1 234.4	2 765.2	2 636.6	2 923.8	3 430.6	..	..	..	..	..
Grèce	-	0.2	-	4.3	-	..	..	..	..	..
Hongrie	4.2	4.5	5.4	-0.4	0.2	..	..	..	..	..
Islande	-	-	0.0	0.0	-	..	..	..	..	..
Irlande	-5.0	51.9	31.5	48.2	50.7	..	..	..	..	..
Israël	-1.6	2 015.2	2.4	1.8	-2.8	..	..	..	..	..
Italie	606.9	806.3	1 864.7	1 530.9	1 498.8	..	..	..	..	..
Japon	2 222.2	1 963.0	2 440.6	2 277.8	1 479.7	..	..	..	..	..
Corée	1 013.2	1 122.8	257.3	702.6	170.7	..	..	..	..	..
Lettonie	-	0.0	-	0.1	0.0	..	..	..	..	..
Lituanie	0.0	-	0.0	0.0	0.5	..	..	..	..	..
Luxembourg	118.5	17.3	4.5	310.6	14.5	..	..	..	..	..
Mexique	-	-	-	-	-	..	..	..	..	..
Pays-Bas	299.6	226.6	-207.5	751.7	909.9	..	..	..	..	..
Nouvelle-Zélande	1.8	1.1	-7.0	0.3	1.1	..	..	..	..	..
Norvège	66.7	11.2	45.7	67.4	-2.9	..	..	..	..	..
Pologne	0.1	0.4	0.6	-0.5	0.6	..	..	..	..	..
Portugal	0.3	7.3	11.5	26.9	26.3	..	..	..	..	..
République slovaquie	0.1	0.0	0.9	0.2	0.3	..	..	..	..	..
Slovénie	-	-	0.2	0.1	5.5	..	..	..	..	..
Espagne	3 903.3	3 567.3	3 373.2	4 167.3	4 056.0	..	..	..	..	..
Suède	-33.2	84.8	-40.6	161.7	83.2	..	..	..	..	..
Suisse	225.7	582.3	300.4	631.1	721.7	..	..	..	..	..
Turquie	0.0	0.0	1.9	0.2	0.3	..	..	..	..	..
Royaume-Uni	364.7	455.8	500.6	630.1	788.0	..	..	..	..	..
Etats-Unis	19 336.8	11 050.4	15 620.2	11 623.2	12 804.0	..	..	..	..	..
EUROPE	**8 936.3**	**10 187.0**	**10 395.3**	**12 240.9**	**14 487.6**	..	..	..	..	..
Bulgarie	-	0.0	0.1	1.4	1.9	..	..	..	..	..
Croatie	-	-	0.1	0.1	-	..	..	..	..	..
Chypre	-	0.0	12.8	9.0	8.6	..	..	..	..	..
Malte	0.1	16.6	0.0	0.1	4.1	..	..	..	..	..
Roumanie	0.1	0.0	0.4	0.1	0.2	..	..	..	..	..
Russie	0.8	1.9	14.9	63.0	44.7	..	..	..	..	..
Ukraine	0.6	0.3	0.7	0.2	0.7	..	..	..	..	..
AFRIQUE	**3.1**	**6.3**	**2.4**	**20.0**	**3.5**	..	..	..	..	..
Afrique septentrionale	0.0	0.0	0.1	0.0	0.4	..	..	..	..	..
Algérie	-	-	0.1	-	0.1	..	..	..	..	..
Egypte	-	0.0	-	0.0	0.3	..	..	..	..	..
Libye	-	-	-	-	-	..	..	..	..	..
Maroc	0.0	0.0	-	-	0.0	..	..	..	..	..
Tunisie	0.0	-	-	-	-	..	..	..	..	..
Autres pays africains	3.1	6.3	2.3	20.0	3.1	..	..	..	..	..
Nigéria	0.0	-	-	0.0	-	..	..	..	..	..
Afrique du Sud	3.0	3.4	2.0	19.6	-1.0	..	..	..	..	..
AMÉRIQUE	**22 498.0**	**14 862.3**	**18 847.0**	**17 249.0**	**16 804.2**	..	..	..	..	..
Amérique du Nord	20 433.5	13 349.3	18 446.6	15 843.8	15 790.6	..	..	..	..	..
Amérique du Nord	82.7	40.1	58.8	86.0	53.0	..	..	..	..	..
Bahamas	-	-	-	-	-	..	..	..	..	..
Bermudes	-0.5	-	-	-	-	..	..	..	..	..
Îles Cayman	-	-	-	-	-	..	..	..	..	..
Costa Rica	0.1	1.5	2.0	-1.4	-9.6	..	..	..	..	..
El Salvador	10.6	35.0	26.6	0.1	10.3	..	..	..	..	..
Guatemala	0.5	0.6	5.5	0.7	7.3	..	..	..	..	..
Honduras	0.7	0.3	0.8	0.5	1.2	..	..	..	..	..
Nicaragua	5.7	-	3.5	0.1	20.5	..	..	..	..	..
Panama	64.3	-1.3	16.6	34.8	21.1	..	..	..	..	..
Îles Vierges, US	-	-	-	-	-	..	..	..	..	..
Amérique du Sud	1 997.9	1 473.0	341.6	1 317.7	960.6	..	..	..	..	..
Argentine	517.9	287.2	349.7	1 085.0	463.5	..	..	..	..	..
Bolivie	0.5	0.1	0.0	0.2	0.7	..	..	..	..	..
Brésil	1 145.3	912.6	-131.0	114.0	299.8	..	..	..	..	..
Colombie	113.9	213.1	73.8	-2.9	223.6	..	..	..	..	..
Equateur	43.9	2.8	0.1	0.0	3.9	..	..	..	..	..
Paraguay	0.0	0.0	0.3	-	0.1	..	..	..	..	..
Pérou	2.9	6.9	8.3	21.3	9.5	..	..	..	..	..
Uruguay	37.3	23.5	-1.2	28.2	26.1	..	..	..	..	..
Venezuela	10.7	13.3	7.1	-18.3	-36.0	..	..	..	..	..
ASIE	**3 472.3**	**5 388.9**	**3 122.7**	**3 427.7**	**2 010.6**	..	..	..	..	..

MEXIQUE

Tableau 1. Flux d'investissement direct étranger par pays *(suite)*

Millions de dollars des ÉU

	Entrant					Sortant				
	2015	2016	2017	2018	2019	2015	2016	2017	2018	2019
Proche et Moyen Orient	0.8	2 017.7	2.5	-4.6	-2.8	..	..	..	..	..
Pays du Golfe	2.4	2.5	0.1	-6.3	-	..	..	..	..	..
Koweït	-	-	-	-	-	..	..	..	..	..
Qatar	-	-	-	0.0	-	..	..	..	..	..
Arabie saoudite	-	-	0.1	-6.4	-	..	..	..	..	..
Emirats Arabes Unis	2.4	2.5	-	0.1	-	..	..	..	..	..
Autres pays du Proche et Moyen Orient	-1.6	2 015.2	2.4	1.8	-2.8	..	..	..	..	..
Jordanie	-	-	-	-	0.0	..	..	..	..	..
Autres pays asiatiques	3 471.5	3 371.2	3 120.2	3 432.3	2 013.5	..	..	..	..	..
Chine	52.9	68.6	203.5	260.5	85.5	..	..	..	..	..
Hong Kong, Chine	29.7	84.1	73.5	154.5	79.6	..	..	..	..	..
Inde	23.5	27.2	47.6	23.3	29.2	..	..	..	..	..
Indonesie	10.1	18.0	33.0	37.0	13.8	..	..	..	..	..
République islamique d'Iran	-	-	-	-0.1	-	..	..	..	..	..
Malaisie	-13.0	86.8	81.0	4.0	123.3	..	..	..	..	..
Philippines	-	-131.9	1.8	0.8	0.4	..	..	..	..	..
Singapour	97.9	93.8	13.4	34.9	11.0	..	..	..	..	..
Taipei Chinois	34.5	36.3	-33.0	-64.2	19.0	..	..	..	..	..
Thaïlande	0.2	-	0.1	0.1	1.4	..	..	..	..	..
Viet Nam	-	2.6	1.2	0.8	-	..	..	..	..	..
AUSTRALIE, OCÉANIE ET RÉGIONS POLAIRES	**687.4**	**98.3**	**1 371.9**	**608.8**	**768.9**	..	..	..	..	..
TOTAL MONDE non alloué et confidentiel	**-160.5**	**524.0**	**460.9**	**193.9**	**0.8**	..	..	..	..	..
Union européenne (UE28)	**8 642.5**	**9 591.3**	**10 031.6**	**11 479.0**	**13 722.8**	..	..	..	..	..
Pays du G20 hors Union Européenne	**29 286.1**	**22 333.8**	**28 605.9**	**26 735.5**	**25 898.3**	..	..	..	..	..
Pays OCDE du G20	**27 532.6**	**21 014.9**	**28 086.1**	**25 139.6**	**24 962.8**	..	..	..	..	..
Pays non-OCDE du G20	**1 753.5**	**1 318.9**	**519.8**	**1 596.0**	**935.5**	..	..	..	..	..
Pays MENA	**2.4**	**2.5**	**0.2**	**-6.3**	**0.4**	..	..	..	..	..
Pays ANASE	**95.3**	**69.3**	**130.5**	**77.6**	**149.8**	..	..	..	..	..

- Néant ; .. Non disponible

Note : Les données excluent les entités à vocation spéciales. Voir les métadonnées détaillées sur : *http://metalinks.oecd.org/idi/20210722/947b*.

Source : *Statistiques de l'OCDE sur l'investissement direct international (base de données) : https://doi.org/10.1787/idi-data-fr*

MEXIQUE

Tableau 2. Encours des investissements directs étrangers par pays
En fin d'année

Millions de dollars des ÉU

	Entrant					Sortant				
	2015	2016	2017	2018	2019	2015	2016	2017	2018	2019
TOTAL MONDE	**430 576.5**	**432 742.4**	**495 953.1**	**515 015.0**	**567 746.7**	**143 720.4**	**149 645.1**	**180 076.8**	**159 327.8**	**172 419.3**
Pays membres de l'OCDE	**418 536.0**	**.. d**	**.. d**	**498 953.9**	**549 749.8**	**.. d**	**.. d**	**.. d**	**.. d**	**.. d**
Australie	450.4	473.2	522.0	614.1	609.7	.. c	.. c	.. c	.. c	.. c
Autriche	637.5	651.8	817.1	953.4	1 166.9	.. c	.. c	.. c	.. c	.. c
Belgique	1 405.9	1 378.6	1 477.5	1 688.7	1 867.3	.. c	.. c	.. c	.. c	.. c
Canada	24 157.7	23 892.8	28 306.6	34 410.8	39 025.5	1 004.3	512.7	1 179.6	1 169.0	1 035.2
Chili	1 172.1	1 181.8	1 304.1	1 345.9	1 343.7	3 269.5	2 912.4	3 718.2	3 391.9	2 675.0
République Tchèque	12.3	16.5	21.5	21.6	22.1	.. c	.. c	.. c	.. c	.. c
Danemark	999.7	1 021.8	1 125.5	1 239.5	1 367.9	.. c	.. c	.. c	.. c	.. c
Estonie	0.1	0.1	0.1	0.3	0.5	-	-	-	-	-
Finlande	78.8	58.2	59.5	60.1	79.9	-	-	-	-	-
France	4 171.7	3 744.4	4 657.5	5 176.0	6 133.3	.. c	.. c	.. c	-	.. c
Allemagne	10 764.4	10 750.4	15 184.0	16 442.4	19 465.3	27.2	-30.3	96.8	-127.5	947.1
Grèce	1.5	1.5	1.6	1.8	1.8	-	-	-	-	-
Hongrie	46.4	31.7	37.6	24.7	16.9	2 124.6	2 214.2	2 112.4	2 183.9	2 134.1
Islande	5.0	4.9	5.0	5.0	4.9	-	-	-	-	-
Irlande	3 294.8	3 437.4	4 878.5	4 585.3	4 577.5	.. c	.. c	.. c	.. c	.. c
Israël	159.9	111.1	116.7	131.4	143.4	.. c	.. c	.. c	.. c	.. c
Italie	1 426.5	1 578.0	2 016.5	2 948.5	2 487.2	-	-	-	-	-
Japon	7 338.7	7 846.2	9 247.5	9 949.6	10 941.3	.. c	.. c	.. c	.. c	.. c
Corée	3 196.3	2 702.7	3 067.6	3 595.3	3 739.3	-	-	-	-	-
Lettonie	.. c	.. c	.. c	0.1	0.2	.. c	.. c	.. c	-	-
Lituanie	0.4	0.3	0.3	0.4	0.9	-	-	-	-	-
Luxembourg	9 480.2	8 882.6	10 060.3	9 872.0	12 583.5	-	-	.. c	.. c	.. c
Mexique	-	-	-	-	-	-	-	-	-	-
Pays-Bas	75 788.6	74 723.3	105 805.0	102 756.8	115 224.1	30 791.4	30 371.0	31 850.1	26 137.3	25 219.4
Nouvelle-Zélande	187.2	173.1	200.8	217.5	266.2	-	-	-	-	-
Norvège	202.7	209.8	217.0	209.5	239.8	-	-	-	-	-
Pologne	19.8	19.5	30.9	21.3	22.5	.. c	.. c	.. c	.. c	.. c
Portugal	134.5	149.5	171.6	150.3	210.7	-	-	-	-	-
République slovaquie	23.9	29.0	37.3	42.2	43.9	.. c	.. c	.. c	.. c	.. c
Slovénie	10.0	13.0	14.5	14.1	12.9	-	-	-	-	-
Espagne	62 157.7	61 460.6	68 856.8	86 410.1	96 146.5	7 843.7	8 004.5	9 401.0	11 395.0	13 171.0
Suède	2 384.1	2 304.9	2 466.0	2 568.3	2 902.0	-	-	-	-	-
Suisse	12 297.2	12 996.7	14 568.1	13 555.8	14 919.8	416.1	1 080.0	471.8	465.3	1 329.8
Turquie	9.1	15.0	15.9	28.9	30.0	.. c	.. c	.. c	.. c	.. c
Royaume-Uni	19 101.8	21 609.0	24 358.8	21 643.1	23 647.6	14 985.7	16 809.1	19 619.3	13 371.6	12 729.2
Etats-Unis	177 419.3	179 967.7	183 890.9	178 269.2	190 504.6	47 321.7	56 161.0	75 879.3	65 555.3	74 854.4
EUROPE	**204 629.1**	**205 321.9**	**257 172.0**	**270 742.8**	**303 572.3**	**59 116.1**	**61 114.7**	**66 287.2**	**55 108.1**	**57 550.7**
Bulgarie	1.7	1.6	1.7	3.1	5.0	-	-	-	-	-
Croatie	0.1	0.1	0.2	0.2	0.3	.. c	-	.. c	.. c	.. c
Chypre	17.3	25.1	25.5	30.3	33.6	-	-	-	-	-
Malte	43.6	106.5	146.3	172.4	233.6	-	-	-	-	-
Roumanie	3.0	4.8	5.8	5.3	5.3	-	-	-	-	-
Russie	20.3	16.7	17.4	17.5	18.3	-	-	.. c	.. c	.. c
Ukraine	1.1	1.2	2.0	2.4	3.3	-	-	-	-	-
AFRIQUE	**46.5**	**22.9**	**37.0**	**28.5**	**47.2**	**7.9**	**7.9**	**-**	**1.3**	**-**
Afrique septentrionale	3.4	2.9	3.3	4.2	4.8	-	-	-	-	-
Algérie	2.7	2.3	2.6	3.0	3.2	-	-	-	-	-
Egypte	0.7	0.7	0.7	0.7	1.0	-	-	-	-	-
Libye	.. c	.. c	.. c	.. c	.. c	-	-	-	-	-
Maroc	.. c	.. c	.. c	0.5	0.6	-	-	-	-	-
Tunisie	0.0	0.0	0.0	.. c	.. c	-	-	-	-	-
Autres pays africains	32.0	10.4	26.4	14.2	29.5	-	-	-	-	-
Nigéria	0.6	0.5	0.5	0.5	0.5	-	-	-	-	-
Afrique du Sud	15.0	8.0	6.8	5.5	5.2	.. c	.. c	-	.. c	-
AMÉRIQUE	**210 105.7**	**212 027.9**	**221 120.2**	**224 462.4**	**243 479.5**	**83 160.0**	**87 200.7**	**113 595.5**	**103 253.3**	**113 663.1**
Amérique du Nord	201 577.1	203 860.5	212 197.5	212 680.0	229 530.0	48 326.0	56 673.7	77 059.0	66 724.3	75 889.6
Amérique du Nord	3 992.4	3 760.1	4 193.2	4 690.1	5 299.5	13 530.3	11 338.5	4 144.5	4 219.7	5 447.2
Bahamas	260.3	194.4	216.1	231.2	236.1	.. c	.. c	.. c	.. c	.. c
Bermudes	147.2	158.4	145.1	152.3	139.8	.. c	.. c	.. c	.. c	.. c
Îles Cayman	665.7	648.1	477.6	537.9	550.3	-	-	-	.. c	.. c
Costa Rica	66.7	41.9	61.1	66.8	74.7	1 798.1	1 612.6	845.3	794.5	876.2
El Salvador	6.9	8.9	9.2	9.2	9.6	1 130.0	1 189.6	674.0	863.1	927.2
Guatemala	86.9	77.8	101.4	183.0	203.1	1 746.7	1 611.9	811.0	736.1	1 700.4
Honduras	5.3	4.8	5.4	5.8	6.8	942.3	931.4	354.8	336.2	.. c
Nicaragua	35.1	33.2	38.7	43.7	47.4	799.8	781.9	203.2	314.0	852.7
Panama	1 457.0	1 295.4	1 546.9	1 585.2	1 691.3	331.4	345.6	473.0	452.6	318.1
Îles Vierges, US	138.1	131.9	138.3	156.2	163.0	-	-	-	-	-
Amérique du Sud	4 511.0	4 383.1	4 702.7	7 072.3	8 612.4	20 950.4	18 860.8	24 004.5	23 563.0	22 644.8
Argentine	324.4	297.5	386.6	416.7	477.6	-131.7	-766.3	936.5	1 631.4	1 297.7
Bolivie	.. c	.. c	.. c	8.6	.. c	.. c	.. c	.. c	.. c	.. c
Brésil	1 081.0	1 138.1	1 122.9	3 143.0	2 931.0	13 693.8	11 665.0	9 214.7	8 158.5	8 064.4
Colombie	965.5	804.7	937.7	1 057.8	2 885.5	493.7	887.4	4 639.1	4 689.2	5 428.0
Equateur	53.7	49.0	50.9	53.2	56.8	2 521.2	2 675.0	2 214.3	1 751.7	1 355.7
Paraguay	2.6	2.2	2.7	2.8	3.1	.. c	.. c	.. c	.. c	.. c
Pérou	168.0	151.0	160.7	167.5	-58.1	897.3	1 179.4	3 269.6	3 921.1	3 818.3
Uruguay	501.8	538.0	477.4	572.4	636.3	.. c	.. c	.. c	11.3	5.6
Venezuela	217.1	201.6	230.7	255.1	273.0	206.6	307.9	12.0	8.0	.. c
ASIE	**13 010.1**	**12 914.3**	**14 998.7**	**16 860.3**	**18 075.4**	**924.2**	**849.5**	**172.9**	**805.2**	**1 080.8**

Tableau 2. Encours des investissements directs étrangers par pays *(suite)*

En fin d'année

Millions de dollars des ÉU

	Entrant					Sortant				
	2015	2016	2017	2018	2019	2015	2016	2017	2018	2019
Proche et Moyen Orient	287.8	247.2	303.0	323.6	354.8	-	-	-	-	-
Pays du Golfe	126.9	135.3	185.2	191.1	210.2	-	-	-	-	-
Koweït	.. c	-	-	-	-	-	-	-	-	-
Qatar	.. c	.. c	.. c	.. c	.. c	-	-	-	-	-
Arabie saoudite	6.4	5.4	6.0	4.1	4.4	-	-	-	-	-
Emirats Arabes Unis	120.5	129.8	179.2	186.9	205.8	.. c	.. c	.. c	-	-
Autres pays du Proche et Moyen Orient	160.9	112.0	117.8	132.5	144.6	-	-	-	-	-
Jordanie	0.0	0.0	0.0	0.0	0.0	-	-	-	-	-
Autres pays asiatiques	12 718.5	12 663.4	14 691.6	16 391.6	17 577.1	264.8	213.8	-66.9	134.1	172.4
Chine	511.7	620.9	698.5	848.7	693.4	59.8	25.5	-66.9	-46.2	-22.9
Hong Kong, Chine	205.5	211.5	208.9	233.2	221.2	-	-	-	-	-
Inde	475.4	423.6	500.8	505.7	530.8	205.0	188.3	.. c	180.4	195.3
Indonesie	1.3	0.8	0.7	0.6	0.6	-	-	-	-	.. c
République islamique d'Iran	2.1	1.9	2.0	2.0	2.1	-	-	-	-	-
Malaisie	4.7	3.9	4.1	8.2	14.4	.. c	-	-	-	-
Philippines	1.7	1.6	1.9	2.8	3.4	.. c	.. c	.. c	.. c	.. c
Singapour	669.9	603.6	687.9	974.8	1 084.0	.. c	.. c	.. c	.. c	.. c
Taipei Chinois	296.6	229.3	251.6	245.8	310.3	.. c	.. c	.. c	.. c	.. c
Thaïlande	9.4	11.0	12.1	15.8	26.6	-	-	-	-	.. c
Viet Nam	0.6	2.9	4.4	5.4	5.8	-	-	-	-	-
AUSTRALIE, OCÉANIE ET RÉGIONS POLAIRES	**706.4**	**719.6**	**802.4**	**910.4**	**951.9**	**7.9**	**4.3**	**13.9**	**-2.1**	**0.0**
TOTAL MONDE non alloué et confidentiel	**2 078.7**	**1 735.8**	**1 822.9**	**2 010.6**	**1 620.4**	**504.4**	**468.1**	**7.4**	**161.9**	**124.8**
Union européenne (UE28)	**.. d**	**.. d**	**.. d**	**256 832.3**	**288 259.3**	**.. d**	**.. d**	**.. d**	**.. d**	**.. d**
Pays du G20 hors Union Européenne	**250 471.5**	**255 090.3**	**274 006.9**	**278 019.8**	**301 245.1**	**.. d**	**.. d**	**.. d**	**.. d**	**.. d**
Pays OCDE du G20	**248 035.9**	**252 579.3**	**271 267.2**	**273 078.0**	**296 583.8**	**.. d**	**.. d**	**.. d**	**.. d**	**.. d**
Pays non-OCDE du G20	**2 435.6**	**2 511.0**	**2 739.6**	**4 941.8**	**4 661.4**	**.. d**	**.. d**	**.. d**	**.. d**	**.. d**
Pays MENA	**.. d**	**.. d**	**.. d**	**.. d**	**.. d**	**.. d**	**.. d**	**.. d**	**.. d**	**.. d**
Pays ANASE	**.. d**	**.. d**	**.. d**	**.. d**	**.. d**	**.. d**	**.. d**	**.. d**	**.. d**	**.. d**

- Néant ; .. Non disponible ; c Donnée confidentielle ; d Confidentialité Secondaire

Note : Les données excluent les entités à vocation spéciales. Voir les métadonnées détaillées sur : *http://metalinks.oecd.org/idi/20210722/947b.*

Source : *Statistiques de l'OCDE sur l'investissement direct international (base de données) : https://doi.org/10.1787/idi-data-fr*

Tableau 4. Investissement direct étranger : flux par secteur industriel

Millions de dollars des ÉU

	Entrant					Sortant				
	2015	2016	2017	2018	2019	2015	2016	2017	2018	2019
All FDI activities	**35 436.6**	**31 066.9**	**34 200.2**	**33 740.3**	**34 075.6**	**10 672.1**	**193.3**	**3 987.9**	**8 364.6**	**10 844.9**
Agriculture, sylviculture et pêche	**178.3**	**98.3**	**141.1**	**-18.3**	**103.9**	..	..	..	..	..
Industries extractives	**1 602.1**	**929.6**	**1 380.2**	**1 655.5**	**1 920.1**	..	..	..	..	..
Activités d'extraction	1 509.9	231.7	673.0	992.7	1 242.9	..	..	..	..	..
Activités de fabrication	**17 799.2**	**18 039.9**	**15 522.3**	**15 560.1**	**15 964.4**	..	..	..	..	..
dont :										
Produits alimentaires, boissons et tabac	2 791.9	2 659.6	2 015.2	1 082.8	2 524.0	..	..	..	..	..
Textiles, bois, papier, imprimerie	342.4	821.6	435.6	426.5	250.5	..	..	..	..	..
Produits pétroliers, chimiques, pharmaceutiques, caoutchouc, plastique, minéraux	2 007.3	5 259.3	1 561.7	1 827.9	2 706.0	..	..	..	..	..
Ouvrages en métaux et machines, sauf matériels électriques	2 585.1	2 789.1	2 526.3	4 210.0	1 413.2	..	..	..	..	..
Automobiles, remorques, semi-remorques, autres matériels de transport	7 058.6	5 482.2	7 848.7	6 595.4	7 405.0	..	..	..	..	..
Autres activités de fabrication	3 013.9	1 028.0	1 134.9	1 417.6	1 665.7	..	..	..	..	..
Production et distribution d'électricité, de gaz, de vapeur et de climatisation	**1 088.3**	**1 293.8**	**2 099.7**	**4 971.3**	**1 236.8**	..	..	..	..	..
Distribution de l'eau ; assainissement, traitement des déchets et dépollution	**-10.8**	**8.5**	**10.4**	**-6.1**	**2.1**	..	..	..	..	..
Construction	**2 052.3**	**1 154.2**	**3 032.9**	**1 641.7**	**241.0**	..	..	..	..	..
Services	**12 727.2**	**9 542.7**	**12 013.6**	**9 936.2**	**14 607.1**	..	..	..	..	..
Commerce de gros et de détail ; réparations automobiles et motocycles	2 648.6	1 919.9	3 116.0	2 898.0	3 244.9	..	..	..	..	..
Transport et entreposage	2 926.0	1 869.7	3 374.8	1 330.6	870.5	..	..	..	..	..
Activités d'hébergement et de restauration	534.4	623.7	923.1	1 317.7	1 230.3	..	..	..	..	..
Information et communication	2 347.2	981.5	667.0	1 128.8	1 896.8	..	..	..	..	..
Activités financières et d'assurances	3 236.3	3 390.2	2 562.6	2 364.7	5 381.6	..	..	..	..	..
Activités des sociétés holding	-	-	-	-	-	..	..	..	..	..
Activités immobilières	132.0	322.9	466.6	242.2	238.8	..	..	..	..	..
Activités professionnelles, scientifiques et techniques	557.8	206.8	328.9	328.9	456.2	..	..	..	..	..
Activités de services administratifs et d'appui	188.5	155.1	349.3	216.3	1 189.2	..	..	..	..	..
Administration publique; activités des ménages et des organismes extra-territoriaux	-	-	-	-	-	..	..	..	..	..
Éducation	21.2	0.0	30.2	63.7	-7.0	..	..	..	..	..
Santé humaine et action sociale	16.4	11.9	10.4	6.6	21.2	..	..	..	..	..
Arts, spectacles et loisirs	117.3	51.5	166.6	20.3	37.5	..	..	..	..	..
Autres services	1.6	9.5	18.2	18.4	47.2	..	..	..	..	..
Not allocated and confidential	**0.0**	**0.0**	**0.0**	**0.0**	**0.0**	**10 672.1**	**193.3**	**3 987.9**	**8 364.6**	**10 844.9**
Activités immobilières privées	-	-	-	-	-	..	..	..	..	..

- Néant ; .. Non disponible

Note : Les données excluent les entités à vocation spéciales. Voir les métadonnées détaillées sur : *http://metalinks.oecd.org/idi/20210722/947b.*

Source : *Statistiques de l'OCDE sur l'investissement direct international (base de données) : https://doi.org/10.1787/idi-data-fr*

Tableau 5. Encours des investissement directs étrangers par secteur industriel
En fin d'année

Millions de dollars des ÉU

	Entrant					Sortant				
	2015	2016	2017	2018	2019	2015	2016	2017	2018	2019
All FDI activities	**430 576.5**	**432 742.4**	**495 953.1**	**515 015.0**	**567 746.7**	**143 720.4**	**149 645.1**	**180 076.8**	**159 327.8**	**172 419.3**
Agriculture, sylviculture et pêche	..	..	..	..	..	..	..	..	..	..
Industries extractives	..	..	..	..	..	..	..	..	..	..
Activités d'extraction	..	..	..	..	..	..	..	..	..	..
Activités de fabrication	..	..	..	..	..	..	..	..	..	..
dont :										
Produits alimentaires, boissons et tabac	..	..	..	..	..	..	..	..	..	..
Textiles, bois, papier, imprimerie	..	..	..	..	..	..	..	..	..	..
Produits pétroliers, chimiques, pharmaceutiques, caoutchouc, plastique, minéraux	..	..	..	..	..	..	..	..	..	..
Ouvrages en métaux et machines, sauf matériels électriques	..	..	..	..	..	..	..	..	..	..
Automobiles, remorques, semi-remorques, autres matériels de transport	..	..	..	..	..	..	..	..	..	..
Autres activités de fabrication	..	..	..	..	..	..	..	..	..	..
Production et distribution d'électricité, de gaz, de vapeur et de climatisation	..	..	..	..	..	..	..	..	..	..
Distribution de l'eau ; assainissement, traitement des déchets et dépollution	..	..	..	..	..	..	..	..	..	..
Construction	..	..	..	..	..	..	..	..	..	..
Services	..	..	..	..	..	..	..	..	..	..
Commerce de gros et de détail ; réparations automobiles et motocycles	..	..	..	..	..	..	..	..	..	..
Transport et entreposage	..	..	..	..	..	..	..	..	..	..
Activités d'hébergement et de restauration	..	..	..	..	..	..	..	..	..	..
Information et communication	..	..	..	..	..	..	..	..	..	..
Activités financières et d'assurances	..	..	..	..	..	..	..	..	..	..
Activités des sociétés holding	..	..	..	..	..	..	..	..	..	..
Activités immobilières	..	..	..	..	..	..	..	..	..	..
Activités professionnelles, scientifiques et techniques	..	..	..	..	..	..	..	..	..	..
Activités de services administratifs et d'appui	..	..	..	..	..	..	..	..	..	..
Administration publique; activités des ménages et des organismes extra-territoriaux	..	..	..	..	..	..	..	..	..	..
Éducation	..	..	..	..	..	..	..	..	..	..
Santé humaine et action sociale	..	..	..	..	..	..	..	..	..	..
Arts, spectacles et loisirs	..	..	..	..	..	..	..	..	..	..
Autres services	..	..	..	..	..	..	..	..	..	..
Not allocated and confidential	**430 576.5**	**432 742.4**	**495 953.1**	**515 015.0**	**567 746.7**	**143 720.4**	**149 645.1**	**180 076.8**	**159 327.8**	**172 419.3**
Activités immobilières privées	..	..	..	..	..	..	..	..	..	..

.. Non disponible

Note : Les données excluent les entités à vocation spéciales. Voir les métadonnées détaillées sur : *http://metalinks.oecd.org/idi/20210722/947b.*

Source : *Statistiques de l'OCDE sur l'investissement direct international (base de données) : https://doi.org/10.1787/idi-data-fr*

PAYS-BAS

Tableau 1. Flux d'investissement direct étranger par pays

Millions de dollars des ÉU

	Entrant					Sortant				
	2015	2016	2017	2018	2019	2015	2016	2017	2018	2019
TOTAL MONDE	**163 853.6**	**59 667.1**	**16 520.1**	**87 630.1**	**48 961.4**	**233 592.9**	**184 985.1**	**19 047.5**	**-45 357.0**	**84 864.2**
Pays membres de l'OCDE	**126 286.2**	**30 147.1**	**-17 924.7**	**92 744.0**	**67 101.9**	**191 044.9**	**127 409.0**	**-5 015.2**	**-55 424.3**	**86 469.5**
Australie	-74.3	70.8	-66.5	68.5	51.4	6 381.6	3 093.0	1 564.6	7 029.4	-1 031.1
Autriche	162.0	5 290.3	2 101.2	1 562.6	396.2	1 993.3	11 205.4	2 545.4	-1 553.2	2 571.3
Belgique	28 340.5	-3 579.6	1 832.9	-1 821.1	9 483.9	3 752.6	-14 228.7	-25 036.6	-7 950.0	-22 638.6
Canada	450.4	445.6	127.4	185.3	-249.6	-420.4	3 895.8	9 853.5	-2 027.6	3 987.5
Chili	2.2	-2.2	56.4	9.4	-1.5	-180.8	-88.5	728.2	-109.8	781.0
République Tchèque	117.6	202.4	22.5	41.3	-170.2	126.5	-287.5	-2 307.5	-217.2	722.0
Danemark	292.8	-159.2	579.4	544.1	-110.8	2 360.5	1 787.0	1 025.8	653.8	-1 706.0
Estonie	2.2	1.1	3.4	3.5	44.8	10.0	-79.6	-56.4	40.1	30.2
Finlande	-93.2	-275.4	-60.9	140.4	-698.8	761.0	-763.0	547.9	-825.0	-7.0
France	621.2	2 762.4	16 822.2	18 786.7	5 744.4	-164.2	-7 151.4	19 860.2	1 845.9	3 704.7
Allemagne	3 423.2	-27 229.9	-10 720.3	-5 960.1	25 232.0	11 086.0	-5 059.2	17 539.2	3 220.8	8 668.7
Grèce	-30.0	-3.3	9.0	-3.5	157.2	-54.4	120.5	178.1	40.1	521.0
Hongrie	-	-13.3	24.8	21.2	10 843.8	242.9	-321.8	-1 522.9	-249.0	-413.3
Islande	-248.5	-342.8	365.2	86.2	490.0	-17.7	-13.3	-168.0	-7.1	66.8
Irlande	2 804.2	-6 078.7	1 637.9	12 258.9	8 100.4	-2 695.5	11 707.4	34 432.4	5 563.6	38 628.7
Israël	1 275.7	10 755.3	3 528.4	629.1	1 422.9	-146.4	-1 017.4	1 728.1	454.4	3 105.4
Italie	6 429.3	-7 718.7	5 084.0	3 271.6	1 486.3	14 393.8	5 967.0	-6 271.0	3 318.8	-6 038.6
Japon	928.5	237.8	2 273.7	1 221.5	-1 937.6	-181.9	-1 145.6	-658.3	-34.2	4 343.6
Corée	197.4	-484.4	120.6	38.9	-352.2	1 362.2	-637.0	2 349.2	-653.8	-5 855.3
Lettonie	3.3	-3.3	-3.4	-1.2	-4.0	91.0	-119.4	160.1	192.4	28.4
Lituanie	13.3	24.3	-3.4	-34.2	1.1	2.2	15.5	63.1	8.3	-14.6
Luxembourg	58 938.4	45 774.6	-839.8	1 146.0	15 788.7	38 079.9	-11 979.4	-10 890.5	-34 973.4	15 307.3
Mexique	2 154.2	6 377.3	-25.9	1 883.6	-356.7	9 266.8	-1 012.9	2 631.0	3 396.7	317.2
Pays-Bas	-	-	-	-	-	-	-	-	-	-
Nouvelle-Zélande	-5.5	-6.6	-9.0	69.6	16.4	778.7	-129.4	334.8	817.9	-1 530.7
Norvège	930.7	-410.3	3.4	1 781.0	117.6	802.0	674.6	-2 521.7	1 183.8	1 147.5
Pologne	110.9	-249.9	301.0	20.1	-298.7	699.9	478.8	857.9	447.3	542.0
Portugal	-17.7	2.2	-46.2	-208.9	-100.4	162.0	581.7	262.7	145.2	510.8
République slovaquie	-1.1	38.7	-7.9	4.7	28.8	177.5	-120.5	118.4	-288.0	-220.8
Slovénie	-1.1	-	1.1	7.1	-18.1	264.0	94.0	56.4	54.3	-48.3
Espagne	398.2	299.7	-250.3	-3 958.5	2 420.5	794.2	1 049.4	62.0	1 817.5	8 449.8
Suède	418.2	-623.7	2 985.0	773.0	-856.3	1 553.0	5 223.9	962.7	2 936.4	-1 150.8
Suisse	17 630.6	15 368.8	-34 730.0	18 562.5	-5 628.4	-4 194.1	41 811.3	-56 036.5	52 840.8	2 683.5
Turquie	755.4	285.3	-32.7	-1 488.3	-236.5	921.8	-110.6	767.7	361.1	-151.5
Royaume-Uni	-31 741.5	-19 167.3	81 049.5	62 210.6	-2 980.3	55 553.0	119 929.2	42 762.9	-88 817.4	18 758.2
Etats-Unis	32 115.4	8 583.4	-90 060.9	-19 107.8	-723.8	47 577.4	-35 944.9	-40 874.8	-4 087.1	12 400.6
EUROPE	**99 083.7**	**-2 293.5**	**67 155.9**	**109 053.5**	**69 520.3**	**128 828.6**	**171 978.3**	**15 024.2**	**-58 576.7**	**70 920.7**
Bulgarie	2.2	4.4	-	-	8.9	41.0	121.6	152.2	24.8	-12.4
Croatie	-16.6	58.6	3.4	1.2	-32.3	-56.6	268.7	-503.9	100.3	-21.1
Chypre	3 206.9	-1 753.8	154.4	-1 501.2	736.5	878.5	2 943.7	-447.5	-1 961.5	-1 166.5
Malte	-183.0	-	6.8	5.9	8.8	4.4	2 900.6	169.1	-1 403.3	13.3
Roumanie	-15.5	224.5	4.5	-3.5	-226.9	322.8	319.6	733.9	631.4	59.7
Russie	-1 757.1	-4 752.8	-1 288.5	986.7	-141.8	1 844.7	713.3	2 300.8	3 309.3	3 167.3
Ukraine	10.0	-5.5	-1.1	1.2	-80.2	87.6	73.0	319.0	416.6	317.2
AFRIQUE	**773.2**	**32 658.4**	**-2 485.6**	**1 498.9**	**-24 866.7**	**19 892.4**	**-4 954.1**	**-3 798.9**	**-3 034.3**	**-591.5**
Afrique septentrionale	20.0	29 551.0	-60.9	161.7	-37.0	-2 621.2	4 623.5	347.2	1 743.2	-676.2
Algérie	5.5	29 564.3	-112.7	108.6	-14.5	523.6	1 005.2	-391.2	-17.7	125.4
Egypte	13.3	-11.1	47.3	41.3	-24.5	-4 655.6	700.0	1 099.1	981.9	-1 349.9
Libye	-7.8	6.6	4.5	4.7	3.4	1 501.9	2 989.1	-445.3	794.3	528.4
Maroc	8.9	-7.7	-	4.7	-0.3	16.6	21.0	34.9	15.3	-25.0
Tunisie	-	-1.1	-	2.4	-1.0	-7.8	-91.8	49.6	-30.7	44.9
Autres pays africains	753.2	3 107.4	-2 424.8	1 337.2	-24 829.7	22 513.6	-9 577.6	-4 146.1	-4 777.5	84.7
Nigéria	766.5	-1 965.1	-9.0	13.0	-176.5	1 006.1	-759.7	2 254.5	-20.1	1 816.1
Afrique du Sud	5.5	4 843.5	-2 348.1	-114.5	-27 941.9	19 313.4	-11 679.8	1 058.5	-3 172.4	-211.0
AMÉRIQUE	**60 346.1**	**17 651.2**	**-57 973.2**	**-30 211.3**	**-12 108.8**	**66 712.1**	**16 772.1**	**-18 870.5**	**4 198.0**	**6 059.8**
Amérique du Nord	32 565.7	9 029.1	-89 933.5	-18 922.5	-973.4	47 150.3	-32 469.3	-31 015.7	-6 114.7	16 363.4
Amérique du Nord	26 493.6	15 738.1	21 810.4	-2 770.0	-4 032.1	14 904.0	31 313.7	3 722.2	16 179.6	-11 126.0
Bahamas	-21.1	191.3	-363.0	-1.2	880.6	-1 103.7	837.1	-290.8	8 937.8	222.3
Bermudes	-3 890.2	21 359.1	8 047.6	-7 673.8	-5 855.4	78.8	-1 743.9	-3 510.3	459.1	3 384.5
Îles Cayman	-125.3	-373.8	1 424.9	1 318.3	1 124.4	952.9	6 452.5	1 729.2	1 244.0	1 709.9
Costa Rica	3.3	-3.3	-7.9	28.3	-567.9	-34.4	-53.1	-370.9	-67.3	-1 760.1
El Salvador	-	-	142.0	44.8	82.9	-1.1	-6.6	10.1	-7.1	-6.6
Guatemala	-	-	-	-	-1.5	27.7	458.9	44.0	-113.3	-150.4
Honduras	-1.1	-	-	-	-1.0	-1.1	-11.1	92.4	11.8	52.7
Nicaragua	-	-2.2	9.0	-10.6	28.0	4.4	5.5	46.2	-50.7	-
Panama	15.5	-43.1	-23.7	-	-12.7	3 324.5	-1 846.7	978.5	-82.6	228.0
Îles Vierges, US	-	-	-	-	4.0	-	5.5	-3.4	-50.7	-134.8
Amérique du Sud	1 286.7	-7 116.0	10 149.9	-8 518.8	-7 103.4	4 657.8	17 927.7	8 423.0	-5 866.9	822.3
Argentine	-3.3	1.1	3.4	3.5	59.2	-330.6	795.1	1 559.0	277.4	1 681.3
Bolivie	-	1.1	-	398.9	46.2	25.5	-23.2	2.3	14.2	199.5
Brésil	635.6	-7 197.8	9 414.9	-9 876.1	-7 270.3	3 528.6	17 561.7	4 786.4	-6 313.0	-532.3
Colombie	-1.1	-	125.1	768.3	-13.1	-65.4	-266.5	700.0	16.5	-188.9
Equateur	1.1	1.1	1.1	-1.2	-23.0	768.7	69.7	-56.4	50.7	-157.3
Paraguay	-	-	-	1.2	4.4	-23.3	-21.0	125.1	-8.3	7.7
Pérou	721.0	141.5	-135.3	135.7	192.7	897.4	34.3	747.4	101.5	-379.3
Uruguay	-2.2	-	694.4	-21.2	152.8	134.2	-147.1	124.0	121.6	495.3
Venezuela	-62.1	-59.7	-14.7	55.5	-198.9	-94.3	3.3	-302.1	-23.6	-844.8
ASIE	**3 587.4**	**11 591.3**	**9 934.6**	**7 141.5**	**16 302.7**	**10 945.1**	**-1 805.8**	**24 767.2**	**4 241.7**	**11 449.9**

PAYS-BAS

Tableau 1. Flux d'investissement direct étranger par pays (*suite*)

Millions de dollars des ÉU

	Entrant					Sortant				
	2015	2016	2017	2018	2019	2015	2016	2017	2018	2019
Proche et Moyen Orient	1 113.7	11 087.0	5 498.8	6 012.0	11 795.9	3 525.2	2 457.1	3 300.6	2 220.0	-458.7
Pays du Golfe	-165.3	329.5	1 783.3	5 359.4	10 349.5	3 765.9	3 054.3	1 198.3	1 666.5	-3 533.9
Koweït	-170.8	2.2	5.6	201.8	305.1	35.5	-301.9	-19.2	29.5	212.2
Qatar	298.4	-14.4	11.3	7.1	4.6	815.3	263.2	196.1	-288.0	-108.5
Arabie saoudite	-335.0	180.3	2 212.8	3 762.5	10 011.7	1 953.4	1 296.0	1 875.8	521.7	-1 829.8
Emirats Arabes Unis	42.2	146.0	-500.5	1 451.7	135.6	-407.1	-309.6	-136.4	849.8	192.7
Autres pays du Proche et Moyen Orient	1 279.0	10 757.5	3 715.5	652.7	1 446.4	-240.7	-597.1	2 102.4	553.5	3 075.2
Jordanie	1.1	1.1	-	1.2	19.3	11.1	7.7	-4.5	37.8	-41.2
Autres pays asiatiques	2 473.7	504.3	4 435.8	1 129.5	4 506.8	7 419.9	-4 263.0	21 466.6	2 021.7	11 908.6
Chine	556.9	226.7	-188.3	220.7	5 963.2	1 536.3	990.8	909.7	622.0	2 012.7
Hong Kong, Chine	1 721.6	149.3	2 402.2	138.1	3 287.1	-206.3	-1 094.8	1 724.7	-456.7	11 071.7
Inde	-123.1	173.6	22.5	3.5	337.2	1 125.9	-251.0	2 050.5	1 759.7	680.8
Indonesie	-44.4	42.0	-10.1	103.9	62.5	756.5	2 991.3	754.1	-545.3	-180.4
République islamique d'Iran	-1.1	2.2	1.1	1.2	1.2	115.4	233.3	-478.0	-3.5	11.3
Malaisie	-693.3	-3.3	-311.1	-631.4	-1 543.5	214.1	416.9	208.5	133.4	-352.4
Philippines	10.0	27.6	-104.8	9.4	441.5	733.2	-144.9	-393.4	107.4	124.7
Singapour	-130.9	102.8	33.8	342.3	-1 598.6	-126.5	-6 369.6	14 672.5	430.8	1 745.2
Taipei Chinois	52.1	-21.0	211.9	-305.7	-22.9	24.4	74.1	444.1	407.2	8.4
Thaïlande	5.5	-6.6	4.5	-2.4	3.7	72.1	-263.2	124.0	170.0	67.5
Viet Nam	-	-1.1	-2.3	1.2	-100.2	241.8	402.5	179.2	123.9	-403.6
AUSTRALIE, OCÉANIE ET RÉGIONS POLAIRES	**-79.9**	**64.1**	**-75.5**	**138.1**	**70.5**	**7 209.1**	**2 995.7**	**1 919.7**	**7 813.1**	**-2 594.9**
TOTAL MONDE non alloué et confidentiel	**143.1**	**-4.4**	**-36.1**	**9.4**	**43.4**	**5.5**	**-1.1**	**5.6**	**1.2**	**-379.7**
Union européenne (UE28)	**73 186.9**	**-12 177.4**	**100 695.5**	**87 302.0**	**75 017.4**	**130 372.7**	**124 601.3**	**75 452.6**	**-117 195.8**	**64 952.5**
Pays du G20 hors Union Européenne	**14 194.1**	**-42 321.1**	**12 389.8**	**56 200.9**	**6 757.0**	**175 504.2**	**94 240.8**	**64 819.1**	**-79 988.2**	**43 892.3**
Pays OCDE du G20	**15 259.0**	**-35 837.7**	**4 571.1**	**61 110.6**	**25 677.2**	**145 775.9**	**81 823.5**	**49 524.3**	**-76 447.5**	**39 103.8**
Pays non-OCDE du G20	**-1 064.9**	**-6 483.5**	**7 818.7**	**-4 909.7**	**-18 920.2**	**29 728.2**	**12 417.3**	**15 294.8**	**-3 540.7**	**4 788.5**
Pays MENA	**-144.2**	**29 882.8**	**1 723.6**	**5 522.2**	**10 341.6**	**1 163.6**	**7 684.4**	**1 545.5**	**3 448.6**	**-4 251.5**
Pays ANASE	**-853.0**	**163.7**	**-388.9**	**-123.9**	**-2 733.0**	**1 934.6**	**-3 070.9**	**15 831.4**	**482.7**	**984.7**

- Néant

Note : Les données excluent les entités à vocation spéciales. Voir les métadonnées détaillées sur : *http://metalinks.oecd.org/idi/20210722/947b.*

Source : *Statistiques de l'OCDE sur l'investissement direct international (base de données) : https://doi.org/10.1787/idi-data-fr*

Tableau 2. Encours des investissements directs étrangers par pays
En fin d'année

Millions de dollars des ÉU

	Entrant					Sortant				
	2015	2016	2017	2018	2019	2015	2016	2017	2018	2019
TOTAL MONDE	**1 269 040.8**	**1 328 792.0**	**1 531 807.4**	**1 492 571.6**	**1 491 617.2**	**1 907 339.1**	**2 131 919.5**	**2 400 735.2**	**2 214 260.4**	**2 312 110.3**
Pays membres de l'OCDE	**1 089 919.4**	**1 149 314.9**	**1 168 037.9**	**1 323 346.7**	**1 290 976.9**	**1 463 163.9**	**1 723 766.2**	**1 917 426.2**	**1 758 462.3**	**1 697 122.7**
Australie	179.6	316.2	695.6	262.2	234.2	28 174.2	43 241.3	45 236.3	50 712.2	41 190.1
Autriche	1 493.7	6 102.0	9 723.0	13 939.8	8 120.8	12 080.6	33 136.9	13 422.9	10 330.9	9 250.9
Belgique	73 813.8	70 860.1	86 782.2	74 780.2	55 566.2	95 625.5	88 250.2	90 183.5	87 289.9	51 352.5
Canada	1 943.4	2 243.1	2 128.8	2 243.0	2 906.1	32 394.1	36 799.8	46 436.8	45 191.2	60 584.1
Chili	5.4	4.2	137.9	75.6	-49.6	1 293.4	1 275.4	2 269.1	1 768.9	3 073.3
République Tchèque	90.4	88.5	109.1	164.9	-494.5	5 744.1	7 354.3	7 196.0	6 467.8	6 471.3
Danemark	8 969.0	8 766.7	10 367.0	9 203.1	15 883.3	7 450.2	8 799.4	10 791.6	11 668.2	11 514.6
Estonie	13.1	15.8	20.4	91.6	28.8	168.8	73.8	16.8	58.4	83.9
Finlande	3 396.8	2 888.2	2 658.9	2 255.6	1 437.7	5 739.8	4 844.5	6 529.1	4 851.2	3 409.1
France	94 420.3	46 146.3	68 534.4	84 088.6	94 035.4	73 423.0	69 814.5	115 190.7	92 583.0	72 548.1
Allemagne	138 169.8	117 623.1	124 998.8	143 504.7	157 618.6	98 814.4	90 515.4	134 438.7	127 553.2	124 502.4
Grèce	132.8	115.9	169.1	163.7	-16.6	1 393.6	2 159.8	2 724.9	2 657.4	3 597.2
Hongrie	110.0	112.8	224.3	246.2	1 169.5	6 918.9	8 052.1	5 919.9	5 491.2	4 675.5
Islande	875.3	672.5	883.9	660.6	1 488.4	79.5	88.5	3.6	5.7	80.8
Irlande	27 914.0	21 793.0	24 371.6	41 436.9	49 439.4	7 034.3	23 455.3	60 213.5	63 762.3	72 054.6
Israël	27 743.1	34 454.5	53 503.2	55 804.9	39 394.7	1 595.0	10 907.6	11 204.1	10 206.1	24 140.9
Italie	68 471.4	48 198.6	53 288.6	64 413.8	62 650.4	105 849.8	108 110.0	129 377.5	112 391.8	87 724.5
Japon	17 616.8	16 267.5	18 884.6	19 932.4	31 588.6	11 660.3	14 139.3	16 315.7	17 415.8	17 010.9
Corée	1 738.7	1 144.7	1 796.6	945.7	3 343.8	12 750.1	10 729.4	13 583.6	12 694.1	7 315.9
Lettonie	9.8	7.4	4.8	22.9	-1.5	105.6	-16.9	160.7	259.9	308.6
Lituanie	47.9	65.4	88.8	45.8	15.0	139.4	154.9	157.1	167.2	150.9
Luxembourg	231 013.6	257 974.1	252 017.3	244 356.5	234 676.1	120 505.2	153 221.3	125 093.5	99 180.2	105 947.7
Mexique	11 240.1	20 951.8	25 068.4	19 649.6	20 632.3	49 603.7	40 253.0	46 634.7	55 117.9	53 475.5
Pays-Bas	-	-	-	-	-	-	-	-	-	-
Nouvelle-Zélande	15.2	10.5	209.9	96.2	267.4	3 439.3	3 484.8	4 628.2	5 417.9	2 530.9
Norvège	11 267.3	8 747.8	1 127.4	1 402.6	1 370.5	5 865.0	7 325.8	6 597.5	6 828.5	7 120.9
Pologne	1 034.3	713.6	1 195.7	1 431.2	992.3	8 166.6	9 639.5	12 583.4	13 043.3	13 767.0
Portugal	102.3	1 990.1	2 696.1	2 739.9	1 584.6	3 734.3	5 104.9	6 061.4	6 365.9	7 515.8
République slovaquie	-12.0	-15.8	-20.4	18.3	-297.9	1 059.3	1 617.0	1 975.3	1 763.2	1 594.9
Slovénie	2.2	3.2	4.8	14.9	47.6	358.2	591.3	738.8	704.1	583.4
Espagne	6 357.1	18 189.1	24 683.4	22 398.7	26 825.0	32 970.1	32 810.2	37 481.4	34 523.7	41 252.1
Suède	10 506.3	9 166.2	13 675.9	13 095.9	15 844.7	7 958.6	14 356.5	19 474.7	18 454.3	21 168.2
Suisse	69 199.8	90 399.5	112 319.5	123 267.7	84 659.4	179 116.0	221 699.2	210 551.7	237 812.0	186 082.7
Turquie	4 241.7	10 170.8	8 860.6	6 360.2	4 857.0	9 482.9	9 954.7	10 567.3	9 534.0	9 960.4
Royaume-Uni	109 272.7	97 283.7	193 401.3	175 128.2	159 306.8	215 909.6	303 162.2	368 384.5	265 521.0	294 897.7
Etats-Unis	168 581.4	255 909.1	73 515.2	199 104.6	215 852.4	316 805.7	358 815.2	355 439.0	340 669.8	350 185.2
EUROPE	**897 258.6**	**847 141.4**	**1 018 630.4**	**1 049 993.1**	**978 406.0**	**1 031 475.2**	**1 239 031.3**	**1 415 814.3**	**1 251 809.0**	**1 176 418.8**
Bulgarie	12.0	15.8	75.6	107.6	19.6	387.6	528.1	676.4	674.4	835.1
Croatie	16.3	9.5	3.6	3.4	-27.1	1 809.5	1 724.5	1 905.7	603.4	591.9
Chypre	13 016.9	10 884.4	6 982.5	3 456.6	1 341.0	8 381.1	8 540.1	9 013.0	6 423.2	8 124.9
Malte	77.3	15.8	92.3	105.3	24.7	1 225.9	2 507.6	2 987.5	649.2	687.5
Roumanie	19.6	55.9	129.5	37.8	-57.7	2 957.0	3 845.3	5 026.4	5 492.3	5 719.6
Russie	4 681.5	-119.1	-1 527.9	-58.4	-493.2	12 381.1	13 781.0	16 044.6	14 121.8	17 829.6
Ukraine	25.0	15.8	10.8	163.7	132.5	1 302.1	1 184.8	1 501.6	1 935.0	3 118.3
AFRIQUE	**3 719.1**	**11 074.1**	**7 627.7**	**3 920.3**	**128 522.4**	**101 702.8**	**57 665.2**	**57 138.4**	**73 161.2**	**66 844.1**
Afrique septentrionale	592.3	512.3	634.4	881.6	307.0	17 269.5	14 918.3	18 432.5	45 728.2	43 371.5
Algérie	446.4	370.0	302.2	458.0	340.7	1 200.9	-422.7	-467.7	-582.8	101.4
Egypte	19.6	2.1	94.7	153.4	-103.3	13 341.3	12 320.0	15 949.9	25 988.1	22 651.2
Libye	112.1	134.9	175.1	192.4	112.3	2 628.2	2 166.1	2 604.9	19 378.3	19 646.1
Maroc	9.8	3.2	45.6	73.3	-48.1	177.5	173.9	231.5	226.7	327.1
Tunisie	4.4	2.1	16.8	4.6	5.4	-78.4	680.9	113.9	717.9	645.7
Autres pays africains	3 126.8	10 561.8	6 993.3	3 038.7	128 215.4	84 433.3	42 746.9	38 705.9	27 433.0	23 472.6
Nigéria	2 852.5	202.4	91.1	137.4	-56.1	13 693.0	11 911.0	11 740.2	11 456.4	7 033.3
Afrique du Sud	67.5	9 897.8	6 271.3	27.5	123 121.2	61 326.1	22 672.1	21 398.4	10 452.3	11 122.7
AMÉRIQUE	**298 782.8**	**396 078.8**	**260 929.5**	**327 454.8**	**240 656.7**	**562 248.2**	**627 560.9**	**685 411.4**	**654 639.3**	**587 447.3**
Amérique du Nord	170 523.7	258 151.2	75 641.6	201 345.3	218 755.1	349 549.3	395 612.9	401 880.5	385 864.4	410 965.9
Amérique du Nord	140 227.5	157 685.3	198 396.5	161 242.3	50 245.7	114 516.1	136 572.2	159 099.3	156 408.3	87 110.4
Bahamas	258.0	422.7	6.0	12.6	-10 675.0	-1 646.2	324.7	381.4	9 666.8	-407.6
Bermudes	35 073.5	58 286.1	74 989.2	29 863.8	25 037.9	32 094.7	37 198.3	32 318.3	27 062.1	13 136.1
Îles Cayman	7 953.2	5 099.6	6 416.4	7 141.1	-596.1	16 596.6	16 343.4	14 296.0	11 361.3	8 359.2
Costa Rica	28.3	10.5	14.4	50.4	1 895.3	260.2	229.8	-236.3	-329.7	-141.3
El Salvador	-	1.1	248.3	274.8	302.8	57.7	50.6	61.2	46.9	18.6
Guatemala	1.1	1.1	1.2	2.3	11.3	123.0	705.2	705.2	555.3	479.7
Honduras	-	4.2	6.0	1.1	-1.1	169.8	149.7	272.2	265.6	256.2
Nicaragua	1.1	-1.1	18.0	1.1	33.7	5.4	10.5	74.4	12.6	10.1
Panama	33.8	44.3	61.2	58.4	44.0	4 470.3	-365.8	894.7	735.1	911.2
Îles Vierges, US	-	-	-	-	-	39.2	42.2	37.2	-4.6	370.7
Amérique du Sud	-11 968.4	-19 757.6	-13 108.7	-35 132.8	-28 344.1	98 182.9	95 375.8	124 431.5	112 366.6	89 371.0
Argentine	13.1	13.7	115.1	18.3	-100.6	11 076.8	3 251.8	3 896.6	3 887.1	5 464.5
Bolivie	2.2	3.2	4.8	583.9	255.8	70.8	49.5	43.2	57.2	26.7
Brésil	-14 642.4	-22 215.7	-17 527.0	-41 014.4	-34 446.7	77 261.8	83 963.3	110 290.2	99 354.2	72 364.2
Colombie	3.3	2.1	243.5	1 276.6	991.0	851.4	602.9	1 476.4	1 325.9	965.2
Equateur	10.9	10.5	8.4	9.2	-27.6	1 069.1	1 010.9	1 006.2	1 249.1	280.2
Paraguay	1.1	-	124.7	154.6	0.1	24.0	-3.2	159.5	113.4	115.8
Pérou	2 414.8	2 278.9	2 441.8	2 096.4	1 344.8	1 061.5	845.4	1 718.6	1 305.2	1 618.9
Uruguay	3.3	2.1	889.9	996.1	794.2	1 562.3	1 379.8	1 093.8	2 362.0	2 794.9
Venezuela	186.2	111.7	100.7	175.2	100.8	3 866.1	2 952.5	2 408.3	871.3	808.5
ASIE	**69 728.9**	**74 173.1**	**106 619.1**	**110 819.8**	**143 461.6**	**180 148.1**	**160 634.6**	**192 229.6**	**178 402.8**	**437 511.3**

Tableau 2. Encours des investissements directs étrangers par pays *(suite)*

En fin d'année

Millions de dollars des ÉU

	Entrant					Sortant				
	2015	2016	2017	2018	2019	2015	2016	2017	2018	2019
Proche et Moyen Orient	35 007.1	42 372.7	64 627.0	73 324.9	78 660.1	18 520.4	25 814.3	28 113.5	28 566.5	256 047.3
Pays du Golfe	7 240.1	7 891.9	10 800.0	17 105.6	39 072.1	16 255.9	14 256.4	16 447.6	17 852.1	231 064.9
Koweït	40.3	12.6	39.6	104.2	338.2	763.2	386.8	828.7	929.7	669.6
Qatar	56.6	60.1	145.1	183.2	20.5	1 728.9	69.6	182.3	-72.1	1 338.2
Arabie saoudite	6 315.7	6 846.2	9 821.3	13 882.5	36 675.2	5 236.8	6 401.4	8 034.3	8 274.6	6 346.1
Emirats Arabes Unis	707.7	858.0	545.7	2 753.6	2 007.6	2 620.6	2 403.3	2 034.1	2 789.1	206 854.8
Autres pays du Proche et Moyen Orient	27 767.0	34 480.9	53 827.1	56 219.4	39 588.0	2 264.6	11 557.9	11 665.9	10 714.4	24 982.3
Jordanie	3.3	5.3	13.2	6.9	-9.4	94.7	93.8	113.9	104.2	362.4
Autres pays asiatiques	34 721.8	31 800.4	41 992.1	37 494.8	64 801.5	161 627.7	134 820.3	164 116.1	149 836.3	181 464.1
Chine	2 039.2	1 577.9	765.2	1 136.9	4 825.9	16 717.5	13 574.4	14 318.8	13 405.1	23 245.3
Hong Kong, Chine	10 787.2	9 876.7	15 415.0	10 384.7	23 472.5	12 992.9	12 398.0	14 844.1	13 334.1	34 766.6
Inde	589.0	596.6	87.6	92.7	-610.3	4 529.1	9 129.3	11 482.4	12 592.2	13 595.5
Indonesie	113.2	151.8	160.7	145.4	-93.9	4 721.8	4 376.5	5 500.1	4 921.0	7 022.5
République islamique d'Iran	21.8	24.2	36.0	40.1	112.2	266.7	256.1	314.2	321.7	408.8
Malaisie	648.9	646.1	712.4	49.2	-931.8	1 452.4	1 918.4	2 102.4	2 232.7	4 832.0
Philippines	162.2	173.9	629.6	581.6	145.3	1 945.6	2 098.7	1 639.5	1 670.5	2 425.7
Singapour	361.5	648.3	1 706.6	2 918.5	5 061.9	63 467.6	30 913.9	47 771.6	31 801.0	29 363.1
Taipei Chinois	408.3	378.4	620.1	143.1	-553.6	2 157.9	5 206.1	6 165.7	13 231.1	12 535.6
Thaïlande	13.1	71.7	693.2	768.3	37.1	1 894.4	4 165.7	4 268.4	1 710.6	2 010.8
Viet Nam	14.2	11.6	38.4	2.3	-1 680.0	2 455.1	2 191.4	2 476.6	2 549.8	1 491.2
AUSTRALIE, OCÉANIE ET RÉGIONS POLAIRES	**204.7**	**336.3**	**1 009.8**	**391.6**	**498.9**	**31 715.8**	**46 987.5**	**50 066.0**	**56 235.4**	**43 864.4**
TOTAL MONDE non alloué et confidentiel	**-653.2**	**-11.6**	**136 990.9**	**-8.0**	**71.6**	**49.0**	**40.1**	**75.6**	**12.6**	**24.4**
Union européenne (UE28)	**788 470.3**	**719 072.4**	**876 277.3**	**897 246.4**	**885 852.5**	**825 912.9**	**982 353.7**	**1 167 724.9**	**978 936.3**	**950 295.3**
Pays du G20 hors Union Européenne	**615 052.8**	**613 004.1**	**569 339.2**	**689 863.8**	**881 903.2**	**1 148 118.7**	**1 242 684.7**	**1 472 570.2**	**1 296 392.3**	**1 276 385.3**
Pays OCDE du G20	**615 875.9**	**616 254.9**	**571 172.9**	**715 633.2**	**753 025.6**	**954 867.7**	**1 085 534.9**	**1 281 604.7**	**1 129 384.0**	**1 119 394.9**
Pays non-OCDE du G20	**-823.1**	**-3 250.8**	**-1 833.8**	**-25 769.4**	**128 877.6**	**193 251.0**	**157 149.8**	**190 965.5**	**167 008.2**	**156 990.4**
Pays MENA	**7 844.3**	**8 419.9**	**11 460.8**	**18 012.4**	**39 368.8**	**33 669.0**	**29 327.5**	**35 049.2**	**63 732.5**	**274 938.4**
Pays ANASE	**1 323.9**	**1 716.0**	**3 980.6**	**4 585.5**	**2 547.8**	**77 556.9**	**47 342.7**	**65 531.3**	**46 530.8**	**47 431.0**

- Néant

Note : Les données excluent les entités à vocation spéciales. Voir les métadonnées détaillées sur : *http://metalinks.oecd.org/idi/20210722/947b.*

Source : *Statistiques de l'OCDE sur l'investissement direct international (base de données) : https://doi.org/10.1787/idi-data-fr*

PAYS-BAS

Tableau 3. Revenus des investissements directs étrangers par pays

Millions de dollars des ÉU

	Entrant					Sortant				
	2015	2016	2017	2018	2019	2015	2016	2017	2018	2019
TOTAL MONDE	**72 697.7**	**69 284.5**	**64 179.9**	**86 991.6**	**71 784.6**	**102 674.4**	**87 907.8**	**104 256.6**	**132 951.7**	**110 638.3**
Pays membres de l'OCDE	**65 666.1**	**66 664.8**	**60 414.8**	**82 276.6**	**71 344.4**	**69 010.5**	**49 882.8**	**66 382.6**	**88 217.9**	**79 296.9**
Australie	8.9	7.7	6.8	5.9	-2.3	854.1	1 379.0	1 858.9	2 998.9	2 098.9
Autriche	144.2	45.3	376.5	293.9	195.9	704.4	1 343.6	1 782.2	2 516.2	2 090.0
Belgique	3 505.3	2 435.0	1 137.4	4 491.9	2 841.6	5 652.8	3 464.6	2 823.8	2 984.8	2 956.9
Canada	31.1	131.6	5.6	40.1	-14.5	-2 150.9	40.9	2 465.3	2 463.1	1 632.2
Chili	-	-	2.3	2.4	1.8	65.4	84.0	147.7	1 441.0	43.2
République Tchèque	1.1	2.2	2.3	2.4	-13.2	312.8	631.4	409.2	591.3	336.0
Danemark	112.0	201.3	83.4	106.2	-88.4	1 302.3	162.6	168.0	567.7	187.0
Estonie	-	-	-	-	-	7.8	-48.7	-53.0	5.9	4.5
Finlande	-1.1	395.9	400.2	642.0	268.7	1 402.1	133.8	51.9	1 639.3	1 012.0
France	3 455.4	2 013.7	7 545.9	1 847.0	1 872.5	3 527.5	4 128.1	3 937.5	3 900.6	3 154.2
Allemagne	10 485.9	3 387.2	5 733.3	6 794.5	11 830.0	3 357.7	3 258.9	3 633.2	4 713.8	4 628.6
Grèce	3.3	1.1	4.5	10.6	8.7	363.8	52.0	133.0	94.4	59.1
Hongrie	2.2	1.1	1.1	-	-1 084.9	113.1	182.5	187.1	384.8	268.5
Islande	197.4	24.3	255.9	177.0	186.9	5.5	4.4	3.4	51.9	-1.1
Irlande	461.5	635.9	749.6	743.5	2 694.6	1 257.9	1 407.7	2 276.0	2 786.5	1 401.7
Israël	-	-133.8	-11.3	13.0	1 055.7	48.8	31.0	330.3	40.1	21.3
Italie	-2 271.8	522.0	2 811.4	8 110.5	140.1	2 044.4	1 161.1	917.6	2 893.9	4 230.6
Japon	1 982.3	1 887.6	2 271.4	2 575.2	2 113.6	176.4	712.2	636.9	1 288.8	1 915.5
Corée	69.9	48.7	12.4	14.2	91.7	265.1	264.3	358.5	1 162.5	516.0
Lettonie	-	-	-	-	1.1	105.4	-44.2	95.8	11.8	12.3
Lituanie	-	-	-	1.2	1.1	4.4	3.3	-	1.2	2.2
Luxembourg	14 322.8	31 675.3	6 551.7	9 281.2	9 960.0	5 071.5	2 163.0	9 205.3	4 461.2	4 227.3
Mexique	936.2	-272.0	1 989.6	2 126.8	820.5	1 774.8	1 094.8	1 812.6	3 093.4	3 099.7
Pays-Bas	-	-	-	-	-	-	-	-	-	-
Nouvelle-Zélande	2.2	1.1	-	-1.2	-4.7	-57.7	60.8	341.6	452.0	64.7
Norvège	133.1	633.6	-56.4	132.2	112.7	92.1	163.7	184.9	108.6	41.0
Pologne	11.1	7.7	10.1	10.6	5.0	297.3	613.7	774.4	1 082.3	1 422.2
Portugal	14.4	-23.2	6.8	-8.3	-12.3	183.0	458.9	367.5	469.7	340.3
République slovaquie	1.1	1.1	-	-	-11.3	67.7	94.0	89.1	152.2	127.5
Slovénie	-	-	-	-	-	3.3	23.2	21.4	47.2	19.0
Espagne	1 220.2	1 278.3	2 017.8	7 074.2	807.9	1 428.7	1 014.0	1 560.1	1 298.2	1 573.6
Suède	441.5	357.2	572.7	1 100.0	-154.6	1 398.8	1 071.5	959.3	2 204.7	455.5
Suisse	4 286.2	3 976.6	9 646.0	7 874.4	6 589.6	19 987.8	12 378.6	11 789.0	13 276.3	22 196.9
Turquie	84.3	65.2	75.5	-201.8	25.1	318.4	331.7	193.9	262.0	437.1
Royaume-Uni	10 626.7	11 778.2	13 814.7	21 627.5	8 197.5	10 188.6	8 164.3	10 520.8	14 483.7	12 528.6
Etats-Unis	15 398.8	5 578.9	4 397.5	7 389.4	22 908.3	8 945.1	3 901.4	6 399.5	14 287.7	6 193.8
EUROPE	**48 606.8**	**60 518.6**	**52 903.8**	**70 816.7**	**44 551.9**	**61 448.7**	**44 836.9**	**54 678.2**	**64 703.2**	**66 521.0**
Bulgarie	1.1	-	1.1	-	1.1	23.3	71.9	63.1	30.7	11.2
Croatie	-	-	-	-	-	7.8	25.4	16.9	35.4	12.3
Chypre	957.3	495.4	109.3	-35.4	229.3	736.6	415.8	423.9	-337.5	-76.4
Malte	6.7	-	1.1	2.4	2.2	-5.5	12.2	-24.8	11.8	5.6
Roumanie	-	1.1	-	3.5	2.0	299.5	234.4	241.2	383.6	313.2
Russie	-303.9	-92.9	285.2	-43.7	-80.4	881.9	1 048.3	1 054.0	2 670.8	1 933.5
Ukraine	1.1	1.1	1.1	1.2	1.1	56.6	151.5	325.8	401.3	598.9
AFRIQUE	**149.8**	**388.1**	**292.0**	**280.9**	**148.9**	**1 396.6**	**3 164.9**	**6 046.7**	**6 643.5**	**2 271.4**
Afrique septentrionale	138.7	101.7	22.5	128.6	-1.1	622.3	948.8	3 071.8	3 190.1	840.7
Algérie	138.7	101.7	22.5	128.6	-	152.0	193.5	99.2	250.2	6.7
Egypte	-	-	-	-	-1.1	482.5	228.9	2 232.0	1 973.3	800.4
Libye	-	-	-	-	-	-	573.9	715.8	973.7	29.1
Maroc	-	-	-	-	-	18.9	6.6	2.3	-3.5	4.5
Tunisie	-	-	-	-	-	-31.1	-54.2	22.5	-3.5	-
Autres pays africains	11.1	286.4	269.4	152.2	150.0	774.3	2 216.1	2 974.9	3 453.3	1 430.7
Nigéria	5.5	6.6	4.5	4.7	3.4	745.4	1 093.7	2 395.4	1 137.7	878.8
Afrique du Sud	2.2	276.5	246.9	108.6	126.5	57.7	85.1	125.1	2 145.6	212.7
AMÉRIQUE	**21 056.0**	**5 593.3**	**8 084.8**	**11 965.1**	**22 182.8**	**22 158.6**	**22 876.3**	**24 363.7**	**38 976.8**	**22 829.8**
Amérique du Nord	15 429.8	5 710.5	4 403.1	7 429.5	22 893.8	6 780.9	3 934.5	8 862.6	16 750.9	7 826.1
Amérique du Nord	4 325.0	1 632.2	4 737.9	5 162.3	2 018.1	9 411.0	9 704.7	7 964.2	8 802.1	9 545.3
Bahamas	10.0	2.2	-	-	-108.4	-6.7	24.3	18.0	20.1	22.6
Bermudes	675.5	1 095.9	1 038.2	1 773.9	972.2	3 607.3	7 684.4	3 565.6	4 211.0	3 843.6
Îles Cayman	434.8	418.0	1 211.8	331.6	90.1	31.1	128.3	64.3	105.0	-25.2
Costa Rica	-	-	-	1.2	80.4	28.8	24.3	25.9	40.1	-18.1
El Salvador	-	-	2.3	13.0	13.4	8.9	13.3	29.3	7.1	-4.5
Guatemala	-	-	-	-	-	26.6	10.0	33.8	-61.4	20.2
Honduras	-	-	-	-	-	-2.2	3.3	9.0	8.3	7.8
Nicaragua	-	-	-	1.2	1.1	-	2.2	2.3	-1.2	-
Panama	1.1	1.1	1.1	-	0.9	2 881.9	-23.2	14.7	7.1	-1.3
Îles Vierges, US	-	-	-	-	-	-	1.1	-	-	3.4
Amérique du Sud	1 301.2	-1 749.4	-1 056.3	-626.7	-2 729.2	5 966.7	9 237.0	7 536.9	13 423.8	5 458.5
Argentine	-	-	-	2.4	-3.3	-364.9	1.1	391.2	459.1	72.8
Bolivie	-	-	1.1	1.2	17.0	15.5	3.3	16.9	15.3	-5.4
Brésil	1 137.0	-1 751.6	-1 222.0	-725.8	-2 842.2	6 408.2	9 021.3	6 501.0	10 679.8	5 290.5
Colombie	-	-	5.6	49.6	66.5	-53.2	8.8	72.1	151.1	37.4
Equateur	3.3	-	-	-	1.1	100.9	24.3	62.0	470.9	17.9
Paraguay	-	-	-	-	-	6.7	18.8	33.8	30.7	5.6
Pérou	159.7	-	130.8	14.2	2.2	-28.8	-17.7	118.4	83.8	-3.4
Uruguay	-	-	22.5	27.1	23.7	33.3	59.7	63.1	168.8	8.1
Venezuela	-1.1	-	1.1	-	1.8	-230.7	19.9	120.6	-90.9	-12.8
ASIE	**2 888.5**	**2 760.1**	**2 889.2**	**3 921.9**	**4 900.3**	**16 858.6**	**15 583.3**	**16 956.4**	**19 097.1**	**16 817.9**

Tableau 3. Revenus des investissements directs étrangers par pays *(suite)*

Millions de dollars des ÉU

	Entrant					Sortant				
	2015	2016	2017	2018	2019	2015	2016	2017	2018	2019
Proche et Moyen Orient	371.6	151.5	458.8	446.1	1 515.5	3 306.7	1 530.5	2 782.1	2 103.2	4 289.5
Pays du Golfe	371.6	285.3	467.8	426.1	459.9	3 523.0	988.6	2 060.6	1 995.8	4 264.9
Koweït	-	-	1.1	1.2	2.2	774.3	219.0	390.0	1 133.0	1 085.9
Qatar	1.1	-15.5	1.1	2.4	1.1	1 141.4	361.6	376.5	42.5	370.5
Arabie saoudite	362.7	291.9	453.2	348.2	446.4	219.6	40.9	128.5	79.1	51.3
Emirats Arabes Unis	5.5	6.6	10.1	70.8	7.8	861.9	131.6	569.3	292.7	1 924.3
Autres pays du Proche et Moyen Orient	-	-133.8	-9.0	20.1	1 055.7	-216.3	541.9	721.5	107.4	24.6
Jordanie	-	-	-	-	-	-25.5	-10.0	2.3	10.6	1.1
Autres pays asiatiques	2 516.9	2 608.6	2 430.4	3 475.7	3 384.7	13 551.9	14 052.9	14 174.3	16 994.0	12 528.4
Chine	52.1	55.3	62.0	69.6	18.3	1 937.9	1 931.9	1 898.3	2 345.1	1 793.7
Hong Kong, Chine	307.3	533.0	-12.4	240.8	1 373.4	1 570.7	1 419.9	1 321.2	1 818.7	687.1
Inde	1.1	-	1.1	1.2	-16.6	195.2	207.9	669.6	170.0	176.0
Indonesie	5.5	4.4	3.4	4.7	1.1	372.7	951.0	542.2	821.4	28.0
République islamique d'Iran	1.1	1.1	1.1	1.2	1.1	285.1	10.0	24.8	29.5	7.8
Malaisie	68.8	31.0	38.3	37.8	47.2	487.0	405.8	135.3	231.3	249.9
Philippines	-	1.1	-	2.4	-31.0	294.0	567.3	341.6	610.2	245.5
Singapour	26.6	32.1	33.8	53.1	-157.1	6 947.3	6 173.8	6 344.3	5 627.3	6 078.2
Taipei Chinois	8.9	8.8	12.4	468.5	3.8	289.5	248.8	354.0	491.0	140.4
Thaïlande	-	1.1	-1.1	1.2	-1.1	251.8	384.8	319.0	331.6	87.3
Viet Nam	1.1	1.1	1.1	-	-61.9	267.3	339.5	492.6	604.3	-123.5
AUSTRALIE, OCÉANIE ET RÉGIONS POLAIRES	**11.1**	**7.7**	**6.8**	**5.9**	**-9.2**	**813.1**	**1 457.5**	**2 208.3**	**3 513.5**	**2 173.8**
TOTAL MONDE non alloué et confidentiel	**-14.4**	**16.6**	**3.4**	**1.2**	**9.9**	**-1.1**	**-11.1**	**3.4**	**17.7**	**24.4**
Union européenne (UE28)	**43 500.8**	**55 215.1**	**41 933.3**	**62 103.2**	**37 694.1**	**39 853.6**	**30 201.3**	**40 583.9**	**47 421.2**	**41 304.3**
Pays du G20 hors Union Européenne	**42 064.3**	**23 932.3**	**38 494.0**	**50 094.4**	**45 632.3**	**39 009.4**	**37 724.2**	**44 044.6**	**70 919.4**	**49 993.6**
Pays OCDE du G20	**40 807.5**	**25 148.7**	**38 664.2**	**50 329.3**	**47 982.5**	**29 301.2**	**24 436.6**	**32 734.8**	**51 548.4**	**40 435.2**
Pays non-OCDE du G20	**1 256.8**	**-1 216.4**	**-170.2**	**-234.9**	**-2 350.2**	**9 708.3**	**13 287.6**	**11 309.9**	**19 370.9**	**9 558.5**
Pays MENA	**510.3**	**387.0**	**490.4**	**554.7**	**458.8**	**4 129.8**	**1 935.2**	**5 140.3**	**5 200.0**	**5 107.8**
Pays ANASE	**103.2**	**71.9**	**76.7**	**99.1**	**-202.8**	**8 642.3**	**8 885.3**	**8 208.8**	**8 255.6**	**6 573.2**

- Néant

Note : Les données excluent les entités à vocation spéciales. Voir les métadonnées détaillées sur : *http://metalinks.oecd.org/idi/20210722/947b*.

Source : *Statistiques de l'OCDE sur l'investissement direct international (base de données) : https://doi.org/10.1787/idi-data-fr*

Tableau 4. Investissement direct étranger : flux par secteur industriel

Millions de dollars des ÉU

	Entrant					Sortant				
	2015	2016	2017	2018	2019	2015	2016	2017	2018	2019
All FDI activities	**163 853.6**	**59 667.1**	**16 520.1**	**87 630.1**	**48 961.4**	**233 592.9**	**184 985.1**	**19 047.5**	**-45 357.0**	**84 864.2**
Agriculture, sylviculture et pêche	-	-	-	-	..	**-2 959.5**	**-2 657.3**	**-703.4**	**-2.4**	..
Industries extractives	**-40 498.1**	**6 925.8**	**116.1**	**-3 069.8**	..	**-38 154.2**	**-148 301.4**	**51 676.2**	**-172 858.5**	..
Activités d'extraction	-40 498.1	6 925.8	116.1	-3 069.8	..	-38 154.2	-148 301.4	51 676.2	-172 858.5	..
Activités de fabrication	**74 380.5**	**8 560.2**	**74 662.4**	**-6 147.8**	..	**378 247.4**	**28 921.8**	**-163 565.6**	**450 600.7**	..
dont :										
Produits alimentaires, boissons et tabac	10 878.5	-3 337.4	46 330.7	6 014.4	..	40 941.8	-16 410.5	-36 546.0	160 624.3	..
Textiles, bois, papier, imprimerie	64.3	-11.1	-321.3	207.7	..	34 647.8	2 148.6	6 439.0	99 303.7	..
Produits pétroliers, chimiques, pharmaceutiques, caoutchouc, plastique, minéraux	47 139.2	-11 678.6	579.4	-4 710.3	..	-309 708.3	73 755.4	-88 899.8	-118 415.0	..
Ouvrages en métaux et machines, sauf matériels électriques	5 665.0	36 306.5	24 070.6	-187.7	..	352 160.8	50 755.3	17 595.5	145 137.5	..
Automobiles, remorques, semi-remorques, autres matériels de transport	10 368.3	-12 863.0	2 634.4	-8 007.8	..	-37 287.9	-59 814.2	-51 849.8	123 427.4	..
Autres activités de fabrication	258.5	147.1	1 368.5	531.1	..	297 506.4	-21 518.3	-10 314.5	40 511.0	..
Production et distribution d'électricité, de gaz, de vapeur et de climatisation	**-1 212.4**	**-3.3**	**-16 586.6**	**-1 739.6**	..	**7 590.7**	**-5 400.9**	**-12 729.1**	**11 117.7**	..
Distribution de l'eau ; assainissement, traitement des déchets et dépollution	**339.4**	**-79.6**	**-685.4**	**-48.4**	..	**-44.4**	**-21.0**	**-10.1**	**-105.0**	..
Construction	**1 038.3**	**24.3**	**-51.9**	**-826.2**	..	**753.2**	**911.2**	**-14 530.5**	**-612.5**	..
Services	**129 802.6**	**44 265.2**	**-40 928.9**	**99 455.9**	..	**-131 198.0**	**312 940.4**	**167 136.7**	**-317 548.7**	..
Commerce de gros et de détail ; réparations automobiles et motocycles	3 927.9	7 695.5	23 324.3	4 252.3	..	92 934.0	46 910.3	44 510.2	-27 900.4	..
Transport et entreposage	3 289.0	3 647.0	2 272.6	2 508.0	..	22 921.8	2 247.0	18 616.8	3 515.9	..
Activités d'hébergement et de restauration	46.6	-54.2	-73.3	-166.4	..	10 102.1	-2 234.9	1 385.4	4 102.4	..
Information et communication	-13 952.3	1 139.0	313.4	2 119.7	..	692 278.4	132 083.4	-4 385.1	21 371.4	..
Activités financières et d'assurances	138 677.8	30 199.0	-78 899.8	71 130.7	..	-1 092 136.4	-35 489.3	164 409.9	-198 396.1	..
Activités des sociétés holding	1 368.8	49.8	-586.2	-449.7	..	-754 396.0	-1 124.6	-33 850.8	-137 718.6	..
Activités immobilières	-51.0	-496.5	10 409.2	17 492.0	..	16 584.6	60 464.4	-147 161.5	12 454.9	..
Activités professionnelles, scientifiques et techniques	-3 506.4	1 374.5	-37.2	404.8	..	65 453.1	42 662.8	10 901.8	-126 711.9	..
Activités de services administratifs et d'appui	1 371.0	760.8	1 761.9	1 714.9	..	-43 218.0	67 938.7	81 365.1	-5 719.3	..
Administration publique; activités des ménages et des organismes extra-territoriaux	-	-	-	-	..	-181.9	-4.4	-19.2	-34.2	..
Éducation	-	-	-	-	..	-	-	-	-	..
Santé humaine et action sociale	-	-	-	-	..	569.1	-2 586.5	-846.6	-178.2	..
Arts, spectacles et loisirs	-	-	-	-	..	12 066.6	296.4	-2 424.8	-72.0	..
Autres services	-	-	-	-	..	91 428.7	652.4	784.6	18.9	..
Not allocated and confidential	**3.3**	**-25.4**	**-5.6**	**5.9**	**48 961.4**	**19 178.0**	**-1 459.7**	**-8 282.0**	**-16 131.2**	**84 864.2**
Activités immobilières privées	-	-	-	-	..	**179.7**	**52.0**	**55.2**	**182.9**	..

- Néant ; .. Non disponible

Note : Les données excluent les entités à vocation spéciales. Voir les métadonnées détaillées sur : *http://metalinks.oecd.org/idi/20210722/947b.*

Source : *Statistiques de l'OCDE sur l'investissement direct international (base de données) : https://doi.org/10.1787/idi-data-fr*

Tableau 5. Encours des investissement directs étrangers par secteur industriel

En fin d'année

Millions de dollars des ÉU

	Entrant					Sortant				
	2015	2016	2017	2018	2019	2015	2016	2017	2018	2019
All FDI activities	**1 269 040.8**	**1 328 792.0**	**1 531 807.4**	**1 492 571.6**	**1 491 617.2**	**1 907 339.1**	**2 131 919.5**	**2 400 735.2**	**2 214 260.4**	**2 312 110.3**
Agriculture, sylviculture et pêche	-	-	-	-	..	**251.5**	**-208.7**	**225.5**	**199.2**	..
Industries extractives	**10 636.9**	**13 511.1**	**13 227.4**	**7 713.5**	..	**119 543.8**	**138 952.3**	**161 830.2**	**156 566.3**	..
Activités d'extraction	10 636.9	13 511.1	13 227.4	7 713.5	..	119 543.8	138 952.3	161 830.2	156 566.3	..
Activités de fabrication	**348 382.1**	**388 429.4**	**550 852.7**	**417 183.4**	..	**1 017 716.9**	**1 127 740.1**	**1 294 320.0**	**1 193 251.7**	..
dont :										
Produits alimentaires, boissons et tabac	92 341.9	83 992.8	132 581.0	97 280.7	..	188 055.5	264 197.3	291 292.9	224 785.9	..
Textiles, bois, papier, imprimerie	801.3	749.4	1 489.6	1 481.6	..	15 811.6	18 235.5	20 508.5	24 450.4	..
Produits pétroliers, chimiques, pharmaceutiques, caoutchouc, plastique, minéraux	191 161.7	213 817.9	295 443.8	251 416.3	..	521 352.2	575 331.5	612 699.7	569 779.0	..
Ouvrages en métaux et machines, sauf matériels électriques	47 723.5	80 980.3	109 803.3	57 959.7	..	198 935.2	201 878.4	260 213.5	241 652.2	..
Automobiles, remorques, semi-remorques, autres matériels de transport	11 911.8	4 253.2	5 042.0	3 366.2	..	47 789.9	40 430.1	65 983.4	85 736.2	..
Autres activités de fabrication	4 433.3	4 639.0	6 490.8	5 667.5	..	45 775.7	27 666.3	43 616.0	46 830.8	..
Production et distribution d'électricité, de gaz, de vapeur et de climatisation	**12 860.1**	**21 133.1**	**18 969.8**	**12 655.1**	..	**16 174.2**	**22 852.3**	**26 890.1**	**23 184.1**	..
Distribution de l'eau ; assainissement, traitement des déchets et dépollution	**954.8**	**228.7**	**347.8**	**250.7**	..	**-28.3**	**-3.2**	**151.1**	**56.1**	..
Construction	**5 765.9**	**6 140.0**	**5 772.4**	**3 053.6**	..	**10 175.3**	**7 190.9**	**14 796.1**	**13 311.2**	..
Services	**890 912.4**	**899 203.1**	**942 891.6**	**1 052 004.8**	..	**727 917.3**	**819 850.3**	**881 640.7**	**801 904.1**	..
Commerce de gros et de détail ; réparations automobiles et motocycles	101 551.4	106 813.5	114 293.6	100 851.8	..	207 755.0	235 395.8	182 995.9	151 882.3	..
Transport et entreposage	31 415.4	39 356.0	44 826.1	31 613.2	..	29 727.8	31 254.3	46 355.2	42 423.9	..
Activités d'hébergement et de restauration	906.9	1 064.6	1 448.8	1 118.6	..	3 257.5	4 729.6	2 181.6	2 302.5	..
Information et communication	33 021.2	29 994.7	29 461.5	26 678.5	..	177 394.7	165 663.5	174 112.5	170 627.4	..
Activités financières et d'assurances	648 015.2	645 727.8	664 830.9	809 329.1	..	170 837.2	281 854.1	344 816.5	322 241.8	..
Activités des sociétés holding	-10.9	-45.3	51.6	34.3	..	31 282.5	41 975.3	59 192.9	46 610.9	..
Activités immobilières	50 777.4	49 093.5	56 868.6	62 989.5	..	14 422.4	12 203.0	15 873.1	17 604.8	..
Activités professionnelles, scientifiques et techniques	10 598.8	13 497.4	14 176.1	3 646.7	..	28 433.3	43 163.3	35 907.9	40 833.5	..
Activités de services administratifs et d'appui	14 626.0	13 655.5	16 986.1	15 777.4	..	91 728.9	43 985.5	78 683.1	47 917.3	..
Administration publique; activités des ménages et des organismes extra-territoriaux	-	-	-	-	..	132.8	107.5	117.5	91.6	..
Éducation	-	-	-	-	..	-	-	-	-	..
Santé humaine et action sociale	-	-	-	-	..	3 984.8	1 479.9	666.8	5 375.5	..
Arts, spectacles et loisirs	-	-	-	-	..	93.6	32.7	-153.5	168.3	..
Autres services	-	-	-	-	..	149.2	-19.0	84.0	435.1	..
Not allocated and confidential	**-471.4**	**146.5**	**-254.3**	**-289.7**	**1 491 617.2**	**1 758.3**	**1 331.3**	**3 298.2**	**8 402.8**	**2 312 110.3**
Activités immobilières privées	-	-	-	-	..	**13 830.2**	**14 214.2**	**17 583.4**	**17 384.9**	..

- Néant ; .. Non disponible

Note : Les données excluent les entités à vocation spéciales. Voir les métadonnées détaillées sur : *http://metalinks.oecd.org/idi/20210722/947b*.

1. Note de la Banque Centrale des Pays-Bas sur l'existence d'une rupture de série entre 2014 et 2015 : *http://metalinks.oecd.org/idi/20210722/52a9* Voir les métadonnées détaillées sur : *http://metalinks.oecd.org/idi/20210722/947b*.

Source : *Statistiques de l'OCDE sur l'investissement direct international (base de données) : https://doi.org/10.1787/idi-data-fr*

Tableau 6. Revenus des investissements directs étrangers par secteur industriel

Millions de dollars des ÉU

	Entrant					Sortant				
	2015	2016	2017	2018	2019	2015	2016	2017	2018	2019
All FDI activities	**72 697.7**	**69 284.5**	**64 179.9**	**86 991.6**	**71 784.6**	**102 674.4**	**87 907.8**	**104 256.6**	**132 951.7**	**110 638.3**
Agriculture, sylviculture et pêche	**-**	**-**	**-**	**-**	**..**	**-25.5**	**-23.2**	**11.3**	**15.3**	**..**
Industries extractives	**77.6**	**161.5**	**319.0**	**-971.3**	**..**	**6 173.0**	**10 853.7**	**6 892.1**	**8 921.3**	**..**
Activités d'extraction	77.6	161.5	319.0	-971.3	..	6 173.0	10 853.7	6 892.1	8 921.3	..
Activités de fabrication	**19 473.1**	**15 051.4**	**19 157.9**	**14 107.2**	**..**	**48 213.0**	**38 874.3**	**61 174.6**	**81 667.7**	**..**
dont :										
Produits alimentaires, boissons et tabac	6 826.4	3 199.2	6 700.5	3 495.8	..	8 535.8	8 098.0	13 584.7	16 017.9	..
Textiles, bois, papier, imprimerie	78.8	17.7	27.1	-34.2	..	14.4	-7.7	562.5	986.7	..
Produits pétroliers, chimiques, pharmaceutiques, caoutchouc, plastique, minéraux	9 840.3	7 687.7	8 842.3	6 638.7	..	28 376.0	20 044.2	33 322.1	46 532.5	..
Ouvrages en métaux et machines, sauf matériels électriques	1 448.7	2 039.1	1 393.3	1 445.8	..	7 352.2	5 021.6	8 315.9	5 995.5	..
Automobiles, remorques, semi-remorques, autres matériels de transport	797.6	1 373.4	798.1	782.5	..	766.5	1 748.3	942.4	7 153.3	..
Autres activités de fabrication	480.3	731.0	1 391.0	1 766.8	..	3 181.4	3 955.5	4 433.5	4 969.9	..
Production et distribution d'électricité, de gaz, de vapeur et de climatisation	**1 199.1**	**1 985.0**	**550.1**	**-1 596.8**	**..**	**950.6**	**927.8**	**1 439.5**	**1 248.7**	**..**
Distribution de l'eau ; assainissement, traitement des déchets et dépollution	**652.2**	**-69.7**	**-104.8**	**-42.5**	**..**	**-7.8**	**3.3**	**-2.3**	**-2.4**	**..**
Construction	**597.9**	**442.3**	**119.5**	**-834.4**	**..**	**768.7**	**366.0**	**139.8**	**-663.3**	**..**
Services	**50 692.2**	**51 676.4**	**44 105.5**	**76 304.7**	**..**	**45 130.3**	**35 375.4**	**32 756.2**	**39 314.3**	**..**
Commerce de gros et de détail ; réparations automobiles et motocycles	8 071.0	6 786.5	7 986.7	4 894.4	..	11 516.4	8 750.4	4 387.3	12 027.6	..
Transport et entreposage	2 116.5	4 401.2	526.4	2 352.2	..	2 108.7	2 430.6	1 152.1	1 613.4	..
Activités d'hébergement et de restauration	47.7	119.4	156.7	185.3	..	63.2	190.2	344.9	-181.8	..
Information et communication	2 184.1	1 684.2	2 016.7	2 787.7	..	5 090.4	5 305.8	3 138.3	3 065.0	..
Activités financières et d'assurances	31 811.4	32 499.2	23 986.0	57 420.0	..	20 911.8	14 536.1	15 908.0	12 469.0	..
Activités des sociétés holding	-	-	-	-	..	267.3	-360.5	206.3	-566.5	..
Activités immobilières	2 685.5	1 735.0	3 871.0	2 824.3	..	1 385.5	952.1	704.5	892.2	..
Activités professionnelles, scientifiques et techniques	68.8	79.6	116.1	145.2	..	833.1	1 881.0	2 328.9	3 382.5	..
Activités de services administratifs et d'appui	3 707.2	4 371.3	5 445.8	5 695.7	..	3 200.2	1 287.2	4 846.1	6 123.0	..
Administration publique; activités des ménages et des organismes extra-territoriaux	-	-	-	-	..	-4.4	-	-	-1.2	..
Éducation	-	-	-	-	..	-	-	-	-	..
Santé humaine et action sociale	-	-	-	-	..	-	1.1	1.1	3.5	..
Arts, spectacles et loisirs	-	-	-	-	..	25.5	40.9	-55.2	-79.1	..
Autres services	-	-	-	-	..	-	-	-	-	..
Not allocated and confidential	**5.5**	**37.6**	**32.7**	**24.8**	**71 784.6**	**1 472.0**	**1 530.5**	**1 845.3**	**2 450.1**	**110 638.3**
Activités immobilières privées	**-**	**-**	**-**	**-**	**..**	**-**	**-**	**-**	**-**	**..**

- Néant ; .. Non disponible

Note : Les données excluent les entités à vocation spéciales. Voir les métadonnées détaillées sur : *http://metalinks.oecd.org/idi/20210722/947b.*

Source : *Statistiques de l'OCDE sur l'investissement direct international (base de données) : https://doi.org/10.1787/idi-data-fr*

NOUVELLE-ZÉLANDE

Tableau 1. Flux d'investissement direct étranger par pays

Millions de dollars des ÉU

	Entrant					Sortant				
	2015	2016	2017	2018	2019	2015	2016	2017	2018	2019
TOTAL MONDE	**-373.7**	**2 910.8**	**2 538.0**	**1 945.2**	**4 277.2**	**99.7**	**62.2**	**-222.5**	**424.9**	**-172.0**
Pays membres de l'OCDE	**-1 022.4**	**.. c**	**2 320.2**	**811.0**	**2 132.8**	**-756.4**	**.. c**	**-102.4**	**424.7**	**-455.1**
Australie	35.7	2 709.7	1 869.2	-460.0	2 408.8	-1 111.7	7.9	205.2	456.2	303.9
Autriche	.. c	.. c	.. c	.. c	.. c	..	..	..	.. c	.. c
Belgique	.. c	.. c	-13.8	.. c	-33.4	.. c	.. c	.. c	.. c	.. c
Canada	456.4	-1 033.0	223.2	-3.7	68.4	-2.9	-33.5	-40.5	43.7	25.3
Chili	.. c	.. c	0.0	..	.. c	.. c	.. c	.. c	.. c	-427.7
République Tchèque	.. c	.. c	.. c	.. c	0.0	..	..	..	..	..
Danemark	.. c	.. c	1.2	.. c	.. c	0.0	..	..	..	..
Estonie	..	..	-	-	0.4	..	..	..	..	..
Finlande	-0.1	.. c	1.0	.. c	.. c	-3.8	0.2	-0.1	-7.1	..
France	14.1	35.1	-28.9	31.5	47.6	.. c	8.8	17.8	-34.1	.. c
Allemagne	-24.2	-49.0	779.8	-53.2	33.8	.. c	20.8	-6.3	.. c	-19.6
Grèce	..	..	..	..	.. c	..	..	..	..	..
Hongrie	.. c	.. c	.. c	..	.. c	..	..	..	..	..
Islande	..	..	..	..	..	..	..	..	..	..
Irlande	.. c	-41.1	-30.8	62.0	-15.1	.. c	.. c	1.0	-57.8	.. c
Israël	..	.. c	.. c	.. c	.. c	..	..	..	..	..
Italie	0.0	8.0	-0.2	.. c	0.7	.. c	.. c	.. c	.. c	.. c
Japon	-5.0	280.9	194.9	265.7	87.7	-12.2	6.1	8.3	0.0	-36.4
Corée	16.0	-13.8	5.7	5.3	0.6	5.8	0.2	-27.9	.. c	-0.4
Lettonie	..	..	..	..	..	..	..	..	..	..
Lituanie	..	..	..	.. c	..	..	..	..	..	..
Luxembourg	34.7	-13.6	-8.0	177.8	.. c	.. c	.. c	.. c	..	..
Mexique	.. d	-0.1	.. c	.. c	.. c	-1.1	14.4	.. c	.. c	.. c
Pays-Bas	526.9	28.8	-75.9	156.2	-66.5	44.0	-40.6	-107.0	.. c	.. c
Nouvelle-Zélande	-	-	0.0	-	-	-	-	0.0	-	-
Norvège	12.5	.. c	.. c	.. c	.. c	..	..	..	..	..
Pologne	.. c	0.0	0.0	.. c	0.3	..	..	..	..	..
Portugal	..	..	..	..	..	..	..	..	..	..
République slovaquie	.. c	.. c	.. c	.. c	.. c	..	..	..	..	..
Slovénie	..	..	..	-	..	..	..	..	..	..
Espagne	.. c	.. c	.. c	.. c	.. c	.. c	.. c	.. c	.. c	.. c
Suède	11.1	-15.8	.. c	.. c	.. c	.. c	.. c	.. c	.. c	.. c
Suisse	-67.2	69.2	29.4	16.5	-21.4	0.0	0.0	0.1	..	..
Turquie	.. c	.. c	.. d	.. c	.. c	.. c	.. c	.. c	.. c	.. c
Royaume-Uni	-596.7	112.0	-485.7	342.0	-1 041.0	56.9	48.4	9.8	-42.4	46.8
Etats-Unis	-22.9	353.3	-106.4	-227.9	-76.5	367.0	-95.8	-282.6	-331.2	-332.8
EUROPE	**-1 466.5**	**454.6**	**144.6**	**1 245.6**	**-339.5**	**10.9**	**106.8**	**29.1**	**-156.0**	**10.9**
Bulgarie	..	..	..	..	..	..	..	..	..	..
Croatie	-	..	-	0.0	0.0	..	..	..	..	..
Chypre	..	..	..	..	..	.. c	..	..	..	..
Malte	.. c	.. c	.. c	..	..	..	..	..	..	..
Roumanie	..	.. c	.. c	.. c	.. c	..	..	..	..	..
Russie	.. c	..	..	..	..	.. c	.. c	.. c	.. c	.. c
Ukraine	..	..	..	..	..	..	..	..	..	..
AFRIQUE	**-17.5**	**.. c**	**.. c**	**.. c**	**1.2**	**.. c**	**.. c**	**0.6**	**-10.9**	**1.5**
Afrique septentrionale	..	.. c	..	..	..	.. c	..	..	..	..
Algérie	..	..	..	..	..	..	..	..	..	..
Egypte	0.1	.. c	.. c	.. c	.. c	.. c	..	..	..	..
Libye	..	..	..	..	..	..	..	..	..	..
Maroc	..	..	..	..	..	..	..	..	..	..
Tunisie	..	..	..	..	..	..	..	..	..	..
Autres pays africains	.. c	.. c	..	..	..	.. c	.. c	..	..	..
Nigéria	..	..	..	..	..	..	..	..	..	..
Afrique du Sud	.. c	0.1	.. c	.. c	0.7	..	..	.. c	.. c	.. c
AMÉRIQUE	**133.8**	**.. c**	**.. d**	**.. d**	**379.2**	**375.4**	**.. c**	**-288.2**	**170.0**	**-120.5**
Amérique du Nord	..	..	..	..	..	..	..	..	..	..
Amérique du Nord	.. c	.. c	..	..	..	..	..	..	..	..
Bahamas	.. c	.. c	.. c	.. c	.. c	..	..	..	..	..
Bermudes	-57.5	24.0	52.3	.. c	.. c	4.7	0.5	27.2	13.8	476.9
Îles Cayman	-176.0	25.2	-248.7	-215.8	.. c	..	..	..	.. c	.. c
Costa Rica	..	..	..	..	..	..	..	..	..	..
El Salvador	..	..	..	..	..	..	..	..	..	..
Guatemala	..	..	..	..	..	..	..	..	..	..
Honduras	..	..	..	..	..	..	..	..	..	..
Nicaragua	..	..	..	..	..	..	..	..	..	..
Panama	.. c	..	..	..	..	-0.3	0.2	1.1	..	..
Îles Vierges, US	..	..	..	..	..	..	..	..	..	..
Amérique du Sud	.. c	.. c	..	..	..	.. c	.. c	..	..	..
Argentine	.. c	.. c	-0.1	.. c	0.2	0.6	.. c	.. c	.. c	.. c
Bolivie	..	..	..	..	..	..	..	.. c	.. c	.. c
Brésil	0.1	.. c	0.0	.. c	.. c	.. c	.. c	.. c	3.1	-4.9
Colombie	.. c	.. c	.. c	.. c	.. c	..	..	.. c	.. c	.. c
Equateur	-	..	..	..	..	..	..	..	..	..
Paraguay	..	..	..	..	..	..	..	..	..	..
Pérou	..	..	..	..	..	0.9	2.0	.. c	.. c	.. c
Uruguay	..	..	..	..	..	.. c	.. c	.. c	.. c	.. c
Venezuela	.. c	.. c	.. c	..	..	1.7	-1.1	0.1	-0.2	0.2
ASIE	**962.0**	**402.4**	**607.4**	**1 056.7**	**1 826.3**	**.. d**	**-23.3**	**-117.3**	**-111.4**	**-374.7**

NOUVELLE-ZÉLANDE

Tableau 1. Flux d'investissement direct étranger par pays *(suite)*

Millions de dollars des ÉU

	Entrant					Sortant				
	2015	2016	2017	2018	2019	2015	2016	2017	2018	2019
Proche et Moyen Orient	.. c	.. c	..	..	..	.. c	..	..	..	..
Pays du Golfe	.. c	.. c	..	..	..	.. c	..	..	..	..
Koweït	..	..	..	..	..	..	..	..	..	..
Qatar	..	..	..	..	..	..	..	..	..	..
Arabie saoudite	..	..	..	-	..	2.1	-2.9	6.2	-12.8	1.3
Emirats Arabes Unis	.. c	.. c	.. c	.. c	.. c	.. c	-9.4	.. c	-24.4	.. c
Autres pays du Proche et Moyen Orient	..	.. c	..	..	..	..	..	..	..	..
Jordanie	..	-	..	..	..	..	..	..	..	..
Autres pays asiatiques	.. c	.. c	..	..	..	.. c	.. c	..	..	..
Chine	0.5	33.7	128.9	4.9	28.1	13.0	-68.5	26.7	-21.1	3.3
Hong Kong, Chine	-14.7	549.4	685.4	1 103.8	293.3	913.8	-22.7	131.6	144.9	-296.9
Inde	-0.4	0.9	.. d	0.3	.. d	.. c	.. c	.. c	.. c	.. c
Indonesie	0.5	.. c	0.2	0.4	-0.5	.. c	.. c	-21.9	-14.1	7.5
République islamique d'Iran	..	..	..	..	..	..	..	..	..	..
Malaisie	-86.3	.. c	-53.3	-24.9	.. c	.. c	0.3	-0.5	.. c	-24.0
Philippines	1.4	2.2	6.7	.. c	.. c	.. c	.. c	.. c	.. c	.. c
Singapour	1 053.4	-498.5	-338.6	-643.3	1 554.3	-162.7	59.5	-164.7	-13.4	-41.4
Taipei Chinois	0.2	-0.6	0.4	.. c	.. c	-7.1	-4.5	2.5	-0.8	2.4
Thaïlande	.. c	.. c	3.9	.. c	.. c	.. c	16.6	.. c	6.8	.. c
Viet Nam	.. c	.. c	2.1	.. c	-0.5	.. c	-0.2	..	-6.9	.. c
AUSTRALIE, OCÉANIE ET RÉGIONS POLAIRES	**36.6**	**2 708.3**	**1 864.0**	**-467.2**	**2 417.2**	**-1 117.5**	**8.3**	**201.0**	**440.8**	**311.6**
TOTAL MONDE non alloué et confidentiel	**-22.1**	**-28.3**	**-29.5**	**686.2**	**-7.3**	**78.1**	**77.9**	**-47.8**	**92.5**	**-0.9**
Union européenne (UE28)	**-1 449.8**	**400.8**	**88.2**	**1 201.7**	**-340.3**	**-26.2**	**164.9**	**21.8**	**-153.5**	**12.5**
Pays du G20 hors Union Européenne	**-126.6**	**2 437.0**	**2 582.3**	**-91.5**	**1 560.0**	**-634.8**	**-134.2**	**-83.1**	**38.7**	**-20.3**
Pays OCDE du G20	**-126.6**	**2 403.0**	**2 451.6**	**-100.5**	**1 530.2**	**-689.4**	**-24.2**	**-102.5**	**77.5**	**-20.5**
Pays non-OCDE du G20	**0.1**	**34.0**	**130.7**	**9.0**	**29.8**	**54.6**	**-110.0**	**19.4**	**-38.8**	**0.2**
Pays MENA	**.. c**	**-0.3**	**.. c**	**.. d**	**.. c**	**.. c**	**-12.2**	**.. c**	**-37.2**	**.. c**
Pays ANASE	**968.8**	**-448.5**	**-380.6**	**-324.6**	**1 427.2**	**-86.9**	**76.5**	**-212.5**	**-204.7**	**-30.7**

- Néant ; .. Non disponible ; c Donnée confidentielle ; d Confidentialité Secondaire

Note : Voir les métadonnées détaillées sur : *http://metalinks.oecd.org/idi/20210722/947b.*

Source : *Statistiques de l'OCDE sur l'investissement direct international (base de données) : https://doi.org/10.1787/idi-data-fr*

NOUVELLE-ZÉLANDE

Tableau 2. Encours des investissements directs étrangers par pays

En fin d'année

Millions de dollars des ÉU

	Entrant					Sortant				
	2015	2016	2017	2018	2019	2015	2016	2017	2018	2019
TOTAL MONDE	**66 837.9**	**70 403.0**	**76 027.5**	**75 158.1**	**81 237.8**	**18 034.8**	**16 740.0**	**17 158.8**	**17 277.6**	**17 045.5**
Pays membres de l'OCDE	**53 071.1**	**.. c**	**60 092.1**	**58 702.8**	**62 514.4**	**14 012.7**	**.. c**	**13 252.2**	**13 655.4**	**13 067.7**
Australie	34 507.5	37 060.6	40 037.9	37 562.6	39 957.0	8 225.5	8 186.6	8 573.6	8 637.4	8 943.6
Autriche	.. c	.. c	.. c	.. c	.. c	..	..	..	.. c	.. c
Belgique	.. c	.. c	427.8	72.8	-16.3	.. c	-6.2	.. c	.. c	.. c
Canada	3 184.1	1 877.4	2 563.8	2 952.4	3 511.4	126.7	112.0	57.2	103.7	133.3
Chili	.. c	.. c	..	..	.. c	.. c	.. c	.. c	435.5	.. c
République Tchèque	..	.. c	..	.. c	.. c	..	..	..	..	..
Danemark	.. c	.. c	1.1	0.7	.. c	..	..	..	..	..
Estonie	..	..	..	..	0.4	..	..	..	..	..
Finlande	.. c	.. c	.. c	.. c	.. c	7.2	7.5	7.6	..	..
France	72.5	75.5	75.0	93.3	187.6	.. c	43.6	70.5	.. c	27.7
Allemagne	-183.9	-184.2	539.4	451.9	514.6	.. c	46.8	44.0	.. c	12.4
Grèce	..	..	..	..	.. c	..	..	..	..	..
Hongrie	.. c	.. c	.. c	.. c	..	..	..	..	..	..
Islande	..	..	..	..	..	..	..	..	..	..
Irlande	24.5	-56.0	-81.6	-2.0	-7.7	.. c	.. c	58.8	.. c	.. c
Israël	..	.. c	.. c	.. c	.. c	..	..	..	..	..
Italie	.. c	.. c	.. c	0.4	1.1	.. c	.. c	.. c	.. c	.. c
Japon	3 319.1	3 639.5	3 937.7	3 781.1	3 829.7	-15.2	-10.1	-1.0	73.8	.. c
Corée	.. c	.. c	.. c	.. c	.. c	.. c	.. c	.. c	.. c	.. c
Lettonie	..	..	..	..	..	..	..	..	..	..
Lituanie	..	..	..	..	..	..	..	..	..	..
Luxembourg	224.8	226.4	335.8	483.9	445.1	.. c	.. c	.. c	.. c	.. c
Mexique	.. c	..	.. c	.. c	..	-0.9	.. c	18.7	39.5	.. c
Pays-Bas	2 906.5	2 821.4	2 748.3	2 908.2	2 596.0	333.6	289.1	.. c	.. c	.. c
Nouvelle-Zélande	-	-	0.0	-	-	-	-	0.0	-	-
Norvège	.. c	.. c	.. c	.. c	.. c	..	..	..	..	..
Pologne	0.0	0.0	0.0	.. c	.. c	..	..	..	..	..
Portugal	..	..	..	..	..	..	..	..	..	..
République slovaquie	..	.. c	..	.. c	.. c	..	..	..	..	..
Slovénie	..	..	..	..	..	..	..	..	..	..
Espagne	.. c	.. c	.. c	.. c	.. c	.. c	.. c	.. c	.. c	.. c
Suède	36.3	.. c	.. c	.. c	.. c	.. c	.. c	.. c	.. c	.. c
Suisse	297.2	362.4	443.2	438.0	1 242.9	-0.1	-0.1	..	..	..
Turquie	.. c	.. c	.. c	.. c	.. c	.. c	.. c	.. c	.. c	.. c
Royaume-Uni	2 881.6	3 735.6	3 334.0	4 311.2	3 262.8	1 038.4	850.3	951.2	885.0	818.6
Etats-Unis	5 481.1	5 628.2	5 584.6	4 930.5	5 236.0	3 000.4	2 527.5	2 434.8	2 356.6	2 003.1
EUROPE	**7 230.1**	**8 147.4**	**8 624.7**	**10 096.2**	**10 099.5**	**2 697.9**	**1 967.3**	**2 161.9**	**2 005.2**	**1 907.4**
Bulgarie	..	..	..	..	..	..	..	..	..	..
Croatie	..	..	..	0.0	0.0	..	..	..	..	..
Chypre	..	..	..	..	..	..	..	..	..	..
Malte	.. c	.. c	..	..	..	..	..	..	..	..
Roumanie	..	.. c	.. c	.. c	.. c	..	..	..	..	..
Russie	..	..	..	..	..	.. c,	.. c	.. c	.. c	.. c
Ukraine	..	..	..	..	..	..	..	..	..	..
AFRIQUE	**.. c**	**.. c**	**.. c**	**.. c**	**-0.1**	**.. c**	**.. c**	**.. c**	**.. c**	**.. c**
Afrique septentrionale	..	.. c	..	..	..	..	..	..	..	..
Algérie	..	..	..	..	..	..	..	..	..	..
Egypte	..	.. c	.. c	.. c	.. c	..	..	..	..	..
Libye	..	..	..	..	..	..	..	..	..	..
Maroc	..	..	..	..	..	..	..	..	..	..
Tunisie	..	..	..	..	..	..	..	..	..	..
Autres pays africains	.. c	.. c	..	..	..	.. c	.. c	..	..	..
Nigéria	..	..	..	..	..	..	..	..	..	..
Afrique du Sud	.. c	-0.7	.. c	.. c	.. c	..	..	.. c	.. c	.. c
AMÉRIQUE	**.. d**	**.. c**	**10 511.5**	**.. d**	**12 657.6**	**.. d**	**.. c**	**.. d**	**.. d**	**3 222.4**
Amérique du Nord	..	..	..	..	..	..	..	..	..	..
Amérique du Nord	.. c	.. c	..	..	..	..	.. c	..	..	..
Bahamas	.. c	.. c	.. c	.. c	.. c	..	..	..	..	..
Bermudes	.. c	.. c	.. c	.. c	.. c	199.0	203.2	207.7	210.0	.. c
Îles Cayman	723.8	715.5	829.3	897.1	1 686.0	..	..	..	.. c	.. c
Costa Rica	..	..	..	..	..	..	..	..	..	..
El Salvador	..	..	..	..	..	..	..	..	..	..
Guatemala	..	..	..	..	..	..	..	..	..	..
Honduras	..	..	..	..	..	..	..	..	..	..
Nicaragua	..	..	..	..	..	..	..	..	..	..
Panama	..	..	..	..	..	-1.0	-1.0	..	..	..
Îles Vierges, US	..	..	..	..	..	..	..	..	..	..
Amérique du Sud	.. c	.. c	..	..	..	.. c	.. c	..	..	..
Argentine	.. c	.. c	.. c	.. c	.. c	.. c	.. c	.. c	.. c	.. c
Bolivie	..	..	..	..	..	..	..	.. c	.. c	.. c
Brésil	.. c	.. c	.. c	.. c	.. c	.. c	.. c	.. c	16.2	.. c
Colombie	.. c	..	..	.. c	.. c	..	..	.. c	.. c	.. c
Equateur	..	..	..	..	..	..	..	..	..	..
Paraguay	..	..	..	..	..	..	..	..	..	..
Pérou	..	..	..	..	..	5.2	6.1	.. c	.. c	.. c
Uruguay	..	..	..	..	..	.. c	.. c	.. c	.. c	.. c
Venezuela	.. c	.. c	..	..	..	0.5	-0.8	-0.7	-0.8	.. c
ASIE	**11 606.7**	**12 296.1**	**13 481.6**	**14 947.4**	**15 859.7**	**3 359.2**	**3 256.0**	**3 259.7**	**3 006.3**	**2 680.8**

Tableau 2. Encours des investissements directs étrangers par pays *(suite)*
En fin d'année

Millions de dollars des ÉU

	Entrant					Sortant				
	2015	2016	2017	2018	2019	2015	2016	2017	2018	2019
Proche et Moyen Orient	.. c	.. c	..	..	..	.. c	.. c	..	..	..
Pays du Golfe	.. c	.. c	..	..	..	.. c	.. c	..	..	..
Koweït	..	..	..	..	..	..	..	..	..	..
Qatar	..	..	..	..	..	..	..	..	..	..
Arabie saoudite	..	..	..	..	..	-1.7	.. c	-0.1	27.3	.. c
Emirats Arabes Unis	.. c	.. c	.. c	.. c	.. c	.. c	.. c	.. d	34.4	.. c
Autres pays du Proche et Moyen Orient	..	.. c	..	..	..	..	..	..	..	..
Jordanie	..	..	..	..	..	..	..	..	..	..
Autres pays asiatiques	.. c	.. c	..	..	..	.. c	.. c	..	..	..
Chine	.. d	.. c	898.8	945.3	945.9	68.4	4.8	32.7	44.7	25.1
Hong Kong, Chine	3 506.4	3 983.2	5 095.3	7 433.1	6 611.0	1 358.5	1 425.8	1 559.6	1 608.5	.. c
Inde	.. c	.. c	.. c	.. c	.. c	.. c	.. c	.. c	.. c	.. c
Indonesie	.. c	.. c	.. c	.. c	.. c	.. c	.. c	.. c	.. c	.. c
République islamique d'Iran	..	..	..	..	..	..	..	..	..	..
Malaisie	173.9	.. c	.. c	.. c	.. c	.. c	.. c	.. c	.. c	.. c
Philippines	.. c	.. c	.. c	.. c	.. c	.. c	.. c	0.3	.. c	.. c
Singapour	3 971.2	3 556.9	3 126.4	2 044.4	3 906.0	1 131.9	1 036.8	966.5	556.4	.. c
Taipei Chinois	.. c	-0.4	.. c	.. c	.. c	2.8	-1.3	1.6	10.7	.. c
Thaïlande	2.9	-0.3	3.6	.. c	.. c	0.5	.. c	-10.1	-0.8	.. c
Viet Nam	.. c	.. c	.. c	.. c	.. c	.. c	..	..	..	..
AUSTRALIE, OCÉANIE ET RÉGIONS POLAIRES	**34 501.9**	**37 053.1**	**40 025.1**	**37 543.4**	**39 963.0**	**8 274.2**	**8 233.6**	**8 614.2**	**8 662.0**	**8 977.1**
TOTAL MONDE non alloué et confidentiel	**2 064.9**	**2 531.7**	**3 384.7**	**2 614.4**	**2 658.1**	**372.6**	**431.4**	**399.9**	**219.3**	**.. d**
Union européenne (UE28)	**6 105.7**	**7 117.8**	**7 485.3**	**8 978.3**	**8 665.5**	**2 637.1**	**1 969.1**	**2 156.8**	**2 000.2**	**1 904.1**
Pays du G20 hors Union Européenne	**49 858.3**	**52 668.0**	**57 071.0**	**55 136.9**	**57 563.5**	**12 631.3**	**11 835.7**	**12 220.7**	**12 298.5**	**12 139.0**
Pays OCDE du G20	**49 295.1**	**51 858.3**	**56 100.3**	**54 118.5**	**56 542.3**	**12 478.0**	**11 805.6**	**12 170.6**	**12 177.1**	**12 037.4**
Pays non-OCDE du G20	**563.2**	**809.6**	**970.7**	**1 018.4**	**1 021.3**	**153.2**	**30.0**	**50.2**	**121.4**	**101.5**
Pays MENA	**.. c**	**.. c**	**.. c**	**.. d**	**.. c**	**.. c**	**16.7**	**.. d**	**61.7**	**44.0**
Pays ANASE	**4 149.4**	**3 809.6**	**3 404.1**	**2 637.9**	**4 326.5**	**1 872.7**	**1 784.6**	**1 681.9**	**1 137.8**	**1 205.8**

- Néant ; .. Non disponible ; c Donnée confidentielle ; d Confidentialité Secondaire

Note : Voir les métadonnées détaillées sur : *http://metalinks.oecd.org/idi/20210722/947b.*

Source : *Statistiques de l'OCDE sur l'investissement direct international (base de données) : https://doi.org/10.1787/idi-data-fr*

NOUVELLE-ZÉLANDE

Tableau 3. Revenus des investissements directs étrangers par pays

Millions de dollars des ÉU

	Entrant					Sortant				
	2015	2016	2017	2018	2019	2015	2016	2017	2018	2019
TOTAL MONDE	**5 867.8**	**5 437.8**	**7 091.6**	**6 951.9**	**5 891.4**	**491.6**	**741.9**	**522.7**	**372.1**	**604.8**
Pays membres de l'OCDE	**5 428.0**	**.. c**	**6 571.4**	**6 263.5**	**5 409.6**	**340.1**	**.. c**	**478.3**	**308.4**	**567.4**
Australie	4 469.2	4 201.4	5 062.1	4 918.2	4 273.3	221.5	387.8	265.9	244.3	287.7
Autriche	.. c	.. c	.. c	.. c	.. c	..	..	-	..	.. c
Belgique	..	.. c	0.8	.. c	.. c	.. c	0.4	.. c	.. c	.. c
Canada	104.3	136.5	158.6	201.6	226.5	-2.0	-25.8	-19.1	0.7	3.7
Chili	..	..	-	..	..	.. c	.. c	.. c	.. c	.. c
République Tchèque	..	..	..	..	..	..	..	..	..	..
Danemark	..	..	..	..	.. c	..	..	..	..	..
Estonie	..	..	..	..	..	..	..	..	..	..
Finlande	.. c	.. c	.. c	.. c	.. c	0.1	0.0	0.0	0.0	..
France	28.7	22.5	30.5	12.2	.. d	.. c	-7.7	-0.7	-7.0	.. c
Allemagne	.. d	20.4	68.5	9.8	.. d	.. c	-0.8	0.5	.. c	.. c
Grèce	..	..	..	..	..	..	..	..	..	..
Hongrie	..	..	..	..	..	..	..	..	..	..
Islande	..	..	..	..	..	..	..	..	..	..
Irlande	.. c	.. c	2.3	3.3	3.8	.. c	.. c	1.0	-0.1	.. c
Israël	..	..	..	..	..	..	..	..	..	..
Italie	..	..	-	..	..	.. c	.. c	.. c	.. c	.. c
Japon	.. d	125.8	174.4	167.1	70.8	.. d	.. c	.. c	.. c	.. c
Corée	.. c	.. c	17.6	17.7	18.1	0.7	4.0	2.5	.. c	.. c
Lettonie	..	..	..	..	..	..	..	..	..	..
Lituanie	..	..	..	..	..	..	..	..	..	..
Luxembourg	.. d	-0.8	.. c	21.3	26.7	.. c	.. c	.. c	..	..
Mexique	..	..	-	..	..	.. c	2.8	.. c	.. c	.. c
Pays-Bas	115.4	167.6	241.6	224.5	177.4	4.0	0.2	.. c	.. c	.. c
Nouvelle-Zélande	-	-	-	-	-	-	-	-	-	-
Norvège	.. c	.. c	.. c	.. c	.. c	..	..	-	..	..
Pologne	..	..	..	..	..	..	..	..	..	..
Portugal	..	..	..	..	..	..	..	..	..	..
République slovaquie	..	..	..	..	..	..	..	..	..	..
Slovénie	..	..	..	..	..	..	..	..	..	..
Espagne	..	.. c	.. c	.. c	.. c	.. c	.. c	.. c	.. c	.. c
Suède	.. c	.. c	.. c	.. c	.. c	.. c	.. c	.. c	.. c	.. c
Suisse	.. c	52.7	.. c	41.7	33.4	..	..	0.0	..	..
Turquie	..	..	-	..	..	.. c	.. c	.. c	.. c	.. c
Royaume-Uni	189.0	158.8	351.5	363.2	252.0	-16.8	32.7	-18.0	17.1	229.8
Etats-Unis	341.6	232.9	362.6	238.2	188.9	186.4	51.6	132.0	59.8	12.9
EUROPE	**509.1**	**539.5**	**828.8**	**750.0**	**663.9**	**-85.7**	**150.5**	**96.1**	**16.3**	**260.0**
Bulgarie	..	..	..	..	..	..	..	..	..	..
Croatie	..	..	..	..	..	..	..	..	..	..
Chypre	..	..	..	..	..	..	..	..	..	..
Malte	..	..	..	..	..	..	..	..	..	..
Roumanie	..	..	..	..	..	..	..	..	..	..
Russie	..	..	..	..	..	.. c	.. c	.. c	.. c	.. c
Ukraine	..	..	..	..	..	..	..	..	..	..
AFRIQUE	**.. c**	**.. c**	**.. c**	**.. c**	**..**	**.. c**	**.. c**	**0.8**	**.. c**	**.. c**
Afrique septentrionale	..	..	..	..	..	..	..	..	..	..
Algérie	..	..	..	..	..	..	..	..	..	..
Egypte	..	..	..	..	..	..	..	..	..	..
Libye	..	..	..	..	..	..	..	..	..	..
Maroc	..	..	..	..	..	..	..	..	..	..
Tunisie	..	..	..	..	..	..	..	..	..	..
Autres pays africains	.. c	.. c	..	..	..	.. c	.. c	..	..	..
Nigéria	..	..	..	..	..	..	..	..	..	..
Afrique du Sud	..	..	-	..	..	..	..	.. c	.. c	.. c
AMÉRIQUE	**.. d**	**.. c**	**.. d**	**.. d**	**425.9**	**.. d**	**.. c**	**151.6**	**.. d**	**.. d**
Amérique du Nord	..	..	..	..	..	..	..	..	..	..
Amérique du Nord	.. c	.. c	..	..	..	.. c	..	..	..	..
Bahamas	.. c	.. c	.. c	.. c	.. c	..	..	-	..	..
Bermudes	28.9	18.9	65.0	88.1	-78.2	31.5	46.9	40.6	14.1	9.3
Îles Cayman	35.5	23.5	.. c	.. c	46.2	..	..	-	.. c	.. c
Costa Rica	..	..	..	..	..	..	..	..	..	..
El Salvador	..	..	..	..	..	..	..	..	..	..
Guatemala	..	..	..	..	..	..	..	..	..	..
Honduras	..	..	..	..	..	..	..	..	..	..
Nicaragua	..	..	..	..	..	..	..	..	..	..
Panama	.. c	..	-	..	..	0.0	0.0	0.0	..	..
Îles Vierges, US	..	..	..	..	..	..	..	..	..	..
Amérique du Sud	..	..	..	..	..	.. c	.. c	..	..	..
Argentine	..	..	-	..	..	.. c	.. c	.. c	.. c	.. c
Bolivie	..	..	-	..	..	..	..	.. c	.. c	..
Brésil	..	..	-	..	..	.. c	.. c	.. c	.. c	-1.0
Colombie	..	..	-	..	..	..	..	.. c	.. c	.. c
Equateur	..	..	..	..	..	..	..	..	..	..
Paraguay	..	..	..	..	..	..	..	..	..	..
Pérou	..	..	-	..	..	..	-0.4	.. c	.. c	.. c
Uruguay	..	..	-	..	..	.. c	.. c	.. c	.. c	.. c
Venezuela	..	..	-	..	..	0.0	0.0	0.0	0.0	0.0
ASIE	**360.5**	**269.7**	**555.9**	**690.7**	**528.3**	**125.9**	**121.0**	**5.7**	**30.7**	**46.3**

Tableau 3. Revenus des investissements directs étrangers par pays *(suite)*

Millions de dollars des ÉU

	Entrant					Sortant				
	2015	2016	2017	2018	2019	2015	2016	2017	2018	2019
Proche et Moyen Orient	.. c	.. c	..	..	..	.. c	.. c	..	..	..
Pays du Golfe	.. c	.. c	..	..	..	.. c	.. c	..	..	..
Koweït	..	..	..	..	..	..	..	..	..	..
Qatar	..	..	..	..	..	..	..	..	..	..
Arabie saoudite	..	..	-	..	..	.. d	0.0	-0.1	0.0	0.0
Emirats Arabes Unis	.. c	.. c	.. c	.. c	.. c	.. c	.. c	17.1	.. c	.. c
Autres pays du Proche et Moyen Orient	..	..	..	..	..	..	..	..	..	..
Jordanie	..	..	..	..	..	..	..	..	..	..
Autres pays asiatiques	.. c	.. c	..	..	..	.. c	.. c	..	..	..
Chine	.. c	.. c	.. d	29.6	.. d	4.7	3.9	4.7	2.9	4.0
Hong Kong, Chine	158.6	153.3	269.7	288.4	306.7	-8.9	-2.0	15.8	-5.3	-15.5
Inde	.. c	.. c	.. c	.. c	.. c	.. c	.. c	.. c	.. c	.. c
Indonesie	..	.. c	..	..	..	..	..	..	..	..
République islamique d'Iran	..	..	..	..	..	..	..	..	..	..
Malaisie	.. c	.. c	.. c	.. c	.. c	.. c	.. c	0.4	-1.5	.. c
Philippines	.. c	.. c	.. c	.. c	.. c	.. c	.. c	.. c	.. c	..
Singapour	37.1	-41.3	76.9	189.6	152.0	100.1	85.4	.. c	.. c	45.2
Taipei Chinois	..	..	-	.. c	.. c	.. d	0.4	0.5	.. c	.. c
Thaïlande	..	..	-	..	..	.. c	.. c	0.3	.. c	.. c
Viet Nam	..	..	..	..	..	..	..	..	..	..
AUSTRALIE, OCÉANIE ET RÉGIONS POLAIRES	**4 469.2**	**4 201.4**	**5 062.1**	**4 918.2**	**4 273.3**	**231.4**	**391.2**	**268.6**	**248.1**	**290.6**
TOTAL MONDE non alloué et confidentiel	**18.7**	**-11.0**	**21.0**	**..**	**-**	**4.1**	**4.3**	**-**	**..**	**.. d**
Union européenne (UE28)	**428.3**	**458.8**	**748.8**	**671.8**	**595.4**	**-86.8**	**151.5**	**95.5**	**18.3**	**259.4**
Pays du G20 hors Union Européenne	**5 283.4**	**4 915.1**	**6 236.6**	**5 958.1**	**5 096.2**	**400.6**	**454.4**	**371.0**	**303.4**	**559.2**
Pays OCDE du G20	**5 284.6**	**4 913.8**	**6 225.9**	**5 928.0**	**5 085.0**	**395.6**	**447.3**	**365.7**	**299.9**	**556.8**
Pays non-OCDE du G20	**-1.2**	**1.3**	**10.7**	**.. d**	**11.1**	**5.0**	**7.1**	**5.3**	**3.5**	**2.4**
Pays MENA	**.. c**	**.. c**	**.. c**	**.. c**	**.. c**	**27.7**	**.. c**	**17.0**	**.. c**	**.. c**
Pays ANASE	**45.8**	**-26.9**	**82.9**	**185.5**	**121.8**	**100.8**	**86.6**	**-35.9**	**35.7**	**47.9**

- Néant ; .. Non disponible ; c Donnée confidentielle ; d Confidentialité Secondaire

Note : Voir les métadonnées détaillées sur : *http://metalinks.oecd.org/idi/20210722/947b.*

Source : *Statistiques de l'OCDE sur l'investissement direct international (base de données) : https://doi.org/10.1787/idi-data-fr*

NOUVELLE-ZÉLANDE

Tableau 4. Investissement direct étranger : flux par secteur industriel

Millions de dollars des ÉU

	Entrant					Sortant				
	2015	2016	2017	2018	2019	2015	2016	2017	2018	2019
All FDI activities	**-373.7**	**2 910.8**	**2 538.0**	**1 945.2**	**4 277.2**	**99.7**	**62.2**	**-222.5**	**424.9**	**-172.0**
Agriculture, sylviculture et pêche	..	..	..	..	..	..	..	..	..	..
Industries extractives	..	..	..	..	..	..	..	..	..	..
Activités d'extraction	..	..	..	..	..	..	..	..	..	..
Activités de fabrication	..	..	..	..	..	..	..	..	..	..
dont :										
Produits alimentaires, boissons et tabac	..	..	..	..	..	..	..	..	..	..
Textiles, bois, papier, imprimerie	..	..	..	..	..	..	..	..	..	..
Produits pétroliers, chimiques, pharmaceutiques, caoutchouc, plastique, minéraux	..	..	..	..	..	..	..	..	..	..
Ouvrages en métaux et machines, sauf matériels électriques	..	..	..	..	..	..	..	..	..	..
Automobiles, remorques, semi-remorques, autres matériels de transport	..	..	..	..	..	..	..	..	..	..
Autres activités de fabrication	..	..	..	..	..	..	..	..	..	..
Production et distribution d'électricité, de gaz, de vapeur et de climatisation	..	..	..	..	..	..	..	..	..	..
Distribution de l'eau ; assainissement, traitement des déchets et dépollution	..	..	..	..	..	..	..	..	..	..
Construction	..	..	..	..	..	..	..	..	..	..
Services	..	..	..	..	..	..	..	..	..	..
Commerce de gros et de détail ; réparations automobiles et motocycles	..	..	..	..	..	..	..	..	..	..
Transport et entreposage	..	..	..	..	..	..	..	..	..	..
Activités d'hébergement et de restauration	..	..	..	..	..	..	..	..	..	..
Information et communication	..	..	..	..	..	..	..	..	..	..
Activités financières et d'assurances	..	..	..	..	..	..	..	..	..	..
Activités des sociétés holding	..	..	..	..	..	..	..	..	..	..
Activités immobilières	..	..	..	..	..	..	..	..	..	..
Activités professionnelles, scientifiques et techniques	..	..	..	..	..	..	..	..	..	..
Activités de services administratifs et d'appui	..	..	..	..	..	..	..	..	..	..
Administration publique; activités des ménages et des organismes extra-territoriaux	..	..	..	..	..	..	..	..	..	..
Éducation	..	..	..	..	..	..	..	..	..	..
Santé humaine et action sociale	..	..	..	..	..	..	..	..	..	..
Arts, spectacles et loisirs	..	..	..	..	..	..	..	..	..	..
Autres services	..	..	..	..	..	..	..	..	..	..
Not allocated and confidential	..	..	**2 538.0**	**1 945.2**	**4 277.2**	..	..	**-222.5**	**424.9**	**-172.0**
Activités immobilières privées	..	..	..	..	..	..	..	..	..	..

.. Non disponible

Note : Voir les métadonnées détaillées sur : *http://metalinks.oecd.org/idi/20210722/947b.*

Source : *Statistiques de l'OCDE sur l'investissement direct international (base de données) : https://doi.org/10.1787/idi-data-fr*

NOUVELLE-ZÉLANDE

Tableau 5. Encours des investissement directs étrangers par secteur industriel
En fin d'année

Millions de dollars des ÉU

	Entrant					Sortant				
	2015	2016	2017	2018	2019	2015	2016	2017	2018	2019
All FDI activities	**66 837.9**	**70 403.0**	**76 027.5**	**75 158.1**	**81 237.8**	**18 034.8**	**16 740.0**	**17 158.8**	**17 277.6**	**17 045.5**
Agriculture, sylviculture et pêche	**4 240.5**	**5 004.1**	**5 802.1**	**6 222.6**	**6 461.4**	**.. c**	**.. c**	**.. c**	**.. c**	**.. c**
Industries extractives	**1 039.8**	**504.2**	**380.8**	**1 507.1**	**1 269.5**	**.. c**	**.. c**	**.. c**	**.. c**	**.. c**
Activités d'extraction	..	..	..	..	..	..	..	..	..	..
Activités de fabrication	**9 564.9**	**10 848.0**	**10 995.0**	**10 988.6**	**11 358.4**	**7 927.7**	**6 260.4**	**6 543.6**	**6 772.8**	**6 700.0**
dont :										
Produits alimentaires, boissons et tabac	..	..	..	..	..	..	..	..	..	..
Textiles, bois, papier, imprimerie	..	..	..	..	..	..	..	..	..	..
Produits pétroliers, chimiques, pharmaceutiques, caoutchouc, plastique, minéraux	..	..	..	..	..	..	..	..	..	..
Ouvrages en métaux et machines, sauf matériels électriques	..	..	..	..	..	..	..	..	..	..
Automobiles, remorques, semi-remorques, autres matériels de transport	..	..	..	..	..	..	..	..	..	..
Autres activités de fabrication	..	..	..	..	..	..	..	..	..	..
Production et distribution d'électricité, de gaz, de vapeur et de climatisation	**1 773.5**	**1 804.7**	**1 880.9**	**1 793.6**	**1 828.0**	**474.1**	**.. c**	**.. c**	**.. c**	**.. c**
Distribution de l'eau ; assainissement, traitement des déchets et dépollution	**..**	**..**	**..**	**..**	**..**	**..**	**..**	**..**	**..**	**..**
Construction	**351.4**	**374.9**	**432.8**	**428.0**	**654.8**	**.. c**	**.. c**	**.. c**	**.. c**	**.. c**
Services	**38 721.2**	**40 524.9**	**44 983.5**	**42 788.8**	**48 148.3**	**7 535.2**	**7 807.8**	**7 643.6**	**6 580.8**	**6 247.6**
Commerce de gros et de détail ; réparations automobiles et motocycles	7 331.3	7 773.9	7 871.9	8 415.1	9 574.0	3 860.3	4 058.2	4 266.8	4 314.9	3 323.9
Transport et entreposage	166.1	541.7	466.9	502.1	538.0	854.6	.. c	.. c	.. c	.. c
Activités d'hébergement et de restauration	470.9	566.4	801.5	846.6	1 831.3	.. c	.. c	.. c	.. c	.. c
Information et communication	1 840.5	1 657.9	1 605.4	1 462.2	1 479.4	.. c	.. c	.. c	.. c	.. c
Activités financières et d'assurances	22 899.5	24 833.9	27 777.9	25 933.6	28 909.6	1 503.7	1 743.2	1 269.1	.. c	1 502.9
Activités des sociétés holding	..	..	..	..	..	..	..	..	..	..
Activités immobilières	2 918.0	2 307.9	2 447.5	2 555.9	2 748.7	.. c	.. c	.. c	.. c	.. c
Activités professionnelles, scientifiques et techniques	1 511.5	1 102.8	2 024.5	2 033.4	1 552.2	76.0	51.8	106.9	87.0	105.7
Activités de services administratifs et d'appui	518.2	702.3	693.1	227.6	245.2	.. c	.. c	.. c	.. c	.. c
Administration publique; activités des ménages et des organismes extra-territoriaux	101.4	.. c	.. c	.. c	..	..	..	-	..	..
Éducation	..	..	..	..	..	..	..	..	..	..
Santé humaine et action sociale	782.6	842.6	1 061.4	1 094.9	1 710.7	.. c	.. c	.. c	.. c	.. c
Arts, spectacles et loisirs	..	..	-	..	..	350.4	380.4	223.7	380.1	362.9
Autres services	91.0	.. c	.. c	.. c	.. c	..	..	-	..	..
Not allocated and confidential	**11 146.5**	**11 537.8**	**11 552.4**	**11 429.3**	**11 517.5**	**2 097.8**	**10 479.6**	**2 971.6**	**.. c**	**.. c**
Activités immobilières privées	**..**	**..**	**..**	**..**	**..**	**..**	**..**	**..**	**..**	**..**

- Néant ; .. Non disponible ; c Donnée confidentielle

Note : Voir les métadonnées détaillées sur : *http://metalinks.oecd.org/idi/20210722/947b.*

Source : *Statistiques de l'OCDE sur l'investissement direct international (base de données) : https://doi.org/10.1787/idi-data-fr*

NOUVELLE-ZÉLANDE

Tableau 6. Revenus des investissements directs étrangers par secteur industriel

Millions de dollars des ÉU

	Entrant					Sortant				
	2015	2016	2017	2018	2019	2015	2016	2017	2018	2019
All FDI activities	**5 867.8**	**5 437.8**	**7 091.6**	**6 951.9**	**5 891.4**	**491.6**	**741.9**	**522.7**	**372.1**	**604.8**
Agriculture, sylviculture et pêche	..	..	..	..	..	..	..	..	..	..
Industries extractives	..	..	..	..	..	..	..	..	..	..
Activités d'extraction	..	..	..	..	..	..	..	..	..	..
Activités de fabrication	..	..	..	..	..	..	..	..	..	..
dont :										
Produits alimentaires, boissons et tabac	..	..	..	..	..	..	..	..	..	..
Textiles, bois, papier, imprimerie	..	..	..	..	..	..	..	..	..	..
Produits pétroliers, chimiques, pharmaceutiques, caoutchouc, plastique, minéraux	..	..	..	..	..	..	..	..	..	..
Ouvrages en métaux et machines, sauf matériels électriques	..	..	..	..	..	..	..	..	..	..
Automobiles, remorques, semi-remorques, autres matériels de transport	..	..	..	..	..	..	..	..	..	..
Autres activités de fabrication	..	..	..	..	..	..	..	..	..	..
Production et distribution d'électricité, de gaz, de vapeur et de climatisation	..	..	..	..	..	..	..	..	..	..
Distribution de l'eau ; assainissement, traitement des déchets et dépollution	..	..	..	..	..	..	..	..	..	..
Construction	..	..	..	..	..	..	..	..	..	..
Services	..	..	..	..	..	..	..	..	..	..
Commerce de gros et de détail ; réparations automobiles et motocycles	..	..	..	..	..	..	..	..	..	..
Transport et entreposage	..	..	..	..	..	..	..	..	..	..
Activités d'hébergement et de restauration	..	..	..	..	..	..	..	..	..	..
Information et communication	..	..	..	..	..	..	..	..	..	..
Activités financières et d'assurances	..	..	..	..	..	..	..	..	..	..
Activités des sociétés holding	..	..	..	..	..	..	..	..	..	..
Activités immobilières	..	..	..	..	..	..	..	..	..	..
Activités professionnelles, scientifiques et techniques	..	..	..	..	..	..	..	..	..	..
Activités de services administratifs et d'appui	..	..	..	..	..	..	..	..	..	..
Administration publique; activités des ménages et des organismes extra-territoriaux	..	..	..	..	..	..	..	..	..	..
Éducation	..	..	..	..	..	..	..	..	..	..
Santé humaine et action sociale	..	..	..	..	..	..	..	..	..	..
Arts, spectacles et loisirs	..	..	..	..	..	..	..	..	..	..
Autres services	..	..	..	..	..	..	..	..	..	..
Not allocated and confidential	..	..	**7 091.6**	**6 951.9**	**5 891.4**	..	..	**522.7**	**372.1**	**604.8**
Activités immobilières privées	..	..	..	..	..	..	..	..	..	..

.. Non disponible

Note : Voir les métadonnées détaillées sur : *http://metalinks.oecd.org/idi/20210722/947b.*

Source : *Statistiques de l'OCDE sur l'investissement direct international (base de données) : https://doi.org/10.1787/idi-data-fr*

NORVÈGE

Tableau 1. Flux d'investissement direct étranger par pays

Millions de dollars des ÉU

	Entrant					Sortant				
	2015	2016	2017	2018	2019	2015	2016	2017	2018	2019
TOTAL MONDE	**-3 070.8**	**-3 979.3**	**-5 758.3**	**-2 141.7**	**9 677.2**	**31 782.4**	**2 329.3**	**-6 865.8**	**9 084.1**	**4 085.2**
Pays membres de l'OCDE	..	.. d	..	.. d	.. d	..	.. d	..	.. d	**-1 949.6**
Australie	..	..	..	.. d	19.0	..	..	.. d	..	592.3
Autriche	..	..	.. d	..	-100.2	..	..	..	..	-29.6
Belgique	..	..	..	..	-2 953.3	..	..	..	..	367.0
Canada	..	..	..	..	.. d	..	..	..	..	608.4
Chili	..	.. d	..	.. d	.. d	..	..	..	.. d	.. d
République Tchèque	..	.. d	..	..	-84.7	.. d	..	..	..	149.1
Danemark	..	..	..	..	-715.3	..	..	..	..	1 346.7
Estonie	..	..	.. d	..	.. d	..	..	..	.. d	.. d
Finlande	..	..	..	..	.. d	..	..	..	..	.. d
France	..	..	..	..	-317.6	..	..	..	..	.. d
Allemagne	..	..	..	..	468.8	..	..	..	..	388.7
Grèce	.. d	.. d	.. d	.. d	.. d	..	..	..	..	45.8
Hongrie	.. d	..	..	..	.. d	.. d	.. d	..	.. d	-1.4
Islande	..	..	..	..	-1.4	..	..	..	..	.. d
Irlande	..	..	..	..	-188.3	..	..	..	..	-234.7
Israël	.. d	.. d	.. d	.. d	.. d	.. d	..	..	.. d	0.7
Italie	..	..	..	..	392.8	.. d	.. d	.. d	..	.. d
Japon	..	..	..	.. d	192.3	..	..	..	..	-297.2
Corée	.. d	..	..	..	-9.1	..	..	..	..	344.0
Lettonie	..	..	..	..	0.6	..	..	..	.. d	-15.8
Lituanie	..	..	.. d	..	.. d	..	..	..	..	.. d
Luxembourg	..	..	..	..	.. d	..	..	..	..	.. d
Mexique	.. d	..	..	..	-5.2	..	..	..	..	36.0
Pays-Bas	..	..	..	..	.. d	..	..	..	..	.. d
Nouvelle-Zélande	.. d	..	..	.. d	.. d	.. d	..	..	..	16.3
Norvège	..	..	..	..	-	..	..	..	..	-
Pologne	..	..	..	..	253.8	..	..	..	..	-53.3
Portugal	.. d	..	..	..	14.7	..	..	..	..	-3.3
République slovaquie	.. d	.. d	.. d	..	.. d	..	..	..	..	-55.1
Slovénie	.. d	.. d	.. d	- d	-	.. d	.. d	.. d	.. d	.. d
Espagne	..	..	..	..	115.0	..	..	..	..	575.7
Suède	..	..	..	..	.. d	..	..	..	..	-4 301.9
Suisse	..	..	..	..	.. d	..	..	..	..	-376.1
Turquie	.. d	..	..	..	-5.6	..	..	..	..	110.7
Royaume-Uni	..	..	..	..	.. d	..	..	..	..	-260.5
Etats-Unis	..	..	..	..	.. d	..	..	..	..	-2 892.5
EUROPE	..	..	..	..	**2 325.1**	..	..	..	..	**1 810.7**
Bulgarie	.. d	..	..	- d	.. d	.. d	..	.. d	.. d	.. d
Croatie	.. d	..	.. d	.. d	.. d	..	..	.. d	.. d	.. d
Chypre	..	..	..	..	.. d	..	..	..	..	.. d
Malte	..	.. d	.. d	.. d	-209.9	..	.. d	.. d	..	1 787.7
Roumanie	.. d	.. d	.. d	.. d	-1.5	..	.. d	.. d	..	38.3
Russie	..	..	..	..	-51.8	..	..	..	..	249.2
Ukraine	.. d	.. d	..	..	.. d	..	..	.. d	..	0.3
AFRIQUE	..	..	..	..	**.. d**	..	**.. d**	..	..	**926.3**
Afrique septentrionale	..	..	..	..	-1.0	..	..	..	..	.. d
Algérie	.. d	- d	.. d	.. d	.. d	.. d	.. d	.. d	.. d	.. d
Egypte	..	..	..	..	-0.1	..	..	..	..	5.3
Libye	- d	.. d	..	- d	-	.. d	.. d	..	.. d	.. d
Maroc	.. d	.. d	.. d	.. d	-	..	.. d	..	..	.. d
Tunisie	- d	- d	- d	- d	-	.. d	.. d	.. d	.. d	0.1
Autres pays africains	..	..	..	..	.. d	..	.. d	..	..	.. d
Nigéria	.. d	.. d	..	..	.. d	..	.. d	.. d	.. d	.. d
Afrique du Sud	..	..	..	..	-5.9	.. d	.. d	.. d	.. d	.. d
AMÉRIQUE	..	..	..	..	**6 743.8**	..	..	..	..	**-2 417.1**
Amérique du Nord	..	..	..	..	.. d	..	..	..	..	-2 291.6
Amérique du Nord	..	..	..	..	.. d	..	..	..	..	.. d
Bahamas	.. d	.. d	.. d	..	.. d	.. d	..	.. d	.. d	.. d
Bermudes	..	..	..	..	.. d	..	.. d	.. d	.. d	.. d
Îles Cayman	.. d	..	..	..	36.5	.. d	.. d	.. d	..	148.9
Costa Rica	..	..	.. d	.. d	.. d	.. d	.. d	.. d	.. d	.. d
El Salvador	..	..	..	..	-	..	..	..	- d	.. d
Guatemala	..	..	..	..	-	.. d	.. d	.. d	.. d	.. d
Honduras	..	..	.. d	.. d	-	.. d	.. d	.. d	.. d	.. d
Nicaragua	..	..	..	..	-	..	.. d	.. d	.. d	.. d
Panama	.. d	.. d	.. d	.. d	.. d	.. d	.. d	.. d	..	.. d
Îles Vierges, US	..	- d	- d	..	-	..	..	..	..	-
Amérique du Sud	..	..	..	..	423.1	..	..	..	..	391.8
Argentine	- d	.. d	..	.. d	1.5	..	..	.. d	.. d	.. d
Bolivie	- d	- d	- d	- d	-0.5	.. d	.. d	.. d	.. d	.. d
Brésil	..	..	..	..	-3.4	..	..	..	..	546.5
Colombie	.. d	.. d	.. d	..	0.8	.. d	.. d	.. d	.. d	16.9
Equateur	.. d	..	.. d	.. d	.. d	..	.. d	..	.. d	.. d
Paraguay	.. d	.. d	- d	.. d	.. d	..	..	..	..	-
Pérou	.. d	.. d	.. d	.. d	.. d	.. d	.. d	.. d	.. d	.. d
Uruguay	.. d	.. d	.. d	.. d	.. d	.. d	.. d	.. d	.. d	1.7
Venezuela	..	.. d	- d	.. d	.. d	.. d	.. d	.. d	.. d	.. d
ASIE	..	..	..	..	**.. d**	..	..	..	..	**.. d**

Tableau 1. Flux d'investissement direct étranger par pays *(suite)*

Millions de dollars des ÉU

	Entrant					Sortant				
	2015	2016	2017	2018	2019	2015	2016	2017	2018	2019
Proche et Moyen Orient	..	..	..	..	31.1	.. d	..	..	.. d	.. d
Pays du Golfe	..	..	..	..	-7.8	..	..	..	..	.. d
Koweït	- d	.. d	.. d	.. d	.. d	..	.. d	.. d	..	-1.8
Qatar	.. d	.. d	.. d	..	.. d	- d	.. d	..	.. d	0.6
Arabie saoudite	.. d	..	..	..	0.1	..	.. d	.. d	..	-19.0
Emirats Arabes Unis	..	..	..	..	86.2	..	..	..	..	.. d
Autres pays du Proche et Moyen Orient	.. d	.. d	..	..	.. d	.. d	..	.. d	.. d	.. d
Jordanie	- d	..	- d	- d	-	.. d	.. d	.. d	.. d	.. d
Autres pays asiatiques	..	..	..	..	.. d	..	..	..	..	.. d
Chine	..	..	..	..	502.9	..	..	..	..	164.7
Hong Kong, Chine	..	..	..	..	.. d	..	..	..	..	-27.8
Inde	.. d	.. d	..	..	-14.8	..	..	..	..	-18.2
Indonesie	..	.. d	..	..	-11.1	..	..	.. d	..	57.7
République islamique d'Iran	..	..	.. d	- d	-	.. d	.. d	..	..	-0.8
Malaisie	..	..	.. d	.. d	55.2	..	.. d	..	..	40.1
Philippines	..	..	..	..	2.5	..	..	.. d	..	-2.2
Singapour	..	..	..	..	.. d	..	..	..	..	.. d
Taipei Chinois	- d	.. d	.. d	.. d	2.7	..	..	.. d	.. d	3.6
Thaïlande	.. d	.. d	.. d	..	-2 703.0	.. d	..	..	.. d	512.2
Viet Nam	.. d	..	..	..	4.4	..	.. d	.. d	.. d	.. d
AUSTRALIE, OCÉANIE ET RÉGIONS POLAIRES	..	..	..	..	**-65.7**	..	..	**.. d**	..	**602.7**
TOTAL MONDE non alloué et confidentiel	..	..	..	..	**.. d**	..	**.. d**	**.. d**	..	**.. d**
Union européenne (UE28)	..	..	..	..	**2 928.4**	..	..	..	..	**1 654.1**
Pays du G20 hors Union Européenne	..	..	..	..	**.. d**	..	..	..	..	**3 441.9**
Pays OCDE du G20	..	..	..	..	**.. d**	..	..	..	..	**2 347.9**
Pays non-OCDE du G20	..	..	..	..	**417.5**	..	..	..	..	**1 094.0**
Pays MENA	..	..	..	..	**-8.9**	..	..	..	..	**.. d**
Pays ANASE	..	..	..	..	**.. d**	..	..	..	..	**.. d**

- Néant ; .. Non disponible ; d Confidentialité Secondaire

Note : Les données excluent les entités à vocation spéciales. Voir les métadonnées détaillées sur : *http://metalinks.oecd.org/idi/20210722/947b.*

Source : *Statistiques de l'OCDE sur l'investissement direct international (base de données) : https://doi.org/10.1787/idi-data-fr*

NORVÈGE

Tableau 2. Encours des investissements directs étrangers par pays
En fin d'année

Millions de dollars des ÉU

	Entrant					Sortant				
	2015	2016	2017	2018	2019	2015	2016	2017	2018	2019
TOTAL MONDE	**147 486.5**	**147 524.4**	**145 487.8**	**153 178.3**	**161 469.4**	**172 431.7**	**192 013.0**	**200 887.5**	**200 999.2**	**204 930.2**
Pays membres de l'OCDE	**123 286.9**	**121 549.8**	**118 490.0**	**..**	**125 627.9**	**132 086.0**	**155 164.8**	**162 795.7**	**..**	**157 894.3**
Australie	220.0	113.9	-78.6	120.3	138.8	1 318.7	942.6	753.0	887.7	1 460.9
Autriche	2 694.1	3 144.9	2 405.2	1 552.8	1 435.4	152.2	222.7	211.9	215.1	180.3
Belgique	9 358.9	7 263.2	7 344.3	3 912.1	896.4	8 045.2	5 357.7	-535.9	-386.9	769.4
Canada	750.9	1 191.4	4 717.7	-64.3	332.2	1 224.2	1 172.7	2 013.8	1 281.7	1 965.1
Chili	2.4	-5.7	4.1	.. c	.. c	1 211.5	1 294.0	1 217.1	649.3	687.9
République Tchèque	149.0	190.4	269.4	86.8	1.0	89.4	228.4	218.9	244.8	381.1
Danemark	5 511.0	5 906.3	8 161.4	7 292.6	6 492.3	12 156.6	11 599.2	13 278.0	13 207.3	14 560.4
Estonie	-72.1	.. c	5.0	119.2	41.2	675.9	658.9	486.4	218.8	191.1
Finlande	3 332.5	3 279.1	2 451.3	6 307.6	7 935.6	521.1	1 435.4	1 783.9	1 590.1	4 770.6
France	7 326.1	7 331.1	6 638.4	5 226.5	4 857.7	3 406.7	2 750.2	4 606.3	4 905.3	8 239.0
Allemagne	6 982.2	8 057.8	6 461.5	6 099.7	6 507.2	1 663.2	2 111.8	2 533.3	2 958.5	3 410.5
Grèce	.. c	.. c	0.2	-	0.1	45.1	10.7	28.7	35.4	74.7
Hongrie	-3.4	2.3	1.9	-1.8	6.4	255.8	416.6	1 461.6	200.1	190.9
Islande	84.3	50.1	214.4	35.8	33.9	157.7	367.5	412.1	243.8	289.5
Irlande	1.6	-309.5	-59.4	918.6	720.5	1 318.5	2 180.9	2 201.9	2 037.3	2 345.3
Israël	.. c	.. c	.. c	.. c	.. c	-0.5	2.1	-0.6	5.2	5.7
Italie	872.5	740.4	387.3	771.3	1 157.2	-9.6	228.2	229.1	235.7	301.9
Japon	955.4	1 028.1	1 388.7	1 074.9	1 255.7	118.2	112.6	572.8	500.3	517.7
Corée	-119.8	-259.7	-252.1	54.2	44.5	559.6	1 055.8	886.7	805.3	1 139.1
Lettonie	-8.6	-6.4	0.5	0.5	1.7	722.1	651.2	588.9	364.9	370.7
Lituanie	-19.8	-20.3	76.6	4.0	8.1	859.9	871.0	465.2	465.6	477.2
Luxembourg	12 193.6	13 070.7	12 330.2	14 122.6	12 464.0	508.5	.. c	.. c	7 535.3	4 891.8
Mexique	.. c	-19.5	-1.6	1.2	-4.0	94.2	65.1	112.5	78.9	111.0
Pays-Bas	26 861.1	20 664.7	15 704.3	14 676.8	13 712.3	33 311.5	34 458.7	34 517.8	26 073.9	23 095.4
Nouvelle-Zélande	.. c	-22.9	-4.0	.. c	4.6	45.4	6.5	23.6	47.3	62.2
Norvège	-	-	-	-	-	-	-	-	-	-
Pologne	738.9	488.2	652.4	537.6	787.5	1 178.5	948.1	1 567.4	1 462.5	1 410.5
Portugal	113.2	.. c	.. c	2.8	17.4	18.6	21.3	31.9	73.6	69.4
République slovaquie	8.3	-1.6	11.2	-0.3	8.4	197.7	170.5	184.5	190.2	148.4
Slovénie	.. c	.. c	.. c	-	0.1	4.5	-6.1	1.8	-9.7	49.7
Espagne	363.7	456.0	306.5	640.3	749.4	5 954.7	7 912.1	7 241.8	7 578.5	8 074.0
Suède	27 732.1	31 404.2	32 143.6	32 542.0	37 623.9	25 913.3	25 640.0	27 733.7	27 229.0	24 073.7
Suisse	3 095.8	2 932.1	2 713.8	4 303.9	4 449.8	-214.2	456.5	393.9	35.6	-130.8
Turquie	1.5	17.5	6.2	1.5	-4.0	1 193.1	1 811.9	1 168.3	1 068.2	1 073.9
Royaume-Uni	7 554.8	7 269.5	7 360.4	10 077.3	9 521.6	9 742.5	12 983.9	18 532.3	14 951.8	15 339.3
Etats-Unis	6 623.8	7 603.2	7 060.5	8 917.7	14 417.2	21 227.9	31 156.4	30 254.9	40 093.4	37 296.8
EUROPE	**120 245.4**	**116 565.9**	**110 452.4**	**114 780.8**	**115 986.3**	**112 592.7**	**123 598.1**	**131 532.9**	**117 669.5**	**120 579.6**
Bulgarie	.. c	-2.2	-2.6	-0.1	0.6	.. c	.. c	.. c	9.0	10.9
Croatie	.. c	-	.. c	-2.2	.. c	114.8	116.5	124.0	90.2	98.2
Chypre	1 411.9	1 012.9	979.2	832.9	2 828.0	1 354.9	729.8	1 095.4	1 150.4	1 343.2
Malte	206.4	353.4	242.3	544.2	327.0	2 133.8	1 408.9	1 513.3	2 012.2	2 722.6
Roumanie	-61.1	-216.8	48.2	0.8	-0.7	96.1	110.6	116.8	241.4	274.4
Russie	189.9	177.5	105.1	104.9	51.9	402.6	348.1	404.5	395.6	477.7
Ukraine	-	.. c	4.0	.. c	.. c	13.6	36.7	47.0	34.5	36.6
AFRIQUE	**113.4**	**-230.7**	**-125.1**	**-39.5**	**269.8**	**7 242.0**	**5 167.5**	**4 448.0**	**3 640.5**	**3 673.0**
Afrique septentrionale	-11.8	-17.1	-13.2	-3.3	-4.4	1 335.5	1 303.9	1 212.7	973.2	908.9
Algérie	.. c	.. c	-	.. c	-0.9	1 165.3	1 118.0	1 014.9	806.3	751.0
Egypte	-8.2	-16.6	-12.8	-3.2	-3.4	50.5	55.9	64.6	65.5	64.8
Libye	.. c	-	-	.. c	-	.. c	.. c	.. c	.. c	.. c
Maroc	.. c	.. c	-0.2	-	-	6.9	11.4	14.0	.. c	10.8
Tunisie	.. c	-0.1	.. c	.. c	-	.. c	.. c	.. c	.. c	.. c
Autres pays africains	125.2	-213.7	-111.9	-36.0	274.1	5 906.4	3 863.7	3 235.2	2 667.1	2 764.1
Nigéria	.. c	.. c	.. c	.. c	-23.7	-89.0	-1 063.3	.. c	-674.5	-532.6
Afrique du Sud	5.4	4.3	-3.5	-4.6	-10.5	52.0	83.6	85.1	135.7	143.3
AMÉRIQUE	**16 708.2**	**17 355.1**	**19 010.7**	**14 347.5**	**21 034.5**	**31 305.0**	**40 921.3**	**41 439.2**	**53 165.1**	**50 856.0**
Amérique du Nord	7 374.7	8 794.7	11 778.1	8 853.4	14 752.8	22 481.6	32 344.1	32 270.5	41 385.7	39 264.7
Amérique du Nord	9 358.6	8 660.1	6 919.4	5 506.8	5 876.0	4 132.9	2 502.7	1 782.5	2 173.6	1 654.7
Bahamas	39.3	20.5	177.8	-10.8	20.2	27.1	.. c	.. c	34.1	18.8
Bermudes	4 885.4	4 241.5	3 308.9	3 329.5	3 599.0	3 455.5	2 153.2	1 418.3	1 760.4	918.7
Îles Cayman	3 701.1	3 514.6	2 541.5	1 247.2	1 277.7	258.6	222.2	154.8	200.9	349.5
Costa Rica	-	-	.. c	.. c	-	.. c	.. c	16.2	13.9	.. c
El Salvador	-	-	-	-	-	-	-	-	.. c	.. c
Guatemala	-	-	-	-	-	.. c	.. c	.. c	.. c	.. c
Honduras	-	.. c	.. c	.. c	.. c	.. c	.. c	.. c	.. c	.. c
Nicaragua	-	-	-	-	-	-	.. c	.. c	.. c	.. c
Panama	.. c	-0.9	-0.7	-3.6	-2.8	336.2	76.5	59.1	56.2	71.2
Îles Vierges, US	-	.. c	-	-	-	-	-	-	-	-
Amérique du Sud	-25.1	-99.5	313.4	-12.7	405.8	4 690.5	6 074.6	7 386.2	9 605.8	9 936.7
Argentine	-	-0.1	-0.7	0.2	1.7	72.5	149.2	140.4	169.9	210.8
Bolivie	.. c	.. c	.. c	-0.1	-0.6	.. c	.. c	.. c	.. c	.. c
Brésil	-101.0	-118.1	-94.5	-2.8	-6.3	2 936.3	4 176.5	5 660.5	8 310.2	8 762.3
Colombie	-0.3	-0.3	.. c	-0.9	-0.1	.. c	227.5	153.1	191.0	206.7
Equateur	.. c	-0.2	-2.7	-0.5	-0.2	-	.. c	.. c	.. c	.. c
Paraguay	.. c	.. c	.. c	.. c	.. c	-	-	-	-	-
Pérou	.. c	.. c	.. c	.. c	.. c	393.3	216.1	190.1	280.3	72.8
Uruguay	.. c	12.5	8.3	.. c	.. c	.. c	.. c	8.9	-7.3	-5.4
Venezuela	0.1	-	-	.. c	.. c	-5.0	4.5	11.1	.. c	-2.4
ASIE	**3 018.3**	**5 349.9**	**6 911.3**	**5 665.2**	**4 819.6**	**15 866.6**	**17 510.2**	**18 018.0**	**17 246.3**	**19 260.0**

Tableau 2. Encours des investissements directs étrangers par pays *(suite)*

En fin d'année

Millions de dollars des ÉU

	Entrant					Sortant				
	2015	2016	2017	2018	2019	2015	2016	2017	2018	2019
Proche et Moyen Orient	51.4	-33.9	402.6	489.3	516.4	793.1	1 065.4	1 591.2	1 895.1	1 968.1
Pays du Golfe	50.9	-28.3	338.5	442.2	430.5	278.3	727.1	1 049.3	1 053.6	1 074.9
Koweït	.. c	0.7	.. c	.. c	.. c	0.9	0.7	-0.1	2.2	0.6
Qatar	0.1	-0.2	.. c	13.7	23.3	1.0	5.3	2.2	2.8	3.6
Arabie saoudite	0.7	-1.7	-0.4	-0.9	-0.8	48.2	57.4	56.8	73.3	52.7
Emirats Arabes Unis	51.8	-15.5	20.6	39.5	125.3	137.2	207.9	169.8	195.3	208.4
Autres pays du Proche et Moyen Orient	0.6	-5.6	64.2	47.0	86.0	514.8	338.3	541.9	841.5	893.2
Jordanie	-	-	.. c	-	-	.. c	.. c	.. c	.. c	.. c
Autres pays asiatiques	2 966.9	5 383.8	6 508.8	5 175.9	4 303.1	15 073.6	16 444.8	16 426.8	15 351.1	17 291.9
Chine	813.5	2 630.6	1 392.6	792.1	1 287.9	-1 327.5	535.6	162.7	966.4	1 123.3
Hong Kong, Chine	3.3	-12.9	.. c	.. c	448.9	77.4	144.0	152.7	95.9	66.9
Inde	1.8	-13.7	31.9	30.3	15.1	275.5	189.2	213.6	351.4	384.3
Indonesie	-1.1	0.3	-1.1	-1.6	-12.6	77.4	120.8	158.5	139.4	192.3
République islamique d'Iran	-	-	.. c	.. c	-	-30.3	.. c	.. c	.. c	.. c
Malaisie	210.0	702.8	619.6	37.6	92.8	304.1	223.1	275.8	236.7	282.6
Philippines	0.1	0.6	-1.3	-2.0	0.6	27.7	26.1	33.1	34.9	32.2
Singapour	1 053.8	267.7	124.7	179.2	1 170.5	13 398.6	12 848.0	12 496.0	10 664.6	11 373.8
Taipei Chinois	-	0.3	0.1	-3.7	-1.0	5.8	10.4	16.0	4.3	8.0
Thaïlande	59.8	.. c	2 824.2	2 692.8	-8.2	836.2	826.2	987.6	1 074.8	1 261.5
Viet Nam	0.6	.. c	36.7	7.9	12.2	80.4	97.9	118.8	85.7	126.1
AUSTRALIE, OCÉANIE ET RÉGIONS POLAIRES	**589.0**	**471.9**	**492.9**	**303.3**	**234.5**	**1 554.4**	**1 124.5**	**794.2**	**969.9**	**1 552.3**
TOTAL MONDE non alloué et confidentiel	**6 812.3**	**8 012.3**	**8 745.6**	**..**	**19 124.6**	**3 870.9**	**3 691.3**	**4 655.2**	**..**	**9 009.2**
Union européenne (UE28)	**113 247.4**	**110 041.0**	**103 995.3**	**106 264.3**	**108 099.3**	**110 625.1**	**120 184.5**	**128 586.6**	**114 880.2**	**117 864.2**
Pays du G20 hors Union Européenne	**32 046.0**	**35 752.8**	**35 117.5**	**33 197.8**	**39 550.6**	**43 075.8**	**60 051.7**	**68 545.3**	**78 308.5**	**82 201.9**
Pays OCDE du G20	**31 136.9**	**33 073.7**	**33 688.2**	**32 280.2**	**38 224.1**	**40 538.8**	**54 391.3**	**61 663.1**	**67 766.7**	**70 855.2**
Pays non-OCDE du G20	**909.1**	**2 679.2**	**1 429.4**	**917.6**	**1 326.4**	**2 537.0**	**5 660.6**	**6 882.2**	**10 541.8**	**11 346.7**
Pays MENA	**39.7**	**-45.1**	**325.2**	**438.9**	**426.1**	**1 622.6**	**2 063.5**	**2 293.3**	**2 060.0**	**2 017.3**
Pays ANASE	**1 320.5**	**2 012.2**	**3 602.7**	**2 913.9**	**1 253.6**	**14 727.0**	**14 170.1**	**14 098.7**	**12 267.2**	**13 299.8**

- Néant ; .. Non disponible ; c Donnée confidentielle

Note : Les données excluent les entités à vocation spéciales. Voir les métadonnées détaillées sur : *http://metalinks.oecd.org/idi/20210722/947b.*

Source : *Statistiques de l'OCDE sur l'investissement direct international (base de données) : https://doi.org/10.1787/idi-data-fr*

Tableau 3. Revenus des investissements directs étrangers par pays

Millions de dollars des ÉU

	Entrant					Sortant				
	2015	2016	2017	2018	2019	2015	2016	2017	2018	2019
TOTAL MONDE	**6 207.2**	**6 312.1**	**11 105.4**	**13 224.2**	**12 450.5**	**9 061.4**	**6 709.1**	**8 328.7**	**12 131.0**	**5 282.2**
Pays membres de l'OCDE	**6 111.0**	**6 268.1**	**11 101.1**	**..**	**12 757.1**	**8 174.4**	**5 698.7**	**6 079.8**	**..**	**4 672.9**
Australie	1.0	-34.4	-10.4	2.1	0.1	69.7	-34.8	-24.4	-15.2	520.3
Autriche	-207.7	33.9	148.1	248.2	145.5	-17.5	-30.5	-28.8	-15.9	19.2
Belgique	286.1	188.6	165.9	115.6	65.9	258.3	261.1	-200.3	21.9	-95.8
Canada	448.3	-139.6	-102.6	36.9	.. c	318.8	153.6	306.4	113.8	95.5
Chili	1.1	.. c	.. c	.. c	-	68.8	-81.5	96.2	157.6	11.7
République Tchèque	16.4	14.2	35.2	.. c	-	7.7	45.8	21.9	20.4	19.0
Danemark	1 098.0	1 218.4	1 531.4	1 798.3	993.5	893.7	236.3	772.8	1 622.7	1 015.4
Estonie	.. c	-9.0	13.9	-1.8	.. c	39.8	35.4	88.4	29.6	61.6
Finlande	-29.6	150.1	-27.0	1 000.4	665.7	91.4	77.7	60.9	-103.0	43.5
France	723.3	531.3	922.3	1 041.0	595.9	165.7	114.4	175.2	406.5	149.9
Allemagne	-346.7	584.7	494.3	333.9	135.7	197.4	952.0	101.1	214.8	208.0
Grèce	-	-	-	-	-	20.2	-0.1	0.6	0.4	7.0
Hongrie	.. c	-	.. c	-	-	101.3	107.3	12.3	65.3	6.0
Islande	13.8	4.5	.. c	3.7	2.2	23.8	-2.0	5.9	28.9	-32.3
Irlande	17.5	23.8	76.9	54.0	58.3	-247.1	-15.6	29.5	323.5	85.2
Israël	-	-	.. c	.. c	.. c	.. c	-1.8	.. c	.. c	.. c
Italie	107.9	-4.4	-108.2	8.9	24.4	29.1	1.2	-12.8	6.1	8.1
Japon	.. c	-4.2	34.0	66.1	44.3	29.6	0.4	3.5	3.0	28.1
Corée	-188.6	.. c	48.1	-3.9	.. c	185.9	86.3	32.4	132.9	57.3
Lettonie	-0.6	-0.2	.. c	.. c	-	89.8	78.3	132.0	125.0	59.6
Lituanie	.. c	-0.4	-0.2	.. c	.. c	37.2	50.0	53.7	86.3	61.9
Luxembourg	1 035.8	-52.0	534.5	360.7	114.0	-16.7	-11.2	49.2	31.5	4.3
Mexique	.. c	.. c	.. c	.. c	-	38.2	6.1	-7.6	-3.0	-4.5
Pays-Bas	798.5	452.8	1 519.6	1 349.8	1 544.5	2 040.0	1 813.1	2 081.0	773.6	854.0
Nouvelle-Zélande	.. c	-2.5	.. c	.. c	.. c	6.6	7.4	9.7	16.4	14.5
Norvège	-	-	-	-	-	-	-	-	-	-
Pologne	-44.3	-27.4	53.4	50.0	61.8	142.2	62.0	13.3	94.7	67.3
Portugal	.. c	.. c	.. c	-0.2	.. c	3.1	0.8	1.1	1.6	0.6
République slovaquie	.. c	.. c	.. c	-	-	18.0	-3.3	13.1	18.2	-29.9
Slovénie	-	-	-	-	-	1.4	.. c	.. c	-1.7	3.1
Espagne	18.7	18.2	78.5	162.5	125.5	51.3	-1.2	7.5	-223.9	-53.0
Suède	2 999.4	2 951.7	4 732.6	4 006.5	2 522.0	2 404.2	1 779.7	1 437.2	814.2	977.9
Suisse	-384.4	62.0	376.5	9.6	313.3	51.1	0.2	-18.0	13.0	13.5
Turquie	-	.. c	.. c	.. c	-	30.9	28.8	-159.1	20.9	50.0
Royaume-Uni	-290.0	26.9	-122.7	1 038.4	1 303.4	818.5	-54.3	512.0	2 895.6	370.4
Etats-Unis	110.4	396.4	651.2	830.4	.. c	348.6	88.3	566.3	561.5	75.1
EUROPE	**6 136.2**	**6 088.8**	**10 489.5**	**12 287.9**	**8 490.1**	**6 954.6**	**5 734.3**	**5 357.9**	**7 036.7**	**4 337.5**
Bulgarie	-	.. c	-	-	-	.. c	.. c	.. c	.. c	2.2
Croatie	-	-	.. c	-	-	-0.5	3.5	3.6	1.6	1.0
Chypre	147.4	-13.7	-57.8	-12.7	52.1	-522.3	-58.7	-74.4	-383.8	24.5
Malte	-18.8	24.0	-4.4	.. c	64.3	71.9	160.2	25.0	-23.2	262.8
Roumanie	0.1	1.7	.. c	-	-	22.4	-0.5	11.6	6.4	18.6
Russie	.. c	2.1	.. c	.. c	.. c	42.7	56.1	50.9	29.1	79.8
Ukraine	-	-	-	-	-	2.6	3.8	0.7	2.0	3.6
AFRIQUE	**2.1**	**5.7**	**-0.5**	**16.1**	**-3.5**	**-612.8**	**272.6**	**2 142.8**	**3 418.5**	**1 366.9**
Afrique septentrionale	-	-	.. c	-	-	39.4	26.9	235.2	723.9	333.2
Algérie	-	-	-	-	-	42.2	45.8	203.2	618.2	273.8
Egypte	-	-	.. c	-	-	9.7	-11.3	9.6	6.9	2.3
Libye	-	-	-	-	-	-12.3	-5.7	.. c	.. c	.. c
Maroc	-	-	-	-	-	0.4	-1.5	.. c	.. c	-1.5
Tunisie	-	-	-	-	-	.. c	.. c	.. c	.. c	-
Autres pays africains	2.1	5.7	-0.5	16.1	-3.5	-652.3	245.7	1 907.6	2 694.6	1 033.7
Nigéria	-	.. c	.. c	.. c	-	.. c	.. c	.. c	.. c	-8.4
Afrique du Sud	.. c	-	-	-	-	39.3	16.2	-8.3	25.0	2.5
AMÉRIQUE	**552.8**	**594.2**	**46.1**	**829.5**	**4 061.2**	**-69.9**	**-80.1**	**900.3**	**1 176.7**	**-1 314.3**
Amérique du Nord	558.6	256.8	548.4	867.3	.. c	669.4	240.0	873.1	676.1	171.2
Amérique du Nord	-7.1	344.6	-507.4	-13.0	66.9	79.4	28.2	-7.9	48.7	-706.8
Bahamas	8.6	.. c	-1.9	.. c	.. c	.. c	.. c	.. c	2.3	2.3
Bermudes	58.4	101.9	84.8	-49.2	49.7	10.8	46.3	-11.0	51.5	.. c
Îles Cayman	-111.5	209.8	-613.7	-17.5	-8.5	14.4	-36.8	-0.4	-21.3	13.8
Costa Rica	-	-	-	-	-	.. c	.. c	.. c	1.0	.. c
El Salvador	-	-	-	-	-	-	-	-	.. c	.. c
Guatemala	-	-	-	-	-	.. c	.. c	.. c	.. c	.. c
Honduras	-	-	-	-	-	.. c	.. c	.. c	.. c	.. c
Nicaragua	-	-	-	-	-	-	.. c	.. c	.. c	.. c
Panama	.. c	-	-	.. c	-	19.3	3.8	6.9	7.9	4.7
Îles Vierges, US	-	-	-	-	-	-	-	-	-	-
Amérique du Sud	1.1	-7.3	5.1	-24.7	-0.8	-818.7	-348.4	35.1	451.9	-778.6
Argentine	.. c	.. c	.. c	-	-	13.0	21.1	23.9	18.4	7.8
Bolivie	-	-	.. c	-	-	.. c	.. c	.. c	.. c	.. c
Brésil	-8.3	-13.5	-0.4	1.1	-0.6	-913.5	-280.8	-49.9	285.4	-776.4
Colombie	-	-	.. c	-	-	.. c	-16.2	-40.7	-25.4	-17.6
Equateur	.. c	-	-	-	-	.. c	.. c	-	.. c	.. c
Paraguay	-	-	-	-	.. c	-	-	-	-	-
Pérou	.. c	-	.. c	.. c	-	3.8	1.2	-2.9	19.8	-6.8
Uruguay	.. c	.. c	.. c	.. c	.. c	.. c	.. c	0.1	-11.8	1.9
Venezuela	-	-	-	-	-	.. c	8.2	.. c	.. c	.. c
ASIE	**-441.8**	**-396.4**	**503.4**	**-185.9**	**-115.2**	**2 608.9**	**860.6**	**-85.6**	**497.2**	**354.3**

Tableau 3. Revenus des investissements directs étrangers par pays *(suite)*

Millions de dollars des ÉU

	Entrant					Sortant				
	2015	2016	2017	2018	2019	2015	2016	2017	2018	2019
Proche et Moyen Orient	-0.7	-0.7	.. c	52.5	30.0	1 290.9	168.8	214.8	423.5	213.0
Pays du Golfe	-0.7	-0.7	.. c	.. c	29.7	57.5	87.9	86.0	56.1	58.8
Koweït	.. c	-	.. c	.. c	.. c	.. c	-	-	.. c	.. c
Qatar	-	-	.. c	-	.. c	1.2	-1.1	0.4	0.4	-0.3
Arabie saoudite	-	-	-	.. c	-	21.2	.. c	.. c	18.2	21.3
Emirats Arabes Unis	-0.7	-0.7	-3.5	-3.0	.. c	-10.2	49.0	45.5	30.2	8.3
Autres pays du Proche et Moyen Orient	-	-	.. c	.. c	.. c	.. c	81.0	128.9	367.3	154.2
Jordanie	-	-	-	-	-	.. c	.. c	.. c	.. c	.. c
Autres pays asiatiques	-441.1	-395.7	442.5	-238.2	-145.3	1 318.0	691.8	-300.4	73.9	141.3
Chine	17.6	46.3	47.9	26.8	.. c	208.9	23.6	79.6	258.6	159.3
Hong Kong, Chine	-30.9	.. c	.. c	.. c	.. c	20.0	73.3	13.9	21.3	10.6
Inde	-	-	.. c	.. c	-	24.4	19.6	5.9	21.8	28.9
Indonesie	-	.. c	.. c	-	-	-76.0	10.2	21.6	13.0	14.0
République islamique d'Iran	-	-	-	-	-	.. c	-4.6	-0.6	1.0	-0.6
Malaisie	78.2	4.3	.. c	-6.1	.. c	74.0	41.0	-10.5	15.0	-55.8
Philippines	-	.. c	.. c	.. c	-	5.3	2.4	0.7	1.1	2.5
Singapour	-286.7	-375.7	305.3	-373.1	-257.2	396.1	87.5	-823.1	-912.1	-465.1
Taipei Chinois	.. c	.. c	.. c	.. c	-	6.0	.. c	1.6	2.1	2.2
Thaïlande	.. c	45.6	42.6	40.6	.. c	13.0	15.8	9.4	14.8	76.8
Viet Nam	.. c	.. c	.. c	.. c	.. c	25.0	18.8	24.8	30.5	.. c
AUSTRALIE, OCÉANIE ET RÉGIONS POLAIRES	**-42.0**	**12.1**	**31.9**	**-31.8**	**-0.1**	**72.4**	**-86.9**	**-14.3**	**1.1**	**534.6**
TOTAL MONDE non alloué et confidentiel	**-**	**7.7**	**34.9**	**..**	**18.1**	**108.3**	**8.7**	**27.7**	**..**	**3.2**
Union européenne (UE28)	**6 280.6**	**6 104.6**	**9 995.2**	**11 646.3**	**8 517.3**	**6 790.9**	**5 701.8**	**5 384.5**	**6 768.9**	**4 152.3**
Pays du G20 hors Union Européenne	**535.1**	**1 284.7**	**1 885.3**	**3 421.1**	**6 157.0**	**1 592.3**	**1 233.7**	**1 640.2**	**5 006.4**	**1 095.4**
Pays OCDE du G20	**522.9**	**1 249.6**	**1 806.1**	**3 353.5**	**6 100.1**	**2 232.3**	**1 341.8**	**1 492.8**	**4 336.9**	**1 558.1**
Pays non-OCDE du G20	**12.2**	**35.0**	**79.2**	**67.6**	**56.9**	**-640.0**	**-108.1**	**147.4**	**669.5**	**-462.8**
Pays MENA	**-0.7**	**-0.7**	**.. c**	**.. c**	**29.7**	**97.0**	**116.0**	**323.2**	**782.3**	**394.2**
Pays ANASE	**-193.6**	**-326.2**	**302.3**	**-338.9**	**-239.9**	**444.7**	**182.3**	**-774.5**	**-838.1**	**-397.9**

- Néant ; .. Non disponible ; c Donnée confidentielle

Note : Les données excluent les entités à vocation spéciales. Voir les métadonnées détaillées sur : *http://metalinks.oecd.org/idi/20210722/947b.*

Source : *Statistiques de l'OCDE sur l'investissement direct international (base de données) : https://doi.org/10.1787/idi-data-fr*

NORVÈGE

Tableau 4. Investissement direct étranger : flux par secteur industriel

Millions de dollars des ÉU

	Entrant					Sortant				
	2015	2016	2017	2018	2019	2015	2016	2017	2018	2019
All FDI activities	**-3 070.8**	**-3 979.3**	**-5 758.3**	**-2 141.7**	**9 677.2**	**31 782.4**	**2 329.3**	**-6 865.8**	**9 084.1**	**4 085.2**
Agriculture, sylviculture et pêche	**.. d**	**.. d**	**..**	**..**	**.. d**	**.. d**	**.. d**	**..**	**.. d**	**297.7**
Industries extractives	**..**	**..**	**..**	**..**	**-397.3**	**..**	**..**	**..**	**..**	**-2 895.8**
Activités d'extraction	..	..	..	..	-397.3	..	..	..	..	-2 895.8
Activités de fabrication	**..**	**..**	**..**	**..**	**3 490.9**	**..**	**..**	**..**	**..**	**-365.7**
dont :										
Produits alimentaires, boissons et tabac	..	..	..	..	1 918.7	..	..	..	..	-187.0
Textiles, bois, papier, imprimerie	..	..	..	.. d	-113.5	..	..	..	..	662.9
Produits pétroliers, chimiques, pharmaceutiques, caoutchouc, plastique, minéraux	..	..	..	..	329.8	..	..	.. d	.. d	.. d
Ouvrages en métaux et machines, sauf matériels électriques	..	..	..	..	525.8	..	..	..	..	-943.9
Automobiles, remorques, semi-remorques, autres matériels de transport	..	..	..	..	1 061.8	..	..	..	..	-248.3
Autres activités de fabrication	..	..	..	..	-231.6	..	..	..	..	583.7
Production et distribution d'électricité, de gaz, de vapeur et de climatisation	**..**	**..**	**..**	**..**	**264.2**	**..**	**..**	**..**	**..**	**-834.9**
Distribution de l'eau ; assainissement, traitement des déchets et dépollution	**.. d**	**..**	**..**	**.. d**	**-44.3**	**.. d**	**..**	**..**	**.. d**	**.. d**
Construction	**..**	**..**	**..**	**..**	**615.2**	**..**	**..**	**..**	**..**	**107.3**
Services	**..**	**..**	**..**	**..**	**2 500.5**	**..**	**..**	**..**	**..**	**5 668.4**
Commerce de gros et de détail ; réparations automobiles et motocycles	..	..	..	..	-700.7	..	..	..	..	-443.5
Transport et entreposage	..	..	..	..	-682.2	..	..	..	..	1 293.5
Activités d'hébergement et de restauration	.. d	.. d	..	.. d	-12.0	..	..	.. d	.. d	.. d
Information et communication	..	..	..	..	537.6	..	..	..	..	4 028.9
Activités financières et d'assurances	..	..	..	..	1 965.3	..	..	..	..	-2 046.2
Activités des sociétés holding	.. d	.. d	.. d	.. d	.. d	..	..	..	.. d	-
Activités immobilières	..	..	..	..	1 567.1	..	..	..	..	471.7
Activités professionnelles, scientifiques et techniques	..	..	..	..	-70.6	..	..	..	..	1 122.6
Activités de services administratifs et d'appui	..	..	..	..	149.2	..	..	..	..	866.6
Administration publique; activités des ménages et des organismes extra-territoriaux	..	.. d	..	..	-	.. d	.. d	.. d	..	312.1
Éducation	.. d	..	..	.. d	-0.2	.. d	.. d	.. d	.. d	.. d
Santé humaine et action sociale	..	..	..	..	-177.9	..	.. d	..	..	.. d
Arts, spectacles et loisirs	.. d	..	.. d	.. d	-3.8	.. d	.. d	.. d	.. d	1.1
Autres services	..	..	.. d	.. d	-71.3	.. d	.. d	.. d	.. d	.. d
Not allocated and confidential	**.. d**	**.. d**	**.. d**	**.. d**	**.. d**	**.. d**	**.. d**	**..**	**.. d**	**.. d**
Activités immobilières privées	**.. d**	**.. d**	**.. d**	**.. d**	**.. d**	**..**	**..**	**..**	**..**	**1 827.9**

- Néant ; .. Non disponible ; d Confidentialité Secondaire
Note : Les données excluent les entités à vocation spéciales. Voir les métadonnées détaillées sur : *http://metalinks.oecd.org/idi/20210722/947b.*
Source : *Statistiques de l'OCDE sur l'investissement direct international (base de données) : https://doi.org/10.1787/idi-data-fr*

NORVÈGE

Tableau 5. Encours des investissement directs étrangers par secteur industriel

En fin d'année

Millions de dollars des ÉU

	Entrant					Sortant				
	2015	2016	2017	2018	2019	2015	2016	2017	2018	2019
All FDI activities	**147 486.5**	**147 524.4**	**145 487.8**	**153 178.3**	**161 469.4**	**172 431.7**	**192 013.0**	**200 887.5**	**200 999.2**	**204 930.2**
Agriculture, sylviculture et pêche	**651.2**	**155.2**	**256.6**	**-509.4**	**416.1**	**1 999.4**	**2 147.1**	**2 157.7**	**1 180.1**	**1 448.7**
Industries extractives	**43 882.2**	**42 126.1**	**40 306.0**	**31 334.4**	**30 645.0**	**44 231.4**	**48 846.6**	**41 749.5**	**48 933.6**	**45 240.8**
Activités d'extraction	43 882.2	42 126.1	40 306.0	31 334.4	30 645.0	44 231.4	48 846.6	41 749.5	48 933.6	45 240.8
Activités de fabrication	**21 115.3**	**20 981.3**	**21 158.6**	**19 273.2**	**22 638.8**	**26 799.4**	**27 429.9**	**30 918.6**	**28 785.6**	**28 479.3**
dont :										
Produits alimentaires, boissons et tabac	1 293.9	2 892.5	2 879.8	2 272.6	4 169.7	2 432.7	2 625.1	3 050.9	2 772.7	2 627.9
Textiles, bois, papier, imprimerie	183.7	96.3	193.8	379.1	260.0	1 334.5	1 301.9	1 402.7	1 321.9	1 990.1
Produits pétroliers, chimiques, pharmaceutiques, caoutchouc, plastique, minéraux	9 713.8	9 560.1	10 370.8	9 257.2	9 491.3	8 144.0	9 490.4	10 545.2	9 891.5	9 518.5
Ouvrages en métaux et machines, sauf matériels électriques	4 481.4	3 848.7	3 903.8	3 581.9	4 137.4	11 188.5	11 372.0	13 317.7	13 353.3	12 596.2
Automobiles, remorques, semi-remorques, autres matériels de transport	3 066.1	2 576.5	1 520.6	1 352.5	2 400.5	2 483.9	1 476.5	1 449.9	603.0	435.1
Autres activités de fabrication	2 376.6	2 007.3	2 289.8	2 429.7	2 180.1	1 215.8	1 164.2	1 152.4	843.2	1 311.5
Production et distribution d'électricité, de gaz, de vapeur et de climatisation	**794.6**	**1 052.3**	**1 426.7**	**2 087.5**	**2 331.1**	**5 521.1**	**6 061.1**	**4 304.3**	**4 584.9**	**3 669.8**
Distribution de l'eau ; assainissement, traitement des déchets et dépollution	**145.6**	**138.6**	**164.4**	**186.3**	**140.3**	**3.7**	**0.5**	**.. c**	**.. c**	**.. c**
Construction	**1 597.0**	**1 797.2**	**2 149.2**	**2 413.2**	**3 003.4**	**920.0**	**1 121.3**	**1 231.4**	**1 026.5**	**1 092.9**
Services	**62 762.3**	**69 383.9**	**67 789.4**	**76 518.5**	**78 319.1**	**71 457.1**	**81 890.7**	**93 976.6**	**88 875.6**	**95 555.6**
Commerce de gros et de détail ; réparations automobiles et motocycles	11 421.9	12 247.8	12 957.1	14 814.7	13 956.2	4 237.5	4 496.2	4 714.4	4 926.0	4 935.2
Transport et entreposage	8 775.5	8 922.4	10 352.0	10 966.1	10 172.8	9 776.7	10 227.4	11 244.5	9 047.8	11 357.1
Activités d'hébergement et de restauration	511.1	617.1	484.0	1 578.7	1 548.2	252.9	311.0	359.2	347.2	361.7
Information et communication	8 350.5	8 848.0	8 946.9	10 258.6	10 683.3	13 941.5	14 052.4	17 793.8	16 635.0	20 386.4
Activités financières et d'assurances	15 219.0	17 826.5	12 194.2	14 988.7	16 865.9	17 443.4	16 624.6	17 016.4	16 372.5	14 962.6
Activités des sociétés holding	.. c	.. c	.. c	.. c	.. c	1 045.6	481.7	.. c	-	-
Activités immobilières	8 016.3	9 141.6	11 731.1	11 843.7	13 292.0	8 104.5	7 521.6	8 218.1	8 081.4	8 201.3
Activités professionnelles, scientifiques et techniques	4 500.0	5 653.8	3 889.5	3 376.1	3 287.4	3 467.2	5 620.8	5 838.6	5 896.7	6 983.5
Activités de services administratifs et d'appui	4 782.2	4 960.9	5 939.8	6 982.6	7 074.9	4 139.2	4 141.5	3 241.0	5 104.4	5 857.3
Administration publique; activités des ménages et des organismes extra-territoriaux	.. c	-	-	-	-	.. c	.. c	.. c	.. c	22 062.9
Éducation	.. c	29.4	.. c	12.3	.. c	38.8	15.1	24.5	33.9	34.4
Santé humaine et action sociale	656.9	666.1	810.4	1 098.5	909.0	92.4	116.1	170.3	118.6	88.3
Arts, spectacles et loisirs	401.7	326.2	385.4	416.2	408.2	19.5	12.4	.. c	.. c	53.6
Autres services	.. c	144.0	72.1	182.4	109.2	.. c	139.2	159.8	.. c	.. c
Not allocated and confidential	**9 335.2**	**3 984.9**	**3 654.0**	**..**	**4 924.3**	**1 995.2**	**3 320.0**	**.. c**	**..**	**.. c**
Activités immobilières privées	**7 203.1**	**7 904.8**	**8 582.9**	**18 067.4**	**19 051.3**	**19 504.2**	**21 195.7**	**23 200.7**	**27 120.3**	**28 674.0**

- Néant ; .. Non disponible ; c Donnée confidentielle

Note : Les données excluent les entités à vocation spéciales. Voir les métadonnées détaillées sur : *http://metalinks.oecd.org/idi/20210722/947b.*

Source : *Statistiques de l'OCDE sur l'investissement direct international (base de données) : https://doi.org/10.1787/idi-data-fr*

Tableau 6. Revenus des investissements directs étrangers par secteur industriel

Millions de dollars des ÉU

	Entrant					Sortant				
	2015	2016	2017	2018	2019	2015	2016	2017	2018	2019
All FDI activities	**6 207.2**	**6 312.1**	**11 105.4**	**13 224.2**	**12 450.5**	**9 061.4**	**6 709.1**	**8 328.7**	**12 131.0**	**5 282.2**
Agriculture, sylviculture et pêche	**47.5**	**9.5**	**32.5**	**95.8**	**.. c**	**111.4**	**127.0**	**56.8**	**74.6**	**13.3**
Industries extractives	**-293.0**	**945.5**	**4 062.5**	**5 044.5**	**6 752.2**	**-1 407.3**	**143.7**	**2 190.1**	**4 889.4**	**1 009.5**
Activités d'extraction	2 374.7	945.5	4 062.5	5 044.5	6 752.2	-1 594.6	143.7	2 190.1	4 889.4	1 009.5
Activités de fabrication	**2 108.9**	**1 110.8**	**683.6**	**1 829.4**	**1 066.3**	**2 595.9**	**2 588.3**	**2 957.7**	**1 735.6**	**1 597.0**
dont :										
Produits alimentaires, boissons et tabac	29.6	262.7	223.7	146.4	86.8	457.8	296.1	204.9	127.2	108.9
Textiles, bois, papier, imprimerie	-84.6	-10.1	11.5	21.8	33.8	-4.2	123.1	36.5	107.4	601.6
Produits pétroliers, chimiques, pharmaceutiques, caoutchouc, plastique, minéraux	260.5	1 255.1	1 404.5	1 773.0	909.8	1 840.3	977.5	1 822.5	1 047.7	406.4
Ouvrages en métaux et machines, sauf matériels électriques	466.1	-372.7	-159.0	-112.2	69.1	299.8	1 122.1	578.5	559.7	416.0
Automobiles, remorques, semi-remorques, autres matériels de transport	116.6	-365.0	-1 099.7	-99.6	-224.5	-36.8	-10.7	171.4	-189.9	0.5
Autres activités de fabrication	376.0	340.9	302.6	99.9	191.2	62.4	80.4	143.8	83.5	63.5
Production et distribution d'électricité, de gaz, de vapeur et de climatisation	**36.5**	**-98.5**	**30.7**	**91.1**	**-9.1**	**191.2**	**217.7**	**-383.6**	**1 881.2**	**-83.2**
Distribution de l'eau ; assainissement, traitement des déchets et dépollution	**.. c**	**9.5**	**14.0**	**-14.5**	**16.0**	**.. c**	**0.8**	**.. c**	**.. c**	**-1.7**
Construction	**181.4**	**127.3**	**127.6**	**-18.9**	**59.6**	**55.1**	**108.6**	**104.7**	**-64.3**	**141.4**
Services	**4 184.0**	**4 144.8**	**6 129.2**	**5 693.3**	**4 402.9**	**7 592.7**	**3 354.9**	**3 416.2**	**3 615.2**	**2 595.2**
Commerce de gros et de détail ; réparations automobiles et motocycles	960.4	1 441.5	1 679.2	1 157.9	598.7	903.4	326.4	494.4	335.3	449.5
Transport et entreposage	-577.6	-377.0	82.2	142.2	152.6	107.8	104.6	142.3	-151.8	-631.5
Activités d'hébergement et de restauration	14.8	19.4	30.2	68.5	29.4	-21.6	14.5	64.4	22.4	14.2
Information et communication	741.8	437.6	1 279.0	957.0	828.2	2 533.5	1 673.9	1 378.2	1 598.0	2 148.2
Activités financières et d'assurances	2 390.8	2 305.7	1 929.2	2 162.2	2 103.2	114.8	479.8	346.5	583.7	100.9
Activités des sociétés holding	0.2	3.6	7.3	-	-	138.6	26.9	0.5	-	-
Activités immobilières	154.6	448.4	1 231.5	733.0	396.7	1 498.2	613.2	668.0	509.9	339.0
Activités professionnelles, scientifiques et techniques	61.8	-266.9	17.9	235.3	185.9	2 208.9	-31.2	161.5	553.1	15.6
Activités de services administratifs et d'appui	-9.2	94.9	-179.5	170.0	91.9	151.3	155.7	123.2	101.0	18.9
Administration publique; activités des ménages et des organismes extra-territoriaux	-	-	-	-	-	2.1	10.5	21.6	47.2	120.7
Éducation	-	2.6	1.8	-	-	3.1	3.0	0.7	7.7	-1.6
Santé humaine et action sociale	14.5	13.8	8.5	32.5	11.5	4.5	5.4	15.0	8.0	2.5
Arts, spectacles et loisirs	29.4	16.9	26.0	33.1	5.9	-1.6	-0.7	.. c	.. c	.. c
Autres services	12.0	8.0	23.3	2.0	-1.3	0.5	-	-1.7	3.7	12.3
Not allocated and confidential	**1.9**	**63.2**	**25.3**	**..**	**.. c**	**-9.1**	**168.1**	**.. c**	**..**	**10.8**
Activités immobilières privées	**-**	**-**	**-**	**-**	**-**	**-**	**-**	**-**	**-**	**-**

- Néant ; .. Non disponible ; c Donnée confidentielle

Note : Les données excluent les entités à vocation spéciales. Voir les métadonnées détaillées sur : *http://metalinks.oecd.org/idi/20210722/947b*.

Source : *Statistiques de l'OCDE sur l'investissement direct international (base de données) : https://doi.org/10.1787/idi-data-fr*

POLOGNE

Tableau 1. Flux d'investissement direct étranger par pays

Millions de dollars des ÉU

	Entrant					Sortant				
	2015	2016	2017	2018	2019	2015	2016	2017	2018	2019
TOTAL MONDE	**15 268.0**	**15 706.8**	**9 172.4**	**15 997.7**	**10 852.2**	**4 994.6**	**11 598.3**	**2 169.5**	**891.1**	**1 290.2**
Pays membres de l'OCDE	**14 175.7**	**15 111.8**	**7 065.9**	**13 008.5**	**11 035.8**	**1 909.5**	**12 059.8**	**3 491.4**	**82.2**	**923.6**
Australie	11.4	-1.7	-4.7	6.8	10.3	-10.0	4.0	1.3	-6.9	-2.3
Autriche	808.3	1 115.1	1 311.2	1 885.7	319.1	-68.2	7.0	67.7	0.6	-16.8
Belgique	596.0	753.0	-99.6	92.4	797.3	6.2	16.7	31.8	58.7	-1.8
Canada	33.8	-29.8	17.2	-5.5	27.2	611.2	3 150.6	457.9	-1 558.0	146.8
Chili	-0.6	0.9	-0.7	-8.3	7.7	145.7	229.2	159.9	43.2	47.4
République Tchèque	403.3	104.6	754.2	616.9	224.9	98.5	113.8	-172.5	1 219.3	175.8
Danemark	167.1	-99.0	-34.0	170.8	371.3	-68.6	283.1	50.7	-398.9	43.4
Estonie	6.5	3.5	-5.0	-4.6	34.5	-1.5	16.0	-23.3	64.3	-38.8
Finlande	-38.8	-40.0	50.4	19.2	236.9	28.0	37.9	-1.3	6.7	86.5
France	-83.1	1 652.8	-913.9	-133.1	171.8	30.8	-28.4	-490.8	-352.0	-261.7
Allemagne	2 789.0	3 624.3	3 763.9	2 072.7	3 129.1	145.0	295.7	226.8	101.2	298.2
Grèce	2.7	8.8	-10.2	8.5	-2.0	0.3	6.3	6.4	0.8	7.0
Hongrie	132.2	-89.3	1 000.7	-331.6	481.6	162.0	927.9	173.2	241.6	-79.9
Islande	0.4	7.1	6.0	-0.3	-6.3	0.0	-0.4	-0.3	0.0	0.2
Irlande	70.4	-577.5	225.5	-410.7	-108.7	46.5	-208.7	55.1	-12.7	108.2
Israël	114.2	77.2	-134.1	52.6	50.6	10.7	8.2	-101.7	2.4	4.9
Italie	121.0	-468.6	-2 184.3	187.4	508.1	35.9	6.1	-67.9	24.5	-1.4
Japon	-109.6	97.5	183.1	122.1	29.6	-7.6	0.5	-4.4	5.3	2.3
Corée	86.1	4.0	184.3	109.0	990.2	-1.7	-8.3	-15.3	3.2	-402.6
Lettonie	13.1	12.3	27.0	16.3	44.0	9.6	24.1	24.5	6.2	7.6
Lituanie	15.6	14.9	27.0	142.6	-255.0	59.1	239.8	1.1	61.5	169.8
Luxembourg	2 031.2	2 140.1	2 159.1	1 817.5	1 527.4	-112.1	5 724.4	627.9	1 823.4	-1 446.8
Mexique	2.3	-41.1	-12.7	11.7	1.8	11.9	5.5	-27.2	15.0	-3.5
Pays-Bas	3 498.4	4 819.8	-1 739.1	9 077.8	2 790.0	236.9	296.4	39.0	-110.2	93.8
Nouvelle-Zélande	-0.2	-0.1	0.5	0.1	0.5	-0.1	0.0	-0.1	-0.3	0.0
Norvège	-7.7	201.2	170.0	178.3	169.5	-297.0	-116.2	258.7	206.0	140.3
Pologne	-	-	-	-	-	-	-	-	-	-
Portugal	-215.5	79.4	-6.5	226.1	82.2	14.8	1.3	-3.1	39.1	5.1
République slovaquie	-246.9	-35.1	102.3	164.2	63.3	11.6	83.3	68.3	133.0	94.3
Slovénie	-6.8	-6.6	3.5	-10.2	-8.1	6.8	5.9	1.8	5.8	7.0
Espagne	996.7	-203.6	498.1	-2 115.6	-48.9	65.3	80.8	130.3	154.4	284.4
Suède	769.1	13.2	622.8	-660.3	-300.7	-448.9	984.8	1 927.6	-1 387.9	1 411.4
Suisse	427.6	909.6	448.1	578.4	86.0	1 133.8	314.6	-55.9	-197.3	-74.8
Turquie	-9.7	33.0	14.8	-7.4	-5.5	24.5	31.9	8.5	-2.2	5.3
Royaume-Uni	2 636.1	916.4	-63.2	-519.2	-1 015.8	150.4	-218.7	42.4	-24.4	65.0
Etats-Unis	-809.4	130.3	731.5	-341.9	631.7	-51.6	-15.5	95.5	-83.0	49.3
EUROPE	**15 790.9**	**15 537.7**	**8 046.7**	**15 814.3**	**8 829.1**	**4 354.2**	**8 091.2**	**1 403.2**	**2 601.5**	**1 399.3**
Bulgarie	-7.3	62.3	-31.3	-10.8	-27.3	11.8	139.3	-18.4	70.5	147.3
Croatie	12.0	18.6	-3.0	7.6	2.1	32.8	114.0	54.0	5.8	29.4
Chypre	1 168.9	437.2	1 601.0	1 043.3	-50.9	2 997.5	-1 616.2	-1 835.5	369.2	-221.0
Malte	-230.1	46.1	290.2	1 693.7	41.6	101.6	182.2	-68.1	64.6	66.7
Roumanie	6.0	12.7	0.8	-35.1	-31.3	-75.4	132.0	102.6	228.1	171.1
Russie	10.2	11.7	75.1	47.2	-236.6	53.2	17.0	74.5	3.9	35.0
Ukraine	-54.6	-27.0	-7.6	-16.6	-160.3	-24.0	57.3	122.3	139.4	99.8
AFRIQUE	**-5.1**	**39.2**	**34.2**	**2.2**	**-62.7**	**9.9**	**67.2**	**52.5**	**-139.3**	**4.0**
Afrique septentrionale	-14.1	20.5	14.9	-3.6	-33.9	7.9	4.2	10.9	1.6	-0.1
Algérie	0.0	2.6	0.1	-0.5	0.7	-	0.1	0.0	-	-
Egypte	-5.2	19.2	9.2	6.7	1.2	0.3	2.3	0.7	-0.1	0.9
Libye	0.0	-	-	-	-	0.0	-	0.2	1.2	-0.5
Maroc	-6.7	0.8	2.6	-6.6	-31.8	0.8	2.7	11.7	1.2	0.1
Tunisie	-2.1	-2.1	3.0	-3.2	-4.0	6.8	-0.9	-1.7	-0.7	-0.5
Autres pays africains	9.0	18.8	19.3	5.6	-28.6	2.0	63.0	41.7	-139.8	4.1
Nigéria	0.5	-0.4	-0.1	-0.1	-0.5	0.3	0.8	1.1	0.4	-0.5
Afrique du Sud	0.8	-2.4	-1.6	-3.2	-4.9	0.5	65.4	37.4	-105.2	-2.2
AMÉRIQUE	**-758.1**	**14.5**	**785.6**	**-395.4**	**664.1**	**733.3**	**3 449.7**	**743.1**	**-1 535.6**	**312.2**
Amérique du Nord	-775.5	100.5	748.7	-347.3	658.9	559.6	3 135.1	553.4	-1 641.0	196.0
Amérique du Nord	10.2	-90.9	35.9	-38.4	6.0	20.7	93.4	8.8	17.3	-35.8
Bahamas	-	-	-0.1	-1.8	1.8	42.2	86.1	47.8	6.8	-31.9
Bermudes	-36.2	-2.0	41.4	17.4	16.5	-	0.0	-	-	-
Îles Cayman	-1.8	25.5	6.7	-48.2	-25.3	-	0.1	-1.0	-	-
Costa Rica	0.5	-0.4	-	-0.4	0.6	-	-	-	-	0.0
El Salvador	-0.1	0.0	0.0	-	-0.1	-	-	-	-	-
Guatemala	-	-0.3	-	0.2	0.1	-	-	-	-	-
Honduras	-	-	-	-	-	-	0.1	-	-	-
Nicaragua	0.1	0.3	0.2	0.2	-1.7	-	-	-	-	-
Panama	2.3	-0.5	0.3	0.7	-0.8	0.3	-0.4	-9.3	-3.9	-0.8
Îles Vierges, US	-	-	-	-	-	-	-	-	-	-
Amérique du Sud	7.3	4.9	1.1	-9.7	-0.8	153.0	221.2	179.3	88.1	152.0
Argentine	-1.2	3.0	-2.6	7.5	-2.7	-0.5	0.3	2.5	0.4	1.1
Bolivie	-	-	0.1	-0.2	-	-0.1	-	-	-	-
Brésil	7.6	3.5	0.6	-3.4	-6.5	8.5	-8.0	17.9	-2.4	5.8
Colombie	-0.3	-1.4	2.1	-2.7	1.2	-0.3	-0.5	-0.4	47.1	96.9
Equateur	0.1	-	-	-0.1	0.0	-	-	-	-	-
Paraguay	-	-	-	-	0.0	-	-	-	-	-
Pérou	1.2	-1.2	0.2	-0.3	-0.1	-0.2	0.1	-0.4	-0.3	0.6
Uruguay	0.6	0.1	1.8	-2.6	-0.4	0.0	0.1	-0.3	0.1	0.2
Venezuela	-0.2	0.1	-0.3	0.3	0.0	-	-	-	-	0.0
ASIE	**254.0**	**116.8**	**316.2**	**568.0**	**1 413.9**	**-92.6**	**-13.8**	**-30.5**	**-28.3**	**-422.5**

Tableau 1. Flux d'investissement direct étranger par pays *(suite)*

Millions de dollars des ÉU

	Entrant					Sortant				
	2015	2016	2017	2018	2019	2015	2016	2017	2018	2019
Proche et Moyen Orient	123.0	59.0	-108.9	93.5	58.3	5.1	34.5	-77.9	59.0	46.5
Pays du Golfe	12.1	-15.2	25.6	40.2	6.3	-5.3	24.9	25.3	53.2	41.9
Koweït	-0.3	1.2	-0.1	-0.8	4.2	-	-	-	-	0.0
Qatar	0.7	0.2	-0.2	0.4	0.8	0.0	0.0	-	-	-
Arabie saoudite	2.2	-1.8	-1.4	24.1	-5.8	0.1	0.1	-0.4	-1.3	1.7
Emirats Arabes Unis	9.4	4.7	27.2	16.9	7.6	3.8	23.6	25.1	54.5	40.1
Autres pays du Proche et Moyen Orient	110.9	74.2	-134.5	53.3	52.0	10.3	9.6	-103.2	5.8	4.6
Jordanie	0.0	-2.8	2.8	-0.5	0.4	-	-0.1	-	0.1	-
Autres pays asiatiques	131.1	57.8	425.1	474.6	1 355.6	-97.7	-48.4	47.4	-87.3	-469.0
Chine	-2.2	13.8	56.9	93.4	90.2	-15.7	9.8	-7.2	6.5	-62.8
Hong Kong, Chine	159.1	-79.6	-25.7	30.7	247.5	-3.3	0.5	7.2	16.2	-16.3
Inde	6.4	18.9	20.1	-12.7	93.9	-9.4	4.9	22.4	21.9	18.5
Indonesie	0.4	-2.1	-0.2	-1.8	0.7	6.4	-0.6	-0.4	4.0	-1.4
République islamique d'Iran	0.0	0.4	-0.2	-0.1	-	-	-	4.2	2.2	1.0
Malaisie	-14.3	-1.1	0.2	0.4	-2.7	-56.9	-0.3	-4.4	2.0	-0.9
Philippines	0.6	1.0	-82.3	-29.9	-7.5	-1.0	-0.4	0.0	0.3	0.5
Singapour	-11.0	-12.0	54.1	96.7	-71.9	1.2	-1.3	14.3	-137.8	2.9
Taipei Chinois	13.7	-0.9	-1.4	19.9	4.2	0.0	-0.2	0.2	-0.2	-0.3
Thaïlande	0.1	-3.0	46.3	58.5	0.4	0.3	6.2	-0.1	4.3	-3.9
Viet Nam	2.7	12.4	-11.2	-4.5	-1.3	6.0	-6.5	36.2	-0.8	1.8
AUSTRALIE, OCÉANIE ET RÉGIONS POLAIRES	**10.3**	**-1.5**	**-8.5**	**1.1**	**13.7**	**-10.1**	**4.1**	**1.3**	**-7.2**	**-2.3**
TOTAL MONDE non alloué et confidentiel	**-24.1**	**-**	**-1.7**	**7.5**	**-5.9**	**0.0**	**0.0**	**-0.1**	**0.1**	**-0.5**
Union européenne (UE28)	**15 415.3**	**14 315.4**	**7 347.4**	**15 011.6**	**8 976.5**	**3 476.6**	**7 646.8**	**950.3**	**2 393.0**	**1 203.9**
Pays du G20 hors Union Européenne	**4 692.0**	**5 961.9**	**1 862.7**	**1 653.6**	**4 406.8**	**981.9**	**3 312.2**	**373.4**	**-1 949.3**	**-108.8**
Pays OCDE du G20	**4 667.9**	**5 917.2**	**1 715.8**	**1 502.5**	**4 478.6**	**938.9**	**3 223.4**	**226.7**	**-1 877.2**	**-104.5**
Pays non-OCDE du G20	**24.1**	**44.7**	**146.8**	**151.1**	**-71.8**	**42.9**	**88.8**	**146.7**	**-72.1**	**-4.2**
Pays MENA	**-5.1**	**2.6**	**40.4**	**36.6**	**-26.3**	**2.7**	**29.0**	**36.1**	**54.8**	**42.1**
Pays ANASE	**-22.7**	**-2.7**	**6.7**	**117.9**	**-82.5**	**-43.3**	**-3.8**	**42.3**	**-127.6**	**-1.1**

- Néant

Note : Voir les métadonnées détaillées sur : *http://metalinks.oecd.org/idi/20210722/947b*.

Source : *Statistiques de l'OCDE sur l'investissement direct international (base de données) : https://doi.org/10.1787/idi-data-fr*

Tableau 2. Encours des investissements directs étrangers par pays

En fin d'année

Millions de dollars des ÉU

	Entrant					Sortant				
	2015	2016	2017	2018	2019	2015	2016	2017	2018	2019
TOTAL MONDE	**186 939.8**	**189 750.7**	**241 491.8**	**229 527.0**	**234 925.6**	**27 935.3**	**28 307.2**	**29 615.0**	**24 618.3**	**25 420.3**
Pays membres de l'OCDE	**181 896.6**	**166 906.9**	**210 833.9**	**201 076.5**	**206 916.9**	**14 439.6**	**19 546.2**	**21 753.3**	**17 761.9**	**16 997.0**
Australie	227.5	341.8	424.4	722.7	938.0	-4.8	7.6	5.4	-0.2	0.7
Autriche	6 044.5	5 591.3	7 722.7	8 223.1	7 966.2	234.5	237.3	338.5	344.4	302.5
Belgique	1 869.7	1 810.1	2 961.0	2 999.2	3 016.3	694.1	-45.9	-150.7	-74.2	-61.0
Canada	2 466.5	1 627.5	2 078.3	2 009.3	2 321.1	753.0	1 960.6	1 862.3	-218.3	4.2
Chili	0.7	1.5	0.9	0.8	13.9	147.7	482.3	522.3	566.1	613.8
République Tchèque	1 012.5	917.0	1 279.1	1 428.9	1 289.2	1 823.4	2 038.3	3 495.6	2 788.4	2 996.7
Danemark	3 426.7	2 994.7	3 564.4	3 429.7	3 619.5	-5.2	299.0	414.1	38.8	73.8
Estonie	15.2	11.2	18.4	21.1	43.7	9.4	9.8	-12.2	48.4	9.1
Finlande	2 036.8	1 924.5	2 208.7	2 047.5	2 039.2	39.7	97.6	111.9	106.1	193.2
France	24 032.8	19 054.9	23 780.8	23 528.8	24 328.3	-21.2	707.6	307.9	-11.9	49.7
Allemagne	34 696.4	37 405.8	47 930.0	46 171.0	45 464.3	1 217.0	1 305.8	1 639.5	1 606.9	1 529.7
Grèce	605.5	213.9	236.9	228.1	232.4	0.3	7.6	14.3	15.1	16.1
Hongrie	188.5	149.9	269.6	294.1	499.4	522.8	1 366.7	1 659.4	2 009.6	1 496.0
Islande	68.7	22.7	39.2	38.1	35.5	-0.1	-0.4	-0.7	0.1	-0.2
Irlande	607.6	642.2	757.3	945.6	688.4	28.0	-178.9	80.7	11.7	47.4
Israël	841.9	792.8	943.2	1 087.6	1 296.7	178.3	269.8	152.8	137.8	264.6
Italie	10 635.5	7 641.2	4 916.3	5 167.7	5 033.7	112.4	107.1	138.8	152.8	146.7
Japon	3 759.9	4 118.6	6 167.7	5 286.4	6 177.5	-12.1	-3.0	-6.5	-1.0	0.4
Corée	1 949.1	1 208.6	1 747.0	1 853.9	2 273.4	3.9	-7.7	-15.7	-17.8	-421.1
Lettonie	78.3	60.1	85.9	103.7	81.3	93.7	109.8	144.5	140.2	144.0
Lituanie	133.2	249.8	292.9	499.4	224.6	869.4	1 057.2	1 074.2	1 110.4	1 237.2
Luxembourg	2 651.8	1 824.6	2 338.2	2 276.4	2 527.3	6 820.8	7 656.0	6 259.6	6 264.1	5 056.0
Mexique	0.4	-5.1	-8.3	14.5	26.9	11.8	16.1	-6.2	6.5	1.7
Pays-Bas	18 276.2	16 044.0	23 052.9	20 463.8	22 693.9	2 368.8	2 204.6	2 394.2	2 506.1	1 459.0
Nouvelle-Zélande	4.9	3.0	4.1	3.9	3.7	0.4	0.4	0.4	-	0.0
Norvège	852.1	832.4	1 669.3	1 673.9	1 841.0	513.9	409.8	553.3	593.9	782.3
Pologne	7 269.2	9 691.0	10 769.0	8 782.0	11 764.6	-	-	-	-	-
Portugal	2 361.3	2 236.6	2 949.5	2 844.2	2 457.1	45.6	47.5	60.7	73.3	66.6
République slovaquie	3.1	264.5	658.9	659.7	751.6	335.3	419.5	562.3	799.9	682.8
Slovénie	78.4	66.9	71.4	74.5	72.3	10.7	15.9	18.6	26.4	22.8
Espagne	8 556.2	8 476.1	11 721.2	10 510.2	10 090.6	-63.8	70.8	-37.9	316.8	458.7
Suède	4 938.4	3 647.5	4 625.5	4 952.5	5 252.0	-5 803.1	-4 684.3	-3 312.8	-4 239.9	-2 568.4
Suisse	6 384.0	5 045.7	6 308.3	6 183.7	6 538.0	2 279.1	2 558.7	2 376.4	570.8	464.0
Turquie	74.7	85.0	111.7	106.4	119.9	271.6	273.3	271.4	260.9	262.1
Royaume-Uni	12 323.9	11 723.0	13 863.9	12 031.0	12 053.5	1 096.0	892.6	1 101.9	1 108.7	1 136.7
Etats-Unis	23 636.0	20 441.6	25 566.4	24 413.1	23 142.0	831.5	894.3	809.1	721.0	529.1
EUROPE	**150 591.4**	**139 486.0**	**176 173.8**	**166 288.8**	**171 169.0**	**24 935.3**	**23 425.6**	**24 822.6**	**21 832.3**	**23 073.5**
Bulgarie	6.5	8.1	21.4	15.2	20.9	57.4	92.4	83.6	147.8	168.8
Croatie	30.4	44.8	59.8	75.3	79.2	105.0	148.4	223.0	218.1	216.5
Chypre	-	-	-	-	-	9 221.5	3 643.9	1 854.0	1 646.4	3 222.3
Malte	336.7	-	-	-	-	593.3	815.8	822.6	791.2	780.9
Roumanie	1.7	-3.0	-8.4	-12.8	-17.0	510.1	599.6	803.0	974.2	995.0
Russie	1 048.0	841.4	991.1	775.5	780.8	681.3	720.7	913.1	738.3	821.6
Ukraine	-91.2	-49.4	-230.3	-286.1	-465.4	18.4	15.1	122.5	219.5	352.5
AFRIQUE	**211.8**	**1 173.4**	**544.7**	**637.8**	**675.2**	**226.0**	**280.9**	**311.6**	**212.9**	**211.1**
Afrique septentrionale	6.7	5.9	10.7	8.2	2.5	30.5	57.2	73.5	73.5	68.5
Algérie	-	-	-	-	-	0.1	0.2	0.2	-	-
Egypte	-	-	-	-	-	-23.3	2.8	1.6	0.7	2.0
Libye	-	-	-	-	-	-0.7	-0.7	-0.6	0.5	0.2
Maroc	6.7	5.9	10.7	8.2	2.5	47.8	49.6	66.7	65.5	65.3
Tunisie	-	-	-	-	-	6.6	5.4	5.6	6.8	1.0
Autres pays africains	205.1	1 167.5	534.0	629.6	672.7	195.5	223.7	238.1	139.4	142.6
Nigéria	-	-	-	-	-	3.5	4.5	4.9	5.3	4.8
Afrique du Sud	133.3	1 167.5	534.0	629.8	670.8	1.5	64.1	117.5	7.7	5.8
AMÉRIQUE	**26 197.5**	**22 069.1**	**27 639.1**	**26 442.0**	**25 507.7**	**1 847.9**	**3 537.5**	**3 438.3**	**1 379.3**	**1 534.7**
Amérique du Nord	26 102.5	22 069.1	27 644.7	26 422.4	25 463.1	1 584.5	2 854.9	2 671.4	502.7	533.3
Amérique du Nord	91.9	-3.7	-6.7	16.0	28.5	80.8	174.6	198.2	216.8	188.6
Bahamas	-	-	-	-	-	73.6	161.3	214.5	221.4	183.6
Bermudes	56.7	-	-	-	-	-	-	-	-	-
Îles Cayman	-	-	-	-	-	-	0.0	-	-	0.1
Costa Rica	-	-	-	-	-	-	-	-	-	0.0
El Salvador	-	-	-	-	-	-	-	-	-	-
Guatemala	-	-	-	-	-	-	-	-	-	-
Honduras	-	-	-	-	-	-	-	-	-	-
Nicaragua	-	-	-	-	-	-	-	-	-	-
Panama	8.5	-	-	-	-	10.7	10.5	4.2	3.7	3.7
Îles Vierges, US	-	-	-	-	-	-	-	-	-	-
Amérique du Sud	3.1	3.7	1.0	3.6	16.1	182.6	508.0	569.3	659.8	812.7
Argentine	-	-	-	-	-	1.1	0.9	0.7	0.8	1.6
Bolivie	-	-	-	-	-	-0.1	-	-	-	-
Brésil	-	0.0	0.1	-0.7	-0.9	32.3	23.8	45.5	46.4	52.6
Colombie	-	-	-	-	-	-0.7	-1.1	-1.4	45.4	142.8
Equateur	-	-	-	-	-	-	-	-	-	-
Paraguay	-	-	-	-	-	-	-	-	-	-
Pérou	-	-	-	-	-	2.3	1.8	2.2	1.0	1.7
Uruguay	2.4	2.3	-	3.4	3.1	0.1	0.3	-	0.1	0.3
Venezuela	-	-	-	-	-	-	-	-	-	-
ASIE	**9 112.8**	**8 323.8**	**11 571.6**	**11 384.5**	**13 440.1**	**930.4**	**1 055.1**	**1 036.7**	**1 194.6**	**601.8**

Tableau 2. Encours des investissements directs étrangers par pays *(suite)*
En fin d'année

Millions de dollars des ÉU

	Entrant					Sortant				
	2015	2016	2017	2018	2019	2015	2016	2017	2018	2019
Proche et Moyen Orient	1 125.0	1 027.8	1 198.2	1 218.3	1 402.8	320.7	441.7	356.0	352.4	485.8
Pays du Golfe	259.2	213.3	230.7	106.6	94.3	141.0	169.2	201.6	209.0	216.4
Koweït	49.6	46.5	49.9	43.6	41.2	0.0	0.0	0.0	0.0	-
Qatar	167.8	137.5	169.1	20.7	21.7	-	-	-	-	-
Arabie saoudite	40.6	25.1	1.0	16.8	21.8	0.8	0.9	0.5	0.1	1.9
Emirats Arabes Unis	1.2	4.3	10.7	25.5	9.6	141.5	168.6	200.9	208.8	214.5
Autres pays du Proche et Moyen Orient	865.8	814.5	967.5	1 111.7	1 308.5	179.7	272.5	154.4	143.3	269.4
Jordanie	-	-	-	-	-	-	-0.1	-0.1	-	-
Autres pays asiatiques	7 987.8	7 296.0	10 373.4	10 166.2	12 037.3	609.6	613.4	680.7	842.1	115.9
Chine	927.5	707.2	847.8	935.4	1 187.9	80.1	87.5	83.9	239.5	182.5
Hong Kong, Chine	517.8	412.2	454.1	271.7	341.5	5.4	8.7	1.3	17.8	-26.5
Inde	206.6	251.5	271.8	276.2	315.5	235.1	236.1	250.6	246.6	243.2
Indonesie	-	-	-	-	-	26.3	26.2	22.9	27.0	25.3
République islamique d'Iran	-	5.9	12.6	-	-	-	-	6.0	8.8	9.4
Malaisie	10.7	259.2	246.3	728.0	554.6	27.5	28.2	26.3	33.4	31.9
Philippines	52.8	44.6	51.3	45.5	47.4	7.3	8.2	8.1	8.2	8.5
Singapour	234.8	24.4	235.1	427.3	820.6	97.0	122.7	126.3	118.4	-13.6
Taipei Chinois	295.8	234.4	268.1	282.4	261.1	0.1	-0.1	0.4	0.1	-1.2
Thaïlande	32.9	26.8	63.8	35.4	38.0	10.6	15.8	17.8	21.8	19.6
Viet Nam	-	2.5	2.2	18.3	19.6	16.4	0.1	44.8	18.9	18.5
AUSTRALIE, OCÉANIE ET RÉGIONS POLAIRES	**232.4**	**344.8**	**428.5**	**726.4**	**941.3**	**-4.3**	**8.1**	**5.9**	**-0.2**	**0.7**
TOTAL MONDE non alloué et confidentiel	**593.8**	**18 353.6**	**25 134.1**	**24 047.7**	**23 192.2**	**0.0**	**-**	**-**	**-0.7**	**-1.4**
Union européenne (UE28)	**142 217.0**	**132 690.3**	**166 147.5**	**157 759.9**	**162 272.5**	**20 916.0**	**19 041.6**	**20 089.2**	**18 919.8**	**19 878.8**
Pays du G20 hors Union Européenne	**116 158.7**	**106 635.5**	**129 224.2**	**123 937.8**	**124 854.3**	**5 317.7**	**7 314.5**	**7 542.9**	**4 913.9**	**4 574.3**
Pays OCDE du G20	**113 802.8**	**103 643.0**	**126 578.4**	**121 304.8**	**121 878.5**	**4 259.1**	**6 154.3**	**6 108.1**	**3 607.4**	**3 239.8**
Pays non-OCDE du G20	**2 355.9**	**2 992.6**	**2 645.8**	**2 633.0**	**2 975.9**	**1 058.5**	**1 160.2**	**1 434.8**	**1 306.4**	**1 334.5**
Pays MENA	**289.8**	**235.1**	**257.0**	**129.4**	**98.2**	**171.6**	**226.5**	**275.0**	**282.6**	**284.9**
Pays ANASE	**331.1**	**357.6**	**598.7**	**1 254.5**	**1 480.2**	**185.8**	**201.2**	**242.6**	**228.0**	**90.0**

- Néant

Note : Les positions d'IDE entrants sont allouées selon le pays investisseur ultime. Voir les métadonnées détaillées sur : *http://metalinks.oecd.org/idi/20210722/947b*.

Source : *Statistiques de l'OCDE sur l'investissement direct international (base de données) : https://doi.org/10.1787/idi-data-fr*

POLOGNE

Tableau 3. Revenus des investissements directs étrangers par pays

Millions de dollars des ÉU

	Entrant					Sortant				
	2015	2016	2017	2018	2019	2015	2016	2017	2018	2019
TOTAL MONDE	**17 905.4**	**20 777.9**	**21 490.7**	**23 474.4**	**22 805.7**	**814.8**	**1 004.5**	**2 286.9**	**2 182.1**	**2 043.9**
Pays membres de l'OCDE	**17 773.7**	**20 062.0**	**20 394.5**	**22 780.7**	**22 338.7**	**106.6**	**421.2**	**1 495.3**	**1 492.7**	**1 428.1**
Australie	1.9	2.0	1.9	-1.6	-0.1	-5.7	-2.0	-1.3	0.0	0.0
Autriche	707.0	503.1	795.3	637.0	440.4	19.5	6.5	-1.7	-4.2	-6.4
Belgique	442.9	399.8	371.6	339.8	457.2	12.8	7.3	-2.4	-7.1	-5.4
Canada	32.1	29.2	25.3	23.1	26.7	12.0	-1 722.5	552.5	28.7	73.2
Chili	0.0	0.0	-	-	-	-1.5	31.5	39.3	47.5	47.3
République Tchèque	100.8	116.8	94.8	131.4	104.7	110.3	170.1	234.7	224.4	202.8
Danemark	350.9	271.9	307.1	327.5	432.7	18.5	2.7	-1.1	-6.0	30.0
Estonie	2.4	2.2	-8.3	-10.8	1.8	0.8	1.4	0.0	-0.6	-3.8
Finlande	185.6	168.4	221.4	290.8	268.3	-0.1	11.1	8.8	4.3	4.7
France	1 730.5	1 672.3	1 991.5	1 859.1	1 879.2	-14.1	6.7	2.9	-22.2	-72.9
Allemagne	3 635.0	4 030.0	4 479.1	4 723.8	4 870.6	76.0	230.2	156.2	305.0	159.7
Grèce	5.5	5.8	2.3	2.2	6.0	-0.1	0.0	-0.5	0.3	0.4
Hongrie	28.1	28.1	79.0	38.2	67.8	41.4	58.5	93.7	249.6	183.6
Islande	1.8	-0.4	1.3	0.6	-0.3	-	-	-	-	-
Irlande	60.5	134.9	129.9	143.7	154.7	-0.8	-0.2	0.3	2.9	72.6
Israël	0.8	4.0	13.9	13.0	33.2	9.3	9.0	1.1	0.4	8.2
Italie	882.7	897.5	731.6	700.8	624.5	-2.8	0.1	-85.5	-21.8	-13.9
Japon	30.2	37.3	193.6	63.4	71.0	-	-	-	-	-
Corée	73.9	59.3	89.4	85.6	153.8	0.7	-0.1	-0.2	-1.3	-0.8
Lettonie	16.2	27.3	50.3	48.1	58.5	11.0	9.6	13.0	16.7	18.3
Lituanie	11.5	6.8	17.8	-13.8	35.0	332.3	286.8	323.1	105.2	133.5
Luxembourg	1 958.3	2 812.0	2 351.8	3 336.0	3 174.6	-61.7	1 727.8	128.7	279.4	384.0
Mexique	0.2	0.1	0.4	1.2	0.8	-0.6	-2.8	-0.4	3.3	2.6
Pays-Bas	4 027.0	4 807.1	4 606.6	6 262.0	5 742.8	-6.7	30.3	84.4	59.4	27.7
Nouvelle-Zélande	-0.1	0.0	-0.1	-0.2	-0.1	-	-	-	-	-
Norvège	102.0	14.2	135.2	161.1	138.2	71.1	-10.8	213.9	208.6	120.3
Pologne	-	-	-	-	-	-	-	-	-	-
Portugal	138.8	116.0	117.6	139.0	114.6	7.8	6.9	1.1	1.6	2.5
République slovaquie	24.9	17.2	13.2	27.3	38.3	47.2	58.5	69.0	104.2	128.4
Slovénie	7.8	7.2	7.6	7.1	8.5	2.5	3.0	1.9	1.4	3.1
Espagne	710.9	736.7	821.4	812.3	691.5	-18.3	19.0	10.8	18.9	-3.2
Suède	863.5	661.7	360.1	422.8	470.2	-116.4	-111.4	-82.8	-140.5	-72.3
Suisse	505.5	676.0	704.0	707.1	699.4	42.9	31.5	78.0	36.4	7.0
Turquie	0.5	0.6	-3.4	-2.6	-2.2	2.0	28.4	4.2	2.0	5.5
Royaume-Uni	972.4	902.6	1 197.5	1 047.9	978.2	4.8	-190.5	-4.3	0.1	15.2
Etats-Unis	189.4	920.8	511.8	457.7	598.1	-143.9	11.4	-18.8	-3.8	-23.6
EUROPE	**17 546.8**	**19 706.8**	**20 591.3**	**22 739.7**	**21 787.6**	**924.6**	**2 661.2**	**1 656.8**	**2 021.2**	**1 843.8**
Bulgarie	-0.1	-4.8	-5.4	-4.7	2.9	6.2	3.1	15.7	19.9	152.4
Croatie	4.2	3.2	6.5	7.7	8.8	-0.6	3.0	8.6	14.6	13.8
Chypre	95.1	588.0	915.2	545.1	478.4	286.3	133.4	57.7	32.7	-83.8
Malte	-15.7	58.6	95.7	51.4	-23.1	44.3	22.4	82.4	224.9	85.9
Roumanie	-2.1	0.2	1.6	2.2	3.0	-53.2	-30.7	51.6	80.8	160.9
Russie	4.0	24.9	19.4	13.7	5.5	41.0	33.5	57.9	36.5	38.0
Ukraine	-15.9	-14.1	-13.7	-14.6	-157.1	5.3	80.9	93.0	129.0	129.9
AFRIQUE	**-12.7**	**1.2**	**2.2**	**3.4**	**3.6**	**3.3**	**-5.1**	**8.0**	**6.2**	**5.6**
Afrique septentrionale	-0.3	0.2	0.8	0.6	0.5	3.8	4.6	4.5	2.8	1.1
Algérie	-0.1	-0.1	-	-	-	-	-	-	-	-
Egypte	-	-	-	-	-	0.2	2.3	0.7	0.0	0.5
Libye	-	-	-	-	-	0.1	-0.1	0.1	0.4	-
Maroc	-0.3	0.2	0.8	0.6	0.5	3.6	3.2	5.4	3.1	0.7
Tunisie	-	-	-	-	-	-0.1	-0.8	-1.7	-0.7	-0.1
Autres pays africains	-12.4	1.0	1.4	2.7	3.1	-0.5	-9.7	3.5	3.5	4.5
Nigéria	-	-	-	-	-	0.1	0.0	0.1	0.2	0.2
Afrique du Sud	-	-	-	0.3	-	-0.2	-2.6	1.8	0.2	-0.5
AMÉRIQUE	**220.8**	**912.8**	**544.3**	**503.6**	**646.3**	**-128.9**	**-1 681.2**	**570.2**	**81.8**	**116.6**
Amérique du Nord	221.6	950.1	537.1	480.8	624.8	-131.9	-1 711.1	533.7	24.9	49.5
Amérique du Nord	-0.3	-37.1	7.3	22.9	21.4	3.8	-2.8	-3.0	10.4	14.3
Bahamas	-	-	1.6	-	-	4.4	0.9	7.4	10.6	12.6
Bermudes	-3.1	-6.5	0.1	17.4	16.0	-	-	-	-	-
Îles Cayman	3.1	-33.5	-3.9	1.2	1.1	-	-	-0.9	-	-
Costa Rica	-	-	-	-	-	-	-	-	-	-
El Salvador	-	-	-	-	-	-	-	-	-	-
Guatemala	-	-	-	-	-	-	-	-	-	-
Honduras	-	-	-	-	-	-	-	-	-	-
Nicaragua	0.1	0.1	0.2	0.2	0.1	-	-	-	-	-
Panama	0.1	0.3	-0.1	-0.1	-0.1	0.2	-0.5	-9.7	-3.5	-0.7
Îles Vierges, US	-	-	-	-	-	-	-	-	-	-
Amérique du Sud	-0.4	-0.2	-	-0.2	0.1	-0.9	32.7	39.5	46.5	52.7
Argentine	-	-	-	-	-	-0.4	0.0	0.2	0.1	0.3
Bolivie	-	-	-	-	-	-	-	-	-	-
Brésil	-	-	-	-	-0.1	1.2	1.3	0.2	-	0.2
Colombie	-	-	-	-	-	-0.1	-0.2	-0.1	-1.1	4.5
Equateur	-	-	-	-	-	-	-	-	-	-
Paraguay	-	-	-	-	-	-	-	-	-	-
Pérou	-	-	-	-	-	-0.1	-0.1	-0.1	-0.1	0.3
Uruguay	-0.5	-0.2	-	-0.2	0.2	0.0	0.1	-0.1	-	-
Venezuela	-	-	-	-	-	-	-	-	-	-
ASIE	**148.7**	**155.0**	**352.9**	**229.7**	**368.5**	**21.4**	**31.6**	**53.4**	**73.1**	**78.0**

Tableau 3. Revenus des investissements directs étrangers par pays *(suite)*

Millions de dollars des ÉU

	Entrant					Sortant				
	2015	2016	2017	2018	2019	2015	2016	2017	2018	2019
Proche et Moyen Orient	23.3	16.9	27.9	29.6	46.3	29.7	41.9	25.2	49.0	51.6
Pays du Golfe	25.2	12.7	17.0	17.4	13.6	20.5	33.1	24.1	48.5	43.3
Koweït	1.2	1.0	1.9	0.9	0.9	-	-	-	-	-
Qatar	-	-	-	-	0.3	-	-	-	-	-
Arabie saoudite	-	-0.2	-0.3	-0.1	-0.2	-	-	-0.1	-0.4	-0.2
Emirats Arabes Unis	20.1	11.9	15.4	16.5	12.6	23.4	33.6	24.2	48.9	43.5
Autres pays du Proche et Moyen Orient	-1.9	4.2	10.9	12.3	32.7	9.2	8.8	1.1	0.4	8.4
Jordanie	-	-	-	-	-	-	-	-	-	-
Autres pays asiatiques	125.4	138.1	325.0	200.1	322.2	-8.3	-10.4	28.2	24.1	26.4
Chine	-2.3	5.2	8.2	17.4	9.4	-4.2	-4.4	-4.4	-5.4	6.8
Hong Kong, Chine	9.8	0.6	17.9	18.5	19.7	-2.0	-0.6	-5.8	2.9	-0.1
Inde	10.2	17.3	17.5	13.0	77.0	14.9	14.1	12.8	25.8	29.2
Indonesie	-	-	-	-2.5	-	0.6	-2.0	-1.0	0.6	1.2
République islamique d'Iran	-	0.3	-	-	-	-	-	0.0	0.1	0.3
Malaisie	1.0	0.9	-0.1	-0.4	-	-1.2	-1.0	0.2	-0.7	-0.5
Philippines	-	-0.1	-	0.1	-	-	0.6	0.1	0.0	0.4
Singapour	0.1	5.8	-3.0	3.7	-10.6	8.6	10.5	29.1	9.1	-0.2
Taipei Chinois	0.8	2.2	2.3	-1.6	-0.9	-	0.0	0.0	-	-0.2
Thaïlande	1.1	-	0.4	4.8	4.3	1.9	2.0	-1.3	0.9	-2.6
Viet Nam	0.6	9.5	-1.1	-2.0	-1.6	-	-	0.2	3.2	2.3
AUSTRALIE, OCÉANIE ET RÉGIONS POLAIRES	**1.8**	**2.1**	**-0.5**	**-2.5**	**-1.9**	**-5.7**	**-2.0**	**-1.3**	**0.0**	**0.0**
TOTAL MONDE non alloué et confidentiel	**0.0**	**-**	**0.5**	**0.6**	**1.6**	**0.0**	**0.0**	**-0.2**	**-0.3**	**-**
Union européenne (UE28)	**16 944.4**	**18 970.6**	**19 752.6**	**21 873.8**	**21 090.1**	**746.7**	**2 465.7**	**1 166.2**	**1 543.9**	**1 517.7**
Pays du G20 hors Union Européenne	**7 560.7**	**8 599.2**	**9 263.2**	**9 000.2**	**9 292.3**	**-18.7**	**-1 601.1**	**672.7**	**347.3**	**219.8**
Pays OCDE du G20	**7 548.8**	**8 551.9**	**9 218.6**	**8 958.4**	**9 200.6**	**-71.7**	**-1 641.1**	**605.3**	**290.0**	**144.9**
Pays non-OCDE du G20	**11.9**	**47.3**	**44.6**	**41.7**	**91.6**	**52.9**	**40.0**	**67.4**	**57.3**	**75.0**
Pays MENA	**22.1**	**13.1**	**14.9**	**17.5**	**13.7**	**24.3**	**37.7**	**28.6**	**51.3**	**44.4**
Pays ANASE	**2.8**	**15.9**	**-3.8**	**3.8**	**-7.9**	**9.9**	**10.1**	**24.1**	**13.5**	**0.4**

- Néant

Note : Voir les métadonnées détaillées sur : *http://metalinks.oecd.org/idi/20210722/947b.*

Source : *Statistiques de l'OCDE sur l'investissement direct international (base de données) : https://doi.org/10.1787/idi-data-fr*

POLOGNE

Tableau 4. Investissement direct étranger : flux par secteur industriel

Millions de dollars des ÉU

	Entrant					Sortant				
	2015	2016	2017	2018	2019	2015	2016	2017	2018	2019
All FDI activities	**15 268.0**	**15 706.8**	**9 172.4**	**15 997.7**	**10 852.2**	**4 994.6**	**11 598.3**	**2 169.5**	**891.1**	**1 290.2**
Agriculture, sylviculture et pêche	**31.4**	**67.6**	**142.5**	**-7.6**	**-27.9**	**-0.6**	**-13.1**	**-8.4**	**16.7**	**3.2**
Industries extractives	**-82.2**	**43.1**	**86.8**	**170.6**	**-195.0**	**1 245.1**	**3 287.1**	**918.4**	**-661.6**	**395.5**
Activités d'extraction	-89.8	-3.4	12.6	112.4	-18.7	89.1	466.0	323.7	208.4	64.2
Activités de fabrication	**3 155.4**	**3 829.9**	**4 679.8**	**5 634.0**	**5 899.0**	**-280.4**	**52.1**	**96.1**	**2 028.7**	**39.2**
dont :										
Produits alimentaires, boissons et tabac	465.0	1 102.8	606.4	493.9	208.5	-97.0	-33.5	54.6	73.3	43.3
Textiles, bois, papier, imprimerie	586.3	-221.4	640.1	503.5	579.5	54.5	241.6	-44.5	27.1	84.6
Produits pétroliers, chimiques, pharmaceutiques, caoutchouc, plastique, minéraux	-257.5	-255.6	802.0	830.0	819.5	-235.7	-238.2	-262.3	1 558.8	151.5
Ouvrages en métaux et machines, sauf matériels électriques	528.9	1 222.8	947.6	1 467.9	1 334.8	16.1	283.7	244.7	525.8	165.5
Automobiles, remorques, semi-remorques, autres matériels de transport	1 231.4	1 258.7	1 052.2	933.3	1 351.8	66.2	-274.2	110.9	-214.4	28.9
Autres activités de fabrication	601.3	722.7	631.5	1 405.5	1 604.9	-84.4	72.8	-7.2	58.1	-434.7
Production et distribution d'électricité, de gaz, de vapeur et de climatisation	**-71.5**	**-478.1**	**-1 382.1**	**293.4**	**728.0**	**-401.9**	**1.9**	**524.5**	**-226.0**	**726.0**
Distribution de l'eau ; assainissement, traitement des déchets et dépollution	**14.8**	**5.3**	**26.8**	**30.0**	**3.7**	**1.0**	**4.8**	**11.5**	**18.0**	**1.1**
Construction	**338.4**	**889.2**	**953.6**	**1 060.8**	**370.9**	**133.3**	**446.5**	**-12.8**	**51.6**	**66.3**
Services	**11 629.4**	**12 067.6**	**5 310.5**	**7 471.1**	**4 225.1**	**3 714.8**	**7 691.5**	**836.9**	**135.5**	**26.3**
Commerce de gros et de détail ; réparations automobiles et motocycles	2 883.7	2 369.8	-1 434.0	3 820.0	1 713.3	226.3	1 153.5	515.4	128.0	723.8
Transport et entreposage	294.1	-11.1	583.4	690.9	63.5	197.6	114.3	65.5	27.9	105.6
Activités d'hébergement et de restauration	39.7	2.1	89.1	227.8	721.0	198.2	154.1	103.6	40.6	102.1
Information et communication	1 737.8	3 330.6	1 875.1	-1 699.7	-542.7	-396.4	1 750.0	1 010.2	66.0	87.7
Activités financières et d'assurances	1 675.4	1 377.2	2 960.4	795.3	-387.0	4 784.5	-1 055.5	-455.6	432.5	-322.2
Activités des sociétés holding	1 034.6	854.9	4 159.7	307.6	-721.2	4 165.7	-225.6	-298.8	524.5	-1 103.0
Activités immobilières	1 862.6	1 670.1	1 640.5	1 033.1	1 146.6	445.3	840.2	-150.5	-164.0	135.7
Activités professionnelles, scientifiques et techniques	2 874.2	3 118.0	-822.2	2 065.2	1 013.0	-1 635.2	2 816.1	-371.9	-71.8	-544.1
Activités de services administratifs et d'appui	171.2	106.8	302.8	294.6	172.5	-70.9	2 049.8	124.8	-326.9	-245.8
Administration publique; activités des ménages et des organismes extra-territoriaux	-1.8	-	-	-	-	-	-	-4.2	-	-
Éducation	-5.0	8.4	2.0	3.2	6.7	4.9	-17.1	-3.4	0.2	6.7
Santé humaine et action sociale	77.0	51.9	46.9	83.6	218.5	1.3	-0.4	2.4	17.3	6.5
Arts, spectacles et loisirs	5.9	36.6	40.7	152.2	81.2	1.4	2.9	2.7	-2.9	-15.9
Autres services	14.6	7.0	25.8	5.3	18.5	-42.1	-116.5	-2.1	-11.3	-13.8
Not allocated and confidential	**252.3**	**-717.7**	**-645.5**	**1 345.3**	**-151.6**	**583.5**	**127.6**	**-196.7**	**-471.6**	**32.5**
Activités immobilières privées	-	-	-	-	-	-	-	-	-	-

- Néant

Note : Voir les métadonnées détaillées sur : *http://metalinks.oecd.org/idi/20210722/947b.*

Source : *Statistiques de l'OCDE sur l'investissement direct international (base de données) : https://doi.org/10.1787/idi-data-fr*

Tableau 5. Encours des investissement directs étrangers par secteur industriel
En fin d'année

Millions de dollars des ÉU

	Entrant					Sortant				
	2015	2016	2017	2018	2019	2015	2016	2017	2018	2019
All FDI activities	**186 939.8**	**189 750.7**	**241 491.8**	**229 527.0**	**234 925.6**	**27 935.3**	**28 307.2**	**29 615.0**	**24 618.3**	**25 420.3**
Agriculture, sylviculture et pêche	**992.3**	**979.8**	**1 220.4**	**1 101.2**	**1 067.7**	**11.8**	**4.2**	**4.2**	**23.5**	**22.2**
Industries extractives	**569.3**	**512.5**	**592.1**	**772.1**	**550.9**	**2 516.1**	**2 903.6**	**2 937.0**	**1 673.4**	**1 874.2**
Activités d'extraction	224.1	70.4	95.9	224.8	202.9	624.5	1 012.3	1 306.7	1 241.7	1 066.2
Activités de fabrication	**60 201.9**	**59 236.6**	**77 743.9**	**72 799.0**	**76 469.6**	**3 876.0**	**4 213.9**	**5 382.8**	**5 224.1**	**4 611.7**
dont :										
Produits alimentaires, boissons et tabac	11 079.0	11 805.9	15 861.6	13 006.9	13 859.6	734.9	689.8	705.9	768.0	343.1
Textiles, bois, papier, imprimerie	6 623.1	5 937.7	7 479.9	7 000.7	7 376.9	247.2	366.3	308.8	278.5	358.4
Produits pétroliers, chimiques, pharmaceutiques, caoutchouc, plastique, minéraux	10 946.1	9 490.6	12 591.5	11 884.8	11 613.8	1 346.0	1 312.6	2 089.6	1 628.2	1 834.5
Ouvrages en métaux et machines, sauf matériels électriques	10 651.0	10 902.1	14 251.4	14 037.4	14 775.2	836.0	1 063.9	1 387.2	1 790.9	1 849.0
Automobiles, remorques, semi-remorques, autres matériels de transport	11 253.6	11 594.5	14 940.1	14 964.5	15 555.8	556.2	497.0	589.3	469.6	389.0
Autres activités de fabrication	9 649.2	9 505.8	12 619.3	11 904.7	13 288.3	155.6	284.4	302.1	289.0	-162.3
Production et distribution d'électricité, de gaz, de vapeur et de climatisation	**6 631.3**	**5 438.8**	**5 206.9**	**4 964.7**	**5 624.7**	**-1 496.8**	**-1 329.4**	**-926.1**	**-1 040.0**	**-72.5**
Distribution de l'eau ; assainissement, traitement des déchets et dépollution	**414.0**	**418.0**	**528.9**	**524.8**	**496.0**	**2.6**	**20.2**	**36.2**	**38.0**	**41.9**
Construction	**9 218.0**	**9 028.9**	**12 178.6**	**12 556.1**	**13 172.9**	**-20.3**	**443.8**	**601.3**	**586.2**	**605.3**
Services	**107 959.6**	**114 115.0**	**145 042.2**	**136 932.4**	**134 830.3**	**22 809.3**	**21 557.4**	**21 164.4**	**17 745.5**	**17 851.8**
Commerce de gros et de détail ; réparations automobiles et motocycles	28 551.3	28 387.8	33 784.8	33 825.1	35 011.5	1 597.9	2 786.1	3 513.9	3 585.5	3 316.7
Transport et entreposage	2 619.9	2 184.1	3 097.5	3 891.8	3 326.6	542.5	620.0	724.0	668.7	782.3
Activités d'hébergement et de restauration	974.7	968.2	1 438.9	1 701.9	2 480.7	99.2	197.7	346.6	499.5	636.0
Information et communication	10 302.0	12 560.0	15 416.5	12 728.5	12 915.3	-1 933.8	-25.1	640.5	665.4	814.5
Activités financières et d'assurances	33 638.0	34 432.9	49 361.0	41 991.6	38 474.8	14 161.9	9 756.5	9 075.4	6 250.8	5 462.5
Activités des sociétés holding	2 759.2	3 631.0	8 155.9	7 530.0	7 649.8	10 488.8	6 729.7	5 511.8	3 478.8	2 356.9
Activités immobilières	15 376.2	16 680.8	21 103.9	22 478.5	22 709.1	551.5	787.2	466.7	582.2	907.0
Activités professionnelles, scientifiques et techniques	12 711.7	15 524.7	16 479.5	15 773.9	14 942.2	3 480.0	5 856.4	4 755.8	4 545.8	5 246.1
Activités de services administratifs et d'appui	2 558.7	2 347.9	3 004.6	3 043.4	3 127.0	3 802.5	1 221.1	1 260.7	603.1	350.7
Administration publique; activités des ménages et des organismes extra-territoriaux	23.2	-	-	-	-	0.6	0.6	0.7	0.7	0.7
Éducation	15.7	13.5	12.2	27.2	28.1	30.0	8.0	-3.7	-4.3	2.7
Santé humaine et action sociale	804.5	764.6	970.4	970.0	1 161.7	4.2	4.7	-8.3	19.7	26.5
Arts, spectacles et loisirs	265.2	137.9	202.3	348.7	534.1	50.4	37.0	45.2	38.2	20.0
Autres services	118.5	112.6	170.7	151.8	119.1	422.4	307.2	346.7	290.2	286.1
Not allocated and confidential	**0.0**	**-968.9**	**-2 130.8**	**-123.2**	**2 713.2**	**236.5**	**493.5**	**415.3**	**367.6**	**485.8**
Activités immobilières privées	-	-	-	-	-	-	-	-	-	-

- Néant

Note : Voir les métadonnées détaillées sur : *http://metalinks.oecd.org/idi/20210722/947b.*

Source : *Statistiques de l'OCDE sur l'investissement direct international (base de données) : https://doi.org/10.1787/idi-data-fr*

Tableau 6. Revenus des investissements directs étrangers par secteur industriel

Millions de dollars des ÉU

	Entrant					Sortant				
	2015	2016	2017	2018	2019	2015	2016	2017	2018	2019
All FDI activities	**17 905.4**	**20 777.9**	**21 490.7**	**23 474.4**	**22 805.7**	**814.8**	**1 004.5**	**2 286.9**	**2 182.1**	**2 043.9**
Agriculture, sylviculture et pêche	**82.1**	**85.7**	**35.4**	**51.9**	**34.7**	**0.0**	**0.7**	**0.4**	**1.7**	**-0.1**
Industries extractives	**-130.2**	**-69.1**	**-41.4**	**34.4**	**-220.1**	**68.4**	**-1 659.0**	**784.4**	**317.1**	**274.6**
Activités d'extraction	-134.1	-41.2	-41.3	4.2	8.2	46.5	-20.7	193.0	198.3	103.8
Activités de fabrication	**7 474.9**	**7 876.9**	**8 380.4**	**9 055.7**	**8 736.2**	**246.3**	**638.2**	**595.3**	**437.9**	**408.3**
dont :										
Produits alimentaires, boissons et tabac	1 140.6	1 303.0	1 392.7	1 478.3	1 408.0	8.4	49.1	42.6	28.4	31.3
Textiles, bois, papier, imprimerie	895.5	792.1	873.0	1 056.9	1 001.1	6.0	103.4	31.3	88.7	51.1
Produits pétroliers, chimiques, pharmaceutiques, caoutchouc, plastique, minéraux	1 100.1	1 300.9	1 432.7	1 561.9	1 579.8	167.8	325.8	392.6	117.6	134.4
Ouvrages en métaux et machines, sauf matériels électriques	1 558.0	1 733.4	1 640.2	1 870.6	1 615.8	56.9	105.8	76.3	153.6	167.8
Automobiles, remorques, semi-remorques, autres matériels de transport	1 346.2	1 509.4	1 880.7	1 743.8	1 602.1	7.9	46.9	44.8	38.4	8.0
Autres activités de fabrication	1 434.5	1 238.0	1 161.0	1 344.0	1 529.4	-0.7	7.0	7.7	11.2	15.6
Production et distribution d'électricité, de gaz, de vapeur et de climatisation	**256.2**	**-59.4**	**376.2**	**474.5**	**503.0**	**-45.4**	**-46.3**	**-20.5**	**-26.9**	**-21.6**
Distribution de l'eau ; assainissement, traitement des déchets et dépollution	**31.4**	**45.6**	**52.5**	**40.3**	**33.7**	**0.0**	**0.9**	**0.4**	**0.4**	**1.4**
Construction	**384.2**	**742.6**	**481.1**	**868.0**	**885.6**	**30.2**	**3.5**	**-38.3**	**18.4**	**92.0**
Services	**9 808.9**	**12 152.5**	**12 205.9**	**12 948.8**	**12 832.4**	**508.9**	**2 059.4**	**960.4**	**1 376.2**	**1 258.4**
Commerce de gros et de détail ; réparations automobiles et motocycles	2 841.1	3 418.7	4 169.8	4 723.6	4 578.2	206.6	167.6	386.7	495.3	316.5
Transport et entreposage	510.9	547.7	652.0	795.1	725.6	5.9	8.5	0.9	51.4	27.6
Activités d'hébergement et de restauration	46.8	87.2	96.8	90.9	258.6	18.2	31.7	38.0	63.4	163.6
Information et communication	1 740.3	1 482.2	2 096.5	656.5	893.1	48.5	37.4	43.0	98.5	120.9
Activités financières et d'assurances	2 591.6	2 514.3	2 435.6	3 162.5	3 351.3	188.5	-93.2	55.6	329.0	388.3
Activités des sociétés holding	101.0	94.4	283.1	282.5	854.1	84.8	-40.4	-48.6	172.1	180.2
Activités immobilières	852.6	1 718.0	962.9	1 682.7	1 499.0	-14.0	82.5	52.9	90.7	205.2
Activités professionnelles, scientifiques et techniques	1 137.7	1 553.4	1 285.1	1 411.6	1 203.4	23.9	2.7	147.4	32.0	-64.9
Activités de services administratifs et d'appui	40.7	778.0	441.6	330.0	234.7	41.8	1 814.2	191.1	162.2	30.6
Administration publique; activités des ménages et des organismes extra-territoriaux	2.4	-	-	-	-	-	-	-	-	-
Éducation	-1.3	5.6	-3.0	-2.3	5.0	2.5	2.4	-0.1	-0.3	-
Santé humaine et action sociale	29.6	35.6	52.8	58.6	54.8	-1.0	-1.1	0.6	1.8	-0.8
Arts, spectacles et loisirs	-6.9	-11.7	-4.7	16.7	4.0	-4.7	2.7	1.5	0.0	-0.3
Autres services	23.3	23.6	20.7	22.8	24.7	-7.4	3.9	42.9	52.3	71.7
Not allocated and confidential	**-2.1**	**3.1**	**0.6**	**0.8**	**0.1**	**6.3**	**7.1**	**4.9**	**57.3**	**30.9**
Activités immobilières privées	-	-	-	-	-	-	-	-	-	-

- Néant

Note : Voir les métadonnées détaillées sur : *http://metalinks.oecd.org/idi/20210722/947b.*

Source : *Statistiques de l'OCDE sur l'investissement direct international (base de données) : https://doi.org/10.1787/idi-data-fr*

PORTUGAL

Tableau 1. Flux d'investissement direct étranger par pays

Millions de dollars des ÉU

	Entrant					Sortant				
	2015	2016	2017	2018	2019	2015	2016	2017	2018	2019
TOTAL MONDE	**9 179.1**	**5 682.8**	**6 913.5**	**7 176.9**	**11 979.2**	**4 809.8**	**878.0**	**-927.7**	**1 373.8**	**3 721.0**
Pays membres de l'OCDE	..	..	..	..	..	..	..	..	..	..
Australie	4.4	-6.6	4.5	-4.7	-2.2	136.4	102.8	-27.1	-72.0	-13.4
Autriche	65.4	-31.0	801.5	233.7	-153.4	-5.5	5.5	-19.2	4.7	-6.7
Belgique	-36.6	36.5	397.9	234.9	134.3	-42.2	47.6	-12.4	-423.7	97.4
Canada	-24.4	10.0	-9.0	-	10.1	3.3	76.3	-5.6	-3.5	4.5
Chili	7.8	-	10.1	14.2	-2.2	5.5	-	192.8	-8.3	209.3
République Tchèque	1.1	3.3	-	-10.6	-14.6	-2.2	-16.6	-21.4	23.6	-
Danemark	-8.9	29.9	111.6	264.4	-26.9	-5.5	-8.8	6.8	5.9	-127.6
Estonie	-	..	-	-	..	..	..	..	-	..
Finlande	2.2	12.2	-44.0	10.6	14.6	-35.5	22.1	37.2	-73.2	9.0
France	853.0	109.5	746.3	611.4	1 070.2	-238.5	-96.2	113.9	-88.5	266.4
Allemagne	-282.9	495.4	-124.0	216.0	253.0	-139.8	-228.9	-73.3	-37.8	-151.1
Grèce	-	..	..	..	..	..	-	..	..	..
Hongrie	-1.1	-1.1	-1.1	56.7	26.9	-62.1	-12.2	-22.5	69.6	45.9
Islande	-	-	-	-	-	-	-	-	-	-
Irlande	240.7	-296.4	13.5	-177.0	221.7	2.2	-251.0	-101.5	-4.7	53.7
Israël	..	..	..	..	..	..	..	..	..	..
Italie	244.0	-57.5	196.1	338.7	-15.7	321.7	-12.2	37.2	-93.2	4.5
Japon	1.1	-4.4	103.7	10.6	5.6	16.6	-91.8	-192.8	8.3	1.1
Corée	-2.2	15.5	55.2	27.1	26.9	-	-	-	-1.2	-
Lettonie	-	2.2	-	-	2.2	-	-	-	-	-
Lituanie	-	..	..	..	..	-	-	-	-	-
Luxembourg	7 205.8	2 060.2	2 379.7	164.1	2 439.3	-64.3	-1.1	-671.9	177.0	-90.7
Mexique	-11.1	15.5	7.9	-10.6	25.7	189.7	-12.2	7.9	21.2	16.8
Pays-Bas	-1 077.1	665.7	-51.9	809.6	-476.9	4 033.3	-162.6	-3 429.2	1 103.5	-877.6
Nouvelle-Zélande	3.3	1.1	-	4.7	1.1	-	-	-	-	-
Norvège	-17.7	-14.4	4.5	8.3	1.1	-	-	3.4	8.3	5.6
Pologne	6.7	13.3	13.5	7.1	11.2	-342.8	-21.0	-23.7	60.2	-9.0
Portugal	-	-	-	-	..	-	-	-	-	..
République slovaquie	-	-	..	..	..	..	..	..	..	-
Slovénie	-	-	-	-	..	-	-	-	-	-
Espagne	-950.6	788.5	210.8	1 982.8	4 804.7	705.5	609.3	1 437.3	566.5	4 140.8
Suède	42.2	363.8	549.0	-37.8	217.2	7.8	11.1	34.9	-46.0	-53.7
Suisse	104.3	276.5	414.8	-36.6	248.5	79.9	15.5	38.3	-64.9	144.4
Turquie	16.6	4.4	81.2	-13.0	872.0	-2.2	3.3	11.3	-17.7	-
Royaume-Uni	1 145.9	-82.9	-12.4	927.7	235.1	402.7	258.8	184.9	125.1	166.8
Etats-Unis	326.1	71.9	65.4	272.6	242.9	-159.7	3.3	-480.2	-170.0	-324.6
EUROPE	**7 840.3**	**4 562.6**	**5 458.2**	**5 849.2**	**10 104.1**	**4 664.4**	**143.8**	**-2 422.5**	**1 222.7**	**3 590.1**
Bulgarie	-	-	2.3	-2.4	7.8	-	1.1	16.9	-14.2	1.1
Croatie	..	-	-	-	..	-	-	-	-	-
Chypre	-22.2	55.3	-19.2	72.0	76.1	-	-17.7	11.3	13.0	-3.4
Malte	280.6	-17.7	-245.7	131.0	98.5	61.0	7.7	20.3	26.0	6.7
Roumanie	-5.5	7.7	-4.5	-4.7	11.2	1.1	-10.0	3.4	-7.1	-19.0
Russie	1.1	8.8	11.3	23.6	17.9	-	-	-45.1	-37.8	-
Ukraine	5.5	3.3	-1.1	18.9	2.2	-2.2	-7.7	-1.1	-	1.1
AFRIQUE	**391.6**	**-468.9**	**2.3**	**382.4**	**292.2**	**439.3**	**-118.3**	**1 264.8**	**605.5**	**348.1**
Afrique septentrionale	-15.5	16.6	31.6	15.3	57.1	28.8	89.6	308.9	319.8	370.5
Algérie	12.2	8.8	4.5	2.4	10.1	-13.3	-56.4	-23.7	-20.1	39.2
Egypte	..	..	..	..	..	..	..	..	..	..
Libye	-	..	..	..	..	..	-	-	-	..
Maroc	-35.5	8.8	-	8.3	11.2	-18.9	-7.7	-9.0	80.3	13.4
Tunisie	21.1	16.6	19.2	16.5	29.1	4.4	-8.8	7.9	-8.3	-4.5
Autres pays africains	..	..	..	..	..	..	..	..	..	..
Nigéria	247.4	-215.6	1.1	1.2	2.2	57.7	-57.5	67.6	4.7	9.0
Afrique du Sud	-1.1	11.1	-18.0	34.2	72.8	-44.4	24.3	16.9	20.1	-241.8
AMÉRIQUE	**-510.3**	**640.3**	**293.1**	**-276.2**	**782.5**	**-535.8**	**765.2**	**558.0**	**-482.7**	**-288.8**
Amérique du Nord	301.7	81.8	56.4	272.6	253.0	-156.4	79.6	-485.9	-173.5	-320.2
Amérique du Nord	279.5	325.1	140.9	-27.1	161.2	28.8	232.2	730.5	-500.4	59.3
Bahamas	..	..	..	..	..	..	..	..	-	-
Bermudes	..	..	..	..	-	-	-	..	..	..
Îles Cayman	..	..	..	..	..	..	..	..	..	..
Costa Rica	-	1.1	-	1.2	1.1	-1.1	-	-3.4	-	-
El Salvador	-	-	-	-	-	-	-	-	-	-
Guatemala	-	-	-	-	-	..	-	-	-	-
Honduras	-	-	..	-	-	-	-	-	..	-
Nicaragua	-	-	-	-	-	-	-	-	-	-
Panama	..	..	..	-	..	..	..	..	..	..
Îles Vierges, US	..	-	-	-	-	-	-	-	-	-
Amérique du Sud	-1 092.6	233.3	95.8	-522.8	368.3	-407.1	453.4	313.4	192.4	-28.0
Argentine	-	-1.1	-	1.2	-1.1	-5.5	-1.1	6.8	-2.4	1.1
Bolivie	-	..	-	-	..	..	..	-	..	..
Brésil	-890.7	160.3	86.8	-558.2	380.6	-412.6	276.5	138.7	-86.2	-274.3
Colombie	-1.1	14.4	-2.3	-2.4	-	4.4	1.1	10.1	2.4	7.8
Equateur	..	..	-	..	-	-	-	-	-	..
Paraguay	-	-	..	..	-	-	..	..	-	..
Pérou	-	-	-	..	..	..	..	..	..	..
Uruguay	1.1	-	2.3	3.5	1.1	-1.1	6.6	1.1	-13.0	17.9
Venezuela	-208.5	56.4	-	20.1	-4.5	11.1	165.9	-40.6	136.9	-9.0
ASIE	**1 449.8**	**956.5**	**1 155.5**	**1 220.3**	**779.1**	**105.4**	**-15.5**	**-301.0**	**101.5**	**84.0**

Tableau 1. Flux d'investissement direct étranger par pays *(suite)*

Millions de dollars des ÉU

	Entrant					Sortant				
	2015	2016	2017	2018	2019	2015	2016	2017	2018	2019
Proche et Moyen Orient	..	..	..	..	..	..	..	..	..	..
Pays du Golfe	..	..	..	..	..	..	-	..	..	..
Koweït	22.2	-1.1	7.9	4.7	9.0	-	-	-	22.4	-1.1
Qatar	..	..	..	..	..	..	..	..	..	..
Arabie saoudite	..	..	..	..	..	-	..	..	..	-
Emirats Arabes Unis	51.0	77.4	94.7	151.1	118.7	-2.2	-5.5	-9.0	20.1	40.3
Autres pays du Proche et Moyen Orient	..	..	..	..	..	..	..	..	..	..
Jordanie	..	..	..	..	..	-	..	..	..	..
Autres pays asiatiques	..	..	..	..	..	..	..	..	..	..
Chine	529.1	561.8	432.9	296.2	114.2	5.5	8.8	-6.8	-	-6.7
Hong Kong, Chine	736.6	-47.6	210.8	389.5	249.6	..	..	..	..	..
Inde	-26.6	1.1	39.5	23.6	19.0	-1.1	-11.1	12.4	-1.2	-4.5
Indonesie	..	..	..	..	..	..	..	..	..	..
République islamique d'Iran	..	..	..	..	..	-	-	-	-	-
Malaisie	..	..	..	..	..	..	-	..	..	..
Philippines	..	-	..	..	..	-	-	-	-	-
Singapour	..	..	..	..	..	-	..	..	..	..
Taipei Chinois	-	..	-	..	-	-	-	-	-	-
Thaïlande	..	..	..	..	..	-	..	..	..	..
Viet Nam	..	..	..	..	..	-	-	..	..	..
AUSTRALIE, OCÉANIE ET RÉGIONS POLAIRES	**7.8**	**-7.7**	**5.6**	**2.4**	**-**	**136.4**	**102.8**	**-27.1**	**-72.0**	**-12.3**
TOTAL MONDE non alloué et confidentiel	**..**	**-**	**-1.1**	**-1.2**	**21.3**	**..**	**-**	**-**	**-1.2**	**-**
Union européenne (UE28)	..	..	..	..	..	..	..	..	..	..
Pays du G20 hors Union Européenne	..	..	..	..	..	..	..	..	..	..
Pays OCDE du G20	..	..	..	..	..	..	..	..	..	..
Pays non-OCDE du G20	..	..	..	..	..	..	..	..	..	..
Pays MENA	..	..	..	..	..	..	..	..	..	..
Pays ANASE	..	..	..	..	..	..	..	..	..	..

- Néant ; .. Non disponible

Note : Les données excluent les entités à vocation spéciales. Voir les métadonnées détaillées sur : *http://metalinks.oecd.org/idi/20210722/947b.*

Source : *Statistiques de l'OCDE sur l'investissement direct international (base de données) : https://doi.org/10.1787/idi-data-fr*

Tableau 2. Encours des investissements directs étrangers par pays
En fin d'année

Millions de dollars des ÉU

	Entrant					Sortant				
	2015	2016	2017	2018	2019	2015	2016	2017	2018	2019
TOTAL MONDE	**123 511.2**	**122 725.8**	**152 169.6**	**147 826.9**	**158 111.7**	**58 877.5**	**57 777.0**	**62 672.1**	**52 522.3**	**56 066.1**
Pays membres de l'OCDE	..	..	..	..	..	..	..	..	..	..
Australie	17.4	7.4	16.8	11.5	6.7	210.1	..	266.3	194.6	179.7
Autriche	638.0	541.8	2 477.8	2 123.9	1 895.1	149.2	..	152.3	147.7	138.2
Belgique	3 089.8	3 126.4	4 053.7	1 861.7	1 986.1	240.6	..	400.6	96.2	207.8
Canada	693.5	682.0	762.8	729.3	731.3	79.5	..	40.8	40.1	43.8
Chili	5.4	6.3	22.8	38.9	30.3	29.4	..	219.5	221.0	424.6
République Tchèque	9.8	11.6	12.0	-3.4	-14.6	28.3	..	57.6	64.1	40.4
Danemark	526.9	540.7	728.0	758.0	723.4	170.9	..	187.1	163.7	182.0
Estonie	..	..	..	..	..	..	..	..	..	..
Finlande	80.6	89.6	49.2	83.6	101.1	-17.4	..	36.0	-30.9	-18.0
France	6 540.0	6 867.3	8 683.1	10 038.9	10 952.6	971.1	..	1 384.0	1 049.9	1 413.2
Allemagne	4 872.1	4 906.7	5 700.4	5 659.5	5 720.1	754.5	..	1 368.4	1 079.7	697.6
Grèce	..	..	..	..	..	..	..	..	..	..
Hongrie	29.4	27.4	30.0	588.5	29.2	170.9	..	135.5	692.7	98.9
Islande	..	..	..	..	..	-	-	-	-	-
Irlande	2 263.5	1 853.1	2 169.6	1 788.4	1 871.5	1 430.6	..	1 138.2	893.1	752.6
Israël	..	..	..	..	..	..	..	..	..	..
Italie	1 037.6	845.4	1 162.1	1 473.6	1 280.6	627.1	..	668.0	493.5	563.9
Japon	345.1	326.8	510.9	474.0	485.3	150.2	..	130.7	123.7	126.9
Corée	114.3	122.3	187.1	193.5	205.6	-	..	-1.2	-3.4	-3.4
Lettonie	6.5	6.3	7.2	6.9	9.0	1.1	..	-	-	1.1
Lituanie	..	..	..	-	..	-	-	-	-	-
Luxembourg	21 026.7	20 836.9	26 974.1	25 970.9	28 685.7	2 452.9	..	3 249.0	2 439.9	2 444.4
Mexique	-12.0	-2.1	6.0	87.0	110.1	76.2	..	58.8	80.1	125.8
Pays-Bas	31 325.0	31 140.5	37 041.3	32 080.4	34 406.9	17 856.3	..	14 541.9	10 772.8	12 625.3
Nouvelle-Zélande	6.5	7.4	46.8	49.2	48.3	-	-	-	-	-
Norvège	159.0	136.0	190.7	139.7	138.2	10.9	..	16.8	6.9	15.7
Pologne	40.3	..	66.0	48.1	61.8	1 465.4	1 263.8	2 074.8	1 986.5	1 392.9
Portugal	-	-	-	-	-	-	-	-	-	-
République slovaquie	..	..	..	..	..	..	..	..	-	..
Slovénie	..	..	..	..	..	-	-	-	-	-
Espagne	20 985.3	22 359.0	26 325.3	27 867.0	31 973.7	11 449.1	..	14 227.6	13 452.0	17 347.8
Suède	651.1	..	1 776.2	1 740.3	1 890.6	224.3	205.5	160.7	125.9	47.2
Suisse	2 211.2	2 439.1	3 150.6	3 020.4	3 257.7	194.9	..	109.1	-123.7	-10.1
Turquie	42.5	..	137.9	120.2	203.3	62.1	63.2	63.6	55.0	50.6
Royaume-Uni	10 467.1	9 980.0	11 219.7	11 585.8	10 515.6	2 742.5	..	2 961.1	2 104.4	1 050.3
Etats-Unis	1 715.8	..	1 766.6	2 003.7	2 031.0	1 511.2	1 575.8	1 036.2	1 452.9	1 112.1
EUROPE	**108 867.7**	**109 772.3**	**135 317.8**	**130 478.6**	**139 497.9**	**41 800.8**	**..**	**43 872.6**	**36 308.7**	**39 776.5**
Bulgarie	4.4	5.3	8.4	5.7	15.7	27.2	..	48.0	29.8	30.3
Croatie	..	..	..	..	..	-	-	-	-	-
Chypre	569.4	605.0	665.6	756.8	832.4	20.7	..	16.8	29.8	22.5
Malte	1 231.4	1 267.0	1 321.7	1 407.1	1 535.6	369.1	..	410.2	356.1	341.5
Roumanie	-6.5	..	-1.2	-11.5	1.1	215.6	194.0	220.7	207.2	173.0
Russie	159.0	..	196.7	211.8	225.8	26.1	31.6	37.2	26.3	28.1
Ukraine	16.3	..	20.4	36.6	39.3	8.7	3.2	3.6	3.4	4.5
AFRIQUE	**3 063.7**	**1 976.4**	**2 931.2**	**3 059.3**	**3 152.1**	**8 974.4**	**..**	**9 966.4**	**8 392.5**	**8 312.7**
Afrique septentrionale	95.8	109.6	176.3	199.2	257.2	1 174.7	..	1 656.3	2 074.7	2 395.0
Algérie	19.6	27.4	55.2	25.2	34.8	278.7	..	284.2	231.3	269.6
Egypte	..	..	..	..	..	..	..	..	..	..
Libye	..	..	..	..	..	..	..	..	..	..
Maroc	-7.6	2.1	-	2.3	19.1	194.9	..	199.1	266.8	289.8
Tunisie	95.8	..	146.3	159.1	188.7	86.0	69.6	74.4	72.1	69.6
Autres pays africains	..	..	..	..	..	..	..	..	..	..
Nigéria	221.0	5.3	7.2	8.0	13.5	3.3	..	21.6	18.3	22.5
Afrique du Sud	135.0	..	146.3	182.0	246.0	197.1	249.8	287.8	267.9	87.6
AMÉRIQUE	**6 294.0**	**5 092.2**	**5 880.3**	**5 669.8**	**6 317.7**	**6 173.1**	**..**	**6 719.8**	**5 969.8**	**6 002.0**
Amérique du Nord	2 410.5	2 380.1	2 530.6	2 733.0	2 762.3	1 590.6	..	1 077.0	1 493.0	1 157.0
Amérique du Nord	897.1	-110.7	73.2	219.8	425.7	975.5	..	1 224.5	698.4	751.5
Bahamas	..	..	..	..	..	..	..	..	..	..
Bermudes	..	..	..	..	..	..	..	..	..	..
Îles Cayman	..	..	..	..	..	..	..	..	..	..
Costa Rica	3.3	2.1	2.4	3.4	4.5	6.5	..	6.0	5.7	5.6
El Salvador	-	-	-	-	-	-	-	-	-	-
Guatemala	-	-	-	-	-	..	..	..	..	..
Honduras	-	-	..	..	..	..	..	..	..	..
Nicaragua	-	-	-	-	-	-	-	-	-	-
Panama	..	..	..	..	..	..	..	..	..	..
Îles Vierges, US	..	..	..	..	..	-	-	-	-	-
Amérique du Sud	2 986.4	2 822.8	3 276.6	2 715.8	3 130.8	3 607.0	..	4 418.3	3 778.3	4 093.5
Argentine	-	-1.1	-1.2	-1.1	-3.4	18.5	..	31.2	26.3	25.8
Bolivie	-	..	..	..	..	..	..	..	..	..
Brésil	2 945.0	2 764.8	3 202.2	2 604.8	3 043.1	3 328.3	..	3 749.1	3 150.9	3 212.8
Colombie	-2.2	11.6	1.2	-	-	9.8	..	14.4	14.9	34.8
Equateur	..	-	-	..	..	..	..	..	..	-
Paraguay	-	..	-	..	..	..	..	..	..	..
Pérou	-	..	..	..	..	..	..	..	..	..
Uruguay	3.3	..	6.0	9.2	10.1	18.5	25.3	28.8	18.3	37.1
Venezuela	34.8	..	37.2	55.0	47.2	137.2	294.1	279.4	104.2	78.6
ASIE	**5 218.3**	**..**	**7 934.8**	**8 487.5**	**8 998.0**	**1 716.9**	**1 835.1**	**1 837.4**	**1 647.6**	**1 783.9**

Tableau 2. Encours des investissements directs étrangers par pays *(suite)*

En fin d'année

Millions de dollars des ÉU

	Entrant					Sortant				
	2015	2016	2017	2018	2019	2015	2016	2017	2018	2019
Proche et Moyen Orient	..	..	..	..	..	..	..	..	..	..
Pays du Golfe	..	..	..	..	..	..	..	..	..	..
Koweït	69.7	64.3	66.0	80.1	87.6	-	-	-	-	-
Qatar	..	..	..	..	..	..	..	..	..	..
Arabie saoudite	..	..	..	..	..	..	..	..	..	..
Emirats Arabes Unis	303.8	366.8	518.1	600.0	772.9	20.7	..	-	-4.6	34.8
Autres pays du Proche et Moyen Orient	..	..	..	..	..	..	..	..	..	..
Jordanie	..	..	..	..	..	-	..	..	..	..
Autres pays asiatiques	..	..	..	..	..	..	..	..	..	..
Chine	1 356.6	1 849.9	2 569.0	2 730.7	2 798.2	53.3	..	57.6	18.3	18.0
Hong Kong, Chine	2 496.5	2 224.1	2 764.5	2 845.2	2 865.6	..	..	..	..	..
Inde	-21.8	-20.0	22.8	35.5	55.0	87.1	..	69.6	58.4	52.8
Indonesie	..	..	..	..	..	..	..	..	..	..
République islamique d'Iran	..	..	..	..	..	..	..	..	..	..
Malaisie	..	..	..	..	..	..	..	..	..	-
Philippines	..	..	..	..	..	-	-	-	-	-
Singapour	..	..	..	..	..	..	..	..	..	..
Taipei Chinois	-	..	-	..	..	..	..	..	..	..
Thaïlande	..	..	..	..	..	..	..	..	..	..
Viet Nam	..	..	..	..	..	-	-	..	..	..
AUSTRALIE, OCÉANIE ET RÉGIONS POLAIRES	**43.5**	**32.7**	**82.8**	**111.1**	**102.2**	**210.1**	**..**	**267.5**	**195.8**	**182.0**
TOTAL MONDE non alloué et confidentiel	**..**	**..**	**22.8**	**20.6**	**43.8**	**..**	**..**	**8.4**	**8.0**	**9.0**
Union européenne (UE28)	**..**	**..**	**..**	**..**	**..**	**..**	**..**	**..**	**..**	**..**
Pays du G20 hors Union Européenne	**..**	**..**	**..**	**..**	**..**	**..**	**..**	**..**	**..**	**..**
Pays OCDE du G20	**..**	**..**	**..**	**..**	**..**	**..**	**..**	**..**	**..**	**..**
Pays non-OCDE du G20	**..**	**..**	**..**	**..**	**..**	**..**	**..**	**..**	**..**	**..**
Pays MENA	**..**	**..**	**..**	**..**	**..**	**..**	**..**	**..**	**..**	**..**
Pays ANASE	**..**	**..**	**..**	**..**	**..**	**..**	**..**	**..**	**..**	**..**

- Néant ; .. Non disponible

Note : Les données excluent les entités à vocation spéciales. Voir les métadonnées détaillées sur : *http://metalinks.oecd.org/idi/20210722/947b.*

Source : *Statistiques de l'OCDE sur l'investissement direct international (base de données) : https://doi.org/10.1787/idi-data-fr*

PORTUGAL

Tableau 3. Revenus des investissements directs étrangers par pays

Millions de dollars des ÉU

	Entrant					Sortant				
	2015	2016	2017	2018	2019	2015	2016	2017	2018	2019
TOTAL MONDE	..	**5 700.5**	..	..	..	..	**2 516.9**	..	..	..
Pays membres de l'OCDE	..	..	..	..	..	..	..	..	..	..
Australie	-	-	..	..	-	..	..	..	..	..
Autriche	..	..	..	..	..	..	..	..	..	..
Belgique	..	..	..	..	..	..	..	..	..	..
Canada	..	..	..	..	-	..	..	..	-	..
Chili	-	-	..	..	-	..	..	..	..	..
République Tchèque	-	-	-	..	..	-	..	..	..	..
Danemark	..	..	..	..	..	..	..	..	..	-
Estonie	..	-	..	-	..	..	..	-	-	..
Finlande	-	..	..	..	..	-	-	-	-	..
France	..	..	..	..	..	..	..	..	..	..
Allemagne	..	..	..	..	..	..	..	..	..	..
Grèce	-	-	-	..	..	-	-	-	..	..
Hongrie	-	..	..	..	..	..	..	..	..	..
Islande	-	-	-	-	-	-	-	-	-	-
Irlande	..	..	..	..	..	..	..	..	..	..
Israël	-	-	..	..	..	-	-	-	-	..
Italie	..	..	..	..	..	..	..	-	-	..
Japon	..	..	..	..	..	..	..	..	..	..
Corée	..	..	..	..	..	-	-	-	-	-
Lettonie	-	-	-	-	-	-	-	-	-	..
Lituanie	-	-	-	-	-	-	-	-	-	-
Luxembourg	..	..	..	..	..	..	..	..	..	..
Mexique	-	-	-	-	-	..	..	..	..	..
Pays-Bas	..	..	..	..	..	..	..	..	..	..
Nouvelle-Zélande	-	-	-	..	..	-	-	-	-	-
Norvège	..	..	..	..	-	..	-	..	..	-
Pologne	..	..	-	..	..	..	..	..	..	..
Portugal	-	-	-	-	..	-	-	-	-	..
République slovaquie	-	-	-	-	..	-	-	-	-	..
Slovénie	-	-	-	-	-	-	-	-	-	-
Espagne	..	..	..	..	..	..	..	..	..	..
Suède	..	..	..	..	..	..	..	..	..	..
Suisse	..	..	..	..	..	..	..	..	..	..
Turquie	..	..	..	..	..	..	..	..	..	-
Royaume-Uni	..	..	..	..	..	..	..	..	..	..
Etats-Unis	..	..	..	..	..	..	..	..	..	..
EUROPE	..	..	..	..	..	..	..	..	..	..
Bulgarie	..	..	-	..	..	-	-	..	..	..
Croatie	-	-	-	-	-	-	-	-	-	-
Chypre	..	..	..	..	..	..	..	..	..	..
Malte	..	..	..	..	..	..	..	..	..	..
Roumanie	-	-	-	-	-	..	..	..	..	..
Russie	-	-	-	-	-	-	-	..	..	-
Ukraine	-	-	-	-	-	..	-	-	-	..
AFRIQUE	..	..	..	..	..	..	..	..	..	..
Afrique septentrionale	..	..	..	..	..	..	..	..	..	..
Algérie	-	-	..	-	-	..	..	..	..	..
Egypte	-	-	-	-	-	..	..	..	..	..
Libye	-	-	-	-	-	-	-	-	-	-
Maroc	..	-	..	..	..	..	..	..	..	..
Tunisie	..	..	..	..	..	..	..	..	..	..
Autres pays africains	..	..	..	..	..	..	..	..	..	..
Nigéria	..	-	-	-	-	-	..	..	..	..
Afrique du Sud	..	..	..	..	..	-	-	..	..	..
AMÉRIQUE	..	..	..	..	..	..	..	..	..	..
Amérique du Nord	..	..	..	..	..	..	..	..	..	..
Amérique du Nord	..	..	..	..	..	..	..	..	..	..
Bahamas	..	..	..	..	..	..	-	..	-	-
Bermudes	-	-	-	-	-	-	-	-	..	-
Îles Cayman	..	..	-	-	..	..	..	..	..	-
Costa Rica	..	-	-	-	-	..	-	..	-	-
El Salvador	-	-	-	-	-	-	-	-	-	-
Guatemala	-	-	-	-	-	..	-	-	-	-
Honduras	-	-	-	-	-	-	-	-	..	-
Nicaragua	-	-	-	-	-	-	-	-	-	-
Panama	..	..	..	..	..	..	..	..	..	..
Îles Vierges, US	-	-	-	-	-	-	-	-	-	-
Amérique du Sud	..	..	..	..	..	..	..	..	..	..
Argentine	-	-	-	-	-	..	..	..	-	..
Bolivie	-	-	-	-	-	-	-	..	-	-
Brésil	..	..	..	..	..	..	..	..	..	..
Colombie	-	-	-	-	-	-	..	..	..	..
Equateur	-	-	-	-	-	-	-	-	-	..
Paraguay	-	-	-	-	-	-	-	-	-	..
Pérou	-	-	-	-	-	-	..	..	..	..
Uruguay	-	..	-	-	-	..	..	..	..	..
Venezuela	-	-	-	-	-	..	..	..	..	..
ASIE	..	..	..	..	..	..	..	..	..	..

Tableau 3. Revenus des investissements directs étrangers par pays *(suite)*

Millions de dollars des ÉU

	Entrant					Sortant				
	2015	2016	2017	2018	2019	2015	2016	2017	2018	2019
Proche et Moyen Orient	..	..	..	..	..	..	..	..	..	..
Pays du Golfe	..	..	..	..	..	..	..	..	..	..
Koweït	..	..	..	..	-	-	-	-	-	-
Qatar	-	-	..	-	..	..	..	..	..	..
Arabie saoudite	..	..	-	-	..	..	..	..	..	..
Emirats Arabes Unis	-	..	..	..	..	..	..	-	..	..
Autres pays du Proche et Moyen Orient	-	..	..	..	..	..	..	..	..	..
Jordanie	-	-	-	-	-	-	-	-	-	-
Autres pays asiatiques	..	..	..	..	..	..	..	..	..	..
Chine	..	..	..	..	..	..	..	..	..	-
Hong Kong, Chine	..	..	..	..	..	..	..	..	-	-
Inde	..	-	-	-	..	..	..	..	..	..
Indonesie	-	-	-	-	-	..	..	-	..	..
République islamique d'Iran	-	-	-	-	-	-	-	-	-	-
Malaisie	-	-	-	-	-	..	-	-	-	-
Philippines	-	-	-	-	-	-	-	-	-	-
Singapour	..	..	..	..	..	..	-	-	..	-
Taipei Chinois	-	-	-	-	-	-	-	-	-	-
Thaïlande	-	-	-	-	..	-	..	-	-	-
Viet Nam	-	-	-	-	-	-	-	-	-	-
AUSTRALIE, OCÉANIE ET RÉGIONS POLAIRES	-	..	..	..	..	..	..	..	..	..
TOTAL MONDE non alloué et confidentiel	..	..	..	..	..	..	..	..	..	..
Union européenne (UE28)	..	..	..	..	..	..	..	..	..	..
Pays du G20 hors Union Européenne	..	..	..	..	..	..	..	..	..	..
Pays OCDE du G20	..	..	..	..	..	..	..	..	..	..
Pays non-OCDE du G20	..	..	..	..	..	..	..	..	..	..
Pays MENA	..	..	..	..	..	..	..	..	..	..
Pays ANASE	..	..	..	..	..	..	..	-	..	..

- Néant ; .. Non disponible

Note : Les données excluent les entités à vocation spéciales. Voir les métadonnées détaillées sur : *http://metalinks.oecd.org/idi/20210722/947b.*

Source : *Statistiques de l'OCDE sur l'investissement direct international (base de données) : https://doi.org/10.1787/idi-data-fr*

PORTUGAL

Tableau 4. Investissement direct étranger : flux par secteur industriel

Millions de dollars des ÉU

	Entrant					Sortant				
	2015	2016	2017	2018	2019	2015	2016	2017	2018	2019
All FDI activities	**9 179.1**	**5 682.8**	**6 913.5**	**7 176.9**	**11 979.2**	**4 809.8**	**878.0**	**-927.7**	**1 373.8**	**3 721.0**
Agriculture, sylviculture et pêche	..	..	..	..	..	..	..	..	-	..
Industries extractives	..	..	..	..	..	..	..	..	..	..
Activités d'extraction	-	-	-	-	-	-	-	-	-	-
Activités de fabrication	**327.2**	**233.3**	**232.2**	**553.5**	**3 174.7**	**-890.7**	**-158.1**	**423.9**	**-541.7**	**2 896.0**
dont :										
Produits alimentaires, boissons et tabac	..	..	..	..	..	..	..	..	..	..
Textiles, bois, papier, imprimerie	..	..	..	..	..	..	..	..	..	..
Produits pétroliers, chimiques, pharmaceutiques, caoutchouc, plastique, minéraux	..	..	..	..	..	..	..	..	..	..
Ouvrages en métaux et machines, sauf matériels électriques	..	..	..	..	..	..	..	..	..	..
Automobiles, remorques, semi-remorques, autres matériels de transport	..	..	..	..	..	..	..	..	..	..
Autres activités de fabrication	..	..	..	..	..	..	..	..	..	..
Production et distribution d'électricité, de gaz, de vapeur et de climatisation	..	..	..	..	..	..	..	..	..	..
Distribution de l'eau ; assainissement, traitement des déchets et dépollution	..	..	..	..	..	..	..	..	..	..
Construction	**-170.8**	**-328.4**	**284.1**	**-72.0**	**444.4**	**108.7**	**-528.6**	**215.3**	**-62.6**	**-192.5**
Services	**7 202.4**	**3 235.7**	**4 805.5**	**4 152.0**	**5 473.0**	**5 947.9**	**256.6**	**520.8**	**219.5**	**-117.5**
Commerce de gros et de détail ; réparations automobiles et motocycles	-43.3	566.2	821.8	-34.2	481.4	386.0	544.1	-201.8	-496.9	139.9
Transport et entreposage	..	..	..	..	..	..	..	..	..	..
Activités d'hébergement et de restauration	..	..	..	..	..	..	..	..	..	..
Information et communication	5 628.4	-91.8	-68.8	-311.6	146.6	27.7	-123.9	-83.4	157.0	24.6
Activités financières et d'assurances	648.9	1 522.7	1 343.7	1 714.9	757.9	3 702.7	-468.9	-583.9	-480.3	-307.8
Activités des sociétés holding	..	..	..	..	..	..	..	..	..	..
Activités immobilières	936.2	672.3	943.5	1 053.9	2 152.7	1 124.8	807.3	107.1	-87.3	666.1
Activités professionnelles, scientifiques et techniques	-450.4	454.5	926.6	1 137.7	1 342.2	719.9	-496.5	1 145.3	1 293.5	-134.3
Activités de services administratifs et d'appui	..	..	..	..	..	..	..	..	..	..
Administration publique; activités des ménages et des organismes extra-territoriaux	-	-	-	-	-	-	-	-	-	-
Éducation	-	..	..	-	..	..	..	..	..	-
Santé humaine et action sociale	..	..	..	..	..	..	..	..	..	..
Arts, spectacles et loisirs	..	..	..	..	..	..	..	..	..	..
Autres services	..	..	..	..	-	..	..	..	..	..
Not allocated and confidential	..	..	..	..	..	..	..	..	..	..
Activités immobilières privées	-	-	..	..	..	-	-	-	-	-

- Néant ; .. Non disponible

Note : Les données excluent les entités à vocation spéciales. Voir les métadonnées détaillées sur : *http://metalinks.oecd.org/idi/20210722/947b.*

Source : *Statistiques de l'OCDE sur l'investissement direct international (base de données) : https://doi.org/10.1787/idi-data-fr*

Tableau 5. Encours des investissement directs étrangers par secteur industriel
En fin d'année

Millions de dollars des ÉU

	Entrant					Sortant				
	2015	2016	2017	2018	2019	2015	2016	2017	2018	2019
All FDI activities	**123 511.2**	**122 725.8**	**152 169.6**	**147 826.9**	**158 111.7**	**58 877.5**	**57 777.0**	**62 672.1**	**52 522.3**	**56 066.1**
Agriculture, sylviculture et pêche	..	..	..	..	..	..	..	..	..	..
Industries extractives	..	..	..	..	..	..	..	..	..	..
Activités d'extraction	-	-	-	-	-	-	-	-	-	-
Activités de fabrication	**8 875.3**	..	**9 338.0**	**9 253.5**	**12 145.6**	**3 022.3**	**3 262.4**	**3 487.6**	**2 681.5**	**5 566.2**
dont :										
Produits alimentaires, boissons et tabac	..	..	..	..	..	..	..	..	..	..
Textiles, bois, papier, imprimerie	..	..	..	..	..	..	..	..	..	..
Produits pétroliers, chimiques, pharmaceutiques, caoutchouc, plastique, minéraux	..	..	..	..	..	..	..	..	..	..
Ouvrages en métaux et machines, sauf matériels électriques	..	..	..	..	..	..	..	..	..	..
Automobiles, remorques, semi-remorques, autres matériels de transport	..	..	..	..	..	..	..	..	..	..
Autres activités de fabrication	..	..	..	..	..	..	..	..	..	..
Production et distribution d'électricité, de gaz, de vapeur et de climatisation	..	..	..	..	..	..	..	..	..	..
Distribution de l'eau ; assainissement, traitement des déchets et dépollution	..	..	..	..	..	..	..	..	..	..
Construction	**3 241.2**	..	**3 370.1**	**2 735.3**	**3 175.7**	**4 258.0**	**3 286.6**	**4 167.7**	**3 113.1**	**2 980.2**
Services	**89 686.4**	..	**110 756.8**	**105 800.3**	**109 722.5**	**51 521.0**	**49 898.8**	**55 653.6**	**45 566.8**	**44 801.2**
Commerce de gros et de détail ; réparations automobiles et motocycles	10 172.0	..	13 715.5	11 914.4	12 790.4	3 000.5	2 801.7	2 765.7	875.9	933.5
Transport et entreposage	..	..	..	..	..	..	..	..	..	..
Activités d'hébergement et de restauration	..	..	..	..	..	..	..	..	..	..
Information et communication	7 372.9	..	8 011.5	1 267.5	7 084.9	-128.5	-391.1	-199.1	-494.6	-441.5
Activités financières et d'assurances	31 536.2	..	36 319.3	45 554.2	36 595.1	23 198.7	19 409.7	21 751.0	23 969.5	21 605.3
Activités des sociétés holding	..	..	..	..	..	..	..	..	..	..
Activités immobilières	7 966.2	..	10 275.8	11 167.9	13 183.6	2 965.7	3 530.1	4 475.9	3 938.6	4 637.2
Activités professionnelles, scientifiques et techniques	23 795.3	..	31 953.7	25 114.5	28 382.4	20 373.4	22 412.8	25 101.9	15 965.2	17 081.6
Activités de services administratifs et d'appui	..	..	..	..	..	..	..	..	..	..
Administration publique; activités des ménages et des organismes extra-territoriaux	-	-	-	-	-	..	..	..	..	..
Éducation	..	..	..	..	..	..	..	..	..	..
Santé humaine et action sociale	..	..	..	..	..	..	..	..	..	..
Arts, spectacles et loisirs	..	..	..	..	..	..	..	..	..	..
Autres services	..	..	..	..	..	..	..	..	..	..
Not allocated and confidential	..	..	..	..	..	..	..	..	..	..
Activités immobilières privées	-	-	..	..	..	-	-	..	..	..

- Néant ; .. Non disponible

Note : Les données excluent les entités à vocation spéciales. Voir les métadonnées détaillées sur : *http://metalinks.oecd.org/idi/20210722/947b.*

Source : *Statistiques de l'OCDE sur l'investissement direct international (base de données) : https://doi.org/10.1787/idi-data-fr*

PORTUGAL

Tableau 6. Revenus des investissements directs étrangers par secteur industriel

Millions de dollars des ÉU

	Entrant					Sortant				
	2015	2016	2017	2018	2019	2015	2016	2017	2018	2019
All FDI activities	..	**5 700.5**	..	..	..	..	**2 516.9**	..	..	..
Agriculture, sylviculture et pêche	..	..	..	..	..	..	..	..	-	..
Industries extractives	..	..	..	..	..	..	..	..	..	..
Activités d'extraction	-	-	-	-	-	-	-	-	-	-
Activités de fabrication	..	..	..	..	..	..	..	..	..	..
dont :										
Produits alimentaires, boissons et tabac	..	..	..	..	..	..	..	..	..	..
Textiles, bois, papier, imprimerie	..	..	..	..	..	..	..	..	..	..
Produits pétroliers, chimiques, pharmaceutiques, caoutchouc, plastique, minéraux	..	..	..	..	..	..	..	..	..	..
Ouvrages en métaux et machines, sauf matériels électriques	..	..	..	..	..	..	..	..	..	..
Automobiles, remorques, semi-remorques, autres matériels de transport	..	..	..	..	..	..	..	-	..	..
Autres activités de fabrication	..	..	..	..	..	..	..	..	..	..
Production et distribution d'électricité, de gaz, de vapeur et de climatisation	..	..	..	..	..	..	..	..	..	..
Distribution de l'eau ; assainissement, traitement des déchets et dépollution	..	..	..	..	..	..	..	..	..	..
Construction	..	..	..	..	..	..	..	..	..	..
Services	..	..	..	..	..	..	..	..	..	..
Commerce de gros et de détail ; réparations automobiles et motocycles	..	..	..	..	..	..	..	..	..	..
Transport et entreposage	..	..	..	..	..	..	..	..	..	..
Activités d'hébergement et de restauration	..	..	..	..	..	..	..	..	..	..
Information et communication	..	..	..	..	..	..	..	..	..	..
Activités financières et d'assurances	..	..	..	..	..	..	..	..	..	..
Activités des sociétés holding	..	..	..	..	..	..	..	..	..	..
Activités immobilières	..	..	..	..	..	..	..	..	..	..
Activités professionnelles, scientifiques et techniques	..	..	..	..	..	..	..	..	..	..
Activités de services administratifs et d'appui	..	..	..	..	..	..	-	..	..	..
Administration publique; activités des ménages et des organismes extra-territoriaux	-	-	-	-	..	-	-	-	-	-
Éducation	..	-	..	-	..	-	-	-	..	-
Santé humaine et action sociale	..	..	..	..	..	..	..	..	..	..
Arts, spectacles et loisirs	..	..	..	..	..	..	..	..	..	..
Autres services	..	..	..	..	..	..	..	..	..	..
Not allocated and confidential	..	..	..	..	..	..	..	..	..	..
Activités immobilières privées	-	-	-	-	-	-	-	-	-	-

- Néant ; .. Non disponible

Note : Les données excluent les entités à vocation spéciales. Voir les métadonnées détaillées sur : *http://metalinks.oecd.org/idi/20210722/947b.*

Source : *Statistiques de l'OCDE sur l'investissement direct international (base de données) : https://doi.org/10.1787/idi-data-fr*

RÉPUBLIQUE SLOVAQUE

Tableau 1. Flux d'investissement direct étranger par pays

Millions de dollars des ÉU

	Entrant					Sortant				
	2015	2016	2017	2018	2019	2015	2016	2017	2018	2019
TOTAL MONDE	..	**805.1**	**4 008.2**	**1 674.0**	**2 448.6**	..	**95.5**	**1 322.6**	**321.5**	**153.3**
Pays membres de l'OCDE	..	**1 407.7**	**4 534.0**	**1 707.4**	**3 080.5**	..	**121.3**	**1 252.5**	**306.5**	**117.3**
Australie	..	.. c	1.2	-2.4	13.1	..	.. c	.. c	.. c	.. c
Autriche	..	163.0	-152.3	562.9	260.3	..	82.9	1.0	49.3	9.0
Belgique	..	38.4	342.5	280.2	248.3	..	-	-	.. c	.. c
Canada	..	.. c	2.3	3.1	3.5	..	.. c	.. c	.. c	.. c
Chili	..	.. c	-1.7	0.6	-0.7	..	.. c	.. c	.. c	.. c
République Tchèque	..	667.5	1 172.7	486.2	453.1	..	-23.6	1 148.8	-51.1	2.6
Danemark	..	-82.4	76.7	26.3	54.8	..	.. c	.. c	1.0	1.8
Estonie	..	.. c	2.8	3.1	6.6	..	-	-	-	-
Finlande	..	.. c	38.3	25.7	28.1	..	.. c	.. c	.. c	.. c
France	..	-76.1	193.4	413.0	-225.7	..	.. c	6.8	1.1	2.1
Allemagne	..	446.9	901.5	-295.3	1 181.5	..	.. c	-1.5	2.2	12.1
Grèce	..	.. c	4.1	-5.8	0.8	..	-	-	-	-
Hongrie	..	159.0	-13.4	-261.0	565.7	..	47.1	0.2	15.7	-4.3
Islande	..	.. c	-0.2	-0.2	-0.2	..	.. c	.. c	.. c	.. c
Irlande	..	.. c	65.8	-109.9	-59.0	..	.. c	-	.. c	.. c
Israël	..	.. c	22.1	11.8	0.7	..	-	-	-	-
Italie	..	-864.4	179.7	154.1	211.0	..	.. c	2.0	0.9	-2.4
Japon	..	.. c	36.6	9.5	-17.2	..	-	-	.. c	.. c
Corée	..	-14.1	48.7	39.2	-37.8	..	.. c	-	.. c	-
Lettonie	..	.. c	0.6	19.8	-3.3	..	.. c	.. c	.. c	.. c
Lituanie	..	.. c	0.8	-0.7	-1.1	..	.. c	.. c	.. c	.. c
Luxembourg	..	-408.2	322.9	-117.3	-303.7	..	.. c	-31.8	-15.7	2.1
Mexique	..	.. c	-2.1	-30.5	24.7	..	-	-	-	-0.7
Pays-Bas	..	1 796.9	-798.9	-312.7	32.5	..	.. c	-98.9	49.0	-65.0
Nouvelle-Zélande	..	-11.4	-12.4	0.1	0.1	..	-	-	-	-
Norvège	..	.. c	-20.9	-7.0	31.1	..	.. c	.. c	.. c	.. c
Pologne	..	21.4	158.1	16.4	8.9	..	-51.8	109.0	142.8	95.7
Portugal	..	.. c	0.8	-0.2	1.4	..	.. c	.. c	.. c	.. c
République slovaquie	..	-	-	-	0.2	..	-	-	-	0.2
Slovénie	..	.. c	3.2	-3.7	1.4	..	.. c	-0.6	0.6	-1.7
Espagne	..	52.4	145.4	45.1	64.8	..	.. c	.. c	.. c	.. c
Suède	..	119.0	689.6	79.5	-72.3	..	-	-	-	0.0
Suisse	..	-75.5	178.5	156.6	72.9	..	.. c	-0.3	-0.9	-4.8
Turquie	..	.. c	20.1	1.3	-2.3	..	.. c	.. c	5.5	-1.0
Royaume-Uni	..	2.3	705.7	582.9	80.5	..	.. c	70.6	97.0	43.7
Etats-Unis	..	-413.9	222.4	-63.4	458.0	..	.. c	.. c	-0.2	12.9
EUROPE	..	**1 086.8**	**3 789.3**	**1 689.4**	**2 223.8**	..	**88.6**	**1 275.5**	**304.7**	**125.1**
Bulgarie	..	.. c	-2.7	9.9	-6.9	..	.. c	-0.4	0.7	0.0
Croatie	..	.. c	1.3	7.9	-9.2	..	.. c	2.2	5.2	0.0
Chypre	..	-182.2	-148.2	-17.9	-63.7	..	-39.1	4.6	6.8	20.3
Malte	..	.. c	31.4	142.4	13.2	..	.. c	.. c	.. c	.. c
Roumanie	..	.. c	7.2	-45.9	-1.0	..	-9.2	2.3	-1.7	7.2
Russie	..	.. c	10.8	48.9	-58.3	..	.. c	5.6	1.6	8.1
Ukraine	..	.. c	-1.0	-2.6	2.0	..	-3.1	-6.9	12.5	-12.2
AFRIQUE	..	**.. c**	**-0.2**	**4.8**	**16.6**	..	**.. c**	**.. c**	**.. c**	**.. c**
Afrique septentrionale	..	.. c	2.4	7.0	18.7	..	.. c	.. c	.. c	.. c
Algérie	..	-	-	-	-	..	-	-	-	-
Egypte	..	.. c	4.4	1.6	11.9	..	-	-	-	-
Libye	..	-	-	-	-	..	-	-	-	-
Maroc	..	.. c	-3.4	3.1	3.8	..	.. c	.. c	.. c	.. c
Tunisie	..	.. c	1.5	2.3	3.0	..	.. c	-	-	-
Autres pays africains	..	.. c	-2.6	-2.2	-2.0	..	.. c	.. c	.. c	.. c
Nigéria	..	.. c	-0.1	-0.1	-1.1	..	.. c	.. c	.. c	.. c
Afrique du Sud	..	.. c	-3.7	2.7	3.6	..	-	-	-	0.0
AMÉRIQUE	..	**-332.1**	**242.5**	**-71.3**	**405.0**	..	**3.9**	**9.1**	**1.0**	**14.1**
Amérique du Nord	..	-405.6	224.7	-60.3	461.5	..	-2.1	0.4	-0.3	13.8
Amérique du Nord	..	81.4	16.4	-11.2	-12.3	..	-	-	0.5	-0.7
Bahamas	..	.. c	.. c	.. c	.. c	..	-	-	-	-
Bermudes	..	-	.. c	.. c	.. c	..	-	-	-	-
Îles Cayman	..	.. c	24.4	.. c	.. c	..	-	-	-	-
Costa Rica	..	.. c	.. c	-0.1	0.1	..	-	-	-	-
El Salvador	..	.. c	.. c	-	-	..	-	-	-	-
Guatemala	..	.. c	.. c	.. c	-	..	-	-	-	-
Honduras	..	-	-	-	-	..	-	-	-	-
Nicaragua	..	-	-	-	-	..	-	-	-	-
Panama	..	.. c	-0.2	.. c	-	..	-	-	-	-
Îles Vierges, US	..	-	-	-	-	..	-	-	-	-
Amérique du Sud	..	-8.0	1.3	0.2	-44.2	..	.. c	8.7	0.7	1.0
Argentine	..	0.7	-0.1	2.6	-45.7	..	.. c	.. c	.. c	.. c
Bolivie	..	-	-	-	-	..	-	-	-	-
Brésil	..	.. c	3.0	-2.9	-1.6	..	.. c	.. c	0.3	0.5
Colombie	..	.. c	0.0	0.0	-0.8	..	-	-	-	-
Equateur	..	.. c	0.0	0.0	-0.1	..	-	-	-	-
Paraguay	..	-	-	-	0.0	..	-	-	-	-
Pérou	..	.. c	0.1	-0.1	0.0	..	-	-	-	-
Uruguay	..	.. c	-	.. c	.. c	..	-	-	-	-
Venezuela	..	-	.. c	.. c	.. c	..	-	-	-	-
ASIE	..	**80.4**	**-12.0**	**52.1**	**-211.0**	..	**.. c**	**37.5**	**15.6**	**12.5**

RÉPUBLIQUE SLOVAQUE

Tableau 1. Flux d'investissement direct étranger par pays *(suite)*

Millions de dollars des ÉU

	Entrant					Sortant				
	2015	2016	2017	2018	2019	2015	2016	2017	2018	2019
Proche et Moyen Orient	..	.. c	21.9	18.9	-4.2	..	.. c	.. c	.. c	.. c
Pays du Golfe	..	.. c	0.1	7.2	-4.7	..	-	-	-	-
Koweït	..	.. c	.. c	.. c	-	..	-	-	-	-
Qatar	..	.. c	-0.9	0.9	-0.2	..	-	-	-	-
Arabie saoudite	..	.. c	-0.4	0.1	-0.4	..	-	-	-	-
Emirats Arabes Unis	..	.. c	1.4	6.1	-4.1	..	-	-	-	-
Autres pays du Proche et Moyen Orient	..	.. c	21.9	11.8	0.5	..	.. c	.. c	.. c	.. c
Jordanie	..	.. c	-0.1	0.0	0.0	..	-	-	-	-
Autres pays asiatiques	..	78.6	-34.0	33.2	-206.8	..	.. c	37.3	15.4	12.3
Chine	..	.. c	6.4	-7.6	-2.5	..	.. c	31.4	7.7	13.0
Hong Kong, Chine	..	.. c	2.6	-14.0	2.6	..	.. c	.. c	.. c	-
Inde	..	.. c	1.3	-4.7	-1.1	..	.. c	.. c	1.0	-0.4
Indonesie	..	.. c	-4.7	4.8	-2.8	..	-	-	-	-
République islamique d'Iran	..	.. c	.. c	.. c	-	..	-	-	-	-
Malaisie	..	.. c	-8.3	29.7	-55.2	..	-	-	0.0	-
Philippines	..	.. c	-	-0.2	0.7	..	-	-	-	-
Singapour	..	.. c	-65.2	-5.7	-7.7	..	.. c	.. c	.. c	.. c
Taipei Chinois	..	.. c	-67.7	-22.6	10.9	..	-	-	-	-
Thaïlande	..	.. c	1.9	-0.9	-0.8	..	-	-	-	-
Viet Nam	..	.. c	14.5	4.4	-95.8	..	.. c	.. c	-	-0.5
AUSTRALIE, OCÉANIE ET RÉGIONS POLAIRES	..	**-24.6**	**-11.3**	**-1.0**	**14.2**	..	**.. c**	**.. c**	**.. c**	**.. c**
TOTAL MONDE non alloué et confidentiel	..	**.. d**	**0.0**	**0.0**	**0.0**	..	**- d**	**.. d**	**- d**	**- d**
Union européenne (UE28)	..	**1 727.9**	**3 929.2**	**1 685.1**	**2 440.6**	..	**72.0**	**1 275.4**	**283.6**	**137.6**
Pays du G20 hors Union Européenne	..	**-892.6**	**2 322.2**	**855.4**	**1 580.4**	..	**-8.7**	**128.1**	**118.8**	**90.7**
Pays OCDE du G20	..	**-858.0**	**2 309.6**	**811.5**	**1 689.2**	..	**-28.2**	**80.1**	**108.2**	**69.5**
Pays non-OCDE du G20	..	**-34.7**	**12.6**	**43.9**	**-108.9**	..	**19.5**	**48.0**	**10.6**	**21.2**
Pays MENA	..	**2.6**	**2.4**	**14.1**	**13.9**	..	**.. c**	**.. c**	**.. c**	**.. c**
Pays ANASE	..	**31.2**	**-61.8**	**32.2**	**-161.6**	..	**.. c**	**.. c**	**.. c**	**.. c**

- Néant ; .. Non disponible ; c Donnée confidentielle ; d Confidentialité Secondaire

Note : Voir les métadonnées détaillées sur : *http://metalinks.oecd.org/idi/20210722/947b.*

Source : *Statistiques de l'OCDE sur l'investissement direct international (base de données) : https://doi.org/10.1787/idi-data-fr*

RÉPUBLIQUE SLOVAQUE

Tableau 2. Encours des investissements directs étrangers par pays

En fin d'année

Millions de dollars des ÉU

	Entrant					Sortant				
	2015	2016	2017	2018	2019	2015	2016	2017	2018	2019
TOTAL MONDE	**46 015.8**	**47 591.7**	**59 510.3**	**59 857.3**	**60 951.0**	**2 462.3**	**2 631.0**	**4 589.9**	**4 589.3**	**4 727.1**
Pays membres de l'OCDE	**44 605.1**	**46 192.4**	**58 505.6**	**58 871.4**	**60 610.9**	**1 948.1**	**2 199.9**	**4 045.3**	**4 050.1**	**4 131.4**
Australie	12.5	-3.4	-2.6	4.1	17.1	.. c	1.3	.. c	.. c	.. c
Autriche	7 714.3	6 860.6	7 651.6	7 703.8	7 959.2	50.3	124.1	168.9	205.5	201.1
Belgique	2 165.4	2 340.4	2 995.0	3 113.0	2 908.2	-	-	-	.. c	.. c
Canada	20.0	25.0	33.0	33.7	36.7	.. c	.. c	.. c	.. c	.. c
Chili	-0.8	.. c	-1.6	-0.9	-1.7	.. c	.. c	.. c	.. c	.. c
République Tchèque	4 537.1	5 423.3	7 731.1	8 164.0	8 448.8	948.7	900.1	2 388.7	2 247.9	2 166.7
Danemark	430.8	407.5	521.6	498.1	547.5	.. c	.. c	49.9	49.4	49.6
Estonie	15.6	15.6	16.7	15.5	14.9	-	-	-	-	-
Finlande	116.9	107.7	155.7	231.2	252.8	.. c	.. c	.. c	.. c	.. c
France	917.1	881.9	817.5	1 295.7	1 049.3	66.7	64.7	73.4	70.3	70.6
Allemagne	3 076.0	2 666.1	4 558.9	4 159.3	5 305.9	27.5	40.5	41.4	41.7	51.4
Grèce	5.8	-1.1	2.7	-1.2	-0.4	.. c	-	-	-	-
Hongrie	2 613.3	2 597.3	2 999.6	2 611.9	3 127.5	83.1	135.1	162.3	168.7	152.6
Islande	.. c	.. c	0.3	.. c	.. c	.. c	.. c	.. c	.. c	.. c
Irlande	519.7	421.4	547.5	301.1	110.1	.. c	-	-	-	-1.5
Israël	-1.9	-1.0	5.3	16.3	10.3	-	-	-	-	-
Italie	3 399.9	2 311.4	2 791.2	2 907.5	3 152.4	26.1	26.4	31.9	32.0	28.1
Japon	44.2	72.1	127.9	102.8	83.6	-	-	-	.. c	.. c
Corée	3 230.4	3 060.2	3 446.1	3 263.9	3 127.7	.. c	-	-	.. c	.. c
Lettonie	5.6	-0.1	-0.7	14.1	13.0	.. c	11.4	14.8	2.1	22.6
Lituanie	-1.0	-2.2	-1.7	-2.3	-3.3	.. c	.. c	.. c	5.2	5.3
Luxembourg	3 872.2	3 303.8	4 018.9	3 909.7	3 529.6	73.3	80.3	77.2	45.2	41.6
Mexique	-62.4	-1.7	-4.8	-77.7	-25.8	.. c	.. c	.. c	.. c	.. c
Pays-Bas	9 077.4	13 231.4	15 300.2	15 127.1	14 893.1	190.2	253.1	193.5	138.2	185.0
Nouvelle-Zélande	24.1	5.7	-0.1	0.0	0.0	-	-	-	-	-
Norvège	150.1	147.6	138.6	137.1	159.9	-	.. c	.. c	.. c	.. c
Pologne	316.8	196.3	471.5	591.6	551.8	229.7	156.1	299.5	431.2	496.1
Portugal	4.0	-1.3	-0.8	-2.4	-0.8	.. c	.. c	.. c	.. c	.. c
République slovaquie	-	..	-	-0.2	-	-	..	-	-0.2	-
Slovénie	15.0	8.8	11.9	6.1	7.5	17.3	17.1	18.9	18.5	14.9
Espagne	587.4	650.9	837.8	869.5	863.9	.. c	.. c	.. c	.. c	.. c
Suède	257.7	351.2	823.1	889.6	788.6	-	-	.. c	.. c	-
Suisse	718.2	593.7	842.4	887.8	1 088.9	6.1	11.2	12.9	12.1	7.1
Turquie	-3.3	-13.2	5.6	7.8	5.6	149.3	146.1	164.5	159.7	150.4
Royaume-Uni	492.0	545.6	1 441.6	1 889.5	1 941.9	7.9	138.3	232.8	316.5	350.3
Etats-Unis	331.5	-11.4	222.6	204.6	647.8	14.9	11.9	10.8	9.4	23.4
EUROPE	**41 801.5**	**43 701.0**	**54 881.7**	**55 537.8**	**56 567.2**	**2 388.2**	**2 517.4**	**4 423.3**	**4 418.9**	**4 525.5**
Bulgarie	12.2	22.7	22.9	31.3	26.4	4.4	4.4	4.9	5.3	5.4
Croatie	4.5	-1.5	-4.2	3.7	-6.3	9.9	12.2	16.0	20.3	13.3
Chypre	1 383.2	1 809.1	1 795.1	1 763.7	1 708.8	147.4	87.8	95.7	81.9	155.6
Malte	106.2	77.9	150.0	268.6	271.0	.. c	.. c	.. c	.. c	.. c
Roumanie	6.6	25.4	36.5	-10.0	-8.9	18.8	7.5	11.4	10.1	17.6
Russie	-182.8	-225.4	-243.6	-191.3	-245.5	28.9	35.3	45.9	40.2	52.5
Ukraine	-0.4	-2.6	-3.4	-6.0	-4.0	122.5	113.7	121.6	125.0	97.3
AFRIQUE	**45.9**	**31.8**	**48.7**	**53.1**	**68.1**	**5.6**	**.. c**	**.. c**	**.. c**	**.. c**
Afrique septentrionale	-1.9	-1.2	-0.5	5.4	23.4	5.6	.. c	.. c	.. c	.. c
Algérie	-	-	-	-	-	-	-	-	-	-
Egypte	-2.0	-4.2	-0.3	0.4	11.1	-	-	-	-	-
Libye	-	-	-	-	-	-	-	-	-	-
Maroc	-0.5	-0.7	-6.0	-2.8	1.7	.. c	.. c	.. c	.. c	.. c
Tunisie	0.8	3.7	5.8	7.8	10.6	.. c	-	-	-	-
Autres pays africains	47.8	33.0	49.2	47.7	44.7	-	.. c	.. c	.. c	.. c
Nigéria	.. c	0.0	-0.2	.. c	.. c	-	.. c	.. c	.. c	.. c
Afrique du Sud	-1.7	-9.8	-15.3	-7.5	-3.8	-	-	-	-	0.0
AMÉRIQUE	**546.7**	**322.4**	**671.8**	**487.1**	**890.9**	**28.9**	**52.2**	**66.2**	**64.9**	**77.4**
Amérique du Nord	351.6	13.6	255.6	238.3	684.5	15.0	12.2	11.9	10.4	25.5
Amérique du Nord	68.5	123.0	209.7	63.7	73.5	10.9	.. c	.. c	.. c	.. c
Bahamas	27.2	.. c	.. c	.. c	-	-	-	-	-	-
Bermudes	-	-	.. c	.. c	.. c	-	-	-	-	-
Îles Cayman	.. c	.. c	82.5	.. c	.. c	-	-	-	-	-
Costa Rica	0.4	.. c	.. c	-0.2	0.0	-	-	-	-	-
El Salvador	-	.. c	-	-	-	-	-	-	-	-
Guatemala	-	-	.. c	-	-	-	-	-	-	-
Honduras	-	-	-	-	-	-	-	-	-	-
Nicaragua	-	-	-	-	-	-	-	-	-	-
Panama	2.5	1.8	73.1	.. c	.. c	-	-	-	-	-
Îles Vierges, US	-	-	-	-	-	-	-	-	-	-
Amérique du Sud	126.6	185.8	206.4	185.1	132.9	2.9	26.2	38.6	37.3	38.0
Argentine	118.9	182.0	208.0	157.4	104.7	.. c	.. c	.. c	.. c	.. c
Bolivie	-	-	-	-	-	-	-	-	-	-
Brésil	8.6	4.9	1.0	-4.0	-5.0	2.9	8.6	18.1	17.3	17.9
Colombie	-	-0.8	-0.9	-0.8	-1.6	-	-	-	-	-
Equateur	-0.1	0.0	.. c	.. c	.. c	-	-	-	-	-
Paraguay	-	-	-	-	0.0	-	-	-	-	-
Pérou	-	.. c	0.0	.. c	.. c	-	-	-	-	-
Uruguay	.. c	.. c	.. c	.. c	.. c	-	-	-	-	-
Venezuela	.. c	.. c	.. c	-	0.0	-	-	-	-	-
ASIE	**3 585.1**	**3 534.1**	**3 910.9**	**3 775.8**	**3 407.0**	**39.6**	**54.7**	**93.1**	**99.6**	**115.8**

RÉPUBLIQUE SLOVAQUE

Tableau 2. Encours des investissements directs étrangers par pays *(suite)*

En fin d'année

Millions de dollars des ÉU

	Entrant					Sortant				
	2015	2016	2017	2018	2019	2015	2016	2017	2018	2019
Proche et Moyen Orient	2.1	4.0	8.6	26.6	-25.3	.. c	.. c	.. c	1.1	1.2
Pays du Golfe	1.3	2.4	0.5	7.7	-38.0	-	-	-	.. c	-
Koweït	-	.. c	.. c	-	-	-	-	-	-	-
Qatar	-	0.0	-1.0	-	-0.2	-	-	-	-	-
Arabie saoudite	12.1	.. c	10.8	10.5	9.9	-	-	-	-	-
Emirats Arabes Unis	-10.9	-9.1	-9.2	-2.7	-47.7	-	-	-	.. c	-
Autres pays du Proche et Moyen Orient	0.9	1.6	8.0	18.9	12.7	.. c	.. c	.. c	1.1	1.2
Jordanie	-0.1	.. c	-0.2	-0.2	-0.2	-	-	-	-	-
Autres pays asiatiques	3 583.0	3 530.1	3 902.3	3 749.1	3 432.3	39.3	54.2	92.3	98.5	114.6
Chine	15.0	26.7	36.1	25.1	21.0	24.1	23.9	52.6	56.5	75.5
Hong Kong, Chine	5.8	24.7	30.2	22.3	24.5	.. c	.. c	.. c	.. c	.. c
Inde	-4.6	-3.4	-2.7	-6.7	-8.4	6.2	9.2	13.7	13.0	12.1
Indonesie	1.0	4.5	0.0	4.7	1.8	-	-	-	-	-
République islamique d'Iran	-	-	-	-	-	-	-	-	-	-
Malaisie	83.1	76.1	77.0	100.5	43.6	.. c	.. c	.. c	-	0.0
Philippines	-	0.3	0.2	0.0	0.8	-	-	-	-	-
Singapour	73.8	103.1	51.2	122.3	115.8	.. c	.. c	.. c	.. c	.. c
Taipei Chinois	74.3	79.6	18.1	-4.8	6.2	-	-	-	-	-
Thaïlande	2.2	3.0	6.8	6.6	1.7	-	-	-	-	-
Viet Nam	57.9	81.0	112.0	111.8	13.6	.. c	.. c	.. c	.. c	.. c
AUSTRALIE, OCÉANIE ET RÉGIONS POLAIRES	**36.6**	**2.3**	**-2.8**	**3.6**	**17.8**	**.. c**	**1.3**	**.. c**	**.. c**	**.. c**
TOTAL MONDE non alloué et confidentiel	**0.0**	**0.0**	**0.0**	**0.0**	**0.0**	**- d**	**- d**	**.. d**	**.. d**	**- d**
Union européenne (UE28)	**41 651.8**	**44 250.0**	**55 691.5**	**56 349.8**	**57 452.5**	**1 982.1**	**2 123.2**	**3 975.3**	**3 960.3**	**4 121.7**
Pays du G20 hors Union Européenne	**11 424.5**	**9 523.7**	**13 431.5**	**13 779.6**	**15 216.9**	**365.5**	**520.4**	**703.6**	**774.2**	**851.9**
Pays OCDE du G20	**11 458.0**	**9 532.6**	**13 437.2**	**13 791.4**	**15 342.1**	**303.5**	**443.3**	**573.2**	**647.2**	**693.7**
Pays non-OCDE du G20	**-33.5**	**-8.9**	**-5.7**	**-11.9**	**-125.3**	**61.9**	**77.0**	**130.4**	**127.0**	**158.2**
Pays MENA	**.. c**	**.. c**	**3.0**	**15.9**	**-12.0**	**.. c**	**.. c**	**.. c**	**.. c**	**.. c**
Pays ANASE	**.. c**	**267.9**	**247.2**	**345.9**	**177.3**	**.. c**	**17.9**	**23.2**	**23.0**	**20.5**

- Néant ; .. Non disponible ; c Donnée confidentielle ; d Confidentialité Secondaire

Note : Voir les métadonnées détaillées sur : *http://metalinks.oecd.org/idi/20210722/947b.*

Source : *Statistiques de l'OCDE sur l'investissement direct international (base de données) : https://doi.org/10.1787/idi-data-fr*

Tableau 3. Revenus des investissements directs étrangers par pays

Millions de dollars des ÉU

	Entrant					Sortant				
	2015	2016	2017	2018	2019	2015	2016	2017	2018	2019
TOTAL MONDE	..	**4 411.3**	**4 330.4**	**4 553.1**	**4 654.8**	..	**205.8**	**391.1**	**423.6**	**365.8**
Pays membres de l'OCDE	..	**4 485.3**	**4 421.3**	**4 522.3**	**4 748.2**	..	**167.3**	**354.9**	**377.0**	**324.4**
Australie	..	-	-	.. c	.. c	..	-	-	-	-
Autriche	..	744.7	698.1	774.9	741.5	..	19.4	11.9	7.0	14.2
Belgique	..	223.8	211.8	197.8	211.0	..	-	-	.. c	.. c
Canada	..	2.8	.. c	.. c	.. c	..	0.1	0.2	.. c	.. c
Chili	..	-	-	-	-	..	0.4	.. c	.. c	.. c
République Tchèque	..	195.5	314.7	321.9	175.2	..	47.6	229.7	276.6	149.1
Danemark	..	46.0	61.6	56.3	64.8	..	3.0	.. c	2.4	2.8
Estonie	..	0.0	.. c	.. c	.. c	..	-	-	-	-
Finlande	..	3.2	6.4	34.3	37.6	..	-	-	-	0.0
France	..	128.3	151.8	92.1	91.0	..	6.9	.. c	0.9	2.1
Allemagne	..	576.9	524.3	569.1	550.0	..	3.1	14.0	4.3	9.7
Grèce	..	-	.. c	.. c	.. c	..	-	-	-	-
Hongrie	..	247.1	182.9	155.4	630.4	..	20.7	-1.2	9.7	-3.4
Islande	..	0.1	-	-	-	..	-	-	-	-
Irlande	..	25.6	22.1	19.5	22.6	..	-	-	-	-
Israël	..	0.2	1.7	1.9	0.7	..	-	-	-	-
Italie	..	349.2	260.3	291.7	89.8	..	0.1	.. c	1.1	2.6
Japon	..	2.7	-19.5	-17.7	-4.2	..	-	-	-	-
Corée	..	398.1	401.4	416.2	146.3	..	-0.8	-	-	-
Lettonie	..	-	.. c	.. c	.. c	..	-	-	-	-
Lituanie	..	0.0	.. c	.. c	.. c	..	-	-	-	-
Luxembourg	..	283.3	257.2	367.6	490.5	..	-1.2	.. c	16.1	36.8
Mexique	..	-	-	-	-	..	-	-	-	-0.7
Pays-Bas	..	946.3	1 056.1	967.3	955.8	..	17.4	24.4	-4.1	13.4
Nouvelle-Zélande	..	0.6	-	-	-	..	-	-	-	-
Norvège	..	-1.5	15.3	3.3	-17.0	..	-	-	-	-
Pologne	..	29.6	21.5	20.5	5.1	..	4.0	34.8	30.1	83.1
Portugal	..	-	-	-	-	..	-	-	.. c	.. c
République slovaquie	..	..	-	-	0.2	..	..	-	-	-0.2
Slovénie	..	-0.4	-0.6	0.4	0.3	..	-	-	-	-
Espagne	..	77.1	50.8	44.6	43.1	..	-	.. c	.. c	.. c
Suède	..	24.4	33.0	23.3	48.4	..	-	-	-	-
Suisse	..	43.6	104.6	43.4	60.1	..	-	-1.3	-1.6	-1.9
Turquie	..	0.8	.. c	.. c	.. c	..	37.3	.. c	2.5	-3.7
Royaume-Uni	..	139.6	80.5	99.1	158.6	..	9.2	.. c	.. c	.. c
Etats-Unis	..	-2.6	-21.3	26.9	235.7	..	-	1.6	0.4	2.5
EUROPE	..	**4 006.6**	**4 027.0**	**4 084.5**	**4 319.9**	..	**200.6**	**380.7**	**419.5**	**351.4**
Bulgarie	..	0.4	0.5	.. c	.. c	..	0.1	.. c	0.0	-
Croatie	..	.. c	0.3	.. c	.. c	..	6.3	.. c	1.3	0.0
Chypre	..	-27.2	29.4	74.2	64.8	..	19.1	19.1	2.8	6.4
Malte	..	4.3	25.4	7.9	7.4	..	1.5	1.9	.. c	.. c
Roumanie	..	-	.. c	-0.5	0.0	..	0.0	.. c	0.8	0.7
Russie	..	-2.6	-2.8	-2.1	-23.2	..	4.1	5.5	8.8	12.0
Ukraine	..	-0.4	-0.4	-0.6	-0.7	..	0.7	0.4	29.5	4.7
AFRIQUE	..	**-0.8**	**6.9**	**-0.7**	**-9.1**	..	-	**.. c**	**.. c**	**.. c**
Afrique septentrionale	..	-	-	-	-	..	-	.. c	.. c	-
Algérie	..	-	-	-	-	..	-	-	-	-
Egypte	..	-	-	-	-	..	-	-	-	-
Libye	..	-	-	-	-	..	-	-	-	-
Maroc	..	-	-	-	-	..	-	.. c	.. c	-
Tunisie	..	-	-	-	-	..	-	-	-	-
Autres pays africains	..	-0.8	6.9	-0.7	-9.1	..	-	-	-	0.0
Nigéria	..	-	-	-	-	..	-	-	-	0.0
Afrique du Sud	..	-	.. c	.. c	.. c	..	-	-	-	-
AMÉRIQUE	..	**-0.6**	**-21.1**	**27.5**	**202.2**	..	**0.6**	**.. c**	**1.0**	**3.1**
Amérique du Nord	..	0.2	-21.6	29.0	238.2	..	0.1	1.8	0.4	2.8
Amérique du Nord	..	-0.1	0.0	-1.7	-14.4	..	-	-	-	-0.7
Bahamas	..	-	-	-	-	..	-	-	-	-
Bermudes	..	-	.. c	.. c	.. c	..	-	-	-	-
Îles Cayman	..	-0.1	-0.1	.. c	.. c	..	-	-	-	-
Costa Rica	..	-	-	-	-	..	-	-	-	-
El Salvador	..	-	-	-	-	..	-	-	-	-
Guatemala	..	-	-	-	-	..	-	-	-	-
Honduras	..	-	-	-	-	..	-	-	-	-
Nicaragua	..	-	-	-	-	..	-	-	-	-
Panama	..	-0.1	-0.1	.. c	-	..	-	-	-	-
Îles Vierges, US	..	-	-	-	-	..	-	-	-	-
Amérique du Sud	..	-0.7	0.6	0.2	-21.6	..	0.5	.. c	0.7	1.0
Argentine	..	0.5	0.5	0.5	-21.2	..	-	-	-	-
Bolivie	..	-	-	-	-	..	-	-	-	-
Brésil	..	-1.2	0.1	-0.3	0.9	..	0.1	0.4	0.2	0.6
Colombie	..	-	-	-	-	..	-	-	-	-
Equateur	..	-	-	-	-	..	-	-	-	-
Paraguay	..	-	-	-	-	..	-	-	-	-
Pérou	..	-	-	-	-	..	-	-	-	-
Uruguay	..	-	-	.. c	.. c	..	-	-	-	-
Venezuela	..	-	-	-	-	..	-	-	-	-
ASIE	..	**405.6**	**317.6**	**440.1**	**140.4**	..	**4.5**	**7.7**	**3.1**	**11.3**

RÉPUBLIQUE SLOVAQUE

Tableau 3. Revenus des investissements directs étrangers par pays *(suite)*

Millions de dollars des ÉU

	Entrant					Sortant				
	2015	2016	2017	2018	2019	2015	2016	2017	2018	2019
Proche et Moyen Orient	..	-0.3	1.3	1.6	-0.3	..	-	-	-	-
Pays du Golfe	..	-0.2	.. c	.. c	.. c	..	-	-	-	-
Koweït	..	-	-	-	-	..	-	-	-	-
Qatar	..	-	-	-	-	..	-	-	-	-
Arabie saoudite	..	-0.2	.. c	.. c	.. c	..	-	-	-	-
Emirats Arabes Unis	..	-	-	-	0.0	..	-	-	-	-
Autres pays du Proche et Moyen Orient	..	-0.1	1.5	1.7	0.4	..	-	-	-	-
Jordanie	..	-	-	-	-	..	-	-	-	-
Autres pays asiatiques	..	405.9	316.3	438.5	140.7	..	4.5	7.7	3.1	11.3
Chine	..	-0.8	-1.2	0.4	-16.6	..	5.0	8.0	2.2	12.2
Hong Kong, Chine	..	0.4	.. c	.. c	.. c	..	0.4	.. c	-	-
Inde	..	-	-	.. c	.. c	..	-	-0.3	1.1	-0.4
Indonesie	..	-	-	-	-	..	-	-	-	-
République islamique d'Iran	..	-	-	-	-	..	-	-	-	-
Malaisie	..	0.2	.. c	.. c	.. c	..	-	-	-	-
Philippines	..	-	-	-	-	..	-	-	-	-
Singapour	..	4.7	-66.2	7.3	-5.3	..	-	-	-	-
Taipei Chinois	..	0.0	.. c	.. c	.. c	..	-	-	-	-
Thaïlande	..	0.1	.. c	.. c	.. c	..	-	-	-	-
Viet Nam	..	0.6	.. c	.. c	.. c	..	0.0	.. c	-	-0.5
AUSTRALIE, OCÉANIE ET RÉGIONS POLAIRES	..	**0.6**	**-**	**.. c**	**.. c**	..	**-**	**-**	**-**	**-**
TOTAL MONDE non alloué et confidentiel	..	**-**	**0.0**	**.. d**	**.. d**	..	**-**	**.. d**	**- d**	**- d**
Union européenne (UE28)	..	**4 018.1**	**3 994.8**	**4 126.8**	**4 397.7**	..	**157.5**	**362.0**	**382.2**	**339.3**
Pays du G20 hors Union Européenne	..	**1 591.4**	**1 373.8**	**1 479.3**	**1 208.8**	..	**65.1**	**65.4**	**48.0**	**43.6**
Pays OCDE du G20	..	**1 595.8**	**1 377.4**	**1 480.8**	**1 269.7**	..	**56.0**	**51.8**	**35.7**	**19.2**
Pays non-OCDE du G20	..	**-4.4**	**-3.6**	**-1.5**	**-60.9**	..	**9.1**	**13.6**	**12.3**	**24.4**
Pays MENA	..	**-0.5**	**.. c**	**.. c**	**.. c**	..	**-**	**.. c**	**.. c**	**-**
Pays ANASE	..	**.. c**	**-64.9**	**38.2**	**15.0**	..	**0.0**	**.. c**	**-**	**-0.5**

- Néant ; .. Non disponible ; c Donnée confidentielle ; d Confidentialité Secondaire
Note : Voir les métadonnées détaillées sur : *http://metalinks.oecd.org/idi/20210722/947b.*
Source : *Statistiques de l'OCDE sur l'investissement direct international (base de données) : https://doi.org/10.1787/idi-data-fr*

RÉPUBLIQUE SLOVAQUE

Tableau 4. Investissement direct étranger : flux par secteur industriel

Millions de dollars des ÉU

	Entrant					Sortant				
	2015	2016	2017	2018	2019	2015	2016	2017	2018	2019
All FDI activities	..	**805.1**	**4 008.2**	**1 674.0**	**2 448.6**	..	**95.5**	**1 322.6**	**321.5**	**153.3**
Agriculture, sylviculture et pêche	..	**-40.1**	**14.3**	**-1.1**	..	..	.. c	.. c	.. c	..
Industries extractives	..	**-41.0**	**21.9**	**-18.7**	..	..	**0.3**	**243.5**	**167.2**	..
Activités d'extraction	..	49.5	12.2	-18.1	..	..	.. c	.. c	.. c	..
Activités de fabrication	..	**845.9**	**1 883.0**	**563.4**	..	..	**78.9**	**74.6**	**16.8**	..
dont :										
Produits alimentaires, boissons et tabac	..	-10.7	-13.0	-54.2	..	..	7.8	5.9	-11.3	..
Textiles, bois, papier, imprimerie	..	93.9	62.7	-31.9	..	..	62.7	8.7	6.5	..
Produits pétroliers, chimiques, pharmaceutiques, caoutchouc, plastique, minéraux	..	257.3	132.1	-631.5	..	..	-0.4	8.4	3.9	..
Ouvrages en métaux et machines, sauf matériels électriques	..	-124.8	511.4	878.1	..	..	-23.8	6.0	4.9	..
Automobiles, remorques, semi-remorques, autres matériels de transport	..	355.5	788.3	411.6	..	..	8.3	-2.2	2.1	..
Autres activités de fabrication	..	274.7	401.5	-8.6	..	..	24.4	47.8	10.7	..
Production et distribution d'électricité, de gaz, de vapeur et de climatisation	..	**12.7**	**-106.1**	**474.9**	..	..	**4.7**	**0.2**	**22.9**	..
Distribution de l'eau ; assainissement, traitement des déchets et dépollution	..	**-2.5**	**17.5**	**16.4**	..	..	.. c	**2.0**	**6.3**	..
Construction	..	**12.5**	**46.8**	**1.8**	..	..	**-103.7**	**23.8**	**32.9**	..
Services	..	**17.6**	**2 130.8**	**637.6**	..	..	**106.4**	**980.1**	**73.0**	..
Commerce de gros et de détail ; réparations automobiles et motocycles	..	292.9	141.5	199.9	..	..	47.4	44.6	1.0	..
Transport et entreposage	..	54.7	83.4	95.1	..	..	54.8	-4.3	1.9	..
Activités d'hébergement et de restauration	..	-38.3	-0.6	14.0	..	..	.. c	.. c	.. c	..
Information et communication	..	-202.1	189.3	164.5	..	..	33.0	127.1	56.7	..
Activités financières et d'assurances	..	701.8	229.4	1 009.9	..	..	1.2	-98.3	34.0	..
Activités des sociétés holding	..	3.4	-96.0	27.2	..	..	3.7	-53.3	47.0	..
Activités immobilières	..	-109.3	507.6	134.5	..	..	1.8	303.8	21.6	..
Activités professionnelles, scientifiques et techniques	..	-132.5	1 173.0	-620.4	..	..	-114.4	137.0	123.1	..
Activités de services administratifs et d'appui	..	-586.2	-339.8	-33.3	..	..	.. c	6.7	-14.5	..
Administration publique; activités des ménages et des organismes extra-territoriaux	..	-	-	-	..	..	-	.. c	.. c	..
Éducation	..	.. c	.. c	.. c	..	..	-	-	-	..
Santé humaine et action sociale	..	-8.5	199.8	-339.9	..	..	.. c	.. c	.. c	..
Arts, spectacles et loisirs	..	81.3	-50.1	-4.3	..	..	27.7	.. c	-58.2	..
Autres services	..	-36.3	-2.7	.. c	..	..	54.6	.. c	.. c	..
Not allocated and confidential	..	-	**0.0**	**-0.2**	**2 448.6**	..	.. c	.. c	.. c	**153.3**
Activités immobilières privées	..	-	-	-	..	..	-	-	-	..

- Néant ; .. Non disponible ; c Donnée confidentielle

Note : Voir les métadonnées détaillées sur : *http://metalinks.oecd.org/idi/20210722/947b.*

Source : *Statistiques de l'OCDE sur l'investissement direct international (base de données) : https://doi.org/10.1787/idi-data-fr*

Tableau 5. Encours des investissement directs étrangers par secteur industriel
En fin d'année

Millions de dollars des ÉU

	Entrant					Sortant				
	2015	2016	2017	2018	2019	2015	2016	2017	2018	2019
All FDI activities	**46 015.8**	**47 591.7**	**59 510.3**	**59 857.3**	**60 951.0**	**2 462.3**	**2 631.0**	**4 589.9**	**4 589.3**	**4 727.1**
Agriculture, sylviculture et pêche	**164.2**	**150.4**	**181.2**	**14.5**	..	**1.7**	**13.2**	**6.2**	**.. c**	..
Industries extractives	**111.5**	**94.5**	**76.1**	**-28.1**	..	**.. c**	**70.6**	**413.0**	**595.0**	..
Activités d'extraction	9.6	.. d	-18.8	-32.3	..	.. c	.. c	.. c	.. c	..
Activités de fabrication	**15 301.7**	**15 358.3**	**19 091.0**	**15 209.8**	..	**515.8**	**471.8**	**600.4**	**578.9**	..
dont :										
Produits alimentaires, boissons et tabac	884.7	637.7	670.5	1 152.3	..	20.4	35.9	48.0	37.4	..
Textiles, bois, papier, imprimerie	628.1	676.7	809.4	1 123.0	..	76.2	118.3	146.2	132.9	..
Produits pétroliers, chimiques, pharmaceutiques, caoutchouc, plastique, minéraux	3 528.0	3 587.1	4 115.7	2 657.8	..	-	61.5	76.6	64.2	..
Ouvrages en métaux et machines, sauf matériels électriques	4 845.5	4 830.7	5 673.6	7 179.0	..	80.7	89.3	107.2	103.6	..
Automobiles, remorques, semi-remorques, autres matériels de transport	3 275.4	3 383.9	5 411.5	1 354.9	..	66.6	68.4	70.6	86.0	..
Autres activités de fabrication	2 139.9	2 242.2	2 410.4	1 742.8	..	87.9	98.4	151.8	154.8	..
Production et distribution d'électricité, de gaz, de vapeur et de climatisation	**1 948.8**	**3 484.1**	**3 919.6**	**3 008.2**	..	**5.7**	**19.2**	**24.5**	**75.4**	..
Distribution de l'eau ; assainissement, traitement des déchets et dépollution	**126.5**	**121.3**	**154.4**	**175.3**	..	**2.2**	**0.8**	**3.2**	**8.5**	..
Construction	**477.1**	**608.9**	**765.1**	**1 108.1**	..	**87.8**	**54.0**	**86.9**	**69.3**	..
Services	**27 885.9**	**27 774.2**	**35 322.9**	**40 369.5**	..	**1 778.9**	**2 001.4**	**3 455.8**	**3 255.4**	..
Commerce de gros et de détail ; réparations automobiles et motocycles	4 137.5	4 344.0	5 091.3	7 170.7	..	469.1	485.8	603.8	546.3	..
Transport et entreposage	1 856.1	1 833.5	2 149.4	3 318.8	..	65.7	133.1	153.7	113.4	..
Activités d'hébergement et de restauration	69.1	124.9	158.6	168.2	..	.. c	.. c	3.9	.. c	..
Information et communication	2 369.6	2 142.0	2 632.1	5 839.8	..	106.5	133.9	290.7	312.6	..
Activités financières et d'assurances	11 235.6	11 048.2	12 869.9	2 407.8	..	361.1	261.3	214.5	250.9	..
Activités des sociétés holding	124.0	-120.5	-541.8	-91.0	..	81.5	.. d	80.7	161.0	..
Activités immobilières	3 289.5	3 004.2	4 369.4	6 345.8	..	410.3	386.3	754.7	1 125.9	..
Activités professionnelles, scientifiques et techniques	1 598.9	1 636.3	3 315.4	12 877.4	..	146.8	381.6	598.1	678.6	..
Activités de services administratifs et d'appui	2 882.5	3 158.4	4 019.4	464.4	..	17.9	.. d	23.3	195.7	..
Administration publique; activités des ménages et des organismes extra-territoriaux	-	-	-	-	..	-	-	.. c	.. c	..
Éducation	1.5	.. c	.. c	1.0	..	-	-	-	-	..
Santé humaine et action sociale	134.3	126.4	421.8	1 700.7	..	.. c	.. c	.. c	.. c	..
Arts, spectacles et loisirs	166.1	252.0	181.2	61.0	..	39.5	49.8	57.7	.. c	..
Autres services	145.0	103.3	113.2	14.0	..	14.9	.. c	.. c	.. c	..
Not allocated and confidential	**0.1**	**0.0**	**0.0**	**-**	**60 951.0**	**.. c**	**-**	**0.0**	**.. c**	**4 727.1**
Activités immobilières privées	-	-	-	-	..	-	-	-	-	..

- Néant ; .. Non disponible ; c Donnée confidentielle ; d Confidentialité Secondaire

Note : Voir les métadonnées détaillées sur : *http://metalinks.oecd.org/idi/20210722/947b.*

Source : *Statistiques de l'OCDE sur l'investissement direct international (base de données) : https://doi.org/10.1787/idi-data-fr*

Tableau 6. Revenus des investissements directs étrangers par secteur industriel

Millions de dollars des ÉU

	Entrant					Sortant				
	2015	2016	2017	2018	2019	2015	2016	2017	2018	2019
All FDI activities	..	**4 411.3**	**4 330.4**	**4 553.1**	**4 654.8**	..	**205.8**	**391.1**	**423.6**	**365.8**
Agriculture, sylviculture et pêche	..	**6.6**	**21.1**	**12.9**	..	..	.. c	**-3.5**	.. c	..
Industries extractives	..	**40.7**	**40.2**	**82.5**	..	..	.. c	**-44.2**	**154.4**	..
Activités d'extraction	..	36.7	.. c	77.7	..	..	.. c	.. c	.. c	..
Activités de fabrication	..	**2 233.4**	**2 049.3**	**2 193.4**	..	..	**29.9**	**28.2**	**32.7**	..
dont :										
Produits alimentaires, boissons et tabac	..	89.0	49.1	19.6	..	..	.. c	0.2	0.9	..
Textiles, bois, papier, imprimerie	..	101.5	85.2	12.8	..	..	16.6	.. c	9.7	..
Produits pétroliers, chimiques, pharmaceutiques, caoutchouc, plastique, minéraux	..	616.1	530.5	-99.5	..	..	1.0	.. c	1.9	..
Ouvrages en métaux et machines, sauf matériels électriques	..	601.1	505.7	1 670.1	..	..	0.3	5.1	13.4	..
Automobiles, remorques, semi-remorques, autres matériels de transport	..	664.1	688.0	434.8	..	..	3.3	.. c	3.2	..
Autres activités de fabrication	..	161.5	190.7	155.6	..	..	8.2	11.7	3.6	..
Production et distribution d'électricité, de gaz, de vapeur et de climatisation	..	**81.0**	**30.1**	**101.7**	..	..	**0.9**	**2.6**	**1.3**	..
Distribution de l'eau ; assainissement, traitement des déchets et dépollution	..	**5.0**	**15.0**	**32.1**	..	..	**0.1**	**0.3**	**1.9**	..
Construction	..	**21.0**	**63.6**	**35.8**	..	..	**3.7**	**25.2**	**4.0**	..
Services	..	**2 023.7**	**2 111.0**	**2 094.8**	..	..	**170.4**	**382.5**	**221.1**	..
Commerce de gros et de détail ; réparations automobiles et motocycles	..	495.7	627.7	623.1	..	..	53.4	156.8	12.6	..
Transport et entreposage	..	116.3	100.1	198.2	..	..	11.1	-5.6	4.2	..
Activités d'hébergement et de restauration	..	-16.7	9.6	17.3	..	..	.. c	.. c	.. c	..
Information et communication	..	286.3	335.9	601.0	..	..	10.8	32.1	33.5	..
Activités financières et d'assurances	..	1 003.3	864.7	531.8	..	..	28.9	34.5	18.6	..
Activités des sociétés holding	..	-19.9	-30.8	-6.3	..	..	8.6	10.7	6.0	..
Activités immobilières	..	105.6	86.1	212.0	..	..	21.6	69.4	78.4	..
Activités professionnelles, scientifiques et techniques	..	74.9	-7.0	-261.9	..	..	33.0	34.0	46.0	..
Activités de services administratifs et d'appui	..	-8.2	37.4	494.1	..	..	.. c	.. c	19.7	..
Administration publique; activités des ménages et des organismes extra-territoriaux	..	-	-	-	..	..	-	.. c	.. c	..
Éducation	..	.. c	0.0	-	..	..	-	-	-	..
Santé humaine et action sociale	..	0.9	-1.5	-327.9	..	..	.. c	.. c	.. c	..
Arts, spectacles et loisirs	..	17.4	77.0	3.7	..	..	2.8	.. c	.. c	..
Autres services	..	-51.9	.. c	.. c	..	..	.. c	.. c	.. c	..
Not allocated and confidential	..	**0.0**	**0.0**	-	**4 654.8**	..	.. c	**0.0**	.. c	**365.8**
Activités immobilières privées	..	-	-	-	..	..	-	-	-	..

- Néant ; .. Non disponible ; c Donnée confidentielle

Note : Voir les métadonnées détaillées sur : *http://metalinks.oecd.org/idi/20210722/947b.*

Source : *Statistiques de l'OCDE sur l'investissement direct international (base de données) : https://doi.org/10.1787/idi-data-fr*

SLOVÉNIE

Tableau 1. Flux d'investissement direct étranger par pays

Millions de dollars des ÉU

	Entrant					Sortant				
	2015	2016	2017	2018	2019	2015	2016	2017	2018	2019
TOTAL MONDE	**1 674.7**	**1 244.7**	**895.8**	**1 383.3**	**1 226.6**	**267.3**	**289.6**	**337.7**	**280.7**	**389.5**
Pays membres de l'OCDE	**1 491.9**	**1 149.2**	**624.1**	**1 205.2**	**778.1**	**119.7**	**-11.7**	**195.9**	**44.4**	**-9.7**
Australie	-0.7	0.8	1.3	-15.2	-0.8	7.6	2.7	3.1	-4.1	-2.4
Autriche	295.9	148.6	435.0	267.0	169.7	3.4	-45.5	-4.6	9.8	-2.1
Belgique	12.7	18.1	18.3	-17.8	-26.9	0.1	-0.3	-0.3	0.4	1.3
Canada	-0.6	-2.0	-1.1	-0.5	-1.1	-0.6	2.4	-0.6	9.3	5.2
Chili	0.0	0.0	0.0	0.0	-3.2	-	1.0	2.3	2.2	-2.2
République Tchèque	92.7	47.3	31.2	4.0	15.1	-3.3	19.7	-7.9	3.7	15.4
Danemark	0.1	-3.5	1.7	0.0	48.3	3.1	-4.9	1.1	3.3	-4.5
Estonie	0.5	-0.2	-0.1	-1.3	2.2	-	-	-	-	-
Finlande	1.0	-10.9	3.9	-0.8	-2.4	0.2	-3.5	1.7	4.9	6.2
France	1.4	-22.6	63.1	-29.1	-103.8	-7.3	0.3	-7.4	1.6	-4.0
Allemagne	151.7	35.4	54.4	190.8	245.3	-42.7	-21.2	129.2	21.2	-22.7
Grèce	-1.6	0.4	2.3	1.6	3.2	0.7	2.7	8.8	6.4	-13.4
Hongrie	3.7	6.4	9.7	30.7	74.8	-0.8	1.0	2.8	-2.3	4.7
Islande	0.0	-	0.0	0.0	0.0	-	-	0.0	-	-
Irlande	15.3	31.6	-5.8	-0.7	-6.2	0.2	4.2	0.6	0.1	0.6
Israël	0.3	1.3	2.5	1.6	0.1	-	-	-	-	0.0
Italie	62.3	91.2	-128.2	46.2	66.9	-2.3	13.6	39.0	-3.1	10.3
Japon	25.7	-0.9	-27.4	-28.2	-3.2	0.0	-0.9	-0.4	0.1	0.8
Corée	-1.7	1.0	1.3	-0.5	0.7	0.1	0.1	-0.3	-0.7	-1.2
Lettonie	1.0	0.5	0.3	0.3	-0.6	0.0	0.0	0.0	-0.1	-0.1
Lituanie	0.2	0.1	0.1	0.0	-0.1	-0.2	0.0	0.2	-0.2	-0.1
Luxembourg	222.7	469.8	-11.2	452.3	-13.1	-3.2	3.7	-3.4	0.0	-1.2
Mexique	0.2	-0.2	0.0	-0.7	2.7	1.4	-3.7	1.7	-1.1	3.6
Pays-Bas	325.1	135.8	54.4	91.6	219.4	15.1	17.1	-8.2	27.4	-18.8
Nouvelle-Zélande	0.1	0.0	0.0	-0.1	0.2	-	0.0	0.1	-0.1	0.0
Norvège	-0.2	-0.6	1.0	-0.1	2.4	-	-	0.0	-	0.0
Pologne	7.9	8.5	-5.6	9.6	12.1	-1.6	2.3	0.5	-3.0	17.8
Portugal	-0.1	0.1	0.6	0.4	0.6	0.9	-0.5	2.6	-1.7	1.9
République slovaquie	-3.2	3.3	6.3	-1.4	2.7	-2.7	-5.5	-0.1	-3.7	-0.8
Slovénie	-	-	-	-	-	-	-	-	-	-
Espagne	0.1	1.9	2.3	-2.5	9.1	2.6	16.9	9.3	1.2	-6.4
Suède	33.6	81.8	7.8	-17.2	-189.4	10.9	-1.5	7.9	1.1	18.1
Suisse	182.5	68.5	97.0	123.0	211.2	152.3	-5.6	0.1	-1.3	4.6
Turquie	-3.5	-7.1	14.4	18.6	5.8	-2.5	0.1	15.7	-3.6	1.0
Royaume-Uni	72.3	43.3	-0.1	16.9	50.3	0.3	-11.5	-15.3	-0.8	-24.1
Etats-Unis	-4.1	1.8	-5.2	66.6	-14.1	-12.3	5.1	17.9	-22.4	2.7
EUROPE	**1 655.4**	**1 235.5**	**913.3**	**1 375.6**	**1 233.7**	**252.5**	**261.5**	**301.2**	**267.7**	**343.2**
Bulgarie	4.6	1.6	1.9	2.9	0.8	5.4	-0.2	-0.1	-1.3	0.4
Croatie	132.0	-27.2	62.3	35.6	57.9	-15.6	105.6	176.5	139.7	276.0
Chypre	37.6	15.0	-12.3	69.5	265.6	2.7	10.1	-9.6	1.5	7.9
Malte	1.7	51.6	11.3	6.7	-2.2	0.0	0.0	-0.5	0.4	0.5
Roumanie	0.5	-1.4	3.3	-4.4	2.4	-6.0	2.2	3.5	-10.8	5.4
Russie	-6.5	6.8	116.8	16.4	22.0	48.7	17.3	28.5	19.7	52.4
Ukraine	5.8	-1.8	-2.2	1.2	4.2	9.7	4.5	7.9	3.4	6.0
AFRIQUE	**1.6**	**-2.4**	**-0.4**	**1.6**	**-4.0**	**-13.6**	**-11.1**	**-1.2**	**-4.4**	**3.3**
Afrique septentrionale	1.2	0.9	-0.6	2.3	-5.0	1.3	0.7	2.9	0.6	-4.8
Algérie	-0.4	0.6	0.0	0.0	-	-	-	0.0	0.0	0.0
Egypte	1.0	0.0	-0.7	0.9	-7.8	0.0	-	-	-	-
Libye	0.0	0.0	-	-	-	1.4	0.7	2.3	0.5	-4.9
Maroc	0.3	0.3	0.0	1.6	2.7	0.0	0.0	0.6	0.0	0.1
Tunisie	0.2	0.1	0.1	-0.3	0.1	-	-	-	-	-
Autres pays africains	0.3	-3.3	0.3	-0.7	1.0	-14.9	-11.8	-4.1	-5.0	8.2
Nigéria	0.1	-	-	-	-	-	-	-	-	-
Afrique du Sud	0.0	-0.2	0.2	-0.6	1.0	3.3	1.0	-0.7	1.5	3.4
AMÉRIQUE	**-4.9**	**3.5**	**-1.1**	**70.5**	**-23.9**	**-11.6**	**5.3**	**23.2**	**-9.5**	**14.1**
Amérique du Nord	-4.8	-0.2	-6.3	66.1	-15.2	-12.9	7.5	17.3	-13.1	7.9
Amérique du Nord	-0.1	4.8	5.7	3.6	-4.2	1.4	-3.6	1.7	-1.1	3.6
Bahamas	0.0	0.0	-	-	-	-	-	-	-	-
Bermudes	0.0	-	0.0	0.0	-	-	-	-	-	-
Îles Cayman	0.0	0.0	-	-	-	-	-	-	-	-
Costa Rica	-	-	-0.1	-	-	0.0	-	-	-	-
El Salvador	-	-	-	-	-	-	-	-	-	-
Guatemala	0.0	0.0	0.0	-	-	-	-	-	-	-
Honduras	-	-	-	-	-	-	-	-	-	-
Nicaragua	-	-	-	-	-	-	-	-	-	-
Panama	-0.6	0.1	-2.2	-0.2	-2.6	0.0	0.0	0.0	0.0	-
Îles Vierges, US	-	-	-	-	-	-	-	-	-	-
Amérique du Sud	0.0	-1.1	-0.5	0.7	-4.5	-0.1	1.5	4.1	4.8	2.7
Argentine	-0.3	-0.6	-0.4	-0.1	-0.5	-	-	1.4	2.3	4.7
Bolivie	-	-	0.0	-	-	-	-	-	-	-
Brésil	0.2	-0.5	0.1	0.8	-0.3	0.0	0.9	-1.9	0.3	-0.4
Colombie	0.0	0.0	0.0	0.0	0.0	-	0.4	0.1	-0.2	-0.1
Equateur	-	-	-	0.0	-	-0.1	-1.1	0.0	0.0	-
Paraguay	-	0.0	-	-	-	-	-	-	-	-
Pérou	0.0	-	0.0	0.0	-0.5	-	0.3	2.3	0.3	0.7
Uruguay	-	0.0	0.0	-	-	-	-	-	-	-
Venezuela	0.0	0.0	-0.1	-	-	-	-	-	-	-
ASIE	**31.1**	**6.4**	**-13.3**	**-8.3**	**20.5**	**14.8**	**14.5**	**-1.9**	**16.0**	**16.4**

SLOVÉNIE

Tableau 1. Flux d'investissement direct étranger par pays *(suite)*

Millions de dollars des ÉU

	Entrant					Sortant				
	2015	2016	2017	2018	2019	2015	2016	2017	2018	2019
Proche et Moyen Orient	4.2	13.0	21.0	14.9	2.3	1.4	-0.8	-1.6	1.8	-5.5
Pays du Golfe	3.0	11.7	18.7	13.9	1.6	1.3	-0.8	-1.6	1.8	-5.5
Koweït	0.0	0.0	-0.1	-0.5	0.0	-	-	-	-	-
Qatar	0.0	-0.1	0.1	0.0	-0.1	-	-	-	-	-
Arabie saoudite	1.3	0.4	0.5	0.4	-1.6	-0.2	0.2	-0.1	0.0	-
Emirats Arabes Unis	1.7	11.5	18.2	14.0	3.3	1.6	-1.0	-1.5	1.7	-5.5
Autres pays du Proche et Moyen Orient	1.2	1.3	2.3	1.0	0.7	0.1	-	0.0	0.0	0.0
Jordanie	0.9	0.0	-0.1	-0.5	0.6	0.0	-	-	-	-
Autres pays asiatiques	26.9	-6.7	-34.3	-23.3	18.2	13.4	15.3	-0.3	14.3	21.9
Chine	4.8	6.2	2.2	0.2	-0.9	9.4	11.8	1.0	14.4	22.6
Hong Kong, Chine	-3.3	-7.1	-4.4	4.9	8.5	2.1	0.4	1.8	-2.9	-1.9
Inde	-2.1	2.3	-1.2	-3.3	14.8	-0.5	-0.4	0.2	0.2	0.1
Indonesie	-	-	-	0.0	0.7	-	0.1	-0.1	0.0	0.0
République islamique d'Iran	-	0.0	0.0	0.0	0.0	0.0	-0.1	-0.2	0.1	-
Malaisie	0.0	-0.7	-1.0	2.1	0.0	0.1	0.1	0.1	0.1	0.2
Philippines	-0.1	0.0	0.0	0.0	0.1	-	-	-	-	-
Singapour	4.9	-5.2	-1.6	0.5	-2.1	0.1	0.1	-0.6	0.9	-0.7
Taipei Chinois	-0.1	0.0	0.0	0.0	0.0	-	-	0.0	-	-
Thaïlande	0.0	0.0	0.0	-0.5	0.7	0.0	-	-0.1	-0.3	-0.1
Viet Nam	0.0	0.0	-	0.0	0.0	-	-	-	-	-
AUSTRALIE, OCÉANIE ET RÉGIONS POLAIRES	**-0.6**	**0.8**	**1.3**	**-15.3**	**-0.7**	**7.6**	**2.7**	**3.1**	**-4.2**	**-2.4**
TOTAL MONDE non alloué et confidentiel	**-7.9**	**0.9**	**-4.0**	**-40.7**	**1.1**	**17.6**	**16.7**	**13.2**	**15.0**	**14.8**
Union européenne (UE28)	**1 471.5**	**1 126.3**	**606.9**	**1 150.8**	**903.0**	**-40.0**	**105.0**	**326.2**	**195.6**	**268.4**
Pays du G20 hors Union Européenne	**300.3**	**155.1**	**90.7**	**278.6**	**283.8**	**2.2**	**17.7**	**211.1**	**34.9**	**52.1**
Pays OCDE du G20	**302.9**	**140.8**	**-27.5**	**264.9**	**248.7**	**-58.3**	**-13.1**	**182.7**	**-3.5**	**-30.7**
Pays non-OCDE du G20	**-2.6**	**14.4**	**118.1**	**13.7**	**35.1**	**60.6**	**30.8**	**28.4**	**38.4**	**82.9**
Pays MENA	**5.2**	**12.7**	**17.9**	**15.6**	**-2.8**	**2.7**	**-0.1**	**1.3**	**2.3**	**-10.3**
Pays ANASE	**4.7**	**-6.0**	**-2.6**	**2.1**	**-0.6**	**0.2**	**0.2**	**-0.7**	**0.7**	**-0.5**

- Néant

Note : Voir les métadonnées détaillées sur : *http://metalinks.oecd.org/idi/20210722/947b.*

Source : *Statistiques de l'OCDE sur l'investissement direct international (base de données) : https://doi.org/10.1787/idi-data-fr*

Tableau 2. Encours des investissements directs étrangers par pays
En fin d'année

Millions de dollars des ÉU

	Entrant					Sortant				
	2015	2016	2017	2018	2019	2015	2016	2017	2018	2019
TOTAL MONDE	..	..	**16 738.8**	**17 465.4**	**17 982.2**	**5 997.2**	**6 051.6**	**7 159.3**	**6 992.7**	**7 455.1**
Pays membres de l'OCDE	..	..	**14 011.5**	**13 711.3**	**14 064.4**	**969.9**	**924.9**	**1 245.2**	**1 248.0**	**1 239.1**
Australie	..	..	-	-	-	17.7	20.5	26.3	20.2	17.8
Autriche	..	..	2 539.1	2 354.9	2 556.0	179.6	120.9	129.2	139.9	145.8
Belgique	..	..	142.1	115.2	126.3	2.9	2.7	2.8	3.0	4.3
Canada	..	..	-	-	-	6.1	8.6	8.6	17.0	22.3
Chili	..	..	-	-	-	-	1.0	3.4	5.4	3.1
République Tchèque	..	..	258.0	232.8	231.1	66.9	75.6	82.7	85.0	99.6
Danemark	..	..	-	-	-	15.6	10.5	13.1	15.6	10.9
Estonie	..	..	-	-	-	-	-	-	-	0.2
Finlande	..	..	-	-	-	0.8	1.3	3.3	7.9	14.0
France	..	..	815.5	779.9	383.6	15.3	14.3	9.2	9.5	8.0
Allemagne	..	..	2 526.3	2 612.8	2 556.8	84.0	61.7	209.0	216.0	187.9
Grèce	..	..	-	-	-	6.5	9.1	19.4	25.2	11.2
Hongrie	..	..	-	-	-	20.5	24.4	25.8	31.9	36.3
Islande	..	..	-	-	-	-	-	-	-	-
Irlande	..	..	-	-	-	1.2	5.2	6.2	6.0	6.4
Israël	..	..	-	-	-	-	-	-	-	0.0
Italie	..	..	1 568.4	1 512.2	1 690.7	62.0	79.3	127.4	117.8	128.5
Japon	..	..	409.0	392.1	405.9	2.5	1.6	1.3	1.4	2.2
Corée	..	..	-	-	-	4.8	4.8	5.1	4.7	3.4
Lettonie	..	..	-	-	-	0.5	0.4	0.4	0.3	0.2
Lituanie	..	..	-	-	-	0.1	0.2	0.4	0.2	0.1
Luxembourg	..	..	313.9	275.0	486.8	2.1	5.6	3.8	3.6	4.3
Mexique	..	..	259.5	237.6	232.0	8.3	5.0	12.3	10.5	14.5
Pays-Bas	..	..	701.3	595.9	620.4	234.1	243.0	269.0	287.0	211.8
Nouvelle-Zélande	..	..	-	-	-	-	0.0	0.1	0.0	0.0
Norvège	..	..	-	-	-	-	-	0.0	0.0	-
Pologne	..	..	81.4	33.7	39.0	69.0	70.0	89.7	82.8	101.1
Portugal	..	..	-	-	-	4.6	3.9	7.2	5.2	7.0
République slovaquie	..	..	-	-	-	16.5	13.9	15.3	11.1	10.9
Slovénie	..	..	314.0	406.7	438.5	-	-	-	-	-
Espagne	..	..	-	-	-	29.0	43.0	58.3	56.0	50.3
Suède	..	..	165.7	181.3	213.4	11.9	9.9	12.9	13.3	31.5
Suisse	..	..	1 335.1	1 405.2	1 505.8	25.2	20.3	15.7	13.3	21.3
Turquie	..	..	-	-	-	10.3	8.4	24.1	16.2	14.9
Royaume-Uni	..	..	438.0	877.7	911.1	24.7	14.6	-4.8	-5.8	11.4
Etats-Unis	..	..	2 144.2	1 698.3	1 667.2	47.8	45.6	68.7	47.9	57.5
EUROPE	..	..	**12 841.8**	**13 197.4**	**13 592.3**	**5 388.9**	**5 524.1**	**6 533.9**	**6 468.2**	**6 867.8**
Bulgarie	..	..	-	-	-	12.1	12.5	13.0	10.7	10.9
Croatie	..	..	744.2	876.4	881.1	1 619.1	1 714.3	2 181.0	2 235.0	2 574.0
Chypre	..	..	163.8	235.1	261.6	32.5	40.3	37.3	36.8	45.9
Malte	..	..	-	-	-	0.0	0.0	-0.5	-0.1	0.6
Roumanie	..	..	-	-	-	24.7	27.2	33.2	21.6	26.2
Russie	..	..	599.7	541.1	465.6	332.4	413.2	465.6	408.3	509.1
Ukraine	..	..	-	-	-	30.8	32.4	46.5	49.2	56.9
AFRIQUE	..	..	-	-	-	**244.3**	**131.3**	**135.2**	**21.8**	**21.8**
Afrique septentrionale	..	..	-	-	-	5.5	5.9	9.5	9.6	1.9
Algérie	..	..	-	-	-	0.1	0.0	0.0	0.0	-
Egypte	..	..	-	-	-	-	-	-	-	-
Libye	..	..	-	-	-	5.4	5.9	8.9	9.0	1.3
Maroc	..	..	-	-	-	0.0	0.0	0.6	0.6	0.7
Tunisie	..	..	-	-	-	-	-	-	-	-
Autres pays africains	..	..	-	-	-	238.9	125.4	125.7	12.2	19.8
Nigéria	..	..	-	-	-	-	-	-	-	-
Afrique du Sud	..	..	-	-	-	22.1	25.9	28.0	27.6	30.6
AMÉRIQUE	..	..	**2 403.7**	**1 935.9**	**1 899.2**	**67.5**	**65.2**	**100.3**	**90.7**	**112.0**
Amérique du Nord	..	..	2 144.2	1 698.3	1 667.2	53.9	54.3	77.3	64.9	79.8
Amérique du Nord	..	..	259.5	237.6	232.0	11.0	7.6	15.3	13.5	17.4
Bahamas	..	..	-	-	-	-	-	-	-	-
Bermudes	..	..	-	-	-	-	-	-	-	-
Îles Cayman	..	..	-	-	-	-	-	-	-	-
Costa Rica	..	..	-	-	-	-	-	-	-	-
El Salvador	..	..	-	-	-	-	-	-	-	-
Guatemala	..	..	-	-	-	-	-	-	-	-
Honduras	..	..	-	-	-	-	-	-	-	-
Nicaragua	..	..	-	-	-	-	-	-	-	-
Panama	..	..	-	-	-	2.7	2.6	0.8	0.8	0.8
Îles Vierges, US	..	..	-	-	-	-	-	-	-	-
Amérique du Sud	..	..	-	-	-	2.6	3.3	7.7	12.3	14.8
Argentine	..	..	-	-	-	-	-	1.5	3.7	8.4
Bolivie	..	..	-	-	-	-	-	-	-	-
Brésil	..	..	-	-	-	2.4	2.5	0.5	0.7	0.3
Colombie	..	..	-	-	-	-	0.4	0.5	0.3	0.2
Equateur	..	..	-	-	-	0.2	-0.9	-0.9	-0.9	-0.9
Paraguay	..	..	-	-	-	-	-	-	-	-
Pérou	..	..	-	-	-	-	0.3	2.7	3.0	3.7
Uruguay	..	..	-	-	-	-	-	-	-	-
Venezuela	..	..	-	-	-	-	-	-	-	-
ASIE	..	..	**411.2**	**800.2**	**771.5**	**63.4**	**75.5**	**82.1**	**92.4**	**112.4**

SLOVÉNIE

Tableau 2. Encours des investissements directs étrangers par pays *(suite)*

En fin d'année

Millions de dollars des ÉU

	Entrant					Sortant				
	2015	2016	2017	2018	2019	2015	2016	2017	2018	2019
Proche et Moyen Orient	..	..	-	-	-	3.3	3.6	2.3	2.5	1.4
Pays du Golfe	..	..	-	-	-	3.3	3.5	2.2	2.5	1.4
Koweït	..	..	-	-	-	-	-	-	-	-
Qatar	..	..	-	-	-	-	-	-	-	-
Arabie saoudite	..	..	-	-	-	0.0	0.2	0.1	0.1	0.1
Emirats Arabes Unis	..	..	-	-	-	3.2	3.3	2.1	2.3	1.3
Autres pays du Proche et Moyen Orient	..	..	-	-	-	0.1	0.1	0.1	0.0	0.0
Jordanie	..	..	-	-	-	-	-	-	-	-
Autres pays asiatiques	..	..	411.2	800.2	771.5	60.1	72.0	79.8	89.9	111.0
Chine	..	..	2.2	408.1	365.6	38.3	46.1	53.9	64.0	84.3
Hong Kong, Chine	..	..	-	-	-	4.5	4.6	6.5	4.0	3.2
Inde	..	..	-	-	-	-0.1	-0.4	0.5	0.7	0.8
Indonesie	..	..	-	-	-	-	0.1	0.0	0.0	0.0
République islamique d'Iran	..	..	-	-	-	0.0	-0.1	-0.3	-0.2	0.0
Malaisie	..	..	-	-	-	0.5	0.6	1.2	1.2	1.3
Philippines	..	..	-	-	-	-	-	-	-	-
Singapour	..	..	-	-	-	0.0	1.7	1.3	2.2	1.6
Taipei Chinois	..	..	-	-	-	-	-	-	-	0.0
Thaïlande	..	..	-	-	-	1.3	1.3	0.2	-0.1	0.3
Viet Nam	..	..	-	-	-	-	-	-	-	-
AUSTRALIE, OCÉANIE ET RÉGIONS POLAIRES	..	..	-	-	-	**17.7**	**20.5**	**26.4**	**20.2**	**17.9**
TOTAL MONDE non alloué et confidentiel	..	..	**1 082.1**	**1 531.9**	**1 719.3**	**215.4**	**234.9**	**281.4**	**299.4**	**323.3**
Union européenne (UE28)	..	..	**10 771.6**	**11 089.5**	**11 396.2**	**2 536.2**	**2 603.7**	**3 344.1**	**3 415.3**	**3 739.5**
Pays du G20 hors Union Européenne	..	..	**8 762.8**	**9 059.7**	**8 678.4**	**678.7**	**751.9**	**1 037.4**	**960.7**	**1 102.1**
Pays OCDE du G20	..	..	**8 160.9**	**8 110.6**	**7 847.2**	**283.5**	**264.3**	**487.2**	**455.5**	**468.5**
Pays non-OCDE du G20	..	..	**601.9**	**949.2**	**831.2**	**395.2**	**487.5**	**550.2**	**505.1**	**633.6**
Pays MENA	..	..	-	-	-	**8.7**	**9.5**	**11.7**	**12.0**	**3.3**
Pays ANASE	..	..	-	-	-	**1.9**	**3.7**	**2.7**	**3.3**	**3.3**

- Néant ; .. Non disponible

Note : Les positions d'IDE entrants sont allouées selon le pays investisseur ultime. Les positions d'IDE entrants par la contrepartie immédiate sont disponibles pour des années en plus dans *la base de données Statistisques d'IDE selon BMD4*. Voir les métadonnées détaillées sur : *http://metalinks.oecd.org/idi/20210722/947b*.

Source : *Statistiques de l'OCDE sur l'investissement direct international (base de données) : https://doi.org/10.1787/idi-data-fr*

Tableau 3. Revenus des investissements directs étrangers par pays

Millions de dollars des ÉU

	Entrant					Sortant				
	2015	2016	2017	2018	2019	2015	2016	2017	2018	2019
TOTAL MONDE	**1 078.2**	**1 252.3**	**1 254.8**	**1 565.6**	**1 600.7**	**55.2**	**176.5**	**219.7**	**357.3**	**374.2**
Pays membres de l'OCDE	**1 027.2**	**1 240.3**	**1 310.9**	**1 437.5**	**1 439.6**	**15.3**	**27.0**	**52.6**	**61.4**	**53.9**
Australie	-0.5	0.1	1.2	-0.5	0.8	-1.7	-4.7	-2.4	-1.8	-0.6
Autriche	367.6	426.5	458.2	494.5	401.0	2.9	4.7	3.4	4.8	7.0
Belgique	18.7	21.5	18.6	20.1	18.8	-0.6	0.0	0.3	0.3	0.4
Canada	-0.1	-0.1	-	-	-	-0.1	0.0	0.5	-2.5	2.7
Chili	-	-	-	-	-	-	-	0.0	0.0	-
République Tchèque	10.6	16.0	20.6	15.4	12.9	5.1	9.8	7.6	12.4	10.8
Danemark	19.8	20.6	15.4	18.8	14.9	0.5	0.7	0.7	1.3	1.5
Estonie	0.1	0.1	0.0	-	-0.7	-	-	-	-	-
Finlande	5.0	4.1	2.4	10.3	3.8	-1.3	0.1	-0.4	0.1	0.3
France	48.3	103.5	105.7	138.0	56.8	-1.3	0.2	-1.5	1.0	-0.1
Allemagne	172.6	172.6	180.0	172.7	159.2	-1.2	7.3	13.3	2.3	8.8
Grèce	0.0	0.9	2.7	3.1	2.5	0.2	0.0	0.3	0.0	-0.6
Hongrie	13.2	6.7	11.9	12.3	71.5	0.1	3.7	5.0	4.6	8.1
Islande	-	-	-	-	-	-	-	-	-	-
Irlande	0.7	-6.9	-0.1	0.6	2.3	0.8	0.7	0.3	0.5	0.9
Israël	0.5	-0.1	0.0	0.2	0.2	-	-	-	-	-
Italie	57.2	96.1	60.9	104.2	100.7	-1.7	0.4	11.6	3.4	0.2
Japon	2.6	4.0	0.2	3.0	3.4	-0.1	-0.5	-0.1	0.0	0.2
Corée	0.4	0.0	-0.3	-0.2	-0.4	0.8	0.8	0.8	-0.3	-1.0
Lettonie	0.1	0.1	0.2	0.1	0.1	0.1	0.1	0.1	0.1	0.1
Lituanie	0.1	0.2	-	-	-	0.1	0.2	0.2	0.2	0.2
Luxembourg	45.5	102.9	62.0	6.4	115.5	-0.4	-	0.5	-	-0.6
Mexique	-	-	-	-	0.2	-2.1	-3.0	-1.3	-0.9	-1.7
Pays-Bas	41.1	56.6	127.2	139.3	175.8	3.5	3.5	3.8	26.2	0.3
Nouvelle-Zélande	0.0	0.0	-	-	-	-	-	-	-	-
Norvège	0.5	0.2	1.2	1.0	0.9	-	-	-	0.0	-
Pologne	1.3	4.9	3.7	3.3	3.0	7.4	7.0	9.5	10.2	11.8
Portugal	-	-	-	-	-	0.3	0.3	0.3	0.3	0.4
République slovaquie	2.5	6.2	7.4	-0.6	4.4	0.4	-0.4	-0.7	0.0	0.1
Slovénie	-	-	-	-	-	-	-	-	-	-
Espagne	-0.4	0.0	1.7	1.1	1.5	0.9	2.0	1.3	-0.4	1.3
Suède	8.0	11.5	33.2	33.9	60.2	2.3	0.6	0.9	0.4	1.7
Suisse	162.9	124.6	137.4	197.1	199.1	-1.7	-3.3	0.0	0.6	4.4
Turquie	-0.7	-0.3	0.5	0.3	-0.6	-0.2	0.3	1.5	2.1	4.0
Royaume-Uni	37.4	50.3	48.2	39.6	33.8	2.2	-0.1	-0.3	2.6	0.9
Etats-Unis	12.2	17.8	10.7	23.3	-2.1	0.4	-3.2	-2.1	-6.0	-7.7
EUROPE	**1 064.1**	**1 236.4**	**1 246.7**	**1 523.0**	**1 596.3**	**66.1**	**184.1**	**223.0**	**374.5**	**372.8**
Bulgarie	1.4	1.0	0.1	0.6	0.3	0.5	1.0	-2.1	-0.3	0.7
Croatie	29.7	-29.7	-103.6	60.3	79.8	-21.2	-13.7	35.1	86.1	99.0
Chypre	20.1	14.7	5.9	4.6	18.3	0.5	9.1	-8.8	0.8	-1.4
Malte	3.9	11.7	11.9	9.2	-16.6	0.0	0.0	-0.5	0.4	0.6
Roumanie	-0.5	0.1	-	0.2	-0.1	1.5	1.4	1.0	1.3	1.0
Russie	-12.7	-3.5	-3.4	-2.2	1.1	5.0	23.7	23.3	31.0	39.9
Ukraine	-0.3	-0.9	0.2	0.0	0.1	10.3	12.1	4.5	7.9	17.1
AFRIQUE	**1.5**	**-2.9**	**0.0**	**-0.1**	**-0.1**	**-13.2**	**-11.2**	**-0.3**	**-4.2**	**9.1**
Afrique septentrionale	1.2	0.1	0.0	-0.1	-0.1	1.3	0.7	2.2	0.5	1.2
Algérie	0.0	0.0	-	-	-	-	-	0.0	0.0	0.0
Egypte	1.2	0.0	0.0	-0.1	-0.1	-	-	-	-	-
Libye	0.0	0.0	-	-	-	1.4	0.7	2.3	0.5	1.3
Maroc	0.3	0.3	-	-	-	0.0	0.0	-0.1	0.0	-0.1
Tunisie	-0.3	-0.1	-	-	-	-	-	-	-	-
Autres pays africains	0.2	-3.0	-	-	-	-14.6	-11.9	-2.5	-4.7	7.9
Nigéria	-	-	-	-	-	-	-	-	-	-
Afrique du Sud	-	0.0	-	-	-	3.2	0.8	-0.5	1.5	3.4
AMÉRIQUE	**11.4**	**17.9**	**7.4**	**26.5**	**-6.7**	**-2.8**	**-7.4**	**-3.0**	**-9.4**	**-6.6**
Amérique du Nord	12.1	17.7	10.7	23.3	-2.1	0.2	-3.3	-1.6	-8.4	-5.0
Amérique du Nord	-0.7	0.2	-3.3	3.1	-4.6	-2.1	-3.0	-1.3	-0.9	-1.7
Bahamas	0.0	0.0	-	-	-	-	-	-	-	-
Bermudes	-	-	-	-	-	-	-	-	-	-
Îles Cayman	0.0	0.0	-	-	-	-	-	-	-	-
Costa Rica	-	-	-	-	-	-	-	-	-	-
El Salvador	-	-	-	-	-	-	-	-	-	-
Guatemala	-	-	-	-	-	-	-	-	-	-
Honduras	-	-	-	-	-	-	-	-	-	-
Nicaragua	-	-	-	-	-	-	-	-	-	-
Panama	0.2	0.1	-2.2	-0.2	-0.7	-	-	-	-	-
Îles Vierges, US	-	-	-	-	-	-	-	-	-	-
Amérique du Sud	0.0	0.0	-	-	-	-0.9	-1.2	-0.1	0.0	0.0
Argentine	0.0	0.0	-	-	-	-	-	0.0	0.0	0.0
Bolivie	-	-	-	-	-	-	-	-	-	-
Brésil	-	-	-	-	-	-0.8	-0.1	-0.1	0.0	-
Colombie	-	-	-	-	-	-	-	-	-	-
Equateur	-	-	-	-	-	-0.2	-1.0	0.0	-	-
Paraguay	-	-	-	-	-	-	-	-	-	-
Pérou	-	-	-	-	-	-	-	0.0	0.0	-
Uruguay	-	-	-	-	-	-	-	-	-	-
Venezuela	-	-	-	-	-	-	-	-	-	-
ASIE	**1.3**	**0.0**	**-0.5**	**16.7**	**10.4**	**6.9**	**15.8**	**2.5**	**-1.8**	**-0.5**

Tableau 3. Revenus des investissements directs étrangers par pays *(suite)*

Millions de dollars des ÉU

	Entrant					Sortant				
	2015	2016	2017	2018	2019	2015	2016	2017	2018	2019
Proche et Moyen Orient	1.6	2.8	0.8	14.5	8.3	-0.7	1.3	-1.6	1.0	-1.3
Pays du Golfe	1.2	3.0	0.8	14.3	8.1	-0.7	1.3	-1.6	1.0	-1.3
Koweït	0.0	-0.1	0.0	0.0	0.0	-	-	-	-	-
Qatar	-	-	-	-	-	-	-	-	-	-
Arabie saoudite	0.4	0.4	0.9	0.4	0.4	0.0	-0.1	0.0	-	-
Emirats Arabes Unis	0.8	2.7	-0.1	13.9	7.7	-0.7	1.4	-1.6	1.0	-1.3
Autres pays du Proche et Moyen Orient	0.5	-0.2	0.0	0.2	0.2	-	-	0.0	0.0	0.0
Jordanie	0.0	0.0	-	-	-	-	-	-	-	-
Autres pays asiatiques	-0.3	-2.8	-1.3	2.2	2.1	7.5	14.4	4.1	-2.9	0.8
Chine	0.1	0.2	-0.1	-0.7	-0.8	6.5	9.1	1.8	-3.6	0.1
Hong Kong, Chine	-3.6	-6.9	-1.0	0.1	0.0	2.1	4.3	1.3	1.3	0.8
Inde	0.0	0.0	0.0	0.0	-	-0.2	-0.2	0.1	0.3	0.0
Indonesie	-	-	-	-	0.0	-	-	-	-	-
République islamique d'Iran	-	-	-	-	-	0.0	-0.1	-0.1	-	-
Malaisie	-	-	-	0.0	0.0	-	-	0.0	-	-
Philippines	0.0	0.0	-	-	-	-	-	-	-	-
Singapour	0.3	0.0	0.0	0.1	0.0	0.1	0.0	0.0	0.0	0.0
Taipei Chinois	-0.1	0.0	-	-	-	-	-	-	-	-
Thaïlande	-	0.0	-	-	-	-	-	-	-0.9	0.2
Viet Nam	-	-	-	-	-	-	-	-	-	-
AUSTRALIE, OCÉANIE ET RÉGIONS POLAIRES	**-0.4**	**0.1**	**1.2**	**-0.5**	**0.8**	**-1.7**	**-4.7**	**-2.4**	**-1.8**	**-0.6**
TOTAL MONDE non alloué et confidentiel	**0.2**	**0.8**	**0.1**	**-**	**0.0**	**-**	**0.0**	**0.0**	**0.0**	**-**
Union européenne (UE28)	**903.8**	**1 091.9**	**1 074.2**	**1 288.0**	**1 319.6**	**1.6**	**38.6**	**80.7**	**158.3**	**153.3**
Pays du G20 hors Union Européenne	**317.3**	**441.1**	**404.4**	**478.0**	**352.4**	**8.7**	**30.9**	**44.4**	**29.1**	**49.1**
Pays OCDE du G20	**329.5**	**444.0**	**407.1**	**480.5**	**351.7**	**-5.1**	**-2.5**	**19.9**	**-0.1**	**5.7**
Pays non-OCDE du G20	**-12.2**	**-3.0**	**-2.7**	**-2.5**	**0.7**	**13.8**	**33.3**	**24.5**	**29.2**	**43.4**
Pays MENA	**2.4**	**3.1**	**0.8**	**14.2**	**8.0**	**0.7**	**2.0**	**0.5**	**1.5**	**-0.1**
Pays ANASE	**0.3**	**0.0**	**0.0**	**0.1**	**0.0**	**0.1**	**0.0**	**0.0**	**-0.9**	**0.2**

- Néant

Note : Voir les métadonnées détaillées sur : *http://metalinks.oecd.org/idi/20210722/947b.*

Source : *Statistiques de l'OCDE sur l'investissement direct international (base de données) : https://doi.org/10.1787/idi-data-fr*

Tableau 4. Investissement direct étranger : flux par secteur industriel

Millions de dollars des ÉU

	Entrant					Sortant				
	2015	2016	2017	2018	2019	2015	2016	2017	2018	2019
All FDI activities	**1 674.7**	**1 244.7**	**895.8**	**1 383.3**	**1 226.6**	**267.3**	**289.6**	**337.7**	**280.7**	**389.5**
Agriculture, sylviculture et pêche	**-0.2**	**3.5**	**0.3**	**-0.1**	**0.6**	**10.0**	**3.7**	**2.4**	**1.1**	**2.6**
Industries extractives	**-0.4**	**0.1**	**5.8**	**10.0**	**10.9**	**-0.7**	**5.1**	**16.5**	**3.4**	**5.8**
Activités d'extraction	0.1	0.6	6.0	-1.6	7.2	-	-	-	-	-
Activités de fabrication	**809.1**	**508.3**	**254.7**	**817.7**	**352.7**	**108.2**	**120.3**	**244.9**	**53.0**	**143.7**
dont :										
Produits alimentaires, boissons et tabac	405.5	207.7	129.8	-1.3	253.3	3.4	6.1	16.5	4.5	19.3
Textiles, bois, papier, imprimerie	12.7	33.0	59.6	38.8	48.5	-2.2	1.3	0.6	-1.4	6.6
Produits pétroliers, chimiques, pharmaceutiques, caoutchouc, plastique, minéraux	159.2	140.6	11.4	125.4	41.6	18.0	41.4	124.7	57.4	66.4
Ouvrages en métaux et machines, sauf matériels électriques	106.0	80.4	17.5	95.8	76.8	3.6	55.9	62.6	12.1	30.9
Automobiles, remorques, semi-remorques, autres matériels de transport	20.6	-20.0	-3.9	177.9	-42.9	52.5	4.6	-14.6	0.5	17.9
Autres activités de fabrication	105.2	66.6	40.2	381.1	-24.7	33.0	11.0	55.1	-20.2	2.5
Production et distribution d'électricité, de gaz, de vapeur et de climatisation	**14.0**	**-20.7**	**29.8**	**41.5**	**-3.2**	**25.4**	**14.0**	**40.3**	**27.5**	**-0.2**
Distribution de l'eau ; assainissement, traitement des déchets et dépollution	**0.0**	**-0.8**	**1.0**	**3.4**	**11.4**	**-0.1**	**0.0**	**1.1**	**-0.4**	**-2.8**
Construction	**-11.6**	**28.7**	**45.4**	**-11.4**	**-14.3**	**-10.7**	**6.5**	**6.1**	**-6.7**	**0.1**
Services	**844.1**	**715.0**	**557.1**	**498.0**	**858.4**	**95.3**	**81.0**	**-47.5**	**120.8**	**168.9**
Commerce de gros et de détail ; réparations automobiles et motocycles	67.9	31.6	85.8	220.1	21.6	4.3	68.8	23.1	22.6	102.8
Transport et entreposage	40.6	19.9	-6.8	4.4	-34.7	-22.1	-12.8	2.0	9.5	0.2
Activités d'hébergement et de restauration	45.5	1.1	-11.5	-9.1	2.9	-7.2	-3.5	6.7	0.0	1.4
Information et communication	211.9	38.2	27.4	55.5	50.3	11.6	13.4	-108.6	-3.3	-36.6
Activités financières et d'assurances	512.7	445.9	255.2	114.2	693.0	147.6	21.2	25.3	74.4	2.2
Activités des sociétés holding	105.0	22.8	190.0	-7.2	130.8	0.8	4.6	-20.8	11.6	-13.5
Activités immobilières	-57.3	101.0	110.9	64.6	-150.9	4.6	4.9	5.6	4.5	94.2
Activités professionnelles, scientifiques et techniques	3.2	47.1	74.4	30.9	251.3	4.5	-2.9	0.1	7.9	-2.8
Activités de services administratifs et d'appui	3.4	-15.6	17.8	14.7	10.3	-26.5	-10.0	-6.8	3.4	6.1
Administration publique; activités des ménages et des organismes extra-territoriaux	0.0	0.0	-	-	-	-	-	-	-	-
Éducation	-0.3	-0.4	0.2	0.0	0.0	-0.1	0.0	0.0	0.0	0.0
Santé humaine et action sociale	6.2	-0.2	1.1	1.6	12.6	-	-	-	-0.3	-2.3
Arts, spectacles et loisirs	8.9	45.6	2.9	1.4	-0.1	-21.7	0.5	1.1	-0.9	-0.4
Autres services	1.4	0.9	0.0	-0.3	2.1	0.2	1.4	4.1	2.9	4.1
Not allocated and confidential	**19.6**	**10.7**	**1.7**	**24.2**	**10.0**	**40.0**	**59.0**	**73.9**	**82.0**	**71.3**
Activités immobilières privées	**-**	**-**	**-**	**-**	**-**	**-**	**-**	**-**	**-**	**-**

- Néant

Note : Voir les métadonnées détaillées sur : *http://metalinks.oecd.org/idi/20210722/947b.*

Source : *Statistiques de l'OCDE sur l'investissement direct international (base de données) : https://doi.org/10.1787/idi-data-fr*

Tableau 5. Encours des investissement directs étrangers par secteur industriel
En fin d'année

Millions de dollars des ÉU

	Entrant					Sortant				
	2015	2016	2017	2018	2019	2015	2016	2017	2018	2019
All FDI activities	**..**	**..**	**16 738.8**	**17 465.4**	**17 982.2**	**5 997.2**	**6 051.6**	**7 159.3**	**6 992.7**	**7 455.1**
Agriculture, sylviculture et pêche	**17.4**	**19.8**	**26.4**	**26.8**	**29.0**	**29.3**	**40.3**	**49.3**	**30.5**	**34.4**
Industries extractives	**46.9**	**46.0**	**61.9**	**68.4**	**61.2**	**18.4**	**26.0**	**42.5**	**45.1**	**49.9**
Activités d'extraction	32.3	33.7	44.8	41.1	34.7	-	-	-	-	-
Activités de fabrication	**4 323.9**	**4 446.8**	**5 567.8**	**6 253.7**	**6 340.1**	**1 533.9**	**1 509.5**	**1 903.6**	**1 914.1**	**2 030.6**
dont :										
Produits alimentaires, boissons et tabac	577.3	522.0	733.6	704.0	777.2	260.7	216.1	266.9	285.1	297.7
Textiles, bois, papier, imprimerie	425.1	446.3	552.9	536.8	523.5	8.7	6.5	11.6	10.8	13.7
Produits pétroliers, chimiques, pharmaceutiques, caoutchouc, plastique, minéraux	1 508.9	1 602.9	1 904.6	1 943.6	1 978.6	415.2	562.3	754.4	709.3	763.6
Ouvrages en métaux et machines, sauf matériels électriques	591.7	639.3	852.3	941.0	987.9	151.6	183.3	324.2	336.2	355.4
Automobiles, remorques, semi-remorques, autres matériels de transport	512.7	393.5	451.6	583.5	642.2	206.6	161.6	81.9	115.1	136.1
Autres activités de fabrication	708.1	842.9	1 073.0	1 544.9	1 430.8	491.1	379.8	464.6	457.7	464.1
Production et distribution d'électricité, de gaz, de vapeur et de climatisation	**379.1**	**350.6**	**439.5**	**447.6**	**447.9**	**151.5**	**143.4**	**198.6**	**248.4**	**232.3**
Distribution de l'eau ; assainissement, traitement des déchets et dépollution	**63.5**	**61.3**	**69.9**	**92.5**	**101.4**	**9.9**	**12.4**	**16.2**	**15.0**	**11.0**
Construction	**96.4**	**162.3**	**262.3**	**230.4**	**195.1**	**14.9**	**62.0**	**109.6**	**38.6**	**36.8**
Services	**7 456.3**	**8 307.0**	**9 960.9**	**9 957.2**	**10 395.9**	**3 159.5**	**3 089.2**	**3 385.4**	**3 204.7**	**3 384.2**
Commerce de gros et de détail ; réparations automobiles et motocycles	2 681.1	2 629.6	2 968.1	3 092.5	3 116.4	1 306.6	1 303.2	1 451.4	1 358.9	1 444.9
Transport et entreposage	305.4	307.3	328.3	301.6	233.9	314.6	192.6	192.2	89.5	86.1
Activités d'hébergement et de restauration	94.2	102.9	122.7	138.1	154.8	38.9	41.0	53.3	50.7	44.1
Information et communication	774.1	790.1	945.4	976.0	1 011.7	282.2	171.9	213.0	182.5	169.7
Activités financières et d'assurances	2 241.3	3 080.7	3 682.9	3 379.1	3 904.5	909.7	1 016.0	1 050.8	1 123.9	1 153.5
Activités des sociétés holding	261.4	264.4	440.9	384.9	515.5	250.1	398.0	308.0	322.1	296.9
Activités immobilières	760.1	834.8	1 089.7	1 203.5	1 128.5	140.1	311.8	328.9	316.2	371.4
Activités professionnelles, scientifiques et techniques	430.9	429.5	664.6	661.0	635.6	175.1	52.6	83.8	89.9	96.0
Activités de services administratifs et d'appui	128.6	77.6	98.7	147.7	143.3	-49.4	-41.2	-17.4	-46.2	-21.2
Administration publique; activités des ménages et des organismes extra-territoriaux	0.0	0.0	-	-	-	-	-	-	-	-
Éducation	-0.3	-0.9	-	1.0	1.0	-0.2	-0.2	-0.1	-0.1	0.0
Santé humaine et action sociale	8.0	7.4	10.2	10.5	19.0	2.0	1.9	2.2	1.8	-0.6
Arts, spectacles et loisirs	13.1	27.7	27.7	25.5	24.9	11.1	10.4	-3.4	5.2	4.6
Autres services	19.9	20.2	22.5	20.8	22.5	28.9	29.2	30.6	32.4	35.8
Not allocated and confidential	**258.9**	**278.0**	**350.0**	**388.8**	**411.6**	**1 080.0**	**1 168.8**	**1 454.0**	**1 496.2**	**1 675.9**
Activités immobilières privées	-	-	-	-	-	-	-	-	-	-

- Néant ; .. Non disponible

Note : Voir les métadonnées détaillées sur : *http://metalinks.oecd.org/idi/20210722/947b*.

Source : *Statistiques de l'OCDE sur l'investissement direct international (base de données) : https://doi.org/10.1787/idi-data-fr*

Tableau 6. Revenus des investissements directs étrangers par secteur industriel

Millions de dollars des ÉU

	Entrant					Sortant				
	2015	2016	2017	2018	2019	2015	2016	2017	2018	2019
All FDI activities	**1 078.2**	**1 252.3**	**1 254.8**	**1 565.6**	**1 600.7**	**55.2**	**176.5**	**219.7**	**357.3**	**374.2**
Agriculture, sylviculture et pêche	**2.6**	**1.1**	**0.7**	**0.6**	**-1.3**	**1.9**	**1.4**	**2.9**	**1.8**	**2.6**
Industries extractives	**-1.0**	**0.0**	**-0.9**	**1.5**	**11.2**	**-0.2**	**0.2**	**1.9**	**4.0**	**4.0**
Activités d'extraction	-1.6	-1.1	-1.4	-1.9	6.9	-	-	-	-	-
Activités de fabrication	**518.4**	**565.5**	**566.8**	**526.2**	**613.1**	**55.8**	**87.2**	**94.9**	**115.8**	**122.0**
dont :										
Produits alimentaires, boissons et tabac	29.3	46.7	59.7	74.8	102.4	16.4	21.6	25.1	29.8	25.5
Textiles, bois, papier, imprimerie	41.9	45.1	29.2	29.1	44.1	-0.2	-0.4	0.8	0.5	0.2
Produits pétroliers, chimiques, pharmaceutiques, caoutchouc, plastique, minéraux	232.3	183.4	194.4	236.6	224.8	21.8	30.6	38.2	48.4	72.4
Ouvrages en métaux et machines, sauf matériels électriques	67.8	92.4	42.3	96.4	80.8	5.2	20.9	38.1	32.6	29.5
Automobiles, remorques, semi-remorques, autres matériels de transport	74.1	62.6	90.9	78.6	36.2	-1.8	-1.1	-30.5	-9.5	-14.4
Autres activités de fabrication	73.0	135.3	150.3	10.5	124.8	14.4	15.6	23.2	14.0	8.8
Production et distribution d'électricité, de gaz, de vapeur et de climatisation	**7.2**	**-5.7**	**6.7**	**-1.9**	**8.1**	**7.2**	**4.4**	**2.3**	**8.4**	**12.3**
Distribution de l'eau ; assainissement, traitement des déchets et dépollution	**6.4**	**7.2**	**8.1**	**9.7**	**10.2**	**-0.1**	**0.3**	**1.1**	**0.2**	**-2.9**
Construction	**-7.2**	**0.7**	**3.4**	**28.3**	**8.2**	**-3.9**	**1.7**	**0.3**	**-1.7**	**-0.2**
Services	**551.8**	**683.4**	**670.0**	**1 001.2**	**951.1**	**-5.5**	**80.9**	**116.1**	**227.2**	**236.4**
Commerce de gros et de détail ; réparations automobiles et motocycles	267.4	207.6	127.9	352.8	307.6	45.3	55.0	19.3	64.7	83.3
Transport et entreposage	32.5	35.7	27.2	0.8	-14.8	-18.3	-11.5	-2.2	-2.5	7.4
Activités d'hébergement et de restauration	-7.6	3.3	4.4	8.3	8.7	-1.2	-0.1	-0.2	1.7	2.1
Information et communication	96.6	64.7	69.2	80.5	72.4	11.7	9.1	10.2	9.6	8.5
Activités financières et d'assurances	26.1	273.5	276.1	362.8	398.9	-12.2	59.2	97.5	135.6	100.1
Activités des sociétés holding	4.7	21.4	-2.8	11.9	31.2	-1.8	12.1	-6.7	27.0	2.5
Activités immobilières	94.4	65.6	89.5	101.6	124.2	-10.5	-37.1	-12.6	5.2	32.1
Activités professionnelles, scientifiques et techniques	31.5	40.4	60.7	79.0	44.1	4.2	6.4	5.2	8.1	-4.3
Activités de services administratifs et d'appui	6.8	-18.1	12.5	10.3	7.5	-25.2	-2.6	-5.7	2.0	5.1
Administration publique; activités des ménages et des organismes extra-territoriaux	-	0.0	-	-	-	-	-	-	-	-
Éducation	-0.2	-0.4	-	0.0	0.0	-0.1	0.0	0.0	0.0	0.0
Santé humaine et action sociale	1.4	0.7	1.1	1.6	1.4	-	-	-	-0.3	-2.5
Arts, spectacles et loisirs	0.2	8.6	-0.7	0.7	-0.9	0.6	1.2	1.3	0.8	0.6
Autres services	2.9	1.7	2.2	2.7	2.1	0.2	1.3	3.2	2.4	4.0
Not allocated and confidential	**0.0**	**0.0**	**0.0**	**0.0**	**0.0**	**0.1**	**0.5**	**0.2**	**1.7**	**0.0**
Activités immobilières privées	-	-	-	-	-	-	-	-	-	-

- Néant

Note : Voir les métadonnées détaillées sur : *http://metalinks.oecd.org/idi/20210722/947b*.

Source : *Statistiques de l'OCDE sur l'investissement direct international (base de données) : https://doi.org/10.1787/idi-data-fr*

Tableau 1. Flux d'investissement direct étranger par pays

Millions de dollars des ÉU

	Entrant					Sortant				
	2015	2016	2017	2018	2019	2015	2016	2017	2018	2019
TOTAL MONDE	**8 556.9**	**31 538.2**	**41 876.9**	**53 461.6**	**8 514.5**	**41 916.8**	**43 902.5**	**55 926.1**	**37 710.4**	**19 670.9**
Pays membres de l'OCDE	**3 863.6**	**29 570.9**	**40 210.8**	**49 103.0**	**10 598.9**	**29 547.4**	**31 354.6**	**46 263.1**	**23 840.4**	**13 414.3**
Australie	.. c	.. c	.. d	.. d	.. d	86.5	.. d	574.9	335.2	7.8
Autriche	.. c	.. c	125.1	-139.3	66.0	.. d	.. d	688.8	-48.4	111.9
Belgique	1 104.8	-613.7	-812.8	1 124.7	1 309.8	472.5	496.5	1.1	214.8	914.6
Canada	.. d	.. d	48.5	-51.9	108.6	.. c	.. d	.. d	.. d	.. d
Chili	.. c	.. c	22.5	-14.2	70.5	2 327.2	2 945.9	-9 475.8	483.9	1 867.2
République Tchèque	.. c	.. c	81.2	37.8	29.1	.. d	.. d	103.7	.. d	138.8
Danemark	407.1	.. d	-308.9	200.6	-120.9	.. d	.. d	.. d	.. d	.. d
Estonie	.. c	.. c	-6.8	-2.4	-1.1	.. c	.. c	11.3	8.3	3.4
Finlande	.. c	.. d	119.5	-11.8	.. d	.. c	.. c	.. d	512.2	-170.2
France	5 733.8	3 236.8	2 427.0	3 151.2	-1 918.7	2 692.2	1 638.8	3 899.2	2 465.5	2 908.3
Allemagne	455.9	4 997.2	4 912.6	8 322.9	1 645.6	1 487.5	1 946.3	971.7	.. d	-266.4
Grèce	.. c	.. c	.. d	40.1	.. c	.. c	.. d	-82.3	-31.9	-586.6
Hongrie	-59.9	-327.3	5.6	.. d	35.8	.. c	.. c	90.2	206.5	-1 132.9
Islande	.. c	.. c	.. d	.. d	.. d	.. c	.. c	-1.1	.. d	.. d
Irlande	-487.0	125.0	5 622.8	-472.1	78.4	905.2	-2 992.4	2 769.7	474.4	4 576.3
Israël	.. c	.. c	.. d	.. d	-	.. c	.. c	22.5	.. c	9.0
Italie	.. c	273.1	-7 963.0	7 950.0	1 423.9	-607.9	1 299.3	1 254.7	-553.5	-619.1
Japon	.. d	.. d	.. d	.. c	.. d	.. c	.. c	24.8	.. d	39.2
Corée	.. d	56.4	.. d	.. d	.. d	.. d	.. d	.. d	.. c	29.1
Lettonie	.. c	.. c	.. c	-	-	.. c	.. c	.. c	7.1	.. c
Lituanie	.. c	.. c	-	-	-	.. c	.. c	37.2	3.5	-45.9
Luxembourg	-1 273.4	3 083.0	5 993.7	14 840.1	2 954.2	-555.7	4 707.5	.. d	3 665.8	-68.3
Mexique	.. d	.. d	104.8	-328.1	-263.1	3 667.2	4 497.4	3 151.8	3 584.3	3 637.1
Pays-Bas	-2 909.6	6 856.1	13 971.4	3 584.3	4 031.1	.. d	-11 090.3	20.3	305.7	7 282.0
Nouvelle-Zélande	.. c	.. c	15.8	-62.6	.. d	.. c	.. c	1.1	- d	.. c
Norvège	.. d	.. d	.. d	63.7	.. d	146.4	.. d	269.4	485.1	237.3
Pologne	.. d	.. d	84.5	3 016.6	72.8	621.2	339.5	617.7	846.2	-33.6
Portugal	.. d	498.7	242.4	-172.3	3 384.1	-1 520.8	.. c	918.7	2 478.5	1 903.1
République slovaquie	.. c	.. c	-3.4	.. d	17.9	.. c	267.6	120.6	267.9	.. d
Slovénie	.. c	.. c	1.1	-	-	.. c	.. c	2.3	4.7	1.1
Espagne	-	-	-	-	-	-	-	-	-	-
Suède	1 008.3	531.9	348.3	319.8	686.2	.. d	.. d	19.2	98.0	200.4
Suisse	1 223.5	517.5	669.6	.. d	-47.0	.. d	.. c	-497.1	316.3	485.8
Turquie	.. c	.. c	-18.0	-4.7	.. d	.. d	.. d	3 079.7	1 256.9	1 016.5
Royaume-Uni	-2 814.2	6 699.1	5 682.6	1 072.8	-3 584.5	7 553.0	.. d	21 733.7	4 771.6	-10 673.9
Etats-Unis	-2 931.8	.. d	8 480.4	3 062.7	266.4	4 604.5	14 355.9	14 821.3	4 694.9	2 443.7
EUROPE	**5 021.6**	**26 952.3**	**30 695.5**	**41 824.6**	**10 603.4**	**9 505.3**	**9 039.0**	**35 746.8**	**16 676.5**	**3 174.7**
Bulgarie	.. c	.. c	-	.. c	1.1	.. c	.. c	.. d	5.9	4.5
Croatie	.. c	.. c	-	1.2	-1.1	.. c	.. c	23.7	-5.9	-25.7
Chypre	.. c	.. c	240.1	.. d	.. d	.. c	.. c	-50.7	.. d	.. d
Malte	.. d	288.6	.. d	.. d	.. d	.. c	.. c	51.9	93.2	-60.5
Roumanie	.. d	.. d	.. d	.. d	.. d	.. d	.. c	-19.2	-31.9	-14.6
Russie	.. d	.. d	.. d	113.3	109.7	.. d	.. d	.. d	234.9	-2 478.5
Ukraine	.. c	.. c	-16.9	.. d	.. c	.. c	.. c	-30.4	14.2	.. d
AFRIQUE	**.. c**	**.. d**	**.. d**	**.. d**	**.. d**	**.. d**	**426.8**	**.. d**	**-448.5**	**.. d**
Afrique septentrionale	.. c	.. c	.. d	.. d	-47.0	.. d	212.3	370.9	-862.7	354.9
Algérie	.. c	.. c	.. c	.. c	.. c	.. d	.. d	110.5	.. d	.. d
Egypte	.. c	.. c	.. d	.. d	.. d	.. d	.. c	.. d	.. d	.. d
Libye	.. c	.. c	.. c	16.5	.. d	.. c	.. c	.. c	.. c	.. c
Maroc	.. c	.. c	.. d	.. c	.. c	.. d	.. d	296.5	-1 071.6	470.2
Tunisie	.. c	.. c	.. c	.. c	.. c	.. c	.. c	.. d	35.4	20.2
Autres pays africains	.. c	.. d	-30.4	-131.0	.. d	.. d	.. d	.. d	414.3	.. d
Nigéria	.. c	.. c	.. c	.. c	-3.4	.. c	.. c	1.1	4.7	-1.1
Afrique du Sud	.. c	.. c	.. c	.. c	.. c	.. c	.. c	156.7	85.0	48.1
AMÉRIQUE	**1 269.0**	**2 522.4**	**9 342.8**	**-2 334.5**	**-2 000.4**	**33 926.8**	**.. d**	**17 761.2**	**15 722.9**	**14 232.6**
Amérique du Nord	-2 604.5	308.5	8 528.9	3 010.7	373.9	15 013.9	14 870.1	16 992.4	1 768.0	2 815.4
Amérique du Nord	.. d	2 995.7	-2 380.8	-2 038.2	-2 954.2	4 289.5	5 592.2	2 945.6	3 859.3	3 940.4
Bahamas	.. c	.. c	-15.8	-	-3.4	.. c	.. c	.. c	-	-53.7
Bermudes	.. c	.. c	.. d	.. d	2.2	.. d	.. d	.. c	.. d	.. c
Îles Cayman	.. d	.. d	-2 765.2	361.1	.. d	74.3	.. d	.. d	.. d	-25.7
Costa Rica	.. c	.. c	.. d	.. d	.. d	.. d	74.1	.. d	167.6	59.3
El Salvador	.. c	.. c	-	.. c	-	.. c	-60.8	.. d	.. d	.. d
Guatemala	.. c	.. c	-16.9	.. c	1.1	.. d	.. d	.. d	233.7	.. d
Honduras	.. c	.. c	1.1	1.2	1.1	.. c	.. c	-24.8	-5.9	29.1
Nicaragua	.. c	.. c	-	-	-	.. c	.. c	.. d	13.0	.. c
Panama	.. d	.. d	25.9	.. d	-1 710.5	.. c	.. d	266.0	597.2	-157.8
Îles Vierges, US	.. c	.. c	-	-	-	.. c	.. c	-	-	-
Amérique du Sud	2 094.3	.. d	3 194.7	-3 308.2	579.9	14 623.4	12 134.2	-2 176.8	10 095.6	7 477.9
Argentine	.. d	801.7	92.4	3.5	19.0	.. d	.. d	1 701.0	2 648.4	960.5
Bolivie	.. c	.. c	-29.3	.. d	.. c	.. d	141.5	112.7	.. d	131.0
Brésil	330.6	-1 172.2	21.4	-3 513.5	360.5	8 139.8	3 517.6	2 132.8	5 316.9	2 158.3
Colombie	.. d	.. d	165.7	112.1	-90.7	356.1	1 375.7	1 117.1	221.9	481.4
Equateur	.. c	.. c	.. d	.. d	.. d	.. d	.. c	154.4	110.9	545.2
Paraguay	.. c	.. c	-	.. c	.. c	.. c	.. c	.. d	-24.8	.. d
Pérou	.. d	.. c	-91.3	135.7	21.3	.. c	899.0	148.8	168.8	105.2
Uruguay	-675.5	.. d	2 673.9	-129.8	287.7	.. d	.. d	2 628.8	657.4	1 053.4
Venezuela	.. d	-219.0	.. c	.. d	51.5	-232.9	.. d	-767.7	500.4	144.4
ASIE	**2 095.4**	**.. d**	**1 704.4**	**13 996.2**	**-471.3**	**.. d**	**2 088.9**	**1 387.7**	**5 465.6**	**1 213.5**

ESPAGNE

Tableau 1. Flux d'investissement direct étranger par pays *(suite)*

Millions de dollars des ÉU

	Entrant					Sortant				
	2015	2016	2017	2018	2019	2015	2016	2017	2018	2019
Proche et Moyen Orient	564.6	.. d	861.2	4 396.3	-1 387.0	.. d	90.7	.. d	3 668.1	395.2
Pays du Golfe	531.3	.. d	853.3	4 391.6	.. d	.. c	98.4	361.9	3 334.1	372.8
Koweït	.. c	.. c	18.0	.. c	.. c	.. c	.. c	.. d	.. d	.. d
Qatar	.. c	.. c	.. c	.. c	-264.2	.. c	.. d	25.9	53.1	-3.4
Arabie saoudite	.. c	.. c	.. d	.. d	.. d	.. c	80.7	286.3	157.0	453.4
Emirats Arabes Unis	.. d	.. d	1 099.1	.. d	.. d	.. c	.. c	-15.8	.. c	-64.9
Autres pays du Proche et Moyen Orient	.. c	.. c	.. d	.. d	.. d	.. c	.. c	67.6	334.0	22.4
Jordanie	.. c	.. c	-	-	-	.. c	.. c	21.4	.. d	.. d
Autres pays asiatiques	1 530.8	.. d	844.3	9 599.9	915.7	.. d	.. d	.. d	1 797.5	818.3
Chine	.. c	.. d	-162.3	1 552.0	106.3	.. d	.. d	.. d	.. d	138.8
Hong Kong, Chine	.. d	.. c	524.2	596.0	103.0	.. d	.. d	-73.3	205.4	174.6
Inde	100.9	.. d	24.8	51.9	.. d	.. d	.. d	502.8	479.2	389.6
Indonesie	.. c	.. c	.. c	.. c	.. c	.. c	.. c	.. d	40.1	4.5
République islamique d'Iran	.. c	.. c	-	-	-	.. c	.. c	-	9.4	.. d
Malaisie	.. c	.. c	.. d	.. c	.. d	.. d	.. d	122.9	147.5	.. d
Philippines	.. c	.. c	-4.5	.. d	.. d	.. c	.. c	22.5	.. c	12.3
Singapour	.. d	.. d	1.1	2 773.5	51.5	.. c	.. d	226.6	.. d	72.8
Taipei Chinois	.. c	.. c	.. c	-	-	.. c	.. c	36.1	.. d	44.8
Thaïlande	.. c	.. c	-	.. c	.. d	.. c	.. c	14.7	10.6	-60.5
Viet Nam	.. c	.. c	-	-	.. d	.. c	.. c	.. d	.. d	.. d
AUSTRALIE, OCÉANIE ET RÉGIONS POLAIRES	**.. c**	**.. d**	**.. d**	**.. d**	**.. d**	**87.6**	**.. d**	**563.6**	**.. d**	**621.3**
TOTAL MONDE non alloué et confidentiel	**.. d**	**.. d**	**.. d**	**.. d**	**.. d**	**.. d**	**.. d**	**.. d**	**.. d**	**.. d**
Union européenne (UE28)	**3 517.5**	**26 679.2**	**29 904.2**	**42 792.4**	**10 704.1**	**5 427.6**	**7 327.2**	**32 188.0**	**14 068.2**	**2 475.1**
Pays du G20 hors Union Européenne	**.. d**	**.. d**	..	..	..	**.. d**	**.. d**	..	..	..
Pays OCDE du G20	**.. d**	**.. d**	..	..	..	**.. d**	**.. d**	..	..	..
Pays non-OCDE du G20	**.. d**	**.. d**	..	..	..	**.. d**	**.. d**	..	..	..
Pays MENA	**.. d**	**.. d**	..	..	..	**.. d**	**.. d**	..	..	..
Pays ANASE	**768.7**	**-214.5**	**95.8**	**2 568.2**	**7.8**	**.. d**	**.. d**	**405.8**	**.. d**	**36.9**

- Néant ; .. Non disponible ; c Donnée confidentielle ; d Confidentialité Secondaire

Note : Voir les métadonnées détaillées sur : *http://metalinks.oecd.org/idi/20210722/947b.*

Source : *Statistiques de l'OCDE sur l'investissement direct international (base de données) : https://doi.org/10.1787/idi-data-fr*

Tableau 2. Encours des investissements directs étrangers par pays
En fin d'année

Millions de dollars des ÉU

	Entrant					Sortant				
	2015	2016	2017	2018	2019	2015	2016	2017	2018	2019
TOTAL MONDE	**561 589.5**	**591 525.2**	**713 237.0**	**745 362.9**	**761 654.7**	**512 970.1**	**539 109.3**	**621 260.5**	**600 080.1**	**622 656.7**
Pays membres de l'OCDE	**486 835.1**	**534 379.7**	**639 185.7**	**665 819.8**	**686 218.8**	**391 384.9**	**401 958.5**	**466 783.4**	**442 674.6**	**458 303.8**
Australie	528.0	.. d	.. d	.. d	78.6	795.9	908.6	1 577.1	1 504.5	1 435.6
Autriche	2 462.7	2 281.0	2 751.3	2 650.6	2 665.7	1 561.2	741.0	1 514.8	1 324.7	1 637.8
Belgique	12 694.6	13 765.2	14 986.8	15 960.6	17 328.7	5 065.9	4 410.2	4 725.4	4 278.7	5 109.0
Canada	.. d	1 799.3	.. d	.. d	.. d	.. d	13 896.9	.. d	.. d	.. d
Chili	.. c	182.4	159.5	105.3	164.0	24 655.4	29 054.5	22 291.9	21 549.1	21 497.4
République Tchèque	234.1	72.7	193.1	249.6	280.8	818.7	855.9	1 092.6	1 078.5	1 241.3
Danemark	2 880.8	4 629.5	5 038.4	5 372.1	5 374.1	1 693.0	1 189.0	609.3	941.2	135.9
Estonie	131.7	.. c	.. c	.. c	-	.. c	22.1	25.2	26.3	28.1
Finlande	688.1	339.4	445.0	475.2	449.3	142.6	138.1	84.0	522.1	343.7
France	49 139.9	65 928.1	78 625.6	76 359.1	78 887.9	13 467.6	15 324.1	21 066.2	22 761.6	26 316.6
Allemagne	39 033.2	48 079.5	62 570.2	67 986.0	71 706.4	19 597.2	22 639.4	27 140.8	24 686.3	24 140.6
Grèce	217.7	149.7	123.5	138.5	-208.9	869.9	809.5	782.0	912.5	551.6
Hongrie	766.5	-108.6	-142.7	-57.2	-23.6	.. c	.. c	1 168.1	1 477.0	1 314.3
Islande	139.4	41.1	26.4	28.6	33.7	.. c	6.3	6.0	8.0	6.7
Irlande	5 358.7	6 759.8	12 804.0	12 735.3	12 798.2	13 765.9	10 073.8	13 763.5	11 199.9	15 333.6
Israël	240.6	82.2	-38.4	176.3	175.2	.. c	70.6	143.9	143.1	147.2
Italie	36 819.8	34 355.4	35 009.6	40 306.8	43 161.1	9 176.9	9 426.6	12 272.7	12 261.3	13 245.3
Japon	1 934.7	2 589.9	2 886.8	7 136.5	7 310.7	389.8	358.4	389.8	470.6	515.6
Corée	706.6	696.7	826.3	780.9	1 139.1	347.3	476.4	526.5	1 881.2	1 845.7
Lettonie	238.4	.. c	.. c	.. c	.. c	.. c	3.2	.. c	.. c	3.4
Lituanie	133.9	-	-	1.1	.. c	.. c	15.8	52.8	52.7	6.7
Luxembourg	74 101.3	76 991.7	98 179.4	111 008.7	116 433.4	6 378.9	7 972.0	8 193.8	9 837.4	11 014.4
Mexique	7 552.5	8 504.3	9 351.2	9 021.1	8 361.0	36 186.2	35 279.9	43 189.0	42 004.8	45 466.2
Pays-Bas	117 213.9	132 238.9	138 427.7	135 303.4	137 924.1	3 727.8	-2 862.9	.. d	.. d	1 636.7
Nouvelle-Zélande	480.1	514.4	784.4	720.2	713.3	.. c	.. d	.. d	.. d	.. c
Norvège	4 641.3	4 662.2	5 738.8	6 007.6	6 260.4	2 215.6	2 430.7	3 149.4	3 220.7	3 614.9
Pologne	-2 467.1	-3 247.6	-3 656.8	-419.1	-338.1	8 338.6	7 766.4	11 247.3	10 863.3	9 169.8
Portugal	11 309.7	12 930.3	15 792.8	14 856.9	18 271.2	24 051.2	24 503.0	27 681.7	23 897.4	25 115.7
République slovaquie	.. c	-4.2	-13.2	-18.3	2.2	288.5	565.0	737.6	890.8	612.2
Slovénie	.. c	.. c	4.8	4.6	4.5	.. c	4.2	7.2	9.2	10.1
Espagne	-	-	-	-	-	-	-	-	-	-
Suède	7 139.9	10 376.3	12 843.6	13 105.1	13 964.3	1 683.2	1 165.8	1 268.9	1 268.6	1 408.7
Suisse	19 392.5	18 397.8	21 703.0	20 233.6	20 683.0	14 706.6	14 659.0	15 217.1	12 413.6	12 329.8
Turquie	117.6	36.9	122.3	115.6	35.9	7 513.3	7 027.5	9 397.9	5 760.2	6 749.0
Royaume-Uni	68 239.5	69 291.7	88 695.1	89 547.7	87 110.8	96 595.5	91 625.4	124 631.8	118 630.6	111 942.3
Etats-Unis	22 885.1	21 633.8	32 705.7	33 922.6	33 327.3	65 670.1	77 593.5	101 573.5	99 587.8	101 603.0
EUROPE	**463 316.3**	**509 813.4**	**604 639.0**	**627 206.3**	**649 327.1**	**253 675.6**	**249 828.2**	**287 172.0**	**269 725.2**	**281 324.4**
Bulgarie	.. c	.. c	.. c	.. c	4.5	333.2	407.9	705.2	690.4	679.6
Croatie	.. c	9.5	.. c	.. c	4.5	.. c	109.6	154.7	146.6	212.3
Chypre	305.9	113.8	1 081.8	1 080.8	1 208.7	862.3	577.6	665.6	482.0	435.9
Malte	1 455.6	1 546.3	1 091.4	1 248.0	1 279.5	827.4	480.7	468.9	548.4	1 025.6
Roumanie	-189.4	-426.9	.. c	.. c	-257.2	1 156.2	1 138.4	1 212.5	1 071.7	1 458.1
Russie	6 848.1	2 616.2	3 362.9	3 497.8	3 678.9	687.0	952.9	1 399.6	1 020.2	833.5
Ukraine	.. c	-266.7	-321.4	-389.3	-408.9	.. c	71.7	67.2	80.1	56.2
AFRIQUE	**1 759.4**	**1 147.9**	**1 081.8**	**.. d**	**.. d**	**6 124.1**	**5 600.3**	**6 823.0**	**6 763.2**	**7 175.9**
Afrique septentrionale	1 333.7	741.0	813.1	688.1	620.1	4 377.8	3 657.6	4 522.7	4 718.3	4 991.0
Algérie	555.3	.. c	.. c	.. c	.. c	374.5	247.7	377.8	761.4	651.5
Egypte	.. c	-	-	.. c	.. d	1 679.9	845.4	.. d	.. d	.. d
Libye	.. c	.. c	.. c	.. c	.. c	.. c	-26.4	.. c	.. c	.. c
Maroc	236.3	27.4	19.2	-5.7	-40.4	2 182.9	2 410.7	2 903.6	2 458.2	2 817.3
Tunisie	.. c	.. c	.. c	63.0	.. c	.. d	179.2	.. d	.. d	.. d
Autres pays africains	425.7	406.9	268.7	.. d	.. d	1 746.3	1 942.7	2 300.3	2 044.9	2 184.9
Nigéria	.. c	.. c	.. c	.. c	.. c	.. c	-	-	24.0	.. c
Afrique du Sud	.. c	13.7	.. c	-9.2	-9.0	892.8	1 078.3	1 274.9	1 198.8	1 235.7
AMÉRIQUE	**58 386.5**	**61 412.5**	**84 383.5**	**81 314.4**	**75 668.4**	**240 939.6**	**271 534.7**	**312 293.1**	**303 122.3**	**312 837.6**
Amérique du Nord	25 010.3	23 433.1	34 920.8	35 986.9	35 461.7	80 902.6	91 489.4	118 384.5	111 276.6	113 735.1
Amérique du Nord	13 585.2	16 154.7	18 656.8	18 302.0	16 617.6	47 525.3	47 667.3	56 917.7	54 704.6	60 945.9
Bahamas	.. c	340.5	361.0	243.9	234.8	.. c	47.4	84.0	71.0	16.9
Bermudes	.. c	1.1	2.4	4.6	6.7	.. c	.. c	.. c	.. c	.. c
Îles Cayman	254.8	140.2	171.5	583.9	466.2	1 686.4	1 640.1	3 042.7	1 444.9	1 495.2
Costa Rica	319.0	207.7	235.1	163.7	164.0	1 219.4	1 718.1	1 912.9	1 825.1	1 914.2
El Salvador	.. c	13.7	14.4	-22.9	-22.5	766.5	734.7	704.0	535.8	693.1
Guatemala	.. c	34.8	20.4	19.5	20.2	575.9	788.4	1 140.6	978.9	1 071.7
Honduras	.. c	7.4	9.6	10.3	12.4	142.6	145.5	110.3	107.6	135.9
Nicaragua	.. c	.. c	.. c	11.5	11.2	360.4	227.7	214.7	204.9	123.6
Panama	1 172.6	1 613.8	2 143.2	3 180.7	3 163.3	2 335.3	2 686.8	2 303.9	2 793.7	3 984.5
Îles Vierges, US	-	-	-	-	-	.. c	-	-	-	-
Amérique du Sud	19 791.0	21 824.6	30 805.9	27 026.6	23 589.1	112 511.7	132 378.0	136 990.9	137 141.1	138 156.6
Argentine	521.5	316.2	898.3	1 044.2	-697.6	18 258.0	17 112.9	21 821.8	24 868.3	17 330.9
Bolivie	.. c	14.8	.. c	.. c	.. c	1 993.5	2 052.3	2 236.7	2 439.9	2 582.6
Brésil	6 607.5	6 447.8	8 641.2	5 262.2	5 338.1	43 924.9	58 125.9	60 858.7	60 304.6	66 130.1
Colombie	3 571.0	3 476.3	4 250.4	4 064.6	2 364.6	6 402.8	6 965.3	8 522.4	7 775.4	8 407.1
Equateur	.. c	88.5	121.1	104.2	134.8	3 810.6	4 031.8	4 219.2	4 518.0	4 864.1
Paraguay	.. c	-	-	.. c	-	484.5	638.8	617.7	466.0	438.1
Pérou	512.8	533.4	526.5	613.7	627.9	4 739.2	4 648.5	5 341.8	4 244.3	5 007.9
Uruguay	6 783.9	6 907.3	11 871.0	11 258.3	11 275.0	4 943.9	5 138.6	7 415.4	6 936.1	7 656.7
Venezuela	1 659.2	3 853.7	4 317.6	4 577.5	4 505.7	3 224.8	4 546.2	3 582.4	3 905.4	4 067.6
ASIE	**12 938.5**	**11 526.3**	**14 281.6**	**27 526.9**	**27 393.8**	**11 409.9**	**11 204.8**	**13 364.1**	**19 002.7**	**19 359.7**

Tableau 2. Encours des investissements directs étrangers par pays *(suite)*

En fin d'année

Millions de dollars des ÉU

	Entrant					Sortant				
	2015	2016	2017	2018	2019	2015	2016	2017	2018	2019
Proche et Moyen Orient	7 053.9	5 275.6	5 843.1	10 581.6	9 396.8	1 555.8	1 484.1	1 918.9	5 436.2	5 574.0
Pays du Golfe	6 545.5	5 138.6	5 817.9	10 343.5	9 153.0	1 487.2	1 397.7	1 699.4	5 262.2	5 381.9
Koweït	766.5	.. c	.. c	.. c	.. c	133.9	51.7	135.5	258.8	244.9
Qatar	509.5	11.6	20.4	.. c	.. c	237.3	140.2	117.5	178.6	173.0
Arabie saoudite	301.6	17.9	-18.0	-9.2	-58.4	810.0	796.9	1 008.6	1 088.8	1 344.6
Emirats Arabes Unis	4 596.6	4 106.7	5 004.8	6 236.5	5 304.4	292.9	254.0	244.7	.. c	3 481.2
Autres pays du Proche et Moyen Orient	508.4	137.0	25.2	237.0	242.6	.. c	86.4	218.3	174.0	192.1
Jordanie	.. c	-	-	-	-	.. c	-16.9	3.6	1.1	7.9
Autres pays asiatiques	5 884.6	6 250.7	8 438.5	16 946.4	17 997.1	9 854.1	9 720.7	11 446.4	13 565.4	13 785.7
Chine	430.0	929.7	1 387.6	2 839.5	2 900.5	2 942.8	3 068.4	3 548.8	3 553.9	3 630.6
Hong Kong, Chine	804.6	866.4	1 253.3	1 892.6	2 071.4	2 112.1	2 308.4	2 610.9	2 285.3	1 965.9
Inde	.. c	14.8	50.4	121.4	160.6	2 212.3	1 361.9	1 775.0	2 920.8	2 973.5
Indonesie	.. c	.. c	.. c	.. c	.. c	.. c	42.2	105.5	83.6	89.9
République islamique d'Iran	.. c	-1.1	-1.2	18.3	18.0	.. c	10.5	10.8	18.3	16.9
Malaisie	.. c	-26.4	287.8	246.2	105.6	975.5	1 037.2	1 156.2	1 268.6	1 275.0
Philippines	.. c	17.9	20.4	27.5	30.3	.. c	.. c	470.1	104.2	120.2
Singapour	1 834.5	1 315.5	1 854.2	3 950.1	4 239.5	186.2	413.2	593.7	673.2	747.0
Taipei Chinois	.. c	.. c	.. c	-	-	.. c	25.3	60.0	65.3	132.6
Thaïlande	.. c	10.5	.. c	.. c	.. c	.. c	84.3	110.3	119.1	381.9
Viet Nam	.. c	-	.. c	2.3	-	.. c	12.6	12.0	26.3	30.3
AUSTRALIE, OCÉANIE ET RÉGIONS POLAIRES	**1 130.1**	**.. d**	**.. d**	**.. d**	**.. d**	**803.5**	**.. d**	**.. d**	**.. d**	**.. d**
TOTAL MONDE non alloué et confidentiel	**298.3**	**.. d**	**.. d**	**.. d**	**.. d**	**17.4**	**.. d**	**.. d**	**.. d**	**.. d**
Union européenne (UE28)	**428 099.1**	**482 670.0**	**572 229.6**	**595 745.4**	**617 192.8**	**226 789.3**	**222 891.3**	**255 730.4**	**245 335.5**	**254 128.3**
Pays du G20 hors Union Européenne	**.. d**	..	..	..	..	**.. d**	..	..	..	..
Pays OCDE du G20	**.. d**	..	..	..	..	**.. d**	..	..	..	..
Pays non-OCDE du G20	**.. d**	..	..	..	..	**.. d**	..	..	..	..
Pays MENA	**.. d**	..	..	..	..	**.. d**	..	..	..	..
Pays ANASE	**1 787.7**	**1 155.3**	**2 038.9**	**4 147.0**	**4 386.7**	**1 762.7**	**2 039.6**	**2 449.0**	**2 275.0**	**2 645.5**

- Néant ; .. Non disponible ; c Donnée confidentielle ; d Confidentialité Secondaire

Note : Voir les métadonnées détaillées sur : *http://metalinks.oecd.org/idi/20210722/947b*.

Source : *Statistiques de l'OCDE sur l'investissement direct international (base de données) : https://doi.org/10.1787/idi-data-fr*

Tableau 3. Revenus des investissements directs étrangers par pays

Millions de dollars des ÉU

	Entrant					Sortant				
	2015	2016	2017	2018	2019	2015	2016	2017	2018	2019
TOTAL MONDE	**22 030.0**	**23 652.5**	**28 808.5**	**31 280.5**	**26 860.0**	**31 693.8**	**33 708.9**	**36 231.5**	**41 981.6**	**35 977.8**
Pays membres de l'OCDE	**20 645.6**	**22 342.1**	**26 277.8**	**28 764.3**	**24 858.4**	**22 210.8**	**22 331.1**	**26 904.5**	**30 182.9**	**26 765.9**
Australie	.. c	.. c	-	-	.. d	.. c	.. d	94.7	69.6	80.6
Autriche	.. d	.. d	154.4	205.4	189.2	.. d	.. d	.. d	.. d	.. d
Belgique	.. d	.. d	.. d	.. d	281.0	153.1	.. d	299.9	501.6	350.4
Canada	.. d	.. c	.. d	212.4	104.1	.. d	.. d	295.3	186.5	326.9
Chili	.. c	.. c	1.1	20.1	11.2	.. d	.. d	1 370.8	1 411.5	.. d
République Tchèque	.. c	.. c	.. d	.. d	.. d	.. d	.. d	115.0	76.7	101.9
Danemark	.. d	.. d	191.6	177.0	159.0	.. d	.. d	.. d	.. d	.. d
Estonie	.. c	.. c	.. c	.. c	.. c	.. c	.. c	2.3	.. c	.. c
Finlande	.. c	.. d	.. d	.. d	.. d	.. c	.. c	7.9	13.0	9.0
France	.. d	.. d	4 470.7	5 226.0	4 345.7	609.0	.. d	1 262.5	1 452.9	1 162.0
Allemagne	2 318.4	.. d	2 500.3	3 708.3	2 828.8	.. d	.. d	378.8	862.7	649.3
Grèce	.. c	.. c	.. d	.. d	.. d	.. c	.. d	.. d	60.2	61.6
Hongrie	.. d	.. c	.. d	-13.0	3.4	.. d	.. c	233.3	158.1	173.5
Islande	.. c	.. c	.. c	5.9	5.6	.. c	.. c	-	-	-
Irlande	.. d	.. d	250.3	289.2	245.2	597.9	549.6	437.4	22.4	325.8
Israël	.. c	.. c	-	.. d	.. d	.. c	.. c	.. d	14.2	13.4
Italie	.. d	.. d	2 475.5	1 969.8	1 843.7	.. d	.. d	804.9	898.1	760.1
Japon	.. d	.. d	195.0	.. d	.. d	.. c	.. c	-6.8	13.0	9.0
Corée	.. c	.. c	.. d	.. d	.. d	.. c	.. c	.. d	.. d	.. d
Lettonie	.. c	.. c	.. c	.. c	-	.. c	.. c	.. c	.. c	.. c
Lituanie	.. c	.. c	.. c	-	.. c	.. c	.. c	.. d	-	-
Luxembourg	1 843.6	723.2	3 287.1	2 994.2	2 816.5	-118.7	.. c	452.0	374.1	359.3
Mexique	.. c	.. d	112.7	292.7	133.2	.. d	.. d	5 286.9	6 289.4	5 935.3
Pays-Bas	.. d	.. d	5 516.9	5 948.3	4 967.0	1 913.5	990.8	1 321.2	1 681.8	2 013.9
Nouvelle-Zélande	.. c	.. c	24.8	-47.2	3.4	.. c	.. c	.. d	.. d	5.6
Norvège	.. d	.. d	.. d	54.3	.. d	.. d	.. d	444.1	483.9	.. d
Pologne	.. d	.. d	-184.9	-144.0	-22.4	.. d	.. d	541.1	663.3	481.4
Portugal	.. c	.. d	127.4	-4.7	106.3	.. d	.. d	1 916.4	2 597.7	2 027.3
République slovaquie	.. c	.. c	.. c	.. c	.. c	.. c	56.4	75.5	.. d	.. d
Slovénie	.. c	.. c	.. c	-	-	.. c	.. c	.. c	1.2	1.1
Espagne	-	-	-	-	-	-	-	-	-	-
Suède	.. d	.. d	269.4	273.8	262.0	.. d	.. d	172.5	374.1	.. d
Suisse	.. d	.. d	1 586.1	1 683.0	1 443.0	.. d	.. d	360.7	479.2	341.4
Turquie	.. c	.. c	12.4	-18.9	-5.6	.. d	.. d	.. d	1 531.9	1 119.4
Royaume-Uni	2 948.4	.. d	3 043.6	2 869.1	2 906.1	.. d	4 732.9	7 286.7	7 926.4	6 123.4
Etats-Unis	.. d	.. d	.. d	2 225.9	.. d	1 403.2	.. d	2 225.2	1 912.0	2 007.2
EUROPE	**19 446.5**	**20 403.6**	**24 078.5**	**25 810.2**	**22 507.6**	**15 306.7**	**14 131.4**	**18 237.0**	**21 097.6**	**17 591.0**
Bulgarie	.. c	.. c	-	-	-	.. c	.. c	.. d	.. d	26.9
Croatie	.. c	.. c	-	-	.. c	.. c	.. c	.. d	5.9	9.0
Chypre	.. c	.. c	-12.4	.. d	-72.8	.. c	.. c	75.5	-14.2	-36.9
Malte	.. c	.. c	.. d	151.1	53.7	.. c	.. c	20.3	16.5	17.9
Roumanie	.. c	.. c	.. d	7.1	.. d	.. c	.. d	.. d	.. d	.. d
Russie	.. c	.. c	.. d	.. d	17.9	.. c	.. d	202.9	434.3	241.8
Ukraine	.. c	.. c	.. d	.. d	.. d	.. c	.. c	27.1	28.3	26.9
AFRIQUE	**.. d**	**.. d**	**96.9**	**145.2**	**106.3**	**.. d**	**.. d**	**654.9**	**.. d**	**.. d**
Afrique septentrionale	.. d	.. d	86.8	93.2	.. d	.. d	.. d	.. d	495.7	347.0
Algérie	.. d	.. c	.. d	.. c	50.4	.. c	.. c	-1.1	.. d	.. d
Egypte	.. c	.. c	-	.. d	.. d	.. c	.. c	.. d	.. d	.. d
Libye	.. c	.. c	.. c	.. c	.. c	.. c	.. c	.. c	.. c	.. c
Maroc	.. c	.. c	.. d	.. d	12.3	.. d	.. d	392.3	180.6	181.4
Tunisie	.. c	.. c	.. c	.. c	.. c	.. c	.. c	23.7	30.7	21.3
Autres pays africains	.. c	.. c	9.0	51.9	.. d	.. c	.. d	.. d	.. d	.. d
Nigéria	.. c	.. c	.. c	-	.. c	.. c	.. c	-	.. c	.. c
Afrique du Sud	.. c	.. c	-	23.6	.. c	.. c	.. d	71.0	61.4	69.4
AMÉRIQUE	**1 884.6**	**2 119.9**	**3 032.4**	**3 563.1**	**2 881.5**	**15 937.9**	**17 964.2**	**16 517.9**	**19 057.0**	**16 913.7**
Amérique du Nord	.. d	.. d	1 792.4	2 438.3	.. d	2 589.0	.. d	2 520.6	2 099.6	2 334.0
Amérique du Nord	-84.3	.. d	179.2	365.9	225.0	.. d	.. d	5 950.9	7 147.4	6 852.1
Bahamas	.. c	.. c	-7.9	-1.2	-4.5	.. c	.. c	-	.. d	1.1
Bermudes	.. c	.. c	.. c	-	-	.. c	.. c	.. c	.. c	.. c
Îles Cayman	.. c	.. c	.. d	-7.1	.. d	.. c	.. d	-66.5	263.2	103.0
Costa Rica	.. c	.. c	.. d	.. d	-	.. d	.. d	.. d	.. d	107.5
El Salvador	.. c	.. c	-	-	-	.. d	.. d	.. d	.. d	.. d
Guatemala	.. c	.. c	2.3	-	1.1	.. d	.. c	83.4	.. d	97.4
Honduras	.. c	.. c	.. c	.. c	.. c	.. c	.. c	1.1	3.5	4.5
Nicaragua	.. c	.. c	-	-	-	.. c	.. c	.. d	.. d	29.1
Panama	.. d	.. d	38.3	.. d	.. d	.. d	.. d	.. d	.. d	277.6
Îles Vierges, US	.. c	.. c	-	-	-	.. c	.. c	-	-	-
Amérique du Sud	748.8	188.0	1 058.5	757.7	704.1	.. d	.. d	8 046.4	9 810.0	7 727.5
Argentine	.. c	.. c	81.2	69.6	.. d	.. d	.. d	2 500.3	2 778.2	1 082.5
Bolivie	.. c	.. c	-	-	-	.. d	.. c	.. d	66.1	72.8
Brésil	.. c	.. c	-122.9	70.8	28.0	.. d	.. d	2 325.6	3 704.7	3 460.2
Colombie	-56.6	-108.4	.. d	-323.4	-125.4	.. d	.. d	414.8	.. d	.. d
Equateur	.. c	.. c	-3.4	.. c	.. c	.. d	.. d	174.7	237.2	172.4
Paraguay	.. c	.. c	-	-	-	.. d	.. d	138.7	149.9	114.2
Pérou	.. c	.. c	23.7	.. d	19.0	.. d	.. d	193.9	267.9	343.7
Uruguay	.. d	.. d	667.3	591.3	581.0	.. d	.. c	.. d	593.7	445.5
Venezuela	.. c	.. c	.. c	.. c	.. c	.. c	.. d	289.7	220.7	.. d
ASIE	**.. d**	**.. d**	**1 565.8**	**1 795.1**	**1 347.8**	**.. d**	**.. d**	**712.4**	**1 123.6**	**930.3**

ESPAGNE

Tableau 3. Revenus des investissements directs étrangers par pays *(suite)*

Millions de dollars des ÉU

	Entrant					Sortant				
	2015	2016	2017	2018	2019	2015	2016	2017	2018	2019
Proche et Moyen Orient	.. d	.. d	1 311.0	1 347.8	1 016.5	.. c	.. c	58.6	120.4	91.8
Pays du Golfe	.. d	.. d	.. d	1 340.7	.. d	.. c	.. c	38.3	103.9	75.0
Koweït	.. c	.. c	21.4	.. c	.. c	.. c	.. c	1.1	-7.1	-4.5
Qatar	.. c	.. c	.. c	157.0	137.7	.. c	.. c	.. d	.. d	.. d
Arabie saoudite	.. c	.. c	-13.5	-15.3	-6.7	.. c	.. d	21.4	40.1	61.6
Emirats Arabes Unis	.. c	.. c	.. c	.. c	.. c	.. c	.. c	.. d	.. d	.. d
Autres pays du Proche et Moyen Orient	.. c	.. c	.. d	.. d	.. d	.. c	.. c	.. d	15.3	17.9
Jordanie	.. c	.. c	-	-	2.2	.. c	.. c	12.4	-1.2	4.5
Autres pays asiatiques	.. d	.. d	252.5	443.8	330.2	.. d	.. d	653.8	1 004.4	838.5
Chine	.. c	.. c	.. d	.. d	36.9	.. c	.. d	.. d	325.7	.. d
Hong Kong, Chine	.. c	.. c	.. d	.. d	.. d	.. d	.. d	51.9	171.1	139.9
Inde	.. c	.. c	.. d	.. d	.. c	.. d	.. c	271.7	230.1	332.5
Indonesie	.. c	.. c	.. c	.. c	.. c	.. c	.. c	5.6	-4.7	-4.5
République islamique d'Iran	.. c	.. c	-	-	-	.. c	.. c	.. c	.. c	.. c
Malaisie	.. c	.. c	.. d	.. c	.. c	.. d	.. c	.. d	.. d	.. d
Philippines	.. c	.. c	-	2.4	.. c	.. c	.. c	.. d	.. d	.. d
Singapour	.. c	.. c	37.2	175.9	.. d	.. c	.. c	-62.0	.. d	-20.2
Taipei Chinois	.. c	.. c	-	-	-	.. c	.. c	3.4	-11.8	.. c
Thaïlande	.. c	.. c	-	.. d	.. d	.. c	.. c	.. d	10.6	.. d
Viet Nam	.. c	.. c	-	-	-	.. c	.. c	2.3	-	2.2
AUSTRALIE, OCÉANIE ET RÉGIONS POLAIRES	**.. c**	**.. c**	**.. d**	**.. d**	**5.6**	**.. c**	**.. d**	**.. d**	**.. d**	**96.3**
TOTAL MONDE non alloué et confidentiel	**.. d**	**.. d**	**.. d**	**.. d**	**11.2**	**- d**	**.. d**	**.. d**	**.. d**	**- d**
Union européenne (UE28)	**17 997.8**	**19 122.0**	**22 419.1**	**24 050.5**	**21 051.2**	**13 038.3**	**11 260.6**	**15 395.1**	**17 849.6**	**15 136.0**
Pays du G20 hors Union Européenne	**.. d**	**.. d**	..	..	..	**.. d**	**.. d**	..	..	..
Pays OCDE du G20	**.. d**	**.. d**	..	..	..	**.. d**	**.. d**	..	..	..
Pays non-OCDE du G20	**.. d**	**.. d**	..	..	..	**.. d**	**.. d**	..	..	..
Pays MENA	**.. d**	**.. d**	..	..	..	**.. d**	**.. d**	..	..	..
Pays ANASE	**.. c**	**.. c**	**.. d**	**.. d**	**26.9**	**.. d**	**.. c**	**-15.8**	**.. d**	**77.2**

- Néant ; .. Non disponible ; c Donnée confidentielle ; d Confidentialité Secondaire
Note : Voir les métadonnées détaillées sur : *http://metalinks.oecd.org/idi/20210722/947b.*
Source : *Statistiques de l'OCDE sur l'investissement direct international (base de données) : https://doi.org/10.1787/idi-data-fr*

ESPAGNE

Tableau 4. Investissement direct étranger : flux par secteur industriel

Millions de dollars des ÉU

	Entrant					Sortant				
	2015	2016	2017	2018	2019	2015	2016	2017	2018	2019
All FDI activities	**8 556.9**	**31 538.2**	**41 876.9**	**53 461.6**	**8 514.5**	**41 916.8**	**43 902.5**	**55 926.1**	**37 710.4**	**19 670.9**
Agriculture, sylviculture et pêche	**68.8**	**.. c**	**54.1**	**37.8**	**..**	**.. c**	**.. c**	**47.3**	**23.6**	**..**
Industries extractives	**206.3**	**-358.3**	**-1 484.6**	**.. d**	**..**	**10 266.2**	**266.5**	**1 907.3**	**296.2**	**..**
Activités d'extraction	69.9	.. c	-178.1	688.1	..	10 163.1	726.5	2 012.2	.. d	..
Activités de fabrication	**746.5**	**-2 464.9**	**9 005.7**	**5 858.6**	**..**	**3 988.9**	**-748.6**	**-396.8**	**-1 704.2**	**..**
dont :										
Produits alimentaires, boissons et tabac	807.5	-1 177.7	-705.7	-385.9	..	1 219.1	633.6	-331.4	-585.4	..
Textiles, bois, papier, imprimerie	-424.8	295.3	110.5	192.4	..	-114.3	231.1	-6.8	-2.4	..
Produits pétroliers, chimiques, pharmaceutiques, caoutchouc, plastique, minéraux	731.0	1 594.6	271.7	4 628.8	..	814.2	1 200.9	-1 743.9	-1 921.4	..
Ouvrages en métaux et machines, sauf matériels électriques	-619.0	-3 493.3	-2 699.8	-2 386.4	..	414.9	-705.5	-1 783.3	-2 076.0	..
Automobiles, remorques, semi-remorques, autres matériels de transport	-970.6	-92.9	2 455.2	4 369.2	..	1 251.2	-2 930.4	1 963.7	3 139.4	..
Autres activités de fabrication	1 223.5	409.2	9 573.9	-558.2	..	402.7	821.6	1 504.9	-258.5	..
Production et distribution d'électricité, de gaz, de vapeur et de climatisation	**-4 239.6**	**832.7**	**-11 812.6**	**-4 643.0**	**..**	**303.9**	**368.2**	**-7 827.8**	**-1 049.2**	**..**
Distribution de l'eau ; assainissement, traitement des déchets et dépollution	**519.1**	**.. c**	**-149.9**	**105.0**	**..**	**.. c**	**.. c**	**304.4**	**-86.2**	**..**
Construction	**2 132.0**	**295.3**	**196.1**	**2 299.1**	**..**	**2 128.7**	**1 733.9**	**2 815.9**	**1 175.5**	**..**
Services	**6 988.4**	**29 775.5**	**41 418.1**	**48 741.9**	**..**	**26 117.6**	**42 472.6**	**58 866.0**	**38 911.8**	**..**
Commerce de gros et de détail ; réparations automobiles et motocycles	2 686.6	13 212.4	-7 817.6	3 353.0	..	2 208.5	10 753.1	6 029.8	-1 953.3	..
Transport et entreposage	2 553.5	2 358.7	661.7	951.3	..	5 690.5	4 328.2	5 386.1	2 480.8	..
Activités d'hébergement et de restauration	640.0	-1 012.9	-258.1	2 934.0	..	157.5	564.0	368.6	1 321.8	..
Information et communication	747.6	1 185.4	2 152.0	2 530.4	..	6 185.2	240.0	1 467.7	1 416.3	..
Activités financières et d'assurances	-5 765.9	9 786.6	40 749.6	30 799.0	..	9 843.6	21 005.2	41 034.8	20 018.9	..
Activités des sociétés holding	-5 101.5	10 160.3	42 316.5	27 599.4	..	-6 806.4	12 830.9	31 249.0	7 479.1	..
Activités immobilières	3 737.1	2 976.9	215.3	3 322.3	..	1 152.5	2 537.9	-927.7	2 353.4	..
Activités professionnelles, scientifiques et techniques	1 315.6	429.1	3 013.2	2 287.3	..	2 208.5	3 624.9	5 389.5	12 460.8	..
Activités de services administratifs et d'appui	1 282.3	230.0	1 667.2	2 347.5	..	-1 289.0	-776.3	-53.0	217.2	..
Administration publique; activités des ménages et des organismes extra-territoriaux	.. c	.. c	-6.8	-1.2	..	.. c	.. c	-	-	..
Éducation	.. c	.. c	-219.8	29.5	..	.. c	.. c	30.4	80.3	..
Santé humaine et action sociale	74.3	.. c	157.8	214.8	..	96.5	.. c	11.3	186.5	..
Arts, spectacles et loisirs	164.2	433.5	945.8	-59.0	..	.. c	-183.6	-	87.3	..
Autres services	109.8	.. c	160.1	31.9	..	-118.7	164.8	126.3	240.8	..
Not allocated and confidential	**..**	**..**	**2 182.4**	**.. d**	**8 514.5**	**..**	**..**	**196.1**	**.. d**	**19 670.9**
Activités immobilières privées	**..**	**..**	**2 467.6**	**2 086.6**	**..**	**..**	**..**	**13.5**	**.. d**	**..**

- Néant ; .. Non disponible ; c Donnée confidentielle ; d Confidentialité Secondaire

Note : Voir les métadonnées détaillées sur : *http://metalinks.oecd.org/idi/20210722/947b.*

Source : *Statistiques de l'OCDE sur l'investissement direct international (base de données) : https://doi.org/10.1787/idi-data-fr*

Tableau 5. Encours des investissement directs étrangers par secteur industriel
En fin d'année

Millions de dollars des ÉU

	Entrant					Sortant				
	2015	2016	2017	2018	2019	2015	2016	2017	2018	2019
All FDI activities	**561 589.5**	**591 525.2**	**713 237.0**	**745 362.9**	**761 654.7**	**512 970.1**	**539 109.3**	**621 260.5**	**600 080.1**	**622 656.7**
Agriculture, sylviculture et pêche	**1 027.8**	**1 190.1**	**1 501.6**	**1 522.8**	..	**396.3**	**450.1**	**485.7**	**577.1**	..
Industries extractives	**6 542.2**	**7 032.8**	**6 320.5**	**4 836.3**	..	**15 517.7**	**11 387.2**	**15 194.3**	**6 415.2**	..
Activités d'extraction	557.4	1 106.8	1 162.1	1 167.9	..	12 853.6	9 370.7	13 223.8	5 107.6	..
Activités de fabrication	**122 152.4**	**90 732.6**	**113 291.0**	**108 632.9**	..	**94 196.0**	**68 314.5**	**79 196.5**	**73 543.6**	..
dont :										
Produits alimentaires, boissons et tabac	21 696.2	18 247.1	19 847.7	18 639.8	..	11 018.0	9 002.8	9 889.7	9 064.6	..
Textiles, bois, papier, imprimerie	3 391.4	3 715.6	3 723.9	3 574.5	..	2 620.6	3 052.6	3 490.0	3 294.0	..
Produits pétroliers, chimiques, pharmaceutiques, caoutchouc, plastique, minéraux	29 817.1	30 816.9	34 497.5	35 953.7	..	24 003.3	25 072.2	25 534.9	21 801.0	..
Ouvrages en métaux et machines, sauf matériels électriques	23 859.6	19 110.4	22 728.5	18 709.6	..	17 482.9	16 344.5	16 038.6	12 499.4	..
Automobiles, remorques, semi-remorques, autres matériels de transport	11 835.6	8 024.7	13 416.9	14 202.0	..	4 212.3	6 143.1	10 308.2	12 339.1	..
Autres activités de fabrication	31 553.6	10 816.9	19 075.3	17 553.2	..	34 857.9	8 698.2	13 935.0	14 544.3	..
Production et distribution d'électricité, de gaz, de vapeur et de climatisation	**58 351.7**	**55 279.9**	**53 462.5**	**50 967.5**	..	**34 352.7**	**31 150.0**	**26 533.9**	**22 031.1**	..
Distribution de l'eau ; assainissement, traitement des déchets et dépollution	**1 473.1**	**2 261.0**	**2 651.7**	.. c	..	**1 845.4**	**1 167.9**	**1 476.4**	**701.9**	..
Construction	**10 317.9**	**11 052.0**	**14 134.1**	**15 366.4**	..	**21 097.4**	**27 277.3**	**31 302.5**	**27 966.6**	..
Services	**225 635.3**	**285 978.7**	**349 823.7**	**387 254.4**	..	**316 141.5**	**373 591.2**	**436 980.1**	**439 338.2**	..
Commerce de gros et de détail ; réparations automobiles et motocycles	37 812.7	53 550.1	54 090.9	55 652.6	..	30 121.9	37 303.7	42 500.6	45 131.7	..
Transport et entreposage	10 135.0	13 088.4	18 738.3	17 260.1	..	9 750.7	11 492.6	16 947.7	14 736.7	..
Activités d'hébergement et de restauration	3 985.8	4 572.6	5 853.9	7 463.9	..	5 788.8	5 440.1	6 936.9	7 271.6	..
Information et communication	29 326.1	28 694.0	32 386.7	30 572.5	..	49 477.4	50 034.8	56 653.9	52 239.5	..
Activités financières et d'assurances	80 270.0	115 759.5	148 885.8	179 729.8	..	194 900.4	233 764.1	276 598.7	266 789.6	..
Activités des sociétés holding	31 645.1	69 739.6	99 063.3	129 323.3	..	29 771.4	70 967.6	80 557.7	87 981.5	..
Activités immobilières	21 436.0	25 252.5	29 990.4	32 870.4	..	9 325.0	13 213.9	13 867.8	8 961.5	..
Activités professionnelles, scientifiques et techniques	17 907.5	18 830.0	25 588.9	27 663.2	..	7 587.4	17 165.6	18 330.5	36 994.5	..
Activités de services administratifs et d'appui	20 765.4	21 109.9	27 140.8	28 920.3	..	7 200.9	3 737.7	3 280.2	3 647.8	..
Administration publique; activités des ménages et des organismes extra-territoriaux	.. c	45.3	22.8	20.6	..	.. c	-	-	-	..
Éducation	.. c	.. c	.. c	.. c	..	.. c	.. c	.. c	.. c	..
Santé humaine et action sociale	636.9	703.1	1 235.3	1 439.2	..	153.5	.. c	195.5	416.8	..
Arts, spectacles et loisirs	1 935.8	2 044.9	2 989.9	2 786.8	..	-145.9	-431.1	-467.7	626.3	..
Autres services	387.6	.. d	621.3	593.1	..	1 083.3	878.0	1 246.1	1 188.5	..
Not allocated and confidential	..	**4 484.0**	**9 798.5**	.. c	**761 654.7**	..	**4 640.0**	**6 667.1**	**6 970.5**	**622 656.7**
Activités immobilières privées	..	**133 514.3**	**162 253.5**	**165 512.9**	..	..	**21 131.0**	**23 424.1**	**22 536.1**	..

- Néant ; .. Non disponible ; c Donnée confidentielle ; d Confidentialité Secondaire

Note : Voir les métadonnées détaillées sur : *http://metalinks.oecd.org/idi/20210722/947b.*

Source : *Statistiques de l'OCDE sur l'investissement direct international (base de données) : https://doi.org/10.1787/idi-data-fr*

ESPAGNE

Tableau 6. Revenus des investissements directs étrangers par secteur industriel

Millions de dollars des ÉU

	Entrant					Sortant				
	2015	2016	2017	2018	2019	2015	2016	2017	2018	2019
All FDI activities	**22 030.0**	**23 652.5**	**28 808.5**	**31 280.5**	**26 860.0**	**31 693.8**	**33 708.9**	**36 231.5**	**41 981.6**	**35 977.8**
Agriculture, sylviculture et pêche	**.. c**	**.. c**	**37.2**	**30.7**	..	**.. c**	**.. c**	**28.2**	**38.9**	..
Industries extractives	**246.3**	**.. c**	**376.5**	**159.3**	..	**881.9**	**204.6**	**373.1**	**612.5**	..
Activités d'extraction	73.2	65.2	23.7	73.2	..	732.1	.. c	86.8	499.2	..
Activités de fabrication	**6 403.8**	**7 193.4**	**8 589.8**	**9 524.4**	..	**2 636.7**	**3 889.2**	**3 271.3**	**5 036.0**	..
dont :										
Produits alimentaires, boissons et tabac	938.4	1 038.4	892.8	542.9	..	828.6	498.7	509.5	404.8	..
Textiles, bois, papier, imprimerie	.. c	338.4	272.8	403.6	..	56.6	200.2	220.9	297.4	..
Produits pétroliers, chimiques, pharmaceutiques, caoutchouc, plastique, minéraux	2 896.3	3 777.5	3 814.7	4 902.6	..	982.8	1 353.5	893.9	1 857.7	..
Ouvrages en métaux et machines, sauf matériels électriques	.. d	-299.7	1 227.6	1 463.5	..	881.9	731.0	676.4	1 157.8	..
Automobiles, remorques, semi-remorques, autres matériels de transport	1 610.6	1 639.9	1 510.5	1 624.0	..	-280.6	434.6	92.4	492.2	..
Autres activités de fabrication	471.4	697.8	871.4	585.4	..	166.4	671.2	878.1	826.2	..
Production et distribution d'électricité, de gaz, de vapeur et de climatisation	**1 105.9**	**1 967.3**	**2 414.6**	**1 878.9**	..	**1 426.5**	**1 954.0**	**1 649.2**	**1 266.4**	..
Distribution de l'eau ; assainissement, traitement des déchets et dépollution	**.. c**	**.. c**	**48.5**	**55.5**	..	**267.3**	**257.7**	**277.3**	**30.7**	..
Construction	**97.6**	**.. c**	**120.6**	**465.0**	..	**259.6**	**-65.2**	**860.1**	**1 046.9**	..
Services	**11 828.1**	**12 222.7**	**15 665.7**	**17 392.9**	..	**25 449.8**	**27 612.5**	**29 403.7**	**33 556.0**	..
Commerce de gros et de détail ; réparations automobiles et motocycles	2 728.8	3 728.9	3 357.0	5 392.4	..	2 538.0	3 333.0	4 259.9	4 048.2	..
Transport et entreposage	406.0	442.3	794.7	820.3	..	2 002.2	1 433.2	3 313.0	4 242.9	..
Activités d'hébergement et de restauration	343.9	179.1	554.6	622.0	..	429.3	399.2	471.2	635.0	..
Information et communication	816.4	1 112.5	1 122.8	1 003.2	..	2 086.5	3 974.3	1 926.5	2 073.6	..
Activités financières et d'assurances	5 646.1	4 803.7	6 875.2	6 102.9	..	18 234.1	16 065.5	17 044.3	20 068.5	..
Activités des sociétés holding	2 021.1	2 276.9	3 979.3	2 790.0	..	2 995.0	3 442.4	2 866.6	2 607.1	..
Activités immobilières	438.2	679.0	1 021.3	1 229.8	..	196.3	289.7	363.0	192.4	..
Activités professionnelles, scientifiques et techniques	342.8	253.2	825.2	999.6	..	-605.7	1 683.1	1 792.4	1 836.4	..
Activités de services administratifs et d'appui	1 074.9	948.8	873.6	1 018.5	..	582.4	384.8	287.5	322.2	..
Administration publique; activités des ménages et des organismes extra-territoriaux	.. c	.. c	.. d	-	..	.. c	.. c	-	-	..
Éducation	.. c	.. c	29.3	20.1	..	.. c	.. c	-85.7	.. c	..
Santé humaine et action sociale	.. c	.. c	53.0	60.2	..	.. c	.. c	2.3	11.8	..
Arts, spectacles et loisirs	.. c	.. c	4.5	-2.4	..	-63.2	-73.0	-38.3	-31.9	..
Autres services	.. c	.. c	154.4	125.1	..	.. c	.. c	.. d	121.6	..
Not allocated and confidential	..	..	**71.0**	**153.4**	**26 860.0**	..	..	**163.5**	**146.3**	**35 977.8**
Activités immobilières privées	..	..	**1 484.6**	**1 620.4**	..	..	..	**205.2**	**247.8**	..

- Néant ; .. Non disponible ; c Donnée confidentielle ; d Confidentialité Secondaire

Note : Voir les métadonnées détaillées sur : *http://metalinks.oecd.org/idi/20210722/947b.*

Source : *Statistiques de l'OCDE sur l'investissement direct international (base de données) : https://doi.org/10.1787/idi-data-fr*

SUÈDE

Tableau 1. Flux d'investissement direct étranger par pays

Millions de dollars des ÉU

	Entrant					Sortant				
	2015	2016	2017	2018	2019	2015	2016	2017	2018	2019
TOTAL MONDE	**8 449.5**	**19 153.0**	**15 903.5**	**4 217.6**	**11 732.8**	**13 045.0**	**4 702.5**	**27 367.5**	**17 838.8**	**15 522.5**
Pays membres de l'OCDE	**..**	**..**	**..**	**5 156.1**	**9 428.1**	**..**	**..**	**..**	**14 231.0**	**11 565.2**
Australie	.. c	.. c	-29.8	-177.3	24.3	44.1	112.0	-	242.2	116.3
Autriche	117.6	20.7	758.2	144.8	164.2	48.5	76.2	183.5	76.2	42.4
Belgique	-627.0	401.3	-394.8	-17.0	794.1	-3 365.3	4 275.2	-13 935.9	-6 860.9	1 503.5
Canada	4 214.7	104.7	-72.1	-11.2	366.8	376.8	1 241.7	966.8	-44.1	545.6
Chili	.. c	.. c	-	.. c	.. c	-203.9	-24.3	145.1	-3.7	429.7
République Tchèque	23.7	1.4	2.8	-18.2	8.9	13.6	1 781.1	-111.3	32.3	262.5
Danemark	-31.1	809.2	1 585.4	3 172.6	-78.4	1 608.1	-191.2	1 118.9	2 333.4	1 118.1
Estonie	2.3	13.2	19.3	7.2	63.7	-219.0	265.5	709.3	238.9	456.4
Finlande	-4 317.6	1 149.9	301.9	1 693.4	874.5	1 993.9	2 433.2	-900.0	885.1	-341.3
France	87.8	112.3	2 543.6	326.8	-365.6	311.9	1 202.7	384.5	1 072.2	-65.9
Allemagne	5 579.1	-424.1	-266.1	754.6	1 307.2	1 547.3	249.6	9 190.6	-6 381.1	1 126.2
Grèce	-	.. c	-	-	.. c	3.3	-13.8	6.2	4.9	3.5
Hongrie	.. c	.. c	1.2	-3.3	.. c	87.4	113.2	-10.1	-70.3	101.0
Islande	-18.5	-55.5	-3.0	-7.6	-	0.1	-0.6	-5.7	15.1	11.7
Irlande	704.1	-3 636.1	2 461.0	1 986.0	1 453.6	359.1	670.6	3 269.0	11 414.1	-1 195.6
Israël	.. c	6.4	4.8	-	6.7	18.7	40.1	17.4	74.1	475.8
Italie	97.3	62.1	94.1	.. c	190.5	140.0	-2 255.5	651.5	1 838.4	-27.4
Japon	.. c	352.4	920.2	1 072.1	132.4	342.9	231.6	214.7	379.7	-162.2
Corée	.. c	.. c	42.7	32.1	76.7	-27.4	158.6	-258.6	-235.9	297.5
Lettonie	-1.2	-7.9	.. c	-5.3	-89.4	23.1	-424.1	841.6	143.7	-294.6
Lituanie	-18.9	3.3	.. c	.. c	14.2	-308.9	-371.1	1 159.8	392.3	-575.8
Luxembourg	7 585.2	164.0	-310.4	-3 692.6	2 336.8	837.9	-6 890.9	-3 792.7	807.8	-2 534.2
Mexique	.. c	.. c	-7.5	26.1	62.6	97.8	1 681.1	-1 419.1	-432.8	123.9
Pays-Bas	-6 221.5	9 550.5	-1 426.3	-4 008.8	-794.1	-1 665.7	-5 138.8	15 380.3	-5 988.6	2 453.5
Nouvelle-Zélande	.. c	.. c	-	0.2	.. c	24.0	3.6	28.0	17.7	54.7
Norvège	1 143.4	-1 095.0	1 773.6	-149.4	-1 533.3	2 405.9	1 644.1	4 665.1	4 604.9	2 540.4
Pologne	.. c	.. c	760.7	60.3	1 126.7	-657.9	1 196.4	440.3	-316.4	-7.3
Portugal	-0.7	.. c	.. c	.. c	-81.2	132.9	119.3	119.2	103.2	54.0
République slovaquie	-1.7	3.9	.. c	-15.3	3.3	-21.5	324.8	205.1	-59.3	-63.6
Slovénie	.. c	.. c	.. c	.. c	.. c	31.4	49.7	41.3	41.2	59.6
Espagne	-16.6	37.2	-99.8	16.7	58.4	-92.3	814.9	1 406.9	136.4	568.4
Suède	-	-	-	-	-	-	-	-	-	-
Suisse	549.6	364.9	3 199.6	-251.7	2 102.1	1 246.7	1 465.1	611.2	232.8	468.0
Turquie	3.3	1.9	1.6	-4.1	19.2	67.6	59.5	137.4	64.6	141.6
Royaume-Uni	3 589.1	3 813.2	6 012.6	914.0	2 073.3	-1 632.0	-514.0	-378.7	4 584.0	1 676.5
Etats-Unis	2 109.3	6 011.7	-3 668.3	2 373.3	-1 093.4	4 827.3	238.5	2 721.0	4 889.1	2 202.1
EUROPE	**8 240.4**	**11 686.2**	**16 630.9**	**-57.0**	**9 707.0**	**3 404.1**	**1 265.0**	**23 557.6**	**10 245.4**	**7 320.0**
Bulgarie	-	.. c	.. c	.. c	.. c	84.8	106.0	47.9	96.0	-181.1
Croatie	.. c	.. c	.. c	.. c	.. c	21.8	-58.9	50.8	31.1	47.0
Chypre	-366.5	425.8	-480.8	.. c	-135.2	-148.5	.. c	-19.9	79.5	125.3
Malte	35.7	-98.4	.. c	109.4	20.2	20.6	-313.4	960.2	487.2	63.8
Roumanie	-	.. c	-	.. c	.. c	29.4	145.4	34.5	38.7	90.1
Russie	1.3	11.0	3.4	-19.2	28.9	-11.9	115.6	834.6	673.0	-255.7
Ukraine	.. c	0.5	.. c	.. c	.. c	24.2	101.4	31.2	104.5	89.3
AFRIQUE	**.. c**	**.. c**	**5.9**	**2.6**	**.. c**	**1 849.4**	**-445.9**	**28.5**	**413.6**	**454.8**
Afrique septentrionale	.. c	.. c	1.4	-2.5	-0.4	-180.2	-53.6	-20.5	26.5	21.4
Algérie	.. c	.. c	-	-	-	7.5	-14.5	-2.5	12.8	-16.8
Egypte	0.2	-1.3	1.4	-0.1	0.5	-30.4	.. c	.. c	23.7	5.3
Libye	-	-	-	-2.5	-	-	-	-	4.6	-
Maroc	-	-	0.1	-	-1.0	-164.1	7.6	-0.9	-17.5	29.8
Tunisie	-	-	-	-	-	6.8	.. c	0.1	2.9	3.1
Autres pays africains	.. c	.. c	4.4	5.2	.. c	2 029.5	-392.2	49.0	387.1	433.5
Nigéria	0.7	1.5	0.5	-2.8	6.7	3.0	.. c	-7.6	24.4	21.7
Afrique du Sud	.. c	.. c	-0.8	7.9	.. c	130.5	94.7	400.4	184.3	276.9
AMÉRIQUE	**-3 922.3**	**6 334.5**	**-7 382.9**	**2 085.4**	**787.9**	**5 506.0**	**3 530.6**	**2 614.7**	**5 761.0**	**4 072.5**
Amérique du Nord	6 324.0	6 116.4	-3 740.4	2 362.1	-726.6	5 205.2	1 478.1	3 687.5	4 848.6	2 704.2
Amérique du Nord	-9 528.1	421.1	.. c	-234.4	1 495.8	26.5	1 682.8	-1 424.4	-256.8	49.8
Bahamas	-	-0.5	-1.6	-	-	1.7	-	-0.8	0.8	4.3
Bermudes	.. c	.. c	59.7	9.0	.. c	-22.5	-3.6	26.0	.. c	34.8
Îles Cayman	.. c	.. c	.. c	.. c	-9.6	-18.9	2.5	-31.6	27.8	-170.8
Costa Rica	-	-	-	-	-	.. c	2.7	-15.2	.. c	-0.8
El Salvador	-	-	-	-	.. c	.. c	.. c	.. c	.. c	.. c
Guatemala	-	-	-	-	-	.. c	4.6	-2.8	.. c	-4.8
Honduras	-	-	-	-	-	.. c	.. c	.. c	.. c	1.6
Nicaragua	-	-	-	-	-	.. c	-	-	-	-
Panama	-	-	-	-	.. c	9.4	8.4	4.6	.. c	2.1
Îles Vierges, US	-	-	-	-	-	-	-	.. c	-	-
Amérique du Sud	.. c	.. c	2.7	.. c	18.8	274.4	369.8	351.7	1 169.2	1 318.4
Argentine	.. c	.. c	-	-	.. c	126.8	136.3	180.4	245.6	76.9
Bolivie	-	-	-	-	.. c	19.5	-111.6	-172.1	253.0	-99.5
Brésil	.. c	.. c	2.7	11.2	73.2	171.0	222.3	94.4	591.0	810.9
Colombie	.. c	.. c	-	-	.. c	36.7	38.8	53.8	-8.9	27.6
Equateur	.. c	.. c	-	-	.. c	7.9	-	4.4	0.1	5.0
Paraguay	-	-	-	-	-	-1.5	-0.1	-1.1	.. c	.. c
Pérou	.. c	.. c	-	-	.. c	80.1	105.7	42.2	60.2	75.0
Uruguay	.. c	.. c	-	.. c	.. c	2.6	13.8	-0.9	14.8	-13.5
Venezuela	.. c	.. c	-	-	0.6	35.4	-14.5	5.4	17.4	3.1
ASIE	**3 921.7**	**1 765.9**	**6 680.7**	**2 363.9**	**1 303.0**	**2 220.1**	**243.7**	**1 145.1**	**1 158.9**	**3 504.2**

Tableau 1. Flux d'investissement direct étranger par pays *(suite)*

Millions de dollars des ÉU

	Entrant					Sortant				
	2015	2016	2017	2018	2019	2015	2016	2017	2018	2019
Proche et Moyen Orient	-48.3	.. c	.. c	.. c	-10.9	79.2	112.8	16.5	119.4	519.1
Pays du Golfe	-47.5	.. c	.. c	.. c	-17.4	3.6	75.0	4.4	43.0	17.3
Koweït	-	-	-	-	-	2.0	0.7	0.5	1.4	.. c
Qatar	-	-	-	-	3.2	-	-0.2	-0.2	-1.2	-14.0
Arabie saoudite	-52.0	.. c	.. c	.. c	.. c	-36.4	19.4	8.2	-23.9	20.2
Emirats Arabes Unis	3.7	-1.2	0.1	-0.3	5.1	47.2	56.2	-6.2	53.7	-4.8
Autres pays du Proche et Moyen Orient	.. c	.. c	4.8	-	6.7	75.6	37.6	12.1	76.4	501.7
Jordanie	-	-	-	-	-	6.3	0.2	0.4	0.1	0.1
Autres pays asiatiques	3 970.0	1 930.0	6 780.3	2 456.6	1 313.9	2 140.9	131.0	1 128.6	1 039.4	2 985.1
Chine	865.7	1 473.1	5 375.9	1 667.4	1 202.8	1 934.4	711.2	671.7	-26.4	593.4
Hong Kong, Chine	.. c	.. c	26.3	-291.4	-163.1	-122.4	-864.0	343.4	210.6	2 158.7
Inde	2.6	-0.1	16.8	0.2	11.0	-501.8	350.5	568.0	390.1	245.8
Indonesie	.. c	.. c	-	-	.. c	-53.1	33.7	7.6	36.5	53.3
République islamique d'Iran	-0.6	-	-	1.8	-	.. c	.. c	.. c	-86.6	22.4
Malaisie	.. c	6.1	31.2	-12.0	19.6	77.1	96.8	34.4	24.9	3.0
Philippines	.. c	.. c	-	-	.. c	60.6	77.7	-44.1	-67.3	20.7
Singapour	-65.5	.. c	.. c	-11.9	50.7	76.8	-113.7	-583.8	126.1	-81.7
Taipei Chinois	1.1	-1.9	0.2	0.7	0.5	88.7	-0.6	-19.2	-11.7	44.1
Thaïlande	.. c	.. c	0.5	-	.. c	79.1	52.4	55.8	131.9	-55.0
Viet Nam	-1.5	3.6	1.1	-1.2	3.0	14.0	5.0	9.5	18.6	19.4
AUSTRALIE, OCÉANIE ET RÉGIONS POLAIRES	**.. c**	**.. c**	**-29.8**	**-177.1**	**20.9**	**65.5**	**115.6**	**28.0**	**259.9**	**171.1**
TOTAL MONDE non alloué et confidentiel	**.. d**	**.. d**	**-1.2**	**-0.2**	**.. d**	**-0.1**	**-6.5**	**-6.4**	**-**	**-0.1**
Union européenne (UE28)	**7 425.1**	**12 615.1**	**11 714.9**	**303.1**	**9 178.1**	**-505.5**	**-2 454.3**	**17 024.9**	**5 211.8**	**4 213.2**
Pays du G20 hors Union Européenne	**17 776.3**	**11 198.5**	**10 864.9**	**7 669.5**	**4 000.4**	**7 855.8**	**4 089.5**	**14 975.2**	**8 046.5**	**7 796.1**
Pays OCDE du G20	**17 558.6**	**9 472.4**	**5 571.1**	**6 094.5**	**2 793.9**	**6 096.1**	**2 405.9**	**12 209.9**	**5 976.1**	**5 974.4**
Pays non-OCDE du G20	**217.7**	**1 725.9**	**5 293.8**	**1 575.0**	**1 206.4**	**1 759.7**	**1 683.6**	**2 765.3**	**2 070.2**	**1 821.7**
Pays MENA	**-46.7**	**.. c**	**.. c**	**.. c**	**-17.9**	**-178.8**	**17.2**	**-23.4**	**67.1**	**59.9**
Pays ANASE	**.. c**	**.. c**	**.. c**	**-25.1**	**53.9**	**265.1**	**167.5**	**-525.2**	**298.7**	**-40.9**

- Néant ; .. Non disponible ; c Donnée confidentielle ; d Confidentialité Secondaire

Note : Voir les métadonnées détaillées sur : *http://metalinks.oecd.org/idi/20210722/947b.*

Source : *Statistiques de l'OCDE sur l'investissement direct international (base de données) : https://doi.org/10.1787/idi-data-fr*

SUÈDE

Tableau 2. Encours des investissements directs étrangers par pays
En fin d'année

Millions de dollars des ÉU

	Entrant					Sortant				
	2015	2016	2017	2018	2019	2015	2016	2017	2018	2019
TOTAL MONDE	**317 407.1**	**317 160.8**	**367 705.7**	**340 572.9**	**340 853.4**	**355 227.1**	**355 800.8**	**386 531.1**	**395 702.4**	**410 493.0**
Pays membres de l'OCDE	..	..	..	**318 031.9**	**317 003.5**	..	..	..	**342 783.5**	**352 320.2**
Australie	967.0	334.6	225.1	202.4	932.2	2 350.8	2 190.7	2 864.8	2 648.0	3 106.5
Autriche	2 256.5	2 668.0	2 866.8	2 568.7	2 407.8	3 191.9	1 329.1	1 891.1	1 102.0	1 383.0
Belgique	1 213.9	1 976.7	4 714.5	1 027.0	1 316.6	12 966.2	18 130.1	-707.6	1 384.3	1 925.6
Canada	3 566.6	2 403.1	1 786.9	1 835.9	1 857.7	3 053.9	3 702.9	4 883.4	5 070.1	5 502.7
Chili	.. c	.. c	.. c	.. c	.. c	1 442.9	1 320.0	1 547.1	1 546.8	1 749.4
République Tchèque	183.3	61.5	48.0	68.7	120.1	1 047.3	2 206.2	3 373.3	3 035.2	3 229.9
Danemark	25 593.8	23 463.7	24 358.1	25 320.9	25 065.4	19 869.6	21 135.7	21 306.4	23 952.1	26 318.9
Estonie	393.2	101.9	29.5	156.1	156.9	4 403.6	4 280.4	5 538.5	5 619.0	4 854.9
Finlande	28 602.7	28 031.2	32 591.1	28 999.1	27 130.3	34 445.7	38 931.8	27 011.7	26 019.2	27 428.4
France	5 490.4	4 734.2	6 956.5	7 946.0	8 377.7	7 160.8	7 608.5	9 168.1	9 046.9	9 571.5
Allemagne	30 921.2	30 561.2	35 412.3	30 786.8	30 466.7	17 635.9	10 989.6	21 151.1	20 294.7	18 760.6
Grèce	.. c	.. c	.. c	-2.6	.. c	131.9	175.7	182.5	133.7	132.8
Hongrie	-60.8	41.3	30.5	34.4	370.9	616.9	595.2	687.0	368.7	420.7
Islande	.. c	.. c	.. c	.. c	.. c	.. c	37.3	88.8	259.9	276.4
Irlande	3 554.4	-1 888.2	1 212.5	4 761.1	8 241.5	1 882.6	2 211.1	11 977.6	10 682.8	11 586.0
Israël	.. c	.. c	.. c	.. c	.. c	1 015.4	654.8	523.1	434.1	756.6
Italie	842.0	966.4	1 130.0	1 553.6	2 335.6	6 843.8	5 694.5	7 472.1	8 369.4	8 032.3
Japon	3 040.8	2 991.3	4 590.9	5 133.1	4 354.4	3 054.8	3 414.1	3 671.1	3 909.6	3 802.8
Corée	113.7	187.7	.. c	.. c	.. c	2 503.8	2 566.0	2 525.0	2 689.9	2 883.3
Lettonie	.. c	89.6	11.8	26.6	23.9	2 792.3	2 221.0	3 358.9	3 167.8	2 925.1
Lituanie	45.0	19.0	10.7	491.8	376.9	3 163.0	2 484.3	4 324.6	4 446.1	3 268.7
Luxembourg	49 006.1	46 425.5	52 702.0	42 240.1	45 814.6	24 887.7	18 691.7	15 251.5	13 551.7	11 425.3
Mexique	.. c	.. c	143.8	.. c	.. c	1 771.0	3 467.6	1 624.0	1 291.1	1 381.9
Pays-Bas	51 513.0	56 945.3	59 077.7	59 052.9	51 701.4	22 604.1	21 408.5	34 453.1	35 765.7	42 056.5
Nouvelle-Zélande	.. c	.. c	.. c	.. c	.. c	136.1	130.9	189.6	175.1	241.2
Norvège	22 318.5	25 059.4	28 045.9	27 616.0	29 050.1	27 778.4	31 239.8	28 314.6	27 366.4	30 179.4
Pologne	-6 061.2	-3 138.9	-2 827.9	-4 399.3	-3 709.2	5 759.1	6 247.4	8 396.7	6 905.5	6 144.3
Portugal	.. c	.. c	.. c	-24.3	-75.2	1 307.7	1 325.2	1 608.2	1 548.1	1 383.5
République slovaquie	48.6	47.2	29.5	35.5	33.1	113.6	280.0	953.9	821.7	681.9
Slovénie	-	.. c	.. c	.. c	.. c	58.8	189.9	226.0	254.2	195.0
Espagne	1 301.7	1 681.5	1 784.0	1 571.6	677.4	9 660.6	10 563.8	13 932.1	14 974.8	15 930.8
Suède	-	-	-	-	-	-	-	-	-	-
Suisse	9 962.0	8 140.0	8 797.4	7 509.7	8 306.0	9 610.9	10 130.4	11 839.4	11 076.0	10 729.0
Turquie	-20.4	-7.6	-6.5	2.8	127.4	1 225.5	1 131.2	1 630.1	1 364.2	1 601.5
Royaume-Uni	40 672.7	37 130.2	50 735.7	48 107.8	47 966.7	22 791.3	20 680.1	24 270.7	29 513.3	29 872.0
Etats-Unis	20 357.0	29 357.0	29 039.8	24 970.7	22 894.1	52 063.3	49 637.2	54 004.4	63 995.8	62 582.0
EUROPE	**277 701.0**	**272 543.1**	**319 233.9**	**296 264.8**	**296 355.4**	**259 335.3**	**258 545.3**	**280 081.9**	**281 449.4**	**291 759.3**
Bulgarie	-	.. c	.. c	.. c	.. c	269.1	369.0	373.7	561.2	372.4
Croatie	-	-	.. c	.. c	.. c	369.5	336.9	392.9	627.2	557.2
Chypre	6 609.2	6 509.0	8 470.4	.. c	6 161.3	1 127.0	1 543.0	1 505.4	1 501.0	879.4
Malte	656.8	285.5	514.1	607.7	964.1	619.8	762.4	1 573.5	1 339.4	2 767.4
Roumanie	.. c	.. c	.. c	.. c	.. c	560.1	662.6	756.9	619.7	831.1
Russie	115.9	188.8	70.4	62.1	148.6	5 663.6	6 596.7	7 401.4	6 145.7	6 043.6
Ukraine	-	-	-	.. c	-	123.7	137.3	216.5	352.2	539.3
AFRIQUE	**166.2**	**97.8**	**32.7**	**96.5**	**-3.3**	**4 195.1**	**4 336.9**	**4 536.7**	**4 358.5**	**4 511.3**
Afrique septentrionale	16.5	-24.9	.. c	35.1	.. c	989.1	697.2	546.8	355.2	407.1
Algérie	-26.2	-	-	-	-	125.3	.. c	.. c	.. c	.. c
Egypte	-32.7	-24.8	.. c	-	-	387.8	246.9	.. c	.. c	.. c
Libye	-	-	-	35.1	-	-	-	-	-49.1	-
Maroc	.. c	.. c	.. c	-	.. c	417.5	383.5	.. c	244.0	236.1
Tunisie	-	-	-	-	-	.. c	.. c	.. c	.. c	.. c
Autres pays africains	149.7	122.8	33.3	61.4	-11.9	3 206.0	3 639.7	3 989.9	4 003.3	4 104.2
Nigéria	40.3	87.0	-	92.7	.. c	94.7	34.8	.. c	-5.4	.. c
Afrique du Sud	.. c	.. c	-18.6	-19.3	.. c	747.7	1 122.1	1 696.4	1 613.5	1 721.3
AMÉRIQUE	**28 803.2**	**34 778.9**	**32 794.0**	**28 575.1**	**28 210.9**	**66 073.0**	**65 408.5**	**69 980.8**	**79 604.9**	**79 712.5**
Amérique du Nord	23 923.6	31 760.1	30 826.8	26 806.7	24 751.8	55 137.0	53 357.0	58 964.3	69 142.6	68 119.1
Amérique du Nord	4 384.5	2 821.7	1 679.0	1 650.9	3 355.2	2 377.5	4 115.8	2 253.4	1 529.4	2 185.0
Bahamas	.. c	.. c	.. c	.. c	-	.. c	.. c	.. c	.. c	.. c
Bermudes	.. c	.. c	.. c	580.9	380.2	309.1	.. c	.. c	-87.0	388.3
Îles Cayman	2 116.7	2 094.7	946.8	353.9	311.3	34.4	143.3	95.8	86.5	41.2
Costa Rica	-	-	-	-	-	.. c	11.0	-4.1	-5.0	2.0
El Salvador	-	-	.. c	-	-	.. c	.. c	.. c	.. c	12.3
Guatemala	-	-	-	-	-	.. c	.. c	.. c	.. c	.. c
Honduras	-	-	-	-	-	.. c	.. c	.. c	.. c	.. c
Nicaragua	-	-	-	-	-	-	-	-	-	-
Panama	-	-	-	-	.. c	53.8	75.4	.. c	7.9	7.4
Îles Vierges, US	-	-	-	-	-	-	.. c	.. c	.. c	.. c
Amérique du Sud	.. c	197.2	288.3	.. c	.. c	8 558.5	7 935.7	8 762.9	8 932.8	9 408.3
Argentine	.. c	.. c	.. c	.. c	-	461.0	451.1	577.9	570.1	558.9
Bolivie	-	-	-	-	-	1 700.0	.. c	.. c	.. c	.. c
Brésil	.. c	.. c	.. c	.. c	.. c	3 977.2	4 280.6	4 608.8	4 545.9	4 772.6
Colombie	.. c	-	-	-	-	298.1	229.2	288.7	240.1	247.7
Equateur	.. c	-	-	-	-	115.2	.. c	84.2	.. c	120.5
Paraguay	-	-	-	-	-	24.9	.. c	.. c	.. c	.. c
Pérou	.. c	-	-	-	-	372.0	377.6	440.8	447.0	599.4
Uruguay	.. c	-	-	-	.. c	77.5	91.0	77.4	77.5	68.3
Venezuela	.. c	-	.. c	.. c	.. c	89.8	116.4	50.2	.. c	.. c
ASIE	**9 540.7**	**9 267.7**	**15 246.5**	**15 280.7**	**15 209.7**	**23 134.4**	**25 188.6**	**28 877.3**	**27 466.6**	**31 162.2**

Tableau 2. Encours des investissements directs étrangers par pays *(suite)*

En fin d'année

Millions de dollars des ÉU

	Entrant					Sortant				
	2015	2016	2017	2018	2019	2015	2016	2017	2018	2019
Proche et Moyen Orient	920.8	336.1	.. c	.. c	236.3	1 675.4	1 190.7	1 002.8	1 029.1	1 503.2
Pays du Golfe	.. c	.. c	.. c	.. c	97.3	576.1	512.3	465.3	583.4	729.3
Koweït	-	-	-	-	-	.. c	.. c	.. c	.. c	.. c
Qatar	-	-	-	-	-24.3	.. c	.. c	.. c	.. c	103.8
Arabie saoudite	.. c	.. c	.. c	.. c	.. c	161.8	145.7	170.7	157.2	64.2
Emirats Arabes Unis	-41.1	-24.3	.. c	.. c	-37.1	308.1	284.3	228.7	354.7	480.0
Autres pays du Proche et Moyen Orient	.. c	.. c	.. c	.. c	.. c	1 099.3	678.3	537.5	445.6	773.9
Jordanie	-	-	-	-	-	.. c	.. c	.. c	.. c	.. c
Autres pays asiatiques	8 619.9	8 931.6	14 821.0	15 117.8	14 973.4	21 459.0	23 997.9	27 874.5	26 437.6	29 659.0
Chine	.. c	.. c	.. c	8 666.7	9 448.9	8 170.3	10 669.4	13 182.6	11 208.5	12 721.5
Hong Kong, Chine	29.7	.. c	564.0	392.4	227.0	1 414.2	508.8	511.3	1 121.5	2 850.9
Inde	147.6	102.3	104.7	-7.6	10.8	1 739.2	2 261.8	2 909.6	2 619.6	2 792.9
Indonesie	.. c	-	.. c	.. c	.. c	119.8	267.4	305.3	265.7	313.5
République islamique d'Iran	.. c	-	-	.. c	.. c	.. c	.. c	.. c	.. c	.. c
Malaisie	-	.. c	.. c	-9.8	-1.7	898.0	715.7	858.1	750.8	724.0
Philippines	-9.2	.. c	.. c	.. c	.. c	370.7	359.8	296.3	151.3	156.0
Singapour	725.3	267.8	18.8	.. c	.. c	1 336.5	1 082.1	725.6	711.6	940.5
Taipei Chinois	31.9	29.1	24.6	.. c	34.7	370.9	204.8	239.9	335.7	262.2
Thaïlande	-1.5	.. c	-21.8	-	-	1 370.0	1 414.7	1 888.4	1 820.0	1 843.1
Viet Nam	34.6	42.3	38.0	49.8	59.6	2.6	-5.2	0.9	7.1	20.8
AUSTRALIE, OCÉANIE ET RÉGIONS POLAIRES	**1 048.1**	**334.5**	**222.7**	**192.6**	**917.9**	**2 489.3**	**2 321.5**	**3 054.3**	**2 823.0**	**3 347.7**
TOTAL MONDE non alloué et confidentiel	**147.9**	**138.9**	**175.9**	**163.2**	**162.7**	**-**	**-**	**0.1**	**0.1**	**0.1**
Union européenne (UE28)	**244 085.4**	**238 108.8**	**281 411.4**	**259 464.4**	**257 304.9**	**213 776.7**	**208 391.0**	**229 483.7**	**234 315.3**	**241 930.7**
Pays du G20 hors Union Européenne	**112 774.5**	**114 665.0**	**140 032.0**	**129 912.8**	**129 718.2**	**141 495.6**	**136 877.1**	**164 117.4**	**175 319.2**	**176 085.5**
Pays OCDE du G20	**107 339.7**	**108 767.6**	**130 295.7**	**120 980.3**	**119 912.8**	**120 455.1**	**111 082.3**	**133 264.9**	**148 192.8**	**147 097.0**
Pays non-OCDE du G20	**5 434.8**	**5 897.4**	**9 736.4**	**8 932.5**	**9 805.4**	**21 040.5**	**25 794.8**	**30 852.6**	**27 126.5**	**28 988.5**
Pays MENA	**905.8**	**.. c**	**.. c**	**188.8**	**105.9**	**1 640.5**	**1 224.1**	**1 003.0**	**921.4**	**1 141.5**
Pays ANASE	**700.3**	**356.2**	**96.1**	**649.4**	**597.2**	**4 146.1**	**3 894.9**	**4 125.4**	**3 847.4**	**4 030.0**

- Néant ; .. Non disponible ; c Donnée confidentielle

Note : Voir les métadonnées détaillées sur : *http://metalinks.oecd.org/idi/20210722/947b.*

Source : *Statistiques de l'OCDE sur l'investissement direct international (base de données) : https://doi.org/10.1787/idi-data-fr*

SUÈDE

Tableau 3. Revenus des investissements directs étrangers par pays

Millions de dollars des ÉU

	Entrant					Sortant				
	2015	2016	2017	2018	2019	2015	2016	2017	2018	2019
TOTAL MONDE	**22 052.7**	**21 835.7**	**22 165.9**	**25 395.8**	**23 836.2**	**26 829.6**	**25 633.3**	**30 743.7**	**34 932.8**	**34 742.4**
Pays membres de l'OCDE	**..**	**..**	**..**	**23 318.8**	**21 964.8**	**..**	**..**	**..**	**28 654.6**	**28 693.4**
Australie	-0.8	-0.9	-5.4	-7.5	47.9	194.4	207.7	248.9	132.1	315.3
Autriche	244.0	236.4	250.3	326.3	251.1	323.9	155.6	217.7	206.7	170.4
Belgique	75.6	309.1	246.3	-6.9	105.0	500.0	933.8	1 091.5	1 359.3	1 267.7
Canada	250.0	200.5	549.6	152.2	204.2	444.4	367.6	276.8	208.6	447.8
Chili	8.3	.. c	.. c	5.4	0.7	-112.0	149.4	150.7	80.0	417.6
République Tchèque	22.9	0.5	-	0.2	-5.5	196.2	242.5	302.9	217.6	302.0
Danemark	875.5	1 582.7	1 378.6	1 515.8	1 286.0	1 689.5	1 690.3	1 680.1	1 701.1	1 360.0
Estonie	1.1	7.7	17.4	11.0	59.0	342.5	462.9	486.6	540.0	450.2
Finlande	2 125.6	2 020.3	1 916.9	3 355.0	3 551.5	1 886.3	2 512.1	4 206.3	3 731.4	2 944.1
France	179.6	526.0	624.9	412.5	390.0	430.0	526.7	1 077.7	1 006.9	667.1
Allemagne	2 270.7	1 546.1	1 930.7	1 997.3	2 846.1	2 695.2	220.0	1 231.9	1 675.1	567.5
Grèce	-	-	-	-	.. c	10.8	14.0	12.8	17.5	29.1
Hongrie	.. c	.. c	.. c	.. c	10.9	50.3	41.6	93.5	77.7	49.5
Islande	-17.8	-55.5	-3.0	-7.6	-	0.8	0.6	-7.6	15.5	6.0
Irlande	226.4	-3.7	184.9	112.8	-174.0	141.6	199.4	296.4	431.2	474.1
Israël	-0.8	6.4	4.8	-	6.7	12.2	27.3	38.5	119.0	-15.0
Italie	101.6	109.3	115.4	-58.7	161.4	417.7	327.4	435.4	310.6	432.4
Japon	521.3	511.7	456.9	535.2	214.0	92.5	425.4	277.5	209.1	149.1
Corée	19.1	14.0	41.3	35.4	69.0	133.9	124.4	408.9	305.6	450.0
Lettonie	-	-9.5	.. c	-	-10.4	289.5	308.4	463.7	429.7	325.6
Lituanie	-20.0	-	.. c	12.3	4.0	225.3	332.6	470.6	542.2	426.5
Luxembourg	907.1	959.3	1 317.3	2 215.1	1 641.2	408.6	1 145.9	636.8	135.6	265.9
Mexique	.. c	.. c	-5.9	21.4	17.7	194.9	158.6	213.1	230.3	152.1
Pays-Bas	3 593.8	3 539.6	4 450.9	3 548.3	2 966.4	2 381.7	2 361.8	2 512.0	3 484.8	4 761.8
Nouvelle-Zélande	.. c	.. c	.. c	0.2	.. c	17.7	18.2	16.3	13.0	11.1
Norvège	1 824.2	1 623.4	1 465.7	1 625.4	1 407.0	2 178.6	3 297.4	3 207.4	3 722.3	3 383.0
Pologne	18.9	-65.2	-25.2	-51.4	-216.2	430.9	462.3	267.8	332.9	370.4
Portugal	-	.. c	-	-	16.0	134.4	86.5	101.8	172.1	116.5
République slovaquie	-	-	-	-	-	32.0	27.2	35.8	29.3	31.9
Slovénie	-	-	-	-	-	13.8	3.5	9.4	23.0	34.8
Espagne	234.7	249.3	86.2	320.8	233.8	608.1	558.9	522.6	763.6	397.4
Suède	-	-	-	-	-	-	-	-	-	-
Suisse	1 169.7	811.5	802.4	1 005.0	715.3	1 240.2	1 701.0	1 137.7	1 213.2	1 431.6
Turquie	-	-	-	-	0.1	54.6	55.7	91.4	83.2	61.1
Royaume-Uni	4 957.0	3 934.0	2 963.6	4 156.2	4 209.6	1 391.9	259.7	296.4	2 179.0	1 924.2
Etats-Unis	1 081.8	2 033.1	1 300.6	2 086.9	1 956.9	3 891.9	2 572.1	3 282.6	2 956.0	4 514.5
EUROPE	**19 125.4**	**17 594.6**	**18 078.5**	**20 937.9**	**19 621.3**	**19 032.3**	**19 026.2**	**22 209.7**	**25 891.3**	**23 633.1**
Bulgarie	-	-	-	-	-	31.1	51.7	48.0	41.3	40.3
Croatie	-	.. c	-	-	.. c	17.7	18.9	9.6	46.6	24.6
Chypre	52.6	78.4	205.1	202.6	121.1	3.7	78.4	89.6	117.9	74.5
Malte	235.3	103.0	80.6	219.1	20.6	123.5	156.4	181.0	196.7	236.0
Roumanie	-	.. c	.. c	.. c	.. c	53.1	34.7	32.9	71.8	55.5
Russie	-	-1.2	-	-	1.8	367.2	511.3	763.5	807.2	765.6
Ukraine	-	-	-	-	-	33.8	85.2	32.8	91.4	71.5
AFRIQUE	**.. c**	**-3.3**	**4.8**	**.. c**	**.. c**	**-61.9**	**242.5**	**231.3**	**345.6**	**325.6**
Afrique septentrionale	-	-	-	-	-	-141.1	49.9	14.7	19.1	44.4
Algérie	-	-	-	-	-	20.2	4.2	-2.5	12.8	4.4
Egypte	-	-	-	-	-	-12.0	28.2	3.0	11.9	7.8
Libye	-	-	-	-	-	-	-	-	-	-
Maroc	-	-	-	-	-	-155.8	14.7	14.0	-8.5	29.1
Tunisie	-	-	-	-	-	6.5	2.8	0.1	2.9	3.1
Autres pays africains	.. c	-3.3	4.8	.. c	.. c	79.0	192.6	216.5	326.3	281.2
Nigéria	-	-	-	-	.. c	4.2	-0.5	-7.0	19.3	28.9
Afrique du Sud	.. c	.. c	-	-	.. c	66.9	91.9	99.7	160.4	149.2
AMÉRIQUE	**1 574.4**	**2 579.9**	**1 860.5**	**2 251.5**	**1 921.0**	**5 087.5**	**3 791.2**	**4 671.5**	**4 728.6**	**6 577.7**
Amérique du Nord	1 331.8	2 233.6	1 850.0	2 239.3	2 161.1	4 338.0	2 941.5	3 559.1	3 168.2	4 960.3
Amérique du Nord	274.5	371.2	5.3	-5.4	-270.1	218.9	209.3	288.1	326.6	211.6
Bahamas	-	-0.5	-1.6	-	-	1.7	-	0.5	0.8	4.3
Bermudes	19.7	29.7	54.4	67.7	33.1	-21.2	14.5	21.9	10.8	29.0
Îles Cayman	238.3	288.7	24.5	3.3	9.4	32.7	32.1	18.7	74.1	21.7
Costa Rica	-	-	-	-	-	1.9	-14.6	4.4	-3.7	-1.7
El Salvador	-	-	-	-	.. c	1.4	1.1	0.8	1.5	-0.1
Guatemala	-	-	-	-	-	0.8	-7.9	14.3	-7.0	-4.8
Honduras	-	-	-	-	-	0.2	0.9	0.2	0.7	1.6
Nicaragua	-	-	-	-	-	-	-	-	-	-
Panama	-	-	-	-	.. c	14.5	7.1	4.8	-	0.4
Îles Vierges, US	-	-	-	-	-	-	-	-	-	-
Amérique du Sud	-31.9	-24.9	5.1	17.6	30.1	530.8	640.3	824.3	1 233.8	1 405.9
Argentine	.. c	.. c	-	-	.. c	154.6	180.0	184.0	170.8	137.1
Bolivie	-	-	-	-	.. c	270.5	204.2	218.1	452.8	221.2
Brésil	.. c	-20.9	4.7	12.1	28.7	57.2	7.6	200.0	462.1	526.4
Colombie	.. c	.. c	-	-	.. c	27.9	11.7	-0.4	9.2	24.1
Equateur	.. c	.. c	-	-	-	5.2	-0.6	4.1	3.3	4.4
Paraguay	-	-	-	-	-	-0.1	-1.2	-1.4	-1.2	0.7
Pérou	.. c	.. c	.. c	.. c	.. c	79.8	79.1	40.7	40.3	55.4
Uruguay	.. c	.. c	-	-	.. c	11.6	25.8	22.5	-0.7	15.7
Venezuela	0.9	.. c	-	-	0.6	36.1	-15.8	6.0	17.4	3.1
ASIE	**1 359.9**	**1 664.1**	**2 226.9**	**2 213.0**	**2 256.9**	**2 560.9**	**2 347.5**	**3 366.1**	**3 822.4**	**3 879.7**

Tableau 3. Revenus des investissements directs étrangers par pays *(suite)*

Millions de dollars des ÉU

	Entrant					Sortant				
	2015	2016	2017	2018	2019	2015	2016	2017	2018	2019
Proche et Moyen Orient	61.0	24.3	19.0	.. c	15.4	113.9	107.9	76.8	196.0	50.0
Pays du Golfe	61.8	.. c	.. c	.. c	.. c	80.3	66.4	37.8	69.8	60.0
Koweït	-	-	-	-	-	2.0	2.0	1.2	1.4	0.8
Qatar	-	-	-	-	-	-	-0.2	-0.2	-1.2	-1.4
Arabie saoudite	61.8	.. c	.. c	.. c	.. c	15.9	17.3	11.2	14.6	18.2
Emirats Arabes Unis	.. c	-	-	.. c	-	35.6	33.5	15.2	42.6	19.6
Autres pays du Proche et Moyen Orient	-0.8	6.7	4.8	-	6.7	33.5	41.5	38.8	126.1	-9.9
Jordanie	-	-	-	-	-	6.3	0.2	0.4	0.1	0.1
Autres pays asiatiques	1 298.9	1 639.8	2 207.9	2 202.7	2 241.5	2 447.1	2 239.6	3 289.5	3 626.4	3 829.7
Chine	860.9	1 081.6	1 629.8	1 613.5	1 936.4	1 029.5	821.9	1 585.0	1 425.4	1 718.4
Hong Kong, Chine	-5.9	-8.8	26.6	7.2	-2.2	388.1	229.9	182.9	668.0	638.1
Inde	-1.3	1.1	14.6	1.6	1.5	163.1	247.5	474.1	401.6	297.7
Indonesie	.. c	.. c	.. c	.. c	.. c	-2.4	24.9	16.7	33.9	16.7
République islamique d'Iran	-	-	-	-	-	18.0	15.3	-16.7	-69.5	22.4
Malaisie	.. c	7.0	35.2	-12.0	3.2	115.2	65.1	75.6	80.5	95.2
Philippines	.. c	.. c	.. c	.. c	.. c	20.4	36.6	22.2	21.4	16.8
Singapour	-87.9	26.1	4.1	21.5	20.7	132.2	3.4	-86.8	91.6	106.8
Taipei Chinois	.. c	.. c	-	.. c	.. c	39.6	32.7	62.0	89.8	66.4
Thaïlande	.. c	.. c	.. c	.. c	.. c	98.0	99.5	154.3	164.0	149.1
Viet Nam	-	-	-	-	-	17.0	18.8	13.8	21.2	13.6
AUSTRALIE, OCÉANIE ET RÉGIONS POLAIRES	**1.1**	**-0.2**	**-5.4**	**-7.2**	**47.5**	**210.8**	**225.9**	**265.1**	**145.1**	**326.4**
TOTAL MONDE non alloué et confidentiel	**.. d**	**0.6**	**0.6**	**.. d**	**.. d**	**-**	**-**	**-**	**-0.1**	**-**
Union européenne (UE28)	**16 104.1**	**15 127.8**	**15 749.7**	**18 294.1**	**17 472.8**	**14 873.6**	**13 260.6**	**16 861.9**	**19 896.0**	**17 853.7**
Pays du G20 hors Union Européenne	**10 252.2**	**9 943.6**	**9 635.1**	**10 968.8**	**12 086.1**	**11 793.6**	**7 147.3**	**11 174.7**	**12 772.3**	**13 310.4**
Pays OCDE du G20	**9 380.9**	**8 875.1**	**7 971.7**	**9 331.0**	**10 116.8**	**9 941.8**	**5 245.0**	**7 840.4**	**9 296.2**	**9 681.2**
Pays non-OCDE du G20	**871.2**	**1 068.3**	**1 663.4**	**1 637.8**	**1 969.4**	**1 851.9**	**1 902.3**	**3 334.3**	**3 476.0**	**3 629.3**
Pays MENA	**61.8**	**.. c**	**.. c**	**.. c**	**.. c**	**-51.1**	**116.1**	**48.0**	**85.5**	**108.2**
Pays ANASE	**-95.0**	**29.5**	**39.4**	**9.7**	**23.2**	**391.5**	**261.4**	**198.0**	**458.1**	**397.6**

- Néant ; .. Non disponible ; c Donnée confidentielle ; d Confidentialité Secondaire

Note : Voir les métadonnées détaillées sur : *http://metalinks.oecd.org/idi/20210722/947b.*

Source : *Statistiques de l'OCDE sur l'investissement direct international (base de données) : https://doi.org/10.1787/idi-data-fr*

Tableau 4. Investissement direct étranger : flux par secteur industriel

Millions de dollars des ÉU

	Entrant					Sortant				
	2015	2016	2017	2018	2019	2015	2016	2017	2018	2019
All FDI activities	**8 449.5**	**19 153.0**	**15 903.5**	**4 217.6**	**11 732.8**	**13 045.0**	**4 702.5**	**27 367.5**	**17 838.8**	**15 522.5**
Agriculture, sylviculture et pêche	**29.3**	**30.3**	**3.7**	**2.8**	**33.9**	**3.8**	**-0.5**	**5.4**	**8.4**	**-1.0**
Industries extractives	**25.2**	**1 394.1**	**412.2**	**684.1**	**-1 436.8**	**-434.0**	**1 562.7**	**544.3**	**177.0**	**704.6**
Activités d'extraction	21.1	1 372.6	398.4	687.9	.. c	-458.3	779.8	311.0	-18.0	430.6
Activités de fabrication	**6 731.6**	**818.0**	**5 787.8**	**6 469.3**	**4 363.1**	**6 724.0**	**4 417.3**	**13 202.3**	**15 671.7**	**7 481.8**
dont :										
Produits alimentaires, boissons et tabac	-709.5	-128.8	441.6	756.2	476.8	-168.7	.. c	679.7	476.6	-297.0
Textiles, bois, papier, imprimerie	-498.3	-68.5	-504.6	245.1	1 656.4	-451.8	321.4	.. c	.. c	.. c
Produits pétroliers, chimiques, pharmaceutiques, caoutchouc, plastique, minéraux	2 659.8	511.9	1 995.3	-375.2	549.8	-597.4	-338.5	2 140.5	409.0	818.1
Ouvrages en métaux et machines, sauf matériels électriques	-217.1	422.7	1 575.3	3 747.8	241.8	-122.3	323.6	5 261.6	11 431.9	1 469.1
Automobiles, remorques, semi-remorques, autres matériels de transport	4 325.9	397.0	-115.1	2 333.3	793.3	4 661.4	4 414.5	1 084.1	3 021.7	4 588.9
Autres activités de fabrication	.. c	-316.3	2 395.3	-237.7	645.0	3 402.9	660.3	-912.5	-205.2	918.8
Production et distribution d'électricité, de gaz, de vapeur et de climatisation	**-3 793.2**	**105.4**	**-2 095.1**	**-667.7**	**459.6**	**.. c**	**.. c**	**.. c**	**.. c**	**.. c**
Distribution de l'eau ; assainissement, traitement des déchets et dépollution	**65.0**	**-23.3**	**15.2**	**33.6**	**-7.4**	**-31.0**	**-134.6**	**76.4**	**46.7**	**-147.1**
Construction	**-531.0**	**370.6**	**134.0**	**-205.3**	**260.5**	**.. c**	**-13.9**	**.. c**	**75.5**	**.. c**
Services	**3 793.7**	**16 489.8**	**10 020.7**	**2 285.4**	**3 613.5**	**6 727.8**	**-2 342.7**	**12 259.5**	**2 174.1**	**7 692.6**
Commerce de gros et de détail ; réparations automobiles et motocycles	2 102.1	15 379.3	4 397.4	-3 378.1	1 333.5	-877.2	-2 116.4	2 146.3	-1 262.9	2 553.0
Transport et entreposage	539.1	285.2	38.8	464.1	-267.2	865.3	-168.5	-1 200.9	394.5	-297.0
Activités d'hébergement et de restauration	-30.8	-254.5	105.5	10.5	-16.8	178.4	476.8	74.4	14.5	8.9
Information et communication	-109.3	-1 050.5	-612.4	-864.9	699.5	309.3	-1 722.4	-412.0	852.3	1 118.5
Activités financières et d'assurances	-1 208.0	3 348.7	2 399.3	-76.3	-241.8	2 556.0	-656.6	721.2	-2 262.6	844.3
Activités des sociétés holding	-123.0	3 648.7	-94.3	-1 446.3	-188.9	.. c	1 081.5	-31.2	-2 795.8	325.8
Activités immobilières	-409.2	-1 200.0	-956.6	972.2	500.6	785.2	288.0	2 243.6	1 638.4	-121.7
Activités professionnelles, scientifiques et techniques	3 052.6	-498.7	1 992.3	2 353.7	1 477.7	2 087.6	59.0	2 795.1	790.3	2 850.3
Activités de services administratifs et d'appui	-91.8	573.7	2 748.2	1 791.4	40.5	455.2	1 345.6	5 377.8	1 775.8	925.7
Administration publique; activités des ménages et des organismes extra-territoriaux	-	-	-	-	-	-	78.2	527.7	98.2	58.6
Éducation	-2.0	0.2	8.4	8.5	0.1	-	0.6	5.3	18.9	9.8
Santé humaine et action sociale	.. c	-119.2	-107.9	.. c	.. c	.. c	80.6	156.9	131.8	-263.9
Arts, spectacles et loisirs	-8.7	-9.4	-7.4	24.2	-8.5	80.0	-50.6	22.1	25.7	45.2
Autres services	-28.5	35.3	15.1	2.0	-14.8	-0.1	43.0	-198.0	-40.4	-39.1
Not allocated and confidential	**1 986.3**	**-149.8**	**1 521.2**	**-4 701.2**	**4 228.7**	**.. c**	**.. c**	**.. c**	**.. c**	**.. c**
Activités immobilières privées	**142.6**	**117.9**	**103.8**	**316.7**	**217.6**	**633.7**	**-54.9**	**.. c**	**127.7**	**-343.8**

- Néant ; c Donnée confidentielle
Note : Voir les métadonnées détaillées sur : *http://metalinks.oecd.org/idi/20210722/947b.*
Source : *Statistiques de l'OCDE sur l'investissement direct international (base de données) : https://doi.org/10.1787/idi-data-fr*

Tableau 5. Encours des investissement directs étrangers par secteur industriel
En fin d'année

Millions de dollars des ÉU

	Entrant					Sortant				
	2015	2016	2017	2018	2019	2015	2016	2017	2018	2019
All FDI activities	**317 407.1**	**317 160.8**	**367 705.7**	**340 572.9**	**340 853.4**	**355 227.1**	**355 800.8**	**386 531.1**	**395 702.4**	**410 493.0**
Agriculture, sylviculture et pêche	**401.5**	**87.0**	**27.2**	**.. c**	**.. c**	**-232.9**	**315.9**	**267.3**	**476.5**	**59.9**
Industries extractives	**1 677.2**	**1 400.2**	**1 696.9**	**1 577.9**	**1 205.8**	**2 369.4**	**3 560.5**	**3 596.7**	**3 953.5**	**4 963.1**
Activités d'extraction	.. c	959.3	.. c	1 236.0	698.3	.. c	.. c	.. c	1 608.6	.. c
Activités de fabrication	**137 035.4**	**126 855.4**	**143 295.8**	**132 534.2**	**129 793.0**	**152 650.5**	**143 849.8**	**159 329.1**	**166 549.3**	**166 875.6**
dont :										
Produits alimentaires, boissons et tabac	23 432.1	22 480.4	23 642.7	21 672.8	22 655.6	6 604.6	4 965.9	4 359.0	4 868.0	4 925.6
Textiles, bois, papier, imprimerie	15 360.4	14 300.8	15 442.4	14 368.3	16 756.0	11 848.0	11 869.2	.. c	.. c	.. c
Produits pétroliers, chimiques, pharmaceutiques, caoutchouc, plastique, minéraux	51 258.6	46 418.3	53 826.8	51 619.3	50 993.7	37 211.8	35 800.1	43 214.8	43 581.2	41 267.6
Ouvrages en métaux et machines, sauf matériels électriques	13 066.9	13 125.1	16 100.0	16 179.1	14 353.7	55 824.9	46 384.3	47 357.7	50 055.9	50 464.2
Automobiles, remorques, semi-remorques, autres matériels de transport	21 588.5	20 459.8	21 700.8	19 201.3	18 467.6	32 984.9	35 884.1	38 412.3	40 956.3	44 724.4
Autres activités de fabrication	12 328.9	10 071.0	12 583.1	9 493.4	6 566.3	8 176.2	8 946.2	10 120.2	12 429.3	10 079.1
Production et distribution d'électricité, de gaz, de vapeur et de climatisation	**24 155.9**	**22 630.4**	**24 152.0**	**20 934.4**	**21 797.6**	**.. c**	**.. c**	**.. c**	**.. c**	**.. c**
Distribution de l'eau ; assainissement, traitement des déchets et dépollution	**601.8**	**768.6**	**875.2**	**855.3**	**1 122.6**	**550.4**	**586.7**	**664.7**	**674.7**	**592.2**
Construction	**1 947.3**	**1 823.4**	**2 306.9**	**1 372.1**	**1 178.8**	**4 508.9**	**3 772.2**	**4 089.2**	**4 651.4**	**5 263.8**
Services	**134 601.5**	**145 536.8**	**171 678.9**	**156 449.2**	**153 119.5**	**158 311.9**	**168 696.7**	**176 821.9**	**174 720.9**	**185 713.0**
Commerce de gros et de détail ; réparations automobiles et motocycles	30 055.8	34 316.8	45 380.8	40 880.5	39 099.7	36 019.7	36 711.7	42 604.2	39 754.1	43 354.9
Transport et entreposage	4 972.4	3 500.7	4 980.3	6 322.2	5 698.1	6 226.7	6 627.9	6 245.4	6 003.9	7 912.3
Activités d'hébergement et de restauration	1 114.6	897.5	1 697.2	529.7	188.2	578.4	2 402.6	585.2	.. c	.. c
Information et communication	14 436.0	13 554.8	15 140.6	13 435.9	11 742.8	14 139.7	17 386.6	23 408.4	28 671.1	23 442.7
Activités financières et d'assurances	46 374.2	59 826.0	63 977.0	57 970.7	58 731.2	72 985.7	74 760.7	57 176.2	45 318.6	48 258.4
Activités des sociétés holding	16 455.1	24 801.6	23 556.7	22 962.1	25 140.2	7 050.0	7 495.9	9 367.6	11 907.7	12 461.8
Activités immobilières	18 024.1	17 034.6	19 253.7	17 178.4	20 150.3	8 482.5	11 045.6	16 808.1	18 596.6	25 565.0
Activités professionnelles, scientifiques et techniques	14 675.1	10 890.4	12 126.3	13 799.3	12 858.6	10 991.4	8 528.9	13 016.7	16 310.3	15 798.2
Activités de services administratifs et d'appui	4 296.7	4 791.9	8 348.4	4 625.6	3 940.2	7 981.5	8 803.3	12 815.8	13 904.8	13 933.6
Administration publique; activités des ménages et des organismes extra-territoriaux	-	-	-	-	.. c	-	.. c	.. c	2 163.8	.. c
Éducation	.. c	.. c	.. c	139.3	.. c	-	.. c	.. c	.. c	.. c
Santé humaine et action sociale	318.3	282.4	.. c	1 095.3	.. c	.. c	1 162.3	2 479.9	2 760.4	2 565.8
Arts, spectacles et loisirs	.. c	.. c	.. c	447.3	376.9	.. c	556.7	588.5	.. c	237.3
Autres services	.. c	233.7	214.5	25.0	.. c	.. c	.. c	.. c	.. c	.. c
Not allocated and confidential	**3 961.8**	**5 438.7**	**8 549.5**	**.. c**	**.. c**	**.. c**	**.. c**	**.. c**	**.. c**	**.. c**
Activités immobilières privées	**13 024.7**	**12 620.3**	**15 123.3**	**14 196.1**	**14 454.6**	**20 437.3**	**20 236.9**	**25 655.1**	**24 175.2**	**24 655.2**

- Néant ; c Donnée confidentielle

Note : Voir les métadonnées détaillées sur : *http://metalinks.oecd.org/idi/20210722/947b.*

Source : *Statistiques de l'OCDE sur l'investissement direct international (base de données) : https://doi.org/10.1787/idi-data-fr*

Tableau 6. Revenus des investissements directs étrangers par secteur industriel

Millions de dollars des ÉU

	Entrant					Sortant				
	2015	2016	2017	2018	2019	2015	2016	2017	2018	2019
All FDI activities	**22 052.7**	**21 835.7**	**22 165.9**	**25 395.8**	**23 836.2**	**26 829.6**	**25 633.3**	**30 743.7**	**34 932.8**	**34 742.4**
Agriculture, sylviculture et pêche	**35.8**	**30.3**	**3.7**	**2.8**	**38.4**	**5.2**	**-0.5**	**5.4**	**8.9**	**-0.5**
Industries extractives	**64.7**	**363.0**	**463.6**	**329.6**	**-0.2**	**-28.6**	**554.5**	**659.9**	**476.0**	**760.7**
Activités d'extraction	21.1	310.1	436.1	333.4	0.6	-262.9	297.0	304.9	140.6	533.8
Activités de fabrication	**10 519.3**	**11 210.4**	**11 192.6**	**13 351.1**	**12 647.9**	**13 087.1**	**11 593.5**	**14 395.6**	**17 699.9**	**17 673.3**
dont :										
Produits alimentaires, boissons et tabac	304.4	962.3	661.9	1 129.1	1 300.5	495.3	1 325.8	832.9	814.3	745.2
Textiles, bois, papier, imprimerie	350.8	149.1	498.1	569.9	679.8	1 221.3	663.6	1 388.8	985.7	1 254.6
Produits pétroliers, chimiques, pharmaceutiques, caoutchouc, plastique, minéraux	5 040.4	5 323.7	4 225.3	5 868.4	5 138.2	1 124.2	159.3	1 425.8	2 348.0	3 021.8
Ouvrages en métaux et machines, sauf matériels électriques	1 468.6	1 113.4	1 714.1	1 351.6	1 167.3	6 847.2	5 249.6	6 131.4	7 485.4	6 782.6
Automobiles, remorques, semi-remorques, autres matériels de transport	2 286.8	2 822.4	3 255.9	3 320.9	3 591.9	1 715.0	2 516.2	3 852.8	4 691.8	4 911.5
Autres activités de fabrication	1 068.4	839.5	837.4	1 111.1	770.2	1 684.2	1 679.2	763.9	1 374.6	957.4
Production et distribution d'électricité, de gaz, de vapeur et de climatisation	**870.9**	**186.9**	**204.4**	**708.0**	**1 208.7**	**734.3**	**108.5**	**596.2**	**361.4**	**94.4**
Distribution de l'eau ; assainissement, traitement des déchets et dépollution	**65.0**	**3.0**	**15.2**	**34.2**	**22.0**	**-21.6**	**-32.8**	**77.8**	**60.6**	**9.6**
Construction	**-58.0**	**162.6**	**458.5**	**115.2**	**113.3**	**404.8**	**198.8**	**-59.9**	**115.3**	**325.9**
Services	**10 079.8**	**9 764.4**	**9 519.5**	**10 208.5**	**8 723.8**	**11 961.5**	**12 640.6**	**14 402.8**	**15 529.6**	**15 140.0**
Commerce de gros et de détail ; réparations automobiles et motocycles	2 564.7	3 090.3	3 042.5	2 756.6	2 529.8	2 908.9	3 394.6	4 078.3	4 252.6	4 877.2
Transport et entreposage	559.8	339.0	207.3	-138.2	155.0	278.3	-20.9	57.4	-439.9	-40.0
Activités d'hébergement et de restauration	131.7	37.7	132.1	60.3	-16.8	191.1	126.3	99.9	18.1	8.9
Information et communication	1 183.8	1 209.5	703.1	1 576.9	1 104.3	1 535.8	1 874.8	2 300.7	3 107.3	2 391.2
Activités financières et d'assurances	3 680.7	3 218.3	3 142.4	3 914.3	3 363.4	4 438.6	4 242.3	5 120.0	4 584.6	4 713.8
Activités des sociétés holding	1 192.6	642.4	264.0	390.2	554.4	172.6	314.1	197.8	295.3	465.5
Activités immobilières	568.1	310.5	537.1	186.2	277.1	653.6	245.1	167.1	366.2	411.4
Activités professionnelles, scientifiques et techniques	1 018.1	1 119.1	1 219.8	1 330.2	777.1	980.6	1 283.8	941.5	1 630.1	808.4
Activités de services administratifs et d'appui	421.6	484.0	541.5	446.1	498.5	828.4	1 114.2	1 201.0	1 682.9	1 627.3
Administration publique; activités des ménages et des organismes extra-territoriaux	-	-	-	-	-	-	78.2	170.7	144.5	60.2
Éducation	-2.0	0.2	8.4	8.5	0.1	-	0.6	5.3	18.9	9.8
Santé humaine et action sociale	-9.6	-77.0	-27.3	41.4	58.5	17.2	89.3	79.8	-18.8	189.6
Arts, spectacles et loisirs	-8.7	-9.4	-7.4	24.2	-8.5	129.0	138.3	119.8	147.5	54.1
Autres services	-28.5	42.0	19.8	2.0	-14.8	-0.1	74.2	61.7	35.8	28.1
Not allocated and confidential	**444.8**	**1.5**	**110.3**	**435.1**	**576.7**	**577.3**	**426.5**	**428.7**	**491.2**	**528.3**
Activités immobilières privées	**30.5**	**113.6**	**198.1**	**211.5**	**505.8**	**109.6**	**144.2**	**237.2**	**189.9**	**210.7**

- Néant

Note : Voir les métadonnées détaillées sur : *http://metalinks.oecd.org/idi/20210722/947b.*

Source : *Statistiques de l'OCDE sur l'investissement direct international (base de données) : https://doi.org/10.1787/idi-data-fr*

SUISSE

Tableau 1. Flux d'investissement direct étranger par pays

Millions de dollars des ÉU

	Entrant					Sortant				
	2015	2016	2017	2018	2019	2015	2016	2017	2018	2019
TOTAL MONDE	**84 326.6**	**150 511.7**	**110 721.9**	**-68 312.2**	**-79 075.3**	**91 550.9**	**166 901.4**	**19 522.2**	**43 490.7**	**-43 721.5**
Pays membres de l'OCDE	**65 220.3**	**143 363.7**	**63 589.3**	**-43 939.9**	**-90 378.1**	**91 331.5**	**190 460.6**	**-34 315.6**	**14 459.3**	**-31 564.5**
Australie	.. c	.. c	.. c	.. c	.. c	6 979.9	-489.1	-1 952.5	-8 743.6	-920.1
Autriche	-78.7	10 231.0	-1 124.1	3 540.1	77.7	76.9	248.7	-280.7	-214.7	1 785.4
Belgique	1 662.6	-1 125.3	-1 201.2	-548.3	12 537.6	3 207.4	-1 647.8	-4 342.3	-3 252.1	5 074.2
Canada	259.3	-137.6	2 989.8	50.7	-1 835.9	-2 122.9	-3 334.5	534.1	-6 877.1	8 427.5
Chili	.. c	.. c	.. c	.. c	.. c	-3 419.0	-467.5	-47.4	3 688.7	294.9
République Tchèque	.. c	.. c	.. c	.. c	.. c	-611.7	-840.6	429.7	-3.4	-342.6
Danemark	-2 869.0	-373.1	1 515.9	244.9	-15 804.4	-277.7	-413.6	133.0	139.7	-105.1
Estonie	.. c	.. c	.. c	.. c	.. c	-100.1	354.6	-328.1	18.9	44.3
Finlande	.. c	.. c	.. c	.. c	.. c	-38.0	171.9	-432.8	180.3	154.0
France	120.5	-2 933.5	528.9	10 624.7	1 798.1	23 294.8	2 932.7	-934.3	9 228.1	4 039.7
Allemagne	889.7	2 354.8	1 368.7	-7 477.8	503.0	1 989.7	7 342.8	5 746.7	11 060.0	5 187.4
Grèce	.. c	.. c	.. c	.. c	.. c	5.7	-382.7	187.5	-47.3	-52.5
Hongrie	1 980.5	4 529.9	2 553.2	-2 321.2	-1 077.3	327.0	4 048.3	392.6	385.3	20 559.2
Islande	.. c	.. c	.. c	.. c	.. c	.. c	.. c	.. c	.. c	.. c
Irlande	13 893.8	25 811.9	11 032.5	19 151.5	-58 104.8	39 414.5	36 712.1	-42 891.7	6 042.8	-35 555.8
Israël	51.3	-200.0	-177.3	-26.1	50.3	163.7	917.6	-152.8	39.8	-369.4
Italie	425.1	535.4	25.7	-1 400.9	235.9	-513.0	819.8	587.5	1 309.1	2 101.5
Japon	543.1	-441.9	-1 935.9	-656.7	17 429.2	262.6	2 281.6	4 507.7	2 413.4	685.5
Corée	.. c	.. c	.. c	.. c	.. c	255.5	-835.2	304.3	5.4	65.7
Lettonie	.. c	.. c	.. c	.. c	.. c	0.7	4.1	96.2	37.5	45.4
Lituanie	.. c	.. c	.. c	.. c	.. c	-5.9	-0.4	-19.2	75.9	181.1
Luxembourg	7 346.5	33 881.6	42 788.2	-30 371.9	-4 824.8	9 652.7	26 771.8	-6 200.7	-3 267.2	-44 282.7
Mexique	.. c	.. c	.. c	.. c	.. c	145.0	614.2	484.3	777.4	751.4
Pays-Bas	37 266.1	51 810.0	46 940.9	-46 736.3	-6 211.9	14 872.9	36 253.8	7 254.2	548.3	-7 184.4
Nouvelle-Zélande	.. c	.. c	.. c	.. c	.. c	28.3	38.1	-18.9	41.1	122.7
Norvège	.. c	.. c	.. c	.. c	.. c	-236.1	2 357.4	-364.8	-289.9	-2 546.0
Pologne	.. c	.. c	.. c	.. c	.. c	-394.6	356.8	591.3	528.1	523.9
Portugal	.. c	.. c	.. c	.. c	.. c	312.7	54.6	183.5	-6.0	-38.7
République slovaquie	.. c	.. c	.. c	.. c	.. c	107.5	69.5	267.6	205.1	15.4
Slovénie	.. c	.. c	.. c	.. c	.. c	.. c	.. c	.. c	.. c	.. c
Espagne	134.5	-563.5	-53.1	-248.0	-632.0	-309.7	-225.4	330.1	1 142.2	1 528.6
Suède	2 087.1	-103.7	800.5	587.4	299.4	-477.4	-1 013.6	1 073.3	148.2	-429.2
Suisse	-	-	-	-	-	-	-	-	-	-
Turquie	.. c	.. c	.. c	.. c	.. c	421.1	394.6	221.2	218.7	17.7
Royaume-Uni	14 326.0	6 064.1	-26 403.8	39 658.9	-7 071.6	-13 436.7	13 525.9	-14 770.5	12 738.6	6 206.2
Etats-Unis	-2 717.0	14 077.8	-16 655.4	-28 323.3	-28 412.1	17 391.5	63 742.3	15 167.0	-13 872.4	2 329.5
EUROPE	**70 206.8**	**135 481.5**	**86 963.6**	**10 790.2**	**-85 272.3**	**72 321.6**	**132 131.9**	**11 308.5**	**38 784.4**	**-36 483.9**
Bulgarie	.. c	.. c	.. c	.. c	.. c	22.5	-15.4	36.9	-25.4	35.0
Croatie	.. c	.. c	.. c	.. c	.. c	-3.2	17.6	56.5	-6.4	72.4
Chypre	-1 920.1	-487.9	1 298.6	-619.3	1 155.1	-777.4	-1 387.2	53 018.2	-501.0	-28.2
Malte	.. c	.. c	.. c	.. c	.. c	.. c	.. c	.. c	.. c	.. c
Roumanie	.. c	.. c	.. c	.. c	.. c	-127.9	-56.2	393.3	214.5	509.1
Russie	.. c	.. c	.. c	.. c	.. c	295.8	1 068.9	4 602.2	2 664.1	4 176.3
Ukraine	.. c	.. c	.. c	.. c	.. c	-133.3	-38.2	756.1	615.8	714.4
AFRIQUE	**.. c**	**.. c**	**.. c**	**.. c**	**.. c**	**3 142.1**	**359.0**	**-1 402.0**	**-633.0**	**3 198.9**
Afrique septentrionale	.. c	.. c	.. c	.. c	.. c	555.6	-705.5	-98.6	-31.3	70.3
Algérie	.. c	.. c	.. c	.. c	.. c	.. c	.. c	.. c	.. c	.. c
Egypte	.. c	.. c	.. c	.. c	.. c	522.0	-415.5	-113.3	-72.0	78.9
Libye	.. c	.. c	.. c	.. c	.. c	.. c	.. c	.. c	.. c	.. c
Maroc	.. c	.. c	.. c	.. c	.. c	25.5	-333.4	-14.4	23.2	-14.9
Tunisie	.. c	.. c	.. c	.. c	.. c	-15.2	2.4	12.7	15.4	22.1
Autres pays africains	.. c	.. c	.. c	.. c	.. c	2 586.5	1 064.5	-1 303.4	-601.7	3 128.6
Nigéria	.. c	.. c	.. c	.. c	.. c	244.6	162.8	35.0	-2.9	35.7
Afrique du Sud	.. c	.. c	.. c	.. c	.. c	-215.8	861.8	-74.9	-365.7	2 304.8
AMÉRIQUE	**18 220.1**	**13 913.0**	**23 655.0**	**-79 849.8**	**-15 752.4**	**3 836.1**	**36 989.7**	**2 890.2**	**8 197.2**	**-561.5**
Amérique du Nord	-2 457.7	13 940.2	-13 665.6	-28 272.4	-30 248.0	15 268.6	60 407.8	15 701.0	-20 749.4	10 757.0
Amérique du Nord	.. c	.. c	.. c	.. c	.. c	-6 930.2	-23 435.4	-13 513.4	19 634.6	-10 038.3
Bahamas	.. c	.. c	.. c	.. c	.. c	.. c	.. c	.. c	.. c	.. c
Bermudes	.. c	.. c	.. c	.. c	.. c	-27 182.0	-2 440.6	-15 192.1	23 783.1	-20 974.5
Îles Cayman	.. c	.. c	.. c	.. c	.. c	.. c	.. c	.. c	.. c	.. c
Costa Rica	.. c	.. c	.. c	.. c	.. c	93.2	79.0	154.5	154.8	286.5
El Salvador	.. c	.. c	.. c	.. c	.. c	.. c	.. c	.. c	.. c	.. c
Guatemala	.. c	.. c	.. c	.. c	.. c	2.9	17.6	-59.3	1.0	75.0
Honduras	.. c	.. c	.. c	.. c	.. c	.. c	.. c	.. c	.. c	.. c
Nicaragua	.. c	.. c	.. c	.. c	.. c	.. c	.. c	.. c	.. c	.. c
Panama	.. c	.. c	.. c	.. c	.. c	-2 160.5	-3 795.0	4 031.1	-221.9	74.0
Îles Vierges, US	.. c	.. c	.. c	.. c	.. c	.. c	.. c	.. c	.. c	.. c
Amérique du Sud	.. c	.. c	.. c	.. c	.. c	-4 502.3	17.3	702.6	9 312.0	-1 280.2
Argentine	.. c	.. c	.. c	.. c	.. c	34.1	-514.5	51.2	865.0	-103.3
Bolivie	.. c	.. c	.. c	.. c	.. c	2.6	-15.6	11.5	8.0	1.1
Brésil	.. c	.. c	.. c	.. c	.. c	-1 108.0	59.4	-184.8	1 251.9	760.0
Colombie	.. c	.. c	.. c	.. c	.. c	28.5	11.0	301.7	3 544.2	612.5
Equateur	.. c	.. c	.. c	.. c	.. c	33.9	-15.2	37.0	81.7	0.5
Paraguay	.. c	.. c	.. c	.. c	.. c	.. c	.. c	.. c	.. c	.. c
Pérou	.. c	.. c	.. c	.. c	.. c	109.0	-1.3	314.9	-217.6	-3 069.5
Uruguay	.. c	.. c	.. c	.. c	.. c	37.1	660.7	62.8	138.0	21.5
Venezuela	.. c	.. c	.. c	.. c	.. c	-219.2	297.5	140.2	-38.7	179.8
ASIE	**.. c**	**.. c**	**.. c**	**.. c**	**.. c**	**4 858.3**	**-2 927.7**	**9 018.4**	**7 083.9**	**-7 871.2**

Tableau 1. Flux d'investissement direct étranger par pays (*suite*)

Millions de dollars des ÉU

	Entrant					Sortant				
	2015	2016	2017	2018	2019	2015	2016	2017	2018	2019
Proche et Moyen Orient	.. c	.. c	.. c	.. c	.. c	68.9	-3 273.7	-608.0	-2 818.8	-9 206.8
Pays du Golfe	.. c	.. c	.. c	.. c	.. c	.. c	.. c	.. c	.. c	.. c
Koweït	.. c	.. c	.. c	.. c	.. c	.. c	.. c	.. c	.. c	.. c
Qatar	.. c	.. c	.. c	.. c	.. c	5.7	-3.1	4.7	0.2	4.5
Arabie saoudite	.. c	.. c	.. c	.. c	.. c	-1.9	93.9	90.7	194.0	930.9
Emirats Arabes Unis	.. c	.. c	.. c	.. c	.. c	44.8	-3 869.3	-530.7	-3 397.1	-9 276.7
Autres pays du Proche et Moyen Orient	.. c	.. c	.. c	.. c	.. c	.. c	.. c	.. c	.. c	.. c
Jordanie	.. c	.. c	.. c	.. c	.. c	-41.0	25.3	33.6	-3.5	25.2
Autres pays asiatiques	.. c	.. c	.. c	.. c	.. c	4 789.4	346.0	9 626.4	9 902.6	1 335.6
Chine	.. c	.. c	.. c	.. c	.. c	1 540.7	1 505.1	3 216.3	3 182.0	1 559.6
Hong Kong, Chine	.. c	.. c	.. c	.. c	.. c	599.5	-489.8	499.6	-286.7	-272.2
Inde	.. c	.. c	.. c	.. c	.. c	805.8	164.6	1 050.6	895.8	107.8
Indonesie	.. c	.. c	.. c	.. c	.. c	107.7	277.8	84.3	33.4	537.7
République islamique d'Iran	.. c	.. c	.. c	.. c	.. c	.. c	.. c	.. c	.. c	.. c
Malaisie	.. c	.. c	.. c	.. c	.. c	40.1	162.4	618.5	-2 812.7	3 344.8
Philippines	.. c	.. c	.. c	.. c	.. c	467.7	-18.1	770.3	-184.5	204.5
Singapour	.. c	.. c	.. c	.. c	.. c	450.2	-2 517.6	-1 395.0	6 567.2	-4 896.8
Taipei Chinois	.. c	.. c	.. c	.. c	.. c	239.6	120.2	202.2	115.7	170.3
Thaïlande	.. c	.. c	.. c	.. c	.. c	141.9	-38.1	143.3	114.5	243.2
Viet Nam	.. c	.. c	.. c	.. c	.. c	79.7	83.9	73.2	-7.5	86.2
AUSTRALIE, OCÉANIE ET RÉGIONS POLAIRES	**.. c**	**.. c**	**.. c**	**.. c**	**.. c**	**7 101.8**	**-429.4**	**-1 874.1**	**-8 783.9**	**-685.5**
TOTAL MONDE non alloué et confidentiel	**-4 694.8**	**1 759.1**	**2 216.5**	**1 430.3**	**4 469.9**	**291.1**	**778.0**	**-418.7**	**-1 157.8**	**-1 318.4**
Union européenne (UE28)	**74 481.3**	**132 645.9**	**77 928.3**	**-16 608.7**	**-76 853.2**	**76 206.0**	**123 925.5**	**901.4**	**36 549.2**	**-39 717.7**
Pays du G20 hors Union Européenne	**12 162.1**	**19 416.5**	**-34 489.4**	**8 731.6**	**-16 034.8**	**36 125.8**	**90 511.9**	**18 731.1**	**16 978.1**	**39 165.7**
Pays OCDE du G20	**.. c**	**.. c**	**.. c**	**.. c**	**.. c**	**34 667.4**	**86 994.9**	**9 895.5**	**8 257.5**	**28 891.9**
Pays non-OCDE du G20	**.. c**	**.. c**	**.. c**	**.. c**	**.. c**	**1 458.4**	**3 517.0**	**8 835.6**	**8 720.6**	**10 273.8**
Pays MENA	**.. c**	**.. c**	**.. c**	**.. c**	**.. c**	**529.2**	**-4 908.5**	**-549.3**	**-2 883.2**	**-8 777.3**
Pays ANASE	**.. c**	**.. c**	**.. c**	**.. c**	**.. c**	**1 277.5**	**-2 059.1**	**295.1**	**3 779.8**	**-537.0**

- Néant ; c Donnée confidentielle

Note : Voir les métadonnées détaillées sur : *http://metalinks.oecd.org/idi/20210722/947b.*

Source : *Statistiques de l'OCDE sur l'investissement direct international (base de données) : https://doi.org/10.1787/idi-data-fr*

Tableau 2. Encours des investissements directs étrangers par pays
En fin d'année

Millions de dollars des ÉU

	Entrant					Sortant				
	2015	2016	2017	2018	2019	2015	2016	2017	2018	2019
TOTAL MONDE	**982 396.2**	**1 280 154.4**	**1 427 238.9**	**1 418 473.0**	**1 453 897.1**	**1 137 305.1**	**1 337 936.8**	**1 423 980.0**	**1 488 344.5**	**1 499 134.5**
Pays membres de l'OCDE	**781 032.0**	**1 131 402.5**	**1 242 931.5**	**1 215 400.6**	**1 230 104.6**	**838 339.4**	**1 049 435.4**	**1 080 192.3**	**1 121 083.4**	**1 124 680.4**
Australie	3 502.7	1 940.5	2 079.6	2 441.2	2 278.9	17 502.0	16 737.3	15 604.5	6 592.4	6 105.1
Autriche	7 755.5	7 194.3	8 849.3	10 470.8	10 672.7	7 830.0	8 578.4	10 077.8	9 695.9	10 649.0
Belgique	7 053.7	5 524.9	4 921.4	3 675.4	17 014.1	14 922.8	15 311.7	13 573.5	8 585.1	12 648.5
Canada	38 515.4	34 915.7	37 968.4	30 544.0	35 297.2	44 531.0	43 371.2	37 232.3	28 304.5	36 407.2
Chili	.. c	.. c	.. c	.. c	.. c	-1 529.8	-2 056.7	-2 018.7	1 828.3	1 880.9
République Tchèque	.. c	.. c	.. c	.. c	.. c	3 936.5	2 964.7	3 660.6	3 794.7	3 419.3
Danemark	3 202.6	2 447.4	4 075.3	4 337.8	5 350.0	1 712.7	1 547.2	1 671.1	1 588.7	1 409.7
Estonie	.. c	.. c	.. c	.. c	.. c	48.6	418.6	114.0	157.5	174.9
Finlande	.. c	.. c	.. c	.. c	.. c	575.3	776.1	550.5	946.9	1 110.4
France	43 161.5	38 499.6	44 185.0	51 045.4	60 389.4	56 590.0	58 600.3	60 706.3	63 887.7	65 961.6
Allemagne	32 442.7	30 038.3	44 849.7	41 298.9	53 438.5	37 591.8	40 465.5	48 313.5	59 647.3	64 904.7
Grèce	.. c	.. c	.. c	.. c	.. c	1 493.0	1 124.3	1 455.5	1 365.0	1 246.5
Hongrie	677.5	1 029.8	2 158.6	1 219.9	871.5	1 974.4	5 485.3	5 934.5	5 731.3	26 897.6
Islande	.. c	.. c	.. c	.. c	.. c	.. c	.. c	.. c	.. c	.. c
Irlande	108 101.8	116 412.3	118 166.4	155 095.5	83 597.3	69 336.8	134 711.8	102 440.5	118 937.1	83 227.1
Israël	1 560.9	1 911.8	1 628.2	1 721.2	1 633.1	1 171.8	1 504.9	1 566.0	1 516.9	1 141.5
Italie	6 013.1	6 456.2	6 565.9	3 974.5	3 794.4	15 748.7	15 681.2	18 169.7	18 220.5	21 799.5
Japon	11 113.6	24 229.3	26 166.9	28 013.0	39 411.5	9 276.9	11 380.0	14 526.4	16 913.6	18 841.0
Corée	.. c	.. c	.. c	.. c	.. c	4 358.0	3 308.1	3 951.0	3 909.0	3 666.3
Lettonie	.. c	.. c	.. c	.. c	.. c	33.7	39.2	141.4	170.0	211.5
Lituanie	.. c	.. c	.. c	.. c	.. c	295.6	392.6	397.6	468.7	677.8
Luxembourg	25 940.6	25 780.5	22 990.2	15 224.4	5 834.0	155 061.2	193 803.6	195 540.2	193 568.3	152 908.3
Mexique	12 916.4	12 901.1	12 632.0	11 259.8	11 651.6	6 400.7	4 575.7	4 862.5	5 536.4	6 103.8
Pays-Bas	72 628.9	75 748.2	70 600.8	56 147.3	61 341.1	108 136.8	141 337.6	160 520.9	154 576.1	180 104.1
Nouvelle-Zélande	.. c	.. c	.. c	.. c	.. c	421.9	604.3	392.5	379.3	559.0
Norvège	.. c	.. c	.. c	.. c	.. c	1 798.4	4 830.8	4 441.0	4 605.8	1 662.1
Pologne	.. c	.. c	.. c	.. c	.. c	4 948.0	5 091.2	6 410.7	6 629.9	5 870.9
Portugal	.. c	.. c	.. c	.. c	.. c	1 085.9	832.9	997.9	945.5	859.4
République slovaquie	.. c	.. c	.. c	.. c	.. c	538.9	519.8	818.1	944.0	951.1
Slovénie	.. c	.. c	.. c	.. c	.. c	.. c	.. c	.. c	.. c	.. c
Espagne	6 446.0	5 999.5	6 713.0	7 173.4	6 380.2	8 863.6	9 043.2	9 938.6	10 957.5	11 755.4
Suède	10 303.6	10 116.7	12 231.3	12 743.2	12 698.2	7 584.6	6 218.9	7 754.5	8 445.4	8 044.3
Suisse	.. c	.. c	.. c	.. c	.. c	-	-	-	-	-
Turquie	.. c	.. c	.. c	.. c	.. c	2 381.8	2 392.0	2 388.5	2 308.6	2 247.6
Royaume-Uni	34 199.7	53 643.6	73 160.8	75 065.7	70 381.7	46 653.5	55 003.5	54 249.7	81 712.6	81 200.6
Etats-Unis	414 509.9	638 762.4	702 858.8	644 310.2	672 642.0	206 931.4	263 399.6	292 362.9	296 363.5	308 117.6
EUROPE	**405 979.4**	**464 759.6**	**509 697.5**	**567 983.9**	**535 031.3**	**585 542.9**	**756 982.6**	**813 182.2**	**860 649.3**	**856 356.2**
Bulgarie	.. c	.. c	.. c	.. c	.. c	312.1	280.2	338.7	243.0	330.9
Croatie	.. c	.. c	.. c	.. c	.. c	340.9	363.4	443.6	426.2	523.8
Chypre	.. c	.. c	.. c	.. c	.. c	2 706.9	8 522.8	46 630.3	47 111.6	51 566.1
Malte	.. c	.. c	.. c	.. c	.. c	.. c	.. c	.. c	.. c	.. c
Roumanie	.. c	.. c	.. c	.. c	.. c	2 152.7	2 054.4	2 625.7	2 509.0	2 761.2
Russie	5 486.0	21 016.8	28 394.1	18 895.9	17 101.5	8 173.8	17 512.2	21 932.5	23 300.1	29 820.0
Ukraine	.. c	.. c	.. c	.. c	.. c	407.2	589.7	1 522.0	2 022.3	2 988.1
AFRIQUE	**.. c**	**.. c**	**.. c**	**.. c**	**.. c**	**13 205.1**	**13 360.5**	**12 099.3**	**11 663.0**	**14 693.1**
Afrique septentrionale	.. c	.. c	.. c	.. c	.. c	2 507.0	1 520.0	1 475.9	1 449.0	1 541.1
Algérie	.. c	.. c	.. c	.. c	.. c	.. c	.. c	.. c	.. c	.. c
Egypte	.. c	.. c	.. c	.. c	.. c	1 796.4	849.8	749.7	768.2	916.0
Libye	.. c	.. c	.. c	.. c	.. c	.. c	.. c	.. c	.. c	.. c
Maroc	.. c	.. c	.. c	.. c	.. c	613.9	405.7	429.0	478.9	430.5
Tunisie	.. c	.. c	.. c	.. c	.. c	44.5	34.7	41.0	47.1	51.6
Autres pays africains	.. c	.. c	.. c	.. c	.. c	10 698.1	11 840.5	10 623.4	10 214.0	13 152.0
Nigéria	.. c	.. c	.. c	.. c	.. c	602.7	478.5	448.9	437.6	412.6
Afrique du Sud	.. c	.. c	.. c	.. c	.. c	2 036.8	2 519.6	2 423.9	2 506.4	4 919.6
AMÉRIQUE	**516 652.3**	**740 323.0**	**825 895.7**	**757 195.4**	**806 612.2**	**415 459.8**	**443 434.3**	**464 094.8**	**486 330.6**	**498 611.0**
Amérique du Nord	453 025.3	673 678.1	740 827.0	674 854.2	707 939.2	251 462.4	306 770.8	329 595.2	324 668.0	344 524.8
Amérique du Nord	.. c	.. c	.. c	.. c	.. c	147 177.8	119 505.5	115 931.3	136 518.6	130 699.2
Bahamas	.. c	.. c	.. c	.. c	.. c	.. c	.. c	.. c	.. c	.. c
Bermudes	.. c	.. c	.. c	.. c	.. c	46 991.2	42 172.9	46 895.4	74 654.9	48 030.1
Îles Cayman	.. c	.. c	.. c	.. c	.. c	.. c	.. c	.. c	.. c	.. c
Costa Rica	.. c	.. c	.. c	.. c	.. c	639.5	770.4	927.1	1 061.9	1 329.1
El Salvador	.. c	.. c	.. c	.. c	.. c	.. c	.. c	.. c	.. c	.. c
Guatemala	.. c	.. c	.. c	.. c	.. c	195.6	181.9	167.3	182.0	235.6
Honduras	.. c	.. c	.. c	.. c	.. c	.. c	.. c	.. c	.. c	.. c
Nicaragua	.. c	.. c	.. c	.. c	.. c	.. c	.. c	.. c	.. c	.. c
Panama	.. c	.. c	.. c	.. c	.. c	3 036.1	260.1	4 017.1	3 331.8	3 366.9
Îles Vierges, US	.. c	.. c	.. c	.. c	.. c	.. c	.. c	.. c	.. c	.. c
Amérique du Sud	.. c	.. c	.. c	.. c	.. c	16 819.5	17 158.0	18 568.3	25 144.0	23 387.0
Argentine	.. c	.. c	.. c	.. c	.. c	4 716.7	3 993.5	3 955.1	3 066.6	3 166.9
Bolivie	.. c	.. c	.. c	.. c	.. c	72.9	58.1	69.2	75.1	76.0
Brésil	.. c	.. c	.. c	.. c	.. c	8 919.3	10 430.1	10 712.5	10 433.1	10 897.3
Colombie	.. c	.. c	.. c	.. c	.. c	624.9	662.9	1 010.3	4 548.5	5 112.8
Equateur	.. c	.. c	.. c	.. c	.. c	254.4	214.4	240.1	325.5	290.4
Paraguay	.. c	.. c	.. c	.. c	.. c	.. c	.. c	.. c	.. c	.. c
Pérou	.. c	.. c	.. c	.. c	.. c	660.2	655.5	329.8	24.2	-2 905.1
Uruguay	.. c	.. c	.. c	.. c	.. c	1 803.3	2 239.2	2 305.2	2 523.1	2 533.8
Venezuela	.. c	.. c	.. c	.. c	.. c	1 197.3	856.4	1 772.9	2 136.9	2 130.8
ASIE	**.. c**	**.. c**	**.. c**	**.. c**	**.. c**	**102 218.6**	**103 408.4**	**113 987.4**	**117 232.7**	**115 997.1**

Tableau 2. Encours des investissements directs étrangers par pays *(suite)*
En fin d'année

Millions de dollars des ÉU

	Entrant					Sortant				
	2015	2016	2017	2018	2019	2015	2016	2017	2018	2019
Proche et Moyen Orient	.. c	.. c	.. c	.. c	.. c	25 244.7	23 528.4	23 535.9	20 747.1	16 812.1
Pays du Golfe	.. c	.. c	.. c	.. c	.. c	.. c	.. c	.. c	.. c	.. c
Koweït	.. c	.. c	.. c	.. c	.. c	.. c	.. c	.. c	.. c	.. c
Qatar	.. c	.. c	.. c	.. c	.. c	46.4	58.6	60.3	162.4	165.2
Arabie saoudite	.. c	.. c	.. c	.. c	.. c	943.2	900.0	983.0	1 135.1	1 986.6
Emirats Arabes Unis	1 768.0	837.9	793.8	739.5	2 250.3	20 908.9	18 484.5	18 255.6	14 897.9	10 707.8
Autres pays du Proche et Moyen Orient	.. c	.. c	.. c	.. c	.. c	.. c	.. c	.. c	.. c	.. c
Jordanie	.. c	.. c	.. c	.. c	.. c	227.5	240.9	283.1	263.9	277.4
Autres pays asiatiques	.. c	.. c	.. c	.. c	.. c	76 973.8	79 880.1	90 451.4	96 485.6	99 185.0
Chine	.. c	7 228.0	17 357.5	17 092.9	15 368.0	19 864.2	19 644.5	22 690.5	22 628.5	23 244.7
Hong Kong, Chine	.. c	.. c	.. c	.. c	.. c	6 206.9	5 876.9	7 592.1	7 057.3	7 364.6
Inde	1 597.2	1 881.8	1 856.2	2 338.3	2 576.3	4 939.1	4 788.8	6 281.4	6 742.8	6 795.2
Indonesie	.. c	.. c	.. c	.. c	.. c	1 150.6	1 415.9	1 529.4	1 527.7	1 747.1
République islamique d'Iran	.. c	.. c	.. c	.. c	.. c	.. c	.. c	.. c	.. c	.. c
Malaisie	.. c	.. c	.. c	.. c	.. c	3 999.8	5 921.5	6 211.2	2 998.3	6 074.6
Philippines	.. c	.. c	.. c	.. c	.. c	1 414.4	1 427.3	2 201.0	1 886.5	2 248.8
Singapour	.. c	.. c	.. c	.. c	.. c	17 776.1	18 331.3	17 661.1	25 363.3	21 526.0
Taipei Chinois	.. c	.. c	.. c	.. c	.. c	1 766.3	1 818.4	1 930.5	1 830.6	1 915.4
Thaïlande	.. c	.. c	.. c	.. c	.. c	2 503.2	2 465.7	2 710.5	3 030.8	3 272.1
Viet Nam	.. c	.. c	.. c	.. c	.. c	630.3	649.3	727.6	715.4	1 037.9
AUSTRALIE, OCÉANIE ET RÉGIONS POLAIRES	**.. c**	**.. c**	**.. c**	**.. c**	**.. c**	**18 047.2**	**17 449.2**	**16 191.5**	**7 082.3**	**6 882.2**
TOTAL MONDE non alloué et confidentiel	**40 222.1**	**37 042.6**	**41 763.6**	**40 947.5**	**48 735.7**	**2 831.5**	**3 301.8**	**4 424.9**	**5 386.7**	**6 595.0**
Union européenne (UE28)	**357 873.6**	**380 781.4**	**424 235.5**	**444 122.5**	**400 442.4**	**552 066.1**	**710 886.2**	**755 746.2**	**803 396.7**	**793 295.1**
Pays du G20 hors Union Européenne	**639 909.5**	**902 321.1**	**1 021 827.4**	**951 052.3**	**1 007 982.4**	**498 709.5**	**576 118.8**	**622 875.5**	**654 736.3**	**697 932.2**
Pays OCDE du G20	**.. c**	**.. c**	**.. c**	**.. c**	**.. c**	**447 965.9**	**514 914.3**	**552 367.2**	**583 396.2**	**615 354.8**
Pays non-OCDE du G20	**.. c**	**.. c**	**.. c**	**.. c**	**.. c**	**50 743.6**	**61 204.5**	**70 508.2**	**71 340.2**	**82 577.4**
Pays MENA	**.. c**	**.. c**	**.. c**	**.. c**	**.. c**	**26 572.0**	**23 526.7**	**23 433.5**	**20 671.9**	**17 193.2**
Pays ANASE	**.. c**	**.. c**	**.. c**	**.. c**	**.. c**	**27 545.4**	**30 238.5**	**31 121.0**	**35 664.1**	**35 996.3**

- Néant ; c Donnée confidentielle

Note : Les positions d'IDE entrants sont allouées selon le pays investisseur ultime. Voir les métadonnées détaillées sur : *http://metalinks.oecd.org/idi/20210722/947b*.

Source : *Statistiques de l'OCDE sur l'investissement direct international (base de données) : https://doi.org/10.1787/idi-data-fr*

SUISSE

Tableau 3. Revenus des investissements directs étrangers par pays

Millions de dollars des ÉU

	Entrant					Sortant				
	2015	2016	2017	2018	2019	2015	2016	2017	2018	2019
TOTAL MONDE	**61 254.5**	**72 638.1**	**96 040.6**	**119 224.7**	**98 933.0**	**85 935.5**	**86 093.6**	**100 161.7**	**104 657.5**	**91 709.3**
Pays membres de l'OCDE	**.. c**	**61 032.6**	**79 678.6**	**109 025.0**	**88 931.8**	**.. c**	**58 154.0**	**68 055.0**	**69 474.2**	**65 281.5**
Australie	.. c	.. c	.. c	.. c	.. c	-837.8	552.2	733.5	874.8	1 308.0
Autriche	-1 680.4	2 021.9	-2 714.7	2 816.4	487.5	1 263.1	1 267.8	1 119.0	1 133.3	2 116.4
Belgique	931.7	-20.3	55.8	-24.3	101.4	-994.5	-229.2	638.1	1 193.5	749.6
Canada	-4.5	-2.4	-21.7	-20.1	-13.3	-935.4	-1 648.3	892.6	-533.5	-1 586.8
Chili	.. c	.. c	.. c	.. c	.. c	165.5	34.7	117.6	138.3	131.2
République Tchèque	.. c	.. c	.. c	.. c	.. c	401.5	358.4	421.0	284.3	110.7
Danemark	1 376.9	1 824.5	1 594.4	1 163.8	3 021.1	117.8	80.1	87.4	95.9	142.2
Estonie	.. c	.. c	.. c	.. c	.. c	1.5	4.1	4.6	17.2	17.6
Finlande	.. c	.. c	.. c	.. c	.. c	133.7	209.7	223.9	233.2	183.4
France	3 338.5	4 344.6	5 267.5	3 878.4	3 184.3	4 988.7	3 746.8	2 868.8	4 944.0	4 009.0
Allemagne	2 757.0	3 149.8	3 505.9	2 649.0	3 454.1	4 200.1	6 194.9	5 495.9	4 855.4	5 469.1
Grèce	.. c	.. c	.. c	.. c	.. c	108.2	-59.8	74.4	147.4	123.9
Hongrie	1 270.3	1 391.3	1 357.1	844.3	1 168.7	261.4	640.9	643.6	485.6	251.3
Islande	.. c	.. c	.. c	.. c	.. c	.. c	.. c	.. c	.. c	.. c
Irlande	-2 336.5	-1 755.0	-2 331.5	10 463.0	4 668.9	1 534.3	4 165.8	788.6	-3 843.9	752.4
Israël	33.9	-124.1	-173.8	-303.2	-126.8	138.8	138.3	125.4	123.0	140.1
Italie	195.9	210.6	39.2	306.0	151.0	337.3	948.9	1 378.9	1 629.4	1 786.4
Japon	155.9	113.6	-194.8	-40.3	40.1	1 272.2	1 619.7	1 892.8	1 661.7	2 290.0
Corée	.. c	.. c	.. c	.. c	.. c	566.6	407.2	176.1	279.7	341.1
Lettonie	.. c	.. c	.. c	.. c	.. c	5.5	5.1	8.4	10.6	15.3
Lituanie	.. c	.. c	.. c	.. c	.. c	11.5	13.0	19.9	72.8	45.7
Luxembourg	12 286.9	6 978.0	32 235.3	32 691.5	26 171.4	6 012.7	4 485.4	2 718.4	8 468.7	4 501.7
Mexique	.. c	.. c	.. c	.. c	.. c	537.2	542.9	514.4	632.8	540.3
Pays-Bas	18 510.4	26 819.5	38 076.6	38 195.1	37 126.5	11 041.2	11 879.3	20 347.8	14 915.2	12 535.8
Nouvelle-Zélande	.. c	.. c	.. c	.. c	.. c	67.3	64.8	65.9	75.2	94.0
Norvège	.. c	.. c	.. c	.. c	.. c	206.5	36.3	93.5	116.2	140.6
Pologne	.. c	.. c	.. c	.. c	.. c	426.2	487.5	431.6	617.7	524.6
Portugal	.. c	.. c	.. c	.. c	.. c	264.0	34.0	110.7	75.3	107.9
République slovaquie	.. c	.. c	.. c	.. c	.. c	46.3	40.2	44.5	92.7	63.5
Slovénie	.. c	.. c	.. c	.. c	.. c	.. c	.. c	.. c	.. c	.. c
Espagne	189.2	30.2	-159.6	-71.7	-0.3	912.7	1 345.8	1 207.4	1 444.7	1 967.9
Suède	717.0	722.9	1 367.3	689.6	756.6	528.3	448.2	1 503.7	1 306.4	1 627.8
Suisse	-	-	-	-	-	-	-	-	-	-
Turquie	.. c	.. c	.. c	.. c	.. c	287.4	274.9	257.8	141.3	197.4
Royaume-Uni	3 089.0	2 824.2	3 238.6	7 538.1	4 375.9	3 089.9	967.5	1 928.3	2 233.6	2 347.6
Etats-Unis	14 302.2	12 586.0	-1 518.9	8 201.5	4 370.9	20 643.9	19 085.6	21 036.6	25 416.6	22 151.3
EUROPE	**37 671.0**	**47 296.7**	**86 402.8**	**102 247.4**	**88 126.8**	**35 157.5**	**42 502.2**	**53 996.4**	**54 583.9**	**45 230.9**
Bulgarie	.. c	.. c	.. c	.. c	.. c	37.5	59.7	50.1	39.8	68.1
Croatie	.. c	.. c	.. c	.. c	.. c	21.9	33.5	42.3	55.5	62.9
Chypre	-1 275.5	-21.0	309.2	9.8	1 460.6	-1 239.6	135.5	10 194.0	10 919.4	384.5
Malte	.. c	.. c	.. c	.. c	.. c	.. c	.. c	.. c	.. c	.. c
Roumanie	.. c	.. c	.. c	.. c	.. c	62.3	72.0	70.6	207.2	138.1
Russie	.. c	.. c	.. c	.. c	.. c	-6.1	899.3	-10.5	2 113.7	3 055.2
Ukraine	.. c	.. c	.. c	.. c	.. c	-118.9	-14.7	253.8	486.1	459.5
AFRIQUE	**.. c**	**.. c**	**.. c**	**.. c**	**.. c**	**384.2**	**166.5**	**365.1**	**93.3**	**404.6**
Afrique septentrionale	.. c	.. c	.. c	.. c	.. c	195.3	-128.5	68.5	74.8	124.3
Algérie	.. c	.. c	.. c	.. c	.. c	.. c	.. c	.. c	.. c	.. c
Egypte	.. c	.. c	.. c	.. c	.. c	160.8	-152.9	22.5	41.4	137.3
Libye	..	..	..	..	..	.. c	.. c	.. c	.. c	.. c
Maroc	.. c	.. c	.. c	.. c	.. c	37.9	14.2	23.4	5.0	-35.4
Tunisie	.. c	.. c	.. c	.. c	.. c	-1.5	2.3	7.1	-13.6	13.9
Autres pays africains	.. c	.. c	.. c	.. c	.. c	188.9	295.0	296.6	18.5	280.4
Nigéria	.. c	.. c	.. c	.. c	.. c	-4.6	58.4	65.5	152.8	87.6
Afrique du Sud	.. c	.. c	.. c	.. c	.. c	-127.0	-71.5	-42.2	-439.6	-15.2
AMÉRIQUE	**23 070.2**	**25 406.0**	**9 612.6**	**16 256.3**	**10 952.5**	**33 932.9**	**26 827.9**	**28 031.0**	**29 427.6**	**24 715.7**
Amérique du Nord	14 297.7	12 583.6	-1 540.6	8 181.4	4 357.6	19 708.5	17 437.3	21 929.2	24 883.1	20 564.5
Amérique du Nord	.. c	.. c	.. c	.. c	.. c	14 935.9	7 703.5	5 458.1	2 984.0	3 658.2
Bahamas	.. c	.. c	.. c	.. c	.. c	.. c	.. c	.. c	.. c	.. c
Bermudes	.. c	.. c	.. c	.. c	.. c	7 111.9	5 009.9	4 297.2	2 497.4	5 826.2
Îles Cayman	.. c	.. c	.. c	.. c	.. c	.. c	.. c	.. c	.. c	.. c
Costa Rica	.. c	.. c	.. c	.. c	.. c	89.0	127.2	165.3	188.2	157.1
El Salvador	.. c	.. c	.. c	.. c	.. c	.. c	.. c	.. c	.. c	.. c
Guatemala	.. c	.. c	.. c	.. c	.. c	21.7	10.3	18.7	32.1	26.8
Honduras	.. c	.. c	.. c	.. c	.. c	.. c	.. c	.. c	.. c	.. c
Nicaragua	.. c	.. c	.. c	.. c	.. c	.. c	.. c	.. c	.. c	.. c
Panama	.. c	.. c	.. c	.. c	.. c	417.2	344.9	566.5	422.0	257.3
Îles Vierges, US	.. c	.. c	.. c	.. c	.. c	.. c	.. c	.. c	.. c	.. c
Amérique du Sud	.. c	.. c	.. c	.. c	.. c	-711.5	1 687.2	643.7	1 560.5	492.9
Argentine	.. c	.. c	.. c	.. c	.. c	-312.2	175.6	181.1	715.1	-87.4
Bolivie	.. c	.. c	.. c	.. c	.. c	2.9	5.0	5.7	7.7	1.0
Brésil	.. c	.. c	.. c	.. c	.. c	-635.8	280.0	-36.8	573.3	596.0
Colombie	.. c	.. c	.. c	.. c	.. c	69.3	91.7	78.3	70.5	68.3
Equateur	.. c	.. c	.. c	.. c	.. c	50.1	34.8	49.8	55.1	26.1
Paraguay	.. c	.. c	.. c	.. c	.. c	.. c	.. c	.. c	.. c	.. c
Pérou	.. c	.. c	.. c	.. c	.. c	110.2	83.2	36.8	49.9	-110.7
Uruguay	.. c	.. c	.. c	.. c	.. c	338.9	478.3	152.8	151.6	114.7
Venezuela	.. c	.. c	.. c	.. c	.. c	-499.2	494.4	49.6	-212.7	-266.8
ASIE	**.. c**	**.. c**	**.. c**	**.. c**	**.. c**	**17 220.6**	**15 965.0**	**16 955.1**	**19 617.7**	**19 938.8**

Tableau 3. Revenus des investissements directs étrangers par pays *(suite)*

Millions de dollars des ÉU

	Entrant					Sortant				
	2015	2016	2017	2018	2019	2015	2016	2017	2018	2019
Proche et Moyen Orient	.. c	.. c	.. c	.. c	.. c	3 999.0	3 121.3	2 687.5	1 228.6	-2 433.4
Pays du Golfe	.. c	.. c	.. c	.. c	.. c	.. c	.. c	.. c	.. c	.. c
Koweït	.. c	.. c	.. c	.. c	.. c	.. c	.. c	.. c	.. c	.. c
Qatar	.. c	.. c	.. c	.. c	.. c	10.9	10.6	14.7	18.6	17.5
Arabie saoudite	.. c	.. c	.. c	.. c	.. c	-6.1	101.3	90.4	33.1	26.6
Emirats Arabes Unis	.. c	.. c	.. c	.. c	.. c	3 532.5	2 674.8	2 124.3	838.8	-2 944.3
Autres pays du Proche et Moyen Orient	.. c	.. c	.. c	.. c	.. c	.. c	.. c	.. c	.. c	.. c
Jordanie	.. c	.. c	.. c	.. c	.. c	42.6	43.4	46.9	44.7	23.1
Autres pays asiatiques	.. c	.. c	.. c	.. c	.. c	13 221.6	12 843.6	14 267.6	18 389.2	22 372.2
Chine	.. c	.. c	.. c	.. c	.. c	2 555.4	2 327.0	2 385.2	3 490.4	2 720.7
Hong Kong, Chine	.. c	.. c	.. c	.. c	.. c	2 259.5	1 052.8	1 935.9	2 104.0	1 890.0
Inde	.. c	.. c	.. c	.. c	.. c	289.6	359.5	778.1	694.9	539.2
Indonesie	.. c	.. c	.. c	.. c	.. c	103.1	193.8	215.5	194.2	217.1
République islamique d'Iran	..	..	..	..	..	.. c	.. c	.. c	.. c	.. c
Malaisie	.. c	.. c	.. c	.. c	.. c	439.1	435.2	-33.2	699.7	626.5
Philippines	.. c	.. c	.. c	.. c	.. c	432.8	499.4	498.7	522.8	463.9
Singapour	.. c	.. c	.. c	.. c	.. c	3 750.8	4 407.2	4 868.5	7 411.6	11 998.8
Taipei Chinois	.. c	.. c	.. c	.. c	.. c	478.1	423.6	463.3	451.5	396.4
Thaïlande	.. c	.. c	.. c	.. c	.. c	477.1	449.5	536.9	464.9	504.5
Viet Nam	.. c	.. c	.. c	.. c	.. c	120.5	166.0	174.2	198.1	197.0
AUSTRALIE, OCÉANIE ET RÉGIONS POLAIRES	**.. c**	**.. c**	**.. c**	**.. c**	**.. c**	**-759.9**	**631.9**	**814.0**	**934.9**	**1 419.3**
TOTAL MONDE non alloué et confidentiel	**323.5**	**-54.0**	**393.7**	**1 064.6**	**-59.5**	**0.1**	**0.0**	**0.1**	**0.0**	**0.0**
Union européenne (UE28)	**39 473.2**	**48 590.8**	**81 938.2**	**101 248.2**	**.. c**	**33 753.4**	**37 466.2**	**52 588.8**	**51 828.0**	**.. c**
Pays du G20 hors Union Européenne	**22 861.0**	**22 939.3**	**9 347.5**	**22 529.5**	**15 818.7**	**36 010.9**	**36 957.5**	**40 736.5**	**49 510.7**	**45 905.6**
Pays OCDE du G20	**.. c**	**.. c**	**.. c**	**.. c**	**.. c**	**34 150.0**	**32 692.3**	**37 175.8**	**42 135.7**	**38 853.4**
Pays non-OCDE du G20	**.. c**	**.. c**	**.. c**	**.. c**	**.. c**	**1 860.9**	**4 265.2**	**3 560.7**	**7 375.0**	**7 052.2**
Pays MENA	**.. c**	**.. c**	**.. c**	**.. c**	**.. c**	**4 054.0**	**2 854.4**	**2 629.3**	**1 177.6**	**-2 452.0**
Pays ANASE	**.. c**	**.. c**	**.. c**	**.. c**	**.. c**	**5 334.3**	**6 158.4**	**6 273.7**	**9 501.9**	**14 023.6**

- Néant ; .. Non disponible ; c Donnée confidentielle

Note : Voir les métadonnées détaillées sur : *http://metalinks.oecd.org/idi/20210722/947b*.

Source : *Statistiques de l'OCDE sur l'investissement direct international (base de données) : https://doi.org/10.1787/idi-data-fr*

SUISSE

Tableau 4. Investissement direct étranger : flux par secteur industriel

Millions de dollars des ÉU

	Entrant					Sortant				
	2015	2016	2017	2018	2019	2015	2016	2017	2018	2019
All FDI activities	**84 326.6**	**150 511.7**	**110 721.9**	**-68 312.2**	**-79 075.3**	**91 550.9**	**166 901.4**	**19 522.2**	**43 490.7**	**-43 721.5**
Agriculture, sylviculture et pêche	..	..	..	..	..	.. c	.. c	.. c	.. c	.. c
Industries extractives	.. c	.. c	.. c	.. c	.. c	.. c	.. c	.. c	.. c	.. c
Activités d'extraction	.. c	.. c	.. c	.. c	.. c	.. c	.. c	.. c	.. c	.. c
Activités de fabrication	**13 327.3**	**5 158.7**	**58 362.2**	**-24 272.7**	**3 355.9**	**8 520.6**	**30 638.9**	**-8 446.9**	**14 003.6**	**13 877.4**
dont :										
Produits alimentaires, boissons et tabac	.. c	.. c	.. c	.. c	.. c	.. c	.. c	.. c	.. c	.. c
Textiles, bois, papier, imprimerie	.. c	.. c	.. c	.. c	.. c	.. c	.. c	.. c	.. c	.. c
Produits pétroliers, chimiques, pharmaceutiques, caoutchouc, plastique, minéraux	.. c	.. c	.. c	.. c	.. c	.. c	.. c	.. c	.. c	.. c
Ouvrages en métaux et machines, sauf matériels électriques	.. c	.. c	.. c	.. c	.. c	.. c	.. c	.. c	.. c	.. c
Automobiles, remorques, semi-remorques, autres matériels de transport	.. c	.. c	.. c	.. c	.. c	.. c	.. c	.. c	.. c	.. c
Autres activités de fabrication	.. c	.. c	.. c	.. c	.. c	.. c	.. c	.. c	.. c	.. c
Production et distribution d'électricité, de gaz, de vapeur et de climatisation	.. c	.. c	.. c	.. c	.. c	.. c	.. c	.. c	.. c	.. c
Distribution de l'eau ; assainissement, traitement des déchets et dépollution	.. c	.. c	.. c	.. c	.. c	..	..	..	..	..
Construction	.. c	.. c	.. c	.. c	.. c	.. c	.. c	.. c	.. c	.. c
Services	**70 531.7**	**144 344.4**	**50 951.9**	**-43 027.9**	**-81 885.3**	**78 065.5**	**136 770.9**	**28 039.8**	**29 895.7**	**-53 273.9**
Commerce de gros et de détail ; réparations automobiles et motocycles	4 015.9	11 478.5	11 863.0	16 869.9	-25 088.1	23 526.8	14 484.4	-7 529.6	31 463.0	-27 299.9
Transport et entreposage	140.6	771.7	1 500.9	313.4	3 976.2	872.6	1 248.7	3 850.0	3 945.5	1 751.1
Activités d'hébergement et de restauration	-184.8	34.2	-273.9	-33.9	301.5	205.2	-134.6	85.9	-48.6	169.6
Information et communication	792.3	245.7	-703.9	-687.8	7 332.5	2 831.9	-218.5	-1 066.4	-95.7	-636.5
Activités financières et d'assurances	18 121.8	108 002.5	63 706.5	-54 411.3	-33 011.5	24 214.3	108 806.2	52 996.6	8 901.4	2 968.5
Activités des sociétés holding	312.8	92 744.7	60 178.4	205.1	-28 425.8	3 909.2	78 527.4	54 328.0	6 590.8	-16 984.3
Activités immobilières	.. c	.. c	.. c	.. c	.. c	.. c	.. c	.. c	.. c	.. c
Activités professionnelles, scientifiques et techniques	30 995.0	19 291.4	-24 741.2	2 026.6	-34 544.6	26 892.9	7 255.3	-19 654.4	-11 898.7	-31 297.1
Activités de services administratifs et d'appui	.. c	.. c	.. c	.. c	.. c	.. c	.. c	.. c	.. c	.. c
Administration publique; activités des ménages et des organismes extra-territoriaux	..	..	..	..	..	..	..	..	..	..
Éducation	.. c	.. c	.. c	.. c	.. c	..	..	..	..	..
Santé humaine et action sociale	.. c	.. c	.. c	.. c	.. c	.. c	.. c	.. c	.. c	.. c
Arts, spectacles et loisirs	.. c	.. c	.. c	.. c	.. c	.. c	.. c	.. c	.. c	.. c
Autres services	.. c	.. c	.. c	.. c	.. c	.. c	.. c	.. c	.. c	.. c
Not allocated and confidential	.. c	.. c	.. c	.. c	.. c	.. c	.. c	.. c	.. c	.. c
Activités immobilières privées	**455.8**	**271.6**	**51.7**	**53.7**	**167.6**	**291.1**	**778.2**	**-419.3**	**-1 157.8**	**-1 318.4**

.. Non disponible ; c Donnée confidentielle

Note : Voir les métadonnées détaillées sur : *http://metalinks.oecd.org/idi/20210722/947b.*

Source : *Statistiques de l'OCDE sur l'investissement direct international (base de données) : https://doi.org/10.1787/idi-data-fr*

Tableau 5. Encours des investissement directs étrangers par secteur industriel
En fin d'année

Millions de dollars des ÉU

	Entrant					Sortant				
	2015	2016	2017	2018	2019	2015	2016	2017	2018	2019
All FDI activities	**982 396.2**	**1 280 154.4**	**1 427 238.9**	**1 418 473.0**	**1 453 897.1**	**1 137 305.1**	**1 337 936.8**	**1 423 980.0**	**1 488 344.5**	**1 499 134.5**
Agriculture, sylviculture et pêche	..	..	..	..	..	..	..	..	**.. c**	**.. c**
Industries extractives	**.. c**	**.. c**	**.. c**	**.. c**	**.. c**	**.. c**	**.. c**	**.. c**	**.. c**	**.. c**
Activités d'extraction	.. c	.. c	.. c	.. c	.. c	.. c	.. c	.. c	.. c	.. c
Activités de fabrication	**122 731.0**	**131 967.4**	**171 359.0**	**175 555.9**	**186 171.5**	**393 387.2**	**402 990.1**	**419 129.1**	**440 984.2**	**459 736.0**
dont :										
Produits alimentaires, boissons et tabac	.. c	.. c	.. c	.. c	.. c	.. c	.. c	.. c	.. c	.. c
Textiles, bois, papier, imprimerie	.. c	.. c	.. c	.. c	.. c	.. c	.. c	.. c	.. c	.. c
Produits pétroliers, chimiques, pharmaceutiques, caoutchouc, plastique, minéraux	.. c	.. c	.. c	.. c	.. c	.. c	.. c	.. c	.. c	.. c
Ouvrages en métaux et machines, sauf matériels électriques	.. c	.. c	.. c	.. c	.. c	.. c	.. c	.. c	.. c	.. c
Automobiles, remorques, semi-remorques, autres matériels de transport	.. c	.. c	.. c	.. c	.. c	.. c	.. c	.. c	.. c	.. c
Autres activités de fabrication	.. c	.. c	.. c	.. c	.. c	.. c	.. c	.. c	.. c	.. c
Production et distribution d'électricité, de gaz, de vapeur et de climatisation	**.. c**	**.. c**	**.. c**	**.. c**	**.. c**	**.. c**	**.. c**	**.. c**	**.. c**	**.. c**
Distribution de l'eau ; assainissement, traitement des déchets et dépollution	**.. c**	**.. c**	**.. c**	**.. c**	**.. c**	**.. c**	**.. c**	**.. c**	**.. c**	**.. c**
Construction	**.. c**	**.. c**	**.. c**	**.. c**	**.. c**	**.. c**	**.. c**	**.. c**	**.. c**	**.. c**
Services	**817 659.8**	**1 106 268.5**	**1 210 521.1**	**1 199 404.4**	**1 225 141.2**	**725 731.6**	**917 051.8**	**983 637.9**	**1 025 550.0**	**1 020 265.9**
Commerce de gros et de détail ; réparations automobiles et motocycles	158 848.0	174 365.0	194 313.2	209 547.1	242 808.2	128 466.2	143 948.2	139 158.5	158 006.1	171 213.7
Transport et entreposage	7 525.0	8 466.5	10 437.7	12 654.1	17 406.3	19 986.6	20 104.8	24 219.4	31 416.1	33 329.9
Activités d'hébergement et de restauration	2 803.9	2 859.0	2 943.4	2 877.1	3 197.4	1 240.6	996.8	1 195.0	1 222.6	1 284.7
Information et communication	16 145.2	15 596.9	14 574.4	14 317.5	17 894.1	10 396.5	9 368.5	10 383.8	10 483.2	10 020.8
Activités financières et d'assurances	400 778.8	610 588.0	704 144.6	694 259.1	688 339.9	383 584.1	521 794.5	586 425.5	607 423.1	620 589.0
Activités des sociétés holding	185 639.3	342 544.4	418 871.1	444 856.1	447 187.0	197 926.5	302 945.1	359 987.4	387 447.9	383 131.1
Activités immobilières	.. c	.. c	.. c	.. c	.. c	.. c	.. c	.. c	.. c	.. c
Activités professionnelles, scientifiques et techniques	208 080.8	261 745.9	251 913.3	242 951.3	233 200.0	171 873.9	204 537.0	206 752.4	202 516.4	168 182.2
Activités de services administratifs et d'appui	.. c	.. c	.. c	.. c	.. c	.. c	.. c	.. c	.. c	.. c
Administration publique; activités des ménages et des organismes extra-territoriaux	.. c	.. c	.. c	.. c	.. c	.. c	.. c	.. c	.. c	.. c
Éducation	.. c	.. c	.. c	.. c	.. c	.. c	.. c	.. c	.. c	.. c
Santé humaine et action sociale	.. c	.. c	.. c	.. c	.. c	.. c	.. c	.. c	.. c	.. c
Arts, spectacles et loisirs	.. c	.. c	.. c	.. c	.. c	.. c	.. c	.. c	.. c	.. c
Autres services	.. c	.. c	.. c	.. c	.. c	.. c	.. c	.. c	.. c	.. c
Not allocated and confidential	**.. c**	**.. c**	**.. c**	**.. c**	**.. c**	**.. c**	**.. c**	**.. c**	**.. c**	**.. c**
Activités immobilières privées	**37 822.5**	**37 130.3**	**38 800.6**	**38 485.3**	**39 285.5**	**2 831.5**	**3 302.1**	**4 424.9**	**5 386.7**	**6 595.0**

.. Non disponible ; c Donnée confidentielle

Note : Voir les métadonnées détaillées sur : *http://metalinks.oecd.org/idi/20210722/947b.*

Source : *Statistiques de l'OCDE sur l'investissement direct international (base de données) : https://doi.org/10.1787/idi-data-fr*

Tableau 6. Revenus des investissements directs étrangers par secteur industriel

Millions de dollars des ÉU

	Entrant					Sortant				
	2015	2016	2017	2018	2019	2015	2016	2017	2018	2019
All FDI activities	**61 254.5**	**72 638.1**	**96 040.6**	**119 224.7**	**98 933.0**	**85 935.5**	**86 093.6**	**100 161.7**	**104 657.5**	**91 709.3**
Agriculture, sylviculture et pêche	..	..	..	..	..	.. c	.. c	.. c	.. c	.. c
Industries extractives	.. c	.. c	.. c	.. c	.. c	.. c	.. c	.. c	.. c	.. c
Activités d'extraction	.. c	.. c	.. c	.. c	.. c	.. c	.. c	.. c	.. c	.. c
Activités de fabrication	**15 251.8**	**14 936.6**	**16 472.6**	**19 371.8**	**17 681.9**	**45 452.7**	**37 184.4**	**37 262.8**	**47 031.1**	**41 165.2**
dont :										
Produits alimentaires, boissons et tabac	.. c	.. c	.. c	.. c	.. c	.. c	.. c	.. c	.. c	.. c
Textiles, bois, papier, imprimerie	.. c	.. c	.. c	.. c	.. c	.. c	.. c	.. c	.. c	.. c
Produits pétroliers, chimiques, pharmaceutiques, caoutchouc, plastique, minéraux	.. c	.. c	.. c	.. c	.. c	.. c	.. c	.. c	.. c	.. c
Ouvrages en métaux et machines, sauf matériels électriques	.. c	.. c	.. c	.. c	.. c	.. c	.. c	.. c	.. c	.. c
Automobiles, remorques, semi-remorques, autres matériels de transport	.. c	.. c	.. c	.. c	.. c	.. c	.. c	.. c	.. c	.. c
Autres activités de fabrication	.. c	.. c	.. c	.. c	.. c	.. c	.. c	.. c	.. c	.. c
Production et distribution d'électricité, de gaz, de vapeur et de climatisation	.. c	.. c	.. c	.. c	.. c	.. c	.. c	.. c	.. c	.. c
Distribution de l'eau ; assainissement, traitement des déchets et dépollution	.. c	.. c	.. c	.. c	.. c	..	..	..	..	..
Construction	.. c	.. c	.. c	.. c	.. c	.. c	.. c	.. c	.. c	.. c
Services	**46 037.3**	**57 447.7**	**79 364.3**	**99 719.7**	**81 157.4**	**40 434.5**	**49 055.1**	**62 307.6**	**56 596.0**	**49 910.5**
Commerce de gros et de détail ; réparations automobiles et motocycles	13 440.7	15 466.8	28 346.3	24 216.6	23 080.3	4 415.5	9 711.5	7 564.0	5 664.8	9 676.3
Transport et entreposage	628.6	1 042.2	1 217.1	1 394.7	2 537.3	1 450.7	1 483.9	2 114.1	1 726.4	1 220.7
Activités d'hébergement et de restauration	-47.7	165.1	72.5	46.5	-86.4	130.8	-146.7	80.5	69.6	87.0
Information et communication	3 149.1	3 339.2	3 541.7	2 159.4	8 075.4	213.2	179.4	621.1	184.0	-183.2
Activités financières et d'assurances	18 216.0	20 956.7	38 896.0	37 098.0	24 192.9	22 943.0	21 030.4	31 924.6	32 305.2	30 325.3
Activités des sociétés holding	5 617.3	1 581.5	17 970.8	24 080.5	11 096.0	11 452.4	7 015.3	21 729.3	18 089.9	13 516.3
Activités immobilières	.. c	.. c	.. c	.. c	.. c	.. c	.. c	.. c	.. c	.. c
Activités professionnelles, scientifiques et techniques	10 437.0	16 045.8	11 096.0	36 410.2	22 841.5	10 874.2	15 300.5	18 488.1	15 942.9	7 464.6
Activités de services administratifs et d'appui	.. c	.. c	.. c	.. c	.. c	.. c	.. c	.. c	.. c	.. c
Administration publique; activités des ménages et des organismes extra-territoriaux	..	..	..	..	..	..	..	..	..	..
Éducation	.. c	.. c	.. c	.. c	.. c	..	..	..	..	..
Santé humaine et action sociale	.. c	.. c	.. c	.. c	.. c	.. c	.. c	.. c	.. c	.. c
Arts, spectacles et loisirs	.. c	.. c	.. c	.. c	.. c	.. c	.. c	.. c	.. c	.. c
Autres services	.. c	.. c	.. c	.. c	.. c	.. c	.. c	.. c	.. c	.. c
Not allocated and confidential	.. c	.. c	.. c	.. c	.. c	.. c	.. c	.. c	.. c	.. c
Activités immobilières privées	..	..	..	..	..	..	..	..	..	..

.. Non disponible ; c Donnée confidentielle

Note : Voir les métadonnées détaillées sur : *http://metalinks.oecd.org/idi/20210722/947b.*

Source : *Statistiques de l'OCDE sur l'investissement direct international (base de données) : https://doi.org/10.1787/idi-data-fr*

TURQUIE

Tableau 1. Flux d'investissement direct étranger par pays

Millions de dollars des ÉU

	Entrant					Sortant				
	2015	2016	2017	2018	2019	2015	2016	2017	2018	2019
TOTAL MONDE	**18 916.2**	**13 719.1**	**11 033.2**	**12 988.0**	**8 799.2**	**4 900.6**	**2 891.6**	**2 622.9**	**3 607.0**	**2 938.0**
Pays membres de l'OCDE	**11 504.5**	**6 939.7**	**4 192.7**	**5 671.3**	**2 480.5**	**3 965.4**	**2 180.2**	**1 908.1**	**3 205.8**	**2 322.9**
Australie	4.0	28.1	462.7	48.0	12.1	0.1	1.2	1.6	0.9	-0.5
Autriche	84.0	364.4	-1 152.9	454.7	9.2	44.0	3.0	10.4	38.6	59.8
Belgique	856.2	406.7	213.9	142.6	-12.5	-102.4	2.8	11.2	19.8	39.1
Canada	33.1	117.9	41.7	33.6	37.1	15.6	12.9	12.8	10.4	10.3
Chili	-	5.6	1.9	-	-	-	0.1	0.1	-	4.4
République Tchèque	2.4	1.9	65.7	13.7	12.7	0.9	0.4	5.3	0.3	-0.4
Danemark	43.6	63.6	31.0	218.3	22.0	0.9	1.8	0.7	0.4	0.6
Estonie	1.0	3.0	-	1.0	1.1	0.2	0.0	0.7	1.0	0.8
Finlande	7.2	8.9	12.9	11.6	13.1	0.1	0.4	3.6	4.3	47.2
France	172.8	-123.9	396.7	451.5	77.0	17.4	28.8	28.9	26.3	19.1
Allemagne	654.5	644.7	374.6	232.6	-44.9	220.5	13.3	178.0	52.3	322.9
Grèce	51.1	7.0	1.3	20.1	10.1	0.8	2.4	19.0	21.5	11.0
Hongrie	-0.1	3.9	1.1	1.2	2.2	3.5	5.9	15.2	-14.6	11.3
Islande	-	-	-	-	-1.0	-	-	-	-	-
Irlande	144.5	300.1	44.4	-168.3	189.2	0.1	-0.4	-0.9	0.9	0.5
Israël	13.7	5.2	3.2	36.7	36.2	2.6	1.0	1.2	6.6	4.4
Italie	242.8	209.0	43.6	389.4	69.6	21.9	30.7	31.5	46.1	44.8
Japon	315.3	460.9	184.3	147.5	255.1	0.0	3.6	0.8	0.1	-0.5
Corée	59.1	132.5	34.2	191.9	56.4	32.5	15.7	0.3	-7.5	0.4
Lettonie	1.0	3.2	0.0	1.2	2.4	2.6	1.2	8.6	0.9	1.2
Lituanie	1.0	1.0	1.0	1.0	1.1	0.4	-	0.1	1.1	0.7
Luxembourg	2 376.7	506.5	-265.9	443.3	-5.8	136.9	57.8	-389.4	42.7	17.6
Mexique	-	-	-	-	1.1	0.0	1.1	4.1	3.9	3.5
Pays-Bas	1 625.8	1 634.9	1 647.9	1 132.0	64.2	1 507.0	716.2	697.8	1 664.7	679.2
Nouvelle-Zélande	-	-	4.8	2.0	2.0	-	0.1	-	0.2	0.1
Norvège	49.8	10.9	61.8	224.7	20.8	89.0	-4.0	0.9	0.4	-0.6
Pologne	-3.0	1.5	8.0	7.9	6.9	1.6	1.5	3.0	6.8	2.2
Portugal	4.0	-0.5	1.1	1.3	0.7	0.2	2.3	49.5	13.8	4.8
République slovaquie	6.4	1.6	2.0	1.0	4.9	0.0	0.2	-1.2	1.0	1.1
Slovénie	1.3	0.0	6.6	-	0.2	0.0	1.0	11.8	2.3	12.3
Espagne	2 338.4	293.8	1 403.2	219.4	293.8	3.8	6.6	9.6	21.1	36.4
Suède	50.9	44.7	42.7	87.6	9.0	0.4	49.0	38.9	16.4	6.5
Suisse	192.7	343.9	11.6	145.5	320.4	11.5	54.7	23.2	107.0	99.0
Turquie	-	-	-	-	-	-	-	-	-	-
Royaume-Uni	598.0	952.5	275.1	680.6	664.7	621.7	337.8	334.9	340.6	288.7
Etats-Unis	1 578.2	507.6	233.7	498.0	349.5	1 334.5	831.0	796.2	775.4	595.3
EUROPE	**12 054.5**	**8 535.1**	**6 353.3**	**7 124.4**	**3 429.2**	**3 009.4**	**1 473.8**	**1 175.9**	**2 616.7**	**1 983.3**
Bulgarie	16.4	13.2	4.8	21.5	10.8	31.8	4.1	43.7	8.9	25.6
Croatie	0.4	0.2	0.9	-	1.0	36.8	14.3	2.7	0.7	4.5
Chypre	13.5	5.3	-	-	-	-	-	-	-0.8	-
Malte	3.7	-39.7	0.9	21.1	0.9	80.4	19.8	15.6	30.9	15.3
Roumanie	3.3	4.0	1.0	7.1	3.6	27.6	53.1	12.3	21.8	24.8
Russie	902.3	788.1	44.9	113.7	103.8	65.5	-59.2	30.9	20.1	97.6
Ukraine	49.0	35.1	18.0	53.5	33.5	13.0	12.2	-55.0	23.7	26.3
AFRIQUE	**144.5**	**86.2**	**124.2**	**239.2**	**403.1**	**34.5**	**91.1**	**105.2**	**64.6**	**43.8**
Afrique septentrionale	128.0	72.4	59.4	188.8	297.0	14.2	60.6	78.3	44.6	18.2
Algérie	7.0	10.0	6.0	37.0	50.0	3.5	26.0	39.2	11.1	9.3
Egypte	35.0	36.0	32.2	71.8	99.0	7.4	24.9	30.8	3.8	7.4
Libye	82.0	22.6	20.0	66.0	124.0	0.1	-	-	0.4	0.4
Maroc	1.0	1.0	1.4	7.0	13.0	1.0	9.4	7.4	28.9	1.0
Tunisie	3.0	2.8	-0.2	7.0	11.0	2.2	0.4	1.0	0.5	0.2
Autres pays africains	16.5	13.8	64.9	50.5	106.0	20.4	30.4	26.9	20.0	25.5
Nigéria	-	-2.0	-	1.0	2.0	0.2	11.0	1.8	-	0.0
Afrique du Sud	-1.5	0.0	1.0	3.8	11.8	8.8	0.0	0.1	7.0	5.6
AMÉRIQUE	**1 626.3**	**644.2**	**340.7**	**618.0**	**532.8**	**1 338.7**	**870.8**	**821.7**	**806.7**	**634.5**
Amérique du Nord	1 611.3	625.6	275.4	531.6	386.6	1 350.0	843.9	809.0	785.8	605.6
Amérique du Nord	9.0	13.3	62.3	79.5	149.8	-12.8	8.8	7.6	7.3	4.6
Bahamas	1.0	-	-	-	0.0	-	-	-	-	-
Bermudes	-	-	-	-	1.0	-8.8	7.0	-	-	-
Îles Cayman	3.7	0.2	1.3	-	0.1	-	-	2.7	-	-
Costa Rica	-	-	-	-	-	-	-	-	-	-
El Salvador	0.1	-	-	-	-	-	-	-	-	-
Guatemala	-	-	-	-	-	-	-	-	1.2	-0.2
Honduras	-	-	-	-	-	-	-	-	-	-
Nicaragua	-	-	-	-	-	-	-	-	-	-
Panama	0.2	0.1	1.3	2.1	-	-	-	-	0.2	-
Îles Vierges, US	-	-	7.0	0.3	1.5	-	0.3	-	-	-
Amérique du Sud	6.1	5.3	2.9	7.0	-3.5	1.5	18.0	5.1	13.5	24.3
Argentine	-	-	1.0	-	1.0	-	-	-	-	-
Bolivie	-	-	-	-	-	-	-	-	-	-
Brésil	6.1	-0.3	-	1.0	-4.5	1.2	0.1	0.8	1.1	3.9
Colombie	-	-	-	-	-	0.2	17.9	2.2	9.9	5.4
Equateur	-	-	-	-	-	-	-	2.0	2.5	-
Paraguay	-	-	-	-	-	-	-	-	-	-
Pérou	-	-	-	-	-	-	-	0.0	0.1	10.5
Uruguay	-	-	-	-	-	-	-	-	-	-
Venezuela	-	-	-	6.0	-	-	-	-	-	-
ASIE	**5 086.8**	**4 425.7**	**3 747.5**	**4 956.4**	**4 415.8**	**518.0**	**454.6**	**518.5**	**117.9**	**276.8**

TURQUIE

Tableau 1. Flux d'investissement direct étranger par pays *(suite)*

Millions de dollars des ÉU

	Entrant					Sortant				
	2015	2016	2017	2018	2019	2015	2016	2017	2018	2019
Proche et Moyen Orient	3 582.2	3 257.0	3 087.5	3 234.8	2 867.2	414.2	313.6	402.8	27.6	164.5
Pays du Golfe	2 059.7	1 499.3	1 244.1	1 947.3	1 673.7	115.2	72.0	125.4	-14.2	29.4
Koweït	246.2	258.2	197.7	343.0	167.2	43.5	-1.6	-0.1	-0.2	1.0
Qatar	427.2	462.9	164.3	588.1	679.0	14.7	-4.7	-0.3	-3.0	0.0
Arabie saoudite	554.3	372.3	525.2	432.4	253.5	2.8	0.3	5.3	-4.0	-0.4
Emirats Arabes Unis	362.6	291.3	135.1	134.1	12.7	23.6	38.8	52.6	-15.2	26.3
Autres pays du Proche et Moyen Orient	1 522.5	1 757.7	1 843.5	1 287.5	1 193.5	299.0	241.6	277.5	41.8	135.1
Jordanie	28.4	39.3	37.1	138.9	172.2	2.3	-0.1	1.2	-0.3	0.2
Autres pays asiatiques	1 504.6	1 168.7	660.0	1 721.6	1 548.6	103.7	141.0	115.7	90.3	112.4
Chine	521.4	346.1	146.9	81.2	105.6	21.3	33.0	10.3	26.9	3.2
Hong Kong, Chine	29.8	-53.0	17.2	178.5	193.0	20.6	0.3	0.1	0.8	-0.2
Inde	2.4	-1.4	9.2	30.4	15.1	18.2	1.0	5.9	6.7	-8.7
Indonesie	1.0	-5.4	1.0	1.0	1.0	0.5	5.1	0.0	9.2	0.2
République islamique d'Iran	95.4	95.2	55.0	425.4	518.0	0.1	0.1	-4.0	2.2	-
Malaisie	317.5	13.1	33.9	2.4	4.5	0.2	0.1	6.9	5.7	2.0
Philippines	-	-	-	0.0	1.0	0.0	-	-	0.1	0.6
Singapour	12.1	32.5	21.8	10.8	21.0	0.1	0.3	1.6	2.3	-0.2
Taipei Chinois	0.6	0.9	6.2	247.5	32.2	0.4	0.4	0.1	0.3	0.2
Thaïlande	0.1	-6.4	54.1	68.5	0.2	4.4	0.5	0.4	0.9	0.4
Viet Nam	-	0.4	-	-	-	0.1	20.4	1.3	2.9	1.0
AUSTRALIE, OCÉANIE ET RÉGIONS POLAIRES	**4.0**	**28.1**	**467.4**	**50.0**	**18.3**	**0.1**	**1.4**	**1.6**	**1.2**	**-0.4**
TOTAL MONDE non alloué et confidentiel	**0.0**	**0.0**	**0.0**	**0.0**	**0.0**	**0.0**	**0.0**	**0.0**	**0.0**	**0.0**
Union européenne (UE28)	**9 297.8**	**5 311.2**	**3 161.4**	**4 393.2**	**1 407.0**	**2 659.1**	**1 354.0**	**1 141.2**	**2 369.8**	**1 677.2**
Pays du G20 hors Union Européenne	**5 643.8**	**4 428.6**	**2 775.7**	**3 336.5**	**1 964.9**	**2 382.5**	**1 256.5**	**1 442.4**	**1 315.3**	**1 385.2**
Pays OCDE du G20	**3 657.9**	**2 929.2**	**2 046.6**	**2 673.0**	**1 477.7**	**2 264.2**	**1 276.2**	**1 389.1**	**1 248.5**	**1 283.9**
Pays non-OCDE du G20	**1 985.9**	**1 499.5**	**729.1**	**663.6**	**487.2**	**118.3**	**-19.8**	**53.3**	**66.8**	**101.4**
Pays MENA	**2 257.5**	**1 761.0**	**1 379.3**	**2 386.2**	**2 343.7**	**131.6**	**132.8**	**205.6**	**31.3**	**46.9**
Pays ANASE	**330.7**	**34.2**	**110.8**	**82.7**	**27.7**	**5.3**	**26.4**	**10.1**	**21.1**	**3.9**

- Néant

Note : Voir les métadonnées détaillées sur : *http://metalinks.oecd.org/idi/20210722/947b.*

Source : *Statistiques de l'OCDE sur l'investissement direct international (base de données) : https://doi.org/10.1787/idi-data-fr*

TURQUIE

Tableau 2. Encours des investissements directs étrangers par pays

En fin d'année

Millions de dollars des ÉU

	Entrant					Sortant				
	2015	2016	2017	2018	2019	2015	2016	2017	2018	2019
TOTAL MONDE	..	**148 428.2**	**196 877.4**	**145 554.6**	**161 650.1**	**35 615.0**	**38 368.6**	**45 583.4**	**44 496.6**	**48 979.4**
Pays membres de l'OCDE	..	**113 130.5**	**149 856.0**	**105 187.4**	**110 415.2**	**19 879.9**	**22 665.3**	**26 993.5**	**29 563.3**	**32 232.2**
Australie	..	69.3	27.4	13.0	9.6	2.7	-2.8	-7.5	-12.1	-17.0
Autriche	..	9 231.8	4 198.1	1 942.1	2 359.8	1 206.5	1 251.5	1 831.6	1 916.5	2 026.1
Belgique	..	3 191.7	3 367.1	2 484.5	2 792.2	130.3	213.7	205.9	353.5	696.5
Canada	..	879.7	1 687.2	1 369.4	1 295.8	18.0	18.5	20.6	15.5	13.8
Chili	..	11.8	..	..	..	6.8	7.1	8.1	-	8.0
République Tchèque	..	151.0	626.2	171.0	316.6	-	-0.2	-0.1	-0.8	-0.9
Danemark	..	541.8	896.2	695.7	694.7	0.0	0.0	-0.2	0.1	0.0
Estonie	..	0.2	0.3	..	..	0.4	-	-	-	-
Finlande	..	2 440.4	2 375.3	1 358.9	1 352.7	0.3	0.4	1.8	2.7	18.6
France	..	6 174.8	8 571.0	4 658.7	5 972.7	60.7	106.6	137.4	98.4	187.6
Allemagne	..	15 383.4	20 431.9	13 310.3	15 989.1	1 216.7	1 356.5	1 777.8	1 729.8	1 769.8
Grèce	..	152.9	180.7	77.3	77.5	24.3	26.3	42.0	41.3	50.5
Hongrie	..	29.6	11.2	..	..	19.1	26.9	25.5	-0.2	26.8
Islande	..	..	..	..	..	-	-	-	-	-
Irlande	..	728.4	788.3	752.1	920.6	598.5	647.7	659.0	584.7	543.1
Israël	..	944.0	1 262.3	881.3	1 026.8	203.9	114.1	124.5	143.4	142.2
Italie	..	4 207.3	5 117.2	2 783.1	3 418.0	117.8	144.4	155.3	140.1	172.1
Japon	..	3 041.5	5 252.1	2 695.4	3 383.6	0.1	0.2	0.6	2.3	3.4
Corée	..	1 796.3	2 323.5	1 908.0	2 210.7	4.0	6.7	0.6	2.2	18.0
Lettonie	..	..	..	..	..	23.0	4.8	-12.9	-15.1	-17.2
Lituanie	..	0.6	..	..	..	-	-	-	-	15.6
Luxembourg	..	9 110.5	13 148.3	6 177.5	7 898.6	988.9	1 846.6	511.2	534.7	636.7
Mexique	..	..	..	..	..	-0.7	-8.0	7.9	-8.5	15.3
Pays-Bas	..	22 320.4	35 194.3	35 908.8	29 353.3	11 726.5	13 020.1	15 036.7	17 574.8	18 233.0
Nouvelle-Zélande	..	1.9	4.5	..	..	2.5	1.5	1.9	2.1	2.2
Norvège	..	788.9	845.7	396.2	530.5	-0.3	-	-	-	0.1
Pologne	..	29.7	47.7	..	..	8.1	37.3	74.9	52.6	83.0
Portugal	..	39.4	45.5	..	..	4.8	5.3	6.3	13.7	16.8
République slovaquie	..	..	27.3	21.5	41.7	-0.2	-0.2	-2.2	-2.7	14.5
Slovénie	..	0.7	..	..	..	0.5	-0.1	1.6	12.4	20.4
Espagne	..	7 448.1	10 618.3	5 741.0	7 047.5	175.1	273.4	250.7	205.9	74.9
Suède	..	460.6	472.8	360.6	1 204.4	8.0	4.1	52.2	42.3	89.2
Suisse	..	5 046.1	7 078.4	5 624.1	6 138.3	161.9	165.6	184.8	205.4	291.1
Turquie	..	91.1	..	..	..	-	-	-	-	-
Royaume-Uni	..	12 756.6	16 265.9	10 228.6	11 607.3	1 626.9	1 570.9	3 890.6	4 113.0	3 650.0
Etats-Unis	..	6 058.8	8 814.8	5 432.8	4 464.3	1 567.9	1 826.6	2 007.0	1 815.1	3 448.2
EUROPE	..	**111 203.1**	**143 664.1**	**109 096.7**	**103 722.5**	**25 793.9**	**29 278.9**	**35 741.9**	**36 685.3**	**37 476.9**
Bulgarie	..	5.0	2.0	3.8	3.2	141.7	267.5	291.9	291.6	248.3
Croatie	..	0.0	0.0	..	..	153.6	157.2	139.8	157.3	209.4
Chypre	..	..	..	..	..	-	-	-	-	-
Malte	..	132.8	107.2	27.3	27.0	1 646.5	1 754.4	2 050.6	1 760.4	1 898.0
Roumanie	..	1.0	..	..	0.1	107.5	219.3	255.4	330.8	313.0
Russie	..	10 415.2	12 732.4	16 048.6	5 513.3	594.1	467.5	428.7	694.5	863.3
Ukraine	..	7.5	..	..	..	59.1	124.7	115.3	176.7	263.2
AFRIQUE	..	**122.8**	**147.2**	**94.6**	**139.7**	**966.6**	**1 258.8**	**1 568.7**	**1 265.8**	**1 899.6**
Afrique septentrionale	..	102.9	..	..	..	633.7	1 141.9	1 371.0	1 110.0	1 462.2
Algérie	..	..	..	..	..	181.1	632.3	1 174.1	908.2	1 238.3
Egypte	..	2.4	..	..	..	245.0	195.0	204.5	245.4	208.3
Libye	..	98.9	..	..	..	123.2	16.7	-119.4	-160.9	-113.4
Maroc	..	1.6	..	..	..	33.5	247.9	72.3	88.5	106.2
Tunisie	..	0.0	..	..	..	50.9	50.1	39.4	28.8	22.8
Autres pays africains	..	19.9	13.1	5.7	4.8	332.9	116.9	197.7	155.8	437.4
Nigéria	..	..	..	..	..	70.9	64.9	80.3	23.2	22.5
Afrique du Sud	..	2.2	..	..	..	3.0	7.8	14.8	8.3	9.3
AMÉRIQUE	..	**8 356.1**	**12 709.9**	**8 201.0**	**7 288.7**	**3 052.4**	**2 868.3**	**3 322.3**	**2 240.2**	**4 197.9**
Amérique du Nord	..	6 938.5	10 502.0	6 802.2	5 760.2	1 585.9	1 845.1	2 027.5	1 830.6	3 462.0
Amérique du Nord	..	1 188.5	1 931.7	1 398.8	1 528.5	1 415.6	966.4	1 237.4	370.0	653.2
Bahamas	..	4.6	138.7	112.5	121.4	2.6	2.6	2.6	2.6	2.6
Bermudes	..	50.5	..	..	..	1.9	3.7	7.8	7.4	7.0
Îles Cayman	..	255.5	421.3	503.7	553.0	706.2	831.7	1 055.8	540.8	509.7
Costa Rica	..	..	..	..	..	-	-	-	-	-
El Salvador	..	..	..	..	..	-	-	-	-	-
Guatemala	..	..	..	..	..	-	-	-	-	-
Honduras	..	..	..	..	..	-	-	-	-	-
Nicaragua	..	..	..	..	..	-	-	-	-	-
Panama	..	740.2	847.9	543.9	521.7	394.7	34.9	41.2	-261.5	3.9
Îles Vierges, US	..	-	7.0	..	..	-	-	-	-	-
Amérique du Sud	..	229.1	..	..	..	51.0	56.8	57.4	39.6	82.7
Argentine	..	..	..	..	..	-	-	-	-	-
Bolivie	..	..	..	..	..	-	-	-	-	-
Brésil	..	217.3	..	..	..	16.6	-0.1	-0.6	-0.5	34.8
Colombie	..	..	..	..	..	27.6	47.4	49.9	40.0	40.0
Equateur	..	..	..	..	..	-	2.3	-	-	-
Paraguay	..	..	..	..	..	-	-	-	-	-
Pérou	..	..	..	..	..	-	-	-	0.1	-0.1
Uruguay	..	..	..	..	..	-	-	-	-	-
Venezuela	..	..	..	..	..	-	-	-	-	-
ASIE	..	**28 675.2**	**40 324.4**	**28 147.6**	**50 484.7**	**5 530.4**	**4 767.0**	**4 819.3**	**4 367.3**	**5 427.4**

Tableau 2. Encours des investissements directs étrangers par pays (suite)

En fin d'année

Millions de dollars des ÉU

	Entrant					Sortant				
	2015	2016	2017	2018	2019	2015	2016	2017	2018	2019
Proche et Moyen Orient	..	21 226.3	27 940.2	20 352.7	41 281.9	3 359.5	2 526.8	2 467.3	2 622.6	2 502.9
Pays du Golfe	..	12 485.6	14 495.1	10 963.6	31 654.6	1 284.6	1 048.4	1 400.0	1 502.7	1 564.6
Koweït	..	1 056.4	1 272.8	1 081.2	1 494.3	0.9	7.2	8.5	-83.0	-105.1
Qatar	..	4 940.6	..	..	..	43.5	110.0	-251.9	102.2	104.4
Arabie saoudite	..	3 888.3	..	..	..	95.2	-0.8	-49.7	-47.4	-59.9
Emirats Arabes Unis	..	1 493.2	1 743.9	1 020.6	4 523.3	267.4	552.6	907.6	935.4	755.3
Autres pays du Proche et Moyen Orient	..	8 740.7	13 445.1	9 389.1	9 627.3	2 074.9	1 478.3	1 067.3	1 119.9	938.3
Jordanie	..	70.4	83.5	21.4	11.4	15.2	22.6	13.7	13.2	16.7
Autres pays asiatiques	..	7 448.9	12 384.2	7 794.9	9 202.8	2 170.9	2 240.3	2 352.0	1 744.7	2 924.4
Chine	..	492.4	1 566.8	1 155.0	1 244.0	143.6	181.1	260.9	190.8	60.6
Hong Kong, Chine	..	57.0	69.4	68.6	222.0	0.6	0.1	10.5	21.5	17.9
Inde	..	65.6	143.2	143.3	126.7	130.4	111.9	124.0	200.9	152.4
Indonesie	..	0.6	..	..	..	111.2	-48.2	-54.2	-49.0	138.7
République islamique d'Iran	..	176.0	..	..	..	503.0	408.2	394.2	387.3	323.6
Malaisie	..	951.2	1 462.6	641.7	744.8	145.8	142.6	193.6	186.9	201.3
Philippines	..	..	..	..	..	0.4	-0.7	-0.6	-1.0	-1.1
Singapour	..	193.5	274.2	213.4	335.4	18.8	17.5	24.4	32.5	11.6
Taipei Chinois	..	14.5	..	..	..	0.1	0.2	0.3	0.1	0.2
Thaïlande	..	493.7	..	..	..	128.6	104.0	91.6	128.9	120.3
Viet Nam	..	..	..	..	..	-	-	0.2	-	2.7
AUSTRALIE, OCÉANIE ET RÉGIONS POLAIRES	..	**71.1**	**31.9**	**14.7**	**14.5**	**271.6**	**195.5**	**131.3**	**-61.9**	**-22.4**
TOTAL MONDE non alloué et confidentiel	..	**0.0**	**0.0**	**0.0**	**0.0**	-	-	**0.0**	**0.0**	**0.0**
Union européenne (UE28)	..	**94 540.5**	**122 500.4**	**86 745.2**	**91 119.7**	**19 985.4**	**22 934.2**	**27 382.6**	**29 938.0**	**30 975.5**
Pays du G20 hors Union Européenne	..	**65 540.5**	**87 550.0**	**61 900.6**	**58 689.8**	**5 708.2**	**5 738.9**	**8 714.0**	**8 893.4**	**10 460.4**
Pays OCDE du G20	..	**50 458.9**	**68 651.9**	**42 549.6**	**48 615.4**	**4 614.2**	**5 019.7**	**7 990.2**	**7 895.8**	**9 261.3**
Pays non-OCDE du G20	..	**15 081.6**	**18 898.1**	**19 351.0**	**10 074.4**	**1 094.0**	**719.2**	**723.8**	**997.6**	**1 199.1**
Pays MENA	..	**13 467.0**	**15 604.0**	**11 549.3**	**32 413.4**	**1 941.7**	**2 213.4**	**2 789.0**	**2 626.0**	**3 044.0**
Pays ANASE	..	**1 639.0**	**2 686.1**	**1 600.8**	**1 783.5**	**404.8**	**215.2**	**255.0**	**298.2**	**473.5**

- Néant ; .. Non disponible

Note : Les positions d'IDE entrants sont allouées selon le pays investisseur ultime. Les positions d'IDE entrants par la contrepartie immédiate sont disponibles pour des années en plus dans *la base de données Statistisques d'IDE selon BMD4*. Voir les métadonnées détaillées sur : *http://metalinks.oecd.org/idi/20210722/947b*.

Source : *Statistiques de l'OCDE sur l'investissement direct international (base de données) : https://doi.org/10.1787/idi-data-fr*

Tableau 3. Revenus des investissements directs étrangers par pays

Millions de dollars des ÉU

	Entrant					Sortant				
	2015	2016	2017	2018	2019	2015	2016	2017	2018	2019
TOTAL MONDE	**3 554.0**	**3 137.5**	**3 280.3**	**3 194.8**	**3 237.0**	**219.3**	**201.5**	**297.4**	**956.9**	**809.5**
Pays membres de l'OCDE	**3 290.7**	**2 887.2**	**3 022.6**	**2 944.1**	**3 075.7**	**109.8**	**86.7**	**138.7**	**607.0**	**456.7**
Australie	0.1	0.4	0.6	0.7	0.8	-	-	0.1	0.1	0.2
Autriche	61.8	88.1	9.5	9.6	33.8	4.4	-	-	1.3	0.8
Belgique	121.7	82.8	53.7	124.5	148.8	-	-	0.1	-	138.3
Canada	0.5	4.9	1.0	1.6	1.4	-	0.2	-	-	-
Chili	-	5.6	1.9	-	-	-	-	-	-	-
République Tchèque	14.4	16.5	0.0	10.4	29.6	-	-	-	0.1	-
Danemark	2.6	5.4	4.3	6.5	4.4	-	-	-	-	-
Estonie	-	-	-	0.2	-	-	-	-	-	-
Finlande	461.3	12.3	1.0	55.9	5.3	-	-	-	-	-
France	154.1	178.1	208.9	213.2	195.4	-	2.0	0.2	0.1	-0.1
Allemagne	515.8	413.0	532.4	484.2	575.7	2.9	-2.4	10.0	18.9	7.7
Grèce	61.5	0.8	8.7	14.9	13.4	-	-	-	0.0	0.7
Hongrie	-	6.0	7.2	-	0.2	-0.1	-0.1	-	-	-
Islande	-	-	0.0	-	-	-	-	-	-	-
Irlande	2.8	11.5	1.0	5.9	13.2	-	0.0	-	-	0.2
Israël	7.6	9.8	5.7	15.9	0.0	-	-	-	-	0.6
Italie	76.4	75.3	62.8	69.0	93.6	0.1	-	-	2.0	0.1
Japon	45.9	148.0	13.0	39.2	39.4	-	2.6	-	-	-
Corée	12.6	20.8	34.5	37.5	65.8	-	-	4.4	-	-
Lettonie	-	-	-	-	-	-	2.6	3.3	4.7	1.4
Lituanie	-	-	-	-	0.5	-	-	-	-	-
Luxembourg	94.0	90.2	242.2	310.6	335.9	20.7	0.1	13.0	23.7	10.0
Mexique	-	-	-	-	-	-	-	-	-	-
Pays-Bas	419.5	486.1	408.3	501.9	495.6	57.0	46.2	92.4	530.7	109.9
Nouvelle-Zélande	-	-	-	-	-	-	-	-	-	-
Norvège	7.3	18.1	20.3	2.3	5.8	-	0.0	-	-	0.8
Pologne	-	0.0	0.6	2.9	3.0	-	0.4	0.7	0.5	0.5
Portugal	6.5	7.3	5.1	4.2	-	-	-	-	-	-
République slovaquie	14.1	18.8	13.9	1.3	0.6	-	0.0	-	-	1.5
Slovénie	-	-	-	-	-	-	-	-	-	-
Espagne	185.3	211.9	127.9	195.3	174.5	-	-	0.0	11.3	6.0
Suède	6.0	5.8	197.7	43.5	39.9	-	0.0	-	-	0.1
Suisse	154.6	251.6	335.4	239.2	223.6	0.0	0.5	4.6	6.9	104.6
Turquie	-	-	-	-	-	-	-	-	-	-
Royaume-Uni	481.1	618.3	622.8	472.5	456.5	9.8	24.1	-0.1	2.6	45.5
Etats-Unis	383.4	100.3	102.2	81.2	118.9	15.0	10.6	10.0	4.4	28.1
EUROPE	**3 004.6**	**2 614.5**	**2 867.3**	**2 776.8**	**2 854.3**	**99.8**	**77.9**	**143.1**	**697.3**	**500.3**
Bulgarie	0.1	0.6	0.1	1.1	0.3	0.3	0.1	0.4	8.3	3.4
Croatie	1.1	-	-	-	-	-	-	-	-	-
Chypre	-	-	-	-	-	-	-	-	-	-
Malte	1.3	11.1	0.1	0.1	1.7	-	0.7	9.7	31.7	15.5
Roumanie	0.1	0.0	-	-	0.7	0.1	-	-	0.2	0.2
Russie	159.4	4.3	1.0	3.2	1.6	2.9	0.8	0.6	3.3	2.1
Ukraine	0.1	-	0.0	3.5	0.2	-	1.2	7.0	-	3.1
AFRIQUE	**1.6**	**5.5**	**0.5**	**69.5**	**1.7**	**5.1**	**3.2**	**5.5**	**3.3**	**8.3**
Afrique septentrionale	1.6	5.5	0.5	68.7	0.4	5.0	3.1	5.5	3.3	8.3
Algérie	1.5	-	0.0	68.7	-	3.9	2.5	3.8	3.0	2.6
Egypte	0.1	0.1	0.1	-	0.1	0.5	0.6	1.7	0.4	5.6
Libye	-	5.3	-	-	-	-	-	-	-	-
Maroc	-	-	0.4	-	0.4	0.6	-	0.1	-	0.0
Tunisie	-	-	-	-	-	-	-	-	-	0.2
Autres pays africains	-	0.0	0.1	0.8	1.3	0.1	0.1	-	-	0.0
Nigéria	-	-	-	-	0.5	-	-	-	-	0.0
Afrique du Sud	-	-	-	0.8	0.8	-	-	-	-	-
AMÉRIQUE	**417.6**	**114.9**	**137.7**	**128.4**	**150.9**	**14.7**	**10.6**	**9.9**	**4.4**	**28.1**
Amérique du Nord	383.9	105.1	103.2	82.8	120.2	15.0	10.7	10.0	4.4	28.1
Amérique du Nord	33.7	4.2	32.6	45.6	30.7	-0.3	-0.1	-0.1	-	-
Bahamas	-	-	-	-	-	-	-	-	-	-
Bermudes	-	-	4.3	11.4	-	-0.3	-	-	-	-
Îles Cayman	3.7	4.2	-	1.0	-	-	-	-	-	-
Costa Rica	-	-	-	-	-	-	-	-	-	-
El Salvador	-	-	-	-	-	-	-	-	-	-
Guatemala	-	-	-	-	-	-	-	-	-	-
Honduras	-	-	-	-	-	-	-	-	-	-
Nicaragua	-	-	-	-	-	-	-	-	-	-
Panama	-	-	0.8	-	-	-	-	-	-	-
Îles Vierges, US	-	-	-	-	-	-	-	-	-	-
Amérique du Sud	0.0	5.6	1.9	-	-	-	0.0	-	-	-
Argentine	-	-	-	-	-	-	-	-	-	-
Bolivie	-	-	-	-	-	-	-	-	-	-
Brésil	-	-	-	-	-	-	-	-	-	-
Colombie	-	-	-	-	-	-	0.0	-	-	-
Equateur	-	-	-	-	-	-	-	-	-	-
Paraguay	-	-	-	-	-	-	-	-	-	-
Pérou	-	-	-	-	-	-	-	-	-	-
Uruguay	0.0	-	-	-	-	-	-	-	-	-
Venezuela	-	-	-	-	-	-	-	-	-	-
ASIE	**130.1**	**372.6**	**274.2**	**219.4**	**229.3**	**99.8**	**106.2**	**138.8**	**251.9**	**272.5**

Tableau 3. Revenus des investissements directs étrangers par pays *(suite)*

Millions de dollars des ÉU

	Entrant					Sortant				
	2015	2016	2017	2018	2019	2015	2016	2017	2018	2019
Proche et Moyen Orient	28.2	153.5	156.7	84.1	67.5	95.1	83.3	95.1	209.0	242.6
Pays du Golfe	17.3	128.9	144.9	67.4	64.8	78.2	82.1	93.2	195.6	229.8
Koweït	-	52.6	57.9	54.4	51.6	-	-	0.0	-	0.0
Qatar	0.8	43.3	52.4	0.4	0.0	-	-	-	-	4.6
Arabie saoudite	-	6.6	21.3	6.9	6.3	0.1	0.5	-	10.0	1.8
Emirats Arabes Unis	16.6	26.4	10.9	4.9	6.8	13.1	0.3	0.1	0.7	4.4
Autres pays du Proche et Moyen Orient	10.9	24.6	11.8	16.7	2.7	16.9	1.2	1.9	13.4	12.8
Jordanie	1.0	-	0.1	0.0	0.2	1.3	-	0.0	-	-
Autres pays asiatiques	101.9	219.2	117.5	135.4	161.8	4.7	22.9	43.8	42.9	29.9
Chine	0.2	2.6	2.4	22.1	20.3	-	0.8	18.1	0.1	0.2
Hong Kong, Chine	20.1	5.4	0.5	0.2	0.4	0.3	-	0.0	0.1	0.0
Inde	0.3	1.0	0.4	-	-	-	-	0.2	0.2	-
Indonesie	-	1.0	0.4	-	-	-	-	-	-	-
République islamique d'Iran	0.4	-	-	-	-	-	-	0.2	26.0	0.2
Malaisie	9.2	8.5	4.0	5.2	-	-	-	-	0.1	0.1
Philippines	-	-	-	-	-	-	-	-	-	-
Singapour	11.8	27.5	32.2	27.7	34.3	-	2.4	0.5	-	0.0
Taipei Chinois	1.3	2.5	3.2	3.4	-	-	-	-	-	-
Thaïlande	-	1.0	26.7	-	-	-	-	-	-	-
Viet Nam	-	-	-	-	-	-	-	-	-	-
AUSTRALIE, OCÉANIE ET RÉGIONS POLAIRES	**0.1**	**0.4**	**0.6**	**0.7**	**0.8**	**-**	**-**	**0.1**	**0.1**	**0.3**
TOTAL MONDE non alloué et confidentiel	**-**	**0.0**	**0.0**	**0.0**	**0.0**	**0.0**	**-**	**0.0**	**0.0**	**0.0**
Union européenne (UE28)	**2 681.3**	**2 339.6**	**2 508.2**	**2 527.7**	**2 622.6**	**95.2**	**73.6**	**129.8**	**635.9**	**341.4**
Pays du G20 hors Union Européenne	**1 829.5**	**1 574.4**	**1 603.7**	**1 432.1**	**1 576.5**	**30.7**	**39.1**	**43.5**	**41.5**	**85.5**
Pays OCDE du G20	**1 669.8**	**1 558.9**	**1 578.2**	**1 399.1**	**1 547.6**	**27.8**	**37.0**	**24.6**	**28.0**	**81.4**
Pays non-OCDE du G20	**159.8**	**15.4**	**25.5**	**33.1**	**28.9**	**2.9**	**2.1**	**19.0**	**13.6**	**4.1**
Pays MENA	**21.4**	**137.4**	**147.4**	**136.8**	**66.7**	**96.6**	**85.3**	**98.7**	**198.9**	**238.1**
Pays ANASE	**20.9**	**37.9**	**63.2**	**32.9**	**34.3**	**-**	**2.4**	**0.5**	**0.1**	**0.1**

- Néant

Note : Voir les métadonnées détaillées sur : *http://metalinks.oecd.org/idi/20210722/947b.*

Source : *Statistiques de l'OCDE sur l'investissement direct international (base de données) : https://doi.org/10.1787/idi-data-fr*

Tableau 4. Investissement direct étranger : flux par secteur industriel

Millions de dollars des ÉU

	Entrant					Sortant				
	2015	2016	2017	2018	2019	2015	2016	2017	2018	2019
All FDI activities	**18 916.2**	**13 719.1**	**11 033.2**	**12 988.0**	**8 799.2**	**4 900.6**	**2 891.6**	**2 622.9**	**3 607.0**	**2 938.0**
Agriculture, sylviculture et pêche	**49.8**	**41.5**	**50.5**	**91.4**	**27.4**	**9.2**	**7.2**	**20.2**	**18.3**	**11.1**
Industries extractives	**221.3**	**161.7**	**453.9**	**67.0**	**41.7**	**1 800.2**	**1 068.3**	**1 036.1**	**835.1**	**738.3**
Activités d'extraction	159.5	125.7	443.1	24.0	-20.1	1 760.5	1 074.2	994.5	819.8	724.6
Activités de fabrication	**4 463.6**	**2 410.2**	**1 185.4**	**2 085.6**	**1 469.9**	**819.9**	**397.7**	**361.7**	**523.3**	**626.9**
dont :										
Produits alimentaires, boissons et tabac	918.6	728.1	363.3	475.8	160.0	294.2	41.5	25.7	63.0	-4.4
Textiles, bois, papier, imprimerie	470.9	168.0	137.3	175.0	31.9	93.1	71.6	126.1	190.1	120.7
Produits pétroliers, chimiques, pharmaceutiques, caoutchouc, plastique, minéraux	2 059.5	273.1	423.1	524.4	987.5	36.6	54.6	72.6	37.5	91.9
Ouvrages en métaux et machines, sauf matériels électriques	410.3	721.7	118.7	109.3	212.4	109.1	60.7	22.5	47.3	125.4
Automobiles, remorques, semi-remorques, autres matériels de transport	152.0	168.6	30.7	349.4	182.9	6.7	13.0	18.9	1.3	103.0
Autres activités de fabrication	452.3	350.8	112.3	451.8	-104.8	280.3	156.3	95.9	184.1	190.3
Production et distribution d'électricité, de gaz, de vapeur et de climatisation	**1 576.2**	**629.5**	**-945.0**	**370.1**	**183.6**	**87.4**	**39.2**	**24.7**	**387.2**	**32.3**
Distribution de l'eau ; assainissement, traitement des déchets et dépollution	**11.9**	**3.1**	**-5.3**	**4.0**	**2.1**	**0.2**	**0.6**	**0.7**	**0.3**	**0.1**
Construction	**39.1**	**270.7**	**567.8**	**171.6**	**431.6**	**305.0**	**39.6**	**144.5**	**67.3**	**485.3**
Services	**8 398.3**	**6 312.4**	**5 083.0**	**4 283.4**	**1 663.9**	**1 878.9**	**1 339.0**	**1 034.7**	**1 775.7**	**1 044.0**
Commerce de gros et de détail ; réparations automobiles et motocycles	801.3	932.9	1 262.2	1 267.8	675.7	53.3	78.4	118.2	12.3	109.8
Transport et entreposage	2 042.9	1 553.1	1 926.5	878.5	440.4	37.1	139.5	108.5	37.3	170.3
Activités d'hébergement et de restauration	9.5	258.2	91.2	422.0	91.0	44.1	47.9	123.7	-26.5	27.4
Information et communication	1 464.9	858.3	-173.8	203.4	181.4	647.3	84.7	38.8	16.1	-336.4
Activités financières et d'assurances	3 522.2	1 856.8	1 249.2	1 191.7	-0.3	647.0	481.8	-79.7	1 152.1	400.4
Activités des sociétés holding	205.9	126.5	-2.2	83.1	266.2	490.3	257.3	191.5	886.4	257.8
Activités immobilières	190.7	367.8	178.5	77.6	152.1	378.1	367.7	567.3	430.4	320.0
Activités professionnelles, scientifiques et techniques	44.2	105.1	70.2	-35.1	225.3	13.5	13.9	19.0	56.8	276.3
Activités de services administratifs et d'appui	218.9	149.0	323.5	54.5	-249.3	20.5	2.5	19.1	8.9	15.8
Administration publique; activités des ménages et des organismes extra-territoriaux	-	0.1	0.4	2.0	-	0.0	0.1	-0.8	-	0.1
Éducation	0.0	-74.1	-10.8	0.6	0.1	0.7	0.6	1.5	11.0	0.7
Santé humaine et action sociale	81.6	315.0	126.2	95.5	89.8	19.5	85.3	4.3	4.1	10.0
Arts, spectacles et loisirs	1.6	16.3	9.7	19.5	3.1	0.4	-0.6	2.6	1.2	0.8
Autres services	20.7	-26.0	30.2	105.3	54.6	17.6	37.1	112.3	72.0	48.9
Not allocated and confidential	**0.0**	**-**	**0.0**	**0.0**	**0.0**	**-0.3**	**0.0**	**0.3**	**0.0**	**-0.1**
Activités immobilières privées	**4 156.0**	**3 890.0**	**4 643.0**	**5 915.0**	**4 979.0**	..	..	..	..	..

- Néant ; .. Non disponible

Note : Voir les métadonnées détaillées sur : *http://metalinks.oecd.org/idi/20210722/947b.*

Source : *Statistiques de l'OCDE sur l'investissement direct international (base de données) : https://doi.org/10.1787/idi-data-fr*

Tableau 5. Encours des investissement directs étrangers par secteur industriel

En fin d'année

Millions de dollars des ÉU

	Entrant					Sortant				
	2015	2016	2017	2018	2019	2015	2016	2017	2018	2019
All FDI activities	**..**	**148 428.2**	**196 877.4**	**145 554.6**	**161 650.1**	**35 615.0**	**38 368.6**	**45 583.4**	**44 496.6**	**48 979.4**
Agriculture, sylviculture et pêche	**806.3**	**748.0**	**1 399.7**	**484.0**	**627.3**	**3.3**	**8.8**	**29.6**	**32.2**	**21.7**
Industries extractives	**3 135.4**	**2 690.9**	**4 770.7**	**3 427.4**	**3 271.8**	**4 630.2**	**4 202.3**	**5 296.4**	**3 577.5**	**3 181.2**
Activités d'extraction	1 183.2	1 091.6	2 081.3	1 443.7	1 453.3	4 470.6	4 045.2	5 137.9	3 480.7	2 937.6
Activités de fabrication	**52 233.5**	**45 957.9**	**61 606.8**	**34 642.2**	**38 688.6**	**5 233.4**	**4 483.8**	**4 080.1**	**4 105.7**	**4 714.5**
dont :										
Produits alimentaires, boissons et tabac	11 320.5	9 858.9	12 305.4	6 394.6	7 897.5	1 771.7	2 051.6	709.2	787.9	1 062.2
Textiles, bois, papier, imprimerie	952.1	992.7	1 718.3	935.2	1 446.2	1 481.9	790.2	1 021.4	973.6	1 316.5
Produits pétroliers, chimiques, pharmaceutiques, caoutchouc, plastique, minéraux	16 424.6	13 787.1	19 168.4	12 855.4	11 729.6	962.5	641.6	819.5	649.3	649.3
Ouvrages en métaux et machines, sauf matériels électriques	4 620.7	4 948.8	6 931.8	2 505.3	3 061.8	507.1	769.6	1 345.0	1 277.1	1 304.4
Automobiles, remorques, semi-remorques, autres matériels de transport	9 254.1	8 922.2	12 504.0	6 514.3	8 381.4	95.8	121.6	101.1	140.1	221.0
Autres activités de fabrication	9 661.5	7 448.2	8 978.8	5 437.4	6 172.2	414.5	109.2	84.0	277.8	161.1
Production et distribution d'électricité, de gaz, de vapeur et de climatisation	**15 558.9**	**11 829.6**	**18 971.8**	**5 709.1**	**8 684.5**	**699.5**	**468.4**	**425.8**	**305.7**	**706.2**
Distribution de l'eau ; assainissement, traitement des déchets et dépollution	**63.8**	**62.6**	**53.1**	**10.3**	**10.1**	**12.8**	**10.3**	**2.4**	**2.9**	**3.2**
Construction	**1 610.9**	**1 459.9**	**903.3**	**583.5**	**651.8**	**1 005.7**	**1 085.2**	**466.7**	**333.0**	**1 377.0**
Services	**84 668.9**	**85 679.5**	**109 172.1**	**100 698.4**	**109 716.1**	**24 030.2**	**28 109.9**	**35 282.4**	**36 139.6**	**38 975.6**
Commerce de gros et de détail ; réparations automobiles et motocycles	26 398.6	32 069.7	40 345.8	45 043.3	39 106.9	934.6	1 574.7	2 057.6	2 709.7	2 443.6
Transport et entreposage	2 918.6	3 359.9	7 086.5	4 629.9	5 064.6	1 169.8	1 433.2	2 826.7	1 399.5	1 598.5
Activités d'hébergement et de restauration	511.2	455.7	943.9	459.0	799.8	188.1	411.0	338.9	204.2	247.5
Information et communication	16 036.0	12 633.9	16 122.2	8 545.5	9 704.9	2 639.1	2 510.0	1 774.9	1 086.2	1 080.2
Activités financières et d'assurances	33 219.9	31 950.3	37 991.0	37 883.1	51 294.1	18 598.7	21 595.0	27 650.6	29 978.4	32 531.3
Activités des sociétés holding	4 750.9	3 999.7	5 187.8	3 019.2	3 246.7	11 891.5	13 266.3	18 980.4	21 067.0	23 118.1
Activités immobilières	1 475.2	1 354.6	2 176.9	1 644.0	1 568.8	347.7	321.9	471.1	573.9	755.5
Activités professionnelles, scientifiques et techniques	305.9	315.8	686.3	314.9	330.4	46.1	45.4	53.6	6.3	39.0
Activités de services administratifs et d'appui	1 859.6	1 569.8	2 103.3	1 464.3	1 150.1	13.3	60.4	12.2	27.9	27.3
Administration publique; activités des ménages et des organismes extra-territoriaux	-	0.0	0.4	0.4	0.4	-	-	-0.8	-0.8	-0.8
Éducation	60.9	11.6	13.6	6.8	7.0	6.0	5.6	4.8	2.5	-5.6
Santé humaine et action sociale	1 049.4	759.7	651.9	298.4	292.9	8.8	80.5	35.9	73.8	98.5
Arts, spectacles et loisirs	112.3	572.4	129.1	74.7	59.6	2.4	24.6	26.2	59.8	47.6
Autres services	721.4	626.2	921.2	334.0	336.6	75.7	47.6	30.6	18.1	113.0
Not allocated and confidential	**-0.1**	**-0.1**	**-0.1**	**-0.1**	**-0.1**	**-**	**-**	**0.0**	**0.0**	**0.0**
Activités immobilières privées	..	..	..	..	..	..	..	..	..	..

- Néant ; .. Non disponible

Note : Voir les métadonnées détaillées sur : *http://metalinks.oecd.org/idi/20210722/947b.*

Source : *Statistiques de l'OCDE sur l'investissement direct international (base de données) : https://doi.org/10.1787/idi-data-fr*

Tableau 6. Revenus des investissements directs étrangers par secteur industriel

Millions de dollars des ÉU

	Entrant					Sortant				
	2015	2016	2017	2018	2019	2015	2016	2017	2018	2019
All FDI activities	**3 554.0**	**3 137.5**	**3 280.3**	**3 194.8**	**3 237.0**	**219.3**	**201.5**	**297.4**	**956.9**	**809.5**
Agriculture, sylviculture et pêche	**0.3**	**22.9**	**12.7**	**13.3**	**3.6**	**0.2**	**0.2**	**-**	**0.1**	**0.6**
Industries extractives	**198.2**	**116.6**	**240.2**	**75.0**	**249.3**	**1.1**	**0.1**	**0.3**	**1.5**	**2.5**
Activités d'extraction	61.2	46.0	115.2	56.3	80.8	-	-	-	-	-
Activités de fabrication	**1 222.1**	**1 369.8**	**1 288.3**	**1 140.6**	**1 321.4**	**40.8**	**70.2**	**122.9**	**292.3**	**262.2**
dont :										
Produits alimentaires, boissons et tabac	391.3	496.8	483.4	337.9	275.0	-	13.3	23.6	24.4	171.9
Textiles, bois, papier, imprimerie	59.5	28.4	59.8	67.6	47.9	1.2	3.5	5.0	21.8	0.7
Produits pétroliers, chimiques, pharmaceutiques, caoutchouc, plastique, minéraux	147.6	350.2	196.2	168.4	177.9	21.9	29.3	34.4	30.7	32.7
Ouvrages en métaux et machines, sauf matériels électriques	52.4	169.2	169.0	149.5	149.5	3.1	15.2	15.1	25.9	41.5
Automobiles, remorques, semi-remorques, autres matériels de transport	343.0	193.1	141.2	192.4	355.1	-	1.0	0.5	-	0.1
Autres activités de fabrication	228.3	132.1	238.8	224.9	315.9	14.6	7.9	44.3	189.5	15.2
Production et distribution d'électricité, de gaz, de vapeur et de climatisation	**153.8**	**133.4**	**88.7**	**121.8**	**88.2**	**0.5**	**1.5**	**0.1**	**20.3**	**13.1**
Distribution de l'eau ; assainissement, traitement des déchets et dépollution	**-**	**0.2**	**1.2**	**0.0**	**0.4**	**-**	**-**	**-**	**-**	**-**
Construction	**42.1**	**27.4**	**41.4**	**51.1**	**49.1**	**22.9**	**1.2**	**18.0**	**28.9**	**26.2**
Services	**1 937.6**	**1 467.1**	**1 607.9**	**1 793.0**	**1 525.0**	**153.8**	**128.3**	**157.2**	**613.8**	**504.9**
Commerce de gros et de détail ; réparations automobiles et motocycles	410.1	517.0	456.0	364.8	264.1	3.6	4.5	5.2	14.9	34.7
Transport et entreposage	193.0	313.2	193.5	358.0	469.3	4.8	0.1	4.9	11.2	7.2
Activités d'hébergement et de restauration	8.7	27.1	23.9	132.9	34.5	-	0.4	4.0	9.0	9.2
Information et communication	649.3	44.1	462.2	296.4	277.6	-0.3	-0.2	19.3	2.2	4.5
Activités financières et d'assurances	520.4	319.4	308.3	488.4	307.6	118.2	121.2	104.3	519.1	406.1
Activités des sociétés holding	14.5	18.1	9.7	56.3	60.8	26.9	3.4	2.1	261.1	110.7
Activités immobilières	17.2	35.9	13.0	19.5	25.2	-	-0.1	3.4	1.2	14.5
Activités professionnelles, scientifiques et techniques	37.5	123.0	62.5	25.4	43.2	1.1	0.4	4.8	4.6	4.4
Activités de services administratifs et d'appui	29.5	35.4	20.8	34.9	45.7	-	0.7	9.9	1.1	0.1
Administration publique; activités des ménages et des organismes extra-territoriaux	-	-	-	0.0	-	-	-	-	-	-
Éducation	0.1	0.0	0.0	0.4	0.6	-	0.1	0.0	-	-
Santé humaine et action sociale	34.5	28.1	7.1	4.9	4.1	23.7	-	0.4	45.1	2.9
Arts, spectacles et loisirs	18.1	7.2	5.0	6.4	25.2	-	0.4	-	3.1	-
Autres services	19.3	16.7	55.6	61.0	28.0	2.6	0.9	1.1	2.4	21.4
Not allocated and confidential	**0.0**	**0.0**	**0.0**	**0.0**	**0.0**	**0.0**	**0.0**	**-1.0**	**0.0**	**0.0**
Activités immobilières privées	..	..	..	..	..	..	..	..	..	..

- Néant ; .. Non disponible

Note : Voir les métadonnées détaillées sur : *http://metalinks.oecd.org/idi/20210722/947b.*

Source : *Statistiques de l'OCDE sur l'investissement direct international (base de données) : https://doi.org/10.1787/idi-data-fr*

ROYAUME-UNI

Tableau 1. Flux d'investissement direct étranger par pays

Millions de dollars des ÉU

	Entrant					Sortant				
	2015	2016	2017	2018	2019	2015	2016	2017	2018	2019
TOTAL MONDE	**38 669.2**	**196 503.4**	**78 511.5**	**65 450.8**	**49 898.6**	**-65 561.5**	**-22 310.4**	**106 692.0**	**41 491.7**	**-35 355.4**
Pays membres de l'OCDE	**19 066.5**	**152 390.0**	**51 399.7**	**.. d**	**58 391.0**	**-65 795.3**	**.. c**	**111 666.2**	**.. d**	**-41 305.6**
Australie	1 996.9	-2 159.2	3 026.0	919.0	-4 546.9	186.4	1 215.9	-4 470.8	2 451.8	-667.1
Autriche	48.9	-101.2	-10.3	16.4	-158.5	.. c	114.7	385.0	110.9	140.2
Belgique	-825.1	.. c	-2 818.7	1 191.8	1 002.9	2 459.9	.. c	.. c	.. c	.. c
Canada	5 388.8	155.2	.. d	.. d	.. d	.. c	-1 391.4	137.8	1 011.0	1 560.5
Chili	-	-1.4	12.9	-7.4	4.3	-812.8	274.0	-42.5	109.8	.. c
République Tchèque	32.1	-	-1.3	14.9	.. c	7.6	-66.1	218.9	90.3	166.6
Danemark	689.1	36.4	534.4	443.9	6 247.2	-1 222.3	1 063.4	-464.8	.. c	69.5
Estonie	-	-	-	0.8	-2.8	.. c	-112.0	43.8	124.7	31.7
Finlande	103.9	-55.3	34.8	123.7	487.8	-65.7	62.1	82.4	-37.6	.. c
France	.. c	618.1	7 700.2	-656.1	8 701.6	1 657.8	697.7	-1 984.3	5 035.5	199.7
Allemagne	7 605.8	3 330.6	318.1	.. c	675.2	-2 397.3	-174.1	894.9	3 668.4	-1 584.6
Grèce	32.1	12.1	-55.4	.. c	13.4	244.5	.. c	148.1	109.7	-69.2
Hongrie	10.7	-13.5	43.8	-3.8	-0.1	-187.9	.. c	218.9	-34.5	190.8
Islande	35.1	56.7	-23.2	10.7	.. c	-	-1.4	2.6	.. c	55.3
Irlande	1 040.5	-948.7	673.4	.. c	-42.2	-123.8	-7 641.0	13 060.8	-2 812.9	5 085.1
Israël	68.8	25.6	.. d	1 153.6	1 281.1	160.4	125.5	230.5	91.9	41.5
Italie	348.4	-755.7	1 862.0	-278.0	1 366.6	.. c	430.5	-632.2	-837.6	-2 059.9
Japon	2 624.9	2 295.5	10 144.2	461.0	-13 649.5	.. c	-27.0	.. c	344.0	-223.8
Corée	.. c	188.9	202.2	360.4	-23.1	.. c	1 654.5	.. c	526.8	.. c
Lettonie	-1.5	1.4	7.7	10.1	3.3	-13.8	-20.2	-	23.1	-187.5
Lituanie	-	1.4	.. c	0.4	7.6	4.6	-44.5	9.0	-28.2	-25.6
Luxembourg	-1 298.7	29 121.5	5 499.6	.. c	8 328.3	-12 168.1	2 112.0	7 078.3	-736.5	-4 751.5
Mexique	-18.3	6.7	7.7	-9.5	.. c	1 066.5	569.5	1 129.3	1 882.8	648.2
Pays-Bas	-34 055.0	.. c	-2 319.1	-22 506.1	5 562.2	-10 400.3	-17 797.6	.. c	8 098.4	-19 753.7
Nouvelle-Zélande	29.0	55.3	-37.3	42.5	5.3	-195.6	14.8	155.8	240.4	.. c
Norvège	.. c	.. c	461.0	.. c	1 235.5	1 563.0	1 376.5	.. c	-7 256.1	-966.8
Pologne	29.0	-1.4	67.0	7.8	84.1	1 715.8	-151.1	378.6	471.6	495.4
Portugal	19.9	8.1	-27.0	-0.8	235.7	-516.4	-599.2	211.2	250.0	-83.4
République slovaquie	32.1	2.7	.. c	14.1	-8.0	-18.3	-60.7	.. c	.. c	-25.2
Slovénie	-1.5	-	2.6	-1.4	-0.3	-9.2	13.5	-25.8	43.8	51.6
Espagne	3 495.8	2 531.7	-797.1	5 079.3	-641.0	441.6	1 066.1	.. c	189.8	.. c
Suède	918.3	-13.5	1 070.0	-383.6	1 404.8	728.8	3 170.0	866.6	2 033.9	-110.9
Suisse	670.7	1 144.4	5 114.6	1 857.8	-867.4	2 021.4	-1 334.7	209.9	-3 409.9	-14 832.7
Turquie	1.5	-10.8	39.9	-85.9	-35.7	-71.8	359.0	-316.8	506.8	-91.2
Royaume-Uni	-	-	-	-	-	-	-	-	-	-
Etats-Unis	32 258.2	25 049.9	20 392.7	53 328.1	38 509.5	-17 153.6	982.5	92 951.3	5 712.3	-8 101.3
EUROPE	**-18 800.6**	**131 993.3**	**28 489.6**	**1 108.1**	**31 452.6**	**-18 453.8**	**-34 803.0**	**13 574.6**	**3 572.8**	**-30 838.9**
Bulgarie	-3.1	-1.4	15.5	1.1	6.0	39.7	-1.4	94.0	-9.0	17.7
Croatie	.. d	-	.. c	.. d	.. d	38.2	-17.5	-32.2	.. d	-33.5
Chypre	592.8	103.9	.. c	536.0	-699.6	38.2	.. c	-320.6	.. c	404.5
Malte	.. c	-44.5	-106.9	118.9	47.7	.. c	62.1	-1 344.3	-57.5	39.6
Roumanie	-	2.7	.. d	-3.9	2.4	125.3	.. c	166.1	-32.3	-27.3
Russie	.. c	-64.8	-55.4	70.4	.. c	1 167.3	-583.0	-725.0	1 263.9	-16.6
Ukraine	.. c	-2.7	11.6	1.7	2.6	.. c	-545.2	-83.7	-61.7	119.1
AFRIQUE	**.. c**	**17.5**	**376.0**	**.. c**	**1 147.9**	**343.8**	**-8 461.5**	**.. c**	**13 328.1**	**5 114.6**
Afrique septentrionale	22.9	5.4	2.6	3.2	.. d	-2 097.8	-1 596.5	.. c	.. c	.. d
Algérie	.. c	-	.. c	0.1	.. c	.. c	.. c	.. c	.. c	.. c
Egypte	-1.5	-	-1.3	1.2	2.2	-267.4	-399.5	.. c	.. c	-230.3
Libye	.. c	5.4	.. c	-	-	.. c	.. c	.. c	4.0	0.6
Maroc	-	-	-1.3	2.0	0.4	.. c	-141.7	.. c	25.9	-50.8
Tunisie	-	-	.. c	-	-	149.7	-5.4	-	-2.7	-1.1
Autres pays africains	.. c	12.1	373.4	.. c	.. d	2 441.6	-6 865.0	-5 973.5	.. d	.. d
Nigéria	.. c	56.7	.. c	24.9	.. c	.. c	746.3	330.9	-476.0	.. c
Afrique du Sud	539.3	-89.1	.. c	-341.1	.. c	1 364.4	.. c	423.6	3 333.0	-69.4
AMÉRIQUE	**42 771.6**	**28 348.2**	**28 581.0**	**60 739.8**	**28 850.3**	**-32 724.2**	**2 657.2**	**99 262.2**	**9 859.0**	**-5 397.5**
Amérique du Nord	37 647.1	25 203.8	.. d	.. d	.. d	.. d	-406.2	93 089.1	6 723.1	-6 555.7
Amérique du Nord	5 129.1	3 129.6	6 847.8	-229.3	-12 819.2	2 308.6	2 086.4	5 270.4	2 029.9	238.1
Bahamas	7.6	-78.3	33.5	204.3	-502.8	.. c	93.1	.. c	-15.1	67.7
Bermudes	1 644.0	1 658.6	1 943.1	313.5	-786.9	-553.1	-547.9	-157.1	-495.7	-458.6
Îles Cayman	617.3	3 681.5	-16.7	-1 879.7	-5 921.8	3 454.5	.. c	3 427.8	.. c	848.1
Costa Rica	-	-1.4	-	-0.3	-1.3	128.3	.. c	.. c	-23.3	-1.3
El Salvador	-	-	-	-	-	-1.5	.. c	.. c	.. c	-0.9
Guatemala	111.5	44.5	158.4	15.2	-31.2	-1.5	-20.2	101.7	-7.3	.. c
Honduras	-	-	-	-	-	-7.6	-4.0	.. c	.. c	.. c
Nicaragua	-	-	-	-	-	.. c	-1.4	20.6	2.7	.. c
Panama	-6.1	-2.7	6.4	-29.8	-7.9	.. c	12.1	.. c	.. c	8.6
Îles Vierges, US	.. c	2.7	.. c	9.1	.. c	.. c	1.4	-3.9	-0.3	2.7
Amérique du Sud	-3.1	14.8	.. c	.. c	.. c	.. d	978.4	902.7	1 106.0	920.2
Argentine	1.5	-	-	-0.2	125.8	693.7	.. c	.. c	284.9	.. c
Bolivie	-	-	-	-	-	-	-	1.3	1.3	1.2
Brésil	-3.1	16.2	.. c	.. c	-47.6	1 451.5	466.9	261.4	706.1	274.0
Colombie	.. c	-	.. c	0.9	-0.7	-183.3	-167.3	.. c	38.0	-73.2
Equateur	.. c	-	.. c	-	-	6.1	.. c	18.0	.. c	16.4
Paraguay	-	-	.. c	-	.. d	.. c	2.7	1.3	.. d	-0.4
Pérou	-	-	-	-0.4	-0.2	29.0	29.7	61.8	35.4	70.5
Uruguay	-	-	-	-	-	-158.9	.. c	1.3	9.3	.. c
Venezuela	-	-	-	-	-	-62.6	43.2	94.0	-74.4	-25.8
ASIE	**12 022.9**	**37 720.6**	**19 660.1**	**2 875.3**	**-7 005.7**	**-14 866.3**	**16 969.0**	**.. c**	**11 430.0**	**-1 238.4**

Tableau 1. Flux d'investissement direct étranger par pays *(suite)*

Millions de dollars des ÉU

	Entrant					Sortant				
	2015	2016	2017	2018	2019	2015	2016	2017	2018	2019
Proche et Moyen Orient	.. c	.. c	891.1	1 381.6	1 850.6	.. c	.. c	.. d	3 904.4	-2 075.7
Pays du Golfe	.. c	.. c	844.7	205.8	557.1	.. c	.. c	1 282.5	3 657.1	-3 527.0
Koweït	-12.2	20.2	-9.0	5.7	14.5	1.5	8.1	.. c	1.5	.. c
Qatar	6.1	4.0	16.7	.. c	.. c	51.9	33.7	.. c	25.3	.. c
Arabie saoudite	-1.5	-74.2	3.9	-4.4	86.8	718.1	653.2	696.6	424.2	-229.6
Emirats Arabes Unis	.. c	.. c	645.1	52.5	338.1	.. c	.. c	.. c	2 597.8	-3 003.3
Autres pays du Proche et Moyen Orient	76.4	27.0	47.6	1 175.8	1 293.4	.. c	655.9	.. d	247.3	1 451.3
Jordanie	.. c	-	.. d	9.1	2.0	33.6	.. c	.. c	.. c	4.7
Autres pays asiatiques	.. d	.. d	18 769.0	1 493.7	-8 856.3	.. d	.. d	5 329.6	7 525.6	837.3
Chine	702.8	552.0	1 357.2	-112.0	1 032.2	-1 233.0	1 526.3	-330.9	1 999.3	-2 169.2
Hong Kong, Chine	1 416.3	.. c	2 724.7	1 539.7	3 069.1	5 112.3	3 859.6	2 978.4	5 396.3	-989.8
Inde	.. c	-792.2	1 874.8	-275.3	-26.7	994.7	.. c	-441.7	116.1	1 016.8
Indonesie	.. c	.. c	.. c	9.9	.. c	-250.6	1 081.0	-614.2	-1 002.1	408.2
République islamique d'Iran	-3.1	5.4	.. c	0.3	7.8	.. c	.. c	-1.3	0.1	0.0
Malaisie	38.2	-145.7	94.0	-0.6	154.6	99.3	902.8	535.7	456.0	.. c
Philippines	.. c	2.7	23.2	2.6	7.3	-58.1	43.2	65.7	139.5	218.6
Singapour	5 735.7	5 612.7	-664.4	404.3	-114.9	4 181.8	.. c	-387.6	-2 796.2	4 117.8
Taipei Chinois	3.1	-2.7	10.3	0.3	35.8	302.5	483.1	337.4	97.5	.. c
Thaïlande	.. c	-4.0	38.6	.. c	92.8	-48.9	790.8	-37.3	417.0	.. c
Viet Nam	-	.. c	-	-0.2	0.6	230.7	-54.0	.. c	360.5	792.5
AUSTRALIE, OCÉANIE ET RÉGIONS POLAIRES	**2 016.8**	**-1 576.2**	**1 406.1**	**962.7**	**-4 546.5**	**140.6**	**1 326.6**	**-4 567.3**	**3 301.8**	**-2 995.3**
TOTAL MONDE non alloué et confidentiel	**111.5**	**-**	**-1.3**	**.. d**	**0.0**	**-1.5**	**1.4**	**-2 468.5**	**0.0**	**0.0**
Union européenne (UE28)	**-21 095.5**	**124 186.2**	**10 816.4**	**-19 687.6**	**32 770.7**	**-20 478.2**	**-30 313.1**	**19 025.2**	**4 080.6**	**-14 942.1**
Pays du G20 hors Union Européenne	**.. d**	**.. d**	**.. d**	**.. d**	**.. d**	**.. d**	**.. d**	**.. d**	**27 427.1**	**.. d**
Pays OCDE du G20	**.. d**	**28 719.3**	**.. d**	**.. d**	**.. d**	**.. d**	**4 317.1**	**.. d**	**20 301.7**	**.. d**
Pays non-OCDE du G20	**.. d**	**.. d**	**.. d**	**.. d**	**.. d**	**4 906.0**	**.. d**	**.. d**	**7 125.3**	**.. d**
Pays MENA	**.. d**	**.. d**	**.. d**	**.. d**	**.. d**	**.. d**	**.. d**	**.. d**	**.. d**	**.. d**
Pays ANASE	**5 890.0**	**5 261.8**	**23.2**	**-477.7**	**663.0**	**4 242.9**	**-1 083.7**	**-283.3**	**-2 300.3**	**5 502.4**

- Néant ; .. Non disponible ; c Donnée confidentielle ; d Confidentialité Secondaire

Note : Voir les métadonnées détaillées sur : *http://metalinks.oecd.org/idi/20210722/947b.*

Source : *Statistiques de l'OCDE sur l'investissement direct international (base de données) : https://doi.org/10.1787/idi-data-fr*

ROYAUME-UNI

Tableau 2. Encours des investissements directs étrangers par pays

En fin d'année

Millions de dollars des ÉU

	Entrant					Sortant				
	2015	2016	2017	2018	2019	2015	2016	2017	2018	2019
TOTAL MONDE	**1 530 133.4**	**1 475 523.4**	**1 608 032.7**	**1 930 434.0**	**1 974 480.5**	**1 606 364.8**	**1 491 940.0**	**1 624 231.9**	**1 788 397.1**	**1 901 117.2**
Pays membres de l'OCDE	**1 174 173.1**	**1 199 040.5**	**1 302 699.6**	**.. d**	**1 619 943.9**	**1 132 488.1**	**1 082 914.3**	**1 228 098.9**	**.. d**	**1 434 946.1**
Australie	21 298.2	13 707.7	9 537.9	20 200.4	19 493.5	41 861.3	50 488.4	41 335.0	45 205.3	50 690.0
Autriche	2 682.3	1 620.1	3 295.5	1 338.5	2 202.5	1 461.2	1 237.5	6 516.7	6 276.1	6 778.1
Belgique	31 358.9	32 478.8	21 928.1	119 796.1	121 472.3	23 441.0	18 363.9	16 087.0	19 078.8	31 328.2
Canada	25 080.0	.. d	25 777.6	.. d	.. d	25 497.9	25 920.8	30 636.4	36 465.3	.. d
Chili	.. c	64.0	177.0	.. c	45.1	1 886.5	1 504.5	1 364.7	1 414.7	1 618.3
République Tchèque	244.5	7.4	13.5	498.5	.. c	2 588.9	2 301.6	2 864.5	2 567.7	3 113.0
Danemark	9 629.5	8 335.6	9 085.3	7 467.8	8 304.3	8 965.6	8 488.1	6 949.1	7 633.4	8 511.6
Estonie	-	.. d	1.4	20.9	30.0	243.0	254.6	328.3	838.0	.. d
Finlande	1 677.5	728.3	1 417.4	681.9	1 115.9	1 089.2	1 082.5	737.7	788.4	3 736.8
France	103 141.7	73 722.5	92 834.8	69 977.0	90 346.0	89 638.4	88 253.2	96 604.5	104 216.0	97 678.2
Allemagne	74 831.1	73 599.5	60 671.5	106 569.6	61 567.0	26 286.3	25 709.2	29 363.6	42 028.9	42 535.0
Grèce	1 052.2	145.2	410.8	-1 396.9	277.2	806.2	338.3	294.6	324.8	477.6
Hongrie	213.4	-20.9	258.1	14.9	13.8	1 040.3	1 322.4	1 232.3	1 308.3	2 237.8
Islande	297.9	.. d	320.2	.. d	.. d	4.4	.. c	9.5	60.9	-131.9
Irlande	18 241.0	14 128.4	18 897.4	18 870.5	30 460.0	63 484.0	59 292.7	87 562.5	67 402.6	65 276.8
Israël	.. d	585.6	702.6	15 806.7	1 790.6	869.9	.. d	1 299.8	.. d	1 068.6
Italie	11 338.2	6 223.4	11 594.4	7 624.5	6 896.3	16 227.0	15 318.0	13 023.9	19 196.8	18 253.5
Japon	61 144.0	57 189.1	66 968.0	113 216.0	109 081.5	6 664.2	5 411.5	7 213.9	9 307.0	7 188.9
Corée	2 720.8	2 278.3	3 025.3	2 674.6	2 027.3	5 112.6	7 549.5	8 779.9	7 242.3	5 093.0
Lettonie	69.7	.. d	77.0	41.3	61.2	108.2	.. d	293.2	.. d	.. c
Lituanie	1.5	3.7	1.4	25.9	45.4	77.1	52.9	64.9	60.2	461.5
Luxembourg	103 286.9	141 221.6	157 273.3	141 472.9	155 449.4	139 059.0	138 730.5	138 135.4	148 187.9	146 667.5
Mexique	90.4	137.8	143.2	.. c	.. c	10 889.2	9 244.7	12 657.7	12 179.9	15 434.2
Pays-Bas	216 009.2	260 914.0	298 142.1	174 662.8	188 103.1	190 733.6	174 360.9	184 431.8	203 387.7	192 069.6
Nouvelle-Zélande	779.5	324.8	644.5	307.8	397.2	1 590.1	1 077.6	1 189.0	1 545.0	1 612.9
Norvège	6 702.7	6 562.9	8 744.8	10 364.4	11 287.8	4 976.3	8 408.2	4 988.5	2 455.1	6 825.8
Pologne	429.8	147.6	237.8	249.9	907.5	8 961.2	7 620.9	9 197.4	7 926.2	9 566.7
Portugal	806.2	513.0	936.4	316.2	690.3	4 503.6	4 139.5	4 961.5	5 575.3	5 615.5
République slovaquie	237.1	13.5	-1.4	13.3	104.3	354.2	392.4	647.2	892.1	1 121.7
Slovénie	8.9	3.7	5.4	11.0	8.3	164.5	153.8	154.0	218.5	254.6
Espagne	56 827.2	37 244.4	55 279.0	63 666.0	70 704.5	66 708.7	68 820.3	85 680.3	94 009.6	95 121.9
Suède	14 073.8	9 070.0	13 673.8	12 014.5	9 775.8	24 265.0	22 833.1	26 604.5	26 053.0	28 497.0
Suisse	57 891.2	55 736.3	61 018.8	85 602.5	100 180.8	26 704.2	27 217.4	38 721.8	62 093.7	74 171.0
Turquie	253.4	120.6	329.7	42.7	402.5	9 506.5	9 554.7	9 256.9	7 737.7	9 377.0
Royaume-Uni	-	-	-	-	-	-	-	-	-	-
Etats-Unis	458 850.0	379 012.2	379 278.5	528 959.2	603 643.9	351 603.4	296 443.6	358 975.8	374 599.9	466 462.0
EUROPE	**806 748.7**	**831 161.3**	**948 009.7**	**1 015 812.7**	**1 005 630.2**	**791 412.3**	**761 980.6**	**838 956.9**	**923 016.8**	**944 935.6**
Bulgarie	7.4	48.0	129.7	17.0	55.4	131.9	66.4	198.6	37.7	213.5
Croatie	-	-	-	0.2	.. d	340.8	294.0	-40.5	-8.1	427.4
Chypre	6 157.4	5 212.2	5 080.4	9 809.2	5 374.6	770.6	3 973.4	3 026.6	.. c	6 401.6
Malte	938.1	830.4	968.8	1 345.4	1 138.0	3 236.5	.. c	1 871.4	682.0	1 059.9
Roumanie	13.3	7.4	8.1	3.7	7.5	1 310.0	1 216.6	824.2	586.3	724.8
Russie	.. c	1 233.9	.. c	893.4	.. c	12 249.6	14 423.7	.. c	.. c	17 654.8
Ukraine	-	48.0	150.0	27.3	31.6	195.6	200.5	-448.6	-375.7	463.1
AFRIQUE	**3 608.5**	**2 405.0**	**4 437.2**	**2 441.0**	**4 058.9**	**57 590.4**	**55 471.8**	**44 658.8**	**49 148.6**	**43 953.6**
Afrique septentrionale	.. c	253.4	.. c	278.1	.. c	.. c	.. c	.. c	.. c	.. c
Algérie	.. c	-	-	0.1	-	.. c	.. c	.. c	.. c	.. c
Egypte	25.2	22.1	35.1	36.9	44.9	.. c	.. c	.. c	.. c	.. c
Libye	.. c	228.8	.. c	231.1	.. c	.. c	-7.4	-8.1	.. c	-21.7
Maroc	3.0	1.2	-	10.0	5.8	244.5	251.0	344.5	324.7	.. c
Tunisie	1.5	1.2	.. c	-	-	1 132.2	9.8	-	-9.1	3.3
Autres pays africains	.. d	2 151.6	.. d	2 162.9	.. d	.. d	.. d	.. d	.. d	.. d
Nigéria	.. c	343.2	.. c	213.4	.. c	6 108.5	6 318.1	.. c	5 390.8	6 852.8
Afrique du Sud	2 279.2	1 283.1	2 995.5	1 238.8	1 753.6	17 138.4	16 511.3	12 221.3	14 292.8	5 820.4
AMÉRIQUE	**575 829.9**	**506 918.4**	**504 675.0**	**689 993.8**	**767 317.8**	**508 150.6**	**435 309.4**	**488 116.5**	**532 887.9**	**619 199.2**
Amérique du Nord	483 930.1	.. d	405 056.1	.. d	.. d	377 102.8	322 376.7	389 619.0	411 071.9	.. d
Amérique du Nord	91 624.2	104 814.9	96 187.0	128 219.1	.. d	98 473.6	87 270.3	75 695.2	97 053.7	85 568.6
Bahamas	103.7	899.3	982.3	2 250.1	4 230.8	.. c	916.5	.. c	827.6	1 016.7
Bermudes	26 338.2	22 099.9	24 192.7	25 274.8	34 990.5	22 046.5	26 139.7	7 742.2	39 786.4	29 354.7
Îles Cayman	28 202.4	33 373.1	31 897.0	50 542.0	53 094.6	26 444.9	16 754.8	.. c	1 051.3	2 894.8
Costa Rica	-	-4.9	-	1.5	-1.2	400.1	264.5	56.7	7.5	24.3
El Salvador	-	-	-	-	-	3.0	20.9	52.7	12.9	20.6
Guatemala	2 611.1	1 269.5	3 034.7	671.6	856.7	134.9	123.0	195.9	65.2	-24.8
Honduras	-	-	-	-	-	.. d	.. c	.. c	12.5	.. c
Nicaragua	-	-	-	-	-	.. c	2.5	39.2	.. c	.. c
Panama	340.8	966.9	351.3	.. c	508.5	.. c	.. c	.. c	.. c	209.2
Îles Vierges, US	.. c	11.1	.. c	0.8	-	-	1.2	-24.3	0.5	3.4
Amérique du Sud	277.1	.. d	3 432.0	.. d	.. d	32 574.1	25 663.7	22 802.3	24 762.2	.. d
Argentine	13.3	1.2	1.4	3.4	5.8	5 773.6	5 978.6	5 676.3	.. c	.. c
Bolivie	-	-	-	-	-	3.0	4.9	6.8	6.7	27.7
Brésil	211.9	.. c	.. c	.. c	2 183.9	23 184.6	16 604.7	14 784.5	11 636.7	18 139.2
Colombie	.. c	1.2	-	0.6	1.1	859.5	720.9	535.1	400.2	759.7
Equateur	.. c	-	.. c	-	-	40.0	32.0	58.1	124.6	129.8
Paraguay	-	-	.. c	-	.. d	.. d	.. d	10.8	24.6	37.3
Pérou	1.5	1.2	2.7	0.7	1.5	315.6	220.2	143.2	.. c	758.0
Uruguay	-	-	-	-	-	-81.5	40.6	63.5	88.6	132.5
Venezuela	-	-	-	-	-	503.9	479.8	156.7	.. c	29.4
ASIE	**121 621.2**	**118 903.9**	**139 605.5**	**201 646.0**	**177 557.9**	**204 825.1**	**187 341.6**	**210 516.1**	**236 710.5**	**234 999.6**

Tableau 2. Encours des investissements directs étrangers par pays *(suite)*
En fin d'année

Millions de dollars des ÉU

	Entrant					Sortant				
	2015	2016	2017	2018	2019	2015	2016	2017	2018	2019
Proche et Moyen Orient	9 328.7	8 028.0	9 832.5	25 456.2	13 548.3	24 358.3	29 862.2	48 280.0	43 249.6	52 961.5
Pays du Golfe	8 183.2	7 063.6	8 665.0	9 280.2	11 346.7	.. d	.. d	34 156.2	.. d	.. d
Koweït	389.7	381.4	432.4	337.4	.. c	1.5	17.2	40.5	40.1	54.5
Qatar	143.7	62.7	145.9	421.1	.. c	168.9	200.5	.. c	189.3	.. c
Arabie saoudite	47.4	109.5	277.0	92.4	738.1	5 117.1	4 638.9	5 660.0	5 868.4	6 304.7
Emirats Arabes Unis	.. c	5 274.9	6 481.6	7 052.7	7 538.6	2 347.4	6 256.6	8 308.3	16 785.1	13 854.0
Autres pays du Proche et Moyen Orient	1 147.0	963.2	1 167.4	16 176.0	2 201.6	.. c	.. c	14 123.8	.. c	.. c
Jordanie	.. c	.. d	.. c	322.5	.. c	.. c	.. c	.. c	10.1	21.6
Autres pays asiatiques	112 291.0	110 875.9	129 771.7	176 189.8	164 009.6	180 466.8	157 479.4	162 236.2	193 460.9	182 038.1
Chine	3 350.6	1 874.8	3 102.3	2 253.8	4 302.7	14 614.7	14 276.0	11 268.7	20 269.7	13 732.4
Hong Kong, Chine	16 135.2	.. c	27 569.2	29 250.7	23 526.6	81 575.3	75 429.9	.. c	91 193.6	91 132.3
Inde	3 916.7	1 830.5	10 772.9	14 359.9	11 828.4	17 956.4	16 223.4	17 726.0	18 597.1	20 615.1
Indonesie	.. c	.. c	-	1.2	0.7	6 779.8	7 229.7	6 170.8	5 738.8	7 806.3
République islamique d'Iran	.. c	301.4	.. c	327.8	.. c	.. c	.. c	21.6	2.4	16.0
Malaisie	632.8	321.1	760.7	-307.2	968.7	4 761.4	4 215.8	4 514.3	3 680.0	4 831.1
Philippines	.. c	98.4	.. d	69.7	67.8	265.3	.. d	370.2	733.2	766.8
Singapour	22 766.7	22 418.5	12 241.6	9 959.6	10 717.1	27 709.0	13 125.8	8 882.6	14 408.0	21 205.7
Taipei Chinois	143.7	76.3	197.3	70.3	101.5	3 586.2	3 667.1	5 042.6	4 182.4	2 185.4
Thaïlande	206.0	152.5	471.6	.. c	860.9	2 605.2	2 973.3	2 968.5	4 409.5	3 125.4
Viet Nam	1.5	.. c	-	0.0	1.0	90.4	238.7	206.7	.. c	1 922.8
AUSTRALIE, OCÉANIE ET RÉGIONS POLAIRES	**22 323.7**	**16 136.1**	**11 305.2**	**20 540.6**	**19 915.7**	**44 385.0**	**51 836.6**	**41 982.2**	**46 633.3**	**58 029.3**
TOTAL MONDE non alloué et confidentiel	**1.5**	**-1.2**	**-**	**0.0**	**0.0**	**1.5**	**-**	**1.4**	**0.0**	**0.0**
Union européenne (UE28)	**653 278.0**	**666 208.6**	**752 218.6**	**735 112.8**	**756 213.3**	**675 997.3**	**647 232.1**	**717 615.2**	**763 483.5**	**769 542.4**
Pays du G20 hors Union Européenne	**.. d**	**.. d**	**.. d**	**.. d**	**.. d**	**686 101.1**	**629 779.8**	**.. d**	**.. d**	**.. d**
Pays OCDE du G20	**758 747.8**	**.. d**	**650 160.8**	**.. d**	**.. d**	**583 286.9**	**533 893.5**	**607 847.6**	**658 179.2**	**.. d**
Pays non-OCDE du G20	**.. d**	**.. d**	**.. d**	**.. d**	**.. d**	**102 814.2**	**95 886.3**	**.. d**	**.. d**	**.. d**
Pays MENA	**.. d**	**.. d**	**.. d**	**9 927.5**	**.. d**	**.. d**	**.. d**	**.. d**	**.. d**	**.. d**
Pays ANASE	**24 398.3**	**24 397.8**	**14 764.2**	**13 757.9**	**.. d**	**43 375.8**	**29 233.6**	**25 014.2**	**31 456.7**	**41 169.3**

- Néant ; .. Non disponible ; c Donnée confidentielle ; d Confidentialité Secondaire

Note : Voir les métadonnées détaillées sur : *http://metalinks.oecd.org/idi/20210722/947b.*

Source : *Statistiques de l'OCDE sur l'investissement direct international (base de données) : https://doi.org/10.1787/idi-data-fr*

ROYAUME-UNI

Tableau 3. Revenus des investissements directs étrangers par pays

Millions de dollars des ÉU

	Entrant					Sortant				
	2015	2016	2017	2018	2019	2015	2016	2017	2018	2019
TOTAL MONDE	**73 579.8**	**70 274.0**	**67 481.3**	**96 922.4**	**70 636.2**	**87 384.3**	**68 005.4**	**95 923.3**	**125 459.4**	**100 945.2**
Pays membres de l'OCDE	**60 730.3**	**54 981.1**	**59 286.6**	**.. d**	**59 996.1**	**52 395.7**	**41 728.7**	**62 389.9**	**.. d**	**65 184.3**
Australie	-433.9	-835.4	-288.4	-267.1	-76.4	3 436.2	2 580.3	5 269.1	5 222.0	1 928.6
Autriche	48.9	108.0	96.6	123.5	259.0	18.3	226.7	283.3	259.5	276.3
Belgique	2 363.6	2 807.0	2 356.4	3 719.4	1 934.7	543.9	1 944.7	1 551.6	1 907.6	2 846.9
Canada	473.6	1 503.4	-324.5	.. d	.. d	.. d	2 603.2	.. d	1 867.2	2 105.8
Chili	3.1	6.7	5.2	-1.5	3.6	136.0	183.5	445.5	280.2	-10.8
République Tchèque	12.2	-	-1.3	0.2	20.8	203.2	117.4	39.9	255.1	252.2
Danemark	944.2	1 013.5	149.4	804.3	841.9	403.4	782.7	1 201.4	506.9	621.4
Estonie	-	-	-	0.7	4.8	16.8	1.4	3.9	24.4	39.3
Finlande	116.1	-10.8	59.2	112.4	383.0	157.4	136.3	70.8	161.1	35.6
France	4 045.8	-156.5	1 604.4	2 275.8	1 844.0	3 916.0	3 175.4	3 847.5	3 914.7	3 043.4
Allemagne	6 540.9	7 066.1	3 416.2	8 791.7	3 137.6	3 703.6	2 916.3	4 402.5	4 687.8	2 295.8
Grèce	81.0	64.8	28.3	104.5	31.5	3.1	32.4	70.8	101.3	59.7
Hongrie	18.3	1.4	-18.0	1.0	-0.6	134.5	124.2	154.5	235.9	270.2
Islande	.. d	.. d	.. d	.. d	22.5	-	1.4	-	.. c	.. c
Irlande	1 489.7	369.8	1 103.5	3 218.9	2 426.6	1 809.0	6 047.2	4 465.6	6 046.7	7 600.4
Israël	.. d	.. d	29.6	1 310.9	22.9	.. d	.. d	.. d	188.0	98.0
Italie	417.1	390.0	600.1	346.3	1 045.0	1 113.8	628.9	920.7	592.3	812.8
Japon	2 450.7	4 247.0	8 593.9	6 800.3	3 029.6	470.6	1 346.8	819.0	535.7	675.1
Corée	45.8	133.6	212.5	404.4	172.7	351.4	620.8	892.4	1 049.0	895.1
Lettonie	4.6	1.4	.. d	.. d	9.0	.. d	.. d	.. c	.. d	.. d
Lituanie	-	1.4	.. c	1.8	11.3	19.9	6.7	15.5	16.2	-66.6
Luxembourg	1 798.3	1 638.3	2 259.9	4 456.2	4 159.0	1 680.7	.. c	3 274.5	2 179.7	95.3
Mexique	1.5	12.1	11.6	.. c	.. c	1 219.3	919.0	1 254.2	1 274.7	1 165.7
Pays-Bas	5 156.6	4 527.7	2 603.7	5 753.9	4 175.4	6 010.7	3 132.3	8 555.2	10 775.0	6 218.6
Nouvelle-Zélande	33.6	27.0	1.3	21.2	43.1	.. d	287.4	338.7	351.4	208.6
Norvège	313.2	35.1	140.4	-7.3	.. c	6.1	-242.9	631.0	874.0	98.1
Pologne	15.3	5.4	11.6	17.6	41.7	547.0	642.4	920.7	727.5	901.4
Portugal	186.4	129.6	47.6	28.8	44.6	74.9	4.0	172.5	234.6	369.7
République slovaquie	10.7	-	-	0.1	10.2	65.7	41.8	81.1	60.9	121.6
Slovénie	-	-	-	-0.1	0.5	22.9	18.9	15.5	19.1	40.4
Espagne	3 217.7	3 052.6	3 251.4	6 846.2	1 759.9	1 341.5	1 450.7	1 813.0	2 147.8	2 094.3
Suède	999.2	743.6	1 220.7	798.6	880.2	3 107.7	3 263.2	1 746.1	.. c	.. c
Suisse	2 158.9	2 731.4	5 923.3	6 541.3	5 089.1	3 749.4	3 824.6	2 472.3	4 098.4	3 484.6
Turquie	7.6	8.1	7.7	37.1	28.1	22.9	6.7	197.0	385.7	211.7
Royaume-Uni	-	-	-	-	-	-	-	-	-	-
Etats-Unis	27 862.5	25 295.5	26 149.9	30 481.6	27 265.1	17 746.4	3 456.1	14 439.9	22 374.4	23 140.7
EUROPE	**33 566.1**	**29 561.4**	**28 839.8**	**47 740.0**	**30 611.5**	**33 760.1**	**33 303.6**	**41 867.1**	**52 586.0**	**44 293.7**
Bulgarie	-1.5	4.0	-1.3	1.5	13.6	22.9	9.4	14.2	-3.1	23.9
Croatie	-	-	.. c	0.0	0.4	47.4	36.4	-5.2	.. d	.. d
Chypre	433.9	465.6	479.0	.. c	244.8	10.7	-29.7	.. c	.. c	.. c
Malte	3.1	33.7	142.9	93.3	89.1	.. c	202.4	-33.5	-64.2	23.0
Roumanie	1.5	-	.. d	0.1	-0.2	195.6	222.7	95.3	124.9	128.5
Russie	.. c	-63.4	-18.0	118.9	.. c	1 816.7	1 047.2	1 035.3	.. c	.. c
Ukraine	-	5.4	5.2	0.8	1.3	-35.1	.. c	-12.9	69.0	111.3
AFRIQUE	**129.9**	**58.0**	**-240.8**	**-114.8**	**15.8**	**1 969.4**	**3 757.1**	**4 222.3**	**8 267.1**	**4 051.8**
Afrique septentrionale	.. c	6.7	5.2	1.6	.. d	-554.6	.. d	.. d	.. d	.. d
Algérie	.. c	-	.. c	0.0	.. c	38.2	.. c	.. c	.. c	.. c
Egypte	1.5	2.7	1.3	0.9	1.2	33.6	-36.4	-197.0	142.6	-505.1
Libye	.. c	5.4	.. c	-	-	.. c	1.4	-	1.3	-2.2
Maroc	-	-	-	0.7	0.4	-10.7	-67.5	1.3	-6.5	-18.1
Tunisie	-	-	.. c	-	-	.. d	-1.4	-3.9	-1.3	-1.0
Autres pays africains	.. d	51.3	-245.9	-116.4	.. d	2 525.6	.. d	.. d	.. d	.. d
Nigéria	.. c	48.6	.. c	27.9	.. c	.. c	237.5	339.9	418.1	440.2
Afrique du Sud	79.5	-39.1	-279.4	-188.0	-104.5	2 635.6	2 261.8	2 868.9	3 607.5	677.1
AMÉRIQUE	**32 861.7**	**33 415.7**	**27 531.5**	**38 935.3**	**34 246.1**	**25 642.5**	**11 785.4**	**21 917.3**	**31 626.2**	**27 835.2**
Amérique du Nord	28 334.6	26 798.9	25 825.4	.. d	.. d	.. d	6 059.4	.. d	24 241.6	25 249.9
Amérique du Nord	4 510.3	6 596.5	1 702.3	.. d	5 701.6	6 279.6	4 835.4	4 026.5	6 379.3	1 571.6
Bahamas	22.9	17.5	36.1	285.1	73.4	181.8	101.2	.. c	83.2	79.4
Bermudes	1 650.1	1 966.3	355.4	1 589.3	1 116.6	.. c	1 071.5	.. c	2 769.9	335.9
Îles Cayman	951.9	1 496.6	-21.9	1 878.1	1 655.4	2 562.3	1 504.7	1 568.4	-140.2	-381.8
Costa Rica	-	-1.4	-	-0.4	0.4	.. c	13.5	.. c	-19.6	.. c
El Salvador	-	-	-	-	-	-	-	-1.3	0.3	1.1
Guatemala	162.0	95.8	81.1	18.0	62.0	16.8	-5.4	18.0	11.4	20.2
Honduras	-	-	-	-	-	.. c	-2.7	2.6	1.8	.. c
Nicaragua	-	-	-	-	-	-6.1	-2.7	1.3	0.1	-0.1
Panama	-12.2	33.7	-25.8	-45.3	15.2	272.0	242.9	3.9	.. c	31.2
Îles Vierges, US	.. c	-	.. c	8.7	.. c	-	1.4	-2.6	0.1	0.9
Amérique du Sud	15.3	18.9	5.2	.. c	.. c	.. d	889.3	.. d	1 005.2	1 013.7
Argentine	.. d	-	-	0.3	0.9	686.0	.. d	.. d	.. d	174.1
Bolivie	-	-	-	-	-	-	-	-	1.1	2.9
Brésil	10.7	12.1	-2.6	.. c	.. c	1 417.9	51.3	571.7	390.0	774.9
Colombie	-	-	.. c	0.4	-0.5	-27.5	1.4	9.0	67.0	17.9
Equateur	.. c	-	.. c	-	-	6.1	5.4	5.2	0.9	2.5
Paraguay	-	-	.. c	-	-	15.3	.. d	1.3	.. d	4.6
Pérou	-	-	-	-0.1	0.1	74.9	79.6	86.3	61.8	60.4
Uruguay	-	-	-	-	-	-33.6	20.2	10.3	5.1	-4.1
Venezuela	-	-	-	-	-	.. c	9.4	42.5	-88.1	.. c
ASIE	**7 417.9**	**7 450.7**	**13 230.7**	**10 611.1**	**5 795.4**	**22 071.8**	**16 130.9**	**21 202.7**	**26 546.4**	**21 880.4**

Tableau 3. Revenus des investissements directs étrangers par pays *(suite)*

Millions de dollars des ÉU

	Entrant					Sortant				
	2015	2016	2017	2018	2019	2015	2016	2017	2018	2019
Proche et Moyen Orient	1 318.6	187.6	206.0	1 729.9	596.9	2 495.0	1 673.4	3 423.9	4 345.6	4 725.7
Pays du Golfe	1 277.3	161.9	172.5	400.4	566.5	.. d	1 305.0	2 428.5	3 069.4	4 015.2
Koweït	.. c	-5.4	1.3	11.3	19.6	.. c	.. c	.. c	.. c	.. c
Qatar	6.1	1.4	-2.6	.. c	.. c	33.6	33.7	.. c	16.8	.. c
Arabie saoudite	-	-2.7	-3.9	-2.4	18.9	829.6	686.9	913.0	687.7	953.8
Emirats Arabes Unis	1 252.9	148.4	161.0	.. c	283.8	490.5	377.9	.. c	1 683.6	737.5
Autres pays du Proche et Moyen Orient	42.8	25.6	33.5	1 329.5	30.4	.. c	368.4	995.4	1 276.2	710.4
Jordanie	.. c	.. d	1.3	9.7	.. d	16.8	.. d	3.9	0.3	3.7
Autres pays asiatiques	6 099.3	7 263.2	13 026.0	8 881.2	5 198.5	19 576.8	14 457.5	17 780.1	22 200.8	17 154.8
Chine	64.2	5.4	-56.7	-265.7	67.5	1 819.7	2 615.4	2 017.8	2 473.0	847.7
Hong Kong, Chine	2 429.3	2 129.6	.. c	1 615.4	1 771.4	7 793.7	4 365.7	8 338.9	7 429.6	6 354.3
Inde	226.1	558.7	2 146.5	-124.0	12.7	2 395.7	1 523.6	1 276.1	1 624.8	2 261.0
Indonesie	.. c	.. c	.. c	9.4	0.2	635.6	885.3	256.2	2 255.3	825.0
République islamique d'Iran	-	1.4	.. c	1.4	10.1	.. c	.. c	-	0.1	1.2
Malaisie	30.6	-141.7	20.6	9.7	59.5	1 544.7	697.7	1 198.8	963.3	648.8
Philippines	.. c	.. d	5.2	5.4	7.5	.. d	207.8	153.2	187.9	167.1
Singapour	741.0	542.5	391.5	407.9	-15.9	1 954.2	310.4	834.4	2 185.7	2 651.6
Taipei Chinois	7.6	6.7	6.4	2.6	12.2	382.0	345.5	358.0	301.6	335.9
Thaïlande	.. c	8.1	6.4	6.6	36.6	310.2	276.7	381.1	398.9	105.1
Viet Nam	-	.. c	-	0.0	0.1	294.9	233.5	279.4	245.4	181.1
AUSTRALIE, OCÉANIE ET RÉGIONS POLAIRES	**-395.7**	**-211.9**	**-1 880.0**	**-249.1**	**-32.6**	**3 940.4**	**3 028.3**	**6 712.6**	**6 433.8**	**2 884.0**
TOTAL MONDE non alloué et confidentiel	**-**	**-**	**-**	**0.0**	**..**	**-**	**-**	**1.3**	**0.0**	**..**
Union européenne (UE28)	**27 903.7**	**22 259.1**	**19 488.8**	**38 983.1**	**23 367.7**	**25 457.6**	**26 484.5**	**34 195.2**	**39 530.9**	**31 805.8**
Pays du G20 hors Union Européenne	**.. d**	**.. d**	**.. d**	**.. d**	**.. d**	**.. d**	**.. d**	**.. d**	**.. d**	**.. d**
Pays OCDE du G20	**41 411.8**	**37 664.0**	**39 983.3**	**.. d**	**.. d**	**.. d**	**18 253.7**	**.. d**	**41 903.5**	**36 274.6**
Pays non-OCDE du G20	**.. d**	**.. d**	**.. d**	**.. d**	**.. d**	**12 236.8**	**.. d**	**.. d**	**.. d**	**.. d**
Pays MENA	**.. d**	**.. d**	**.. d**	**.. d**	**.. d**	**.. d**	**.. d**	**.. d**	**.. d**	**.. d**
Pays ANASE	**864.8**	**201.1**	**445.5**	**439.3**	**88.4**	**4 968.7**	**2 637.0**	**3 145.8**	**.. d**	**4 822.7**

- Néant ; .. Non disponible ; c Donnée confidentielle ; d Confidentialité Secondaire

Note : Voir les métadonnées détaillées sur : *http://metalinks.oecd.org/idi/20210722/947b.*

Source : *Statistiques de l'OCDE sur l'investissement direct international (base de données) : https://doi.org/10.1787/idi-data-fr*

ROYAUME-UNI

Tableau 4. Investissement direct étranger : flux par secteur industriel

Millions de dollars des ÉU

	Entrant					Sortant				
	2015	2016	2017	2018	2019	2015	2016	2017	2018	2019
All FDI activities	**38 669.2**	**196 503.4**	**78 511.5**	**65 450.8**	**49 898.6**	**-65 561.5**	**-22 310.4**	**106 692.0**	**41 491.7**	**-35 355.4**
Agriculture, sylviculture et pêche	**.. d**	**.. d**	**..**	**130.2**	**..**	**155.8**	**.. d**	**..**	**.. d**	**..**
Industries extractives	**.. c**	**-5 006.7**	**..**	**.. c**	**..**	**-55 168.8**	**-10 352.2**	**..**	**-13 086.4**	**..**
Activités d'extraction	.. c	-5 363.0	..	.. c	..	-31 489.7	-7 040.5	..	-18 271.1	..
Activités de fabrication	**4 058.1**	**.. c**	**..**	**3 368.9**	**..**	**-2 756.3**	**-19 759.8**	**..**	**-12 568.4**	**..**
dont :										
Produits alimentaires, boissons et tabac	913.7	.. c	..	.. d	..	-2 273.5	.. c	..	3 274.1	..
Textiles, bois, papier, imprimerie	631.0	-1 206.5	..	669.5	..	297.9	676.1	..	386.4	..
Produits pétroliers, chimiques, pharmaceutiques, caoutchouc, plastique, minéraux	-753.2	4 753.0	..	2 308.1	..	621.8	-20 716.6	..	-17 124.5	..
Ouvrages en métaux et machines, sauf matériels électriques	4 890.8	-3 666.7	..	405.6	..	-293.4	-20.2	..	-1 527.5	..
Automobiles, remorques, semi-remorques, autres matériels de transport	2 942.7	190.3	..	1 125.6	..	.. c	.. c	..	1 262.9	..
Autres activités de fabrication	-4 568.4	.. c	..	.. c	..	.. d	-744.9	..	1 160.3	..
Production et distribution d'électricité, de gaz, de vapeur et de climatisation	**2 145.1**	**948.7**	**..**	**.. c**	**..**	**-499.6**	**2 480.4**	**..**	**2 096.0**	**..**
Distribution de l'eau ; assainissement, traitement des déchets et dépollution	**762.4**	**155.2**	**..**	**-35.7**	**..**	**.. c**	**232.1**	**..**	**290.7**	**..**
Construction	**1 509.5**	**632.9**	**..**	**973.7**	**..**	**-32.1**	**228.1**	**..**	**308.9**	**..**
Services	**59 229.9**	**90 098.5**	**..**	**86 937.1**	**..**	**.. c**	**4 178.1**	**..**	**62 733.2**	**..**
Commerce de gros et de détail ; réparations automobiles et motocycles	-5 778.5	-776.0	..	-738.7	..	-5 064.9	2 920.4	..	11 489.0	..
Transport et entreposage	5 110.8	4 045.9	..	7 344.2	..	1 951.1	2 446.7	..	-312.4	..
Activités d'hébergement et de restauration	2 187.9	556.0	..	-4 422.2	..	4 288.8	3 863.7	..	3 311.0	..
Information et communication	11 618.0	6 530.4	..	50 533.2	..	-2 939.6	-2 383.3	..	3 872.4	..
Activités financières et d'assurances	33 865.5	33 583.0	..	10 691.9	..	-12 719.6	-2 970.3	..	38 088.7	..
Activités des sociétés holding	.. c	2 979.8	..	3 495.6	..	.. c	4 287.4	..	10 151.3	..
Activités immobilières	.. c	691.0	..	1 380.9	..	2 019.9	.. c	..	-163.9	..
Activités professionnelles, scientifiques et techniques	11 020.6	40 257.8	..	7 963.9	..	.. c	1 052.6	..	5 146.8	..
Activités de services administratifs et d'appui	-1 709.7	5 153.8	..	16 491.2	..	935.1	414.3	..	765.7	..
Administration publique; activités des ménages et des organismes extra-territoriaux	.. d	-5.4	..	-0.6	..	.. c	.. c	..	-6.0	..
Éducation	-162.0	16.2	..	-358.1	..	.. c	577.6	..	385.4	..
Santé humaine et action sociale	759.4	36.4	..	-1 489.9	..	59.6	.. c	..	-311.2	..
Arts, spectacles et loisirs	22.9	484.5	..	-728.6	..	90.1	-17.5	..	456.2	..
Autres services	13.8	-477.7	..	269.9	..	29.0	-18.9	..	11.4	..
Not allocated and confidential	**.. c**	**.. c**	**78 511.5**	**.. c**	**..**	**.. c**	**.. d**	**106 692.0**	**.. d**	**..**
Activités immobilières privées	**-**	**975.7**	**..**	**500.2**	**..**	**.. c**	**354.9**	**..**	**1 635.3**	**..**

- Néant ; .. Non disponible ; c Donnée confidentielle ; d Confidentialité Secondaire

Note : Voir les métadonnées détaillées sur : *http://metalinks.oecd.org/idi/20210722/947b.*

Source : *Statistiques de l'OCDE sur l'investissement direct international (base de données) : https://doi.org/10.1787/idi-data-fr*

Tableau 5. Encours des investissement directs étrangers par secteur industriel

En fin d'année

Millions de dollars des ÉU

	Entrant					Sortant				
	2015	2016	2017	2018	2019	2015	2016	2017	2018	2019
All FDI activities	**1 530 133.4**	**1 475 523.4**	**1 608 032.7**	**1 930 434.0**	**1 974 480.5**	**1 606 364.8**	**1 491 940.0**	**1 624 231.9**	**1 788 397.1**	**1 901 117.2**
Agriculture, sylviculture et pêche	**.. d**	**1 264.6**	..	**1 454.6**	..	**2 110.3**	**2 510.8**	..	**2 720.2**	..
Industries extractives	**119 963.0**	**132 329.9**	..	**79 600.3**	..	**253 109.1**	**202 806.0**	..	**182 543.9**	..
Activités d'extraction	118 995.3	130 880.8	..	78 890.1	..	249 428.0	212 398.8	..	178 582.0	..
Activités de fabrication	**276 431.5**	**334 730.0**	..	**323 151.7**	..	**278 878.2**	**258 536.1**	..	**295 432.4**	..
dont :										
Produits alimentaires, boissons et tabac	68 039.4	157 723.0	..	102 220.7	..	80 726.1	75 635.4	..	94 239.3	..
Textiles, bois, papier, imprimerie	11 218.1	6 014.3	..	4 970.2	..	1 132.2	3 001.6	..	3 234.9	..
Produits pétroliers, chimiques, pharmaceutiques, caoutchouc, plastique, minéraux	53 703.3	49 282.8	..	73 299.2	..	102 458.5	94 373.2	..	128 904.7	..
Ouvrages en métaux et machines, sauf matériels électriques	68 149.1	54 824.7	..	59 513.6	..	26 689.4	22 262.3	..	26 439.1	..
Automobiles, remorques, semi-remorques, autres matériels de transport	22 302.9	18 538.6	..	39 036.6	..	21 032.9	18 020.7	..	20 014.2	..
Autres activités de fabrication	53 020.2	48 346.7	..	44 111.5	..	46 840.5	45 243.0	..	22 600.2	..
Production et distribution d'électricité, de gaz, de vapeur et de climatisation	**66 665.7**	**54 853.0**	..	**60 078.9**	..	**.. c**	**.. c**	..	**23 358.1**	..
Distribution de l'eau ; assainissement, traitement des déchets et dépollution	**4 198.3**	**3 333.7**	..	**5 264.0**	..	**.. c**	**1 987.9**	..	**4 801.7**	..
Construction	**11 510.1**	**11 789.9**	..	**12 460.8**	..	**2 036.2**	**1 732.1**	..	**.. c**	..
Services	**1 030 195.6**	**919 501.8**	..	**1 428 676.4**	..	**923 218.7**	**875 655.1**	..	**1 104 195.5**	..
Commerce de gros et de détail ; réparations automobiles et motocycles	185 336.4	149 114.3	..	159 073.2	..	65 988.4	60 396.1	..	106 366.3	..
Transport et entreposage	57 025.8	59 575.6	..	91 741.7	..	28 163.9	28 931.0	..	23 489.2	..
Activités d'hébergement et de restauration	28 366.9	26 292.3	..	150 487.7	..	39 589.5	34 191.2	..	41 514.7	..
Information et communication	127 621.5	98 525.0	..	178 615.1	..	163 784.8	151 643.5	..	152 071.2	..
Activités financières et d'assurances	477 211.0	443 907.0	..	556 534.0	..	526 796.1	518 002.2	..	641 559.4	..
Activités des sociétés holding	514.2	16.0	..	.. c	..	.. c	147 121.4	..	171 924.7	..
Activités immobilières	8 867.8	7 582.7	..	9 964.9	..	9 930.4	12 874.9	..	13 873.5	..
Activités professionnelles, scientifiques et techniques	94 248.7	87 481.9	..	193 580.1	..	49 832.5	45 967.5	..	85 824.6	..
Activités de services administratifs et d'appui	41 273.0	36 081.9	..	57 224.4	..	29 548.0	18 024.4	..	30 772.2	..
Administration publique; activités des ménages et des organismes extra-territoriaux	3.0	1.2	..	4.4	..	.. d	.. c	..	-2 050.1	..
Éducation	1 892.4	2 409.9	..	3 089.9	..	.. c	5 345.1	..	1 284.0	..
Santé humaine et action sociale	2 249.6	1 675.5	..	5 068.2	..	280.1	654.4	..	3 696.8	..
Arts, spectacles et loisirs	4 813.3	5 553.0	..	20 959.9	..	3 681.1	1 614.0	..	5 490.6	..
Autres services	1 286.3	1 301.5	..	2 333.1	..	238.6	.. d	..	303.2	..
Not allocated and confidential	**.. c**	**-**	**1 608 032.7**	**0.0**	..	**.. c**	**.. c**	**1 624 231.9**	**.. c**	..
Activités immobilières privées	**.. c**	**17 720.5**	..	**19 747.4**	..	**.. c**	**130 103.3**	..	**154 386.2**	..

- Néant ; .. Non disponible ; c Donnée confidentielle ; d Confidentialité Secondaire

Note : Voir les métadonnées détaillées sur : *http://metalinks.oecd.org/idi/20210722/947b.*

Source : *Statistiques de l'OCDE sur l'investissement direct international (base de données) : https://doi.org/10.1787/idi-data-fr*

Tableau 6. Revenus des investissements directs étrangers par secteur industriel

Millions de dollars des ÉU

	Entrant					Sortant				
	2015	2016	2017	2018	2019	2015	2016	2017	2018	2019
All FDI activities	**73 579.8**	**70 274.0**	**67 481.3**	**96 922.4**	**70 636.2**	**87 384.3**	**68 005.4**	**95 923.3**	**125 459.4**	**100 945.2**
Agriculture, sylviculture et pêche	**.. d**	**44.5**	**..**	**119.5**	**..**	**162.0**	**.. d**	**..**	**114.7**	**..**
Industries extractives	**1 943.5**	**.. c**	**..**	**2 384.4**	**..**	**342.2**	**940.6**	**..**	**24 738.5**	**..**
Activités d'extraction	1 922.1	.. c	..	2 356.8	..	4 837.3	-2 183.5	..	16 909.1	..
Activités de fabrication	**12 991.6**	**13 948.7**	**..**	**15 852.1**	**..**	**29 524.8**	**21 915.0**	**..**	**28 222.8**	**..**
dont :										
Produits alimentaires, boissons et tabac	2 866.3	2 179.5	..	3 115.2	..	9 538.6	5 726.0	..	11 141.9	..
Textiles, bois, papier, imprimerie	485.9	539.8	..	747.3	..	470.6	847.5	..	486.6	..
Produits pétroliers, chimiques, pharmaceutiques, caoutchouc, plastique, minéraux	3 252.9	3 040.5	..	4 327.7	..	13 214.7	10 425.1	..	9 998.8	..
Ouvrages en métaux et machines, sauf matériels électriques	1 949.6	1 851.6	..	4 169.5	..	2 129.9	1 893.4	..	2 557.1	..
Automobiles, remorques, semi-remorques, autres matériels de transport	3 223.8	2 913.6	..	2 412.9	..	2 328.5	2 164.6	..	2 758.7	..
Autres activités de fabrication	1 213.1	3 422.4	..	1 079.6	..	1 841.1	857.0	..	1 279.7	..
Production et distribution d'électricité, de gaz, de vapeur et de climatisation	**4 909.1**	**4 485.8**	**..**	**3 366.0**	**..**	**.. c**	**1 290.1**	**..**	**.. c**	**..**
Distribution de l'eau ; assainissement, traitement des déchets et dépollution	**357.5**	**.. c**	**..**	**41.5**	**..**	**137.5**	**230.8**	**..**	**166.1**	**..**
Construction	**628.0**	**-570.9**	**..**	**722.1**	**..**	**201.7**	**256.4**	**..**	**.. c**	**..**
Services	**52 531.7**	**50 503.4**	**..**	**74 266.0**	**..**	**53 902.2**	**41 396.8**	**..**	**68 686.5**	**..**
Commerce de gros et de détail ; réparations automobiles et motocycles	9 196.3	9 179.5	..	13 605.5	..	1 861.0	3 870.4	..	6 676.4	..
Transport et entreposage	5 778.5	5 427.8	..	8 626.9	..	965.6	1 021.6	..	1 801.8	..
Activités d'hébergement et de restauration	698.2	.. c	..	.. c	..	7 398.0	6 897.4	..	7 991.4	..
Information et communication	7 356.8	2 956.8	..	8 050.7	..	5 398.0	4 124.2	..	4 511.4	..
Activités financières et d'assurances	29 288.0	28 310.4	..	35 366.2	..	30 583.7	19 581.6	..	39 138.4	..
Activités des sociétés holding	.. c	2 558.7	..	3 262.9	..	.. c	5 160.6	..	12 696.1	..
Activités immobilières	363.6	193.0	..	157.4	..	1 081.7	689.6	..	571.5	..
Activités professionnelles, scientifiques et techniques	-1 469.8	4 106.6	..	6 779.5	..	3 931.2	2 522.3	..	4 807.7	..
Activités de services administratifs et d'appui	1 359.8	1 336.0	..	3 808.1	..	1 323.1	1 442.6	..	1 795.5	..
Administration publique; activités des ménages et des organismes extra-territoriaux	-	.. d	..	.. d	..	.. c	.. c	..	.. c	..
Éducation	-59.6	-64.8	..	-137.6	..	.. c	630.2	..	297.2	..
Santé humaine et action sociale	58.1	8.1	..	-1 442.9	..	-10.7	-1.4	..	-102.5	..
Arts, spectacles et loisirs	-77.9	20.2	..	666.4	..	302.5	161.9	..	406.1	..
Autres services	39.7	78.3	..	-188.1	..	27.5	.. d	..	.. d	..
Not allocated and confidential	**.. c**	**.. c**	**67 481.3**	**0.0**	**..**	**.. c**	**.. d**	**95 923.3**	**.. c**	**..**
Activités immobilières privées	**.. c**	**147.1**	**..**	**170.7**	**..**	**.. c**	**1 662.6**	**..**	**1 678.0**	**..**

- Néant ; .. Non disponible ; c Donnée confidentielle ; d Confidentialité Secondaire

Note : Voir les métadonnées détaillées sur : *http://metalinks.oecd.org/idi/20210722/947b.*

Source : *Statistiques de l'OCDE sur l'investissement direct international (base de données) : https://doi.org/10.1787/idi-data-fr*

ÉTATS-UNIS

Tableau 1. Flux d'investissement direct étranger par pays

Millions de dollars des ÉU

	Entrant					Sortant				
	2015	2016	2017	2018	2019	2015	2016	2017	2018	2019
TOTAL MONDE	**467 625.0**	**459 419.0**	**295 296.0**	**223 401.0**	**261 412.0**	**264 359.0**	**284 469.0**	**327 781.0**	**-194 412.0**	**93 552.0**
Pays membres de l'OCDE	..	..	..	..	..	**181 055.0**	..	..	..	..
Australie	10 587.0	5 660.0	-1 579.0	3 113.0	16 196.0	271.0	6 987.0	-621.0	-3 048.0	258.0
Autriche	198.0	3 496.0	2 386.0	-1 570.0	1 607.0	92.0	906.0	946.0	481.0	1 009.0
Belgique	-12 327.0	186.0	-999.0	1 264.0	3 115.0	3 014.0	2 727.0	1 481.0	9 552.0	3 746.0
Canada	58 887.0	65 140.0	83 657.0	39 115.0	36 489.0	10 114.0	12 589.0	16 356.0	17 752.0	29 889.0
Chili	158.0	116.0	7.0	219.0	208.0	1 450.0	287.0	-1 546.0	689.0	-60.0
République Tchèque	30.0	-1.0	18.0	-39.0	38.0	433.0	-262.0	243.0	1 169.0	123.0
Danemark	1 013.0	3 986.0	306.0	1 892.0	2 943.0	-122.0	2 225.0	-222.0	-1 783.0	-259.0
Estonie	-	-	.. c	1.0	.. c	-2.0	-79.0	8.0	15.0	9.0
Finlande	655.0	-73.0	775.0	1 556.0	361.0	-1 322.0	2 196.0	-621.0	-472.0	757.0
France	33 472.0	28 553.0	15 862.0	3 791.0	7 702.0	4 156.0	357.0	3 708.0	1 862.0	3 549.0
Allemagne	25 353.0	15 637.0	18 727.0	28 346.0	42 052.0	1 691.0	3 407.0	4 025.0	6 040.0	14 423.0
Grèce	35.0	44.0	-32.0	-214.0	-60.0	1 054.0	40.0	80.0	112.0	-209.0
Hongrie	-5 312.0	4 166.0	3 279.0	9 026.0	1 661.0	163.0	-604.0	541.0	1 382.0	-319.0
Islande	.. c	.. c	-60.0	-38.0	.. c	131.0	.. c	67.0	.. c	9.0
Irlande	14 892.0	8 645.0	24 578.0	60 388.0	-1 816.0	69 631.0	49 963.0	47 842.0	-36 161.0	-73 956.0
Israël	952.0	90.0	-100.0	1 871.0	552.0	553.0	683.0	1 235.0	828.0	378.0
Italie	6 924.0	737.0	247.0	1 526.0	1 012.0	800.0	298.0	388.0	7 138.0	411.0
Japon	32 997.0	33 732.0	42 890.0	18 715.0	38 526.0	5 177.0	-2 911.0	9 094.0	1 919.0	6 046.0
Corée	1 302.0	3 699.0	13 348.0	1 868.0	5 339.0	2 225.0	2 022.0	668.0	-1 699.0	1 413.0
Lettonie	.. c	-	-	.. c	.. c	8.0	11.0	10.0	8.0	7.0
Lituanie	.. c	.. c	.. c	.. c	.. c	-34.0	4.0	16.0	18.0	-7.0
Luxembourg	172 740.0	49 203.0	24 482.0	-119 464.0	5 578.0	-365.0	31 153.0	39 283.0	32 823.0	12 195.0
Mexique	1 116.0	2 900.0	3 191.0	-117.0	256.0	7 255.0	5 837.0	5 907.0	5 998.0	4 507.0
Pays-Bas	33 318.0	43 143.0	21 738.0	83 097.0	13 093.0	41 337.0	33 363.0	22 491.0	-67 749.0	5 497.0
Nouvelle-Zélande	-317.0	-233.0	104.0	458.0	250.0	145.0	468.0	469.0	-156.0	186.0
Norvège	8 130.0	-1 097.0	1 056.0	.. c	2 070.0	-235.0	-151.0	34.0	155.0	-3 592.0
Pologne	-6.0	170.0	446.0	147.0	255.0	72.0	861.0	463.0	1 832.0	-228.0
Portugal	6.0	-5.0	45.0	-128.0	43.0	15.0	402.0	120.0	216.0	-48.0
République slovaquie	.. c	2.0	.. c	4.0	-24.0	49.0	-280.0	289.0	-8.0	90.0
Slovénie	-	.. c	.. c	8.0	-1.0	18.0	16.0	8.0	-3.0	-19.0
Espagne	4 956.0	2 546.0	4 343.0	5 927.0	3 159.0	1 387.0	206.0	417.0	152.0	3 375.0
Suède	3 685.0	4 610.0	509.0	679.0	2 801.0	50.0	1 908.0	3 141.0	6 433.0	-2 694.0
Suisse	-5 732.0	46 595.0	-3 539.0	27 754.0	11 316.0	17 059.0	18 818.0	35 815.0	-3 972.0	13 723.0
Turquie	46.0	266.0	362.0	256.0	166.0	333.0	379.0	506.0	767.0	101.0
Royaume-Uni	50 294.0	88 081.0	29 235.0	3 798.0	23 234.0	14 426.0	42 027.0	24 590.0	8 151.0	32 010.0
Etats-Unis	-	-	-	-	-	-	-	-	-	-
EUROPE	**338 653.0**	**.. c**	**.. c**	**.. c**	**.. c**	**.. c**	**.. c**	**.. c**	**.. c**	**.. c**
Bulgarie	.. c	-45.0	.. c	.. c	.. c	49.0	33.0	26.0	50.0	34.0
Croatie	.. c	.. c	.. c	.. c	.. c	-89.0	10.0	30.0	-12.0	14.0
Chypre	151.0	-607.0	-1 346.0	-99.0	-222.0	-69.0	-709.0	-524.0	-346.0	-136.0
Malte	-257.0	601.0	340.0	-33.0	-43.0	61.0	-14.0	66.0	-70.0	-28.0
Roumanie	25.0	.. c	-48.0	-46.0	-41.0	251.0	100.0	-219.0	-111.0	77.0
Russie	-376.0	102.0	-85.0	121.0	-81.0	539.0	1 470.0	-1 149.0	1 568.0	-244.0
Ukraine	.. c	-2.0	7.0	-14.0	3.0	17.0	5.0	-54.0	18.0	185.0
AFRIQUE	**1 853.0**	**-48.0**	**1 488.0**	**246.0**	**4 151.0**	**829.0**	**-2 660.0**	**534.0**	**-1 800.0**	**-2 395.0**
Afrique septentrionale	.. c	.. c	.. c	.. c	.. c	176.0	-1 524.0	.. c	.. c	-5.0
Algérie	.. c	-3.0	.. c	.. c	.. c	15.0	-673.0	-105.0	-169.0	-211.0
Egypte	8.0	-39.0	99.0	-23.0	44.0	325.0	-465.0	-525.0	-517.0	152.0
Libye	.. c	.. c	.. c	.. c	-	-112.0	-332.0	.. c	.. c	59.0
Maroc	.. c	.. c	.. c	-2.0	1.0	-10.0	-74.0	-6.0	.. c	-19.0
Tunisie	1.0	-1.0	4.0	15.0	1.0	-42.0	20.0	-23.0	-7.0	14.0
Autres pays africains	.. c	.. c	.. c	.. c	.. c	653.0	-1 136.0	.. c	.. c	-2 390.0
Nigéria	5.0	23.0	9.0	30.0	25.0	1 094.0	-156.0	1 354.0	-291.0	974.0
Afrique du Sud	1 893.0	88.0	1 132.0	23.0	33.0	-205.0	-86.0	429.0	56.0	525.0
AMÉRIQUE	**70 515.0**	**95 795.0**	**90 674.0**	**.. c**	**.. c**	**62 030.0**	**71 334.0**	**91 495.0**	**-129 195.0**	**34 825.0**
Amérique du Nord	58 887.0	65 140.0	83 657.0	.. c	.. c	10 113.0	12 588.0	16 355.0	17 751.0	29 888.0
Amérique du Nord	.. c	.. c	.. c	.. c	.. c	50 016.0	56 355.0	75 718.0	-143 213.0	-183.0
Bahamas	-128.0	-460.0	94.0	186.0	442.0	-4 178.0	1 163.0	-37.0	-11 022.0	587.0
Bermudes	-933.0	23 222.0	-1 384.0	30 358.0	21 523.0	25 106.0	32 795.0	42 588.0	-149 922.0	-32 554.0
Îles Cayman	11 574.0	3 082.0	1 667.0	4 903.0	5 647.0	20 608.0	9 497.0	24 604.0	8 688.0	21 252.0
Costa Rica	20.0	82.0	-134.0	-74.0	31.0	70.0	51.0	197.0	295.0	-108.0
El Salvador	6.0	2.0	10.0	.. c	10.0	-288.0	325.0	15.0	-41.0	550.0
Guatemala	6.0	17.0	-1.0	-8.0	17.0	-49.0	-353.0	30.0	68.0	17.0
Honduras	3.0	17.0	-26.0	-27.0	-5.0	425.0	9.0	24.0	-481.0	429.0
Nicaragua	.. c	.. c	1.0	-15.0	.. c	8.0	-35.0	-19.0	-43.0	-47.0
Panama	243.0	89.0	-317.0	323.0	129.0	-189.0	599.0	349.0	514.0	222.0
Îles Vierges, US	..	..	..	..	..	..	..	..	..	..
Amérique du Sud	.. c	.. c	.. c	.. c	.. c	1 832.0	2 381.0	-574.0	-3 737.0	5 111.0
Argentine	-50.0	17.0	163.0	-207.0	-262.0	813.0	504.0	1 898.0	-3 792.0	1 531.0
Bolivie	.. c	.. c	.. c	.. c	.. c	14.0	95.0	61.0	36.0	81.0
Brésil	-750.0	-1 694.0	-80.0	1 666.0	2 210.0	448.0	3 336.0	2 351.0	-421.0	1 594.0
Colombie	169.0	75.0	-5.0	-14.0	38.0	770.0	-170.0	13.0	809.0	437.0
Equateur	2.0	-5.0	31.0	7.0	9.0	-41.0	30.0	-202.0	52.0	-32.0
Paraguay	.. c	-	.. c	.. c	.. c	-9.0	.. c	.. c	.. c	.. c
Pérou	-3.0	23.0	31.0	18.0	13.0	-477.0	-486.0	1 511.0	-372.0	1 705.0
Uruguay	-299.0	68.0	-194.0	457.0	141.0	9.0	-58.0	-226.0	-130.0	-13.0
Venezuela	224.0	369.0	17.0	783.0	179.0	-1 449.0	-1 295.0	-701.0	-982.0	-140.0
ASIE	**.. c**	**.. c**	**.. c**	**.. c**	**.. c**	**.. c**	**.. c**	**.. c**	**.. c**	**.. c**

ÉTATS-UNIS

Tableau 1. Flux d'investissement direct étranger par pays *(suite)*

Millions de dollars des ÉU

	Entrant					Sortant				
	2015	2016	2017	2018	2019	2015	2016	2017	2018	2019
Proche et Moyen Orient	.. c	.. c	.. c	2 546.0	.. c	1 435.0	.. c	.. c	.. c	.. c
Pays du Golfe	.. c	569.0	.. c	867.0	.. c	973.0	.. c	.. c	.. c	.. c
Koweït	41.0	17.0	23.0	172.0	-143.0	-56.0	18.0	.. c	101.0	-103.0
Qatar	.. c	178.0	254.0	.. c	.. c	502.0	700.0	1 237.0	.. c	99.0
Arabie saoudite	474.0	716.0	218.0	711.0	-707.0	1 322.0	744.0	519.0	225.0	-32.0
Emirats Arabes Unis	129.0	-432.0	2 060.0	657.0	-34.0	-565.0	-2 335.0	3 386.0	952.0	-372.0
Autres pays du Proche et Moyen Orient	.. c	.. c	.. c	1 679.0	.. c	462.0	.. c	.. c	.. c	.. c
Jordanie	.. c	-18.0	.. c	-197.0	.. c	11.0	.. c	.. c	-44.0	-6.0
Autres pays asiatiques	.. c	.. c	.. c	.. c	.. c	.. c	25 299.0	.. c	.. c	.. c
Chine	5 127.0	18 004.0	2 746.0	1 590.0	4 260.0	6 029.0	8 468.0	7 943.0	6 228.0	7 454.0
Hong Kong, Chine	682.0	1 720.0	343.0	3 025.0	770.0	4 988.0	583.0	1 093.0	-819.0	2 786.0
Inde	298.0	-544.0	844.0	-692.0	62.0	3 820.0	4 854.0	3 623.0	704.0	3 932.0
Indonesie	173.0	-1 059.0	-234.0	26.0	49.0	176.0	-729.0	-861.0	-2 599.0	1 922.0
République islamique d'Iran	-3.0	-	.. c	-	-	-	-	-	-	-
Malaisie	118.0	-172.0	-74.0	124.0	-278.0	2 054.0	-1 191.0	1 342.0	-248.0	-817.0
Philippines	145.0	-435.0	-48.0	-309.0	113.0	75.0	756.0	562.0	235.0	39.0
Singapour	2 660.0	491.0	-840.0	-61.0	2 917.0	21 390.0	10 095.0	23 369.0	-38 450.0	27 798.0
Taipei Chinois	760.0	668.0	401.0	2 451.0	577.0	751.0	548.0	680.0	214.0	276.0
Thaïlande	469.0	711.0	-771.0	-293.0	-186.0	200.0	1 772.0	1 041.0	1 150.0	1 186.0
Viet Nam	473.0	-1 123.0	-297.0	-61.0	-1.0	88.0	171.0	36.0	154.0	-198.0
AUSTRALIE, OCÉANIE ET RÉGIONS POLAIRES	**.. c**	**.. c**	**.. c**	**.. c**	**.. c**	**620.0**	**7 570.0**	**.. c**	**.. c**	**.. c**
TOTAL MONDE non alloué et confidentiel	**-1 035.0**	**3 033.0**	**326.0**	**4 709.0**	**319.0**	**-35.0**	**-8 062.0**	**3 265.0**	**368.0**	**-88.0**
Union européenne (UE28)	**329 844.0**	**253 064.0**	**144 947.0**	**79 931.0**	**106 519.0**	**136 756.0**	**170 266.0**	**148 625.0**	**-29 282.0**	**-575.0**
Pays du G20 hors Union Européenne	**227 767.0**	**260 035.0**	**210 644.0**	**103 649.0**	**176 536.0**	**59 390.0**	**89 553.0**	**79 374.0**	**46 849.0**	**109 289.0**
Pays OCDE du G20	**220 978.0**	**244 405.0**	**205 940.0**	**100 411.0**	**170 972.0**	**46 448.0**	**70 992.0**	**64 621.0**	**44 880.0**	**92 607.0**
Pays non-OCDE du G20	**6 789.0**	**15 630.0**	**4 704.0**	**3 238.0**	**5 564.0**	**12 942.0**	**18 561.0**	**14 753.0**	**1 969.0**	**16 682.0**
Pays MENA	**.. d**	**.. d**	**.. d**	**.. d**	**.. d**	**.. d**	**.. d**	**.. d**	**.. d**	**.. d**
Pays ANASE	**.. d**	**.. d**	**-2 258.0**	**.. d**	**.. d**	**23 996.0**	**.. d**	**25 503.0**	**.. d**	**.. d**

- Néant ; .. Non disponible ; c Donnée confidentielle ; d Confidentialité Secondaire

Note : Voir les métadonnées détaillées sur : *http://metalinks.oecd.org/idi/20210722/947b.*

Source : *Statistiques de l'OCDE sur l'investissement direct international (base de données) : https://doi.org/10.1787/idi-data-fr*

ÉTATS-UNIS

Tableau 2. Encours des investissements directs étrangers par pays
En fin d'année

Millions de dollars des ÉU

	Entrant					Sortant				
	2015	2016	2017	2018	2019	2015	2016	2017	2018	2019
TOTAL MONDE	**3 354 907.0**	**3 561 808.0**	**3 786 848.0**	**4 127 175.0**	**4 458 362.0**	**5 289 071.0**	**5 518 644.0**	**6 097 690.0**	**5 801 025.0**	**5 959 592.0**
Pays membres de l'OCDE	**.. d**	**..**	**..**	**..**	**..**	**.. d**	**..**	**..**	**..**	**..**
Australie	68 733.0	73 526.0	67 212.0	68 753.0	86 537.0	160 061.0	167 791.0	169 749.0	163 999.0	162 400.0
Autriche	3 181.0	3 507.0	3 978.0	5 157.0	6 250.0	6 508.0	7 566.0	7 987.0	6 740.0	7 643.0
Belgique	47 192.0	76 496.0	62 529.0	65 754.0	70 073.0	48 096.0	49 692.0	53 645.0	61 271.0	63 157.0
Canada	394 814.0	422 956.0	478 986.0	533 910.0	580 752.0	361 954.0	355 394.0	371 274.0	368 498.0	402 255.0
Chili	2 394.0	2 545.0	2 445.0	3 047.0	3 431.0	28 134.0	28 141.0	25 793.0	25 986.0	25 084.0
République Tchèque	2.0	2.0	2.0	2.0	1.0	6 343.0	4 896.0	4 844.0	4 515.0	4 815.0
Danemark	14 534.0	18 375.0	19 221.0	20 302.0	23 541.0	15 794.0	16 909.0	12 107.0	9 498.0	8 992.0
Estonie	-5.0	-5.0	-5.0	-6.0	-6.0	160.0	72.0	74.0	82.0	68.0
Finlande	8 750.0	8 203.0	8 816.0	9 912.0	9 947.0	1 258.0	2 538.0	2 513.0	3 268.0	3 745.0
France	255 524.0	264 026.0	283 794.0	295 395.0	310 743.0	81 274.0	72 926.0	78 632.0	68 035.0	83 826.0
Allemagne	356 982.0	347 963.0	387 997.0	482 608.0	521 979.0	120 519.0	129 985.0	132 595.0	137 148.0	148 259.0
Grèce	978.0	1 055.0	1 226.0	1 162.0	1 122.0	1 007.0	1 017.0	1 198.0	1 399.0	938.0
Hongrie	108.0	62.0	85.0	90.0	91.0	7 625.0	7 392.0	6 672.0	6 597.0	6 114.0
Islande	.. c	.. c	72.0	.. c	.. c	.. c	.. c	.. c	.. c	824.0
Irlande	260 047.0	234 899.0	235 942.0	322 531.0	343 538.0	337 831.0	399 885.0	457 301.0	410 636.0	354 940.0
Israël	24 923.0	56 198.0	36 245.0	36 700.0	36 641.0	10 251.0	11 615.0	28 160.0	27 715.0	28 543.0
Italie	34 425.0	34 583.0	35 762.0	38 625.0	43 660.0	30 869.0	30 573.0	27 617.0	33 080.0	34 900.0
Japon	404 081.0	431 555.0	484 696.0	499 088.0	644 727.0	106 932.0	124 039.0	117 134.0	113 254.0	131 793.0
Corée	37 837.0	41 129.0	53 233.0	55 843.0	61 135.0	38 608.0	39 278.0	40 237.0	39 021.0	39 105.0
Lettonie	-	-	-	.. c	.. c	39.0	69.0	38.0	38.0	38.0
Lituanie	-	-	-	-	-	109.0	131.0	157.0	176.0	171.0
Luxembourg	12 728.0	28 851.0	31 321.0	26 176.0	22 760.0	599 001.0	646 508.0	703 066.0	726 121.0	766 099.0
Mexique	34 390.0	34 967.0	39 068.0	42 621.0	42 902.0	101 326.0	98 421.0	100 169.0	95 873.0	100 888.0
Pays-Bas	165 597.0	169 633.0	184 386.0	253 112.0	290 429.0	829 693.0	816 667.0	929 746.0	810 238.0	860 528.0
Nouvelle-Zélande	509.0	356.0	1 148.0	2 183.0	2 619.0	11 427.0	12 042.0	12 384.0	11 667.0	12 018.0
Norvège	29 477.0	25 848.0	23 747.0	24 450.0	22 765.0	31 697.0	28 657.0	26 901.0	26 145.0	25 556.0
Pologne	.. c	.. c	.. c	.. c	.. c	11 872.0	11 260.0	12 266.0	11 744.0	10 403.0
Portugal	.. c	.. c	.. c	.. c	.. c	1 971.0	2 288.0	2 372.0	2 513.0	2 425.0
République slovaquie	-1.0	-1.0	-1.0	-1.0	4.0	987.0	783.0	1 108.0	817.0	925.0
Slovénie	2.0	2.0	1.0	1.0	-	336.0	353.0	337.0	305.0	286.0
Espagne	66 106.0	70 766.0	75 990.0	81 480.0	84 338.0	36 075.0	36 651.0	35 482.0	35 425.0	40 793.0
Suède	48 137.0	53 132.0	54 936.0	55 171.0	61 316.0	32 593.0	34 722.0	36 896.0	41 024.0	38 787.0
Suisse	143 403.0	158 672.0	159 168.0	202 043.0	224 368.0	171 342.0	185 329.0	252 231.0	253 253.0	228 968.0
Turquie	1 969.0	2 147.0	2 187.0	2 373.0	2 346.0	3 798.0	3 726.0	4 074.0	3 903.0	3 333.0
Royaume-Uni	558 931.0	587 407.0	587 618.0	527 839.0	446 179.0	632 327.0	747 425.0	815 059.0	796 564.0	851 414.0
Etats-Unis	83 796.0	70 891.0	78 061.0	75 733.0	84 119.0	-	-	-	-	-
EUROPE	**2 023 546.0**	**2 099 970.0**	**2 173 102.0**	**2 434 284.0**	**2 505 977.0**	**.. c**	**.. c**	**.. c**	**.. c**	**.. c**
Bulgarie	.. c	5.0	.. c	.. c	.. c	684.0	691.0	639.0	719.0	756.0
Croatie	4.0	4.0	4.0	4.0	4.0	180.0	197.0	225.0	209.0	184.0
Chypre	.. c	.. c	102.0	114.0	-117.0	2 583.0	4 903.0	4 340.0	5 004.0	4 853.0
Malte	7.0	8.0	11.0	55.0	51.0	504.0	547.0	597.0	626.0	579.0
Roumanie	1.0	-	-	-	-	3 774.0	3 956.0	3 761.0	3 490.0	3 466.0
Russie	4 111.0	4 265.0	4 053.0	3 748.0	3 661.0	10 259.0	14 357.0	13 786.0	14 071.0	14 439.0
Ukraine	3.0	3.0	2.0	4.0	6.0	498.0	484.0	402.0	532.0	596.0
AFRIQUE	**4 470.0**	**4 484.0**	**5 705.0**	**5 925.0**	**6 014.0**	**52 004.0**	**49 926.0**	**50 403.0**	**44 378.0**	**43 193.0**
Afrique septentrionale	-32.0	.. c	.. c	.. c	.. c	19 376.0	15 176.0	15 160.0	15 325.0	15 383.0
Algérie	-	-	-	-	-	2 698.0	2 697.0	2 567.0	2 978.0	2 749.0
Egypte	-16.0	-6.0	49.0	41.0	17.0	14 068.0	10 545.0	11 095.0	10 781.0	11 000.0
Libye	5.0	.. c	.. c	.. c	.. c	1 820.0	1 173.0	761.0	854.0	908.0
Maroc	-21.0	-21.0	-21.0	-22.0	-22.0	493.0	423.0	423.0	410.0	406.0
Tunisie	-	-	-	-	-	297.0	338.0	314.0	302.0	320.0
Autres pays africains	4 502.0	.. c	.. c	.. c	.. c	32 628.0	34 750.0	35 243.0	29 053.0	27 810.0
Nigéria	.. c	.. c	.. c	.. c	.. c	5 872.0	4 252.0	4 844.0	4 501.0	5 469.0
Afrique du Sud	3 934.0	3 880.0	4 960.0	5 151.0	5 179.0	6 926.0	7 398.0	8 058.0	7 313.0	7 812.0
AMÉRIQUE	**638 071.0**	**638 554.0**	**728 867.0**	**814 569.0**	**892 560.0**	**1 264 600.0**	**1 248 956.0**	**1 380 019.0**	**1 317 291.0**	**1 314 128.0**
Amérique du Nord	478 615.0	493 850.0	557 047.0	609 641.0	664 866.0	361 958.0	355 398.0	371 278.0	368 502.0	402 259.0
Amérique du Nord	.. c	101 115.0	111 288.0	.. c	165 834.0	770 364.0	758 558.0	867 623.0	809 533.0	767 074.0
Bahamas	123.0	159.0	155.0	.. c	278.0	22 737.0	20 191.0	18 524.0	17 330.0	17 609.0
Bermudes	30 555.0	36 191.0	34 848.0	60 785.0	77 140.0	303 244.0	311 363.0	401 435.0	333 843.0	262 418.0
Îles Cayman	11 559.0	.. c	.. c	21 865.0	24 630.0	303 438.0	282 111.0	286 601.0	282 937.0	300 505.0
Costa Rica	.. c	.. c	.. c	79.0	77.0	1 642.0	1 335.0	1 546.0	1 597.0	1 521.0
El Salvador	.. c	.. c	.. c	.. c	.. c	2 576.0	2 777.0	2 754.0	2 830.0	3 380.0
Guatemala	15.0	15.0	15.0	15.0	15.0	1 098.0	737.0	748.0	733.0	746.0
Honduras	2.0	2.0	2.0	2.0	2.0	1 274.0	1 283.0	1 330.0	850.0	1 281.0
Nicaragua	.. c	.. c	.. c	.. c	.. c	256.0	216.0	189.0	138.0	82.0
Panama	658.0	728.0	749.0	823.0	899.0	4 447.0	4 472.0	4 821.0	5 075.0	5 272.0
Îles Vierges, US	..	..	..	..	..	..	..	..	..	..
Amérique du Sud	.. c	43 589.0	60 532.0	.. c	61 860.0	131 775.0	134 485.0	140 609.0	138 740.0	144 266.0
Argentine	5 134.0	4 936.0	4 600.0	5 094.0	5 378.0	14 624.0	14 273.0	15 219.0	9 522.0	10 698.0
Bolivie	9.0	9.0	9.0	9.0	9.0	481.0	454.0	505.0	486.0	556.0
Brésil	43 662.0	31 266.0	48 482.0	45 010.0	45 273.0	56 847.0	67 922.0	77 486.0	79 032.0	81 731.0
Colombie	2 443.0	2 428.0	2 577.0	3 233.0	4 080.0	7 750.0	7 884.0	7 669.0	8 055.0	8 264.0
Equateur	-23.0	-27.0	-27.0	-7.0	10.0	913.0	981.0	715.0	722.0	619.0
Paraguay	-	-	-	-	-	.. c	189.0	168.0	163.0	45.0
Pérou	240.0	246.0	257.0	276.0	298.0	7 573.0	4 541.0	5 700.0	5 765.0	7 470.0
Uruguay	326.0	354.0	368.0	383.0	391.0	2 239.0	2 149.0	1 087.0	1 080.0	999.0
Venezuela	4 558.0	1 830.0	1 819.0	1 825.0	1 864.0	9 825.0	5 113.0	3 174.0	2 185.0	2 228.0
ASIE	**.. c**	**.. c**	**.. c**	**.. c**	**.. c**	**.. c**	**.. c**	**.. c**	**.. c**	**.. c**

ÉTATS-UNIS

Tableau 2. Encours des investissements directs étrangers par pays *(suite)*

En fin d'année

Millions de dollars des ÉU

	Entrant					Sortant				
	2015	2016	2017	2018	2019	2015	2016	2017	2018	2019
Proche et Moyen Orient	65 601.0	99 663.0	83 647.0	84 197.0	83 836.0	.. c	.. c	.. c	.. c	.. c
Pays du Golfe	40 412.0	43 108.0	46 980.0	.. c	.. c	.. c	.. c	.. c	.. c	46 074.0
Koweït	808.0	1 704.0	1 739.0	1 913.0	1 820.0	342.0	345.0	407.0	499.0	398.0
Qatar	2 784.0	2 988.0	3 080.0	2 477.0	3 363.0	7 252.0	7 992.0	13 008.0	14 151.0	14 198.0
Arabie saoudite	11 497.0	12 953.0	14 980.0	14 697.0	13 242.0	10 025.0	10 164.0	10 702.0	10 884.0	10 826.0
Emirats Arabes Unis	24 978.0	24 904.0	26 809.0	27 539.0	27 633.0	16 205.0	13 699.0	16 881.0	17 437.0	17 153.0
Autres pays du Proche et Moyen Orient	25 189.0	56 555.0	36 667.0	.. c	.. c	.. c	.. c	.. c	.. c	.. c
Jordanie	.. c	.. c	.. c	.. c	.. c	224.0	199.0	220.0	180.0	179.0
Autres pays asiatiques	.. c	.. c	.. c	.. c	.. c	.. c	.. c	.. c	.. c	.. c
Chine	33 050.0	54 393.0	54 710.0	55 489.0	59 043.0	92 150.0	97 458.0	105 146.0	109 332.0	116 203.0
Hong Kong, Chine	14 567.0	15 167.0	15 242.0	16 908.0	17 594.0	69 367.0	69 287.0	79 048.0	79 797.0	81 883.0
Inde	11 647.0	8 445.0	9 476.0	10 212.0	16 693.0	35 361.0	40 121.0	45 160.0	42 444.0	45 883.0
Indonesie	504.0	516.0	576.0	690.0	710.0	15 717.0	15 049.0	13 866.0	10 240.0	12 151.0
République islamique d'Iran	1.0	1.0	1.0	1.0	1.0	2.0	2.0	2.0	2.0	2.0
Malaisie	1 307.0	1 483.0	1 466.0	2 442.0	1 050.0	15 765.0	10 069.0	11 767.0	10 867.0	10 849.0
Philippines	856.0	890.0	971.0	1 103.0	320.0	5 992.0	6 412.0	6 926.0	6 922.0	6 940.0
Singapour	38 573.0	77 885.0	92 355.0	58 399.0	60 138.0	253 277.0	243 165.0	293 452.0	254 670.0	287 951.0
Taipei Chinois	10 249.0	10 867.0	11 516.0	14 176.0	16 183.0	15 295.0	15 510.0	16 484.0	16 562.0	17 353.0
Thaïlande	514.0	2 132.0	2 145.0	2 052.0	1 684.0	17 942.0	18 386.0	15 578.0	16 952.0	17 738.0
Viet Nam	11.0	11.0	12.0	10.0	11.0	1 816.0	2 433.0	2 461.0	2 849.0	2 615.0
AUSTRALIE, OCÉANIE ET RÉGIONS POLAIRES	**.. c**	**.. c**	**.. c**	**.. c**	**.. c**	**.. c**	**.. c**	**.. c**	**.. c**	**.. c**
TOTAL MONDE non alloué et confidentiel	**689.0**	**771.0**	**753.0**	**776.0**	**712.0**	**20 854.0**	**20 749.0**	**25 553.0**	**23 103.0**	**23 294.0**
Union européenne (UE28)	**1 838 900.0**	**1 902 778.0**	**1 978 285.0**	**2 190 367.0**	**2 241 286.0**	**2 810 011.0**	**3 030 601.0**	**3 331 275.0**	**3 177 281.0**	**3 299 103.0**
Pays du G20 hors Union Européenne	**2 345 021.0**	..	..	..	..	**1 879 577.0**	**2 036 300.0**	**2 145 963.0**	**2 102 213.0**	**2 257 916.0**
Pays OCDE du G20	**2 231 482.0**	..	..	..	..	**1 637 668.0**	**1 769 558.0**	**1 856 540.0**	**1 819 375.0**	**1 958 173.0**
Pays non-OCDE du G20	**113 539.0**	..	..	..	..	**241 909.0**	**266 742.0**	**289 423.0**	**282 838.0**	**299 743.0**
Pays MENA	**.. d**					**.. d**	**.. d**	**.. d**	**.. d**	**.. d**
Pays ANASE	**.. d**	..	..	..	..	**310 640.0**	**295 689.0**	**344 239.0**	**.. d**	**.. d**

- Néant ; .. Non disponible ; c Donnée confidentielle ; d Confidentialité Secondaire

Note : Les positions d'IDE entrants sont allouées selon le pays investisseur ultime. Voir les métadonnées détaillées sur : *http://metalinks.oecd.org/idi/20210722/947b*.

Source : *Statistiques de l'OCDE sur l'investissement direct international (base de données) : https://doi.org/10.1787/idi-data-fr*

ÉTATS-UNIS

Tableau 3. Revenus des investissements directs étrangers par pays

Millions de dollars des ÉU

	Entrant					Sortant				
	2015	2016	2017	2018	2019	2015	2016	2017	2018	2019
TOTAL MONDE	**149 926.0**	**141 603.0**	**174 241.0**	**206 522.0**	**208 140.0**	**433 333.0**	**430 948.0**	**518 653.0**	**543 960.0**	**532 724.0**
Pays membres de l'OCDE	..	..	..	..	..	**300 546.0**	..	..	..	..
Australie	1 221.0	477.0	295.0	4 381.0	3 448.0	8 743.0	6 123.0	8 025.0	10 362.0	9 256.0
Autriche	509.0	569.0	855.0	1 171.0	971.0	172.0	391.0	346.0	676.0	818.0
Belgique	2 616.0	2 919.0	2 629.0	1 993.0	3 605.0	3 244.0	4 558.0	6 018.0	6 241.0	6 591.0
Canada	14 732.0	13 954.0	22 463.0	26 454.0	29 727.0	21 096.0	18 326.0	24 917.0	30 000.0	25 885.0
Chili	69.0	120.0	15.0	201.0	217.0	2 091.0	1 664.0	2 069.0	2 646.0	2 136.0
République Tchèque	-	1.0	.. c	.. c	.. c	596.0	611.0	515.0	388.0	421.0
Danemark	1 051.0	1 093.0	1 233.0	1 614.0	1 679.0	668.0	658.0	451.0	-1.0	501.0
Estonie	-	-	-	-	-	2.0	3.0	9.0	15.0	10.0
Finlande	398.0	472.0	323.0	806.0	1 042.0	109.0	47.0	85.0	133.0	123.0
France	15 808.0	12 751.0	11 170.0	12 061.0	10 671.0	1 445.0	2 716.0	3 202.0	1 792.0	3 056.0
Allemagne	12 872.0	12 397.0	19 877.0	24 465.0	24 149.0	6 322.0	4 805.0	6 649.0	6 868.0	6 147.0
Grèce	.. c	.. c	.. c	.. c	.. c	19.0	125.0	134.0	234.0	134.0
Hongrie	445.0	.. c	.. c	.. c	1 980.0	591.0	447.0	532.0	543.0	388.0
Islande	.. c	268.0	292.0	.. c	.. c	43.0	47.0	74.0	84.0	37.0
Irlande	9 772.0	7 153.0	8 599.0	9 160.0	8 787.0	56 589.0	54 310.0	62 276.0	57 701.0	63 314.0
Israël	-845.0	229.0	322.0	197.0	22.0	260.0	837.0	814.0	851.0	1 029.0
Italie	516.0	550.0	637.0	1 341.0	933.0	1 622.0	1 620.0	1 521.0	1 416.0	1 632.0
Japon	17 789.0	18 107.0	25 977.0	24 392.0	26 904.0	12 365.0	12 872.0	12 456.0	12 510.0	12 166.0
Corée	1 948.0	1 086.0	1 629.0	1 614.0	2 175.0	2 867.0	2 638.0	1 924.0	2 781.0	2 598.0
Lettonie	-	-	-	1.0	1.0	8.0	11.0	10.0	8.0	7.0
Lituanie	-	-	-	-	-	-	-1.0	3.0	-1.0	5.0
Luxembourg	8 264.0	11 347.0	16 387.0	16 653.0	13 223.0	28 340.0	35 403.0	42 422.0	42 346.0	39 801.0
Mexique	1 352.0	1 372.0	1 255.0	1 414.0	1 625.0	7 351.0	6 846.0	8 733.0	8 600.0	7 357.0
Pays-Bas	16 069.0	11 849.0	12 070.0	19 582.0	16 513.0	70 573.0	70 098.0	79 489.0	72 504.0	83 975.0
Nouvelle-Zélande	-64.0	-122.0	38.0	377.0	330.0	537.0	504.0	881.0	486.0	633.0
Norvège	71.0	-254.0	471.0	2 222.0	1 153.0	1 750.0	815.0	1 619.0	1 371.0	1 559.0
Pologne	22.0	.. c	.. c	.. c	.. c	601.0	1 189.0	869.0	1 464.0	1 116.0
Portugal	10.0	-2.0	18.0	-47.0	.. c	207.0	167.0	190.0	146.0	171.0
République slovaquie	-	-	-	1.0	-	37.0	-21.0	-1.0	30.0	20.0
Slovénie	-	-	-	-	-	22.0	21.0	12.0	13.0	2.0
Espagne	2 105.0	1 507.0	2 037.0	3 158.0	2 960.0	3 088.0	1 864.0	2 936.0	2 854.0	3 529.0
Suède	3 278.0	3 292.0	3 087.0	3 387.0	3 379.0	809.0	1 841.0	3 043.0	961.0	835.0
Suisse	19 588.0	18 291.0	14 514.0	20 449.0	19 735.0	28 953.0	29 971.0	29 532.0	31 029.0	23 130.0
Turquie	.. c	115.0	69.0	.. c	128.0	412.0	260.0	622.0	605.0	451.0
Royaume-Uni	8 942.0	14 621.0	22 873.0	17 291.0	21 945.0	39 022.0	39 967.0	46 875.0	50 661.0	57 329.0
Etats-Unis	-	-	-	-	-	-	-	-	-	-
EUROPE	**103 476.0**	**98 557.0**	**116 759.0**	**135 354.0**	**130 748.0**	**243 582.0**	**.. c**	**.. c**	**.. c**	**.. c**
Bulgarie	2.0	3.0	-1.0	7.0	5.0	71.0	58.0	41.0	50.0	48.0
Croatie	-	-	-	-	-	-2.0	10.0	11.0	11.0	12.0
Chypre	94.0	125.0	-16.0	-94.0	-55.0	103.0	172.0	297.0	264.0	360.0
Malte	.. c	.. c	.. c	.. c	57.0	44.0	45.0	46.0	80.0	190.0
Roumanie	-	-	-	-	-	-60.0	24.0	169.0	219.0	387.0
Russie	-286.0	-36.0	216.0	290.0	46.0	630.0	907.0	1 096.0	1 305.0	1 396.0
Ukraine	-	-	-	-	-	42.0	39.0	89.0	107.0	501.0
AFRIQUE	**189.0**	**4.0**	**160.0**	**232.0**	**323.0**	**2 915.0**	**2 040.0**	**2 485.0**	**3 121.0**	**3 697.0**
Afrique septentrionale	3.0	.. c	.. c	.. c	-20.0	569.0	266.0	.. c	1 628.0	1 413.0
Algérie	-	-	-	-	-	477.0	254.0	391.0	436.0	488.0
Egypte	3.0	.. c	.. c	.. c	-20.0	105.0	180.0	581.0	1 104.0	817.0
Libye	-	-	-	-	-	-27.0	-139.0	.. c	77.0	59.0
Maroc	-	-	-	-	-	15.0	-43.0	1.0	-5.0	18.0
Tunisie	-	-	-	-	-	-1.0	14.0	16.0	16.0	31.0
Autres pays africains	186.0	.. c	.. c	.. c	343.0	2 346.0	1 774.0	.. c	1 493.0	2 284.0
Nigéria	.. c	.. c	8.0	.. c	.. c	1 120.0	693.0	523.0	244.0	734.0
Afrique du Sud	.. c	17.0	-36.0	68.0	250.0	420.0	288.0	596.0	315.0	580.0
AMÉRIQUE	**23 292.0**	**20 658.0**	**25 338.0**	**34 615.0**	**38 510.0**	**103 307.0**	**102 227.0**	**127 557.0**	**135 026.0**	**123 996.0**
Amérique du Nord	14 732.0	13 954.0	22 463.0	26 454.0	29 727.0	21 095.0	18 325.0	24 916.0	29 999.0	25 884.0
Amérique du Nord	7 648.0	.. c	2 290.0	7 004.0	.. c	75 015.0	78 687.0	93 038.0	95 371.0	88 637.0
Bahamas	66.0	-32.0	-33.0	11.0	27.0	2 818.0	708.0	1 323.0	4 130.0	3 648.0
Bermudes	2 718.0	989.0	801.0	2 443.0	2 830.0	38 357.0	43 030.0	48 188.0	44 110.0	38 833.0
Îles Cayman	3 143.0	3 727.0	-64.0	2 475.0	2 519.0	23 664.0	25 413.0	31 880.0	33 277.0	33 504.0
Costa Rica	1.0	-1.0	1.0	-3.0	3.0	174.0	125.0	129.0	150.0	234.0
El Salvador	-	-	-	-	-	38.0	600.0	317.0	364.0	379.0
Guatemala	-	-	-	-	-	31.0	10.0	75.0	48.0	61.0
Honduras	-	-	-	-	-	61.0	114.0	74.0	67.0	290.0
Nicaragua	-	-	-	-	-	-9.0	-23.0	-18.0	-24.0	-27.0
Panama	301.0	117.0	16.0	135.0	139.0	308.0	475.0	605.0	607.0	715.0
Îles Vierges, US	..	..	..	..	..	..	..	..	..	..
Amérique du Sud	912.0	.. c	584.0	1 156.0	.. c	7 189.0	5 205.0	9 606.0	9 649.0	9 464.0
Argentine	-88.0	-71.0	.. c	16.0	-16.0	1 451.0	1 698.0	1 811.0	1 126.0	748.0
Bolivie	-	-	-	-	-	39.0	108.0	84.0	70.0	78.0
Brésil	12.0	213.0	193.0	159.0	526.0	2 068.0	1 557.0	3 338.0	3 478.0	4 208.0
Colombie	19.0	21.0	23.0	25.0	26.0	286.0	404.0	831.0	1 124.0	1 025.0
Equateur	1.0	.. c	3.0	7.0	8.0	99.0	147.0	127.0	-54.0	147.0
Paraguay	-	-	-	-	-	9.0	21.0	.. c	15.0	81.0
Pérou	.. c	.. c	.. c	.. c	.. c	151.0	296.0	1 092.0	664.0	1 048.0
Uruguay	67.0	36.0	16.0	16.0	13.0	8.0	-54.0	111.0	124.0	75.0
Venezuela	.. c	73.0	281.0	.. c	.. c	1 094.0	-592.0	-225.0	61.0	-349.0
ASIE	**.. c**	**20 177.0**	**.. c**	**.. c**	**.. c**	**73 941.0**	**.. c**	**.. c**	**.. c**	**.. c**

Tableau 3. Revenus des investissements directs étrangers par pays *(suite)*

Millions de dollars des ÉU

	Entrant					Sortant				
	2015	2016	2017	2018	2019	2015	2016	2017	2018	2019
Proche et Moyen Orient	-244.0	1 154.0	1 360.0	.. c	.. c	9 343.0	.. c	.. c	.. c	.. c
Pays du Golfe	604.0	928.0	1 042.0	.. c	.. c	8 906.0	..	8 174.0	9 340.0	.. c
Koweït	66.0	30.0	34.0	24.0	-122.0	40.0	69.0	57.0	77.0	46.0
Qatar	.. c	.. c	.. c	.. c	.. c	6 210.0	3 343.0	5 475.0	6 904.0	4 488.0
Arabie saoudite	.. c	.. c	.. c	.. c	48.0	1 355.0	1 097.0	1 165.0	952.0	856.0
Emirats Arabes Unis	197.0	232.0	152.0	20.0	146.0	1 809.0	1 375.0	1 597.0	1 429.0	1 557.0
Autres pays du Proche et Moyen Orient	-848.0	226.0	318.0	.. c	.. c	437.0	.. c	.. c	.. c	.. c
Jordanie	-4.0	-4.0	-5.0	.. c	.. c	24.0	.. c	35.0	1.0	.. c
Autres pays asiatiques	.. c	19 023.0	.. c	.. c	.. c	64 598.0	.. c	.. c	.. c	90 398.0
Chine	683.0	-745.0	321.0	1 170.0	958.0	10 674.0	12 330.0	13 634.0	13 309.0	11 852.0
Hong Kong, Chine	-284.0	-202.0	-662.0	464.0	296.0	5 663.0	4 763.0	7 158.0	9 655.0	9 099.0
Inde	477.0	120.0	199.0	210.0	-140.0	3 110.0	4 094.0	4 351.0	3 895.0	4 693.0
Indonesie	20.0	29.0	.. c	27.0	36.0	989.0	1 031.0	1 542.0	3 127.0	2 302.0
République islamique d'Iran	-	-	-	-	-	-	-	-	-	-
Malaisie	-	4.0	1.0	21.0	-37.0	1 539.0	862.0	1 349.0	1 636.0	1 427.0
Philippines	.. c	2.0	2.0	3.0	2.0	435.0	815.0	855.0	535.0	756.0
Singapour	831.0	166.0	162.0	727.0	724.0	22 937.0	23 810.0	29 955.0	44 574.0	39 982.0
Taipei Chinois	554.0	381.0	622.0	736.0	493.0	1 177.0	1 343.0	1 416.0	1 448.0	1 126.0
Thaïlande	18.0	89.0	-3.0	-56.0	15.0	1 315.0	1 657.0	2 136.0	1 555.0	1 358.0
Viet Nam	-	-	-	-1.0	1.0	79.0	136.0	77.0	161.0	169.0
AUSTRALIE, OCÉANIE ET RÉGIONS POLAIRES	**.. c**	**405.0**	**.. c**	**.. c**	**.. c**	**9 587.0**	**..**	**..**	**10 923.0**	**10 075.0**
TOTAL MONDE non alloué et confidentiel	**2.0**	**1 802.0**	**2 058.0**	**2 034.0**	**3 244.0**	**1.0**	**-7 794.0**	**-8 029.0**	**-7 105.0**	**6.0**
Union européenne (UE28)	**82 831.0**	**81 615.0**	**102 630.0**	**113 176.0**	**112 267.0**	**214 242.0**	**221 139.0**	**258 148.0**	**247 618.0**	**270 923.0**
Pays du G20 hors Union Européenne	**.. d**	**.. d**	**.. d**	**.. d**	**123 413.0**	**121 942.0**	**119 175.0**	**142 457.0**	**153 102.0**	**152 512.0**
Pays OCDE du G20	**.. d**	**75 430.0**	**106 245.0**	**.. d**	**121 705.0**	**101 245.0**	**96 173.0**	**114 924.0**	**125 595.0**	**125 877.0**
Pays non-OCDE du G20	**.. d**	**.. d**	**.. d**	**.. d**	**1 708.0**	**20 697.0**	**23 002.0**	**27 533.0**	**27 507.0**	**26 635.0**
Pays MENA	**..**	**.. d**	**.. d**	**.. d**	**.. d**	**.. d**	**.. d**	**.. d**	**.. d**	**.. d**
Pays ANASE	**..**	**290.0**	**.. d**	**.. d**	**.. d**	**27 306.0**	**28 323.0**	**35 923.0**	**.. d**	**.. d**

- Néant ; .. Non disponible ; c Donnée confidentielle ; d Confidentialité Secondaire

Note : Voir les métadonnées détaillées sur : *http://metalinks.oecd.org/idi/20210722/947b.*

Source : *Statistiques de l'OCDE sur l'investissement direct international (base de données) : https://doi.org/10.1787/idi-data-fr*

Tableau 4. Investissement direct étranger : flux par secteur industriel

Millions de dollars des ÉU

	Entrant					Sortant				
	2015	2016	2017	2018	2019	2015	2016	2017	2018	2019
All FDI activities	**467 625.0**	**459 419.0**	**295 296.0**	**223 401.0**	**261 412.0**	**264 359.0**	**284 469.0**	**327 781.0**	**-194 412.0**	**93 552.0**
Agriculture, sylviculture et pêche	**152.0**	**-249.0**	**407.0**	**831.0**	**454.0**	**172.0**	**202.0**	**-79.0**	**201.0**	**-1 204.0**
Industries extractives	**3 350.0**	**19 935.0**	**6 307.0**	**1 172.0**	**6 520.0**	**416.0**	**-5 073.0**	**-11 233.0**	**-3 756.0**	**-2 807.0**
Activités d'extraction	4 903.0	19 755.0	4 829.0	-2 527.0	6 096.0	-1 390.0	-3 478.0	-11 059.0	-3 830.0	-7 465.0
Activités de fabrication	**230 981.0**	**200 578.0**	**135 716.0**	**169 976.0**	**94 944.0**	**43 502.0**	**57 908.0**	**82 886.0**	**46 199.0**	**63 370.0**
dont :										
Produits alimentaires, boissons et tabac	15 928.0	24 265.0	26 663.0	35 328.0	6 729.0	5 947.0	4 722.0	9 499.0	4 937.0	4 819.0
Textiles, bois, papier, imprimerie	666.0	2 056.0	3 268.0	3 578.0	-290.0	470.0	969.0	2 049.0	2 411.0	1 668.0
Produits pétroliers, chimiques, pharmaceutiques, caoutchouc, plastique, minéraux	164 986.0	117 197.0	67 754.0	96 595.0	56 033.0	9 024.0	.. c	.. c	.. c	.. c
Ouvrages en métaux et machines, sauf matériels électriques	22 071.0	32 684.0	28 920.0	20 126.0	17 668.0	14 926.0	23 406.0	43 940.0	20 479.0	17 013.0
Automobiles, remorques, semi-remorques, autres matériels de transport	21 511.0	23 903.0	8 101.0	13 309.0	15 355.0	11 282.0	7 697.0	7 995.0	5 701.0	4 777.0
Autres activités de fabrication	5 820.0	473.0	1 011.0	1 042.0	-549.0	1 853.0	.. c	.. c	.. c	.. c
Production et distribution d'électricité, de gaz, de vapeur et de climatisation	**.. c**	**.. c**	**.. c**	**.. c**	**14 447.0**	**1 140.0**	**1 558.0**	**153.0**	**-1 647.0**	**593.0**
Distribution de l'eau ; assainissement, traitement des déchets et dépollution	**.. c**	**.. c**	**.. c**	**.. c**	**228.0**	**-29.0**	**-124.0**	**51.0**	**-55.0**	**-401.0**
Construction	**2 563.0**	**-72.0**	**1 434.0**	**-722.0**	**12 227.0**	**174.0**	**1 008.0**	**-368.0**	**-985.0**	**-274.0**
Services	**231 243.0**	**.. c**	**145 045.0**	**43 720.0**	**132 593.0**	**218 985.0**	**228 990.0**	**256 370.0**	**-234 367.0**	**34 274.0**
Commerce de gros et de détail ; réparations automobiles et motocycles	30 558.0	33 885.0	69 351.0	53 806.0	38 467.0	11 678.0	20 291.0	12 133.0	-15 134.0	23 357.0
Transport et entreposage	7 609.0	14 495.0	8 533.0	-3 538.0	6 757.0	3 021.0	3 539.0	3 560.0	-2 257.0	1 557.0
Activités d'hébergement et de restauration	2 174.0	1 889.0	12 122.0	992.0	2 630.0	774.0	1 295.0	246.0	4 439.0	5 748.0
Information et communication	8 810.0	19 035.0	-10 934.0	5 068.0	8 262.0	13 488.0	21 466.0	16 316.0	52 178.0	2 716.0
Activités financières et d'assurances	152 978.0	.. c	29 587.0	44 051.0	48 169.0	168 550.0	151 306.0	201 972.0	-297 377.0	-23 325.0
Activités des sociétés holding	86 662.0	.. c	-1 485.0	6 189.0	19 440.0	159 366.0	137 866.0	169 491.0	-370 879.0	-29 444.0
Activités immobilières	5 618.0	13 110.0	9 657.0	30 404.0	8 597.0	1 670.0	402.0	4 219.0	-19.0	-2 944.0
Activités professionnelles, scientifiques et techniques	22 593.0	.. c	13 021.0	-97 747.0	16 553.0	7 065.0	14 473.0	-2 580.0	14 395.0	4 912.0
Activités de services administratifs et d'appui	-2 457.0	.. c	13 122.0	2 884.0	2 392.0	11 991.0	14 178.0	11 436.0	7 323.0	21 138.0
Administration publique; activités des ménages et des organismes extra-territoriaux	..	..	..	..	..	..	..	..	..	..
Éducation	914.0	1 533.0	-948.0	-261.0	-56.0	311.0	-281.0	362.0	476.0	-115.0
Santé humaine et action sociale	548.0	3 334.0	1 458.0	109.0	2 800.0	662.0	284.0	-958.0	283.0	173.0
Arts, spectacles et loisirs	893.0	304.0	460.0	7 303.0	-1 981.0	-1 034.0	1 414.0	7 782.0	135.0	604.0
Autres services	1 005.0	1 928.0	-384.0	649.0	3.0	809.0	623.0	1 882.0	1 191.0	453.0
Not allocated and confidential	**-3 700.0**	**65 383.0**	**6 387.0**	**8 424.0**	**-1.0**	**-1.0**	**-**	**1.0**	**-2.0**	**1.0**
Activités immobilières privées	..	..	..	..	..	..	..	..	..	..

- Néant ; .. Non disponible ; c Donnée confidentielle

Note : Voir les métadonnées détaillées sur : *http://metalinks.oecd.org/idi/20210722/947b.*

Source : *Statistiques de l'OCDE sur l'investissement direct international (base de données) : https://doi.org/10.1787/idi-data-fr*

ÉTATS-UNIS

Tableau 5. Encours des investissement directs étrangers par secteur industriel
En fin d'année

Millions de dollars des ÉU

	Entrant					Sortant				
	2015	2016	2017	2018	2019	2015	2016	2017	2018	2019
All FDI activities	**3 354 907.0**	**3 561 808.0**	**3 786 848.0**	**4 127 175.0**	**4 458 362.0**	**5 289 071.0**	**5 518 644.0**	**6 097 690.0**	**5 801 025.0**	**5 959 592.0**
Agriculture, sylviculture et pêche	**4 519.0**	**3 767.0**	**4 139.0**	**5 157.0**	**5 685.0**	**6 800.0**	**6 161.0**	**5 289.0**	**5 938.0**	**5 823.0**
Industries extractives	**117 142.0**	**93 054.0**	**99 772.0**	**107 202.0**	**113 224.0**	**180 418.0**	**163 529.0**	**162 908.0**	**155 221.0**	**154 267.0**
Activités d'extraction	83 594.0	68 070.0	72 693.0	69 270.0	75 392.0	133 823.0	124 240.0	124 952.0	120 252.0	115 647.0
Activités de fabrication	**1 359 812.0**	**1 476 461.0**	**1 482 932.0**	**1 664 397.0**	**1 785 688.0**	**693 847.0**	**687 625.0**	**806 448.0**	**773 622.0**	**903 664.0**
dont :										
Produits alimentaires, boissons et tabac	153 111.0	132 788.0	173 145.0	202 786.0	210 010.0	115 332.0	107 656.0	139 566.0	124 572.0	127 818.0
Textiles, bois, papier, imprimerie	18 105.0	20 851.0	21 394.0	24 021.0	25 949.0	20 834.0	19 213.0	20 409.0	21 268.0	22 829.0
Produits pétroliers, chimiques, pharmaceutiques, caoutchouc, plastique, minéraux	708 611.0	847 652.0	784 704.0	856 121.0	.. c	204 271.0	.. c	.. c	.. c	.. c
Ouvrages en métaux et machines, sauf matériels électriques	277 034.0	325 841.0	364 223.0	412 360.0	435 786.0	260 665.0	252 649.0	327 841.0	310 473.0	356 778.0
Automobiles, remorques, semi-remorques, autres matériels de transport	131 842.0	137 494.0	126 385.0	154 973.0	178 914.0	62 087.0	75 646.0	87 292.0	83 105.0	87 454.0
Autres activités de fabrication	71 109.0	11 836.0	13 083.0	14 136.0	.. c	30 659.0	.. c	.. c	.. c	.. c
Production et distribution d'électricité, de gaz, de vapeur et de climatisation	**.. c**	**.. c**	**.. c**	**.. c**	**.. c**	**16 274.0**	**15 839.0**	**21 102.0**	**13 394.0**	**13 601.0**
Distribution de l'eau ; assainissement, traitement des déchets et dépollution	**.. c**	**.. c**	**.. c**	**.. c**	**.. c**	**1 251.0**	**746.0**	**908.0**	**936.0**	**1 204.0**
Construction	**23 178.0**	**25 807.0**	**28 903.0**	**27 684.0**	**39 717.0**	**4 075.0**	**6 477.0**	**6 444.0**	**5 616.0**	**5 395.0**
Services	**1 785 372.0**	**1 881 025.0**	**.. c**	**2 220 371.0**	**2 394 903.0**	**4 386 407.0**	**4 638 266.0**	**5 094 592.0**	**4 846 300.0**	**4 875 639.0**
Commerce de gros et de détail ; réparations automobiles et motocycles	434 145.0	435 451.0	537 472.0	583 520.0	623 924.0	291 265.0	297 274.0	324 223.0	290 076.0	305 397.0
Transport et entreposage	70 394.0	85 969.0	91 683.0	136 262.0	144 333.0	33 911.0	37 566.0	39 441.0	35 874.0	37 321.0
Activités d'hébergement et de restauration	17 766.0	22 388.0	36 083.0	53 467.0	57 760.0	18 671.0	25 067.0	25 048.0	38 859.0	50 127.0
Information et communication	168 281.0	171 474.0	170 487.0	181 791.0	185 371.0	198 689.0	218 343.0	240 143.0	292 184.0	284 224.0
Activités financières et d'assurances	806 094.0	822 612.0	.. c	859 599.0	947 219.0	3 516 420.0	3 694 843.0	4 074 718.0	3 796 468.0	3 771 362.0
Activités des sociétés holding	168 184.0	183 030.0	.. c	163 344.0	183 875.0	2 678 541.0	2 869 915.0	3 169 493.0	2 836 297.0	2 788 913.0
Activités immobilières	52 755.0	74 839.0	80 041.0	112 993.0	123 135.0	39 505.0	40 719.0	43 810.0	42 651.0	40 370.0
Activités professionnelles, scientifiques et techniques	165 832.0	190 599.0	.. c	190 922.0	208 099.0	125 583.0	147 181.0	147 331.0	157 317.0	170 183.0
Activités de services administratifs et d'appui	49 615.0	53 928.0	70 573.0	69 433.0	71 354.0	132 847.0	136 518.0	150 384.0	143 110.0	164 460.0
Administration publique; activités des ménages et des organismes extra-territoriaux	..	..	..	..	..	..	..	..	..	..
Éducation	3 655.0	5 042.0	4 048.0	3 828.0	4 029.0	2 650.0	2 426.0	2 601.0	2 651.0	2 373.0
Santé humaine et action sociale	9 697.0	12 181.0	13 093.0	13 954.0	16 889.0	7 841.0	8 251.0	6 236.0	6 319.0	6 608.0
Arts, spectacles et loisirs	3 241.0	3 371.0	3 756.0	11 056.0	9 013.0	10 799.0	9 831.0	19 607.0	19 267.0	19 853.0
Autres services	3 897.0	3 171.0	2 882.0	3 546.0	3 777.0	8 226.0	20 247.0	21 050.0	21 524.0	23 361.0
Not allocated and confidential	**66 389.0**	**81 694.0**	**607 700.0**	**102 364.0**	**111 817.0**	**12 838.0**	**1.0**	**-1.0**	**-2.0**	**-1.0**
Activités immobilières privées	..	..	..	..	..	..	..	..	..	..

.. Non disponible ; c Donnée confidentielle

Note : Voir les métadonnées détaillées sur : *http://metalinks.oecd.org/idi/20210722/947b.*

Source : *Statistiques de l'OCDE sur l'investissement direct international (base de données) : https://doi.org/10.1787/idi-data-fr*

Tableau 6. Revenus des investissements directs étrangers par secteur industriel

Millions de dollars des ÉU

	Entrant					Sortant				
	2015	2016	2017	2018	2019	2015	2016	2017	2018	2019
All FDI activities	**149 926.0**	**141 603.0**	**174 241.0**	**206 522.0**	**208 140.0**	**433 333.0**	**430 948.0**	**518 653.0**	**543 960.0**	**532 724.0**
Agriculture, sylviculture et pêche	**65.0**	**252.0**	**137.0**	**170.0**	**94.0**	**290.0**	**535.0**	**346.0**	**66.0**	**741.0**
Industries extractives	**-518.0**	**-2 289.0**	**-35.0**	**3 122.0**	**2 320.0**	**3 541.0**	**2 552.0**	**11 495.0**	**16 815.0**	**12 934.0**
Activités d'extraction	-1 130.0	-3 491.0	-1 680.0	1 708.0	821.0	1 143.0	-248.0	5 756.0	9 580.0	6 569.0
Activités de fabrication	**64 636.0**	**66 812.0**	**89 199.0**	**90 215.0**	**83 344.0**	**67 102.0**	**72 843.0**	**89 883.0**	**85 780.0**	**80 986.0**
dont :										
Produits alimentaires, boissons et tabac	5 461.0	7 885.0	11 164.0	10 168.0	11 265.0	7 840.0	6 761.0	10 006.0	8 742.0	8 676.0
Textiles, bois, papier, imprimerie	923.0	1 252.0	1 880.0	1 855.0	1 396.0	1 688.0	1 896.0	2 211.0	2 282.0	1 665.0
Produits pétroliers, chimiques, pharmaceutiques, caoutchouc, plastique, minéraux	35 449.0	29 525.0	48 747.0	42 024.0	37 004.0	22 245.0	28 543.0	30 537.0	29 956.0	30 442.0
Ouvrages en métaux et machines, sauf matériels électriques	11 110.0	18 100.0	16 123.0	24 676.0	19 510.0	22 430.0	26 595.0	35 822.0	33 199.0	31 005.0
Automobiles, remorques, semi-remorques, autres matériels de transport	8 803.0	8 888.0	10 390.0	10 648.0	13 399.0	10 632.0	8 167.0	9 700.0	10 672.0	8 105.0
Autres activités de fabrication	2 889.0	1 161.0	893.0	843.0	770.0	2 266.0	882.0	1 607.0	928.0	1 092.0
Production et distribution d'électricité, de gaz, de vapeur et de climatisation	**.. c**	**.. c**	**1 822.0**	**3 600.0**	**4 473.0**	**1 980.0**	**2 128.0**	**1 505.0**	**.. c**	**960.0**
Distribution de l'eau ; assainissement, traitement des déchets et dépollution	**.. c**	**.. c**	**407.0**	**428.0**	**604.0**	**28.0**	**44.0**	**50.0**	**.. c**	**92.0**
Construction	**1 458.0**	**918.0**	**-437.0**	**-709.0**	**382.0**	**823.0**	**264.0**	**-35.0**	**-261.0**	**18.0**
Services	**82 089.0**	**.. c**	**83 150.0**	**109 695.0**	**116 921.0**	**359 568.0**	**352 583.0**	**415 410.0**	**440 461.0**	**436 992.0**
Commerce de gros et de détail ; réparations automobiles et motocycles	23 551.0	14 403.0	21 959.0	33 363.0	31 706.0	24 803.0	27 382.0	27 137.0	33 715.0	34 236.0
Transport et entreposage	3 793.0	3 218.0	4 719.0	7 253.0	8 086.0	3 580.0	4 334.0	4 249.0	3 495.0	4 229.0
Activités d'hébergement et de restauration	987.0	1 510.0	1 801.0	2 016.0	2 868.0	2 627.0	2 687.0	3 464.0	3 878.0	3 722.0
Information et communication	2 611.0	2 119.0	3 719.0	6 754.0	8 016.0	14 756.0	17 128.0	15 043.0	20 330.0	17 493.0
Activités financières et d'assurances	38 939.0	40 281.0	36 990.0	47 222.0	51 967.0	280 867.0	266 748.0	325 615.0	347 047.0	334 360.0
Activités des sociétés holding	7 383.0	7 661.0	9 196.0	11 952.0	10 708.0	231 586.0	220 726.0	274 381.0	284 092.0	273 661.0
Activités immobilières	1 546.0	3 630.0	2 450.0	1 829.0	3 538.0	508.0	1 386.0	2 446.0	1 696.0	1 356.0
Activités professionnelles, scientifiques et techniques	5 602.0	2 892.0	5 096.0	4 789.0	4 773.0	12 830.0	12 038.0	12 491.0	11 117.0	17 160.0
Activités de services administratifs et d'appui	4 427.0	.. c	5 637.0	5 079.0	5 231.0	17 861.0	18 668.0	21 904.0	16 000.0	21 008.0
Administration publique; activités des ménages et des organismes extra-territoriaux	..	..	..	..	..	..	..	..	..	..
Éducation	-141.0	-174.0	-353.0	-290.0	-112.0	260.0	236.0	195.0	591.0	730.0
Santé humaine et action sociale	754.0	829.0	885.0	842.0	599.0	215.0	150.0	197.0	206.0	221.0
Arts, spectacles et loisirs	-41.0	-140.0	138.0	620.0	265.0	375.0	724.0	1 095.0	1 056.0	1 322.0
Autres services	61.0	-80.0	109.0	218.0	-16.0	886.0	1 102.0	1 574.0	1 330.0	1 155.0
Not allocated and confidential	**2 261.0**	**4 586.0**	**-2.0**	**1.0**	**2.0**	**1 417.0**	**-1.0**	**-1.0**	**1 099.0**	**1.0**
Activités immobilières privées	..	..	..	..	..	..	..	..	..	..

.. Non disponible ; c Donnée confidentielle

Note : Voir les métadonnées détaillées sur : *http://metalinks.oecd.org/idi/20210722/947b.*

Source : *Statistiques de l'OCDE sur l'investissement direct international (base de données) : https://doi.org/10.1787/idi-data-fr*

www.ingramcontent.com/pod-product-compliance
Lightning Source LLC
LaVergne TN
LVHW080640011026
849160LV00014B/1278